周恩来纪事

1898-1976

上

李新芝 刘晴◎主编

中央文献出版社

图书在版编目（CIP）数据

周恩来纪事 / 李新芝，刘晴主编. — 北京：中央文献出版社，2012.8（2024.1重印）
（开国领袖纪事）

ISBN 978-7-5073-3608-5

Ⅰ. ①周… Ⅱ. ①李… ②刘… Ⅲ. ①周恩来（1898～1976）—生平事迹 Ⅳ. ①K827=7

中国版本图书馆CIP数据核字(2012)第174292号

周恩来纪事

主　　编 / 李新芝　刘　晴
责任编辑 / 李庆田

出版发行 / 中央文献出版社
地　　址 / 北京市西四北大街前毛家湾1号
邮　　编 / 100017
网　　址 / www.zywxpress.com
销售热线 / 83089394
经　　销 / 新华书店
印　　刷 / 三河市华阳宏泰纸制品有限公司

889mm × 1194mm　16开　72印张　800千字
2013年1月第1版　2024年1月第4次印刷
印　　数：20001-35000套

ISBN 978-7-5073-3608-5　定价：998.00元（上下册）

※ 1924年11月，周恩来出任由国共两党合作创办的黄埔军校的政治部主任。

※ 长征到达陕北后的周恩来。

※ 1946年9月16日，周恩来为抗议国民党破坏和平谈判，愤然离开南京到上海。这是他和郭沫若在中共代表团驻上海办事处门前合影。

※ 开国大典时周恩来在天安门城楼上。

※ 1950年6月，周恩来和朱德在全国政协会议休息时交谈。

※ 周恩来和陈云在一起。

※ 周恩来在怀柔水库。

※ 周恩来与邓颖超同游八达岭长城。

※ 总理风采。

※ 1954年9月，第一届全国人民代表大会第一次会议在北京召开，周恩来在报到处签名。

※ 周恩来在江西九江机场。

※ 周恩来在招待国际友人的宴会上。

CONTENTS / 目 录

★★★★★

上册

第一编 01

中华骄子 鸿鹄之志

第二编 02

出生入死 砥柱中流

第三编 03

危难之际 勇挑重担

第四编 04

团结御侮 坚持抗战

第五编 05

肝胆相照　商筹建国

第六编（上） 06

总理国务 励精图治

下 册

第六编（下）06

总理国务 励精图治

第七编 07

十年探索 呕心沥血

关怀科学技术事业 / 598

在周恩来多次听取科学规划的汇报和指示下，我国十二年科学技术发展规划制定了，经党中央批准付诸实施。

检阅海军驻青岛部队 / 606

1957年8月1日，是我军建军30周年纪念日。军委决定在青岛举行海上阅兵，周恩来检阅驻青岛海军部队。萧劲光致欢迎词，周恩来向指战员们讲了话。他说："为建设一支坚强的、足以自卫的海军力量，保卫祖国保卫亚洲和世界和平而奋斗！"

"我一定帮你办到" / 612

朱启钤对周恩来说："国家不是说人民信仰自由吗，我不愿意火葬。我死了，把我埋在北戴河，那里有我继室于夫人的茔地。我怕将来办不到，所以才和你说，你帮我办吧！"周恩来对朱启钤说："我一定帮你办到，你相信我，放心吧！"

冒进、反冒进、反反冒进 / 618

1955年底出现的冒进，1956年开始的反冒进，1958年进行的反反冒进，是围绕对1956年经济工作的估计和1957年国民经济计划的制定发生在中共中央高层的一场重要争论。

关心文艺工作 / 641

周恩来于1959年、1961年及1962年就文艺工作发表过三篇讲话。他常常说自己是"一个文艺界的朋友"。他关心文艺、爱好文艺，并且熟悉文艺界的很多人。

"我不能让你空手而归" / 655

1958年7月，淮安县副县长王汝祥受县委委托到北京去见周恩来。周恩来让他给江苏省委领导带了一封信，并说："你从家乡老远来，我不能让你空手而归。我这淮安人也得尽点淮安人的责任。这封信你交给江苏省委，你们的困难尽量请他们帮助解决。"

"一武一文" / 659

综观1958年第二次台海危机整个过程，毛泽东和周恩来实行的是"一手打炮，一手谈判，一武一文"，进行"武力侦察"和"外交侦察"合作的策略。

民以食为天 / 664

在国民经济困难时期，周恩来统筹全国粮食工作的全局，组织调拨粮食，果断决定进口粮食，并且下决心大幅度精简城镇人口，调整

第八编 08

鞠躬尽瘁　死而后已

★★★ 第一编 ★★★

中华骄子 鸿鹄之志

第一编 01

中华骄子　鸿鹄之志

家　世

周恩来的童年经历了太多的家庭磨难，1岁时十一叔去世，9岁时生母去世，10岁时嗣母去世，10岁、11岁即开始当家，照管家里柴米油盐、外出应酬……

周恩来的祖父周攀龙有四个儿子：贻赓、贻能、贻奎、贻淦。按照封建大家庭叔伯兄弟间的大排行，分别是老四、老七、老八和十一。

周恩来的生父是老七周贻能，后来改名劭纲，字懋臣。

周恩来的生母是清河县（1913年改名淮阴县）知县万青选的第十二个女儿，小名冬儿，大家叫她十二姑。

周恩来出生时，周家沉浸在欢乐之中。他是周家兄弟四人的第一个男孩。周劭纲和十二姑夫妇心中更是充满着喜悦，给儿子取名“大鸾”。“鸾”是与“凤凰”齐名的一种“神鸟”。取这么好的名字，可见父母对儿子的宠爱了。

然而，小时候的周恩来却称自己的生父为“干爹”，称自己的生母为“干妈”。

这是由于周恩来还不到一岁，就过继给十一叔贻淦、十一婶陈氏为子。贻淦得了肺结核病，这在当时是不治之症。有人提出把大鸾过继给贻淦，一来企图借此冲喜消灾；二来使贻淦看到自己有后代，在弥留之际能得到一点儿安慰；三来使十一婶陈氏能有所寄托。冲喜消灾只不过是当时的迷信说法，事实上是不可能的。不久，贻淦去世了，大鸾由守寡的陈氏带在身边抚养。大鸾喊陈氏为“娘”，称去世的十一叔为父亲。

1918年1月8日，周恩来在日记中写道：“想起我爷爷膝下四子，我父亲早就去世……”

这里的“父亲”是十一叔周贻淦。这时周恩来是在日本求学。

在同一天的日记中，还记着八叔贻奎去世的事：

晨起至东亚学校，得家信，痛知八伯父故去，哀痛异常，不知所以……我身在海外，猛然接着这个噩消息，那时候心中不知是痛是悲，好像是已没了知觉的一样。

第二天，周恩来在日记中写道：

想起家中一个要紧的男子也没有，后事如何了法？这几年来八伯同八妈的苦处已算受尽了，债务天天逼着，钱是没有，一家几口子饭是要吃的，当也当净了，卖也卖绝了，借是没处借，赊是没处赊，不要说脸面是没了，就是不要脸向人家去要饭吃，恐怕也没有地方去要。八伯这个病，虽说老病，然而病到现在，何曾用一个钱去医治呢？简直说是穷死了。

中国社会家族中习惯上称父亲的哥哥为伯父，称父亲的嫂嫂为伯母；称父亲的弟弟为叔父，称父亲的弟媳为婶母。周恩来从生父的排行上应该称贻奎为八叔，称贻奎之妻杨氏为八婶。日记中称贻奎、杨氏夫妇“八伯”、“八妈”，显然是站在贻淦之子的位置上称呼的。

周贻奎比周贻淦大两岁，从年轻时起就偏瘫在床，死时年仅40岁。

给周恩来以父爱的是他的四伯父和生父。

四伯父周贻赓，字曼青，原配王氏、续弦赵氏、再续杨氏，膝下无子女，一直把侄儿恩来视为自己的儿子。

1946年9月，周恩来对美国记者李勃曼说：“12岁的那年，我离家去东北。这是我生活和思想转变的关键。没有这一次的离家，我的一生一定也是无所成就，和留在家里的兄弟辈一样，走向悲剧的下场。”

少年周恩来能有此重要转折，首先得益于四伯父的关怀。周贻赓一直在外地当师爷，但收入很微薄。周恩来12岁那年，周贻赓在奉天（今辽宁省）度支司（相当于财政局）谋到了科员的职位，收入提高了。于是写信要侄儿周恩来到东北去读书。1910年春天，周恩来随回家探亲的堂伯父周贻谦来到东北，先随周贻谦到铁岭入银岗书院。6个月后，去奉天伯父周贻赓那里，读了两年书。

1913年2月，周贻赓被调到天津改任长芦盐运司榷运科科员。15岁的周恩来随伯父一起从奉天搬到天津。这年8月，周恩来考取天津南开学校。这是一所仿照欧美近代教育制度开办的国内闻名的私立学校。辽宁3年，天津4年，周恩来对伯父的感情日深。1917年1月，他在作文中写道：

生浙人也，负笈津门，瞬已四载。每届假期，辄南望故乡，兴行也不得之叹！所幸伯父居津，弱弟随侍，南陔之乐虽非，北地之庭终一。绕依膝下，踊跃堂前，是固旅居异地所难能也。盖生幼失怙恃，长依伯父，随宦东西，形影相随。伯父无儿，视生犹子。呜呼！十岁前生我育我者父母也，十岁后育我教我者伯父也。然天下无父无母之孤儿，几何如生之得覆荫哉！杜子诗曰“安得广厦千万间，大庇天下寒士俱欢颜”，生读至是，不禁

※周恩来诞生床，现仍存放在当年的旧居内。

周恩来在南开学校上学，第一年学习和生活费用靠伯父支持。第二年，由于他品学兼优，经教师推荐，学校免除他的学杂费，成为当时南开学校很少的免费学生。但生活费用除了自己为学校刻蜡纸、油印或抄写讲义换取一些补贴外仍依靠伯父。1916年初，周贻赓被调奉天全省清丈总局西安清丈行局科员，3月只身赴东北就任。1917年6月，周恩来在南开学校毕业，准备赴日本留学。他对伯父的养育之恩始终铭记于心，出国前，先到东北探望伯父。到日本后，周恩来同四伯父的书信往来是最多的。他在旅日日记中，不仅常常记着伯父来信的消息和给伯父回信的事，而且常常写着自己对伯父的惦念担忧的心情。接到八叔去世噩消息的第四天，他写道："连着这三天，夜里总没有睡着，越想越难受。家里头不知是什么样子，四伯急的更不用说了。只恨我身在海外，不能够立时回去帮四伯、干爹做一点儿事儿。如今处着这个地位，是进不得，也退不得……"

一个月后的除夕之夜，周恩来同两位朋友谈到凌晨三点钟才躺下睡觉，可是他想起家中情景，惦念"四伯在黑龙江，冰天雪地，冷得异常，无一亲人"，哪能入睡，恨不得马上飞到四伯父身边。

1919年4月中旬，周恩来由神户乘船离开日本，在大连上岸。他也是先去沈阳看望伯父。1920年11月，周恩来由上海乘上去法国的邮船"波尔多斯"号赴法国。途中，他就给弟弟周恩寿写信询问四伯父的情况。

邓颖超"第一次当了周家的媳妇"的场面，也是周恩来一起去吉林市看望四伯父的事。那是1928年5月初，周恩来和邓颖超从上海出发经东北赴莫斯科筹备并出席党的六大。周恩来装扮成古董商，到大连时遇到日本水上警察厅的盘问纠缠。对方先问周恩来是做什么的？接着又问到哪里去？干什么？周恩来回答是做古玩生意的，去吉林，看舅舅。当问道：你舅舅姓什么？叫什么？干什么的？周恩来回答：姓周，曼青，在省政府财政厅任科员。由于周恩来处变不惊、沉着冷静，逐渐打消了对方的怀疑。周恩来、邓颖超从大连坐火车到长春，然后转往吉林市。到吉林后没敢直接去伯父家，而是先住在旅馆并写一封信，请旅馆的人送去。家里的人认出是周恩来的笔迹，就把他们接回去。他们在伯父家停留了两天。然后是周恩来先走，邓颖超隔一天才走，约定在哈尔滨二弟家会面。这一切都是为了安全起见。同年10月，周恩来离开莫斯科回国。途经沈阳时，向党的满洲省委传达了六大的精神，又去看望了伯父。但是，周恩来没想到，这是他同伯父的最后一次见面。

1933年周贻赓去世。当时，周恩来正在江西苏区指挥红军作战。由于反"围剿"战争的紧张、激烈，周恩来没有余暇去考虑家事，惦念亲人。加上战争和敌人恐怖统治所造成的封锁，周恩来不可能及时知道远在东北的伯父的情况。有一点可以肯定，如果伯父健在，一旦周恩来有了相对稳定的生活条件，他一定会像孝敬生父一样把伯父接到自己身边生活的。

尽管周恩来不到一周岁时就过继给十一叔周贻淦为子，但生父周劭纲对周恩来的慈爱是很深的，周恩来对生父也是很孝敬的。周劭纲为人忠厚老实，曾学过师爷，但没学成，长期在湖北、天津与东北等地做文书之类的小职员，薪金很低。他对周恩来的学业、成长是尽自己的能力去关心的。

周恩来旅日期间，除四伯父之外，同生父的书信往来也是比较多的。日记中也常常记着生父来信和给生父回信的事，写着对生父的惦念。除夕之夜，周恩来先是惦念伯父，接着惦念生父，“干爹在北京，每月的薪水，仅仅的够用，皮衣是没有，吃也吃不着好的。”

在日本度过两个学期之后，周恩来于1918年7月28日离东京回国探亲，在国内度过了一个多月后，9月4日重回东京。回国期间，周恩来去北京看望了生父，接着同生父在一起度过了快乐的十多天。8月17日日记中记载：“早八钟起，连日见生父。”“八钟半车行，十一钟半抵津。”可是，父子分离又给周恩来带来了痛苦和忧伤。8月27日日记中记载：

最是伤心此日。

今早，生父以四钟行，往南京去。“昨事伤心方未已，今朝又复别严亲”。此情此景，不知若何难受，孤单单既离吾家，又复远吾爱友，伤心之极，不复再有言矣！

两个月后，周恩来在这页日记上又补写了以下的话：

从这页起直至十月二十五日，吾未尝提笔一记，此心之伤，实历两月。每当月夕风晨，雨窗花前，吾心之念念吾家，想吾慧弟，尤难受也！

从以上两段文字可以看出，周恩来对生父，对自己的家是极富于感情的。然而“人有悲欢离合，月有阴晴圆缺，此事古难全”。特别是周恩来从西欧归来成为职业革命家以后，生死已置之度外，同生父多年处于分离之中。

※ 1898年3月5日，周恩来诞生在淮安城内驸马巷的这所住宅。

抗日战争中周恩来把父亲和邓颖超的母亲都接到身边一起生活。

1938年5月中旬，周恩来在武汉应邀参加中华全国文艺界抗敌协会第二次理事会。他即席发言。最后，他眼中含着泪说："我要失陪了，因为老父亲今晚十时到汉口。暴敌使我们受了损失，遭了不幸，暴敌也使我的老父亲被迫南来。生死离合，全出于暴敌的侵略。生死离合，都增强我们的团结！告辞了！"

与会者用掌声送周恩来下楼。

在重庆，周恩来的父亲和岳母先分别住在房主刘太太的楼上。后因日寇大轰炸，两位老人搬到重庆市郊磁器口一个住处暂住。

1942年6月下旬，周恩来因病在歌乐山中央医院做手术。7月2日，延安中共中央政治局会议上，陈云提议中央电劝周恩来在目前形势下多休养。同日，毛泽东电嘱董必武：“恩来须静养，不痊愈不应出院，痊愈出院后亦须节劳多休息，请你加以注意。”

就在周恩来住院期间，7月10日，周劭纲因病医治无效去世。

要不要把这一消息告诉周恩来？这是董必武和邓颖超当时遇到的一大难题。周恩来是周劭纲的亲生儿子，而且是一个孝子，按常情周劭纲去世不能瞒着周恩来。可是，周恩来做手术刀口未痊愈，大悲大痛、出医院奔丧，都于伤口恢复不利，更何况毛泽东代表中共中央政治局已电嘱董必武照顾了恩来，“不痊愈不应出院”。在两难选择中，董必武根据后者拿定主意：暂时不告诉周恩来。

周恩来向来反应灵敏，心思缜密。三天后，他从一些细小的破绽中，感到有事情瞒着他，于是不听劝阻，执意离开了医院。他一回来，知道父亲去世，放声大哭，泪如泉涌。他想起爷爷膝下四子，十一叔早年病逝，八叔中年病逝，四伯父十年前去世，如今只剩下生父一人也走了。他想起早年旅日曾立下“报恩”的心愿，可是四伯父去世时连消息都不知道，更谈不上“报恩”、尽孝了；父亲一生没过什么好日子，晚年同儿子在一起生活的日子也太短暂了；他想起生母1907年就去世，35年来，父亲一直是孤苦一人，真是太可怜了。哀从心起，哭声甚悲，出院的当天，他为父亲守灵至拂晓。7月17日，他致电延安毛泽东：

“归后始知我父已病故三日，悲痛之极，抱恨终天。当于次日安葬。”

当天，毛泽东复电哀悼：“尊翁逝世，政治局同人均深切哀悼，尚望节哀。重病新愈，望多休息，并注意以后在工作中节劳为盼。”同日，蒋介石通过张治中对周恩来的父亲去世亦表示吊唁。

给周恩来以母爱的是他的生母、嗣母，还有八妈。

西方人喜欢称周恩来为东方美男子。这与他的生母的遗传因素有关。周恩来的生母容貌俊美，加上聪慧精敏，万青选生前最喜爱这个女儿，经常带她外出，使她从小就见多识广。

周恩来的生母是一位为人善良、乐于助人、顾全大局的女性。她肯把自己心爱的儿子大鸾过继给小叔子就是这种品德的体现。

周恩来的生母性格开朗，爽直豪放。当时社会习俗，女子是要缠足的，而她这个大家闺秀却不肯缠足。

周恩来的生母还是一位精明能干、处事果断的女性。她善于排解家庭纠纷，出嫁之后，娘家人还经常请她去决断疑难。据老人们回忆她调解纠纷的重要秘诀之一是“求同存异”。她出面调解家庭纠纷，总是带着周恩来，这给日后周恩来的办事能力以无形的影响。

周恩来6岁那年，生母从淮安搬到清河县清江浦外婆家居住，周恩来和过继母陈氏也一起去了。这一方面可以看出陈氏与万氏的妯娌关系是很融洽的，另一方面也说明万氏是舍不得丢下大鸾这个亲生骨肉的。可是，天有不测风云，人有旦夕祸福。生母搬到清江浦，得彩票的五千块钱很快就用光了，家境越来越不好，常靠借钱过日子。万氏越来越劳累、越来越愁闷，在大鸾九岁那年病死了。

生母的去世，是童年周恩来记忆里第一件伤心的事。1945年抗日战争胜利后，周恩来在重庆对记者说：“三十八年了，我没有回过家，母亲墓前想来已白杨萧萧，而我却痛悔着亲恩未报！”

周恩来的嗣母陈氏出生于苏北宝应县城的一个书香门第。她的父亲陈源是秀才，兼通医理。陈氏自幼善书画，好诗文，在文学艺术上有较好的修养。她性情温和，待人诚挚，办事细心，知书识礼，是个知识女性。中国历史上的知识分子崇尚“淡泊明志，宁静致远”。陈氏亦喜欢淡泊、宁静，这也许是她家的家风。

陈氏嫁到周家一年便死了丈夫，年轻守寡，却从不外出，把全部感情和心血都倾注在对恩来的抚养和教育上。在恩来三四岁的时候，她就剪一个个字块放在小柳斗里，教他认字、写字、练习书法，五岁起，送他进私塾读书。陈氏对恩来要求很严，每天黎明即起，亲自在窗前教恩来读书。空暇时，就教恩来背唐诗，或者讲《天雨花》、《再生缘》等故事。

陈氏还通过玩游戏来教育恩来。有一种游戏是比赛拼诗：把一首古诗上的字分别写在一个个字块上，装入柳斗混合起来，再将字块倒在桌上，看谁先将字拼成诗，这类益智游戏对恩来智力的培养起到重要的激发作用。

在生母去世后一年，周恩来10岁时，嗣母又被肺结核夺去了生命。这是对童年周恩来最大的一次打击，是继母去世后的第二件最伤心的事。

周恩来从不满一岁陈氏带在身边抚养直到陈氏去世，几乎一天也没离开这位母亲。他对陈氏母亲一直怀着特别深的感情。周恩来在旅日期间，1918年1月2日的日记中写道：

我把带来的母亲亲笔写的诗本打开来念了几遍，焚好了香，静坐一会儿，觉得心里非常的难受，那眼泪忍不住地要流下来。计算母亲写诗的年月，离现在整整的二十六年，那时候母亲才十五岁，还在外婆家呢。想起来时光易逝，墨迹还有，母亲已去世十年了。不知还想着我这儿子没有？

把陈氏遗墨带到日本，相伴在身边，焚香拜读，思念所至，潸然泪下。这是多么炽热的孝子之心，多么感人的孝子之情！

1920年2月至7月，周恩来领导天津学生爱国运动被警察厅非法拘捕。羁押期间，他曾写过一篇《念娘文》，寄托对陈氏母亲的怀念，可惜没有保存下来。抗战胜利后在重庆，他曾深情地说："直到今天，我还得感谢母亲的启发。没有她的爱护，我不会走上好学的道路。"

由于嗣母陈氏的关系而给童年周恩来留下深深记忆的还有两个人物：乳母蒋江氏、表哥陈式周。

乳母蒋江氏是嗣母为了精心抚养小恩来而特地请来的。陈氏一生没有开怀，没有乳汁喂养小恩来，于是她需要请乳母喂养。蒋江氏是位心地善良、勤俭朴实的劳动妇女。她在用乳汁哺育小恩来的同时，也以劳动人民的美德影响着小恩来。从小恩来开始学步的时候起，乳母就领他到后院的一片空地上，种瓜种菜，锄草捉虫，汲水浇地，使他从小接触到春耕、夏耘、秋收、冬藏的生产知识。生母和嗣母去世之后，乳母还带他去挖过野菜。小恩来经常到乳母家去玩，同乳母的儿女们有着深厚的友谊。周恩来离开淮安去东北就学那年，乳母与他难舍难分，大哭一场。后来，乳母想念恩来，竟借路费坐海轮到天津去探望。周恩来留乳母在天津住了五天，临行时，他请伯父替乳母买了船票，并送给乳母几十元钱。他知道乳母持斋吃素，还专门给乳母带上一只吃饭用的瓷缸和一条毛巾。新中国成立后，周恩来日理万机，心里仍时常想起乳母。1952年秋，他在上海与龚志如表姐相会，共忆童年往事，谈到乳母时说："蒋妈妈待我很好。我从她身上学到不少知识，我怀念她。"

后来弟媳陶华从淮安来北京，周恩来又询问：蒋妈妈的晚年是怎样度过的？她的后代有没有下落？他们生活有没有困难？并说她是一个好人。1960年4月，淮城镇长刘秉衡去北京，周恩来请父母官帮助了解一下乳母蒋江氏还在不在，并说："小时候同她的孩子一起玩，很要好。"

表哥陈式周是陈氏母亲娘家堂兄的儿子，周恩来是在生母去世后随陈氏母亲到宝应认识的。陈氏自己没有兄弟，娘家只有这堂兄一家人。这位表哥比周恩来大16岁。是位文化素养很深的青年学者。周恩来在宝应期间，以他的聪颖、灵敏、深沉与机智，博得了陈

※ 1912年的周恩来。

式周的喜爱与器重。陈式周所具有的广博的知识和给人耳目一新的思想，赢得了小恩来的尊重和敬佩。两人由此结成了忘年之交。后来，周恩来在南开上学，陈式周在上海《新闻报》任编辑，周恩来和他的同学所写的宣传爱国活动的文章，不少是通过陈式周代为联系，转送有关报刊发表的。1920年10月，周恩来从上海去欧洲前，曾到陈式周家促膝长谈。到欧洲后又多次与陈式周通信，交流思想，诉说襟怀。建国后，周恩来曾托江苏省有关部门寻找陈式周，可是得到的消息是陈式周已经去世。

生母、嗣母去世后，小恩来在淮安的实际抚养人是八妈。四伯父、生父都在外地谋生，八伯瘫痪在床上，只有八妈同小恩来一起承受着债台高筑、生活艰难的担子。尽管周恩来是周家的长孙，要开始管家，照管家里柴米油盐，外出应酬，但他还是个10岁的孩子，八妈总是尽力爱护他、关心他。1958年7月，周恩来与上北京的淮安县副县长王汝祥谈心说：

"小时候，我和小伙伴们常常在文渠划船打水仗，大人们怕出事，把小船都锁起来，我们就悄悄地把锁敲掉，划船远游，吓得家长们敲起大锣，满街巷吆喝寻找。一天中午，我和几个小伙伴偷偷把船划到河下，婶婶守在码头，左盼右望，直到太阳落山，才见我们的船影。她急忙跑步相迎，身子晃动一下差点儿跌倒。我很怕，心想，这回少不了要挨打

※ 在南开学校读书时的周恩来。

惩罚！可婶娘半句也没责怪，相反，一把紧紧地搂住我，眼泪簌簌往下淌，这比挨打还使我难受，我忍不住也哭了……”

旅日期间，除夕之夜，周恩来惦念四伯、生父之后，接下来又惦念八妈：“八妈自从八伯死后，心里头也不知难受到什么地步，看着弟弟妹妹，尤其伤心！”

新中国成立后，周恩来夫妇两次接八妈到北京小住，还将八伯、八妈的孙子周尔辉留在北京读书。周恩来写给淮安县委、县人委的四封关于处理家事的信，有三封是关于八妈生病的治疗及后事的处理。他向当地政府对他伯（婶）母的照顾与关怀表示谢意，并提出伯（婶）母的医疗费、丧葬费由他支付。在1957年4月19日的信中写道：“我伯（婶）母家现在还有陶华等人，今后她的生活费用均由我这儿接济，请当地政府对她勿予照顾。现寄去为安葬我伯（婶）母善后费用所尾欠垫款二十五元，请查收。”周恩来在信中称伯

（婶）母，这显然是站在生父的儿子和过继为十一叔的儿子双重身份上称呼的。

爷爷膝下四子、四媳中，八妈是唯一活到建国后，唯一亲眼见到周恩来任开国总理的。周恩来对八妈的孝敬之心，也包含着对逝去的父母、从父母的追思和怀念。他们若九泉有知，定会为有周恩来这样的儿子而自豪的。

周恩来的童年经历了太多的家庭磨难，1岁时十一叔去世，9岁生母去世，10岁时嗣母去世，10岁、11岁即开始当家，照管家里柴米油盐、外出应酬……1917年，《南开学校第十次毕业同学录》上对周恩来有这样一段介绍："君家贫，处境最艰，学费时不济，而独能于万苦千难中多才多艺，造成斯绩。殆所谓天将降任于是人必先苦其心志、劳其筋骨者欤！"经历过大磨难的人才能有大出息的，周恩来十岁起就当家理财，这不正是为日后管理世界上人口最多的大国积累经验、铺垫道路吗！

周恩来的童年得到了亲人丰厚的疼爱：他是生母的宝贝，又是嗣母的命根子；他是生父的骨肉，而伯父亦视之如子……周恩来从小就不是受单亲的影响，而是在接受着多种性格的影响。这正是日后周恩来成为博大、深沉的智慧之星的渊源之一。

（曹应旺）

东北三年

周恩来曾这样回忆道："12岁的那年，我离家去东北。这是我生活和思想转变的关键。没有这一次的离家，我的一生一定也是无所成就。"

1910年春天，周恩来告别两个弟弟和其他亲友，随堂伯父周贻谦出发北上。这时他正好12岁。他们取道山东、天津，经过长途旅行，终于来到奉天省。一个崭新的世界，展现在这个淮安少年面前。

当时的中华民族危机日趋严重，腐败的清政府对外屈膝投降，卖国求荣，对内残酷镇压人民革命。帝国主义列强恣意蹂躏中国的土地，瓜分中国的版图。东北是当时帝国主义在华争夺的重点，是民族危机格外深重的地方。1904年至1905年，日本和沙俄两个帝国主义国家，为争夺在华势力范围，在东北进行了一年半之久的日俄战争，使数十万无辜的中国人惨遭战争劫难。1910年，也就是周恩来来到东北这一年，日本帝国主义用武力吞并了与东北仅一水之隔的朝鲜。朝鲜人民遭受的惨祸，更使东北人民感到惊心动魄，寝食难安。中华民族已经到了生死存亡的紧要关头，以孙中山为代表的革命党人正在为拯救中国进行着殊死的斗争。就是在这样的时代背景下，周恩来开始了他在辽东的求学生涯。

从江淮平原的故乡，来到白山黑水的东北，这是周恩来生活中一个重要的转折点。正如他日后说过的："12岁的那年，我离家去东北。这是我生活和思想转变的关键。没有这一次的离家，我的一生一定也是无所成就，和留在家里的兄弟辈一样，走向悲剧的下场。"

周恩来随三堂伯周贻谦初到东北时，奉天府（今辽宁省沈阳市）一时还没有合适的学校可读，所以又随三堂伯转赴奉天省银州（今辽宁省铁岭市），进银岗书院读了半年书。

伯父周贻赓为了让周恩来接受更好的教育，学得"新知识"，1910年秋天，将周恩来接到奉天府自己家里，并把他送入新建的奉天官立两等小学堂（后改名为东关模范学校）丁班学习。这所学校位于奉天古城大东门外，它是在清末"废科举，兴学校"的潮流中刚刚开办的比较新式的学校，既教中国的经书，也介绍了一些西方的新学，开设了修身、图文、算术、历史、地理、格致、英文、画图、唱歌、体操等十门课程。

入学后，周恩来立刻感到这里的教学与老家的私塾完全不同。在学校里，老师经常向学生讲述时局的危急和历代民族英雄的故事，激励学生们的爱国热情。在国难当头的年代里，周恩来那颗富有感情的心，再也无法平静下来了。他时刻关心国家大事，养成了坚持读报的习惯。他自己订了当时出版的《盛京时报》，"关于人生生活、时事政务要项，必标点特记，持久不懈。"有一天，在报上看到殖民主义者贩卖黑奴的消息，他义愤填膺地说："黑奴总有一天要解放！"

1911年10月，在湖北武昌爆发了推翻清王朝政府的辛亥革命。消息很快传到沈阳，周恩来非常振奋，在革命浪潮的鼓舞下，他毅然带头剪去了自己头上的长辫子。同时他还劝告老师和同学也剪辫子，并且提倡学西方，穿短服，不要被长袍马褂缠着身子。

辛亥革命的浪潮，激发了年少的周恩来那关心国家大事的政治热情。他积极宣传反帝反封建的新思想、新文化。他撰写文章，参加讲演。有一次在学校组织的讲演会上，他目睹中国人吸鸦片烟的严重后果，发表了禁烟救国的演说。他说："某些人每日烟钎子、烟板儿不离手，烟枪烟炮不离口，自己对自己开火，如此，国焉能富，民焉能强，不禁毒焉能救国？"

少年周恩来喜欢与师长同学谈论国家大事。有一次小学的魏校长谈起非洲的小国克兰斯法尔办学救国的故事时，周恩来被这个故事所吸引，他高兴地说："中国图强，就得想救国的办法，就得把教育办好。"

※ 辛亥革命中的孙中山。

周恩来在东北读小学的那几年里，中国社会发生了一系列巨大变革，清王朝被推翻，宣统皇帝（溥仪）退位，民国刚刚兴起。孙中山领导同盟会提出“驱除鞑虏，恢复中华，建立民国，平均地权”的革命主张。周恩来常与伯父和同学们谈论着政治局势的变化，伯父是爱国和赞成变革的。在那政治形势瞬息万变的日子里，沈阳也和全国一样，街头巷尾，议论纷纷，各种反清言论和革命活动，蓬勃兴起，使周恩来很受启发。

当时，学校里有一个叫高亦吾的史地老师，是一位山东汉子，富于正义感，学识渊博。他常常在课堂上慷慨激昂地发表演说，宣传爱国思想，生动形象地讲述广州黄花岗七十二烈士英勇牺牲的悲壮史实。周恩来和同学们都听得热血沸腾，有时甚至泪痕满面。

他非常尊敬高老师，高老师也特别喜欢这位英姿勃发的少年，经常和他谈心，并介绍各种进步书籍给周恩来阅读。在高老师的帮助和指导下，周恩来阅读了《革命军》、《警世钟》、《猛回头》、《驳康有为论革命书》、《扬州十日记》等革命书籍，从中了解到许多关于民族危机的情况和反清革命的道理，使他朴素的爱国救民的感情不断得以升华。

走上革命道路以至后来成为国家总理的周恩来，始终念念不忘高盘之老师的恩情。延安时期，周恩来有一次接见外宾并回答外国记者问时，曾有这么一段谈话：“周恩来阁下，以您的出身情况是如何走向无产阶级革命道路的？”记者问。周恩来的回答是：“少年时代在沈阳读书时，得山东高盘之先生的栽培。可以说，没有高先生就没有我的今天。”1951年12月3日，周恩来在中南海总理办公室专门接见高盘之先生的儿子高肇甫，意味深长地谈起他对高盘之先生的敬重怀念之情：“我13岁在奉天（今沈阳）东关模范学校读书的时候，各方面都亏了令尊的关怀。他向我介绍了许多好书，其中年轻的资产阶级革命家邹容写的《革命军》，对我影响很大。这是一本宣传革命的书，其中提到‘革命是天演之公例，世界之公理’，号召四万万同胞要‘掷尔头颅，暴尔肝脑，同封建统治者决一死战’。”“高老师常在课堂上慷慨激昂地宣传革命思想，多次声泪俱下地讲述黄花岗七十二烈士的悲壮事迹，同学们听了大都义愤填膺潸然泪下……记得一次老师带我去外国租界地，他告诉我就是这些蓝眼黄发的外国洋人，依仗他们的船坚炮利，把我们的大好河

※ 奉天省官立东关模范两等小学校。

山瓜分为他们的殖民地……后来我去天津南开中学读书，令尊随即到北京京兆尹公署任职。在这个期间，我去看过他两次。其中一次他对我讲：你们在天津办的《觉悟》社刊已轰动京畿上下官府，你的名字据说业已在册。当局严令取缔觉悟社，并逮捕其一切成员，你要当心。京兆尹公署当时在地安门……”

高肇甫的一个叔伯大爷高敬之，当年曾与高盘之同在沈阳东关模范学校任教，对少年周恩来印象颇深。老人存有周恩来当总理后写的一封字迹刚健的毛笔信：“忆昔受教于盘之先生，获益匪浅，迄今尤甚感念！……周恩来。”

周恩来在沈阳读书期间，学习非常勤奋、刻苦。各科学习成绩都名列前茅，尤其作文、书法和英文，每学期总是全班第一。他写的文章，气魄大，有远大志向，深受老师和同学们的赞扬。当时学校每周一两次作文，他的文章常常被批上“传观”字样，贴在学校“成绩展览处”，让同学们观看。国文老师姓赵，叫赵希文，每当看到周恩来的作文中流露出的奇光异彩时，常常情不自禁地拍案叫好，并经常感慨地对住在同一宿舍的张镜玄老师说：“我教了几十年书，从未见过这样好的学生。我得多花点儿心血，就是呕心沥血也心甘情愿。”

国文老师常把周恩来叫到宿舍，给以精心指点和培养。其他各科老师也都十分喜爱这位成绩优秀的好学生。

1912年10月，全校师生隆重集会，纪念东关模范学校建校两周年。年仅14岁的周恩来以《奉天东关模范学校第二周年纪念日感言》为题写了一篇作文。这篇文章立意新颖，言简意赅，论说精辟，语重心长，并以新思想贯穿其间。他认为，要使中国富强，必须从教育这一根本抓起。文中写道：

吾全校之诸同学乎。吾人何人，非即负将来国家责任之国民耶？此地何地，非即造就吾完全国民之学校耶？圣贤书籍，各种科学，何为为吾深究而悉讨？师之口讲指画，友之朝观夕摩，何为为吾相切而相研？非即欲吾受完全教育、成伟大人物、克负乎国家将来艰巨之责任耶？以将来如许之重负，基础于小学校三四年中，同学，同学，宜如奋勉，始对之而不愧哉？

对校长和教师，他恳切要求道：

吾校司教育之诸公乎。诸公为国家造人才，当殚其聪明，尽其才力。求整顿宜重实际，务外观先察内容。勿自堕行检，以失人则放；勿铺张粉饰，以博我名誉；更勿投身政界党会，谋利营私，以纷扰其心志，而日事敷衍。校长为学生择良教材，教习为学生谋深造就。守师严道尊之旨，除嚣张浮躁之习。注生道德教育，而辅之以实利美感，更振之以军国民之精神。教育美满，校风纯正，则此纪念日乃可因之而永久。

对于同学，他在《感言》中提出对“各种学科”必须“深究而悉讨”，不能“浅尝辄止，见异思迁，躐等以求进”，要“慎思而明辨”。这就是说，在学习上决不能满足于一知半解，要深入研究，要有恒心，有毅力。循序渐进，认真思考，明辨是非，掌握各种学科知识。

文中，周恩来对教育的目的和师生的责任也作了比较好的阐述。虽然他当时只有14岁，却已表现出高尚的志向和引人注目的才能。这篇作文得到了教师的夸奖。国文教师看到这篇作文后，十分高兴，在卷末批写道：“教不如此不足以言教，学不如此不足以言学，学校不如此不足以言学校，文章不如此不足以言文章。”“心长语重，机畅神流。”

这篇文章被评为甲等作文。在第二年奉天省教育品展览会上展出，并作为范文先后收入《奉天教育品展览会国文成绩》、上海进步书局出版的《学校国文成绩》和上海大东书局出版的《中学生国文成绩精华》等书中。

一种为国家、民族的将来而奋斗的崇高责任感，已深深地植根于少年周恩来的心中。有一次，兼教修身课的魏校长在课堂向同学们提出了“读书是为什么”的问题。

有的学生回答：“是为了家父而读书。”

有的回答：“为明理而读书。”

也有的回答：“为光耀门楣而读书。”

当魏校长问到周恩来同学时，他庄重地回答：“为了中华之崛起。”

由于周恩来的南方口音，魏校长一时没听清楚，于是他又沉重、大声地重复了一遍：

“为中华崛起而读书。”

有一次，老师在课堂上以历史上“赵苞弃母全城”的故事为题，要求学生作文。赵苞是东汉末年的辽西郡守，当时居于北方的落后部族鲜卑统治者入寨掠夺，在途中夺走了赵苞的老母亲和妻子，便用以为质，要挟赵苞投诚。而赵苞不为所动，表示了为国家不能顾私情的决心，并忍痛出兵进击，拼死战斗。结果大败鲜卑军，保住了辽西郡城，但赵苞的母亲和妻子也因此被鲜卑军杀害了。

※周恩来少年时期在沈阳读书时的优秀习作。

对于这个故事，同学们议论纷纷，各说不一。有的同学认为，赵苞弃母就是“不孝”，并说“城失犹可得，母死不能复生”。

然而，周恩来在作文中，热情地赞扬了赵苞反对掠夺，坚持以民族利益为重的战斗精神。他认为赵苞弃母不是“不孝”，而是“大孝”。他这种雄辩有力的见解，充分表达了年少的周恩来把国家、民族和人民利益视为高于一切的崇高思想境界，也充分表现了他自幼就“慎思而明辨”，善于独立思考的学习精神。

周恩来在东关模范学校的三年中，正是朝着他在《感言》中提出的目标奋勉前进的。他热烈追求新思想，时刻关心国家和世界大事，特别注意国内形势和社会问题。他自己订有一份当时沈阳出版的《盛京时报》，每天必读，一张不缺。“并关于人生生活、时事政务要项，必标点特记，持久不懈。”他还经常从老师和同学家里借阅孙中山、章太炎办的《民报》。

周恩来在沈阳读书时，非常谦虚朴实，尊敬老师，善于团结同学，热情待人。初到东北，由于周恩来性情温和，文弱瘦小，再加上说话带有浓厚的淮安口音，因此一些调皮的大同学骂他是“小蛮子”，经常欺侮他。在两个月时间里，他广交朋友，出入时与一批情投意合的孩子一起走。这样人多势众，再也没人敢欺侮他。由于他学习成绩优异，同学常请他答疑解难，他总是热情帮助，从不傲慢。当时，他的一位同班同学，腿有残疾，他就经常主动帮助这位同学。因此，同学们都很亲近他，尊敬他，他也结识了不少志同道合的

※ 1900年9月，沙俄强占中国东北三省，激起东北人民的强烈反抗，图为奉天绅民捐饷抗击俄军。

好朋友。而对于那些官僚世家的阔少爷的蛮不讲理，破坏纪律，仗势欺人的恶劣行为，他总是挺身而出，联合弱小同学，与之斗争。

以“中华崛起”为己任的周恩来，在刻苦读书的同时，还十分注意了解社会实际，接近工农。在沈阳读书的三年中，他常利用寒暑假到家住农村的同学那里去访问，了解他们的疾苦，使他学到了许多书本上学不到的东西，对他的思想产生了深刻的影响。

1911年暑假，当周恩来首次来到沈阳郊区魏家楼这个刚刚从战争废墟上重建起来的村庄时，非常激动。村里的老农给他讲述了1904年到1905年间，日、俄两个帝国主义强盗，为了争夺我国的东北，在这里进行了一场残酷的战争。腐败无能的清王朝，置国家主权和人民生死于不顾，竟然宣布“中立”，把辽河以东划为战区，让大好河山任人蹂躏。

1904年10月，日、俄两军在魏家楼相遇，村东的烟龙山成为日军临时指挥部。村里的房屋被沙俄军放火烧成一片灰烬。全村男女老少，无家可归，外出逃难，不少无辜的村民死于战火之中。有些村民，奋起反抗，割断侵略军的电线，杀死零散的强盗士兵，表现了中华民族反抗外来侵略的英勇牺牲精神。

周恩来听到村民这些血泪斑斑的控诉，踏着这血迹未干的战场，满怀悲愤地唱起了当时学校里流行的谴责日俄战争的歌曲：俄国“克查克（哥萨克）队肆蹂躏”，使我东北“户无鸡犬宁”。他大声疾呼：“俄败何喜？日胜何欣？”吾党（即我们的意思）何日醒？

这在周恩来幼小的心灵里燃起了对帝国主义强盗的满腔怒火和对清王朝的无比愤恨，对于那些勇于反抗的英雄们则寄予了无限的崇敬之情。

周恩来感到，在魏家楼的生活很有意义，很有收益。因此，他曾在魏家楼的同学何履桢家度过了三个难忘的假期。何履桢的祖父何殿甲，是村里的私塾老师，也是一位忧国忧民、具有爱国思想的老人。当周恩来与他相处一段时间后，老人非常喜欢周恩来，从这位胸怀救国大志的少年身上，看到了国家的前途，民族的希望，并常带着他一道漫步烟龙山，并吟诗抒怀：

“登彼龙山兮山巅，望彼河水兮潺潺，忆甲辰年兮神往，想日俄战兮心酸……慨三省民兮涂炭，溯历代兮皆然。吾已生于斯兮长于斯，恨不能翱翔兮五湖烟。今吾老兮有何志愿，图自强兮在尔少年。”表达了老人对年少周恩来寄托的无限期望。

当周恩来离开奉天时，这位老人还特意写了《赠周恩来文》和《赠周恩来南归诗》五首，列举历史上著名人物通过勤学苦练，造就“非常之才”与“非常之业”的故事，殷切地勉励周恩来。诗文写道：“焦桐入听谁知己，除却周生即吕生。”“不大困者不大亨，能冒险者方出险。”诗文意味深长，对周恩来寄予殷切的期望。

从1910年春天到1913年2月，周恩来在东北生活了整整三年。这三年中，他不仅在学业和思想上有很大的长进，而且还有一个重要的收获，就是把身体锻炼得更强壮。童年时，周恩来的体质是比较弱的。但东北气候寒冷，风沙漫天，无风三尺土，有雨一街泥。在这种新的环境里，他一直坚持在凛冽寒风中跑步、踢球、做操，每天徒步往返学校，常常是风沙扑面，泥路难行。但他不以为苦，反以为乐。特别是沈阳的冬天，冰天雪地，北风呼啸，寒风吹在脸上像刀割一样，但他坚持在寒风冰雪中跑步，以顽强的毅力锻炼身体，锻炼意志。在学校里，他很佩服体育老师，经常向体育老师学习锻炼身体的方法。课后，他常常和同学们到操场参加体育活动，尤其喜欢和同学们一起开展踢熊头（类似足球）的比赛。这是一种对抗性的运动，那时条件简陋，没有球门而是往高踢，熊头在同学中传来传去。这种活动不仅需要有一定的技巧，而且需要大家的密切配合。

艰苦生活的磨炼和坚持身体锻炼，使周恩来很快适应了东北的生活，身体也越来越健壮。

60年代，周恩来多次提到少年时期在东北的生活。在同亲属的一次谈话中，他回忆在东北上小学时的生活说："到东北有两个好处：一个好处是把身体锻炼好了。在上小学时，无论冬天、夏天都要做室外体育锻炼，把文弱的身体锻炼强健了。再一个好处是吃高粱米，生活习惯改变了，长了骨骼，锻炼了肠胃，使身体能适应以后的战争年代和繁忙的工作。"

他还对辽宁大学的学生风趣地说过：

"我是1910年到沈阳的，住了三年。我是带着辫子来的。我身体这样好，要感谢你们东北的黄土、大风、高粱米饭，给我很大的锻炼。"

（南山、南哲）

"南开最好的学生"

周恩来到南开学校后，把读书与救国密切结合起来。他勤奋好学，成绩优异。校长张伯苓常对家里人说："周恩来是南开最好的学生。"

周恩来于1913年8月考入南开学校，编入一年级己三班（后改丁二班），开始了他四年的中学学习生活。

南开学校是一所仿照欧美近代教育制度于1904年建立的私立学校。它的创办人严范孙原是清朝翰林学部侍郎，也是一位有爱国思想的开明人士，主张教育救国。校长张伯苓，是现代中国著名的爱国教育家。当时南开学术空气比较浓厚、自由，教学作风比较民主，学习抓得紧，管理严格，办学很有特色。张伯苓提倡"允公允能"，非常重视培养学生"爱国爱群之公德，服务社会之能力"。认真实行德、智、美全面发展的教育方针，强调"应特别着重于人格教育，道德教育"。他还不仅要求学生认真学好课内文化科学知识，而且提倡并支持学生开展多种多样的课外活动，组织社团，进行社会调查，锻炼实际工作能力。

当时各省学子，甚至海外华侨子弟慕名来报考的相当多，一个班里往往有不少外省

※在南开大学时的周恩来。

和海外学子聚集在这里。他们的家境都比较富裕，而周恩来的家庭和生活状况是："君家贫，处境最艰。"当时上南开学校花钱很多，每年学费36元，宿费24元，每月饭费4、5元。这对周恩来说，是难于负担的。有的同学因家庭困难中途退学了，而周恩来却以惊人的毅力，克服各种困难，一直坚持到毕业。他的生活费用依靠四伯父周贻赓供给，伯母在家里做些钩针活贴补费用。就这样，学费、饭费仍时有不济。由于周恩来品学兼优，从第二学年起，学校免去了他的学费。周恩来自己回忆说："学费起初由伯父供给，后来靠学校的奖学金。"周恩来在完成繁重学业和从事大量社团活动的同时，还帮助学校做些抄写、刻蜡版等工作，贴补伙食费及零用。

贫困的生活，不仅没有消磨周恩来的求学意志，反而把他砥砺得更坚强了。他到南开学校后，更把读书和救国密切结合起来，他勤奋好学，学习成绩纪录：

1914年12月：国文传观，周恩来名列前五名中。

1915年3月：全校数学赛速，周恩来在内的丁二班获第一名，得"数学优胜"奖状；

全校作文比赛，周恩来在内的丁二班获第一名，得“含英咀华”奖状；国文传观，周恩来名列前五名之中。

1916年3月：班级化学考试，周恩来名列最优者中；班级代数考试，周恩来名列得满分者中。

1916年4月8日：全校数学赛速，周恩来名列最优者中。

1916年5月：全校国文特试，周恩来获全校第一名；默国文考试，周恩来名列最优者中。

1916年6月：全校国文考试，周恩来在内的丁二班获国文优胜奖，得“国文特试优胜”奖状。

1917年4—6月：毕业考试，周恩来获国文最佳奖。

周恩来在沈阳上小学时，没学过英文，只在报考南开学校之前，在离他家不远的河

※周恩来和南开学校敬业乐群会同学张瑞峰、常策欧合影。

北三马路求是里“大泽英文算学补习学校”补习了不到半年的英文，所以刚来到南开学校时，“英文非佳”，为了攻克这一难关，上课时他聚精会神，认真听讲，并利用每日早起以及中午和下午课余时间，发奋攻读，从不怠懈，到第二学年，他的英文就相当好了。

南开学校对国文十分重视，每两个星期做一次作文。周恩来文思敏捷，作文不打草稿，提笔直书，一气呵成。

1915年的春天，由南开学校国文学会发起的全校作文比赛，周恩来参加了这次比赛。比赛结果，他所在的丁二班，荣获全校第一名，奖状是严范孙亲笔写的“含英咀华”四字。这四个字确实很有意义，韩愈的《进学解》里提到：“沉浸醲郁，含英咀华。”意思是说读书学习，善于消化，能深入理解，得其精华。严范孙书赠周恩来所在丁二班“含英咀华”奖状，实有推崇奖励之意。

1916年5月16日，南开学校组织了一次全校国文特试，十一个班的200多位代表参加。试题有二，可任择其一，限三小时交卷，试卷上的名字是密封的，由教师集体评阅。周恩来选的题是《诚能动物论》。他一口气写了六七张格纸，洋洋千余言，交上卷子，心情异常兴奋。当天晚上，教师看了他的文章，极为赞赏。经严范孙亲自评定，周恩来这篇作文被评为全校第一名。

《南开学校第十次毕业同学录》在总结周恩来的学习成绩时写道：他的“国文则早露头角”、“于全校文试夺得首席，习字比赛，复列其名。长于数学，往往于教授外自出新法，捷算赛速，两列前茅。”

周恩来并不满足在课堂取得的知识，他利用南开学校学术空气比较自由的有利条件，“经常在课外读许多书”，特别“喜欢文学、历史，对政治感兴趣。总之，喜欢能说理的东西，不喜欢死记硬背的东西，如化学、英文。”他阅读了司马迁的《史记》、司马光的《资治通鉴》，以及《汉书》、《三国志》等，还有清初进步思想家顾炎武、王夫之的著作，也有十八、十九世纪西方启蒙思想家卢梭的《民约论》、孟德斯鸠的《法意》、赫胥黎的《天演论》等。他还阅读当时出版的进步报纸《民权报》、《民立报》、《大公报》等，联系中国的现状，探求中国的出路。

周恩来一面阅读，一面思索，还和同学们一起交流。他认为这样共同讨论，不仅能帮助别人，又能自督。有句古话说：“看书求理，须令自家胸中点头；与人论理，须令人家胸中点头。”周恩来读书求理，与人说理，都做到了这“两点头”。

周恩来具有以理服人的演说才能。天津各中等学校每年举行一次演说比赛。1914年和1915年周恩来都被推举为学校三名代表之一，南开学校连续获得第一名。1915年他又被推举为演说会副会长。1916年10月7日在天津河北公园（今天津市中山公园）举办的爱国演说大会，南开学校代表队就是他带队去的。在此之前的10月4日，他在全校举行的演说比赛大会上以《中国现时之危机》为题，慷慨陈词，博得热烈掌声。这篇演说词后来作为“代论”，全文刊载在同年11月8日的《校风》第45期。

周恩来在以后所从事的革命活动中，所以能无数次气势不凡、透衍深刻地即席发表演说，跟他青年时代在南开学校的这种锻炼和实践是分不开的。

周恩来尊敬师长，和老师的关系很融洽。伉乃如1911年毕业于直隶高等工艺堂化学科后即在南开学校教化学。周恩来和他交谊很深厚，一直到中学毕业后留学日本时仍保持书信往来，伉乃如还在经济上资助他在日本的生活。

周恩来和国文老师张皞如是知音。他邀请张皞如加入“敬业乐群会”的诗团，张皞如欣然答应，从此他们结成诗友。周恩来并于1916年10月以“飞飞”署名在《敬业学报》第5期上发表《次皞如夫子〈伤时事〉原韵》七言绝句。

数学老师马千里“对于学生亲如手足，没有师生之分。”周恩来经常和他同台演出新剧，且饰的都是女角。如1915年的校庆，同台演了数场《一元钱》，马千里饰赵郑氏，周恩来饰孙慧娟；次年2月又同台演出《千金全德》，马千里饰窦母，周恩来饰高桂英。马千里还指导周恩来饰演《华娥传》的华娥（这个角色过去由马千里饰演）。该剧在天津公演数场，将全部收入捐助保育会。

校长张伯苓得知周恩来家境贫寒，非但对他不漠视，相反很关怀，且欣赏他的人品和才干。周恩来很崇敬张伯苓校长，常到张伯苓家叙谈，“谈论社会问题、国家大事和国际问题”。张伯苓“总是留他吃饭。吃的是贴饼子，煮稀饭，熬小鱼。”后来周恩来开玩笑还说：“我小时候，校长给我熬鱼吃。”张伯苓则常对家里人说：“周恩来是南开最好的学生。”

周恩来回忆南开学校的教育时说：“南开的教育，是正常而自由的。”“南开有集会结社自由。”学校倡导学生社团活动，着眼于锻炼学生的办事能力，增强服务社会的本领。

1914年3月，周恩来与同学张瑞峰、常策欧发起成立“敬业乐群会”。其宗旨是“以智育为主体，而归宿于道德，联同学之感情，补教科之不及”。最初会员才20多人，后来逐渐发展到280多人，占全校总数近三分之一。

“敬业乐群会”成立时建立了智育部、稽古部、演说部和俱乐部，下设诗团、国文研究团、辩论团、军事研究团、演剧团、音乐团等，还自己办起图书室，发动会员捐献图

※ 现在的南开大学校园。

书，周恩来第一次就捐献了《大同报》、《立国根本谈》、《东方杂志》等16本书刊。该会还定期举行学术报告会、茶话会，组织会员进行参观、郊游和旅行等活动。

周恩来对“敬业乐群会”的发起和工作开展“规划之力最多”，但他却积极推荐张瑞峰担任会长，自己担任智育部部长（还担任过稽古部部长）。1915年9月后被选为副会长、会长。

“敬业乐群会”出版会刊《敬业学报》（半年刊），每年3月和10月出刊，共出了6期，由周恩来主编。内容设：论说、演说、文苑、史乘、游记、小说等栏。从第2期后又增设杂俎、论学笺、笔记、通讯等栏。人们评价该刊“材料丰富，外观亦异常精美，颇蒙校内外欢迎，共销至一千数百份之多，阅者无不交口赞誉，可为出版之特色。”这和周恩来“热心从事于学报，尤倍竭其力编辑印刷”是分不开的。

周恩来在《敬业学报》上以“恩来”、“翔宇”、“飞飞”等署名，发表了很多诗歌、评论、小说、杂感等。针对辛亥革命后中国出现的政治黑暗局面进行无情揭露，并对封建科举制度和八股文的流毒进行批判。

周恩来除主编《敬业学报》外，还是南开学校校刊《校风》的主要负责人之一。

1915年8月30日，南开学校原出版的校刊《南开星期报》改名为《校风》周刊，由学生主办。《校风》设：言论、纪事、警钟、文苑、课艺选录、小说、杂纂、各会报告等栏。周恩来起初担任“课艺选录”及“各会报告”栏编辑。1916年1月，校风社改选，周恩来任文苑部主任。同年3月改任纪事部主任。9月，校风社改组，方针亦加革新，由个人主编改为集体编辑。周恩来在改组后的校风社任纪事类（校闻、通讯、特别启事、英文纪事、校中布告、各会启事）总主任和经理部总经理。至1917年2月，因临毕业，复习功课，虽辞去上述职务，但仍是编辑部成员。

周恩来为《校风》“课艺选录”专栏提出三条标准：“一、文中全篇主意，须具有识远超群之处；二、文中章法笔致，须紧密完备；三、文中事实或议论如（应）有关于世道及民俗之处。其有不合以上之三者，虽美勿录。”周恩来认为《校风》“宜特重于言论”，要把言论类“冠于编辑各类”。他和其他同学发表的许多政论文章，从政治角度评论当时的重大事件与问题。他的文章题材范围广，论述方面多，从政治、科学、文化到地理、风俗以及国内外大事，均多评述。

周恩来担任纪事类主任时，经常亲自采写通讯，内容包括校内校外大事、学习研究、文娱体育、规章制度、集会往来等。为了“集众广闻”还在各班各会及各宿舍设立了访事员，发动大家写稿和提供材料，使纪事栏办得丰富多彩，以“新闻真实”、“采录迅速”而著称，深为广大师生喜闻乐见。

周恩来在《校风》的重要职务是总经理，实际上是报刊的后勤。他认为：“经理部分内之事，不外印刷、发行、校对、招致广告数事。然即此数者，已足操《校风》生死之权。使印刷不得其所，则讹错孔多，不堪成诵；需费过巨，付印为艰；校对不精，鲁鱼亥豕，尤铸大错；发行失策，非出售数微，即收款不易；广告未招，滴款无补。凡此种种，皆经理部惴惴然，惧一旦将临之事也。夫《校风》良否，全校荣辱与关。”他特别强调《校风》是全校的机关报，“同学皆负责之人”，只靠“编辑数人，同学均袖手旁观，内容遂日形艰窘。”其次，他认为《校风》应致力于求“书外之学问，文明之传播，知识之交换”，避免成为“变相之《政府公报》，堆叠成文”。第三，《校风》要起到上情下达、下情上达的作用，“学生于学校之责任，舍读书、励行健身外，尤有建议之义务。”这些办报刊原则，至今读起来仍有教益。

周恩来爱好文艺，重视宣传，他积极参加南开学校的新剧运动。新剧，是与旧戏相对而言的话剧，兴起于辛亥革命前夕。1914年前，南开学校虽然编演过几出新剧，但并没有剧团组织，演出不经常。1914年11月中旬，才正式成立南开学校新剧团。新剧团下设编纂部、演作部、布景部、审定部。从此，周恩来在担任其他社团工作的同时，又成为新剧团的团员和布景部副部长。

当时社会上封建习俗很重，男女学生不能同台演出。南开学校是男校，新剧中的女角要由男生勇挑重担。周恩来从1915年到1917年的短短两三年中，参加演出的《一元钱》、《华娥传》、《千金全德》、《醒》、《仇大娘》、《冯君》、《恩怨缘》等，都是扮演女角。他每演一出戏，都认真对待，深入研究剧情，力争把戏演好。《南开学校第十次毕业同学录》对周恩来的评论写道："君于新剧，尤其特长，牺牲色相，粉墨登场，倾倒全座，原是凡津人士之曾观南开新剧者，无不耳君之名。"1983年9月6日邓颖超来到周恩来同志青年时代在津革命活动纪念馆，当她看到周恩来当年饰演女角的剧照时，风趣地说："恩来上的学校是男校，他扮演的女角，我上的女师，我扮演的是男角。"她还告诉纪念馆的工作人员，她曾看过周恩来的演出哩！

南开新剧团演出成功，在社会上引起强烈的反响，北京文化界还邀请《一元钱》剧组到北京演出，曾轰动一时。周恩来在1949年7月召开的第一次中华全国文学艺术工作者代表大会期间，曾接见著名的京剧艺术家梅兰芳，并回忆了自己青年时代在北京演出的一段历史。他说："30年前，南开校庆，我们排演了话剧《一元钱》，北京文艺界曾邀我们来京演出。"说到这里，梅兰芳说："我想起来了，你在《一元钱》里扮演女子，演过之后，好像我们还开了座谈会。"周恩来听后笑着说："对，虽然那是青年时代的事，但我们可以说是同行。"

为了发挥新剧的宣传教育作用，周恩来多次与新剧团成员一起讨论、写作修改剧本。1916年暑假，为准备10月17日校庆演出新剧，周恩来和其他三位同学随同校长张伯苓及教师时子周等共12人，前往天津郊区的高家庄李氏小学住了五天，"预先编纂，以冀毋匆忙于临时。"这就是新剧《一念差》的初稿。

新剧在形式上区别于旧戏的特点之一，是有布景。周恩来是新剧团布景部副部长，部长是一位教师，只作些指导，大量实际工作由周恩来承担。他根据不同的剧情需要，组织美术人员精心绘制和陈设布景、道具。这些布景，不仅使当时惯于看旧戏的观众有耳目一新之感，更重要的是增强了新剧的现实感和艺术效果。

特别难能可贵的是，周恩来根据自身从事新剧活动的体验，总结了当时中国新剧的发展，并研究欧美戏剧史和戏剧理论，撰写了长达4000余字的《吾校新剧观》一文，对旧戏剧进行批判并作实事求是的剖析，提出要有分析地吸收借鉴欧美戏剧，有所发展和创造。周恩来参加编演的新剧，或抨击封建伦理道德，反对男尊女卑；或揭露黑暗政治，提倡民主自由，具有很大的进步意义。近代著名学者胡适评介说："天津的南开学校，有一个很好的新剧团……他们那边有几位会员……做戏的功夫很高明，表情、说白都很好，布景也极讲究……以我个人所知，这个新剧团要算中国顶好的了。"新剧的这些成就，正是和周恩来参与领导和努力实践分不开的。

从以上可以看出，周恩来在南开学校期间，就具有了很强的组织能力和聪明才干。他先后担任了"敬业乐群会"副会长、会长，《敬业学报》主编，《校风》总经理，演说会副会长、江浙同乡会会长、新剧团布景部副部长、暑假乐群会总干事等。通过这些活动，周恩来得到了全面锻炼，为他日后在中国政治大舞台上发挥更大的作用打下了良好的基础。正如他在1951年2月24日对南开中学师生所说的那样："这是我的母校。没有疑问，那时受的是资产阶级教育。但我学了一些知识，锻炼了办事能力……"

关于人生定向，周恩来认为，一个人必须有远大的理想和高尚的志向。他在作文《尚志论》中写道："故凡同一人类，无论为何种事业，当其动作之始，必筹画其全局，预计

※ 1959年5月，周恩来在天津南开大学同师生们交谈。

其将来，成一希望在。然后按此希望之路线以前进，则其结果鲜有与此希望相径庭。希望者何？志是也。”“然则志固尚已，而弊亦随之生焉。有志在金钱者，其终身恒乐为富家翁；志在得官者，百计钻营不以为耻，此志之害也。故立志者，当计其大舍其细，则所成之事业，当不至限于一隅，私于个人矣。”他在作文《论名誉》中说：一个人应该珍惜自己的名誉，把它看做“人生第二生命”，但决不能存在那种“邀名之心”，而应当用正义来衡量它的轻重。“若夫汲汲于名犹汲汲于利之徒，日唯名誉之是谋，不遑计及实事，虚声盗世，眩世眩俗，以淆乱风气者，是名誉之罪人也。”

周恩来还认为，人立足于世界上，不能像草木禽兽那样只靠自己生活，必须依靠公众的扶持，“而服役之事，乃为人类所不可免。”他对学校的课外活动总是积极参加，心甘情愿去做那些为公众“服役”的事情，从无吝惜过自己的时间和精力。他在给友人的信中说：“课外事务，则如蝟集，东西南北，殆无时无地而不有责任系诸身。人视之以为愚，弟当之尚觉倍有乐趣存于中。”正如《南开学校第十次毕业同学录》中对他的一段评语：“君性温和诚实，最富于感情，挚于友谊，凡朋友及公益事，无不尽力。”

周恩来在南开学校时，开始是在北楼上课，后来改在东楼上课。走进东楼大门，甬道的左侧有一大立镜，镜上端的横匾上镌刻着南开学校创办人严范孙书写的“容止格言”。

“面必净，发必理，衣必整，钮必结，头容正，肩容平，胸容宽，背容直。气象：勿傲，勿暴，勿怠。颜色：宜和，宜静，宜庄。”

这四十字的“容止格言”对学生起了很大的教育作用。他们出入大门，对着大立镜整仪容养成了习惯。几十年过去了，一些老南开学生至今难忘怀“格言”对他们一生所起的潜移默化的作用。当时中外来宾到南开学校参观，都对“格言”交口赞誉。美国人还特地致函索要“格言”的内容和照片，表示要在美国的学校推广，1916年4月，周恩来在《校风》上发表“函索镜影”纪事一则，内中写道：

“我校事务室前所悬之大镜有上列格言，原为资警励全校师生之用。前次美人白崔克博士（Dr.Buttrick）来校参观时，睹之甚以为善。今格瑞里先生（Mr.Green）致函校长，索斯镜之摄影，并请将格言译作英文，同行寄去，以为纪念。藉俟归美时公之彼邦人士。”

周恩来逝世后，南开学校东楼于1978年被辟为“周恩来同志青年时代在津活动纪念馆”，并复原了大立镜和“容止格言”。一位美国朋友到纪念馆参观时，走到大立镜前，一边整理一边说：“我在日内瓦会议时见到周恩来先生，他的仪容风度令人赞叹，原来他在学校时就受严格的教育。这个大立镜太好了！”

※南开学校东楼。

东楼二层东四讲室是周恩来当年上课的教室，墙上还悬挂着周恩来当年上课时的照片。邓颖超1983年9月6日来到周恩来同志青年时代在津革命活动纪念馆参观视察时，坐在当年周恩来坐过的座位上，感慨地说："周恩来同志在南开学校做学生时，我还不认识他。他坐在这里学习过，到现在六七十年之后，我还幸存着，我今天也坐在这个地方，也来当学生，好啊！"

南开学校还经常在各班中开展班风的评比，周恩来所在班总是名列前茅。1916年年末，校长报告班风评比结果，该班成绩居全校第一。周恩来所住西斋19号在整洁评比中获奖，"校中特制精美之横方，上书'整齐洁净'四字，以为奖品"。

周恩来的一生中，始终保持着良好的仪容风度，为国人和海外人士所倾慕，这固然与他广博的学识、坚定的原则性与灵活性有关，同时也与他甘当公仆、服务社会的人生定向，与他在南开学校时期的锻炼显然有不可分割的内在联系。

周恩来把自己的人生定向与祖国的命运紧紧联系起来。1915年5月，袁世凯同意日本提出的"二十一条"的消息传出，激起中国人民的愤怒和抗议。周恩来立即在"敬业乐群会"上发表演说，反对日本帝国主义强加给中国的亡国条约，同时还在同学和教师参加的讨论和声讨会上，进一步揭露和谴责袁世凯出卖国家主权、屈从于日本帝国主义的罪行。同年6月6日，他在天津河北公园（今天津市中山公园）召开的"天津救国储金团”的群众大会上，针对帝国主义经济侵略和军阀卖国勾当，大声疾呼：“我国民之热血亦足可洗今日之羞也”，“吾知爱国之士，决不愿借外债以度日”，要“鼓动志气”，“勿忘斯耻”。

袁世凯死后，代之而起的军阀纷争，皖系军阀头子段祺瑞窃踞了政权，张勋在徐州拼凑了北洋七省同盟，拥戴溥仪，妄图复辟帝制。面对中华民族的危机，周恩来呼吁青年要坚定救国之志，希望“可敬可爱的同学，闻而兴鸡鸣起舞之感，天下兴亡匹夫有责之念”，奋起救国。

[王永祥、（日）高桥强]

留学日本

周恩来一到日本就参加了旅日中国留学生的爱国组织“新中学会”和“天津南开学校留日校友会”，刻蜡版，印传单，向旅日华侨宣传反对日本军阀侵略中国，反对中国军阀政府出卖祖国。

“大江歌罢掉头东”

1917年，是周恩来在中学的最后一年。寒假期间，他到河北省开平县耿家营一位好友家做客。开平是开滦煤矿的所在地，村里有许多矿工家属。周恩来一方面看到了经济破产的北方农村，一方面又看到了在英国资本家奴役下的矿工悲惨的生活。这使他更加迫切地想寻求救国的道路。

在周恩来上学期间，经常利用假期到农村、矿区参观游历，增长自己的知识，开阔自己的眼界。这些走访，都使周恩来更加深了对祖国的认识，坚定了他爱国救国的志向。

那时候，列宁领导的俄国十月革命还没有爆发，先进的中国人寻求救国的真理，总是面向西方。中国的近邻日本学习资本主义，改革封建社会，成了东方的强国。因此，也有不少中国青年到日本学习，想从那里获得解救祖国的理论和方法。

中学即将毕业，周恩来为自己的道路而思虑，他下定了救国的决心，决定到日本留学。可是那时候他家境贫寒，一个只有一件蓝布长衫的学生要渡海赴日，是不可能的。不过，这困难并不能阻止他。

※ 周恩来（前排左一）同南开学校老师伉乃如（前排左二）和同学合影。

他在6月底以品学兼优的成绩从南开学校毕业，七八月间奔走于津京两地，向老师同学筹措旅费。很多老师、同学尽力帮助他，旅费很快凑齐了。

他就要渡海而去，离开祖国。一个19岁的青年，在这个时候怎么能不心情激动呢？他伫立在屋中，凭窗遥望，思潮起伏，来到桌前，俯身写下了一首气势磅礴的诗篇：

大江歌罢掉头东，邃密群科济世穷。
面壁十年图破壁，难酬蹈海亦英雄。

19岁的周恩来就怀着这样的激情，慷慨辞国。他先北上沈阳，告别伯父，又向沈阳的母校师生辞行。9月初，穿过鸭绿江，从朝鲜的釜山乘船，横越滔滔的东海，渡向一衣带水的邻邦。

1917年9月间，周恩来到达日本东京，和另外两个中国留学生一起租了一间当地日本居民的小房子住下来。十月里，他进入东京神田区东亚高等预备学校，学习日文，补习大学的功课，以后又到东京早稻田大学去旁听。除了学习，他还详细地考察日本社会的现状。

日本真是一个美丽的国家。终年积雪的富士山，像一个戴着白帽的少女，朝霞一样灿烂的樱花遍地开放，美丽的琵琶湖、壮丽的加茂河都使人心醉如痴。可是，勤劳的日本人民在资本主义和封建主义双重压榨下，正过着贫困的生活。军国主义分子天天在疯狂叫嚣并且对中国肆意污辱。这一切都使周恩来愤怒、痛苦。他来日本是为了寻求挽救祖国的真理，可是日本的现状又使他陷进新的苦闷：解救中国的道路到底在哪里？

就在这时候，列宁领导的俄国十月革命爆发了。俄国革命的消息和马克思主义的理论传到了日本。周恩来看到报刊上关于社会主义社会的介绍和“过激党”（指以列宁为首的布尔什维克党）、“赤军”（指列宁缔造和领导的红军）这类新名词，后来到京都，又看到京都大学经济系主任河上肇教授主编的宣传马克思主义的刊物《社会问题研究》，他的心开朗了，仿佛在阴云密布的天空里，看到了一线光明，一个新世界的曙光。

周恩来在东京开始检查自己的思想，发现自己过去认为“军国主义可以救中国”的想法错了。因为他知道了军国主义“就是扩张主义”，也是“一定要被推翻的”。他决心每天花十三个小时去学习，要求自己：“想，要想比现在还新的思想；做，要做现在最新的事情；学，要学离现在最近的学问。”这就要“随着世界进化的轨道，去做那最近于大同理想的事情”。

年轻的周恩来已经开始向马克思主义者转变了，他的生活开始了一个崭新的历史时期。

他一到日本就参加了旅日中国留学生的爱国组织“新中学会”和“天津南开学校留日校友会”，刻蜡版，印传单，向旅日华侨宣传反对日本军阀侵略中国，反对中国军阀政府出卖祖国。

1918年5月16日，段祺瑞政府和日本政府在北京秘密签订了卖国的《中日共同防敌军事协定》，把革命的苏俄当成敌人，遭到留日中国学生的强烈反对。加上日本神田区乐板警察局长在演说中肆意污辱中国，更使中国留学生义愤填膺，同日本政府展开了针锋相对的斗争。

在这之前，5月6日，为了反抗日本政府向中国政府提出的出兵西伯利亚的要求，中国留学生在神田区的中国餐馆集会。周恩来为大会起草了抗议书，抗议日本政府对中国的侵略、污辱，抗议国内军阀的卖国行为，他们还向旅日华侨进行爱国宣传。日本政府派警察包围了学生的集会，逮捕了学生领袖。

中国学生汇合起来到中国驻日公使馆游行示威，又一次遭到日本警察的镇压。中国学生就在神田区的中华青年会馆召开抗议大会，决定集体回国，以抗议日本政府的暴行。

周恩来参加和领导了这次斗争，逐渐下决心早日回国，去参加一天天高涨起来的国内的革命斗争。

周恩来准备从神户乘船回国。

他从东京出发，路过京都，在这里停留了一个多月。当时虽然马克思主义在他的思想上还只是一个新的萌芽，但他已经在阴云密布的黑暗世界中看到了一线光明——一个新世界的曙光。一天，他在蒙蒙春雨中，游览了京都著名的风景区——岚山。

雨中的岚山美丽极了。一排排青翠的苍松，在细雨中更显得碧绿。在这绿叶的缝隙中常常有粉红色的樱花露出脸来，仿佛是年轻美丽的姑娘在对着山石间的泉水，照镜梳妆。薄薄的雨雾，像烟、像云，又像轻纱一样，缠绕在绿树红花上。雨过云收，薄雾中透出一线阳光，使景色越发姣妍。

年轻的周恩来登山远眺这湖光山色，沉思默想，觉得这自然的风光里也包含着某种哲理。朦胧的雨雾正像纷乱的世界，让人感到昏暗，感到渺茫，而那穿云透雾的阳光，正像照亮自己心灵的真理。

他思索着，浏览着，一股诗情袭上心头。

后来，他写下了四首诗，来描述自己的心境。

下面是其中的两首。

其一　雨中岚山——日本京都

一九一九年四月五日

雨中两次游岚山，
两岸苍松，夹着几株樱。
到尽处突见一山高，
流出泉水绿如许，绕石照人，
潇潇雨，雾蒙浓；
一线阳光穿云出，愈见姣妍。
人间的万象真理，愈求愈模糊；
——模糊中偶然见着一点光明，
真愈觉姣妍。

※ 周恩来和留日同学在东京合影。

其二 雨后岚山

一九一九年四月五日

山中雨过云愈暗，
渐近黄昏；
万绿中拥出一丛樱，
淡红娇嫩，惹得人心醉。

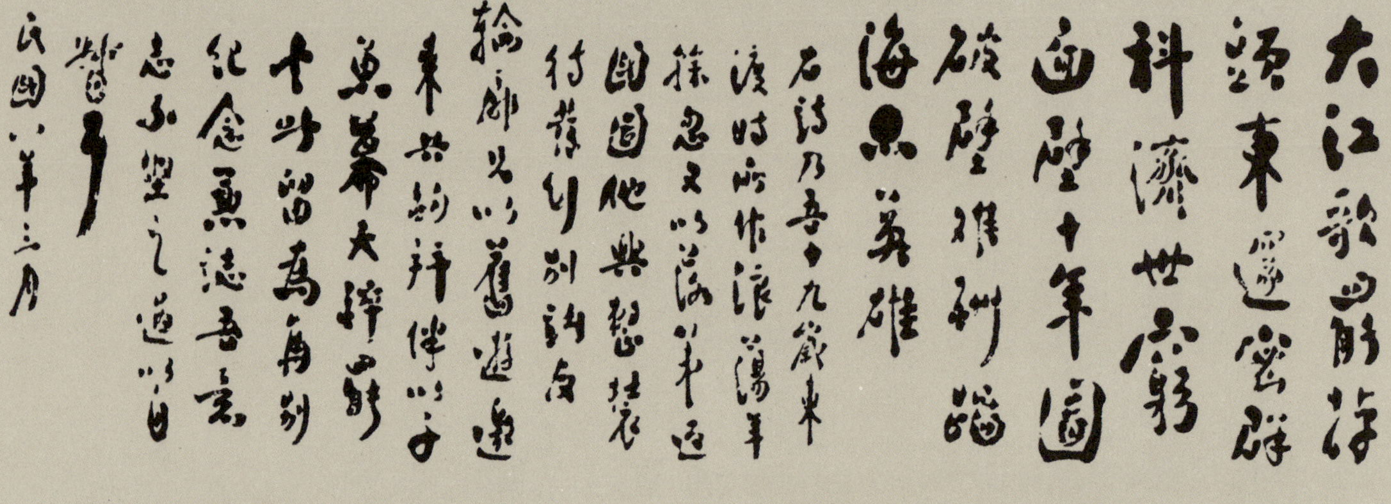

※ 这是周恩来赴日前夕写的抒发救国抱负的一首诗。1919年3月，他在回国前将这首诗书赠留日南开同学，表示将要“返国图他兴”。

自然美，不假人工；

不受人拘束。

想起那宗教、礼法、旧文艺……

粉饰的东西，

还在讲什么信仰、情感、美观……

的制人学说。

登高远望，

青山渺渺，

被遮掩的白云如带；

十数电光射出那渺茫黑暗的城市。

此刻岛民心理，仿佛从情景中呼出：

元老、军阀、党阀、资本家……

从此后“将何所恃”？

在这两首诗中表露了他在迷茫中寻求到马克思主义的喜悦，表现了他对日本人民的同情和对压迫者的愤慨，抒发了他对未来的信心。

带着这样的心情，他从京都到神户，在1919年4月，中国五四运动的前夕，登上航船，告别了樱花盛开的日本，回到生他养他的亲爱而又充满苦难的祖国。

（苏叔阳）

五四先锋

周恩来说："我之所以回国，就是为了参加救国斗争。"他组织成立"觉悟社"，举行大规模的请愿大会。1920年1月，被反动政府拘捕，在监狱中度过了近半年的时光。

1919年，由于俄国十月革命的影响，马克思主义已经在中国传播。灾难深重的中国人民开始觉醒，一个新的历史潮流正在逐渐形成。在这"山雨欲来风满楼"的动荡岁月里，周恩来从日本神户乘轮船回到了祖国。4月30日出版的《南开校风》一百二十三期报道："毕业同学周恩来君，前由日本回京。"

正在这时，震动全国的反帝反封建的五四运动爆发了。周恩来回到天津后，住在母校南开学校，同学们纷纷前来看望他。天津学生联合会为了进一步宣传反帝反封建思想，组织各界群众投入伟大的五四运动，急需加强领导，并出版自己的报纸。他们认为周恩来是最理想的报纸主编，遂请他主办天津学联机关报。周恩来欣然同意，他说："我之所以回国，就是为了参加救国斗争。既然需要我编辑《天津学生联合会报》，我愿与大家共同努力。"

周恩来主编的报纸，充满着"革新"与"革心"的精神。他在创刊号上以《革心、革新》为题发表社论，阐明了"革新"就是改造中国，改造社会；"革心"就是革除人们思想上的一切旧的传统观念和传统影响。这是他为天津学生运动提出的带纲领性的革命战斗口号，其锋芒是指向束缚人们思想，因循守旧，开历史倒车的旧势力、旧思想的。

《天津学生联合会报》起初是三日刊，很快改为对开一大张的日报，最多时每期发行两万份以上，除在天津发行，还远销北京、上海、南京等地，在读者中享有很高的声誉。

8月初，媚日军阀、山东镇守使马良采取屠杀政策，继解散救国团体、逮捕和毒打学生之后，又杀害了回教救国会的三位领导人。惨案发生后，群情激愤。8月23日清早，北

※五四运动时的周恩来。

京和天津代表25人，到反动政府的“总统府”门前请愿，抗议山东惨案，要求惩办马良。

同一时间，天津各爱国团体的领导人，特别是学生联合会和《天津学生联合会报》编辑部的人们，都聚集在一起，焦急地等待着赴京请愿代表的消息。从北京来了长途电话，反动政府不仅不让请愿代表见“总统”，而且出动大批军警包围了请愿群众，一群穿着黑大褂的便衣侦探逮捕了全体代表，并把他们关进了拘留所。大家听到这个消息，都非常愤慨。周恩来沉着有力地说：“这正是继续加强爱国运动的时机，用不着惊慌紧张，依照计划进行就是了。被捕，只要经得起考验，不算什么！但营救他们，是我们的责任！”

紧接着，在东讲厅的一间会议室里，天津学生报社联合会召开了临时会议。周恩来向各报代表报告了请愿代表被捕的消息。他提出：当前应把注意力集中到请愿斗争上来，必须进一步唤起民众，联合斗争。

《天津学生联合会报》随即出版了号外：“同胞们！京津的请愿代表都被捕了！我们要群起反对！要搭救被捕的代表！”

天津沸腾了，群众愤怒声讨卖国政府，纷纷要求参加赴京请愿的斗争。25日，天津组成了几百人的队伍分批赴京。26日，北京、天津组成了几百人的队伍分批赴京。26日，北京、天津两地学生共三四千人，排着整齐的队伍，向“总统府”进发。新华门前，反动军警戒备森严，一片杀气腾腾。反动政府仍然拒不接见代表。请愿团在各界群众支援下，不分昼夜地坚持斗争。第三天，反动政府下了毒手，军警用枪托毒打学生，并且逮捕了请愿的现场指挥者马骏。

周恩来在天津接到消息后，为了推动请愿斗争的顺利进展，营救马骏和全体被捕代表，他和学生代表郭隆真等赶到了北京。他一方面鼓舞大家的斗志，一方面领导大家积极开展营救活动。他们动员了几千学生，分别包围了北京、天津的警察厅。在广大群众汹涌澎湃的爱国运动压力下，反动政府不得不在8月30日释放了两次逮捕的全部代表。

9月2日下午，一列火车从北京驶往天津。周恩来和被营救出狱的七名天津代表坐在车厢里，有人提议把天津的两个学生组织——“学生联合会”和“女界爱国同志会”合并，共同开展斗争，大家纷纷表示同意。

回到天津，周恩来就和两个组织的骨干分子进行筹备工作。经过一个星期的充分酝酿，他们决定成立一个20人的组织严密的团体，定名为“觉悟社”。基于男女平等的原则，两个组织各出十人。这个团体的宗旨，由周恩来考虑拟定，在成立的会议上民主讨论通过。

9月16日下午，在天津草厂庵学生联合会的一间办公室里，十名男青年和十名女青年坐在会议桌旁，举行第一次会议，气氛十分严肃。周恩来怀着激动的心情，起立宣布开会说：

“大家所殷切盼望的我们共同的团体，今天就要诞生了！……今天到会的人，有些彼此还不太熟悉，有的人互相还没有交谈过。先请女社员介绍一下吧。”

郭隆真逐个介绍了女社员。介绍到年龄最小的邓文淑时，她说：

“邓文淑，女师同学，女界爱国同志会的负责人之一……”

邓文淑后来改名邓颖超，是天津直隶北洋第一女子师范学校的学生，与郭隆真、许广平等是同学。五四运动爆发后，年仅15岁的邓颖超积极投入了爱国运动。1919年5月25日，她与郭隆真等发起成立了“天津女界爱国同志会”。这个团体以天津市的中专女校学生为骨干，还吸收了部分小学女教师和家庭妇女参加，会员共六百多人。在天津市东马路江苏会馆的成立大会上，邓颖超被选为该会的负责人，并担任评议委员，负责组织讲演工作。

接着，男社员也一一做了介绍。周恩来首先发言，并提出一个集思广益、切实可行的工作方案，经大家讨论通过。“觉悟社”——这个纯洁的、富有战斗力的新时代先进青年的组织——像一枝报春的红梅，在风刀霜剑中傲然地开放了。

周恩来是“觉悟社”的主要负责人，又是《觉悟》杂志的主编。“觉悟社”把学习和研究马克思主义作为一项重要任务。他们经常邀请一些进步学者来作讲演，其中就有中国最早的马克思主义者李大钊；他们还经常开会研究世界新思潮，讨论反帝反封建斗争的形势、策略和任务。

《觉悟》杂志创刊号于1920年1月20日出版。其中发表了周恩来写的三篇文章：《觉悟》、《觉悟的宣言》和《有什么分别》。前两篇是纲领性的短论，明确地提出了反帝扫封建的主张，经全体社员讨论，由周恩来执笔写成；这一期还发表了他写的《游日本京都园山公园》、《雨后岚山》等五首白话诗。他们那时发表文章都不用真名，而是用抽签的号码来代替，周恩来是五号，他就用“伍豪”做笔名；邓颖超是一号，用的笔名是“逸豪”。

正当爱国运动蓬勃发展的时候，1920年1月25日，北洋军阀卖国政府公然下令查封了天津学生联合会，宣布解散一切爱国团体，派出大批军警、便衣、密探，疯狂地镇压天津人民的爱国运动，并逮捕了24名学生和各界代表。

在白色恐怖下，天津学生联合会的骨干分子被迫转入地下活动。1月27日，在周恩来主持下，于天津南开操场召开了有五千余人参加的第二次国民大会，会后群众手持白旗，举行了示威游行。当天晚上，在天津滨江道法租界的“维斯理堂”的地下室里，“觉悟社”又召开了秘密紧急会议，研究和讨论了对付反动当局的行动计划与战斗部署。

1月29日，浩浩荡荡的学生请愿队伍出动了。周恩来、郭隆真、于方舟等四位代表走在队伍的最前面。他们冲破军警的重重阻拦，包围了位于金汤桥畔的北洋军阀的省公署。省长曹锐慑于人民正义斗争的声威，把大门紧紧关闭，并派保安队把守，不敢露面。忽然，学生请愿队伍中有人发现大门虽然关上了，可是底下的门槛没有上，离地面还留有一尺多高的空隙。

周恩来第一个俯身从门槛空儿闪身进去，其他代表也跟着进去了。他们刚进到门里，立足未稳，从门洞后面窜出几个反动军警，二话没说，便大打出手。周恩来和于方舟急忙抵抗，以身保护两名女代表。这时一名副官走来，假惺惺地喝退打手，让四位代表到两厢兵棚外室等候接见。周恩来发现大门旁的墙角靠着一个梯子，原是军警上去观察墙外动静用的。他迅速地登上梯子，从墙头向下望去，只见人聚如潮，口号声此起彼伏。他激动地向同学们大声喊道：

“代表们都已进来，诸位可耐心等待，各校指挥维持好秩序，如果没有圆满结果，我

※ 觉悟社部分成员合影。后排右一为周恩来，右五为马骏，右三为郭隆真；前排右二为刘清扬，右三为邓颖超。

们誓死不归。如一点钟之后仍不见归来，就是失败了。大家可以再接再厉，另寻办法，不获成果，誓不罢休！”

就在这时，省长曹锐已经调集了军队、警察、保安队，布置在省公署周围，要对手无寸铁的爱国学生和群众下毒手了，周恩来等四名代表被捕了。周恩来被捕后，和二十多个先后被捕的代表一起，被关押在警察厅的拘留所里。反动政府既不审讯，也不释放，还不准他们相互往来。周恩来便利用上厕所的机会，传递纸条，和战友们商量对策。每晚睡觉之前，狱方照例要吹号集合“训话”，周恩来也利用这个机会，同战友们个别串联，互通消息。

两个月过去了。4月2日，周恩来和被捕代表宣布绝食，要求放松管制和立即开庭“审讯”。

代表们绝食的消息越过牢狱的高墙，很快在社会上传开，引起了广大群众对反动警厅的愤怒。这种事情，杨以德自当警察厅长以来还没见过。他慑于广大群众的声威，只得放松对被捕代表的管制，并答应向省长转达代表们的要求。

4月7日晚上八点半钟，被拘留了两个多月的学生代表们，除因病和未成年的代表提前释放外，其余21人分乘六辆汽车被移送到了天津地方检察厅“民事看守所”内。周恩来和代表们采取了先发制人的斗争办法，一到检察厅就与检察长徐步善进行了严正的交涉，迫使敌人不得不放宽限制。他不顾个人安危，在狱中用了许多时间给被捕代表讲述马克思学说，如唯物史观、阶级斗争史、剩余价值学说和马克思传等等，从而鼓舞了大家的斗志，坚定了胜利的信心。

“觉悟社”的领导人周恩来、郭隆真被捕入狱后，“觉悟社”并没有停止活动。邓颖超、谌志笃等人挑起了领导工作的重担，开展了营救被捕代表工作。反动当局迫于天津人民强烈的谴责和被捕代表们坚决的斗争，不得不开庭审讯被无理关押有半年之久的21名代表。

7月8日，是公开审理的第三天，也是最后一天。这一天，“觉悟社”的社员们一齐出动，到法庭上去声援被捕代表。天津市的爱国学生和人民群众也纷纷聚集在法庭的大门口，要求进去旁听。

开庭的时间到了，周恩来等人迈着从容的步伐，气宇轩昂，精神抖擞地走上了“被告席”。审讯开始了，主审法官宣布被告人的“罪状”：“省署请愿聚集数千人，有周恩来等四人，不听副官拦阻，由门槛闯入，当即被送往警厅拘留。在警厅拘留期间，不服约束，凌辱官长，经警厅转请省长，送交检厅依法惩办……周恩来，以上起诉是否属实？”

周恩来轻蔑地一笑，然后昂首挺胸，接二连三地向法官发出严厉的质问：“学生们出于纯真的爱国之心，抵制日货，维护民族利益，究竟犯了什么罪？”

“学生们到省署请愿，推举我们当代表，求见省长，这又犯了哪一条王法？”

“当局派军警用刀枪棍棒打散请愿学生，造成流血惨案，又是哪条法律有此种规定？”

“既不审讯，又不释放，无理拘留各界请愿代表半年之久，又依据法律的哪一条？”

……

这一连串的质问，像排炮一样打得法官招架不住，恼羞成怒地喝道：“究竟是你审问我，还是我审问你？”

周恩来的讲话条理清晰，论据有力，说得法官们面红耳赤，低着头装作看桌上的文件，不敢正视人们。旁听的群众时而以热烈掌声表示对周恩来的声援，时而以爽心快意的大笑为周恩来的发言喝彩，时而发出嘘声表示对反动当局的讽刺。法官们如坐针毡，审讯草草收场。

八天以后，开庭宣判。这天下午两点，前来为代表们助威的人更多了。不仅庭上、院内挤得水泄不通，就连门外马路上也是比肩接踵。开庭后，审判长理屈气虚，含糊不清地宣读了所谓“判决书”：

“周恩来、于方舟，共犯骚扰罪，各处五等有期徒刑二月……

“羁押期内日数，均准折抵。

“以上被告人在押二日抵一日，在押二日折罚金一元，均足执行刑罚终了之期。”

当代表们获释的消息传开后，天津人民欣喜若狂，各界联合会和学生联合会组成了一百多人的慰问团，到法庭门前迎接。法庭门前人山人海，欢声雷动。1920年8月，觉悟社召开年会。出狱不久的周恩来在会上做了一年多来天津学生运动的总结报告。他提议邀请少年中国学会、青年互助团、曙光社和人道社四团体举行座谈会。8月16日，在僻静的北京陶然亭一间宽敞的亭子里，觉悟社和四团体的二十多名青年，围坐在长桌子四边。一

※ 1920年1月，周恩来等在反帝爱国运动中被北洋军阀政府天津警察厅拘捕。在他们坚决斗争和各界爱国群众的声援下，反动当局被迫于7月将他们释放。这是周恩来等出狱后的合影。

※ 迫于压力，北洋军阀政府不得不释放被捕学生，罢免亲日派官员职务，拒绝在巴黎和约上签字。图为6月11日天津学生团为庆祝初步胜利合影留念。

位30岁左右的人，应邀前来出席座谈会，他就是著名的马克思主义者李大钊。

在与会各团体的代表相继发言后，李大钊代表少年中国学会发言。他那庄重的面容和沉着的神态，那炯炯有神的眼睛和有力、明快的谈吐，深深打动着青年们的心。李大钊讲话中，充分肯定了周恩来和青年们的革命热忱，肯定了他们所选择的正确方向。他鼓励大家首先要确定共同的、明确的“主义”，这是联合的基础。他说：“主义不明，对内既不足以齐一全体之心志，对外尤不足与人为联合之行动。”

李大钊还向青年们提出恳切的希望说，今后各团体要进一步加强联系，到劳工群众中去，到农民中去，和他们同命运，共呼吸，了解他们，启发他们，因为20世纪的革命必然是滔滔滚滚的群众运动。

8月18日，参加陶然亭聚会的五团体代表在北京大学图书馆订立了《改造联合宣言》，制定了《改造联合约章》。其中规定，集合在“改造”赤旗下的青年联合起来，“到民间去”，进行“农工组织之运动”，“妇女独立之促进”，“切切实实做点事”。

经过陶然亭聚会，周恩来受到新的启发和鼓舞，为了进一步研究马克思主义理论，学习欧洲无产阶级革命运动的经验，周恩来决定到法国去勤工俭学。

周恩来到法国去的愿望，并不是偶然的，而是经过了一段时间的酝酿。当他还在反动派的监狱里时，就曾希望出狱后到巴黎公社的故乡去寻求革命真理。1920年6月初，“觉悟社”社友李愚如到狱中去探望他，当他听说这个女青年毅然冲破家庭羁绊，决定前往法国勤工俭学时，他怀着兴奋的心情，为她写了《别李愚如并示述弟》的送别诗篇，其中就抒发自己的愿望：

三月后，
马赛海岸，
巴黎郊外，
我或者能把你看。

现在，他获得了自由，可以实现自己向往已久的愿望了。1920年10月8日，周恩来在北京华法教育会办理了去法国的手续，立即乘火车赶往上海。

（南新宙）

※ 五四运动后，研究和传播马克思主义成为进步思想的主流。1919年7月，李大钊等先后成立少年中国学会和北京大学马克思学说研究会。图为1919年7月成立的少年中国学会部分会员合影。右三为李大钊。

旅欧岁月

1920年12月中旬，周恩来到了欧洲，开始勤工俭学。经过实际考察并对各种思潮进行比较，终于确立了共产主义信仰。1962年周恩来在一次谈话中说："1920年我到法国，还对费边社会主义有过兴趣，但很快就抛弃了。我感谢刘清扬和张申府，是他们两人介绍我入党的。"

在中国新民主主义革命的历史上，20年代初去法国勤工俭学，是一件大事。就在这批勤工俭学生中，产生了后来中国共产党的和新中国的一大批领导人，如：周恩来、朱德、邓小平、李富春、王若飞、陈延年、陈乔年、聂荣臻、蔡和森、蔡畅、向警予、赵世炎、张昆弟、罗学瓒、颜昌颐、陈毅、李维汉、李立三、赵伯坚、郭隆真、余立亚、熊雄、熊锐、孙炳文、穆青、欧阳钦、李大章、邢西萍（徐冰）、傅钟、何长工、李卓然、刘鼎、袁子贞、谢唯进等。在中共旅欧组织入党的不下五六十人。

新中国成立后的50年代，中共中央常委6人中，就有3人是旅欧的：周恩来、朱德、邓小平。

周恩来1920年12月中旬到法国马赛，随即去巴黎。1921年1月5日到英国伦敦。他到欧洲求学，本来的目的并不是只关闭在学校中学习功课，而是要对西欧发达国家作"社会实况之考查"。他到了欧洲，第一个印象，就是欧洲社会所受到的第一次世界大战的影响十分巨大，尽管英国、法国都是战胜国，但是社会上表现出显著的不安定。生产力下降，经济界恐慌，生活窘困。这同出国以前总认为欧洲物质文明发达，战争的影响不会太大，完全不一样。看巴黎、伦敦的市面，虽然觉得比东亚的都市繁华，但是煤、电、糖、面包这类东西，甚至不如上海、北京、天津丰富。英国仅英格兰一地，失业者超过100万人。法国受战争影响最大，满目疮痍，战后的恢复还不到百分之五六。周恩来发现，欧洲多是工业国，工人组织比中国完备得多，但工人仍不能得到完善的救济。至于中等阶级的人，既没有组织，又受经济压迫，失业和困难又有很多，这些国家中，只有俄罗斯已成立工人苏维埃，另有解决办法。

周恩来到欧洲后，广读博览，涉猎各种学说和思潮，"对于一切主义开始推求比较"。他在巴黎时，在一个法语学校学法文。他住在巴黎拉丁区，后来搬到郊区的一个小镇科隆贝居住，宽阔平坦塞纳河从镇边流过，环境很安静，但是离学校较远。每天早上天刚亮，周恩来就招呼住在一起的勤工俭学生起来，他们几个人一起开火，吃的经常是挂面和卷心菜，用的是煤油炉，一做饭，满屋子烟油味。早上匆匆吃了早点就向地铁站跑，因为早上七点以前坐地铁票价减半。周恩来平时出门，近距离不乘车，远路坐地铁时，常把皮包摆在膝盖上，看书或写东西。除了上课，他就是到书店看书。他读了大量英文版的马克思主义著作如《共产党宣言》、《法兰西内战》、《社会主义从空想到科学的发展》等，也读过无政府主义的书籍如《克鲁泡特金传》等，还曾经对鼓吹资产阶级同无产阶级“合作”的费边社会主义感兴趣，但最后他认识到：只有科学社会主义可以救中国。

他确定马克思主义作为终生信仰。

1962年，周恩来在一次谈话中说：“1920年我到法国，还对费边社会主义有过兴趣，但很快就抛弃了。我感谢刘清扬和张申府，是他们两人介绍我入党的。”

※ 五四运动前后，相继有1600多名青年到法国勤工俭学，其中许多人由此转变为马克思主义者。图为1919年3月，首批留法勤工俭学学生从上海启程时合影。

当时在中国国内，1920年5月以后，陈独秀等在上海筹备建党的时候，考虑到党的名称叫什么好，拿不定主意，写信问北京的李大钊。李大钊回答说："叫共产党。"所以上海党组织一成立就叫共产党，随后创办的秘密刊物也叫《共产党》。上海党组织成立后，北京以李大钊为首也建立了共产党的组织。张申府是成员之一，当时他是北京大学讲师。这年12月，张申府应法国里昂中法大学的聘请到法国，行前受陈独秀、李大钊委托，负有在旅法华人中发展组织的任务。

张申府说："到法国后，因为刘清扬关系，我与周恩来经常来往，彼此更加熟悉。1921年2、3月间，我先介绍刘清扬加入中国共产党，接着，我和刘清扬又介绍周恩来入党……在此前后，通过国内关系入党的赵世炎、陈公培又和我建立了联系……我们五人就在巴黎成立共产党小组……"另一次谈话中他又说："1921年2月，我介绍刘清扬加入共产党，3月，我和刘清扬又介绍周恩来入党。"

刘清扬也说："到法国之后……不久，张申府介绍我，我又同张申府一起介绍周恩来参加共产主义小组，同时世炎也是我们这个小组的成员。"

巴黎的共产党小组，成为中国共产党的八个建党发起组之一（现统一称为共产主义小组）。党的创始人之一、负责组织召开中共一大的李达回忆一大情况时，在历述了上海发起组邀约北京、武汉、长沙、济南等同志分别在各地成立党的发起组后说："此外，还邀集广州、东京、巴黎当时相信马克思主义的人也发起了中国共产党。截至1921年6月为止，共有上海、北京、武汉、长沙、济南、广州、东京、巴黎八个中国共产党发起组。"

巴黎小组是中国共产党的发起组之一，周恩来是党的创始人之一。

毛泽东在1936年和斯诺谈话，在叙述了建党时的国内情况后说，同时，在法国，许多勤工俭学的人也组织了中国共产党，"那里的党的创始人之中有周恩来"。

旅法共产主义小组成立后，在留法勤工俭学学生中没有公开出面领导活动。周恩来等开始筹建青年团性质的共产主义组织。

1922年3月初，因为德国的生活费用比法国低廉，周恩来由巴黎迁到柏林，住在柏林郊区的瓦尔姆村皇家林阴路54号。当时旅欧勤工俭学的中国青年，散居于法、德、比等国，周恩来经常奔波其间。党的组织，在法国的由赵世炎负责。周恩来和赵世炎保持着密切的联系，大约在1921年底或1922年初，周恩来、赵世炎托人带信给在法国勤工俭学的新民学会会员李维汉，约他到巴黎的一个旅馆见面，共同研讨组织旅欧中国少年共产党的事。三人见面后，商定了分头筹备，终于在1922年6月间，在巴黎西郊布伦森林中的一个空地上召开会议，到会的有23人。会议是赵世炎主持的，通过了周恩来起草的组织章程，

※ 周恩来在巴黎的住所门前。

确定了组织的名称叫旅欧中国少年共产党，选出了中央执行委员会，赵世炎为书记，周恩来负责宣传，李维汉负责组织。为了便于在法国警察侦察下秘密工作，各用一个代号，周恩来的代号就用的“伍豪”，赵世炎叫乐生，李维汉叫罗迈。党部设在巴黎意大利广场戈德弗鲁瓦街17号一个旅馆里，会议还决定出版机关刊物《少年》。

这年在国内，5月上旬，中国社会主义青年团第一次全国代表大会在广州召开了。赵世炎、周恩来等得知后，10月又在巴黎召开旅欧中国少年共产党会议，决定加入中国社会主义青年团。这时恰好李维汉要回国，赵世炎、周恩来就用旅欧中国少年共产党的名义写信给国内的团中央，要求“附属于国内青年团，为其旅欧支部”。李维汉1923年1月初回到中国，向中共中央报告了此事，中共中央在一次会议上批准了这一要求。1月间，旅欧中国少年共产党收到去苏联参加共产国际第四次大会上的中共代表团陈独秀的回信，信中建议把“旅欧中国少年共产党”改名为“中国共产主义青年团旅欧支部”，把领导机构“中央执行委员会”改为“执行委员会”。2月中旬，旅欧中国少年共产党在巴黎召开临时代表大会，决议加入中国社会主义青年团，成为它的“旅欧支部”，在欧洲的名称则定为旅欧中国共产主义青年团。会上通过了周恩来起草的《旅欧中国共产主义青年团章程》，改选了领导机构，周恩来任书记。会后，又收到了国内团中央1月29日的来信，批准加入社会主义青年团。

周恩来虽然身在西欧，但他和国内保持着密切的联系，同国内的反对帝国主义、反对北洋军阀政府的斗争声气相通，互为支援，并且经常给天津《益世报》提供报道文章。

去法国勤工俭学的青年，在国内时的接洽，出国时的引导，到法国后的接待，以及以后一切生活的问题，都同华法教育会发生关系。华法教育会在中国在法国都有机关，由中法两国人士任职。勤工俭学生到法国后一时没有找到工作的，由华法教育会发给维持费。在当时法国经济不景气情况下，这部分人在留法勤工俭学生中要占三分之二以上。1921年2月，华法教育会突然宣布同勤工俭学生脱离经济关系，停发维持费。这些学生顿时生活无着落。再加传闻华法教育会职员大量侵吞国内汇来的救济款项，蒙达尼学校又以拖欠学费为名强制学生退学。因而2月28日，四百多名勤工俭学生到中国驻法使馆前请愿示威，但遭到法国警察和马队的毒打和驱散。当时，周恩来在法国中部的布卢瓦镇，不在巴黎。3月间，周恩来写了第一次西欧通讯《留法勤工俭学生之大波澜》，报道了这次斗争的始末，发表在天津《益世报》上，表示了对这些学生的深切同情。

※ 1923年2月，中国少年共产党召开临时代表大会，决定改名为“中国共产主义青年团旅欧支部”，周恩来任书记。这是会议期间在巴黎郊外布伦森林合影。后排右六为周恩来；前排左二为赵世炎，左八为陈延年，左十一为王若飞。

周恩来十分关心时事和社会，这年6月中旬，他在法国报纸的字里行间，看出北洋政府派了专使朱启钤和财政次长吴鼎昌到巴黎，同法国政府秘密谈判借款和买军火，他就同赵世炎、蔡和森等共同商讨对策。当时，在法国的华工有二千多人，有工学世界社的组织。周恩来和工学世界社的袁子贞等，联络旅法华工会、中国留法学生联合会、国际平和促进会、亚东问题研究会、巴黎通讯社、旅欧周刊社等团体，组成反对借款委员会，发表《拒款通告》，谴责军阀借款打内战。6月30日，周恩来和赵世炎、李立三、陈毅、徐特立、刘清扬、袁子贞等三百多人参加由旅法华人各团体在巴黎哲人厅召开的拒款大会，通过宣言书，号召国内同胞和各国华侨“联合一致以反对非民意之借款”，并请法国人“赞助”。同时，周恩来撰写了通讯《旅法华人拒绝借款之运动》寄回国内发表。这篇报道在国内引起了很大反响，激起了国内爱国人士反对中法借款的巨大声浪。在强大舆论压力下，朱启钤潜往美国，吴鼎昌避到伦敦，法国政府中止讨论借款。但是实际上，谈判仍在暗地偷偷进行。7月25日，法国《巴黎时报》透露出借款合同已经商妥和草签，代表中国政府签字的是吴鼎昌和陈箓。消息传出，群情激愤，旅法华人首先集会反对。周恩来和赵世炎领导旅法华人各团体召开第二次拒款大会，要驻法公使陈箓来说明真相。陈箓派秘书长王曾思到会。会上，王曾思遭到殴打，被迫代陈箓签署了反对借款声明。法国政府也怕事态闹大，只好宣布暂缓借款。

国内军阀政府的迫害和镇压正在加剧。觉悟社的社友黄爱担任过《天津学生联合会报》编辑，1920年6月回家乡湖南后，创建了湖南劳工会，1921年加入了中国社会主义青年团，1922年被军阀赵恒惕逮捕，连砍三刀，惨杀在长沙浏阳门外。周恩来从国内来信中得知这一消息后，陷入深深的怀念之中，挥笔写下了一首流传千古的壮丽新诗：

壮烈的死，
苟且的生。
贪生怕死，
何如重死轻生！

生别死离，
　最是难堪事。
别了，牵肠挂肚；
死了，毫无轻重，
　何如作个感人的永别！

没有耕耘，
　哪有收获？
没播革命的种子，
　却盼共产花开！
梦想赤色的旗儿飞扬，
　却不用血来染他，
　天下哪有这类便宜事？

坐着谈，
　何如起来行！
贪生的人
　也悲伤别离，
　也随着死生，
　是他们却识不透这感人的永别，
永别的感人。

不用希望人家了！
生死的路，
　已放在各人前边，
飞向光明，
　尽由着你！
举起那黑铁的锄儿，
　开辟那未耕耘的土地；
种子撒在人间，
　血儿滴在地上。

本是别离的，
　以后更会永别！
生死参透了，
　努力为生，
　还要努力为死，
　便永别了又算什么？

在这首诗里，表现了周恩来的彻底革命的意志和辩证唯物主义的世界观、生死观。他把这首诗随信寄给国内觉悟社员时，信中写道："我认的主义一定是不变了，并且很坚决地要为他宣传奔走。"

1923年，国内又发生了一件轰动的事件。5月5日由上海开往北京的一趟快车，在山东临城地方遭到土匪拦劫，车上二百多名中国乘客和三十余名外国乘客被绑架作为要价的

"人质"。帝国主义列强以此为借口，有的提出中国"水陆一切交通路线皆归外警保护，全中国各要点均驻外兵"，有的要"以国际军队占据京津铁路，以外员编练中国警队归列强管辖"。到6月12日，尽管被劫持的外国乘客已经全部释放，列强仍准备"在华设立万国警察共同管理中国铁路"。7月2日，周恩来阅看《巴黎时报》，看到这一消息后气得拍案而起。第二天，他发起召开旅法华人各团体联合会，商讨行动，以"少年杂志社"的名义主持会议，由八个团体决定印制传单分送巴黎各报馆。7月8日，周恩来又召集二十几个旅法团体的代表开会，组成旅法各团体联合会临时委员会，周恩来、徐特立等被推为负责人。当晚，周恩来等用旅法华人各团体联合会临时委员会名义拍发"致国内各界公电"，指出"铁路共管，等于亡国，旅法华人全体反对，望工农商各界速起力争"。7月15日在巴黎又召开大会，会后开了各团体代表会，正式成立各团体联合会，周恩来、徐特立、郭隆真、许德珩、袁子贞等当选为领导成员。在国内，各界人民也起来强烈反对。最后，帝国主义"共管"中国铁路的打算没有实现。

旅欧党团成立和发展的过程，是一个同帝国主义和北洋军阀政府不断斗争的过程，也是同旅欧青年中自身间的斗争分不开的。1923年夏天，周恩来从德国回到法国，住在巴黎戈德弗鲁瓦街17号，从事党和团的工作，常到勤工俭学生和华工比较集中的拉丁区和近郊的小咖啡馆演说，或者写文章。在旅欧青年中，当时比较突出的，是同无政府主义的斗争和同国家主义派的斗争。

五四时期，无政府主义在中国曾经有过广泛市场，很多后来成为很好的共产党员的青年，开始曾经信仰过无政府主义，在旅欧青年中，有几十名无政府主义者1921年秋组成了"工余社"，1922年1月还在巴黎创办了机关刊物《工余》月刊。中国共产党创建人之一陈独秀的两个儿子陈延年和陈乔年，是两个满腔革命热忱的青年，却一度相信了无政府主义，是"工余社"的主要成员。陈延年还当过《工余》的编辑，化名林木。

对于无政府主义者，周恩来认为他们毕竟是要革命的青年，所以"在学理上愿与无政府主义者辩驳讨论"，但对他们中有的人的"嬉笑谩骂"，"不做相对的回报"，要用中国革命实际的教育，争取他们参加到共产主义方面来。对于"二陈"，周恩来、赵世炎等也是一直做争取的工作，热心关注他们态度的变化和趋向，打通联系，同他们接触，让同"二陈"熟悉的同志给他们写信，"与之问讯，且探其动静"。到1922年中，陈延年、陈乔年已经抛弃无政府主义信仰，成为旅欧中国少年共产党成员。

陈延年、陈乔年转变后，又现身说法，教育团结了其他人，到1923年末，中共旅欧组织和旅欧共青团反对无政府主义派的斗争，已取得决定性胜利。1924年，《工余》仅仅出

※ 1922年，周恩来在柏林。

版了两期，就停刊了。

国家主义派是五四运动后以曾琦、李璜为首形成的一个派别，1923年定名为中国青年党。他们认为："中国目前之大患，不在列强之压迫，军阀之专横，议员之无耻，而在多数国民无国家之自觉心。"国家主义派否认中国社会的主要矛盾是帝国主义和中华民族的矛盾，封建主义和人民大众的矛盾，他们反对中国共产党提出的反帝、反封建的革命纲领。对国家主义派，周恩来、李富春、邓小平等都以很大的精力来同他们斗争。旅欧中国少年共产党成立后，1922年8月创办《少年》。1924年2月《少年》改名《赤光》，由周恩来主编。周恩来在两种刊物上写了四十多篇文章。国家主义派后来堕落到指引法警搜捕、捉拿共产党员，曾琦回国后，公然投靠了军阀孙传芳。

在这些斗争中，周恩来卓越地阐述了马克思主义，提出了一些独创性的见解，有的在当时是仅见的：

※ 1924年，中国社会主义青年团旅欧支部部分成员在巴黎合影。前排左四为周恩来，左六为李富春，左一为聂荣臻；后排右三为邓小平。

（一）他明确地提出了要用社会主义来救中国。他说，“社会主义不可侮，实已成了必然的趋势”，“世界上只有一个共产主义能使这个责任无国界无种界地放在无产阶级的肩上，也只有他能使中华民族得列于人类中间，彼此一视同仁”。“也只有他，方说得起变更，因为他是应着生产力发达的需要而加以顺势的变更。”周恩来在提倡共产主义信仰时，指出这要区别于迷信：“凡有所‘信’都不应超越于理智范围之外，出此便是迷信。”他指出信仰要付诸实践，“信而又疑，不去实行，我们又何必谈实验，谈改革”。

（二）明确指出革命的对象、领导和队伍。他说：“国事败坏至今，纯由吾人受二重之压迫，即内有冥顽不灵之军阀，外有资本主义之列强，吾人欲图自救，必须推翻国内军阀，打倒国际资本帝国主义。”他认为：“全中国的劳动阶级——特别是交通机关、矿山、工厂，常与列强资本势力接触、备受中国军阀凌辱的中国劳动阶级——终将为国民革命中一派最可靠的主力，这是毫无疑义的。”“新旧军阀既都不足恃，所可恃者以救中国的只有全中国的工人、农民、商人、学生联合起来，实行国民革命。”

旅欧时，周恩来已对中国的资产阶级进行分析，不看成铁板一块，指出“他们中间的开明分子也渐能与革命派表同情，而不久的将来终会有一部分人会走入救国的革命队伍中”，但“依他们现时的阶级地位说，自然很难单独去号召一种革命”。

（三）指出“真正革命非要有极坚强极有组织的革命军不可，没有革命军，军阀是打不倒的”。周恩来非常赞成德国革命家卢森堡说的“我们要无军队，便不能革命”，认为“这都是见到之语”。周恩来立志救国，很早就开始注意军事，在南开学校建立敬业乐群会时，在会中就设立了“军事研究团”。旅欧时，在中共旅欧支部中专门设立了“军事部”，这是当时中共中央和其他各地党组织都还没有的。1923年7月15日他在巴黎旅法华人反对国际共管中国铁路大会上讲话，公开号召要用“有系统、有计划、有组织、有训练的革命暴动”推翻北洋军阀政府，“自己起来，组织革命政府”，成就中华民族“独立的伟业”。这些思想，是极为光辉的。

（四）1924年6月1日，他在《赤光》第九期上发表《再论中国共产主义者之加入国民党问题》一文，提出了中国革命两步走的思想。他说：“我们现在做的国民革命却是三民主义革命，是无产阶级和有产阶级合作以推倒当权的封建阶级的‘阶级革命’”，第二步才是进行“打破私有制度”、“无产阶级专政”的社会主义革命。“不走到第一步，何能走到第二步？”

周恩来在旅欧时期，所写的论文和报道数量是巨大的，有不少充满智慧的思想和论述。有的法国学者看了周恩来的作品后，曾表示惊讶，说周恩来曾预见到日本和美国的太平洋战争。确实，周恩来在《赤光》第十期上发表过《太平洋上的新风云》一文，指出美国和日本在“太平洋上的帝国主义战争终有爆发之日”，“他们预备的帝国主义战争”，我们则要切实地预备乘机掀起“太平洋上革命之潮”。这场战争，十几年后发生了。

对于当时的国共合作，组成统一战线，周恩来既有论述，又亲身实践。周恩来认为，国共合作“对外目标一致，好集中革命势力；对内能坚固各个革命分子的决心，消弭某些部分人的目前部分利益的争执，训练统一，步骤一致，不复有时同时否的阻碍，号令集

※ 1922年，周恩来和张申府（右一）、刘清扬（右二）、赵光宸（左一）在柏林万赛湖。

中，指导自如，易于杀敌”等。有人说，共产主义应受三民主义所左右所改变。周恩来驳斥说：“谁左右了谁，谁改变了谁，这要看实际情形始能决定。假使今日之中国共产主义者自加入国民党后抛弃共产主义不信或忽视了无产阶级的最后敌人——有产阶级——不管，而后方得谓三民主义左右改变了共产主义者，但仍与共产主义无涉。”他指出，有人希望“我们上此圈套，我们却决不‘甘心盲目’、‘发了疯’、‘走弯了路’”。当时，周恩来曾接到中共中央指示，要他协助中国国民党筹组旅欧党部，1923年6月，周恩来等

到里昂同奉孙中山之命到法国筹组国民党支部的王京岐商谈合作问题，商定旅欧共青团员八十多人全部以个人身份加入国民党。此后不久，孙中山和国民党总部委任周恩来为国民党巴黎通讯处筹备员。11月，国民党驻欧支部成立大会在里昂召开，选出王京岐为执行部长，周恩来为执行部总务科主任，李富春为宣传科主任。后来在王京岐回国期间，周恩来代理执行部长，主持国民党驻欧支部的工作。

周恩来在西欧期间，和法共、德共都有密切的联系，同第三国际和苏共（联共）的旅法代表也有比较多的接触。中共旅欧组织好几批派往苏联学习的学生，都是周恩来亲自向各方联系，而得到法共、德共、苏共组织的大力帮助的。周恩来同胡志明（当时叫阮爱国）的半个世纪的深厚情谊，也是从旅欧时开始的。1939年周恩来在重庆时，曾向人介绍胡志明，就这是他“留学法国时的朋友”。

1924年7月，周恩来遵照中共中央指示回国工作。旅欧中国共产主义青年团执行委员会给团中央的报告中，对他作了如下的评语：

“周恩来——浙江，年二十六，诚恳温和，活动能力富足，说话动听，作文敏捷，对主义有深刻的研究，故能完全无产阶级化。英文较好，法文、德文亦可以看书看报。本区成立的发启（起）人，他是其中的一个，曾任本区三届执行委员，热心耐苦，成绩卓著。”

王京岐在给家人的信中，对周恩来作了很高的评价。

岁月流逝，几十年过去了，周恩来从这里起步，成为一个伟大的马克思主义者，杰出的共产党人。周恩来没有忘怀几十年前在西欧的旅史，西欧也没有忘怀当年曾经生活在这里的周恩来。事隔50年，当法共（马列）总书记雅克·儒而盖见到中国总理周恩来，告诉他说，法国的报纸对周恩来当年在雷诺汽车厂工作的情况作了一些报道，结果在社会上引起了很大轰动。周恩来听了以后放声笑起来。

1963年秋，中国驻英代办熊向晖回国休假。周恩来找他谈话，谈到了1921年1月去英国住了一个多月，原想投考爱丁堡大学，因费用太贵，转回法国。在伦敦时，到过波特兰街。新中国的驻英代办处就在波特兰街49—51号，原来是国民党政府的驻英大使馆，最初是清政府购置的驻英公使馆宿舍。周恩来问：

“孙中山先生在伦敦蒙难，是不是被关在这个地方？”

熊向晖说：“他被关在清使馆侧屋的一间阁楼，面积约十平米，光线很暗，只在临街的墙上有一个插上铁条的窗口，没有窗框，也没有玻璃。”

周恩来说，孙先生是伟大的革命先行者，是指导时代潮流的伟大历史人物，除了反动分子以外，现代中国人都是孙先生革命事业的继承者。“要在原来的位置，重建孙先生的蒙难室，必须保持原样。”

后来，周恩来派建筑师戴念慈到伦敦勘察，作了详细测绘，带回北京设计。这件事，到1971年10月英国投票赞成恢复我国在联合国的席位后，周恩来又提出来。1973年9月熊向晖卸任驻墨西哥大使回国，周恩来找他谈话时，又说他已作批示，必须重建孙中山先生伦敦蒙难室，必须保持原样。后来，直到“四人帮”被粉碎后，周恩来的愿望才办成功。

1978年11月，中国人民友好代表团访问英、法、比三个西欧国家。在伦敦，著名作家费里格斯·格林接待他们时说：“我要和你们好好谈一个人啊！他照亮了我一生。他的光辉，使许多人打开眼界，升起智慧。”他说的是周恩来。他说：“如果说，在当今世界的政治家中，有谁称得上是把欧洲真正地、又那样持久地迷住了的人，我认为，唯有中国的周恩来了。”在法国，政治家、前驻华大使马纳克对他们说：“二十世纪二十年代初，有一批杰出的中国革命家来法国勤工俭学，就是以尊敬的周恩来总理为首的。”他讲到了陈毅、聂荣臻、李富春、蔡畅、邓小平等，说：“我们法国人一直尊敬他们，怀念他们，并以此为荣。”

代表团无论在英国的苏格兰、曼彻斯特、伯明翰、威尔士，或者在比利时的布鲁塞尔、瓦隆地区和佛朗芒地区，到处都可以听到人们对周恩来的称颂。正如人们所形容的：“见了中国人，赞美周恩来，就成了不可少的话题。”

1979年10月16日，巴黎的意大利广场附近的戈德弗鲁瓦街17号，一座三层楼房的正面墙上，挂上了一块美丽的墨绿色花纹的大理石纪念牌，法国总统参加了揭幕仪式，牌上写着周恩来于1922—1924年在法国期间住在这所房子里，刻着“周恩来”三个中文字，这是邓小平的亲笔。

（力平）

※法国政府在周恩来旅欧期间居住过的地方——巴黎戈德弗鲁瓦街17号设立的纪念牌。

★ ★ ★ 第二编 ★ ★ ★

出生入死 砥柱中流

第二编 02

出生入死 砥柱中流

黄埔军校政治教官

1938年，在武汉的周恩来同记者谈个人经历时说：“1924年秋回广州，入黄埔，做政治工作，是军队生活的开始。”

1924年，广州是当时中国革命的中心。

广州东郊黄埔岛上的陆军军官学校，是国共两党军事人才的摇篮。

这年，周恩来离开法国抵达广州，11月就任黄埔军校政治部主任。这是周恩来军事生涯的始点，也是周恩来登上中国政治大舞台的第一步。此后，在半个世纪的革命和建设中，他成了举世瞩目的军事家、政治家、外交家。将自己全部的智慧和精力献给了中国人民。

这第一步在中国历史上留下了浓浓的一笔，也在周恩来的脑海里留下了深刻的印记。

1938年，在武汉的周恩来同记者谈个人经历时说：“1924年秋回广州，入黄埔，做政治工作，是军队生活的开始。”

1950年6月，吴群敢从上海调到北京担任周恩来的财经秘书。第一次见面时周恩来问：“你今年多大了？”吴群敢答道：“二十七岁了。”周恩来和蔼地笑着说：“啊，我

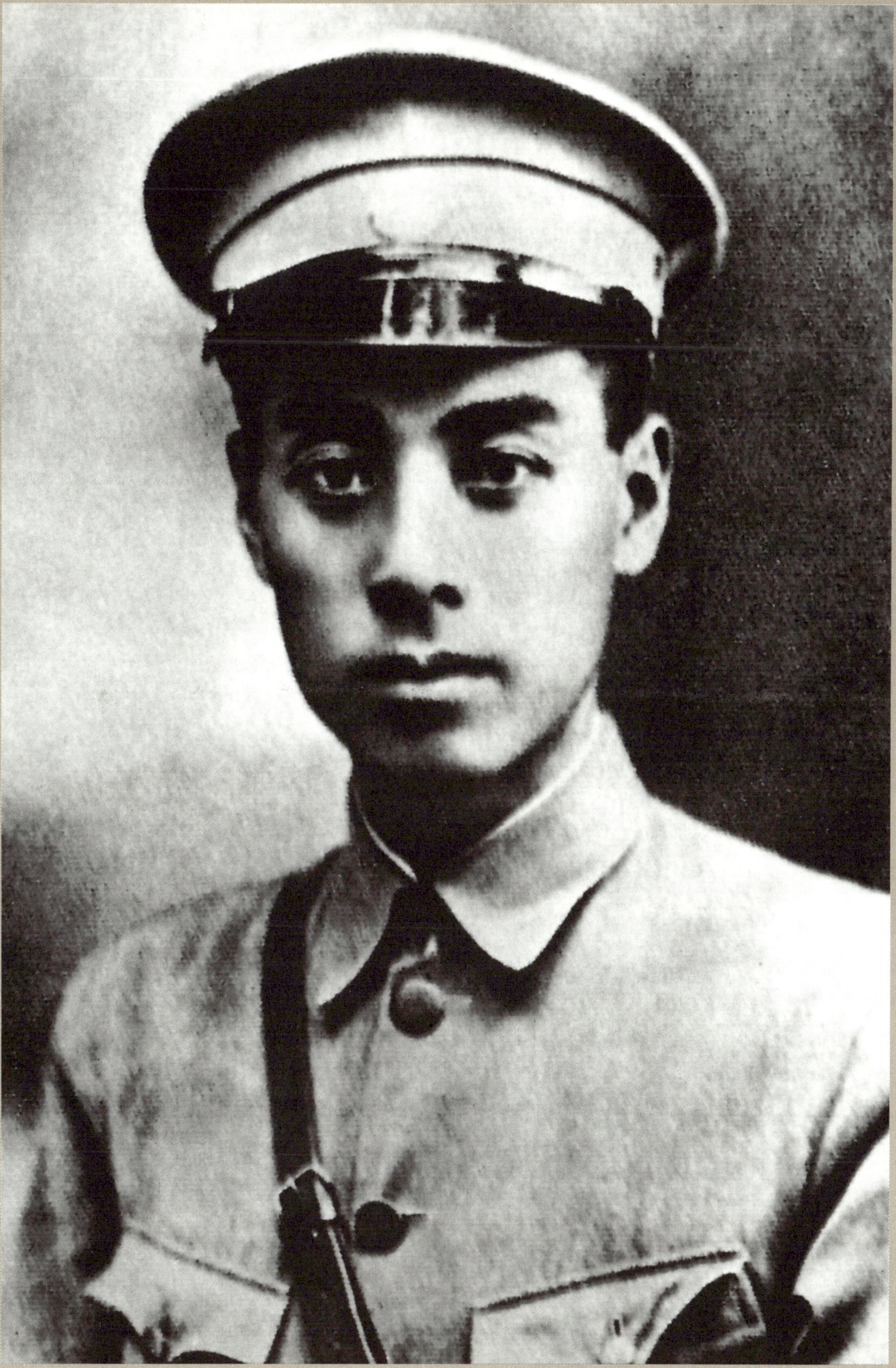

※ 1924年11月，周恩来出任由国共两党合作创办的黄埔军校的政治部主任。他创建的行之有效的政治工作制度，使军校出现新面貌。

※ 黄埔军校旧址。

在黄埔军校的时候也是你这个年龄。”1959年12月13日，在中南海西花厅，周恩来对当年的黄埔军校学生曾扩情说：“我在黄埔军校时年龄还不到三十岁，当时感到压力特别大。”

周恩来是由张申府举荐到黄埔军校任职的。1923年底张申府离开欧洲回国，经李大钊介绍到广州参加了黄埔军校的筹建工作。由于国共合作，广州革命形势轰轰烈烈，黄埔军校急缺人才。一天，廖仲恺邀请张申府到家中长谈，请张推荐一些在国外留学有能力的人回国参加黄埔军校工作。张申府欣然应允，开了一个十五人的名单，第一个是周恩来。张对廖仲恺说，周恩来在国外生活经济境况不太好，回来没有路费。廖答应汇钱去。1924年4—5月间，张申府写信给周恩来谈了这件事，不久收到了周恩来同意回国的复信。9月，周恩来到广州，廖仲恺十分高兴。周恩来后来回忆：“廖仲恺见到我的第一句话是：‘等了你好久了。’”

张申府为何首推周恩来到黄埔军校？因为张申府了解周恩来的心志和才能。他知道周恩来早在1922年10月就在《少年》上发表文章提出：“真正革命非要有极坚强极有组织的革命军不可。没有革命军，军阀是打不倒的。”他看到周恩来在欧洲做的国共合作工作十分出色。

开始，周恩来在黄埔军校担任政治教官，给第一期学生讲授政治经济学。同年11月，担任政治部主任。此前，由邵元冲代政治部主任。由于此人是个官僚，根本不懂得政治工作的内容和方法，把个政治部搞得死气沉沉、形同虚设。因此学校师生提出“加强政治部的工作，撤换邵元冲”的要求。周恩来走马上任，立即显露出引人注目的才华：第一，建立起政治部的正常工作秩序和工作制度，使政治工作井井有条地开展起来。第二，加强对军校学生的政治教育，使学生明了为打倒帝国主义、军阀和贪官污吏而参加革命，要救国卫民，严守纪律。第三，指导建立左派组织“青年军人联合会”，使革命力量占据上风。在周恩来主持下，黄埔军校的政治工作蓬蓬勃勃地开展起来。当年担任黄埔军校政治部指导股主任的王逸常称赞周恩来：“他思考事物周密，处理问题敏捷，原则性和灵活性掌握适度。他经办的事没有不水到渠成的。”

1925年2月与10月，周恩来参加了讨伐陈炯明的两次东征。他建立和领导的革命军队在行军作战中的一整套政治工作，如政治动员、要求军队保持严明的纪律、向民众展开政治宣传、加强民众的组织工作、打击各地的土豪劣绅等，对保证两次东征的胜利起了关键性作用。第一次东征，黄埔学生军两个团为什么能在敌强我弱、众寡悬殊的情况下所向披靡、连战皆捷呢？周恩来说：“如果从单纯的军事观点上说，以二十万众的粤、湘、滇军血战经年不能打败陈炯明，后来只加两个团，以数千之众，即起了全部胜负决定的作用，这不是奇迹吗？这是由于新成立的两个团，是新的革命军队，是有着革命的三民主义做政治工作基础的军队。政治力量超过了敌人，提高了战斗力，保障了军队本身及军队与人民的团结。”

第二次东征时已建立国民革命军，周恩来被任命为第一军政治部主任，后又被任命为东征军总政治部主任。这是中国军队设立政治部的开始。这次东征与第一次东征相比周恩来主持下的总政治部所做的政治工作，组织上更加严密，内容上更加充实，方法上更加周到了。当时，毛泽东主编的《政治周报》第三期刊登的《东征纪略》评价道：“革命军与别的军队的最大不同点就是他军队内面的政治宣传，这是革命军打胜仗的根本原因。这种政治宣传工作，在平时要紧在战时更发要紧。在战时要使人民与军队合作，以协力对付敌人，全靠这种工作做得好。此次东征，组织了伟大的政治宣传队，设立东征军总政治部为之统率，以第一军政治部主任周恩来为总政治部主任。”

周恩来不仅政治工作有一套，在二次东征中还显露了指挥和行政领导才能。攻打惠州是第二次东征的关键一役。惠州地势险要，易守难攻。前人诗曰：“铁链锁孤舟，白鹅水上浮，任凭天下乱，此地永无忧。”周恩来亲自指挥，共产党员、共青团员带头英勇冲杀，终于攻克了惠州天险。第二次东征胜利之后，1925年11月21日，国民政府任命周恩来为广东东江各属行政委员（相当于现在的地区专员），管辖惠（州）、潮（州）、梅（县）和海陆丰下属二十五个县的行政工作。这是中国共产党人第一次担任地区行政的主要领导职务。周恩来上任后，实施任免方案，制定建设计划，统一财政管理，发展文教事业，惩办贪官污吏，实行民主政治，政绩显著，并获蒋介石钦赞。

周恩来为人热情，谈吐、风度、学养，都有很大吸引力。在黄埔军校，凡是听过周恩来的课或是与周恩来有过接触的学生或同事，不论是共产党员还是国民党员，都对周恩来留有极深的印象。蒋介石的心腹干将黄埔一期生胡宗南，忠实于蒋介石，也极为敬重周恩来。当蒋介石清党，逼走周恩来时，胡宗南约蒋超雄等去看望周恩来，对周恩来的出走深为惋惜。他曾对蒋超雄说：“周是一个非常人物，我深为校长惜。”1935年12月8日，在陕北安定县瓦窑堡，刘志丹一见到周恩来就说：“周副主席，我是黄埔四期的，你的学生。”周恩来热情地说：“我知道，我们是战友。”1940年3月上旬，周恩来从苏联疗伤回国，乘飞机到达兰州机场时，守备机场的一个国民党上校得知是周恩来的专机后，马上说：“周先生是我在黄埔军校时的老师，我向他表示欢迎。”3月下旬，周恩来从西安乘汽车回延安途经洛川时因天色已晚，在那里住了一晚。国民党的洛川县长知道后赶来拜见，说他也是黄埔军校时周先生的学生。杜聿明是黄埔一期生，在淮海战役中被俘。1959年12月特赦后，杜聿明见到周恩来惭愧地说：“学生对不起老师，没有听老师的话。”周恩来不假思索立即回答说：“这不怪你们，怪我这个当老师的没有教好。”

不论是杜聿明的检讨，还是周恩来的自责，都透着真诚的师生情。

蒋介石是黄埔军校的校长，在他的羽翼尚未丰满之前，装出一副革命的面孔。李默庵说：“蒋那时对周先生是非常的信任，什么事情都由他办，凡是周所讲的一切，蒋总是依附他，所以两个人合作很好。”但是，蒋介石惧怕民众运动和共产党力量的发展。周恩来说：“在1925年11月东征途中，他召集了连以上军政人员联席会，会上公开表示他的黄埔军校不可分裂，要求把所有在黄埔军校以及在军队中的共产党员的名字都告诉他。所有国民党员加入共产党的名字也都要告诉他。当时我以此事关系两党，须请示中央才能决定，搪塞过去了。后来他同我个别谈话中进一步提出，为了保证黄埔军校的统一，共产党员或者退出共产党，或者退出黄埔军校与国民党，并假惺惺地表示后者是他所不愿意的。”

周恩来从汕头回广州，同陈延年、鲍罗廷商量给蒋介石以回击，但遭到中共中央反对。1926年3月20日，蒋介石在国民党右派支持下，制造了“中山舰事件”，造谣说中山舰开到黄埔是要劫持他。蒋介石逮捕李之龙，下令广州戒严，监视和软禁大批共产党人，包围苏联领事馆，监视苏联顾问，解除省港罢工委员会的工人纠察队的武装，把周恩来也软禁了一天。此后，周恩来辞去黄埔军校政治部主任之职。

毛泽东说：我党在成立的三四年中，“不懂得直接准备战争和组织军队的重要性”，“但是从1924年参加黄埔军事学校开始，已进到了新的阶段，开始懂得军事的重要了”。周恩来是中共党内最早认识到军事工作重要性的领导人。1924年11月，经孙中山同意，周恩来主持筹组大元帅府铁甲车队。铁甲车队由徐成章、周士第任正副队长，廖乾吾任党代表，他们三人都是中共党员。这是第一支由中国共产党人直接掌握的武装力量。后来，在这个基础上，周恩来将它组织成为国民革命军第四军独立团，由刚从苏联回来的叶挺担任团长。1926年5月，在独立团离开广州奔赴北伐前线的前夜，周恩来特意赶到司后街叶家祠堂叶挺寓所召集连以上党员干部会，鼓舞士气。独立团担任北伐先锋，英勇善战，屡破强敌，为第四军赢得了“铁军”的称号。到武汉后，这支部队又加扩充，其主要部分成为南昌起义的中坚力量。

周恩来在黄埔军校所创立的军队政治工作制度及重视政治工作的优良传统，在后来共产党领导的人民军队中得到了继承和发扬，而蒋介石则以《曾胡治兵语录》及《拿破仑传》治军。这也是共产党最终取得全国胜利，而蒋介石以失败告终的原因之一。1937年，毛泽东总结第一次国内革命战争时期的经验时指出：“那时军队设立了党代表和政治部，这种制度是中国历史上没有的，靠了这种制度使军队一新其面目。1927年以后的红军以至今日的八路军，是继承了这种制度而加以发展的。”

（曹应旺）

两次东征

周恩来总结了第一次东征期间政治工作的经验，决定在第二次东征中更进一步加强政治工作，计划组织200多人的政治宣传队随军出发。

1925年初，盘踞在广东东江潮梅一带的封建军阀陈炯明，在英帝国主义和北洋军阀段祺瑞的支持下，乘孙中山北上之机，自封“救粤军总司令”，倾巢出动，向广州进攻，妄图一举颠覆广东革命政府。广东革命政府为了讨伐陈炯明，统一和巩固广东革命根据地，

※ 1925年4月，周恩来和梅县商会欢迎东征军的代表合影。

于同年2月和10月先后两次举行东征，周恩来参与东征的领导工作。

2月初，周恩来参加领导学生军第一次东征。

东征出发前，周恩来作了政治动员，军校政治部制定了不拉夫、不用军用票、不强占民房的严格纪律。周恩来随军出征。他派出宣传队走在部队的最前面，向群众宣传东征的意义和部队的纪律。宣传队还对士兵进行政治思想教育，在每个士兵胸前所配符号的背面印着“爱国家、爱人民、不贪财、不怕死”的字样，由各连党代表对士兵讲解这四句口号的意义，鼓舞部队士气。东征军严明的纪律和革命精神，深受群众的欢迎。当年的《中国青年》曾有报道：“军行所至不扰民间一草一木。老妪妇孺，喜而挤观，鸡犬不惊，商市安堵。入夜无公家空房，则扎篷营露宿，东江人民父老，谓民国以来，仅此次所见，乃是真正革命军，真正卫国保民之革命军。”

2月4日，东征军攻下东莞县城石龙，2月6日，东莞各界举行欢迎革命军大会，周恩来在会上发表演讲。他说：“此次军校出征，是为人民解除痛苦而来，但全恃本校军队，力量太小，若无人民援助，仍不足负重大责任。故本校极希望东莞人民通力合作，以促革命成功。”随军宣传队散发了《告人民同胞》、《告东江人民书》等大量宣传品，声讨“陈炯明谄媚北军，勾结土匪，扰乱东江，使人民不能安居乐业，如果陈贼不除，东江战争永不能息”。宣传东征军是“打反叛，除奸贼，光明正大的军队”，“是保人民、安地方、公正和平的军队”。东征军实行不拉夫、不扰民、按价购物等政策，深受人民群众的拥护和支持。他们为东征军提供情报，担任运输，供给食物，做向导等。

第一次东征最重要的战役是淡水战役和棉湖战役。淡水城为惠阳县要镇，地势险要，周围有坚固城墙，易守难攻，驻守淡水的敌军约4000人。东征军总指挥部决定组织攻城，在黄埔军校教导团挑选一批将士组成奋勇队（敢死队），担任爬城任务。周恩来亲自动员，勉励他们不畏艰险，不怕牺牲，勇于以自己的一腔热血，去浇灌革命的主义之花。2月15日拂晓，奋勇队员奋不顾身地逼近城墙，带头冲锋，敌人在城上顽强抵抗，炮火猛烈，不少队员英勇献身于淡水城下。

2月16日，东征军终于打败敌军，占领了淡水城。全军将士欢欣鼓舞。

棉湖战役，是东征军在潮汕地区的棉湖与陈炯明叛军主力林虎部的一场决战。周恩来亲临前线鼓励战士们英勇杀敌，与官兵们同甘共苦，同苏联顾问一道，冒着枪林弹雨，坚守阵地。3月13日午后，东征军击退敌军，棉湖战役结束。东征军乘胜前进，先后攻克海丰、兴宁、梅县、潮州、汕头等地。

4月12日，周恩来等又率领东征军右翼部队以及黄埔军校教导团到达梅县。他与政治部工作人员，深入到学校、工会、商会以及农村人群集中的场所，在东校场发表演说，宣传东征的意义，号召人民起来和反动军阀作坚决的斗争。仅3个月时间，东征军便席卷东江和湖梅地区，打败了陈炯明叛军的主力部队，敌人狼狈地向福建、江西境内逃窜。

正当东征军节节胜利之时，盘踞在广州及附近的滇桂军阀杨希闵、刘震寰在广州叛乱。在此关键时刻，广东革命政府下令东征革命军迅速回师平叛。周恩来遂回广州参与指挥平叛战斗。黄埔军校教导团被编为第一旅，周恩来给教导团各营增派了党代表。在中共广东区委和广大工人农民的支持配合下，东征军和铁甲车队等革命武装并肩作战，于6月中旬粉碎了杨、刘叛乱的阴谋，巩固了广东革命政权。8月，广东革命政府将所辖的部队改编为国民革命军，黄埔军校学生军为第一军，周恩来任政治部主任。周恩来在黄埔军校创建的军队政治工作在国民革命军中也得到了推广。

陈炯明在革命军第一次东征中被击溃，残部退居闽边。在英帝国主义和北洋军阀的怂恿和支持下，当革命军回师广州平定杨希闵、刘震寰叛乱期间，陈炯明军乘隙卷土重来，占据了东江各地，企图进攻广州，颠覆广州国民政府。为了广东革命根据地的统一和巩固，广州国民政府于9月间决定再次东征，讨伐陈炯明。周恩来被任命为东征军总政治部主任，兼任第一军政治部主任和第一军第一师党代表。

周恩来总结了第一次东征期间政治工作的经验，决定在第二次东征中更进一步加强政治工作，计划组织200多人的政治宣传队随军出发。10月7日，东征军抵东莞石龙。总政治部宣传总队在石龙举行军民联欢大会，周恩来在会上发表演说："我们这次东征，完全是为人民幸福而来，人民应与革命军联合起来，如同兄弟一样互相亲爱，互相提携，将敌人早日打倒。"东征军所到之处，受到工农群众的热烈欢迎。

第二次东征，首要之战是惠州战役。陈炯明着手叛军利用惠州天险，负隅顽抗。10月13日上午，指挥部下达攻城总攻击令。但城上敌人凭借工事，顽强抵抗，疯狂射击，革命军官兵纷纷中弹，伤亡惨重。东征军总指挥部召开会议，研究下一步打法。周恩来提出围城部队只围三面，让出一条路，给敌人从中外逃，再聚而歼之的新方案。总指挥部采纳了周恩来提出的攻城方案，继续攻城。周恩来亲临前线，指挥农民武装配合军队攻城。但连攻两天仍未攻克。周恩来命第七团党代表蒋先云、第八团党代表张际春、第九团党代表傅维钰、第一补充团党代表王逸常分别在第三师各团率领连党代表，组织敢死队爬城。经过激烈战斗，以共产党员为骨干的革命军，在友军配合下，终于攻破了惠州城。16日，东征军在惠州第一公园举行追悼攻打惠州阵亡将士大会上，周恩来宣读祭文：我们要实现"孙总理之志愿，第一统一广东，第二统一中国，第三打倒帝国主义。"

此后东征军分为3个纵队，周恩来等率第一纵队势如破竹向东挺进，连战皆捷。11月4日，东征军进占汕头。当周恩来率领政治部人员抵达汕头时，各界人士数万人到码头欢迎，盛况空前。第二次东征经过两个月的浴血奋战，取得了伟大的胜利。

周恩来创建的军队政治工作制度，在两次东征中发挥了重要作用。东征军指挥部在《东征参战报告》中总结和推广了这一经验："作战军队内宜设政治宣传部，以期军民接近及合作……此次东征军组织政治宣传部，对于行军地域，先期出发，召集各界人民演讲，使咸了然于我军东征之意义，与军队纪律之迥异于前。军行所至，人民均箪食壶浆以迎义师，关于给养及运输，遂感莫大之便利。故此后各作战军，宜设政治宣传部，以取军民合作之效。”

东江战事已平，1925年11月21日，国民政府任命周恩来担任东江各属行政委员。这是共产党人主持地方行政工作的首次尝试。周恩来任职期间，为整顿建设东江，发展国共合作事业，做了大量工作。

两次东征胜利后，蒋介石以为羽翼丰满，遂撕下了伪装革命“左派”的假面具，与国民党右派勾结起来，策划挑起事端，破坏国共关系。1926年3月20日，蒋介石一手制造了震动全国的“中山舰事件”。

3月17日周恩来从汕头回到广州后，看到蒋介石与国民党右派往来密切，觉察到蒋介石会有阴谋，马上报告了中共广东区委宣传部长张太雷。但由于当时党内思想不一致，未能采取有效措施。3月20日，蒋介石有预谋地发动了事变，诬蔑说中山舰要炮轰黄埔军校，共产党要赶走蒋介石，下令逮捕中山舰舰长、共产党员李之龙，解除了中山舰的武装，逮捕、扣押黄埔军校和第一军中的共产党员，并派兵包围中共广东区委、省港罢工委员会以及苏联领事馆，还下令解除省港罢工工人纠察队的武装。面临这一严重局势，周恩来得知被逮捕的共产党员关押在广东造币厂，就当机立断，挺身而出，立即带着几个卫兵赶去，找到蒋介石，当面向他提出严厉抗议，责问他为什么无理扣押共产党员，指出这是蓄意制造事端，破坏国共两党的合作。面对大义凛然的周恩来，蒋介石一时不敢下毒手，便把周恩来软禁了一天。在共产党人和国民党左派何香凝、谭延闿、程潜、李济深等强烈谴责下，蒋介石只好以“误会”为解释，解除了对周恩来的软禁，又不得不释放了扣押的共产党员。

“中山舰事件”后，周恩来与中共广东区委书记陈延年、苏联军事顾问季山嘉研究对付蒋介石的策略。当时兼任广东区委军事部长的周恩来，力主共产党人应组织革命力量，打击蒋介石嚣张气焰。他的意见得到陈延年的赞同，但是，由于苏联顾问不同意，最后中共广东区委决定由周恩来写信请示中共中央。陈独秀实行的是右倾投降主义，对蒋介石一味地妥协退让，同意交出黄埔军校全体共产党人名单。周恩来一面保留自己的看法，一方面执行中央的决定，率领共产党人退出第一军和黄埔军校。

1926年4、5月间，为了保存力量，周恩来遵照中共中央的指示，把在“中山舰事件”后受蒋介石排挤的200多名共产党员集中到广州大佛寺，举办“高级政治训练班”，这个训练班为发展革命势力、准备北伐培养了一批党团骨干。

这些作用尤以叶挺的独立团最为突出。叶挺独立团是周恩来亲自领导建立起来的以共产党员为骨干的革命队伍。这支革命武装是由原国民革命军第四军的一个团和大元帅府铁甲车队组成的，周恩来从黄埔军校第一期毕业生中抽调了部分共产党员加入独立团，叶挺任团长，驻在广东肇庆。随着局势的发展，国民政府决定进行北伐，并命令叶挺独立团为北伐先锋于1926年5月由粤入湘。周恩来在广州叶家祠召开独立团连以上共产党员干部会议，并作了重要讲话。他分析了北伐的重要意义和有利条件，强调指出独立团是党直接领导的军队，要加强党的领导，加强政治工作，英勇善战，不怕牺牲，起到模范先锋作用。最后，他用“饮马长江”的豪言壮语鼓励大家。在后来的北伐战争中，独立团不负周恩来的期望，英勇作战，赢得了“铁军”的称号。

1926年12月，周恩来遵照中共中央的安排，离开广东前往上海党中央工作。

（陈金葵）

完美的结合

1925年8月8日，周恩来和邓颖超结婚了。第二天，同事们闹着要他们请客，客人们一杯杯地向新郎新娘敬酒，周恩来竟喝了三瓶白兰地！

1925年8月7日下午，一艘由上海开到广州的客轮徐徐停泊码头。身着白衫黑裙、头梳S髻、一身女教师装束的邓颖超，满怀喜悦、兴奋的心情，踏上广州码头。

十六七年前，她四五岁时，曾随母亲由南宁漂泊到广州。那时，母女两人住在一个小客店里，凄凄惶惶，母亲终日愁眉苦脸，为生活发愁。

现在，广州已是中国国民革命的根据地。周恩来参与领导的第一次东征军回师广州，平定了杨希闵、刘震寰的叛乱。国民政府正式成立。6月19日，香港工人抗议“沙基惨案”举行总罢工，20万罢工工人回到广东。广州一派革命新气象。

她也从一个不懂事的孩子，成长为一名坚定的共产主义者和社会活动家，离开上海时，她曾给周恩来发过电报，告诉他轮船到广州的时间，她相信，他一定会到码头上来接她。

※ 1925年8月8日，周恩来和邓颖超在广州结婚。这是1926年他任广东东江各属行政委员时和邓颖超在汕头合影。

码头上、下船的人和接人的人挤成一团。邓颖超提着手提箱，在人群中挤来挤去，焦急地寻找那张熟悉的英俊的脸庞。

没有，人群中找不到周恩来。邓颖超禁不住失望，有些生气了。离别五年，千思万想，万里迢迢，从北洋军阀的统治和通缉下赶到广州来准备结婚的邓颖超，在码头上人群中找不到周恩来。他平素待人何等细心周到，难道这次他会这么疏忽大意？

好在有他寓所的地址，邓颖超叫了辆人力车，径自往周恩来寓所去了。

码头上拥挤的人群里，一位青年军官手拿一张年轻姑娘的照片，急得满头大汗，对照着照片在找人。他就是黄埔军校第一期毕业生、周恩来的警卫副官陈赓。

这一天，周恩来匆匆忙忙交给他一张邓颖超的照片，让他代表自己到码头上去接邓颖超。他说自己实在忙得走不开，要他见了小超务必解释一下，再送她到他的寓所休息。

此刻，他焦灼地在人群中寻觅着，直到码头上人都走光了，也没有接着邓颖超，陈赓沮丧极了。他这是第一次没有完成周恩来交给他的任务，而且是这么特殊而重要的任务。他该怎样回去向他一向敬佩的周主任交差呢？

灵机一动，他想，能干的邓颖超也许已经到周恩来的寓所去了。他马上赶回寓所。

果然，在门房的小屋，他见到一位身着白衫黑裙、长得端庄清秀的姑娘，和照片中的一模一样。

陈赓慌忙上前，急急忙忙说：

“我叫陈赓，周主任的警卫副官。周主任实在忙得抽不出时间，特地让我拿着你的照片，赶到码头接你。怪我粗心大意，没有接到你。我在这里表示深深的歉意！”

陈赓一口气说到这里，啪的一声，双脚立正，右手举到帽檐行了个漂亮的军礼。

邓颖超扑哧一声笑了，热情地和陈赓握手：

“谢谢你，陈赓同志，很高兴见到你。恩来同志忙，不来接我没有关系。只是麻烦你白跑一趟了。”

陈赓和周恩来住在一起，他有周恩来房间的钥匙，连忙开门请邓颖超进房休息。

邓颖超进房一看，只见陈设朴素雅致。一色的浅色家具，一张双人木床。一张书桌，一个玻璃门衣橱，一个藤制书架，几把藤椅，一个衣架和一个洗脸架。看来周恩来已把结婚房间简单布置好了，她又看到窗台上放着两盆盛开的鲜花，阵阵幽香袭人。陈赓忙介绍，这是周主任今天早上特地叫他买来的，说是“小超最喜爱鲜花”。邓颖超听了抿嘴一笑，心想他还是这么细心周到。陈赓忙着打来洗脸水，又送上一杯广州凉茶，说是喝了消暑解渴。邓颖超连忙道谢。

陈赓的调皮劲上来了，笑着问邓颖超：

“小超同志，你是先休息呢，还是让我带你去找周主任？”

邓颖超脸上一红，随即开朗地笑道：

“在船上我早休息过了。我是来广州工作的，如果你有时间，请你带我看看革命的广州。”

陈赓听了，微微一笑。这位小超同志，说起话来，滴水不漏，和周主任真是天生的一对！

他们到了文明路中共广东区委会。工作人员说，周恩来刚来过，和区委委员长陈延年一道到省港罢工委员会去了。他们又赶到那里去。

邓颖超还没吃晚饭。陈赓在路上买了几个面包塞给邓颖超，一面抱歉地说：

“晚饭时间过了，你先充充饥。周主任常常忙得忘了吃饭，我留两个给他当晚餐。”

邓颖超谢谢他的好意。说实在的，她如今只想早一点儿见到周恩来，哪有心思啃面包呀。

省港罢工委员会设在广东省总工会，人来人往，热闹非凡。陈赓是省港罢工委员会工人纠察队教练，带着邓颖超，直闯进去。

满屋子烟雾腾腾。省港罢工委员会领导人苏兆征、邓中夏等正在开会，陈延年也在那里。陈赓悄悄地向邓颖超介绍他们。邓颖超一面留神听，一面四下观看，周恩来呢？

邓颖超只觉得眼前一亮。烟雾弥漫中，在屋子的一角，她见到了一身戎装的周恩来，正低着头在写着什么，五年不见，他比在天津时瘦了，但依然那么英俊、严肃、睿智和深沉。

陈赓快步走到周恩来身边，在他耳边说了几句话。

周恩来抬起头来，一眼看到五年不见、他深深爱恋和想念着的小超。小超依然白衣黑裙，头梳S髻，只是比以前显得更加端庄、俊逸和成熟了。

周恩来向邓颖超点点头，笑了笑。这是邓颖超十分熟悉的热情的微笑，如今更增添了含蓄的深情和温柔，邓颖超想，他一定会走过来和自己说几句话吧。

她等待着，不好意思走过去。但是，没有见他站起来，只见他在和陈延年、苏兆征、邓中夏等热烈交谈着。

邓颖超想，他们想必在商量重要的工作，谈完了他总会过来吧。

她等着他。不料，周恩来站起来，和陈延年一起走了。

邓颖超委屈得几乎要哭出来。这个周恩来，人家不远万里而来，难道他就忙得连一句话都顾不上和她说，哪怕在耳朵边说几句悄悄话也好嘛！怎么不打一声招呼，径自走了？！

能干的陈赓又来到她身边。他说，周主任和陈委员长赶回广东区委会去开会，让他送小超回去休息，实在对不起！陈赓一脸抱歉的神色。他真觉得周恩来太过分了，哪有这样对待未婚妻的？还净让他给邓颖超赔不是。

邓颖超看出陈赓的为难，她洒脱地对陈赓笑笑：

“恩来同志他忙，我理解，以前也这样，不用他照顾我。我正想多了解一些全国注目的省港大罢工情况，让我在这里再待一会儿吧。你忙，你去照顾恩来同志。待会儿我雇辆车自己回去。”

陈赓一听，心里想，这位小超同志真够要强的，也是工作当先，和周恩来真称得上是一对革命伴侣，便笑着说：

“小超同志，我在这里比你熟。你要多待会儿，行啊，等会儿我送你回去。”

10点多钟，会散了。陈赓正要送邓颖超回去。不料，原定12点宵禁的时间忽然提早两小时，他们回不去。幸亏陈赓在这里很熟。他找了间屋子安排邓颖超休息，嘴里连说对不起。

邓颖超反过来安慰他：

“你别过意不去，陈赓同志。我和恩来以前在天津搞学生运动时，情况紧急，回不了学校和家是常有的事。随便找个地方，打个盹就行了。是我今天太对不起你了，既影响你工作，又影响你休息。”

“哪里，哪里，”陈赓忙说，“我今天的工作就是代表周主任接你，让你好好休息。抱歉得很，没有完成任务。”他敬了个军礼，转身走了。

邓颖超翻来覆去，怎样也睡不着。广州沸腾的生活吸引了她，多么奇异的一天。她更忘不了周恩来充满深情的匆匆的一瞥。虽然他没有走过来和她说一句话，“无限深情尽在不言中！”

毕竟十分疲劳，她朦朦胧胧睡着了。一觉醒来，天色大明。罢工委员会已是人声鼎沸。

陈赓又来到她面前，笑着告诉她，周主任昨夜因宵禁住在广东区委会，今天一清早过江到黄埔军校去了。他让陈赓捎话，今天一下班，一定尽早赶回寓所。

邓颖超笑着让陈赓快过江去黄埔军校。

她回到周恩来寓所，收拾了一下房间，在街上吃了早点，便到文明街广东区委会报到。

中共广东区委委员长陈延年是陈独秀的儿子，和父亲思想有分歧，认为他父亲思想右

※ 周恩来和邓颖超结婚25周年纪念照。

倾。他和周恩来观点一致，共同认为必须坚决反击国民党的右派。他热情地欢迎邓颖超，对她说，党组织决定调她来广东做妇女工作，也是照顾她和周恩来结婚。组织上决定她担任中共广东区委委员兼妇女部长。现在是国共合作，她同时到国民党广东省党部妇女部，协助部长何香凝开展广东的妇女运动。

陈延年向她概括地介绍了广东的当前形势。

7月1日，大元帅制的军政府正式改组为国民政府，汪精卫任主席，坚定的国民党左派廖仲恺主管财政。廖仲恺坚持联俄、联共、扶助农工的革命政策，采取切实有效的办法将广东各地的财政、税收、民政统一收归国民政府管理。这对割据广东各地、把持税收、鱼肉人民的军阀、官僚及国民党右派是一个沉重打击。国民党右派蠢蠢欲动，阴谋推翻国民政府，中共广东区委已察觉他们的阴谋，决定8月11日以省港罢工工人为主力，联合广州的工人、学生、革命军人、市民游行示威，要求肃清内奸，支持国民党左派，下决心同右派作进一步斗争。昨夜周恩来和大家商议的就是这件事。周恩来原担任广东区委委员长，后调到黄埔军校任政治部主任，主要抓军事工作，改任广东区委委员兼军事部长。

听了陈延年的介绍，邓颖超对广东的复杂形势有所了解。她更加体谅周恩来了。

当天傍晚，她刚刚跨进寓所，听到周恩来极有感染力的朗朗笑声，他似乎正和陈赓谈笑：

“你看，小超比我还积极。昨天下午刚到广州，今天就急着上班去了，还让我们等着她。”

“谁让你们等了。”邓颖超一脚跨进房门，笑着说，“人家不是等了你一天一夜吗？”

周恩来哈哈一笑，一手指着陈赓，一手拉着邓颖超：

“不用我给你们介绍了吧，你们已经认识了。多亏他代表我照应了你。来来来，天气热，看你跑得一身汗，快洗洗脸吧。”

说着，他亲自拧了洗脸毛巾，温柔地送到他的小超手里。别说邓颖超此时已完完全全谅解了他，即便还有点小委屈，一笑中尽都化解了。

陈赓调皮地笑笑，大声说：

“报告周主任，我的任务完成了，再见！”

他行了个军礼，急急忙忙走了。

周恩来笑着问邓颖超，还没吃晚饭吧。他说，离这里不远有家太平馆西餐厅，是1885年开办的老店，那里的烤乳鸽和牛尾汤很出名。他请她去太平馆吃饭，一来欢迎她来广东工作，二来嘛，当然是庆贺他俩的重逢和结合。

这一天，他们结婚了。没有什么仪式，也没请什么客人。柔和的灯光下，相知相爱的周恩来和邓颖超，双目相视，两心相守，还有什么比这更美好的呢？

邓颖超笑着问周恩来：“你早入党了吧？”

“入党4年了。”周恩来简短地回答，反过来问：“你呢？”“今年3月，”邓颖超叹了口气，“比你晚了4年呀！”

周恩来轻轻拍着邓颖超的手，不胜爱怜地说：“好个要强的小妹妹。别忘了，我比你大六岁哩！”

邓颖超格格地笑了起来。

第二天一早，他们分头上班去了。

黄埔军校的许多同事知道周恩来和邓颖超结婚了，非要见见新娘子，还闹着要他们请客。

周恩来推却不了，在他们的住所请了两桌客人，有邓演达、何应钦、钱大钧、张治中、恽代英、熊雄、高语罕、洪剑雄、陈赓、张婉华等人。刚到广州的李富春和蔡畅也赶来参加了。

客人们早听说邓颖超在五四时期，15岁便当演讲队长，热烈鼓掌，要求她站在板凳上报告恋爱经过。周恩来有点儿担心，怕她应付不了这场面。

只见邓颖超落落大方地站到板凳上，清了清嗓子，把她和周恩来相识、相爱的经过，说了一遍，特别把周恩来在明信片上写的那首诗，背了出来，赢得一阵阵热烈的掌声，张治中连声夸奖：周夫人名不虚传，和周主任一样，是极出色的演说家。邓颖超抗议了：什么周夫人，我有名字，邓颖超！

客人们一杯杯地向新郎新娘敬酒，邓颖超不会喝酒。体贴的周恩来，把敬给新娘的酒一杯杯全代她喝下去。邓颖超不知道他的酒量，只看到他一杯又一杯，竟喝了三瓶白兰地！她心里又急又心疼，却又挡不住客人的敬酒。

周恩来喝醉了。不过，他有极强的自制力，没有失态，只是咕哝着，不让李富春和蔡畅走。

周恩来和邓颖超住在二楼，李富春、蔡畅住在他们对面。

邓颖超和蔡畅把周恩来扶到阳台上吹吹风。邓颖超找来一碗醋，让周恩来喝了醒酒。她知道，明天一早，他还要赶到广东大学去主持黄埔军校新生的入学考试。

忠厚朴实的李富春一面叫着“恩来，你好一些吗？”一面埋怨张治中、陈赓他们闹得太厉害了，蔡畅打来一盆凉水，让邓颖超用毛巾浸透凉水给周恩来擦脸。

凉风习习吹来，时间已过夜半。周恩来渐渐清醒过来。他连忙谢过李富春和蔡畅，催他们快回房休息。他和邓颖超又在凉台上待了一会儿。夜凉如水，邓颖超扶他回房躺下。

晨光熹微。周恩来匆匆起床，用凉水擦了擦脸，和陈赓一起赶到广东大学去了。

几十年后，邓颖超深情地说到周恩来这次喝酒的事：“我没有想到，恩来会有这样大的酒量，整整三瓶白兰地呀！从那以后，我再也不让他喝那么多酒了。”

周恩来和邓颖超的婚姻，举世公认是两位共产主义革命者之间完美的终身结合。他们结婚时，也可以说，就同中国革命、同它的全部严峻要求、严峻考验结了婚。

邓颖超能将革命工作和家庭生活同时安排得和谐、周到、妥帖。她是一位坚强的革

※心心相印。

命家，又是一位温柔体贴的妻子。常到他们广州寓所去拜访的党的领导人和黄埔军校的同事会发现，房子虽然简朴，陈设却很得体，收拾得十分整洁。邓颖超和周恩来不仅思想相同，作风也相同，工作紧张仍然显得从容。尽管邓颖超每天工作繁忙，回到家里，遇到客人来访，从不让客人知道她很忙或很累，她总是热情地殷勤地招待他们，使他们感到像在自己家里一样自如。她亲自挑选陈设品，亲自安排饮食，同志们十分钦佩她能兼革命家和贤内助于一身，更羡慕周恩来能有邓颖超这样的终身伴侣。

（金凤）

“宵禁”遭枪击，险些丢命

周恩来乘坐的汽车飞驰般地向司令部开去，车灯灯光已照到司令部的大门上。门卫大声叫喊“停车”，说着门卫手中的机枪同时响了起来。司机身上连中数弹，死在驾驶座上。周恩来的随身护卫兵也随着枪声倒下，周恩来在枪响的一瞬间……

沙基惨案发生后不久，1925年7月1日，国民党对国民政府进行了改组，这也是孙中山于1925年3月12日病逝于北京后，国民党内部权力斗争所必需作出的调整，汪精卫被推选为国民政府主席兼军事委员会主席，廖仲恺被推选为国民党中央常委和政府财政部长，还兼任国民党黄埔军校党代表的职务。掌握军权的则是粤军总司令许崇智，当时国民政府的武装主力就是粤军，同时许还兼任国民党广东省主席职务，胡汉民则是孙中山去世后，代理大元帅并兼任广东省长职务。4个人物都是广东人，又都是国民党中的元老人物，孙中山去世后，他们4个广东人各自拥有一定权力，占据着国民政府重要的位置。廖仲恺是广东惠阳人，是国民党中左派的领袖人物，积极倡导孙中山的联俄、联共的主张，而胡汉民、许崇智二人都是广东番禺人，胡汉民则是国民党中右派的领袖，许崇智则是右派中的主要成员。汪精卫的父亲在广东诸地做官多年，汪生于广东三水，但汪在填写履历时，总是把自己说成是广东番禺人，事实上他是江西人，汪看上去像是左派，实际上处于中派的位置。

当时国民党内部左派与右派的斗争十分激烈，右派分子们时常在胡汉民家聚会，多数人主张处死廖仲恺，汪精卫听到风声后，于1925年8月间的一次国民政府会议上，汪精卫私下写了张字条交给廖仲恺，告诉他：有人要向你下毒手！廖仲恺的夫人何香凝女士就此去找广州公安局长吴铁城，提出为廖的安全考虑，要求加派卫兵，但廖对此不以为然，认为敌人暗杀是在暗中的，派也没有用。

8月19日，廖仲恺接到一份通知，要他20日上午9时去国民党中央党部出席中执委会106次会议。次日，廖的汽车准时到达中央党部大楼前，当廖仲恺的脚刚登上楼前的台阶时，便遭到埋伏在骑楼下的几位刺客的枪击。随行卫兵开枪还击，但廖仍身中4弹，被送往医院抢救，不久便去世了。

周恩来闻讯后，赶往医院与廖仲恺见了最后一面。在各界群众的强烈要求下，国民党成立了"廖案检查委员会"，周恩来也以共产党员的身份担任廖案检查委员会委员，后来他还亲自提审了被捕的刺客。当时刺客手中拿的都是大口径手枪，而廖仲恺身上的4弹只有3弹是大口径手枪射出的，射到廖要害处的一枪是小口径手枪所射，而当时在场的还有广州市公安局局长吴铁城的卫士，吴又是右派的主要干将，这一弹显然同他有一定的关

※ 1925年3月孙中山逝世后，国民党左派领袖廖仲恺坚持孙中山三大政策，继续同中国共产党合作，8月20日被国民党右派暗杀。图为何香凝（左二）及其子女在廖仲恺遗体旁。

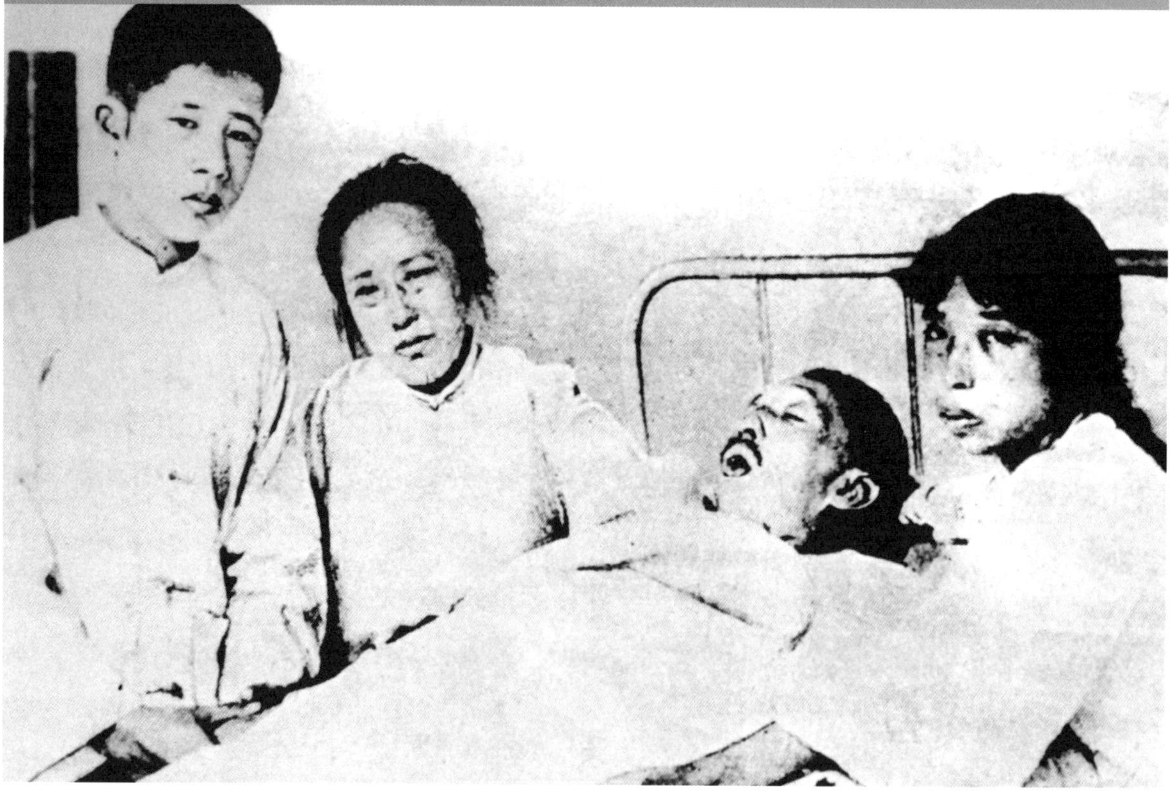

系。让吴铁城主持破案是不可能有一个好结果的，当时苏联顾问要求扣压胡汉民，汪精卫则极力反对，并以辞职相威胁。

鉴于当时国民党内右派势力较大，国民政府想处理好此事，唯一可以依靠的武装力量，就是刚编成的以共产党人为骨干的第一军。军长是蒋介石，蒋不仅担任黄埔军校校长职务，又是广州市卫戍司令及长洲要塞司令，蒋又是浙江人，处理广东人之间的纠纷、暗杀最让人信服。

8月24日，蒋介石、周恩来、何应钦为“廖案”集会，并决定当天晚上进行戒严，组织兵力搜捕案犯，确定戒严的时间从晚上11时开始，还确定了内部联络口令。

晚上9时左右，周恩来与苏联使者话别后，坐上汽车，匆忙赶回司令部，督察部队的戒严行动。给周恩来开车的司机，曾在洋人的工厂里做工，饱受洋人的歧视，自从给周恩来当司机，周恩来的和蔼可亲深深打动了他，并懂得了不少革命道理。当时廖仲恺遇刺不久，他对周恩来的安全十分负责，车与人同周恩来形影不离。

汽车在夜幕中疾驰在人影稀少的马路上，远处不时还传来枪声，当时的时局也十分紧张。广州城外驻着不少粤军，而操纵粤军军权的是右派中坚许崇智，粤军随时有可能冲进广州城，好在戒严前，广州的城门已提前关上。汽车飞驰般地开到司令部的大街上，车灯灯光已照到司令部的大门上，门卫这时大声叫喊“停车”，开车的司机此时十分纳闷儿，明明是周恩来的汽车，怎么还让停下，汽车依然向靠近大门的地方驶去，这时门卫又大喊戒严的内部联络口令，周恩来的司机随机按原定口令作了回答，门卫听后便又大声喊叫起来，“不停车，就开枪了。”说着门卫手中的机枪同时响了起来。司机身上连中数弹，但还是赶紧把车调头开进一个小巷里，随即司机死在了驾驶座上，周恩来的随身护卫兵也随着枪声倒下，周恩来在枪响的一瞬间，急忙把身子伏下去，才算幸免于难。

当汽车停下来时，周恩来才打开车门，一边大声高呼“ 我是周恩来！”一边走下汽车，门卫们听到喊声后，慌忙停下正在扣动机枪扳机的手指，才知道错打了政治部主任，他们个个慌慌张张地涌向汽车，并急忙呼叫救护车，但在死亡前的最后时刻把车开向小巷里的那位司机，早已闭上了双眼，至今也不知此人姓什么，但是他救下了周恩来。

这一次门卫的枪击使周恩来差一点儿丢掉性命。事情发生后才知道，原定当晚11时戒严，后来蒋介石怕晚上的行动计划泄露，刺杀廖仲恺的凶犯逃跑，便急忙召集他的亲信，更改了原来的计划，把原定的时间提前两个小时，同时又更改了原来的内部联络口令。周恩来作为“廖案检查委员会”重要成员，蒋介石却没有通知他，也不知蒋介石是否是有意的，所以当门卫大喊宵禁的口令时，周恩来的司机及护卫仍使用原来的旧口令，造成门卫

※ 1946年8月20日，为纪念廖仲恺遇害二十一周年，周恩来和董必武、邓颖超同廖承志（左四）、廖梦醒（左五）、经普椿（左二）等前往廖仲恺墓地扫墓。

开枪射击。

当时周恩来因忙于缉拿廖案凶犯的缘故，他简单处置了两位牺牲者的事务之后，就赶赴搜查点检查部队搜查的情况，当晚抓获了三四个刺杀廖仲恺的凶犯。最后胡汉民被迫出洋去了苏联，许崇智也被迫下台离开了广州，

周恩来回家后，邓颖超看见他的西服上血迹斑斑，还以为是抓捕凶犯时所致，也就没有问什么，周恩来更没有为此去讲什么，他害怕新婚的妻子为此而担心。

（苗体君、窦春芳）

身先士卒的总指挥

1927年3月21日，上海工人举行第三次武装起义，夺取上海。周恩来担任这次起义的总指挥。他亲临前沿检查工事，并同起义战士们一起扛木头，修工事。突然，一发炮弹落在附近，他立刻卧倒，全身溅满了泥灰……

1926年10月和1927年2月，上海工人阶级在中国共产党江浙区委的领导下，曾先后举行了两次武装起义，由于准备工作不充分和时机不成熟等原因，都暂时失败了。具有光荣革命传统的上海工人阶级，尽管历经一些曲折和牺牲，并没有气馁，仍然拿出勇气，在积极准备的基础上，争取第三次武装起义，江浙区委罗亦农、赵世炎等，积极支持工人的正义要求，同意举行第三次武装起义，认为这是挽救国民革命危机的一个重要方面，并报告了中央。中央有的负责人认为举行武装起义既无必要又无把握，担心因此而刺激帝国主义和中国买办资产阶级，引起帝国主义的武装干涉。中央军委书记周恩来完全站在上海工人阶级一边，针锋相对地指出，举行第三次武装起义既有必要又有把握，我们的起义是革命，是为了建立上海市民代表政权和建立工人武装，夺取军阀的武装以武装自己，是挽救国民革命危机的重要手段。我们工人现有的武器虽少，但有80万产业工人和广大上海市民的支持，有很多觉悟高的工人纠察队员，只要把准备工作做好，是肯定可以取胜的。至于对帝国主义和中国买办资产阶级来说，没有什么刺激不刺激的问题，你刺激他，他们是反共的，不刺激他，也还是反共的。经过一场激烈的辩论，中央多数同志赞成周恩来的意见，建议由他亲自指挥起义，务获胜利。

周恩来当时任黄埔军校的政治部主任，又是国民革命军第一军的政治部主任，参加过两次东征的指挥和镇压过广州反动商团暴动事变，是我党最有实践经验的军事指挥员之一。

中央会议后，周恩来就来到了江浙区委，参与领导起义的准备工作。他亲自参加上海各区区委书记联席会议，了解各区工人纠察队的力量配备，研究敌军警的据点和力量分布情况，并制订了第三次武装起义的部署方案。

3月中旬，原驻上海的军阀李宝章部悄悄撤走，由直鲁联军的毕庶澄部接防。当时，北伐军的东路军已过松江，紧逼上海，毕庶澄部士气低落，纪律松弛。周恩来抓住这一有利时机，指出武装起义的时机已经成熟。江浙区委根据周恩来的建议，决定在3月21日举行第三次武装起义。

3月21日，天气清明，早春的阳光，使人感到特别暖和，中午12时，工厂和轮船的汽笛齐鸣，宣告上海80万产业工人总罢工和第三次武装起义正式开始了。顿时，租界上的劳动大众人潮般地涌向华界指定地点集合，华界的武装工人纠察队则戴着红袖套，雄赳赳、气昂昂地走上战斗岗位。

起义开始后，总指挥部设在闸北宝山路横浜桥南商务印书馆职工医院，这是一个半秘密的机关，周恩来、赵世炎等和闸北区委书记郭伯和都已在21日晨进入岗位办公，我（即黄逸峰）当时是闸北区委委员并兼任区人民代表会主席和国民党区党部常务委员。在这次起义中，我分工率领全闸北区的群众队伍和少量武装纠察队，在后面为战斗的武装纠察队呐喊助威，并随时准备接受缴获的武器用以武装徒手的工人纠察队作为后备力量，战斗打响后，我在宝山路和青云路一带执行党交给的任务，当时心中总是挂着一件事，就是想见一见我们周总指挥。正在此时，闸北区委的交通员通知我即刻到总指挥部去接受重要任务。当我一进入总指挥的办公室，就看到一位中等身材，身穿灰色棉袍，西装裤子，脚穿一双黑皮鞋，颈项里围了一条灰色围巾的人，乍看起来是一个平凡朴素的地下工作者的形象，他正在看地图，听到我进入办公室，即回转身来看着我，他那一副浓眉，一双目光炯炯的俊眼，给予我极深的印象，郭伯和上前把我介绍给周总指挥，他说：“这就是黄澄镜同志。”当时我十分激动，因为我终于见到周总指挥。周总指挥布置任务简单明了，当即严肃地对我讲道：“啊！你就是黄澄镜，我们刚攻占了第五区警察署，为了便于指挥北站的战斗，决定在第五区警察署设前线指挥所，世炎和伯和因你对闸北情况熟悉，都推荐你去担任联络员，怎么样？”我当时感到十分鼓舞，立即回答说：“好！我一定努力完成任务，如有差错，希望您随时纠正。”从此，在整个第三次武装起义中，我当了周总指挥的联络员，随时向他报告前方的敌情，跟随他到最前线视察，受到了极为深刻的教育，在武装起义的过程中，记忆最深的有以下几件事。

一、3月21日下午4时，根据各区的报告，除闸北区外，各区的战斗都已胜利结束，缴获了大批武器，武装了徒手的纠察队员。周总指挥当即决定，调集沪东、虹口和沪西的工人纠察队支援闸北，加强对北火车站的包围，其他各区的纠察队就地维持地方秩序，搜索残敌，追查工贼、敌探，发动群众管制。

二、4时许，据吴淞区委报告，敌毕庶澄部500人左右配备全副武装，并有轻机枪数挺，于早晨乘一列铁棚车开往吴淞，准备从海上逃跑。列车到达吴淞附近，发现吴淞已被工人纠察队占领，又掉转屁股返回上海，要上海方面注意。周总指挥接到这一重要情报后，立即召集干部开会商量研究，在会上，周总指挥当机立断地说：“不能让这一列车进

※ 领导上海工人第三次武装起义的周恩来。

※ 为迎接北伐军，中国共产党于1926年9月至1927年3月领导上海工人举行三次武装起义。图为起义工人在操练。

入上海，如让他进来，第一，会冲破我们的虬江路防线；第二，列车上的武装进入北站，将增加我们攻击的困难。”他对着地图郑重宣布：立即调铁路纠察队员一部于天通庵站南将铁轨破坏，闸北工人纠察队一部由区委书记郭伯和指挥，在天通庵车站以南铁路两侧构筑简单工事，就地埋伏，对列车上的敌人予以伏击。当列车翻倒后，即时开火，包围列车，务歼全部敌人。黄昏前后，敌列车缓缓驶进天通庵车站，机车司机预感列车会倾覆，就以敏捷的动作，提前跳离机车，无人驾驶的列车就慢慢倾倒了。两侧工人纠察队员按照总指挥部布下的天罗地网，以密集的火力向敌人射击，列车上的敌人毫无准备，车门因关闭反锁，无法打开，只能在窗口抵抗，列车很快即被包围。不久沪东和虹口的纠察队也投入了战斗，双方火力更猛烈了，天黑后，敌人利用时机，调整了部署，一部分士兵终于下了车，展开了大规模的战斗。整个夜里，打打停停，敌人想以此争取时间，待援兵到后反扑。周总指挥又命令一部分学生纠察队投入战斗，发动政治攻势，高喊“缴枪不杀”，“赶快投降”。经过一夜的战斗，敌人火力逐步转弱，我们工人纠察队员越战越强，越打越勇。最后，除少数敌人偷偷溜走外，其余四百余人挂起了白旗，丢出了枪支，全部被我俘虏。根据周总指挥的指示，用缴获的武器弹药武装了徒手纠察队，将轻机枪调给围攻北站的纠察队，以增强战斗力。

三、对东方图书馆，起义开始后即开始围攻，东方图书馆是一座四层楼的钢筋水泥建筑，这里驻有敌一个军需处，带有一个排的兵力，并有两挺轻机枪，子弹很充足，敌方居高临下，不易攻下，而且射击的火力密集，对我方威胁很大。又因它地处宝山路中段，位于我们总指挥部与前线指挥所必经的交通线上。从战略上说，必须早点拿下，而事实上又不容易拿下。前线纠察队当即把战斗的情况报告总指挥部，周总指挥接到报告后，即率领一批干部亲临前线，看了地形，周总指挥决定：为了减少伤亡，命令围攻东方图书馆的纠察队实行围而不打的办法；并要纠察队于图书馆前东侧挖百余米的交通壕以保护我们的交通线，我们打下了北站，这个孤立的据点，敌人自会放弃的。按照周总指挥的命令，我们采取围而不打，并对敌进行政治喊话，不多时，敌人迫于形势，同意停火，但不愿马上投降，我们即紧紧围住，到了次日下午，一部分顽敌偷偷换了便衣，带物资，企图逃跑，纠察队一举全部俘虏了敌人。

四、围攻北站的任务是十分艰巨的，敌人守备力量很强，北站的屋顶上有敌人重机枪阵地，西面铁路上停有白俄雇佣军的装甲火车，配有迫击炮两门，在宝山路和北河南路交界处有帝国主义列强的重机枪阵地。起义开始后，敌人不时射击，严重阻碍纠察队的行动。周总指挥在起义队伍占领第五区警察署后，即指挥对北站的围攻，为了尽可能减少伤亡，周总指挥做了周密的部署，决定从虬江路到北站间做三道防御工事，逐步接近包围敌人。按照周总指挥的部署，纠察队三个小队在轻机枪掩护下，在敌人前沿修起了三道防御工事。在工事的掩护下，对敌人进行攻击。黄昏后，敌白俄雇佣军的迫击炮和北河南路口的重机枪射击，引起宝山路东侧居民里弄着火，火借风势，燃烧开来，居民扶老携幼，纷纷抢救衣物，一片嚎哭之声。周总指挥考虑到居民的安全和敌人可能乘机出击，立即亲临现场，一方面组织工人奋力救火，帮助居民抢救物资，有秩序地转移；另一方面加强前线火力配备，严密监视敌人的动向。果然，敌人乘我组织救火之机，冲击我们的工事，对我发动进攻。我们被迫后退，在这千钧一发之际，周总指挥亲自在前线指挥一支突击队冲上去，会合前线纠察队向敌人猛烈回击，把敌人打回北站，夺回防御工事。在火力掩护下，火灾也被扑灭了。周围居民看到总指挥直接指挥救火十分感动。第二天，总指挥带我们到前沿检查工事，居民纷纷献出家中的桌椅、木头和麻袋，给起义队伍加强工事。周总指挥又同起义战士们一起扛木头修工事，突然间，一颗炮弹落在附近，周总指挥立即卧倒，炮弹爆炸后溅得周总指挥满身泥灰，但他毫不在意，从容地掸去身上的泥沙，继续帮助整修工事。一个纠察队员担心周总指挥的安全，对他说："周总指挥，这里是前线，你的指挥位置，不在这里。"周总指挥笑着说："当指挥员的怎么能不来？你们不是同样很危险吗？"纠察队员们听了都感动不已，跷起大拇指说："周总指挥真是身先士卒的英雄。"我当时在旁边听后，也深受教育，更增强了战斗的勇气。

五、大火被扑灭后，后方报告：在灭火和敌人反扑时，近后方的群众队伍中，出现了不少谣言，说："前方纠察队伤亡很大！""起义看样子又要失败了。"根据调查，这是少数工贼、敌探有意造谣破坏，惑乱军心。周总指挥认为这个情况十分重要，必须采取措施，开展战场锄奸工作，以保持旺盛的战斗士气。周总指挥当即命令我去执行这项任务。按照周总指挥的命令，我通过各个组织进行了调查，发动群众，果真发现有些工贼和敌探混在我们队伍中造谣生事，扰乱军心，经过当场审问，查明问题向总指挥作了报告。周总指挥决定，处决那些一贯为非作恶、民愤很大的工贼和敌探，经过群众通过后，立即执行。坏人被镇压了，谣言也消失了，大大地鼓舞了士气，稳定了后方群众的情绪，保证了起义的正常进行。

六、当时，北伐军东路军已到新龙华，南市工人纠察队修通了铁路，上海总工会汪寿华委员长派交际处长赵子敬率领上海工人代表团到新龙华慰劳北伐军。正逢东路军总指挥白崇禧在召开军事会议。在会议进行中，接见了慰问团，赵子敬即将上海工人纠察队英勇地同军阀作战的情况作了汇报，并说，上海现在除北站外，都已解放了，希望北伐军早点进军上海，在北站同工人纠察队会师。当时，国民党右派反动头子吴稚晖起来发言，胡说："北伐军绝不支援上海工人纠察队，让毕庶澄消灭了纠察队再进上海。"慰问团代表当即在会上愤怒回击，说："上海工人纠察队完全有力量拿下北站，解放全上海，我们在北站欢迎北伐军。"慰问团回来把情况向周总指挥详细作了汇报，周总指挥说："我们上海工人纠察队是有志气的，我们完全有力量拿下北站。"他又说："吴稚晖的反动言论，恰恰暴露了国民党右派的阴谋，我们必须提高警惕啊！"周总指挥当即在前线指挥所召集前线纠察队的指挥员会议，把情况告诉了大家。会上决定，调整部署，把枪支弹药、轻重武器全部集中起来，一定要一举攻克北站。

七、22日下午5时后，根据我们掌握的情况：敌毕庶澄向北伐军接洽投诚谈判未成，已换便服悄悄地逃进租界，白俄雇佣军也已纷纷换上便衣进了租界，敌人已近于土崩瓦解。周总指挥全面分析了当时的形势，向全体纠察队员下了向北站总攻的命令，要求在6时以前占领北站，结束战斗。在总指挥部的号令下，全体前线纠察队员鼓足士气，以雷霆万钧之势向敌人发起了总攻，打得敌人抱头鼠窜，很快举起白旗，乖乖地做了俘虏。上海工人阶级以仅有的100余支破旧枪支和土炸弹，仅用了30个小时的时间，就打败了用洋枪洋炮武装的军阀和白俄雇佣军，最后解放了北站。在这30个小时的战斗中，周总指挥一直同工人纠察队同甘共苦，坚持战斗。记得在战斗中，工人和市民为慰劳纠察队，送来几木桶稀粥，我们盛了一碗给周总指挥，他却微笑着对大家说："把这些稀粥统统送给前方战斗的工人纠察队！"周总指挥就是这样在每一件事情上都关心着前方战士。

八、第三次武装起义胜利后，周总指挥一直留在闸北总指挥部整编部队和开展部队教育活动。当时由于中国民族资产阶级的观望态度和陈独秀右倾机会主义的严重影响，上海市民代表政权机构一直没有能够正式成立，人民民主专政不能普遍实施，而只是在一些工人纠察队驻扎的地域，由纠察队维持治安，在实际上起了人民民主专政的作用。在这些地方，工厂都成立各级工会，镇压工贼、敌探，工人普遍向资本家提出合理的政治经济要求，资本家一一接受，流氓小偷也纷纷敛迹，社会秩序大为安定，人民大众欢呼："三次武装起义就是好。"为了进一步团结北伐军，周总指挥又指示我们普遍开展军民联欢活动。这期间，北伐军多次换防，最后换上的是二十六军，这个军是蒋介石收编的军阀孙传芳残部周凤岐的部队，周总指挥专门指派总工会赵子敬和我去做周凤岐工作。我们就通过二十六军的党代表赵舒，一起做周凤岐的工作，对他进行革命的三民主义教育和三大政策的宣传，要他同工人纠察队合作，虽经多次接触，但周凤岐贪钱如命，开口就要五十万军饷，他的目的当然不能达到，后来终于成为蒋介石反共叛变、镇压工人武装的刽子手。

1927年4月5日，党内右倾机会主义路线代表陈独秀和汪精卫联合发表了《国共继续合作》的宣言，只讲联合，不讲斗争，对蒋介石反共的企图和分裂革命的阴谋丝毫不提，使广大工人丧失了革命警惕。而这时蒋介石却来到了上海，与帝国主义和买办资产阶级直接谈判，他为了麻痹上海工人阶级，口头上说支持工人武装，并敲锣打鼓给总工会和工人纠察队送来一面"共同奋斗"的锦旗，背地里却在帝国主义卵翼下，收买大流氓黄金荣、杜月笙、张啸林等人，组织什么中华共进会，在租界上武装了大批流氓，准备缴工人纠察队的武装。周总指挥虽一再提出要大家提高警惕，但由于陈独秀右倾机会主义的影响，工人们在"四一二"反革命大屠杀面前没有来得及应变，蒙受了巨大的损失和牺牲。

4月12日凌晨，在蒋介石的密令下，大批武装流氓臂戴白布黑字的袖套，有计划地从

※ 从1927年3月至1928年上半年，被杀害的共产党员和革命群众达31万多人。图为革命志士的头颅被挂在街头。

租界各地冲向华界各区工人纠察队驻地，敌二十六军则尾随武装流氓，掩护他们向工人开火，当时，武装流氓首先进攻湖州会馆，遭到工人纠察队的英勇抵抗，战斗打得十分激烈。这时，二十六军提出什么“你们两方都是工人，为什么要发生武装冲突，可以坐下来谈判，为了维持秩序，我们不允许你们长时间的武装冲突”，假惺惺地建议双方将武器交给他们，并威胁谁不接受谈判的建议，他们就要“实行武装调停”。当时我们工人纠察队因缺少经验，信以为真。但当双方把枪交给二十六军后，他们就撕下了“调停”的假面具，马上占领湖州会馆，赶走徒手的工人纠察队，紧接着又收缴了东方图书馆和商务印刷厂工人纠察队的枪支。12日黎明前，当时我在宝山路十号的机关，正在指挥工人纠察队继续抵抗，忽然接到一个紧急电话，是江浙区委罗亦农同志直接打给我的，罗告诉我："恩来同志被二十六军扣留了，望即找赵舒前去营救至要。"我接到电话后，心如火燎，立即将指挥任务交给另一个同志，直奔赵舒住所，就当夜二十六军叛变，第二师师长斯烈扣留了周恩来等情况向赵舒作了汇报，并请他即去找斯烈。我们到了宝山路天主堂第二师司令部，我看到周总指挥双眼怒视斯烈，抗议他们的反动行为。这时，房间里的桌椅已被推翻在地，茶杯、花瓶散碎在地上。我听到周总指挥义正辞严地对着斯烈谴责道："你还是总理的信徒呢！你们公然叛变了革命的三民主义和三大政策，反对共产党、反对人民，你们这样是得不到好下场的。"斯烈在周总指挥愤怒的训斥下，不得不低着头说："我也是奉命的。"这是我第一次看到周总指挥在敌人面前大义凛然，表现了一个共产党员的高贵品格和坚强意志。经过赵舒同斯烈个别谈话，斯烈开始改变主意，向周总指挥表示事情"已过去了，请您来谈谈，并无其他意思"，多次声明是误会，表示道歉。周总指挥根本不理睬他，转头同我一起坐上汽车，冲过重重关口，回到了北四川路东四卡子桥附近罗亦农办公所在地。

蒋介石发动的四一二叛变，激起了上海工人和市民强烈的反抗。13日，上海总工会在闸北青云路广场召开了十万余人的群众大会，宣布全上海总同盟罢工，声讨国民党右派的罪行。大会后，全体群众游行到二十六军第二师司令部请愿，强烈要求收回被骗取的武器。到达天主堂后，群众要求斯烈出来接见，斯烈派了一个参谋长出来应付，一口咬定收缴的武器不能发还，说这是东路军总指挥部的命令。广大群众听后愤怒异常，纷纷起来冲向司令部。这时，忽然一声枪响。司令部驻地两侧早已埋伏好的机枪同时开火，枪弹雨点般地向群众射来，无数群众都倒在血泊里。紧接着，二十六军又到处捕人，残杀革命人民，震惊世界的四一二大屠杀就这样开始了。从此，全上海就成为一片白色恐怖的世界。

中国人民是杀不完的，白色恐怖没有吓倒英勇的群众和共产党员，他们埋葬了烈士的尸体，擦干身上的血迹，又继续前进了。以罗亦农为首的江浙区委，4月14日马上借北京路泥城桥附近一家旅社召开了七八十人参加的活动分子会议，各区委支部的负责同志也都参加了会议。会上，罗亦农分析了当时的形势，指出黑暗是暂时的，光明总会到来，鼓励大家要继续战斗，赵世炎作了关于及时大力恢复组织的报告，动员一部分"目标太大"的同志赴农村开展工作。不久，罗亦农就同周恩来一起秘密赴武汉，出席党第五次代表大会。

（黄逸峰）

四一二反革命政变之后

四一二反革命政变发生了。周恩来义正辞严地谴责国民党反动派，并出席有10万人参加的群众大会，会后和群众一起上街游行。蒋介石发出了通缉革命者的黑名单，其中第一个就是周恩来，并出8万大洋来买他的头颅。

4月11日深夜到12日凌晨，蓄谋已久的反革命政变终于发生了。

蒋介石是富有反革命政治经验的，他在这个事件中使用了极端阴险和卑鄙的手段。11日深夜至12日凌晨，集结在租界内的上海青红帮的大批便衣党徒，臂缠白布黑“工”字标志，手持盒子炮，一齐出动，向上海总工会（湖州会馆）、工人纠察队总指挥部（商务印书馆俱乐部）、华商电车公司等处发动袭击，枪声刺破了上海宁静的夜空。工人纠察队立刻奋起反击。正在这时，大批二十六军部队开到，先将前来攻打总工会的流氓完全缴械，有的并用绳索捆绑。工人纠察队看到这种情形，不再怀疑，开门将二十六军官兵放入。谁知军队一进门，领队军官就变了脸色，说：“他们的枪械已经缴了，你们的枪械也应该缴下才好。”这时机关枪已经架起，猝不及防的工人纠察队被迫缴械。几处的情况，大同小异。

周恩来当时住在设在商务印书馆俱乐部内的工人纠察队总指挥部，在事件发生前，二十六军第二师师长斯烈派人送信给周恩来，邀请他到第二师司令部谈判。周恩来虽然预感到形势危急，但又认为斯烈不会立即动手，还可以利用和争取他，于是就应邀前往。

12日凌晨，罗亦农得知周恩来去二师司令部谈判的消息后，万分焦急，立即要与二十六军党代表赵舒保持联系的共产党员黄逸峰速找赵舒营救，以防不测。黄逸峰回忆说：“我们到了宝山路天主堂第二师司令部，我看到周总指挥双眼怒视斯烈，抗议他们的反动行为。这时，房间里的桌椅已被推翻在地，茶杯、花瓶散碎在地上。我听到周总指挥义正辞严地对着斯烈谴责道：‘你还是总理的信徒呢！你们公然叛变了革命的三民主义和三大政策，反对共产党、反对人民，你们这样是得不到好下场的。’斯烈在周总指挥愤怒的训斥下，不得不低着头说：‘我也是奉命的’。”

赵舒和黄逸峰赶到后，赵舒一面与周恩来打招呼，向他表示歉意，一面向斯烈询问事情的经过。原来，斯烈当时并无恶意，他的弟弟斯励是周恩来在黄埔军校时的学生，在赵舒等人的影响下，斯烈对周恩来素来敬佩。在接到周凤岐袭击工人纠察队的命令后，他仅凭借个人的感情，想让周恩来离开那个即将发生惨祸的危险之地，所以才邀请周恩来赴二师司令部谈判。而他根本没有想到，周恩来对个人的生死早已置之度外，他所关心的是整个上海工人阶级的安危。赵舒与斯烈商量过后，决定立即送周恩来脱离这个危险的地方。赵舒亲自用汽车把周恩来护送到北四川路罗亦农同志办公所在地。赵舒护送周恩来离开闸北以后，心情沉重。当天，他便通电全国，辞去二十六军党代表兼政治部主任职务，以示不与蒋介石同流合污。不久，斯烈也称病离开了这支反动军队。

12日清晨起，各厂工人听到纠察队被缴械的消息后，纷纷集会抗议。中午，闸北和南市的群众分别召开有数万人参加的市民大会。会后，闸北工人数万人拥往湖州会馆，夺回了上海总工会会所，南市群众冒着大雨到东路军总指挥部请愿，要求立刻恢复工人武装，保护上海总工会，取缔反动团体。

13日，上海20万工人罢工。上午10时，周恩来和赵世炎出席在闸北青云路广场举行的有10万人参加的群众大会。会后和群众一起上街游行，当游行队伍行到宝山路三德里附近时，遭到叛军的血腥屠杀，当场打死一百多人，造成了惨绝人寰的宝山路血案。当时住在闸北的郑振铎、胡愈之等人，亲眼目睹了这一惊心动魄的一幕，他们在第二天致函上海临时政治委员会委员蔡元培、李石曾、吴稚晖，对叛军的行为予以严厉的控诉。函中写道："四月十三日午后一时半，闸北青云路市民大会散会后，群众排队游行经由宝山路，当时群众秩序极佳，且杂有妇女、童工。工会纠察队于先一日已被解除武装，足证是日并未携有枪械。群众行至鸿兴路口，正欲前进至虬江路，即被鸿兴路口二十六军司令部门口守兵拦住去路。正在此时，司令部守兵即开放步枪，嗣又用机关枪向密集宝山路上之群众，标准扫射，历时十五六分钟，至少当有五六百发。群众因大队拥挤不及退避，伤毙甚众。宝山路一带百余丈之马路，立时变成血海。""此为昨日午后宝山路所目睹之实况，弟等愿以人格保证，无一字之虚妄。"他们愤怒写道："受三民主义洗礼之军队，竟向徒手群众开枪轰击，伤毙至百余人，三一八案段祺瑞之卫队无此横暴，五卅案之英国刽子手无此凶残，而我神圣之革命军乃竟忍心出之。"

13日下午，上海总工会会所被封闭。14日下午，上海特别市临时市政府被强行解散。昔日的盟友突然翻过脸来，转成冷酷凶残的刽子手。蒋介石发出了通缉革命者的黑名单，其中第一个就是周恩来，并出八万大洋来买他的头颅。在腥风血雨的白色恐怖下，中国共产党的组织被迫全部转入地下。周恩来在14日转移到吴淞附近徐家宅一处工人住家的小阁楼上继续工作。这里离市区远，偏僻荒凉，巷子狭小，房屋破旧，附近居住的大多是吴淞机器厂的工人，是一处很合适的秘密据点。

野火烧不尽，春风吹又生。中国共产党人没有被吓倒，没有被杀绝，他们从血泊中爬起来，擦干净身上的血迹，掩埋好同伴的尸体，又继续战斗了。

中央特别委员会在秘密状态下，于4月16日和18日举行了两次会议，讨论局势和对策。周恩来在16日的会议上作了一个十分愤激的发言。他说："我们致电武汉应指出两点：一、政治上，要指明上海暴动后有右倾错误，如继续非常危险。我们在此次屠杀中可以看出，老蒋只是对我们表面和缓，实际是准备整个打击，但我们事前太和缓，以致无好好反蒋宣传，以致在民众中有不好影响……致使此次大受其亏。国共联合宣言毫无积极意味，此种和缓空气，如果武汉方面仍继续下去，各方面损失很大。二、军事上，武汉方面对于老蒋无积极对付的方策，而主张先北伐，并怕老蒋军事力量太大，完全自己站于弱点，是很不好的。照我们观察，对于老蒋军队并不无法，且应先解决老蒋然后可以北伐。现在我们应打一电报给武汉提出抗议，要求赶快决定打东南的方策，马上派得力人员来东南准备军事活动。"

会后，周恩来起草致中共中央的意见书，与赵世炎、罗亦农、陈延年、李立三、尹

※ 1928年2月，国民党二届四中全会在南京召开，南京国民政府实现改组，蒋介石建立大地主大资产阶级反动政权。

宽联名发出。意见书指出："蒋氏之叛迹如此，苟再犹豫，图谋和缓或预备长期争斗，则蒋之东南政权将益固，与帝国主义关系将益深。"针对陈独秀等人的右倾主张，意见书强调："故为全局计，政治不宜再缓和妥协。上海于暴动后，已曾铸此大错。再不前进，则彼进我退，我方亦将为所动摇，政权领导尽将归之右派，是不仅使左派灰心，整个革命必根本失败无疑。"周恩来等力主坚决讨伐蒋介石，提出"迅速出师，直指南京"。

18日的特别委员会会议，议题是讨论中央对沪区工作的决议案。周恩来在发言中说："我主张我们要有一个结论。"他着重指出："中央政策动摇，指导无方，对于前次广东与上海都如此，中央对于争领导权没有决心。""特委的政策有错误，起初是模糊，后来是妥协"，"对于资产阶级的妥协直到缴械以前并未停止。"他认为，这些问题应该提到将要召开的中国共产党第五次全国代表大会上去，"此次大会，应提出上海与广东两次的错误，中央完全承认才能指导全国"。他还批评："此次运动东方局也要负责，大会也要提出讨论，并要注意以后整个党的统一指导问题。"

中共五大定于4月27日在武汉举行，中央通知周恩来和李立三、罗亦农等，在25日前赶到汉口参加会议准备工作，留下陈延年代理上海区委书记。但周恩来因为上海工人纠察队的善后问题还需要处理，没有马上成行。在聂荣臻的协助下，周恩来拟定了工作计划，将在四一二事变中保存下来的工人纠察队转入秘密状态，把枪支弹药隐蔽起来。他还对江浙一带的地下武装斗争做出安排。30年后，他谈道："那时候，按理应该把工人运动和农民运动结合起来。""如果那时我们把力量暂时撤退到农村中去，那就会保持很大的干部力量。""当时江浙两省农民运动已有相当发展（当然比两广，比湖南、江西要差一点儿），如果我们工人武装和农民结合起来，无论如何是可以保持力量的，当然长期坚持还是有困难的。"

在反革命白色恐怖日甚一日的时候，周恩来一直惦念着远在广州的邓颖超。从周恩来离开广州后，近半年的时间里，他们之间音讯不通。周恩来领导上海第三次武装起义的情况，邓颖超也不知道。"四一二"事变后第三天，广州反动派发动了"四一五"清党事件，开始大规模逮捕和屠杀共产党员。此时邓颖超因难产后身体没有恢复，住在医院里，她怀的男孩没有活下来。陈铁军化装去医院找她，要她赶快离开。也就是在这时，她接到了周恩来的通知，要她赶快到上海，用化名登报找他。当时广州局势已十分严重。医院的医生和护士出于对革命者的同情，连夜把她转移到另一个地方，然后由护士送她上了去上海的轮船。5月1日邓颖超到达上海。周恩来在报上看到由邓颖超母亲杨振德署名的找寻伍豪的启事，立即派人去把她们接走。邓颖超先在一个医院内躲了两个星期，以后找了所房子。周恩来在那里一起住了几天，就先动身去武汉了。

为了避开反动军警的追捕，在一个漆黑的夜晚，周恩来化装后由一个交通员悄悄地带他到虹口码头，搭上一艘英国轮船，上船后他躲到三等舱里，整整两天没有出来。为了保护他的安全，党派了带着武器的保卫人员与他同船前往武汉。到了九江，才松了口气，周恩来可以到甲板上散散步了。船到汉口时，码头上恽代英正在焦急地等着他，随后，恽代英驱车把周恩来接到中央军官学校武汉分校居住。

（孙钢）

领导发动南昌起义

1927年8月1日凌晨，在周恩来、贺龙、叶挺、朱德、刘伯承等同志指导下，中国共产党领导的南昌起义打响了武装反抗国民党反动派的第一枪。经过4个多小时的激战，起义军占领了南昌城。

呼吁迅速出师讨伐蒋介石

1927年，正当国共合作进行的北伐战争节节胜利、工人武装斗争和农民革命运动风起云涌的时候，革命形势却发生了严重的逆转。四一二反革命政变发生后，周恩来根据他领导上海工人第三次武装起义的切身体会，看透了蒋介石的反动本质，多次向中共中央建议，趁蒋介石建立的南京反动政权尚未巩固之时，加紧组织武装力量，讨伐蒋介石。4月16日，周恩来在中共特别委员会会议上发言强调：“军事上，武汉方面对于老蒋无积极对付的方案。”“照我们观察，对于老蒋军队并不无法，且应先解决老蒋然后可以北伐。现在我们应打一电报给武汉方面提出抗议，要求赶快决定打东南的方策，马上派得力人

※ 《八一起义》油画。

员来东南准备军事活动。”

会后，周恩来起草致中共中央意见书，同赵世炎、罗亦农、陈延军、李立三、尹宽联名发出。意见书分析了当时军事势力的状况，强调趁蒋介石东南政权还没稳固，“下决心讨伐，迅速出师，直指南京”。“南京一失，苏、沪可不战自定”。迅速出师讨伐蒋介石，是在当时政治军事条件下，挽救中国革命的唯一正确的选择。

提议中央从速决定南昌起义

从5月下旬起，周恩来负责主持中共中央军事工作，为适应形势的需要，他努力把党的工作重心从政治斗争转移到军事斗争上来，在思想上、组织上和具体工作上，做好进行武装起义的准备。为加紧酝酿决定组织武装暴动，周恩来向中共中央提出过许多意见和建议。在5月30日的中央政治局常委会会议上，周恩来建议召开政治局会议讨论军事问题。在6月14日的中央政治局常委会会议上，周恩来提出了“三省救各省，东南讨蒋”的斗争方针。在6月17日和20日，周恩来先后两次提出湖南暴动计划。会议决定由周恩来前往指挥这次湖南暴动。后来因为共产国际代表罗易反对，这个计划没能实行。

7月15日，汪精卫公开背叛革命。中共临时中央常委会确定组织武装起义的新政策。周恩来任中共临时中央常委会委员。和其他同志一起主持共产党的机关和党员紧急疏散撤离、隐蔽工作，把聚集在武汉的共产党员派往各地，掌握工农武装力量，以反抗国民党反动派的屠杀政策，并将一些从事军事工作的共产党员集中于南昌、九江一带，做联张（发奎）反粤的准备工作。在这期间，共产国际代表鲍罗廷曾经提出：“准备一些军队去南昌回广州。”

正是在这种新政策的指引下，7月中旬，中共临时中央常委会会议初步决定，以在“东征讨蒋”口号下，聚集在九江、南昌一带贺龙领导的国民革命军第二十军、叶挺率领的第十一军第二十四师和朱德领导的第三军军官教育团为基础，在南昌举行武装起义，周恩来为中共前敌委员会书记。会后，周恩来当晚就向军事部的同志传达。传达后，他指定聂荣臻、贺昌、颜昌颐组成前敌军委，聂荣臻为书记，先到九江去进行起义的准备工作。他交代说：“什么时候发难，要听中央的命令。”7月20日，谭平山、李立三、恽代英、邓中夏、叶挺等同聂荣臻一起在九江举行谈话会。据李立三说：鉴于张发奎日益右倾，谈话会提议，“抛弃依张之政策，而决定一独立的军事行动”。“在军事上赶快集中南昌，运动二十军与我们一致，实行南昌暴动，解决三、六、九军在南昌之武装。在政治上反对武汉、南京两政府，建立新的政府来号召”。会议委托正在庐山的瞿秋白回武汉向中共中央报告。中共临时中央常委会和共产国际代表都同意这些意见。7月24日或25日，周恩来在中共临时中央常委会会议上发言提议：中央从速决定南昌起义的名义、政纲和策略；切实计划发动湘、鄂、赣和广东东江一带工农势力；共产国际迅速接济军火物资。会议根据周恩来等同志的提议，最终作出了举行南昌起义的决定。

指挥打响武装反抗国民党反动派的第一枪

举行南昌起义的决策确定后，周恩来立即紧张地进行组织准备和军事部署。7月26日，周恩来在陈赓陪同下赶赴九江，向正在这里讨论起义问题的李立三、邓中夏、谭平山、恽代英等传达中共中央的决定。针对讨论中是否把没收大地主土地列入起义政纲的争论，周恩来明确指出，应该以土地革命为主要的口号，会议同意并作出决定。会议研究了组织起义部队向南昌集结的部署，并派聂荣臻设法把在马回岭的第四军第二十五师拉到南昌，参加起义。

7月27日，周恩来到达南昌，住在朱德家里。根据中共中央决定，周恩来在江西大旅社成立由周恩来、李立三、恽代英、彭湃组成的中共前敌委员会。接着，前委会详细研讨了有关起义的事项，进行了周密部署，决定7月30日晚举行武装起义。

7月28日，周恩来到第二十军指挥部会见贺龙。一见面，周恩来就坦诚地说：“我来拜访你，不是礼节性的。开门见山，我是找你商量起义计划的。我们立刻就谈行吗？”贺龙爽快地回答：“好极了，我洗耳恭听！”周恩来风趣地说：“洗耳恭听是不够的。你是大将军，光洗耳恭听怎么成？还是要动手动脚动枪动炮呢！”听完周恩来的转达，贺龙立即说：“我完全听共产党的话，要我怎么干就怎么干。”

正当起义的准备工作紧张进行的时候，7月29日，张国焘以中共中央代表身份给中共前委接连发来两封密电，提出暴动宜慎重，要等他到达南昌后再决定。周恩来立即同其他前委成员商定，起义决不能停止，继续进行准备工作。7月30日，张国焘在中共前委紧急会议上提出：起义如有成功把握，可以举行，否则不可动；应征得张发奎的同意，否则也不可动。周恩来和前委其他成员一致反对张国焘的错误主张，指出“暴动断不能迁延，更不可停止。”“在客观应当是我党站在领导地位，再不能依赖张。”会议没能解决问题。第二天早晨，周恩来主持中共前委紧急会议，继续争论了几个小时，直到得知张发奎已参加庐山反共会议，张国焘才不得不表示服从多数人的意见。会议最后决定，8月1日凌晨举行武装起义。

8月1日凌晨2时，在周恩来、贺龙、叶挺、朱德、刘伯承等同志指挥下，中国共产党领导的南昌起义打响了武装反抗国民党反动派的第一枪。经过4个多小时的激战，黎明时分战斗结束，起义军占领了南昌城，南昌起义胜利了。

率领起义军南征受挫

起义军占领南昌后，根据中共中央关于起义军南下广东的决定，当晚，周恩来主持召开参谋团委员会议，研究南下行动方案。8月3日起，起义军陆续出发南征。周恩来于8月5日撤离南昌，踏上南下征途。7日，起义军先头部队到达临川。

8月12日，起义军进抵宜黄。起义军进占瑞金后，从缴获敌军文件中得知敌军准备在会昌集结18个团兵力同起义军决战，周恩来立即主持召开参谋团会议研究对策，决定先击破会昌敌军。30日，第二十军从东北面向会昌发起攻击，吸引敌军主力；第十一军从西北面向会昌发起攻击，攻占会昌城。

9月5日，起义军进驻长汀。在这里，周恩来主持召开中共前委会议，研讨攻取东江的行动计划，会上有两种意见。会议最后决定，以主力取潮汕，留一部分兵力于三河坝监视梅县之敌，再经揭阳出兴宁、五华取惠州。事实证明，这次分兵的决定是导致起义军南征失败的直接原因。

9月10日，周恩来和彭湃率领起义军一个团进驻上杭。19日，起义军进占三河坝。按照长汀会议决定，起义军在这里实行分兵，由朱德率第十一军第二十五师等部留守三河坝，由周恩来、贺龙、叶挺、刘伯承等率主力部队进军潮汕。23日，起义军顺利攻占潮州。24日晨，起义军进驻汕头。但这时敌军正分三路在潮汕周围集结。经过几天激战，起义军于30日晚撤离潮州，汕头随之放弃。

周恩来这时已重病缠身，撤离汕头就被人用担架抬着行军。10月3日，中共前委机关和从前线撤退下来的起义军部队在普宁县的流沙会合。在这里，周恩来和其他起义军领导人召开了决策性会议。这时，周恩来高烧达40摄氏度，同志们劝他离开部队。周恩来坚决表示："我的病不要紧，能支持得住。我不能脱离部队，准备到海陆丰去，扯起苏维埃的旗帜来！你们快走吧！"会后，起义军余部由流沙经钟潭向去海陆丰道上的云落前进，进入乌石地区时遭敌军重兵截击，周恩来、贺龙、叶挺等指挥部队还击，被敌军截为两段，部队被冲散了。这时，周恩来发着高烧，常处在昏迷状态，还在喊："冲啊！冲啊！"叶

※ 起义总指挥部旧址——江西大旅社。

挺、聂荣臻守在他身边。后来，由一位当地党的负责人杨石魂帮助他们隐蔽下来，并找来一条小船，送周恩来、叶挺、聂荣臻一行人去香港。

开辟中国革命的新时期

南昌起义是在极端危急的形势下挽救中国革命的伟大壮举。“南昌起义虽然失败了，但不能由此而低估他的伟大政治意义。巴黎公社革命、辛亥革命都失败了，不是在历史上永放光辉吗？”萧克说得很在理，南昌起义如同巴黎公社和辛亥革命一样，在历史上永放光辉。

对于南昌起义的伟大意义，中共中央以及党和军队的一些领导同志都作过评价。在1927年10月24日，中共中央就明确指出：“南昌暴动的‘八一’革命在中国革命史上有极重大的意义。”“现在叶贺虽然是失败了，而南昌暴动在湘鄂粤各省工农武装暴动的总政策中，始终是中国革命史上最光荣的一页。”“只有决定四省民众武装暴动，以及率领叶贺军队暴动反抗武汉反动政府之政策，是算党抛弃机会主义而走上布尔什维克道路的新纪元。”周恩来对南昌起义失败的教训说过许多，但对南昌起义的伟大意义说得很少。他仅肯定：“八一起义在共产党领导下，向国民党反动派打响了第一枪，这在大方向上是对的。”他甚至谢绝观看歌颂南昌起义的话剧《八一风暴》。他说：“我那次领导失败了，你又不批评我，我就是不看。”这充分显示了周恩来谦虚的品德和严于自省的精神。

南昌起义具有伟大的意义，它在中国共产党和中国人民解放军发展史上，是一个闪光的标志。

第一，南昌起义标志着进行土地革命战争的新时期。第一次国共合作进行的大革命失败后，中国革命向何处去，是摆在共产党人和工农群众面前生死攸关的大问题。失败教育了共产党人，终于找到了一条革命的新路。李立三曾经深有体会地说过：“南昌暴动在革命历史上有它的伟大意义。在广大群众没有出路的时候，全国树出新的旗帜，使革命有新的中心，南昌暴动是很重要的时期。”以南昌起义为标志，中国革命进入了中国共产党领导的土地革命战争时期。

第二，南昌起义标志着开展革命武装反抗反革命武装的新时期。中国共产党成立后，相当长的时期不懂得武装斗争的极端重要性。直到蒋介石、汪精卫相继叛变革命，举起屠刀，血的教训才使共产党人认识到“枪杆子里面出政权”的道理。毛泽东在论述战争和战略问题时这样说过：“革命失败，得了惨痛的教训，于是有南昌起义、秋收起义和广州起义，进入了创造红军的新时期。这个时期是我们党彻底地认识军队的重要性的极端紧要的时期。”贺龙也以自己的切身体会指出：“八一”南昌起义，是中国人民在中国共产党领导之下，“高举起中国革命斗争鲜明的旗帜，坚决进行武装斗争”。这些论述都是真知灼见。

第三，南昌起义标志着创建人民军队的新时期。南昌起义集中了当时中国共产党所掌握和所影响的军事力量，起义军经过战争的锻炼和考验，虽然大多数人牺牲了或失散了，但起义军余部却成为创建工农红军的重要组成部分。同时，经过南昌起义和南征战斗洗礼的起义军官兵，提高了对武装斗争的认识，积累了作战经验，从而为创建人民军队培养训练了一批得力的军事干部。其中很多人成为我军的帅才和将才。建国后授衔的十大元帅中就有朱德、刘伯承、贺龙、陈毅、聂荣臻、林彪等6人是直接参加过南昌起义的，如果加上积极策应过南昌起义的叶剑英则多达7人。正因为南昌起义在我军历史上具有开创性的地位和作用，1933年7月，以毛泽东为主席的中华苏维埃中央政府批准中革军委的提议，决定“八一”为中国工农红军建军纪念日。接着，红一方面军司令员朱德、政治委员周恩来发布了关于纪念“八一”的训令，指出“南昌暴动孕育了中国工农红军的胚胎”。

（刘武生）

※ 南昌起义时的周恩来办公室旧址。

★ ★ ★ 第三编 ★ ★ ★

危难之际　勇挑重担

第三编 03

危难之际 勇挑重担

一次遇险与脱险的经过

参加党的“六大”代表，分批出发，经大连、哈尔滨这条路线赴苏联。邓颖超与周恩来同行，在大连经历了险情。

1928年，我们党要在苏联莫斯科召开第六次全国代表大会。当时，由于中国的环境不可能在国内召开，故决定在莫斯科举行。参加党的“六大”代表，将分批出发，经大连、哈尔滨这条路线赴苏。

周恩来同志当选为代表，组织上决定我列席大会。我们是5月初乘日本轮船离开上海的。由于山东济南“五三”惨案的发生（1928年5月，日本帝国主义在济南屠杀中国外交官员，打死打伤中国军民数千人，制造了“济南惨案”。因惨案发生于5月3日，故又称“五三”惨案），我们特别重视事态的发展，因此在上船那天，将上海的各种报纸买了一份，准备在船上翻阅。组织上安排我们坐头等舱，这同我们当时的衣着和条件是不适合的。在船上的两天很少更换衣服，也很少同其他乘客交谈。坐头等舱的人，每餐都到餐厅去吃饭，当时有两个人在就餐时总是注视我们。听他们的口音是天津人，身份是大商人。事后，我们回想可能是当年在天津五四运动时认识我们的。

※ 中共六大会址。

船过青岛时，有短暂的停留，允许乘客上岸活动。我和恩来同志上岸进入市区吃了午饭，然后又买了青岛市的各种报纸带回船上。这样一来，可能引起了日方侦探的注意，当轮船刚停靠大连码头，我们正准备上岸时，驻大连日本水上警察厅上来几个人，对我们进行盘问。首先问恩来同志是做什么的？他回答是做古玩生意的（实际我们携带的箱子里一件古玩也没有）。又问你们做生意的为什么买那么多报纸，我们说，在船上没事可以看看。他们又问到哪里去？回答，去吉林。问到东北干什么？答去看舅舅。他们当即让恩来同志跟他们去上警察厅。在那里，他们又详细询问恩来同志出生年月日、学历、职业等，当问到你舅舅姓什么？叫什么？回答他姓周，叫曼青。问他是干什么的？答：在省政府财政厅任科员。他们问你舅舅姓周，你为什么姓王？恩来同志说：在中国舅舅和叔叔是有区别的，姓氏是不一致的，不像外国人舅舅、叔叔都叫uncle，因此，我舅舅姓周，我姓王。对方又说：我看你不是姓王而是姓周，你不是做古董生意的，你是当兵的。恩来同志伸出手去说：你看我像当兵的吗？他们仔细端详不像当兵的手，然后开抽屉看卡片，对恩来讲，你就是周恩来。恩来又反问他们，你们有什么根据说我是周恩来呢？我姓王，叫王某某。他们的一系列的盘问，恩来同志泰然沉着地一一作了回答。他们为什么怀疑是周恩来，可能与在黄埔军校任职有关，有卡片。

让恩来同志跟他们去时并没有涉及到我，可我总觉得他一人去不好，当时我表示一同

※ 中共六大秘书处办公楼旧址。

去，恩来大怒说：你不要去，你去干什么？这时他告诉警厅负责人，让他们帮我找旅馆，并把我送到旅馆先住下。于是我与恩来同志分开了。我住进旅馆，等候恩来同志回来。他是凶是吉很难预测。当时，我的心情是着急、忧虑不安，如坐针毡，不是度日如年而是分秒如年了，不知如何是好。但我表面上还是沉着、镇定，装着泰然无事的样子。大约两小时后，恩来同志来到我的住处，进来之后，没有说什么话，安然无事的样子。然后，他低声对我说，我们去接头的证件在哪里？要我立即烧毁。我马上找出来到卫生间撕碎投入马桶里。后来，我们还是有说有笑的去楼下餐厅用餐。

恩来同志被盘问完了，他让警察厅为我们代买两张下午去长春（然后再转吉林）的车票，车票拿到手后，按时去火车站，但上车后发现同我们坐对面的乘客是日本人，用中国话同我们攀谈，我们也同他聊天。当时，已识破他是跟踪我们的。我们在长春站下车时他拿出名片给恩来，日本人有交换名片的风俗（我后来才知道的），恩来应立即回片。一般人名片都放在西装小口袋里，实际我们没有名片，恩来装着找的样子，“噢！我的名片没有装在口袋里，还在箱子里呢！很对不起。”（做要去取的手势）对方说不必，不必了。终于对付过去了。到长春后，似乎没有什么人跟踪我们了。住进旅馆，恩来同志立即换上长袍马褂，把胡子刮掉，又乘火车去吉林，抵达后没敢直接到伯父家去，先住旅馆，然后写了一封信，请旅馆的人送到伯父家，正好三弟一看就认出是恩来的笔迹，不久就来接我们回家了。为什么未直接去哈尔滨而绕道吉林呢？我们怕日本警察厅去查问伯父有王某的外甥没有，如果发生这种情况，就会惊扰了伯父。我们仍然没有脱离侵华日本军人和奉系军阀控制的地区，随时可能被捕。另一方面，当时的形势，蒋介石占领南京以后，继续经山东夺取东北，咄咄逼近，使在华北、东北一带奉系军阀和日军认为共产党失败了，主要对付国民党，对我们有所放松，这对我们来讲是有利的，但也不能麻痹。所以，我们在伯父家停留两天，我和恩来商定，他先走，到哈尔滨二弟家住，再隔一天，由他三弟陪我赶到哈尔滨会合。这是我第一次当了周家的媳妇啊。

我们从上海出发到哈尔滨，一路上的险境，由于恩来同志的机智、镇定、沉着，泰然无事的对付敌人的盘问，终于脱险了。可是，我们在哈尔滨接头的证件已毁掉，无法同有关的人取得联系。幸运的是“六大”代表分批出发，在我们后面还有一批，其中有李立三同志，因此，我每天到火车站等候李立三同志，一连数日都没有接到，真是有点着急，但还是继续去车站，最后还是等到了，经过同他的联系，再同哈尔滨外国朋友联系上了。这样，我们才离开哈尔滨去莫斯科参加党的六次大会。

（邓颖超）

在六大会议上

中共六大是一次重振党和革命事业的会议。在六大期间，周恩来对制定党在新时期的政治路线和方针政策发挥了重要作用。

中共六大是在由北伐战争失败到土地革命战争兴起的历史转折关头，党所举行的一次具有重大意义的全国代表大会。当时担任中共中央政治局常委、中央军事部部长、中央组织局主任职务的周恩来，直接参加了六大的工作，是当时的主要负责人之一。他不但对六大的筹备、召开，而且对贯彻执行大会制定的路线和政策，对促进中国革命事业的发展，都做出了卓越贡献。

在六大的酝酿、筹备过程中，周恩来和瞿秋白起了核心的组织和领导作用。召开六大，是在八七会议上提出来的。1927年11月在中央临时政治局扩大会议上，周恩来参加起草讨论并为会议通过的《关于第六次全党代表大会之决议》。1928年3月，共产国际执委会决定在莫斯科举行中共六大，并提议周恩来和瞿秋白等立即赴莫斯科，进一步商定召开大会的有关事宜。同年4月，中央政治局常委召开会议，决定周恩来和瞿秋白前往莫斯科，负责筹备和组织党的六大。

同年5月初，周恩来装扮成古董商偕邓颖超从上海启程去莫斯科，抵达后，他首先参

※ 周恩来在中共六大讨论政治问题报告时的发言提纲手迹。

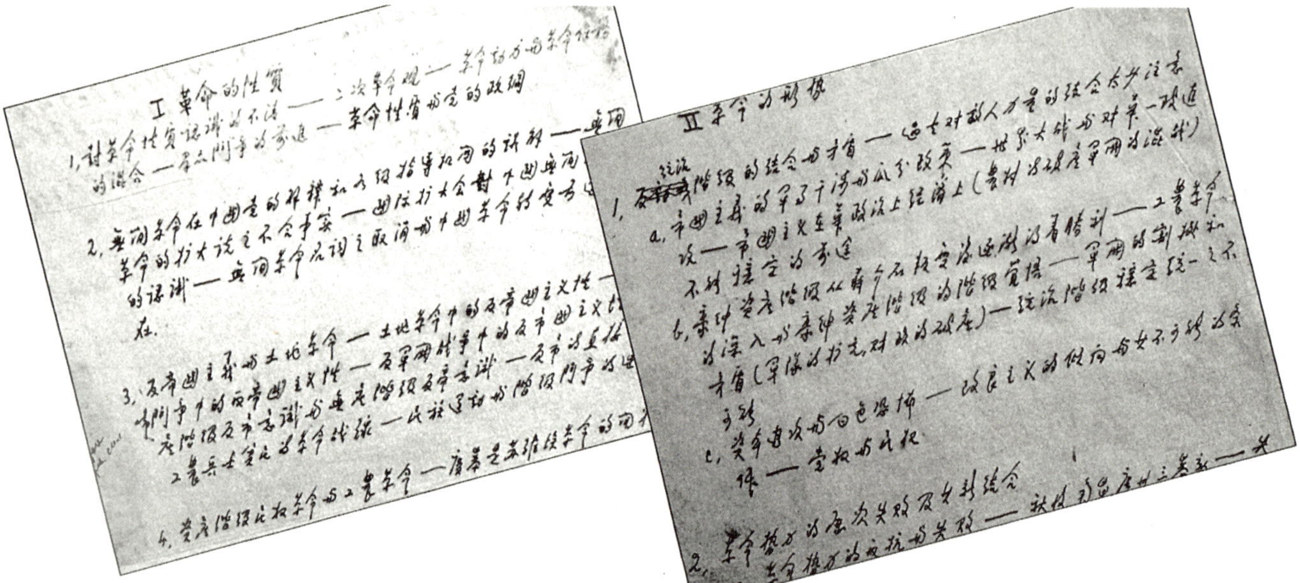
Ⅰ 革命的性质

Ⅱ 革命的形势

加了5月16日的“南昌暴动讨论会”，并就土地革命、政权、军事等8个问题发了言，为六大对南昌起义作出结论，提供了第一手珍贵材料。翌月7日，周恩来和瞿秋白等召集先期到达莫斯科的部分代表举行座谈会，讨论起草大会决议案等事宜，其中周恩来等负责起草军事工作决议案。

6月9日，周恩来参加了斯大林召集的部分中共六大代表“谈话会”。14至15日，出席了布哈林以共产国际代表身份召集的“政治谈话会”，并在会上发言。会议讨论了准备提交六大的政治报告，并围绕中国革命性质、任务和形势等问题交换了意见。周恩来还与王若飞报告了陈独秀拒绝到莫斯科出席六大的情况。

6月18日，六大隆重开幕，周恩来是大会的重要主持人之一。他参加大会开幕式，并被选为大会主席团委员、秘书长、代表资格审查委员会委员。同日晚，他出席六大主席团第一次会议，讨论决定大会议程、会场规则、议事细则和各个委员会的组成等问题。周恩来参加了政治、组织、土地问题、苏维埃、军事、青年、财政审查等七个委员会，并担任组织委员会和军事委员会的召集人。

19日至20日，周恩来出席大会，听取共产国际书记布哈林和瞿秋白所作的政治报告。此后，他参加对政治报告的讨论会。24日，大会主席团开会，决定成立湖南委员会、湖北委员会、南昌暴动委员会。他是这三个委员会的主要组成人员。27日，他就中国革命性质、革命形势等问题作大会发言。同日，大会主席团决定在政治委员会领导之下成立广州暴动委员会，周恩来是委员。

关于党的组织和军事问题，是大会的两项重要议程。30日，周恩来受中央委员会的委托为大会提出《组织问题报告大纲》，并在大会上作《组织问题报告和结论》。随后，大会通过了《关于组织问题草案之决议》，并交新中央修改。7月3日，他向大会作《军事报告》，总结了党自从军事活动以来的经验教训，批评了当时存在的错误倾向，提出了党今后领导军事工作的任务。

7月9日，周恩来以大会秘书长身份向大会报告中央委员会选举法，并被大会通过。后又出席大会主席团与各省代表团书记联席会议，报告各代表团对六届中央委员会的预选结果。接着，周恩来被选为中央委员。

11日，六大举行闭幕式大会。周恩来在闭幕式会上致辞，他说：“我们不要以为有了争论就是不好的，因为只有批评讨论之下才能得到正确的道路。”他强调，“我们有了正确的路线，还要大家拿到中国去使每个同志了解而能执行，大家要把大会的精神带到工作中去！”

在7月19日的六届一中全会上，周恩来继续当选为中央政治局委员、中央政治局常委。同月20日，在六届中央政治局第一次会议上，决定中央组织机构的设置与常委分工时，他又被推举为中央政治局常委秘书长兼中央组织部部长。

7月下旬至10月初，周恩来根据中共中央的安排留驻莫斯科，一方面是为参加共产国际六大，另一方面是受中央政治局的委托，继续处理中共六大各项遗留的善后事宜。在这期间，他向正在苏联各院校留学的中共党员，传达六大的概况和决议精神。

周恩来在10月上旬离开莫斯科，11月上旬回到上海，参与中共中央的领导工作。此后，他为中共中央起草了许多关于贯彻六大决议的通告、指示信等文件，并置个人安危于不顾，深入一些省市区党的组织，传达六大决议精神，指导各地党组织的工作。

从1928年底到1929年初，六大的决议精神逐渐传达到各地党的组织。周恩来对指导各地贯彻六大决议，推动土地革命战争和整个中国革命的复兴与发展，做出了杰出的贡献。

在六大期间，周恩来对制定党在新时期的政治路线和方针政策也发挥了重要作用。他对当时中国革命的形势、党的建设、工农军事运动、关于党内反倾向斗争等许多问题，都进行了认真的深入的具体分析和探讨，提出了非常可贵的见解。但是，他像任何伟大人物一样，也具有一定的历史局限性。当时，周恩来深受共产国际及其代表关于“城市中心论”的影响，过分强调城市斗争的意义，对建立农村革命根据地的重要性，对民主革命的长期性，对民族资产阶级的策略等问题，还处在逐步认识的过程之中。因此，他在理论上和实践上也都不可避免地存在着某些不足或失误。周恩来在六大上的报告、发言以及在六大前后的一些著作，都不同程度地反映了这一历史状况。但是，不能离开当时的历史条件苛求前人。无论从革命实践还是从理论方面来说，周恩来在六大期间的功绩都是巨大的。

（韩泰华）

化装巡视顺直

周恩来从莫斯科回国后，到天津主持中共顺直省委扩大会议。徐彬如到海河码头去接周恩来。

1928年，中共六大在莫斯科召开。周恩来出席六大回国后，到天津主持中共顺直省委扩大会议，传达六大会议精神，整顿北方党的工作。

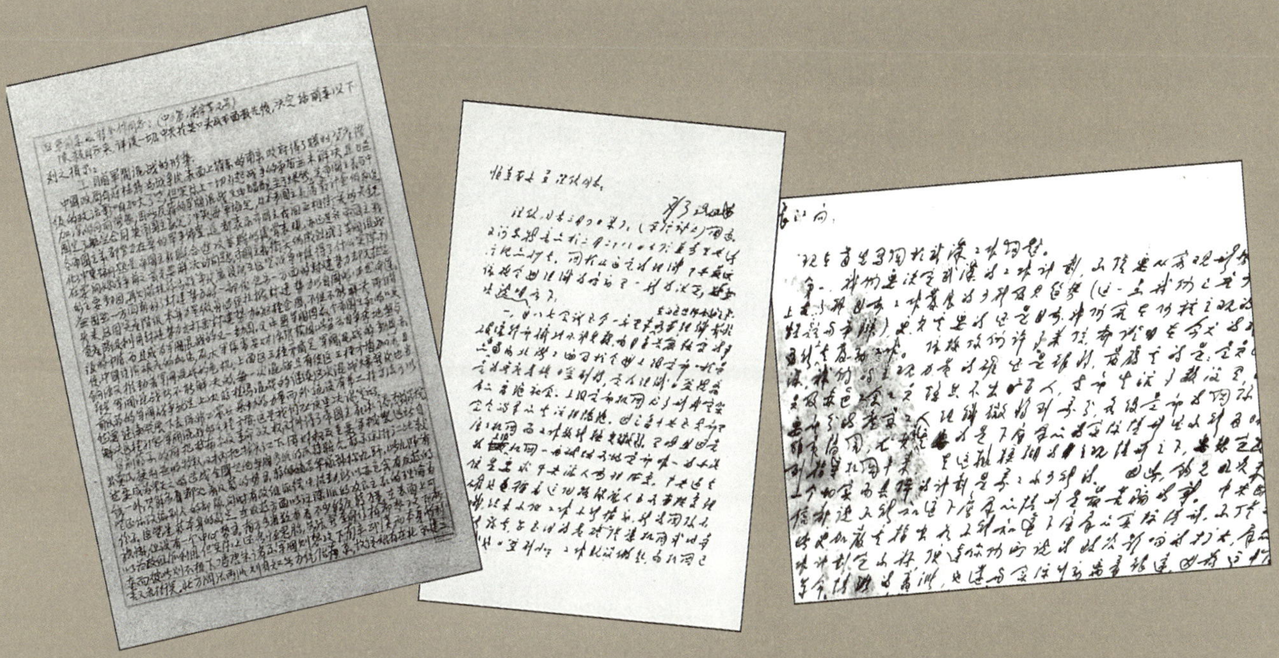

※ 1929年至1930年，周恩来为中共中央起草的致中共红四军前委、顺直省委和长江局的三封指示信。

1928年12月中旬，陈潭秋接到上海党中央发来的秘密电报。电报说周恩来已经乘船来天津，并告诉了化装情况，要派一位和恩来认识的同志去码头迎接。因为我认识恩来同志，被潭秋派去接。当天下午3点多钟，我去码头等候。约4点半钟，一艘从塘沽开来的船，缓缓地靠近了海河码头。在下船的人群中，有一位商人，留着八字胡，头戴礼帽，身穿长袍马褂，我一眼就认出他是周恩来。一见面，周恩来亲切地说："是你在这儿，什么时候来的？"我说："刚来不久，比你先到两个月。"我看时候不早了，提议到附近饭馆先吃饭。饭后，我陪他先到长春旅社（现滨江道117号）稍事休息。当时这里是党的秘密交通机关，已经有不少准备出席扩大会议的代表住在这里了。休息后，我送恩来同志到日租界一家高级宾馆住下。这是一幢三层楼房，恩来同志住二层一个有套间的大房间里。第二天上午，潭秋、少奇、韩连会、张昆弟、郭宗鉴和我一起去见周恩来同志，向他汇报了北方党的工作和召开顺直省委扩大会议的筹备情况。当即决定，大会的政治报告由恩来同志自己起草。在研究代表名单时，少奇和潭秋都提了一些人，恩来同志意见是，凡出席六大回来的华北地区的中央委员都可以参加，代表名额不宜太多，经反复研究，由50多人压缩为40余人。

为了统一思想，把会议的筹备工作搞得更好些，我们针对顺直党存在的问题，编印了一个党内刊物《出路》，意即北方党的出路。第一期于1928年11月16日出刊，刘少奇同志写的发刊词。这是一个战斗性比较强的小册子，是油印的，主要内容，一是对顺直党的出路和如何整顿进行讨论，统一认识；二是论述党的组织原则，向党员进行组织纪律和党的基础知识教育。此外，也还刊登一些有关中国革命前途、共产主义事业和党的方针政策等方面的文章。就在顺直省委扩大会议即将召开之前，《出路》第二期印出。第一篇文章是中央给顺直省委的一封信，题目是《中央对顺直党改造的路线》。在这一期《出路》上，周恩来同志还署名伍豪，写了一篇《改造顺直党的过程中几个问题的回答》。这是恩来同志刚到天津，同一部分同志谈话之后，为了解答大家对整顿顺直党组织的一些疑问，在《出路》付印之前赶写出来的。在《出路》上，少奇同志化名赵启也写过《职运须知》等文章，潭秋也有文章，我也写过一篇。这是个不定期的刊物，到1929年8月才停刊。全国解放后，我一直在找这个刊物，没有找着。“文革”期间，天津大学的学生向我调查时，我从他们手里看到了《出路》第二期，说是从保定地区倒塌房屋的墙壁中发现的。他们让我鉴定真伪，我一看就知道是真的，是技术科武径（竟）天刻写的。

1928年12月底，中共顺直省委扩大会议在天津正式召开。大会会场是由郭宗鉴和詹大

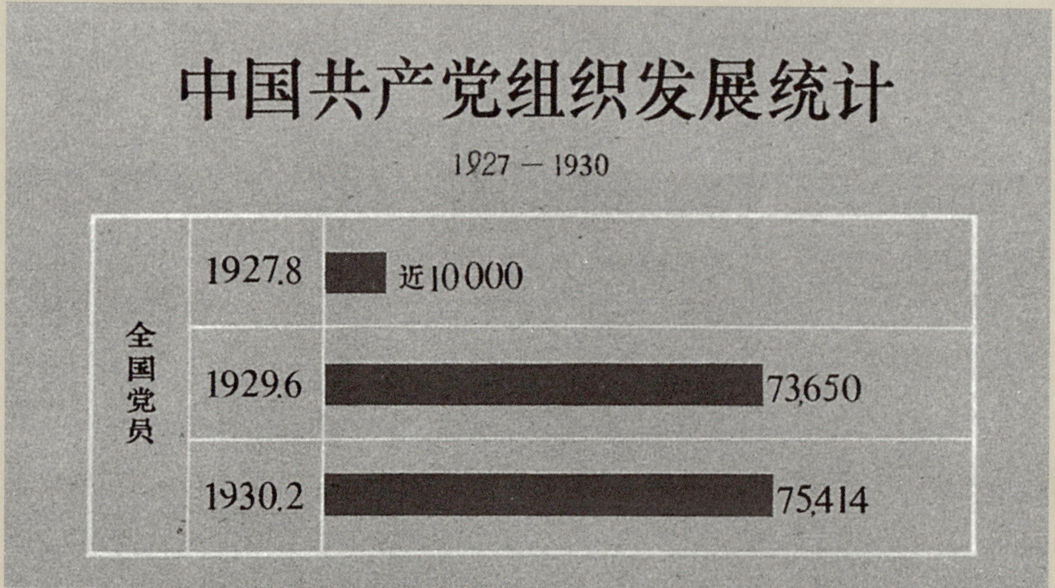

※ 全国党员发展情况示意图。

权负责安排的。地点在法租界内张庄大桥兴义里附近的两排平房内。这是上海地产公司新盖的房子，尚未住人。附近有个澡堂，不远处还有个小教堂。参加会议的代表，除了出席六大回来的华北地区的中央委员和北方党领导机关的负责人以外，来自地方党的代表有：直南的郝清玉、张兆丰（曾是冯玉祥部下的一位师长），保属阎廷弼，京东的李运昌，还有唐山的三老：老鞠怀、王德政和李静。王德政是从苏联回来的华工，是唐山的代表；李静是唐家庄煤矿的代表；老鞠怀去过法国，是唐山、天津的交通员，老鞠怀和李静后来都叛变了。

会议开始，首先由周恩来作政治报告，他详细地传达了在莫斯科召开的中国共产党第六次全国代表大会的精神，分析了政治形势，讲述了中国社会性质和中国革命性质，指出当前的政治形势是处在两个革命高潮之间，第一个高潮已经过去，新的高潮还没有到来，党的总任务不是进攻而是积蓄力量，以待时机，争取群众，开展斗争，迎接革命的新高潮。并说，这是目前决定一切的准绳，全体同志都必须有深刻的研究和了解，然后才能正确的运用。这个报告比较长，周恩来较多地分析了党员中存在的不正确观念。指出，这些不正确的观念，都是没有了解六次大会决议的正确意义，都是妨碍我们目前争取群众的总任务的。他对顺直党内存在的种种非无产阶级思想进行了严肃的批评。他说，要使党布尔什维克化，要加强无产阶级的基础，同时继续改造党的组织，尤其要坚决地反对小资产阶级的意识；要全面地贯彻六大精神，执行六大路线，就必须肃清过去“左”的或“右”的倾向，因为它是与六大的精神和路线绝对不相容的。

在周恩来报告之后，刘少奇和陈潭秋都分别作了报告。少奇同志主要谈代表资格的审查和北方党的一些情况，潭秋主要谈整顿北方党的方针。会上，大家对北方党的看法有分歧。有些人认为北方党的旧基础已经落伍了，糟得不像样子了，但潭秋认为北方党的基础还是比较好的，同南方相比，白色恐怖的摧残和破坏并不十分严重，问题是上层领导不团结，纠纷不断，需要整顿，他对北方党的看法比较全面，我记得恩来同志是支持潭秋的看法的。

会议根据六大决议精神，结合顺直党的具体情况，经过讨论，通过了一些决议案。其中有《顺直党的政治任务决议案》、《顺直省委党务问题决议案》、《顺直省委职工问题决议案》、《顺直省委农民问题决议案》、《顺直省委青年运动决议案》以及《顺直省委妇女运动决议案》等。这些决议案，事先都经周恩来审阅过的。最后，会议通过选举，正式产生了中共顺直省委。同时成立的，还有顺直军事委员会，张兆丰为书记；顺直职工运动委员会，张昆弟为书记；顺直农民运动委员会，郝清玉为书记；顺直妇女运动委员会，秦兰英（张昆弟的爱人）为书记。

1929年1月10日或11日晚上七点多钟，周恩来在天津佛照楼主持召开了顺直省委第一次常委会议，参加的人不多，我也列席了。会上研究了分工：韩连会任书记；陈潭秋任宣传部长，我协助；张慕陶任组织部长；郭宗鉴为省委秘书长。张慕陶当时正在从莫斯科回国途中，关于他任组织部长问题，会上发生了很大争论，有几位代表坚决不同意，说这个人爱吹牛，假积极，作风不正派，经恩来同志（时任中央组织部长）作了一些解释和说服工作，最后决定“维持原案”。

原计划要恢复天津市委的，后来根据恩来传达中央关于省委要集中注意产业中心区域工作的指示，决定暂不恢复市委而先建立若干区委，由顺直省委直接领导，据此，天津建立5个区委，即下边区（以小刘庄裕源纱厂为主）、河北区（以恒源纱厂为主）、河西区（以西楼五村为主），另两个区的名字我记不准了，大概一个叫租界区（以市区租界为主），一个叫河东区（以佟家楼裕大纱厂为主）。

1月底，周恩来完成了在天津的任务回上海去了。他回上海后，仍然关心着顺直党的工作。记得在他离开天津时，我曾对他提起，我们没有印刷设备，刊物只能用手刻的困

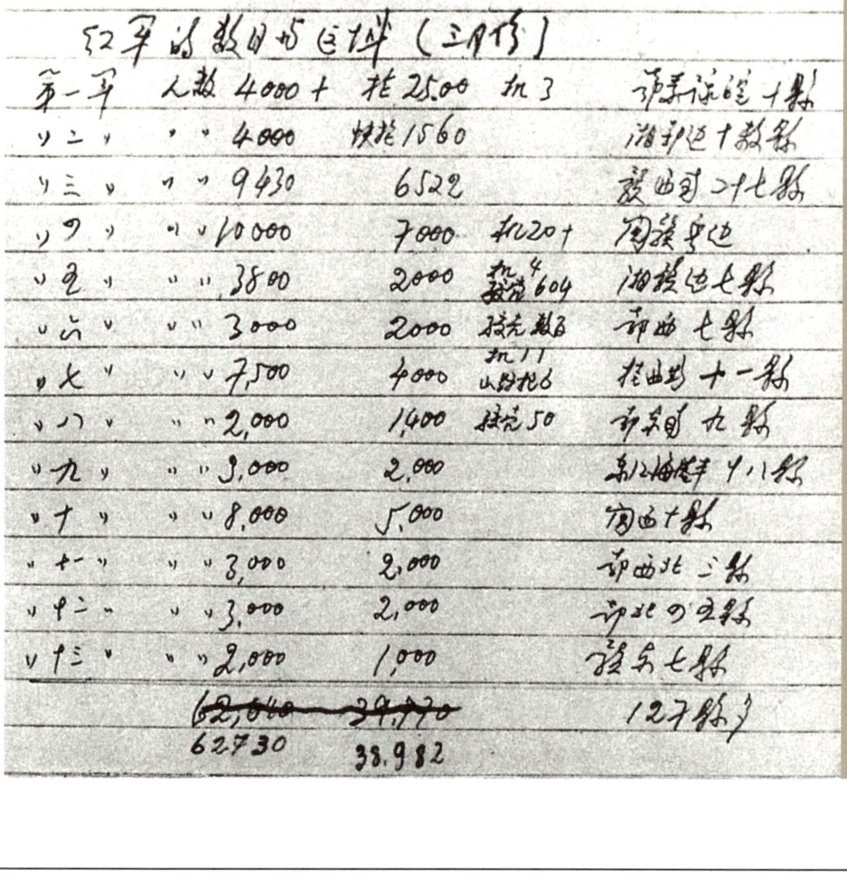

※周恩来编写的红军序列及其活动地区情况表。

难，他答应回上海后立即想办法。不久，原任党的出版部经理的毛泽民同志来了，他就是根据周恩来同志的意见，率领人员带着机器由上海来天津的，也是我去接的。和毛泽民同志一起来的还有他的爱人钱希钧和孩子，以及专门搞印刷的毛主席的侄儿毛远跃等。他们来后，我领他们同省委技术科的负责人纪廷梓接上了关系，在英租界小白楼一带租到一所房子，办起了一个印刷厂。这个厂对外称“华新印刷公司”，也承接一些印广告之类的外活，实际上是省委的地下印刷厂。省委后来出的刊物《北方红旗》和在天津翻印的《布尔什维克》等，就都是他们印的。这个地下印刷厂，在印刷省委的机关刊物和秘密文件方面曾起过很大的作用。

（徐彬如）

远方汇报

周恩来受中央派遣，二行莫斯科。经过周恩来苦口婆心地工作，终于使共产国际领导人逐渐转变了对中国革命的认识。

1930年3月，受中央派遣，周恩来作为中共代表，为了向共产国际汇报中国共产党的工作，同时参加联共（布）第十六次全国代表大会，并结合处理中共代表团同共产国际间的一些意见分歧，独自开始了第二次莫斯科之行。他从上海动身，为避免引起敌人注意，买了到欧洲去的船票。经过一个月的海上颠簸，5月上旬轮船靠岸，然后坐火车于中旬到苏联。然而，这时中共所面临的形势，却使周恩来一路上忧心忡忡。

因为去年10月，共产国际曾给中共中央来过一封信，就国民党改组派和中共的任务等问题，向中共中央提出了具体意见。信中认为中国当时已经到了“革命高潮的初期”，“现在已经可以开始而且应当开始准备群众志愿革命方法推翻地主资产阶级联盟的政权，去建立苏维埃形式的工农专政”。而这封信，其背景是在这年7月发生了中东路事件，苏联同国民党政府关系急骤恶化的情况下，由共产国际发出的，目的是要求中共发动武装暴动打击国民党，借以缓和苏联同中国的紧张关系。因而信中明确提出要中共“变军阀战争为阶级的国内战争”的口号。为此，共产国际一些领导人，还有苏共一些领导人，连篇累牍地在苏共和中共刊物上发表文章，号召中共要坚决“准备武装暴动，建立工农专政的苏维埃政府”，除此之外“而不去干别的事情”，“要坚决的战斗”。这些意见，显然有悖于中共六大的一些重大决策。

而这时中国共产党作为共产国际一个支部，对于国际的指示是必须要接受和服从的。也就是由于这种原因，使中共党内领导中枢产生了激烈争论。周恩来虽然也表示接受国际的指示，但他又强调中央要根据中国革命的实际情况，来决定自己的政策，不要盲目行动。他特别着重分析了敌我力量的对比，认为无论在主观上还是在客观上，都不具备暴动的条件，坚决反对进行武装暴动。但党内另一位主要领导人李立三，却强调必须无条件地执行国际指示，立即以江苏为中心开展武装暴动，山东、满洲等地则要积极配合。周恩来对此不以为然，反复说明：即使有了革命高潮，也并不就等于有了直接革命的形势，要中央慎重考虑。因此周恩来在上海的这段时间里，李立三搞暴动的设想一直难以在中央形成主导意见。现在他离开国内，带着这些问题将要同共产国际进行讨论，国际能接受中共的正确建议吗？李立三在此期间又能慎重行事吗？

到达莫斯科后，周恩来先是参加了苏共代表大会，接着便紧张地同国际领导人就中共的一些主张进行研究和讨论。他反复向国际执委会说明中国革命的形势，用实际情况来说服国际领导人。一段时间过后，经过苦口婆心地工作，终于使共产国际领导人逐渐转变了对中国革命的认识。恰好在这时，共产国际收到了中共中央在李立三主持下，于6月11日通过的《目前政治任务的决议——新的革命高潮与一省或几省的首先胜利》的报告。共产国际执委会经过讨论，于7月23日作出决议，认为中共6月11日的决议应该立即停发，武装暴动应该停止。并指示周恩来同中共驻国际代表团团长瞿秋白，马上回国纠正这个问题。因此，得到指示后，他们即刻打点行装，怀着焦急的心情，于8月中旬到了中国大连。17日，他们由大连坐轮船再去上海，19日安全回到上海中共中央机关，随即着手开始纠正李立三“左”倾冒险主义错误。

（于长治）

纠正“立三错误”

1930年9月24日至28日，在上海租界内的一幢花园洋房里，中国共产党正在秘密召开六届三中全会，会议的中心议题是纠正李立三的错误。

正当周恩来在莫斯科，国内，李立三在中共中央就独断专行了，有关中国革命的重大问题的决策，往往由他个人决定，党的政治生活处于极不正常的状态，政策越来越“左”，最后发展到李立三“左”倾冒险主义的错误。

这种错误，从根本上来讲，要追溯到中共六大。中共六大的路线基本上是正确的，另一方面，前面也说过，还存在着缺点和错误，尽管这是次要方面。这些缺点、错误，从另一种意义上讲，就是没有从根本上纠正大革命失败后产生的“左”的错误。

中共六大后不久，共产国际召开第六次代表大会，会议通过的《关于国际形势与国际任务的提纲》提出了第一次世界大战后资本主义发展的“第三时期”理论，片面地夸大了资本主义经济危机的严重程度，认为要反对右倾。共产国际六大以后，联共（布）和

※ 云南路477号（今云南中路171—173号）——中共中央政治局会议旧址。

※ 李立三（1899—1967），曾任中国共产党实际最高领导人，中国政治家，中国工人运动领袖。在他出任中央主要领导期间，推行较为激进的『立三路线』。

共产国际开展了反对布哈林右倾的斗争。1929年4月斯大林作了《论联共（布）党内的右倾》，要求不调和地坚决反对右倾。7月，共产国际执委会开第十次全会，说是“共产国际第六次代表大会关于右倾机会主义是目前各国共产党的主要危险的指示，是正确的”，要求“在各殖民地的共产党中必须加强反右倾的斗争”。

共产国际的东方部下面分三个部：远东、中东、近东，远东部是米夫负责，实际上管中国方面。米夫7月10日在会上发言特别要中国党反对右倾的斗争，说：“为了更加认真地开展群众工作，中共必须克服目前在其队伍中出现的那种右倾性质的动摇。”1930年3月，共产国际主席团委员曼努依斯基讲话说中国共产党不应“成为游击运动的参谋部而不去干别的事情”。共产国际东方部副部长马基亚尔写了《中国的危机与革命运动》一文，作为中共中央机关报《红旗》的社论发表，提出需要“准备武装暴动，建立工农专政的苏维埃政府”。4月，米夫在苏联《真理报》上发表《迎接即将到来的中国革命风暴》，号召中国共产党要“坚决的决斗”。

1929年2月、6月、8月、10月，共产国际先后向中共中央发了四封指示信，内容一封比一封“左”。这四封信，对当时的中共中央有很大影响。特别是10月26日发出的第四封信，指出“中国进到了深刻的全国危机的时期”，“现在已经可以开始、而且应当开始准备群众去用革命方法推翻地主资产阶级联盟的政权，去建立苏维埃形式的工农专政”。1929年4月，中共中央发出第三十四号通告，就提出右倾是党内的主要危险。1930年1月11日，中共中央政治局通过了《接受国际1929年10月26日指示信的决议》。

共产国际的这些指示信，深重地影响了中共中央的政策和实践，它们也给了周恩来很大的影响。中国共产党作为共产国际的一个支部，对于国际的指示是必须接受和服从的。周恩来在组织上当然也是这样。当时，中国共产党还没有成熟，对于国际指示有相当的盲目性，认为总是正确的。按照中共中央政治局会议的决定，周恩来也曾起草过中央通告，如1929年共产国际2月8日的指示信来到后，周恩来起草的中共中央第三十七号通告，认为国际这个指示“足以成为中国党目前主要的工作方针”。共产国际10月26日指示信来到后，周恩来根据中央政治局决定起草了中共中央第七十号通告。这些通告在国际指示信的影响下，对革命形势都作了过高的估计。

李立三认为革命高潮与直接革命形势是一个东西，“现在革命的发展，无疑的是接近着新的革命高潮——直接革命的形势”。这样，就要很快把全国武装暴动提到行动日程上来。

但是，周恩来比较冷静，从实际情况出发，不赞成不顾一切地蛮干。他说：“所谓新的高潮与直接革命形势是不同的，现在已经有了新的高潮，但还不是直接革命形势。”就是在他起草的中共中央第七十号通告中，他对“武装暴动的直接革命形势”的判断，也并不是认为时机已经到来，而是要“准备”和“促进”它的到来。这是周恩来和李立三之间的基本区别。

正是由于周恩来实事求是，从实际出发，因此，他在中共中央政治局中，就同在国际影响下极力要搞武装暴动的李立三发生了争论。

李立三提出要在南京搞武装暴动，周恩来反对。他召开了一个小型会议，有军委干部曾中生等和中国共产党在南京负责军事工作的人参加。大家分析了党在南京的工作情况，包括士兵组织、群众工作等，认为暴动是困难的。周恩来根据实际情况和敌我力量对比，特别是南京乃国民党政府的首都，反动统治力量雄厚，认为不论主观上还是客观上，都不具备举行暴动的条件，于是否定了在南京举行暴动的可行性。

1930年2月17日，在中共中央政治局会议上，李立三提出："在某几省的形势之下，组织一省或几省暴动，在今天就应坚决决定"；"目前要以湖北为中心，布置暴动"，"同时也要注意山东、满洲工作的配合"，"在全国暴动中，江苏是主要领导力量"。周恩来在会上则强调力量不足。他说："江苏主要是农村不发展游击战争"；"武汉农村要纠正地方主义，城市铁路、海员工作不够"；"满洲缺点，反帝束缚在反日的合法运动内，铁路工作不够，大连、抚顺工作没有，这些缺点不克服，决不能组织满洲武装暴动"。

当年参加中共中央政治局会议的李维汉回忆说："恩来出国前和立三在不少问题上意见并不一致，如对革命形势的分析和组织各地暴动等问题就有争论。"他还用《三国演义》中的一句话说："法效直若在，必能制主东行。"意思是如果周恩来在上海，立三的错误就能被制止。

周恩来后来在1931年1月的六届四中全会上也说道：在过去政治局中，我同李立三是有争论的，我去年两次提出反对主要危险右倾的同时必定要反"左"倾；对革命高潮问题，我在江苏代表会上，在政治局中，都主张按照共产国际的主张，中国现在已有革命高潮，但不等于直接革命形势。

实际上，当时敌我力量对比十分悬殊。中国共产党虽然经过一两年的恢复重建，得到不小发展，红军也纷纷建立，但是同占统治地位的国民党相比，实在相差太远了。如果在城市举行暴动，必败无疑。就拿李立三所谓的"以湖北为中心布置暴动"来说，湖北省会武汉的力量对比：国民党驻有大量军队，还有帝国主义的军事力量，总兵力相当于十个欧洲的现代化师。而革命力量方面呢？共产党员只有200名，赤色工会会员150名。这一点力量进行武装暴动，岂不是儿戏？怎么能取得胜利？

周恩来在上海的中共中央的时候，李立三搞暴动的设想一直没有能够实现。周恩来去了莫斯科，李立三就在6月11日的中共中央会议上通过了《目前革命任务的决议——新的革命高潮与一省或几省的首先胜利》。这个决议提出了"组织全国武装暴动夺取政权的任务"，规定了"以武汉为中心的附近省区的首先胜利，是目前党的策略总路线"。

周恩来在莫斯科，继续阐述他对中国革命一些重要问题的看法。这些看法，同国内李立三的看法是对立的。李立三认为"革命的客观条件已成熟"，"中国的革命高潮已经逼近到我们的前面了"。周恩来则在联共（布）十六大的报告中对中国革命高潮，只说是"正在成熟"。李立三认为"中国经济政治的根本危机，在全国任何一处都是同样继续尖锐化，没有丝毫根本的差别"。周恩来则说"目前中国革命的发展还有他不平衡的特点。"李立三强调"必须坚决的与各方面的一切动摇和右倾观念"作斗争。周恩来认为

※ 辣斐德路辣斐坊（今复兴中路553弄）——中共中央军委所在地。

“党内右倾仍成为目前主要的危险”，但“同时也要反对‘左’倾的盲动情绪和关门主义”。周恩来在向共产国际政治委员会的报告大纲中说：“中国革命的发展，因为全国政治经济的不统一，还表现不平衡的特征。”“目前中国革命新高潮是在成熟的过程中，还没有形成全国直接革命的形势。”主要是反右倾，但“伴着革命发展而产生也有‘左’倾盲动情绪与闭关主义”。

6月12日，李立三在上海主持的中共中央政治局致信共产国际主席团“不同意建立苏维埃根据地等类的割据观念”。在莫斯科的周恩来则认为，“苏维埃的政权实现自广州公社后已成了半殖民地中国实际斗争的目标”，“要有决心的建立苏维埃根据地与临时中央政权”。

周恩来的认识是正确的，符合中国革命的实际情况。但是，由于李立三“左”的错误来源于共产国际“左”的错误，所以争论是艰巨而复杂的，周恩来在莫斯科需要做巨大的努力。他在共产国际政治委员会一直讲了三天，介绍中国国内的实际，使共产国际领导人了解中国的情况。

李立三主持会议作出的中共中央6月11日决议送到后，共产国际进行了研究，认为李立三对形势的估计过分夸张，他的否定革命发展不平衡、脱离群众的武装暴动计划等是错误的，于是打电报给在上海的共产国际远东局转告中共中央，表示不同意。同时，共产国际执委会政治秘书处开始起草《关于中国问题的决议案》。周恩来和瞿秋白参加了这项工作，这就是有名的1930年7月23日决议。决议说：“此刻还没有全中国的客观革命形势。工人运动和农民运动的浪潮，还没有汇合起来。就是总体来看，这些运动也还不能够保证必要的力量，去袭击帝国主义及国民党的统治。”

共产国际认为，中共中央6月11日决议应该停发，武装暴动应该停止，但是，肯定了中共政治局是在国际路线之下工作的，只是在策略上组织上工作上都犯了部分的错误。直到8月，共产国际执委的《关于远东局与政治局新的争论的决议》及其草案中，仍说“政治委员会认为中国共产党中央的政治路线是正确的”，但有“个别错误”，“一个严重的错误，就是决定在好几个城市中实行武装暴动”。

共产国际要周恩来、瞿秋白回国去纠正。

1930年8月中旬，一列从德国到中国东北的国际列车奔驰在苏联广袤的大地上。车厢里坐着一个年轻英俊、两眼炯炯充满机敏和智慧的中国人，他就是周恩来。周恩来从莫斯科回国，先是从莫斯科到柏林，然后成为从柏林到中国东北的乘客坐在这趟列车上。这样，既是从安全需要考虑，也符合护照的情况。32岁的周恩来，已经是饱经艰险、经验丰富的中国共产党主要领导人了。他机警地扫视了同车的旅客，又看看窗外掠过的白俄罗斯盛夏景色，而心中，却翻腾着今年以来在上海和莫斯科的经历。为了谨慎起见，当国际列车到达莫斯科站后，周恩来利用列车停留的时间，下车又同共产国际东方部副部长马基亚尔取得联系，问他："国际的同志还有没有新的意见？"

马基亚尔答："没有了，据国际7月决定改正就行了。"

这样，周恩来带着共产国际的精神回到国内。

火车到东北后，周恩来从大连搭轮船去上海。

轮船到青岛的时候，正是清晨，旭日东升，碧波万里。船上喊叫乘客们到甲板上来做早操。周恩来到甲板上，意外地发现帅孟奇也在。帅孟奇是在苏联学习后归国搭船的。周恩来就悄悄地站在帅孟奇的背后，趁机告诉她，到上海后住五马路某旅馆，自己马上派人来接头。

帅孟奇在上海五马路按指定地点住下后，就有一个女交通员来接头，叫她不要外出。第三天早上九点钟，周恩来头戴博士帽，衣着朴素，亲自来找她谈话，然后分配了工作。这次谈话，帅孟奇在几十年后还记忆犹新。周恩来对她谈到当时形势时，是这样说的：

陈独秀右倾机会主义断送了大革命，李立三的"左"倾错误，不顾敌强我弱的实际情况，结果暴露了我们的党组织，使我们受到敌人残酷镇压和破坏，牺牲很大。不能再空喊"革命高潮马上要到来"的口号了，要准备做长期的艰苦的复杂的斗争，经受革命的严峻的锻炼与考验。在苏联学习的理论，要在实际中学会掌握和运用。当前中国革命还是资产阶级民主革命阶段，任务是反帝反封建，为着这个目的去动员群众，组织群众，武装群众，不是要轰轰烈烈，而要扎扎实实。

这是对形势和要求的一番很正确的谈话。李立三的错误，问题正在于追求轰轰烈烈，结果使中国共产党受到很大的损失。以南京为例，周恩来走后，李立三还是发动了南京暴动，勒令曾中生领导的学兵营的党组织举行起义，攻击国民党中央党部，占领南京。曾中生反映说这点力量，根本是做不到的。李维汉也提出，暴动后还是要把队伍拉到农村去。但是李立三批评他们都是右倾。结果，暴动使地下党组织暴露，全市被敌人逮捕的党员有100多人，南京的党组织遭到了大破坏。

李立三制定了一套以武汉为中心，组织全国中心城市武装起义，以及集中红军进攻中心城市的冒险计划。结果，使得好容易恢复起来的白区党组织和革命力量遭到了严重破坏，许多同志被捕和牺牲。在准备武汉暴动过程中，被捕党员60人，其中省委级干部5人，特科人员1人，农运干部13人，学运干部3人。在中共六届三中全会前两个多月的时间内，有满洲、顺直、河南、山西、陕西、山东、湖北、福建、浙江、广东、湖南十一个省

※ 成都北路丽云坊——中共中央组织部旧址。

委遭到破坏，省委以下的组织被破坏更多。党员大量减少，如江苏省，从4月到9月这半年中被国民党杀害的党员有3000多人。攻打中心城市的各地红军，也受到不同程度的损失。红二军团由于离开根据地去打武汉，部队由16000人减少到3000多人，丧失了洪湖根据地，只好退往鄂西北山区。红七军由6000多人减少到2000多人，丧失了右江根据地。红十军在攻打九江时失利，由20000多人减少到3000多人。“左”倾错误所造成的严重损失，已经引起广大党员和干部的强烈不满。

周恩来8月19日回到上海。26日，瞿秋白也回来了。他们带回了共产国际执委会政治秘书处的七月决议和负责贯彻这个决议的任务。他们先是通过个别谈话和召开政治局会议，传达了共产国际的决议。中央政治局经过讨论，基本上统一对形势的看法。随后，中共中央发出一系列指示，开始纠正李立三冒险主义的主要错误。

周恩来亲自起草了中共中央致长江局的三封信：

9月1日第一封信中说：“促成全国的革命高潮，是要有步骤的，是要依据于主观力量（这当然要联系到客观发展的可能）来作正确决定的。”“今天武汉还不能暴动，还不是暴动的前夜。”

9月4日第二封信中说：“你们一切工作计划，最中心的缺点是在布置暴动上做文章”，“应坚决反对这一观点——‘左’倾会比右倾好些。”

9月9日第三封信中说：“巩固的而不是猛进的向前发展，更成为目前的中心问题。”

9月4日，中共中央决定恢复被李立三取消了的党、团、工会的领导机构和组织系统。9月8日，中共中央发出接受国际执委会政治秘书处七月决议的指示，决定停止武汉、南京暴动和上海总同盟罢工。

李立三在实际工作中的一些主要错误，在周恩来等的努力下，开始纠正了。

9月24日到28日，上海租界内麦特赫斯脱路（今泰兴路）的一幢花园洋房，黑漆的竹篱笆的院墙内，和平常一样静谧幽雅，但实际上，屋子里却是热气腾腾，中国共产党正在秘密召开六届三中全会。会议的中心议题是讨论共产国际7月23日决议，纠正李立三的错误。

周恩来在会上作了《关于传达国际的决议的报告》。他说：“中国革命新高潮已无可怀疑，但在今天，中国工农的力量还不能聚集起来袭击帝国主义和国民党的统治。今天还没有全中国客观革命形势，也就是说今天还不是全国的武装暴动的形势。”他说：李立三是“把前途的某一可能”、“作为今日要做的根据”，这就导致了冒险主义的错误。

李立三在会上承认了错误，承担了责任，对自己和中央政治局几个月来所犯的错误作了检查。他的态度是严肃诚恳的，不文过饰非，勇于承担责任，有改正的决心。若干年后，李立三回顾说："当时我很幼稚，巴不得革命早日成功，在中央工作的时候，下达了许多错误的指示，给革命带来严重的损失。"

周恩来对李立三是善意的。尽管李立三趁周恩来不在国内，自己专擅政治局的那几个月，对周恩来横加指责，说周恩来"在政治上组织上都暴露他右倾的危险，应在政治上负严重的责任"，还提出"中央对周恩来的斗争，必须是很坚决的"，并且粗暴地几次致电共产国际叫周恩来迅速回国，回国后要把周恩来调出中共中央岗位。在李立三、向忠发等接受了共产国际的意见后，周恩来就代为起草了中央致共产国际信，说他们与共产国际认识一致。在李立三承认了错误但希望共产国际不要调他去莫斯科时，周恩来就为他写信向国际疏通。在三中全会上，李立三仍被提名当选为中共中央政治局委员。

后来，1945年在中共七大开幕前，在《关于若干历史问题的决议》中对六届三中全会的评价是："纠正了立三路线对于中国革命形势的极'左'估计，停止了组织全国总起义和集中全国红军进攻中心城市的计划，恢复了党、团、工会的独立组织和经常工作，因而它就结束了作为立三路线主要特征的那些错误。""1930年9月党的第六届中央委员会第三次全体会议（六届三中全会）及其后的中央，对于立三路线的停止执行是起了积极作用的。"

（力平）

黄浦江畔的特殊斗争

顾顺章被捕叛变后，国民党出动大批军警特务，根据顾顺章所提供的地址，进行了大搜捕。周恩来的住处也被搜查。

组建党的情报、保卫组织

20年代后期的上海，白色恐怖严重笼罩，国民党特务、军警机构、地方流氓、帮会势力和帝国主义的巡捕房，沆瀣一气，从未停止过搜捕共产党人和革命群众，报纸上几乎每天都登载着"捕获共产党"、"处决共匪"的消息；而党内个别经受不住考验的人可耻背叛，充当敌人的鹰犬，更给党组织的安全造成了极大危害。中共中央要在这样险恶的环境中站稳脚跟，保证安全是头等大事。为此，必须准确、及时地掌握敌人的活动情况，打击叛徒、特务的嚣张气焰，这就需要尽快建立起党的情报、保卫组织——中央特科。

这个任务落在了周恩来身上。周恩来以1927年5月在武汉成立的中央军委特务处为基础，进行了必要的调整和充实，建立了中央特科，内设总务、情报、保卫三科。随着革命形势的发展，1928年又增设了无线电通讯科。特科的主要任务是保卫党中央的安全。具体分工是：总务科负责设立机关、布置会场和营救、安抚等工作；情报科负责收集情报，建立情报网；保卫科（也称红队）负责保卫机关，镇压叛徒、特务等；无线电通讯科负责设立电台，培训报务员，开展与各地的秘密通讯联络工作。

1928年11月，中央又决定由周恩来与向忠发、顾顺章组成特务委员会，领导特科工作，周恩来实际负责，是特委的核心。

在周恩来的领导下，环境虽然险恶，但特科队伍逐步健全，各项工作有条不紊地展开。

深入虎穴开展情报工作

情报工作是特科的一项重要任务。不入虎穴，焉得虎子。为了及时了解敌人动向，必须深入敌人内部特别是侦探、特务机关等要害部门开展工作，设法利用一些可以为我所用的关系。为此，周恩来强调要广为选择，大胆使用，各尽其才，在工作中培养考验。

1928年春，在周恩来的直接领导下，中央特科建立了第一个反间谍关系杨登瀛。当时，杨登瀛负责筹建国民党上海特务组织，以后又成为国民党上海特务机关的负责人。他与国民党的一些头面人物、租界巡捕房等都有来往。因此，通过这条途径，特科往往能事先得知敌人的谋划和行动，及时采取有效预防措施，保证中央机关的安全。

从敌人营垒中将能为我所用的人拉出来，是情报工作的一个重要手段，在自己队伍内部选择忠诚可靠而又精明干练的人打入敌人内部，则是另一个重要手段。1929年底，周恩来果断地派遣李克农、钱壮飞和胡底打入国民党党务调查科，三人成立一个特别党小组，组长李克农，由情报科长陈赓负责与这个小组保持联系。当时，钱壮飞在南京担任国民党调查科主任徐恩曾的机要秘书，李克农和胡底分别打入国民党上海无线电管理局和天津长城通讯社，搜集国民党特务机构在上海和天津的情报。三人互相配合，逐步掌握了敌特的核心机密，成为我党插入敌特机关的三把利刃。他们在极为险恶的环境中为党做出了特殊贡献，被周恩来称之为我党情报工作的“三杰”。

※特别党小组组长李克农。

特科的情报关系中，还有一个大名鼎鼎的人物：昔日“筹安会六君子”之一，当时上海青帮大亨杜月笙的座上客——杨度。杨度早年拥护袁世凯复辟帝制，晚年却逐渐倾向革命，于1929年秋在上海秘密加入中国共产党。他利用自己的特殊身份，向党提供了许多国民党统治集团内部的战略情报，这是功不可没的。40多年后，周恩来在病榻上还特意关照秘书，《辞海》中若有杨度的条目，要写上他加入共产党的事，他为党做了有益的工作。

营救战友　惩治叛徒

周恩来在《彭杨颜邢四同志被敌人捕杀经过》一文中指出，敌人可以在几分钟内毁灭我们革命的领袖，我们却不能在几分钟内锻炼出我们新的领袖，因此，营救被捕战友特别是党的重要领导人，是特科的一项重要工作。其中，营救关向应是一个成功例子。

1931年，当时在上海赤色工会联合会工作的中央政治局候补委员关向应因工联机关被破坏而被公共租界巡捕房逮捕，并被引渡给国民党当局，关押在龙华看守所。关向应被捕后使用了化名，自称是店铺伙计。虽经多次严刑拷问，他始终坚贞不屈，没有暴露自己的身份。

周恩来得知后，十分焦急，责成特科设法营救。由于关向应被捕时还被抄去了一箱文件，其中一些重要文件内容如果被敌人获悉，不仅将泄露党的重要机密，也极易暴露关向应的真实身份。因此，营救关向应必须从抢救出这箱文件中的机密着手。特科通过身在敌营的杨登瀛打听文件的下落，知道这箱文件目前还在巡捕房，国民党方面想拿走，但巡捕房认为案子是他们破的，不愿把文件交给国民党。可是他们对鉴别文件不在行，不辨真伪、重要与否，正为如何处理而感到为难。特科就通过杨登瀛转告巡捕房的英国探长，表示愿意帮助鉴别这批文件。探长正求之不得，遂满口应允。根据周恩来意见，特科派刘鼎以"专家"的身份随杨登瀛去巡捕房"鉴别"文件。周恩来特别关照，要把所有手抄、复写的文件拿回来。

这天，刘鼎按照周恩来的吩咐，跟着杨登瀛，大模大样地来到巡捕房，仔细检看了那箱文件，将其中手抄的，复写的拣出藏在身上。走时，手上还故意拿着几份油印材料说带回去研究。过后，特科要杨登瀛告诉巡捕房，这些文件都是学术研究资料，把敌人骗了过去。

敌人没有从那箱文件中捞到什么，龙华狱中的党支部又得知关向应未暴露身份，就让他装得庸庸碌碌，不布置他做任何工作，把他作为重点对象保护起来。

为了让关向应尽早得到自由，根据党的指示，互济会也积极进行营救工作。互济会援救部长、担负营救关向应的黄慕兰按照指示，以交朋友方式通过上海法租界会审会堂华人法官陈介卿的关系和其他方面的努力，说动了龙华警备司令部的一位法官和一位书记官从中帮忙。最后，关向应关押不到一年终被保释出狱。

特科在大力营救战友的同时，坚决严惩叛徒。白鑫原是中央军委秘书，由于他的告密，导致中央政治局委员、中央农委书记兼江苏省委军委书记彭湃、中央军事部长杨殷等5人于1929年8月24日在上海新闸路经远里12号被捕。30日，彭湃、杨殷等4人在龙华英勇就义。1929年11月，特科在上海霞飞路（今淮海中路）一条弄堂内成功地处决了叛徒白鑫，使敌人受到了极大的震动。

建立第一座秘密电台

随着各地工农红军和革命根据地的不断发展，中共中央急需加强与各地的通讯联络，决定在上海建立秘密电台，开展无线电通讯工作。

※ 巨籁达路四成里12号（今巨鹿路391弄12号）——中共中央特科所属中央电台训练班所在地。

早在1928年11月，周恩来参加党的“六大”后从苏联回到上海，就开始着手组织力量筹备这项工作。当时中国科技十分落后，国民党政府对无线电通讯设备控制很严，市场上不仅没有现成的机器，零件也配不全，甚至连有关的中文版无线电通讯专业书籍也没有。周恩来决定依靠自己力量，研制无线电收发报机。他要求特科负责交通的李强进行研制工作。李强虽然上过大学，但对无线电是外行，感到难以着手。周恩来启发他，没有中文书，可以从自学英文专业书籍着手，进行摸索、实践。在周恩来的鼓励下，李强买来了美国出版的一些英语无线电书刊，边学边干。他以业余无线电爱好者的身份购买了一些零件，买不到的就自己设法加工，并按照参考书上的线路图进行装配试验。经过一年多的努力，无线电收发报机终于研制成功了。

在研制收发报机的同时，周恩来还着手培养技术力量。据当时在法南区工作的地下党员张沈川回忆，1928年11月，周恩来在三马路（今汉口路）惠中旅馆的一个房间和他谈话，告诉他组织上决定派他去学习无线电通讯技术，但要他自己设法去找学习场所，并派李强帮助他学习。张沈川后来看到报上有“上海无线电学校”招生的消息，就化名前去报考并被录取。经过大半年的学习实践，初步掌握了无线电收发报技术。随着工作的开展，为更多的培养技术力量，中央又从各地抽调了10名青年党员到上海学习，由李强和张沈川负责培训。学员们分开居住，李强和张沈川则以家庭教师身份为掩护，分别上门授课，为党培训了第一批报务员。

在周恩来的领导下，通过自己动手，研制设备，培训技术力量，1929年秋，我党第一座地下无线电台在上海大西路（今延安西路）福康里9号建立起来了。不久又在香港、天津等地设立了电台。1930年后，在上海慕而鸣路（今茂名北路）兴庆里17号、长阳路友邦里东一弄61号、长阳路乾信坊等处分别设立了电台和收发报机装配车间。直到中央撤离上海，地下电台的红色电波从未中断过。

为了加紧沟通中央与苏区的电讯联络，根据周恩来的指示，中央派在上海参加过培训学习的伍云甫、曾三等人携带电台到各个苏区，与红军的无线电人员一起，开展红军部队

※中共中央机要部门使用过的发报机。

的通讯业务。周恩来还亲自编制了一本密码，称为“豪密”，于1931年3月由任弼时带到江西苏区，用于苏区中央局与上海党中央的联系。

可以说，我党的无线电通讯工作是从上海起步的，从无到有，逐步发展，这是与周恩来的领导和重视分不开的。

周密部署　力挽危局

1931年4月25日深夜，南京国民党中央调查科的大院内静悄悄的。这天正是周末，特务们大多已离去，只有钱壮飞还坐在办公室内值班。就在这时，接连6封从武汉发来的特急绝密电报送到，每封都注明“徐恩曾亲译”。这不同寻常的电报，使钱壮飞预感到有非常事件发生。他偷偷把电报译出来，获知顾顺章在武汉被捕叛变。顾顺章是中央特科负责人之一，他长期负责中央机关的保卫工作，对领导人的住处都了如指掌，如果这些情况被敌人得知，给党带来的损失是无法估量的。这个可耻的叛徒在出卖了武汉地下党的秘密组织后，又要求面见蒋介石，企图一举破坏在上海的党中央机关。电报还称已将顾顺章用专轮押往南京，一二日即可到达。情况万分危急，钱壮飞立即派人连夜乘火车从南京赶到上海报告。26日清晨，李克农得到消息，但这天不是预定接头的日子，李克农又想方设法找到江苏省委，由省委再找到陈赓，迅速报告周恩来。

在这千钧一发之际，周恩来临危不惧，当机立断，有条不紊地安排转移和撤离。他同陈云商定对策，在聂荣臻、陈赓、李克农、李强等协助下，采取了一系列紧急果断的措施：销毁机密文件；将党的主要负责人迅速转移，采取严密的保卫措施；凡顾顺章所熟悉、可能成为其侦察目标的干部尽快转移到安全地区或调离上海；切断顾顺章所能利用的所有重要关系；废止顾顺章所知道的一切秘密工作方法和暗号。在周恩来的周密部署下，陈云、聂荣臻等人率领特科工作人员，争分夺秒，夜以继日地战斗，终于赶在了敌人动手之前，使中共中央、江苏省委和共产国际远东局的机关全部安全转移。

27日下午，顾顺章被押至南京。紧接着，国民党出动大批军警特务，根据顾顺章所提供的地址，进行了大搜捕。警车来往不绝，打门声、吆喝声此起彼伏，周恩来的住处也被搜查。由于中共机关早已转移，敌人处处扑空，企图一网打尽中国共产党地下组织的阴谋被彻底粉碎了。

在处理这一紧急事变的过程中，周恩来不仅担当了指挥全局的重任，还不顾个人安危，亲自去一些同志家通知转移。据当时中央军委工作人员朱月倩回忆，那天晚上，周恩来赶到她家，通知她立即转移，并和她商量如何保障霍步青（朱月倩爱人，在中央军委工作）的安全。原来霍步青此时已从上海出发坐船去武汉了，而武汉的联络机关已遭敌人破坏，必须设法通知他。后来在周恩来的紧急安排下，另派交通员坐飞机赶去，终于在轮船停靠九江码头时与霍步青接上了头，使他们免遭敌手。

在这场短兵相接的战斗中，由于周恩来和陈云等人机智果断的决策，镇定自若的指挥，赢得了时间，使党避免了一场大灾难。这是周恩来在上海工作中的一大功勋。当时同志们对他曾有过这样的称颂："一身机智一身胆，周公谈笑破敌谋。"

敌人阴谋虽未得逞，但周恩来由此对特委工作进行了深刻的反省，认为特委工作虽有许多成绩，但终因顾顺章一人的叛变，遂使全部工作发生动荡，这是特委工作本身的错误的结果，其根源是政治教育的缺乏，并表示自己应负主要责任，这充分体现了周恩来勇于负责、严于律己的崇高风范。

1931年12月，周恩来根据中央决定前往中共苏区。在苍茫的夜色中，周恩来乘船离开了上海，告别了4年的白区地下斗争生活，也告别了特科。在周恩来的直接指导和关心下，特科在推动革命事业发展，保卫党的组织和同志们的安全方面发挥了重大作用。这一时期上海党的组织没有遭受大的破坏，与特科卓有成效的工作是分不开的。正如陈云所说："特科是周恩来同志直接领导下的党的战斗堡垒，特科是一个有战斗力的白区党的地下组织。"

（李小苏）

在第四次反"围剿"中

在第四次反"围剿"战争中，周恩来与朱德一道首创了红军大兵团伏击歼敌战法，取得了这次反"围剿"战争的完全胜利，在红军战史上写下了辉煌的一页。

1931年底，周恩来由上海越过险恶途程抵达瑞金，就任中共苏区中央局书记。不久，蒋介石向革命根据地发动第四次"围剿"。在这次反"围剿"战争中，周恩来同朱德一道首创了红军大兵团伏击歼敌战法，取得了第四次反"围剿"战争的完全胜利，在红军战史上写下了辉煌的一页。

一

九一八事变后，中国大片国土沦丧，日本帝国主义侵略气焰极其嚣张。蒋介石从其反动本质出发，认定“外患不足虑，内匪实为心腹之患”，实行“先安内后攘外”的反动政策，对我红色根据地一再发动“围剿”。从1932年夏到1933年春，蒋介石发动了第四次“围剿”战争。这次“围剿”计划分为两段：首先进攻鄂豫皖、湘鄂西革命根据地，得手之后，再将进攻的重点转移到中央革命根据地。

1932年7月7日，为了积极备战，中华苏维埃共和国临时中央政府决定成立劳动与战争委员会，任命周恩来为主席。7月下旬，周恩来以中共苏区中央局代表身份赶赴前方，后方的工作由代理中共苏区中央局书记任弼时和临时中央政府副主席项英主持。到前方后不久，为前方作战指挥方便，苏区中央局兴国会议接受周恩来的建议，决定由周恩来、毛泽东、朱德、王稼祥组成最高军事会议，周恩来任主席。8月8日，在周恩来的坚决要求下，中革军委发布通告，任命毛泽东为红一方面军总政治委员。

随后，红一方面在周、毛、朱、王指挥下迅速秘密北进，执行中革军委制定的乐宜战役计划。8月17日至23日，红一方面军在一周之内连克乐安、宜黄、南丰3城，并乘胜挥师南城近郊，准备攻占南城。乐宜战役的胜利，使敌人大为震惊。蒋介石一面加紧进攻鄂豫皖、湘鄂西根据地，一面调胡宗南的第一师从河南入赣。这时，中央根据地，西、北、东三面受敌，南面是中央苏区腹地。在这种形势下，红军如何迎敌，在哪里摆战场？苏区中央局前方和后方的成员发生意见分歧。从8月底开始，双方电文往来频仍，各陈利弊，争执不下，长达一个月之久。当红军抵达南城近郊后，周恩来发现南城守军达3个师之众，而且城防工事十分坚固，强攻必然不利。遂当机立断，变更作战计划。同时电告苏区中央局并转临时中央说明敌军已注意“固守城镇”，我们应“使其离开据点，在运动中消灭之”。根据这一作战方针，周恩来与毛泽东等人率红一方面军从南城郊外退出，撤至宁都的东韶、洛口一带进行休整，待机歼敌。

后方苏区中央局成员不同意这一行动。他们认为：不迅速向西进军，“将造成敌人更积极向苏区中心前进”，“给群众以十二分不好影响”。要求红一方面军持续出击，攻坚作战。9月15日，苏区中央局致电周、毛、王：“我们不同意你们分散兵力，先赤化南丰、乐安，逼近几个城市来变换敌情，求得有利条件来消灭敌军，并解释这为积极进攻策略的具体布置与精神，这在实际上要延缓作战时间一个月以上。”而且不能对遭受敌军进攻的鄂豫皖、湘鄂西红军呼应配合，“可能演成严重错误”。对此，在前方指挥作战的周

※ 周恩来在中央苏区的办公旧址。

恩来、毛泽东、朱德、王稼祥又两次联署致电苏区中央局，反复陈述不能与强敌硬拼的理由，认为“在目前敌情和方面军现有力量条件下，攻城打增援部队是无把握的。若因求战心切，鲁莽从事，结果反会费时无功，徒劳兵力，欲速反慢，而造成更不利局面。”电报中还提议在前方召开苏区中央局全体会议，以解决前方与后方的分歧。

9月29日，苏区中央局复电，指责前方完全是离开了原则，极危险的部署，决定暂时停止行动，立即在前方召开中央局全体会议。

10月上旬，中央局全会在宁都小源一个祠堂里召开，史称宁都会议。会议由苏区中央局书记周恩来主持。以周恩来、毛泽东、朱德、王稼祥为代表的前方成员与后方的任弼时、顾作霖、项英、邓发等发生了激烈的争论，争论的焦点主要是前线的作战方针问题。会上，批评的调子很高，矛头主要指向毛泽东。后方成员把毛泽东历来主张并行之有效的反“围剿”中诱敌深入的方针，指责为“专去等待敌人进攻的右倾主要危险”。把毛泽东坚持正确方针、原则，指责为“不尊重党领导机关与组织观念错误”等，并且断定毛泽东“承认与了解错误不够，如他主持战争，在政治与行动方针上容易发生错误”。因此要把他召回后方，主持政府工作，而要周恩来负战争领导总责。历来顾全大局，行事稳重的周恩来，承认前方有缺点，对毛泽东也有态度温和的批评，但他指出后方成员对毛泽东的批评过分。对于毛泽东留不留前方问题，他明确主张应留在前方指挥作战，这又发生了尖锐的意见分歧。朱德、王稼祥同意周恩来的意见，而与会多数人不同意。会议最后以批准毛泽东请病假为由，要其回后方，必要时再到前方。10月12日，中革军委通令宣布毛泽东回

※ 1932年底至1933年3月，红一方面军又取得了第四次反“围剿”的胜利。红军在反“围剿”中不断发展壮大。图为红一方面军第四军阵容。

后方主持中央政府工作，“所遗总政委一职，由周恩来代理”。宁都会议后，周恩来依依不舍，亲自到毛泽东住处送别。毛泽东则向他表示：前方军事急需，何时电召便何时来。

会后，毛泽东到闽西长汀福音医院休养。10月14日，红一方面军发布的战役计划上，仍列了3个人的署名：“总司令朱德，总政委毛泽东，代总政委周恩来。”周恩来并在计划上注明“如有便，请送毛主席一阅”。10月26日，中共临时中央任命周恩来兼任红一方面军总政委。

宁都会议迫使毛泽东离开了领导岗位，这就削弱了红一方面军的领导力量，给红军的作战造成了重大困难的损失。

二

在宁都会议召开前后的那些日子，湘鄂西和鄂豫皖苏区的主力红军先后退出了原有的革命根据地。国民党乘势把绝大部分“围剿”兵力陆续投向中央苏区，加紧对中央苏区的“围剿”。

针对敌人的新动向，遵照中央电示及苏区中央局的方针，周恩来、朱德趁敌人部署未定，迅速出击打乱敌人步骤，争取主动，以期打通与赣东北红军的联系。10月14日，周恩来、朱德在广昌发布《红一方面军建宁、黎川、泰宁战役计划》。10月16日，红一方面军迅速从广昌出发，18日连克黎川、建宁，19日克泰宁，22日克邵武。随后，又攻克福建省光泽县、江西省资溪县和金溪县。

12月30日，国民党赣粤闽边区“剿匪”总司令部下达对中央革命根据地进行第四次“围剿”的命令。鉴于敌众我寡，来势汹汹，12月31日，周恩来和朱德决定在国民党军大举进攻的部署尚未完成之际，采取先发制人的策略。红一方面军主力即从黎川地区移师北上，到外线抚河流域以东信江以南广大地区在运动中伺机作战歼敌。1933年元旦，红一方面军在黎川城举行北上誓师大会。次日，周恩来同朱德率大军出发。5日，红军攻占金溪、黄狮渡；8日，再克浒湾。两战俘国民党军4000余人，缴枪4000余支。初战胜利，为粉碎敌人的“围剿”创造了条件。

战斗甫停，周恩来即想好了新的作战计划。他立刻找到朱德商定：主力红军北上贵溪一带，与赣东北红十军加强联系，如抚州等北线国民党军胆敢出动增援或进攻红军，便在运动中消灭他们，随即将此部署电告后方。

1月24日，苏区中央局复电表示完全不赞成，反而强调红一方面军应集中所有主力到抚河以西作战，进攻国民党重兵防守的南城和南丰并巩固和保持住，企图以此破坏敌人的“围剿”。这种主张实际是怕红军主力北上后，敌人会大举进攻中央根据地。他们强硬地提出：“我们绝对的要你们”和后方“站在一致的路线上”，执行后方的意见。

接到回电，周恩来十分困惑。27日，他致电苏区中央局，希望改变攻打南城、南丰的作战计划。30日，他又致电苏区中央局并转临时中央，指出攻城的五不利：一易暴露企图，二易受夹击，三损伤大，四不能筹款，五耗费时日。并强调“中央累电催我们攻破城防，与我两电所陈战略实有出入。但我终觉消灭敌人尤其主力，是取得攻城的先决条件。敌人被消灭，城虽坚，亦无从围我，我可大踏步地直入坚城之背后，否则徒损主力”。

双方争论正酣之时，国民党方面却加紧了“围剿”的步伐。蒋介石于1月29日飞抵南昌，就近策划；31日，主持军事会议具体部署对中央苏区的进攻；2月6日，他宣称亲自兼任江西省“剿匪”总司令。

局势一天比一天严峻。面对这种敌强我弱的态势，2月3日，周恩来、朱德、王稼祥首先把红一方面军转移至黎川休整，同时致电苏区中央局，提出“连续的残酷的战斗立刻就到，战争与军事布置更应确定统一指挥，提议中央局经常给我们前方以原则上与方针上的指示，具体部署似宜属之前方”。2月4日，苏区中央局根据中共临时中央的决定，不顾周恩来等提出的红军作战的具体部署“宜属之前方”的正确意见，仍下达红一方面军强攻南丰，不容讨论的命令。

在苏区中央局坚持进攻南丰的指令下，周恩来、朱德不得不执行，遂致电苏区中央局并转临时中央，提出红军准备进攻南丰的部署，同时声明：“上述部署不是呆板的，敌情地形有变尚需活用，如不便强袭，便须转移地区。”2月12日，红一方面军完成了对南丰的包围，并于当晚发起进攻。是夜，枪炮轰鸣，南丰城上空被弹药发出的火光映红了半边天。双方鏖战一夜，国民党守军损失不足1营，红军伤亡却超过300人，担任主攻的红三军团第三师师长彭鳌及2名团长阵亡。

面对红军对南丰的强攻，国民党中路军总指挥陈诚十分得意：“多次寻找你红军主力不得，真是踏破铁鞋无觅处，得来全不费功夫啊。”他急忙下令南丰守军坚守城池，另急命所属的三个纵队迅速南下驰援南丰，分三路合击，企图一举把红一方面军主力消灭于南丰城下。

红一方面军司令部里，周恩来、朱德等忧心如焚：攻城损失如此严重，再这样下去，肯定不行。周恩来毅然说：不行，不能再请示候复了，我们必须立即改变原有军事部署，否则后果不堪设想，朱德当即赞成这一决断。

是日晚，周恩来急电苏区中央局并转临时中央，报告战况和改强攻南丰为佯攻的作战计划。随即，除留少数部队继续佯攻外，红军主力撤围南丰。在撤离同时，派红十一军佯装主力向东面黎川转移，吸引敌人，而红一方面军主力则秘密转移到南丰南面的东韶、洛口、吴村等地隐蔽集结伺机而战。这是一个关键性的果断决策，使红一方面军避免了一场严重的危机，从被动局面中解脱出来，重新取得了战场上的主动地位。

一个关键性的决策往往是战争成败的决定因素，胜利的天平开始向红军倾斜。

三

战局正如周恩来所预期的那样发展。陈诚果然为红十一军的行动迷惑，误认为红军主力在黎川，急令其第二纵队4个师由南城、南丰出康都，侧击黎川、建宁；第三纵队4个师由金溪南下，从正面向黎川方向进攻，企图合歼红一方面军主力于黎川、建宁地区。又以

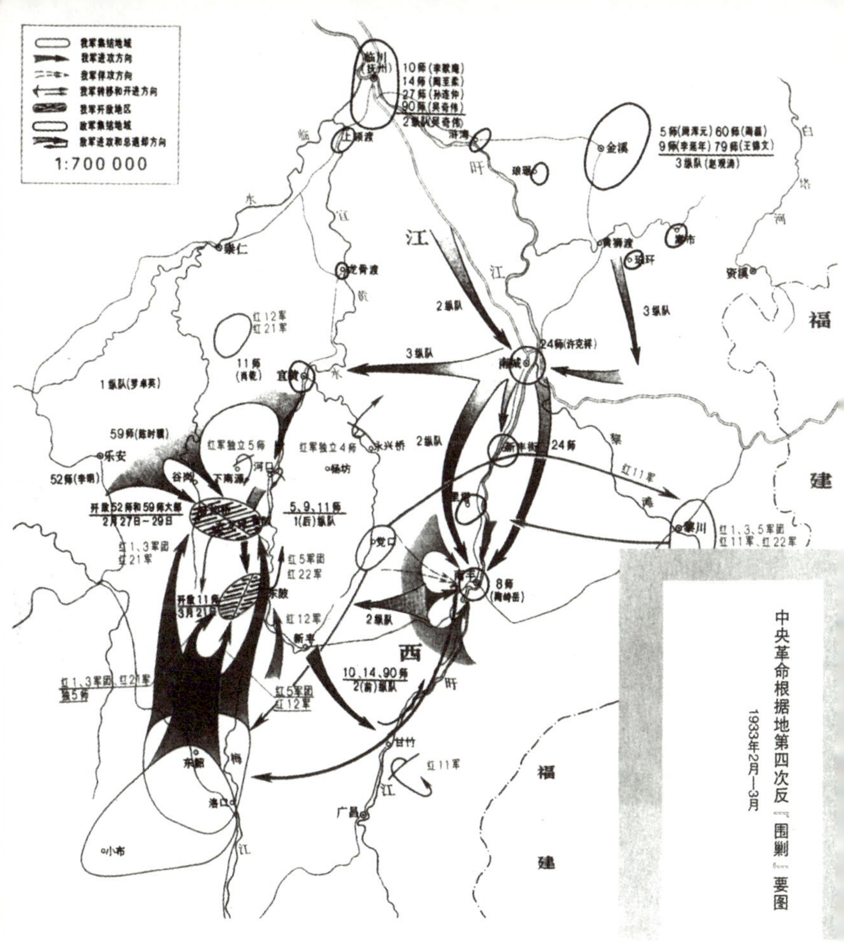

※中央革命根据地第四次反『围剿』要图。

第一纵队3个师集中于宜黄，然后南出广昌、宁都，切断红一方面军退路。

为了保证计划实现，陈诚令其第一纵队的第五十二师和第五十九师从乐安迅速向黄陂开进。

2月26日，在建宁的一间小瓦房里，周恩来正站在一幅军事地图前仔细观看，并不时地在地图上比划着。突然，他紧皱的浓眉一挑，回头对警卫员说："快去把总司令请过来，要快！"

不一会儿，朱德匆匆来了，一到就问："恩来，有什么急事？"

周恩来笑着说："坐，总司令。今天我要请客，但吃的是陈诚送来的大菜。"他一扫往日的忧虑，舒眉展颜地告诉朱德："陈诚把他的嫡系主力送来了。他命令五十二师、五十九师到宜黄以南地区集中，那他们就必须过摩罗嶂大山。你看，这里山高林密，可以布个大口袋哟。"周恩来手指地图，接着说道："加上他们远离其二、三纵队，右翼完全暴露，我们把大部队埋伏在这里，搞个大伏击是完全行得通的嘛。陈诚的两个师战斗力强，装备精良，可称得上是大菜啰。"

"对，是一道大菜，我们一定要吃掉它！"朱德这时也满面春风。

当天，周恩来、朱德下令，要求红军主力迅速北上，秘密设伏于宜黄南部黄陂一线山

※ 1933年12月，周恩来和红军第一方面军部分领导人在福建建宁合影。左起：叶剑英、杨尚昆、彭德怀、刘伯坚、张纯清、李克农、周恩来、滕代远、袁国平。

区，等待陈诚的两个主力师。那几天连日阴雨，又是高山浓雾，加上群众封锁消息，红一方面军主力几万人在此布好了口袋。陈诚对周恩来、朱德的谋划毫无察觉，满以为自己胜利在握，放心大胆地让五十二师、五十九师向前开进。

2月27日，五十二师进至登仙桥、大龙坪、蛟湖地区，五十九师进至固岗、西源、霍源地区。两师在摩罗嶂山的两边同时向黄陂开进。当天，细雨濛濛，山区又是浓浓白雾。下午1时，两个师毫无觉察地钻入了红军的伏击圈。霎时间，枪声大作，漫山遍野的红军杀了出来。红军把敌人行军纵队拦腰分割为数段，一一围歼。战斗持续到28日，在蛟湖、大龙坪一带的五十二师被基本歼灭，师长李明受伤被俘；3月1日，五十九师大部亦在霍源被歼，师长陈时骥被生俘。这次伏击战，共消灭敌军万余人，缴获了大批的武器弹药。取得了第四次反“围剿”以来第一回合的胜利。

黄陂战斗一结束，红军主力即奉命秘密向北撤到广昌以西的小布、东韶、洛口地区休整，并严密封锁消息，数万大军霎时间就消失得无影无踪。

国民党军中路军总指挥陈诚气急败坏，两个主力师被歼，犹如剜去他心头一块肉，且红军主力竟又不知去向。恼羞成怒的陈诚不顾兵力一时无法补充，决定放弃“分进合击”的战术，改用“中间突破”，把所余部队分成前后两个纵队，前后排成一路“清剿”队形扑向广昌，寻找红一方面军主力决战。

为了进一步迷惑和调动国民党军，3月16日，周恩来、朱德令红十一军继续伪装主力向广昌开进，以吸引敌军前纵队加快速度南进，红一方面军主力“决以待机姿势，准备侧击敌之后纵队”。在地方武装和人民群众的积极配合下，陈诚果然又中计，认为红一方面军主力是要同他争夺广昌。他匆匆下令前纵队加速往广昌推进，后纵队紧紧跟上。3月20日，其前纵队开至广昌的甘竹、南丰的洽村、罗坊一带，后纵队的第十一师进至宜黄草台冈、徐庄地区，第九师至黄东陂。此时，前后纵队相距近百里，出现首尾不能相顾局面。

这时，红一方面军司令部里，周恩来正同朱德谈笑：“总司令，这可又是一道大菜。陈诚的第十一师是他的命根子，装备好，战斗力强，但却独自进到群山环抱，丛林密布的草台冈这火力、兵力再强也展不开的险地，他既然这么大方，那我们也就要当仁不让，吃掉它了。”

此前，周恩来、朱德已抓住有利战机向红一方面军下达作战命令，指出国民党军后纵队第九师将到东陂，第十一师将到草台冈、徐庄附近，要求各军团作好作战准备，“于21日拂晓，采取迅雷手段，干脆消灭草台冈、徐庄附近之十一师，再突出东陂、五里排之敌。”

21日拂晓，红一方面军奉命准时发起攻击。一时间，深山峻岭中枪声、喊杀声震天。草台冈地区山势陡峭险恶，林木茂密，国民党军第十一师的优势火力难以发挥，双方便展开了一场惊心动魄的肉搏战。在广大红军战士的奋勇搏杀下，战至下午，国民党军第十一师及五十九师残部被基本消灭。次日，红军乘胜在东陂地区将前来增援第十一师的第九师一部歼灭。国民党前纵队闻此噩耗，立刻向南丰、抚州一带溃退。至此，蒋介石的第四次“围剿”宣告破产。

第四次反“围剿”战争在敌我力量悬殊的情况下取得了完全胜利。红一方面军共消灭蒋介石嫡系部队3个师2.8万人，俘敌万余人，缴枪万余支，创造了红军战争史上诱敌深入、一次歼敌两个师的大兵团伏击歼敌的光辉战例。蒋介石在第四次“围剿”失败后，给陈诚的手谕中也不得不承认：“此次挫失，凄惨异常，实有生以来唯一之隐痛。”

在这次反“围剿”过程中，周恩来、朱德不是盲目听从错误指挥，而是以其高度的智慧和杰出的胆识，从战争实际情况出发，确定红军的作战行动，审时度势，决心果断，机动灵活地指挥红军，粉碎了国民党军对中央苏区的第四次“围剿”，进一步丰富了红军的作战经验，体现了周恩来、朱德等卓越的军事谋略和指挥才能。

经过第四次反“围剿”的胜利，中央红军发展到10万人，武器装备获得较大改善。中央革命根据地同它东北的闽浙赣革命根据地也连成了一片。

（刘津）

指挥红三团的战斗

周恩来三次来到红三团，和红三团的干部一起研究行军路线，制订作战方案。

1934年中央苏区的第五次反“围剿”，由于王明“左”倾机会主义路线的错误领导遭致失败，中央机关和红一方面军被迫进行战略转移。我们含着热泪告别了根据地的乡亲们，从兴国县乱石圩出发，开始了艰难的长途行军。那时，我在红一方面军团一师三团任总支书记，我们团奉命为一师的先头部队。10月21日，在赣南信丰县金鸡、新田、固坡一带消灭了陈济棠教导师第三团一个多营，和兄弟部队一起突破了国民党在赣州小溪、王母渡一带布设的第一道封锁线。我们继续向西，越桃河，攻占了粤北长江镇和湖南汝城县，

※ 由于王明“左”倾教条主义错误和敌人过于强大，第五次反“围剿”失败。1934年10月，中共中央机关和中央红军开始战略转移，北上抗日。图为红军长征出发地之一——于都河。

准备与二、六军团会合，在运动中歼灭“围剿”苏区的敌人。

部队向湘西前进，天空阴沉沉的，细雨笼罩着灰蒙蒙的山影，羊肠小道，泥泞不堪。干部战士都在想：离开根据地一个多月来，敌人怎么像鞋底上的烂泥一样总甩不掉？……

一天早晨，部队在广东归仁、长江圩北一个茂密的树林里小憩，周恩来副主席和刘伯承总参谋长来到了我们红三团。周副主席穿着一身灰色军装，披一件旧黄布雨衣，脚上穿着草鞋，从他那张瘦削的脸上，大家都知道他是够劳累的了。一看到周副主席，我就想起了2月15日在红色首都瑞金城北的广场上，毛主席、周副主席和朱总司令亲自检阅我们红一军团的盛况，心情更加激动。周副主席详细询问了部队的行军、思想情况，当知道我们有许多问题想不通时，便耐心地给我们做了解释工作。他要求我们，在困难的时候，要看到前途，看到光明，提高信心和勇气，不要被困难所吓倒。他乐观地说：“敌人围攻苏区，挖筑了千沟万垒，妄图置红军于死地，但英勇的红军不是打出来了吗？大王山（大庾山脉一个高峰）看上去高不可攀，但我们不是也过来了吗？革命本身就是同各种艰难险阻作斗争，我们要一切为着革命，奋勇前进！”他还告诉我们，国民党反动派已在粤汉铁路沿线布置了20万兵力，企图将我军消灭在粤汉铁路以东，赣江以西。接着，他命令红三团迅速前进，赶到敌人布防之前攻占白石渡，掩护红军主力通过粤汉铁路，向湘西挺进。我们迅速把周副主席的指示传达给全团指战员，并提出了“一切为着革命”的战斗口号来鼓舞士气，指战员感到浑身有劲，加快了行军的速度。

周副主席、刘总参谋长交代任务后，就加入到我们团直属队的行进行列中去了。在急行军中，周副主席很少骑他那匹黄骡子，经常将骡子给害病的战士骑或驮武器。他利用行军小休和防空时间，找机会同战士拉家常、讲战史。中午大休时，他也是边吃饭边回答干部战士提出的各种问题。一宿营，周副主席总是找机会到连队看一下指战员，十分关心战士的思想、生活。来到团部，他总不忘告诫我们及时查看地形，研究敌情，规定紧急集合场，调查行军路线。常常是他刚回到自己的住房，还没有来得及休息一下，参谋人员又送来了电报、文件、团领导向他汇报，他总是边看文电，边听汇报，并迅速准确地加以处理。夜里，我们这些年轻人一躺就睡着了，当半夜起来检查内外警戒时，可以看到周副主席屋里的小油灯还在亮着。周副主席跟三团行动期间，经常看到他通宵达旦地工作，却看不到他一丝一毫的倦意，那双布满血丝的眼睛，始终闪烁着充满精力的光辉。

经过三天的冒雨兼程行军，11月10日午后4时，我们团进到白石渡附近，在周副主席亲自指挥下，消灭了何键所部两个连，攻占了白石渡。

战斗刚结束，周副主席站在白石渡南一个小土坎上，满面笑容地对我们说：“你们别看这是一个小镇子，可它是粤汉铁路的一个站，是敌人第二道封锁线的重要支撑点。占领了它，对挡住广东军阀陈济棠，保证我军主力胜利通过粤汉铁路，有很重要的作用。这一带是毛泽东同志发动秋收起义的地方，有些同志可能潜在地下。”我们向周副主席汇报，准备向南面的守敌反击一下。他想了一会儿说，不要妄动！转过身又询问参谋：“党中央直属纵队情况怎么样？”当参谋人员报告说，毛泽东同志和中直纵队正胜利挺进。听二师打下了汝城，三军团打下桂东时，周副主席分外高兴，眼里闪现着希望的光芒。这种情绪也很快地感染着我们每个人。晚上，我们用打土豪得来的肉食招待周副主席和刘总参谋长。饭后，在村子的祠堂里，多点了几盏油灯，挂上了地图，团政委林龙发、参谋长彭明治等几位团的领导干部围坐在一起，请周副主席和刘总参谋长给我们讲国际国内形势，并讲了许多部队注意事项。

第二天部队出发时，周副主席和刘总参谋长要离开我们了。他亲切地抚着我的肩说：“当前，我们在白区作战，困难很多，越是在这个时候，越要加强连队党支部堡垒作用，认真执行党的政策，相信和依靠群众，搞好宣传工作，使红军走过的地方都播下革命的火种。”他指指行军队伍中战士背包上的识字牌上写的“站好岗”几个字，称赞说：“战斗不忘学习，这个办法好。我们工农现在打仗需要文化，将来建设一个新中国更需要文化。”说完就骑上马走了。我们团遵照周副主席的指示精神，加强了战时政治思想工作，每到一地积极地宣传群众，仅在七里铺一带，七天就扩大红军240名。发展了几处地下党的支部，组织了县、区、乡农会和游击队。

五天之后，我团奉命兼程抢占湖南蓝山县城。在行军中我们遇到越来越大的困难，天上几十架飞机日夜低空扫射，后面十几万国民党军紧紧追逼，战斗频繁，伤员增多，减员严重，一天走不了多少路。部队中畏难情绪又开始抬头，指战员不断提出各种各样的问题。

当部队经过临武城西关时，周副主席、刘总参谋长又一次来到我们团，亲率我团行动。他们召集团的领导同志进一步说明了攻占蓝山县的必要性。当他看到指战员们都带着疑虑的目光时，两道浓眉紧锁在一起，寓意深长地说：“在中央苏区第五次反‘围剿’中，我们失去了几次可取得胜利的良好时机。不能说红军不英勇，也不能说地方的工作没做好。恰恰相反，毛泽东同志的查田运动把中央苏区人民的积极性调动起来了。不然怎么会有红五月三万英雄儿女上前线的大好形势？”他特别指出，部队能否打胜仗，革命路线是关键。作为一个领导者，要认清什么是正确路线，什么是错误路线，绝不可盲目行动，当时我们虽然还不能十分理解这些话的意思，但意识到，周副主席的话是有所指的。直到遵义会议后才明白党中央存在着路线斗争，三次反“围剿”后，“左”倾路线错误地排挤

※ 1934年11月底，红军付出惨重代价渡过湘江。图为湘江之战战场——广西界首。

了毛主席在党和红军中的领导地位，红军失去了毛主席的指挥，总是打不好仗。周副主席和我们谈话时，有许多指战员也围拢过来听，大家都仿佛在寒冷与黑暗中靠近了一堆篝火，感到有无限温暖和光明。我看到，周副主席这次来比过去更加消瘦了，他两眼熬得通红，但却依然放射着坚毅沉着的光芒。他对我们说："国民党反动派虽然很凶狂，但他们是腐朽的，不得人心的，终究要灭亡的。我们现在虽然还比较弱小，但广大人民在我们一边，真理在我们一边，我们要冲破敌人的重重封锁，到敌人力量薄弱的地区去扩大发展。"他的话语像春风一样，把战士们脸上的饥饿、疲劳、忧愁的神情一扫而光。一连三天昼夜行军，在11月的最后一天，我们跑在敌增援部队之前，占领了蓝山县城，消灭了守敌保安团一个营，敌正规军一个营慑于我军威力狼狈逃窜。

打下蓝山，周副主席、刘总参谋长赶回了中央纵队，我们继续向宁远进发。12月20日晨进到道州城北门外，我们又见到周副主席。当时数架敌机正在低空盘旋，周副主席告诉

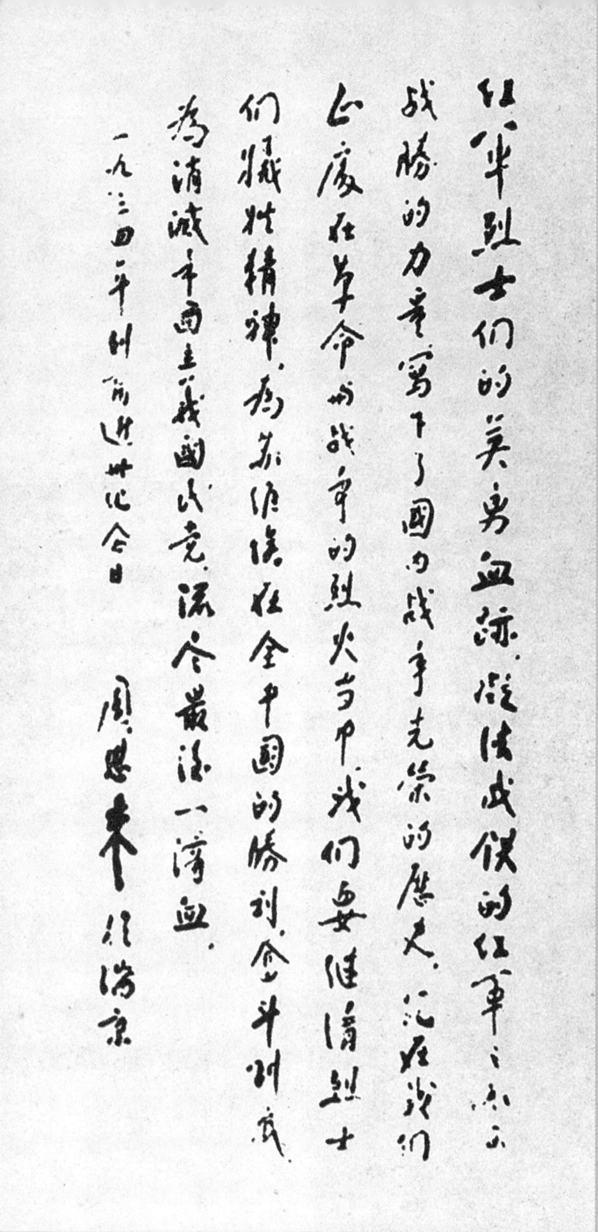

※ 1934年1月，周恩来给瑞金红军烈士纪念塔的题词。

我们，蒋介石调集了广东、湖南、贵州的军阀，用40万重兵，在湘江两岸布置新的防线，情况危急，要抓紧时间，渡江西进，不然，随时有被敌人切断的危险。晚上，我们遵照周副主席的指示，从道州北抢过了潇水河，冒着敌机的狂轰滥炸，兼程90里，甩开了薛岳、吴奇伟纵队的尾追。

我团继续西进，渡过灌江，到达全州东20里的地方。这时，敌40万围堵军分三路赶到全州附近，以一部兵力向北，压迫任弼时、贺龙、关向应、王震、萧克领导的第二方面军。敌主力以全州为中心，利用湘江，妄图置我中央红军于死地。周副主席、朱总司令电令我们三团，在白沙铺界首北、灵渠河以西阻击敌人，坚守到12月22日12时前，保证我军通过湘江。我团连夜就地构筑工事，积极备粮，决心誓死坚守到22日12时前，不让敌人进到白沙铺以南。但就在这关键时刻，“左”倾路线的主要领导者，面对敌人40万重兵，不去组织部队迅速摆脱敌人渡江西进，却命令不足八万人的红军在湘江一线摆开阵势，与敌人展开决战。经三天浴血奋战，红军折损过半。我团在白沙铺以北山丘一带阵地上反复进行血战。22日，虽然将敌一个师打垮，俘敌三百，并将阵地推进了八里，但终因敌众我寡，我团同师部联系中断，失去指挥，全团陷入重围。在这万分危急的时刻，林政委身先士卒，端起刺刀，亲率部队向西突围，杀出了十二层包围圈，在师主力支援下，才摆脱了敌人。当我们到达红二团阵地，听到聂鹤亭参谋长讲，毛主席、周副主席、朱总司令所在中央直属纵队已安全渡江，中央机关和一军团大部都转移到西山上时，大家才长长地松了口气。

我们团按周、朱首长电令，在白沙铺以南坚守到下午3时，消灭了很多敌人，也付出了五百多人的代价。活着的同志，想着刚刚牺牲的战友，不由得泪眼迷离。我们穿过丛林，伤口来不及包扎，满身的血迹顾不上清洗，提着带血的枪，继续前进。

突破敌人费尽心机布设的第四道封锁线后，12月24日，我团向黔东疾进，准备去袭占黎平。在通道渠水河畔牙主堡一个祠堂里，周副主席第三次来到了红三团。这次周副主席显得特别高兴，他连白开水也没顾上喝一口，就召集林政委等团的领导干部开会，讲明了袭占黎平向西北敌无设防区前进的战略意义，和我们一起研究行军路线，制订作战方案。大家看到他那愈加消瘦的脸庞显得更加刚毅，眼睛里闪烁着信心百倍的神采，人人都感到有了依靠和力量。他还兴奋地告诉我们，插向黔东的行动计划，是毛主席提出的。毛主席认为，在现在的条件下，必须放弃到湘西同二、六军团会合的意图，转向敌人设防薄弱的遵义前进。

我们立即将这大好喜讯传给了行军中的全团指战员，几个月来被压抑的心情得到了舒展，大家激动得热泪盈眶。在周副主席率领下，翻山越岭，涉水渡江，尽管阴雨连绵，道路泥泞，但部队情绪高昂，日行百里。三天时间，我们穿过穷苦的苗胞地区，爬上入云的雷公山，一举攻下了黎平。

午饭时，周副主席高兴地对我们说：“占领了黎平，为我军打开了向黔东北前进的道路。我在这里等中央纵队，准备在这里召开会议。你团继续前进，攻占施秉、余庆，渡过乌江，袭占遵义。”

连日的阴雨已过，黎平城晴空万里，12月28日，我们按照周副主席的命令，沿着通往遵义的道路胜利疾进。

（萧锋）

在遵义会议前后

遵义会议只开了3天，能够取得如此重大的成果，同周恩来的作用是分不开的。因为周恩来是中央政治局常委，又是拥有对红军最高指挥权的“三人团”成员，而他却是这三人中唯一支持毛泽东的人。

遵义会议是在红军长征途中，于1935年1月中旬召开的。以遵义会议为转折点，党中央的领导构成和中央红军的军事路线发生了根本性的变化。对于这一伟大的历史性变化，周恩来发挥了别人无可替代的特殊作用，做出了重要的贡献。

一

1934年10月，第五次反“围剿”失败，中央红军不得不走上长征道路。到12月初，红军突破了敌人的四道封锁线，渡过湘江。在突破敌人封锁线的战斗中，红军付出了惨重的代价，部队由长征初始的8.6万多人锐减到了3万余人。面对严峻的形势，红军指战员中长时间以来积累的不满情绪开始蔓延，各军团给中央的电报中纷纷对军事指挥的失误提出意见或批评，而在中央和红军的高级领导人间，不同的甚至对立的意见也在不断发生和滋长。全军上下都在思考失败的原因，为中国革命前途和命运担忧。这种形势迫使人们思考从路线上、组织上作根本性的改变。

长征以来，周恩来在困难处境下，心力交瘁。他在党内军内身兼数项重要领导职务，既是中央政治局常委、中革军委副主席、红军总政委，又是中央最高“三人团”成员之一，肩负的责任是十分繁重的。可是，在他与博古、李德组成的“三人团”中，政治上由博古做主，军事上李德作主，他只分管战略转移实施，而且不能与闻所有的事情。如研究红军主力长征后，在中央根据地留人坚持斗争的名单时，军事方面的干部征求了他的意见，其他方面只告诉他一个数字。周恩来在党内军内地位的这种实际情况，是由于周恩来同博古、李德有某些分歧，他们既不给予他充分的信任，但又不能不用他造成的。这种微妙的情况，也决定了周恩来的政治倾向对于解决党内重大分歧所具有的特殊分量。

渡过湘江之后，已被大大削弱的红军的处境仍然极端危险。这时敌人已在通往湘鄂西的前进路上部署了重兵，企图围歼红军于北进湘西的途中。在这危急关头，毛泽东力主放弃原定计划，改向敌人力量薄弱的贵州前进，同博古、李德展开了激烈争论。12月12日，中共中央负责人在湖南通道召开紧急会议，讨论红军行动方向问题。周恩来、张闻天、王稼祥等大多数人支持毛泽东向贵州进军的建议。因此，这个建议被通过了。然而，博古、李德仍坚持北出湘西，同红二、红六军团会合的原定计划。13日，中革军委命令中央红军“迅速脱离桂敌，西入贵州，寻求机动，以便转入北上。”14日，中革军委在令中央红军夺取贵州黎平、锦屏，开辟前进道路的同时，又令红二、红六军团策应中央红军北上。15日，红军攻克黎平。17日，周恩来和毛泽东等进入黎平。

在西进贵州中，党内的争论仍一路不休。博古认为入黔后仍需折兵北上与红二、红六军团会合，与李德的错误意见事实上完全一致。而毛泽东等正在酝酿战略上的彻底转变。面对这种情况，周恩来认为必须召开会议，通过认真的讨论，作出相应的决定。

12月18日，由周恩来主持，在黎平召开中央政治局会议，再一次讨论红军今后战略方向问题。博古、李德仍坚持北上与红二、红六军团会合，创造新的根据地。毛泽东主张继续向贵州西北进军，在川黔边建立根据地。王稼祥、张闻天等多数人赞成毛泽东的意见，主持会议的周恩来决定采纳毛泽东的意见，西进渡乌江北上。会议正式通过《中央政治局关于战略方针之决定》，指出：“过去在湘西创立新的苏维埃根据地决定在目前已经是不可能的，并且是不适宜的”；“新的根据地区域应该是川黔边地区，在最初应以遵义为中

※ 黎平会议旧址。

心之地区”。会后第二天，朱德、周恩来签署《中革军委关于执行中央政治局十二月十八日决议的决议》，对于中央红军的行动作了具体部署。

黎平会议决议是中央红军长征路上的战略方向转变的开始，是对博古、李德所犯军事指挥错误的初步否定。李德因患疟疾未参加黎平会议，当周恩来将会议决定转告他时，两人发生激烈的争吵，一向温和宽容的周恩来被李德的顽固态度激怒，拍了桌子，桌上的马灯震得跳起来，熄灭了。这次争吵预示“三人团”的瓦解已不可避免。周恩来后来说：“从湘桂黔交界处，毛主席、稼祥、洛甫即批评军事路线，一路开会争论。从老山界到黎平，在黎平争论尤其激烈……我决定采取毛主席的意见，循二方面军原路西进渡乌江北上。”周恩来不顾博古、李德的反对，坚决支持毛泽东西进渡过乌江北上的意见是为使中央红军转危为安迈出第一步时做出的重要贡献。

1935年1月1日，中共中央政治局又在瓮安的猴场召开会议，周恩来出席了会议。会议重申黎平会议关于创建川黔边新根据地决议，决定红军抢渡乌江，攻占遵义。会议还决定：“关于作战方针以及作战时间与地点的选择，军委必须在政治局会上做报告。”这就改变了李德取消军委集体领导、个人包办的状况。实际上，这也是取消了李德对军事的指挥权。1月5日，周恩来和朱德、王稼祥联署致电各军团、军委纵队负责人，部署过乌江后的行动。7日，红军占领遵义。

通道、黎平、猴场三次会议，毛泽东的正确主张得到了周恩来等大多数同志的支持，而博古、李德的错误主张，一次又一次地遭到否定。红军挥戈西进，突破乌江，攻下遵义，赢得了在遵义地区休整十几天的时间。

二

1935年1月9日，冒着绵绵细雨，周恩来等进驻遵义。周恩来与朱德、刘伯承等住在老城枇杷桥黔军第二师师长柏辉章的私邸，这是一座古色古香的宅院。

1935年1月15日至17日，中共中央政治局扩大会议在遵义举行。这次在中国共产党历史上有重大历史意义的会议是王稼祥同毛泽东商议后由他出面提议，并得到张闻天、周恩来、朱德等支持而召开的。

周恩来对兵力布防作了周密安排，以确保会议的顺利举行。在他的积极筹备下，会议的各项准备工作很快就绪。会址在柏辉章的私邸（时为红军总司令部）。出席会议的政治局委员有博古、周恩来、张闻天、毛泽东、朱德、陈云，政治局候补委员有王稼祥、邓

※ 1934年10月，第五次反“围剿”失败后，中共中央和中央红军被迫长征。1935年1月在遵义会议上，周恩来支持毛泽东的正确主张。这次会议实际上确立了以毛泽东为核心的中共中央的正确领导。图为遵义会议会址。

发、刘少奇、凯丰，红军总部和各军团负责人有刘伯承、李富春、林彪、聂荣臻、彭德怀、杨尚昆、李卓然，还有中央秘书长邓小平，军事顾问李德及翻译伍修权也列席会议，共20人。

会议由博古主持。会议的主要议程有两个：（1）决定和审定黎平会议所决定的暂时以黔北为中心建立苏区根据地的问题。（2）检查在反第五次“围剿”与西征中军事指挥上的经验与教训。会上，博古首先作报告，虽然也说了主观的军事指挥上的错误，但主要是强调失利的种种客观原因。接着，周恩来作副报告。他指出第五次反“围剿”失利的主要原因，是军事领导的战略战术的错误，并主动承担责任，作了自我批评，还批评了博古和李德。报告后，张闻天根据他和毛泽东、王稼祥共同草拟的提纲作了反对“左”倾军事路线的报告（亦称“反报告”）。随之，毛泽东作长篇发言，批评博古、李德在军事指挥上和战略战术上的错误。王稼祥、朱德、周恩来、李富春、聂荣臻等也先后发言，支持毛泽东的意见。周恩来在发言中“完全同意洛甫及毛、王的提纲和意见”，并全力推举由毛泽东来领导红军的今后行动。他的倡议得到大多数人的赞同。会议认为红军第五次反“围剿”和长征以来的失利，李德、博古是要负主要责任的。大家

对周恩来仍然是信任和尊重的。

这次政治局扩大会议最后作出如下的决定：

（1）毛泽东选为常委。

（2）指定洛甫起草决议，委托常委审查后，发到支部中去讨论。

（3）常委中再进行适当的分工。

（4）取消由博古、李德、周恩来组成的“三人团”，仍由最高军事首长朱德、周恩来为军事指挥者，“周恩来同志是党内委托的对于指挥军事上下最后决心的负责者”。

会议结束后，中央常委开会分工，以毛泽东为周恩来的军事指挥上的帮助者。

遵义会议只开了3天，能够取得如此重大的成果，同周恩来的作用是分不开的。因为周恩来是中央政治局常委，又是拥有对红军最高指挥权的“三人团”成员，而他却是这三人中唯一支持毛泽东的人。对此，毛泽东曾有过评说。1935年1月底，毛泽东对红一师师长李聚奎谈到遵义会议情况时说：“恩来同志起了重要作用。”周恩来的作用表现在：第一，对第五次反“围剿”和长征初期红军的失败，李德拒不认错，博古也未彻底认识错误。而周恩来从大局出发，主动承担责任，作自我批评。第二，支持毛泽东的正确主张，并全力推举毛泽东来领导红军的今后行动。第三，批评了博古、李德的错误，指出红军失利的主要原因是军事领导上的错误。所有这些，有利于遵义会议正确解决组织上、军事上存在紧迫问题。

三

1月19日，由于蒋介石调集40万兵力，企图围歼仅3万余人的中央红军于川黔边一带，周恩来、毛泽东等及中央纵队离开遵义。

撤离遵义以后，红军在周恩来、毛泽东、朱德的指挥下，根据敌情变化，采取了高度灵活机动的运动战方针对付敌人。当红军北渡长江受阻，土城战斗失利，从1月29日到3月22日，开展了四渡赤水之战。在此期间，中共中央继续完成了遵义会议未来得及完成的三

※ 根据遵义会议精神，政治局常委进行分工，由张闻天负总责，毛泽东、周恩来、王稼祥组成三人军事指挥小组负责军事行动。图为张闻天（左上）、毛泽东（右上）、周恩来（左下）、王稼祥（右下）。

项大事。

第一，博古难以继续担任领导，张闻天提出要变换领导。毛泽东找周恩来商议，周恩来主张由毛泽东来总负责，毛泽东认为张闻天来做比较合适。周恩来同意。2月5日，在一个叫“鸡鸣三省”的庄子，这个庄子在云、贵、川三省交界，雄鸡一叫三省都听到的地方，中共中央政治局常委会决定张闻天代替博古在党内负总的责任，博古任总政治部代理主任。

第二，遵义会议后，张闻天依据“洛甫及毛、王的提纲和意见”及毛泽东、王稼祥、周恩来等在会上的发言起草了《遵义会议决议》。2月8日中央政治局会议通过后印发，由中央常委开始在各军团传达遵义会议精神。

第三，在军队干部中传达遵义会议精神后，周恩来、毛泽东、朱德即指挥红军东进，二渡赤水，重入贵州，5天之内，连克桐梓、娄山关、遵义，击溃和歼灭国民党军2个师又8个团，俘敌约3000人，取得了长征以来最大的一次胜利。这一胜利，极大地鼓舞了全军的士气。

3月10日1时，红一军团林彪、聂荣臻发电报给军委，提议进攻打鼓新场（今金沙县城）。当天，张闻天立即在鸭溪召开中央政治局扩大会议，讨论要不要进攻打鼓新场问题。与会的大多数人都主张打，只有毛泽东一人坚持主张不打。他认为在当前我们不能“啃硬的”，不应打固守之敌，还是应在运动中消灭敌人。可是，大多数人通过要打的主张。毛泽东很不放心，认为打是不对的。当天半夜里，毛泽东提马灯来到周恩来处建议缓发作战命令，应慎重从事。周恩来接受毛泽东的意见。11日晨再次开会研究，说服了与会者放弃进攻打鼓新场计划，避免了一次将要发生的重大损失。

鉴于作战情况瞬息万变，军事指挥需要适当集中，临机决断，不能像过去那样许多人开会讨论后才作出决定，这样不利于军事指挥。毛泽东提出建议，成立新的“三人团”，全权指挥军事行动。中央很快接受这一建议，决定由毛泽东、周恩来、王稼祥组成“三人团”。至此，遵义会议变换领导的重要决策，可以说具体落实了。

中央红军四渡赤水之后，立即南渡乌江，前锋逼近贵阳，调动敌军，又突然佯攻昆明，主力北上，巧渡金沙江。

从四渡赤水到北渡金沙江，中央红军在以毛泽东为代表的中共中央和中革军委的正确指挥下，充分利用敌人的矛盾，发扬我军运动战的特长，实行机动灵活的战略战术，根据情况的变化，适时地变换作战方向，声东击西，避实击虚，不断造成敌人的错觉和判断失误，弄得蒋介石心神不定，坐卧不安。3月2日，蒋介石由汉口飞抵重庆，24日飞抵贵阳，

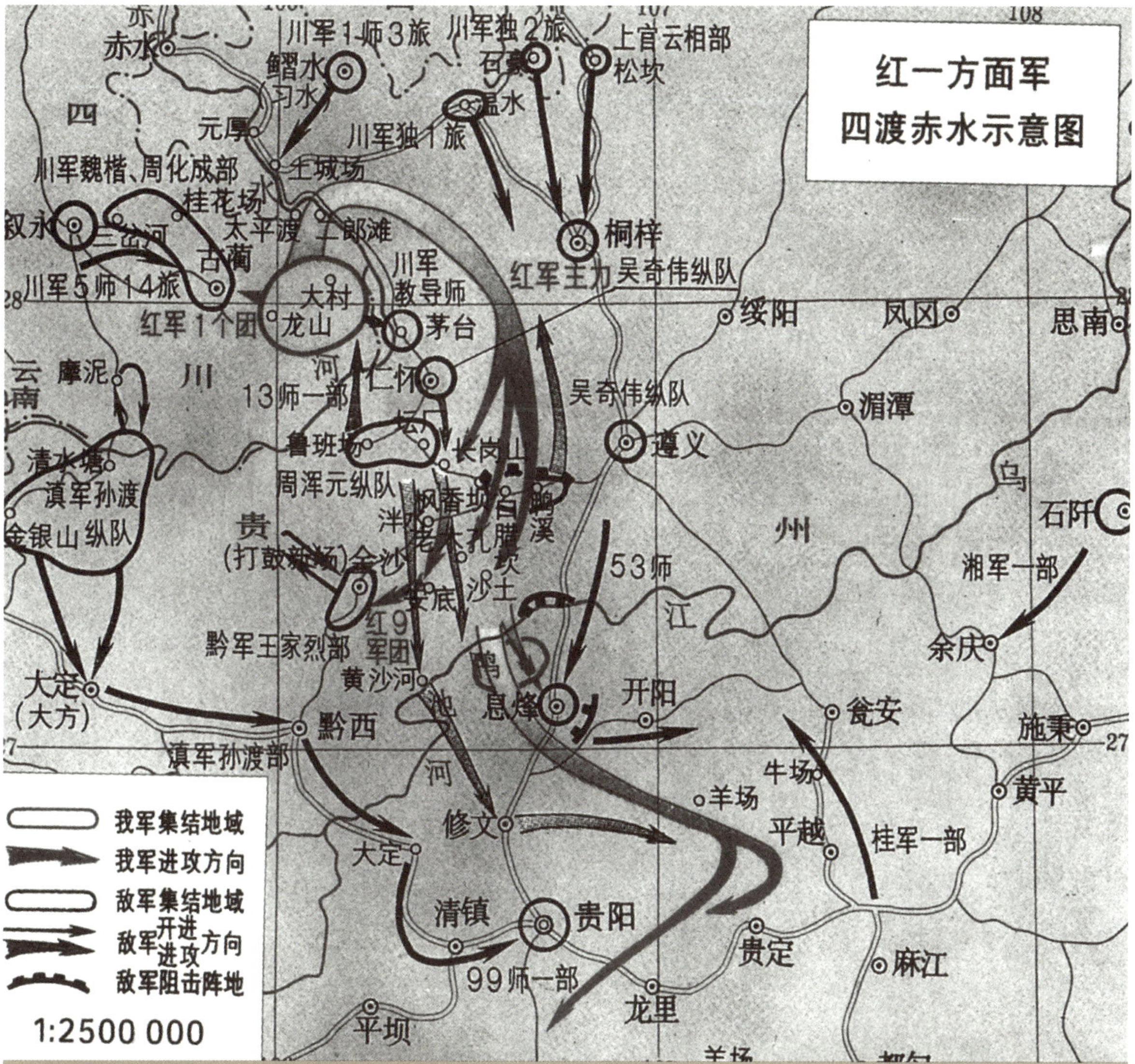

※ 中国工农红军第一方面军四渡赤水河示意图。

坐镇督师“剿共”，4月5日，由贵阳飞抵昆明，10日，由昆明再飞抵贵阳，5月10日，获悉红军全部渡过金沙江，又急忙由贵阳飞到昆明。飞来飞去，忙乱仓皇，而其结果是，围歼红军的企图一次又一次地落空。

在正确军事路线领导下的中央红军，犹如飞龙、天马，忽东忽西，忽南忽北，纵横驰骋于川、黔、滇广大地区，迂回穿插于敌人主力兵团之间，终于跳出了数十万敌军围追堵截的圈子，实现了北上的战略方针。周恩来协助毛泽东指挥作战，写下了壮丽的篇章。

（黔党室）

爬雪山，过草地

1934年6月，魏国禄担任周恩来的警卫员，不久，他就跟随周恩来从瑞金出发，从此便开始了举世闻名的二万五千里长征。

严惩放火者

1934年11月份，我们红一方面军进入广西苗族地区后，由于国民党反动派的破坏，驻地不断起火。苗族同胞的房屋都用木头和茅草搭成的，所以，一烧就是一大片，甚至整个村子都被烧成灰烬。火，不仅威胁着红军的安全，而且在政治上给我们造成了损失。这些现象引起了大家的注意。根据周恩来副主席的指示精神，部队加强了对敌情的调查，并组织了许多人做防火、救火的工作。

一天，我们在龙坪镇宿营。

正当晚上12点钟左右，我被哨兵“失火了”的叫喊和“噼噼啪啪”的着火声惊醒，翻身下床一看，只见周恩来副主席住房后面已是一片火海，大团大团的浓烟、一道道火舌正从周副主席的房门口、窗口往外乱窜。我顺手抄起一条毛毯，快步冲进周副主席的屋里，模模糊糊地看见他正在呛人的烟火中往外摸，就把毯子往他头上一蒙，领着他跑到屋外。一瞬间，房子就被大火吞没了。周副主席出屋后，对自己的安危全然不顾，立刻指派我去看望其他首长，了解部队的情况。我刚要走开，刘伯承、张云逸等首长却赶来了。周副主席便和他们聚在一块儿，谈起着火的问题来。

这时候，街上人来人往，闹声熙攘。有救火的，有找人的，也有帮着老乡从火里往外抢东西的，还不时听到议论声：“是哪一个不小心，引起这么一场大火？”

“我看这火有来头……”

“……”

周副主席叫我去找王参谋，让他命令部队提高警惕，加强岗哨，把没有事情的人员集合起来，待命行动，不要乱跑。

※ 1931年12月，周恩来抵达中央革命根据地。他先后担任中共苏区中央局书记、中国工农红军总政治委员兼第一方面军总政治委员、中央革命军事委员会副主席等职，参与领导根据地建设、红军作战和中央红军长征。这是红军时期的周恩来。

我从王参谋那里回来以后，见国家保卫局局长邓发同志也到了，正和首长们一起，站在露天开会。周副主席分析了几次失火的背景后，斩钉截铁地说，“是的，可以肯定这火是敌人的。万恶的反动派企图用这种卑鄙手段，证实他们的‘共产党杀人放火’的可耻谣言，挑拨、破坏我们和群众的关系。”听到这儿，我心里顿时一亮：周副主席阶级观点真强，明察秋毫，看问题入木三分。要不是周副主席讲的那样，为什么这火总是跟着红军呢？刚想到此，又听见周副主席说：“我们一定要把放火者查出来，彻底揭露敌人的阴谋。”周副主席的态度坚决，话语铿锵，使我心里瞬时充满了信心，长了劲儿。

当天夜里，便在龙坪镇查出三个坏家伙。经保卫部门审讯证实，他们是国民党收买派遣的特务、地痞和流氓，伪装成红军，专门混到我们红军宿营地，乘人不备时放火。

抓到了放火者，查清了着火原因，第二天国家保卫局便在龙坪镇召开了群众大会，向群众宣传、讲解了红军的性质和政策，揭穿了阶级敌人的罪恶阴谋。老乡们个个气愤得咬牙切齿，挥动着拳头，齐声要求严惩放火者。于是，就把那三个坏蛋当场枪毙了。

会后，周副主席又指示供给部，要他们给受难的群众一些救济。当老乡们领到救济的物品和钱时，都纷纷称赞红军是一支爱护百姓的好军队。

从此，敌人的放火毒计，再也无法施展了。

搓稻谷

12月间，红军长征到了贵州边境，吓得国民党反动派又是加紧造谣诬蔑，又是指示地方反动势力进行破坏，并强迫老乡席卷粮食、生活用品等到深山里去，就连脱米用的石臼、水磨等也隐匿起来。所以，红军每到一地，不仅很难弄到吃的，就连人影也很难见到几个。阴险的阶级敌人企图用这种恶毒办法，来饿死我们长征的红军战士。

有一天宿营以后，部队虽然费了九牛二虎之力才搞到一些稻谷，但是，没有脱米工具，眼瞅着稻谷吃不进嘴。同志们走了一天路，十分疲劳，有的索性不吃，倒头便睡了。周副主席看到这种情况，立刻召集干部们开会。他急切地说：“一定不能让同志们饿肚子，我们要想办法让同志们吃上饭。没有东西磨稻谷，就动员大家用石头、瓦片搓。就是用手搓，我们也要把米搓出来。”经过周副主席的一番动员，大家一致决定，每人都要想办法，脱出够三顿吃的米。

散会后，周副主席叫我给他找来两块瓦片，自己领来稻谷，就要在瓦片上搓起来。周副主席要考虑那么多国家大事，工作那么忙，怎么能耽误他的时间，让他自己搓米呢？于是我恳求地说，“首长，你不要搓了吧！我们保证按组织规定，搓够每人三顿吃的米。”

周副主席反问了我一句：“为什么？”

“你是首长，还有重要的工作。”我蛮有道理地解释说。

“正因为我是首长，才更应该搓哩。”周副主席见我显出一副不愿意的样子，便换了比较温和的口气说，“我提出动手让大家搓米，自己怎能不搓呢？再说，搓米是为了吃饭，谁能讲吃饭不重要？”

自打我给周主席当警卫员以来，就见他事事都以身作则，保持着我军官兵一致的革命传统，所以，给他这么一讲，也没什么话可说了，只好把瓦片交给周副主席。

这时找瓦片、石头的，领稻谷的干部战士，从我们面前走去走来，看到周副主席亲自搓米，都深受感动，一个个都很积极地搓起米来：有的用瓦片对着瓦片搓；有的用石头对着石头搓，搓得手上直冒血泡，还是不停地干。

经过两个多小时的紧张劳动，我们每个人都超额完成了任务，解决了当时的吃饭问题，打破了敌人经济封锁的阴谋。

没多久，红军买卖公平、纪律严明、说话和气、不打骂人的事实经过个别老乡的口，一传十、十传百地颂扬出去后，老百姓都纷纷从山里回村。国民党反动派的毒计和编造的大量谣言，便不攻自破了。

过泸定桥

遵义会议后的1935年5月初，我们胜利地渡过了金沙江，通过彝族地区，向着川西方向前进，经过20余天的急行军，来到又一个险关——大渡河边。

一天行军途中，听人向周副主席报告说，我先头部队攻占了安顺场，活捉敌人一个守渡口的营长，缴获渡船两只。周副主席听了十分高兴。安顺场虽然是一个丛山环抱，紧靠河边，并不很大的街镇，但街中心的一条马路却是柏油铺成的，路两旁种植着茂密整齐的树木，显得格外秀丽美观。

周副主席一到安顺场，还没进屋就与朱总司令、刘伯承、左权、张云逸等首长在露天下研究渡河口的问题。

安顺场西岸守敌虽已击溃，但河水甚急无法架桥，仅靠两只船来回渡红军的千军万马，需要很长时间，如果后面敌人的追兵赶到了，一旦背水与敌人作战，对我们是极不利的。因此，除刘伯承总参谋长和聂荣臻同志率一个师过河外，其余部队均沿河西岸迅速到

※ 1935年5月29日，中央红军左纵队先头部队在泸定桥西头发起夺桥战斗，胜利抢占大桥。图为泸定桥。

上游的泸定桥去过河。刘伯承和聂荣臻同志率领的一个师过河后则沿河东岸也向北进，同取泸定桥。

天黑得伸手不见手掌，还下着倾盆大雨，路很滑，衣服早就被汗水、雨水浸透了，寒风一吹冻得直打冷颤。我们跟随周副主席沿着高低不平的小道深一脚，浅一脚地走着。有时路稍宽一点儿，周副主席便和我、政治部主任李富春同志边走边谈。我记得他们谈起太平天国石达开就是在大渡河全军覆没的。首长们对历史很熟悉，我们听得津津有味，甚至忘记了一切疲劳，大家深深钦佩首长们知识的渊博。

到了下半夜，路更难走。左边是高入云霄的峭壁，山顶上是终年不化的积雪，银光耀眼，寒气袭人。右边是深达数丈、波涛汹涌的大渡河，稍不小心就有生命危险。但是大家并没有把个人安危放在心上，只有一个想法：加速前进，快到泸定桥！后来，领导决定让我们点起火把，接着对岸也点起了火把，这才发现我们是与敌人在齐头并进。

在杨成武同志率领的先遣团夺取泸定桥后，我们于第三天赶到了泸定桥。我看到这种桥是第一次，而且连听也未听说过。它既不是石桥，也不是木桥，而是一条铁索桥。从东岸到西岸拉了十三根用粗铁环一个套一个连成的长铁索，每根有普通饭碗粗。两边各两根做成铁栏，底下并排九根为桥面，是铺木板用的。原来桥面横铺着的木板已被敌人拆掉了，只剩下悬空挂着的乌黑铁索。桥头的一块石碑上刻着两行诗句："泸定桥边万重山，高矗入云千里长。"

周副主席叫我找来了渡河人员汇报情况。一个年轻的指挥员向首长报告说："原来的桥板被敌人破坏了，临时铺的木板不牢固，部队过得很慢，马匹根本不敢走，刚才有一匹翻下去了。"周副主席听说有马落水，很着急地问："人有没有受损失？"

"没有！"

周副主席听后再三叮嘱他，一定要后边的部队遵守秩序，听指挥，保证安全。之后，我们同周副主席等首长也开始过桥了，他告诉我们："过桥的时候小心，眼睛要看对岸不能向下看。"走上桥后，我好奇地向下瞟了一眼，不禁吃了一惊。只见桥下浪花翻滚，波涛汹涌如凶狮猛虎一般，越看越紧张，越迈不开步子。我看了看周副主席，他泰然自若，毫无惧色，迈着平稳的步子向前走着。我想，首长都不怕，我们有什么可怕的。我鼓起勇气，学着周副主席的姿势，大胆地向前走去。到了桥中间，走在前面的范金标同志停下来告诉周副主席说："有一块木板裂开了。"周副主席想到毛主席和很多红军战士还没有过桥，便说："我们修一修，铺好了再走。"说着他亲自动手拉木板，铺好后还在上面踏几下，看看牢固不牢固，牢固了才放心地继续往前走。就这样，我们边走边修，终于过了桥。

过了桥，刘伯承总参谋长、聂荣臻政委等首长已经站在桥头，见我们来到了，走上前同周副主席一一握手。在向泸定城走去的路上，刘总参谋长告诉周副主席说："我们攻下泸定城后，敌人在逃跑的时候沿街放火烧老百姓的房屋。我们部队除一部分去追击敌人外，其余都在镇上救火。"周副主席听后十分气愤，和其他首长一起到镇里看了一下后，又急急忙忙往回走，因为周副主席要到桥头去接毛主席。周副主席就是这样，对毛主席非常尊敬，对毛主席的安全非常关心，执行毛主席的指示非常坚决。我们与周副主席来到桥头等了一会儿，毛主席的高大身躯出现在泸定桥上。毛主席面带慈祥的笑容，迈着稳健的步伐从对岸走来，周副主席等首长迎上前去，同毛主席亲切地握手。

进城休息后，我们买到一些大米和土豆、南瓜，做好了饭菜。吃饭中间，来人报告说，逃跑的敌人已经全部被我军缴械。这个消息给正吃饭的首长们增加了不少谈话的资料。大家说：国民党又一次失败了。我们又突破了一个征途上的难关。在共产党和毛主席领导下的工农红军，不会也不可能重蹈石达开的旧辙。让蒋介石的美梦见鬼去吧……

吃过饭，我们跟着首长又踏上征途。为了庆祝夺取泸定桥的辉煌胜利，同志们兴高采烈地唱着：

山歌要唱红军哟，红军战士真勇敢。
一个当十十当百，革命英雄威名扬。
五月里来泸定桥，打得敌人狼狈逃。
大渡河天险从容过，胜利红旗迎风飘。

在毛主席无产阶级革命路线指引下的英雄红军，向着新的胜利大踏步继续前进！

爬雪山

红军夺取泸定桥后，乘胜向西北挺进，连续攻克了北龙坪、天全等地，于1935年6月中旬，进抵到四川宝兴县的大绕碛，大雪山——夹金山横在我们面前。

夹金山海拔四五千公尺高，一上一下要走70多里。叠嶂峰顶高插入云，皑皑积雪银光闪闪，山间云烟缭绕，山壑雾气腾腾。老乡对我们讲：这是一座“神山”，气候变幻莫测，连鸟都飞不过去。大家听了都付之一笑：我们红军有毛主席的领导，为了北上抗日，刀山火海都挡不住，还在乎这么一座雪山？

我是江西人，从前很少见到过下雪，如今上了这样一座大雪山很是稀罕，便东瞧瞧，

※ 长征途中翻越的第一座大雪山——夹金山。

西望望，觉得蛮有味道似的。谁晓得越往上走，地势越陡，积雪越深，一脚踏下去，就有齐腿深，每走一步，都要喘一口大气。刚才在山下还是阳光灿烂，转眼间，狂风就卷着鹅毛大雪呼呼漫天飞舞，核桃般大的冰雹也直往下砸。我们只穿着单军衣，顿时冷得脚麻木，浑身打抖。有几个同志被风卷进雪窝，眨眼功夫就不见了踪影。周副主席立即高声鼓动："同志们！快上啊！加油上啊！"又叫我唱支歌给大家鼓鼓劲。我领会到首长的意图，便高声地唱起来兴国山歌来：

哎呀叻——
大雾围山山重山，红军队伍过雪山。
千难万险都不怕，同志们哟——
红军面前没困难。

刚唱完，同志们便欢呼起来，说我唱得好，要求再来一个，气氛十分热烈。于是，我又和吴生开同志合唱道：

六月里来天气热，夹金山上踏积雪。
天不怕来地不怕，满喉山歌唱不歇。
山歌要唱咱红军，红军战士真勇敢。
浩浩荡荡过雪山，红军威名天下传。

周副主席笑眯眯地望着我们，一手扶着棍子，另一手挥动着给我们打拍子。同志们有的高声叫好，有的纵情欢笑，都忘了疲劳、饥饿和寒冷，一股劲儿地往上爬。

狂风拼命地刮，大雪纷纷地下。越往上爬，空气越稀薄。我们不仅冷得浑身直打哆嗦，而且渐渐连呼吸也困难起来。我觉得头昏眼花，心口闷堵，只好走一步停一步，每走一步喘几口大气。可是，周副主席却一边攀登，一边精神饱满地高喊道："同志们，加油啊！""翻过雪山，就是胜利！"这呼声在雪山回响，深深地激励着战士勇敢向雪山作斗争。我抬头看着同志们精神抖擞的神态，听着他们雄壮有力的呼声，浑身顿时充满力量。我跟着周副主席，和大家手拉着手，迎着倒卷下来的风雪，勇气十足地向顶峰攀登！再攀登……

突然，江良兰同志倒下去了。我赶过去一摸，发现他浑身冰凉，已停止了呼吸。周副主席含着泪，和我们一起，刨了一个雪坑，把江良兰同志放下去。大家默默地站在他的遗体前，向他志哀。周副主席思绪激昂地说："江同志，安息吧！你未完成的事业，由我们来完成。将来总有一天，在埋你的雪山上，会插上红旗。"

……

下午3点钟的样子，我们终于跨过雪山顶峰，开始下山了。俗话说：上山容易下山难。这话一点也不假。山坡又陡又滑，不仅难开步，而且站都站不稳。到处都是雪，不摸虚实，一失足，就会溜下去几丈、甚至十几丈远，搞不好，还会栽进雪窝子里……大家正在谨慎小心地往下走，忽然，前面有位同志身子一歪，滑下去了。顿时，我的心倏地悬了起来。正准备下去抢救时，却听见他在下面喊道："快呀——溜下来吧——"于是，周副主席高兴地把棍子往怀里一抱，和我们一道，笑哈哈地往下溜……等大家站起来一看，才发现彼此的衣服都扯破了，胳膊、屁股上，都流出了鲜血，再叫冷风一吹，我真觉得那伤口像刀割一样痛哩。

这时，黑云渐退，夕阳斜照，雪山射出万道银光。我满怀着胜利的喜悦，激动地对周副主席说："首长，我们战胜了雪山！"周副主席赞许地朝我点点头，又昂首望望雪山，语重心长地告诉我们："是呀，这里给我们留下了永远难忘的记忆。但是，前面还有更艰巨的斗争。"

在一个党小组里

6月，长征的红军到达了两河口一带地区，休整了几天。趁这个机会，总部机关党组织进行了整顿，改选了支部委员会。接着，各党小组又选举新的党小组长。

我们那个党小组有周副主席、张云逸同志和司令部几个参谋。开党小组会时，张云逸同志提议我当小组长。周副主席点点头，含笑望着我，说："很好。同意！"别的同志也纷纷表示赞成。

这一来，把我闹得很难为情。上有周副主席，下有几位参谋，我是个小小警卫员，怎么能当小组长领导他们呢？我红着脸说："我干不了，最好还是选别的同志。"

周副主席劝我说："大家选你当小组长，就相信你一定干得了。我们既然同意你当，就会服从你的领导。今后小组有什么问题，可以大家来商量嘛。"停了停，他又问我："怎么着，同意不同意我的意见？"

我看那个形势，晓得不当是不行了。民主嘛，少数服从多数，只好答应试试看。

※ 1935年6月，红军第一、四方面军会师后，中共中央政治局在四川懋功以北的两河口举行会议，通过周恩来代表中央提出的继续北上的战略方针。图为两河口全景。

选完小组长以后，根据支部的指示（当时支部书记是康克清同志），还要研究小组的任务。讨论时，周副主席发表意见说："现在是长征，我们小组应当保证没有一个掉队的。都要走到抗日最前线去。因此，在行军中，要发扬阶级友爱的精神，互相帮助。同时，要遵守纪律。"大家都很赞同他的意见，就决定把"保证一个不掉队，严格遵守'三大纪律八项注意'"当做小组今后一段时期的任务。在后来的行军中，由于周副主席的模范作用和大家的共同努力，我们那个小组确实做到了没有一个掉队的，都胜利地到达了陕北。

在长征途中，周副主席的工作多么繁忙啊！可就在那样紧张、繁忙的战斗、行军中，他始终重视过党的组织生活。有一次吃饭时，他忽然问我："小组长同志，我们为什么很长时间不开党小组会呢？"

"开过了。看到首长很忙，我没有通知首长。"我漫不经心地回答。

"哎，那怎么行呢？我是个党员，应当过组织生活。如果确实有事不能参加，我自己可以向你请假。你不通知我，是你的不对呀。"

在我看来，周副主席有那么多军机大事要处理，少开次把小组会，算得了什么？现在，周副主席却把它当成一件大事，这么郑重其事、严肃认真地批评我，我有点儿想不通。周副主席见我不吭声，又用很亲昵的口吻说：“在我们党内，每个都是普通党员，谁都要过组织生活。这是个党性问题，你明白吗？以后开会，可一定要通知我啊。”

接受了这次教训，后来每次开会，我都通知周副主席。他只要有时间，每次都参加，而且每次都很认真地听取其他同志的意见，发表自己的看法。

我还记得到了陕北后的一天，我正在办公室擦桌子，周副主席从外边进来，一边摊开文件准备办公，一边问我：“小组长，这个月的党费我还没有交吧？”

“已经交了。我代首长交了五分钱。”

“你交是你的。党费怎么可以让别人代交呢？”

“首长集中精力忙国家大事，我们代交还不是一样吗？”我蛮有道理地争辩说。

“国家大事重要，交党费也重要。因为这是每个党员的义务。”说着，周副主席就找出五分钱，十分认真地交到我手上。

我一共干了半年多党小组长的工作。在这期间，虽然谈不上对别人有什么帮助，但我自己却在这个小小职务上，领受到许多深刻的教育，尤其是在党性的锻炼上，周副主席总是处处把自己作为一个普通的共产党员，确确实实为我们树立了十分光辉的榜样。

在病中

7月间，红军到达草地边缘的毛儿盖，决定休整一段时间。

周副主席在长征以来的半年中，白天和我们一同行军，晚上一住下，就开始工作，忙得连擦脸、洗脚的时间都没有。经常是我们烧好水，催了一次又一次要他洗脸，他却老是那么一句话：“等一等，我马上就洗。”我虽然知道，在周副主席思考问题的时候，不应该打扰，但是，责任感和对首长的热爱之情又驱使我不得不一再恳求：“首长，要不洗水就凉了。”他这才无可奈何地放下手头的工作，马马虎虎洗一下，紧接着又做工作。吃饭更是如此，热了一次又一次，催过一遍又一遍。实在让我们缠得没法了，他才匆匆忙忙吃几口，有时还边吃边看文电。搁下饭碗，周副主席便一口气干到深夜，甚至通宵不眠。

有一天深夜，我劝他说：“首长，休息吧！两点多了。”他只是点点头，说：“我马上就休息，你先去睡吧。”可是，等我早上起来，他仍然坐在那里工作，头天晚上我们给他摊的地铺上，根本就没有一丝躺过的样子。我不由得心里发热，泪水在眼眶里转，埋怨着说：“你，你又没有睡。”周副主席却对我歉意地笑了笑说：“是啊，有什么办法呢？弄点水来洗洗脸吧。”周副主席有时还几夜几夜都身不挨铺，头不落枕，实在支持不住了，就伏在桌子上瞌睡一会儿，打个盹马上又工作。我们看他实在太累了，就劝他睡一下，他却总是和气地讲："好，做完了这点儿事就休息。"可送来的电稿、文件老是一大摞一大摞，没完没了。要和干部战士们谈话，检查部队衣食住行的安排，还要按毛主席的指示，计划行军路线，准备新的战斗……事情一件接着一件，哪里有做完的时候呢？眼看着周副主席一天天消瘦下来，我们心里真是十分不安和着急哟！现在，部队休整了，我们真希望周副主席也能很好休息一下，恢复恢复身体呀。哪里想到，周副主席天天不是开会，就是做说服、教育张国焘的工作，总是到夜深人静，或者启明星落，反而更忙了。

离出发进草地还有六七日的一天晚上，我跟周副主席从外边开会回来，他边走边问我："你们过草地的准备工作做得怎样了？"

我回答道："都做好了。每人带了十斤炒青稞麦。我和范金标几个人每人搞到一张羊皮，做成了坎肩。还搞了一些羊毛，缝在两件单衣中间，给你做了一件羊毛夹袄。"周副主席点点头。我又问："什么时候过草地呀？"

"快了！"周副主席说着，向前走了几步，又回转头告诉我："草地是个千里无人烟的大草原，气候变化无常。你们不但要做好物质准备，还要做好充分的思想准备。准备吃苦！"

我应了一声"是"，心里明白这是周副主席在给我做思想工作。周副主席就是这样，不仅自己以身作则，为党为人民忘我地工作，而且对我们警卫员一样严格要求。

回到住处，范金标把准备好的晚饭——顿顿吃、天天吃的青稞麦、豌豆苗端出来。周副主席看了看，摇摇头，无力地说："不想吃，你们给搞杯开水来吧。"我端来开水时，他已摊开文件，就着微弱的灯光，开始办公了。我轻轻放下开水，周副主席就叫我去休息，并说他马上也休息。于是，我便走出去。可是，过了不到一个钟头，就听见周副主席

※1935年8月20日，中共中央政治局在毛儿盖召开会议。图为毛儿盖。

喊：“魏国禄。”我急忙走进屋子，他说再要杯开水。我听他说话的声音与平常不同，忙问：“首长是不是不舒服？”顺手摸了摸周副主席的额头，不由得惊叫起来：“首长在发烧！”我们急忙请来医生，一量体温，是三十九度五。这可把我们急坏了。邓大姐更是为首长的病情焦急不安，一直守在周副主席身边精心照顾。

第二天，周副主席的烧更高了，整天昏迷不醒。毛主席，还有叶剑英、刘伯承等首长都来看望周副主席。看到他病成这样，他们都很着急。毛主席问卫生部同志：“傅连暲能不能回来？”卫生部同志回答说：“傅医生随朱总司令率领的五、九军团南下了。电报上说回不来，太远啦。但是，一支队那里还有一个医生。”毛主席听了，立即指示卫生部打电报叫那个医生马上到毛儿盖来。

电报发出后，很快就来了一个姓戴的医生，据说他是跟罗炳辉同志从江西吉安出来的，医术很高。我们都为有这样一个好医生感到高兴。按照医生的吩咐，我们几个警卫员轮流从山上搞来些雪化成水，泡毛巾给周副主席做冷敷。直到第三天，周副主席的体温才逐渐下降，神志也清醒了一些。

在周副主席病期间，毛主席经常来看望他，并每次都嘱咐我们要好好照顾周副主席。因为周副主席的病情较重，有些从下边来的同志，毛主席都是很关切地要他们去看望周副主席。一次，杨成武同志到毛主席那里接受过草地的任务，谈完了工作后，毛主席专门指示杨成武同志说：“你一定要去看一看周副主席。”充分体现了毛主席对周副主席深厚的阶级感情。

到了第四天，周副主席的体温下降了，精神也好了一些。毛主席和其他首长来看他时，还能坐起来说会儿话了。

周副主席的病刚刚好了一点儿，还不能走动，就叫我们拿文件和书报给他，要坐在铺上看。我们深深了解首长的心情，知道他学习已成了习惯。不仅平时抓紧学习，就是骑马行军时，他手里都拿着一本书，边走边看。如果闲着没有事干，这对他来说简直好像比什么都难受。可他现在的身体还没有完全恢复，所以我们尽量少给他看一点儿。邓大姐也常常帮着我们说话，劝周副主席应该多休息休息。这一来，周副主席没法了，便给我们讲革命故事，讲革命道理，讲当时的国内外大事，教导我们要听毛主席的话，好好学习马列主义，坚持执行毛主席的革命路线，将革命进行到底。

很不凑巧，周副主席的病还没有好利索，我忽然也发烧病倒了。周副主席知道后，就让人扶着来看我，又亲自叫来医生，看着给我打针、吃药。在首长的关怀和医生的治疗下，出发前我的病便好了。出发时，周副主席还一定要我骑他的马走。

草地生活片断

8月份，我们进入了茫茫草地。

草地的天气说变就变，有时天空晴得没有一丝云，烈日晒得人脸火辣辣的。可转眼间又阴云密布，大风呜呜叫，暴雨哗哗下，冷得就像到了隆冬；地上长满齐腰深的水草；脚底下不是盘根错节的草垛突起，就是低洼的泥潭。万一失足跌进泥潭里，人便会越陷越深，顷刻淹没头顶。

就是在这样的草地上，白天走了一天，晚上一到宿营地，周副主席就扯几把草，坐在地上把文件摊在膝盖上，认真地阅读、批复。我们几个警卫员便分头去找来些干柴草，生起火，用脸盆煮好青稞麦，和周副主席一块吃。夜深以后，催过几次，周副主席才在我们用树枝架起、用绳子捆住被单搭成的棚子里的地上睡一会儿（有时根本不睡），第二天，又照样和大家一起行军。要是有个闲空，周副主席就带领我们唱歌。我记得，他经常带大家唱的歌是：

八月继续向前进，草地行军不怕冷。
草地从来无人过，无坚不摧是红军。

一开始，我们是每日三餐，每餐吃一平碗青稞麦。没过几天，前面来电报说粮食困难，上级就规定：每人每天只准吃两平碗青稞麦。这点儿粮食，只能塞住半个肚角。常常是走不了多少路程，肚子便“咕咕噜噜”叫个不停，饿得人全身发软，摇摇晃晃。周副主席日夜工作，身体又不好，我们很想给他多煮一点吃，可是，他坚决不准，说是每一个革命队伍的人，都要服从上级命令，多做工作是应该的，多吃是错的。还教育我们，为了走出草地，北上抗日，要好好爱惜粮食，一点儿也不能多吃。看到周副主席对革命这样赤胆忠心、严于律己，我们都眼含热泪，把剩下的一点儿青稞麦捆在自己的裤带上，精心爱惜。

有一次，大家都从干粮袋里拿出一点儿青稞麦熬野菜汤喝，只有吴生开同志躲远处，一股劲往外吐青草水。我走过去一看，才知道小吴是吃了有毒的青草，又怕周副主席知道了要担心，便偷偷躲起来吐。而就在这个时候，周副主席知道了，很快就走过来，关切地问小吴：

“你病了吧？”

“没，没有。”

“没有病怎么吐呢？”

“就是……”

“就是什么？”

“就是、就是野菜太苦，吃下去头昏脑涨，全身无力……”

周副主席深有体会地点点头，语重心长地告诉我们：“这就是革命。我们暂时吃点苦，将来，人民就可以不吃苦。因此，我们还要准备吃大苦。现在嘛，可以多掺些青稞麦吃。”当他知道小吴没有了青稞麦时，便叫我把他节省下来的青稞面分两碗给小吴；又鼓励小吴要坚持走出草地，把革命进行到底，眼下走不动，就骑他的马。小吴感动得流出了泪，坚决地表示：“我只要还有一口气，就要跟着党和毛主席、跟着首长走，走出草地，革命到底！”周副主席就是这样，不仅有爱憎分明的阶级立场，而且对同志非常关心，具有公而忘私的高尚共产主义风格。

近午夜的时候，天空狂风呼啸，大雨倾盆。雨水从帐篷透漏而下，淋得我们浑身尽湿，冷得我们不住颤抖。就在这时，周副主席派值班的同志来，要我们几个警卫员进他办

※ 红军长征过草地。

公的帐篷里去休息。同志们怕妨碍周副主席办公，不肯去。周副主席便亲自走来，命令我们去。没法子，大家只好进去，和周副主席一起，背靠背、肩并肩、心贴心地坐到天明。虽然草地上深夜的寒风凛冽，淋湿了的衣服冰冷刺骨，可是周副主席的亲切关怀却似一盆灼热的火烤着我们每颗心；伟大的阶级友爱的涓涓暖流传遍了我们每个人的周身。

又走了几天，不仅身上的青稞麦吃完了，而且一路的野菜也吃光了。为了能够继续前进，上级命令杀马吃。可是人多马少，很快就吃完了。我们就烧皮带。这些东西吃完了，又把我们随身携带的纸张强咽下去。一无所有了，就喝水充饥。这时，周副主席下了命令，叫我把他珍存的一点儿青稞炒面全部分给大家泡水喝。这是周副主席仅有的一点儿粮食，我舍不得拿出来，说："那你吃什么呢？"周副主席用我从未听到过的严厉口气讲："有同志们活着就有我。只要多留一个革命同志的生命，就给革命事业增加一份力量。拿出来分掉！"

我本来还想争辩几句，但一想到周副主席经常教导我们的："一个共产党员，应该时时刻刻为革命着想，应该舍己为公，舍己为人。"我知道再讲也没用，就默默地把那几把和生命同样价值的炒面拿给了同志们。同志们在周副主席的严厉命令下，接过炒面，泡在水里，一边喝，一边表示决心："周副主席这样关怀我们，只要我们没有停止呼吸，爬也要爬出草地去！"

还有一件使我难忘的事是，从毛儿盖出发前，供给部为了照顾周副主席的身体，费了九牛二虎之力，才弄到一点儿牛肉面（牛肉煮熟烤干后做成的面粉），让我们带着，专供周副主席吃。进入草地的头天晚上，我给周副主席冲了半碗，他却对我说："有炒面吃就可以了。那么一点点牛肉面，留到最困难的时候再吃吧。"我看到周副主席大病初愈，身体那么弱，有些想不通他的话，但还是照周副主席指示办事，只在没有办法的情况下，才冲一点儿给他喝。

一天，前面的一年轻同志忽然栽倒草丛中。周副主席立即甩开大步，赶过去亲切地问："小同志，是不是病了？"

那个同志把双眼睁开一条缝，无力地回答："不……不，首长，我、我没有病。"

"那为什么栽倒了呢？"

"我、我两天没吃一点儿东、东西了，肚子饿……"

周副主席"噢"了一声，对我说："魏国禄把牛肉面给他一碗！"

首长叫我给他牛肉面，而且给一碗，我有些犹豫，心想："这仅有的一点儿牛肉面，给了别人，周副主席吃什么呢？"我回头看了看饿倒在地上的那位同志，又看看周副主席，指指口袋为难地说："这、这里总共也没有几碗了。"

周副主席用商量而又带有考验的口气对我说："是呀，是不多了。不过总不能看着我们的同志在路上饿死呀！你说对吗？"

"那当然。"我回答。

周副主席很高兴地说："这就对了。快倒一碗给他。你再弄点儿开水来，让他吃了，我们一起走。"

我无可奈何地倒出一碗黄澄澄、香喷喷的牛肉面。周副主席接过去，递给他，亲切地说："吃吧！吃点儿好走路。"

小同志挣扎着站起来，摆着两只手，对周副主席说："不、不、不，首长，我不要。留着你吃吧。我吃了，你也是没吃的。"

周副主席既严肃又亲切地对他说："吃了再说嘛！你饿得都不能走路了，为什么不吃？"

我给碗里冲上一点儿水，也劝他快吃，免得周副主席等着。他这才勉强吃了半碗。剩下的半碗，周副主席让他留着下次吃，并要他骑自己的马走。小同志坚决不肯，说："我可以走。谢谢首长对我的关怀！"讲完，就向周副主席敬个礼，大步朝前走去。他的脚步

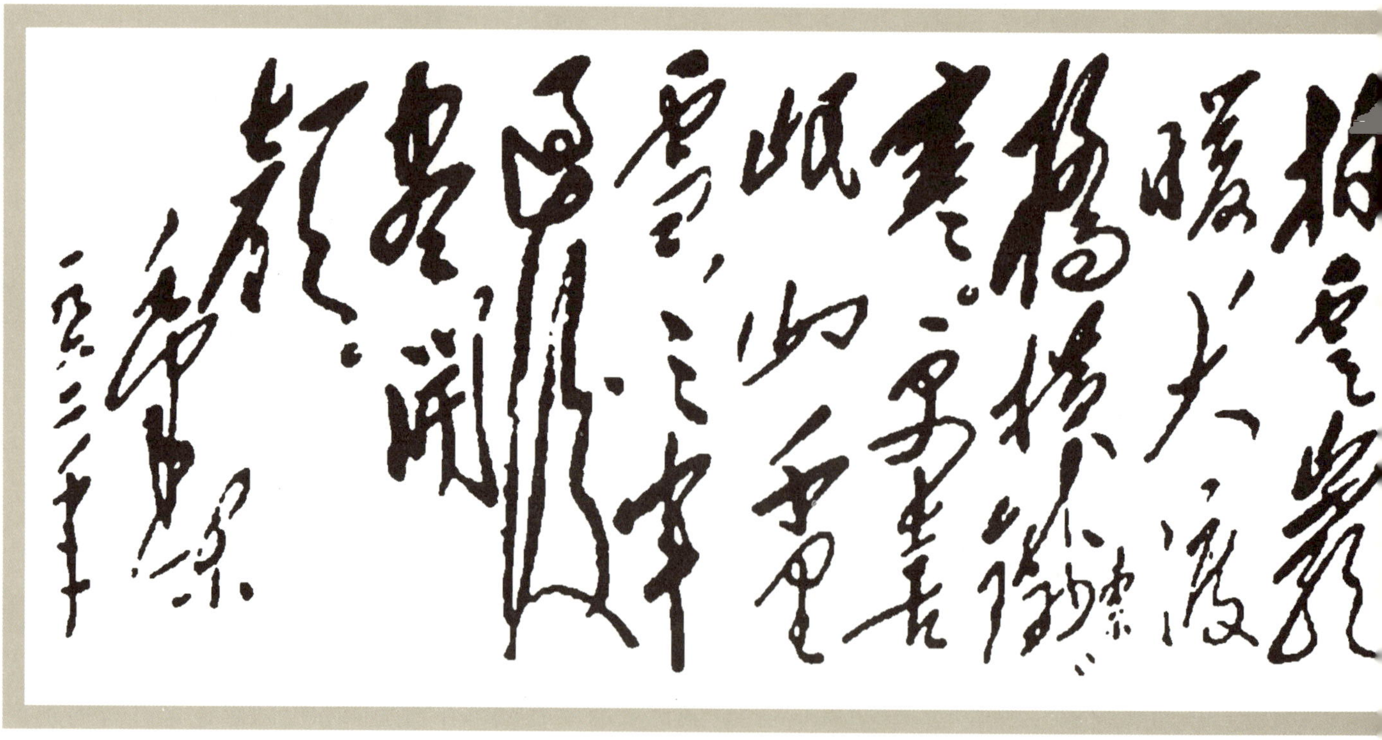

虽然还不太稳，浑身却显出一副英姿飒爽的样子。周副主席望着他的背景，露出了满意的笑容。

通过这件事，我才理解到周副主席说“留到最困难的时候再吃”的真正含义。

严守纪律

9月中旬，长征的红军翻过了巍峨的岷山，跨过了荒凉的草地，进入甘肃回民地区。为了尊重少数民族的风俗习惯，司令部的指导员专门给我们讲了几次课，介绍回族人民的风俗习惯。记得当时除了讲“三大纪律八项注意”外，还规定了这样几个新的纪律：在回民地区不许吃猪肉；不得随便动用回民家具；不得随便进驻回民房屋……周副主席谆谆告诫我们：“回民同胞的风俗习惯与我们汉族的不一样。我们是工农红军，一定要注意影响，遵守纪律。”这话，我是一直记在心头的。可是，有一天宿营后，我向老乡借锅煮饭，因他们对共产党，对中国工农红军还不了解，所以说得口唇都干了，他还是不肯。回到住处，我气得要命，就发开了牢骚。这事偏偏又让周副主席听见了，他批评我说：“不借就不用，再另想办法嘛，何必这样呢！”

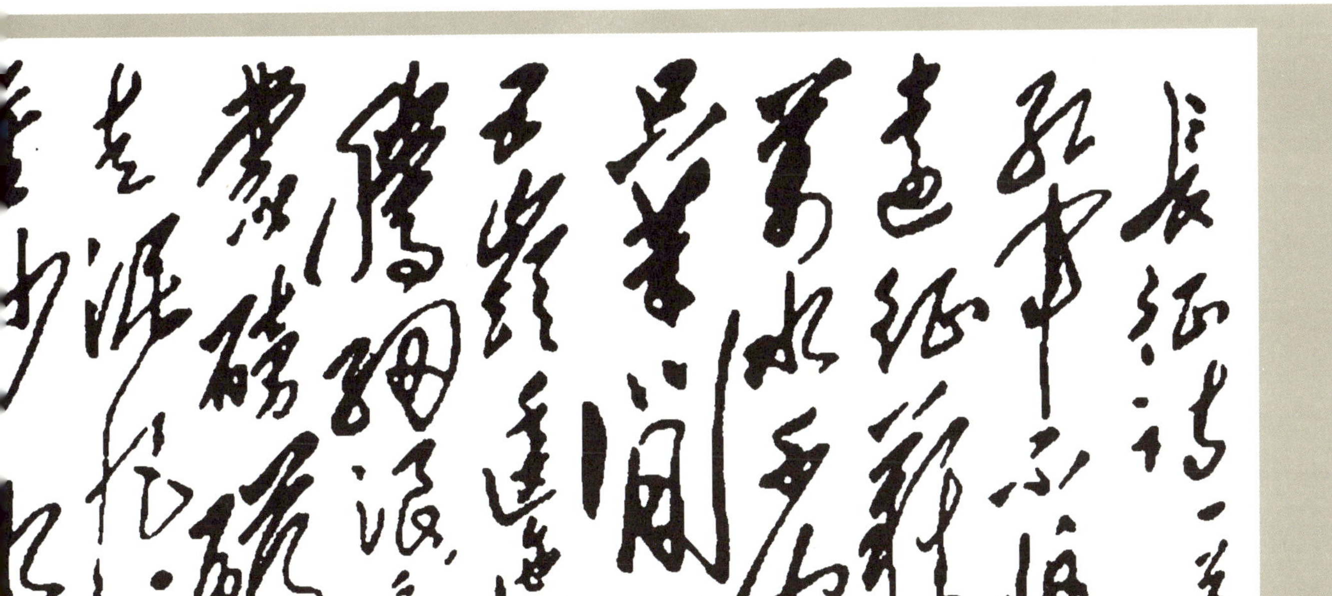

※ 毛泽东所写的长征诗。

“不用！没有锅怎么做饭？不做饭吃什么？”我觉得委屈，辩解道。

周副主席皱起眉头，很严肃地对我说：“宁肯不吃饭，也不能违反政策。同志，这是我们红军的纪律。你不懂吗？”

于是，我只好去另想办法。

也就是这天晚上，我第一次看见小米。黄黄的粒子，很像我家乡的油菜籽。心想，这玩意儿能吃吗？怎么做呢？正在发愁，周副主席告诉我：“小米和大米一样，能做干饭，也能做稀饭，吃起来是很香的。与大米的做法大体相同，但要多淘几次，把沙子淘干净。”我虽然按照这个原则做了，但因为是第一次做，弄得不干不稀，很不好意思端给周副主席吃。但周副主席端过去后，细细看了一番，却和我开了个玩笑：“说这是干饭吧，还需要点汤；说是稀饭吧，还应该加点儿水。”逗得我们直笑，但他却大口大口地、香甜地吃起来。

第二天出发就爬山。山都不高，光秃秃的，却总是没个完。翻了一天的山，晚上还是宿在一个小山村。在路上时，周副主席就渴了，加之又听说这村子几十户人家，就靠一口十几丈深的井，喝水比吃油都困难，我便和吴生开急急忙忙向老乡借了一只水桶，抬着盘井绳，跑到井边去排队。等了好久，才轮到我们。因为井太深，我们又着急，一下子就把水桶给摔掉了底，只好回去另借桶……一直弄到9点多钟，才烧好开水，给周副主席送去。想起头天晚上刚受了批评，今天就又弄坏了水桶，我心里很内疚，也很懊丧。周副主席看到我这副神情，便问发生了什么事。我就把水桶的事原原本本讲了一番。周副主席一听完，很生气，立刻严厉地批评道：“同志，你们做事情为什么总是不小心？摔坏了水桶叫人家用什么？你们要负责挽回影响。马上去问问多少钱，要赔人家，还要好好地向老乡道歉！”

“是！”我高兴地答道。走在路上，我又想起了好多事……周副主席对自己的衣食住行十分随便，对人民群众的利益却是一点一滴细心关怀爱护。这方面的例子，简直多得举不胜举。比如，2月份时，我们行军路过云南境内马龙、宣威地区的一天，周副主席亲自指挥部队和敌人战斗了一夜，又以急行军的速度追击逃敌后，部队休息了近10个小时，他却还没有吃上饭。我们做警卫员的，怎能不着急？我就和吴生开商量，赶快进村去买点东西给周副主席吃。但是，进村后，一个人影也不见，到哪里去买呢？我们俩急得都要发跳了，便决定进老乡屋里去找点儿东西，应应急需。说来也巧，我们没走几家，就找到了两碗苞米饭和十个鸡蛋。因为找不到主人，我们商量了一下，决定先拿回去再说。我们立刻飞快地跑回休息地，做好了给周副主席送去。周副主席看到后，不等我们开口就问：“这些东西是哪里来的？”

我们回答：“是买来的。”

“买的？给了人家多少钱？”

这一句话把我们俩给问住了，只好老老实实说：“还没有给钱，你先吃吧！”

周副主席立即严肃地批评我们：“你们从哪里拿来的，赶快送回哪里去！随便乱拿老百姓的东西，违反革命纪律，那怎么行呢？要好好地检讨检讨！”接着又耐心地教育我们俩：“我们是毛主席领导的中国工农红军，是人民的子弟兵，每个人都应该严格地执行‘三大纪律八项注意’，绝不允许乱拿群众的一针一线，难道你们都忘了？”

我们知道错了，正准备把东西赶快送回去，范金标同志却走进来，扯了我一把，走到周副主席身边，恳求道：“首长，我们写个条子，向老乡说明情况，留点钱，就算买他的，行吗？”周副主席认真地思量了一下，勉强表示同意。于是，我们立即写起来：“大伯、大娘：中国工农红军路过此地大休息时，我们有一位同志没有吃早饭，想到你们村子里买点东西吃。在村子里走了几圈没有见到一个人，结果跑到你们家里，我们拿了两碗苞米饭，十个鸡蛋，这是我们违反了我军‘三大纪律八项注意’，应该向你们赔礼道歉的！现在我们给你留下此条，内有一块银洋，作为买苞米和鸡蛋的钱，请大伯、大娘收下。”写完，把字条交给周副主席。他由头至尾细细看了一遍，这才说：“好，你们赶快送去吧。”听到这话，我们高兴得像风一样快地跑出去。

红军长征生活是难忘的，我们敬爱的周副主席在艰难困苦的环境中，严格遵守党的纪律，维护人民群众利益的模范事迹，给我留下了终生难忘的记忆，并深深地激励着我们要继承和发扬我党我军的优良传统。

（魏国禄）

瓦窑堡遇险

在中共中央撤离瓦窑堡时，突然遭到敌人袭击。在我方没有与之对垒的必要兵力的情况下，周恩来沉着应对，亲自指挥极少的兵力，亲自殿后。

中共中央率领红一军、红三军团（当时合称陕甘支队）到达陕北的时候，中国正处在危急存亡的关头。

1931年九一八事变，日本帝国主义占领我国东北后，又以武力威胁华北，企图迫使国民党政府作更大的让步。6、7月间，国民党政府撤退在察哈尔省（今分属河北省和内蒙古自治区）、河北省的党政军机关、部队，取缔中国在那里的一切反日团体及活动。这样，日本实际上控制了我国的河北、察哈尔两省。

9月间，日军首脑在大连开会，声称“先将华北变为提携之模范，而后扩展至各地”。10月后，日本又向中国提出新的要求：（一）华北五省政治经济完全独立；（二）国民党军队全部退出陕西与西北各省；（三）将沿海的广东、福建、浙江、江苏、山东各省完全变为非武装区；（四）中国退出国联与放弃其他各国的援助；（五）承认“满洲国”，中、日、“满”亲密合作以创立远东政治经济集团；（六）停止全中国一切反日运动；（七）集中中日两国的全力来进攻中国共产党领导的革命和红军；（八）日本代表有参加国民党大会的权利，以观察国民党对中日亲善是否诚意。

随后，日本又加紧制造“华北自治”的丑剧，企图把华北变为第二个伪满洲国。

面对这样急迫的形势，中共中央转移到了接近抗日前线的西北以后，就在1935年11月13日发表了《为日本帝国主义并吞华北及蒋介石出卖华北出卖中国宣言》。宣言指出：日本帝国主义“不但要并吞整个华北，而且要把全中国变为日本帝国主义的殖民地”。呼吁：“全中国的民众们！在亡国灭种的紧急关头，我们的出路，只有坚决的武装起来，开展反对日本帝国主义侵略的民族革命战争……中国工农红军现在是站在中国民族革命战争的最前线，它坚决的相信，它是能够胜利的担负起这一光荣的历史任务的。”

这时，中共中央不但与共产国际取得了联系，而且不久与中共北方局、中共上海局也取得了联系。

1935年年底，伟大的一二九运动爆发了，全国的抗日救亡运动掀起了新高潮。

在这样的形势下，中共中央政治局在瓦窑堡召开会议，于1935年12月25日通过了《中央关于目前政治形势与党的任务决议》，决议说：

目前政治形势已经起了一个基本上的变化，在中国革命史上划分了一个新时期。

中国工人阶级与农民，依然是中国革命的基本动力。广大的小资产阶级群众，革命的知识分子，是民族革命中最可靠的同盟者。

一部分民族资产阶级，许多的乡村富农与小地主，甚至一部分军阀，对于目前开始的新的民族运动，是有采取同情中立以至参加的可能的。民族革命战线是扩大了。

※ 中共中央到达陕北后，成立了以周恩来为书记的东北军工作委员会，以争取东北军同红军联合抗日。1936年4月，周恩来在延安城内这座天主教堂同张学良秘密谈判，双方达成“停止内战，一致抗日”的共识。

这个决议提出了要组织“国防政府”与“抗日联军”，这是反日反卖国贼的民族统一战线之最广泛与最高的形式。决议中，苏维埃工农共和国及其中央政府宣告，把自己改变为苏维埃人民共和国，以便民族统一战线得到更加广大的与强有力的基础，并要把自己的政策“改变到更加适合反对日本帝国主义变中国为殖民地的情况”。

对于党内，决议指出：在目前形势下关门主义是主要危险。

中共中央号召全党及其干部为坚决执行党的策略路线而斗争。在西北，中共中央争取东北军和西北军（国民党的第十七路军），就是体现这一策略路线的。

1935年9月间，蒋介石在西安设立“西北剿匪总司令部”，蒋介石任总司令，张学良任副司令。张学良就职后，率东北军主力，配以陕西、山西、宁夏、甘肃、绥远等省的地方军队共计10多万人，对陕甘革命根据地进行“围剿”。中国共产党和工农红军号召和宣传“停止内战，一致抗日”，在东北军的广大下级军官和士兵中引起了广泛的反响，他们的抗日要求日益强烈，不愿同红军作战。经过劳山战役和榆林桥战役，东北军整师、整团地覆没，使东北军特别是张学良大为震动，不得不谨慎起来。直罗镇战役后，东北军从张学良到广大官兵都认识到“剿共”是死路，决不能再走下去了。

中共中央的方针是争取张学良联合抗日。毛泽东、周恩来、彭德怀、叶剑英、聂荣臻等20人1936年1月5日发出《致东北军全体将士书》，提出：中国苏维埃政府与工农红军是愿意同任何抗日的武装队伍联合起来，组织国防政府与抗日联军，去同日本帝国主义直接作战的。我们愿意首先同东北军来共同实现这一主张，为全中国人民抗日的先锋。

经过艰巨的、多方面的工作，先是红军与东北军六十七军建立了抗日合作的局部关系，从1936年3月5日起秘密实行。4月9日，周恩来亲自到肤施（今延安，当时在东北军统治下）与张学良会商救国大计。这次会谈对张学良走上联共抗日的道路有决定性意义。对于杨虎城的西北军（第十七路军），中共中央也决定建立统一战线关系，于1936年2、3月间商定了建立抗日友好互不侵犯协定，各守原防，密切联系等原则。中国共产党领导的红军、东北军、西北军联合抗日的民族统一战线，终于建立了起来。抗日的高潮在西北迅速发展。

当时的陕甘根据地，受到国民党军队的包围。东面是山西军阀阎锡山的军队，东北面是国民党汤恩伯部队，北面榆林地区是北方军阀高双成、高桂滋的两个师；西边的陇东和宁夏地区是马鸿逵、马鸿宾的部队；南边则是张学良、杨虎城的部队。中共中央与东北军、西北军建立起抗日统一战线后，张学良、杨虎城曾经乘飞机到榆林做高双成、高桂滋的工作。高双成、高桂滋都对打内战表示忧虑，接受张学良等的主张。

1936年5月，蒋介石严令东北军向北推进，消灭红军。中共中央与东北军虽已建立抗日统一战线，但是尚未公开，东北军不得不接受蒋介石进攻红军的命令。中共中央为了避免内战，6月14日决定让出中共中央驻地瓦窑堡给东北军，中共中央机关向保安转移。

在部署转移时，中共中央将守卫瓦窑堡的卫戍部队调往前线，特别是对盘踞在绥德一线的汤恩伯部队进行监视。对东北军、西北军因已有默契，所以没有派兵牵制；对北面的高双成部，因为已经知道高双成的态度，也没有派兵牵制。

不料，高双成部的一个骑兵营，听说中共中央撤离瓦窑堡，东北军尚未进入瓦窑堡，想乘机劫掠一些物资。于是在营长张云衢的带领下，不经请示高双成，擅自勾结一些地主武装近一千人，偷袭瓦窑堡。此时中共中央尚未撤走，卫戍部队已全部调往前线，卫戍任务只是由机关工作人员组成的赤卫队接替，突然遭遇敌军偷袭，危险万分。

面对强大的敌人，周恩来临危不惧，处变不惊，沉着镇定地指挥自己的少数兵力，掩护中共中央和毛泽东等从枪林弹雨中安全撤离了瓦窑堡。

6月21日早饭后，周恩来已做好了撤离的准备，等待毛泽东一起床，便可立即出发了。这时，突然传来了枪声。周恩来派参谋陈友才去了解情况。陈友才找到军委副参谋长张云逸处，得知张云逸已去瓦窑堡西门。这时西门外枪声很密集。

张云逸到瓦窑堡西门外察看，正好遇到安定县委派来的人。据来人报告，枪声来自横山石湾方向，县游击队、赤卫队已经和敌人遭遇上了，双方展开了枪战。游击队和赤卫军用的主要是土武器，估计不能坚持很久。

张云逸听了报告后，立即派参谋孔石泉去向周恩来报告。同时调红军大学学员前往栾家坪方向进行警戒，并组织警卫通讯连、保卫队的战斗人员，作迎击敌军的准备。

周恩来听了报告后，立即来到毛泽东居住的院子。他向在场的陈友才参谋交代：迅速去查一下后方机关撤完了没有，并且通知林校长（林彪）、罗教务长（罗瑞卿），除了有阻击任务的以外，其余人员现在立即撤离。

然后，他向毛泽东住处的警卫员说：迅速做好转移准备。

瓦窑堡这座城，依山而筑，山在城里的一半叫米粮山，在城外的一半叫龙虎山。控制了米粮山，就控制了城内的制高点，便可以控制全城。这时，敌军大部压到，我方的警通

※ 1935年12月，中共中央在陕西安定县（今子长县）瓦窑堡举行政治局会议。图为会议会场。

连和保卫队，总共不到一百人，红军大学的学员虽然上去了，但是他们有的没有枪，有的只有短枪，在敌军的攻击下，防线被突破。敌军冲上了米粮山。枪声越来越近，也越来越激烈，并夹杂着手榴弹的爆炸声。有的子弹飞来，已经打到院子里的枣树上。

周恩来催促毛泽东动身离开此地，说："准备走。我到前面去！"

他刚走出院子，张云逸骑马来到。他见到周恩来，就说："前边打得很激烈，敌人已攻进街巷……请周副主席和主席先走，我殿后。"

周恩来与张云逸分手后，回到小院，神情十分严肃。他对毛泽东说："主席，你该走了！这里，我和张胡子断后。"

毛泽东动身离开，说道："好。恩来，你们也不可久留，要很快离开。"

从毛泽东居住的院子出来，往左一拐不远，是一个十字路口。从十字路口往南，可以直达南门；从十字路口往北，再拐过弯不远便是西门。这个十字路口，是敌人无论是从西门来或是从北门来都是重要路口，可以掌握全城。

周恩来在前，参谋陈友才等在后，来到十字路口。这个十字路口是毛泽东、周恩来等要从南门撤出的必经之地，平时十分热闹，今天已是店铺紧闭，小贩绝迹，显得冷落空旷。周恩来向街道两侧观看，见一些墙垣、门洞等处，我军的散兵线观察哨成梯次配备地隐蔽着。他满意地点了点头。这次转移，关系到中共中央的安全，而且敌军人数众多，武器精良，我们的兵力则少得可怜，因此必须作更谨慎的部署。他对陈友才说，告诉刘排长还要往前布置，要安全控制这条南北通道，并保持接触。待撤出南门之后，再分出一半兵力，迅速向后翼前进，进行战斗警戒……

陈友才部署去了。这时张闻天、毛泽东等中央领导人已从住处向十字路口这边走来。西北方向，枪声、手榴弹爆炸声大作，互相冲杀的声音也已隐约可闻，显然敌军在发起冲锋。周恩来站在十字路口一侧，向陈友才、刘排长打了一个手势。刘排长立即率领十几名红军战士，沿着街道两侧迅速向前运动，占据了有利地形，以抵挡敌军。张闻天、毛泽东等一行到达十字路口，准备向南拐弯出瓦窑堡南门。突然，从瓦窑堡西门进来的一股敌军突破了红军防线，边冲边向十字路口打枪。子弹尖叫着从中央领导人的头上飞过。

陈友才看到这情况，立即率领一个班冲上去，来了个反冲锋，打死打伤几个敌军。敌军不知红军虚实，生怕中了红军的埋伏被歼灭，就狼狈地退了下去。

张闻天对毛泽东说，我们得走快些，我们走不了，他们下不来。

张闻天、毛泽东等人走出瓦窑堡南门时，周恩来还在城内指挥堵击追来的敌军。这时，张云逸带着几个人飞马来到周恩来面前报告说：

“红军大学和保卫队已经撤出战斗，沿山沟向保安方向转移，敌人已经占领西门，现在正向城内推进……”

周恩来说：“毛主席他们已经出了南门，我们也该撤了。”

他转身向陈友才参谋交代说，告诉刘排长，不可恋战，要尽快脱离接触，掩护转移。

毛泽东他们沿着山沟的小道南撤，走着走着，忽然看见红石峁山上有十几个敌军，身背长枪，正往山下走。随行的警卫员、机要译电员顿时紧张起来。尽管他们的装备只有每人一支盒子枪、一把马刀，但他们立即一个个枪上膛，刀出鞘，准备与敌人厮杀。这时，周恩来从后边赶来了。他发现了这股敌军，立即压低声音告诉大家：

“不要紧张，快速前进，迅速摆脱他们！”

周恩来令陈友才带领一个班，进占山沟右侧的高坡，隐蔽观察，进行警戒。另一方面尽力使队伍悄声快速前进，不要惊动敌人。

这股敌人并没有发现沟底中共中央领导人转移的队伍。他们只顾着抢劫山坡上老百姓人家的财物，根本没有向沟底张望。张闻天、毛泽东、周恩来一行人迅速前进，顺着沟底小路，在路边的荆棘、荒草、野蒿的掩护下，很快就脱离了险境。他们当晚在一个山村住了一宿，第二天一早启程，几天后便到了保安县。此后中共中央就驻在保安县。

这次瓦窑堡遇险，在敌军突然袭击、我方又没有与之对垒的必要兵力的情况下，周恩来沉着应对，亲自指挥极少的兵力，亲自殿后，保护中共中央领导人安全地按原计划由瓦窑堡撤到保安，反映了他的机智勇敢和极高的应变能力。

1990年7月，张闻天夫人刘英回忆说：“那次很危险。张闻天曾说，当时严重得不得了。那天，董老、罗迈、蔡大姐和我一些人先走的，毛主席、周副主席、张闻天他们几个最后走的，是敌人进了城才撤走的。罗瑞卿讲，林彪连马都找不到了……我们走了三天，才到达保安。”

罗青长在1991年3月20日曾经说到这件事：“1947年，中央转战陕北到达安塞王家湾时，保卫中央的警卫部队只有四个连，加上中央机关工作人员不过八百人，遭到了强大敌人的包围，常常处在敌人的夹缝中，环境非常艰险。周副主席鼓励大家说，这比瓦窑堡撤退时情况还要好，现在还有这么多人。当年陕北有名的“骑兵张”袭击时，我手头只有两个班的兵力，抵挡一阵子，打退了敌人的进攻，掩护毛主席转移，情况才转险为安……

张云衢进占瓦窑堡，东北军和西北军领导人闻知后，立即致电高双成责问此事。高双成回电答复说进占瓦窑堡“非本人所愿”，是自己对部下督饬不严，并且明令斥责张云衢“胆大妄为，擅自行动，目无军纪”，念其初犯“从宽免究，下不为例”。并命令张云衢立即撤回石湾。

张云衢这个人，后来参加了抗日战争。解放战争时期，他任邓宝珊部的少将高参，1948年底，随邓宝珊赴北平，参加了北平和平起义。中华人民共和国成立后，邓宝珊任甘肃省人民政府主席，张云衢在甘肃任参事。后来他因这次进攻牵涉到几起人命写过一份材料，其中说："……我那时住在石湾，所负任务是防备红军和向红军扰害。那时听说东北军王以哲部已进入瓦窑堡，党中央机关和红军已向西撤退。我这时为了妄想游击扰害，阻击红军和机关西撤，劫获物资和行李起见，就率所部和地方团队经李家岔到安定西区一带游击。

"进到旧安定城附近始知东北军来到瓦窑堡，党中央机关在瓦窑堡住有少数部队随时准备撤退。在这种情况下，我才狂妄地企图到瓦窑堡附近窜扰……进入瓦市是我私自蠢动……"

上文讲到的参谋陈友才，是一个很好的同志，后来任周恩来的随从副官，在1937年周恩来劳山遇险中牺牲。

（力平）

和平解决西安事变

"西安事变"发生，举世震惊。龙飞虎当年跟随周恩来赴西安解决西安事变，亲身经历了那惊心动魄的一幕。

1936年12月12日，爆发了中国现代史上震惊中外的"西安事变"。张学良、杨虎城不满蒋介石"攘外必先安内"的错误方针，发动了用武力逼迫蒋介石停止内战一致抗日的军事行动，实行"兵谏"。张学良、杨虎城要求中国共产党中央派代表团去西安共商抗日救亡大计。党中央决定派周恩来、博古、叶剑英组成代表团去西安工作，我被选派为周恩来的随从副官，亲历了西安事变和平解决的全过程。

一

西安事变发生时，我正在红军二科学习。14日上午正在上课，校部突然要我和邱南

※ 周恩来和博古（左一）、叶剑英（左二）在西安合影。

章、龙家贵、杨家保4个人到校部去。

中午到了校部，领导上告诉我们说：“具体任务，到李克农同志那儿去问。”

我们4个人兴冲冲地跑到李克农那里。李克农当时是红军保卫部部长兼中央联络部部长。他热情地招呼我们坐下，然后说：“周副主席要去西安，派你们去当卫士，愿意吗？”我们一听是保卫周副主席，打心眼儿里高兴，哪有不愿意的呢？他详细地讲明了我们每个人的职责，交代了注意事项。

第二天清晨，天刚刚亮，我们飞快地跑去找周副主席。一跨出门，啊！好大的雪，黄土高原变成了银白的世界，大雪纷飞，西北风像刀子一样割人。天气虽然冷得滴水成冰，但是我们心里却感到非常温暖。我们见到了周副主席。他也穿着一身灰的棉军装，蓄着又长又黑大的胡子，双眼炯炯发光。我刚刚见到他时，还有些拘谨，不敢多说话。

我们从保安出发了。一行人有周恩来、罗瑞卿、杜理卿、张子华、吴德锋，及警卫副官龙飞虎、杨家保、龙家贵、邱南章，报务员曾三，译电员童小鹏，连同警卫战士共二十几人，骑着从骑兵团挑选来的战马。为了到肤施（今延安）转乘飞机去西安，我们冒着大风，踏着白雪，向肤施进发。

保安到肤施170多华里。一路上马蹄打滑，沟深路窄不能走快，一直到天黑才在安塞附近的一个庄子里住下来。这个庄子只有18户人家和一些破窑洞。晚上周副主席和我们挤在两个破窑洞里睡觉，他一直忙着招呼别人睡觉。我们对他说："你骑了一天马，先休息休息吧！"他不肯，一定要别人睡了他才睡。周副主席知道我们是由红军大学调来的，就问起学校里的情况来。我们一一告诉了他，他满意地点点头。接着又问我们知道不知道什么是帝国主义，什么是资产阶级。我说知道一些，随后就讲给他听。他听后鼓励我说："好嘛！以后还要努力学习。"我点点头，感到特别亲切，早上那种拘谨心情一下子都消失了。

第二天特别冷，北风砭人肌骨。周副主席身上只加了一件棉大衣，我们都担心他吃不消，然而他一路上有说有笑，好像不感到冷。下午，我们赶到了肤施。这时肤施城还被国民党土顽军队占领着，国民党的县太爷黄仁坤听说我们来了，慌忙命令他的保安队不准我们进城。为了避免与他们纠缠，我们绕到蓝家坪。这里驻着一支红军部队，我们找了两个破窑洞住下来。部队负责人王春圃（江华）向周恩来汇报说，中午从西安飞来一架飞机降在东郊机场，据说是来接中共代表团的，因为没看到代表团的人，又飞回西安了。周副主席估计飞机返回西安无法确定什么时候再来，决定第二天绕过肤施城到甘泉去，可以从那里坐汽车到西安。

天蒙蒙亮，我们又上路了，从蓝家坪向西翻山绕过肤施城，翻了几条山沟，插到杜甫川。这是一条小道，又窄又滑，很少有人走，骑马就更难通行了，大家只好下马步行。我们怕周副主席滑倒，走到他身边想去搀扶，周副主席笑了起来，说："嗬！你们真把我当老人了，我可不比你们这些小青年差劲，不信来比比看！"说着，他就在陡滑的山道上轻捷地走起来。

走到七里铺，隐隐约约地传来了飞机的引擎声，我们停下脚步侧耳倾听。声音渐渐大了，不一会儿，飞机就在肤施城上空盘旋起来。周副主席说，一定是张学良派来接我们的飞机。我们即傍着蜿蜒的延河往飞机场走去。不久我们就顺利涉过延河赶到了东郊机场。

刚刚进入机场，张学良派来接我们去西安的一架波音机已经停下来了。乘飞机来的刘鼎以张学良秘书的身份到城里给县长打了招呼，县长马上陪刘鼎到机场欢送。周副主席表示感谢，并同美籍驾驶员握手致谢，接着就问驾驶员飞机能坐几个人。飞机是张学良的专机，驾驶员说，除了他们两个驾驶员和刘鼎外，还能坐7个人，一共可搭乘10个人。周副主席问能否多坐两个？驾驶员说，坐在机舱里不能保持平衡，但机头行李舱是

※ 西安事变期间的周恩来。

空的，可以多躺两个人，这样飞机就平衡了。看到大家正踌躇间，不好确定谁躺到行李间，我就自告奋勇地和杨家保躺到行李舱里。有些同志被留下来了，等下一趟飞机再来接他们。下午4点钟，飞机从肤施起飞了。当时正下着雪，鹅毛似的雪花漫天飞舞，天上地下白茫茫的一片。

大约1个小时后，飞机在西安南门机场降落了。我有生以来第一次乘飞机就是在行李舱里度过的。从行李舱里爬出来，我说："这次可开了洋荤了，黑咕隆咚的什么也看不见。"逗得周副主席和大伙都笑了起来。我们下飞机后就坐上张学良派来的汽车进城。这时天已经昏暗下来了，沿街的商店大部分关了门，路上行人很少，到处都是荷枪实弹的士兵，空气很紧张，好像大战临头似的。后来才知道，当时确实是大战临头了，亲日分子何应钦指挥两路大军向西安开进，并企图派空军轰炸西安，妄想挑起大规模的内战，用武力压下人民的抗日要求，破坏抗日民族统一战线的形成。

二

当时西安城里相当混乱。为了不惊动旁人，进城后我们先在东门王铁匠的家里休息。因为快要和张学良等人会见了，有位同志对副主席说："请把胡子修一下吧。"周副主席一直是蓄着胡须的，来到西安要接触各界人士，留着长须不便，副主席就说："干脆剃了吧！"当时红军生活艰苦，连刮胡刀都没有，王铁匠家里也没有剃刀，副主席说："弄把剪刀就行了。"于是找来一把大剪刀，副主席就对着镜子剪起来，剩下的胡楂子长短不齐，可周副主席倒挺满意。

在王铁匠家里休息了一会儿，我们便搬进东门里金家巷张学良公馆。蒋介石就关在前面的八十四师师长高桂滋的公馆里。

安顿下来后，张学良设宴招待周副主席和我们随行人员。我跟随副主席在刘鼎的陪同下先到中楼会见张学良。张见到周副主席时，格外高兴，他惊奇地问："你的美髯呢？"周副主席说："刚刚剃掉了。"张学良连声说："可惜，可惜。"在宴会上，张学良首先举杯欢迎周副主席和中共代表团来西安共商抗日救国大计。周副主席举杯转达毛主席、朱德、彭德怀等领导人对张学良的问候，并祝贺张学良将军、杨虎城将军发动"兵谏"成功。我们这些随员都是些"土包子"，饭量很大，但装饭的碗很小，我们吃得很快，忙坏了一旁服务的勤务兵。张学良笑着给我们敬酒、夹菜，对我们非常热情。张学良问周副主席，这次能不能给他派一些红军大学的学生到东北军工作。周副主席说："我这次就带了几个卫士。”张学良说：“这几个卫士也行。”张学良看着我问：“你多大啦？”我回答：“21岁，是个老红军。”张学良笑了起来说：“还是儿童团！”大家都笑了。

我入红大学习前已任红一方面军保卫局侦察科长，长期从事侦察工作。后来我分到东北军的军纪督察处和特务团，并授予我上尉军衔。军纪督察处由张学良的卫队营长孙铭九任处长，副处长是红军方面的罗瑞卿和杜理卿，我和邱南章、廖其康任科员。我们可以在西安城内出入任何场所检查，对我们的工作十分有利。

宴会后，我和吴志坚随周副主席到客厅外，周副主席进去同张学良就和平解决西安事变开始长谈。张学良对周副主席说，蒋介石被扣后，开始不愿谈任何问题，现在已允许谈抗日问题了。如果蒋介石同意“停止内战，一致抗日”，张学良就送他回南京，仍然拥护他做抗日领袖。周副主席表示赞同张学良对蒋介石的方针。他说，西安事变是震惊中外的大事，事变有两种前途：一是说服蒋介石团结抗日，只要他同意停止内战，一致抗日，就拥护他做全国抗日的领袖。二是蒋介石拒绝谈判，那就宣布他的罪状，公审他给予处置。但这样将引起大规模的内战，给日寇亡华以可乘之机。蒋介石虽被扣留但他的实力仍然存在，目前，西安和南京处于对立状态，因此对蒋介石的处置要十分慎重。要力争好的前途，避免坏的前途。要采取说服蒋介石的方针，我党中央的态度和张学良的方针原则上是一致的。会谈一直持续到深夜，我随同周副主席返回住处，他仍未休息，继续伏案起草给党中央毛主席的电报。电报稿拟好后，周副主席又在思考第二天与杨虎城会见的问题，凌晨时分才去休息。17日上午，我和吴志坚跟随周副主席在张文彬的陪同下到止园拜会杨虎城。周副主席讲了中共中央和平解决西安事变的方针，以及同张学良会谈的情况。杨虎城十分惊讶，他原先估计，经过10年内战，中共不会同意放蒋，想不到中共和蒋介石打了10年内战，仇深似海居然不计前嫌同意放蒋。杨虎城用很大的声音对周副主席说：“难道你忘了蒋介石屠杀了多少人吗？”周副主席花费了几个小时对杨虎城晓之以理，进行说服。杨虎城最后对周副主席的话没有表示异议，但是他也坦率地说出自己的顾虑，担心蒋介石阴险毒辣，被释后会报复。周副主席对杨虎城说，只要东北军、西北军、红军团结一致，就不怕蒋介石报复。

在西安这些紧张的日子里，周副主席非常忙碌，每天出去很早，回来很晚，睡眠不足4个小时。那些天西安的形势非常严峻，东北军、西北军的官兵义愤填膺，一致要求把蒋介石杀掉；南京亲日分子指挥的“讨伐”大军逼近潼关，大规模内战一触即发。周副主席整天不是和张学良、杨虎城谈话，就是和东北军、西北军的军官谈话，给他们分析当时严重的局势，详细地阐述中共关于抗日民族统一战线的英明主张。

三

蒋介石被扣押后，受震撼最大的首先是南京国民党统治集团。当时宋子文还在日本，孔祥熙、宋美龄在上海，南京政府突然群龙无首，陷于一片混乱之中，以军政部长何应钦为首的主战派占了上风。

日本帝国主义在得知西安事变后，十分露骨地希望中国打内战，对何应钦表示公开的支持。日本外相有田公开表示："中央政府如在抗日容共条件下与张学良妥协，日本坚决反对。"并制造谣言说西安事变是受苏联指使的。

宋子文、宋美龄等人坚决反对何应钦以武力解决西安事变，宋美龄请蒋的顾问澳大利亚人端纳在14日飞到西安，见到张学良。此时，周副主席和我们一行还未达西安。

端纳拜会了蒋介石，并给蒋介石带来宋美龄的一封信。宋在信中告诉蒋说，汪精卫回来了。因为何应钦在命令军队向西安进发的同时，给远在欧洲德国养病的汪精卫发了一封电报，要他回来，何确信蒋介石会被处死，他期望组成一个由汪任主席的亲日政府（汪精卫接电后于12月22日启程回国）。蒋介石感到震惊，禁不住涕泪满面。他在端纳的劝说下，明白了张学良确实没有加害于他的意图，态度开始有所转变。端纳在12月15日乘飞机由西安抵洛阳，即用电话向宋美龄报告了西安事变的真相和会晤蒋介石的详情及和平解决的希望。由于16日国民党中央政治会议决定出兵西安，宋美龄无可奈何之中只好请端纳再赴西安，请蒋介石下手令制止何应钦以讨伐为名的军事行动。

端纳在翌日又由洛阳飞抵西安，向张、杨说明了此行的目的。张、杨两将军同意由蒋介石下手令制止何应钦等人的军事行动。蒋介石也想到利用南京"戏中有戏"的局面，向张、杨作为讨价还价的资本，于是，蒋介石亲笔写下了手令："敬之吾兄：闻昨天空军在渭南轰炸，望即令停止。以近情观察，中正于本月星期六前可以回京，故星期六前万不可冲突，并即停止轰炸为要。中正手启，十二月十七日。"并派蒋鼎文送信到南京。

周副主席在12月17日与端纳见面会谈，告诉他：我们不想要蒋委员长的命，而是要把他从错误的政策中，从他周围蒙蔽他的人中挽救过来。

端纳飞回南京后又于12月20日同宋子文返回西安。周副主席立即通过随同宋子文来陕的郭增恺说服宋子文和他面谈。郭向宋子文转达了周副主席代表中共关于解决西安事变的方针，即：西安事变中共未参与，对事变主张和平解决，这是中国共产党团结抗日的方针的延续。希望宋子文先生权衡利害，劝说蒋介石认清形势，改变政策，为国家做贡献。宋子文大感意外，十分赞赏中共的方针。他第二日飞回南京，到处宣扬蒋介石很安全，并赞

※ 西安事变期间，端纳、宋美龄飞抵西安与中共进行谈判。

扬周副主席说："南京有谁能像周恩来承担这样的风险营救蒋委员长？相反，还有人要轰炸！"宋子文的宣传大大地煞了主战派何应钦的气焰。22日宋美龄、宋子文飞抵西安。

23日，周恩来会见宋美龄，双方进行了长谈。周副主席首先表达了我党和平解决这次事变的主张，希望宋氏兄妹劝蒋抗日。宋美龄说："中共既然有诚意，应该在政府的领导下，共同努力。"周副主席回答："只要蒋先生同意抗日，中共拥护他为全国领袖。"24日，周副主席与宋美龄进行了第二次谈话，宋美龄明确表示赞成停止内战，以政治方式解决内政问题。

经宋美龄、宋子文的游说，蒋介石终于同意西安方面"停止内战，一致抗日"的主张，并决定由二宋出面与张、杨及共谈判。

正式谈判在23日上午开始。这次谈判的成败直接关系到能否建立全国抗日民族统一战线，关系到中国前途的大问题，双方都非常重视。这天张公馆警卫林立，戒备森严，我和吴志坚跟随周副主席来到张学良公馆中楼二层会议室。西安方面参加会谈的是张学良、杨虎城、周恩来；蒋方代表是宋子文。谈判开始后，周副主席发言，提出了中共的6项主张：一、停止内战，南京方面撤军至潼关以东；二、改组南京政府，排逐亲日派，加入抗日分子；三、释放政治犯，保障民主权利；四、停止“剿共”，联合红军抗日，允许中共公开活动；五、召开各党各派各界各军救国会议；六、与同情抗日的国家合作。此6项若蒋介石同意接受并保证实行，中共和红军赞助他统一中国，一致对日。宋子文表示他个人同意并转达蒋介石。在下午的谈判中，宋子文提出组织过渡政府、撤军等问题；张学良、杨虎城、周恩来提议在过渡政府期间先成立西北联军，由张学良领导抗日，宋子文答应将此事向蒋介石转达。

24日上午，宋美龄也参加了谈判。宋美龄说：“我等皆为黄帝裔胄，断不应自相残杀，凡内政问题，都应在政治上求解决，不应动用武力。”她明确表示赞成停止内战。上午谈判基本结束，周副主席对谈判的结果很满意。下午，周副主席继续与宋子文晤谈。宋子文要求中共做他抗日和反亲日派的后盾，并派专人到上海与他保持经常的秘密接触。周副主席提出直接和蒋介石见面，经宋子文转达后，约定当晚在蒋的住处会面。

当天晚上8时，吴志坚和我跟随周副主席在宋氏兄妹的引导下，来到高桂滋公馆。周副主席进屋见蒋介石。蒋介石当时躺在床上，见到周副主席还是显得有些紧张。他勉强欠身而起，请周副主席坐下。周先说：“蒋校长，我们10年没见面了，你显得比以前苍老了。”（蒋介石的上下假牙在华清池逃跑时丢失了，满嘴没牙显得面容苍老）蒋叹口气说：“恩来啊，你既然承认是我的部下，你应当服从我的领导。”周副主席立即针锋相对地说：“只要蒋先生能改变‘攘外必先安内’的政策，停止内战，一致抗日，不但我个人可以服从蒋先生的领导，就连我们红军也可以听蒋先生指挥。”接着，周副主席简明地阐述了中共当前的方针，明确地对蒋说：“所有这些你都知道，你也清楚没有别的路可走。”

蒋介石开始只是“哼”、“哈”地应付，后来被周副主席坦诚的态度所感动，作了三点表示：一、停止“剿共”，联共抗日，统一中国；二、由宋子文、宋美龄、张学良全权代表他与周恩来解决一切；三、他回南京后，邀请周恩来到南京继续会谈。与蒋介石的会谈大约持续了一个小时，临别时，周副主席提到在莫斯科学习的蒋经国，并说他的儿子是爱国的，是希望他的父亲领导全国抗日斗争的，并且提出愿意帮助让蒋经国返回国内，宋美龄说：“以后不要‘剿共’了，这次多亏了周先生千里迢迢来西安斡旋，实在感激得很！”

※ 西安事变期间，周恩来和叶剑英（后排左五）、张云逸（中排左四）、叶季壮（中排左五）同西安红军联络处工作人员合影。

周副主席回到张公馆后很高兴，立即将会谈取得巨大成功的情况写成详细的报告，连夜向中央发报。

四

就在谈判取得成功时，却发生了意想不到的情况。宋子文请求西安方面让蒋介石、宋美龄在25日离开西安回南京，由他负责去进行以后的谈判商定各项内容。宋美龄也要求在25日圣诞节前返回，取个“吉利”。张学良表示同意，并愿意亲自送蒋介石到南京。周恩

※ 1937年7月周恩来起草的《中共中央为公布国共合作宣言》草案。他在庐山会谈时将《宣言》交给蒋介石，建议以《宣言》为国共合作的政治基础，尽速发动全国抗战。

来认为走前应该有一个政治文件来表示，不赞成蒋在25日走，更不赞成张学良亲自送。而张学良在事变发生的当天成立的“设计委员会”内部及东北军的高级将领们，则在捉放蒋的问题上产生激烈的争论。

23日下午，设计委员会的成员们风闻谈判结束后几天内将要释放蒋介石，在高崇民的主持下召开了会议。会议上争论激烈，许多人提出，只凭蒋介石空口说白话就把他放走，今后他不认账怎么办？有的主张南京军队必须撤出潼关以东，才能放蒋。有人建议由阎锡山做保证人。更有甚者，有人提出：“西安事变是大家提着脑袋干的，不只是张、杨两个人的事，他们想捉就捉，想放就放，不行！现在蒋介石还在我们的手心里，他要不听话，干脆先把他干掉！”会议没有得到什么结果，大家建议高崇民把意见向张、杨汇报。张学良听后非常着急，生怕闹出大乱子。周副主席得知后，建议张学良24日召集他们开会，进行说服解释工作。

24日下午，周副主席与宋子文继续会谈时，张学良在金家巷公馆召集设计委员会的人员开会。他先介绍了两天来谈判的经过，并谈了他打算亲自送蒋介石回南京：“你们有意见可以向我提，但是我现在要警告你们，不许在外边胡说，更不许胡闹，这是关系到国家民族的大事，做了错事我担当不起。”但是多数人并没有被张学良说服，仍然反对无条件放蒋。马占山、杜斌丞等人连夜联名写信给宋子文，提出：“商定的问题必须有人签字，中央军首先应撤潼关以东，才能放蒋走，否则，张、杨两将军答应，我们也誓死反对。”宋子文见信后大为惊恐，赶紧送给蒋介石夫妇看。蒋、宋看后吓坏了，要宋子文赶紧找张学良、杨虎城恳求早日放蒋，并要宋子文代表蒋介石表态，保证蒋走后，中央军立即撤出潼关。

张学良不顾西北军及东北军诸将领的激烈反对，以为自己是蒋介石的拜把子的兄弟，对蒋的阴险毒辣估计不足，他担心夜长梦多，发生意外闹出乱子，遂决定第二天立即将蒋介石送回南京。

25日下午3时多钟，张学良拉着杨虎城瞒着他们的部下，也未通知周副主席，就陪着蒋介石夫妇和宋子文悄悄离开驻地，直奔机场。

张学良陪蒋介石离开公馆后，卫队营长孙铭九才得知，急匆匆地赶到我们的住处。他见到我说：“周先生在吗？我有急事报告！”我赶紧请周副主席出来见他。周副主席听说张学良已送蒋介石到机场去时，急得直跺脚，口中禁不住连声说道：“坏了，坏了！”紧接着我跟随周副主席在孙铭九的陪同下乘车赶往机场。一路上周副主席不住地叫司机开快一点儿，他此时急着见到张学良，要劝阻张学良不要亲自送蒋介石去南京。

当我们赶到机场时，只见腾空而起的飞机不住地升高，轰鸣声渐渐地消逝，机身在云端中变成一个小黑点，最终什么也看不见了。周副主席仰望天际，长叹一声说：“张汉卿就是看《连环套》那些旧戏看坏了，他不仅要‘摆队送天霸’，而且还要‘负荆请罪’啊！”

五

蒋介石离开西安后即翻脸不认人。西安方面风云突变，情形急转直下。

蒋介石飞抵洛阳后，即逼令张学良打电报给杨虎城，释放被扣在西安的陈诚、卫立煌等。杨虎城不愿给张学良造成困难，当天晚上就在绥靖公署新城大楼为陈诚等人饯行，第二天就放他们回南京了。而东北军内部意见分歧很大，少壮派军官们情绪激昂，认为应扣留这些大员做人质，若释放回去则张学良返回无保障。

事态的发展果然如此。26日下午，蒋介石的座机在南京降落后，蒋即被前来迎接的国民党要员迎走。张学良的飞机降落后，张立刻被军统特务们控制，失去自由。蒋介石背信

※ 周恩来和国民党谈判代表张冲在杭州合影。

弃义，下令将杨虎城、于学忠2人撤职留任，任命顾祝同为西安行营主任，调集5路大军共37个师向西安进发，企图迫使西安方面屈服；并立刻组织军事法庭判处张学良10年徒刑，旋即要南京国民政府将张“特赦释放”，“交军事委员会严加管束”。从此张学良遭到长达50年的软禁。

面对突然变化的形势，周副主席连日通宵达旦地和博古、叶剑英等人研究对策，向中央提出，目前的方针仍是继续逼蒋抗日，要他实践停止内战的诺言，和平解决事变。对于中央军大军压境的事态，西安方面必须表明严正的态度。周副主席一方面同杨虎城及东北军、十七路军的高级将领协商，由杨虎城在1937年1月5日领衔发出抗议电报，强烈抗议蒋介石扣留张学良，并揭露其重新挑起内战的阴谋；另外紧急部署红军部分主力开进关中，造成一种有利态势，引起各方的关注。在报中央批准后，他在9、10两日电调红一军团到达耀县、三原，红十五军团到达咸阳，红二十七军到达洛川。周副主席随即到咸阳看望红军部队，讲述西事变的意义，鼓舞士气，并在部队到达后几天内将部队急需的给养、弹药、器材迅速补充完毕。

为了促进和平解决事变，1月10日，周副主席写信给张学良，说明“只要中央军不向此间部队进攻，红军决不参战……若进入潼关之中央军必欲逼此间部队，为自卫而战，而红军义难坐视。”11日，他写信给蒋介石，要求蒋介石撤退进入陕甘的中央军，释放张学良回西北主持军政，这样才能消弭内战，一致抗日，否则，“不仅西北糜烂，全国亦将波及无疑，而垂成之统一局面又复归于破碎”，将为亲者痛而仇者快。

蒋介石要摧毁西安“三位一体”的政治格局的决心已定。他加紧对西安的军事压力的同时又采取政治分化，提出两个方案，甲案：中央军进驻西安，东北军和十七路军撤至陕西西部和甘肃一带，红军返回陕北，陕西省政府主席委十七路军的人充任；乙案：中央军进驻西安，东北军移驻安徽和淮河流域，十七路军移驻甘肃，红军仍返回陕北，安徽省主席可委派东北军的人充任，甘肃省主席可委派十七路军的人充任。这两个方案对西安都是不利的。权衡之下，甲案红军、东北军、十七路军仍靠拢在一起，“三位一体”不致解体；接受乙案，东北军可移驻较富庶的地区，但“三位一体”则解体了。

杨虎城当时面临很大的困难。蒋介石写信给他劝他接受甲案；而何应钦又写信给东北军六十七军军长王以哲、骑兵军军长何柱国，要他们接受乙案。十七路军主张接受甲案，东北军高级将领公开表示接受甲案，暗中却想接受乙案。东北军的少壮派则主张先救张学良，其他一概不谈。张学良送蒋走时，写了手令要驻防兰州的五十一军军长于学忠领导东北军，受杨虎城指挥。而于学忠在东北军中不是嫡系，指挥不了这支部队，东北军实际上已是群龙无首，所谓的元老派和少壮派的矛盾日益尖锐。在十七路军中，有的将领公开叛变，有的态度模棱两可，杨虎城也难于掌握，更无法指挥东北军。他深感只有张学良回来，才能处理复杂局面，维系“三位一体”的格局。

面对友军的内部矛盾，共产党无法也不便干预。杨虎城向周恩来表示，如果真的打起来，他没有把握取得胜利。周副主席向杨虎城提出3点建议；一、力求和平解决，杨、于须先通电就职；二、派人去奉化见蒋介石，提出接受甲案，但中央军须全部撤出甘肃，西安留东北军、十七路军各一部，东北军可伸至咸阳，坚决拒绝乙案；三、在军事上，东北军、十七路军、红军3家要靠拢，政治上要利用国民党即将召开的三中全会来解决问题。杨虎城采纳了周恩来的建议，但两次派人去和蒋介石谈判，都无功而返。

六

这一阶段，风云变幻莫测，心怀各种想法的人都在盘算着未来。周副主席的工作更加繁忙，每天睡眠不足4小时。我眼见他迎来送往，奔走游说，以致嗓子都哑了。周副主席认为战端一起，既不利争取张学良回来，也有违西安事变的初衷。他认为应抓住矛盾的主要方面，着重做少壮派的工作。

1月27日晚上，少壮派的主要人物应德田、孙铭九、苗剑秋等人应邀来到中共代表团驻地张公馆，在东楼会客厅，周副主席对他们进行耐心的说服，指出如不撤兵引起战争更不利张将军的返回，我们现在退兵，“三位一体”紧密团结，仍然可以要求张将军回来。但是，少壮派们听不进这个意见，周副主席反复劝说都没有用。

苗剑秋甚至大闹起来，他大吼大叫，声音一声比一声大。我当时在门外非常紧张，手紧握着驳壳枪，生怕他们闹出事来。苗剑秋曾任张学良的秘书兼政治顾问，他有个绰号叫苗疯子。只听到他大喊：“你们不帮我们打仗，红军开到关中来干什么？”“你必须把少帅带回来！”“你们不帮助我们打仗，我们也要打！你们就看着我们被蒋介石先消灭掉？”“不帮打仗，咱们先破裂！”“副司令不来你别想活着！”周副主席冷静地一字一句地说：“如果你们杀了我，这正中蒋介石的下怀，但这不会使他释放少帅。”苗剑秋大哭起来，有些军官跪下来求红军帮忙解救张学良；孙铭九痛哭流涕地向周副主席请求红军出兵。就这样一直闹到下半夜。面对这种僵局，周副主席只好说：“这个问题很重要，容我们明天好好商量后答复你们。送客！”送走这些少壮派后，周副主席已经很疲劳了，我们忙劝他休息。

黎明时分，南汉宸匆匆赶到张公馆，说有紧急情况（南汉宸是中共党员，1931年曾任杨虎城的省府秘书长）。我只好叫醒周副主席。南汉宸说，凌晨3时，杨虎城把他从梦中叫醒，对他说："你此次来西安，我当然不反对你站在你们党的立场，但是你也要替我打算打算。你刚来到，我就对你说，和平解决就是牺牲我。张汉卿主张和平解决，亲自送蒋介石到南京，结果如何？现在看来，回来的希望不大。张的牺牲是差不多了。共产党主张和平，可以同国民党、蒋介石分庭抗礼，他们是平等的。我是蒋的部下，蒋的为人是睚眦必报，和平解决后叫我怎么对付蒋？和平的前途就是牺牲我！""我现在不能看着自己就这样完了。"周副主席听后认为事态严重，这些话不是对南汉宸个人讲的，而是通过他对共产党讲的。南汉宸还得知，孙铭九等人已拟就了一个暗杀人的名单，内有主和共产党员。周副主席对南汉宸说："你立即回去告诉杨虎城先生，就说我今天去三原红军司令部开会，晚上一定赶回来。请杨先生放心，我们一定对得起朋友，决不做对不起朋友的事。"

1月30日，我护送周副主席、博古、叶剑英乘汽车到三原云阳镇红军前敌指挥部开会。张闻天、彭德怀、任弼时、杨尚昆、左权等参加了会议。周副主席在会上分析了当前的形势和事态的几种可能变化，与会者取得一致的意见并作出决定：只要东北军、十七路军两方面意见一致，红军可以暂时保留自己的意见，支持他们的主张，和他们一起打，在打的过程仍同南京谈判和平。

会后周副主席和叶剑英连夜赶回西安，并分别约见杨虎城和少壮派，转述我党的意见。叶剑英还与东北军、十七路军参谋人员研究了具体的军事部署。当晚，收到毛泽东、朱德、张国焘从延安回电：和平是我们的基本方针，也是张、杨的基本方针；我们与张、杨是三位一体，应当同进同退；向张、杨表示我们不能单独行动，协助他们争取更有利条件。

与此同时，少壮派活动空前激烈。1月29日，在他们的提议下，东北军在渭南召集团长以上军官40余人举行军事会议。王以哲因病未参加，由东北军五十七军军长董英斌代他主持会议。会议作出决议：在张副司令回来以前，决不撤兵，中央军如再进逼，不惜决一死战。40余名军官一一签了名。

1月30日于学忠飞抵西安。他是王以哲、何柱国派飞机接来的。王、何对渭南会议的决议不愿意执行，和少壮派闹翻了，因此请于学忠来作决定。于学忠到西安后，听了两方面的意见，感到左右为难，但他还是不希望开战。

在战与和的问题上，何去何从已不容拖延。2月1日晚，我护送周副主席来到王以哲军长家参加最高军事会议。出席的还有杨虎城、于学忠、王以哲、何柱国共5人，代表三方面共同商定和战大计。应德田也列席了会议。会议开始后，各方面都不表态。杨虎城请周副主席先讲。周副主席说："我们是以你们的意见为意见，还是请你们先讲。"杨虎城就请于学忠讲。于学忠分析了各种利弊，最后才说："我个人意见，打仗是不能把张副司令打回来的，打起来恐怕更害了张副司令，还是应该和平解决。""我们只顾招架中央军，而西边胡宗南的部队已经到了宝鸡，正向凤翔推进，我们西边还没有一点布置。内部有两个师不稳，这在军事上已成为内外夹攻、腹背受敌之势，要打也不能打。"王以哲、何柱国都连声附和同意于的看法。杨虎城发表意见说："从道义上说，应该主战，从利害上讲，应该主和。既然东北军方面主和，那么我们还是和平解决，实行同顾祝同谈妥的方案（甲案）吧！"最后，杨虎城请周恩来发表意见。周副主席说："我们原来是坚决主张和平解决的，以后你们两方面有许多人坚决主战，为了团结，只要你们双方一致主战，我们可以保留原来的主张，参加作战。现在你们双方一致主和，我们当然赞同啦！"他又提请杨虎城、于学忠注意内部团结，防止少数人进行分裂活动。会议达成共识，开得非常成功。会议还决定即派代表赴潼关和顾祝同谈判，准备接受南京的条件，和平解决。

这次会议没有作出打仗的决定，大大出乎少壮派的意料之外。应德田、孙铭九、何镜华等认为王以哲、何柱国在会上没有反映主战派的要求，背叛了"渭南会议"，出卖了张副司令，出卖了东北军，决定要拼死一战，遂酝酿刺杀王以哲、何柱国，并准备派武装人员截留杨虎城派去潼关的代表，包围于学忠，逼他指挥东北军作战，营救张学良。

七

2月2日，少壮派制造了血腥的"二二事件"，使西安笼罩在一片恐怖之中。

这天清晨，东北军一批主战派军官应德田、孙铭九、苗剑秋、何镜华等十余人到孙铭九家开会。应德田和大家商议要孙铭九派卫队营立即刺杀王以哲、何柱国。孙铭九令卫队营连长于文俊带20个卫士执行。于文俊来到王以哲公馆说有要事禀报，因为他是张学良的卫队营的连长，王以哲的随员家人都熟悉他，就让他进了公馆。于文俊手持驳壳枪，闯进王以哲的卧室，大喊一声："军长，对不起你了！"当即连发数枪，王以哲倒在了血泊之中。当天，还杀了王的副官宋学礼等几人。同时，卫队营代营长商同昌带人去杀何柱国。何柱国提前得到消息，躲到杨虎城的新城大楼得以免去杀身之祸。后来，何柱国为了感谢杨虎城的保护，送了一块刻有"再生之德"的银盾给他。

※ 周恩来和博古（中）、林伯渠在庐山同蒋介石谈判后回到西安时的合影。

杨虎城在得知孙铭九杀了王以哲后，很不满意，立即在新城和街道加强警戒。东北军也在金家巷口架设了铁丝网、路障，布置了轻机枪，加强了警卫。整个西安人心惶惶。

周副主席得到这个消息后，非常气愤，他要我立刻把刘鼎和李克农找来，对他们说："你们马上查清是什么人干的！"东北军内部这时有许多人纷纷指责应德田、孙铭九不该乱来。当苗剑秋得知周恩来非常震怒时，赶紧告诉孙铭九，他们这时才明白闯了大祸，来到张公馆东楼找周副主席请罪，一见到周副主席就长跪在地说："我们错了，请宽恕！"周副主席要孙铭九站起来，严厉地责问："杀王军长是谁搞的！"孙铭九说："是应德田和我，还有何镜华等人。"周副主席气愤地说："你们到底要干什么？你们以为这样做就能救张副司令回来吗？你们恰恰是害了张副司令。你们分裂了东北军，破坏了团结，正在做蒋介石想做而不敢做的事，你们是在犯罪！"周副主席在严厉地斥责后，又进一步开导他们认识错误，处理善后。

这时西安谣言纷纷，有些人挑拨说，少壮派的行动是受共产党指使的。面对这突变的风云，前途叵测的险境，周副主席心急如焚。为了消除一些人的误解，并表达对建立红军和东北军合作关系有重大贡献的王以哲军长的悼念，当日，周副主席和李克农、刘鼎赶到王以哲家中吊唁。

王家此时乱成一团，周副主席等人的到来，使其家属和在场的王的部下们深受感动。周副主席的举动，消除了东北军官兵中的误解，进一步明确了共产党关心东北军团结、反对分裂的立场。接着，周副主席又赶到新城杨虎城办公楼，与杨商议派他的代表李志刚到潼关与顾祝同谈判。回到张公馆后，周副主席立即起草电报向党中央报告当日发生的事情经过和处理的情况。当晚，党中央回电指示，同意继续谈判，尽一切努力制止东北军内部自相残杀，并嘱要提高警惕，防止意外。

少壮派原以为杀了王以哲，就可以和中央军开战，救回张学良，岂知并非如此。王以哲是东北军有威望的将领，他被杀的消息传到前方，激起了东北军的义愤。东线的刘多荃师长命令部队撤出渭南防线，开回临潼，声言要回西安为王以哲报仇。中央军乘机开进渭南，直逼西安。意想不到的内忧外患使少壮派的气焰顿失，一些主战的人也惊慌失措。周副主席急派中共东北军工委书记刘澜波赶到前线，说明中共的态度，表明坚决反对杀害王以哲的错误行为。

为了避免东北军自相残杀，2月3日清晨周副主席和杨虎城、于学忠等人在新城杨虎城办公室商议，认为少壮派的错误是严重的，可能导致内部分裂。但他们在西安事变中是有功绩的，不应随便处置他们。周副主席毅然决定，派刘鼎把应德田、孙铭九、苗剑秋3人送到云阳红军总部，并将孙铭九指挥的卫队团撤出西安。4日下午，刘鼎陪同应德田、孙铭九、苗剑秋3人到达了云阳红军总部。

东北军元老派将领刘多荃带部队回西安后，为了泻恨，把杀害王以哲的凶手于文俊杀死后，剖腹取心去祭奠王以哲，因误以为最早沟通红军与张学良关系的高福源旅长参加了“二二事件”，将高也枪杀了。

※ 1937年8月，周恩来回到延安。这是他和毛泽东、朱德、林伯渠在毛泽东居住的窑洞前合影。

面对这难以驾驭的局势，为避免意外的损失，周副主席与博古、叶剑英商议，由博古、叶剑英、李克农、罗瑞卿率代表团大部人员撤到云阳总部，留下警卫副官龙飞虎、杨家保，机要员童小鹏和报务员彭绍坤、林青跟随周副主席和刘鼎坚持在西安，和杨虎城、于学忠、何柱国等共同维系“三位一体”关系，和平解决西安事变。

八

“二二事件”破坏了东北军内部的团结，极大地削弱了“三位一体”与蒋介石谈判和营救张学良的力量。这几天是西安事变期间最困难、最紧张、最危险的日子。周副主席十分忙碌，夜以继日地工作，眼睛熬红了，鼻子经常出血。他要和杨虎城及东北军的高级将领商谈如何应对复杂局面，还要做少壮派的工作，所有人都来找他。由于睡眠不足，他十分疲劳，往往是和衣而卧，连皮鞋也不脱，来了客人或中央来电，一定要我们叫他起来。但只要他出现在客人面前，总是谈笑风生，神采奕奕。我作为他的随从副官，党交给我的任务就是保证周副主席的安全和健康。我跟随周副主席穿梭于荷枪实弹的各派之间，十分担心他的安全和健康。但在那特殊的日子里，我除了尽职尽责外，也没有别的办法。我亲眼目睹他为了巩固和发展抗日民族统一战线，宣传党的和平解决西安事变的方针，朝思夕虑，唇焦舌敝，坚持在西安做各界人士的工作。他置身危城，毫不畏惧，深深地教育了我们这些工作人员。他以一片赤诚，赢得了西安各方面的友谊和信任，起了中流砥柱的作用。

周恩来在与东北军高级将领的接触中，了解到东北军对接受甲案持不同意见，遂及时地向党中央提出对策。2月4日，他致电中央和前总，指出：东北军有东调安徽的可能。东北军因王以哲遇害后分化，张学良更难返回。十七路军一时不会分化。国民党三中全会只能做到宣布和平统一，团结御侮，不能

※ 西安事变和平解决后，周恩来返抵延安时，在机场受到中共中央领导人欢迎。左三起：博古、张闻天、毛泽东、周恩来、彭德怀、林伯渠、萧劲光。

提出容共案，中共难以公开立足。他提出建议：党的方针是，坚持三位一体，团结到底，东北军离开甘肃以避免分裂；欢迎中央军，避免对立；加强内部组织与团结。周恩来为了促成有利抗日统一战线的局面，尽了一切努力。

东北军内部的分化愈加激烈。刘多荃和缪澄流等高级军官，在高陵召开了军事会议，拒绝接受中共提出的东北军仍留在西北与红军靠拢的建议，宣布接受乙案，东调河南、安徽。东北军第一〇六师师长沈克、骑十师师长檀自新联名通电脱离东北军投奔蒋介石。此时，三位一体的大势已难保持。面对南京的强大的压力，杨虎城、于学忠不得不通知潼关谈判代表接受乙案，并于2月5日联合发表和平宣言。2月6日，杨虎城率十七路军在西安的部队撤回三原。“三位一体”终于解体了。

2月8日，西安行营主任顾祝同率中央军宋希濂师和平开入西安，国民党特务在西安城内到处张贴“攘外必先安内”等反动标语，攻击西安事变。面对国民党特务的挑衅，必须针锋相对。周副主席去见顾祝同，严词质问：“这些标语是谁贴的？想干什么？”迫使顾祝同不得不把复兴社头子、政训处长贺衷寒找来，“申斥”他立即刷去。第二天，满街的反动标语全部刷洗干净了。

根据周恩来与蒋介石在西安就抗日统一战线谈判时的承诺，顾祝同同意在西安设立红军联络处。2月9日，国民政府谈判代表张冲到达西安，我党谈判代表潘汉年也到达了西安。当天，我们全体工作人员跟随周恩来全部由张学良公馆到七贤庄一号，正式成立红军联络处。

周副主席继续在西安工作，担负起国共正式谈判的艰巨使命。经一个月的努力，周副主席3月8日与国民党代表顾祝同、张冲、贺衷寒初步达成了“三八协议”。

3月28日，周副主席与杨虎城、于学忠、张冲一同乘机赴杭州同蒋介石直接谈判。这次谈判比较顺利，蒋介石明确表态停止内战，“不再打了”。蒋认为只要中共拥护他为领袖，提出他认可的条件，合作这个大前提可以解决，其他具体问题以后商谈。3月30日，周副主席返回西安。

4月2日，我跟随周副主席乘军用飞机飞回延安。周副主席在机场上受到毛泽东、张闻天、博古、彭德怀、林伯渠、萧劲光等领导人的欢迎。

（龙飞虎）

赴西安途中

周恩来一行走到劳山，突然，传来“啪”的一声响。周恩来一听枪声，猛然睁大眼睛，机敏地判断着这突如其来的袭击。他迅速跳下汽车，果断地发出命令：“下车，散开，还击！”……

陕北的4月春寒料峭。

在微微的寒风中，绿芽悄悄地爬上大树的枝头。

1937年的春天，中国的政治形势如这陕北的春天，虽然姗姗来迟，却已露出春的气息。

自从西安事变和平解决后，国共两党终于结束十年内战，在抗日民族统一战线的旗帜下握手言和。

4月25日，一辆敞篷军用卡车载着欢声笑语从延安城南门开出。车厢里坐着20多名衣帽破旧，但却个个精神饱满的年轻战士。

在驾驶室里，司机老李身旁坐着一位眉清目秀，英气勃勃的中年人。他那双大眼睛透出智慧的光芒，一看就是一位精明强干的人。他就是中国共产党极富传奇色彩的领导人——周恩来。

1937年2月以来短短两个月的时间，周恩来作为中共中央的谈判代表已经是第三次离开延安赴国民党统治地区了。这次行动，周恩来肩负重要使命，他携带中共中央关于《御侮救亡，复兴中国的民族统一战线纲领草案》，准备先到西安，然后赴庐山见蒋介石。

当时，从延安到西安只是一条黄土公路，山路崎岖，坎坷不平，汽车走过之处掀起一股股黄尘。

望着窗外的黄土地，周恩来心潮滚滚……

一个月前，他在杭州谈判中和蒋介石达成协议，由中共方面起草一个两党合作共同纲领，作为永久合作的办法。这次见蒋介石关系十分重大，为争取中国共产党在政治舞台上的合法地位，需要把共同纲领确定下来。但是，要说服蒋介石不是一件容易的事情。肩上的担子有多重，周恩来心里十分清楚。

他微微闭上眼睛，看上去像是休息，实际上却在周密地考虑着谈判中可能出现的种种情况和应付的办法。

汽车在山涧公路上急速地向前开着。车厢里的年轻人七嘴八舌地交谈着，他们之中许多人是第一次离开延安，走向外面的世界。他们异常欣喜和快乐，谁也没有想到，危险正悄悄地向他们袭来。

在延安城南50里外，有一座地势不高，但却沟壑纵横、杂草丛生的险要山岭——劳山，延安人历来把它看做南边的门户。劳山是从延安到西安的必经之路，土匪常常出没，政治情况一直比较复杂。

汽车沿着劳山北麓吃力地向上爬着，进入甘泉县境后，开始下坡。不久，汽车来到一个宽阔的山坳中。

突然，传来“啪”的一声响，引起车厢内战士的警觉。随即，山上枪声大作，夹杂着嘈杂的人喊声。司机老李加大油门，向坝梁冲去。但是迎面射来的子弹把卡车打坏，戛然而止。

周恩来一听枪声，猛然睁大眼睛，机敏地判断着这突如其来的袭击。他迅速跳下汽车，果断地发出命令：“下车，散开，还击！”车厢内的人也一个个跳下车来，依靠地形、卡车做掩护，抗击敌人。

本来，周恩来这次外出，有两辆卡车同行，因为周恩来临时有事，那两辆卡车头一天先走了。考虑到沿途的政治情况比较复杂，有国民党顽固分子，还有土匪出没，因此，中央保卫局特意选派特务队副排长陈国桥率12名年轻战士组成一个精干的警卫班，保卫周恩来的安全。随行的还有红军干部张云逸、孔石泉、陈友才，以及新闻记者吴涛等。

出发前，周恩来把随从副官陈友才找来对他说：“小陈同志，我们这次出去的任务是什么知道吗？”

小陈点点头说：“知道！”

周恩来又说：“西安事变虽然和平解决了，但有些人是很不高兴的，他们千方百计要搞破坏，所以你们做保卫工作的一定要提高警惕，准备应付各种突然事变。”

小陈望着慈爱的首长，点点头坚定地说：“是，周副主席，我明白了，请您放心。”周恩来满意地说：“那好，立即把我的意思传达到警卫班去。”

陈友才遵照周恩来的命令向战士们介绍了西安的社会情况，并交代了在路上和到西安后的注意事项。

但是没有想到这么快就发生了险情。

这股敌人是活跃在这个地区的土匪。有100多人，头目叫李清伍，是河南人。两天前，他们接到安插在延安的坐探传来的情报，得知延安有一辆车要赴西安，因此，他们事先占据了有利地形，等着汽车从这里经过时打埋伏。这时，他们看到卡车被打坏，就从山上冲下来。由于警卫班只有短枪，百米以外难以造成杀伤，再加上力量悬殊，情势十分险峻。

有着丰富战斗经验的周恩来很快镇定下来，一面环视周围的情况，一面指挥战士抵抗，使敌人不能一下子冲过来。战士们表现十分英勇，他们毫不畏惧，奋力抵抗，掩护首长寻机脱险。陈友才还没来得及下车就被子弹打中腿部，血从伤口涌出，流到地上，深深地渗入黄土地中。他不顾伤口疼痛，继续指挥同志们坚持战斗，坚决打击敌人，掩护周恩来撤退。

这时，周恩来对四周的地形已大体看清楚。敌人是从三面包围过来的，只有右侧没有枪声。肩负重要使命的周恩来当机立断，带领张云逸、孔石泉和记者吴涛迅速插向右侧的杂草丛林中，从山涧小道向延安撤退。

负责警卫的同志大部分壮烈牺牲，躺倒在山坳中。

敌人渐渐地压过来，围向卡车，搜剿财物。但是，车上除了两个铁皮箱子，没有一件值钱的东西。在卡车附近，他们看见陈友才的遗体。陈友才因为经常跟着周恩来出入国民党军政要员的官邸，口袋里有周恩来的名片，穿的服装也是和周恩来一样的呢子制服，所以这些人误以为陈友才就是周恩来。这使土匪们顿时惶惶不安，提起箱子匆匆逃走。箱子里既不是金银，也不是烟土，而是一些书籍和文件。

劳山的情况很快传到延安，中共中央和地方立即组织营救，毛泽东命令部队无论如何要把周恩来救回来。营救部队出发后，毛泽东、朱德、张闻天，以及城内的老百姓们聚集在南门外，焦急地期待着周恩来安全归来。

这时，周恩来等已转上回延安的公路，他脸色十分严峻，心里惦念着激战中的同志们，他们那么年轻，那么勇敢。特别是陈友才，昨天晚上还在向他汇报工作，现在他是活着，还是牺牲了呢？当周恩来一行走出丛林接近成渝公路时，碰上陕北独立师三连侦察班的几个战士。周恩来命令他们迅速赶往出事地点，抢救伤员，警戒现场。

随后，周恩来向延安撤去，南门外，毛泽东等还在翘首以望。看到周恩来平安归来，大家的心才放下，毛泽东迎上去紧紧握住他的手，其他干部战士也向他围拢过来握手问候。

4月26日一早，劳山遇险的第二天，周恩来又启程了，他不顾个人安危，带着全党、全国人民、全民族的希望，乘坐国民党方面派来的飞机，向西安飞去……

后来，这股袭击周恩来的土匪被红军消灭。陈友才等人的遗体运回延安，就安葬在南门外宝塔山下。每当周恩来从外面回来，经过这里，都会停下来，向这几位掩护了自己的战士表达心中的哀思。

为纪念这次脱险，当年的红军机要科长，后来担任过周恩来总理办公室主任、中央统战部副部长的童小鹏为周恩来、张云逸、孔石泉合拍了一张照片。据说，周恩来非常珍爱这张照片，平时就揣在上衣口袋里，以寄托他对劳山遇险中献身的战士们的一片深情。

1973年，周恩来陪外宾访问延安，曾向地方同志询问陈友才等人的坟墓在什么地方，准备去祭扫。由于种种原因，这些同志的坟墓没有保存下来。周恩来十分惋惜，请地方同志好好找找，将他们请进烈士陵园，给他们立个碑，让后代永远铭记他们。

（李海文）

★★★ 第四编 ★★★

团结御侮　坚持抗战

第四编 04

团结御侮 坚持抗战

"国民党是没有这样的人才的！"

为了加强党和阎锡山的统战关系，周恩来代表中国共产党和八路军，在太和岭阎锡山的指挥部，同他进行谈判。

大革命时期，我就听到了周恩来同志的名字，知道他1924年从欧洲回国后，就由党中央派到广州，参加了轰轰烈烈的大革命。直到抗日战争爆发，我才在太原第一次见到了这位党的卓越领导人。

那是在1937年，八路军从延安开赴抗日前线。周恩来同志率领八路军高级军政干部徐向前、萧克、彭雪枫等同志来到太原。当时，党派我在阎锡山那里做统战工作，我是以抗日工作者的名义在山西活动的。阎锡山虽然同我党有统战关系，但是，在太原召集群众大会，由共产党的领导人公开出面讲话，还不太可能。于是，党组织决定由我出面，组织山西军政训练班和民众运动训练团的约4000学员，在国民师范大礼堂开会，请周恩来同志作政治报告。这个大礼堂最多只能容纳1500人，而学员就有4000人，还有成千的群众得到消息也来了。只见人山人海，礼堂里和院子里挤得水泄不通。那天上午，周恩来同志来了，徐向前等同志也来了。周恩来同志在暴风雨般的掌声中走上讲台。当时，周恩来同志只有

30多岁，风华正茂，仪表堂堂。为了让听众能够听好这次讲话，我们事先准备了一个扩音器放在讲台的桌子上。可是，他把扩音器推到一旁，就开始作政治报告。他的声音高昂、洪亮而清晰，不仅礼堂内的听众听得清清楚楚，院子里的听众也都能听得清楚。周恩来同志讲了建立抗日民族统一战线的重要性，讲了中国人民的抗日战争如何才能取得胜利，讲了目前是战争的开始阶段，敌强我弱，失掉一城一地是不可避免的，然而，我们的抗日战争不决定于一城一地的得失，而决定于我们能不能持久，能不能坚持抗战到底，只要能坚持下去，就能使敌我力量的对比发生转化，到头来，必然是敌弱我强，直到我们反攻，取得最后的胜利。他还号召大家脱下长衫，换上短衣，走上前线，去工作，去战斗，去打击敌人。周恩来同志足足讲了3个钟头。人们被他那既有鼓动性又有说服力的讲话征服了，台下鸦雀无声，不时爆发出一阵阵掌声，像大海的涛声，激荡在5000多听众的心头。

为了加强党和阎锡山的统战关系，周恩来同志代表中国共产党和八路军，在太和岭阎锡山的指挥部，同他进行谈判。当时雁北十三县已经失守，留在敌后的只有八路军。在谈判中，周恩来同志同阎锡山进行了长时间的谈话，给他分析形势，说明日本帝国主义是可以打败的，虽然目前是敌强我弱，可是打下去，必然是敌人一天天弱下去，我们一天天强

※ 阎锡山。

大起来，鼓励阎锡山坚持抗战。阎锡山显然是被说服了，谈判后，阎锡山对我说：“周先生对抗战前途看得非常清楚。”阎锡山还要求周恩来同志给他写个第二战区的作战计划。周恩来同志仅用一天的时间，就把作战计划写好了，送给了阎锡山。阎锡山看了很吃惊，连说：“写得这样好，这样快！如能这样打，中国必胜。”他慨叹“周先生的确是个大人才。国民党是没有这样的人才的！”当时，周恩来同志还提出了一个在沦陷区成立“战地动员委员会”的条例。这个条例规定，委员会由中国共产党、牺盟会和其他群众团体参加，共同组成，由共产党、八路军领导。阎锡山看到由共产党、八路军领导这一条，不大高兴，认为在这个问题上不能让步，如果让了，山西失陷的地方，今后就没有了。关于“战地动员委员会”的领导问题，周恩来同志估计到阎锡山可能不同意，因此，找我们事先作了研究，如果阎锡山不同意的话，让我去说服他。我根据周恩来同志的指示，对阎锡山说：“现在把沦陷区交给共产党、八路军领导，是最大的人情，同时还可以加强抗日民族统一战线。如果不让，共产党、八路军一定要坚持，也无可奈何，因为那些地方是共产党、八路军从日本人手中夺回来的，怎能不让？如果不让，连个人情也落不到。”阎锡山想了想，也只好如此。周恩来同志在这次谈判中考虑周到，工作细致，善于分析问题，说服对方，使谈判十分成功，加强了同阎锡山的统战关系。

（薄一波）

在武汉的日子里

抗战爆发后，中央政治局决定由周恩来等人组成中共中央代表团，到武汉开展抗日民族统一战线工作。

第二次国共合作实现以后，我党为了继续推进两党合作，巩固和发展抗日民族统一战线。1937年12月，中央政治局决定由周恩来等人组成中共中央代表团，到武汉开展抗日民族统一战线工作，推动全民全面抗战的实现。同时决定成立中共中央长江局，领导南方各省党的工作。周恩来同志在国民党统治区进行工作和斗争的这段时期，我以随行人员的身份，先到西安，以后又到武汉、重庆、南京，直到1946年底回到延安，在他身边工作了10年。周恩来同志那种为民族解放和共产主义事业不懈奋斗的精神，一直深刻教育和感动着我。

※ 1937年12月，周恩来到南京失陷后国民政府所在地武汉，代表中国共产党从事抗日民族统一战线工作，并参与领导中共长江局工作。这是抗战初期的周恩来。

一

1937年12月18日，周恩来、邓颖超、王明等到达武汉，长江局正式成立，王明是书记，周恩来为副书记，委员有博古、项英、叶剑英、董必武、林伯渠等。周恩来同志到武汉后的第三天，即12月21日，即和王明、博古一起会见了蒋介石，就两党关系，扩大国民参政会，制订共同纲领，出版《新华日报》等问题进行会谈。会谈中蒋介石故作姿态，说了不少好话，认为我方“所谈极好，应照此去做，前途是会好转，我的想法也不过如此。”“外敌不足虑”，“只要团结，胜利定有把握”。蒋介石知道王明和共产国际关系密切，为了争取苏联的援助，他要求王明留在武汉帮助工作。但是对于两党关系这个最重要的问题，却没有谈出一个较好的结果。当时恩来同志提出三种可供选择的组织形式：一、恢复（民国）十三年的形式，使国民党改为民族革命同盟，其他党也参加；二、制订共同纲领，建立共同委员会；三、维持现状，即遇事协商的形式。我党是想争取前两种形式，因为它可以加强国共合作，扩大抗日民族统一战线，有利抗战。但蒋介石并没有真心实意和我党合作，否定了前两种形式，只同意第三种形式，即以临时协商来处理两党关系。国民党方面也作了一些改进措施，如在个别部门、个别组织内，邀请共产党人参加工作。这种低层的合作虽然不能使我们满意，但两党关系确也有所改善了。

1938年1月，国民党政府军事委员会恢复政治部，蒋介石任命陈诚为部长，黄琪翔为副部长，要恩来同志也担任副部长。对于这件事，恩来同志处理得非常得当，他一方面根据中共中央发布的《共产党参加政府问题的决定草案》中规定，中共党员一般不参加这种工作，向蒋介石婉言推却；另一方面向中共中央提出：当蒋介石采取合作态度时，“一般采取赞助的立场，应该与国民党开诚合作”。1月中旬，蒋介石坚持要恩来同志上任，他再次请示中央，说明“如果屡推不干，会使蒋介石认为共产党无意相助，使反对合作者的力量得到加强”。同时他也感到，虽然和陈诚在十年内战中兵戎相见，但他和黄琪翔都是主张抗日的，可以捐弃前嫌，有条件地合作。经过中共中央同意，恩来同志终于出任政治部副部长。

当时国民党依靠正规军抗战，对动员人民群众参加全面抗战的宣传、组织工作都很薄弱，军事委员会政治部在这方面应当有所作为。恩来同志分管政治部三厅。三厅是负责宣传工作的，这是我们的优势，可以做出许多国民党做不到的事情，因此他以大量的时间和精力用在筹建三厅和组织文化界统一战线队伍方面，为了动员郭沫若担任三厅厅长，以影响力带动文化界爱国人士投身抗战、靠拢中国共产党，恩来同志和郭沫若同志进行肝胆相照的商谈，拒绝了国民党派特务骨干来控制三厅的要求，使他接受了这个任务。三厅延揽了阳翰笙、田汉、胡愈之、杜国庠、冯乃超等思想、文化界知名人士参加工作。在恩来同志的领导下，三厅在进行抗战宣传，促进抗日民族统一战线发展方面发挥了重要作用。

宣传工作需要更多的文化界人士，三厅不可能都把他们请来，于是恩来同志指示阳翰笙等同志发起组织中华全国文艺界抗敌协会。他还拜访了国民政府军事委员会副委员长冯玉祥，请他对“文协”给予支持。三厅成立前后，电影、戏剧、美术、音乐各协会纷纷成立，以文艺为武器动员人民，打击敌人。影响较大的活动如成立10个演剧队、4个抗敌宣

※ 1938年春，任国民政府军事委员会政治部副部长的周恩来（左三）和政治部第三厅厅长郭沫若（左四），同第三厅部分工作人员合影。

传队和孩子剧团，到前线部队和农村、工厂中演出，发挥了鼓舞士气动员群众参加抗战的作用。名演员金山、王莹演的街头剧《放下你的鞭子》，对人民起了很好的教育作用。他们还根据恩来同志的指示，到南洋各地巡回演出，动员了许多华侨积极支援祖国的抗战。袁牧之、陈波儿等拍摄的电影《八百壮士》，也很生动感人。周恩来同志和邓大姐还亲自到拍片子的电影厂，恩来同志鼓励他们努力工作，要在艰苦的条件下拍出好的片子。以后袁牧之、陈波儿都被恩来同志送到延安。恩来同志还为各演剧队制订分赴各战区前线的计划和行动路线。“文协”和各协会的活动轰轰烈烈又扎扎实实，它们把不同政见、不同爱好的文化人团结在抗日的旗帜下，扩大了统一战线的基础，也使不少人倾向于共产党。

抗战一周年时，三厅举行的献金运动，是一项效果很好、影响很大的运动。当郭沫若同志向陈诚表示要举行这项活动时，陈诚断言一定会失败，而失败将带来不好的影响。事实与陈诚的断言截然相反，武汉人民积极响应，在短短的5天里，各界群众捐献现金、物资值100万元，其中有工人、农民、学生、工商业者以至难民、乞丐。恩来同志献出他担任政治部副部长的1个月薪金240元。我们长江局八路军办事处和《新华日报》馆的同志也都参加了捐献。献金运动在中国许多城市热烈展开，长沙、广州、重庆纷纷行动，都取得了很好的成绩。

恩来同志对报刊宣传工作非常重视。当时长江局直接领导的报纸《新华日报》，1938年1月创刊后，2月发行1万多份，四五月间达5万多份，这在旧中国算是销路很大的了。恩来同志曾为报纸题词："坚持长期抗战，争取最后胜利"，这和毛泽东同志关于持久战的思想是一致的。《新华日报》在宣传我党的抗战主张，报道八路军新四军的辉煌战绩，推动国统区的抗日救亡运动，都起了很好的作用。此外，党中央的机关刊物《群众》周刊，需在武汉、广州大量翻印，广为发行。当时在武汉出版的刊物40多种，大部分是我党领导或受我党影响编辑出版的。这些报刊和其他抗日救亡宣传工作，一方面动员群众同仇敌忾，参加到抗战的行列中来，许多青年甚至走上了革命的道路，参加了共产党。另一方面，它牵制了国民党的投降倾向。恩来同志曾经指出：抗战初期蒋介石"投机不成，投降不敢，他被八路军的力量、人民的力量逼得不能不走持久战，不能不在政治上表现一点进步"。人民力量的形成，宣传工作是起了重要作用的。宣传了抗战，也使党在群众中的威望越来越高。在武汉发展起来的轰轰烈烈的抗日救亡宣传活动，也推动了重庆、长沙、广州等地的抗日救亡活动的开展。

恩来同志十分关心长江局在武汉等地组织与领导的一些抗日救亡团体。抗战开始不久，各界群众特别是爱国的青年知识分子，受"一二·九"运动后北平成立民先队的影响，在武汉成立南方"青年救国团"，这是当时有影响的青年救亡团体。1938年2月，长江局和湖北省委青委领导成立"中国青年救亡协会"，推选国民党元老叶楚伧的儿子叶楠任理事长，中共党员钱俊瑞、刘导生都担任过领导工作。这些组织对青年运动起了促进作用。为了发动工人积极参加抗战，派了一些党员和积极分子到工厂中工作，并建立和发展党和工会的组织。恩来同志还指示长江局工委请中国劳动协会负责人朱学范出面组织"中国工人抗战总会筹备会"，长江局工委成员刘群先、廖似光作为陕甘宁边区代表参加筹备工作。筹备会提出统一全国工人战时组织，联合世界劳工团体，发动工人参加抗战等九条纲领，决定召开代表大会，成立"全国工人抗敌总会"。由于国民党的阻挠，计划没有实现，但这次和劳协的合作也是有积极作用的，它争取了许多国民党控制的工会组织，也促进了朱学范和我党组织合作。正是广泛的抗日救亡运动，使武汉以及南中国许多城市活跃起来。当时人们反映，从大革命失败到十年内战，武汉白色恐怖严重，这时则是生机勃勃，“一个死都市，重新苏活过来了”。这里倾注着周恩来多少心血啊！那时候，恩来同志往往白天在武昌政治部办公或亲自做统战工作，晚上又乘渡船过江到汉口长江局来处理电报，一直到深夜。我担任会议记录，会开到深夜，我疲惫得很，记下的潦草字迹第二天连自己也认不得。当我在他的办公桌上拿走最后一份电报稿时，往往是凌晨了。当时事情非常繁忙，长江局的同志找恩来同志处理工作要排着队，常常谈到深夜。记得有一次长江局秘书长李克农同志安排在最后，等和恩来同志谈完工作已是大天亮了。恩来同志每天工作达十五六个小时，但他始终精神奕奕，同志们都深为佩服。

二

同各民主党派、爱国人士以及国民党军政人员的联络，是长江局时期我们党的重要工作。这些工作大都是恩来同志和董老、叶剑英亲自去做或者在他们的领导下进行的。

※ 1938年春，周恩来和郭沫若（左三）、叶剑英（左四）同从抗日前线来到武汉的八路军副总指挥彭德怀在火车站合影。

※ 1938年，周恩来在八路军武汉办事处。

恩来同志除了在八路军办事处亲自接见各方人士外，还经常在汉口中央银行同沈钧儒、史良、邹韬奋、李公朴、张君劢、左舜生会见，向他们介绍国共谈判的情况，交谈对时局的看法。我们和一些民主党派、无党派人士建立友谊，主要是在长江局时期开始的，这对重庆时期及以后的工作，都有深远的影响。

对于国民党上层人物和地方实力派，恩来同志也做了不少工作。冯玉祥长期和我们有联系，恩来同志和董老曾与他就时局问题交换意见。冯先生同情、支持我们，他在汉口办了印刷厂，印了《列宁全集》和毛泽东的《论持久战》，又向延安图书馆捐赠大批图书。大家知道，台儿庄大捷是当时五战区司令长官李宗仁指挥的，恩来同志曾经起了作用，这就鲜为人知了。这次战役爆发之前，蒋介石命令白崇禧率领一批参谋人员去徐州协助李宗仁指挥作战。白崇禧启程之前会见了周恩来、叶剑英同志，就这次战役的作战方针交换意见。恩来同志根据敌我双方的情况和徐州一带的地理形势，提出运动战和阵地战相结合的方针，并表示我军将予以密切配合。在徐州会战中，恩来同志向中央建议，指示新四军三支队张云逸部在津浦路南段加强活动，配合桂系李品仙集团等牵制敌人由南京北上增援。八路军一二九师三三八旅则在津浦路北段牵制日军南下，这样使得徐州战场国民党军队减轻压力，得以在台儿庄周围集结部队与敌军决战。台儿庄战役的胜利，我方予以配合起了一定的作用。

国民党地方实力派同蒋介石有矛盾，既参加抗战，又怕被蒋介石吃掉，他们想和我们拉关系以互相声援，特别希望我们派得力干部帮助他们治军。我们利用这种机会派人到这些部队进行统战工作，这样的事情很多。如曾派张友渔到第一战区司令长官程潜的部队中担任重要职务。桂系的黄绍竑出任国民党政府浙江省主席时，在武汉会见恩来同志，要求派人帮助他工作。恩来同志调了一批共产党员和进步青年到浙江，这些人受到黄绍竑的信任，成了省、县政治工作队的骨干。对川军的邓锡侯、滇军的龙云、张冲，恩来同志也很重视做他们的工作。1938年3月，邓锡侯来到武汉，恩来同志诚恳地向他提出，川军应与八路军、新四军配合作战。邓锡侯接受这一建议，他的部队驻扎在老河口，和新四军驻地紧邻，经常支援新四军枪支弹药。长江局还派薛子正同志到滇军一八四师担任师长张云鹏的秘书，后来升任参谋长。又通过张云鹏做龙云、卢汉的工作。抗战中，昆明有一点民主气氛，能容纳共产党员和进步人士活动。解放战争期间，龙云、卢汉、程潜、邓锡侯都先后摆脱反动营垒，走向人民，这和我们党特别是恩来同志做了多年工作很有关系。

对于国际反法西斯统一战线工作，恩来同志一直十分重视。抗日战争爆发后，英、美等国外交政策对中国是不利的。由于日本侵略军占领上海、南京，并深入中国腹地，直接威胁到它们在华的利益，它们对中国抗战的态度才有所转变，表示愿意和中国政府合作。恩来同志以中共代表的身份，配合国民党政府进行外交活动。1938年春，他先后在武汉会见了英、美两国驻华大使，肯定他们的国家在某些方面转向援华的态度，同时提出有的国家仍采取“不干涉”、“绥靖”政策甚至企图搞“东方慕尼黑”，有引诱国民党当局向日本投降妥协的危险性。当美国总统罗斯福号召全国募捐100万美元救济中国困难时，恩来同志在武汉会见美国总领事戴维斯，对美国政府这种行动表示赞赏和感谢，希望进一步加强中美友谊。恩来同志和博古在“八办”，会见美国主教洛根·鲁特斯并留影，影响一直传到他的后代。

这一时期，周恩来同志还接触了一些来华支援中国抗战的国际友人。如新西兰的艾黎，美国作家斯诺，荷兰的电影艺术家伊文思等，给他们留下了深刻的印象。

※ 1938年，周恩来和美国进步作家艾格妮丝·史沫特莱（左三）等国际友人在武汉。

三

在长江局时期，恩来同志对党的建设也是很重视的。在十年内战中，国民党实行白色恐怖，王明推行“左”倾路线，白区党的秘密组织大部分遭到破坏，这时面临着恢复和重建的问题。1938年3月，中央发出《关于大量发展党员的决议》，长江局随即发出《关于恢复组织关系的通知》，首先解决失掉关系的老党员恢复党籍和重建组织的问题，然后发展新党员。在这方面，周恩来、董必武、博古同志做了不少工作。由于国民党不让我党组织公开活动，这是在秘密的状况下并同国民党特务的斗争中进行的。

1938年9月间，南方各省省委一级组织得到恢复的有湖北、河南、安徽、四川、湖南、浙江、江苏（包括上海）、江西、福建、广东、广西、云南、贵州等省，还恢复了一批市委、特委和县委。从1938年初到1939年初，党员的发展也很快，这里只举两个省为例，湖北从20多人发展到3300多人；河南由460余人发展到8000余人。对于上海党组织的重建，毛泽东、周恩来同志都非常重视，他们分别同刘晓同志谈话。恩来同志强调：上海应建立一个巩固的党组织，对保存下来的组织不能按原班人马接过来，而要个别审查清楚后，再确认其关系；重建后的上海地下党党员，政治上必须可靠，又有荫蔽条件。刘晓根据这个指示，恢复党的各级组织，然后成立了江苏省委。

对党组织的思想建设，长江局也很重视，1938年初，曾指示各省省委开办党员干部训练班。董必武同志亲自领导湖北省委在武汉、黄安举办党员训练班。各省也以不同方式开办党训班。

在武汉时期，还有一件事要提及的是恩来同志同张国焘的那次斗争。1938年4月，曾在红军长征中屡次违反中央决议并另立“中央”的张国焘，趁参加祭扫黄陵的机会逃出陕甘宁边区，投向国民党，经胡宗南派特务护送，由西安到达武汉。消息传来，恩来同志很震惊，也很气愤。为了设法挽救，立即同长江局秘书长李克农研究，并让他带我和邱南章、吴克坚到火车站去拦接，要婉言请他到办事处来当面商谈。我们等了三个车次，最后把张等到了，李克农请他到办事处来同周恩来同志等当面商谈。虽经过周恩来、王明、博古的耐心劝说，给他提出几个方案，希望他留在党内，可是张国焘仍执迷不悟，最后投入国民党特务机关，成为可耻的叛徒。长江局只得把这些情况向中央报告，中央决定把他开除出党。这件事发生后，恩来同志在长江局党员大会上，详细介绍了张国焘从个人主义的恶性膨胀发展到叛党的经过，并教育全体党员要提高思想觉悟，自觉遵守党纪，为共产主义奋斗到底，给大家上了一堂极为生动的党课。

※ 周恩来和董必武在红岩村同八路军办事处、新华日报馆工作人员合影。

由于王明过分地相信国民党，吹捧蒋介石，提出所谓“一切服从抗日”，“一切经过统一战线”的右倾错误主张，放弃我党在统一战线中独立自主的方针，使长江局的工作受到一些影响，如徐州失守以后，中央曾指示动员干部和青年到敌后发动群众，发展游击战争，有些地方贯彻不力等。但是由于周恩来、博古、董必武、叶剑英和各省委的同志执行了中央的正确路线，对王明的错误有所抵制，所以没有造成大的危害。

1938年9月，中央召开六届六中（扩大）全会，通知王明、周恩来、博古、徐特立去参加会议，我也随他们回延安。我们是9月29日乘火车离开武汉到西安，转乘汽车到延安的。周恩来等同志到延安受到热烈的欢迎。六中全会之前先举行政治局会议，周恩来同志作了工作报告。9月29日，开始举行六中（扩大）全会。当时，日寇正加紧向武汉进攻，国民党在日寇武力进攻和政治诱降下，亲日派加紧活动，蒋介石也表现动摇。为了巩固以国共合作为基础的抗日民族统一战线，粉碎日寇和亲日派的阴谋，争取蒋介石坚持持久抗战，经中央决定，毛泽东同志于9月29日给蒋介石写了亲笔信，指出抗战的前途是光明的，“国共两党之长期团结，必能支持长期战争，敌虽凶顽，终必失败”，并决定恩来同志参加全会开幕后即携此信经西安飞武汉面交蒋介石。恩来同志于10月初赶回武汉，即向蒋介石面交了毛主席的信，并口头陈述了我党对于加强两党合作坚持持久战的意见。同时，恩来同志还亲自指挥长江局和八路军办事处以及《新华日报》人员物资的转移工作。7日到9日，《新华日报》连续发表了他写的长篇社论《论目前抗战形势》，一直到24日晚，他还在新华日报社工作，待报社同志撤退后，他才最后乘车离开武汉，这时，日军的炮声已经逼近市区了。

恩来同志离开武汉后，途径长沙、南岳、衡阳、桂林等地，他不失时机地对国民党当局蒋介石、白崇禧、张治中、李济深等提出加强国共合作、坚持持久抗战的中肯意见。张治中在长沙大火后遭到各方责难，得到恩来的热情帮助，使他终生难忘。

1938年12月上旬，恩来同志和叶剑英同志由桂林到重庆，根据党中央决定，他任中共中央南方局书记。南方局时期，恩来同志作出了更加光辉的业绩。

（童小鹏）

武汉空袭与长沙大火

日军空袭，天空中一颗炸弹正在朝下落，刘久洲不顾一切地冲上去，把周恩来扑倒在地，两人一起滚下江堤。几乎是在同时，“轰隆”一声，地动山摇，弹片、泥土四下飞溅。泥土把他们俩盖了个严严实实。不久，他们又遇到了长沙大火。

1937年11月，王明从苏联回来，即将到武汉八路军办事处主持成立中共中央长江局，就任长江局书记，周恩来是副书记，博古就带我到周副主席的身边去。约10天之后，我终于在武汉见到了日夜想念的周恩来副主席，重新回到了他的身边。我见副主席身体很好，就是忙碌点儿，心里挺高兴。可是到武汉不久，日军飞机就经常对武汉进行狂轰滥炸，副主席却一刻也不闲下来，他不是演说，就是参加其他活动，像纪念鲁迅逝世两周年，会见美国进步友好人士史沫特莱、荷兰电影艺术家伊文思、加拿大援华医疗队队长白求恩等，我都跟随在副主席身边。

1938年10月19日，我随副主席从武汉八路军办事处去参加纪念鲁迅逝世两周年的活

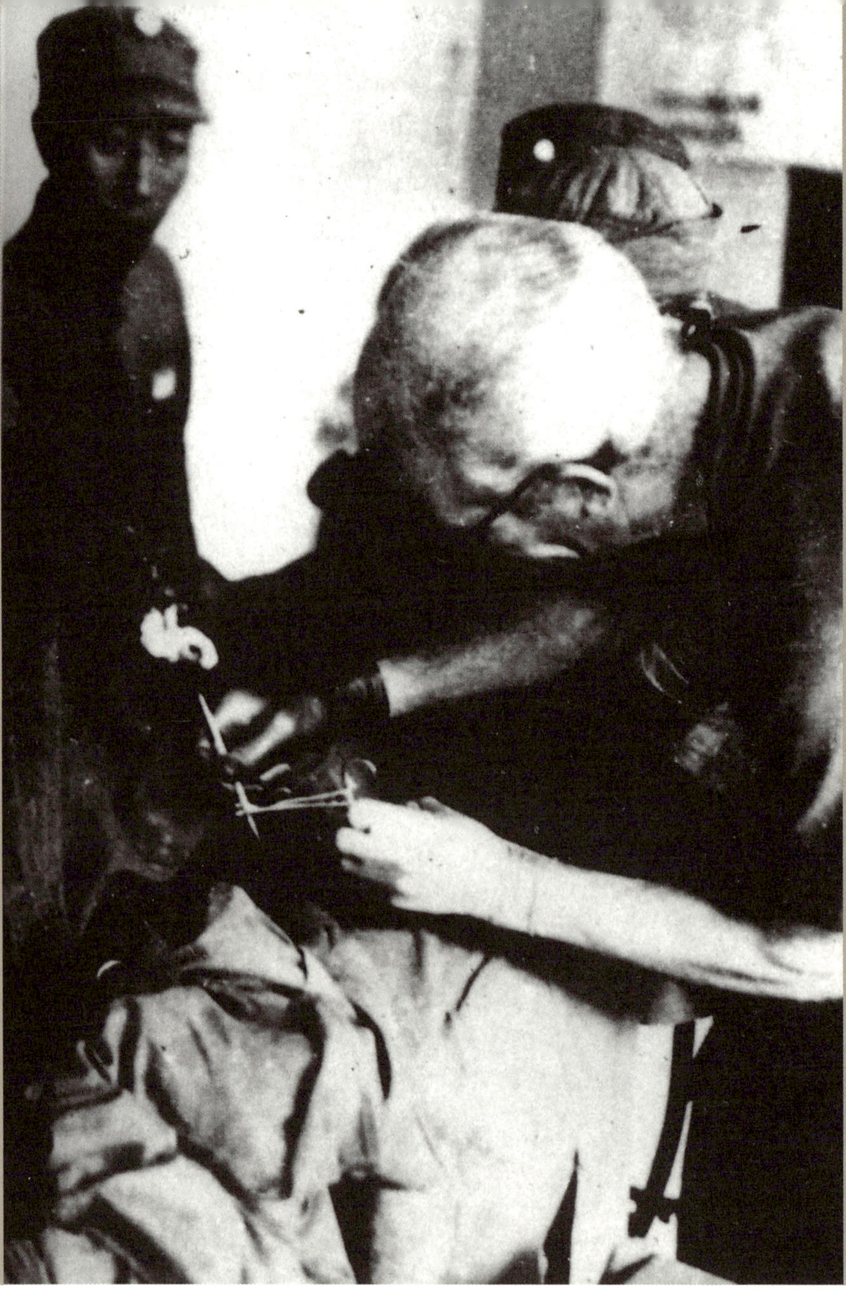

※ 1938年，加拿大共产党党员诺尔曼·白求恩（Norman Bethune）率医疗队来华，支援中国人民的抗日斗争。图为白求恩给学员做手术示范，左一为晋察冀军区司令员聂荣臻。

动。行至半路，响起了日军空袭的警报，江汉关上顿时一片混乱，人们你推我挤，争相逃命。眼看着一架敌机朝着人群俯冲下来，我连忙拉住副主席的右手，要他赶快躲避。谁知，周副主席一见江堤上人群乱成一团的样子，却一下子挣脱了我的手，一个箭步冲上大堤，边跑边喊："散开！卧倒！"我见天空中一颗炸弹正在朝下落，就不顾一切地冲上去，把副主席扑倒在地，和他一起滚下江堤。几乎是在同时，"轰隆"一声，地动山摇，弹片、泥土四下飞溅。泥土把我俩盖了个严严实实。等空袭解除，我再抬起头一看，炸弹把周副主席刚才站的地方炸了一个大坑。你说那有多险！然而不论在何时何地或者什么特殊情况下，副主席首先想到的都是人民，从不考虑他自己的安全。

1938年10月，蒋介石撤到武汉的国民政府，在日军强大进攻面前再迁重庆，我是随李

※周恩来和新四军领导人项英（右一）、邓子恢（右二）、陈毅（右五）、粟裕（右六）等合影。

克农、王炳南及其夫人等一起坐船走的。武汉八路军办事处租用的是一艘名叫新升隆号的轮船，和许多西撤的轮船混在一起，没有任何明显标志。临上轮船那一天，李克农命令我先上船，负责船上人员和物资的安全。我挎着短枪警惕地站在甲板上，遥望武汉三镇，灰蒙蒙的一片，近看码头上船挨船，人挤人，逃难的人群正向码头上涌来，不时传来船老大的叫喝声，江面上也一片混乱。突然，岸上又响起了尖厉的空袭警笛。原来混乱的江汉码头上顿时像炸开了锅似的，人们纷纷丢掉手中正在搬运的东西，找安全的地方去躲避。我因为有任务在身，不能擅离职守，就朝着天空张望。突然，三只大大的“黑乌鸦”从天空中一头扎下来，一齐对着我们新升隆号扔炸弹。我一看不对劲，一纵身跳进江中。结果，新升隆号被炸翻了，船上人大部分被炸死或掉进江中淹死。幸亏我年纪轻，在老家已会几下“狗扒”，总算挣扎着游到了岸边。后来得知，原来是日伪特务告了密，说周恩来他们将乘新升隆号去重庆，因此，这三架日机就是专门冲着我们新升隆号来的。

我们随李克农等赶到长沙后，在长沙寿星街八路军驻湘办事处和周副主席他们会合了。

※ 周恩来同各党派和无党派民主人士经常沟通情况，保持密切交往。这是抗战初期，他和国民政府军事委员会政治部副部长、第三党（后改称中国农工民主党）领导人黄琪翔在武汉合影。

长沙大火的头一天晚上，副主席本来是可以和驻湘办事处的大多数人一起先走的。但他感到还有许多工作要做，加之那天晚上（1938年11月12日）近午夜时，周恩来在办事处用手摇电话机与陈诚、张治中都通了电话。陈诚在电话里说，前方将士打得很好，日军没有什么新的动静；张治中也在电话里说“一切风平浪静，风平浪静”，这样，副主席就放心了。夜里12点过后，他让卡车装上与重庆、延安都能联络的电台和部分工作人员出发，以避开白天被日机跟踪扫射或投弹轰炸，同时也避开了白天人多塞道、车辆难于通行的情况。这辆车一走，在办事处留下的就只有副主席、叶剑英、八路军驻武汉办事处副官邱南章和司机王应絮这四个人。我当时要留下，但副主席只留下一辆吉普车，连司机五个人就坐不下了，所以我也和装电台的卡车一起先走。这时，长沙已无城防，办事处这所独立小院也已无人防卫，我们都担心副主席的安全，焦急地期待着他能早点走。可是周、叶两位首长一商量，副主席就说，敌人远着呢，今晚我们不走了，好好睡一觉，明天再走。说完他又问王应絮，汽油加足了没有？车况有什么问题？王司机都一一回答没有问题。他又让邱南章给陈诚摇个电话，对方回答日军仍在洞庭湖那边未动。这时，两位首长才上二楼休息。王应絮怕发生意外，把车停在大门口，人不离车，和衣倒在车里。我们望着副主席他们住的小木板楼，离开了静静的长沙城。后来听说我们走后，邱南章按警卫的习惯，在门里架上木板床。他一倒下去很快就睡着了，因为实在太疲劳太累了。

大约凌晨两点钟左右，邱南章被连续不断的爆炸声惊醒。他眼一睁，见大街上火光熊熊，就忙抓起枪一骨碌翻下木板床，先喊起两位首长，然后反身跑到前边大门口。这时，王应絮正在和人争吵：“我们是八路军办事处！楼上还有人，你凭什么放火烧房子？”几个国民党兵说：“凭什么？上边有命令！你不走，连你也烧死！”说着，一边浇煤油一边用燃着的火把点火。邱南章气得把枪紧紧抓在手里，要不是考虑到首长的安全，他会一枪一个地把他们统统送上西天。王应絮一见不好，如果让火苗窜进车子，烧着吉普车，就谁也走不了。他连忙跳上车把车开走，待他把车停到无火处返回时，整个办事处前院已是烈焰冲天、火光一片，插翅也难飞进了。周、叶一见门口起火，封住了院门，就和邱南章一起从后院跑了出去。这时，全城到处是火，浓烟呛得人透不过气来。正急得不知往哪儿走，周副主席却十分镇静地说：“不要慌，不要紧张，我认识路。这里到湘江边不远，走完这条石板街，就能到江边，我们就能冲出去……”多年的地下工作，使周副主席积累了丰富的斗争经验，他选择住房总是选临街且前后有门的；每次住下前，他早早就弄清了周围地形，摸清了街道的走向去处等等。所以在关键的危险时刻，他能从容不迫，化险为夷。这样，他们三个人在一片混乱中跑到了湘江边，脱离了火海。

我们这些事先已经撤到湘潭县下摄司镇的武汉、长沙两个八路军办事处的人，一见长沙烧起大火，火光烧红了半边天，人人都为周恩来的安全担心，加之又迟迟见不到王应絮吉普车的影子，李克农当即果断地命令卡车司机祝华开车返回长沙去接应。我也跳上卡车跟着去接应。半路上我远远看见周副主席那熟悉的身影，他正和叶剑英、邱南章三个人沿着铁路线蹒跚行走。我见他安然无恙，就连声喊："副主席！副主席！"一边喊一边眼泪就流出了眼窝。那天最紧张的要数王应絮了，因为他开走车子再冒着浓烟赶回办事处时，小木楼已处于熊熊大火之中，他不顾火灼的伤痛到处寻找，然后又开车找，还是没有找到，当他把车开到下摄司镇时，听说周副主席早已平安回来时，竟像个孩子似的又哭又笑。

在下摄司镇，周恩来准确地得悉日军并未逼近长沙，而是人为的故意纵火，他愤怒极了！天一亮，他就返回长沙，慰问湘江边上那些啼饥号寒的难民，并向国民党当局交涉救济灾民的事情。

（刘久洲）

战斗在重庆

周恩来同志在重庆的战斗，促进了抗日民族统一战线的发展壮大，是全党贯彻执行统一战线政策的光辉典范。

1938年10月下旬，日寇逼近武汉，国民党仓皇败退。周恩来同志、叶剑英同志最后撤离了武汉，经过长沙等地，于12月到达重庆。重庆是国民党反动统治的中心，斗争十分尖锐，情况异常复杂。周恩来同志始终坚定地贯彻执行我党关于在统一战线中坚持独立自主和坚持抗战，坚持团结，坚持进步的方针，发展进步势力，争取中间势力，反对顽固势力，同国民党反动派进行了英勇顽强的针锋相对的有理、有利、有节的斗争。当时重庆曾家岩的"周公馆"，红岩的八路军办事处，化龙桥虎头岩的《新华日报》，成为国民党统治区人民群众注视的中心，从这里传出了党中央、毛主席的声音，使人民透过弥漫的浓雾，看到了胜利的光明前程。

为了打破国民党的封锁和歪曲，让广大群众了解党的主张和方针政策，周恩来同志亲自领导了《新华日报》的工作。他说："《新华日报》是党在国民党统治区坚持抗战、坚持团结、坚持进步的一面旗帜。《新华日报》要充当‘大后方’人民的喉舌，要敢于说出真理，也要善于说出真理。”尽管他每日的工作很忙，要出席党内外的重要会议，要同广大群众接触，要同爱国民主人士、进步文化界、新闻界及其他各方面的人士接洽，还要亲自进行外事活动，但他深夜归来，还要审阅报上的社论和重要新闻，并经常亲自动手为报纸写社论、专论等文章，不断揭露国民党的黑暗统治，宣传我八路军、新四军的战绩，动

※ 在重庆指挥工作时的周恩来。

员国民党统治区千百万群众起来斗争。

周恩来同志还积极开展了进步文化工作。抗战初期，国民党一度邀请我党参加军事委员会政治部工作，周恩来同志担任了政治部副部长、郭沫若同志担任第三厅厅长。在周恩来同志领导下，第三厅团结了大批进步文化工作者，通过文化界、教育界、新闻界的爱国人士和进步群众，开展了广泛的爱国抗日文化活动，组织抗敌剧团和宣传队，到各地宣传、演出，宣传我党的抗日主张，反对国民党的投降活动，发展进步出版事业，出版了马列主义理论书籍，如《资本论》三大卷、《列宁选集》和斯大林的一些著作。还出版了毛主席的《论持久战》以及《改造我们的学习》等整风文件。在重庆、桂林、昆明，还创办

※ 1939年，周恩来和中共南方局负责人博古（后中）、叶剑英（后左）、董必武（前左）、徐特立（前中）以及中共代表、国民参政员林伯渠（前右）在重庆红岩村合影。

了许多进步刊物，宣传进步思想。在国民党统治区，形成了前所未有的文化高潮。

在发展进步势力中，周恩来同志特别注意把工作重点面向工人、青年学生和妇女群众。他指示在国民党统治区党的工作人员要“勤交友、勤学习、勤调查研究”，要在工人、职员、青年中交朋友。他曾指示南方局青委主办的《战时青年》，既要谈政治，组织青年学习马列主义理论，也要关心青年的生活。当时国民党统治区通货膨胀，青年学生即使领到一点公费，也吃不饱，穿不暖，有病无钱医治，生活十分困难。《战时青年》就揭露国民党教育当局贪污中饱、迫害青年的罪行，支持青年学生的斗争。他还注意抓当时全国学联、妇联的工作，和国民党、三青团争夺青年一代，把更多的青年吸引到党的方面来，并不断把进步青年输送到敌后抗日根据地。

周恩来同志在国民党统治区的广大群众中有着极高的威望。后方广大群众渴望一瞻他的风采，希望聆听他的演讲。1940年9月间，当时国际上德意日法西斯气焰十分嚣张，英国在敦刻尔克大溃退后，为了绥靖日本，封锁了滇缅路。美国也在东京和华盛顿两地同日本会谈，妄图搞对日妥协，牺牲中国的远东的慕尼黑。加上英美财政援助减少，物资运不进来，物价飞涨。一贯依靠外国的国民党反动政府，这时更加动摇，也更露骨地反共。国际局势究竟会出现什么局面？团结抗战的局面会不会破裂？抗战能不能打下去？这些问题沉重地压在人们的心头，希望能得到正确的答案。这时，周恩来同志在中华职业教育社举办的演讲会上，发表了《国际局势和中国抗战》的著名演说。演讲的消息一传出，就轰动了整个山城。演讲地点本来预定在市区实验剧院，参加的工人、学生、妇女、军人、职员、公务人员很早就从四面八方赶来，楼上楼下已经挤满了人群，由于人数太多，不得不临时把地点改在能容纳更多听众的张家花园的巴蜀小学操场举行。当时人山人海。虽然演讲在国民党军警环伺下进行，但群众全神贯注，几千人的会场，秩序井然。周恩来同志以高昂有力的声调，透彻地分析了当时的国际形势和中国抗战的前途，指出帝国主义战争正在持久扩大，我们既不能忽视利用国际上有利于中国抗战的每一变化，又不能对任何帝国主义的外援存在幻想。争取抗战胜利，主要依靠自力更生，艰苦奋斗，只要坚持团结，抗战到底，胜利一定属于我们。他说：“我们的作战，只是人、财、粮、弹四个最低的要求，只要有了最低限度的生活，就可以抗战到底。”他指出，美国援华的款项，是中国用钨砂换来的，要把这笔钱用到抗战上去，而不要再加到蒋宋孔陈四大家族存在美国银行的美金存款上去。演讲持续了近4个小时，他始终保持着饱满的战斗精神。全篇讲演贯穿着毛主席在《论持久战》中所阐明的光辉思想，无情地揭露了国民党腐朽无能和借抗战营私的真实面目，充满了民族的正气和必胜的信念，极大地振奋了人心。听众不时报以雷鸣般的掌声。这篇演说，一扫了当时的悲观失望气氛，使各阶层群众、各民主党派人士，增强了抗战到底的信心。当时在场的许多外国记者，马上纷纷向国外发新闻，在国际上也引起强烈反应。

周恩来同志对于争取中间势力，也进行了大量工作。1939年，国民党公开实行消极抗日积极反共的反动政策后，抗日党派和进步力量在抗战初期争得的少许权利也一概取消。在我党发出要求国民党实行民主政治的号召下，在周恩来同志的直接影响和推动下，国民参政会中像沈钧儒、邹韬奋、黄炎培等民主人士组织了“统一建国同志会”，作为一支政治力量和我党共同与国民党反动派进行斗争。对于华侨和西南地方势力，周恩来同志也进行了团结争取的工作。华侨爱国人士陈嘉庚回国后，经周恩来同志的介绍，到延安参观，受到毛主席的接见。他根据亲身体会，赞扬在国内只有延安是廉洁的。他的谈话在重庆震动很大，在华侨当中影响也很大。西南地方民主人士张澜、鲜英等，还为我们提供自己的住宅，如鲜英的“特园”，曾作为周恩来同志和各界人士会见的场所。周恩来同志在分化和争取国民党上层人物中，也做了大量工作，像冯玉祥这样本来与蒋介石有尖锐矛盾的知名人物，经周恩来同志的努力争取，成了共产党的朋友。周恩来同志就是这样以辛勤的工作，给民主党派的斗争指出了方向，扶持了国民党内部的抗日派，这就最大限度地孤立了以蒋介石为代表的顽固势力。

1941年1月发生的震惊中外的“皖南事变”，是国民党反动派掀起的第二次反共高潮。当时投降、分裂的危险空前增长。面对这一股反动逆流，党中央、毛主席的方针是“即以其人之道，还治其人之身’，“以打对打，以拉对拉”，实行“革命的两面政策”，周恩来同志根据党中央和毛主席的指示，领导我党在国民党统治地区展开了英勇的反击和斗争。

1941年1月4日，国民党反动派背信弃义，对奉令正向长江北岸移动的我新四军9000余人，在安徽南部泾县的茂林地区，进行突然包围和袭击。我新四军指战员进行了艰苦卓绝的战斗，奋战七昼夜，终因寡不敌众、弹尽粮绝，除有2000余人突围外，大部壮烈牺牲，军长叶挺同志被扣。1月4日这一天，架设在重庆八路军办事处三楼的电台，收到新四军总部发来在北上途中被围的告急电报，周恩来同志愤慨万分，立即向国民党反复交涉，提出严正抗议。5日电报联系减少，最后联系完全中断。1月17日，蒋介石悍然发布反革命命令，诬蔑新四军“叛变”，宣布取消新四军番号。当时周恩来同志怒不可遏，打电话给何应钦。他在电话上痛斥何应钦说：“你们的行为使亲者痛，仇者快，你们作了日寇想做而做不到的事！”他在电话上讲完“你何应钦是中华民族的千古罪人”这句话后，愤怒地摔下了电话听筒。从

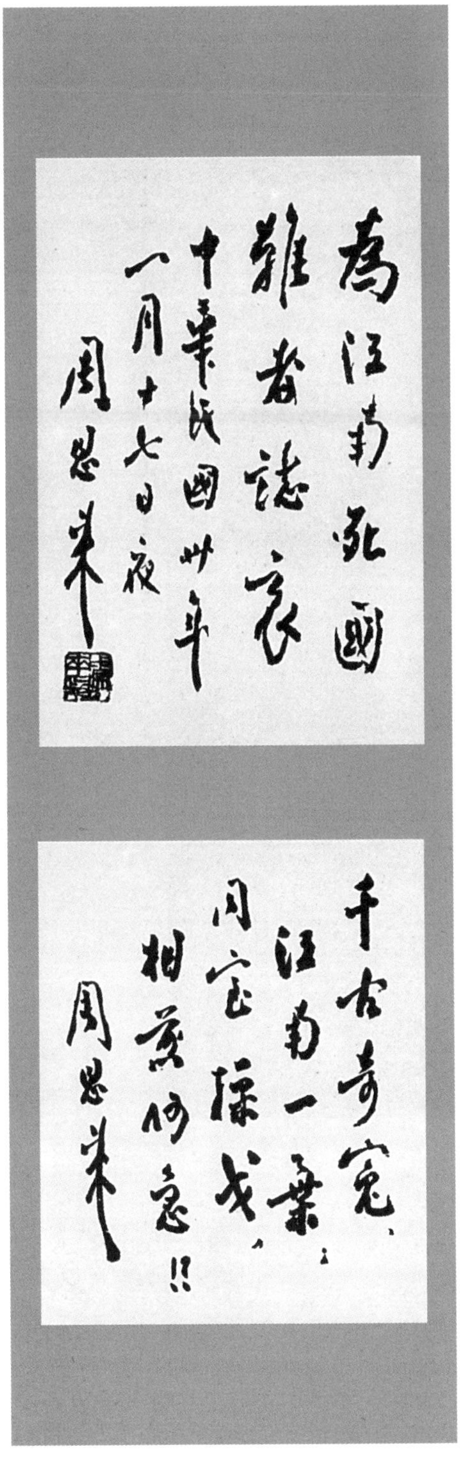

※ 1941年1月17日，周恩来为《新华日报》书写的义愤填膺的题词和诗，揭露国民党顽固派破坏团结抗日、制造皖南事变的罪行。

1月4日到1月17日这一段日子里，他常常是彻夜不眠，沉着果断地应付事变。

为了揭露国民党反动派的暴行，周恩来同志指示《新华日报》写了皖南事变真相的报道和反对蒋介石反动命令的评论。由于报道和评论被国民党新闻检查机关扣压，他就极其愤怒和沉痛地挥笔写下了“为江南死国难者志哀！”“千古奇冤，江南一叶；同室操戈，相煎何急！！”的题词。《新华日报》18日刊出他署名的题词，表达了对新四军殉国指战员的沉痛哀悼，严正声讨了国民党的反革命罪行，向全国、全世界揭穿了蒋介石反共反人民、破坏抗战、破坏团结的阴谋，使国民党十分狼狈，极端孤立。

国民党为了制造团结、和平的假象，妄图要我党参政员出席参政会。我党七参政员发出删电提出十二条善后办法，作为出席的先决条件。由于各民主党派的斡旋，在渝参政员董必武、邓颖超同志又提出停止军事进攻，承认各党派合法地位，恢复叶挺军职，释放新四军被押人员等十二条临时解决办法，但未被国民党接受，于是我党坚决拒绝出席参政会，揭露了蒋介石假团结、真分裂的反动面目。

由于党中央、毛主席委任陈毅同志为新四军代军长，回击了蒋介石的反革命命令；由于当时我解放区战场八路军、新四军对来犯之敌给以迎头痛击；由于国民党统治区的人民群众、民主党派对我党深表同情以及国际舆论的谴责，一句话，由于我党进行了针锋相对的斗争，国民党的第二次反共高潮，终于以失败告终。

周恩来同志是久经考验的无产阶级革命家，

※周恩来在重庆红岩村。

他预见到国民党当时虽然不敢全面破裂两党关系，但我们必须从最坏的情况出发，做好一切准备。遵照党中央关于党在国民党统治区实行隐蔽精干、长期埋伏、积蓄力量、以待时机的政策，周恩来同志把当时在南方局、重庆办事处、《新华日报》工作的一部分同志转移到香港，开辟新的据点以加强对国民党的斗争，并帮助民主人士、作家、学者转移。对于转移工作，他亲自作了安排部署，使他们安全到达。许多党员和党外人士到香港后，办起了《华商报》和其他进步刊物，有些知名人士，并成立了“民主政团同盟”，形成了又一个民主和进步文化的中心。他们在香港写文章，发表政见，揭露国民党发动内战、准备投降的阴谋，对国际舆论和海外华侨起了很大的影响。

在我党、我军打退了第二次反共高潮以后，毛主席指出：“这次斗争表现了国民党地位的降低和共产党地位的提高”，指出“国民党在其统治区域内对我党和进步派的压迫政策和反共宣传，决不会放松，我党必须提高警惕性”。但同时毛主席也着重指出，要纠正那种“认为国共已最后破裂或很快就要破裂的错误估计以及由此发生的许多不正确的意见”。强调在向着最坏的一种可能性作准备的同时，要争取好的可能性，并使之变为现实性。周恩来同志就是坚定地遵照毛主席的指示，领导国民党统治区和海外党的力量，积极利用时机，为把好的可能性变为现实性而进行了卓有成效的斗争。

自皖南事变后，尽管国民党不断强化它的法西斯统治，以后又借第三国际解散之机，再一次掀起反共高潮，但是我党的统一战线工作，首先是文化知识界的统战工作却有了深入的发展。由于国民党采取高压政策，我们的活动虽然受到更多的限制，但在周恩来同志的领导下，我党采取了灵活多样的方式，如通过纪念鲁迅，悼念邹韬奋等各种方式，联系和团结文化界。国民党统治地区的进步文艺运动，通过学习毛主席的文艺思想，继续发扬了革命文学的战斗传统，写下了许多暴露反动统治、鼓舞人民斗志的作品，特别是戏剧活动十分活跃。郭沫若同志写的几个历史剧，脍炙人口。如话剧《屈原》，通过屈原对楚国黑暗政治的控诉，表达了千百万人民群众反对国民党反动统治的心声。演的是历史剧，骂的是古人，但实际所指的却是当时的独裁者。周恩来同志看戏后，亲自动手写剧评。表面上是评戏，实际上是谈政治，是生动活泼、尖锐犀利的政治论文。就是通过这种方式，在舞台上下，剧场内外，声讨国民党反动派，抒发民愤。由于进步文艺运动的高涨，进一步扩大了文艺阵地，这对于暴露国民党的黑暗统治，教育和鼓舞群众为坚持抗战、争取民主而斗争，产生了积极的影响。

这个时期，在周恩来同志的努力争取下，民族工商界的广大人士也进一步向我党靠拢。当时国民党统治地区经济状况日益恶化，蒋宋孔陈四大家族同民族资产阶级的矛盾也日益尖锐。他们通过通货膨胀和统购统销，加紧掠夺人民群众，压迫中小资产阶级。周恩来同志为了争取民族工商业人士，也做了大量工作。有一次，他在同工商界人士座谈中，列举当时国民党统治区每年出口猪鬃、桐油、生丝换取外汇的金额，而由于国民党反动政府四大家族控制外汇以伪法币向工商界结算，加上通货膨胀等因素，致使出口商蒙受巨大损失的情况，向工商界揭露了四大家族掠夺的真相，使到会人士惊叹不已。他们说：“这些数字，我们搞了多年出口业务，都弄不清楚，想不到作为一个政治家的周先生，对经济情况了如指掌，真叫人钦佩又感动。”当时，重庆商会主办的报纸《商务日报》本来是一家反共报纸。我们利用西南工商界同国民党的矛盾，通过《商务日报》揭露国民党通货膨胀和贪污腐化，鼓励工商界为提高猪鬃等出口物资收购价格、提高花纱布工缴和轮船运费而斗争，《新华日报》则在舆论上给以支持，迫使国民党反动政府作出一些让步。从1944年到1945年，工商界360行，几乎天天有几个行业请愿，提要求，开记者招待会，弄得国民党穷于应付，狼狈不堪。民族资产阶级本来对国民党敢怒不敢言，现在同国民党开展斗争，并能得到一些利益，也和共产党往来。周恩来同志说："在1941年只有文化教育界靠拢我们，1945年民族资产阶级也靠拢我们了。"我们的统一战线更加扩大了，党的影响更加广泛了。

1944年日寇沿平汉、粤汉、湘桂线大举进犯，国民党军队望风而逃，日寇前锋一直打到贵州的独山。国民党政权风雨飘摇。当时人民群众已经看透了国民党腐朽无能，把希望寄托在共产党方面。这时，昆明的学生运动蓬勃开展，重庆的群众运动也活跃起来，特别是通过追悼胡世合的群众性斗争，群众运动的波澜更加壮阔。胡世合是重庆电力公司的工人，因为制止特务偷电，被开枪打死。《新华日报》号召工人阶级和各界群众起来抗议特务暴行，得到各阶层群众和舆论界的普遍响应，举行了声势浩大的追悼会，国民党在群众的压力下，不得不枪决行凶的特务。斗争的胜利，进一步团结了广大群众，教育了中间派，打击了顽固派。我党在国民党统治区的威望更加高涨。

总之，抗战期间，我党在国民党统治地区的工作，经受了三次反共高潮的严重考验，党的影响更加扩大了。我党团结国民党统治地区的广大人民群众和民主党派进行了政治斗争，不但有力地配合了解放区的武装斗争，而且还为抗战胜利后的决定性斗争积蓄了力量。这一切，都是周恩来同志正确地贯彻执行党的抗日民族统一战线政策的结果。

周恩来同志在重庆的战斗，正如许多国外的评论家所说的那样，他不但是共产党派驻在国民党那里的代表，而且也是共产党派驻在整个外部世界的代表。当时英美驻重庆的大使都主动地访问我中共代表团。太平洋战争爆发后，英美等西方国家到重庆访问的人士十分频繁，他们当中有统治阶级的上层人物，如美国副总统华莱士、共和党领袖威尔基以及美国总统罗斯福派来担任蒋介石顾问的拉铁摩尔，也有同情进步的自由人士；有文职人员、记者、教授，也有职业军人。尽管他们有些人是支持国民党的，但是周恩来同志同这些外国人士进行了广泛的接触，努力影响他们，争取他们，使他们通过实际了解，对中国问题有个比较正确的认识。许多外国人士确信共产党领导的解放区和抗日武装，才是对日作战的中坚力量。美国当时驻在重庆的外交人员谢伟思在回忆周恩来同志的文章中说："他试图使我们赞同他（和他的党）对中国和世界的看法——他对这些看法是深信不疑的。但是，他这样做，靠的是冷静的说理，清晰的措辞，温和的谈话，广博的历史和世界

※ 1940年7月，周恩来和叶剑英（左四）、邓颖超等同国民党谈判代表张冲在重庆珊瑚坝机场。

知识以及对事实和细节的惊人的了解，人们会被说服（或受到教育），但不会被压服，也不会因为持不同意见而受到责怪。”周恩来同志正是用他充沛的精力和卓越工作的才能，正确地表达了我党的立场，说服了和影响了许多人，因而在国际统战中，团结了更多的外国朋友，这就大大有利于在抗战胜利后把美蒋反动派彻底孤立起来，并为建国后的外交工作积累了经验。

（钱之光）

坠马事件

大青马在紧急避让江青时将周恩来摔了下来，周恩来怕脑袋撞到地上的石头，伸出右手去撑地，结果折断了自己的右臂。

我在周恩来副主席身边的几年时间内，他的延河坠马事件也是我终身难忘的大事之一。

1939年6月，因为国民党反动派连续制造了“河北冲突”和湖南的“平江惨案”等较大的反共摩擦事件，周恩来不得不从重庆返回延安，同党中央、毛泽东商量解决反共摩擦的具体办法，我也就随副主席回到了延安。那时，由于日本侵略者对延安城进行狂轰滥炸，延安住房挺紧。副主席因为常在重庆工作，延安杨家岭就没有给他留下空房子。这次回延安后，毛主席挺高兴，让他的秘书叶子龙腾出住的那孔窑洞，并对我说：“小鬼，你跟周副主席从大后方来，辛苦了，我放你的假，休息几天，周副主席的事由我的警卫员王来音去管。”

我一听主席放我的假，高兴极了，连句“谢谢”的话也忘了说，忙着给副主席收拾好房间，就去找我的老首长、老战友们“侃山”去了。一连跑了好几天，熟悉的老首长、老战友们都看得差不多了，我怕副主席有事找我，就经常有事没事的到副主席住的地方跑一跑，转一转。记得那天是1939年7月10日，陕北的老玉米渐趋成熟了。周副主席一见到我就说：“小刘，主席已经放你假了，你就甭来了。”“报告副主席，夜里我做梦，说你有事找我。”我给副主席敬了一个礼。“傻孩子，有事会找你的。”副主席听我说做梦他找我，一边笑着跟我说话，一边还不住瞅着他手中的文件、电文。我刚要转身离去，副主席抬起头又把我叫住了：“喂，小刘，今天中央党校举行毕业典礼，有文艺演出，你去看看戏吧。”我一听，高兴地点点头说：“知道了。”说完，我就告辞副主席，从延河涉水赶到中央党校去了。中央党校的礼堂不算大，人还未到齐，我选了一个座位坐下来一边等，一边问靠近的一位同志：“今天演什么戏？”“不，先是听报告，听说是周副主席来作报告。”“是周副主席来作报告？”“没错。”我一听更高兴了。

听报告的人很快都到齐了，可是左等右等，就是不见副主席的影子，他向来都是遵守时间的模范，怎么今天……我越想越觉得不对劲儿，越想越觉得有问题。就在焦躁不安的时候，突然一个人慌慌张张地跑到我的座位旁：“刘久洲，副主席出事了，你怎么还坐在这儿？”我一听，立刻像掉在弹簧上一样，一下子蹦了起来，也没看清来人是谁，就跟着他跑。跑到党校会客室，见到许多人围着躺在那里的副主席，周围的医生们正在进行抢救。副主席用左手轻抚在右臂上，大概他太痛了，脸上滚着晶亮的汗珠。人们正在纷纷议论："马到底是畜生，怎么把副主席给掀下来？""唉，要是我们今天不搞毕业典礼就没事了。""老天也不帮忙，偏偏昨天下雨，今天延河涨山洪，要不坐汽车来也就没事了……"我顾不上听议论，忙找来毛巾给副主席轻轻擦去脸上的汗。这时，听医生问他："您怎么从马上摔下来的？"他忍着痛苦说："自己不小心，落下了马，可能是这一年多来未骑马，生疏了。"

※ 周恩来在延安锻炼臂力的情景。

红军医院的医生们都赶来了，他们经过检查和会诊后，认定副主席的右臂已经骨折。这时，延河水已退了下去，吉普车开过了延河，我们把副主席扶上车，开了回去。我便留在副主席身边照料他。

副主席受伤的消息一下子惊动了整个延安城。中央的领导人非常关心他的伤情，对治疗工作也十分重视，把治疗作为重要任务向八路军卫生部副部长、外科大夫王斌作了交待。王斌立即集中了当时在延安的所有最好的医生，像印度援华医疗队的巴苏大夫、柯棣华大夫等都请来了，他们都参加了会诊和研究治疗的方案，并很快投入治疗。

周副主席一向细致谨慎，长征时他骑着马白天、夜里跋山涉水，长途行军；第一次会见张学良时，他和李克农在雪地上“飞马”去延安……但谁也未听说他遇过险、出过错。这回怎么摔下马而且跌断了右臂呢？当时许多人问他，他都只几句话，而且总是把责任揽在自己不小心上。只有朱老总去看他时，我在旁边隐约地听他说：“是江青突然跑马引起的。”副主席和朱老总之间一直是无话不谈的，但是在那时，保密纪律性很强，不该问的不问，不该说的谁问也不能说。一直到周总理去世后，我才听那天跟随副主席的警卫员王来音告诉我副主席坠马伤臂的原委。

那天早上，毛主席忽然接到两个请柬：一个是延安马列学院，一个是中共中央高级党校，都是请主席去作毕业报告的。主席就对周恩来说：“恩来，你从大后方回来，外边的形势大家都想知道，你就帮我去一个吧。我到马列学院，你去党校。要不，我一个人，怎好去两家呢？”周恩来同意了。这时刚好江青也在场，她就说：“让我也去听听。”主席瞪了她一眼：“你现在还不够格（指团级以上）。”江青娇嗔地说：“人家去学习学习嘛。”这时，主席让步了：“那好，你跟我去马列学院吧。”江青又说：“听了报告我还想看文艺表演。”主席有点不耐烦地摆摆手：“好，那你和副主席去吧。”

去中央党校要过延河，那时延河上还没有架桥。但陕北是黄土地，河床下没有什么淤泥，只要水浅，汽车就能通过。主席就叫王来音先去延河，看汽车能不能开过去。王来音跑到延河边一看，头天的雨水正沿着各条山沟往延河里灌，延河水奔腾汹涌地往下流，汽车无论如何也开不过去。他就跑回报告了主席和副主席。毛主席当即就叫王来音牵出主席自己骑乘的大青马，因为这匹马跟主席进行过二万五千里长征，跋山涉水很有经验。主席还不放心，又让他的警卫参谋蒋泽民随行。本来蒋泽民自己也是有马的，这回江青闹着要去，他只好不情愿地把马让给了江青。

过延河时，水深齐膝，王来音给副主席牵着马走在前边，江青骑着马紧随其后，蒋泽民走在最后边。平安地蹚到对岸后，王来音丢开了副主席的马缰绳，在河滩上穿衣服和鞋

※ 赴苏治伤前的周恩来与刘少奇合影。

子。这时，刚刚上了河滩的江青突然心血来潮，她两腿使劲一夹，扬起鞭子对着坐马就是一鞭，那匹马一下猛烈地奔跑起来。大青马原本和蒋泽民的马是经常一起出去的熟马，又经多年战争环境洗练，它不用加鞭抖缰，也马上蹬开四蹄跟了上去。这么一来，江青和副主席的两匹马一先一后在延河滩上飞奔起来。就在河滩路将要跑完，前头的江青即将跑上河岸的小道时，马蹄声惊动了附近人家的一条狗，迎着马头“汪、汪、汪”地大叫着跑过来，江青顿时吓得手足无措，猛地一勒马，陡然拐进田间的小道。说时迟，那时快，副主席的大青马也已跑到，眼看就要撞上江青的马，副主席怕把江青撞下马，连忙急拉缰绳，也是一个急拐弯，偏不凑巧，展现在马头前的是一个刚刨过树根的大土坑，大青马在紧急避让中将副主席摔了下来，副主席怕脑袋撞到地上的石头，伸出右手去撑地，结果折断了右臂。蒋泽民、王来音都是警卫工作人员，首长出事得马上报告，可是偏偏碰上江青这么一个特殊人物。最后蒋泽民还是向主席汇报了，主席气得当面批评江青：“你出什么风头！”“你耽误了多少大事！”江青自知理亏，躲得远远的，一声也不敢吭。之后，有很长一段时间，主席都气得不理江青。

治疗一段时间后，由于当时延安的医疗条件差，经X光照射，发现周恩来的右臂已错位愈合，伴之以肌肉萎缩，如果不及时治疗，他的右臂将失去应有的功能。于是党中央紧急作出决定，让周副主席尽快去苏联治疗。

（刘久洲）

超越血缘之爱

周恩来在苏联治伤期间，曾到儿童院里看望中国孩子。周恩来、邓颖超与孩子们照相时特别注意到烈士的后代，一定要和他们单独合影，如果是双烈士的孩子，他们还要拍两张。

周恩来去苏联治病，飞机里多出了几个孩子

1939年9月，周恩来和邓颖超来到莫斯科。这次他们不是来开会，也不是来学习，而是来治病，走下飞机的周恩来右胳膊上吊着绷带。

1939年秋，中央决定让周恩来去苏联治疗养伤，陪同前往的除了邓颖超，还有红四方

面军的原领导人陈昌浩，他也去苏联治病。

当时中央决定去苏联的人并不多，几个大人和一个孩子，这个孩子是陈昌浩的儿子陈祖涛。

陈祖涛是1938年找到的，他随他的叔叔一道被党组织辗转送到延安。离别10年的父

※ 周恩来和邓颖超在莫斯科同中共驻共产国际代表团负责人任弼时等合影。右起：蔡畅、张梅、任弼时、陈琮英、邓颖超、周恩来、孙维世。

子，谁也没有想到会在延安相见。陈昌浩这个带部队过了两次草地、爬了三次雪山的硬汉子，面对死亡都没有眨一下眼，可当他抚摸儿子硬茬茬的头顶时，眼眶红了，来之不易的骨肉团聚啊！

他决定利用这次去莫斯科治病的机会，将儿子送到国际儿童院学习。所以这次他们父子同机，也是准备父子又一次的离别。

飞机走的那天是一个晴朗的早晨，延安机场上，许多人前来为周恩来等人送行。刚刚10岁的陈祖涛比谁都更盼望着飞机的到来，因为前一天晚上，父亲告诉他，如果来的是一架大飞机，他将同父亲一起坐飞机去苏联；如果是一架小飞机，陈祖涛等人只好坐汽车或火车走兰州这条线路去苏联了。一大早，陈昌浩就骑马带着儿子去了杨家岭，先将此事请示了毛泽东，毛泽东欣然应允，还给了他们父子几块大洋，说路途远，给孩子买一些衣物。

大约9点钟，飞机场上空响起了隆隆的飞机声，一架中型飞机降落在机场上，机舱里有24个座位，这在当时就是大飞机了。

起飞前，大家纷纷和周恩来等人告别。这时，高岗带着小儿子高毅也来了，高岗见是大飞机，也动心了，让儿子和陈祖涛一起坐这架飞机去莫斯科学习。经毛泽东同意，高毅也能上这架飞机了。在场送行的还有孙维世，她本来是送送养父母的。大家都知道周恩来很喜欢她，见高毅又上了飞机，就和她开玩笑说："孙维世你也去吧。"

孙维世那时17岁，正是好奇心很重的年龄，渴望见识新的世界。开始，她不敢向干爹、干妈提出去莫斯科的愿望。但当她看见其他孩子临时决定去莫斯科学习，她也动心了，到周恩来跟前像小孩子缠着大人那样，说她也要去莫斯科学习。

周恩来没有准备，突然听养女提出这个要求，就问："你去莫斯科学习什么？"

"我去学习戏剧，你们不是说我有文艺天赋嘛，如果不学习专业知识，那一点天赋还不是会自生自灭？"

周恩来觉得孩子学习的要求合情合理，就说："主席批了条子才算数，我同意不算数。"

于是，孙维世骑马飞奔去了杨家岭。过了一会儿，她回来了，高兴地说，毛主席同意了。就这样，两手空空的孙维世也意外地成为这次空中旅行的成员。

飞机就要起飞了，孩子们坐在位子上兴奋地期待着……突然，机舱里响起了嘹亮的哭声。周恩来一扭脸，原来是刚才被保姆抱上飞机玩耍的"小老虎"陈小达——陈伯达的儿子，用手死死抓住座椅扶手，死活不肯下飞机，并且用他那锐利的武器——哭声，捍卫自己的愿望。

这个孩子才3岁，居然已经有了小老虎的雄风，性格特别倔强，任凭父母轮流抱他，他就是不松手，也不住口……看见孩子泪流满面，哭得好伤心，周恩来第一个心软了，就对陈伯达说："那就都去吧，让孩子到儿童院成长吧。"

陈伯达只好自己下飞机，但他在机舱门口还不甘心，威胁儿子说："以后你再见不到爸爸妈妈了！"

"见不到就见不到！"儿子一脸不屑，比父亲还硬气。

飞机载着四个小伙伴：孙维世、陈祖涛、高毅和陈小达起飞了。除孙维世到莫斯科学习艺术外，其他三个孩子都进了国际儿童院，后来又考入莫斯科的大学。

飞机在兰州停了下来，在那里，他们遇到提前到达的刘允斌、刘爱琴兄妹俩，他们也是到苏联儿童院学习的。

"那就一起到迪化（乌鲁木齐）吧。"周恩来对他们兄妹说。

四个孩子变成了六个，周恩来和邓颖超几个大人成了带队的儿童团长，招呼前头的，照顾后面的，周恩来吊着伤胳膊，还要不时照顾年纪最小的"小老虎"。不过此时的"小老虎"已经成了小狗熊，他晕机晕得迷迷糊糊，倒在保姆怀里一动不动。

飞机到迪化后，因为几个孩子是临时决定去莫斯科学习的，需要办理一些出国的手续。孩子们被暂时留下来，等待办好手续再坐火车去莫斯科。周恩来和邓颖超他们几个大人在八路军办事处住了几天，就先坐飞机去莫斯科了。临走前，周恩来和这几个同机的孩子合了张影。这张照片至今还挂在新疆乌鲁木齐市当年八路军办事处纪念馆里。

1940年十月革命节的前两天，孙维世、刘允斌、刘爱琴、陈祖涛、高毅还有"小老虎"等人坐火车到达了苏联境内的莫尼诺，随后被送到建在那里的国际儿童院，开始了陌生而又新奇的生活。

抗战时期，延安向莫斯科国际儿童院输送了40多名革命后代

周恩来在莫斯科克里姆林宫医院治疗，这是莫斯科最好的医院。经过一个月的治疗，疼痛减轻了许多，但胳膊依然无法复原。

病情好转的周恩来开始惦记在莫斯科郊外国际儿童院学习的孩子们，如果不是医生不让他离开医院，他早就想去看望他们了。

1940年，在莫斯科有两个国际儿童院，一个叫伊万诺沃国际第一儿童院，一个是莫尼诺国际第二儿童院。中国抗战爆发前，国内就送来了10多个孩子来苏联学习，主要集中

在第二儿童院。1939年西班牙内战爆发，大批西班牙革命者和知名人士的子女也被送到苏联，第二儿童院重新对各国孩子进行了调整，将40多名中国孩子全部迁往距离莫斯科300公里远的伊万诺沃国际第一儿童院。

这个儿童院是苏联最大的国际儿童院，集中了40多个国家的孩子，其中有波兰统一工人党领袖贝鲁特、意大利共产党领袖陶里亚蒂、美国邓尼斯、日本片山潜、南斯拉夫铁托

※ 周恩来和邓颖超同在莫斯科学习的烈士子女在一起。前排左起为张芝明（张太雷之子）、赵令超（赵世炎长子）、赵施格（赵世炎次子），后排左二为郭志成（郭亮之子）。

等著名革命家的子女。中国有毛泽东的两个儿子、林彪的长女、瞿秋白的独女、蔡和森的三个孩子、蔡畅的独女、林伯渠的女儿、苏兆征的两个孩子、张太雷的两个孩子、郭亮的儿子、赵世炎的两个儿子等。这次周恩来到苏联治病又带来了刘少奇的儿女、陈昌浩的儿子、陈伯达的儿子。在周恩来他们离开莫斯科后，朱德的女儿、罗亦农的儿子、王若飞的儿子成为抗战期间最后一批走进国际儿童院的中国孩子。

中国孩子到儿童院以后，暂时不按年龄编进当地的中小学里跟当地孩子一起学习。一般要先进俄语补习班，等掌握语言后，再进当地学校跟班学习。

这里的环境和中国的环境简直是天壤之别，特别是来自战争国家的孩子，尤为感到兴奋，因为他们刚刚穿越了战争的硝烟，一下子走进和平的天地，不仅充满了诧异，也几乎不相信世界上还会有这样美好的地方。在儿童院的校园里到处是鸟语花香、绿莹莹的草地和参天的大树，即使是冬季房间里面也温暖如春……

在这里生活的中国孩子被巨大的幸福淹没了，完全不去理会中国国土上的父辈们是如何的浴血奋战，如何的日理万机，如何的鞠躬尽瘁……照样嬉笑玩耍，甚至调皮捣蛋，打架犯错误，直到苏联也爆发了战争，大家才深刻体会到战争是什么，大家才在战争中成熟起来。

斯大林对各国的孩子给予了最好的照顾。但是，不管生活条件如何优越，有的孩子还是不能抹平精神的创伤，这跟他们长期与父母离散有关。

中国学生队队长是毛岸英，他和弟弟毛岸青在党组织和周恩来的精心安排下，于1937年底，几经辗转，到了苏联，先进入莫尼诺国际第二儿童院学习。历经人间磨难的兄弟俩终于有了一个安定的学习环境。这一年，毛岸英15岁。

毛岸英和父亲一同生活的时间很短，他和弟弟因为母亲被害而流落街头，受尽了人间屈辱。他们刚到儿童院的时候，似乎不知道什么是和平、稳定，兄弟俩依然对四周充满了警惕，对谁也不肯暴露自己的身份。有时他们不得不提到自己父亲时，就和别人一样直呼毛泽东的大名，好像他们跟毛泽东没有一点关系似的。后来在中国派去的师哲副院长的开导教育下，他们兄弟俩才敢讲出自己的身份，才敢当着大家的面称毛泽东是“我们的父亲”。

孩子们像迎接亲人那样迎接周爸爸和邓妈妈的到来

在周恩来没有到来之前，第一儿童院里的孩子都已经知道了这个消息，大家特别高兴，话题都是围绕周恩来的。这不仅是因为祖国有人来看望他们，更重要的是许多孩子是由周恩来寻找回来的，心里怀有特别的感情。

那些从两三岁就来苏联的孩子，尽管他们中间有的也是周恩来安排送出来的，但他们当时太小没那么多记忆，见大哥哥大姐姐的忙乎劲儿，估计来的一定不是一般人，一定很了不起，也跟在大孩子后面忙了起来。

周恩来和邓颖超到儿童院时已经是中午，300公里可是不近的路途，他们天没亮就上路了。孩子们从上午就在会堂里等，觉得时间真慢，几次出去看大路上有没有车子。有的孩子眼尖，老远看见一辆黑色轿车，就大声报告说，周爸爸邓妈妈来了！孩子们一下子涌到马路边……车子开到跟前停了下来，不等里面的人下车，孩子们便热烈地开始鼓掌。

第一个下车的是周恩来，接着邓颖超也下来，大家围了上去，并簇拥着他们走进事先已经布置好的会堂……

儿童院有个习惯，没有个体父母的概念，一个孩子的母亲就是所有孩子的母亲，如果一个妈妈来儿童院看望孩子，所带礼品就是所有40多个孩子的，所有孩子都会迎上去叫妈妈。因为这个称呼实在太珍贵了，有的孩子一生下来就没有使用过这个词汇。

周恩来一进去，立即被孩子们真诚的爱心包围了——墙上用中文和俄文写满了欢迎标语，还挂了彩纸，好像过年一样。

这时，毛岸英走上前，对周恩来说："今天我给周伯伯当翻译。"

"哎，这不是岸英吗？成小伙子啦！"周恩来眼力真好，八九年不见了，还能准确认出长大的毛岸英。

周恩来看看身边那些瞪大眼睛，显然听不懂他讲话的孩子，笑了起来："看来我们成了外国人了！岸英，你向我介绍这里的孩子，他们都是谁的孩子。"

毛岸英马上向周恩来作了比较系统的介绍。周恩来突然发现有人在照相，就问："那个照相的是谁？"

"苏河清，外号秋秋。是烈士苏兆征的儿子。"

"苏河清，我认识你。你过来。"周恩来将苏河清叫到跟前，细细端详了一会儿，问："什么时候学会摄影的？"

负责拍摄的苏河清，已经考入大学，听说周恩来要来，特意从莫斯科赶了过来。这个当年为地下党放哨的孩子在这年9月考入了苏联莫斯科电影大学摄影系，成为儿童院中最早进大学深造的中国学生。

周恩来对苏河清考入电影大学很感兴趣，对他说："你能学摄影这很好，我们在延安很少有人会拍电影，希望你学了回国，多拍些八路军、根据地的影片。”周恩来的支持和鼓励，使苏河清备受鼓舞，他当场向周恩来保证，学业有成后一定回国效力！

周恩来一边询问孩子们的生活情况，一边时不时询问孩子们的理想。有的说要当医生，有的说要当飞行员，有的说要当工程师。问到黄健（黄平的儿子）时，黄健深吸了口气，脸憋得红红的，却不知回答什么好。这时，身边的小伙伴七嘴八舌喊了起来：“尤拉是我们的体育家，他特别喜欢运动。”尤拉是黄健的苏联名字。

黄健更加不好意思，他认为搞体育并不是一件重要的事。但是，周恩来立即给予高度的肯定：“这是非常好的事啊！祖国需要强壮和健康的革命家，更需要高水平的运动员能代表中国出去比赛。”接着，周恩来给大家讲了一个自己因为跑得快，从而甩掉跟踪特务的故事。最后，周恩来微笑着说：“你们不仅要学习好，还要从事体育锻炼，使你们的身体像钢铁一样结实……”

周恩来或许没有想到，他这一席话，培养了一个孩子的未来志向，使黄健懂得体育并不是简单的游戏，而是一项对人民非常有益的工作，以后，他毫不犹豫地选择了伊万诺沃体育技校。周恩来也没有想到，这个爱运动的孩子，以后培养了中国的世界跳高冠军，成为体育界著名的教练。

周恩来曾和黄健的父母在一起从事党的地下工作。1929年，黄健刚满两岁，国内到处是一片白色恐怖。那时，他父亲黄平已经到共产国际工作。为保护革命者及其家属免遭敌人的屠杀，周恩来吩咐两名随身警卫把他们母子送到莫斯科。

周恩来对护送的警卫说：“即使你们牺牲的话，也要把孩子送到苏联。这是党的任务！”开始，他们是乘一辆大车，一路上，黄健的母亲和警卫一直处于高度警觉状态。到了车站，哨兵走过来要检查证件，黄健的母亲慌忙把黄健放在篮子底下，上面盖了许多破烂。看见哨兵慢腾腾地查证件，大人紧张坏了，要是孩子这时哭起来怎么办？

好在一切没有露出破绽，通过检查后，大家以为小家伙憋坏了，忙七手八脚将东西掀开一看，小黄健正在漫游梦境呢！后来，大家又乘游击队的小车顺利过境，坐火车到达苏联找到了黄健的父亲。

在那些小一点的孩子眼里，最高兴的是知道了自己亲人的消息。

赵世炎的小儿子是在父亲牺牲后才出生的，襁褓中被送到莫斯科，他懂事起就没有见过自己的父母是什么样子。这一次，周恩来向他讲述了他母亲夏之栩已经安全出狱、重新战斗的情况。这个一句中国话都不懂的孩子，听到毛岸英翻译说，你妈妈很想念你和你的哥哥时，眼眶红了。

周恩来对摄影的苏河清说："小苏，我和一家一家合影，你分开照，回去我要将照片带回去让他们的父母看。父母不能来看望你们，但他们十分想念你们，也不知道你们长高没有？"说着，和邓颖超将那个哭红了眼的小家伙还有他的哥哥揽在怀里，拍了一张合影，说："这张照片我负责给你们的妈妈。"

小家伙突然想起什么事，挺神秘地拿来笔和本子，递到周恩来手里，然后对毛岸英一阵耳语："对我来说，周伯伯是什么人并不重要。重要的是他认识我母亲，并能够把我和我哥哥的信息转给她。他和我父母都熟悉，我想请他给我起一个中国名字。"

毛岸英没有翻译前头那几句话，只翻译了后头。他对周恩来说："你和他父母熟悉，他想请你给他起一个中国名字。"

周恩来这才想起来，这个小家伙离开上海到莫斯科时，连名字都没有来得及起，现在连中国名字都没有。他侧头想了一下，说："叫赵施格吧，你父亲在上海的化名叫施英，他写文章也用施英。施英的风格！好不好？"

周恩来用笔在本子上工工整整写下了"赵施格"三个大字。

有了中国名字的赵施格欢天喜地收起了本子，并且在极短时间里准确地发出了这三个字的汉语拼音。

周恩来、邓颖超与孩子们照相时特别注意到烈士的后代，一定要和他们单独合影，如果是双烈士的孩子，他们还要拍两张，不让那些没有父母的孩子感到自己没人惦记、没人想念。

后来，周恩来回到延安，孩子的亲人几乎都收到孩子的照片，而且许多母亲是与孩子离别10年后，第一次看见孩子的照片！

周恩来这次在莫斯科还为孩子们做了一件事情，他代表中共中央和斯大林就这些孩子的前途问题进行了谈判。并且达成协定：以后中国孩子学业完成后全部回中国；如果苏联参与世界大战，年满18岁的中国孩子也不去参加红军，也不去前线打仗。

仅隔一年，苏联就爆发了卫国战争，因为周恩来和斯大林事先有这个协定，除毛岸英属于特批外，国际儿童院中的其他中国孩子谁也没有上前线作战，而学校里其他国家的孩子在前线一共牺牲了21名。

周恩来不仅找回了这些革命者的后代，而且也用这种特殊的方式保护了他们在异国他乡的战争中免受战火的威胁。

（顾保孜）

看望西路军的同志们

周恩来去苏联治伤，途经乌鲁木齐时，专程看望了西路军的同志们。他深切地对他们说："你们是西路军留下的命根子，我代表党中央来看望你们！"

1939年9月，周恩来同志由于骑马摔伤右臂，从延安去苏联治疗。同行的有李德、邓颖超、王稼祥、陈昌浩、孙维世和警卫员刘九洲等人。周恩来同志经过乌鲁木齐时，下飞机专门来"新兵营"的野营地看望大家并讲了话。

那是一个天气晴朗的上午，风和日丽，阳光灿烂。"新兵营"的全体同志，集合在帐篷前面的大操场上，等待着中央首长的到来。

两辆黑色的卧车，从南边驶了过来。从汽车里走出来陈潭秋同志。接着，我又看到几个人的前面，有一个同志身穿蓝色中山装，右胳膊用夹板裹着，缠着白布挂在胸前。当大家热烈鼓掌时，他不住地挥动着左手，向大家招手致意。

"这位中央首长是谁呀？"由于总队部事先没有说明，我心里琢磨着。

我站在队伍前仔细注视："噢！这不是我们的军委副主席周恩来同志吗？！"

我看到周副主席已经是第二次了。但这次他的形象，与上次看到的有很大不同。

正因为我在前几年见过周副主席，所以在新疆乌鲁木齐市郊的野营地，又一次见到他

※ 红一军团第二师西征时杨得志、萧华等的合影。

※ 西征红军。

时，我看到他不像在草地时那样瘦了，浓密而较长的胡子也刮去了。当时，我不知道他的右臂为什么裹着夹板。事后才知道，他是在延安骑马摔下来时受了伤，这次是到苏联去治伤的。他带着伤痛，还特意到野营地来看望“新兵营”的同志。我听到这个情况后，对周副主席的关怀，是多么感动啊！

接着，周副主席站在全营部队前向我们讲话。

周副主席首先分析了国内外形势，介绍了陕甘宁边区军民在党中央和毛主席的领导下，工作、学习、生产、支前等情况。而后，他深切地对我们说：“同志们在河西走廊上浴血奋战，在祁连山中受冻挨饿，来到这里很不容易。你们吃了不少苦头，你们是西路军留下的命根子，我代表党中央来看望你们！大家学得好，中央都知道。不要看现在底子薄，很快我们就要建立一支自己的特种兵部队。党中央要求你们这批干部认真学好军事技术。我们八路军、新四军在前线抗战，形势很好，发展很快。过去我们没有飞机大炮，现在缴获了敌人的，我们也不大会用。为了夺取抗日战争的胜利，培养你们成为各兵种的骨干，学好本事上前线。你们现在有了好环境，要安心学习。以前打仗，你们没有学文化、技术知识的机会，现在有了这个机会，机不可失，时不再来，同志们不要把好的学习时机错过了。你们不要以为学习没有多大用处，现在抗日游击战争，与过去有着许多不同，要好好地学习和研究。一旦要用的时候，你们可要拿出真正的本领来。我相信你们不久就会到前方去的，你们要随时听从党中央的召唤。同时，我还相信不要很久，我们也会建立起自己的机械化部队。”

周恩来副主席的讲话，给全体同志以极大的鼓舞，博得了大家热烈的掌声。接着，邓大姐也在大家的热烈欢迎下讲了话。当时她穿一身工人服装，讲话时间虽然不长，对大家的鼓励却是很大的。邓大姐说：“同志们把身体养好，把学习搞好，把武艺练好，等待党中央的召唤。一旦党中央叫你们到前方去，大家就到抗日前线杀敌立功！”

周副主席和邓颖超同志的讲话，使大家感到十分亲切，讲得我们心里热乎乎的。

最后周副主席让陈昌浩同志给大家讲话。陈昌浩同志好长时间望着席地而坐的“新兵营”全体同志，一时说不出话来，泪水直流，最后只说了几句话，主要是作了自我批评。他说：“张国焘另立中央，对抗毛主席北上抗日，分裂党，破坏党的团结，使我们的部队损失惨重，这是一种罪过。我也负有重大责任。我没有领导好。西路军的同志们作出了大量的牺牲，我很难过，很对不起同志们，更对不起流尽了鲜血、牺牲了宝贵生命的成千上万的烈士们，我对不起党，对不起人民。”

周副主席非常关心我军的未来建设，他除了在“新兵营”营房内看了学装甲兵的同志以外，还在野营地专门召见了航空队航空班和机械班的代表吕黎平和严振刚同志。吕黎平同志是江西兴国县人，以前在中央红军总指挥部周副主席身边当作战参谋，后来任红西路军总指挥部情报科科长。

那是在一顶白帐篷前，周副主席热情地同吕黎平、严振刚同志握手后，就招呼他俩坐下。当时，陪同周副主席接见的还有陈潭秋同志。

周副主席一开头就急切地告诉吕黎平和严振刚同志：“党中央、毛主席很关心你们学航空飞行，让我路过新疆时向同志们表示慰问。我不便直接去航空队看大家，见见你们两个代表，请你们向大家转达我的意思。”

接着，周副主席详细地询问了航空队的学习情况。吕黎平和严振刚同志一一作了汇报。当周副主席听到大家考试成绩都在4分以上，已能操纵、驾驶、维修两种型号的飞机时，高兴地说：“陈云同志作了件很好的事。将来建设我们自己的空军，有骨干、有种子了。”周副主席还询问了航空有些什么困难需要解决。最后，周副主席又勉励吕黎平和严振刚同志，要抓紧时机，刻苦钻研，一定要把真本领学到手。

周副主席不顾伤痛，亲自到野营地关怀和勉励我们，使我们这些远离党中央的革命战士受到极大的教育和鼓舞，进一步掀起了练兵的热潮，以后又进行了多次行军和战斗演习。

（周纯麟）

师生友情

悠悠赤子心，拳拳南开情。抗战时期，周恩来和张伯苓的往来体现了师生之谊，也反映了一位伟大革命领袖对一位爱国知识分子的关怀。

爱国教育家张伯苓一生致力教育，先后创办南开中学、南开大学、南开女中及重庆南开中学，成为中国私人办学的典范。周恩来是张伯苓的学生，毕业于南开中学，后入南开大学。1920年11月由南开“范孙奖学金”资送赴法勤工俭学，被张伯苓称为“南开最好的学生”。

在国共合作破裂的白色恐怖年代，张伯苓与周恩来很长时间未能互通音讯。九一八事变后，张伯苓作为天津学界抗日救国会主席积极开展抗日救亡爱国运动，主张停止内战，一致对外。上海一·二八事变后，张伯苓甚至拟挺身入江西苏区，促进国共两党合作。为此，红军到达陕北后，周恩来1936年5月15日于瓦窑堡致函张伯苓，信一开头便说：“不

※ 南开大学的创办人张伯苓。

亲先生教益，垂廿载矣。曾闻师言，中国不患有共产党，而患假共产党。自幸革命十余年，所成就者，尚足为共产党之证，未曾以假共产党之行败师训也。”

1937年七七事变不久，南开被侵华日军炸毁，举校南迁。南开大学与北京大学、清华大学，先是奉命合组长沙临时大学，后迁昆明改为国立西南联合大学，在此之前，张伯苓还在重庆沙坪坝新建南开中学一所，为南开筹款，奔走重庆、南京、汉口、长沙等地。这样与周恩来便有了见面的机会，通信也更多起来。1937年10月，南开大学学生辗转到达南京，一些同学要求投笔从戎，张伯苓立即写信给周恩来，介绍他们去南京傅厚岗八路军办事处接洽。不仅如此，凡有亲友愿去陕北投奔革命根据地的，他也一一介绍。1937年12月16日，张伯苓给周恩来写信：

翔宇贤弟大鉴：

兹有南开校友杨作舟君原任所得税事务处湖北办事处收发主任，近以国家危急，拟投笔杀敌，赴陕北工作。用特专函介绍，即请为委用。

1938年1月16日，张伯苓再函周恩来介绍罗沛霖：

翔宇贤弟鉴：

兹有南开校友罗君沛霖愿到贵军作无线电设计制造及修理工作。查罗君于1931年由南开中学毕业后考入上海交大电机工程科。1935年在交大毕业后即服务广西第四集团军无线电工厂，旋入上海中国无线电业公司部工作。为人聪颖干练，学力极佳。爰驰书介绍，希酌予任用是幸。

罗沛霖新中国成立后曾任机电部科委副主任，当选中国科学院院士。

同年4月22日张伯苓又为南开大学助教傅大龄介绍：

翔宇贤弟鉴承：

赠玉照经何先生转交收到，谢谢。兹有南开大学毕业生傅大龄君，曾担任母校物理助教数年。人极诚笃，做事努力。现拟赴陕北投效，俾积极参加救国工作。苓特为介绍，即望赐予接洽，并酌量委派工作是所至盼。

1938年5月，张伯苓为重庆南开中学筹款来到武汉。当时武汉云集了许多南开校友。在南开中学时比周恩来低一班的吴国桢时任武汉市市长。周恩来作为中共中央代表团和中共长江中央局负责人，出任国民政府军事委员会政治部副部长，也常驻武汉。张伯苓到武汉后，南开校友奔走相告，他们集合了108名校友在汉口金城银行二楼欢迎张校长。周恩来偕邓颖超及刘清扬联袂而至。周恩来身穿藏青色哔叽中山装，浓眉朗目，神采奕奕。他的到来，会场顿时热烈起来，他亲切地问候校长，并和校友一一握手。会间，张伯苓请周恩来向校友讲话。周恩来向校友们分析了抗战形势，并指明抗战的前途，同时深情地回忆了在南开所受校长的教诲和南开精神的熏陶。他说："南开除严格训练与优良之校风外，有两点至可注意：一为抗日御侮之精神，一为注意科学训练。"张伯苓认真地听着周恩来讲话，他从心眼儿里为有这样的学生而自豪。他亲切地称呼"恩来"的名字，而不加姓。会上还放映了有关南开和校友们的幻灯片。当映出长征途中戎装而又蓄着鬓须的周恩来形象时，张伯苓用手杖指点着对大家说："这个脑袋要值10万块钱呢！"在场的校友都知道，抗战以前，蒋介石曾以10万元的高价悬赏周恩来的首级，当时有的校友笑着说："校长，您可以领着周校友到蒋先生那里，向他要几十万块钱，这不是很好的募款方式吗？"周恩来笑了，张伯苓和校友们也笑了。这次，周恩来应张伯苓之邀，答应参加为南开的募款活动。几天后，吴国桢在三教街的市长私邸宴请周恩来及魏文翰、施奎龄等校友。张伯苓也在汉口味腴川菜馆请周恩来、吴国桢、何廉、范旭东等人吃饭，商讨建设后方南开的大计。

张伯苓在武汉时。曾由吴国桢陪同到武昌中华大学演讲。该校陈时校长致欢迎辞表示："'中华'愿在南开带领下，跟着南开前进。"张伯苓在演讲中说："我在北方，经常想到华中，想到华中，就想到'中华'。中华大学有恽代英，南开大学有周恩来，这都是杰出的人才，是我们两校的光荣！"接着，他又说到给周恩来写信的情况："最近，我乘船过三峡，过滩时，船上和坡上的人同心协力动手绞滩，平安渡过险关，我有感如此，回来写了信给周恩来同学，我说国共两党只有同舟共济，协同努力，战胜恶浪，才能冲破难关，获得胜利。"

6月9日，张伯苓又给周恩来写信，介绍去陕北的青年：

翔宇贤弟大鉴：

前在汉畅叙甚快，兹有刘君念悌，为上海实业界闻人，刘君鸿生之子，曾在日本留学，又在四川水泥厂供职，现有志赴陕北工作，故特为介绍乞抽暇接见为盼。

※南开学校学生在东站欢迎归国之校长张伯苓。

1938年12月，周恩来到重庆，与张伯苓有了更多的接触。当时张伯苓是国民参政会副议长，住在重庆沙坪坝南开中学内的教职员宿舍——津南村。这里很快成为重庆社交活动的中心之一。翁文灏、谭仲逵、傅作义的家属及柳亚子、范旭东、侯德榜等都住在这里。文化界名人郭沫若、曹禺、陶金、舒绣文、钱千里等也常常去津南村。国民党要人张群、吴国桢、张道藩、张平群等也常有往还。周恩来为广泛团结爱国人士抗日，经常到重庆南开中学，拜望张伯苓，有时也到他的老师伉乃如家。1939年1月初，周恩来应张伯苓邀请，从机房街八路军办事处，来到南开中学。当他与邓颖超在张伯苓陪同下走进学校礼堂——午晴堂时，受到南开师生长时间的热烈欢迎。不仅礼堂内座无虚席，连过道、窗台都挤满了闻讯赶来的附近学校的师生。张伯苓亲自主持会议，并向全校师生介绍周恩来。周恩来站在讲台上，目光炯炯地注视着全场，他说：“我也是南开的学生，张校长是我的校长，在座的老师有的也是我的老师，能够回到母校与老师和同学们见面，畅谈国家大事，感到十分高兴。”接着就统一战线、抗战形势与前途、青年在抗战中的责任等问题做了深入浅出的阐述。他说：我们全民族团结起来，建立了抗日民族统一战线，同日寇进行英勇顽强的战争，这在中华民族的历史上是空前的。在东方，在世界历史上也是十分伟大的。他还结合实际对南开的“公能”校训作了新的解释：“在当前，公，就是国家大事，就是抗战到底，取得最后胜利，把日本侵略者赶出我神圣的领土；能，就是学习，学好抗日的本领、建国的本领，打倒日本帝国主义，建设一个强大的国家。”讲话结束后，张伯苓设宴招待周恩来，作陪的有周恩来和邓颖超的几个老同学，还有几位学生代表。当周恩来得知几位同学都是南开中学话剧队成员时，十分高兴，深情地回忆起当年他在学校时演出话剧的情景，勉励同学们用话剧这个武器为抗日救亡宣传出力。1月9日，周恩来出席了南开校友会在城内陕西街留春幄餐馆举行的新年聚餐会。晚上，又到南开礼堂发表《抗战建国与南

※ 南开创办人张伯苓在校运会看台上。

开精神》的演讲，希望校友们发扬南开精神，继续为争取抗战胜利而努力奋斗。

这一时期，张伯苓仍然不断介绍先进青年赴陕北工作，有时让他们持函去曾家岩50号或红岩村直接面见周恩来。周恩来返延安不在重庆时，张伯苓便直接写信往陕北。1939年7月，周恩来因骑马跌伤，导致右臂骨折，张伯苓得知后，立即致函问候。8月18日再次写信：

翔宇贤弟惠鉴：

顷接覆电，悉尊伤未能即愈，不胜惋惜，唯远祝吉人天相，早日获痊。并祈好自摄护，为国珍重。颖超闻已前往，谅早到达，伤势日来如何，请随时示知，以免悬注。兹有李梦九君，曾在南中任教，不日将有陕北之行，李君对于贤弟，心仪已久，届时拟踵寓晋谒，藉另馨亥文，特为绍介，希即进而教之是幸。

悠悠赤子心，拳拳南开情。抗战时期，周恩来与张伯苓的往来体现了师生之谊，也反映了一位伟大革命领袖对一位爱国知识分子的关怀。他们的诚挚友谊，他们的道德风范一直流淌在南开人的心中。他们交往的佳话时时激励着南开学子，人们也更加怀念南开创办人张伯苓和南开杰出校友周恩来。

（梁吉生）

与吴耀宗的交往

周恩来与基督教领袖吴耀宗讨论宗教问题。周恩来说："不同的世界观并不妨碍我们为了和平、民主而共同工作，你多年来为抗日和民主的事业做了不少工作，在目前这种艰难的条件下，对每个人都是考验。希望我们能继续合作，在即将到来的新时期，为人民做更多的工作。"

吴耀宗先生是我国宗教界著名人士，在信仰基督教的群众中有一定的影响。周恩来十分重视和尊重这位基督教的上层人物，同吴耀宗有过多次接触，积极团结他为人民的事业而共同工作。

1937年抗战爆发时，吴耀宗正在从美国到英国的途中。翌年2月，他一回到祖国，就

※ 吴耀宗。

立即投入抗日运动。他耳闻目睹蒋介石在日寇面前节节退让，推行消极抗日、积极反共的政策，使他对蒋介石感到失望。在这个阶段，对吴耀宗的政治思想发展有重要影响的是和周恩来的几次晤谈。

那时，周恩来担任十八集团军驻汉口代表，并出任国民政府军委会政治部副部长。吴耀宗因公去汉口，他向武汉八路军办事处负责对外联络的龚澎表示了想会晤这位久已敬佩的共产党领袖的愿望。1938年5月20日下午，周恩来和吴玉章来到吴耀宗的住处同他见面。他们谈了一个多小时，涉及的内容非常广泛。周恩来向他分析了抗战形势，论述了国共合作和中国革命问题，还说到了中国共产党对宗教信仰问题的态度。周恩来着重指出，马列主义是无神论者，但是尊重宗教信仰自由，并愿意和宗教界人士合作，共同抗日。周恩来的谈话，立场鲜明，对未来充满信心，给了吴耀宗很大的启发。

※抗日战争时期，周恩来在曾家岩渔村。

这次见面虽为初识，却给吴耀宗留下了极其深刻的印象。

1941年夏，吴耀宗从上海到四川讲学，在重庆曾家岩50号周公馆，再次见到了周恩来。当时正值皖南事变后民族民主斗争最紧张时刻。周恩来在谈话中向吴耀宗指出：抗战进行了四年多，只要一切抗日的党派、阶级、民族团结起来，就能打败日本侵略者。正是这次谈话，使吴耀宗进一步认识到，中国共产党是抗日的中流砥柱，是不愿做亡国奴的中国人民的希望，是一切爱国人民可以信赖的力量。

两年以后，还是在曾家岩50号，吴耀宗第三次见到了周恩来。那天在座的还有董必武和其他两位同志。周恩来向吴耀宗详细介绍了当时形势，指出蒋介石已经和日本侵略军及汪伪汉奸政权达成默契，调兵遣将，包围解放区，积极准备打内战，妄图消灭共产党。周恩来以坚定有力的口吻，呼吁一切爱国党派和爱国人士团结起来，废除法西斯独裁统治，为建设独立、民主、自由的新中国而奋斗。吃过午饭略事休息后，周恩来还在谈话中回顾了中共的历史，并对吴耀宗说，中国共产党对马列主义的认识也有个发展的过程，也犯过很多错误，但能从中吸取教训，得到进步。但愿我们的朋友不要看到一些问题，就对中共丧失信心。周恩来态度热诚，言词恳切，使吴耀宗一直难以忘怀。

那天，他们再次谈到宗教问题。吴耀宗认为，马列主义和基督教有百分之九十九的共同点，尽管在有些根本问题上有分歧，但无关紧要，最后还是可以一致的。周恩来听后，坦率地表示，不能同意这种看法，并重申了中共的宗教政策。他说："不同的世界观并不妨碍我们为了和平、民主而共同工作，你多年来为抗日和民主的事业做了不少工作，在目前这种艰难的条件下，对每个人都是考验。希望我们能继续合作，在即将到来的新时期，为人民做更多的工作。"不同意见的交换，加深了相互之间的友谊。在临别之前，董必武应吴耀宗的要求，开了一张马列主义的书单给他，一共五六本，包括《共产党宣言》、《列宁传》等。

这次是周恩来同吴耀宗最长的一次谈话，持续了将近一整天，对吴耀宗的思想有很大的影响。从此，吴耀宗更加信赖中国共产党，更加敬佩周恩来，对中国的光明前途有了更大的信心。也就是从那个时候起，吴耀宗和共产党人为抗日与民族解放的共同目标，建立了密切的关系。

抗战胜利后，吴耀宗投入到反对蒋介石独裁统治的斗争中。他支持学生的爱国活动，经常向学生们讲演，反对蒋介石集团发动内战，要求和平民主，受到青年学生的极大欢迎。1945年12月，昆明学生举行反内战游行，遭到国民党军队屠杀，于再等四烈士死难。12月9日，成都学生2000余人在华西坝集会，邀请吴耀宗和加拿大进步人士文幼章演讲，会后游行，吴耀宗也参加，直至队伍解散。由于他热情支持进步学生，当时成都的学生常去他的寓所开会、讨论，称他的寓所为"民主之家"。

1946年6月23日，上海几十个人民团体，推举了一个由十一人组成的代表团去南京请愿，呼吁和平，停止内战。吴耀宗是该团成员之一，他还为代表团草拟了一份给马歇尔的英文备忘录，表示中国人民坚决反对美国支持蒋介石打内战。到了南京下关车站，代表团被国民党特务包围殴打，许多人被打伤，送进医院。周恩来和邓颖超闻讯后，半夜赶来看望代表团的成员，邓颖超还送来了食物。第三天又在梅园新村中共办事处设宴招待代表团成员。回到上海后，邓颖超在刘少文的陪同下，代表周恩来到吴耀宗家中表示慰问。

1948年国民党在战场上接连失利，加强了对进步人士的迫害，吴耀宗已不能在上海居住。1949年1月，他去斯里兰卡参加世界基督教学生同盟亚洲领袖会议，会后到香港，那里的许多朋友劝他不要再回上海。这时中共派人告诉吴耀宗，中共中央希望他到北方去，商讨重要问题。2月，在中共地下组织的安排下，吴耀宗等秘密坐船到达朝鲜北部，从那里经我国东北到达北平。1949年9月，中国人民政治协商会议在北平召开，经协商产生了宗教界的八位代表，其中有五位是基督教的爱国民主人士，吴耀宗是其中之一。在这次政协会议上，吴耀宗被选为政协全国委员会的常务委员。

新中国成立后，吴耀宗的爱国热情更加高涨，身兼数职，担任了许多重要工作。从1949年到1959年，还多次参加世界和平会议，在工作中和周恩来经常有所接触。

随着中华人民共和国的成立，中国基督教的面貌发生了变化。1950年初，吴耀宗同邓裕志、刘良模等会同当时基督教其他一些全国性领导人，先后到华东、中南、西北、华北等地访问，向各地基督教人士传达政协会议精神，同时了解各地基督教在解放以后面临的问题。1950年5月，吴耀宗等一行到北京和周总理谈了基督教的问题，要求中央人民政府出具布告张贴在各地教堂门前，表明保护教堂。周总理在中南海同他们作了三次长时间的谈话，最后一次几乎谈了一个通宵。周总理听完他们的陈述后，明确指出，中国基督教曾长期以来受帝国主义利用，广大人民不理解，有隔阂，这是很自然的，希望基督教人士行动起来，让人民理解。中国人民有能力管理国家，也有能力办好自己的宗教。

周总理态度非常公允，双方兼顾，令人佩服。周总理的这一席谈话给吴耀宗以极大的鼓舞。从中得到一个启发就是，基督教应当自动地肃清帝国主义在它里面的力量和影响。后来参加同周总理谈话的基督教领导人开会商讨，认为中国基督教历史上有过自立自养的口号，现在应该是付诸实现的时候。大家公推吴耀宗起草了一篇公开宣言，表示中国基督教对新中国的态度。吴耀宗欣然承诺，广泛听取并吸收了基督教人士发表的有益意见，八易其稿，最后于1950年7月写成一份题为《中国基督教在新中国建设中努力的途径》的宣言，明确指出过去一百多年来，基督教同帝国主义的对华侵略发生了关系，号召全中国基督教徒拥护共同纲领，在人民政府的领导下，反对帝国主义、封建主义、官僚资本主义，为建设一个独立、民主、和平、统一、富强的新中国而奋斗。还提出要使教会群众认识帝国主义在新中国造成的罪恶，认识过去帝国主义利用基督教的事实，培养教徒的爱国民主精神和自尊自信的心理，在短期内完成自治、自养、自传的任务。在周总理的建议下，他们将《革新宣言》在报纸上公开发表，有十几万人签名表示拥护。

中国共产党领导全国人民努力建设的巨大成就，使吴耀宗深受教育，他对党更加信赖，对周恩来更加崇敬。1951年7月，在中国共产党成立30周年的时候，吴耀宗写了一篇题为《共产党教育了我》的文章。他说："在过去三十年中，中国共产党在历史上的成就和它对中国人民的贡献是没有法子估计的，也找不到恰当的话来形容，今天中国人民所以能够站立起来，他们今天所享的幸福，他们对新中国的前途所以能有一个绝对光明的展望，这一切都是中国共产党的赐予。”他在文中坦率地讲述了自己从20年代反对共产党，后经过“九一八”的炮火，才逐步接近、认识共产党的过程，以及共产党在思想上对他的教育和帮助。他热烈祝贺中共的30岁诞辰，表示坚信“在中国共产党领导下，新中国的前途是无限光明的”。

十年动乱期间，吴耀宗和其他爱国人士一样受到迫害。1966年8月，“破四旧”开始，中国基督教三自爱国运动委员会遭到冲击，吴耀宗被勒令参加学习班，接受审查和批判。尽管如此，吴耀宗对中共的信念仍然是坚定的。他对周总理等老一辈无产阶级革命家始终信赖不渝。

1975年，吴耀宗当选为第四届全国人大代表。在去北京开会前，对一些多年来同他一起工作的基督教负责人说：“我过去每次提出要见周总理，总理总会约我谈话，解放前如此，解放后也是如此。我这次去北京开会，一定要见周总理，问问他宗教政策到底如何？”但这一次吴耀宗却未能如愿以偿，他虽然在大会上见到了周总理，却没有机会谈话，因为当时周总理的病情已经很严重了。1976年1月8日，周总理逝世，吴耀宗十分悲痛，他从广播中听到这一噩耗，立即给邓颖超发去唁电。

吴耀宗始终难以忘怀与周恩来的相交与相识，更不能忘记周恩来对他的亲切教导。吴耀宗曾以无限的真情，写下了充满崇敬之意的文章，高度赞扬自己一生中极为敬仰的周恩来。他说，周恩来的名字“是中国人民尊敬和自豪的象征”；“凡是和他接触过的人，无不感到一种伟大的平凡和浑然溶成一体的魅力”；“在他的身上，我看到了能够代表共产党人的一切最优秀的品质”。

（孙志慧）

双乐天图

重庆八路军办事处旧址大门口悬挂着一张大幅照片，照片上邓颖超乐呵呵地抱着一个幼儿，照片下面有周恩来的亲笔题字。

1941年，蒋介石借口调动新四军驻地，策动了皖南事变，形成第二次反共高潮，国民

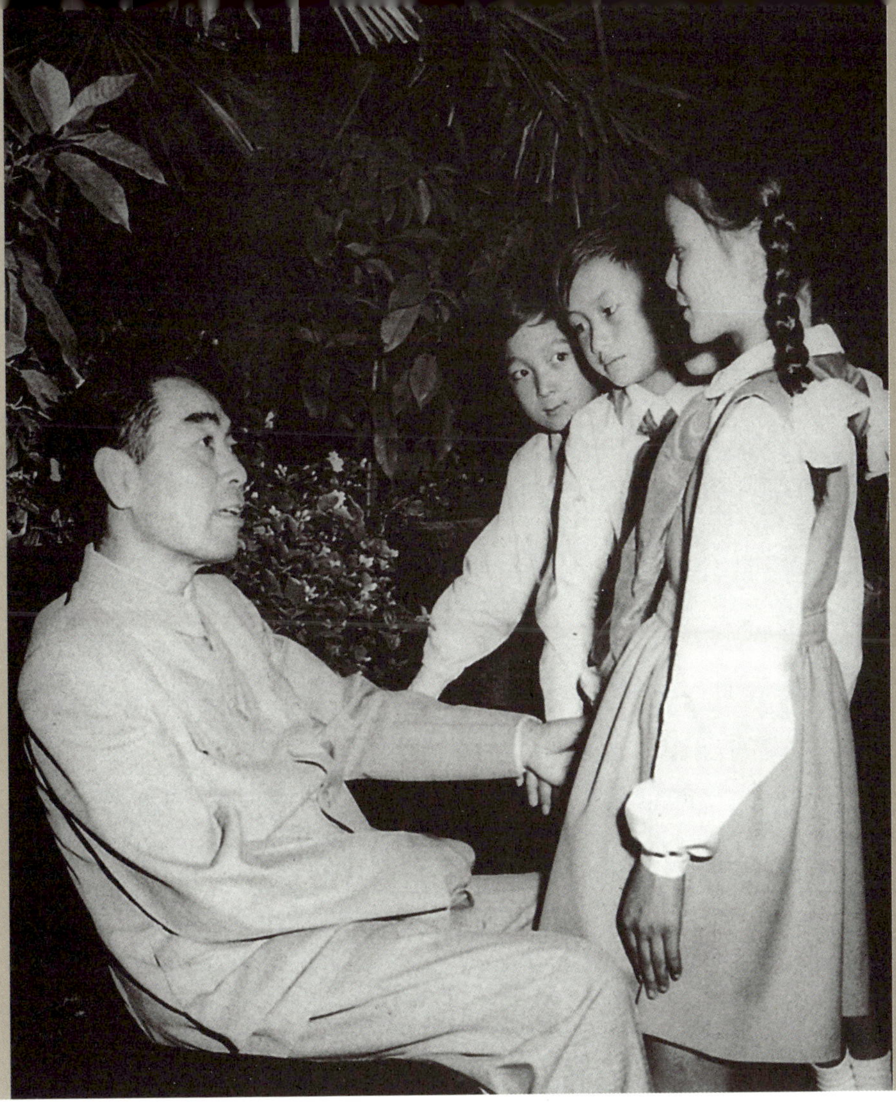

※童心未泯。

党统治区形势紧张。荣高棠同志和我暴露了地下身份，1941年下半年，我们带了孩子到八路军驻重庆办事处（以下简称办事处）工作。

我到办事处的第二年，曾参加办事处托儿互助组和托儿所的筹建工作，亲身感受到周恩来和邓颖超对儿童们的热爱和关怀。这一段经历，终身难忘。

1942年春，办事处不断添人进口，孩子们增加到4个。孩子们给小家庭和办事处带来了欢乐，但也或多或少地影响了妈妈们的工作。办事处房子不多，大部分房子既是办公室又是宿舍，孩子们叽叽喳喳，也干扰了大家。妈妈们为了让孩子不要吵闹，连哄带吓，软硬兼施，费了不少事，刚安静了一会儿，就又吵闹起来。妈妈们还总嫌自己的爱人管孩子管得少，自己的工作和进步受到影响，说爱人是“大男子主义”，小家庭里的矛盾不断发生。

重庆市有托儿所，但我们的孩子送不进去，国民党怎么会给共产党方便呢?

周恩来和邓颖超察觉到孩子们的问题亟待解决，他考虑把妈妈们组织起来，办一个托儿互助组。

有一天，邓颖超对我说："孩子是革命的后代，我们应该对革命负责，带好孩子，但也要想办法减少孩子对工作的影响。咱们目前条件不好，要自力更生。毛主席说，组织起来好。你看咱们先办个托儿互助组，把这大小4个孩子集中起来，由妈妈们轮流看管，行不行？"

我当然赞同，随即向另外两个妈妈传达了邓颖超的意见，这个切实可行的建议得到了她们一致赞同。很快，一个小小的托儿互助组就组织起来了。

办事处没有空地方，就暂借房东刘太太家靠近长工住房的场院，买了两辆儿童车，4个孩子白天由妈妈们轮流值班照管。孩子们有了自己的小天地，不受拘束了。每天总有两个妈妈能安心工作，大家都不受干扰了。

开始，一个妈妈要看4个孩子，手忙脚乱，有一定困难，过了一段时间，就能够胜任了。

后来，孩子数量逐渐增加，值班的妈妈照顾不过来，不值班的妈妈白天就不能完全摆脱孩子们，全力投入工作，托儿互助组已不能适应新的情况。

邓颖超从开办托儿互助组时，就说过：这种组织形式只能在孩子不多的情况下暂时解决问题。为解决新情况下的新问题，她着手建立托儿所的筹备工作。

建立托儿所首先是需要专职保育员。为了配备托儿所的专职人员，邓颖超特地把办事处工作人员袁超俊的姐姐留了下来（她原拟去延安），并动员办公厅工作人员梁隆泰的爱人和司机老段的爱人参加托儿所工作。人员有了，托儿所初步建成。妈妈们解放出来，可以无牵挂地工作了。

不久，又出现了一些实际问题。首先遇到的是妈妈们和保育员之间有些疙疙瘩瘩。妈妈们抱怨托儿所没有管好孩子，保育员认为自己费力不讨好。有位保育员情绪波动，不想干了。邓颖超找妈妈们谈心，弄清了情况后，便召集大家开会。她说："我们看什么事情，要看成绩，不能只看缺点。我看托儿所很好，总比互助组强吧！当然，保育员由于没有经验，工作中有缺点，可我们也不能光是抱怨，抱怨又能解决什么问题？这要靠大家想办法来解决，集体出智慧嘛！"邓颖超批评了妈妈们："别人带孩子，你们工作。不要以为孩子送进托儿所，自己就没有责任了，这种思想就不对头。我们大家都要把办好托儿所当成自己的事，这是革命工作的一部分。不管出什么问题，不能全怪托儿所，大家都有责任。这一点要特别注意。保育员也不能一听到怨言就不高兴、委屈、情绪波动，事在人为，我们一定要有信心做好管教孩子的工作。"为了使妈妈们了解托儿所存在的困难和问题，大家一起想办法动手解决。邓大姐和大家议定，妈妈们轮流到托儿所值班，每周8小时，并征得了各部门领导同意。

这次会议决定每月作一次工作小结，每季全体保育员和妈妈们共同大结一次，半年总结报送延安。

问题解决了，妈妈们再不抱怨，保育员们情绪稳定了，疙瘩没有了。

为了加强托儿所工作，办公厅又派副官祝华分工领导托儿所的工作。

第二个实际问题是如何教育好孩子。启迪孩子们的智慧，训练他们养成好习惯；给孩子们在德智体三方面都打下一个好的基础；注意在意识形态方面的诱导，让孩子们从婴幼儿时期就受到共产主义的熏陶。托儿所全体妈妈们研究了这个问题，决定由我和金涛负责文艺，编教歌谣，讲科学常识，教即兴表演。何清受过师范教育，就由她负责教育。

邓颖超指示我们，要研究了解儿童的心理，不能大人喜欢什么就干什么，要根据儿童的不同年龄、不同特点，进行不同的教育。

邓颖超请对儿童营养有经验的同志为孩子们制定每周的食谱，孩子们的伙食也改善了。

周恩来和邓颖超自己没有孩子，却非常喜欢孩子，无微不至地关心着孩子们的成长。

在60年代，到重庆参观原八路军办事处旧址的同志们，都曾看到旧址大门口悬挂着一张大幅照片，照片上邓大姐乐呵呵地抱着一个幼儿，照片下面有周恩来同志的亲笔题字：

双乐天图

大乐天抱小乐天，嘻嘻哈哈乐一天，

一天不见小乐天，一天想煞大乐天。

赛乐天书

这张照片是童小鹏拍下来的。我的儿子小乐天和邓妈妈非常要好，有一天，邓妈妈外出回来，小乐天看到邓妈妈，就跑到办事处大门口去接，邓妈妈抱起小乐天，童小鹏就拍下了这个镜头。这张照片和题字，当时被登在办事处的墙报上。

周恩来同志工作繁忙，但他休息时，总喜欢抱起孩子散步，逗孩子们玩。我的孩子荣乐天经常和他玩。乐天本来叫伟民，到办事处后，周恩来同志看到他总爱笑，说他是个乐天派。从此，邓颖超同志等就叫他“小乐天”，并自称为“大乐天”。“赛乐天”是周恩来同志自称。我和高棠同志就被称为“乐天爸”、“乐天妈”，乐天的弟妹被邓大姐命名为乐妹、乐弟、乐乐、乐妮。我们是全家乐。

周恩来无微不至地关怀孩子们的成长，当他和邓颖超发现托儿所缺少玩具时，就发动大家，特别是警卫班、公务班、厨房的单身汉们给孩子们做玩具。他们常说孩子是国家的、党的、革命的后代，是我们革命事业的接班人，大家都得关心孩子，我们办事处的同志都是他们的爸爸、妈妈，他们的困难就是我们的困难。没有多久，各种玩具就做出来了：小火车、小飞机、布娃娃、小老虎、小皮球（棉花做的，可以拍）……件件玩具寄托了同志们对革命后代的关怀，充满了革命大家庭的温暖。

当时，办事处的物质条件相当艰苦，一些国际友人出于对革命的同情，对周恩来同志的景仰，经常把一些营养品送给周恩来和邓颖超，但是他们总是舍不得自己吃，而是转送给有病的孩子们，像许涤新和阿方的大孩子“小火车”自幼患骨结核，总是穿着石膏背心躺在床上，周恩来每次得到一些鱼肝油总是给他，要是得到奶粉总是给没有奶吃的小乐妹。

他们还利用统战关系给生病的大人孩子找医生看病。我的孩子小乐妹出生后体温不够，肚脐化脓，呼吸困难，看来难于挽救，只好把孩子移到救亡室，给她准备后事，备了个小匣子。这时，邓颖超正好从山上下来，看到此情景，埋怨我们说，孩子还有气，怎么就放在这里不管了？她急忙请张晓梅联系了城里的一位医生朋友——卢大夫，用自己的汽车送孩子就诊，孩子这条命才算保住。大家都说，小乐妹这条命是邓颖超救的。小乐妹永志不忘，总是念叨是邓妈妈救了她。

1947年，我们随党中央到平山，乐天、乐妹都在育才小学住读。育才小学离平山四五十里地，我们没有去看过他们。可是百忙中的邓颖超却骑马跑几十里路去看他们，两个孩子真是万分高兴，当邓颖超离校要走时，乐天、乐妹兄妹哭着、跑着追邓妈妈的马，送了很远。

办事处托儿所的孩子们都爱邓妈妈。在周恩来、邓颖超的言传身教下，办事处里的同志都十分关心孩子。他们不仅为孩子们做玩具，还主动给托儿所买菜，每逢休假，有些父亲还主动去带孩子。童小鹏、江震、荣高棠等都带过孩子，连没结过婚的单身汉们，在星期日也纷纷上托儿所帮助带孩子。大人、小孩一起骑马、叠罗汉，一片欢声笑语。这种革命的乐观精神，冲破了国民党统治区的黑暗滞闷气氛。

邓颖超曾不厌其烦地教育办事处年轻的父母们。这些年轻的父母教育孩子的方法不尽相同，有人想利用休息时间多做些工作，孩子从托儿所接来后，就放在一边不管了；有人过分溺爱孩子，尽量满足孩子的一切要求。

邓颖超当时看到这些情况后，在和同志们闲谈时指出：这样不是爱孩子，而是害孩子；过分的迁就孩子，不但在小时候托儿所不好管教，长大在革命队伍中也不能成为坚强的战士，对孩子树立正确思想不利。父母要从小教育孩子明事理，让孩子慢慢知道什么是应该做的，什么是不应该做的。过分溺爱不但对孩子不好，对父母也不利。我们应和托儿所配合，不但父亲、母亲的教育要一致，和托儿所也要一致。要记住，我们不是为革命培养暖房的花朵。

邓颖超还针对一部分父母打骂孩子的现象指出：别以为孩子在家里是个累赘，父母有气，孩子不敢说话，不敢动，好像他们什么都不对，弄不好就要挨打。这样，孩子就要跑到外面去自由了，经常在外边就变得更加调皮，为所欲为。他们得不到父母的抚爱，性情就会孤僻。

※小憩。

邓颖超常说：结婚生孩子是客观存在，是事物发展的必然规律。孩子就是好动，要玩、要新奇、要长知识。父母在休息时，应抽出时间和他们玩玩，过过家庭生活，这样可以陶冶性情，自己也得到休息，休息正是为了更好地工作。不要以为一个个整天工作就是好，不对，一个共产党员必定在家庭中也是一个好妻子、好丈夫和好父母。邓大姐的亲切话语，句句润进了我们的心田。正像鲁迅先生所说的：无情未必真豪杰，怜子如何不丈夫？

（管平）

“悲痛之极，抱恨终天”

周恩来的父亲去世时，他因病住院未随侍在侧。周恩来出院后，他与邓颖超联名在重庆《新华日报》刊登讣告，这大概是我们党的领导人中唯一一位为父母亲去世而登报发讣告。

上有老，下有小，是许许多多的夫妻所要面对的家庭生活状况。周恩来夫妇虽没有自己的亲生儿女，但夫妻双方的老人都被接到重庆同他们一起生活。

这是抗战时期的事，随着战局的变化，周恩来的父亲和邓颖超的母亲也是一路辗转西行。1938年11月13日，周恩来在给邓颖超的信中即向她报告说：“现两老均在衡阳道上，后日可往桂林，何时往贵阳，须待车通。”日军占武汉前，周贻能和杨振德由朱端绶姐妹领带护送，从武汉撤往长沙，辗转衡阳、独山、贵阳、桂林，于1935年夏抵重庆。在辗转于途时，懂医术的杨振德热情地义务为伤病员诊治，周贻能也做自己所能做的工作……

两位老人来到重庆后，分别住在红岩村房主饶国模的楼上。后因日寇大轰炸，两位老人搬到重庆市郊磁器口一个住处暂住。那时在八路军重庆办事处工作的张颖因患病也准备同两位老人同住。临走之前，邓颖超特地找张颖，嘱咐说，恩来的父亲经历与我母亲不同，过去的生活不像她老人家，应当多照顾点老爷子，常陪他散散步，下下棋，省得他不安心；把他照料得好些，也省得恩来分心。而周恩来也恰好在行前见到张颖，嘱咐她说，应当多照顾好邓老太太，她是一位革命的老太太，做什么事不愿意别人帮忙，她半夜起来，或是出去倒水，都要多多照料她，乡下路难走，注意她的安全。还说，邓老太太眼睛不好，不要让她多看书，有时间给她念念报纸。

的确，在重庆工作过的许多同志，都知道周恩来同邓老太太之间，有着一种特殊的诚挚的感情。邓老太太从年轻时起就一直追求进步和光明，性情刚毅。以后，她曾随着邓颖超到处奔波。在上海，她同周恩来、邓颖超住在一起，表面以行医为职业，实则掩护他们做革命工作；在中央苏区，她在红军里当一名医生，为革命战士解除病痛；当周恩来与邓颖超行进在长征的行列时，她在国民党监狱的铁窗内，临危不惧。国民党反动派劝她写信给周恩来与邓颖超，让他们脱离共产党，她镇静沉着地回答："儿女之事，如今老人怎么管得了？蒋委员长不是也管不了他的儿子吗！"（当时，蒋经国在苏联留学。）直到1938年，她才在党组织的帮助下到达八路军驻武汉办事处，与邓颖超、周恩来重逢。对于有这样经历的一位老人，周恩来对她，除了有一种对长辈的恭敬，更多的是对革命队伍里一个真正同志的敬佩。

也是在重庆，邓老太太病重，邓大姐在身边服侍她。但是，在邓老太太逝世的一瞬间，邓大姐不在身边，邓老太太断断续续地说，你们以后不要管我了。等邓颖超和周恩来赶到跟前，老人已经逝世了。周恩来很难过，但他什么话也没有说，他站在不住流泪的邓大姐身边，两个人肩并着肩，站在邓老太太遗体前默哀了很久很久，他们虽然没有说一句话，但那默默的深情，更令人敬佩和感动。在场的同志看着这一切，都不由得落了泪。

邓老太太去世后，周恩来的父亲周贻能就成为与他们共同生活的唯一老人。周贻能，字懋臣，后更名劭纲，大排行七。他于清同治十三年五月二十八日（1874年7月11日）生于淮安。曾考中秀才，并学做师爷。无奈他为人忠厚，虽多年学习而未果。随着家境每况愈下，出于生计，他只能去给人当幕僚、家庭塾师或者做做文书、收发之类。

"九一八"事变后，周贻能曾到上海，与正领导地下斗争的周恩来有过一段短暂的接触，也做了一些有益于人民的工作。

周贻能对妻子一往情深，一直随身珍藏着妻子的影像。但在上海，由于危险情况，在一次紧急转移时，万氏的影像失落了。这是周恩来在建国后对于不见母亲影像的判断。1937年全面抗战爆发后，生活无着落的周贻能被周恩来接到武汉八路军办事处。到重庆红岩后，周贻能因年事已高，只能做些看看门、扫扫院子的小事，曾在办事处所属的下土湾仓库帮助工作，得了个"仓库老太爷"的称呼。他与所有工作人员相处和睦，亲如家人。只是老爷子好喝上几口，重感重情、向来孝敬父亲的周恩来，忙碌之余有时也能和老爷子对饮几盅，但总叮咛他不要多喝，免伤身体。

1942年6月底，周恩来因小肠疝气发炎住进重庆歌乐山中央医院动手术。但病中的他，仍未忘记叮嘱邓颖超等要照顾好老父亲，还在想着父亲过生日的事。7月6日，他写信给邓颖超，说："本星期六出院的计划是打破了，因为开刀起19天，应该是10号或11号，再过两三天出院，必须是下星期三了。所以我请你和爹爹商量一下，如果他愿意20余号本天请人吃面，那就不必等我回来，免得他老人家不高兴。如果，他希望我在家补做，那就等我回来。不过据我所知，他的思想是很迷信的，过生日总愿当天过，儿子在不在跟前倒是次要问题呢。因此，希望你还是将就他一点罢！"

遗憾的是，父亲竟没能等到儿子出院、等到自己做寿就一病不起。7月9日晚，68岁的周贻能病情恶化，高烧不退。当晚，邓颖超写信告诉周恩来说：

"告诉你一事，就是爹爹在生病。病起于星期日，星期一上山始患，遂往视。病状，先大发冷，继之以发热（38度多），胸胃发胀，不思进食，较先一日热已稍退。当已由刘先生诊治，断为摆子，服奎宁丸。我更觉与饮食有关，因二日无大便，遂与刘医生商加服苏打丸与清导丸。星期二，热度更减，但未退尽，人不适，下午较重，晚间我遂下山，请谢卡安丽。星期三清早上山为老人诊治，当检查后，并取血验，待验血结果再处方。昨日老人较前更好些，体温只有37.5度，晚间已坐起并与我略谈天。但今晨体温又高达39度，待午更高些，其状甚苦。我急无主，而验血结果尚未得，送医院，老人自始迄今均不肯，遂与董、钱商，请熊老板来试诊，诊断为疟疾，内中有热，食不消，故无大便（昨今已有，很少）。当日由熊处方，请示老人愿试服稍许，待今晚验血诊断来后再定。今日下午热稍退，已出汗，恐为恶性疟。这几日我均在山上招呼，你可勿念……因老人病，祝寿势必改期了，待你出院，待他老好些再举行。"

从邓颖超的信中获悉父亲的病状，周恩来甚是担心。7月10日，他复信邓颖超，叮嘱道："爹爹的病状，除疟疾外，还宜注意他的年事已高，体力虽好，但他过分喜欢饮酒，难免没有内亏。所以主治他的办法，必须先清内火，消积食，安睡眠。东西愈少吃愈好，吃的东西亦须注意消化与营养，如牛乳、豆浆、米汤、饼干之类，挂面万不可吃。假使热再不退，大便又不通，则宜进行清胃灌肠，勿专当疟疾医。"他并表示："我对他的病，不很放心，望你转禀他好望静养，我在这里默祷他的康宁……"

由于年老，体力不支，虽周恩来在医院为父亲默祷康宁，邓颖超再三延医救治，周贻能还是于1942年7月10日在红岩村离开了人世。因为周恩来手术后时间不久，身体较弱，大家又都知道他向来孝敬父亲，如果让他知道了刺激太大，不利于他养病。这时，主持南方局工作的董必武就召集邓颖超、吴克坚、钱之光和童小鹏同志开会商量，大家一致的意见是，暂时不告诉他父亲去世的消息，待他出院后再让他知道。7月11日，邓颖超给周恩来的信中仍是就病论病，当然也是向周恩来说明采取了最大的救治："我对爹爹的病的看法和你一样。所以，从星期一视疾后，当与刘医生商，除服奎宁外，兼服苏打。待星期二晨未大便，即去灌肠，无奈老人坚拒，只好加服清导丸。至星期三略清泻一次，体温减低，人亦较好，再后仍去灌肠，老人仍拒不肯。我苦难作主，而谢卡安丽已来诊视，只好待验血结果，同时，嘱服够量的奎宁。验血无其他病，疟疾则以服奎宁故，细菌不现。昨日再请武汉疗养院长及宽仁院长曾医生先后诊治，老人热渐退，唯心脏弱，脾脏肿大，用强心，营养及治疟剂。二度验血结果，仍无他病细菌。至饮食方面，开始二日，老人唯思食广柑及煮汁，强进米汤，后增豆浆、藕粉，但所进量不多；前昨更增葡萄糖饮注两液，挂面及一切不易消化之物均禁食。牛奶医生谓易发酵，最好不用。唯李老太爷每日来视，星期三曾以隔日送来之油炸麻花一条泡开水喂爹爹吃，事后我始知，或为星期四病增之一因。对爹病中一切，自当较你在家更当心负责。”

周贻能的灵柩被暂停在红岩沟内，同时办事处决定派童小鹏和吴克坚到医院去看望周恩来，并约定，如果周恩来问到他父亲时，就回答：“病有好转，请放心”，不要多说话。童小鹏回忆说：“我和吴克坚怀着矛盾的心情去医院。在车上互相叮嘱要沉住气，不要露马脚，算是完成一项违心的任务。出了医院，我俩都汗流浃背。这是我有生以来第一次在周恩来同志面前说谎话。每想起此事，都很难过。”

周恩来不知真情，只“闻爹爹病渐愈，甚放心”，并感谢邓颖超的偏劳。待他把给邓颖超的信写完，下午送报的小孩到医院去，对周恩来说“老太爷因打摆子死了，现正在忙后事”。这话使得周恩来心神不宁，开始疑心大家在骗他，“等小鹏来又坚说无此事”。于是，周恩来“决心明日黄昏回山上了”。

7月13日，周恩来出院回红岩村后，问及老父，邓颖超见已无法隐瞒，就据实相告。这时，周恩来才得知父亲已去世3日。他当即悲痛欲绝，恸哭不止，并责问办事处处长钱之光为啥不告诉他，钱之光不敢回答。他又严厉责怪邓颖超：“别人不了解我，你还不了解我？你为什么瞒我？”邓颖超只好流着眼泪向他认错。为此董必武只好向他解释：“是为了你的身体健康，是组织上决定的。”周恩来才不好再说什么，但当晚即为父亲守灵至拂晓。他又随即向延安的毛泽东发了份电报：“归后始知我父已病故三日，悲痛之极，抱恨终天。当于次日安葬。”毛泽东随即复电：“尊翁逝世，政治局同人均深切哀悼，尚望节哀。重病新愈，望多休息……”

7月14日，周恩来、邓颖超等在红岩村为老人举行了简朴的悼念仪式后，将周恩来父亲的灵柩安葬于小龙坎福元寺重庆八路军办事处公墓，墓前立有一块墓碑。7月15日，重庆《新华日报》刊登了周恩来、邓颖超联名为周贻能去世发布的讣告。这大概是我们党的领导人中唯一一位为父母亲去世而登报发讣告。讣告内容全文如下：

显考懋臣公讳劭纲府君，痛于中华民国三十一年七月十日骤因数日微恙突患心脏衰弱，脾胃涨大急症，经医治无效，延至当晚11时逝世，享年69岁。男周恩来适因病割治于中央医院，仅问先父患疾，比于昨（13）日遄，方知已弃养3日，悲痛之极，抱恨终天。媳颖超随侍在侧，亲视含殓，兹业于今（14）日清晨安葬于陪小龙坎之阳，哀此讣告。至一切奠礼赙仪概不敢受。伏乞于鉴。

男　周恩来

媳　邓颖超　泣启

中华民国三十一年七月十四日于重庆

建国后，周恩来从我们国家人多地少的实际情况出发，带头平掉祖坟，退耕还田。1958年11月，周恩来派办公室主任童小鹏去重庆，将“红岩公墓”平掉还耕，将周贻能、杨振德等人的13口棺木挖出火化，骨灰装入罐中埋进原墓旁水田中，不留痕迹，只在田头立一块刻有13位去世者名字的小碑。

（张文和）

为建立联合政府而努力

国共两党之间久已存在的矛盾，关键问题是能否在中国建立一个民主的联合政府。周恩来作为中共中央代表曾两次去重庆，与国民党商讨建立民主联合政府的问题。

1944年，是世界反法西斯战争取得决定性胜利的一年。此时，在太平洋战场上，日美之间的战争正在激烈地进行着。在中国战场上，中国共产党领导的解放区战场已获得局部反攻的胜利，而国民党战场，从9月至11月间，前方战事失利的消息却一一传来：日军步步紧逼，广西桂林、柳州、南宁等城市相继失守，日军在完成打通大陆交通线的战略行动后，于11月侵犯贵州。

如何抢救国民党政府面临崩溃的危险，制止国民党发动反共内战，以便拖住更多的日军军事力量，成为美国十分关注的问题。从1944年9月开始，美国介入国共谈判问题。赫尔利在同年12月24日致美国国务卿的电报中，曾经这样概括美国的对华政策，并作为他的来华使命：

“一、防止国民政府崩溃；二、支持蒋介石任共和国总统和军队统帅；三、协调委员长与美军指挥官的关系；四、促进中国战争物资的生产和防止经济崩溃；五、为打败日本统一所有中国军队。”这五条的重点是“支持蒋介石”和“统一所有中国军队”，其根本目的在于造成一个以蒋介石为代表的符合美国统治集团利益的统一而稳定的中国。为要做到这一点，解决国共之间久已存在的矛盾，就成为必要的前提。

什么是“国共之间久已存在的矛盾”呢？关键问题是能否在中国建立一个民主的联合政府。

为了打败日本帝国主义，争取抗战胜利，中国共产党从抗战开始，就不断向全国人民指出结束国民党一党专政和实行民主政治的必要。毛泽东早在1937年5月就已提出了有关联合政府的基本构想。1944年9月15日，林伯渠代表中共中央在国民参政会上正式提出了组织联合政府的呼吁，得到了全国人民广泛热烈的支持。虽然蒋介石对联合政府的主张

※ 1943年7月，周恩来回到延安参加整风运动和筹备召开中国共产党第七次全国代表大会。这是1944年在延安的周恩来。

不断进行抵制和反对，但是，中国共产党仍然以极大的耐心与努力来争取其实现。其间，在美国人的居中斡旋下，周恩来作为中共中央代表曾于1944年11月和1945年1月两次去重庆，与国民党商讨建立民主联合政府的具体步骤。

1944年11月7日下午，美国总统罗斯福的特使赫尔利将军从重庆飞到延安。赫尔利将军的到来，受到了中共中央毛泽东、周恩来等人的欢迎。

11月8日上午，中美双方正式开始会谈。中国方面参加的是毛泽东、周恩来和朱德。美国方面参加的是赫尔利和美军驻延安观察组组长包瑞德上校。赫尔利首先表示，美国无意于干涉中国的内政，而只是打算做那些可能有助于最后打败日本人的事情；他已经征得蒋介石的同意，由美国调解代表团来促进民主，“统一中国的军事力量”，以便加速打败日本。赫尔利还说：为了达到这个目标，蒋介石准备承认共产党和各少数党派的合法地位，允许共产党以某些形式参加军事委员会。他在会上宣读了一个事先拟好的文件，题为

※ 1945年8月28日，为争取国内和平，毛泽东和周恩来、王若飞在赫尔利、张治中陪同下离开延安赴重庆谈判。

《为着谈判的基础》，共五条，基本精神如他所谈的内容。

当赫尔利读完这个文件后，毛泽东问道："这五条代表了谁的思想？"赫尔利说，这是他自己的观点，不过是我们大家制定出来的。包瑞德提醒他，毛主席是想知道蒋委员长是否同意这些观点。赫尔利回答说，他已经同意了。

8日下午，会谈继续进行。毛泽东首先说明，中国必须有一个国民党、共产党和其他党派组成的联合政府。他详细地列举了由于国民党的错误政策以及腐败机构所带来的国民党统治区出现的种种严重危机，他强调改组国民党政府是十分必要的。毛泽东还指出，国民党军队在日寇面前完全丧失战斗力，却用不少兵力包围和进攻坚持抗日的边区和八路军、新四军，需要改组的正是这些国民党军队。周恩来提议，谈判的协议草案要加上言论、出版、集会、结社、居住和人身自由。9日上午休会。下午继续商谈，中共方面首先提出了经过修改的协调草案。赫尔利看过后表示满意，他说这个方案是正确的，他将尽一切力量使蒋接受。会议又按他的具体意见作了点修改。这个经过讨论后的协定草案是：

一、中国政府、中国国民党与中国共产党应共同工作，统一中国一切军事力量，以便迅速击败日本与重建中国。

二、现在的国民政府应改组为包含所有抗日党派和无党无派政治人物的代表的联合国民政府，并颁布及实行用以改革军事、政治、经济、文化的新民主政策，同时军事委员会应改组为由所有抗日军队代表所组成的联合军事委员会。

三、联合国民政府应拥护孙中山先生在中国建立民有、民享、民治之政府的原则，联合国民政府应实行用以促进进步与民主的政策，并确立正义，思想自由、出版自由、言论自由、集会结社自由，向政府请求平反冤抑的权利，人身自由与居住自由，联合国民政府亦应实行用以有效实现下列两项权利即免除威胁的自由和免除贫困的自由之各项政策。

四、所有抗日军队应遵守与执行联合国民政府及其联合军事委员会的命令，并应为这个政府及其军事委员会所承认，由联合国民政府得来的物资，应被公平分配。

五、中国联合国民政府承认中国国民党、中国共产党及所有抗日党派的合法地位。

10日上午，双方继续会谈。毛泽东说，我们决定派周恩来和你同去重庆，因为估计对于许多细节，蒋先生会有意见。赫尔利也说，虽然我认为这些条款是合情合理的，但不敢保证委员长会接受它。然后，根据赫尔利的建议，毛泽东和赫尔利分别在协定草案上签了名，并且在上方给蒋介石留出了签字的地方。

10日中午，赫尔利和周恩来同机飞离延安，同行的还有包瑞德上校。

赫尔利将军来到重庆以后，带着五条协定草案忙于见蒋介石和国民政府代表，同他们进行商谈。

周恩来一面静待赫尔利的回音，一面紧张地工作着。他先后同民主同盟、救国会以及文化界人士广泛交谈，并同美、英驻华使馆官员和军事人员多次接触，向他们介绍国内政治军事形势，强调解放区的成绩及成立联合政府的必要。他广泛地听取各方面的反映，寻求更多的知音和朋友。

蒋介石对在延安商定的那个协定草案并不积极。一连十天无消息。11月20日，周恩来致电毛泽东时曾预言："蒋在目前至多只能接受联合统帅部，请客式政府，决不会答复协定。我们须以联合政府及解放区委员会去逼求，最后关键恐在华盛顿。"

事实怎样呢？

11月21日上午，周恩来如约来到重庆赫尔利将军的办公室。此时，赫尔利正与国民党的谈判代表王世杰、张治中交谈。赫尔利送走王、张之后，又开始了同周恩来的谈判。

赫尔利首先拿出了国民政府代表刚刚交给他的三条协议草案，接着讲到这几天他与国民政府以及蒋介石是怎样难以谈通，说他们认为承认共产党的合法地位是违反了孙中山的原则，他们也不愿意共产党参加中枢机构。他说星期日（19日）和蒋介石谈了三个小时，蒋说共产党要搞掉他。赫尔利忽然转而谈到自己的想法，他说："我的目的实际是罗斯福的意见，就是造成一个强大的中国，即是令中国来控制亚洲，如果中美合作，以美国的生产能力，加上中国的人口，那就无敌于天下了。"赫尔利似乎表现得不偏不倚：

※ 1944年6月，周恩来（二排右一）和毛泽东（一排左四）、朱德（一排左七）等同中外记者西北参观团成员合影。

“我们既不帮助国民党来打倒共产党，也不帮助共产党来打倒国民党；我和他们说过，这个谈判，是你们中国的事情，不该一切都要我这个美国人来办，我老了，我也疲倦了。”

当赫尔利主动讲完一大段之后，周恩来首先直截了当地问：“蒋主席对于联合政府的态度如何？”赫尔利回答说：“我同他已经谈过这个问题，他怕你们插进一只脚，就把他们挤掉。”周恩来接着追问：“（政府）对于其他党派的合法地位是否承认？”赫回答说，蒋主席只承认共产党的合法地位，不愿意承认其他党派的合法地位。周恩来听了赫尔利将军的一番叙述之后表示愿将这三条协议草案带回去研究，然后再与赫尔利将军商谈。

周恩来带回王世杰提出的三条协议草案回到住处，马上同董必武认真地作了研究和讨论。原来这三条协议草案的基本精神是，将中共的军队加以整编，并将其一切军队移交国民政府军事委员会统辖，然后才能承认共产党的合法地位，才能允许指派中共将领以委员资格参加军事委员会，对于联合政府的事只字未提。国民党顽固坚持“军令政令的统一”，坚持一党专政，态度十分明显。

如今，调停者的态度有没有改变？是否仍然坚持赫尔利所签字的五条协议草案的精神呢？了解这一情况，对能否进一步推动谈判将是十分重要的。当日下午四时半，周恩来偕董必武继续与赫尔利会谈。

周恩来开门见山地说：“联合政府是赫尔利将军所赞成的。”接着，周恩来进一步表明，我们党愿在这个基础上求得中国的团结，求得战争的胜利和战后的建设。而国民党所提出的三条协议草案，没有回答这一基本的要求。因此，“我们表示不能同意和不能满意于这一协定的精神”。周恩来把话说到这里，并没有就此僵持下去。他一方面指出，我们仍然坚持联合政府的主张，并愿为实现这一主张而奋斗到底；另一方面，我们很感谢赫尔利将军代表罗斯福总统的好意，很愿意从这个协议草案上找到可以磋商的根据，找到可以经过的桥梁和必要的准备。

为了进一步明了此时赫尔利的态度，周恩来接连向他提出了四个问题。第一，赫尔利将军是否仍同意我们为实现中国团结必须以组织联合政府为前提的主张？赫尔利回答说：“我不能使用同意的字眼，因为我不是谈判的当事人，我只是见证人；我认为你们联合政府的主张是适当的，但我并不处在同意的地位。”周恩来又问：“你是否认为联合政府是合理的，是民主的？”赫答：“毫无疑问是民主的，但你们的原提案也有可以改动之处；至于‘联合’字样，他们一定不接受，所以我只能劝你们和政府取得协定。”周恩来提出的第三个问题是：赫尔利将军对于促使军事委员会委员能够行使权力问题，是否有更进一步的意见？赫答：“最好设置一个同盟国的统帅。你们难于受国民党的指挥，国民党也难于受你们的指挥，有一个同盟国的统帅，便能以公平的态度指挥双方。”周恩来提出的第四个问题是：国民党今天不肯承认其他党派的合法地位，将来是否有承认的可能？他并且申明，这些党派都是抗日的，抗日的就应该承认。赫尔利只是说，蒋只肯承认共产党的合法，不肯承认其他党派。

赫尔利最后说：“我劝你们赶快参加政府。”他所说的“政府”，已经不是在延安所签字的协定草案上所说的联合政府，用赫尔利的话说，“至于‘联合’字样，他们一定不接受”，而是周恩来所预料的“请客式政府”。

11月22日，周恩来、董必武同国民党代表王世杰的谈判在赫尔利的寓所进行。国民党政府外交部长宋子文也参加了。

赫尔利首先声明“今天我不说话，让我听一听你们的发言”。在王世杰一番推托之后，周恩来首先发言。他站在主动的地位，毫不吞吞吐吐，首先说明了这次谈判的目的，继而鲜明地指出，国民党方面的协定草案“我们是不同意和不满意的”，但由于中国人民的需要，友邦的好意，抗战反攻的急迫，我们一方面仍坚持联合政府的主张，并愿为之继续奋斗；另一方面，我们也愿意从双方的协定草案中找到共同点，来做初步的解决，以为民主的联合政府做准备步骤。为了试探对方的诚意，周恩来向王世杰提出：根据你们的建

※宋子文。

议中所提到的，政府准备采取哪些措施，使党派合法？王世杰回答，现在政府还没有具体考虑这个问题，并无具体计划。周恩来接着又问，根据政府的协议草案，足以表示国民党并不准备放弃一党专政，王先生的意见如何？王答，这首先是一个法律问题。“在法律上，目前无从宣布废止党治”。周恩来提出，如果邀请中共代表参加政府，这种代表是属于观察者的性质，还是有职有权？王世杰支支吾吾地说，这一点我不能具体答复，因为没有讨论。坐在一旁的赫尔利，本来声明不说话的，此时却感觉憋不住了，他面对宋子文高声问：“子文！你听见没有？这是代表的性质问题，究竟有权没权？”宋子文只答了一句：“听见了。”周恩来说，我的第三个问题是关于参加军委会的问题，过去有许多军委会的委员，只是挂名的，不但没有职权，而且并不开会。如果共产党代表参加军委会，其实际职权怎样？王说，军委会每星期至少开一次，有时两次。周恩来当即指出，这是汇报不是开会。第四是军队的指挥问题，也就是设立联合统帅的问题。王世杰说，我对军事布置，实在不知道。当日下午，周恩来、董必武会见蒋介石。蒋介石只是不着边际地说，希望得到延安方面的答复，做到大家重新合作。周恩来重申了这次谈判的目的，明确指出国民党不肯接受民主联合政府的主张。而蒋介石却大言不惭地说：“我们革命党，就是为实现民主的，我做的就是民主。别人不要要求，我自会做的。如果要以要求来让我做，那就不好了。人家说我不民主，我不愿辩驳，但政府的尊严、国家的威信，不能损害。”周恩来当即指出：“政府并非国家，政府是内阁，不称职就应该调换或改组。提到要求，一个政党总有自己的要求，当形格势禁，不能向政府直接要求时，只有向人民公开说话。”蒋介石被驳得无言以对，只好连声说，是的是的。

经过一段时间国共双方代表的正式谈判以及同赫尔利等人的谈话接触，对于国民政府的态度已经完全清楚。中共中央指出，鉴于国民党的协议草案与我方的五条距离太远，说明国民党的态度至今未变，我们认为联合政府的联合统帅部是解决目前时局的关键，他们既不同意，则无法挽回时局。为此，党中央需召开会议讨论，请周回延。周恩来根据中共中央的指示，将上述意见正式通知赫尔利。

赫尔利接到通知以后，急忙与蒋介石磋商，仍想按照自己设想的方案套住中共。于是在12月4日下午，赫尔利（此时已任驻华大使）和中国战区美军总司令魏德迈将军派包瑞德上校再次邀请周恩来赴美军司令部谈话。

一见面，赫尔利就故作热情地告诉周恩来：现在我们能够以武器、弹药甚至粮食借给你们，还可以派遣美国军官到你们的军队中去，帮助训练，帮助作战。他说，联合政府目前尚不可能，是要参加政府，参加军委会。他并且说，蒋委员长已经答应了。

于是，一场辩论就从这里开始了。

周恩来针锋相对地指出，联合政府本为毛主席在延安时向赫尔利将军所提出的，赫尔利将军也认为合理。至于参加政府及军委会之举，即令做到，也不过是去几个人做官，毫无实权，无济于事。周恩来很注意借助历史的经验，用事实来说明自己的观点。他说，关于参加政府问题，我们素有经验。先拿别人的经验而言，白崇禧将军不止参加了政府，而且是军训部长，其实毫无实权。周恩来讲到自己从西安事变以来，八年中近七年的时间留在国民党政府所在地，在做国民政府军委会政治部副部长时，每星期有三次参加军事汇报，但是有意见无法讨论，即令提出，蒋委员长也不过说“好！好！”而已。他不无感慨地说：“我对这样做客，实在疲倦了。”

赫尔利带着一种似乎不解的神情问：“这次你们明明知道，只要参加政府，就可获得承认，就能获得物资的供给，你们拿到这些东西，就可以强大起来，为什么一定要谈改组政府问题？”周恩来一针见血地指出：“这是一个救中国的问题，抗战不仅要军事，而且要政治、兵役、粮食供给乃至生产，都要政府来办理，政府不改组，就无法挽救目前的危局。”周恩来这种原则立场同合乎逻辑的推理巧妙结合起来的论辩，使得赫尔利和魏德迈都不得不点头表示赞许，认为“这是真的”。

赫尔利此时把头转向中国战区美军总司令部参谋长麦克鲁将军，请他发言。麦克鲁叙述了时局的危机，讲到日本对于昆明志在必得。他接着说：“我们美国有句话，叫做舍身救火，现在一把火烧起来了，你们得救。”周恩来说：“不错，火应当救，但是要两只手能动，才能救火。现在请我们来做客，也只能坐在旁边看火。”赫尔利接过来说：“我们大家都清楚，如果你们在不满意的条件下，竟能参加政府，那就表示你们是最大的爱国者。”周恩来坚定地回答：“我们参加政府，就要替人民负责，现在我们参加进去，却不能负责。这样的政府，我要参加，就是不信上帝，我的良心也过不去。”

会谈的双方，彼此都意识到已经把话说完。坐在一旁的美军驻延安观察组组长包瑞德上校，起身带着期待的口吻说：“希望周将军回延安之后，随原机打转，不要把谈判之门闭了。”周恩来爽朗地说：“门不会闭的，是开着的。但是出来的时间却不能定。”他含笑同他们告别。

12月7日，周恩来和董必武飞返延安。

周恩来此行，同国民党的谈判并没有取得具体成果，但谁是谁非不难判明。从这次谈判中，我们看到，周恩来代表中国共产党，始终把维护两党的团结合作，视为最大的民族利益，视为处理国共关系的准则。通过这次谈判，也使全国人民看到，中共关于国

共合作的愿望是真诚的、坚定的，赢得了各党派以及全国人民的支持和同情。国民党顽固坚持一党专政，遭到了全国人民和海外侨胞的反对，就连参与调停的美国人也表示了一定程度的不满，认为蒋介石“僵化了”。通过这次谈判，还使我们看到，周恩来在复杂多变的环境中，始终掌握大的原则，又努力把原则性和灵活性结合起来，寻求解决国共之间矛盾的途径。同时，也使我们看到，周恩来的那种机敏、睿智、高超的谈判艺术，充分显露出他作为外交家的才华。

（王永钦）

※ 1945年7月，周恩来和毛泽东等欢迎飞抵延安的国民参政会六位参政员。右起：毛泽东、黄炎培、褚辅成、章伯钧、冷遹、傅斯年、左舜生、朱德、周恩来、王若飞。

★ ★ ★ **第五编** ★ ★ ★

肝胆相照　商筹建国

第五编 05

肝胆相照 商筹建国

陪同毛泽东到重庆

蒋介石连续给中共发了三次“万急”电报，特邀毛泽东亲临陪都，共商国是。为了国家、民族利益，置个人安危于度外，周恩来陪同毛泽东到重庆与国民党谈判。

抗日战争结束后，中国内部的矛盾发生了巨大变化，支配着中国形势的主要矛盾，已经不是中日民族间的矛盾，而是以中国共产党为代表的人民大众和美帝国主义支持的以国民党反动派为代表的大地主、大资产阶级之间的矛盾。战后国民党反动派，在美帝国主义的支持下，不但不许人民实现民族独立、人民民主和社会解放的愿望，反而把他们投入内战和破产的深渊。

对于蒋介石勾结美、日反动派，蓄意打内战，反共反人民，全国人民忧心忡忡，为了制止内战，挽救民族危机，中共中央于8月25日发布了对于目前时局的宣言。

宣言指出，由于日本的投降，我全民族八年来所坚持的神圣的抗日战争，已经胜利地结束了！全世界反法西斯战争也胜利结束了！在全中国与全世界，一个新的时期，和平建设的时期，已经来临了！但是，在为独立、自由与富强的新中国而斗争的道路上，不是没有阻碍，没有困难，没有荆棘的。日本帝国主义侵略者还没有执行《波茨坦宣言》，还没有放弃使其侵略的军国主义死灰复燃的企图，他们还在放肆地施行挑拨、分裂与奴役中国的阴谋，他们在中国的走狗们，正奉行其日本主子的指示，摇身一变，取得保护色彩，以图继续挑拨内战，破坏团结，阻挠民主，他们的这种企图并没有遇到打击，他们的罪行并没有受到惩处。相反，他们还受到了鼓励，愈益横行无忌。因此，帝国主义走狗及其他反动分子们的各种危险活动，严重地威胁着中国的和平、民主、团结。中国人民必须严重警戒与击破敌人的阴谋。

为了奠定今后和平建设的基础，中国共产党要求国民党政府立即实施六项紧急措施。主要是：承认中国解放区的民选政府和抗日军队，撤退包围与进攻解放区的军队，以立即实现和平，避免内战；划定八路军、新四军及华南抗日纵队，接受日军投降的地区，并给予他们以参加处置日本的一切工作权利，以昭公允；严惩汉奸，解散伪军；公平合理地整编军队，办理复员，救济难胞，减轻赋税，以苏民困；承认各党派合法地位，取消一切妨碍人民集会、结社、言论出版自由的法令，取消特务机关，释放爱国政治犯；立即召开各党派和无党派代表人物的会议，商讨抗战结束后的各项重大问题，制定民主的施政纲领，结束训政，成立举国一致的民主的联合政府，并筹备自由无拘束的普选的国民大会。

中国共产党郑重声明："我们愿意与中国国民党及其他民主党派，努力求得协议，以期各项紧急问题得到迅速的解决，并长期团结一致，彻底实现孙中山先生的三民主义。"

中国共产党的严正立场，得到中国各个民主党派和各界人士的热烈拥护和坚决支持。

慑于全国人民强烈反对内战，反对国民党一党专政，要求通过谈判、民主协商解决问题，蒋介石和他的心腹们，几经密谋，为了欺骗公众舆论，终于导演出一场"假和谈，真备战"的闹剧。为了表示对和谈的"诚意"，"蒋委员长"从1945年的8月14日至8月23日，连续给中共发了三次"万急"电报，特邀毛泽东主席亲临陪都，共商国是。

单从电报的字面上看，蒋介石对"和谈"是何等"热心赤诚"、以"国家的利益为重"啊！但他葫芦里装的什么药，毛泽东和他的战友们一清二楚，犹如洞中观火。蒋介石所以这样做，正是因为中国共产党采取了坚定不移的方针，而这时国内人民和国际舆论又都反对蒋介石进行内战，同时蒋介石也觉得他进行全面内战的准备工作还没有完全做好，还需要一些时间，以便把更大量的军队运到内战前线去。在抗战期间，蒋介石的精锐部队大多退到西南地区，要迅速开赴华北和华东一时有不少困难，至于东北就更不用说了，因此他决定要玩弄一次和谈阴谋。于是，这个靠内战起家，双手沾满人民鲜血的刽子手居然装扮和平妖怪，竟在九天之内，连发三次电报，邀请毛泽东主席去重庆谈判"和平"。

这分明是耍的鬼把戏，应不应该理他呢？中国共产党对争取和平有着真诚的愿望，对局势也有清醒的认识，初议，决定由周恩来先去谈判，毛泽东暂缓前去。8月23日再次召开中共中央政治局扩大会议。毛泽东认为：为了尽一切可能争取和平，为了揭露美帝国主义和蒋介石的阴谋，以团结和教育广大人民，我们应该去。如果我们不去，就中了蒋介石的诡计，他正是希望我们不去，以便借此说我们拒绝和平，发动内战。因此，毛泽东主席以大无畏的英雄气概，毅然决定飞往重庆。

一听说毛泽东主席决定去重庆，延安和各解放区的军民都非常担心。因为中国历史上曾有过许多“鸿门宴”之类的故事，而蒋介石对待李济深、胡汉民等人的流氓手段，人们记忆犹新，人们为毛主席担心并不是没有根据的。1929年，蒋桂军阀战争前夕，蒋介石扣押李济深于南京之汤山。1931年因所谓“约法”问题的争执，胡汉民也在汤山遭蒋介石软禁。但是，毛泽东正确地分析了当时国际、国内的形势，认为有强大的人民力量特别是解放区的力量做后盾，蒋介石是难于重演南京汤山的旧戏的。就在毛泽东快要起身的时候，范文澜的夫人还赶来对吴玉章说：“请转告毛主席，我们劝他千万别去呀！”毛主席知道后，笑了笑说：“谢谢他们的好意，我注意一点好了。”

8月27日，赫尔利和张治中到延安迎接毛泽东、周恩来、王若飞去重庆。第二天上午，飞机从延安东门外起飞。8月28日清晨，延安机场上就聚集了上千名前来欢送的人群，有干部，有工人，有学生。当时许多人心里像压上了一块石头，点着一把火，又沉重，又焦急。有人说，要谈判就请蒋介石到延安来，咱们保证和“西安事变”一样，有来有去；谈不成不要紧，要打仗，战场上去见高低！更有不少老同志感情深重地说：自从上了井冈山，毛主席就没有离开我们一步！五次“围剿”，万里长征，八年抗战，毛主席和我们在一起，没有离开过自己的军队、自己的根据地，如今，却要亲自去重庆，和他蒋介石谈判！但是，中央决定了，通知也说得清楚，这是斗争！在当时形势下，我党中央提出了和平、民主、团结三大口号，是符合全国人民要求的。毛主席亲自去重庆，为了国家、民族利益，置个人安危于度外的大义大勇的行为，单是这一点，已大可以昭革命之信义于天下了。

这一天，毛泽东和往日不同，穿一套半新的蓝布制服，皮鞋，头戴深灰色的盔式帽。在人们的记忆里，毛泽东永远穿一套总是洗得很干净的旧灰布制服，布鞋，灰布八角帽。他的伟岸的身形，明净的前额，温和的目光和热情的声音，时时出现在会场上、课堂上，出现在人民群众中间。如今他站在汽车旁边，目光平视，望着全体送行的人，好像所有在场的人，他都看到了。这时他眼睛里露出一种亲切的、坚定的微笑，向人们点了点头，充满了无限的关切和鼓舞之情。然后，和大家挥手告别，登上飞机起程了。人们望着南方的天空，久久不肯离去。大家都在想：抗日战争胜利后，当我们的国家处在十字路口，处在两种命运、两个前途决定胜败的严重时刻，我们的党，我们的领袖，为国家和人民做出了怎样的贡献！

毛泽东的降临，使重庆整个山城为之沸腾，使整个国民党统治区的人们都充满了希望。无数的工人、学生、市民和民主人士热烈地欢迎毛主席，把毛泽东称为中国人民的救星。

※ 毛泽东、周恩来离开延安时，同张治中、赫尔利在驻延安美军观察组住处前合影。

这天前来机场欢迎的官方人物有：蒋介石的代表周至柔将军，参政会秘书长邵力子，副秘书长雷震。还有各党派负责人张澜、沈钧儒、左舜生、章伯钧、陈铭枢、谭平山、黄炎培以及著名爱国文人郭沫若等。毛泽东下机后，应中外记者之请，首先和同机而来的赫尔利大使、张治中将军、周恩来同志等合影和拍制电影，然后向新闻界发表了书面谈话，再一次表明了中国共产党的立场。

（解力夫）

谈判桌上显身手

在重庆，具体的谈判由周恩来负责。国共双方几经交锋之后，当着蒋介石的面，赫尔利和魏德迈都叫“头痛”，说毛泽东气魄不凡，远非重庆国民党人士所能比拟。周恩来舌战群儒，震慑敌手，在西方著名政治家中也极为少见！

虽说蒋介石在九天之内接连发了三次电报，要求同中共和谈，但毛泽东一行抵达重庆后，国民党方面却毫无准备，这本来是一条奸计，如今却弄假成真了。

这几天，蒋介石显得特别烦躁，他实在不愿意看到毛泽东到重庆，他的好多亲信原来也估计毛泽东不敢来重庆。他单盼着赫尔利和张治中到达延安以后，毛泽东会变卦，那样，他蒋介石的如意算盘立刻打响，“讨伐令”就可以跟着颁发。如今，蒋介石等人的希望显然落空了。

蒋介石烦躁得无法忍受，抓耳挠腮，手忙脚乱，把为他献计的吴鼎昌叫去训道：“好，好！你出的好主意！现在娘希匹他们真的来了！你说，你说怎么办好！”吴鼎昌好在有张群在旁说话，只是挨了一顿骂，并未丢官。蒋介石却不知如何是好，毛泽东和周恩来真的来了，他委实不愿同中共进行谈判，但这次非谈不可。因此，一场马拉松式的谈判就这样开始了。

蒋介石虽然委派张群、王世杰、张治中、邵力子为代表和中共进行会谈，但他们对谈判并无诚意，只不过成天地虚与委蛇，一切的提案都要由中共方面提出，他们只是消极地应付，并肆意设置障碍，蓄意破坏和谈。谈判在蒋介石“有恃无恐”的情形下进行。谈判在毛泽东、周恩来顾全大局、坚持和平的情形下进行。

重庆谈判期间，毛泽东、周恩来住在红岩办事处。张治中看到红岩地处郊区，同各界

※ 毛泽东、周恩来、王若飞抵达重庆时，受到各界人士热烈欢迎。

人士交往不便，主动腾出自己曾家岩的住所“桂园”供毛泽东使用。毛泽东以桂园作为他在市内的办公地点，每天上午八时从红岩乘车到桂园，下午六时从桂园回到红岩。他在重庆除会客和处理谈判问题外，还继续领导全党和解放区的工作。具体的谈判由周恩来、王若飞同国民党的张群、王世杰、张治中、邵力子进行。

会谈的最初四天，先就政治、军事问题作一般性商谈。由于国民党对这次谈判并没有真正的诚意，所以他们根本没有准备谈判方案。为了便于谈判进行，使谈判能取得具体成果，只好由中共方面先提出意见。

9月3日，周恩来将中共方面拟订的两党谈判方案十一项交给国民党代表转蒋介石。它的要点是：一、确定和平建国方针，以和平、团结、民主为统一的基础，实行三民主义（以1924年国民党第一次全国代表大会之宣言为标准）；二、拥护蒋主席之领导地位；三、承认各党派合法平等地位，并长期合作和平建国；四、承认解放区政权及抗日部队；

※ 1945年8月，周恩来陪同毛泽东赴重庆谈判。

五、严惩汉奸，解散伪军；六、重划受降地区，允许中共武装参加受降工作；七、停止一切武装冲突，令各部队暂留原地待命；八、结束党治过程中，迅速采取各项必要措施，实行政治民主化、军队国家化、党派平等合作；九、政治民主化之必要办法；十、军队国家化之必要办法；十一、党派平等合作之必要办法。

中共提出的第九项“政治民主化之必要办法”中，包括由国民政府召集由各党派参加的政治协商会议，确定省县自治，实行普选。其中解放区的解决办法，提出山西、山东、河北、热河、察哈尔五省主席及委员由中共推荐；绥远、河南、安徽、江苏、湖北、广东六省由中共推荐副主席；北平、天津、青岛、上海四直辖市由中共推荐副市长；中共有权参加东北各省行政组织。

在第十项“军队国家化之必要办法”中，包括公平合理整编全国军队，分期实施，中共部队改编为十六个军四十八个师；重划军区，实施征补制度，中共军队集中淮河流域（苏北、皖北）及陇海路以北地区（即中共现驻地区）；设北平行营及北平政治委员会，由中共推荐人员分任；中共有权参加军事委员会及其所属各部工作。

中共提出的这十一项内容，是从实现和平、团结、民主的愿望出发，以国共两党现有政治军事力量的实际状况为基础，并由中共方面作出重大让步，包括军队的大批裁减和南方解放区的撤出条件下提出的。但是，国民党方面却连把这十一项作为讨论的基础也不接受。十一项提出的第二天，9月4日上午，蒋介石召集张群、王世杰、邵力子、张治中四人开会，把他仓促拟出的《对中共谈判要点》交给他们。蒋介石的这个“要点”一开始便蛮横地说：“中共代表昨日提出之方案，实无一驳之价值。倘该方案之第一、第二条具有诚意，则其以下各条在内容上与精神上与此相矛盾者即不应提出。我方可根据日前余与毛泽东谈话之要点，作成方案，对中共提出。”蒋介石的“谈话要点”中最重要的，是强调“军令、政令之统一”，并严格控制中共军队以十二个师为最高限度。

在蒋介石对他的代表团下达“指示”后，又同美国大使赫尔利和魏德迈将军进行了“深入之交谈”。美蒋串通一气，狼狈为奸，为破坏和谈，搞了许多阴谋诡计。

“大使先生，”蒋介石道，“毛泽东说他们坚决避免内战，他们的武装应该参加受降，他们的解放区民主政府应该承认，但被我拒绝了。我一口咬定要实行军令、政令之统一，说我是在实行独裁，我也不在乎！”

“你应付得好！”赫尔利又郑重地嘱咐道，“可是别拒绝得太快，破裂得太早，这样会影响我们的军事行动，让他们以为你真有和平诚意，那是最好！”

“这个我自有办法，”蒋介石得意地笑道，“当年我在上海对付造反工人，先麻痹他们，动手之前还雇了大批乐队，吹吹打打，挂红放炮，还到他们工会送匾去呢！在他们信以为真后，乘其不备我就动手了！”

“可是今天在你对面坐着的是毛泽东和周恩来，不是当年那个上海工会主席，我们要特别小心才是。”赫尔利燃了一支烟又说，“说穿了吧，今天我们不得不有和平、民主、团结的伪装，是说明了毛泽东深得人心，中国人民希望和平，这点你可要当心啊！”

中共对蒋介石的态度早就料到的。对这个沾满人民鲜血的独裁者，从来不抱有任何幻想。在获悉蒋介石的“要点”后，当天晚上，周恩来、王若飞就同国民党代表就实质性问题进行商谈。国民党代表张群等一开口就表示：“兄等此次所提条件，距离尚远”，“有数点根本无从讨论。”他们提出，现“亟须确定者尚是谈判之态度与精神”。

既然说起“谈判之态度与精神”，周恩来立刻作了一个长篇的回答，来说明中国共产党在这次谈判中所抱的和解的态度与精神。他先指出：具体问题的解决，不免遭遇困难，这自在我人意料之中。为了求得问题的解决，我方已作了尽可能的让步：“第一，认为联合政府既不能做到，故此次并不提出，而只要求各党派参加政府。第二，召开党派会议产生联合政府之方式，国民党既认为有推翻政府之顾虑，故我等此次根本未提党派会议。第三，国民大会之代表，中共主张普选，但雪艇先生（王世杰）与毛先生谈话时认为不可能，中共虽不能放弃主张亦不反对参加，现在亦不在北方另行召开会议。凡此让步，皆为此次谈话之政治基础，”“可保证此次谈判之成功”。

在周恩来申明中共的立场后，张群无法反驳，只好怯懦地说：“恩来兄所谈之政治基础，我甚了解。感困难的即为兄等昨天所提出之第九、第十两条。倘如兄弟所提承认解放区政权，重划省区而治，则根本与国家政令之统一背道而驰了，势将导致国家领土分裂，

※ 国民党政府一意孤行，撕毁政协协议，单方面召开“国民大会”，坚持实行独裁统治。图为“国民大会”会场。

※ 1946年1月10日，周恩来和国民党代表张群签署的《关于停止国内军事冲突的协议》等文件同时公布。这是在美国调处代表乔治·卡特利特·马歇尔住处签字时的情景。

人民分裂。”真是无理赖三分了。

周恩来当即回答：“我党对国民大会之选举现已让步，此次所提解放区解决办法系为让步合作考虑，期使两党不致对立。不然，无论在国民大会席上或国民大会闭幕以后，国民党都是居于第一党，而我党政治地位尚复有何保障？所以我们坦白提议，要求政府承认我党在地区的政治地位。”

在蒋介石的指示和敦促下，国民党代表又要求中共把军队交出来，说是决不可再蹈军阀时代的覆辙，并称：中共此时如愿放弃其地盘，交出其军队，则其在国家的地位与国民中之声誉，必更高于今日。周恩来爽快地回答：“兄等以封建军阀割据来比拟中共，我不能承认。我以为两党已拥有武装，且有十八年斗争历史，此乃革命事实发展之结果。今日我等商谈，即在设法避免双方武装斗争，而以民主之和平方式为政治之竞争。”说到这里，周恩来又直截了当地反问：“我们认定，打内战是国内外情势所不容许，只能以政治解决。本此宗旨，我党已提出解决问题之方案，不知政府方面对于此事之解决所准备之具体方案如何？”这一反问，把国民党代表问得张口结舌，无言以对。

国共双方几经交锋之后，美方对中共的态度不仅惊骇，而且慑服。当着蒋介石的面，赫尔利和魏德迈都叫“头痛”，说毛泽东气魄不凡，远非重庆国民党人士所能比拟。特别对周恩来印象极深，他帮助毛泽东在谈判桌上和国民党代表进行针锋相对的斗争，舌战群儒，震慑敌手，在西方著名政治家中也极为少见！周恩来的特点，在于表现了坚定的原则性，能在不损害老百姓根本利益的前提下采取异常灵活的战略。尤其见之于驳斥蒋方代表指中共“封建割据”，坚决拒绝蒋方要中共交出解放区和红军的要求时，使助蒋的美方也很难开口。因为蒋介石在“西安事变”中被迫接受抗战而回南京前，早已看到和承认中共

※ 1946年2月，以周恩来为首的参加政治协商会议的中共代表团和中共参政员博古在重庆合影。左起：吴玉章、陆定一、周恩来、邓颖超、董必武、王若飞、博古。

军队和解放区的存在，承认这是中国的现实，中共革命发展的结果。连国民党一些开明人士都说："现在让中共放弃一切，等于宣统皇帝向孙中山索回政权，怎么也讲不通。"周恩来坚持国共两党地位要平等，反对国民党视共产党为被统治者，并以统治者自居，蒋方对此殊难坚持却又非坚持不可，其结果就显露了他们态度蛮横，穷凶极恶。

鉴于国民党阵脚混乱，在政治上完全陷于被动，于是蒋介石急忙召集军政心腹商谈对策。当毛泽东一行抵达重庆时，蒋介石只给了国民党谈判代表三条原则：一、不得于现在政府法统之外来谈改组政府问题；二、不得分期或局部解决，必须现时整个解决一切问题；三、归结于政令、军令之统一，一切问题必须以此为中心。至于怎样解决问题？根本没有什么切实的方案。直到四日上午，才要国民党谈判代表根据他的"谈话要点"拟订方案。这自然不是一下子就能提出来的。于是谈判不得不中断三天。

在休会期间，毛泽东在周恩来的伴随下，又广泛开展对外活动，他们会见了国民党的军政要员，会见了民主党派和无党派人士，会见了英、美、法、苏外交使节和中外新闻记者，进一步阐明中共维护和平、民主、团结的主张，赢得了广泛的同情和支持。国民党的元老冯玉祥、于右任说："中共的立场是得人心的，国民党再一意孤行，坚持独裁专政，会招致全国人民的反对！"

9月8日，双方继续谈判。周恩来首先提出：近日来，国民党的报纸纷纷攻击中共为"割据"。他慨叹地说："似此理论之争，我方亦将强调结束党治，召开各党派会议，组织联合政府，以相对抗。如此，谈判成为僵局，问题即不能解决。"他追问："依据我方之建议，我党军队已裁去一半，地区亦已退出一半"，"其他政治会议、国民大会与自由问题等，我方皆已提出解决办法，皆未蒙答复。希望政府能够对此有所说明。"在周恩来一再追问下，张群才拿出一份《对于中共九月三日提案之答复》，共十一条，对中国共产党提出的基本要求都加以拒绝。从10日至21日，国共双方代表曾进行了六次谈判。17日，毛泽东又同蒋介石、赫尔利进行商谈。国民党一直坚持顽固态度，致使谈判没有取得任何进展。

双方争执得最激烈的是军队和解放区的问题。中国共产党认为，在八年抗战中做出了重大贡献的解放区军队应该得到合理的编制。解放区现有120万军队，在大量裁减后至少也应整编为十六个军四十八个师。蒋介石却力图缩小并编散它。坚持不能超过十二个师。双方意见十分悬殊，相持两周，仍无进展。为了打开僵局，中共又作了让步。周恩来在19日对国民党代表说，昨晚和今日上午同毛泽东讨论的结果："关于军队数目，赫尔利大使拟议中央军与中共军队之比数为五分之一，我方以此比例先考虑，愿让步至七分之一，即中央现在二百六十三个师，我方应编四十三个师”；“如中央军队缩编为六十个师，中共军队应为十个师；中央军队如缩编为一百二十个师，中共应有二十个师。”

关于军队的驻地，解放区的范围，中共也作了很大的让步。周恩来说：“我方拟将海南岛、广东、浙江、苏南、皖南、湖北、湖南、河南境内，黄河以南等八个地区的军队撤退，集中于苏北、皖北及陇海路以北地区。此为第一步。”“第二步再将苏北、皖北、豫北三地区之军队撤退，而将中共所有之四十三个师集中驻防于山东、河北、察哈尔、热河与山西之大部分、绥远之小部分，与陕甘宁边区等七个地区。至于解放区亦随军队驻地之规定而合一。”

中国共产党即使作了如此重大的让步，国民党政府仍不肯接受。在21日会谈时他们表示：中共军队编制，至多亦不能超过五个军十六个师；即令要设置行营一类的机关，也只可由中央按照军事指挥系统，予以适当的名义，以便统帅指挥。至于解放区的民选政府问题，更是一口否认。对此，蒋介石还得意地对赫尔利说：“周恩来他们提出了‘政府应承认解放区各级民选政府合法地位’的方案，我一口拒绝了。我说解放区在日本投降以后，应成为过去。也就是说，解放区该取消！全国政令必须统一。”

为了避免和谈破裂，中共采取了十分克制的态度，在解放区问题上再次作了让步。提出冀、鲁、察、热四省与陕甘宁边区之主席由中共推荐，山西、绥远两省之副主席，天津、北平、青岛之副市长，也由中共推荐人士充任；苏北、皖北、豫北之地区，中共军队撤退前，其专员、县长由中共委任；北平行营由中共主持，并仿东北行营例，设政治委员会，由中共负责。国民党代表仍不肯接受，说：“中共军队悉数撤退至黄河以北，而据有黄河以北之地区，岂非分疆而治，欲三分天下有其一？中共方面如有何人堪任省主席，何人堪任厅长、委员，尽量开列名单，请中央量才任用，切不可指定何省应划归中共推荐何人任主席、厅长、委员。兄等所提华北四省主席应由中共推荐，省政由中共主持，此何异乎割据地盘。”

这时谈判已持续了三个多星期，仍未取得进展，再这样拖下去只能徒然浪费时日。21日，周恩来在会上愤怒地指出：“今日我等之商谈，系出于平等之态度，然而国民党之观念是自大的，是不以平等待中共的。故国民党及其政府皆视我党为被统治者，自西安事变以来即一贯如此。”他坦率地说明客观存在的事实，“现在政府尚在国民党统治时期，我们何能将军队、政府交与一党政府。因此政府今日欲求达到统一全国军政之理想，必须采取民主之方式，循一定之步骤，而非可一步登天，一蹴即就。”

极力为蒋介石出谋划策的赫尔利，也找毛泽东谈话，要求中共交出解放区，要么承

※ 周恩来在重庆。

认，要么破裂。毛主席沉着地回答：“不承认，也不破裂，问题复杂，还要讨论。”为了打破僵局，中共再一次提出：“解放区重新进行县级民选，选出县长与县参议会；凡一省或一行政区有过半数县已实行民选者，由县参议会产生省参议会，省参议会选举省长与委员，呈请中央加委。”即使这样的让步也被蒋介石拒绝了。他愤愤地对他的美国朋友们说：“对于中共的新方案，我不答应！民选要待宪法颁布，目前只能由中央任命的省政府前往各地接管行政。这是我们昨天召集智囊团会议彻夜商定了的，没料到他们还是这样沉着，硬是不肯破裂！”

赫尔利进谏道：“委员长不必着急，拖延对我们有好处。”

蒋介石急不可耐地问道：“我想了解，我们的部队和你们的海军陆战队，是不是运得差不多了？如果前方已经开火，那干脆再拖几天。”

“不，不！”赫尔利说，“最好还是按计划进行；谈判是要谈的，运兵是要运的，这才显出我们手法高明。如果谈判由我们主动破裂，甚至把毛泽东在重庆解决，那都是下策！为逞快一时，会打乱整个战略部署。”

“我是同意拖下去，不是谈下去。”蒋介石说，“不过，过去我围剿中共十年，骂他们是土匪，今天却同他们面对面坐着谈判，欢迎会上还和他们碰杯，真是冤家路窄啊！”

赫尔利呷了一口茶，笑眯眯地说：“对于蒋先生的心情我们是了解的。不过，你可以放心，用不到今年年底，你的精锐部队可以动员到一百万人进攻中共，而我们的海军陆战队呢，魏德迈将军早已向你保证过，至少有十一万人参加作战。你想，你以前十年内战，曾经有过这么庞大的队伍，这么多的新式武器吗？”

“因此，为了让士兵与民众完全站在你这一边，站在我们这一边，我们要做得大方点，不可小气。”不等蒋介石开口，这位美国大使又说，“这样才证明委员长阁下很有远见，是我们美国可以合作的好朋友。我代表我们政府告诉你，今后对你的援助还多着哩！”

蒋介石乐呵呵地说：“好，好！我再答复中共，继续谈判，决不在此时此地破裂，请你们放心好了。”

经过二十多天的谈判，由于中国共产党方面为了谋求和平，表现了极大的克制和一再作出巨大让步，而国民党方面却不顾现实状况，一再使用高压手段，这些事实使中国共产党赢得了国民党统治区广大人民群众的同情；中间力量，包括国民党内一些正直的爱国人士，也普遍认为中国共产党已做到仁至义尽，为它感到不平。鉴于照这样谈下去已难有成效，21日会谈后，周恩来、王若飞不得不中断同国民党代表的谈判。周恩来并向各党派、国民党内的民主派和文化界、新闻界、产业界、妇女界等，广泛解释中国共产党的主张，说明导致谈判陷入僵局的真相。蒋介石已经看到，一味施加高压是无法使中国共产党屈服的，而这次谈判已为举世所瞩目，如果谈判破裂或无结果而散，他向国内外都难以做出交代。这样在国内外舆论的压力下，在美国方面的“规劝”下，在谈判中断的第三天，国民党代表又主动找中共代表要求重开谈判。在这以后，谈判气氛在表面上也较前有所缓和。

在军事问题上，中共方面再次表示在公平合理整编全国军队的条件下，愿将它所领导的军队缩编至二十四个师，至少二十个师的数目。国民党方面表示：全国整编计划正在进行，此次提出的商谈的各项问题果能全盘解决，则中共所领导的抗日军队缩编为二十个师的数目可以考虑。至于军队驻地问题，可由中共方面提出方案，讨论决定。双方并商定：

为具体计划解决军队整编有关问题起见，组成三人小组，中共方面代表为十八集团军参谋长叶剑英，国民党方面代表为军政部次长林蔚和军令部次长刘斐。

在棘手的解放区问题和国民大会问题上，双方申诉了各自的立场。27日，周恩来说，解放区问题，鉴于双方未能达成协议，可暂时维持现状，即现在各省政府所能治理之地，由省府治理之，省府不能治理者由解放区治理之。国民大会问题，中共方面原来提出三项主张，即：重选国大代表，延缓国大召开日期，修改国民大会组织法、选举法和《五五宪法草案》。国民党方面表示：国大已选代表应为有效，但名额可增加，双方没有达成协议。中共方面声明："中共不愿因此项问题之争论而破裂团结。"双方同意将此项问题提交政治会议解决。

鉴于全国人民十分关心国共会谈情况，中共方面建议将一个月来的谈话记录整理出

※ 1945年8月，毛泽东和蒋介石在重庆合影。

来，以解人民之渴望。国民党代表表示同意。10月5日，周恩来将他起草的《会谈纪要》提交讨论。这份《会谈纪要》写得很有特色，不仅把双方已一致同意的内容在文字上确定下来，并且对没有取得一致的问题也分别说明双方各自的看法，在解放区地方政府问题上还说明了中共方面先后提出的四种方案和双方目前争执所在，表明了继续商谈的愿望。双方就《会谈纪要》又进行了两次讨论，并作了修改。但对《会谈纪要》在什么时候发表，又发生争执。这时，进犯晋东南上党解放区的阎锡山部队被解放区军民击败，毛泽东又提出返回延安。于是，这个具有历史意义的文献《政府与中共代表会谈纪要》，经过艰难曲折的斗争，终于在10月10日下午由双方代表签字、公布和群众见面了。

《双十协定》的发表具有重要的意义。毛主席说："这样很好。国民党再发动内战，他们就在全国和全世界面前输了理，我们就更有理由采取自卫战争，粉碎他们的进攻。"

为了争取和平，为了争取广大人民群众特别是中间人士的同情，以击破国民党反动派造谣污蔑，中共在谈判中虽作了一些必要的让步，但这些让步都是有原则的，并无损于中国人民的根本利益；而在涉及根本利益的问题上，中共则不惧任何威胁，始终坚定不移，毫不退让。而且在谈判期间，丝毫没有放松警惕，对国民党的阴谋做了必要的准备。正因为中共一方面参加和谈，一方面又准备自卫，才能够立于不败之地。

《双十协定》虽然签订了，但蒋介石丝毫也不打算遵守。《双十协定》于10月12日公布，13日蒋介石就对其部下颁发了"剿匪"密令，命令他的将领，要遵照他所订的所谓《剿匪手本》，对解放区发动进攻。

（解力夫）

战争与和平的变奏曲

马歇尔曾对顾维钧说过，在他本人的经历中，他曾与各种各样的人物打过交道，包括一些非常狡猾的英国人，但没有哪一位比周恩来更聪明。

国共双方的重庆谈判达成的《双十协定》并没有给中国带来和平的局面。双方的谈判和当时国内战火频发的现实，构成了边打边谈的局面。这一切的直接后果，就是使谈判陷入僵局，中国正在战争与和平的十字路口上徘徊。

内战的危机引起了大洋彼岸的美国人的严重关注。自从赫尔利铩羽而归后，美国人

※ 1945年10月10日，国共双方代表王世杰、张群、张治中、邵力子、周恩来、王若飞签订的《政府与中共代表会谈纪要》（即“双十协定”）。

知道公开的扶蒋反共政策已经走进了死胡同。白宫的决策者们清醒地认识到，目前国民党“绝对没有能力用军事手段镇压共产党”，若蒋介石发动内战，其结果“可能导致共产党控制全中国”。出于维持美国在远东的既得利益，美国政府不希望蒋介石发动大规模内战。因此，美国开始调整其对华政策，代之以温和的调处手段。

二

1945年11月27日，美国驻华大使赫尔利宣布辞职，在一片谴责声中“咆哮”而去。随后，美国前陆军参谋长马歇尔上将被任命为总统特使，前往中国调处国共矛盾。

对于当时的美国对华政策，周恩来在1945年12月5日给中央的书面报告中明确分析道：

胡政之回来说：在抗战时，美国需要利用一切力量打好日本，颇重视中共力量；现在抗战胜利，美国需要安定（实际上是独霸），故极力支持中国统一。这就是美国政策之最确切的说明。拿我们话说：抗战时是扶蒋用共，战后是扶蒋压共……

继之而来的马歇尔，是不是会变更美国今天的政策呢？我以为至少在目前基本上是不会变的，可变的是办法。办法有三种：一种是武的，最多不过直接参战，其结果如上所说；一种是文的，最多不过如赫尔利的五条，其结果仍是旧民主的统一武力，蒋固不能完

※ 1946年10月17日，国共双方谈判代表和第三方面人士在上海吴铁城公馆门前合影。前排左起：张君劢、陈启天、沈钧儒、邵力子、周恩来、左舜生、郭沫若、李维汉、曾琦、吴铁城。后两排左起：黄炎培、杨永浚、华岗、章伯钧、余家菊、罗隆基、胡霖、蒋匀田、李璜。

全同意，我亦不能完全做到；再一种是双方并压，一方面减少或暂停对蒋之军事援助，避免内战扩大，另方面对我们施以某种政治上的压力。这三种办法的目的均在支持中国统一，好便于美国取得优势或独霸。

周恩来的分析十分精到、准确，完全被后来的历史所证实。

12月15日，美国总统杜鲁门就对华政策发表声明，认为一个紊乱的、分裂的中国，将是一种危及世界稳定与和平的力量，希望中国停止冲突，协商解决内部分歧，扩大政府基础，推进民主改革，用和平之方式左右中国任何内争的发展。随后，在苏美英三国外长的莫斯科会议上，美国国务卿贝尔纳斯游说苏联外长莫洛托夫说："马歇尔将军试图说服蒋介石与共产党达成一项专门的协定，使之成为避免大规模内战和实现中国统一的最佳途径。"莫洛托夫回答说："美国处于了解蒋介石政府的意图和计划的最佳地位上。唯一的问题是，蒋介石是否确实希望解决其内部问题。"当贝尔纳斯会见斯大林时，斯大林明确表示："如果有什么人能解决中国的这个形势的话，那就是马歇尔将军。马歇尔是仅有的几个既是政治家又是军人中的一个。"

12月27日，三国外长发表会议公报，一致认为"必须在国民政府之下建立一个团结而民主的中国，必须由民主分子广泛参加国民政府的所有一切部门，而且必须停止内争"，并重申恪守"不干涉中国内政的政策"。马歇尔就是在这种历史背景下来华的，一时被视为三大国赞助中国和平统一的政策的化身。

马歇尔是1945年12月22日来到重庆的。五天前，王炳南就到美国驻华大使馆通知美国代办罗伯逊，周恩来等中共政协代表已到重庆，中共欢迎杜鲁门声明和马歇尔来华。22日这一天，周恩来亲自来到机场迎接了马歇尔。23日，周恩来、董必武、叶剑英拜访了马歇尔，对他来华表示欢迎。周恩来还特意对他说了一番意味深长的话：

中国人民抗战八年，如从"九一八"算起，已经14年了，牺牲重大。中国不能再有内战。我们主张由政治协商会议草拟宪法，然后由改组了的政府筹备国民大会，通过宪法，使中国走入宪政的国家……美国有许多地方值得我们学习：（一）华盛顿时代的民族独立精神；（二）林肯的民有、民治、民享和罗斯福的四大自由的精神；（三）美国的农业改革和国家的工业化。

周恩来温文尔雅的态度和他所表达的对美国往圣先贤的敬意，使在第二次世界大战中叱咤风云、驰名世界的马歇尔将军感到如沐春风。

二

经马歇尔的积极斡旋，国共谈判于12月27日正式恢复。中共代表为周恩来、叶剑英、王若飞。国民党代表为王世杰、张群、邵力子。周恩来将中共代表团关于无条件全面停止内战的提议交国民党代表转蒋介石，其中提出：（一）双方下令所属部队暂住原地，停止一切军事冲突；（二）凡与避免内战有关的一切问题如受降、解除敌军武装、解散伪军、恢复交通及解放区、收复区等，在军事冲突停止后用和平协商方法解决；（三）为保证实现上述两项，在政协会议指导下，组织全国各界考察团分赴有内战的各地区考察，随时报告事实真相，公诸国人。

在国际压力和中共代表团的努力下，31日王世杰在谈判中递交了国民党的复文，同意停止一切军事冲突，组织军事考察团，对所有同停止军事冲突、恢复铁路交通及受降有关的事项，由国共双方各派代表一人，会同马歇尔商定办法。这一天，蒋介石决定于翌年1月10日召开政治协商会议。

其实，周恩来对国民党提出的邀请美方直接介入国共谈判的建议是态度审慎的。他曾委婉地向马歇尔表示，为了促进国共间的信任，中共欢迎外来的友谊协助，希望盟国过问中国的内争，但同时也希望盟国能恪守“不干涉中国内政”的诺言，虽说要做到二者兼顾不致顾此失彼“极为困难”，但中共方面“很愿在使这两方面结合起来的基础上考虑问题”。

对此，中共中央1946年1月2日致电周恩来：“中国从来就是依靠几个国家互相牵制来保持独立，所谓以夷制夷政策，如中国只被一个强国把持，则早已灭亡……能做到英苏参加更好，如做不到只好让马（歇尔）单独参加。”

1月3日，周恩来正式答复马歇尔表示欢迎他参加有关停战、受降、恢复交通等问题的协商，并说明中共原则上同意国民党的复案，但强调应恢复一切交通，包括邮电、航空和解除封锁等。他还指出，军事冲突应限期停止，特别是热河省和津浦线的冲突应立刻停止。

经多次会商，国共双方于1月5日就停止国内军事冲突办法达成了如下初步协议：

（一）停止国内各地一切军事冲突，并恢复一切交通，关于停止冲突及恢复交通之命

※马歇尔。

令，依第二条之规定商定之；（二）因国内军事冲突及交通阻塞等事，与我国对盟邦所负有之受降及遣送敌俘等义务有关，故应由政府与中共各派代表一人，会同马歇尔将军从速商定办法，提请政府实施；（三）由国民参政会驻会委员会及政治协商会议各推定国共两党当事人以外之公正人士8人，组织军事考察团，会同国共双方代表，分赴全国发生冲突区域考察军事状况、交通情形，以及其他与国内和平恢复有关事项，随时将事实真相，提出报告并公布之。

经过反复磋商，特别是排除国民党企图强占已由解放军控制的赤峰、多伦两地的无理要求后，周恩来和张群于1月10日正式签署了《国共双方关于停止冲突、恢复交通的命令和声明》。其后，战争的确在全国范围内停止了一个时期，给经历长期战乱的中国人民带来了和平的希望。停战协议的签署，为政治协商会议的召开扫清了道路。

就在停战协议签署的同一天，万众瞩目的政治协商会议在重庆的国民政府礼堂隆重开幕。

出席会议的代表共38人，其中国民党8人，共产党7人，民主同盟9人，青年党5人，社会贤达9人。中共代表为周恩来、董必武、王若飞、叶剑英、吴玉章、陆定一和邓颖超。

开幕式上，蒋介石首先致词，他作出了四项保证：

（一）人民之自由：人民享有身体、信仰、言论、出版、集会、结社之自由，现行法令，依此原则分别予以废止或修正，司法与警察以外机关，不得拘捕、审讯及处罚人民；

（二）政党之合法地位：各政党在法律之前一律平等，并得在法律范围之内公开活动；

（三）普选：各地积极推行地方自治，依法实行由下而上之普选；

（四）释放政治犯：政治犯除汉奸及确有危害民国之行为者外，分别予以释放。

周恩来在开幕式上致词中说，政治协商会议是中国人民和民主人士多年以来所期待的，经过政府及中共代表在抗战胜利后的会谈中加以确定了。这次会议主要的是各抗日党派的协商会议，为使会议的范围扩大和比较完备起见，更邀请无党无派的社会贤达参加。这样的政治协商会议，在中国的政治历史上还是创举。尤其当举国一致要求迅速结束训政，积极筹备宪政的过渡期中，这个会议更负有严重的历史任务。他认为，政治协商会议，就是要请各党代表及社会贤达，一起来订出如何实现政治民主化、军队国家化及党派平等合法的方案，就是要在共同纲领的基础上，实现各党派、无党无派代表人士合作的举国一致的政府。他表示，中共代表团"愿以极大的诚意和容忍，与各党代表及社会贤达，共商国是，努力合作"。在致词中，周恩来还对蒋介石代表政府所作的四项保证表示欢迎，他说："人民权利和党派合作，更是目前急迫待决的问题，方才听到蒋主席关于保证人民权利四项的公布，我们表示欢迎这个公布，并愿为实现这四条权利而奋斗。"

※二十世纪四十年代的周恩来。

在12日向大会报告国共谈判经过时，周恩来语重心长地总结了四点经验教训，以供会议参考。他说：

“第一点是要互相承认，不要互相敌视。既然商谈了，就是要政治解决，也就应该互相承认，不应互相敌视，尤其是商谈的双方代表，更要常常保持这种态度。

“第二点是要互相商量，不要独断。既然是政治解决，就是要互相协议，而不是一方面决定了，通知到别方面去做，这样是无法求得解决的。

“第三点是互相让步，不要独霸。既然政治解决，总是要于国家人民事业有利，既然于国家人民事业有利，那么两党之间、各方面之间，有什么不可以让步的？不错，立国的原则，像今天中国所需要的三民主义、民主国家制度，这些是不能让的，没有这种准绳与方针，就不能谈到合作，不过，在这种大前提下，许多具体问题应该力求互让。如同过去之所争执的军队问题、地方自治问题、人民权利问题，都应该在立国方针和制度之下，求得互让解决，不应要求独霸。

“第四点是要互相竞赛，不要互相抵消。我们觉得既是政治解决、求合作，那么两党也好，各方面也好，总有些意见不同，应该在工作上竞赛，在地方上努力，而不是说，你做好了，我不高兴，或者这一方面做好了，那一方面不高兴。因为好的事情，都应该欢迎，不管行之何方，出之何党。只有这样，中国的人民力量、民族精华，才能不互相抵消，才能有益于建国。”

最后，周恩来强调：“以上四点，是从九年来双方商谈中得来的痛苦经验与教训，虽似泛论，但很希望各位先生和全国人民了解，这是一种由衷之言，我们诚恳希望在这次政治协商会议上，能够认识到这方面。”

周恩来的讲话，为会议的走向定下了一个务实的基调，难怪蒋介石的高级幕僚唐纵在日记中写道：“懂得宣传的人，必须懂得人民的心理，离开人民的心理而言宣传，必扞格而不能入。共产党是懂得宣传的，因为他们时常注意人们的心理、人民的要求。”

1月14日以后，会议进入正题的讨论。大会的中心问题是政治民主化和军队国家化。其议题有五个：一是改组政府问题，二是施政纲领问题，三是军事问题，四是国民大会问题，五是宪法草案问题。周恩来除出席大会外，主要参加了军事组和宪法草案组的讨论，发表了重要意见。

对于以上五个议题的讨论，虽然意见颇为参差，但总算不同程度地达成了协议。1月

27日，周恩来和陆定一飞返延安，向中央汇报了会议的情况。中共中央认为“代表团取得的成绩很大”，肯定其“方针都是正确的”，并同意代表团在政协文件上签字。

1月30日下午，周恩来和陆定一飞返重庆。次日晚上，政协会议举行第十次大会，以起立表决的方式，一致通过了政府组织案、国民大会案、和平建国纲领案、军事问题案和宪法草案案等五项决议案。政协会议总算取得了成功。

2月6日，周恩来在回答美国《读者文摘》记者乌特莱女士的提问时，曾对中共在政协会议期间所做的基本让步作了概括。他说，会议通过的纲领与中共原来的提案出入颇多，在军队国家化问题上，终止了18年来的武装斗争，改变了军队的制度；在改组政府问题上，放弃了根据边区经验而提的三三制，即最大党不得超过三分之一的原则，同意国民党在国府委员会中占二分之一，在行政院中占大多数；在民主宪草的原则问题上，接受了英美式的初期民主，如解散国会制度；在国大问题上，做了大让步，容许始终为人民反对的十年前的代表继续存在。但“中共中央同意代表团所做的让步，并不遭到任何困难。因为毛泽东先生和中共中央认为中国政治的进步不可能一蹴而就，所以同意采取这种让步的方法，逐渐促进政治的进步。”

政协会议确定了军党分立、军政分治、以政治军的整编原则，并责成军事三人小组“尽速商定”全国军队的整编办法。军事三人小组由周恩来、张治中和马歇尔组成，主要围绕马歇尔提出的整军方案来进行。双方争论的焦点有三个，即国共军队的比例、整编的时间和程序、整军方案的名称。

关于国共军队的比例问题。马歇尔曾提出一个5比1的方案，即第一期整编时，国民党军队编90个师，中共军队编18个师；第二期整编时，国民党军队编50个师，中共军队编10个师。但中共方面对马歇尔所提之比例并不完全赞同。1946年2月8日，中共中央指示周恩来，在第一期整编时至少坚持中共军队编20个师，而且要力争编7个军，并为东北部队增编三四个师，同时强调：“中国军队问题是最重要的问题，必须谨慎处理。”

在商谈中，周恩来一方面坚决地贯彻中共中央的指示，同时为达成一致也采取了一定的弹性措施，但遭到了张治中的拒绝，双方发生了激烈的争执。在双方争执不下的情况下，马歇尔又提出一个折中方案，即在整编第一阶段的前9个月，国民党军队裁编为105个师，中共军队整编为20个师，到第12个月，国民党军队缩为90个师，中共军队为18个师。

为推进谈判进程，周恩来率先表示同意马歇尔所提之方案，经反复讨价还价，张治中最后也表示接受按5比1的比例整军。于是，三人小组就军队数目问题达成协议，商定目前国民党军队裁编为90个师，中共军队编为18个师；整编全部完成后，全国军队编为60个

※ 周恩来和马歇尔（右三）、张治中（右四）同随行的北平军事调处执行部成员沃尔特·S.罗伯逊（右六）、郑介民（右五）、叶剑英（右一）视察张家口时，在晋察冀军区司令部门前合影。

师，其中国民党军队50个师，中共军队10个师。虽然说这一方案基本上是公平合理的，但蒋介石却认为，允许中共军队整编为18个师，是“政府最大之损失”。

在整编的时间和程序问题上，也存在着很大矛盾。其中尤其在“混编”和“统编”的问题上，周恩来坚持中共中央的精神，驳斥了张治中所谓“混编”在整编的时间问题上，周恩来贯彻中共中央“拖一段时间”的方案，保全了中共的利益。他的发言有理有据，给马歇尔将军留下了深刻的印象。但是，经验丰富的马歇尔又提出了分两步整编的折中方案。由于军队问题事关重大，周恩来不能贸然答应，于是他赶回延安汇报，延安经过认真讨论，最终也同意了马歇尔的分两步整编的步骤。

关于整军方案的名称，由于措辞问题包含了诸多政治含义，周恩来先是表示不同意马歇尔提出的名称：“整编中共军队并使之合编为中国政府军队的基本方案”，继而提出应冠以“军队国家化的基本方案”的名称。可是张治中又拒绝修改。马歇尔见状又提出是否

※ 军事三人小组飞抵延安视察时，在机场受到毛泽东、朱德、林伯渠的欢迎。

可改为“中国军队复员和统编为国家军队的基本方案”。周恩来当即表示同意，但张治中仍旧反对。2月22日，休会后的谈判重开，张治中重新提出名称应定为：“改编中共军队为国民政府军的基本方案”，妄图在军队国家化的幌子下，将中共军队编入国民党军队化于无形，周恩来当然不能答应。

几经折冲，最后双方只好采用了“军队整编及统编中共部队为国军之基本方案”。由于这个名称基本上照顾了各方面的利益，较为合情合理，于是整编军队方案就此敲定下来。

2月25日，周恩来和张治中、马歇尔在重庆上清寺尧庐正式签订了《关于军队整编及统编中共部队为国军之基本方案》。至此，整军谈判画上了句号。

停战、政协和整军三大协议的签订，似乎使中国人民看到了一丝国内和平的曙光，也许和平统一的前景真不远了？

三

为制止干戈再起，整军方案签订后，马歇尔在2月26日的三人会议上，约请周恩来、张治中同赴华北视察，了解各地对停战协定的执行情况和解决军队整编工作中可能遇到的一些问题。

在视察区域上，双方意见不一。在中国南方地区，当时活跃着东江纵队和冯白驹的支队，在中原尚有李先念的新四军五师，东北地区也有大量的中共部队。国民党方面为了削弱中共军队的力量，妄图暗中消灭他们，便对明显存在的事实不予承认。周恩来虽然极力争取，但未取得成果。

2月28日，三人军事小组乘坐马歇尔的“空中霸王号”专机启程，先后来到了北平、张家口、集宁、济南、徐州、新乡、太原、归绥、延安、汉口等地，于3月6日返回重庆。

这次视察，正如三人军事小组在汉口发表的一份书面宣言中所称：

三人小组此次出巡的目的，在于与北平军事调处执行部各委员举行会谈，然后会同各委员赴各地会晤各军事长官及执行小组，以谋澄清各地之意见与误会。我等希望获得机会当面解释在渝商定之数项正式协议之伟大目的，并为各军事长官对中国军队整编之繁重工作做一准备。正如我等所料，曾遇见一些困难，然此仅限于某些区域以内，而非普遍现象。我等现可声言，根据各地各有关军事长官之间所成立的协议，吾人坚信各地之围困即可解除，人民自由来往之束缚亦可停止，并使恢复各种交通之耽言得以消失。吾等并信，在各军事长官之间业已成立一种合作之健全基础，生活之正常状态可以迅速建立。此外，吾人认为，各地之军队在精神上已准备，正在从事整编与统编之艰难工作，我等并对各军事首长在明了重庆协定之广大目的后所表示之合作愿望表示感谢。

周恩来在此前后的谈判和工作中，给马歇尔将军留下了深刻的印象。马歇尔曾在3月4日会见毛泽东时评价周恩来说：“在谈判中，我曾取得周将军的合作，而（他）对接触的问题也有友好的态度……就全世界而言，他都是一位极好的谈判者。和他在一起，你一无所损，但有极多收获。我们二人间有极好的友谊。”

马歇尔曾对顾维钧说过，在他本人的经历中，他曾与各种各样的人物打过交道，包括一些非常狡猾的英国人，但没有哪一位比周恩来更聪明。他还说，周恩来的谈判技巧与共产主义毫不相干；听说共产党人是不能信赖的，但另一方丝毫不比共产党人更值得信赖。

四

中国共产党对“和平民主新阶段”的到来感到欣喜，有条不紊地进行着各项准备工作，表现了履行协议、谋求国内和平的诚意。但是国民党集团却不能容忍真正的民主改革。1月15日，唐纵在日记中写道：“在政治协商会，政府好似在受裁判，其屈辱难堪，令人难受已极。”1月22日，陈果夫致函蒋介石，声称：“政治协商会议必无好结果。且无论如何，共党已得好处，本党已经受害。”并告诫说：“中国如行多党政治，照现在党、政、军均未健全之际，颇有蹈覆辙之可能。请临崖勒马，另行途径。并劝美国勿误另并以自误为幸。”1月31日，顽固分子谷正纲、张道藩等人在国民党中常会上捶胸顿足，大哭大闹。他们说，国民党完了！什么也没有了！投降给共产党了！宪草十二条原则把“五无”宪草破坏无遗了！他们对政协五项决议都表示不满，对于宪草尤其不满。蒋介石本人也表示：“我对宪草也不满意，但事已至此，无法推翻原案，只有姑且通过，将来再说，好在是一个草案，这是党派协议，还待取决于全国人民，等开国民大会时再说吧。”可见蒋介石一开始就没有打算履行这些协议。

政协会议结束后，国民党便制造了一系列破坏和平民主建国的事件，并无视中共方面的严正抗议，在其六届二中全会上，蒋介公然提出“妥筹补救”政协决议。4月1日，蒋介石还在国民参政会四届二次会议上发表长篇讲演，公然说：“政治协商会议在本质上不是制宪会议，政治协商会议关于政府组织的协议案，在本质上更不能代替约法……如政治协商会议果真成为这样一个性质的会议，我们政府与全国人民是决不能承认的。”并声称：“东北问题在本质上是一个外交问题……东北九省主权的接收没有完成以前，没有什么内政问题可言……军事冲突的调处，只在不影响政府接收主权行使国家权力的前提之下进行。”这一切表明，蒋介石不仅要撕毁政协协议，而且要向东北解放区大举进攻了。

在新的形势下，中共中央果断作出决策，指示各地党组织和各根据地“除开审慎应付东北问题外，华北、华中各地应即引起警觉，密切注意顽方动态，并在军事上作必要准备，加强整训，加强侦察，严防反动派突然袭击。如果反动派发动进攻时，必须能够在运动中坚决、彻底、干净、全部消灭之”。必须坚持和强调政协决议每一条每一句均须实现，反对任何修改。“在坚持实现政协决议、宪草原则，反对修改的斗争中，我们不要害怕破裂。”“我们反对分裂，反对内战，但我们不怕分裂、不怕内战，我们在精神上必须有这种准备，才能使我们在一切问题上立于主动地位。”

根据中共中央的指示，周恩来对国民党展开了猛烈的批评攻势。但这一切努力均未奏效，国民党还是一意孤行，坚持违反停战令，无限制地向东北运兵，战争的乌云再次笼罩了中国大地。

五

1946年1月10日停战令发布后，关外的内战仍在继续。国民党拒不承认中共在东北的地位，国共冲突愈演愈烈。

马歇尔来华时，中共军队已在东北占有相当的优势。为了满足人民实现和平的愿望，中国共产党在政协会议所签署的协议中，对国民党做了很大的让步，同意国民党接收被苏军占领的大城市和铁路，同意让国民党军队整编后在东北与全国一样占有5比1的优势。当然，中共也有自己的原则，那就是国民党必须承认中共在东北的合法地位，承认东北已建立起来的民主政权。中共中央当时曾明确指示东北局，要做好准备，在和平到来之后与国民党合作。在谈判中，周恩来也多次主动地向张治中、马歇尔提出东北问题，但国民党竭力回避。蒋介石显然看出，马歇尔对苏联与中共在东北的关系正存疑虑，他愿意让国民党在东北占优势。

3月11日，马歇尔返美述职。临行前，毛泽东曾通过周恩来带话给他，希望他等到东北的局势安定下来再走，但马歇尔执意不肯。马歇尔走后，国共美三方直到3月27日才签订了向东北派出停战执行小组监督调处停止军事冲突的协议。此后，蒋介石又借口国民党军队开入东北是接收主权，而不受停火限制，结果派出的停战调处小组因受蒋方的阻挠而不能起任何作用。

针对国民党的军事进攻，中共代表团明确看出，只有在蒋介石的大打大斗政策受到重大挫折之后，才有可能谈判。周恩来向中央建议，我们必须在东北大打，不能对国民党方面抱有不切实际的想法。4月18日，当马歇尔述职归来之时，正是东北的战斗升级之际。国民党军队对东北民主联军据守的四平发动总攻，而我军也在这一天进驻了长春。这个时期，虽然我们党采取了以打对打的方针，但目的乃是以反击促和谈。

4月22日，周恩来与刚刚从美国回来的马歇尔进行了一次长谈。长达三四小时的谈话，几乎都是周恩来一个人在讲。在历次重大谈判中，周恩来这种后发制人的办法在赢得主动权方面是很成功的。在这次会谈中，周恩来开门见山地向马歇尔指出："在我们第一次相见时，我便已说明我们的要求是一个和平民主的中国。我也曾从你的谈话中得到一些民主的办法和民主制度的观念，并更加理解什么是美国的民主传统。我记得政协会议之后，你曾给我读过一篇富兰克林的演说词，使我最受感动之处是其中曾说到，尽管大家意见有不同，但大家一定要合作。在政协闭幕会上，我也曾强调，虽然政协的决定并不完全合乎我们中共的理想，但既然大家同意了，大家便都要遵守。3个月来，我们方面从未要求任何修改，而国民党方面却闹得翻天覆地。”随后，周恩来把马歇尔离华期间国民党政府破坏各项协议的情况做了十分详尽而准确的说明。周恩来开诚布公的声明使马歇尔无言以对。在给美国政府的报告中，马歇尔承认，国民党给了中共以指责他们的充分口实。

这次会谈后不久，马歇尔曾对民盟的领导人罗隆基说，周恩来是他“从未遇过的外交对手”。

5月，中共军队没有能够抵挡住国民党军队对长春的进攻，22日撤出了战斗。蒋介石更加趾高气扬，决定继续向北推进。此时，中共代表团认为，形势已濒于全面内战的边缘，但美蒋之间还存在一些矛盾，于是他们向党中央提出“逼美压蒋”的策略建议。在6月初举行的一次会谈中，周恩来坦率地告诉马歇尔，现实使他不能不认识到，美国政府对中国有两重政策：一个是好的方面，是罗斯福总统所留下的，世界各国要合作，中国各方也要合作；另一个是比较黯淡的方面，就是把中国实现民主化放在一旁，而积极帮助国民党继续搞独裁。他列举了美国援蒋的大量事实，向马歇尔表明，美国对中国的内战是负有责任的。同时，他还对马歇尔说：你来中国代表了美国政策中好的一面。在你来华初期，蒋介石就不希望你的使命获得成功，现在蒋介石已在准备大打，想把你拖下水。

事实上，马歇尔来中国的最后一张底牌就是如果蒋介石不愿让步而使得国共之间无法达成协议时，美国仍要支持蒋介石。周恩来的一番话，正好击中了马歇尔的痛处，他不得不从内心钦佩周恩来敏锐的洞察力。

令人遗憾的是，虽然周恩来为中国的和平民主折冲樽俎，但中国内战的危险仍旧难以逆转。

9月底，国民党军队分三路进攻张家口。周恩来马上致函马歇尔、蒋介石，声明如果国民党军不立即停止对张家口的进攻，中共将认为国民党政府已公然宣告和谈破裂。10月11日，国民党军队占领了张家口。同时，国民党政府宣布即将召开一党包办的“国大”。国共谈判到了破裂的最后关头。11月15日，伪国大终于开幕。

次日，周恩来召开中外记者招待会，向国内外宣布中国共产党的正义立场，并严正谴责国民党祸国殃民的罪恶政策。19日，周恩来率领中共代表团返回延安。历时一年之久的由马歇尔斡旋的国共谈判落幕了。

周恩来最后曾对马歇尔这样说："蒋介石想用武力解决一切，我们不会屈服。中国的人心向背是决定一切的。"

（费虹寰）

在宣化店

在宣化店这场斗争中，周恩来同志将解放区的军事斗争与谈判桌上的政治斗争，巧妙地结合起来，使中原军区部队以极小代价，冲出国民党军的重重包围，转移到安全地带。

国共谈判后，国民党政府还都南京。周恩来、董必武、邓颖超、廖承志等领导同志于1946年5月3日由重庆抵南京，进驻梅园新村，我也随机到了南京。

这时国共之间实际已形成了表面谈判实际大打的局面，也就是拖中大打。国民党要谈，是为了拖延时间，要美国人帮他把主力部队尽可能多地由西南运到东北、华北；我们谈是为了阻止全面内战的爆发，并通过谈判表达我们始终站在全国人民的立场，真诚地希望和平、要求民主的愿望，以争取广大群众，包括第三方面人士，最大限度地孤立国民党，揭露反共、反人民、反民主的独裁统治面孔，延缓全面内战局面的到来。到了南京，周恩来同志当时最关心的是中原军区。那里集中了新四军李先念领导的第五师，由广东返回的王震、王首道率领的三五九旅南下支队和从河南中部南下的王树声的部队。这三支队伍合计9个旅，6万多人，原拟向平汉路以西转移， 准备到安徽一带同新四军主力靠拢，接到"停战令"就停止前进，在湖北大悟宣化店一带待命。在方圆几十公里的狭小地带集中这样多的军队，不论军事态势和地形条件都是十分不利的。国民党不顾停战协议，很快集中了11个正规军26个师30多万人，把我这几支部队包围得像铁筒一般，断绝粮药供应，准备一举全歼。在这万分紧急关头，周恩来一面呼吁停止中原内战，以免牵动全局，酿成大战；同时迫使美方和国民党同意组成三人小组前往宣化店视察以图制止战争，解救中原军队脱围。

到南京后的第三天，周恩来就向军事三人小组（马歇尔、徐永昌、周恩来）提出即派军事调处小组前往宣化店进行调处。在周恩来的坚持下，三人小组同意由周恩来同美方白鲁德将军和国民党徐永昌将军乘专机前往武汉转宣化店进行调处。我以新华社记者名义

※ 1946年5月上旬，周恩来为阻止国民党军队进攻中原解放区，停止中原战事，促使美方和国民党方面同意组成三人小组前往中原军区所在地宣化店视察。这是他在途中因汽车被山洪所阻涉水过河时的情景。

随行。到了武汉，国民党行辕主任一位姓郭的将军举行记者招待会，说“中原本来没有战事”。他话一说完，我就提问说：“这次去宣化店视察是三方一致协议的，郭主任是否反对三人小组的一致协议，认为小组去宣化店是不必要的行动？”他看了我一眼问：“这位是……”有位记者说：“这位是新华社记者。”郭“嗯”了一声，改口说“我没那个意思，去看看也好”。徐永昌托病留在武汉改由武汉行辕副参谋长王天鸣将军作为代表。从武汉改乘汽车，我方武汉军调小组也派了两位五师的同志一同前往，去宣化店，道路坑坑洼洼，汽车颠簸得很厉害，国民党军沿途修的碉堡工事，军队的频繁调动，历历在目，使人感到大战前的窒息。车行至黄陂县境十棵松河边，因河水上涨临时搭的木桥冲断，吉普车不能过河。王天鸣提出返回武汉，等水退了改日启程。周恩来同志坚持原地等候。我们在姚家大湾老百姓家休息。美方人员嫌农家脏，撑起自带帐篷，吃起罐头食品。第二天5月7日一早，河水仍不退，汽车不能通行。恩来同志要我们的同志找老百姓想想办法，找了保甲长，他束手无策。在河边聚集着一些老百姓，他们没见过吉普车，觉得新鲜，围着汽车看热闹。同行的任士舜同志曾任过黄陂县委书记，很有群众工作经验，会讲当地话，同群众聊了起来。说我们是到宣化店举行和平谈判的，现在过不了河，大家看看有么办法？一位20多岁的小伙子腼腆地说：“我看可以抬。”“行吗？”“可以试试。”美国人和国民党的代表觉得人抬汽车很可笑。周恩来同志说，可以试试，再请些老乡来，人多力量大。就这样在欢笑声中，把几辆吉普车抬过了河。美国人看到这个“奇迹”也高兴了。周恩来同志向老乡道了谢，脱掉鞋袜同大家一起涉水过河。

过河不远就到了解放区。解放区的路好走多了，一些坑坑洼洼的地方都用新土垫了，这里是另一个天地。来到解放区，我算半个主人。同行的记者纷纷找我搭话，要我帮助，给他方便，连两个冒充记者的特务也找上我来，要我“关照”。我们在宣化后受到热烈欢迎。当晚举行了欢迎晚会。在欢迎会上李先念师长致欢迎辞。他没拿讲稿，话讲得简明扼要，恰如其分。我和先念同志是延安马列学院时的同学，我只知道他是能征善战的将军，却不曾知道他有这样好的口才，原是一位文武双全的指挥员。他的讲话，至今给我留下深刻的印象。晚会上文艺工作者演出了文艺节目。已经深夜了，恩来同志主持了中原军区领导干部会议。出席的有李先念、郑位三、王震、陈少敏、任质斌等同志，在煤油灯下研究了当时的形势。在双方军队对峙的态势下，我军决心突围，不抱任何幻想，会议还就突围的准备工作，周边的地形地貌等进行了周密的研究。散会时已是第二天的早晨了。匆匆吃过早饭，恩来同志又神采奕奕地参加调处小组举行的会议。李先念同志先发言，他列举大量事实，说明中原军区形势十分严重，内战有一触即发之势。国民党军队七十二师、二十二师、四十八师、四十七师、四十一师、十师、六十六师等部队向我中原军区合围，修筑了6000多个碉堡，形成了全面包围的态势，捕去我300多人员，现在备足了干粮、轻装，将有大的行动，形势十分紧张，要求执行小组制止国民党军的进攻，平毁碉堡，释放我被捕人员，让我军安全转移。王震同志补充说，国民党军队对我军的进攻几个月来没有停过，现仍在集结兵力，有全歼我军企图。请小组查明真相，予以制止。国民党王天鸣副参谋长要芦副处长介绍国民党军情况。芦虚假地说：“这次来总有意义，什么事见了面总好说。武汉行辕最关心的是五师要走，要走的借口是我们要包围和打它。这使我们最感头痛。我的意见是不能走，现在他们还未走，这很好，问题容易解决。”王天鸣说：“国军小部队换防是有的，大部队换防则没有。双方说的不一样。冲突确有，但虽是些小冲突，然而总是感到遗憾，我可代表政府说，这绝非是有意的。以后决不能再有。可回到武汉去，再从长计议。”恩来同志说：“李先念师长揭发的全是事实。应当看到，中原战争如果爆发，就是宣告和平的结束，成为全面内战的起点，希望白鲁德、王天鸣二将军秉维护和平的精神，做出有益的贡献。”

以上是5月8日上午的事情，下午我们一行才离开宣化店。我坐在敞篷吉普车的前座，

※ 1946年，周恩来和国际友人在一起。

两眼困得睁不开，不时用手指掰着，免得睡着了，甩出去。好在车子总算安全地到了汉口，已经天黑了。我们下榻汉口杨森花园。我前天没睡，昨天又陪着熬了一夜，实在困得没法，打算晚饭后好好睡一觉。可是，恩来同志又交待要我起草一个书面声明，交他审阅。我脑子都木了，就向恩来同志的秘书兼翻译章文晋同志说，人是睡觉的动物，我不睡不行了。约定睡半小时后，请他叫我。章文晋同志也说等革命胜利以后，好好睡上几天。我把稿子写完交给恩来同志，我去睡了，但他仍在继续工作，考虑明天调处小组的会谈。他为人民事业不知疲倦的战斗精神，真是无与伦比的，凡同他一起工作过的同志没有不钦佩的。

5月10日，在汉口三方签了停止中原内战协议。协议中，最有实质性的内容是将我军2000多伤员及部分家属转移到河南安阳。这就减轻了部队转移的负担，也稍稍推迟了国民党军发动进攻的时间表，无疑对中原军区部队的转移是有利的。为了保护五师及中原部队，周恩来同志还带去了现金以补充军饷，并电请中央考虑，推迟山东部队对山东枣庄国民党军的反击等。但蒋介石还是密令刘峙于6月26日向中原解放区发起了全面的进攻，一场全面内战的信号终于打响了。中原部队已有了准备和部署。王树声将军率一部向东北突围，国民党以为我主力向东北方向新四军主力靠拢，迅将大部主力部队向东北方向围堵。我军主力则由李先念、王震同志率领分三路向平汉路西突围，很快越过平汉路，向鄂西、陕南边界冲去。我军以极小代价，完成了突围任务。11月1日，恩来同志派我回延安汇报国共会谈情况，在延安枣园，我看到先念同志已安坐在枣园的窑洞里了。

中央7月1日通知指出，国民党反共反人民的大内战已从6月26日围攻新四军五师开始了，我将进行全面反击。

中原解放区在极端困难的情况下，坚持斗争了半年多时间，牵制了30多万国民党军，极大地支援了全国的解放斗争，他们的业绩是十分光辉的。这支部队突围之后，经过无数战斗，在鄂西、陕南站住了脚，建立了两块根据地。这次突围，以少胜多，以极小代价取得重大成功，使蒋介石妄图制造的第二次“皖南事变”彻底破产。我们失去的是宣化店的弹丸之地，换来的是陕南、鄂西两片解放区。

在宣化店这场斗争中，周恩来同志将解放区的军事斗争与谈判桌上的政治斗争，巧妙地结合起来，使中原军区部队以极小代价，冲出国民党军的重重包围，转移到安全地带，又通过谈判将国民党挑起内战反对和平的法西斯面目在全国人民面前揭露无遗，既教育了人民，也教育了第三方面的人士。

（宋平）

上海的“周公馆”

中共代表团与国民党政府的和平谈判，主要在南京，但周恩来常回上海的“周公馆”小住。周恩来说：“我不能继续呆在南京，去客观上帮助蒋介石制造一种谈判还在继续，谈判还有希望的假象……我来上海，就是要让全国、全世界都知道，和谈受到了挫折，正处于僵局、停顿状态。”

“周公馆”

1946年，在我党与国民党政府进行谈判期间，上海马斯南路107号（现为思南路73号）的大门上，钉着一块铜牌，上镌有三个大字：周公馆。铜牌下端还有一行英文字，直译就是“周恩来将军官邸”。

这所当时为中外舆论界十分关注的住宅，就是中国共产党代表团驻上海办事处的所在地。“周公馆”，是为适应蒋管区具体情况的对外公开名称。

“周公馆”是一幢坐北朝南的一底三楼独立式花园洋房。南面，隔花园与梅兰芳公馆相望。自1946年三四月间我们一些先遣人员“顶”下了这所房子后，除面向梅公馆的这一面外，其他三面，都被国民党特务的眼睛盯上了。周公馆周围有好几家房子，被特务机关强“租”下供作监视点。他们在对面思南路98号上海妇孺医院设立了秘密监视据点，并根据上海警察局长宣铁吾的密令，黄浦分局派去的人每天要详细上报记录当天情况的“监视专报”。在正对我们大门的一间屋内，还设有摄影机，拍下进出周公馆的每一个人。

周公馆靠北的一面住着陈家康、徐克立（中共南方局妇女组工作）夫妇。他们窗外下面是一条僻静的小巷。这条小巷，也是有眼睛盯着的。我们的人从市区回来，首先看到的是家康、克立房间的窗台。为了安全起见，我们在这个窗台上摆着一盆菊花作为信号。每当有敌特或他们雇佣的地痞流氓要来捣乱时，就把花盆撤掉。外出回家前要先打个电话问问，到家时还要先抬头看看这个窗台，见花盆还在，才能揿铃进门。

和谈——“教育人民的一课”

中共代表团与国民党政府的和平谈判，主要在南京进行，但副主席在短短的半年里四次来上海，在他的“公馆”里小住。有时来也匆匆，去也匆匆，有时则住得时间长些。

周副主席来上海还有一条重要原因，即谈判斗争的需要。谁都知道，那时国民党蒋介石毫无和谈诚意，它只是利用和谈作为部署全面内战的烟幕。要在中国实现真正的和平，就得向中外人士和广大人民群众彻底揭露国民党假谈真打的阴谋。周副主席把这叫做“教育人民的一课”。他说，我们明知马歇尔、蒋介石是在搞欺骗，明知谈判不会有什么结果，但不能不和他们谈判，因为人民不了解，我们不谈就会孤立。我们一定要通过事实，也通过我们的努力，完成这“教育人民的一课”。

国民党一方面在美国的全力帮助下，运用一切手段通过陆、海、空加紧运兵、运军火，蒋介石本人也特意飞往庐山牯岭避风，让下面将领放手大打，妄图造成以武力消灭我党我军的“既成事实”；另一方面采用政治欺骗手段，制造和谈空气，散布和谈幻想，企图冲淡其在军事上大举进攻解放区的严重事实，诱使舆论误以为它还是愿意谈判，谈判还是有希望的。

※ 如今的周公馆。

每当这种时候，恩来同志就从南京来到上海。他气愤地对我们说：“我来上海，就是要让全国、全世界都知道，和谈受到了挫折，正处于僵局、停顿状态。我一天不回南京，就表明谈判还没有恢复。”

恩来同志在接见外国记者时曾说，由于国民党政府拒绝保证停战，他已暂时退出南京谈判，不再与政府及美方代表进行毫无意义之磋商。除非同意重开唯一有权讨论停战问题之军事三人小组会议，否则他将不返回南京。至于司徒雷登大使主持的五人非正式小组，讨论范围仅以改组国府委员会为限，值此内战正继续进行之际，此五人小组成就如何，实无任何实际意义可言。

那时，我们在时事政策学习中，曾争论过一个问题：蒋介石最终会选择战，还是和？

后来听乔木（即乔冠华）同志谈，副主席听到这个说法后，笑了笑说，不要替蒋介石设想他是打聪明些，还是不打聪明些。他是不可能按我们共产党人的逻辑办事的。他站在极端反动的立场上，只能妄想消灭我们，只能打。他在别的事情上可能是聪明的，但在这样历史性选择的大问题上，他不可能聪明，只能是愚蠢的。

扣人心弦的中外记者招待会

周公馆里，最激动人心的，莫过于副主席的中外记者招待会了。

※ 周恩来在中共代表团驻地梅园新村十七号院内。

他指点着地图，面对挤满会场的百余名中外记者，满腔义愤地揭露蒋介石在各个地区挑动内战的详情。有时讲得慷慨激昂了，就离开翻译章文晋同志，一面指着作战形势图，一面直接用英语讲起来。翌晨，翻阅英文报纸时往往可以发现，外国记者在报道时，常喜欢特别说明哪些段落是“周将军”亲口用英语讲的。

周副主席举行中外记者招待会之激动人心，还因为这种场合往往要与国民党特务面对面斗争。招待会在周公馆一楼大客厅举行。但因到会的记者太多，大客厅里坐不下，还有许多人要坐到一楼平常用来吃饭的廊厅里。因此副主席总是站在大客厅通廊厅的门中间，一半身子在客厅，一半身子在廊厅。大门敞着，以便让尽量多的记者来参加。这样，便可以从大门外望见站在客厅与廊厅之间的周副主席的半边身子了。一次，副主席正在向中外记者发表讲话，管保卫的同志悄悄告诉他，大门口站着好几个带枪的特务，请副主席站进客厅里，不要让半边身子暴露在外。副主席一听大怒，干脆走到直通大门的平台上，大声向门外带枪的人呵斥道：“你们谁是特务？站出来让大家看看！我是你们的政府请来谈判的，你们竟敢对谈判代表采取这样卑鄙的手段！”副主席这种凛然正气和大无畏精神，竟把那几个特务给吓跑了。

“周公馆”里的座上客

我们后来称之为民主人士、爱国人士的，当时他们自称为“第三方面人士”，意为既非国民党一方，亦非共产党一方之“第三方面”也。迨1946年底，马叙伦先生在上海《文汇报》撰文《再论第三方面与民主阵线》指出：自国民党当局公然推翻政治协商会议决议，召开国民党一党包办的非法国大之后，中国便只有民主和反民主两个方面，不容许在这两个方面之外还有个第三方面，因此“第三方面”这个名词以后在争取民主时期应不再出现。马叙伦这篇宣言性的文章发表之后，才基本上不再见有人自称或被称“第三方面”。

周副主席是做统战工作的模范。他尊重、理解朋友们，这些朋友们也很尊重他，信赖他。他有时同朋友们聚谈，讨论，有时做耐心的解释。

我们素所敬重的孙夫人宋庆龄先生曾与副主席在上海多次会面，亲切晤谈。张澜、沈钧儒、马叙伦、马寅初、谭平山、柳亚子、黄炎培、章伯钧、罗隆基、章乃器、陶行知、周建人、梁漱溟、许广平、沙千里、史良、包达三……这些后来参加了政协、人大或人民政府工作的爱国民主人士，也经常或有时在周公馆里看到。

周副主席一向很重视文化界的工作。许多著名作家、艺术家和电影戏剧演员经常应邀来座谈。其中有田汉、阳翰笙、胡风、夏衍、于伶、黄佐临、刘厚生等，还有电影明星白杨、秦怡、张瑞芳、丹尼等。

一天，我们正出门，看见门口徘徊着一位身穿黄丝绸长衫，头戴礼帽式草帽，腋下夹着一根手杖的约有四十多岁的男人，他一见有人出来，忙摘下草帽，用夸张的京腔京调，一板一眼地问：“请问，这儿是周公馆吗？”这样的衣着风度，这样清晰洪亮的舞台京白腔，实觉惊异！我们定睛一看，原来是京剧“麒派”创始人“麒麟童”——周信芳先生！

记得当四平激战时，有少数民主人士曾劝我们主动“让出”四平。当我们主动放弃张家口时，也有少数民主人士以为我们顶不住了。还有的责怪我们的土改政策“损害”了“群众”利益。甚至认为我党以歼灭敌军有生力量为主要目标，而不在一城一地之得失的战略方针，不过是“战败”的遁词而已，等等。当时我们这些年轻同志中有不少人对此很气愤。但周副主席却教育我们这些沉不住气的青年同志说，不要着急，等将来我们实行大反攻了，他们就会自己纠正自己的错误想法的。

※周恩来和邓颖超在梅园新村三十号院内。

事实的发展果然如此。1946年11月，民盟严正宣布拒绝参加国民党一党包办的“国大”之后，副主席曾总结说：民盟不参加，“国大”开了就很臭。这个目的达到了。这是八年抗战和最近一年来谈判的成果，第三方面大部分居然敢于反对蒋记国大，跟着我们这条路走了。

形势发展很快。周副主席离开上海前，在1946年11月17日夜写给郭老、于立群夫妇的信中曾说：“今后要看前线，少则半载，多则一年，必可分晓。”到了1948年秋冬，前线上早已见分晓了。这些老朋友从香港坐船去东北解放区的心情已与在上海时完全不同了。

“周恩来瘦了”

邓大姐1946年7月在回答上海记者们的问题时说，周恩来为中国的真正和平而忙碌不堪。午睡根本不可能，夜间也睡得极少，而且寝不能安。周恩来瘦了，不像往日那样健壮了。这时，我们也都发现我们的副主席消瘦了。

他怎么可能不瘦呢？

在那些处于“突击”状态的日日夜夜里，中午从不见他午睡，晚上，按一般情况，总要工作到翌日清晨四时左右才能休息，而早晨七时半左右起来，立即又开始了一天的紧张工作。这样的生活，几乎贯穿了他的一生。

他如此繁忙，还时刻关心每个同志的安全。

周公馆的同志们不是为了工作是不随便外出上街的。一天，单独外出工作的广东籍年轻干部关振群同志（因为长得像，大家都叫他“莫洛托夫”）到晚上十点，过了预定回来的时间很久了还没有回来。副主席知道后非常着急，亲自在一楼用作饭厅的廊厅里把大家召集拢来，在作了分头去找的部署后，一直在廊厅里焦急地踱来踱去，当着大家的面批评有关负责同志不该让一个刚来上海不久的年轻同志晚上单独外出工作，若有必要也得有人陪伴，去前要说明所去地点和预定返回时间。

副主席正说着，那个小广东自己回来了。原来，他在回来的路上，发现有人跟踪，他花了好大力气才脱了“梢”回到家。他一进门，看到周副主席正为他的安全问题那么焦急，他感动得涌出了热泪！

上海工委青年组组长刘光同志，因病，化了名，填了友人家的地址，住进了上海第四医院。副主席忙成那个样子，竟曾三次亲往医院去探视。7月16日晨，刘光同志终于永远停止了呼吸。副主席和邓大姐闻讯急速赶到医院，他悲痛得说不出话来，邓大姐则抚尸大哭。每一个同志，哪怕是青年同志，是多么牵动着副主席的心啊！

周副主席工作繁忙，吃饭极简单。在家里，他总坚持和大家同桌吃一样的饭菜。那时，管炊事的陈姐看到副主席日理万机，总觉得饭菜太单调了，于心不忍，有时就偷偷炒盘鸡蛋端上。细心的副主席一看另外一桌上没有，就告诉管行政的同志，以后不许对他“特殊”，并把炒蛋推到桌子中央，要大家一起吃。

人鬼之间

一度，领导上传达说：据地下党可靠情报，国民党CC派特务机关，计划派出大批特务，并雇佣一批流氓、打手，打着“苏北难民”（苏北的还乡团、逃亡地主之类，国民党就叫“难民”）的旗号来我周公馆“请愿”，对我土改政策进行“抗议”，并在混乱中趁机砸周公馆，杀害我方工作人员。为此，副主席在中外记者招待会上愤怒地指出：从沧白堂扔石子，校场口打伤人，到捣毁《新华日报》，到处进行暗杀，现在竟发展到暗杀李公朴、闻一多两先生！这一连串事件都是有计划的，其严重性不亚于内战，因为这是打击大后方手无寸铁的民主人士、工业家、新闻记者和文学家，这真是无耻之极！国民党特务的黑名单上列有许多民主人士，准备逮捕、殴打、绑架和暗杀他们。民主人士的名字都在陈立夫手上，更不要说我们共产党人了！副主席大声疾呼：现在已经不是抗战以前的时候了，我们要伸雪！我们要控诉！希望记者先生们用笔和口来控诉，以制止这些卑鄙无耻的暴行！

一次，副主席乘车外出，发现后面有一辆中统特务汽车紧紧尾随。副主席的车停它也停，车开它也开。周副主席叫司机停车，自己下来走向特务汽车，大声斥道：我周恩来是你们蒋委员长和美国马歇尔请来谈判的，你们知道吗？你们这是要干什么？快给我走开！那几个特务只好灰溜溜地掉头跑开了。事后，副主席还曾当面向国民党上海市市长吴国桢提出抗议，要他保证以后不再发生类似事件。吴国桢只好作了保证。

“民主死不了！”

先后惨遭国民党特务枪杀的李公朴、闻一多两先生的追悼大会，1946年10月4日上午在上海四马路天蟾舞台举行。领导上派我们二人前去参加大会，并观察情况。

会场附近，“民主死不了！”的大幅张贴画赫然在目，一下子攫住了大家的心！会场大门口，架着两排美制机关枪，从大门一直排到楼下内门。会场四周的军警宪特，一步一岗，荷枪实弹，如临大敌。他们守在门口盯着进入会场的每一个人，一一检查入场证，就连新闻记者，也不准自由入场采访。

会场里布满了特务和“短衣客”（打手），臂上都一色儿缠着黑纱（凶手给殉难者戴孝，真是莫大的讽刺！），还有不少花钱雇来的流氓、无赖以及一些还不懂事的小学生模样的孩子。这些人把会场四周和后排的位子都占去了。据邻座的与会者介绍，这帮人清早六点就抢先来占位子，说好开会时特务一带头鼓掌，他们就跟着紧鼓掌，特务一带头起哄，他们就跟着大起哄，不许自作主张。

国民党上海市长吴国桢首先致词，接着上海市议长潘公展讲话，特务带头，那帮人鼓了掌，稀稀拉拉。有趣的是，他们中有人可能以为在捧歌星呢，竟高呼“安考儿！”“安考儿！”（英语“encore”之音译，意即“再来一个！”）有的则像听戏捧名角似的大喊：“哟，哟，好！”真令人哭笑不得！

民主党派和无党派民主人士的代表们一上台讲话，特务就带头鼓噪：“共产党的尾巴！”“共产党的尾巴！”那些被雇来的人也就跟着大吵大闹，乱成一团。但郭沫若、史良、罗隆基、楚图南诸先生的讲话，仍赢得了群众热烈的掌声。

就在郭老讲话的掌声未落的时候，忽见邓颖超大姐出现在讲台上了！她神态严肃、庄重、大声宣告：

我谨宣读中共代表团团长周恩来亲笔书就的悼词：今天在此追悼李公朴、闻一多两先生，时局极端险恶，人心异常悲愤。但此时此地，有何话可说？我谨以最虔诚的信念，向殉道者默誓：心不死，志不绝，和平可期，民主有望，杀人者终必覆灭。

周恩来

邓大姐庄严的正义的声音震彻全场。她每念一句，台下就热烈鼓掌一次，只念了短短几分钟就戛然结束，从容走下讲台。这时，全场又爆发了雷鸣般的掌声，久久停不下来，

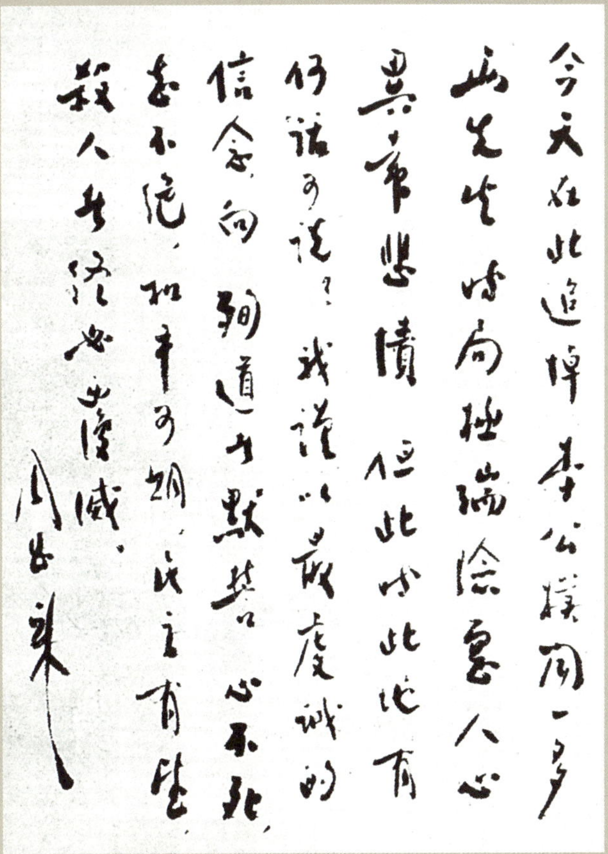
今天在此追悼李公朴闻一多
先生时局极端险恶人心
异常悲愤 但此时此地有
何话可说？我谨以最虔诚的
信念向殉道者默誓 心不死
志不绝，和平可期，民主有望，
杀人者终必覆灭，
周恩来

※国民党在发动全面内战的同时，加紧迫害争取和平民主的各界民主人士和进步学生。1946年7月，国民党特务在昆明接连杀害了李公朴、闻一多。这是同年10月周恩来手书的悼词。

※ 1946年11月14日，周恩来宴请中国民主同盟负责人，宣布中共代表团撤离后仍留董必武在南京同他们联系。这是宴会后在梅园新村留影。左起：周恩来、邓颖超、罗隆基、李维汉、张申府、章伯钧、沈钧儒、董必武、黄炎培、张君劢、王炳南。

我们见此情景，激动得热泪盈眶。

那些被特务雇来的人在此情势下，也跟着拼命鼓起掌来。过了一阵，几个特务才明白过来，忙打着手势大声喊："错了！错了！不要拍手！不要拍手！"但是，一帮特务是扭转不了局势的，广大群众以雷鸣般的掌声，一直把邓大姐送上了汽车。民主与独裁斗争的这一重要回合，我们胜利了。

两天后，10月6日，周副主席亲自出席了在静安寺举行的对李、闻两烈士的公祭。人们望着李、闻两烈士的遗像，眼前总浮现着那幅巨大的招贴画："民主死不了！"是的，这次追悼大会的情景证实，以后的历史发展更证实：民主是死不了的！

撤退前夕的不眠之夜

我们两人是当时在周副主席身边工作的干部中很年轻的两个，都是代表团的外事组

（外事委员会）组员和外事组对外联络组组员。

在蒋介石最后关死和谈大门，我代表团人员被迫做紧急撤退时，哪些同志回解放区，哪些同志去香港工作，哪些同志留在上海转入地下，周副主席都是根据每一个同志的具体情况，和有关负责同志一起，一个人一个人地亲自进行研究并作出决定的。1946年10月14日晚上，我们外联组组长陈家康同志叫我们二人晚上不要睡觉，听候命令，随时准备出发。半夜里，他来通知我们准备去香港。我们马上把箱子里所有“土”的东西都拣出来，只剩些“洋”的。隔一两个钟头，又通知我们有变动，要回解放区。于是我们又把“洋”的全倒出，箱子里全装些“土”的。又隔一两个钟头，又通知我们还是要去香港，又把箱子倒腾了一番。到天已蒙蒙亮时，才最后通知我们：立即上船出发回解放区。这时，家康同志郑重告诉我们，这是副主席亲自下的决心。按我们的专业，理应去香港工作的，但副主席考虑到我们即将有一个小宝宝出世，怕在香港万一有危险不好办，才最后下决心把我们安排到回解放区的行列中。当我们得知敬爱的副主席在这样危急的时刻，竟为未来的一个小生命而通宵考虑再三，我们怎能不感动，怎能不感到浑身是力量？

翌日，10月15日清晨，我们登上了由上海开往我解放区的登陆艇，顺利回到了山东解放区的烟台。

（于土、许真）

“你们的血是不会白流的”

上海人民和平请愿代表团赴南京请愿，代表们一到南京下关车站即遭到埋伏在车站的大批特务的围攻和殴打，制造了一幕震惊全国的“下关惨案”。周恩来在医院深情地握着马叙伦的手，斩钉截铁地说：“你们的血是不会白流的！”

1946年6月23日爆发的上海人民和平请愿运动，是解放战争初期，由上海工作委员会（简称上海工委，对外称中国共产党代表团驻沪办事处）和上海地下党组织共同领导组织的一场声势浩大的“反内战、争和平”的全市性群众运动，它是上海人民革命力量的第一次大汇合、大检阅，这次运动使广大民主人士和人民群众认清了国民党的真面目，扩大和巩固了爱国民主统一战线。

※ 1946年10月19日，周恩来出席上海各界纪念鲁迅逝世十周年大会，强调“只要和平有望，仍不放弃和平的谈判，即使被逼得进行全面自卫抵抗，也仍是为争取独立、和平、民主、统一”。

周恩来采纳上海工委书记华岗建议

1946年5月初开始，国民党政府一面积极部署全国性的内战，调动百万大军向各解放区步步紧逼。何应钦、白崇禧更是秉承蒋介石的意旨，亲自调动30万大军，包围由李先念统领的中原解放区，全面内战一触即发。另一方面国民党政府又充分利用其拥有的舆论宣传机器，在群众中及各民主党派间，大肆散布谣言，污蔑抗日有功的八路军、新四军不要和平。针对这一形势，中共中央及时制定“力争东北内战，制止全国内战，至少也要拖延全国内战时间”的方针。正在南京与国民党政府进行和平谈判的周恩来同志，根据中央的指示，一方面在南京与国民党代表在谈判桌上进行针锋相对的斗争和周旋；另一方面充分利用谈判的间隙不时前来上海开展宣传和统战工作，以粉碎国民党的舆论欺骗，揭露其假和平、真内战，假民主、真独裁的阴谋。

6月初在上海由周恩来主持的一次上海工委会议上，上海工委书记华岗向周恩来建议：在当前上海民主气氛很高涨的条件下，由上海市人民选派代表团赴南京进行呼吁和平、反对内战的请愿。周恩来在征求在座其他工委委员的意见并经反复考虑之后，采纳了华岗的建议。同时周恩来考虑到上海工委的主要活动对象是文化界和工商界的上层人物，单靠上层人物声势不可能大，只有同具有广大群众基础的上海地下党打成一片，才能奏效。于是上海工委决定通过刘少文、潘汉年两同志设法通知上海地下党负责人刘晓和刘长胜。上海地下党领导人在讨论之后，决定采纳周恩来的意见，并决定通过上海人民团体联合会和上海学生争取和平联合会，发动群众推选代表，组成“上海人民和平请愿代表团”赴南京请愿；同时还决定立即组织广大群众在欢送代表团后举行游行示威，以造成声势，扩大影响。

请愿活动由上海人民团体联合会出面组织、发动，经过各方协商推选出9位人民代表。他们是：马叙伦（前代理教育部长、教授、上海人民团体联合会常务理事）、蒉延芳（浙江兴业银行董事长、四明医院董事长）、盛丕华（上元企业公司董事，开美药厂董事长）、胡厥文（中国民主建国会负责人，合作五金厂经理）、包达三（雷石化学公司董事长，信仪地产公司总经理）、雷洁琼（东吴大学、沪江大学教授）、张䌹伯（中兴实业公司董事）、阎宝航（大明公司总理）、吴耀宗（基督教青年会全国协会出版部主任）。学生界单独推选了代表，他们是上海学生团体联合会主席、圣约翰大学学生陈震中，东吴大学学生自治会主席、上海学生争取和平联合会代表陈立复。

为组织好这次请愿活动，周恩来曾亲自约民进的负责人马叙伦商谈，请他多做推动工作，并派华岗与其保持联系，以便及时互通信息。周恩来还派罗叔章协助刘晓做上层统战工作，刘晓在罗叔章的协助下先后参加了包达三、蒉延芳的家宴，又分别拜访盛丕华、张䌹伯，要他们为呼吁和平多做工作。6月21日，周恩来将上海人民和平请愿团代表的情况报告给中共中央。

周恩来对受伤的请愿代表说：“你们的血是不会白流的！”

6月23日清晨，上海各行各业300多个单位共5万余群众从四面八方向上海火车站集中，前去欢送上海人民代表和学生代表赴南京请愿。复旦大学的学生最先到达北站，维持北站广场秩序，贴标语、发宣言、高唱革命歌曲。紧接着百货业和上海电力公司职工会等工人队伍到了，130多所大中学校的学生也陆续来了，整个广场沸腾起来：欢呼声、歌声、爆竹声连成一片，“要求和平、反对内战”等口号声，此起彼伏。各界知名人士许广平、田汉、叶圣陶、周建人、王绍鏊、吴晗、陶行知、沙千里、林汉达等也到车站送行。

约在上午9时许，车站广场上举行了欢送大会，王绍鏊、陶行知、蒉延芳、雷洁琼、林汉达、吴晗和学生代表陈震中、陈立复相继讲了话。他们从不同的角度提出反对内战、要求和平的主张，王绍鏊请大家表决通过四项议案：（一）组织上海各界争取和平联合会；（二）以人民的力量为后盾，保证这次请愿只许成功，不许失败；（三）第一批请愿不成，第二批、第三批再去；（四）通电美国政府，希望不再助长中国内战。全场高呼“赞成”，一致通过。“要求和平、反对内战”、“人民代表胜利万岁”等口号声响彻火车站广场上空。

欢送请愿代表以后，5万多各界群众以学生带头（这是上海市委根据周恩来的指示特意安排的），开始了规模空前的反内战示威游行。按照事先定好的次序和路线，队伍从北站出发，由天目路经北浙江路、北京路折回江西路，再经市政府到爱多亚路（今延安东路）到法国公园（今复兴公园）解散。沿途高呼口号，张贴标语，散发《上海市欢送为呼吁和平入京代表宣言》、《上海市学生团体联合会为拯救国家危机呼吁和平宣言》等，受到广大市民的欢迎和响应，无数群众纷纷自动参加游行，形成反内战、要和平的洪流。许广平、田汉、叶圣陶、周建人、王绍鏊、吴晗、陶行知、沙千里、林汉达等知名人士也都参加了游行。

而当“上海人民和平请愿代表团”乘坐的火车刚刚开出北站，代表们就受到携带武器的特务和“路警”的监视。车到镇江时，就有一批伪装成“苏北难民代表”的特务上车，对代表们无理纠缠，要求代表下车与“难民”见面，虽遭拒绝，他们仍然赖着不走，使火车耽搁了两个小时。由于引起了旅客们的公愤，特务们才被迫下车。当天下午6点30分，火车到达南京下关车站，代表们一下火车即遭到埋伏在车站的大批特务的围攻和殴打，马叙伦、雷洁琼、陈震中等代表被打伤，前往采访的《文汇报》、《大公报》记者也遭毒打，制造了一幕震惊全国的“下关惨案”。

上海请愿代表在下关遭特务殴打的消息传到梅园新村后，中共代表团团长周恩来即刻派王炳南到下关车站了解情况。王炳南赶往现场，目睹了特务暴行肆虐后的惨状。周恩来在听完王炳南的汇报后，又马上派秘书章文晋前去面告美国考艾上校并转告国民党代表俞大维。凌晨2点，当周恩来得知受伤的代表已被送往医院后，立即率董必武、邓颖超、李维汉、滕代远等带着衣服食品赶往医院探视。在医院，周恩来深情地握着马叙伦的手，斩钉截铁地说："你们的血是不会白流的！"而马叙伦则满怀期待地说："中国的希望只能寄托在你们身上了。"

6月24日即下关惨案发生后的第二天，周恩来在三人会议召开前向国民党政府提出严重抗议，并提出6项善后办法以平民愤：（一）政府明令严惩6月23日南京下关车站凶殴上海请愿代表的祸首；（二）政府应明令此次事变中警察的责任，并予以惩处；（三）政府应明令取消军统、中统等特务组织，并保证此种同类事件不再发生；（四）明令保护人民

※ 1946年6月，50多个群众团体公推马叙伦、胡厥文、阎宝航、雷洁琼等9人组成上海人民呼吁和平入京请愿代表团，赴南京向国民党政府请愿。代表们抵达南京下关车站后，遭到预伏的国民党特务的围攻殴打，造成下关惨案。图为周恩来到南京中央医院看望受伤的马叙伦。

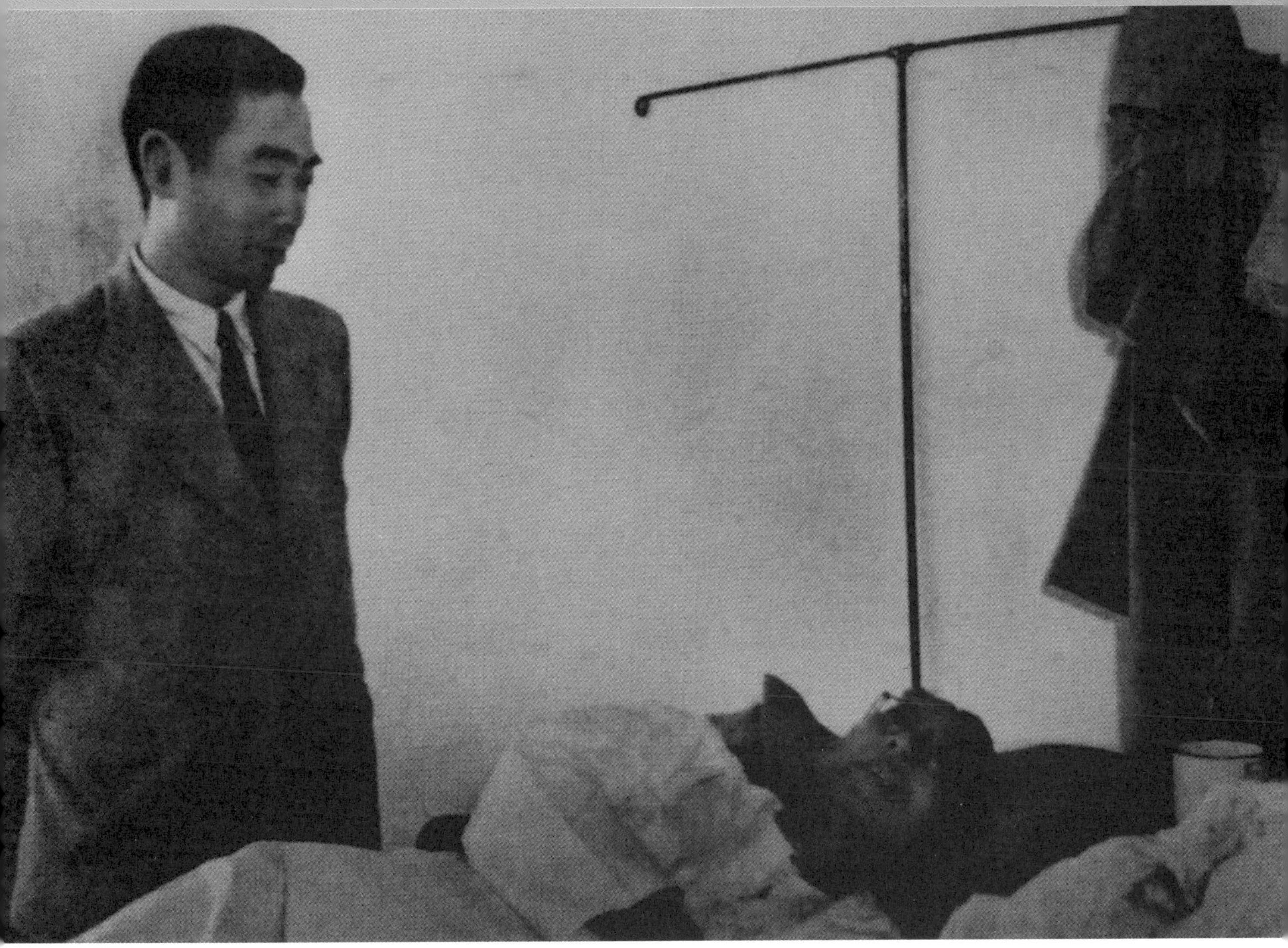

团体及个人有向政府请愿及申诉之权利；（五）政府应负担受伤者医药费用及个人所受损失之全部赔偿；（六）政府应负责保护各代表在京及其以后之居住行动的安全。同日周恩来在邓颖超、李维汉等人的陪同下再次到医院看望受伤代表。以周恩来为代表的共产党的言行与国民党政府的倒行逆施形成了强烈的反差，并以事实教育部分还对国民党心存幻想的民主人士，让他们毫无保留地站到共产党的一边。

周恩来嘱咐对民主人士多加关照

经过下关惨案事件，周恩来意识到国民党反动派将进一步对民主人士进行残酷迫害，于是在6月25日打电报给中共中央并转发四川省委负责同志，提出“倘时局恶化，要设法安顿文化界的朋友”的意见，把保护进步民主人士的任务，提到国统区各地下党组织的面前。

对于此次上海人民和平请愿团进京请愿活动，一方面周恩来给予了充分的肯定，另一方面周恩来对上海民主人士和上海地下党工作者的安全非常关心。周恩来在南京梅园新村听取罗叔章关于这次和平请愿运动的汇报时，说上海地下党的组织工作做得很好。这次来南京和平请愿，在全国产生了很大的影响。同时指示代表们不能在南京久留。6月28日上海人民和平请愿团离京前，周恩来亲率代表团成员邓颖超、李维汉等到医院送别。29日周恩来致马叙伦等代表的信中说：

“此次先生等代表上海人民，奔走和平，莅京请愿，不顾特务暴徒之威胁殴辱，坚持呼吁和平，反对内战，至诚至勇，竭胜感佩”，“望再接再厉为实现和平而努力。”

代表们回到上海后，周恩来又让上海地下党负责人刘晓和上海工委的许涤新分头去拜访代表中的上层人士，对他们进行慰问。同时通过中共代表团上海办事处转给上海地下党负责人刘晓一张纸条，询问在这次运动中有没有暴露，如有暴露，应立即撤离。周恩来还强调上海地下斗争的长期性和坚韧性，告诫上海地下党同志要注意组织隐蔽，注意积蓄力量，切忌犯急性病。

正是由于周恩来的正确指挥和周密安排，才使得这次上海人民和平请愿运动取得了巨大的政治效果，同时避免了不必要的损失和牺牲，从而也使得爱国民主力量越来越壮大。

（徐云根）

“去时腹虚空，回来力无穷”

抗日战争时期，人民教育家陶行知创办了育才学校，得到周恩来等人的支持与保护。陶行知经常到中共代表团的驻地去，听取周恩来的指示。他常对人说：“去时腹虚空，回来力无穷。”

周恩来支持、保护育才学校

周恩来与人民教育家陶行知的友谊是在抗日战争时期的重庆建立起来的。

1938年9月，陶行知以“国民外交使节”的身份，出访28个国家，宣传抗日主张。回国后，他看到一些具有特殊智力才能的儿童遭受摧残而得不到培养时，便毅然放弃高官厚

※ 陶行知提出生活教育理论与方法，开展乡村教育运动，创办南京晓庄师范。图为陶行知陪同冯玉祥去晓庄师范考察。

禄，创办一所抢救国家人才幼苗的育才学校。

育才学校坐落在重庆市合川县古圣寺内。当时周恩来主持中共中央南方局工作，以他为首的中共代表团就驻在重庆市曾家岩50号。育才学校创办不久，周恩来就派延安马列学院毕业的中共党员廖意林来校组建党的地下组织，支持陶行知创办育才学校。当时廖意林对学校党员这样说："我们党的指导（指南方局）曾经明确地告诉陶先生，育才学校有党的组织，哪些人是共产党员。并且告诉他，这些党员的任务，就是协助他办好这所学校。"陶先生也自觉地接受共产党的领导，千方百计地抵制国民党反动派对育才学校党组织的破坏。他经常到中共代表团的驻地去，回来后还常把一些党员找来，传达周恩来、董必武的指示精神。他常对人说："去时腹虚空，回来力无穷。"

国民党政府教育部长陈立夫闻讯，恐吓陶行知说："你的学生和朋友中很多是共产党员……"陶行知回答说："他们是否是共产党员，额角上未刻字，我不知道。即便是共产党员，他们办事认真，又有能力，一心为抗战、为人民服务，又有什么不可以呢？"由于陶行知在国内外享有崇高的声誉，国民党反动当局不敢明目张胆地破坏育才学校，就以学校训育主任必须是国民党员，如果没有则由政府委派之"规定"。企图在育才学校建立国民党组织来暗加控制。针对这一情况，陶行知和育才学校地下党支部经周恩来、董必武批准，指定了三名党员，又动员了三名非党同志，一起"加入"了国民党；并通过爱国将领冯玉祥的关系，拿回了五个国民党党证作为应付，彻底粉碎了国民党反动派的阴谋。

抗日战争胜利后，周恩来又帮助陶行知将育才学校迁至重庆红岩村八路军办事处附近，以保护育才师生的安全。1946年旧历年，周恩来还特地邀请育才学校师生到八路军办事处一起过年。联欢会上，周恩来希望育才学校师生"要像陶行知先生号召的那样，向人民学习，为大众谋福利"，并激动地说："我们现在正在同国民党进行谈判，准备组建民主联合政府。我们中共代表团准备提议，由你们的校长陶行知先生担任民主联合政府的教育部长，你们赞成不赞成呀？"他的话音刚落，场上顿时爆发出经久不息的掌声和欢呼声。

周恩来还大力支持陶行知先生发展育才教育事业。

1940年秋，皖南事变前夕，国民党反动当局已在策划第二次反共高潮，企图逮捕育才学校的共产党员，迫害育才学校师生。就在这危难时刻，周恩来和邓颖超在新华社记者张晓梅的陪同下对育才学校进行了为期三天的访问。

陶行知陪同周恩来一行参观了育才学校的课堂、办公室、宿舍、厨房、图书室、实验室等，连农田也看了。周恩来参观之后又给育才师生作了热情洋溢的报告。他希望大家

“要为真理而斗争，为新中国的远大前程而奋斗”，并结合自己的童年鼓励同学们说，“如今你们这一代青年太幸福了，你们学校里有这么多好老师和大量的进步书刊，这是很好的条件。希望你们要为真理而斗争，要努力学习，要一代胜似一代。”他还说，“我小时候还梳着小辫子，读的是私塾呀！”周恩来作完了报告，还不知疲倦地给同学们写下了题词——“一代胜似一代”。

周恩来的报告和题词极大地鼓舞了育才学校师生同黑暗势力作斗争的信心和勇气。当天夜里，周恩来还找了多位同志谈话，具体部署了育才学校地下党员的转移工作。

皖南事变后，国民党反动军警、特务果然持枪来育才学校抓人，但是，育才学校目标较大的地下党员都早已按照周恩来的指示转移出去了。

周恩来参观育才学校后，“觉得孩子们的健康欠佳，特捐助四百元，为他们购买运动器具之用”。为此，陶行知特地向有关人员说明“这是指定捐款，要开具正式收据，以便送去致谢”。周恩来还将岳母坟地20亩，捐给育才学校。学校师生组织生产大军，在20亩土地上建立了农场，以进行生产自救。

1939年11月初，育才学校留在重庆的部分师生处在国民党特务的严密监视下，政治上备受迫害，经济上面临绝境。这时，周恩来又通过党在香港的关系，设法给育才学校送去《群众》杂志和八百块银元，帮助育才学校渡过了难关。1943年，国民党反动当局加紧对育才学校实行经济封锁，陶行知先生不得不整天在外东奔西跑，筹募经费。有人劝他：“何必抱着石头游泳？早晚会被淹死的。”陶先生回答说：“我不是抱着石头游泳，而是抱着心爱的人在游泳，越游越有劲，要游过急流险滩，达到胜利的彼岸。”周恩来对此十分感动。他同董必武立即派中共驻渝办事处徐冰给育才学校送去毛主席在延安组织生产自救的一套照片，还送给陶行知先生一件延安织制的灰色毛线衣。陶先生收到后，深受感动和启发。他立即动员全校师生上山开荒生产，既解决生活困难，又锻炼师生们的革命意志。

周恩来哀悼陶行知

在中共党组织和周恩来等的帮助下，陶行知先生在他一生的后十年中，逐步完成了由民主主义者向共产主义者的飞跃。

有一次，陶先生对人说：“我为人民解放和民族独立，奋斗了几十年，一直到现在还是无党无派，如果想参加党派的话，可以不假思索地请求加入共产党，而且毫无保留地服从一切决议。我亲眼看到这个党自成立一直到现在，始终不变地为老百姓和民族解放艰苦奋斗。”

1946年4月，陶行知先生为育才学校迁沪事宜来到上海后，日夜不停地用演讲来支持上海人民反独裁争民主的斗争。6月23日，他在上海北站十万群众集会上愤慨疾呼：“我们要用人民的力量，制止内战，争取永久的和平，反对独裁，争取真正的民主！”

1946年7月，民主战士李公朴、闻一多先后在昆明被国民党特务暗杀。陶行知也被国民党列入黑名单的第三名。周恩来得知后，立即派人紧急通知陶行知“榜上有名”。并嘱咐他外出时要注意后面的“尾巴”。许多人都劝他保重身体，陶行知先生却毫不畏惧地说：“我等着第三枪！”不久，国民党特务果然窜至陶宅打听他的行踪，显然是要加害于他。陶行知嘱咐家人说，我死后“埋葬时一定要把我的头朝向北方”，表达了他对延安的向往和对中国共产党的无限崇敬。但是，陶先生并未“坐以待毙”，他自知身处险境，连夜整理自己的诗稿十万多字，“以便可以无牵挂地与敌人战斗”。由于过度的刺激和劳累，陶行知先生终于在7月25日突发脑溢血而不幸逝世。

周恩来和邓颖超在上海惊悉噩耗后，万分悲痛地洒下了热泪。周恩来临时推迟了到南京与军调处和美方代表马歇尔等的会谈，随即与邓颖超一起来到陶行知的遗体前，俯身拉着陶先生的手，极其诚恳而哀切地说：“陶先生，放心去吧。你已经对得起民族，对得起人民。你的未了事业会由朋友们，由你的后继者坚持下去、开展下去的。你放心去吧！我即刻就要到南京去，我们要以争取全面、持久的和平与民主来告慰你的灵魂。朋友们都要学习你的精神，尽瘁民主事业直到最后一息。陶先生，你放心去吧！”

当天，周恩来还急电中共中央，请求“将南京新华社关于陶先生逝世的报道广播全国”，并在电文中高度评价陶行知先生：“这是中国人民又一次不可补偿的损失。十年来，陶先生一直跟着毛泽东同志为代表的党的正确路线走，是一个无保留追随党的党外布尔什维克。我这次去沪曾意识到陶先生的安全，提出要上海工委劝他休养一时期。话未传到，人已不在。假使陶先生临终能说的话，我相信他必继韬奋之后请求入党。”

7月26日，上海各界人士在上海殡仪馆为陶先生举行大殓。周恩来和董必武、邓颖超、李维汉、廖承志等联名，以中共代表团的名义发来唁电，特别指出：“伟大的人民教育家和民主战士陶行知不幸逝世，实为中国人民大众政治解放和精神解放的最大损失。”毛泽东和朱德等也特电致唁：“惊闻行知先生逝世，不胜哀悼！先生是人民教育家，为民族解放与社会改革事业奋斗不息，他的逝世，实为中国人民之巨大损失。”

7月27日，延安《解放日报》及时报道了陶先生逝世的消息。8月11日，延安各界人

※陶行知。

士举行了陶行知先生追悼大会。毛泽东亲笔题写了“痛悼伟大的人民教育家陶行知先生千古”的哀词。追悼会上，陆定一代表党中央致悼词。悼词号召：我们二百万中国共产党党员们也要把他当做模范来学习。陶先生所走的道路是正确的，这正与伟大民族主义者鲁迅先生、邹韬奋先生等所走的是同样的道路。我们中国共产党人和解放区的教育界人士要继承陶先生的遗志奋斗不息。

周恩来学习陶行知精神

陶行知先生逝世后，周恩来十分重视宣传行知精神，以激励后人。

1947年1月10日，周恩来在延安各界代表声援全国学生爱国运动及纪念政治协商会议一周年大会的演说中，特别提到闻一多、李公朴、陶行知诸先生，说“他们与破坏停战、破坏政协的反动集团搏斗的精神，一直在激励着我们”。

1949年5月7日，周恩来在中华全国青年第一次代表大会上作的题为《学习毛泽东》的报告中还指出：“五四以后，毛主席参加了革命运动，就先在城市专心致志地搞工人运动。那时，陶行知先生提倡乡村运动。恽代英给毛主席写信说，我们也可以学习陶行知到乡村里搞一搞。毛主席说，现在城市工作还搞不过来，怎么能去搞乡村呢？这就说明毛主席当时没有顾到这一方面。但后来毛主席很快就转到乡村，又把农民运动搞起来了，使城市和乡村的革命运动结合起来。”

1954年12月，陶行知夫人吴树琴到北京出席第二届全国政协第一次会议。周恩来总理特地请吴女士会后到他家做客，通过邓颖超询问了她在南京的工作情况，还亲切地鼓励她“加紧学习”。

（刘友开）

疾风知劲草，岁寒见后凋

郭沫若一贯敬佩周恩来，他说：“我对于周公向来是心悦诚服的。他思考事物的周密有如水银泻地，处理问题的敏捷有如电火行空，而他一切都以献身的精神应付，就好像永不疲劳。”

一副悼父赞子联

1939年7月，郭沫若的父亲郭朝沛先生病逝。10月，郭沫若营葬父亲并举行家祭，作《祭父文》。当时，郭氏兄弟收到军政要员、知名人士和国际友人送来的挽联和挽幛共三百多副。周恩来送的挽联是：

功在社稷，名满寰区，当代文人称哲嗣；
我游外邦，公归上界，遥瞻祖国吊英灵。

这副挽联，既表达了对郭朝沛先生的沉痛悼念，又对郭沫若作了高度的评价。“哲嗣”是对别人儿子的敬语。周恩来盛赞郭朝沛之子郭沫若“功在社稷，名满寰区”。当时，周恩来正在苏联治伤，故联中又有“我游外邦”、“遥瞻祖国”之语。

郭沫若长周恩来六岁。

1926年5月间，周恩来去广东大学讲演，郭沫若去听讲演，这是他们第一次见面。他

※郭沫若。

们真正相识是这年6月，郭沫若在阳翰笙、李一氓陪同下到周恩来住处商定郭沫若参加北伐之事。从此，周恩来和郭沫若结下了五十年协力、同心、共命的深情厚谊。

1927年四一二政变后的第二天，郭沫若在李一氓住处向周恩来汇报了蒋介石直接指挥在九江、安庆捣毁党部、工会，屠杀民众的严重情况；劝说周恩来从速离开上海；并提出："上海现在不行了，我想回武汉组织力量讨伐蒋介石。"周恩来立即指出："你的意见很好，尽快走吧。"他联系到宁波、杭州、南京、上海等地发生的类似郭沫若反映的情况，会同赵世炎、罗亦农、陈延年、李立三等共同向中共中央写了一份意见书，提出"蒋氏之叛迹如此"，"为全局计，政治不宜再缓和妥协"，否则，"整个革命必根本失败无疑。"郭沫若和周恩来的看法是一致的，并为尔后革命进程证实是完全正确的。可是，他们的正确主张未能被党的总书记陈独秀所接受，轰轰烈烈的大革命归于失败。

大革命失败后，周恩来根据中央决定，和贺龙、叶挺、朱德、刘伯承等发动八一南昌起义，郭沫若积极参加。南昌起义部队南下途中，郭沫若由周恩来和李一氓介绍加入了中国共产党。汕头军事失利后，郭沫若去了香港，不久又秘密回到上海，周恩来拟安排郭沫若全家去苏联，后因郭患了一场大病误了船期而未去成。不久，经周恩来同意，郭沫若去了日本。

1937年卢沟桥一声炮响，郭沫若“别妇抛雏”，毅然回国投入抗日救国战争之中。

1937年12月南京陷落后，蒋介石迫于形势，决定在国民政府军事委员会之下设立政治部，由陈诚任部长，周恩来和第三党的黄琪翔任副部长，负责宣传工作的第三厅拟由郭沫若任厅长。郭沫若开始不愿意担任三厅厅长一职，他觉得“在国民党支配下做宣传工作，只能是替反动派卖膏药，帮助欺骗”；“处在自由的地位说话，比加入了不能自主的政府机构，应该更有效力一点”，而且“一做了官，青年们是不会谅解”的。对此，周恩来晓之以三厅工作的重要性，他说：“有你做第三厅厅长，我才可考虑接受他们的副部长，不然那是毫无意义的。”周恩来并要阳翰笙劝慰郭沫若，不能以清高思想对待第三厅，这

※ 周恩来和新四军军长叶挺（右）、副军长项英在一起。

是个政权组织，作用不能低估，我们不是去做官，而是到尖锐复杂的环境中去工作，既要有热情，又要保持清醒和警惕。周恩来一边做郭沫若的思想工作，一边向国民党当局办交涉，争取较好的工作条件。1938年2月17日，周恩来致信郭沫若：“我已在原则上决定干”，“我们希望你也能采此立场”，“我在这两天将各事运用好后，再请你来就职，免使你来此重蹈难境”。在周恩来运筹下，郭沫若走马上任，第三厅成立了。

第三厅和后来组建的文化工作委员会，由于有周恩来的领导和郭沫若的声望，由于坚持了既与国民党合作又保持相对独立性的方针，成了以共产党人为核心，包括国民党员和民主党派以及其他爱国人士的统一战线机构，成了国统区抗战文化的中坚。

1938年2月，胡风曾说，“中国现在没有像鲁迅先生那样一声号召可以波动世界的大作家。”然而斗争需要鲁迅的继承者。郭沫若在文化领域所取得的具有开创性意义的成就以及他在北伐战争和抗战初期表现出的革命和爱国精神，使他在文化界和社会上具有广泛影响。周恩来认为郭沫若是一个适当的人选，向党中央提出建议，并由中共中央在1938年夏作出党内决定，确认郭沫若为鲁迅的继承者，为中国革命文化界的领袖。郭沫若通过第三厅、文化工作委员会的领导工作和他的戏剧创作、史学研究，在事实上也确立起了文化界的领袖地位。

毋庸置疑，郭沫若“功在社稷，名满寰区”，成为文化界的领袖，其中也有周恩来的心血和贡献。周恩来逝世后，郭沫若曾激动地说：“恩来同志是我的领导，我参加革命的最早领导人，大革命的时候是他引导我参加了共产主义者的行列；抗日战争时，他领导我与国民党顽固派作斗争，为党做宣传工作，团结广大的知识分子。如果没有恩来同志的领导和帮助，我不能做出什么成绩的。”

同引曹植《七步诗》

1941年1月7日，发生了震惊中外的皖南事变，奉命北移的新四军部队九千余人，在皖南泾县茂林地区遭到国民党军队八万余人的伏击，奋战七昼夜，弹尽粮绝，除千余人突围外，大部壮烈牺牲，军长叶挺被俘。1月17日，国民政府军事委员会发布通令，诬蔑新四军为“叛军”，宣布取消新四军番号，将叶挺军长交付军法审判，并通缉项英副军长。周恩来义愤填膺，题诗一首：

千古奇冤，江南一叶；

同室操戈，相煎何急！！

郭沫若多次向文化工作委员会的同志们朗诵这首诗，往往声泪俱下。他挥毫作《闻新四军事件书愤二首》：

危局纵教如累卵，还须群力共撑支。
王尊且勉叱驱志，郭太难忘党锢悲。
风雨今宵添热泪，山川何日得清时？
怅望江南余隐痛，为谁三复豆萁诗？

怒问苍苍果胡然？莫须有狱出连绵！
伤心已见兰成艾，谗口竟教矩化圆。
已兆分崩同往日，侈言胜利在今年。
谁欺？只自欺天耳！哪有蘧篨真个妍？

第一首诗的大意是：在日寇侵略下的时局即使危如累卵，还需要大家的力量共同撑持。王尊尚且有勉励自己履险前进的意志，郭太永远难忘党锢之祸的悲惨教训。皖南事件的风雨使我今夜增添热泪，祖国的山河不知何日才得太平？怅然怀想江南发生的事变，内心尚余隐痛，我向谁再三陈述“煮豆燃豆萁”这样的诗篇呢？第二首诗的大意是：怒问苍天究竟为什么要这样？让莫须有的冤狱连续不断地出现？伤心的是好的变成坏的，方的说成圆的。国共分裂的兆头已像前次一样，说抗战胜利在今年不过是夸大其词。欺骗谁呢？只是欺骗苍天罢了，哪有奸佞之徒是美丽的呢？

郭沫若和周恩来的心是相通的。他们的诗都运用曹植《七步诗》关于兄弟相残的典故，无情地鞭挞国民党反动派制造内战，破坏抗日，使亲者痛、仇者快的可耻行为。

皖南事变后，重庆的政治环境日益险恶。在周恩来领导下，许多进步文化人士陆续撤离重庆，郭沫若、阳翰笙等仍坚持留在重庆。

10月上旬的一天，周恩来到郭沫若家，提议由文艺界纪念郭沫若五十寿辰和创作生活二十五周年。郭沫若最初没有完全理解周恩来的意思，当即谦辞。周恩来说：“为你做寿是一场意义重大的政治斗争，为你举行创作二十五周年纪念，又是一场重大的文化斗争。通过这次斗争，我们可以发动一切民主进步力量来冲破敌人的政治上和文化上的法西斯统治。”

11月16日早晨，《新华日报》出了《纪念郭沫若先生创作二十五周年特刊》。周恩来为特刊题写刊头，并写了代论：《我要说的话》。郭沫若翻开报纸，映入眼帘的是周恩来那一句句、一段段恳切的言词：

郭沫若创作生活二十五年，也就是新文化运动的二十五年。鲁迅自称是“革命军马前卒”，郭沫若就是革命队伍中人。鲁迅是新文化运动的导师，郭沫若便是新文化运动的主将。鲁迅如果是将没有路的路开辟出来的先锋，郭沫若便是带着大家一道前进的向导。鲁迅先生已不在世了，他的遗范尚存，我们会愈感觉到在新文化战线上，郭先生带着我们一道奋斗的亲切，而且我们也永远祝福他带着我们奋斗到底的。

接着，周恩来分析了郭沫若在革命的文化生活中最值得大家学习的三点：一是丰富的革命热情。“郭先生是革命的诗人，同时，又是革命的战士。”二是深邃的研究精神。他认为郭先生是学术家与革命行动家兼而为之的人。他针对当时的“清闲”，建议郭沫若：“复活过去的研究生活，指导这一代青年，提倡起研究学习的精神，以充实自己，以丰富我们民族的文化，郭先生，现在是时候了。”三是勇敢的战斗生活。“郭先生是富于战斗性的，不仅在北伐抗战两个伟大时代，郭先生是站在战斗的前线，号召全国军民，反对北洋军阀，反对日本强盗和逆伪的；便在二十五年的文化生活中，郭先生也常常以斗士的姿态出现的。”

郭沫若看着、看着，眼睛湿润了。他感动地对秘书翁泽永说：“鲁迅曾经给瞿秋白写过一副对联，上联是‘人生得一知己足矣’，我十分欣赏这一句，这也适合表达我和周公的关系，不过还不足以表达我的全部心情。”

11月16日下午，纪念会在中苏文化协会举行，参加者两千余人。冯玉祥担任主席，致开幕词。周恩来、老舍、黄炎培、沈钧儒、张申府和苏联来宾，还有国民党方面的潘公展、张道藩，在会上致贺词。周恩来说：郭先生是无愧于五四运动当中长大的这一代的。在反对旧礼教旧社会的战斗中，有着他这一位旗手；在保卫祖国的战斗中，也有着他这一只号角；在当前反法西斯的战斗中，他仍然是那样挺身站在前面，发出对野蛮侵略者的诅咒。这些都是青年们应当学习的。

11月16日晚上，在天官府郭沫若那狭窄的小住宅里，“亲朋”满座，济济一堂。郭沫若时时发出爽朗的笑声。周恩来也非常高兴，举杯为郭沫若祝寿。

这次祝寿活动，显示了进步文化界团结战斗的力量，一扫皖南事变以来笼罩在重庆上空的沉闷空气，达到了预期目的。

文艺创作、历史研究的知音

周恩来和郭沫若不仅在像皖南事变这样的政治斗争中心灵相通、配合默契，而且在文艺创作、历史研究领域也是难得的知音。周恩来逝世后，郭沫若回忆说："特别是在重庆那段日子，恩来同志那样紧张繁忙，他对我的关怀帮助仍是无微不至。""他对我写的文章、剧本、诗歌，有时听我给他读，又不知看几遍，共同讨论，甚至字斟句酌。有时候我表达不出自己的意思，恩来同志却情思敏捷，一语提醒，我们就不约而同大笑起来。"

在纪念郭沫若创作生活二十五周年时，郭沫若的早期剧作《棠棣之花》通过整理后搬上舞台演出，获得了极大的成功。《棠棣之花》着重表现聂萤、聂政姐弟不畏强暴，壮烈

※ 1956年1月，周恩来在天安门城楼上同陈叔通（左一）、郭沫若（左二）、李维汉（左三）、包尔汉（左四）交谈。

牺牲的精神。《新华日报》辟了《棠棣之花剧评》专页。周恩来为专页题写刊头，并修改《从棠棣之花谈到评历史剧》和《正义的赞歌，壮丽的图画》两篇文章。周恩来曾反复阅读《棠棣之花》剧本，多次同郭沫若谈论关于剧本的修改与演出问题。这个戏借古喻今，颂扬气节，号召团结起来反对强暴，引起观众强烈的共鸣，是对国民党发动皖南事变，实行对共产党封锁、离间、孤立政策的一记响亮的耳光。周恩来非常喜欢这个戏，特别欣赏剧中一些寓意深刻的诗词，如《湘累》。八路军办事处许多同志都会唱《湘累》：

啊，泪珠儿快要流尽了，
爱人呀，你还不回来呀？
我们从春望到秋，
从秋望到夏，
望到海枯石烂了！
爱人呀，你回不回来呀？
……

周恩来经常请会唱的同志唱这首歌。《棠棣之花》戏，他前后共看了七遍，多次对周围的工作人员说：郭老为什么在剧中特别强调“士为知己者死”这样的主题？这绝不是封建思想，这正是他对党感情之深的表现啊！

《棠棣之花》的成功，大大激发了郭沫若的创作热情。1942年元旦过后的第二天晚上，他开始写作《屈原》。周恩来知道后，特地登门看望，并一同探讨剧本创作中的一些问题。他说：“屈原这个题材好，因为屈原受迫害，感到谗谄之蔽明也，邪曲之害公也，才忧愤而作《离骚》。皖南事变后，我们也受迫害。写这个戏很有意义。”在周恩来鼓励下，郭沫若妙思泉涌，奔赴笔下，只用十天时间就把剧本写出来了。剧本写出后，周恩来反复阅读，肯定其在政治上和艺术上都是很好的作品。他多次到剧场看排演，对剧中高潮的《雷电颂》尤其欣赏。他说：“屈原并没有写过这样的诗词，也不可能写得出来，这是郭老借屈原的口说出自己心中的怨愤，也表达了蒋管区广大人民的愤恨之情，是对国民党压迫人民的控诉，好得很！”为了提高演出质量，周恩来还把两位主要演员请到红岩村，让他们朗读那段情绪热烈、文彩照人的《雷电颂》：

……鼓动吧，风！咆哮吧，雷！闪耀吧，电！将一切沉睡在黑暗怀抱里的东西，毁灭，毁灭，毁灭呀！

周恩来听了几遍后对演员说："注意台词的音节和艺术效果固然重要，但尤其重要的是充分理解郭老的思想感情，要正确表达，这是郭老说给国民党顽固派听的，也是广大人民的心声，可以预计在剧场中，一定会引起观众极大的共鸣。这就是斗争。"

在周恩来关怀下，《屈原》的演出，轰动了山城重庆。许多群众半夜里就带着铺盖来等待买票，许多群众走了很远的路程，冒着大雨来看演出。剧场里，台上台下群情激昂，交融成一片。

周恩来喜爱读郭沫若的诗文剧本，在他们关山远阻、相隔日多时，周恩来忍不住写信问郭沫若："除在报纸外，你有什么新的诗文著作发表？有便带我一些，盼甚盼甚。"但是，对这位当代大文豪，周恩来并不迷信。对话剧《孔雀胆》，周恩来提出了批评意见。他认为这个剧虽然写得不错，但史实很值得研究，在当时的重庆上演此剧，在意义上是不可能与《屈原》等相提并论的。郭沫若听张颖传达周恩来的这个意见时，听得非常认真，听完又让张颖重述了一遍。他沉思了一会儿，很严肃地说："恩来同志的批评是对的。我对某些历史人物时常有偏见偏爱，这是很难改的毛病。"他对此剧不及修改即行上演而感到遗憾。对郭沫若《屈原研究》一书第三部分《屈原思想》，周恩来读后，在致郭沫若的信中写道："拿屈原作为一个伟大的思想家而兼艺术家，我同意，说他是革命的思想家，容有商榷余地。质之你以为何如？"这些独到的见解和批评意见，同那些热烈的颂扬和大力支持一样，充分表现了周恩来和郭沫若之间坦率诚恳、推心置腹的真挚情谊。

岁寒，然后知松柏之后凋

郭沫若一贯敬佩周恩来。他描述这位有着"轩昂的眉宇、炯炯的眼光、清朗的谈吐"的人，能够挽狂澜于既倒，改变任何艰难困苦的局面。他说："我对于周公向来是心悦诚服的。他思考事物的周密有如水银泻地，处理问题的敏捷有如电火行空，而他一切都以献身的精神应付，就好像永不疲劳。他可以几天几夜不眠不休，你看他似乎疲劳了，然而一和工作接触，他的全部心神便和上了发条的一样，有条有理地又发挥着规律性的紧张，发出和谐而有力的节奏。"特别是在复杂的环境、别离的日子、危难的时刻，郭沫若就更是敬佩、怀念周恩来。

1946年11月15日，国民党包办的"国大"开幕，国共和谈完全破裂，周恩来及中央代

※周恩来同郭沫若一家游颐和园。

表团将不得不离开南京返回延安。17日，周恩来致信郭沫若、于立群：

临别匆匆，总以未得多谈为憾。沫兄回沪后，一切努力，收获极大。青年党混入混出，劢老动摇，均在意中，唯性质略有不同，故对劢老可暂持保留态度。民盟经此一番风波，阵容较稳，但问题仍多，尚望兄从旁有以鼓舞之。民主斗争艰难曲折，居中间者，动摇到底，我们亦争取到底。“国大”既开，把戏正多，宪法、国府、行政院既可诱人，又可骗人，揭穿之端赖各方。政协阵容已散，今后要看前线，少则半载，多则一年，必可分晓。到时如仍需和，党派会议、联合政府仍为不移之方针也。

这封信最能说明周恩来“思考事物的周密有如水银泻地”，纷繁复杂的形势，经他一分析，全都泾渭分明，郭沫若看着信猛然增添了斗争的信心和勇气。

信的末尾写道：

弟等十九日归去，东望沪滨，不胜依依。

此刻郭沫若亦是西望梅园，不胜依依。他立即挥毫，倾吐肺腑，成诗一首，遥寄周恩来：

疾风知劲草，岁寒见后凋。

※ 1960年3月，周恩来、李四光、黄炎培、郭沫若、彭真、沈钧儒等在全国政协三届二次会议上。

根节构盘错，梁木庶可遭。

驾言期骏骥，岂畏路迢遥。

临歧何所赠，陈言当宝刀！

中华人民共和国成立后，郭沫若曾无数次伴随周恩来一起出席国内外的重大会议，他们的交往更多了。郭沫若评价周恩来的那段名言在建设国家、服务人民、总理国务的活动中进一步得到了证明。特别是十年内乱中，周恩来力挽狂澜，苦撑危局，忘我工作，起到了中流砥柱的作用。十年内乱中，周恩来和郭沫若的交往，进一步丰富了“疾风知劲草，岁寒见后凋”的内涵。

1966年8月30日，在周恩来开列的《一份应予保护的干部名单》中，郭沫若居宋庆龄之后，位列第二。这年冬，国内动乱在升级，周恩来请郭沫若、于立群暂时离开家到外面去住，并叮嘱这件事不要告诉机关，只带秘书和司机，以防泄密。郭沫若在六所住了一个月，形势稍缓和才回家。这实际上是周恩来对郭沫若采取的保护措施。1967年以后，周恩来和郭沫若几乎每星期要见一两次。周恩来接见外宾，常有郭沫若陪同。郭沫若年纪大，身体又不好，周恩来总是处处照顾他。

1970年，在酝酿第四届全国人民代表大会代表名单时，有人说：“郭沫若为什么不跟林总上井冈山，而跑到日本？他不能当四届人大代表。”对此，周恩来挺身而出，进行了驳斥。1970年8月9日，周恩来接见外交部、外贸部、外经部、新华社、《人民日报》、广播事业局、《解放军报》等单位的代表谈话时说：“怎么能责问郭老为什么没有跟林总上井冈山，应当先问周恩来嘛，我是前委书记嘛。”周恩来指出，把队伍带到井冈山去的是朱德，而不是林彪。当时郭老并不在朱德那里，而是在贺龙、叶挺我们这支南下汕头的队伍里。汕头军事失利后，郭老辗转到上海，党批准他到日本的，他的缺点是到日本以后十年没有和党联系，所以后来他重新入党，党龄从头算起。郭老那时在日本搞甲骨文，在历史学上是有贡献的。周恩来这番分析是又一个“思考事物的周密有如水银泻地”的实例，不仅正本清源，还党的历史以本来的面目；而且义正辞严，洗清了中央文革一伙人泼到郭沫若身上的污水。

1973年后的几年，江青、张春桥大搞所谓“评法批儒”，并曾气势汹汹地闯到郭沫若家里，胁迫他作“检讨”和写文章批“宰相”。郭沫若明察其奸，横眉冷对，多次对于立群和孩子们说：“这伙人的矛头是指向周总理的。”

1974年1月25日，北京举行了有18000人参加的所谓“批林批孔大会”，郭沫若几次被点名批评、罚站起来。江青还诬蔑郭沫若“对待秦始皇，对待孔子那种态度，和林彪一样。”晚上，周恩来派人来探望，并传达了他的三点指示：第一，为保证郭老的安全，24小时要安排专人在郭老身边值班。第二，请郭老从十多平方米的小的卧室中搬到大办公室住，理由是房子小，氧气少，对老年人身体不利。第三，郭老在家活动的地方，要铺上地毯或胶垫，避免滑倒跌伤。郭沫若听后感动得连声说：“谢谢总理，谢谢总理。”在这前后，周恩来还亲自两次看望郭沫若，请郭老自己研究自己的著作，并表示自己也要研究郭老的著作，说只有读了书才有发言权，要不，就没有发言权。这些肺腑之言，是对郭沫若受伤的心的最好安慰。

在周恩来身患绝症的最后的日子里，郭沫若一从报上看到周恩来偶尔在医院中接见几位外宾的消息，总要高兴好几天。当周恩来病情日益严重，不能接见外宾了，郭沫若端详着周恩来的照片，心里默念着：恩来啊，你可要多多保重，人民需要你，中国需要你！

郭沫若最担心的事还是发生了，1976年1月8日，周恩来在北京逝世。噩耗传来，郭沫若悲痛欲绝，木然呆坐很久、很久。然后，他用颤抖的手在日记上写下两行歪歪斜斜的字迹：

风萧萧兮易水寒，
壮士一去兮不复还。

1月13日，郭沫若把悲痛和哀思熔铸成诗：

革命前驱辅弼才，巨星隐翳五洲哀。
奔腾泪浪滔滔涌，吊唁人涛滚滚来。
盛德在民长不没，丰功垂世久弥恢。
忠诚与日同辉耀，天不能死地难埋。

粉碎“四人帮”以后，郭沫若作《念奴娇·怀念周总理》词一首：

光明磊落，与导师，协力、同心、共命。
五十余年如一日，不断长征、跃进。
统一九州，抗衡两霸，中外人爱敬。

一朝先谢，五洲热泪飞迸。
何期王张江姚，四人成帮，诽谤恣蹂躏。
黑云压城城欲摧，一击顿成齑粉。
为党锄奸，为国除害，为民平大愤。
域中今日，忠魂与众同庆。

1978年2月，郭沫若作四言诗《纪念周总理八十诞辰》：

光明磊落，大公无私。
忠于革命，忠于导师。
经纬万端，各得其宜。
丰功伟绩，万古长垂。

岁寒，然后知松柏之后凋。周恩来和郭沫若的情谊在十年动乱的狂风恶雨中得到了升华。郭沫若对周恩来的敬佩和爱戴，在那一首首哀思和悼念的诗作中倾泻无遗。

（曹应旺）

花园口复堤的谈判

周恩来说，在黄河故道上生活着的几十万人是我们的人民，在黄泛区的人也是我们的人民，因此我们不能反对“黄河归故”。

1946年7月，周恩来赴河南开封同国民党方面谈判黄河花园口复堵问题，我就是在这个时候认识周总理的。

当时，我担任冀鲁豫区行署主任。一天，张玺同志（时任中共冀鲁豫区党委副书记）和我接到党中央的一封电报，电报说：恩来同志作为中共首席代表前往黄河花园口视察堵口复堤工程，并继续同国民党政府黄河水利委员会、黄河复堤委员会以及联合国善后救济总署官员商谈花园口堵口复堤中的各项问题。要我们去开封向周恩来同志汇报情况并参加谈判。随即，张玺同志和我一道赶往开封。

为什么这个时候我们要和国民党谈判花园口堵复问题？为什么周恩来同志要冀鲁豫区的负责同志去开封？

缘由是这样的：1938年6月，在国民党正面战场的一百多万军队抵挡不住几十万日军进攻的情况下，为阻止日军的前进，国民党政府命令其军队在郑州以北花园口扒开黄河河堤，致使黄河水经中牟沿贾鲁河南犯，酿成河水大泛滥，使17县成为一片沼泽的黄泛区。花园口以下原黄河河道从此干涸，成为故道。这段故道长达七百多公里，其中大部分在我冀鲁豫区和山东解放区境内。日本投降后，1946年初，蒋介石从发动全面内战的整个战略部署出发，提出了堵复花园口、让黄河归故的计划。由于张玺同志和我是冀鲁豫区的负责人，因此在周恩来同志去开封前夕，党中央给我们发去电报，要我们去开封共同商议同国民党和联总方面谈判花园口堵口的事情和解放区治黄工作。

当时，由美国人把持的联总派来一辆吉普车到冀鲁豫行署所在地菏泽接我们。这天晚上，我们就乘车去国民党盘踞的开封城。我们走得很急，连衣服都没有换一下，穿着一身军服就出发了。第二天，我们一行到达开封。美国人把我们安排在联总所在地的一幢红楼里住下。周恩来同志到开封后也住在这里。他住得也很简单，只有一间房子。我们下车吃过早饭后，就向周恩来同志汇报了情况。周恩来同志还和我们商议了与国民党以及联总方面谈判花园口堵复工程的方针。

那个时候，虽然我们都很年轻，但是在一晚上都没有睡觉以后也甚感疲劳，可是周恩来同志的精力却很充沛，看不到有丝毫的倦意。他对我们说：蒋介石搞所谓黄河归故，显然是有其不可告人的政治目的和军事目的的。但他是打着“复兴建国”旗号来进行这项工作的，颇有迷惑性。他说：在黄河故道上生活着的几十万人是我们的人民，在黄泛区的人也是我们的人民，因此我们不能反对“黄河归故”。然而，我们应该坚持在下游浚河、整修完险工、迁移出故道人民等项工作做完后，才能在花园口堵口放水的主张。

随后，周恩来同志带领我们同国民党政府黄河水利委员会主任薛笃弼、花园口复堤工程局局长赵守钰等举行会谈。在会上，周恩来同志同他们讲道理，说：黄河归故是应该的，但是故道已经八年时间没有水了，有几十万老百姓都搬到河道上住下来了。黄泛区的老百姓是中国人，黄河故道上的老百姓同样是中国人，既然如此，这两个地方的人民群众，我们都不能再让他们吃苦。我们不反对黄河归故，但是故道上的人民群众需要搬迁，故道河堤年久失修需要修复。群众搬迁就需要搬迁费，河堤修复就需要复堤费，同时还需要抢险费。这三样费用，政府方面理当支付。花园口堵复工程必须在群众搬迁、河堤修复工作结束后才能抛石合拢。国民党方面讲不过我们，因为道理在我们这边。在开封时，周恩来同志还坐飞机视察了黄河花园口。

7月27日，周恩来同志在上海同国民党方面达成协议，规定：修复故道堤坝所需经费全部由政府支付；救济故道群众所需费用150亿法币也由政府在8至11月内全部支付，前三月每月支付40亿，11月支付30亿。显然这个协议是合情合理的。实际上，在以后我们只领到了一部分费用。

到达开封的这天晚上，周恩来同志又把我们找去谈话，向我们交待下一步的工作。他对我们说：你们明天就要走了，回去后请向刘伯承司令员、邓小平政委报告，从整个形势看，靠谈判解决问题没有多大希望了，现在主要靠你们打仗，进行坚决的自卫战争了。主动权在你们那个地方了（主要指解放区军队进行自卫战争这件事情）。你们回去报告刘邓首长，作好准备，坚决迎击敌人对冀鲁豫解放区的进攻。

（段君毅）

转战陕北

转战陕北的时间大致为一年。这一年中，周恩来和毛泽东、任弼时等一起，领导中央机关在陕北高原的万山丛中，跋涉战斗，历经艰险。

1945年8月10日，日本政府宣布接受《波茨坦宣言》，准备投降。11日，蒋介石发出命令，要国民党军队“积极推进”，同时致电朱德、彭德怀，要八路军、新四军“原地驻防”，另一方面又命令沦陷区的伪军“维持地方治安”，命令在华日军的统帅冈村宁次不得向国民党军以外的部队投降。

12日，中共中央以新华社记者的名义发表评论指出：中国解放区抗日军队有权派遣代表参加接受日本投降。13日，朱德、彭德怀致电蒋介石，指出他11日的命令“不但不公道，而且违背中华民族的民族利益，仅仅有利于日本侵略者及背叛祖国的汉奸们”。

由于全国人民要求和平，休养生息，同时也因为蒋介石对于内战的准备工作还没有作好，因而在人民的强大压力下，蒋介石表示要和平谈判。28日，毛泽东、周恩来、王若飞等到重庆与国民党方面谈判，历时43天。周恩来等提出的方案包括的内容有：确定和平建国的方针；承认各党各派的合法平等地位；承认解放区政权和抗日的军队；停止一切武装冲突，命令国共双方军队暂留原地待命；结束国民党一党统治，实现政治民主化，军队国家化，党派平等合作；召开各党派代表及无党派人士参加的政治会议，合理解决解放区政府的人选问题；公平合理地整编全国军队；释放政治犯，保障人民的各项自由，取消特务机关等。10月10日，国共双方代表签订了《双十协定》，但双方对于承认解放区政权、中共领导的军队整编这两个问题，没有达成协议。

10月11日毛泽东回延安后，周恩来留在重庆又谈判一个半月，国民党方面还是拒绝承认解放区的人民政权。于是，周恩来在11月25日也返回延安。

11月27日，美国总统杜鲁门任命马歇尔为驻华特使，到中国来“调处”内争。国内外各方面的压力，迫使蒋介石不得在1946年1月10日召开了政治协商会议。

12月16日，周恩来率领中共代表团到重庆，准备出席政治协商会议。

※ 1946年11月16日，周恩来在南京召开中外记者招待会，痛斥国民党撕毁政协决议、扩大内战、单方面召开“国民大会”，从而关闭了和平谈判大门，宣布中共代表团即将撤回延安，并满怀信心地表示：南京，我们是一定要回来的！

※ 1946年11月19日，周恩来率领中共代表团成员李维汉、邓颖超等飞返延安。这是他回延安后和毛泽东、朱德在一起。

1946年1月10日，国共双方代表正式签订停战协定。这天，政治协商会议在重庆召开。在开幕式上，周恩来代表中共代表团致词说：

应痛下决心，不仅在今天下令停战，而且要求永远使中国不会发生内战。我们中共代表团是带着这种信念和决心来参加会议的。

1月31日，政治协商会议闭幕。周恩来在闭幕会上致词说：虽然会议上通过的协议和中共历来的主张还有一些距离，但这些协议是好的，是各方面互让互谅的结果，中国共产党保证为这些协议的全部实现而奋斗。

2月1日，中共中央发出关于目前形势与任务的指示，指出，“重庆政治协商会议激烈争论，已获得重大结果。”“从此，中国即走上了和平民主建设的新阶段……”

但是1946年6月，蒋介石终于彻底露出了其假和平真内战的本来面目，撕毁了政协协议，向我解放区发动全面进攻，全面内战爆发。

为了摧毁中共首脑机关，1947年2月28日，蒋介石飞抵西安，亲自部署对陕甘宁解放区的进攻，在西北地区共集结了34个旅25万人的兵力。

当时在陕北战场的人民解放军，共有6个野战旅合计2万6千人，再加3个地方旅。国共双方兵力对比为 10比 1，中国共产党的兵力处于绝对劣势，武器装备也远远不如敌军，形势十分严峻。

延安是全国革命的中心，是坚守还是放弃，为全国人民所瞩目。中共中央召开几次会议，分析研究了战场和各方面形势，决定力争守住延安，但也作好放弃的准备。

3月8日下午，延安各界一万多人举行了保卫边区动员大会，周恩来、朱德、彭德怀等出席。周恩来在会上讲话说：

蒋介石、胡宗南要来进攻我们的边区，这已经是第三次了。许多人以为上两次没有来，这次也许不会来了。同志们，不要这样想，这一次他是决定要来的。为什么要来？因为他在全国许多地方都打了败仗。过去八个月，我们消灭了他65个旅，捉了他一百多个将官。他要向我们边区出气。

他倾身问大家，我们陕甘宁边区能让他出气吗？

到会的群众齐声怒吼，不能！

周恩来说，对。我们别的解放区都打了胜仗，东北、山东、苏皖、晋冀鲁豫、晋察冀、晋绥各个解放区都打了胜仗，我们陕甘宁边区能落后吗？

群众又齐声高呼，不能。

周恩来说，对。现在蒋介石在财政上也破产了，滥印钞票，票子不值钱，金融闹风潮，物价飞涨，人民已活不下去了，所以起来和他斗，他纵使有美帝国主义撑腰，也是扶不起来了。因为这样，他想不出别的办法，就只有最后一个手段，拿进攻延安来挽救已失的人心，这岂非梦想！

他说，同志们，同胞们，我们下定决心不要让别的解放区个个争先，而我们边区反倒

※ 1947年7月，中共中央前委在陕北靖边县小河村召开前委扩大会议。会上，周恩来总结了解放战争第一年的战绩，提出了今后的战略行动方向。左四为周恩来。

落后了。我们是中国的首席解放区，但我们还没有打胜仗，现在我们要当各个解放区的老大哥，就要打胜仗。大家动员起来，保卫我们的边区，保卫我们的土地，保卫延安，保卫毛主席，我们一定能胜利。

3月11日，美军联络组撤离延安。7小时后，国民党空军连续轰炸延安，直到3月17日，仅在11日一天就投掷炸弹59吨。

3月13日，胡宗南以整编第一、第二十九军等部共15个旅14万余人的兵力，由陕西中部洛川、宜川分两路向陕北解放区发起进攻。他们狂妄地叫嚣要“三天占领延安”。

中共中央按照以消灭敌人有生力量为目的，不计一城一地得失的原则，作出了放弃延安的决定。周恩来负责中央的撤退工作。他组织清理文件，坚壁清野，安排新华社广播电台的转移，部署中央与各地的秘密无线电台的联络，并将大批干部撤退到黄河东岸的晋绥解放区，有些则直接前往晋冀鲁豫解放区。3月16日，中共中央军委决定组成西北野战兵团，兵力约有二万六千人，由彭德怀任司令员兼政治委员，由周恩来代理军委总参谋长职务。

而对国民党军队的疯狂进攻，中共中央军委派出教导旅等部5000余兵力进行阻击，掩护中央机关转移。在“保卫党中央、保卫毛主席”的口号鼓舞下，从3月13日起，经过6天激战，在予敌人以重大杀伤，完成了掩护党政军领导机关的转移和群众疏散的任务后，教导旅于3月19日主动撤出延安。从此周恩来开始了和毛泽东、任弼时等转战陕北的时期。

转战陕北的时间大致为一年。这一年中，周恩来和毛泽东、任弼时等一起，领导中央机关在陕北高原的万山丛中，跋涉战斗，历经艰险。当时的困难，主要有两个：

一是兵力上的悬殊。在兵力极其悬殊的情况下要战胜敌人，自然是十分困难的。而中共中央和中央军委机关本身的兵力，只有几百人，他们常常和野战军部队距离遥远，以几百人的小小队伍，在庞大的敌军群中来往闪避。毛泽东、周恩来等战胜了困难，在敌军丛中安之若泰，坚如磐石，指挥全国军民屡次给敌军以歼灭性打击。

另一个是生活上的艰难。陕北本来是贫苦山区，再加上战乱环境，粮食、住房、交通

※ 周恩来和毛泽东在一起运筹决策。

都是难上加难。中共中央和中央军委机关生活在农村，而且往往是在深山穷沟中比较偏僻的农村，生活的困苦是可想而知的。即便是这样，毛泽东、周恩来等领导的中共中央和中央机关还要节衣缩食，尽量节约一部分粮食、药品来支援老乡，这是多么难能可贵啊。

毛泽东等18日晚离开延安，路过青化砭时，对地形进行了观察。青化砭是一条南北长30里的大川，咸阳到榆林的公路沿着川中的小河蜿蜒向北，路的两边都是连绵起伏的高山。毛泽东看后感到这里是一个打伏击的好地方。毛泽东、周恩来等反复商量，制定了作战方案，在青化砭摆下口袋阵，把敌军主力牵到这里歼灭。3月21日，胡宗南以整编第一军的整编第一、第九十师共5个旅由延安向安塞方向急进，另以整编第二十七师的第三十一旅（缺一个团）由临真镇向青化砭前进。我方以独一旅一部装扮成野战军主力，沿延河向西北方向撤退。敌整编第一军军长董钊得到侦察队报告后，令5个旅的兵力紧迫共军“主力”，令第三十一旅进驻青化砭保障主力侧翼安全。三天后，敌军主力已被牵到安塞城下，我方野战军主力则远远地在青化砭埋伏。25日，经1小时47分钟的战斗，将敌军第三十一旅旅部和第九十二团共2900余人全部歼灭，俘获旅长李纪云。

青化砭战斗后，胡宗南判断共军主力在蟠龙、青化砭西北地区，令8个旅向北方向前进，并令驻在瓦窑堡的第一三五旅南下策应。4月14日，敌军第一三五旅孤立于羊马河地区，敌军正派两个旅前来接应尚未到达的时候，我军又抓住战机，发起战斗，经过8小时激战，将敌军第一三五旅全部歼灭，共歼敌4700余人。羊马河战役后，敌军统帅部错误判断共军主力正向绥德附近集结，准备东渡黄河，就命令胡宗南迅速以主力北上，命令驻守榆林的第二十二军南下配合，夹击消灭共军于葭县（今佳县）、关堡地区。胡宗南集中了9个旅分两路向绥德前进，而以一六七旅旅部守备他的补给基地蟠龙。这时，战机又出现了。我军包围了蟠龙，5月2日夜向守敌发起突然攻击，激战至5月4日下午，全歼守敌一六七旅和地方反动武装共6700多人，缴获大量物资如夏季军服4万套，面粉1万多袋，子弹一百多万发等。

尽管困难重重，中国共产党领导下的革命军队经过艰苦卓绝的努力，不断取得胜利。毛泽东、周恩来等在转战途中，指挥西北野战兵团，在一个半月内组织了青化砭、羊马河、蟠龙战役，三战三捷，歼敌1.4万余人，极大地鼓舞了边区军民的必胜信心。同时，从情报得知，胡宗南连吃败仗后，想固守延安，不再进攻。周恩来同毛泽东、任弼时商议，亲自去西北野战兵团司令部所在地安塞县的马家沟，同彭德怀研究下一步的作战计划。5月10日，周恩来到达马家沟，同彭德怀接连开了几次大会，共同确定了我军主力下一步出击陇东的作战计划。

5月14日，陕甘宁边区军民在真武洞（今安塞县城）举行祝捷大会。会上，周恩来讲话，说，我代表中共中央祝贺你们，我代表中国人民感谢你们。他以大量事实揭露了蒋介石集团出卖民族利益、发动内战的罪恶，分析了全国各战场和陕北战场我军胜利的大好形势，指出蒋介石必然失败的命运，号召边区军民下定决心，再接再厉，彻底消灭胡宗南军，彻底打败蒋介石反动军队，早日收复延安，解放大西北。周恩来在会上宣布：毛泽东同志和中共中央，自从撤离延安后一直留在陕北，与边区全体军民共同奋斗。

这一消息，极大地鼓舞了边区军民。

胡宗南得知真武洞祝捷会的消息后，就派整编第二十九军军长刘戡带4个半旅，扑向真武洞。这时，中共的西北野战兵团已经开往陇东华池、环县、庆阳、合水一带，收复大片地区。刘戡在真武洞扑空，就顺延河北上，朝靖边县王家湾（今属安塞县）一带窜来。毛泽东、周恩来等率领中央机关从4月12日起就一直住在王家湾，现在敌人大军突然奔袭，我野战兵团又远在陇东，跟前只有4个连的警卫部队，形势十分危急。毛泽东、周恩来等连夜冒雨行军，19日到达靖边县的小河村。小河村地处毛乌素沙漠的南缘，四周群山环抱，两条溪流绕村交汇，是一个小小的村落。毛泽东、周恩来等刚到小河村，就有敌机盘旋骚扰，接着骑兵侦察员来报告：一般敌军窜过王家湾朝这里扑来，离小河村只有十来里了。周恩来立即命令刘辉山团长派一个警卫排带一挺机枪到村东制高点监视、阻击敌人，机关部队马上撤离小河村，向天赐湾转移。周恩来指示刘团长，告诉留在东山上的那个排，敌人不进村，不许开枪。敌人和他们接上火以后，要坚守阵地，阻击敌人，掩护主席和全支队转移之后再撤。

毛泽东、周恩来等过了河爬上山，这时天已经黑了。后面传来激烈的枪声，警卫排已经和敌军接上火了。不一会儿，左侧的山沟里和山沟那边的山头上，燃起了一堆堆篝火，敌人在对面的山头宿营了。双方距离很近，敌军的叫骂声和牲口的嘶鸣声都听得很清楚。周恩来命令队伍不许打手电，不许抽烟，不许有喧哗声，队伍无声无息地在呜呜风吼和哗哗雨声中摸黑前进。就这样，毛泽东、周恩来等凭着过人的胆略，指挥队伍，从敌人的眼皮底下越过了封锁线。天亮时来到了天赐湾。

天赐湾只有十几户人家，坐落在大虎高粱山的山腰，地势很高，可以望见周围三四十里的山峁。大家刚要歇息，侦察员来报告说：敌军也朝这个方向出动了，离这里只有二十多里了。

毛泽东、周恩来等判断说：敌人一定是经过这里向保安去的。于是大家人不离枪，马不卸鞍，保持高度警戒，注视着敌军行动。果然，敌军顺着大虎高粱山下的沟道，向保安

※ 周恩来（前右一骑马者）和毛泽东（前右三骑马者）、任弼时（前右二骑马者）在转战途中。

方向去了。

中共中央料事如神，这与周恩来掌管的情报工作是分不开的。早在抗战初期，周恩来就安排地下党员熊向晖打入敌人内部，并作为一条重要线索由周恩来亲自领导。后来，熊向晖成了胡宗南的机要秘书，在西安工作。胡宗南进攻延安的准确时间和具体部署，是他向中共中央提供的，从而使中共中央能从容地做好撤退的准备；胡宗南的行军和作战计划，也是他及时地向中央报告的，因而中央清楚胡军各部的行动路线，能断定这路敌军不是冲着中共中央和军委机关而来的，他们并不清楚中共中央和军委机关在王家湾、小河村、天赐湾一带。

当然，群众的掩护也起了很大作用。中共中央和军委机关生活在人民群众中，群众从没有向敌人吐露一个字。没有人民的支持，敌军在解放区，成了瞎子、聋子；有了人民的支持拥护，我方对敌军的来踪去迹，意图和军力、部署，总是清清楚楚，这就决定了敌必

※ 周恩来和毛泽东、任弼时在延安。

败，我必胜。

周恩来说：依靠人民，争取胜利。在转战陕北的过程中，充分显示了人民的威力。

周恩来向群众说，你们要坚壁清野，准备转移，不让敌人夺到一粒粮食，饿死他们，困死他们。胡宗南部队打进陕甘宁边区后，吃、穿、用什么也得不到，每天单是运粮食就要用10架飞机，更别说弹药补给的运输了。胡宗南军队所到之处，不但找不到一个人、一粒粮，而且连一口锅、一只碗也寻不到，只好在石板底下架起火来烙饼子、炒马料，经常是爬山梁、睡野地、啃干粮，有时什么也吃不上，饿得头晕脸肿，拖得精疲力竭，还不断遭到民兵和游击队的袭击，苦不堪言。周恩来风趣地说，要不是有条延河，胡宗南连口水也休想喝上！

当然，中共中央和军委机关的生活也是艰苦的。就拿王家湾来说，这是个不大的村子，十七八户人家，依山势排列着几十孔土窑洞。毛泽东、周恩来率中央机关在这里住了56天。毛泽东、周恩来、任弼时、陆定一、胡乔木住在贫农薛如宪老汉腾出的两孔半套窑里。毛泽东住套窑的左边一间；任弼时住套窑的右边一间，这一间实际是个只有炕的半截窑。周恩来、陆定一、胡乔木合住在一进门的过道窑。过道窑中连一张桌子也没有，办公就坐个木墩子，膝盖上垫一个用高粱秆编成的锅盖，把电报、文件放在锅盖上，边看边批；腿压麻了，又伏在锅台上继续工作。吃的大多是粗粮，油荤早已断了，青菜也没有，每餐做一点洋芋，既是菜也是饭，后来增加了点地上挖来的“灰青菜”，还有榆叶和面做的糊糊，周恩来还说“好吃”。

人民群众全力支持共产党夺取战争的胜利，毛泽东、周恩来等处处关怀为战争做出极大贡献和牺牲的人民。周恩来每到一地，都要和群众接近，谈谈情况，做些调查研究。每当遇到危险和困难时，总惦记着群众。在王家湾时，数万敌军扑来，我方只有四个连警卫部队，情况紧急。毛泽东、周恩来等先安排群众转移，直至群众到了安全地带，然后自己才和警卫部队转移。在佳县，周恩来告知县委，对于过不了黄河的老百姓要组织他们向北撤，绝不能让群众的生命财产遭到损失。在神泉堡时，正值秋收时节，周恩来动员中央机关的全体干部和战士帮助人民秋收，说：这里的人民生活艰苦，现在又遭霜冻，困难就更大了，要帮老乡搞好秋收秋种，这是我们拥政爱民的一个具体行动。中央机关住在朱官寨时，干部、战士帮助老百姓种的小麦就有400多亩。在杨家沟的时候，毛泽东、周恩来看到群众由于经过半年多战乱，体质减弱，患病的多，就要中央机关的医护人员对有病的老乡进行免费治疗……

周恩来在转战途中，经常教育干部和战士：人民经过敌人的抢劫、烧杀，生活很苦，大家要爱惜他们的一草一木。在石湾镇时，当地干部因粮食来不及疏散，为了不落入敌人手中，主张烧掉。周恩来知道后说，不能，粮食是人民的血汗，不能烧。他出主意说，化整为零，把粮草分散给群众来坚壁。我们要相信群众的力量和智慧。周恩来去晋西北安排后方委员会的工作完毕返回陕北中央机关途中，路过石湾镇时还特地去看了当地的小学校。他说：就是打仗，我们也要操心孩子的上学。战争中，边区的学校师生积极支援前线。蟠龙战役后，第二保育小学挑选了50多名大一点的学生到野战医院参加护理伤员的工作。周恩来知道后，热情地表扬他们，给娃娃们也应该记上一功啊！

1935年中共中央到达陕北后，经过大生产运动，人民的生活状况是有了改善的。但是现在，战争影响了生产，加上蒋胡军的洗劫，有些地方人民的生活就靠黑豆、糠秕和树皮维持。尽管毛泽东、周恩来等领导人也一样吃糠菜糊糊，干部和战士的生活也都十分困苦；但经周恩来提议，中共中央还号召中央机关的干部、战士每人每天节约一两粮来支援群众，共计节约了黑豆17石、小米30石，分给了驻地的人民和邻近村庄的烈军属。

当然，这样的事例虽多，所及还毕竟是有限的，而战争所造成的饥荒却是普遍的，广泛弥漫于陕北大地。因此周恩来一面指出要搞好生产自救，一面代表中共中央写了一个给

※ 1947年3月，国民党军向陕北和山东解放区发动重点进攻。中共中央主动撤离延安。图为毛泽东在转战陕北途中。

晋冀鲁豫解放区的徐向前、滕代远、薄一波并转太岳区党委的电报：

陕甘宁边区半年来受敌摧残甚重，一切县城及大多数乡村均被敌占领过，加以今年先旱后涝，收成极坏（只有三成左右），晋绥又为贫瘠之区，亦遭旱涝，故两区粮食无法长期供应部队作战及大批后方人员。居民饥饿者甚多，因此，陕甘宁、晋绥两区，今年须从太岳等拨五万石（300斤一石）细粮，方能渡过难关。想太岳现已获有汾河下游广大新区，主力又向河南作战，筹拨此数似有可能，望太岳区党委即与晋绥贺、李电商拨运粮食地区与路线，并须由洪、赵先拨一部，赶运吕梁，运输方面也须太岳负责帮助。

这里的“贺、李”，是指贺龙、李井泉。“洪、赵”，是指洪洞县、赵城镇。

晋冀鲁豫解放区特别是太岳解放区接到电报后，立即给了陕甘宁边区和晋绥边区大力支援。

从困难的时间来说，军事上最困难时期，是在胡宗南进攻延安的初期阶段，王家湾到天赐湾这一段的险情，只是其中的一例。青化砭、羊马河、蟠龙三次作战，我军以伤亡2200余人的代价，歼敌1.4万余人，给了胡宗南部队以沉重打击，稳住了陕北的战局。后来因西北野战兵团远去，中共中央和军委机关纵队处于敌大军纵横之间，所以屡有险情。到了8月20日，西北野战军在沙家店歼灭了胡宗南集团三大主力之一的整编第三十六师师部和两个旅，以伤亡1800人的代价，歼敌6千余人，彻底粉碎了敌军企图将我军歼灭于陕北或赶过黄河以东的计划。这一战役成为我军在西北转入战略反攻的转折点。生活上最困难时期，则是在1947年冬1948年春青黄不接的时候，毛泽东、周恩来等领导中央机关的干部和战士，与人民群众同甘共苦，加以克服。

毛泽东、周恩来等在陕北转战，不但指挥着西北战场的战争，而且指挥着全国各战场的战争。从1946年6月到1947年这个战争年度，解放军是战略防御、战术进攻，到1947年9月，解放军开始转入战略进攻，提出了全面大反攻，打倒蒋介石的口号。刘邓（刘伯承、邓小平）、陈谢（陈赓、谢富治）、陈粟（陈毅、粟裕）三路大军南下，过黄河，过陇海路，直到长江以北。在中国南线，解放军在长江、淮河、黄河、汉水之间的广大地区作

※ 周恩来（右二站立者）和毛泽东（右三站立者）在转战途中小憩。

※ 1947年9月，周恩来在陕北葭县（今佳县）神泉堡给中共中央直属机关干部、战士作关于时局问题的报告，说明在解放战争的“第二年提出大反攻、打倒蒋介石的口号，是适当的”。

战。在北线，东北解放军已经出击，西北解放军也要打出去。到了1947年下半年开始，中国人民的革命战争终于到达了一个转折点，人民解放军从战略防御开始转入战略进攻，敲响了蒋家王朝覆灭的丧钟。

在西北战场，西北野战军于1948年4月21日收复延安。

这时，毛泽东、周恩来等已经在3月23日率中共中央和军委机关从吴堡县川口东渡黄河，进入晋绥解放区，并从这里前往晋察冀边区，准备组织全国规模的同国民党反动派的战略决战。

（力平）

在大决战中

在西柏坡这个小山村里，周恩来作为军委副主席兼代理总参谋长和人民解放军的最高统帅们一道，在这个世界上最小的司令部里，导演了一幕又一幕中国革命战争史上最威武、最雄壮的话剧。

1948年3月下旬，毛泽东、周恩来、任弼时率中共中央机关和人民解放军总部东渡黄河，离开了工作和生活达13年之久的陕甘宁边区，在周恩来的精心组织和安排下，于4月下旬安全到达河北省平山县西柏坡村，与刘少奇、朱德率领的中央工作委员会会合，统一领导和指挥着波澜壮阔的全国解放战争。

西柏坡是一个只有七八十户人家的小山村，从1948年4月以后。这里便成为中共中央和人民解放军总部的所在地。在这个世界上最小的司令部里，周恩来作为军委副主席兼代理总参谋长和人民解放军的最高统帅们一道，导演了一幕又一幕中国革命战争史上最威武、最雄壮的话剧。

为争取解放战争的更大胜利，中共中央政治局于1948年9月在西柏坡召开了一次重要会议，史称九月会议。会前，先开了11天的预备会。正式会议于9月8日开幕，至13日结束。这是在中国革命战争处于关键时刻召开的一次重要会议，为即将展开的与国民党军的战略大决战，从政治上、思想上、军事上、组织上作了重要准备。周恩来为会议的顺利召开做了大量工作。他和毛泽东亲密合作，就一些重大问题提出的意见为会议所采纳并化为中央的决策。

1948年3月，中共中央提出，用5年左右（从1946年7月算起）消灭国民党军，即从根本上打倒国民党。这是人民解放军的战略总任务。在预备会议的军事问题准备组的会议上，周恩来就这一战略总任务作了专题发言。他认为5年左右从根本上打倒国民党的反动统治，是有充分科学根据和现实基础的。他分析说：解放战争开始时国民党军总兵力共430万人，经过第一年战争损失补充后为373万人。在战争第二年中，国民党军被歼152万人，经过补充，总兵力仍维持在365万人。但两年战争国民党军共减员65万人，根据前两年战争情况来估计今后3年战争发展，第三年以国民党军损失152万人。补充100万人计算，约可减至312万人左右。第四年可再减至约260万人左右，推测第五年人民解放军仍歼灭国民党军152万人，国民党军补充人数为80万人，则战争第五年时国民党军将再减至约188万人左右。如除去其中约近100万人的机关人员，实际战斗部队不到90万人。如到这种程度，国民党军就算崩溃了。因为90万人只能守武汉、徐州、南京、上海、杭州、南昌、重庆、成都、昆明、广州等若干城市及退踞边疆一带地区。而我军现有兵力280万人，今后3年准备收容俘虏170万人参军（以占俘虏全数的60%计算），动员200万农民参军，除去消耗，总兵力接近500万人。那时力量壮大，火力增强，占绝对优势，攻一城即得一城。根据头两年战争的发展和兵力对比的改变，人民解放军在今后3年打垮国民党军是完全有把握的。

在正式会议上，周恩来再次就此问题指出：5年打倒国民党的计划是根据两年来的经验作出的谨慎估计，很有实现的可能。如果给蒋介石的打击很严重，加上其财政经济崩溃，内部倾轧，蒋介石可能垮得早些，胜利也就来得快些，我们应有此种准备（后来，这个时间果然缩短为3年半左右）。当然，也有可能遇到曲折，时间就长一些。我们要估计到这些，不要因胜利太快而没有准备，也不要因胜利推迟而没有耐心。

争取5年左右从根本上打倒国民党反动统治，战争第三年是关键性的一年。周恩来就战争第三年的作战方针、军事计划和军队建设等问题作了长篇发言。他说：要“把战争继续引向国民党统治区”，使战争负担加之于敌；“要准备若干次带决定性的大会战”。“第三年的作战重心在中原，北线重心在北宁路”；“今后仍力争在运动中消灭敌人，但攻坚战则可能增多”，使“攻坚与野战互相结合”；随着战争的扩大，各战场的战役协同增加了，战争的计划性更增加了；“军事组织逐渐走向正规化、集中化，这就可使第三年战略任务计划实现得更好”；为实行正规化，要“统一建制”，部队番号要全国统一排列起来，要建立若干正规制度，要向建立特种部队的方向努力，特别提出要建立炮兵，要建立地方武装，要精简后方机关。

周恩来适时明确提出，要实现建军500万人、5年打倒国民党反动统治的总目标，必须准备进行若干次带决定性的大会战，必须加强部队的正规化建设。这是对战争规律、军队建设规律的深刻揭示和对战争进程的科学预见。

根据毛泽东的指示和中央书记处的安排，由周恩来负责主持讨论解放战争第三年人民解放军整军、作战的方针和计划问题。经过反复研究，制定了《人民解放军第三年军事计划》，提交9月中央政治局会议讨论通过。

计划指出，人民解放战争第三年的作战指导方针是继续发展外线作战，把战争引向国民党统治区域，并准备打若干次、一次能够消灭国民党军两三个兵团的带决战性的大会战，争取5年从根本上打倒国民党反动派。计划规定战争第三年人民解放军仍将全部在长江以北和华北、东北作战；全军要争取歼敌正规军115个旅（师）左右。计划指出：“南

※ 1948年，周恩来在西柏坡。

北两线我军，在第三年内如能在现有地区周围及内线，歼敌100个旅以上”，而人民解放军则可开辟第四年南进发展的宽广道路，打通东北与华北，并发展西北、中原，并打开建立全国性的联合政府的局面。

计划规定军队建设的原则是：“充实野战部队，增建特种兵部队，整顿地方部队，精简后方机关。”人民解放军今后3年将发展到20个野战兵团，70个步兵纵队，210个步兵师（旅），95个炮兵团，30个骑兵团，47个工兵团，地方部队500个团。其中野战部队约317万人，地方部队及机关学校约183万人。充实部队的兵源主要依靠争取的俘虏兵，部分地从新区动员补充。增建特种兵部队，主要是建立炮兵，预计在今后3年内全军发展到95个炮兵团，3000余门重炮。

这个计划还对人民解放军编制作了规定。人民解放军步兵以师（旅）、特种兵以团为作战单位，野战部队的番号由中央军委统一编排；地方部队归军区建制，军区设一、二、三级。还强调，编制就是法规，人民解放军军事组织的决定权与指挥权统一于中央军委。

根据九月会议精神和计划的要求，周恩来具体领导并组织实施了统一全军编制和番号的工作。11月1日，他为中央军委起草颁发了《关于统一全军组织及部队番号的规定》。到1949年春，全军各部队先后按照军委这一规定进行整编，全军编为5个大军区，4个野战军，17个兵团，57个军，总兵力达400万人。

《人民解放军第三年军事计划》，充分体现了毛泽东和周恩来在九月会议上的讲话精神，可以说是这些精神的具体化和法规化，成为人民解放军在战争第三年及以后作战与建军的指导方针和原则。根据计划的要求而进行的整编，使部队的番号统一了，人员更加充实了，武器装备更加改善了，组织更加健全了。人民解放军在正规化建设的道路上向前迈进了一大步。

1948年9月至1949年1月，人民解放军进行的战略决战，是在中共中央书记处毛泽东、刘少奇、周恩来、朱德、任弼时五位书记组成的人民解放军最高统帅部直接指挥下进行的。在这个领导集体中，毛泽东是最高统帅，周恩来作为中央军委副主席兼代总参谋长，

※ 1946年12月，周恩来兼任中共中央城市工作部部长，领导国民党统治区的民主运动。这是他为中共中央起草的关于蒋管区的工作方针和斗争策略的指示电。

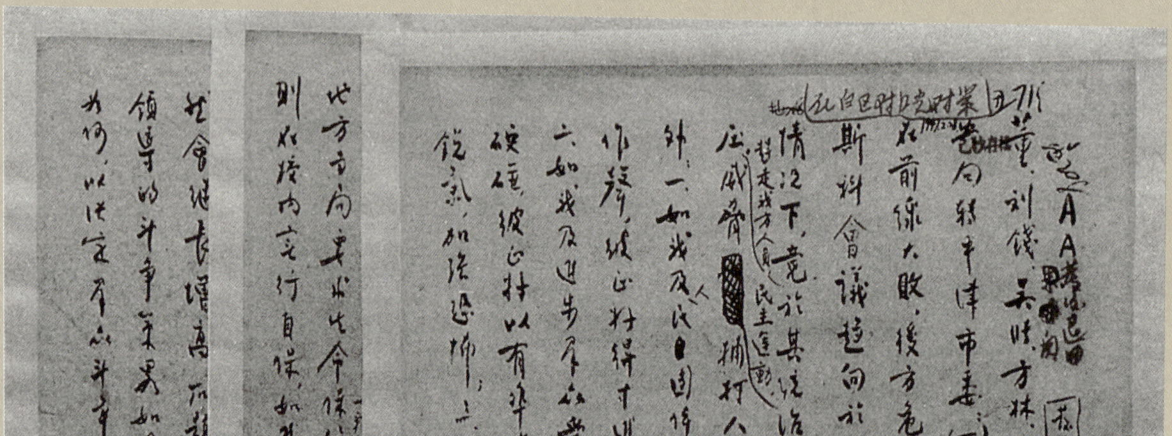

是毛泽东进行作战指挥的主要助手，是战略决战的决策者和组织者之一。

在战略决战的日日夜夜里，周恩来与书记处的其他同志经常晚上都集中在毛泽东的办公室里集体办公，几乎每天都通宵达旦。周恩来除参与战略决战的重大决策外，还要具体组织实施。当时，中央军委对各大战场、各战役的指挥，以及各战区、各部队向中央军委上报的战况、请示问题的来往电报首先都要经过周恩来处理，每当收到下面来电报，周恩来必须首先仔细地核实、弄清情况。当时在他身边的工作人员回忆：有一次，军委作战室一位同志把战绩统计表送来。周恩来接过去，看了一下便问："这个数字核对过了吗？""核对过了。"他再问："没发现错误？""没有。"他立刻指出："那么碾庄地区被我军歼灭的黄百韬兵团中，为什么少了一个团？"周恩来从来对敌我双方的战略态势、兵力部署、部队和指挥员的特点、战役战斗进程等都了如指掌，并将这些情况不断地向毛泽东报告，以为决策之基础。多数问题是由毛泽东、周恩来两人经过研究之后便确定对策，由毛泽东或周恩来起草文电，再经周恩来签发后回复下达。战略决战期间，凡中央军委发往前方的电报，一般有三种情况：一是议后发，即由书记处毛、刘、周、朱、任共同商议，然后由毛泽东或周恩来起草文电后发出；二是阅后发，即由毛泽东或周恩来起草好文电，然后送刘、朱、任阅后发出；三是发后阅，即由毛泽东或周恩来起草文电先发出，再送刘、朱、任传阅。据不完全统计，在三大战役中，由周恩来起草的重要文电有近40份。战略决战期间的每一个战役的指挥，都凝聚着周恩来的心血和智慧。

1948年9月16日，华东野战军发起济南战役。19日，周恩来为中央军委起草致许世友、谭震林的电报中指出："应号召部队注重爆破技术、工兵战术和指挥艺术，并使之互相配合。"同日，在我军强大攻势的压力和党的地下工作争取下，济南守军整编第九十六军军长吴化文率部2万余人举行战场起义。早在1946年夏，经冯玉祥、李济深、章伯钧搭桥，周恩来与吴化文建立了联系，并密电陈毅与吴化文取得联系。经过长期做工作，吴化文在济南战役的关键时刻起义，为济南的解放作出了贡献。24日，国民党军重兵坚固设防的济南城宣告解放。29日，周恩来为中共中央起草致华东人民解放军的贺电指出：济南的解放，证明人民解放军的攻坚能力已大大提高。胜利影响已动摇了蒋介石反动军队的内部，这是两年多革命战争发展中给予敌人的最严重的打击之一。

辽沈战役经过长达半年时间的酝酿和磋商于1948年9月12日发起。按照中央军委的指示，东北野战军南下北宁线作战，直取战略枢纽锦州，以达"封闭蒋军在东北加以各个歼灭"之目的。10月2日，周恩来为中央军委起草致林彪、罗荣桓电：战役的关键是"迅速攻克锦州，望努力争取十天内外打下该城"。15日，锦州解放，取得了辽沈战役的关键性胜利。两天后，长春守军第六十军军长曾泽生率部起义。这时，周恩来告诉毛泽东，现负长春军政全责的郑洞国是黄埔一期学生，可争取。在目前情况下，如能争取郑洞国起义，“则对整个黄埔系军队的影响当会很大”。

毛泽东赞同周恩来的意见。随即由周恩来致东北局电，介绍郑洞国的有关情况，指示应努力争取郑洞国起义。18日，周恩来亲自致函郑洞国，劝其“回念当年黄埔之革命初衷，毅然重举反帝反封建大旗，率领长春全部守军宣布反美反蒋、反对国民党反动统治，赞成土地改革，加人中国人民解放军行列，则我可保证中国人民解放军必将依照中国共产党的宽大政策，不咎既往”。21日凌晨，郑洞国率兵团部及直属队共8万余人，放下武器，长春终获解放。

长春和平解放给国民党军以强烈震撼。在这一有利形势下，周恩来又于10月20日为中共中央起草致东北局电，强调：你们目前最紧急的工作，是继续瓦解敌军，巩固并准备逐步改造起义、投诚的部队，立即动员大批得力干部不仅去接管长春，而且要准备接管沈阳及抚顺、本溪。据此，东北局派遣地下工作人员潜入沈阳，大力开展内部策反工作。东北解放军亦采取强大的军事打击与政治攻势相结合，使沈阳守军无心组织抵抗，整师整团向解放军请降。11月2日，这座东北最大的工业城市宣告解放。辽沈战役至此胜利结束。

在东北战场败局已定的时候，蒋介石亲自飞到北平，同傅作义密商，策划偷袭中共中央和华北人民政府所在地阜平、石家庄的阴谋。10月25日，中央军委从华北局城工部及时得到这一情报。当时的西柏坡没有重兵守备，在阜平、石家庄地区的兵力也十分薄弱，情势十分危急。为保证毛泽东集中精力指挥辽沈战役和部署淮海战役，周恩来为保卫名家庄做了大量周密细致的工作。他一面对中共中央机关和人民解放军总部的疏散做了周密的部署，一面同聂荣臻保持密切的联系，指挥粉碎傅作义偷袭石家庄的作战。根据周恩来和聂荣臻的部署，华北军区第七纵队在地方部队和广大民兵的有力配合下，实行运动防御，节节抗击。第三纵队沿平绥路向南急进，三昼夜急行军200余公里，于10月30日进抵完县、唐县地区。傅作义见势不妙，于11月1日将偷袭兵团撤回保定，偷袭石家庄的计划遂告破产。

淮海战役是三大战役中规模最大的一个战役，战况之紧张激烈和复杂多变，对战役指挥提出了更高更缜密的要求。在战役进行中，周恩来协助毛泽东对战役进行了精心的运筹。为对战役进行适时指导，总部一日数电淮海前线，涉及到淮海战役进行过程中的所有重大问题。周恩来在淮海决战的日子里，昼夜连续工作，却一直是精力充沛，细致认真。有时，会议开到快要天亮大家以为他要去睡了，可他又走进了办公室，打开桌上小碟里放着的那盒万金油，抹在两鬓和前额，搓了几下，又继续工作下去。

※ 周恩来在签署作战命令。

淮海战役于11月6日发起。8日，长期隐伏在国民党军内部进行工作的中共地下党员、国民党徐州“剿总”第三绥靖区副司令官何基沣、张克侠，根据周恩来“争取策动高级将领和绥区部队大部分起义，造成瓦解国民党军巨大声势”的指示，于战役重要关头率所部3个半师2.3万余人起义，为人民解放军淮海战役的“第一个大胜利”起到了关键作用。22日，周恩来为中央军委起草致中原局、华北局、华东局等电：“淮海战役正在胜利开展中。我应作最大估计，准备在徐蚌地区作战三个月到五个月，歼灭蒋匪江北机动兵力四十个至五十个师，以利尔后突破长江防线，向江南进军，彻底摧毁蒋匪的中心统治。”第二天，他又为中央军委起草致华东局电：为保障连续作战的兵员补充，要注意进行公开的政治动员，加强地方上优待军属、烈属和动员逃兵归队及部队中巩固工作。同时，需加紧肃清和瓦解地方匪特，以巩固华东后方。1949年1月10日，淮海战役胜利结束。

辽沈战役结束后，国民党华北傅作义集团已成惊弓之鸟，对固守平津还是西撤绥远或南撤江南一时举棋不定。

为达成将傅作义集团抑留于平、津、张、唐地区的战略目的，1948年11月17日，周恩来为中央军委起草给东北野战军领导人一封重要电报，指出：在淮海战役胜利威胁下，蒋介石必将考虑其长江防线问题。现在长江下游南北两岸国民党军只有40多个师，而白崇禧手中控制的20多个师必须布防长江中游区域，故蒋介石所能调动的兵力，只有华北、西北两集团，首先必是华北，因西北胡宗南部30多个师尚负有掩护四川和西南的任务。傅作义集团中的蒋系24个师从华北海运江南，是蒋介石今天唯一可以使用的机动兵力。不论他将这个兵力直接使用于防守江南，还是先使用于淮海战场，接出徐州刘峙集团主力，然后集中约90个师的兵力布防长江下游两岸，对于延缓蒋介石反动统治的最后崩溃说来，自会起较大作用。“从全局看来，抑留蒋系二十四个师及傅系步骑十六个师于华北来消灭，一则便利东北野战军入关作战，二则将加速蒋匪统治的崩溃，使其江南防线无法组成。华东、中原两野战军既可继续在徐淮地区歼敌，也使东北野战军将来沿津浦路南下，直捣长江下游”。

我们认为东北野战军提前入关，早日发起平津战役，对于抑留蒋、傅两部并最终将其全歼，将起到至为关键的作用。18日，中央军委正式给林彪、罗荣桓、刘亚楼下达了东北野战军提前于21日或22日入关，举行平津战役的命令。东北野战军主力提早入关，会同华北部队，抑留傅作义集团于平、津、张、唐地区就地歼灭，这是毛泽东、周恩来根据形势的发展适时作出的重要战略决策，对于夺取平津战役的胜利有着极为重要的作用。

1948年12月3日，周恩来为中共中央起草致香港潘汉年电，指示可请冀朝鼎（著名经济学家）应傅之邀北上任“华北经委会”副主任，以便做傅的工作，并影响华北产业界人士乃至某些外资代表留在华北，反对南迁，“尽一切努力保全华北经济系统中的各种生产设备、科学器材及专门人才，以利我军入城后的接收”。同时也准备在与傅作义和谈不成必须用战斗手段解决时，也要尽可能减少破坏。12月17日，周恩来在为中央军委起草的致东北野战军领导人的电报中指出：电源、水源是关系到北平200万人的群众性问题，“应切实保护，万勿破坏”。北平四郊及附近各县工农业生产设备很多，“望各部队切实注意保护，严防外人窜入破坏”。1949年1月22日，傅作义在北平和平协议上签字。31日，北平和平解放，平津战役胜利结束。

为保障战略决战主战场的胜利，周恩来还以很大精力组织其他战场的作战。1948年7月23日，周恩来就为中共中央、中央军委起草致晋绥分局电：华北军区组成西进兵团进入绥远作战，以配合东北野战军南下北宁线作战，要求晋绥分局做好西进兵团入绥作战的

※ 人民解放军强渡长江天堑。

各项准备工作。随后对绥远作战多次进行部署。11月20日，周恩来又为中央军委起草致彭德怀等电：因淮海战役的胜利及东北野战军入关进行平津战役，西北敌情将有极大变化可能，你们须捕捉战机，及时行动。12月7日，再次致电彭德怀：现时淮海战役的胜利正在扩展中，平津战役已经开始。蒋介石要布置长江防线，唯一可调之兵只有胡宗南系统及新疆各军。因此西北敌情不久可能起变化，你们应以极大注意力侦察胡部动向，准备在必要时进行牵制胡军的作战。在主战场进行战略决战期间，西北野战军连续发起荔北战役和冬季攻势，从战略上有力地配合了三大战役。

以辽沈、淮海、平津三大战役标志的战略决战，人民解放军在短短的半年多时间内共歼灭国民党军231万余人，蒋介石赖以支撑内战的精锐部队丧失殆尽，国民党反动统治已经基本上被打倒了。周恩来指出，现在，“蒋介石自己也知道，这个战争是失败了，他的反革命企图是失败了”。作为这一战略决战决策者、指挥者和组织者之一的周恩来，在中国革命战争史上的功勋将彪炳千秋。

（姜铁军）

北平和谈

周恩来对张治中说：你去见蒋介石就是抬高他的地位，说明他还在幕后操纵，这种由蒋导演的假和谈，我们是不能接受的！

1949年元旦，蒋介石在辽沈、平津、淮海三大战役大败之后，引退下野，总统职务交由李宗仁代理，国内主张和平的空气浓厚，南京政府组成以张治中为首席代表的和平商谈代表团。何应钦以行政院长名义召开多次会议研议和谈方案，决定了“腹案”。张为此两次飞抵浙江溪口，当面向蒋介石请示，进行摸底，然后于1949年4月1日飞抵北平。

第一天，国共双方代表就在住地六国饭店开始了三三两两的自由交谈。周恩来一见张治中就严正地质问：“你来北平前为什么要到溪口去？”张治中觉得很突然，就解释说：“和谈事关重大，蒋虽引退，但实权仍在他手，我如不进行摸底，即使双方代表团达成协议，又有何用？同时，他还是国民党总裁，我们六位代表，除章行老外，都是国民党员，有向他谒见和请示的必要。”周恩来说：“无论你如何解释，你去见蒋就是抬高他的地位，说明他还在幕后操纵，这种由蒋导演的假和谈，我们是不能接受的！”

周恩来的话义正辞严，体现其革命原则的严肃性，这对国民党代表团不啻是当头的一棒。

从4月1日至11日，双方代表不断地谈，对有关问题几乎全都谈到。到8日，毛泽东、周恩来在香山的双清别墅请张治中吃饭，边谈边吃共达3小时，为和谈定下基调。

到了12日，彼此谈得差不多了，中共方面提出了以毛主席所提而为南京政府所同意的和谈“八项声明”为基础的《国内和平协定草案》，在13、15两日先后举行了两次正式会议。周恩来先对草案逐条作了详尽的说明，国民党代表提出了许多修改意见，周恩来表示尽量接受，但声明这是最后的定稿，同意即签字，不同意即渡江。事已至此，张治中知道辩论亦无益，但作了一次沉痛的发言，最后有一段：

“国共两党之争，好比兄弟之争，同是中国人，同一个民族，大哥管家管不好，让给弟弟管，便宜不出外，对于弟弟的能干，能担当重任，表示高兴和敬重，格外帮助他。基于人类之爱，同胞之爱，民族之爱，应该如此。”

张治中说到这里，周恩来霍地站起来严肃地说：

“文白先生所说‘兄弟之争’的比喻，如果是指两个代表团的立场，都是为和平而努力的，我们愿意接受。但是如果拿过去国民党二十多年来，尤其最近两年又九个月的蒋介石朝廷来说，就不是兄弟之争，而是革命与反革命之争！孙中山先生当年对清廷那拉氏之争，对袁世凯的讨伐，对曹、吴的声讨，就不是兄弟之争，而都是革命与反革命之争！如果说是兄弟之争，孙中山先生是不会同意的。对于这一点，中国共产党不能不表示革命的严肃性！”

双方谈判到此结束，张治中立刻召开国民党代表团全体会议，大家一致表示接受中共所提《国内和平协定》，派黄绍竑和屈武飞回南京，要求政府接受签字，但蒋介石反动派却拒绝接受。

到21日，解放大军渡江，周恩来偕同李立三、林伯渠到六国饭店来看望国民党代表团。

“文白先生，我们解放大军已于今晨在江阴、铜陵两处渡过长江，正扩大深入，你

※ 1949年4月，以周恩来为首席代表的中共代表团同以张治中为首席代表的国民党政府代表团，在北平举行和平谈判。这是周恩来在发言。

们代表团怎样考虑？”周恩来开门见山地说。“我们代表团开过会了，宣告结束，各人行动各自决定，但我是首席代表，有回南京复命的必要，正请求南京方面派机来接。”张治中说。

“我看，随着形势的演变，仍有继续和谈的可能；即使全面的和平不可能，亦希望有局部和平的出现，请你们还是考虑留下来的好。”周恩来说。

“过去重庆、南京和谈失败，我们中共代表团并不完全撤退，还是留下一部分人来继续和谈。希望你们也不要撤走。”李立三和林伯渠同声说。

“你们的好意我很理解，但我到底是首席代表，和别人不同，还是非回去不可。”张治中心情沉重地说。

“你此时回去，无论到南京或广州，国民党特务将会迁怒于你，不利于你，杨杏佛、闻一多、李公朴等被刺不是很值得警惕吗？”周恩来诚挚地说。

“文白先生，你还是留下来吧，恩来先生的估计是有道理的。”国民党几位代表也一致地劝说。

最后，周恩来恳切地握着张治中的手说：

“西安事变时我已经对不起一位姓张的朋友（指张学良），这次我再不能对不起你这位姓张的朋友了！”

张治中犹豫慢慢地低下了头，在场的人沉默不语。最后，张治中终于接受周恩来的劝告留了下来。

（余湛邦）

一堂生动的警卫课

周恩来教警卫员如何做好警卫工作，要求他们学好警卫业务，哨兵要注意行进间的礼貌，学会识别好人坏人，特别强调保密工作。

1949年3月25日，中央领导人进驻北平后，周恩来副主席住在当时的香山饭店。

香山饭店地处较高，距正门较远，到上边去要走上百个台阶。

双清别墅在香山饭店的下边。当时是毛泽东主席的住所。

周副主席每次通过“双清”时，都是步行上去的。其实，坐吉普车也可以上去。由于坡比较陡，需要加大油门，这样，会发出很大声响。他怕影响毛主席的工作和休息，每次来到这里，都是下车步行往上走。

5月的一天，我在香山饭店附近查哨，正好周副主席从城里回来了。

我上前向他敬了一个礼，周副主席还了礼，并点了点头说："哨兵在行进间也是很讲究礼貌的，但有的敬礼时，走得很近，使人家感到为难，不还礼不礼貌，对哨兵感到不尊重；敬礼吧，人家已经走过去了。"

我说："是有这个问题。行进间敬礼，哨兵走得过近，首长来不及还礼。"

周副主席说："一般到五步这是比较合适的。你们要有个规定，做些具体研究，加强教育，统一起来。"

周副主席还说："在山里的那些做法，有的已经不适应了嘛！我们现在住在香山，很快要搬进城里去了。北平人看过国民党的兵，也见过日本鬼子的兵，再说，城里各阶层的人很多，我们要有一个良好的军人姿态。"

我没有别的事，便回转身，陪周副主席往回走。周副主席边走边说："毛主席讲过，

※ 1949年3月，周恩来在中共七届二中全会上讲话。

我们不但能够夺取城市，而且我们一定能够建设管理好城市。我们在山沟里保卫了毛主席的安全，在大城市里也一定能保卫好毛主席的安全。”

周副主席走了几步，停下来，看着我，严肃地说：“你们的一举一动代表着人民解放军。难道我们能打败几百万的敌人，我们在这方面就胜不过他们吗？你们要加强教育，发动大家提意见，出主意想办法，我想会搞好的……”

周副主席继续往上走，边走边说：“保卫毛主席是头等大事，要学会同秘密的敌人作斗争。俗语说：‘明枪易防，暗箭难躲’，一定要学会同狡猾的敌人作斗争。”

我心想，周副主席说的非常正确。我们进入北平，虽然接管了整个北平，但都是人生地不熟，两眼一抹黑，敌人一定会进行破坏捣乱的。不要说整个北平市，就是香山也不是风平浪静的。当时规定，香山地区的警戒范围是西起平绥路，东到城墙，南到宛平县，北到昌平县，约有200多平方公里。这一带社会治安复杂，曾发生各种暗害以及破坏案件10多起，仅国民党的散兵游勇就多达2000人以上。

后来听说，在毛主席来北平之前，中央警卫团一营二连奉命到香山察看地形，布设警戒，检查房舍，对新警戒的地区进行了一次搜索，清除各种炸药包17件，手榴弹45枚，还有其他一些武器部件及弹药。这种种迹象，都表明敌人时刻都在想着进行破坏的，所以，我们须提高警惕，全力做好保卫党中央、毛主席的工作。

周副主席说：“你们对警卫业务要学好。比如，怎样做好保密工作，这也是很重要的。”

“我们经常进行保密教育。”我说。

“保密工作要经常讲，一刻也不能放松。国民党特务留在北平近万人，还有很多散兵游勇，我们还不能一时清除完嘛，这对我们来说，危害很大。如何同这些敌人作斗争，这是一个新的课题。我们要提高警惕性，提高识别坏人的能力。”

我说：“有时坏人很难区分。有的新战士夜间上岗遇事不会处理，没有经验。”

“当然，也不能搞人为的紧张。”周副主席说：“对战士要教育，有的要做出规定，按规定来完成任务，经常检查落实。战士出了问题，不能只处理，不教育，更重要的是干部要从中总结经验教训。”

后来连队作了具体规定，还专门制定了内卫哨兵的特别守则，以及盘查哨、路哨、瞭望哨和卫兵纪律，制定了保密和使用武器的规定、查哨和带哨的责任等，坏事变成了好事。

现在，听周副主席这样一讲，更加感到我们的责任重大，我说：“周副主席的指示很重要，我们……”

我还没有说完，周副主席就打断我的话，说：“不要说什么指示，我只是提个意见，也是对你们的希望。”

在这短短的时间里，周副主席给我上了一堂生动的警卫课。

我回去后，立刻给连长何有兴作了汇报。何有兴说：“这是周副主席对我们的关怀，我们一定要把保卫党中央、毛主席的工作做得更好。”

第二天，连里便做好研究布置，发动大家出主意，想办法，提建议，还请人来给我们上课，使我们进一步学习和掌握了城市警卫业务知识，为做好城市警卫工作打下了良好的基础。

（张随枝）

对民族资产阶级的统战工作

在内战危机日益严重的情况下，周恩来把一批干部派到香港去工作。他对其中的许涤新说：对工商界的统战工作要继续下去，香港的可以作为统战对象的工商界，并不比上海少。

我在1940年冬从《新华日报》调到中共中央南方局宣传部工作。不到一年，南方局经济组组长钱之光同志因为八路军驻渝办事处的工作太忙，组织决定我兼任这个组的组长。

经济组的任务是研究抗日战争中的经济问题，通过秘密党员和同情者，搜集国统区财经材料，并团结进步的经济学家在理论上分析战时经济问题。但是，对于民族资本家的工作，却不敢问津，因为这里有一个阶级立场的问题。

在1942年的秋天，恩来同志找我去谈话。他对我说：“经济组的活动范围，现在只限于秘密党员，限于同情者，限于进步的经济学者，这些人的作用都是不可轻视的。但是，要使工作得到进一步的发展，你必须出面同民族资本家打交道，做民族资本家的统战工作。”我听了这段话之后，默默不言。

恩来同志说：“你对民族资本家的统战工作，有意见吗？”

我回答说，要我做对民族资本家的统战工作，在思想上，现在我还想不通。资本家是剥削雇佣劳动者的剥削者。民族资产阶级同买办资产阶级虽然存在着区别，但是，

※解放战争时期的周恩来。

作为剥削阶级，那是一致的。同民族资产阶级交朋友，建立统战关系，那我的阶级立场呢？共产党就是要打倒资本家，建立无剥削的社会主义社会，进而进入共产主义社会。如果同民族资本家搞统战，难道不是同我们的历史任务背道而驰吗？恩来同志听了我的话之后，大笑起来。他问道："你拥护统一战线吗？"我说："当然拥护。"他说，"党的统一战线难道把民族资产阶级放在外边吗？连国民党蒋介石我们还要同他们搞统战，何况民族资产阶级？民族资产阶级有两面性，既有剥削工人的一面，又有爱国主义的一面。从马克思主义的阶级理论来说，从中国今天的具体情况来说，这个阶级的爱国主义的一面就是我们同它搞统战的理论根据，何况统战工作并不只是有团结的一面了，除了团结之外，还有斗争。有团结，有斗争，正是同民族资产阶级的两面性相适应的。我们的一些同志，害怕丧失立场，只抓斗争，而忽视团结，这是不正确的。这是'左'倾思想在作怪。你是一名老党员，你也吃过'左'倾思想的苦头。我之所以叫你对民族资产阶级做统战工作，是因为你学过经济，在生产贸易，在市场物价，在财政税收等方面，有所了解，同民族资本家谈起来，容易谈得通。"我考虑了一会儿，才接受了恩来同志分配给我的这一任务。

恩来同志接着对我说，"好，你既然接受这个任务，就要好好地干。日本军国主义侵略中国，从'九一八'算起，已经有十多年，从'七七事变'算起也有四五年；要打败日本，要反对国民党的妥协投降，只有团结一切可以团结的力量。要你做民族资本家的统战工作，就是为了坚持抗战，就是为了争取抗战的胜利。这就是工人阶级和广大劳动人民的利益；这就是共产党和工人阶级的立场。叫你对民族资产阶级搞统战，难道会损害你的政治立场吗？”

为了做好对民族资产阶级的统战工作，我必须在经济组之外找助手，因为经济组的同志都是不露面的党员，经济组所联系的秘密党员和进步分子，也很难公开同民族资本家打交道。反复考虑的结果，我就找罗叔章和胡子婴这二位同中上层资本家有接触的大姊，作为顾问，向她们请教。

这二位大姊给我介绍了工商界各帮，特别是在重庆的上海帮资本家的情况。第一步的做法是登门拜访，名片还是用《新华日报》编辑的职务。当时同民族资本家交朋友并不是容易的事情，这并不是因为重庆的山路崎岖，而是因为国民党法西斯统治的恐怖。不少资本家害怕接待我之后，国民党特务要同他们“算账”。而CC派早就通过其走狗，如潘序伦之流，对我们进行攻击。一些受蒙蔽的资本家不仅给我以闭门羹，而且在吵了一架之后，高声“送客”。他们认为国民党是正统，是国家的代表；而共产党、八路军和新四军，不服从政令军令，破坏国家政府的统一。国民党军之所以打了败仗，追究原因，未始不是因为国家的军令政令的不统一，未始不是因为中国共产党的闹独立性。他们的说法，赤裸裸地是国民党CC派的那一套。我当然不能不向他们说清楚情况，而他们却不让我把话说完。这怎能不吵起来呢？但是，还有一些民族资本家是可以谈得来的。这可以把章乃器、胡子昂、胡厥文、刘鸿生、吴蕴初、古耕虞和潘昌猷等人，作为代表。

从1942年的秋天开始，我就在山城重庆，开始了对民族资产阶级的统战工作。到1945年1月11日，王若飞、潘梓年和我公开在重庆“特园”招待产业界人士。不久，周恩来同志又以更大的规模招待重庆产业界人士。是年9月17日，毛泽东同志在“桂园”举行茶会招待产业界人士，会见刘鸿生、潘昌猷、范旭东、吴羹梅、吴蕴初、章乃器、颜耀秋等人，阐明中国共产党对待民族工商业的政策，我同钱之光同志在场作陪。是年10月19日，周恩来同志应西南实业协会的邀请，出席工业家“星五聚餐会”，讲演《当前经济大势》。在这种情况下，我们对工商统战工作，就顺利地开展了。

1946年5月间，国民党政府迁回南京，我党也在南京梅园新村设立南京局和中共代表团；而在上海马思南路107号设立驻沪办事处称中共南京局上海工作委员会，对外称“周公馆”。中共代表团上海工作委员会的活动范围，是相当大的。不仅有文化界的代表人物，有来自各国的记者，而且有大量的工商业家，作为我们开展统一战线的对象。

在上海市委（地下党）的长期活动之下，一些爱国的工商业家早就成为党的朋友了。这就在工作上给我提供了极为有利的条件。我就是在这个时候，同盛丕华、包达三、蒉延芳和张纲伯等人，交上了朋友的。我经常到他们的办公室谈谈时事，把党的政策，用普通的语言，告诉他们；同时，又从他们口里了解上海工商界对时局的意见。但是，某些在重庆曾经成为朋友的工商界人士，却因为时局的日益紧张而避开我们了。

在上海工委和上海市委（地下党）的推动之下，上海各界人民团体推派代表马叙伦、吴耀宗、蒉延芳、盛丕华、张纲伯、包达三、阎宝航、雷洁琼、陈震中（圣约翰大学）、陈立复（东吴大学）以及秘书胡子婴、罗叔章等，赴南京请愿，要求和平，反对内战，要求民主，反对独裁。代表团在离沪前，有5万多群众在北站举行欢送大会。代表团乘车离北站后，全体欢送人员举行示威游行，沿途高呼“反对美国政府干涉中国内政”，“立即撤退美国驻华海空军”，“反对内战，要求和平”等口号。这是党的爱国民主统一战线的巨大成功。代表团到达南京下关车站时遭到国民党特务的殴打，4名代表受了重伤。这就是震惊中外的“下关惨案”。周恩来同志闻讯后即与董老和邓大姐等到医院慰问并向国民党提出严重抗议。

消息传来，上海爱国人民无不义愤填膺。上海工委派我于次日晨乘火车到南京局汇报情况。恩来同志听了我的汇报之后，指示我当晚回沪，要我向工委转达必须提高警惕，防止反动派在上海的破坏。恩来同志还特别指示上海地下党，凡在运动中已暴露的，应立即撤退；强调上海地下斗争的长期性和复杂性，要注意组织隐蔽，注意积蓄力量，切忌犯急性病。

上海各界人民代表团于29日返沪。我根据组织的决定， 对盛丕华、蒉延芳、张纲伯、包达三、胡子婴和罗叔章进行慰问，并高度评价他们的爱国行为。在代表团向南京请愿的过程中，虽然有个别的人，在半路下车，但是，代表团的代表和秘书，是勇敢的，是坚决的。这就使我更加明确地认识到民族资产阶级的两面性中，其爱国的一面，是显然存在的。

恩来同志大约10天左右，必定从南京到上海来指示工作。他指示我，“你是公开的共产党员，国民党特务是不会不注意你的活动的。对于工商界的统战朋友，要注意他们的安全，不要把尾巴带到他们的办公室和家里去。但是，这并不是要你断绝同他们的来往。”根据恩来同志的指示，我是小心翼翼地同工商界的朋友们来往的。

国民党在1946年10月11日攻占张家口和丹东，并悍然下令召开伪国民大会。内战危机日益严重。恩来同志把一批干部派到香港去工作，我也是其中之一。他到我的宿舍谈话，指示我到香港的任务，并且一再嘱我，对工商界的统战工作要继续下去，香港的可以作为统战对象的工商界，并不比上海少，香港的环境也有比上海困难之处。但大势正在向着光明发展，困难是能克服的。在恩来同志指示之后，我同卓芬便在10月底动身到香港去了。

香港的工商界是来自国内各地的。除了英国的汇丰银行、太古公司等英资企业之外，还有广州帮、潮州帮、上海帮、福建帮、客家帮等各地的工商业者。我对他们，过去是没有什么关系的。

到了香港之后，通过“东纵”留下来在香港经营商业的同志，通过从上海来的民主党派的朋友，通过几位熟悉的报人，如费彝民的介绍，我渐渐同香港的工商界发生接触。在工作方式上，从个别拜访到小型聚餐会；后来发展到成立“工商俱乐部”。对“工商俱乐部”之建立我要感谢黄长水同志（他在暨南大学毕业后，就到南洋活动；日本投降以后，又到香港经商）。经过王雨亭同志的介绍，我同老黄就成了朋友。我向他提出组织一个工商俱乐部以团结进步和中间的工商界朋友时，他欣然答应。由他出面委托律师向港英政府注册并在干诺道西某号二楼租了两间大房。注册手续很顺利，“工商俱乐部”便成为港九的合法团体了。协同他建立这个俱乐部的，还有陈祖沛和陈君冷。我还派几位秘密党员——周康仁、何平、温康兰和王雨亭，去支持他的工作。这个俱乐部在1948年秋成立了。每周至少有一次聚餐会。每次都有人做系统的发言。马寅初、章乃器、黄长水、盛丕华和我，都先后讲过话。参加的人，越来越多，有时甚至椅子不够坐，有的人只好站着听讲和发言。这个俱乐部宣传的是爱国主义，宣传的是国民党政府的腐败和崩溃，宣传的是新民主主义的工商政策和新中国的必然胜利。平时这个俱乐部相当安静，一到开座谈会时，会员拥挤，在国家光明前途的吸引之下，大家兴奋地热烈地在交谈。现在回头一看，这个工商俱乐部，在宣传新中国必然诞生的信念时，对香港一部分工商界是发生了影响的。

章乃器的上川公司是上海工商界到香港找党的自然形成的地点。乃器在那个时候，同我们的合作，是相当好的，他对于这件事，相当积极。吴蕴初和俞寰澄先后在他的办公室谈到要找党时，我刚刚走进章的办公室之门，故人相见，畅谈得更加融洽了。

从1947年冬起，为了避免国民党特务的迫害，党的上海局便有计划地把民主党派、文化界和工商界的重要人物，从上海送到香港。香港的党的工作委员会对于这批从上海来的知名人士，安排了生活，并且从1948年冬起利用到解放区做买卖的商船，把他们一批批地送到解放区去。第一批离港的是李济深等先生，由章汉夫同志陪伴。工商界和同工商界有密切关系的人士，如盛丕华、包达三、蒉延芳、马寅初、陈叔通和施复亮等则是在香港欢度1949年的新年之后才北上的。由于分工，我负责同他们联系。我经常邀请他们参加工商俱乐部的活动。盛丕华的发言颇受到注意。我并且请他们几位老人和《大公报》的费彝民等了解上海情况的人，经常在跑马地一家相当安静的小饭馆，以聚餐会的方式，讨论上海解放后的经济工作。

辽沈、平津和淮海三大战役的胜利，更加振奋了香港的爱国人士。在喜气融融中工商俱乐部更加活跃了。党的香港分局为了庆祝南京解放，用新华社和《群众》周报的名义，在英皇道的哥罗士打大楼的八层楼上举行了公开的、规模相当大的招待会。在这个被英国占领了一百多年的香港，中国共产党举行这样公开的招待会，这在历史上是第一次。参加招待会的，不仅有还未离港的民主人士，而且还有长期居港的文化界和工商界的人士。香港工商俱乐部的朋友，几乎全体来参加了。

我奉周恩来同志之命，同潘汉年和夏衍两位同志，在庆祝南京解放的次日，静悄悄地离开香港赴北平。经过7个日日夜夜的海程，才到达我渴望已久的目的地。恩来同志在分析了战局和政局之后，指示我们赶快到丹阳的华东局报到，跟着解放军部队进入上海。关于入城后的工作，恩来同志指示：汉年协助陈毅同志做好全市的工作；夏衍协助汉年做好上海的文化工作；我的任务是协助曾山同志做好接管上海市的官僚资本和对工商界的统战工作。

我同汉年、夏衍在北平住了一个多星期。我同从香港到达北平的工商界人士，接触较多。我向他们征求对于接管上海官僚资本和恢复经济的意见。黄炎培、陈叔通、马寅初、章乃器、盛丕华、包达三、张䌹伯、胡子婴等人都提出一些值得我们重视的意见。我去向恩来同志汇报，他肯定我的这种做法，并且指出："遇到重大问题，同工商界和工商界有关人物交换意见，这就是团结；在一些问题上，可能有争论，这就是斗争。而这种斗争是为了达到团结的目的的。你到上海工作，对工商界及其代表人物，必须继续使用这种有团结、有斗争，斗争为了团结的方式和原则。"恩来同志还指示我，到了上海之后，除了帮助曾山搞好接管官僚资本和稳定市场之外，还要请示市委考虑成立工商联合会的问题。

同我们一道南下的，还有盛丕华的儿子盛康年。康年在联系党和工商界的工作上，在介绍上海工商业和工商界的情况上，都有一定贡献。此人虽然有缺点，好自炫，但是，他对党和工商界之间所起的联系作用，还是不可抹杀的。1950年间他就在上层的工商界代表人物中组织了一个"七一学习会"，是得到汉年的同意的。汉年在这个学习会上做了报告，我也在这个学习会上讲了话。因为组织这个学会，有人指责他搞小团体要同党对抗。我没有这方面的材料，从他们的学习和活动的内容来看，还看不出有这样的严重性。他同汉年接触比我多得多；汉年一倒，他就更糟糕了。我曾在向恩来同志汇报盛丕华的为人及其对党的态度时，也谈到康年的事。恩来同志对我的汇报，频频点头；恩来同志认识康年，他并不把康年对党的有益活动一笔勾销！

进入上海之后，军管会宣布曾山同志是接管委员会的主任，我和刘少文同志是副主任。但是，少文又兼华东纺织部的部长，他忙得不可开交，这样，实际当接管会副主任的就是我。国民党官僚资本在不少企业是有投资的。由于这些企业有着一部分官僚资本的投资，在没收官僚资本时，必然会同有关的民族资产阶级的人们发生关系。在这种情况之下，曾山同志就要我用更多的时间，去同上海的资本家打交道。上海军管会的接管委员会的一些同志，对于同资本家打交道，既没有工夫，也没有兴趣。我在1942年经过恩来同志教导之后，在一定程度上，认识了这一工作的重要性，因此，曾老一说，我就完全接受了。

为了搞好党同上海民族资产阶级的关系，为了端正和提高上海中上层工商业者对党和人民政府的认识，市委经过反复考虑之后，由我以市工商局长的名义，于8月23日下午在中国银行楼上召开工商界座谈会。我宣布开会后，饶漱石、陈总、汉年相继讲话，解释他们的怀疑，鼓励他们搞好生产经营，为恢复上海经济做出贡献。会议从下午2时一直开到6时，好几位代表人物争着发言。我就是在这个会议上同荣毅仁、刘靖基和郭棣活几位代表人物交上了朋友的。这次座谈会可以说是党的华东局和上海市委负责人，同上海中上层企业家的第一次规模较大的会见。康年在事后告诉我，这次座谈会很成功：第一是中共领导人，特别是陈总的讲话，可以说是推心置腹，不但不把资本家放在打倒之列，而且调动他们的积极性；第二是这次座谈会，除了几个记者之外，几乎全是工商界的，这证明党对工商界的重视。这样，上海的资本家就可以安心了。

接着就是筹备组织上海市工商联合会的问题。经过市委反复讨论之后，同意以盛丕华为市工商联合会的主任委员。在解放后三个月（1949年8月26日下午），上海市工商业联合会筹备会就在中国银行四楼成立了。陈总以市长的资格，我以工商局长的资格，出席会议。陈总并且讲了一篇热情感人的话。会议选出盛丕华为主任委员；胡厥文、卢绪章（公方代表）和荣毅仁为副主任委员。1951年2月16日上海工商联合会正式成立，这对民族资产阶级的统一战线，意义是相当大的。这证明党和国家不但承认民族资产阶级在组织上的合法性，而且在各项政策上，处处保护他们的合法利益。这就使民族资产阶级极大多数的人有信心跟着党走。

（许涤新）

部署首届人民政协

新中国建立前夕，周恩来为召开新政协、协商大政、擘划开国而夜以继日地呕心沥血工作。当时，童小鹏曾先后任中央城工部秘书处长、中央统战部副秘书长，政协会议时任党组秘书处长，经常要向周恩来汇报请示工作，闻见较多。

1948年4月，毛泽东、周恩来、任弼时在胜利结束转战陕北后，来到河北建屏县（后并入平山县）西柏坡。在这里，周恩来协助毛泽东指挥辽沈、平津、淮海三大战役，又负责领导国民党统治区第二战场的反蒋斗争。同时，受命负责筹备新政治协商会议的召开，亲自布置迎接各地民主人士到解放区。

当时，人民解放军转入了全面反攻，消灭了大量敌军，解放了许多城市，距西柏坡只百余里的石家庄也获得解放。国统区的民主运动和党领导的武装斗争也迅速发展，形成了全国解放战争的第二战场，蒋介石的反动政权已处于摇摇欲坠的境地，新中国的曙光已出现在地平线上。

党中央研究了全国形势后，于4月30日发布了五一劳动节口号，响亮地提出各民主党派、各人民团体及社会贤达，迅速“召开政治协商会议”、“成立民主联合政府”。中共中央的号召反映民心，切合时宜，迅速得到各方面人士的热烈响应。于是，新政协的筹备工作就在周恩来的领导下开始进行。

7月底，周恩来致电上海、香港地下党组织和华北局，准备安全接送沪、港、平、津的民主人士到解放区。8月2日，周恩来致电在大连的钱之光，要他以解放区救济总署特派员的名义立即和在香港的方方、潘汉年、章汉夫、连贯、夏衍作周密研究，安全接送滞留香港的民主人士，周恩来拟定了邀请的港、沪和长江以南地区来解放区的民主人士77人名单。其中有李济深、蔡廷锴、张澜、沈钧儒、谭平山、章伯钧、郭沫若、黄炎培、马叙伦、何香凝、史良等。他在给中共香港分局并钱之光、上海局刘晓、刘长胜的电报中指出，要绝对秘密，保证安全，做到万无一失。

钱之光等根据周恩来的指示，决定分批护送香港的民主人士，由负责同志陪同上船，并派熟悉旅途情况的同志随船护送。第一批由港北上的有沈钧儒、谭平山、蔡廷锴、章乃器等人，于9月29日抵哈尔滨，中央派李富春专程迎接。第二批是搭乘一艘挂挪威国旗的轮船，有郭沫若、马叙伦、许广平母子、陈其尤、沙千里、翦伯赞、曹孟君、韩练成等

※ 周恩来在新政协筹备会上发言。

人，轮船在大东沟停泊，东北局负责同志前去迎接，经安东（今丹东）转抵哈尔滨。第三批有李济深、朱蕴山、茅盾夫妇、彭泽民、邓初民、洪深、海粟彬、孙起孟等30余人，是人数较多的一批，于12月26日离港，1949年1月7日才到达大连，李富春、张闻天专程到大连迎接。第四批是3月14日出发的，有黄炎培、俞寰澄、盛丕华等人。这时天津、北平已告解放，他们便在天津上岸，25日到北平，董必武、李维汉等到火车站迎接。至此，接送留港民主人士的任务胜利完成了。

在护送留港的民主人士的过程中，周恩来精心布置，谨慎行事，巧妙安排，做到万无一失。第一、二批民主人士安全离开香港后，周恩来特意电示钱之光和大连的冯铉、刘昂说："已经走了两批人员，很可能引起外界的注意，这次行动要更加谨慎。"钱之光等根据周恩来的电示更加精心、谨慎行事。对第三批北上的民主人士穿戴也煞费苦心，有的西装革履，扮成经理模样；有的则是长袍马褂或是普通便服，化装成到东北做生意的阔佬或商人，口袋里还装有货单准备应付检查。在这批上船的民主人士中，李济深是位知名度高、影响力大的人士，可他化装秘密离港走了，连香港当局政治部也不知道。李济深走了几天后，该政治部主任亲自找到民革副秘书长吕集义，责问说：“李先生这样一个有影响的人物离开香港，你们为何事先不告诉我们，叫我们怎样交代？”话语不无责怨。没几天，李济深这位国民党革命委员会负责人就安然抵达大连了。

周恩来在指挥迎接在港的民主人士北上的同时，也部署迎接北平、天津、上海的民主人士到中央统战部驻地河北平山县的李家庄。主要路线是：在上海的，秘密经苏北或山东转石家庄；在平津的，经华北局城工部的秘密交通站沧州的泊头镇转往石家庄。1948年11月底，由北平、天津、上海、西安等地来到李家庄的民主人士，有毛泽东的老师符定一以及胡愈之、沈兹九、吴晗、雷洁琼等和上海工人代表朱俊欣等。中央统战部热情招待后，举行时事座谈会，讨论国内外形势，座谈由周恩来起草的《关于召开新政治协商会议诸问题（草案）》和统战部起草后经周恩来批准的新的《政治协商会议筹备会组织条例（草案）》。

可是，在上海临解放时，民盟中央主席张澜和罗隆基还被拘禁在虹桥疗养院，由淞沪警备司令部派上海警察局第七侦稽大队大队长阎锦文秘密监护。因为国民党要把张澜、罗隆基劫往台湾。周恩来知道张、罗处于危险状态下，想起了杨虎。杨虎在1927年曾同蒋介石合作过，以后与蒋介石闹翻，在上海做寓公、玩帮会，1946年曾托人转告周恩来表示要戴罪立功，周告他待机。这时，周恩来就经过上海地下电台给杨虎发了个电报，电报中说，杨先生为人民出力的时候到了，务请营救张澜、罗隆基等。杨虎按“帮规”把救张的任务责成阎锦文完成，既不能让国民党杀害，也不能让国民党把张澜、罗隆基劫往台湾。1949年5月24日，阎锦文摆脱特务追捕，使张、罗安然脱险，抵达杨虎的环龙路公馆。5月27日，张澜、罗隆基安全到达北平，出席了新政协会议。这件事，反映周恩来善于利用特殊条件的斗争艺术，在国共斗争中又让国民党吃一败仗。

1949年1月21日，毛泽东、周恩来联名致电宋庆龄，请她“命驾北来，参加此一人民历史伟大的事业，并对于如何建设新中国予以指导”，8月28日，宋庆龄由邓颖超、廖梦醒等陪同抵北平，毛泽东、朱德、周恩来到火车站欢迎。华侨领袖陈嘉庚也于6月1日从海外飞抵北平。

当年1月31日，傅作义将军起义，北平和平解放，为政协会议的召开提供了很好的条件。中共中央于3月25日从西柏坡移入北平，民主人士也早已集中于北平。

由于解放战争的胜利发展，蒋介石在面临总崩溃的时候，为了获得喘息机会，搞了一个假和平的阴谋。1949年元旦，发表了一个求和声明，表示愿与中共“商讨停止战争，恢复和平的具体方法”。

为了揭露蒋介石的阴谋，毛泽东亲自为新华社撰写了新年献词《将革命进行到底》。1月5日，又撰写了《评战犯求和》的评论。1月14日，毛泽东代表中国共产党发表《中共

※ 1949年8月，周恩来和毛泽东、张治中在北平火车站迎候宋庆龄。

中央毛泽东主席关于时局的声明》，声明揭露了南京国民党政府发动全面内战的罪行，指出蒋介石的求和是虚伪的。他郑重声明，为了迅速结束战争，实现真正和平，中国共产党愿意在“惩办战争罪犯”、“废除伪法统”等八项条件下和国民党政府进行和平谈判。这些都得到解放区民主人士的热烈拥护。

1月21日，蒋介石宣布“引退”，由李宗仁代理总统。李宗仁企图通过谈判达到“划江而治”、在江南保留他的反动势力的目的，于22日发表文告，表示对“中共所提八项条件，政府愿即开始商谈”。3月24日，南京国民党政府决定派以张治中为首的代表团与中

※ 1949年2月，周恩来和前来西柏坡的原国民党将领傅作义（右三）、邓宝珊（右四）及前来商谈国共和平谈判和南北通航通邮等问题的“上海和平代表团”成员颜惠庆（右七）、江庸（右六）等合影。

共代表谈判。3月26日，中共中央通知南京国民党政府，谈判于4月1日在北平举行。

4月1日，南京国民党政府代表团张治中、邵力子、黄绍竑、章士钊、刘斐、李蒸等代表和顾问卢郁文、屈武乘专机到达北平。中共代表有周恩来、林伯渠、林彪、叶剑英、李维汉、聂荣臻，秘书长齐燕铭。经过多次谈判，由蒋介石背后操纵的南京国民党政府拒绝签字，谈判破裂。周恩来劝说国民党谈判代表和顾问留在北平参加建国工作。周恩来恳切地对张治中说："现在的形势，你们无论回到南京、上海或广州，国民党的特务是会不利于你们的。西安事变时，我们已经对不起那个姓张（张学良）的朋友，今天再不能对不起你这个姓张的朋友了。"张治中为其真诚所感动，毅然决定率团留在北平，其他人都同意。周恩来随即密电在上海做地下工作的吴克坚，以巧妙的方法将住在南京的张治中夫人和子女利用南京派来接代表团的飞机安全送到北平，当张治中随周恩来到机场突然看到家属下舷梯时，对周恩来的周密安排和至诚待友感到无限敬佩和铭感。事后，张治中参加政协会议，共同协商开国大政。

政协会议筹备工作紧张进行

1949年4月23日，人民解放军占领南京，宣告了国民党反动政府在中国大陆统治的覆灭。这么一来，召开政协会议的时机更加成熟了。周恩来在协助毛泽东指挥解放军解放全中国的同时，即抓紧组织新政协的筹备工作，亲自同民主党派和无党派人士谈话磋商，酝酿举行政治协商会议筹备会预备会议。同时，组织民主人士赴东北参观沈阳、长春、哈尔滨等大城市。6月11日，周恩来和民主人士、各界代表人物反复协商后，在中南海勤政殿举行新政治协商会议筹备会预备会议，商定参加政协的单位为23个，共134人，并确定筹备会常委会人选。15日至19日，新政协筹备会在勤政殿举行首次全会，周恩来担任临时主席并致开幕词。16日晚上，筹备会常委会第一次会议推选毛泽东为常委会主任，周恩来、李济深、沈钧儒、郭沫若、陈叔通为副主任，李维汉为秘书长。

新政协筹备会正式宣告成立，决定下设6个小组。第一组负责拟定参加政协单位及各单位的代表名额；第二组负责起草政协组织条例；第三组负责起草共同纲领；第四组拟订中华人民民主共和国政府方案；第五组起草大会宣言；第六组拟订国旗、国徽、国歌方案。周恩来被推选为第三组组长，他负责起草共同纲领，是各组工作中最繁重的。他在勤政殿足足花了一星期时间，查阅了大量资料，亲自执笔写出全文，再经毛泽东审阅后提交小组讨论。其他各组也分别进行紧张的小组工作。

6月30日，毛泽东发表了《论人民民主专政》这篇名著，为新政协会议的召开作了政治上、思想上的准备，成为《共同纲领》的理论基础和政策基础。周恩来根据毛泽东文章的精神，经常在报告会上阐述党的方针政策，亲自向民主人士说明我们实行的是新民主主义而不是旧民主主义，不是在朝党同在野党互相争斗、互相交替，而是以工人阶级为领导、工农联盟为基础的各个阶级的政治合作。这种合作是政治的分工合作，各民主党派各自联系不同方面的人，都要向共同方向前进，而这个共同方向就是建设新民主主义的新中国。他的报告，给对解放区情况和党的基本政策不甚了解的一些民主人士释掉疑虑起了很大作用。

7月10日，中共中央成立新政协筹备会党组干事会。之前，周恩来在这干事会上作了《新政协筹备会的工作与统战工作》的报告。他指出，人民政协的召开是人民民主统一战线的具体组成。中央政府成立后，政协便成为中共领导的各党派的政治协商机关，国家的一切大事都可以事前在此协商。还说人民民主统一战线工作是长期的，我们党员要善于和党外人士相处。周恩来的这些讲话，提高了党员干部对统一战线政策的认识，而且解除了党外人士的顾虑。

6月16日至9月20日，新政协筹备会常委会先后在中南海勤政殿召开8次会议。周恩来是每次会议的主角。常委会对政协共同纲领、政协组织法、中央人民政府组织法（均为草案，简称“立国三大法”）和政协代表名单等问题进行反复讨论和最后决定。周恩来在第四次常委会讨论政协组织法草案时，提出将新政协定名为“中国人民政治协商会议”的建议。他说，人民民主国家中需要统一战线，即使在社会主义时期，仍然要有与党外人士合作的统一战线。要合作，就要有各党派统一合作的组织。这个组织就是中国人民政治协商会议，要长期存在下去。这一建议正式通过，由全会决定将新政协会议定名为中国人民政治协商会议，一直延续至今。

政协会议筹备期间，周恩来一直是大忙人，这里谈话，那里报告，忙得不亦乐乎。他曾经到北京饭店向参加政协的代表作《关于中国人民政协几个问题》的报告。报告不仅阐述共同纲领、政协组织法、中央政府组织法草案这三个立国大法的要点，而且明确地说明政协的性质、任务以及政协代表组成的依据。这就给尔后顺利地通过立国三大法和政协代表名单提供了思想政治基础。

协商政协代表名单是一件极为严肃又复杂、繁重的工作。这个工作是在周恩来的亲自领导下进行的，中共中央组织部、统战部事先也做了很多准备工作。这个工作经过自上而下、自下而上的反复协商3个多月，终于在中南海勤政殿举行的筹备会常委会第8次会议获

※ 1949年3月，中共中央在西柏坡召开七届二中全会。这是周恩来在会上作报告。

※ 1949年9月17日，周恩来在新政协筹备会第二次会议上作报告，宣布筹备工作胜利完成，正式定名的中国人民政治协商会议即将召开。

得通过。

获得通过的参加政协单位、名额和名单，共分5类：党派代表、区域代表、军队代表、团体代表和特邀代表。其中前四类共45个单位，正式代表510名，候补代表77名；第五类特邀代表75名。正式代表和候补代表共计662名。中央统战部经过与中央组织部及有关单位反复研究，把参加人民政协的单位、人选和各项统计印制一本很厚的资料送到中共中央。毛泽东看了，很风趣地说那是“一本天书”，表露了他看到全国人民大团结的喜悦心情。

政协阵容充分反映了我国新民主主义革命各民族、各民主阶级和一切爱国民主力量的大团结。其中包括工农青妇、各民主党派、人民团体、解放军及少数民族、海外华侨和宗教界等方面的代表。同时包括了近百年来我国民族民主革命各个历史时期为人民事业做出贡献的知名人士和代表人物，从辛亥革命、五四运动、北伐战争、抗日战争到解放战争，各个革命时期的代表性人物都吸收了。乃至清末和北洋政府时期较有声望以及后来同情革命、并为人民办过好事的代表性人物，都吸收参加政协会议。在特邀代表中有孙中山先生夫人、中共的亲密战友、在中国革命的长期进程中始终站在正义一边的坚强战士宋庆龄，有戊戌变法主要人物梁启超的儿子梁思成、前清翰林张元济、海军耆宿萨镇冰、同盟会老会员张难先；有在北洋政府任过教育总长的章士钊、司法总长江庸；有南京政府和谈首席代表张治中和国民党起义将领程潜、龙云、傅作义等等。这表明政协代表具有广泛性，是有利于扩大和巩固人民民主统一战线的。不过，那时候有个工作疏漏，在少数民族“单位”中没有安排满族代表（在其他“单位”中有齐燕铭、罗常培等满族代表，但群众不知道）。名单公布后，北京有些满族人因此哭了。毛泽东知道此事后说：“一个民族没有代表，整个少数民族为之不欢。”后来，在召开中国人民政治协商会议第二届全国委员会时作了补救。

政协代表名单的广泛性与严肃性相结合，参加政协的各党派共有14人（除中共及在香港公开响应“五一”口号的10个民主党派外，增加了九三学社、台湾民主自治同盟、新民主主义青年团），至于对民主革命做过贡献的“小民革”在9月17日自愿宣布结束，其领导人大部分在各民主党派、团体及区域代表中被推举为代表。对孙文主义革命同盟、民社党革新派、少年劳动党、光复会、中国农民党等，则注意政治的严肃性，严格分清敌我，注意团结一切可以团结的力量。对这些组织中有民主运动史、在解放战争有过实际表现并有一定代表性的民主人士，在他们的政治组织或团体宣告结束后，邀请他们以个人身份参加政协。例如民社党革新派的汪世铭、沙彦楷，孙文主义革命同盟的许闻天、邓昊明，都是以个人身份被邀请为特邀代表参加政协的。

在参加政协代表662人中，共产党员只占约44%，工农和各界无党派代表约占26%，各民主党派成员约占30%。这种代表比例，既能保证共产党的领导，又能实现共产党同党外民主人士的团结合作，推动人民民主统一战线的巩固和发展，有利于共同建设新中国。当时政协将要执行全国人民代表大会的职权，从组织上保证无产阶级的领导和体现以工农联盟为基础的作用是完全必要的，但共产党也以平等待人的态度同民主人士真诚合作，采取民主协商的方法来达到政治上的一致。在当时的政治形势下，民主党派占有名额的比重（占30%）是很大的。所以，他们也很满意。

政协会议召开　新中国宣告成立

1949年9月16日，政协会议筹备会常委会第六次会议决议通过《中国人民政治协商会议组织法（修改草案）》、《中华人民共和国政府组织法（草案）》和《中国人民政治协商会议共同纲领（草案）》。又将国旗、国徽方案和会议宣言稿交由政协全体会议主席团决定。

周恩来在报告草拟《共同纲领》的经过及其特点时说，《共同纲领》是中国有史以来的第一部人民大宪章，是中国人民近百年来为之流血牺牲所取得的革命成果，体现了我党新民主主义革命的最低纲领。《共同纲领》确定了人民共和国的国家性质和政权制度，规定了国内各种经济成分的性质和它们之间的关系，规定了我国的外交政策、民族政策、文化教育政策和人民的民主权利等基本政策，在全国人大召开并通过宪法之前，《共同纲领》起着临时宪法的作用。

应该说明的是，当时所制定的《共同纲领》暂时不提社会主义，这不是说明不要社会主义，但为什么不写明呢？周恩来曾向民主人士公开说明，对于社会主义，“只有全国人民在自己的实践中认识到这是唯一的最好的前途，才会真正承认它，并愿意全心全意为它而奋斗。所以现在暂时不写出来，不是否定它，而是更加郑重地看待它”。以后，中国社会主义革命和建设的实践，也证明了周恩来当时所说的话是完全正确的。

政协组织法是使统一战线组织化、经常化、完备化的一部重要文献。它反映我国政治生活中的一个重大特点，阐明了人民政协是中国共产党在长期革命斗争中发展形成的。它不但是一种会议形式，而且是人民民主统一战线的最高组织形式。在起草组织法时，有人认为到人民代表大会召开以后，就不再需要政协了。周恩来指出，这种想法是

※ 周恩来在政协会议上作关于《共同纲领》（草案）起草经过和特点的报告。

※ 周恩来在中央人民政府委员会举行的第三十四次会议上，和其他委员举手通过《中华人民共和国宪法（草案）》。

不恰当的。他说：“统一战线是我党的一贯方针，统一战线出现今天这样广泛的规模，是中国共产党和中国人民长期斗争的结果，并且应当长期地存在下去，即使在全国人民代表大会召开之后，政协也将是一个协商机构，是参谋部。”实践证明，政协几十年长期存在，在国家政治生活中日益发挥重要的作用。周恩来说的话，实践检验是正确的，是富有前瞻性的。

关于组织法，规定中华人民共和国的政权形式为民主集中原则的人民代表大会制的政府。并规定在全国人大召开之前，由政协全会执行职权，选举成立中央人民政府委员会，组织政务院、军事委员会、最高人民法院和最高人民检察署。1954年，全国第一届人大召开通过宪法，这一组织法才完成自己的历史任务。

1949年9月21日，中国人民政治协商会议首届全体会议在中南海怀仁堂隆重举行，出席开幕式的各党派、团体代表634人，应邀来宾300人。大会由毛泽东、朱德、李济深、沈钧儒、郭沫若担任执行主席。毛泽东在全会上致开幕词，庄严宣告："占人类总数四分之一的中国人民从此站立起来了。"是的，自鸦片战争以来，深受帝国主义和反动派压迫的中国人"从此站立起来了"。从此，中国人民进入伟大变革的新时代，中国开拓了崭新的新纪元。毛泽东的激动人心的致词，其洪亮的声音和高昂的语调，至今还回旋在我的脑海中。1991年6月30日晚，在漳州市委统战部召开各民主党派负责人参加的纪念"七一"晚会上，我情不自禁地学湖南口音，表演了毛泽东的这段开幕词。

9月27日，政协一届全体会议在怀仁堂继续举行。周恩来代表大会主席团提出四个决议草案付诸表决，被全体代表一一通过，掌声如雷，经久不息。大会还通过：一、中华人民共和国国都定地北平，自即日起改名为北京；二、中华人民共和国纪年采用公元，本年为1949年；三、中华人民共和国国歌未正式制定前，以《义勇军进行曲》为国歌；四、中华人民共和国国旗为五星红旗，象征中国人民大团结。在大会上，尚未诞生"国徽"这一标志。关于定都问题，之前有人曾建议设在重庆、成都、西安或武汉。但最后还是一致通过首都设在北京。

政协会议第一届全体会议一共开了8天。9月30日，大会顺利通过了《中国人民政治协商会议共同纲领》、《中国人民政治协商会议组织法》、《中华人民共和国中央人民政府组织法》；全会选出了180人组成政协第一届全国委员会，选出65人组成中央人民政府委员会，毛泽东当选为主席，朱德、刘少奇、宋庆龄、李济深、张澜、高岗为副主席。全会还通过《宣言》。会议期间，有中共代表和各民主党派、无党派代表共83人，先后在全会上讲话或发言，祝贺新中国的诞生，赞颂人民大团结。

政协会议开幕那天，新华社发出电讯："中国人民所渴望的中华人民共和国开国盛典，中国人民政治协商会议已于今日下午七时半在北平开幕。"国内外新闻媒体也纷纷报道政协会议消息。全会期间和闭幕后，苏联、朝鲜、罗马尼亚、波兰等国家党和政府以及英、美、德、澳大利亚共产党都致电祝贺。苏联等国政府决定同我国建交，说明我们的革命已经获得全世界广大人民的同情和欢呼。

※ 1949年9月30日，周恩来在人民英雄纪念碑奠基仪式上宣布：本届政协会议“为号召人民纪念死者，鼓舞生者，特决定在中华人民共和国首都北京建立一个为国牺牲的人民英雄纪念碑”。

9月30日，政协会议全体会议通过建造“为国牺牲的人民英雄纪念碑”的决定，并在天安门广场举行人民英雄纪念碑奠基典礼。毛泽东、周恩来和各首席代表执锹为纪念碑的基石培土，表示对革命先烈的崇敬。这座纪念碑于1952年正式动工兴建，1958年4月竣工落成。纪念碑正面的“人民英雄永垂不朽”是毛泽东写的。背面的碑文是由毛泽东撰文、周恩来手书的。纪念碑是对150年来在中国民族、民主革命中前仆后继、英勇奋斗而牺牲的无数革命先烈的光辉纪念，也是对中国人民进行爱国主义、社会主义教育的好场所。

※ 矗立在天安门广场的人民英雄纪念碑。

1949年10月1日，由政协会议第一届全体会议选举产生的中央人民政府委员会，在中南海勤政殿举行第一次会议，毛泽东主席和6位副主席及56位政府委员宣布就职，宣告中华人民共和国中央人民政府成立。会议选举林伯渠为中央人民政府委员会秘书长，任命周恩来为政务院总理，毛泽东为人民革命军事委员会主席，朱德为中国人民解放军总司令，沈钧儒为最高人民法院院长，罗荣桓为最高人民检察署检察长。从这一天起，周恩来成为占人类四分之一人口的大国的总理，他日理万机，鞠躬尽瘁，死而后已。

※ 周恩来投票选举国家领导人。

10月1日下午，在天安门广场举行庆祝中华人民共和国成立的盛典。党和政府领导人及北京群众30万人参加。开国大典由林伯渠秘书长宣布开始，军乐队奏起国歌，毛泽东亲自按动升旗电钮，新中国第一面五星红旗在广场上冉冉升起，54门礼炮轰鸣28响。接着，毛主席在天安门城楼上庄严宣读《公告》，向全世界郑重宣告：“本政府为代表中华人民共和国全国人民的唯一合法政府。”我有幸抢拍了几帧具有重要历史意义的彩色照片，而今已成为珍贵的革命历史文物了。入夜，在天安门广场举行焰火晚会，毛主席、周恩来等党和国家领导人与首都群众共度狂欢之夜。当晚，我背着照相机和小摄影机摄下了一组狂欢之夜的照片。

10月9日，中国人民政治协商会议第一届全国委员会第一次会议在中南海勤政殿召开，选举毛泽东为中国人民政治协商会议第一届全国委员会主席，周恩来、李济深、沈钧儒、郭沫若、陈叔通为副主席，李维汉为秘书长。在这次会议上，患病缺席的马叙伦委员托许广平委员向会议建议“希望本会决定把10月1日定为国庆日”。12月2日，中央人民政府委员会根据政协会议建议而通过决议，规定每年10月1日为国庆日。

周恩来受中央人民政府委员会任命为政务院总理后，他又集中精力组织新中国的第一届“内阁”。首届“内阁”是一个民主联合政府，必须考虑安排民主人士“入阁”。其一，根据党中央批准，他和毛泽东提名傅作义担任水利部长。其次，劝说过去几十年一直不愿做官的黄炎培担任公职，他亲自到黄炎培家中拜访。黄炎培说：“1946年我68岁，已觉得年老，做不动官了。如今72岁了，还做官吗？”周恩来说：“这不同于旧社会做官。现在是人民的政府，不是做官，是做事，是为人民服务。”经过两个多小时的恳谈，黄炎培终于被感动了，答应出任副总理兼轻工业部长。再次，周恩来提议无党派民主人士李书城担任农业部长。李书城是老同盟会会员，辛亥革命后在武汉担任革命军总司令黄兴的参谋长，之后投入讨伐袁世凯的护国战争和反对北洋政府的护法战争，在旧民主主义革命中起过重要作用。同时，中共“一大”曾经在上海他家召开。李书城出任农业部长是合适的。此外，周恩来还请了在旧社会拒绝高官厚禄的耿介之士、著名林业专家梁希出任林垦部部长。10月19日，中央人民政府委员会通过了政务院副总理及下属部、委主要负责人名单：董必武、陈云、郭沫若、黄炎培为副总理，李维汉为秘书长。在21名政务院领导成员中，民主人士占11人；下属34个机构的109个正副职中，民主人士占49人，其中正职15人。对以上周密安排，许多民主人士非常感动，称赞“周总理不愧为‘周’（指考虑问题周到、完备）总理啊！”

在筹备和召开政协会议、创建新中国的过程中，周恩来真是呕心沥血，建立了不朽的业绩。今天，看到党的“三大法宝”之一的统一战线工作进一步巩固、发展和壮大，看到人民政协工作在国家政治生活中发挥越来越重要的作用，使我更加怀念艰辛创业、功勋卓著而已故去的毛泽东、周恩来等老一辈革命家。

（童小鹏）

★★★ 第六编（上） ★★★

总理国务　励精图治

第六编（上）06

总理国务 励精图治

组建新中国首届“内阁”

深谋远虑，费尽心机，在周恩来综合平衡下，各民主党派主要领导人和社会贤达、无党派民主人士头面人物，差不多都被安排进新中国中央人民政府政务院。时人赞叹：“周总理不愧为‘周’总理啊！”

1949年10月1日，随着毛泽东主席在天安门城楼上的庄严宣告，中华人民共和国中央人民政府正式成立，首届内阁筹组在即。

傅作义任水利部部长

这一天，毛泽东主持中央人民政府委员会第一次会议，郑重任命周恩来为中央人民政府政务院总理。

新中国首届内阁总理任命后，毛泽东责成周恩来从速组成各级政府机关，推动各项政府工作。周恩来不辱使命，早有考虑。

新中国建立后的人民政府，应当是多党合作的典范，应当具有广泛代表性。周恩来认

※ 首都30万群众在天安门广场集会，隆重庆祝中华人民共和国成立。

为，作为刚刚执政的共产党，如何管理这样大的一个国家，在许多方面还缺乏经验，而党外人士中不乏这方面有经验的人士，应尽最大可能加以邀请并妥为安排使用。特别是民主党派在争取中国人民解放事业的斗争中做出过重要贡献，他们的主要领导人都应该有所安排。这样有利于团结和带动社会各阶级、各阶层的人们，共同为建设新中国而奋斗。

※ 周恩来和毛泽东在天安门城楼上。

1949年3月24日，中共中央在由西柏坡向北平转移途中，召开了一次商议25日抵达北平后所要做的有关工作的会议。周恩来在会上就讲到了对党外人士的工作安排问题。毛泽东也在会上强调了对党外人士的安排问题——“对做过贡献的民主人士和各民主党派的领导人，应该在政府里安排适当的职务。”

由于周恩来在国民党统治区工作的时间比较长，对民主党派人士的情况比较熟悉，他不负众望，以共产党人的博大胸怀和深入细致的思想工作感动了党外人士，赢得了他们对政府工作的积极参与和支持，留下了一个又一个动人的佳话。

原为国民党高级将领的傅作义，于1949年1月30日率部接受和平改编。此后他还与时

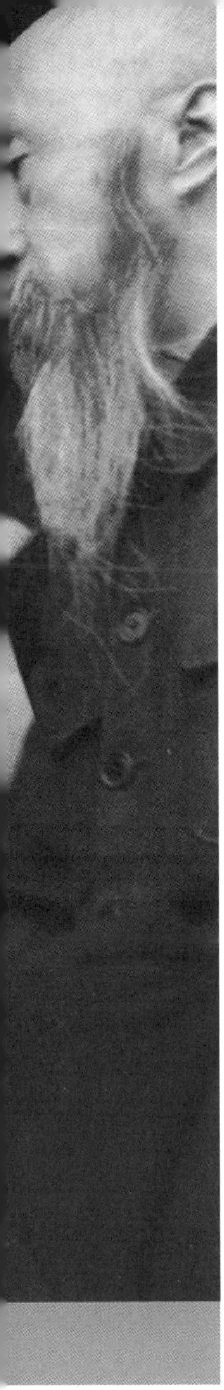

任绥远省主席的董其武一起，为绥远的和平解放做出过重要贡献。毛泽东在西柏坡高兴地会见了傅作义："谢谢你，你做了一件大好事，人民是永远不会忘掉的！你还应留在政府里做官，为人民服务嘛！"

"你以人民利益为重，和平解决了北平问题，避免了一场灾难性战争。"周恩来也当场赞许他，表示欢迎与之合作，恳请他参加民主党派和无党派人士会议，筹备成立中央政府。因为"你既是有党派，也是有功将领，参加会议也是有代表性的"。之后，中共中央安排傅作义担任人民革命军事委员会委员。与此同时，周恩来又特意提名傅作义"入阁"担任水利部部长，这正合傅作义的意愿。

为了表示对傅作义工作的支持，周恩来亲自调来当时的中共北京市委副书记李葆华到水利部任副部长兼党组书记，以协助其工作。在酝酿配备水利部领导班子时，周恩来请傅作义推荐人选，他郑重地向周恩来推荐了两位民主人士：一个是曾任国民党黄河治理委员会技术专家的张含英，一个是曾任国民党河北省党部主任委员、中央执行委员和北平市长的刘瑶章。周恩来对李葆华等党组负责人指示道："凡是傅作义提的人我们都要用。"不久，张含英被任命为水利部副部长，在这个岗位上连续干了29年；刘瑶章被任命为水利部办公厅主任。多年以后谈及此事，傅作义仍感慨不已地说："我这个部长就是有职有权。"

李书城任农业部部长

1949年10月10日，在中央人民政府举行的第二次会议上，周恩来提名李书城为财政经济委员会委员，并提议任命他为农业部部长。许多人为之大惑不解：为什么要重用这样一个年近古稀、大家不甚了解的人呢？于是，周恩来当即对提名的理由作了一番说明。

李书城是湖北潜江人，曾考中秀才，后又接触西学。1902年赴日本留学，亲聆孙中山革命主张，是同盟会发起人之一。武昌起义时曾任武汉国民军战时总司令部参谋长，后出任南京中华民国临时总统府秘书处军事组长兼陆军部顾问官，此后参加反对袁世凯的"二次革命"和护法战争。1920年至1921年，其胞弟李汉俊参与创建中国共产党，并在其上海寓所召开中国共产党第一次全国代表大会。他本人支持国民党改组和实行国共合作，并参加北伐战争，因反对蒋介石、汪精卫"清党"大屠杀，拒绝参加国民党党员重新登记被以"倾共"罪名关押，获释后历任湖北省政府委员兼建设厅厅长、民政厅厅长、通志馆馆长等。抗日战争时主张抗日救国，曾一度避居成都。1948年在湖北发起反蒋和平运动，并赴长沙劝说程潜率部起义，1949年5月出任中国人民解放军武汉市军管会高级参议，同年底赴京出席中国人民政治协商会议第一次全体会议，并被选为全国政协常委。作了详尽介绍之后，周恩来强调指出，这样安排，体现了照顾民主人士的各个方面。从而使大家豁然开朗，对这个提名再无异议。

会后，周恩来又专门派薄一波去找李书城谈话。“一波，他有这么一个历史，要照顾这个历史，你去跟他谈谈，说要提名他为农业部部长。”周恩来的关怀和信任使李书城十分感动，表示一定要尽力搞好工作，不辜负共产党和人民的期望。他以古稀之年刻苦学习党的有关方针政策和农业知识，为全力恢复和发展我国的农业生产，解决全国人民的吃饭穿衣问题做出了不可磨灭的贡献。

黄炎培任副总理

工商界代表人物，中国民主建国会主任委员黄炎培可是个倔强老头。他过去一直恪守“不为官吏”的立身原则，曾多次拒绝旧政府的高官厚禄。解放后来到北京，他也无意于做官。在中南海的一次晚会上，毛泽东曾问及“北洋军阀政府两次请你当教育总长，你为什么不去？”黄炎培回答：“我的信念是，看不清真理所在，是绝不盲目服从的。”现在，中央人民政府要请他出来担任公职，需要做耐心的说服工作。于是周恩来亲自出面了！他特意前往黄炎培的家中登门拜访，开始黄仍抱定初衷，周恩来充满敬意地望着这位比自己年长20多岁的老人，诚挚地劝说：“现在是人民的政府，不是做官，是做事，是为人民服务。在政治协商会议上由各党派斟酌制定了《共同纲领》，就是为人民服务的‘剧本’。我们自己有了‘剧本’，自己怎能不上台唱呢？”

经过两个多小时推心置腹的恳谈，黄炎培被说动了，表示第二天再作回答。这天夜里，黄炎培辗转反侧怎么也睡不着。第二天一清早又去征求江问渔、杨卫玉等好友的意见，他们一致认为周恩来代表中共中央求贤若渴，如此盛情邀请，应该欣然接受，不能再推辞了。当晚，当周恩来再次登门听取他的最后答复时，黄炎培乐呵呵地笑了，他表示愿

※ 周恩来在天安门城楼上。

※ 周恩来在会上讲话。

意出任政务院副总理兼轻工业部长。

黄炎培此举反倒使其子女感到难以理解。黄炎培严肃而中肯地告诉他们："以往坚决拒绝做官，是不愿入污泥。今天是中国共产党领导下的人民政府，我做的是为人民服务的官啊！"

林业专家梁希主政林垦部

当中央人民政府组成人员名单初步拟定后，周恩来代表中共中央在政协会议上征询意见，著名林业专家梁希获悉自己将出任林垦部部长，当即递了一个条子："周总理，我年近70，才力不堪胜任，仍以回南京教书为宜。"周恩来马上给他回复了一个条子："为人民服务，当仁不让。"梁希很为感动，慨然表示："为人民服务，万死不辞。"

熟悉梁希的人都知道，几年前国民党当局曾以请其执掌农业部大权或出任浙江省议会议长为条件，诱使正在中央大学执教的梁希放弃反内战反独裁的立场，他甘冒被迫害甚至被暗杀的危险，断然加以拒绝。当时周恩来十分担忧梁希的安全，曾指示有关人员予以关注，梁希则凛然表示："我梁希的名字能够写在闻一多的后面，可谓死得其所，何惧之有？"梁希视旧社会官禄如粪土宁死不就，新中国面对人民委托万死不辞，这一憎一爱形成了鲜明的对比。

梁希是建国以来林业专家主持全国林业行政第一人，早年就读于东京帝国大学农林部，后又曾赴德国进修森林利用和森林化学，是中华农学会创始人，先后在沈阳、北京、上海、南京等地从事林业科研与教学，在我国最早开设森林利用、林产制造等课程，并最早对封山育林等育林手段进行科学调查和推广。他就任林垦部部长以后，以高深的林学造诣和深入实际、艰苦奋斗的工作作风，致力于林业发展规划、林业教育、林业科研的基础建设，为新中国的林业改造和发展做出了重大贡献。1959年他不幸身患绝症，在医院中还以抱病之躯写下了《让绿阴护夏红叶迎秋》的文章，呼吁加速绿化祖国。

唯独不安排邓颖超

周恩来深谋远虑，费尽心机，在他综合平衡下，各民主党派主要领导人和社会贤达、无党派民主人士头面人物，差不多都被安排进政务院及其下属机构。

1949年10月19日下午，毛泽东主持中央人民政府委员会第三次会议，正式通过了政务院副总理及其下属机构主要负责人的任命。4个副总理中，民主人士2人（郭沫若、黄炎培）；21名政务院领导成员中，民主人士11人，政务院下属34个机构的109个正副职位中，民主人士占了49个，其中15个正职（郭沫若担任了两个正职）。他们是：

文化教育委员会主任、科学院院长	郭沫若
人民监察委员会主任	谭平山
轻工业部部长	黄炎培
邮电部部长	朱学范
交通部部长	章伯钧
农业部部长	李书城
林垦部部长	梁　希

※ 中央人民政府委员会部分委员合影。前排左起：林伯渠、司徒美堂、李济深、朱德、毛泽东、张澜、刘少奇、何香凝、高岗。二排左起：陈铭枢、陈嘉庚、李锡九、董必武、沈钧儒、彭泽民、黄炎培、马叙伦、沈雁冰、高崇民、陈叔通、张难先。三排左起：谭平山、张治中、程潜、李烛尘、郭沫若、吴玉章、李立三、章伯钧、张东荪、徐特立、蔡廷锴。四排左起：邓小平、陈毅、张云逸、周恩来、赛福鼎·艾则孜、马寅初、陈云、彭真。五排左起：刘格平、刘伯承、薄一波、贺龙、聂荣臻、张奚若、傅作义、乌兰夫。

水利部部长	傅作义
文化部部长	沈雁冰
教育部部长	马叙伦
卫生部部长	李德全
司法部部长	史　良
华侨事务委员会主任	何香凝
出版总署署长	胡愈之

这个名单一公布，立即在党内外引起强烈反响。陈毅高兴地说，周总理平衡的这个班子既照顾到解放区的各个方面，也照顾到延安；既照顾到各党各派，也照顾到被安排人的资历、职业和能力。许多民主人士赞叹："周总理不愧为'周'总理啊！"

然而，人们还是感到有遗憾：为什么不安排邓颖超"入阁"呢？在组阁过程中，不少党内外知名人士都众口一词地提出：应该在政府里给邓颖超安排一个职务，从资历、才能和代表性方面来看都应该入阁。但是周恩来力排众议，坚持不予安排。他三顾茅庐，请民主人士一个个出山，就是不让邓颖超入阁。

对此，当时许多人都觉得不可思议。黄埔军校第一期学生、南昌起义卫戍司令彭干臣烈士的儿子彭伟光，1955年在他撰写的《西花厅见闻》一文中披露：我母亲认为，邓大姐除了是总理的一个贤内助外，还应该是政府里的一个部长。所以我母亲问总理：为什么不让邓大姐到政府里担任一项职务呢？当时周总理很严肃地回答了这个问题：你这个老太太想得还挺多的呀！这个问题不是你第一次提出的，过去已经有人提过。建国初期，党内外人士都这么提过，甚至还有人劝过我，但是我不能这样做。为什么呢？因为我是总理，如果邓颖超是政府的一个部长，那么我这个总理和她那个部长就分不清了。人家会把她那个部长说的话，把她做的事当成是我支持的。总理斩钉截铁地说："只要我当一天总理，邓颖超就不能到政府里任职。"

新中国首届"内阁"——政务院的人事安排就绪后，1949年10月21日，周恩来召集第一次政务扩大会议，宣告政务院成立。自此，周恩来担负起处理国家日常工作的繁重任务。到1976年1月逝世，他在共和国总理的岗位上任职长达26年。他逝世后，联合国下半旗为他志哀。

（王存福）

第一次来到外交部

周恩来第一次到外交部，就郑重而又严肃地说："我今天告诉你们，在我当外交部长的时候，不得建造新的外交大楼，也不许增添更多的房子和办公用具，这些就很好了，一定要勤俭搞外交。"

"你们把干部花名册拿给我。"

1949年11月8日下午，周恩来乘坐的轿车在东单外交部街31号中华人民共和国外交部门前停了下来。这是周恩来自担任共和国总理兼外交部部长以来第一次来到外交部。

周恩来身着黄色咔叽布中山装，在李克农等人的陪同下，精神抖擞地走进外交部长办

※ 晨曦初照，周恩来在工作。

公室。这间办公室有30余平方米，地上铺着地毯。临近南窗，安放着一张红木雕花的大办公桌，一套沙发，4把红木太师椅，4个红木雕花的书橱；书橱里放满了线装的古书和中外有关外交学、外交史以及国际问题的著作。办公室西侧外间为一大型会客室，用来接待各国使节和重要外宾。

周恩来看过以后，坐在办公桌边的椅子上说："这个办公室虽没有我的政务院的办公室大，却比那个阔气。我不是说过嘛，一切因陋就简，为什么要搞得这样豪华呢？"

李克农笑笑说："总理，这些东西，原来都是北洋政府外交部的，已存放在这房子里30多年了。"王炳南说："总理你看，这些太师椅上都刻有龙的图案，不是宣统皇帝就是袁世凯登基做皇帝时添置的。"

周恩来看了看说："这都是劳动人民的创造。以前供皇帝和官僚们享用，现在又回到了人民手中。旧物利用，再为人民服务，这很好。"停顿了一会儿，他眼睛扫视一下在座的人，郑重而又严肃地说："我今天告诉你们，在我当外交部长的时候，不得建造新的外交大楼，也不许增添更多的房子和办公用具，这些就很好了，一定要勤俭搞外交。"

新任命的副部长李克农、章汉夫和办公厅主任王炳南连连点头："一定遵照您的指示办。"

周恩来对李克农、章汉夫、王炳南说："你们把干部花名册拿给我。"王炳南一听，把早已准备好的干部花名册送到了周恩来面前。他们知道周恩来有一个习惯，到一个机关或开一个重要的会议，都要对在场的人逐个点名。用周恩来自己的话说，通过点名既可认识人，又可直接交谈，了解情况，增进感情。今天是周恩来第一次到新中国的外交部参加成立大会，对出席会议的人无疑都要点名。所以王炳南早就准备好了一份外交部干部的花名册。

周恩来接过花名册，一页一页地仔细翻阅。每个干部的姓名、籍贯、年龄、学历、特长，他都一一看过，有的还默记在心。周恩来看完花名册说："人不多啊。总共才200多，要面对世界200多个国家是很不够用的。"李克农回答说："是的。我们正在物色和抽调一些干部来充实外交部，不过人很难选，懂外交、会外文的人不多。"

"你这样说就不对了。几亿人口的大国，还没有人才？"周恩来话锋一转，"当然了，外交干部是代表国家和人民利益的，必须挑选那些绝对忠于党、忠于国家、忠于人民，任何时候都能够站稳阶级立场的人，决不能有半点儿马虎。世界上每个国家的统治阶级都要挑选本阶级中最忠诚、最可靠、有才干的分子来从事外交工作。"

"我们的外交干部无非三个来源：一是从军队中选调，军队干部经过战争的考验，是最靠得住的；二是从地方干部中选调，他们有领导工作的经验，也是很靠得住的；三是从地下党中选调，他们的文化水平比较高，从敌人白色恐怖中度过来的，也是可靠的。”周恩来明确指出解决外交干部缺乏问题的途径。

李克农说：“我们将遵照总理的指示，马上着手选调。现在我们已从军队中物色了几位将军，准备派出去当大使，还要调些中级军官和参赞，也要从地方上调一部分干部。”周恩来脸上露出微笑，满意地说：“这很好。不过要训练一下，请一些专家讲点起码的外交知识，比如一般外交礼仪，见人如何打招呼、握手，如何用刀叉吃西餐，如何穿西服打领带等等。如能学点外文更好。”

“我是外交部长，今天到外交部来，你们应称我周外长。”

当周恩来健步走进外交部东楼大厅时，人们不约而同地站了起来，热烈鼓掌。

周恩来经历这种场面已不止一次了。他非常谦虚地说：“同志们，请坐下。我周恩来和大家一样，也是个平平常常、普普通通的人，我也犯过错误，现在还有许多缺点和不足，并不像外界说的那样完美无缺。以后，我们要长期共事，你们会看到我的优点，也会发现我的缺点的。所以我们要互相帮助，互相提醒。外交工作与其他工作不同，不允许有半点儿差错。”

李克农站起来宣布：“同志们，中华人民共和国外交部成立大会，现在开始！首先，请我们敬爱的周总理讲话。”

周恩来站起来说：“首先我要纠正李克农副部长一个错误……”

会场上的气氛顿时紧张起来：怎么李克农刚到外交部当副部长就犯错误了？李克农自己也觉得莫名其妙，脸上显出尴尬的表情。

“我是外交部长，今天到外交部来，你们应称我周外长，不要称我周总理嘛！”

周恩来缓缓坐下，和蔼地说：“今天在座的有的第一次见面，我们先认识认识，好吗？”他从头点名道：“外交部副部长王稼祥，他现在是我国驻苏联大使，也是我们派出的第一位大使，不在国内，但他还是兼着外交部副部长。他是位老同志，当过红军政治部主任、军委副主席、中央政治局委员。他在苏联留过学，很受斯大林和苏联同志的信任。”周恩来又点到李克农：“李克农副部长现在主持外交部日常工作。他是个老党员、老红军，长期做情报和统战工作，是代表党中央第一个同张学良将军接触的人。”他侧过身来，对坐在旁边的李克农说：“你是安徽芜湖人，陶行知也是你们安徽芜湖人嘛。你们

※ 1949年10月2日，苏联第一个承认中华人民共和国。这是毛泽东、周恩来、林伯渠、聂荣臻等在苏联首任驻华大使尼古拉·瓦西里耶维奇·罗申（前排左六）呈递国书后同他和大使馆外交官合影。

芜湖是鱼米之乡，也是人才辈出的地方。”

周恩来又对坐在他左边的章汉夫说：“你是江苏武进人，同瞿秋白、张太雷是同乡。这两位都是才华横溢的革命家，可惜他们死得太早，只有30多岁。”

“这两位我都认识，也曾领导过我。”章汉夫答道。

“克农没有上过大学，汉夫是留美、留苏的学生，你的英文很好，俄文怎样？”

章汉夫回答说：“俄文忘掉很多，但还能听懂一些。”

“做外交工作的一定要学习外语，已经会外语的要提高，不会的要从头学。我们不行了，岁数大了，你们还年轻，来日方长。世上无难事，只怕有心人。”周恩来一边说一边翻着花名册，“办公厅主任王炳南，你们都知道，他是德国留学生，好像还在日本留过学。”

“苏联东欧司司长伍修权，没有到任。他是莫斯科中山大学的学生，当过共产国际代表李德的翻译，八路军驻兰州办事处主任，后来一直在军队工作，现任东北军区参谋长。由他来同苏联、东欧国家打交道是合适的。”周恩来翻开花名册下一页接着说，“亚洲司司长沈端先（即夏衍），杭州人氏，日本留学生，我国有名的文学家、戏剧家、翻译家，中国电影事业的开拓者之一。他也没有到任，暂由乔冠华兼代理司长。”

乔冠华立即恭恭敬敬地站起来，向大家点头示意。

周恩来对乔冠华说：“你坐下吧！”他接着介绍：“乔冠华是清华大学哲学系毕业，然后又到日本东京帝国大学、德国杜宾根大学获哲学博士学位。我们这里的外国大学博士学位的不多吧？”

“有，总理。”龚澎站起来说：“我们司的副科长浦三同志，就是美国哈佛大学的哲学博士。”

“噢！”周恩来略带惊讶地说，“我们外交部还有人才呀。浦三同志你今年多大了，是哪里人？”

浦三站起来说：“总理，我是江苏无锡人，1923年11月出生。”

“江浙才子多，可我这个江浙人就不行啦！你的英文一定很好了？”

“不行，马马虎虎的能用。”

“你不要谦虚嘛！英文这个工具，你将来可以大显身手。”

周恩来停顿一下又说：“乔冠华回国后，用‘乔木’的笔名写了大量的国际时事评论

※ 乔冠华。

文章。在延安的胡乔木同志也用笔名写了大量的文章。他们两人既是同乡又是同学，故而一时有‘南乔、北乔’之称，传为佳话。”周恩来突然问大家：龚澎同志你们不认识吧？她是乔冠华同志的夫人，是我们的情报司司长。

全场回答：“认识、认识，她是我们外交部的第一位女司长！”

“不，还有龚普生同志，龚澎同志的姐姐，章汉夫同志的夫人，是我们国际司的副司长，她们两姐妹都出自安徽名门望族。龚澎还是‘一二·九’学生运动的领袖。那时你在燕京大学读书？”周恩来转向龚澎问。

龚澎站起来说：“是的，总理，我同黄华同志是同学。”

“那司徒雷登是你们的老师了？”

“是的。”

“这人后来当上了美国驻华大使，毛主席写的《别了，司徒雷登》就是指他的。这个人回国以后干什么去了？”

“听说，回他家乡赋闲了。”乔冠华站起来回答。

“下面我想改变一下做法，不用我来介绍，而是自我介绍。”周恩来说，“韩叙，你介绍一下你的简历。”

韩叙十分谦恭地站起来说：“我是江苏江宁人，1924年生，燕京大学经济系毕业。”

“你现在在办公厅礼宾处当副科长？”

“是的。”

“礼宾工作很重要，这是个门面，外国人首先看你待人接物是否友好。当然，我们新中国的礼宾工作，应当有自己的风格、特色，不卑不亢。不像清朝和国民党政府见到外国人就卑躬屈膝。我们既要有骨气，又不要有骄气。总之，要慢慢摸索，要总结经验，制定出一套制度。”韩叙连连点头。

“凌青，我们在延安时就认识。”周恩来翻着花名册。

凌青站起来，自报家门：“我是福建人，1923年生，大学毕业，在中央外交小组工作。现在是美澳司的科长。”

“你是林则徐的后代？”

“是的，我是他的玄孙。”

“林则徐禁止鸦片，抵抗英国侵略者，是一位颇有见识和才干的民族英雄，一直受到后人的尊敬和敬仰。你要继承、保持你们祖上的遗志和荣誉。”

“是的，总理，我一定努力工作，为新中国的外交事业做出贡献。”

周恩来把到会的人一个个地都点到了。

“在外交上，我们要有独立的精神，要争取主动。”

随后，周恩来发表了外交部成立后的第一次重要讲话。他说：“关于外交工作，特别是同帝国主义斗争，我们不能说没有一点经验。抗战以来10多年，我们当然是有些对外斗争经验的……对帝国主义既要藐视，又要重视，这是辩证的。在战略上要藐视，在战术上要重视。对具体斗争，我们必须精心组织，好好地进行。这同打仗一样，我们稍不经意，就会打败仗。但也不要怕它，否则就会处于被动，它就处处威胁你。旧中国在外交上一贯是神经衰弱，怕帝国主义的。清朝的西太后，北洋军阀袁世凯，国民党的蒋介石，哪一个不是跪在地上办外交的呢？中国100多年来的外交史是一部屈辱的外交史。我们不学他们，我们不要被动、怯懦，而要认清帝国主义的本质，要有独立精神，要争取主动，没有畏惧，要有信心。”

会场上鸦雀无声，人们都在聚精会神地听他讲话。每个人都用笔在记。

他略微提高声调说：“我们要求每一个同志，一切从学习出发，不要骄傲，不要急躁，不要气馁。同时，还要有纪律。外交同军事一样，外交不过是‘文打’而已。我们说一句话，做一件事，都可能影响战斗，必须有严格的纪律。一切都要事先请示、商讨，批准后再做，做完后要报告，这一点很重要。”

周恩来的话音一落，全场爆发出热烈的掌声。有不少人还站起来鼓掌，足足有五六分钟之久。

周恩来讲完话以后，已是吃晚饭的时候。他在王炳南陪同下来到楼下食堂，同外交部工作人员一道排队，买了一盘豆腐清汤、一碗米饭，随便找了一个座位坐下就餐。

晚饭以后，举行外交部成立晚会。邓颖超也赶来参加了。晚会上，周恩来翩翩起舞，舞姿优美动人，外交部的女同志都争先恐后地陪他跳舞。他同舞伴们一边跳舞一边聊天，了解每个人的情况、思想和工作，在舞间休息时还同大伙谈心，没有一点儿领袖架子，大家都愿将自己的心里话告诉他。

周恩来凭他的品格、智慧、才能，赢得了人心。他依靠大家，大家也全力拥戴他、支持他，都愿在他领导下工作。这样上下一条心，紧紧地团结在一起。显然，新中国的外交工作开展得有声有色，取得了一个又一个重大胜利，这是与周恩来的贡献分不开的。

（王以忠）

在抗美援朝中

朝鲜战争，毛泽东是主张出兵的。周恩来也是主张出兵的，他说：我们不想打，但是敌人逼我们，快到鸭绿江边了，不能见死不救，这是援朝，也是卫己，唇亡齿寒嘛！

建国前，周恩来是中共中央军委的副主席兼代总参谋长，建国后，周恩来被任命为人民革命军事委员会副主席，徐向前任中国人民解放军总参谋长，聂荣臻为副总参谋长。因

※ 1949年10月19日，周恩来在中央人民政府委员会第三次会议上被任命为人民革命军事委员会副主席。这是人民革命军事委员会成立时部分委员合影。

为徐向前有病，1950年初聂荣臻被指定为代理总参谋长。这时朱德的身体也不好，医生再三要他休息，主持军委工作的是毛泽东、周恩来。

军事工作是十分紧张的。聂荣臻说："毛泽东、周恩来同志那里经常叫我去汇报、谈话或开会。这些会议大多是在晚上进行，而总参谋部的工作在白天，这样我休息的时间就很少了。每周总有几个夜晚不能睡觉，更没有什么星期天和节假日，这也是当时我特别劳累的一个原因。"

从这也可想见周恩来当时的繁忙程度，他既要主持军委日常工作，又要兼管政府的工作。

前方，解放战争进展神速，到1949年底，全国大陆除了西藏外，已经全部解放。1950年4月16日到5月1日，人民解放军解放海南岛，歼灭国民党军薛岳部队三万多人。剩下的战事不多了，而解放军的人数包括改编的原国民党部队，已经达到五百多万。这是一个庞大的数字，需要很大的财政支出。

为了争取国家财政经济状况基本好转，中央准备大量复员军队。

1950年4月间，周恩来在第28次政务会议上说："1950年把军队数目从560万减到400万。"

※ 1949年3月25日，毛泽东在北平西苑机场检阅中国人民解放军装甲部队。

1927年蒋介石定都南京后，搞裁军，用来排斥异己。周恩来说，我们复员，“不要惊动起义军队，因为过去一裁军便裁了杂牌军”。总的目标是减到280万，分三期进行，第一期复员到400万，减少100多万。

5月16日，周恩来在中央军委参谋会议上，对军队的整编问题提出意见，说我们的整编原则是使解放军在现有的基础上提高，在近代化条件下发展。

6月5日，中央复员委员会成立，由委员15人组成，周恩来担任主任，聂荣臻是副主任。6月20日，政务院开扩大会议，布置复员工作。周恩来在会上作了报告，毛泽东也到会讲了话。

讲话的主要内容是说复员的是建立新中国的有功之臣，党政军民要齐心把工作做好，复员前要很好动员，进行评功、鉴定，复员时部队要欢送，地方要欢迎，妥善安置，要规定一系列的待遇，如发给粮食、布、现金，直至对婚姻纠葛的处理办法等。傅作义、张治中等也到会了，听了很激动。他们说，从旧社会来的人，最有体会，同国民党的裁军相比，“一个天上，一个地下”，“从来没有看到过这样好的措施”。

正在新中国准备大量裁减军队的时候，情况突变。6月24日，周恩来还在主持政务院会议，讲1950年准备再减少军队120万。6月25日，朝鲜北南双方爆发了内战。26日，美国总统杜鲁门命令美国驻远东的空军、海军参战，支援朝鲜南方李承晚政府。27日，杜鲁门公开宣布武装侵略朝鲜，干涉朝鲜内政，还命令他的海军第七舰队侵入台湾海峡，霸占中国领土台湾。年轻的中华人民共和国受到帝国主义武装进攻的威胁。

中国立刻作出反应。

28日，周恩来代表中国政府发表声明，指出：“杜鲁门27日的声明和美国海军的行动，乃是对于中国领土的武装侵略，对于联合国宪章的彻底破坏”，“我国全体人民，必将万众一心，为从美国侵略者手中解放台湾而奋斗到底。”

周恩来在百忙中，时时关心着朝鲜战事的发展。朝鲜是我国东北的近邻，而东北，白山黑水，区域辽阔，物产丰富，人口众多，是中国的重工业基地，当时中国仅有的一点重工业企业，基本上都在东北。周恩来注视着地图心想：战火会不会蔓延开来？会不会影响到我国东北的安全？

他同毛泽东商议了这件事。根据毛泽东的提议，周恩来在7月7日和10日，两次召开了中央军委会议，讨论组建东北边防军的问题。

13日，周恩来书面报告毛泽东说：这两次会议商定了《关于保卫东北边防的决定》，分别从河南、广东、广西、湖南、黑龙江等地抽调第十三兵团、第四十二军和若干炮兵师、高炮团、工兵团，共二十五万五千人，组成东北边防军，8月5日前到达安东（今丹东）、辑安（今集安）、通化、本溪、铁岭等地。空军编成三个团在东北训练，成立东北空军司令部。

8月26日，周恩来主持开会，检查和讨论东北边防军的准备工作。

会上，他说：中央人民政府成立以来，解放了华南、西南广大地区和海南岛、舟山群岛等。这期间重要的是建设，大家忙于政府工作，部分力量搞军事。今年对军队提出了生产任务和考虑复员一部分，只用部分部队进行解放海岛和准备进军西藏，而在生产和复员上却用了很大力量。朝鲜战争爆发后，给了我们新的课题。美帝国主义企图在朝鲜打开一个缺口，准备世界大战的东方基地。它如果压服朝鲜后，下一步必然进攻中国。我们对于朝鲜，不仅看做兄弟国家问题，不仅看做和我国东北相连接有利益关系的问题，而且应该看做是重要的国际斗争问题。根据战争的情况，要设想战争的长期化。这和我们东北边防军的准备工作是有联系的。我们现在如果不抓紧时间积极准备，万一形势恶化，就会措手不及，陷于被动。

在这次讲话中，周恩来讲到了将来如果出国作战，可以采取“换班的办法，轮流补充”，“用这种办法整补为最好”。

8月25日，在第47次政务会议上，周恩来也讲道：“现在看，朝鲜战争可能变成长期”，“拖长的可能性增加了。”他讲了在北伐时期、东北抗日联军和关内抗战，以及后来的解放战争中，都有朝鲜子弟参加，朝鲜民族与我们是血肉相连的。

朝鲜战争之初，朝鲜人民军6月28日解放汉城，7月20日攻克大田，到8月中旬，解放了南朝鲜90%的地区，把美军和李承晚军队压缩到洛东江以东一万平方公里的狭小地域内，美军一面负隅顽抗，一面利用釜山港继续增援兵力。战争呈胶着状态。

我国人民解放军总参谋部和外交部在密切注视着，8月中旬连续开会，研究朝鲜的战争情况。总参谋部作战室根据朝鲜战场的状况进行了图上模拟演习，对演习的结果作了分析，认为美军的下一步行动最大的可能是在人民军的侧后登陆，进行中间截断。对于在什么地方登陆也作了分析，认为适宜登陆的港口有六个，可能性最大的是在仁川登陆，它的后果也最严重。8月23日凌晨，作战室的负责同志向周恩来报告了这个分析结果。周恩来很重视，带他向毛泽东作了汇报。后来，9月15日，美军七万多人果然在仁川登陆，朝鲜人民军在两面作战的不利形势下转入退却。28日，敌军攻占汉城，29日进抵南北朝鲜的分界线——“三八线”。

美军过不过“三八线”？如果过“三八线”北进，就是对朝鲜民主主义人民共和国的

※ 周恩来和中国人民志愿军第一任司令员兼政委彭德怀元帅在一起。

侵犯，这是一个严重的行动。周恩来同毛泽东等中央领导人，都密切地关注着。

9月30日，周恩来在中国人民政治协商会议全国委员会为建国一周年举行的庆祝大会上，作了《为巩固和发展人民的胜利而奋斗》的报告。

报告中说：“中国人民密切地关心着朝鲜被美国侵略的形势。”“很明显，中国人民在解放自己的全部国土以后，需要在和平而不受威胁的环境下来恢复和发展自己的工农业生产和文化教育工作。但是美国侵略者如果以为这是中国人民软弱的表现，那就要重犯与国民党反动派同样严重的错误了。中国人民热爱和平，但是为了保卫和平，从不也永不害怕反抗侵略战争。中国人民决不能容忍外国的侵略，也不能听任帝国主义者对自己的邻人肆行侵略而置之不理。”最后一句“也不能”三字下面“听任帝国主义者对自己的邻人肆

※ 1950年10月，毛泽东以大无畏的气概作出“抗美援朝，保家卫国”的决策。中国人民志愿军雄赳赳，气昂昂，跨过鸭绿江。

行侵略而置之不理”，是这一讲话稿的画龙点睛之笔，这是在定稿时周恩来亲笔加上的。

这个讲话，10月1日《人民日报》用显著的版面公布了。

接着，10月3日，周恩来约见印度驻华大使潘尼迦，说：“美国军队正企图超越‘三八线’，扩大战争。美国军队果真这样做的话，我们不能坐视不顾，我们要管。请把这点报告贵国政府总理。”“我们主张和平解决，使朝鲜事件地方化。我们至今仍主张如此。”这次约见的时间是在凌晨一点钟，这也说明了周恩来急迫的态度和制止战争扩大的心情。这次会见时做翻译的是浦寿昌，周恩来事先对他讲，要突出一个“管”字，把这字翻译成英文要有相当的分量。周恩来这次谈话，是因为中国和美国还没有直接外交关系，要通过印度政府给美国传话，让他们知道中国的态度。他知道中文的“管”字在英文中不大好翻译，特意要浦寿昌好好琢磨一下，以便在翻译时准备无误。

中国将会采取什么态度？美国政府当然是要考虑的。

8月间，杜鲁门曾经派阿弗里尔·哈里曼到东京见“联合国军”总司令麦克阿瑟，问他这个问题。麦克阿瑟表示不相信苏联有意于直接干涉，或卷入一场大战，他相信中国共产党也是这样。9月27日，杜鲁门批准了美国参谋长联席会议给麦克阿瑟的指示，要他“摧毁北朝鲜的武装力量”，并授权他在“三八线”以北进行军事行动。

周恩来的国庆讲话和同潘尼迦的谈话，迅速地传到了白宫，杜鲁门没有重视，认为这只是周恩来的“恫吓”。但是，杜鲁门觉得“中国对朝鲜的干涉的可能性当然不能不加以考虑”。他要参谋长联席会议给麦克阿瑟下指示。指示中说："今后中国共产党要是不事先声明就在朝鲜任何地方公开或隐蔽地使用大量的部队，你应该根据自己的判断只要在你控制下的部队有可能获得胜利，你就继续行动。"一方面，美国政府却放出空气，说是美军将停止在"三八线"上。

10月15日，杜鲁门乘飞机到太平洋中的威克岛，会见麦克阿瑟。麦克阿瑟向杜鲁门保证："朝鲜的战局是赢定了"，"中国共产党参加战争是不大可能的"，最多，他们可能派五六万人进入朝鲜，但是他们没有空军，"如果中国人南下到平壤。那一定会遭受惨重的伤亡"。"在南北朝鲜，抵抗都会在感恩节前结束"。杜鲁门给麦克阿瑟颁发了勋章，说："这次会谈回来更增强了我的信心。"

10月7日，美国侵略军已经开始越过"三八线"，疯狂地向中朝边境进犯。

中国出兵不出兵？中共中央酝酿了多次。

10月5日，中共中央政治局开会讨论这个问题。6日，又开党政军高级干部会议讨论。毛泽东是主张出兵的。周恩来也是主张出兵的，说：我们不想打，但是敌人逼我们，快到鸭绿江边了，不能见死不救，这是援朝，也是卫己，唇亡齿寒嘛！

4日下午，中央派飞机从西北把彭德怀接到北京的会场上，彭德怀也认为"出兵援朝是必要的"。会上决定彭德怀领兵前去。

10月8日，毛泽东以中国人民革命军事委员会主席的名义发布命令："为了援助朝鲜人民解放战争，反对美帝国主义及其走狗们的进攻，借以保卫朝鲜人民、中国人民及东方各国人民的利益，着将东北边防军改为中国人民志愿军，迅即向朝鲜境内出动，协同朝鲜同志向侵略者作战并争取光荣的胜利。""任命彭德怀同志为中国人民志愿军司令员兼政治委员"。

中央正式决定之后，周恩来受委派，在10月8日这一天，带了翻译师哲和机要秘书康一民，到苏联去商谈。他们坐的是安-2型飞机，时速只有二百多公里，到莫斯科用了三四天时间。第一天到伊尔库茨克，第二天到新西伯利亚，接着又到斯维尔德洛夫斯克，然后才到莫斯科。

此时斯大林正在南方黑海之滨的休养地，因此，周恩来等又乘飞机到达斯大林的休养住所。

据当时同行的康一民谈："周总理此行的目的是，告诉苏联领导人，中国决定出兵抗美援朝，并且要求苏联给中国军事援助和派空军进驻东北及北京、天津、上海等沿海大城市。"

谈判中，苏联方面有了变化。

当年的志愿军领导人洪学智有一段回忆："我们十三兵团已经做好了一切战前准备，可以说是万事俱备，只要中央一声令下，就立即向朝鲜出动了。就在这时，斯大林突然通知我们说，他们的空军还没准备好，要暂缓出动。后来我听彭总讲，斯大林说的没有准备好，并不是真正的原因。真正的原因是斯大林对我们能不能打胜这场战争有怀疑。他看到

※ 1951年10月23日，毛泽东在全国政协一届三次会议上致开幕词，指出：抗美援朝、土地改革和镇压反革命三大运动，取得了伟大的胜利。

※ 1953年9月12日，毛泽东主持召开中央人民政府委员会第二十四次会议，听取彭德怀关于中国人民志愿军抗美援朝工作的报告。

我们真的决定要出兵了，而且美国准备宣布同中国进入战争状态，他就犹豫了。斯大林觉得中国的军队虽然在国内战争中胜利了，但装备那样差，到底能不能打败美军，没有底。觉得如果他们出动空军掩护我军，一旦我们打败了，就把他们给卷进来了，苏联就会有与美军直接对抗的危险，甚至会引起第三次世界大战。对于苏联态度的变化，毛主席和彭总都感到很突然。”

在莫斯科，周恩来同样也感到很突然。他立即打电报给毛泽东报告这一情况。

这时，前方的志愿军已经整装待发。毛泽东立即给彭德怀打电报：

“彭高、邓洪韩解：（一）10月9日命令暂不执行，十三兵团各部仍就原地进行训练，不要出动；（二）请高岗、德怀二同志明日或后日来京一谈。毛泽东，10月12日20时。”

彭德怀13日就赶到北京。这一天，中共中央政治局开会讨论，会后，毛泽东打电报给周恩来，说：

“（一）与政治局同志商量结果，一致认为我军还是出动到朝鲜为有利。在这一时期，要以专打伪军，我军对付伪军是有把握的，可以在元山、平壤一线以北大块山区打开朝鲜的根据地，可以振奋朝鲜人民。在第一时期，只要能歼灭几个伪军的师团，朝鲜局势即可起一个对我们有利的变化。

“（二）我们采取上述积极政策，对中国，对朝鲜，对东方，对世界都极为有利；而我们不出兵，让敌人压至鸭绿江边，国内国际反动气焰增高，则对各方都不利，首先是对东北更不利，整个东北边防军将被吸住，南满电力将被控制。

“总之，我们认为应当参战，必须参战，参战利益极大，不参战损害极大。”

当然，新中国才成立不久，人民已经打了十几年仗，军队的装备陈旧，要同世界上头号帝国主义的现代化军队打仗，困难是不小的，特别是空军还没有建立起来，作战时没有制空权，就会十分不利，所以中国决定出兵后，希望得到苏联在装备上的帮助，特别是空军的支援，结果发生了这一个曲折。

周恩来后来在中共中央工作会议上讲过这件事，说：“他（指美军）逼近了鸭绿江，我们就下决心，去与斯讨论。两种意见：或者出兵，或者不出兵，这是斯说的。我们问：能否帮空军？他动摇了，说中国既困难，不出兵也可，说北朝鲜丢掉，我们还是社会主义，中国还在。谈了一天，晚上就要决定，马上电问毛主席。”“毛主席电报去，觉还是出兵，先打李承晚军，把美军孤立，逐步想办法。”

又一次，周恩来谈到这件事：“抗美援朝时，我同林彪一道去苏联与斯大林谈判，说苏联是否出点空军，这样我们就可以去了（指出兵过鸭绿江），没有空军有困难。斯大林说空军不参派。林就很高兴。后来毛主席决定，即使苏不派飞机，我们还是出兵。”

接到毛泽东的电报后，周恩来同莫洛托夫等继续商谈，最后苏联方面同意中国出兵和给予军事装备的援助，并且同意派飞机帮助中国防空和训练，不过飞机只到沈阳。

周恩来回国后10月29日又同苏联顾问沙哈诺夫等会谈。沙哈诺夫对周恩来说，苏联方面又同意派苏联航空员驾驶喷气式到安东担任防空了。11月10日左右，苏联空军可以移到安东。

10月24日，周恩来讲了当时形势：美国飞机已经侵入我国领空12次之多了。我们国家需要恢复生产，我们的确也正在恢复。我们本想1951年减少军费，增加经济建设费和文教费，还考虑增加公教人员生活费，但是敌人不让我们这样做。美军在仁川登陆以后，我们想他是否会停在“三八线”？敌人占领汉城，印度尼赫鲁转告我们，三外长会议说好不过“三八线”。但是，我们得到的情报是三外长会上决定的是和缓中国，过“三八线”，过了以后，再搞中国。我在9月30日发表了声明。10月3日，敌军已过了“三八线”。我对潘尼迦讲不能不管。尼赫鲁转告英国贝文，贝文通过尼赫鲁表示到离鸭绿江40英里就停止，当时已到平壤。现在已由平壤北进。显然，这是第二次欺骗。“敌人得寸进尺”，我们“过去做的已无效，只有力量的管才能起作用”。管的结果有两种可能，一种是给敌人以挫折，使它知难而退；另一种是它可能孤注一掷，因为美帝国主义有疯狂的一派，我们应有准备。我们并不愿战争扩大。周恩来说：“力争第一种可能。”

10月18日，毛泽东、周恩来和彭德怀等在北京最后一次研究了志愿军入朝鲜后的部署和作战方针。19日晚，中国人民志愿军四个军和三个炮兵师一个高射炮兵团开始秘密渡过鸭绿江。这时美军和南朝鲜李承晚军队正迅速向鸭绿江推进。25日，两军相遇，开始了第一次战役，经过13个昼夜的艰苦作战，歼敌1.5万余人，到11月7日结束。志愿军把敌军从鸭绿江边一直打退到清川江以南。敌军坚持要占领全朝鲜，增加地面部队到22万多人，飞机1200余架，发动全面进攻，宣称圣诞节结束朝鲜战争。志愿军做好准备，进行第二次战役，共歼敌3.6万余人，收复了朝鲜民主主义人民共和国原“三八线”以北（除襄阳外）的全部领土，还解放了“三八线”以南的瓮津半岛和延安半岛。这次战役震惊了世界。12月31日，中国人民志愿军乘胜发起第三次战役，经过九天连续作战，把敌人赶到三八线以南，解放了汉城，又歼敌1.9万多人。后来又经过第四、五两次战役，到1951年6月，中国人民志愿军和朝鲜人民军共歼灭了敌军23万余人，把敌人从鸭绿江边赶回到“三八线”，并把战线稳定在“三八线”附近地区。

美国统治集团被迫承认，单纯依靠军事手段解决朝鲜问题已经不可能了。1951年6月初，美国政府通过联合国秘书长赖伊透露愿意通过停战谈判结束敌对行动。中旬，又通过中立国的外交人员向我国试探，同时，军事上暂时放弃了实行全面进攻的行动而转入战略防御。6月23日，苏联驻联合国代表马立克根据中朝政府一贯主张和平解决朝鲜问题的立场，和美国政府表示愿意谈判的意向，提出双方谈判的建议。30日，“联合国军”司令李奇微奉美国政府令发表声明，同意停战谈判。7月1日，朝鲜人民军最高司令官金日成和中国人民志愿军司令员彭德怀通知李奇微，同意派代表与美方会晤。10日，双方在开城开始举行停战谈判。

朝鲜战争实际上是第二次世界大战以来一场规模最大的现代化战争。“打一场现代战争，在很大程度上是人力物力的竞赛”。战争的物资消耗十分巨大，如果没有最低限度的物资保障，取得战争胜利是不可能的。彭德怀甚至讲：“三七开，前方功劳三分，后方功劳七分。”例如1953年夏季攻势中，一次20多分钟的火力急射，就用了弹药1900多吨。金城战役一仗，消耗物资3.4万多吨。战争三年，仅主副食、弹药、油料等几项主要物资的供应，就近300万吨。志愿军是立足于国内供应的。既要由国内筹集，还要冒着敌机狂轰滥炸运上去。聂荣臻回忆说：“整个后勤工作，当时都是在周恩来同志的领导关怀下进行的。这方面的事情，我几乎每件都向他请示。他抓得很细。”“总之，恩来同志对志愿军的后勤保障费尽了心血，做出了宝贵贡献。”

在1950年10月上旬中共中央政治局会议讨论派志愿军入朝作战时，周恩来说，要“有充分准备，一出手就胜”，在这样的战略意图下，检查我们的准备工作。战争开始后，周恩来挑起了协助毛泽东组织、领导这次战争的重任。从志愿军的编组、装备、兵员补充，到军工生产，交通运输、后勤保障以及作战指挥，他都亲自过问，运筹帷幄。为了保障作战物资的源源供应，他关心抢修和保卫铁路、公路、码头等交通枢纽，指示在运输线上普遍建立“交通港”、“防空哨”，建立起打不烂、炸不断的钢铁运输线。

1951年1月，东北军区召开后勤会议，研究志愿军的供应问题。周恩来要聂荣臻同他一起专程赶到沈阳听汇报，解决了许多实际问题。如作战部队反映大盖帽不便于爬山、钻林子，周恩来立即指示改换解放帽。他了解到部队在山地作战，棉衣容易扯破，就指示在棉衣面上加绗线。当知道志愿军战斗紧张吃不上饭时，就要政务院向东北、华北、中南各省市布置，发动群众炒面。他还亲自到北京市的一些机关视察，同大家一起动手炒面。他及时解决最迫切的问题。如1951年9月下半月到10月底，各种物资运上去需要1.2万个车皮，而按铁路运输能力只能上6000个车皮。周恩来知道后就指示主要运粮食、被服和油料，保障了前方最迫切的需要。

抗美援朝有一段时间，形势相当紧张，美军很可能从朝鲜半岛中部登陆截断志愿军的后路。中朝双方及时采取了措施。

周恩来既要及时掌握前线情况，又要组织国内各方面支援和组织后勤供应运输，他为中央军委起草了不少指示，经毛泽东批发，如《关于轮番作战方针的指示》，决定组织第一、二、三批志愿军轮番上前线，使作战既有生力军，部队又能得到切实整补，保持了持久性和高度的机动性。甚至，他连志愿军司令部的安全也考虑到了。1950年11月他听到前方回来的人谈到，志愿军司令部还没有足够的防空洞，那地方是著名的金矿区，附近有四部电台，驻扎已近一月。他立即写了中央给志愿军司令部党委会的电报：“为保证志司指挥机关及其领导同志的安全，中央责成志司党委会应形成决定，规定志司驻地应经常变动，电台应分散安置，防空洞必须按标准挖好，并布置地下办公室，凡遇敌机来袭，负责同志必须进入地下室，任何同志不应违背。”

停战谈判开始后，中国方面是周恩来直接领导的。中央派李克农、乔冠华去参加谈判工作，一切问题随时向周恩来汇报。从谈判的议程、方针、策略直到谈判的地点、中立区的范围，周恩来都缜密地考虑到了。他以毛泽东的名义起草了大量电报，经毛泽东同意后发往前方，指导中方谈判代表的工作，仅1951年8月下旬到10月25日就有50多件，总数约有一二百件。

美方是谈谈打打。它把全部陆军的三分之一、空军的五分之一和海军的近半数投入到朝鲜战场上，作战飞机最多时达到2400余架，舰艇300余艘，运用了当时除原子弹外的最先进的军事技术，仅美国远东空军就出动了72万架次，投掷和发射了47万吨弹药。但他们始终没有能攻破志愿军和朝鲜人民军的防线。最后，停战协定终于在1953年7月27日签字。

※ 运输队为志愿军运送物资。

※ 1958年10月，周恩来和陈毅元帅在北京火车站欢迎中国人民志愿军凯旋。

抗美援朝战争，中国支付了巨大的人力、物力，但另一方面，它也促进了中国军队装备的改进，特种兵跳跃式地发展。周恩来主持军委日常工作，在全力支援前线，加强国内空防、海防、边防和地方治安的同时，加紧组建空军、炮兵、装甲兵、工程兵、防空兵和海军舰队等，突击训练，力争尽早入朝担任作战任务。其中，除了空军是1949年11月开始组建，海军是1950年4月开始组建的外，其他各兵种的领导机关都在1950年8月到1951年3月间建立起来了，人民解放军由几乎是单一步兵，发展成为一支诸军兵种的合成军队，并决定创办解放军军事学院。

当时，武器装备从苏联购买，部队的编组、训练请苏联顾问帮助，特别是成建制地接收苏军的航空师、坦克团，就有不衔接之处，如苏军中的政治工作人员没有我国解放军传统上的地位和职权，有些条令也不适用于我国情况。周恩来不照搬苏联的一套。1950年11月，周恩来主持召开军委扩大会议，朱德、刘伯承、陈毅、罗荣桓、聂荣臻等都参加了。周恩来在总结中说：中国人民解放军在长期革命战争中，形成了一套优良传统，这是我们取得胜利的根本保证，也是当前志愿军和将来战争中我军的力量源泉和胜利保证。这些好传统，主要是党对军队的绝对领导，人民军队、人民战争的思想，全心全意为人民服务的宗旨，政治工作是我军的生命线，政治、军事、经济三大民主，灵活机动的战略战术原则，艰苦奋斗英勇牺牲的作风等。我军的现代化、正规化建设，要保持过去的优良传统。苏联有他们的历史和条件，我们有我们的条件，像党的领导、政治委员和政治工作制度等，要按我们的传统体现在我军中。

1952年7月，彭德怀从朝鲜回来，这以后，中央军委的日常工作就由彭德怀主管了。但是周恩来作为中共中央副主席、国家总理，仍经常关心着军事工作。

（力平）

移山填海修鹰厦

周恩来十分重视增强沿海国防力量的鹰厦铁路，在一次讲话中说：当前问题要看二王，一个是王炳南大使在华沙和美国谈判，一个是王震将军率领十万大军修建鹰厦铁路。

早在建国初期，周恩来就指出：“以中国之大，只有两万多公里铁路，与工业先进的国家不能相比。这件事也必须在恢复工作中大力来做。”

随着经济恢复时期的结束，从1953年到1957年，新中国开始经济建设的第一个五年计划。经济建设重点抓什么？1952年12月11日，周总理在全国卫生工作会议上作报告时指出：“当前国家建设不是百废俱兴。比如工业建设，总要以钢、煤炭和石油的生产、铁路的修建为主要关键。”

为了加强对交通事业的统一领导，适应铁路建设的发展形势，1953年5月，周恩来在中央各部门会议上宣布将铁道部、邮电部、交通部划归政务院副总理邓小平领导，并突出强调了铁路对经济发展的关键作用。他说：在国家建设时期，铁路就成了国家建设的开路先锋，哪里没有铁路，哪里的经济就不会有很大的发展。

邓小平不负周恩来的嘱托。1953年他狠抓铁路安全正点，要求铁路工作“要像钟表一样准确”；1961年他首次整顿铁路，抓整章建制，纠正了“大跃进”中一套“左”的做法。

1953年9月8日，周恩来出席政协第一届全国委员会常委会第49次会议，作《过渡时期的总路线》报告。在谈到“一五”计划时他强调指出：“交通运输是建设中一种先行部门，不发展交通运输业，工业也无法有大的发展。当前特别是要把西南、西北和华北之间的铁路线连结起来。”

第一个五年计划的编制工作，由周恩来、陈云主持。这个时期的铁路建设有两项重大任务：一是加强和改造既有线；二是大力建设新线，除继续修建原已建设的成渝铁路（成都至重庆）、天兰铁路（天水至兰州）、兰新铁路（兰州至乌鲁木齐）、宝成铁路（宝鸡至成都）、丰沙铁路（丰台至沙城）等外，又陆续新建集二（集宁至二连）、蓝烟（蓝村至烟台）、黎湛（黎塘至湛江）、鹰厦（鹰潭至厦门）、包兰（包头至兰州）等铁路干线，一场大规模的铁路建设高潮开始掀起。

周总理在新线建设项目决策中注重听取各方面意见，注重从多种设计方案中优选。1952年初，“一五”计划开始酝酿，周总理就邀请了傅作义、陈嘉庚等20余名政协委员座

※ 交通运输是国民经济的大动脉。到1952年，原有铁路基本修复，新建铁路1263公里，全国铁路通车里程达2.45万公里。

谈，通报政府设想，谈到要先修一条从南昌到厦门的铁路。

铁道部就这条铁路很快拟订三个方案，经多方研究，最后选定采用第三方案，即从鹰潭经资溪、邵武、永安、漳州至厦门。1953年7月20日，周总理就爱国华侨领袖陈嘉庚来电谈福建铁路选线一事，复电陈嘉庚，解释选第三方案的三条好处：“第一，建筑里程短，沿线地形工程难处较少。”“第二，从发展经济上看，对照顾发展福建省的林业、煤、铁及轻工业、农业方面较广。”“第三，从铁路事业发展方面看，此线建成后，可逐步向福州、潮汕、赣州等发展”，“从运输上看，由厦门至上海，至南昌均较第一、二方案近。”

鹰厦铁路于1955年2月开工，铁道兵司令员王震率领十几万军民奋战在武夷山脉。

周总理十分重视这条增强沿海国防力量的鹰厦铁路，在一次讲话中说：当前问题要看二王，一个是王炳南大使在华沙和美国谈判，一个是王震将军率领十万大军修建鹰厦铁路。

全长694公里的鹰厦铁路仅用1年零10个月时间建成，于1956年12月9日全线竣工通车，比原定计划提前1年完成。鹰厦线不仅在经济上效益显著，而且在政治上、军事上具

※ 北京站。

有重大战略意义。

武汉长江大桥是“一五”期间全国瞩目的重点工程。1954年1月，周总理主持召开政务院第203次政务会议，听取了滕代远《关于修建武汉长江大桥的报告》。会议通过了《关于修建武汉大桥的决议》。施工中苏联专家西林大胆提出用大型管柱钻孔法替代当时世界通用的气压沉箱法，但苏联专家组内有人反对。基础施工法事关重大，周总理召集有关单位研究，拍板决定采用大型管柱钻孔法施工，武汉长江大桥于1955年9月1日开工兴建，1957年10月上旬竣工，整个工期比国家规定提前15个月。1957年10月24日，周总理接见了应邀参加通车典礼的苏联代表团。

第一个五年计划营造了新中国铁路建设的第一个辉煌。5年中新建铁路4879公里，全国铁路的营业里程增加到26708公里；铁路建设投资62.89亿元，占国家基建投资总额的10.7%；新建铁路建设周期短，工程造价低，大多数干线工程平均造价在每公里50万元以下。1956年9月16日，周总理在党的“八大”报告中高兴地指出：“五年内新建和恢复的铁路将达到5500公里左右，重要的干线如集宁到二连、宝鸡到成都等线都已经修通，鹰潭到厦门的铁路也将要修通……这些铁路和公路的建成，加强了我国西北、西南广大地区同全国各地区的联系。”

周恩来不仅重视铁路新线建设，而且也关心铁路车站建设。作为“首都十大建筑”之一的北京站就倾注着他的智慧和心血。

1958年秋，在北戴河中央政治局会议上，当研究首都迎接国庆十周年的建设工程时，北京站工程因设计方案未定而落榜。铁道部有关方面紧急动员，抢抓设计，从上百个方案中选出现在的北京站设计方案，利用周总理在武汉召开全国省长会议的空余时间，请总理审查。

周恩来仔细审看了图纸。他说：北京站应该是全国一流的车站，是我们祖国的迎宾门，能不能用些琉璃瓦装饰，那样会显得富丽堂皇。他指出整体方案可以，但主楼的两侧似乎空了点，于是设计人员根据他的意见，连夜修改图纸，在车站主楼两侧双翼处各加一座角楼。周总理回京后又开会专门研究，批准将北京站列入迎国庆工程，并强调一定要保证质量。

1959年1月，北京站工程动工了。周总理惦念着北京站建设，多次到工地视察。一次，他与工程指挥部负责人李岳林走到东便门角楼下，角楼上是工程指挥部，总理当即要求将角楼保留下来。如今，人们乘火车进入北京站时所见的东便门角楼，便是周总理给后人留下的古城雄姿。

在周恩来的亲切关怀与鼓励下，上万名建筑大军不到10个月时间，就高速建成了北京站，创造了铁路建设史上的一大奇迹。1959年9月13日，周总理视察了建成后的现代化北京站，满意地说："很好，超过了航空港（首都机场），明天我请主席来看看！"在首都十大工程庆功会上，周总理亲自宣布授予北京站工程锦旗一面。

周恩来十分关心铁路工作。《滕代远传》一书曾深情地写道："凡是铁路的重大问题，滕代远经常向周恩来总理请示汇报，总是得到周总理的指示和帮助。"

（雷风行、才铁军）

领导我军的正规化现代化建设

正规化建设，主要是制定各种条例、条令，以统一规章制度。周恩来曾形象地说，解放军像一部大机器，这个齿轮和那个齿轮，必须准确地运行，才能真正协同动作。条令条例就是保证正规化的根本条件之一。

1950年2月我接到军委命令，要我到北京出任军委军训部部长。我交代了工作，离开了第四野战军，回到北京。一到北京，我就向周总理及朱老总、聂帅请示。他们告诉我，中央已经决定要建设一支正规化、现代化的国防军，不仅要有强大的陆军，而且要有强大的海军和强大的空军。所有军队，要实行统一的指挥，统一的制度，统一的编制，统一的训练，统一的纪律。他们指示我立即办三件大事：第一，办各级各军、兵种正规学校（有些学校已经建立或正在建立），大量训练适应正规化、现代化建设的干部。第二，制定军队共同条令，即队列条令、内务条令和纪律条令，以统一全军的军事生活、纪律和制度。第三，抓好部队训练。因为这时新的海、空、炮、装各军兵种正在建立，都在设立编译机构，编译有关条令教材，并在苏联顾问的帮助下，制定训练计划，开始训练了。

经过这次谈话，我明确了工作方向，也增加了信心和力量。就奉令以军委原四局——

※ 周恩来视察国防科工委某基地。

※ 1955年9月，中国人民解放军实行军衔制。这是周恩来在国务院授予将官军衔和勋章的典礼上。

军事出版局作为基础，从华北军大抽调了近百名干部，组成军训部，开始工作。军训部成立不几天，军委开了会议，由周恩来主持，讨论军队办学校问题。当即确定将战争年代各部队办的许多学校、教导团队，改组为训练现代战争的正规学校（其中一部分改为专业学校），没有现成机构的组建了机构。并决定创办一所陆军大学（次年1月正式开学，改名军事学院），我兼任筹备主任。陆军大学将来的主持人，大家认为刘伯承同志是最适当的人选。

确实，刘伯承这位中外闻名的军事家，他的学问、道德和战争经验，不仅能为人师表，而且他本人对训练高级干部这个工作，也很热心。夏秋之际，他来北京开会，当人们向他表示陆军大学负责人的人选他是“众望所瞩”的时候，他向周总理表示愿从事这个工作。在筹备过程中，周恩来曾三次找他和负责筹备工作的其他同志谈话，对成立军事学院

※ 1955年，周恩来和刘少奇、彭德怀检阅陆军部队。

的重要意义、办校方针原则、学院编制及主要领导干部配备和聘请苏联专家等一系列具体问题作了详尽的指示。周总理特别强调并指出军事学院的办校方针，仍然是抗大的方针，要学习毛泽东军事著作，总结我军的经验，继承人民军队人民战争的光荣传统，研究现代战争的特点，学习现代的科学技术，并希望在5年内把全军师以上干部普训一遍。周总理的这些指示不仅对军事学院是极为重要的，而且对全军的院校工作和部队训练工作，都具有重要的指导意义。

由于军委对军队学校的建设有明确方针，仅两三年工夫，纵的方面由基层学校到最高学府，横的方面从军种到兵种，从合同战术学校到专业学校，差不多都完备了。

在正规化方面，主要是制定各种条例、条令，以统一规章制度。1950年夏，我们组织班子，起草三部共同条令。起草之前，我写了四条原则，主要是根据我军光荣传统并参考

※ 周恩来和贺龙、叶剑英听取空军领导人介绍空军某部击落入侵我国领空的美国军用无人驾驶高空侦察机的情况。

※ 周恩来在某导弹基地观看导弹打靶的情景。

苏联红军经验，经过总理审定。12月伯承同志来北京，周总理立即指定由他审查。1951年初，由军委将草案在全军颁布试行。周恩来认为现代化军兵种的战斗行动，最重要的是协同动作，而协同动作，就要有计划性、组织性、准确性和纪律性，要做到这几点，就要制定各种条令条例。他曾形象地说，解放军像一部大机器，这个齿轮和那个齿轮，必须准确地运行，才能真正协同动作。条令条例就是保证正规化的根本条件之一。他对个别高级干部在外事活动中不遵守内务命令的规定，进行严肃批评。他说："你们颁布的条令，自己不遵守，迎宾尚未结束，我还没有离开，你就懒散地走了，这样影响多不好，军队还要条令干吗？"他抓住典型事例对高级干部进行严格批评的原则态度，对我军的正规化建设有很大作用。

对现代化建设，周恩来从两个方面着手。一方面是改善军队的装备技术，注意抓三个问题：第一，充分利用战争时所缴获的美制武器装备，指示我们在训练中要多用这些弹药，因为将来战场上不一定用，储藏久了会过时。第二，从社会主义国家进口舰艇、飞机、坦克及60个陆军步兵师的装备，这些装备很快就在抗美援朝战场上发挥了作用。第三，先筹建现代化的常规武器的工业，继则筹建原子弹、导弹等尖端武器工业。为了加速军工建设又成立了中央兵工委员会，由他任主任，李富春、聂荣臻任副主任。他常说，一个国家没有自己的军事工业是一个软骨动物。这样就使抗美援朝的弹药及常规武器，得到及时的补充；为原子弹及导弹工业，在完全空白的条件下发展打下基础。军队现代化建设的另一方面，是除了抓干部的学校训练之外，又要抓部队的训练。部队训练，主要是抓准备参加抗美援朝的部队，特别是新建的技术军兵种。他对飞行员的挑选及训练，直到油料供应，都很注意。甚至对驻南口新建的坦克师的训练计划及接交手续，都加以过问。

1950年11月上中旬，在周恩来、朱德的亲自指导下，在北京召开全军军事院校及部队训练会议。会后起草了《关于军事学校建设与军队训练问题》的报告，请军委审批。有一天，总理办公室通知我晚饭后去开会。会议有国务院和中央一些部委的负责同志参加。按顺序解决问题。轮到最后，已经十一点多了，前面的人也陆续离开了，他就开始审阅我们的报告。他逐段逐段地读，逐段琢磨，重要的地方，要反复几次。给我印象特别深的是在他读到"掌握新的技术，学会联合作战"两句的时候，以同志式的讨论态度同我研究。因为过去常说什么现代化，什么联合兵种，这当然是对的，这次会议，我们进一步把现代技术与现代指挥结合起来，概括为明朗的两句话，就更便于理解和记忆（刘伯承同志后来把联合兵种这一词改为诸兵种合同战术，更为贴切）。总理再三斟酌后同意了。这份六七千字的报告，他修改完毕，已到次日4点了。他在修改时说，这是军事学校和部队训练方针性的综合文件，他很重视，所以不辞辛苦地认真修改。我在他的精神感召下，虽然已到鸡鸣时刻，但根本不知道疲劳。在这大转变时期，我作为一个部门的主管人，感到多么高兴啊！这时，抗美援朝十分紧张，国内百废待兴，国际风云变幻，外交斗争极度繁忙，周恩来日理万机，但还给我们逐字逐句修改报告。他这种严肃认真负责的革命精神对我们是一次极深刻的教育。确实，这次会议后，在继承与发扬我军革命传统的基础上，确定以学会现代军事技术与诸军兵种协同作战的指挥作为我军长期的训练方针。这是新时代建军的总要求。所以，在抗美援朝战争中，我军便能很顺手地成为朝鲜战场上抗击高度现代化的美国侵略军的新英雄。从军事角度来说，是及时实行了这种大转变。1954年秋后，中央令叶剑英同志来主持领导全军的训练，军队的正规化、现代化程度，继续得到加强。可惜的是，从50年代后期开始，我军政治工作逐渐受到“左”的指导思想的影响，错误地开展反

※ 周恩来和邓小平、罗瑞卿等在北京市郊观看济南部队、北京部队军事表演。这是在观看国产轻机枪。

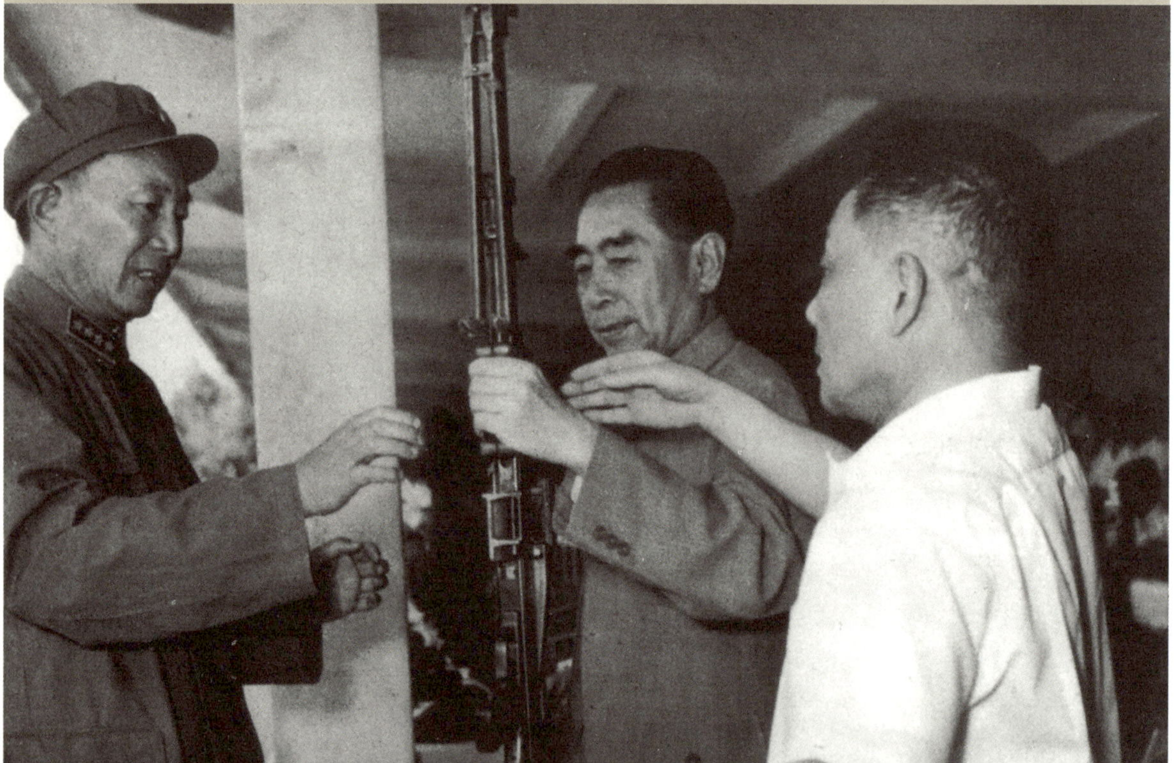

※ 1959年10月，周恩来和贺龙元帅接见参加国庆十周年大典阅兵式的解放军各军兵种代表。

※ 周恩来和刘伯承、罗荣桓元帅在一起。

教条主义斗争和批判“资产阶级军事路线”，给我军建设和政治工作造成很大的损害。这是我军解放以来前进中的大曲折，是个沉痛的历史教训。

1952年夏季后，周总理不直接管军队日常工作了。一年后，抗美援朝结束了，但我国的战略方针、国防建设、海陆边防斗争、军队的装备供应，由常规武器到尖端武器，以及军事部署、军事训练等，始终离不开他的指导；重要的军事演习他去参观；重大军事建设项目，由他审查核定。林彪叛逃后，这时他虽然还是日理万机，处境困难，身体也不如过去那样健康了，但对军队的正规化、现代化工作，仍然抓得很紧。在我由江西农林部五七干校调回北京解放军军政大学任职期间，他对军大的整风、招生和训练计划，常有指导。最使我感动的是批林批孔初期，江青在一个单位作了一篇乱军发言，军大有些不明真相的干部甚至有个别党委成员也被煽动。周恩来指示我们，不要乱传未经中央审核的文件，要稳定军政大学。这一次总理的处置是很不平常的。我们知道，批林批孔是党的长期“左”的思想统治下，“四人帮”利用来乱党乱军的，对主持军队工作的叶帅和主持政府工作的总理，来个突然袭击。周恩来等同志从容地处理党内关系，机智地应付“四人帮”的倒行逆施。在我们为难的时候，周恩来支持我们，对全军有很大影响。因为军大学员多为各部队团以上干部，和部队有密切联系，他们思想端正了，就能影响部队的思想，从而保证了我军在当时那种特殊的情况下的稳定和建设。

周恩来在长期军事工作中，具有远大的战略眼光，在大革命时期，就参与创建国民革命军的工作。国民党叛变革命后，他领导南昌起义并组织许多地区的游击战争。他是我党初期在武装斗争理论方面最早的探索者之一，也是我党最早搞军事运动的领导人和政治工作的开拓者。战争时期他参加高层领导和指挥，和平时期抓国防建设和军队的建设工作。只要他参加哪方面的工作，都善于把党的方针和军事工作的实际情况结合起来，有所创新。周恩来把马克思列宁主义的原理和我国革命实际结合起来，掌握军事规律指导战争，领导我军的正规化、现代化建设，做出了重大贡献。周恩来是伟大的马克思列宁主义者，又是著名的战略家、军事家，是我军的主要缔造者之一。

（萧克）

蓄泄兼筹的治淮方针

周恩来兼顾淮河上中下游的利益，运用唯物辩证法和现代科学技术的观点，提出蓄泄兼筹的治淮方针。

有一首诗写道：“开国宏基初奠日，西花厅里不眠时。”中南海西花厅是开国总理周恩来办公的地方。他的心上装着祖国的山水、人民的冷暖。他永远离开这里时，骨灰却播撒在祖国的山河大地。

周恩来祖籍浙江绍兴，生于江苏淮安。他自我介绍“江浙人也”。

相传“禹会诸侯江南，计功而崩，因葬焉，命曰会稽”。绍兴东南会稽山建有大禹陵，陵前碑上刻有“大禹陵”三字。陵旁有禹王庙，庙内有大禹塑像，高达数丈。绍兴的镜湖围堤灌溉工程是东汉时的会稽郡守马臻主持修建的。这一工程以郡城为中心，筑堤长达63.5公里，使会稽山麓以北，郡城以南，形成了一个面积超过200平方公里的人工湖

※ 图为治淮工地。

泊。镜湖工程在此后的近千年中，为绍兴的农业发展和城市的经济繁荣创造了十分有利的条件。

周恩来热爱稽山镜水，敬仰大禹精神。1939年3月，他回故乡绍兴，到稽山禹陵瞻仰了大禹塑像，并在“大禹陵”石碑前摄影留念。他说：大禹在人类向自然作斗争中打响了第一炮。在科学萌芽的时代，能同自然作战是很不容易的。他对大禹治水为民着想，因水之性，采取疏导的办法而获得成功，十分赞赏。淮安城坐落在纵贯南北的京杭大运河和滔滔东流的淮河交汇之处。自宋之后黄河夺淮，淮水宣泄不畅，灾害不断，淮河流域的人民长期过着不安定的生活。淮安之名，取安定淮地之意。淮安城中央有一座风格浑厚、造型优美的镇淮楼，取震慑淮水之意。周恩来对淮河，特别对淮河发大水印象很深。1916年秋，他在南开学校曾为“淮皖大水，家遭波及”而悲愁交集。1970年9月30日，他会见巴基斯坦农业代表团时说："我生在淮河下游，小时候就知道一些淮河的情况。"周恩来在故乡的生活经历和对大禹治水精神的认识，对他后来总理国务重视治水产生了一定的影响。中华人民共和国成立后，许多江河治理和重大水利建设决策都是在周恩来具体负责下制定出来的。50年代前期，他急淮河大水，开治淮会议，发治淮决定，建治淮机构，调治淮所需，订治淮规划，保证了根治淮河第一期工程的胜利完成；随后他又领导制定了兴修荆江分洪工程、兴修官厅水库的战略决策，初步解决了淮河、长江、永定河的燃眉之急。50年代后期，他领导研究了长江流域规划和三峡坝址、三门峡设计方案的修改和施工方案、密云水库坝址和设计方案等重大水利建设的决策。60年代，他领导制定了三门峡工程的改建、海河治理和北方抗旱等重大决策。70年代，他为葛洲坝工程的修建及其领导机构、设计方案作出了一系列重要决策，保证了长江第一坝的胜利建成。

淮河是周恩来部署治理的第一条河流。

历史上黄河夺淮，淮水宣泄不畅，水旱灾害频繁。1938年6月，国民党军队在日本侵略军的大举进攻面前，节节败退。当开封陷落、郑州岌岌可危的时候，他们为了阻止日军追击，于6月9日扒开了花园口黄河大堤。这次黄水从贾鲁河、颍河倾泻入淮，进一步加深了淮河水患。黄河虽于1947年被改回故道，却给淮河留下了大雨大灾、小雨小灾的恶果。

1950年6月至7月，河南与安徽交界处连降暴雨，淮河三河尖、任王段及王截溜、正阳关以上右岸全部漫决，正阳街上水深数尺。安徽省负责人曾希圣几乎每天都给中央来四个A的特急电报，报告灾情。8月1日的电报中说：由于水势凶猛，群众来不及逃走，或攀登树上、失足坠水（有在树上被毒蛇咬死者），或船小浪大，翻船而死者，统计489人。受灾人口共990余万，约占皖北人口之半。毛泽东看到这封电报，落了眼泪。7月20日、8月5日、8月31日、9月21日，毛泽东接连在淮河水灾及治淮情况的电报上写了四封批示信给周恩来，提出了根治淮河的战略，请周恩来具体部署落实。

根据毛泽东的指示，周恩来具体部署治淮。他提醒秘书们：只要有淮河水情的报告，随到随送，不准耽搁。7月22日，他邀集有关人员讨论了治淮问题。

8月25日至9月12日，在周恩来亲自指导与参加下，水利部召开治淮会议。华东水利部、中南水利部、皖北行署、苏北行署、河南省人民政府、淮河水利工程总局、河南黄泛区复兴局负责人及专家40余人参加了会议。据当时担任周恩来经济秘书的吴群敢回忆，治淮会议上有两种不同的意见，安徽有内涝，要求把水排到下游苏北去，苏北怕承担不了，不同意，双方争执不下。另外，苏联专家根据本国的经验，认为水是很宝贵的资源，不能白白放掉，放掉就是浪费，应该把水蓄起来，建立蓄水池。安徽认为自己是内涝，排都排

不出去，怎么个蓄水？这就是当时存在的十分棘手的蓄泄之争。为解决蓄泄之争，周恩来反复召集各单位负责干部讨论、协商，开大会解决问题达六次之多，会下还与有关同志个别谈话，征求意见。在综合各方面意见的基础上，周恩来兼顾上中下游的利益，运用唯物辩证法和现代科学技术的观点，提出了蓄泄兼筹的治淮方针。治淮会议根据这一方针做出了淮河上游以蓄洪发展水利为长远目标，中游蓄泄并重，下游则开辟入海道的重大决策。周恩来部署治淮的第一个突出贡献是领导制定了蓄泄兼筹的治淮方针，保证了治淮顺利进行。

9月22日，周恩来就治淮问题接连写了两封信。一封给毛泽东、刘少奇、朱德、任弼时、陈云、薄一波、李富春，说明治淮的两份文件已送华东、中南，请他们审议，待10月5日饶（漱石）、邓（子恢）来京时再作最后决定。治淮工程计划，则已由水利部及各地开始付诸实施，因时机不容再误，且至下月初，时间不长，即有变更，亦尚来得及补救。一封给中财委的陈云、薄一波、李富春并转水利部的傅作义、李葆华、张含英，强调中央政府要从人力、物力、财力上保证治淮的需要。“凡紧急工程依照计划需提前拨款者，亦望水利部呈报中财委核支；凡需经政务院令各部门各地方调拨人员物资者，望水利部迅即代拟文电交院核发”。

10月14日，发布了由周恩来亲自修改审定的《政务院关于治理淮河的决定》，进一步阐明了治淮的方针、步骤、机构及豫皖苏配合、工程经费、以工代赈等问题，批准了淮北大堤、运河堤防、三河活动坝和入海水道等系列大型骨干工程。为加强对治淮的统一领导，决定成立治淮委员会。10月27日，周恩来主持的政务院第五十六次会议任命曾山为治淮委员会主任，曾希圣、吴芝圃、刘宠光、惠浴宇等四人为副主任。

11月3日，周恩来主持第五十七次政务会议，在讨论《关于治淮问题的报告》时讲话，集中论述了治淮的一系列方针：第一，统筹兼顾、标本兼施。淮河应该根治，因工程太大，治本的计划不能一下全部弄出来。要标本兼施，治标又治本。在不妨碍治本的原则下来治标。上游蓄水，中游蓄泄并重，下游以泄水为主。并且还应有利于灌溉农田，上游蓄水注意配合发电，下游注意配合航运。第二，有福同享、有难同当。这次治淮上中下游的利益都要照顾到，不能只保一省的安全。我们不能只叫皖北水淹而苏北不淹。事情总是应该大家分担一些才能解决，哪一方面想单独保持安全都不行。第三，分期完成、加紧进

※ 1959年10月，周恩来在大坝工地视察。

※ 周恩来和李富春（左二）、李先念（左一）、王任重（右一）在湖北省三斗坪中堡岛上现场审查大坝工程设计方案。

行。治淮一下子全面开工，人才、技术、器材都不是一天两天能够解决的。因此，明年只能做一部分，分期完成。但是，我们应该加紧进行，应该设想到明年还要受灾。治淮的过程是由有灾到少灾，由少灾到无灾，一步一步来。同时也不能错过时机，处处要配合上天时和人力，行动要非常机灵。第四，集中领导、分工合作。为了集中领导，治淮机构必须设在靠近淮河的蚌埠，而不宜设在南京。今后治淮工作以华东为主，中南为辅，集苏皖豫三省之力一块来搞，上中下游共同分工合作。在工作进行时水利部应经常驻人在当地具体领导、监督。第五，以工代赈、重点治淮。在灾区实行以工代赈，而不是以赈代工，重点在治淮工作。工人要合乎工作上的需要。有人说这次为什么不治长江、黄河、汉水？原因是淮灾最急，而要治黄也不是那么容易，要有更大的计划，不是一年内勘测得清楚的。周恩来所论述的这些方针周到而具体，是对毛泽东根治淮河目标、原则的步骤化、具体化。这不仅对当时治淮，而且对后来如何治理黄河、长江、海河等产生了重大影响。

11月6日，治淮委员会在蚌埠正式成立。11月21日、22日，周恩来又连续两天参加研究治淮第一期工程问题。

在周恩来部署下，到1951年7月20日，根治淮河的第一期工程胜利完成，初步解除了水患威胁，并为以后的全面治理与开发打下了基础。

（曹应旺）

“要使江湖都对人民有利”

1952年4月5日，荆江分洪工程全面开工。水利部部长傅作义代表中央到荆江分洪工程工地慰问，授予绣有毛泽东、周恩来亲笔题词的两面锦旗。

为了缓解荆江容量不能安全承泄川江最大洪水来量的矛盾，建国伊始，毛泽东、周恩来就开始酝酿修建荆江分洪工程。1950年国庆节期间，他们听取了中南局代理书记邓子恢关于荆江分洪工程设计方案的汇报。同年冬，周恩来给邓子恢写信，指出搞荆江分洪工程不能搞本位主义。他请邓子恢召集中南局会议征求意见，并向湖北张难先、湖南程潜等做说服工作。1951年1月12日，第六十七次政务会议上，周恩来指出，长江的沙市工程，即荆江分洪工程，在必要时，就要用大力修治，否则，一旦决口，就会成为第二个淮河。但是，荆江分洪引起湖南、湖北两省的矛盾，对修建荆江分洪工程，湖北持积极态度，湖南则有些顾虑。历史上存在着舍南救北的矛盾，荆江分洪区虽在湖北境内，但分洪区蓄满水，就等于洞庭湖头上顶了一盆水，万一南线大堤决口，就要水淹湖南。如黄克诚所说，荆江分洪工程搞得不好，湖南出了力，就等于自己淹自己。当1951年长江水利委员会为荆江分洪工程作了些前期准备工作时，湖南常德专署则向毛泽东写信，状告长委会的做法损害了洞庭湖滨湖地区群众的利益。

在这种情况下，1952年2月20日，周恩来主持召开了由两湖有关人员参加的荆江分洪工程会议，调解两湖纠纷。周恩来反复询明各种情况后，先表扬常德专署、湖南水利局写信给毛主席，关心滨湖群众利益。紧接着转过来说：“荆江分洪工程是毛主席批的，怎么到现在还没有开工？”并严肃批评：“毛主席批的工程，中南局、湖北省委、水利部、长委会都置之脑后，不负责任。”这里生动地体现了周恩来深入细致的工作作风和高超的领导艺术。如果当时对湖南采取简单粗暴的压服态度，显然只能激化两湖矛盾，无助问题的

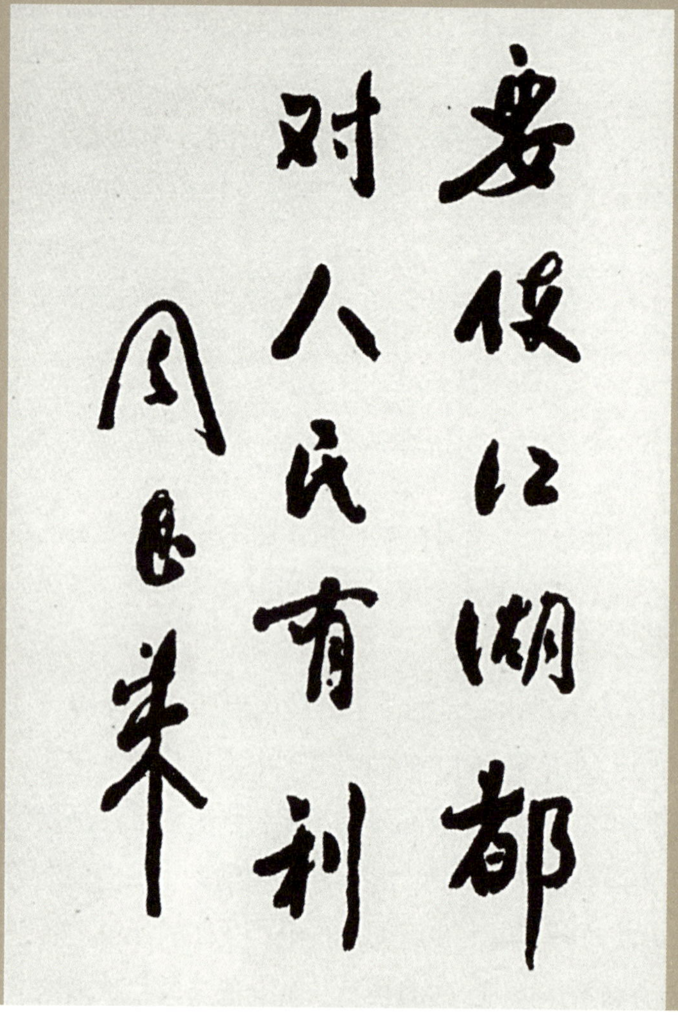

※ 1952年5月，周恩来为荆江分洪工程的题词。

解决。2月23日夜，周恩来向毛泽东和中央写了关于荆江分洪工程会议情况的报告。他指出：“如遇洪水，进行无准备的分洪，必致危及洞庭沿湖居民，如肯定不分洪则在荆江大堤濒于溃决的威胁下，仍存在着不得已而分洪的可能和危险。这就是两省利害所在的焦点。”他说：“经反复研究并询明各种情况，得知中南对于这样大事于中央决定后只在政治报告会上做了一次传达，并未作任何切实的布置，亦未召集两省有关人员及负责同志开会商讨，便轻易地交给长江水利委员会去进行，同时两省负责同志对此事也未引起应有的注意，群众中除移民的部分外更不知道这件事。”对此，周恩来提出了具体处理办法，并主持起草了《政务院关于荆江分洪工程的决定》初稿。他说：“这一决定是我当场征求了各方有关同志并在会后又征求了养病中的袁任远的同意做出的，现送上请审阅，拟将此决定草案再电询子恢、先念、克诚等同志意见后再以正式文件下达。”2月25日，毛泽东审阅周恩来的报告并批示："周总理：（一）同意你的意见及政务院决定；（二）请将你这封信抄寄邓子恢同志。"

2月底，李葆华同苏联水利专家布可夫一道去武汉，然后又亲往荆江分洪地区视察，调查掌握具体情况。李葆华去武汉后，周恩来不断与李进行电话联系。在李葆华汇报情况的基础上，周恩来对原来起草的《政务院关于荆江分洪工程的决定》初稿进行了部分修改。另一方面加紧进行物资、人力的准备工作。3月7日，周恩来在给邓子恢的电报中说："抢修南岸蓄洪区堤及两个闸所需器材，除中南可自行解决者外，尚缺何项物资须由中央调拨，望即作出详细计划，迳电中财委请拨。如人力及其他尚有困难，亦请电告。"

3月29日，周恩来写信给毛泽东并刘少奇、朱德、陈云："送上一九五二年水利工作决定及荆江分洪工程的规定两个文件，请审阅批准，以便公布。关于荆江分洪工程，经李葆华与顾问布可夫去武汉开会后，又亲往沙市分洪地区视察，他们均认为分洪工程如成，对湖南滨湖地区毫无危险，且可减少水害。工程本身关键在两个闸（节制闸与进洪闸），据布可夫设计，六月中可以完成。中南决定努力保证完成。我经过与李葆华电话商酌并转商得邓子恢同志同意，同时又与傅作义面商，决定分洪工程规定修改如现稿。这样可以完全解除湖南方面的顾虑，因工程不完成决不分洪，完成后是否分洪，还要看洪水情况并须得政务院批准。至北岸分洪的根治办法及程颂云（程潜）所提意见，当继续研究。"这封信字里行间充满了周恩来对荆江分洪工程的积极、慎重、认真、负责的精神。他在筹划过程中所付出的大量心血，也可从中略知一二。

3月31日，公布了《政务院关于荆江分洪工程的决定》。4月5日，荆江分洪工程全面开工。5月24日，水利部部长傅作义代表中央到荆江分洪工程工地慰问，授予绣有毛泽东、周恩来亲笔题词的两面锦旗，毛泽东的题词是："为广大人民的利益，争取荆江分洪工程的胜利！"周恩来的题词是："要使江湖都对人民有利。"毛、周题词表达了局部利益服从整体利益与江湖两利、南北两利的整体观。这不仅对指导兴修荆江分洪工程，而且对指导新中国的水利建设以至整个经济建设都产生了重大的影响。

荆江分洪第一期工程于1952年6月20日完工，接着，又进行了第二期工程。

荆江分洪工程是长江上修建的第一个大型水利工程。1954年长江大水，先后三次运用荆江分洪工程，分泄了一万流量，使沙市水位下降近一米，保住了荆江大堤，减缓了武汉洪水的上涨速度。这次大洪水是对荆江分洪工程一次严峻的考验，若没有荆江分洪工程发挥蓄纳超额洪水的作用，其后果不堪设想。

（曹应旺）

在日内瓦会议上

周恩来具有较高的灵活性和斗争艺术性。他的这一特长，在会议的后半截，就是解决印度支那问题的斗争中，得到充分发挥和证明。

1954年1月，苏联在苏、美、法、英四国外长柏林会议上提议召开包括中华人民共和国在内的五大国会议，以缓和亚洲紧张局势。英、法都倾向同意，美国被迫放弃反对态度。

2月18日，柏林会议闭幕并发表公报：建议由苏联、美国、中国、英国、法国及有关国家于4月26日在日内瓦举行会议，主要议题是两个：关于朝鲜问题的和平解决及讨论恢复印度支那和平问题。

3月3日，北京中央人民政府答复苏联政府，同意派全权代表参加日内瓦会议。中国代表团以周恩来为首，张闻天、王稼祥、李克农为代表，加上各方面工作人员、大约近200人，是一个庞大的政府代表团。政治、经济、军事、文化等各方面能人专家都有。正如周恩来所言："各个角色都齐全配套。"

假记者比真记者更凶

准备工作是非常细致全面的，甚至穿上"服装"进行"预演"和"彩排"。服装是由代表团秘书长伍修权将军提议统一研究确定的，伍修权将军说："中国代表团成员的服装一定要庄重、严肃、统一。"于是，经研究选择了一种黑色面料，为每个代表团成员做了一套中山装，后来，当中国代表团穿着这套黑色中山装在日内瓦开展活动时，所到之处，路边经常有人原地立定，恭敬地向代表团脱帽致敬。开始代表们不知其所以然，后来才弄清，在瑞士，牧师是穿黑衣服的，庄重、严肃，很多人把中国代表团成员误认为是传教来的牧师了。

预演和彩排更精彩。比如，黄华是代表团的发言人。出发前，在外交部礼堂三次举行"记者招待会"进行演习。集中懂英语的新华社记者扮演外国通讯社记者，尽其所能提出各种问题刁难这位发言人。这些"外国记者"也毫不客气，挑剔性的、侮辱诽谤性的、威胁恫吓的、"据理"质问的，五花八门的问题一个接一个提出。

黄华面对这些"敌对势力"，从容镇定，一一给予回答、解释或是反驳。几经"较

※ 1954年4月24日，中国代表团抵达日内瓦。

量”，不但锻炼出镇定、从容、大度的气质，锻炼出机敏的应变能力，而且更加熟悉了全部形势及我们的方针、政策和策略。

有了这种充分准备，当周恩来率代表团在日内瓦下飞机时，那整齐威武的队伍立刻引起轰动，各国记者抢着拥上去拍照。世界各大报刊都刊登了来自日内瓦的报道：“日内瓦来了一连中国军人。”“一个年轻的红色外交家率领了一批更年轻的红色外交家”，“他们穿的衣服都是一样的，连手提箱也都相似……”

有了这种充分准备，当黄华和另一名发言人龚澎每次会议之后去新闻中心发布消息

CAMBODGE

时，总是能够对答如流地回答记者们提出的各种质疑。尽管遇到许多歪曲事实的挑剔和刁难，但都非常出色地给予了驳斥，引起记者们的普遍赞叹，就连西方报纸也不得不承认他们是“出色的年轻优秀的”发言人。

中苏外长各有所长

日内瓦会议期间，中苏同盟，周恩来的主要盟友是苏联外长莫洛托夫。作为中方俄方翻译的我是这样回忆他们相互之间的合作关系：

——莫洛托夫与周恩来具有同样的坚定性，有为自己的信仰而献身的精神。他们都具有敏锐的洞察力和卓越的领导才能。他们都具备了处理复杂政治问题所必须具备的魄力即直觉和适时地做出决断的能力。

在会议进行的前一段，经常是莫洛托夫介绍情况，谈国际斗争中的各种外交策略，周恩来认真听取，并时时提出一些问题。莫洛托夫对一些西方外交家们的背景、履历、禀性，以及优点和弱点了解得多，对一些人可以说是相当熟悉。他的介绍对周恩来无疑是重要的。

然而，周恩来显然比莫洛托夫具有更高的灵活性和斗争艺术性。他的这一特长，在会议的后半截，就是解决印度支那问题的斗争中，得到充分发挥和证明。

印度支那问题比朝鲜问题还要复杂。当事国不止一个越南，还有老挝和柬埔寨；不但有在印度支那进行殖民战争的法国，还有阻挠达成任何协议的美国。

当谈判陷入僵局时，周恩来的军事参谋雷英夫曾提过

※ 周恩来在日内瓦会议会场上。

意见："不打下奠边府，一切无从谈起。"越南人民在奠边府打得不顺利，武元甲将军有些信心不足，说："损失太严重了"，"我们的精锐部队几乎全搭进去了！"

难怪奠边府战役难打。在美国支援下，法国殖民主义在奠边府集结了21个营和10多个连队的重兵，并且修筑起碉堡林立的集团阵地，吹嘘奠边府是一艘不可摧毁的"山林中的航空母舰"。

拿下奠边府的决心下定之后，中国由彭德怀将军直接负责支援越南的组织工作，克服了难以想象的困难，设法帮助越南人民军将重炮和火箭炮运送上前线投入奠边府战斗。中国并派出韦国清将军亲临前线参与指挥作战，在讨论印度支那问题的会议正式开始的前一天，终于取得了奠边府大捷。

奠边府大捷是关于印度支那问题的日内瓦会议最终能达成协议的关键性一步。此前，越南保大政府的代表曾在会议上指着范文同的鼻子大骂："你们的政府在哪里？你们不过是影子政府！"拿下奠边府，他们立刻蔫了，再也骂不出口了。进会场时连头都抬不起来了。而越南民主共和国的代表却从此扬眉吐气起来。

※ 周恩来同前来住地拜访的苏联外交部部长、会议两主席之一的维·米·莫洛托夫交谈。

法国总理几乎掉官

莫边府大捷使日内瓦会议的谈判有了基础，但是问题复杂，谈判一个月仍然达不成协议。

西哈努克亲王在他的善于谋划的宾努首相的辅助下，提出一项结束印支战争的方案。方案中很重要的一条内容是：不但在越南的法国武装部队和一切作战军事人员必须撤出，而且进入柬埔寨和老挝的其他国家或半岛其他地区的各种性质的战斗单位也必须全部撤出。凡不是在柬埔寨出生的柬埔寨人都应撤出柬埔寨。

周恩来立刻看出其中的合理性，有利于达成协议，结束印支战争。可是越南不愿接受这一方案。由于历史上柬埔寨始终是越南和泰国互相争夺的对象；由于越、老、柬三国的抗法武装力量在现代一直是并肩战斗的，你中有我，我中有你，越南坚持这是三个民族的团结互助，不愿将军队撤出老挝和柬埔寨。

周恩来向胡志明及其他越南领导做了大量的工作，他们认识到柬埔寨提案中的合理部分。并以此为内容同法国新政府接触。由于法国在奠边府的惨败，拉尼埃政府倒台，新总理是孟戴斯·弗朗斯。弗朗斯听了周恩来的意见后，很激动，不惜把他的政治生涯孤注一掷，向议会赌咒发誓说：如果一个月后即7月20日之前达不成协议，我就辞去总理职务。

西哈努克首先想的不是弗朗斯的发誓，他想的是柬埔寨主权。他坚持不签署任何限制其国家主权的协议。

莫洛托夫出于固有立场，对于中立国家所能发挥的独特作用估计不足，未能表现出相应的灵活性，对西哈努克所提方案缺乏及时的支持，并对柬埔寨提案的目的抱有很大疑虑。“协议必须包括禁止柬埔寨与其他国家缔结军事同盟条约的内容，柬埔寨不得允许外国在它的领土上建立军事基地！”莫洛托夫警告说：“还应该规定，柬埔寨不能向外面要求军事援助。”

莫洛托夫担心柬埔寨变成美国的侵略基地，西哈努克却关心着国家主权。他表示：这不是限制和干涉国家主权吗？柬埔寨可以单方面作出保证，它将恪守中立，它的军队超过一定的编制。但是，柬埔寨不签署任何有损其国家主权的协议。

周恩来对双方的意见和想法都是十分了解的。他多次跟莫洛托夫交换意见，做了大量工作。终于说服莫洛托夫将意识形态和国家关系这两个方面的问题区分开，同意西哈努克亲王意见中的合理部分，为最终达成协议迈出了重要一步。周恩来还在休会期间访问印度和缅甸，在处理国家关系方面提出了著名的和平共处五项原则：互相尊重领土主权；互不侵犯；互不干涉内政；平等互利；和平共处。

《日内瓦协议》在7月21日凌晨3时42分签订，但签字日期却按弗朗斯向会议保证的期限倒填为7月20日。

是啊，总不能因为仅仅相差3小时42分就让一位堂堂的法国总理丢掉政治生命。

杜勒斯外号“雷管”

日内瓦会议期间，社会主义国家主要的斗争对象是美国的杜勒斯，周恩来的谈判对手主要也是美国的杜勒斯。

杜勒斯是美国资产阶级的著名政治活动家和理论家。他那“把和平演变的希望寄托在中国的第三代和第四代”的言论，当时在中国几乎尽人皆知。他不像有些年轻人想象的那么面目狰狞，他总是保持着一种政治活动家的庄重严谨。仔细看，你会发现他面色苍白疲倦，神情阴沉忧愁，戴一副夹鼻镜，两眼更显得深不可测。

会议上有人叫他“雷管”，倒不仅是说这个人物危险，那里有双重含意——他威胁别人，他自己也岌岌可危。因为他患了癌症，刚做过手术，胃里放了一支“镭管”，这使杜勒斯的赫赫有名又增加了一层阴森的色彩。他手术后便拖着虚弱的身体到朝鲜三八线上去视察，视察过前线又“风尘仆仆”赶到日内瓦。他为他的信仰奋斗，同样表现出忘我和献身的精神。

在日内瓦，没有一个人见过杜勒斯笑。他笑不出来。那时各资本主义国家的日子都不好过。面对世界革命洪流和民族解放运动的蓬勃发展，主要西方国家都在世界范围内步步退缩。特别是朝鲜战争，美国人和美国所操纵的联合国伤亡惨重。立国以来美国第一次屈辱地在失败的协议书上签字，而且，被二次世界大战的胜利所激昂起来的士气和信心，在朝鲜被中国人打得一落千丈。单此一点，杜勒斯与中国及其代表团首席代表周恩来是不共戴天的。

但是，杜勒斯绝不是那种大呼大骂歇斯底里式的狂人或捋胳膊卷袖子，像赫鲁晓夫那样用皮鞋敲联合国桌椅的粗鲁人。他沉默寡言，阴沉沉地走路，阴沉沉地坐到会议室中。

他是个“思考型”的人物，不善演说，发言讲话不流利，穿一身死板的西服，紧绷着面孔读他精心推敲过的发言稿，表明观点态度后便登上他那辆大型福特车，命令司机回去，总之，他是一下汽车便低着头往会议室里走，一散会便低着头往汽车里钻，不理睬记者，也不向任何观众招呼或讲演。

杜勒斯反共，敌视新中国达到疯狂地步，他亲口下令：禁止任何美国代表团的人员同任何中国代表团的人握手。国际上一度误传周恩来同杜勒斯握手，杜勒斯拒绝。其实周恩来并无此举动。周恩来在会议期间几次与杜勒斯走对面，周恩来总是面色庄严而从容大度，杜勒斯则不然，他苍白的脸孔一见周恩来便紧张地绷起来，动作僵扳机械。

杜勒斯是决定政策的幕后操纵者，加上身患癌症，会议开始一星期，他安排好一切便离开会场回国了。由他的副国务卿史密斯留下代理团长。

经验丰富的老资格的苏联外交部长莫洛托夫抓紧时机来看望周恩来，向他传达消息。

“美国这位代理团长史密斯你了解吗？”

“不太了解。”

“二次世界大战时，他是艾森豪威尔麾下一名将军，这个人跟杜勒斯还不同，史密斯来日内瓦之前我们接触几次。他对美国现行外交政策有些不满。”

“是这样吗？”

“他认为美国对中国实行敌对政策是不明智、不现实的，缺少长远观点。”

“看来帝国主义阵营不是铁板一块，杜勒斯自己率领的代表团也不是铁板一块哟。”周恩来思索着点头说，“我们不应该放弃做工作的机会。”在会议结束前的某一天，代表们聚在酒吧间里喝饮料。史密斯端着一杯白兰地走过来，主动找周恩来的翻译交谈，对他地道美国味的英语大加赞誉，并对中国古老文化遗产发出由衷的赞叹。在两个敌对代表团之间发生这种接触是“史无前例”的，消息传到周恩来那里，他双眸一亮：“好啊，既然史密斯愿意并且敢于同我们接触，到明天休息时，我也找他谈谈。”

第二天会间休息时，中国代表团秘书长伍修权悄悄注意着史密斯的行踪，以便寻找一个恰当机会让两个敌对国家的首席代表直接对话。当他发现史密斯一个人走向柜台喝咖啡时，赶紧报告周恩来：“总理，史密斯现在是一个人，到柜台那边去了。”

周恩来站起身，步入酒吧。刹那间，与史密斯的目光相遇，碰出了火花。

周恩来坦然一笑，向史密斯走去。这个动作立刻引起各国外交官的注目。史密斯想与中国接触，但对周恩来这个举动却还是思想准备不足。众目睽睽之下，也亏他急中生智，连忙用右手捧起杯子，而这时，他的左手正夹着一支雪茄烟，于是，便避免了与周恩来握手，避免了“公然违犯杜勒斯的命令”之嫌。他竭力作出微笑的姿态招呼说：“周恩来先生，来杯咖啡吗？”

周恩来微笑着摆摆手：“史密斯先生，不品尝一下中国的龙井？”

“谢谢。”史密斯喝一口咖啡，便借题发挥，由龙井到万里长城，由龙门石窟到四大

※ 日内瓦会议期间，周恩来会见各国使节。

发明，对中国的古老文化和大好山河尽情尽兴地赞扬一番。

“几千年的人类历史，中国创造了著称于世的古老文明；贵国虽然只有几百年历史，同样为创造人类的文明做出了自己的贡献。”周恩来说。

“是的，每个国家都有着自己的辉煌历史。”史密斯点点头，笑容可掬地说，“不过，我对古老的东方文明格外偏爱，在我家的客厅就陈设着许多中国的瓷器。”

“非常感谢史密斯先生对中国怀有美好感情。”周恩来双臂环抱胸前，意味深长地说，“二次大战中，史密斯先生作为美国一名将军，曾在欧洲战场创立战功。为了维护今天的世界和平，真诚希望史密斯先生能够继续卓有成效地工作。”

史密斯赧颜地耸耸肩，又感激地望一眼周恩来。他本是同情中国代表团的立场，讲了“中国代表团的意见可以考虑”的话。但美国政府来了命令，不许达成任何协议，不许在任何协议上签字。所以，他只好“变卦”了，他相信，他的苦衷周恩来都是明白的……

会议结束的那天，周恩来正在酒吧与人聊天，史密斯主动走过来微笑着对周恩来说：“会议即将结束了。能够在这里和您认识我感到非常荣幸和高兴。你们在这次会议上发挥了很大的作用。我们希望不管朝鲜也好，越南也好，都恢复和平。”

说罢他抓住周恩来的胳膊使劲摇晃几下，然后，笑眯眯地走开了。

他没有握手，却表达了与握手同样的愿望和心情，便这样心满意足地走开了。

急飞广西会胡志明

在印度支那进行殖民战争的是法国，所以法国代表团是中国代表团的另一主要斗争对象。

法国外长皮杜尔是个小个子，留着短平头，总是往酒吧里钻。他爱喝酒，好像整天都迷迷糊糊，走路晃晃悠悠。发言时也是两手支撑桌面，边讲边摇晃身子，永远是刚喝过酒的样子。法语“先生”的发音是“莫须有”，中国人听着像“木须肉”。法语“主席”的发音是“布列切堂”，中国人听着像“白菜汤”。皮杜尔每次发言总要摇晃着身子，鼻音喃喃地先说声“主席先生”，中国人便给他起了个雅号“木须肉、白菜汤”先生。这位外长坐一辆圆型法国小汽车，非常小。他住的别墅也很小，小巧玲珑。可惜，他的视野也很短，除了喝酒本事大，在谈判中显不出任何活力。

6月中旬，法国国内矛盾尖锐化，由于奠边府的惨败，拉尼埃政府终于倒台，孟戴斯·弗朗斯受命组阁。周恩来在说服莫洛托夫采取灵活态度、做出必要的让步之后，于6月23日在瑞

※ 周恩来同前来住地拜访的法国总理孟戴斯·弗朗斯会晤。

士首都伯尔尼同法国新总理弗朗斯会晤。

周恩来在交谈中言辞恳切、实际，不说空话："印支战争已经打了8年，不但印支人民饱受战争苦难，整个东南亚的和平稳定都无法实现。贵国人民也受到很大损失……"周恩来从法国切身利益出发，分析国际形势、印度支那半岛形势和法国国内形势，然后指明："相信弗朗斯先生是明智的人，不会让美国人牵着鼻子走，美国阻挠达成协议，受损害的不只是印度支那三国，还有法国政府和人民！"

弗朗斯深受感动，频频点头。

"印支三国的问题既有联系，又有区别。在适用同样原则时，要照顾到三国的特殊情况。例如一切外国军队应该同样地从三国撤出，不但法国军队撤出，在老挝和柬埔寨还要包括进入这两国的越南志愿人员。又比如停战后停止从境外进入新军事人员和武器弹药的原则既要适用于老挝和柬埔寨，但是方案又要考虑这两国的自卫需要。这样的方案才是公正合理。"

"很好，你讲的合情合理！"弗朗斯眨眨潮润的眼睛向周恩来做了个激动而又断然的手势，“我决心以一个月为期实现停火，尊敬的周恩来先生，如果不成，我将提出辞职！”

7月3日至5日，日内瓦会议休会三天。周恩来不顾疲劳，先飞广西柳州同胡志明会谈，然后飞到莫斯科与莫洛托夫等苏联领导人会谈，进一步协调彼此看法，说服人们认清主要矛盾，在越南南北分界线问题上不要提过高要求，否则，既不现实，又容易让美国人钻空子。日内瓦会议复会以后，周恩来立即投入紧张的周旋工作。几天之内，越南和法国终于达成妥协：越南接受以北纬17度为南北分界线，法国同意在协议中明文规定两年内通过普选统一越南。

越南问题一解决，老挝和柬埔寨问题也很快迎刃而解。会议发表了《日内瓦会议最后宣言》。美国眼看达成这些协议，无可奈何又不甘心，最后宣布不参加会议的最后宣言，为其以后侵略越南留下伏笔，但也把自己完全放在了孤立地位，终于在侵越战争中落得个彻底失败。

周恩来和中国代表团在日内瓦为新生的共和国赢得了巨大荣誉。当时日内瓦各大报纸大量报道周恩来，他成为日内瓦最引人注目的人物。对此，莫洛托夫表现出由衷的喜悦。认为周恩来是无产阶级的一个出类拔萃的外交家。当一个美国人说莫洛托夫是个“很难对付的毫不妥协的谈判者”时，莫洛托夫指着他的鼻子很自豪地说：“如果你认为我们很难对付，那么你等着对付周恩来吧，那时你会懂什么叫难对付！”

中国的罗密欧与朱丽叶

日内瓦会议期间，美国确实懂了点周恩来是如何“难对付的”。

一名美国记者听到有人说：“从周恩来和他的助手身上，可以看出中国人的自信、乐观和组织能力，他们具有没有大国架子的大国风度。”这位美国记者听出其中暗含了讽刺美国搞大国霸权，便从鼻子里哼一声说：“在日内瓦是看不到共产党统治下几亿中国人民的悲哀和愁苦的。”

周恩来得知这一情况，指示新闻联络官熊向晖，为外国记者举行电影招待会，放映《一九五二年国庆节》。并出主意说：“把请柬分成两种。一种指名邀请，一种不写名，就放在‘记者之家’，让台湾、越南、南朝鲜以及不便邀请的美国记者自取。放映时用英语通过扩音器做简单说明。”

放映时，全场爆满。有许多人是站着看的。银幕上一个接一个热烈的场面引来全场一

※ 周恩来和中国代表团代表张闻天（坐者右三）、王稼祥（坐者右二）、李克农（坐者左二）及代表团主要工作人员在住地商谈工作。

※ 周恩来在代表团住所内办公。

阵又一阵热烈的掌声和赞叹声。当地报纸报道说："当全副武装的中国军队和手捧鲜花的姑娘们，迈着矫健的步伐，跨过日内瓦的银幕时，西方和东方的无冕之王们都情不自禁地一起发出轻轻的赞叹声。"

然而，美国记者却报道说："我们感觉中国是在搞军国主义。"

"即使个别人这样挑剔，也值得我们注意。"周恩来对熊向晖指示说，"这好对付，我们是梅兰芳的大戏，什么角色都有。再给他们放一部梁祝悲剧看看。"

周恩来喜欢看各种民族音乐歌剧，尤其喜欢听越剧。出发时他特意点名让带上国内刚拍出不久的彩色越剧片《梁山伯与祝英台》，以便让更多的外国朋友欣赏。

"为了让外国人能看懂，我看剧名译成英文《梁与祝的悲剧》吧。"熊向晖建议说，"再搞个十几页的英文唱词……"

"你们不要搞党八股嘛。"周恩来摇头，"不看对象，对牛弹琴。"

熊向晖扑哧一声笑了。

"你笑什么？"

"俗话说，洋鬼子看戏傻了眼儿。"熊向晖笑道，"我觉得给洋人看这部电影本身就是对牛弹琴。"

"噢？"周恩来沉吟片刻，思考着说，"那就要看怎么'弹'了，你搞十几页说明去'弹'，那是'乱弹'。我们换个弹法试试。"

"怎么'弹'呢？"

"你搞十几页的说明，我要是记者我就不看，又不是听教授讲社会发展史呢。"周恩来信心十足地说，"你只要在请柬上写句话就行：'请你欣赏一部彩色歌剧电影——中国的《罗密欧与朱丽叶》。'你试试，我保你不会失败。如果失败了，我送你一瓶茅台酒。"

大家照他的意见办了。"中国的罗密欧与朱丽叶"果然引起外国记者们极大的兴趣，放映场又一次爆满，而且观众果然入戏了，全看懂了。当演到"哭坟"和"化蝶"时，全场一片唏嘘低泣……

影片结束，灯光复明，全场观众如醉如痴静默了一分多钟。

突然，谁鼓了一下掌，观众立刻"醒"了。全场顿时沸腾，暴风骤雨般的掌声喝彩声经久不息……

美国没有在《日内瓦协议》和《宣言》上签字，但它声明将不使用武力或武力威胁来妨碍上述协议。如果《日内瓦协议》得到认真执行，印度支那乃至整个东南亚，必然是另一种局面。正是由于美国推行新殖民主义政策，《日内瓦协议》未得到实行，越南、老挝、柬埔寨的战争在60年代才重新爆发。

（李越然）

率团参加亚非会议

亚非会议的成就集中体现在大会一致通过的《亚非会议最后公报》上，这种成就来之不易，这是与会各国共同努力的结果。中国代表团做出了自己的贡献。周恩来杰出的外交风格更给人留下难忘的印象。

30年前，周恩来总理率领中国代表团参加了在印度尼西亚万隆召开的亚非会议。这是第二次世界大战以后29个亚非国家政府领导人的历史性聚会，它的深远意义远远超出亚非两洲的范围。我作为中国驻印度尼西亚大使和中国代表团代表荣幸地参加了这一盛会。30年过去了，但是，会议的盛况至今难忘。

一

亚非会议的发起和召开顺应了时代的潮流。

几世纪以来，亚非人民遭受殖民主义的掠夺和压迫，处于贫困和落后状态。他们的命运被人摆布，他们的呼声受到压制。他们不得不起来反对殖民主义。

在两次世界大战中，亚非人民深受其害。许多亚非地区的人民曾经被侵略国家强迫充当战争的炮灰，他们痛恨侵略战争，热爱世界和平。

各国人民在第二次世界大战中经受了锻炼，和平、民主力量日益壮大，民族独立运动蓬勃发展。战后亚非地区出现了许多新兴独立国家。亚非两洲的面貌发生了深刻的变化。

已经获得独立的亚非国家和人民共同面临一个维护独立主权，建设各自国家的艰苦任务。为此，他们都迫切地需要一个和平的国际环境，也需要发展他们之间的经济合作和文

※ 亚非会议期间的周恩来。

※ 周恩来在中国代表团席位上。

化交流，以相互支持和促进。

但是，殖民主义在亚非地区的统治当时还没有结束，不少亚非人民还在过着殖民地的奴隶生活。争取和维护民族独立、完全结束殖民主义统治仍然是摆在亚非人民面前的严重任务。同时，战后不久，帝国主义和殖民主义又在加紧扩军备战，制造紧张局势，甚至挑起局部战争，给亚非人民和全世界爱好和平的人民带来新的威胁。

基于以上情况，反对殖民主义、争取和维护民族独立，反对侵略战争、维护世界和平，并在此基础上加强亚非国家之间的友好合作，已成为亚非各国人民的客观需要和共同愿望。这就是亚非会议的共同基础。

就在亚非会议发起之前，中国同印度和缅甸分别签署了确立和平共处五项原则的联合声明。它们呼吁世界各国，不管是实行什么样的制度，都应该在相互尊重主权和领土完整，互不侵犯，互不干涉内政，平等互利的基础上和平共处。这种指导思想后来实际上被公认为处理各国关系的准则，它对亚非会议的召开产生了积极的影响。

在这种形势下，参加科伦坡会议的五国总理，审时度势，1954年12月在茂物会议上作出了召开亚非会议的决定，并提出了反映亚非人民共同愿望和要求的会议目的。他们的倡议立即得到了被邀请的亚非各国政府的热烈响应和世界各国人民的普遍欢迎。中国政府当即复电同意亚非会议的目的。毛泽东主席根据全国人大常委会的决定任命周恩来总理为中国代表团的首席代表。

二

拥有近世界人口三分之二的亚非29个国家的政府领导人聚首一堂，商讨共同关心的问题，这在历史上还是第一次。它标志着这两大洲人民决心把他们的命运掌握在自己手里，而不再听人摆布，同时也向全世界宣告：亚非人民要在国际事务中发挥自己独立的作用。

参加这次会议的国家存在着不同的社会制度和意识形态。它们之间在民族、语言、宗教信仰和经济发展程度等方面都存在着差别。它们之间有的已经建立外交关系，或者相互友好，有的却什么关系也没有，或者存在着隔阂或疑惧。尽管如此，他们在万隆不约而同地找到了共同语言：和平、独立、合作、团结、协商、求同，这种共同语言响彻万隆独立大厦的会议厅。这也构成了人们称之为“万隆精神”的主要内容。

亚非会议开了一周。一周的时间在人类历史长河中只是非常短暂的瞬间。但是，在万隆的历史性一周内所发生的一切给亚非人民，乃至全世界带来了深远影响。这种影响随着时光的流逝和时代变迁越来越为更多的人们所感受。

亚非会议的成就集中体现在大会一致通过的《亚非会议最后公报》（包括《促进世界和平和合作宣言》）上。会议和各项决议贯串着亚非人民的共同愿望和要求。会议宣布：“殖民主义在其一切表现中是一种应当迅速予以根除的祸害”，指出争取和维护民族独立，完全结束殖民主义统治仍然是摆在当前亚非人民面前的严重任务。会议支持“人民和民族自决的原则”，并确认：“自决是充分享受一切基本人权的先决条件。”会议还谴责种族隔离和种族歧视政策，支持一切反对种族歧视的斗争。会议宣布支持一些北非国家人民的自决和独立的权利，支持巴勒斯坦的阿拉伯人民的权利，等等。这些决议有力地推动了亚非地区的争取民族独立运动和反对种族歧视的斗争。亚非会议以后的30年来，广大亚、非、拉美地区又有一大批独立国家以平等的姿态出现在国际舞台上，就是最好的见证。

会议通过的《促进世界和平和合作宣言》，表达了亚非人民反对侵略战争、维护世界和平的共同愿望。

《宣言》中提出的指导国家关系的十项原则是和平共处五项原则的引申。几世纪来，以大欺小、恃强凌弱、以富压贫的强权政治支配着国际关系。十项原则正是作为这些令人不能容忍的观念和现象的对立物出现在世界舞台上的。它们应该成为国与国之间和平相处和合作的新型关系的基础。

为了促进亚非国家之间的团结友好关系，亚非会议通过了经济合作和文化合作决议。会议认为：亚非国家之间的经济合作应该在互利和互相尊重国家主权的基础上进行。这是一种互通有无、互相帮助的新型合作关系，具有广阔的前景。当前正在开展的南南合作就是这种原则的体现。会议关于文化合作的决议有助于促进亚非国家之间的文化交流。这对于提高亚非各国人民的民族自觉性、促进相互了解、增强团结具有深远的意义。

应该特别指出的是，会议中求同存异的精神发挥了巨大的作用。这是这次会议的一个突出的成就。会议最后公报的一致通过表明，即使与会各国代表之间存在着某些分歧，并且还有外来因素造成的种种隔阂和疑惧，但是，只要从亚非人民的共同利益出发，以亚非各国团结反殖的事业为重，本着求同存异的精神进行友好协商，他们就能够为维护和平和促进友好合作做出贡献。从这一点来说，亚非会议不能不是求同存异精神的重大胜利。它也为世界其他地区探讨共同问题树立了一个范例。

东道国印度尼西亚政府和人民为亚非会议的成功做出了很大的贡献。他们为会议所作的多方面努力，他们的热情好客，促成会议取得了良好结果。

三

亚非会议的这种成就是来之不易的。这是与会各国共同努力的结果。中国代表团做出了自己的贡献。周总理杰出的外交风格，我现在回想起来还历历在目。

给我印象最深的是周总理最善于和各种不同意见的人共同工作，既坚持原则，又争取团结，取得可能达成的最大限度的协议。在我参加的许多会内会外活动中，我看到周总理自始至终贯彻了中国政府确定的求同存异、平等协商的精神。他不仅同意见接近或一致的国家领导人合作得很好，而且也尊重那些持不同意见的国家领导人，虚心听取他们的谈话，心平气和地交换看法，尽可能采纳各种建议，耐心寻找共同点。

例如：关于和平共处五项原则，有人不喜欢某些措辞或写法，周总理就同意修改。他在政治委员会上发言说：“在座的有些代表说，和平共处是共产党用的名词。那么我们可以换一个名词，而不要在这一点上发生误会。”他主动建议，采用联合国宪章序言中的提法，改用“和平相处”。他说，“这是我们应该能够同意的，我们能够站在联合国宪章的立场上谋求和平合作。”

还有人不完全同意五项原则的措辞，或者认为不止五项。周总理说：“写法可以修改，数目也可以增减，因为我们所寻求的是把我们的共同愿望肯定下来，以利于保障集体

※ 周恩来在亚非会议上发言。

※ 周恩来和埃及总理加麦尔·阿卜杜勒·纳赛尔在一起。

和平。”

本着这种求同存异的精神，会议终于制定了各国和平相处、发展友好合作等十项原则。它采纳了与会各国代表的补充意见，保留了五项原则的实质内容，成为万隆精神的组成部分，在以后的国际关系中，产生了重要的积极的影响。

值得提到的是，会上也出现一些比较大的分歧，包括对共产主义，对新中国的政策有误解，甚至有歪曲的言论。这样的言论不能不使会议出现紧张气氛。周总理采取了既坚持原则又顾全大局的态度。他在会上明确表态，不同意这些看法，但不在大会上展开争论。对有些问题，例如说中国没有宗教信仰自由等，周总理正面作了解释，并且欢迎大家亲自到中国看看。更加重要的是，他在会外找有关的代表严肃交谈，摆事实，讲道理，从而增进了相互了解，取得了和解，使得某些分歧支流不成为会议主流的障碍。

事实上，周总理的这种和解姿态，他在亚非会议全体大会的第一次发言中就已表明。他向大会宣告："中国代表团是来求同而不是来立异的。"这是中国代表团给会议带来的最重要的信息。周总理讲话的时候，大家注意倾听。当周总理说到"中国代表团是求团结而不是来吵架的"时候，他们脸上顿时出现了轻松的表情。

事实证明，正是周总理坚定、明智而灵活地贯彻了求同存异的精神，同各国代表共同努力，使得这次会议能够把分歧留在后面，把团结推向前进，使会议取得完满成功。

周总理在万隆期间给我留下的另一个深刻印象是他为缓和台湾地区的紧张局势表现的主动进取的气魄和耐心细致的作风。当时许多国家对中美关系以及台湾地区的紧张局势比较关心，而对这个问题的症结所在又很不了解。有些人受歪曲宣传的影响，对中国的政策怀有误解或疑惧。针对这种情况，周总理做了大量的细致的工作，说明事实真相，介绍中国的立场。会议期间还在会外安排了一次八国代表团团长会议，专门讨论这个问题，使与会的其他国家代表对中国的立场从此有了进一步的了解。紧接着，周总理向全世界公布了"中国政府愿意同美国政府坐下来谈判"的著名声明。它在万隆引起了轰动，在全世界博得了同情。

以后的历史发展表明，中美双方终于坐下来进行了谈判。尽管一谈就是多少年，但是经过双方努力，最后还是达成了建交协议。

使我难忘的另一个深刻印象是，周总理在完成中国代表团和会议的艰巨任务中表现出来的一心扑在工作上的忘我精神。在万隆期间，周总理除了参加安排得很紧的会议议程外，还在会外开展大量的会晤和宴请活动。他的这些会晤早的在清晨七时半就开始了，晚的竟至凌晨一二点钟还未结束。有的晚宴是在深夜十一点钟才开始的。在这些活动中，周总理平等待人，诚恳热情，思想敏锐，谈笑风生，即使是讨论一些分歧问题，也能平心静气，从不强加于人。参加亚非会议的其他28个国家，当时已同中国建立了外交关系的只有少数几个，但周总理同这些代表团普遍交往，有不少国家的代表是第一次见面，常常一见如故，以后都成为中国的好友。为了亚非人民的共同事业，为了完成全国人民的重托，周总理就是这样呕心沥血，夜以继日地工作着，为我国外事工作人员树立了光辉的榜样。

四

亚非会议以后，亚、非、拉美第三世界国家加强了团结，加强了反对殖民主义、帝国主义、霸权主义的斗争，在国际事务中发挥着日益重要的作用。

但是，亚非会议提出的目标还没有完全达到。超级大国不断升级的军备竞赛和地区“热点”的存在，继续损害着第三世界国家的利益，威胁世界和平。同时，一些第三世界国家之间，由于历史上遗留下来的问题，还存在着矛盾和纷争，甚至发生武装冲突，引起各国的不安。此外，第三世界国家目前已经进入以争取经济发展为中心任务的历史时期，进一步加强经济关系和南南合作，在平等互利的基础上建立国际经济新秩序，已成为它们新的共同要求。

（黄镇）

特务谋害，处之泰然

周恩来率出席亚非会议的中国政府代表团在去万隆的途中，“克什米尔公主”号被炸，“空中霸王”号在万米高空忽遇雷雨，两经险情，周恩来处之泰然。

周恩来带病出征，两经险情

1955年4月7日，周恩来拖着刚动手术、健康还未完全恢复的病体，率领中国政府代表团一行乘坐中国空军苏式里-2飞机，离开北京途经重庆，于8日中午11时30分抵达昆明。

周恩来得的是什么病?

原来在3月12日中午12时30分，周恩来突然感到下腹疼痛难忍，随后经医生诊断为急性阑尾炎。下午6时许，他入院治疗，晚8时45分手术。半个月后伤口基本痊愈，他于28日出院。

4月1日，经过医生会诊，一致认为“伤口恢复很好”。但是，卫生部副部长傅连暲听说周恩来不久将出国开会，需要坐几天汽车，在路面质量不好的公路上长途奔波。出于医务工作者的应有责任心，他提出建议：“（一）乘坐汽车两三小时需休息一小时。（二）

※ 会议期间，周恩来和印度尼西亚外长签订中国和印尼关于双重国籍问题的条约，妥善解决两国历史遗留问题。

腹部应包腹带。（三）注意饮食。（四）除有黄树则同志照顾外，另派外科专家王历耕主任送至我国边境。”

对周恩来在1954年日内瓦会议的卓越表现大感紧张的蒋介石，在1955年初向国民党高层人士发表了一篇题为《最近国内外局势的推演与我们反攻复国计划的进度之说明》。

在这篇讲话中，蒋介石悲叹道：1955年4月至6月乃是“我们外交最危险的时期”。

周恩来在2月10日公开发表关于接受印尼总理邀请参加亚非会议的声明后，国民党当局开始策划谋害周恩来的罪恶计划，并把香港和万隆作为实施其计划的主要地点。

国民党当局紧锣密鼓，预谋在周恩来可能经过的香港启德机场对他的包机进行破坏。

4月11日，台湾国民党特务机关指使在香港启德机场工作的特务周驹，预先在中国代表团包租的一架印度国际航空公司C-69型星座式客机，即“克什米尔公主”号右翼轮舱附近，放置了定时炸弹。

这天中午12时15分飞机飞离香港约4小时后，在大纳士纳群岛附近的南中国海（东经107° 59′ 38″、北纬3° 53′ 12″）上空，炸弹击穿第三号油箱，从而引发无法控制的大火并导致飞机坠毁。中国和越南代表团工作人员以及随同前往的中外记者共11人全部遇难。

他们是：中国代表团工作人员石志昂（外贸部中国进出口总公司副总经理）、李肇基（外交部新闻司干部）、钟步云（中央办公厅警卫局交通科科长兼总理专车司机）；执行会议采访任务的新华社香港分社社长黄作梅、新华社记者沈建图、中央人民广播电台对外广播部副主任杜宏、新华社记者兼《光明日报》记者李平、中央新闻电影制片厂摄影师郝凤格；越南民主共和国代表团工作人员王明芳；波兰记者斯塔列茨；奥地利记者严斐德。

由于周恩来应约去仰光同缅甸、印度、埃及等国领导人会晤，事先改变了出国路线，得以幸免于难。

在这以前，周恩来以他对敌情的特殊敏感，曾指示有关方面加强对敌情报工作。

从3月开始，我国情报部门陆续侦察到台湾国民党特务机关将对出席亚非会议的中国政府代表团采取破坏行动。

这时，周恩来提醒大家考虑：究竟怎么个走法？是从海上走还是从空中走？几经研究，有关部门负责人认为，从海上走危险更大。因为，当时从香港到印尼的航线上只有荷兰的两艘小型商船在来往，走一个单程就需要一周时间，易于国民党特务中途破坏；反之，空中走所需时间短，机动性强。于是，他放弃了走海路的设想。经与印度航空公司洽商，决定租用“克什米尔公主”号飞机作为正常航班，于4月11日上午飞抵香港，然后改为中国代表团包机，从香港直飞雅加达。

正在这时，周恩来应吴努总理的邀请要先去缅甸仰光，与出席会议的几个国家领导人进行非正式会晤。这样，他决定改乘印度航空公司的“空中霸王”号飞机，从仰光直飞雅加达。

4月7日，周恩来即将从西郊机场登机时，得到了赶来机场的总理办公室副主任罗青长呈交的一份重要情报：国民党特务机关已经收买启德机场地勤人员，准备借“克什米尔公主”号飞机在香港短暂停留，乘为飞机加油之机进行破坏。

周恩来对此情报极为重视，当即指示李克农和罗青长：继续密切注视香港国民党特务动态，及时向中央有关部门领导人通报情况，并采取相应的处置措施。

※ 1955年4月11日，台湾国民党特务阴谋暗害中国出席万隆会议的周恩来总理，制造了“克什米尔公主号”飞机爆炸事件。这是周恩来在纪念牺牲的烈士遇难一周年大会和烈士遗骨安葬仪式上。

4月9日晚，周恩来在昆明再次指示罗青长，要他转告外交部，立即将有关情报通知英国驻华代办杜维廉，并请他电告香港当局；同时要外交部将情况火速转告新华社香港分社和在港乘坐飞机的代表团工作人员，并由新华社香港分社告诉印度航空公司驻港办事处，以便引起各方的高度重视。

很快，香港政府在机场采取了防范措施。但是，因为香港当局忽视了对飞机的安全检查，导致国民党特务周驹有隙可乘，在飞机右翼轮舱内安放了破坏力很大的小型定时炸弹。

面对险象丛生的局势，周恩来面无惧色，处之泰然。时至这时，在他的人生经历中，身处危局险境、直接威胁到生命的事，就已达20次之多，但都死里逃生，化险为夷，转危为安。

4月12日凌晨1时许，全权负责中国领导人出访安全工作的中共中央办公厅主任杨尚昆获悉“克什米尔公主”号飞机失事的消息。2时30分，他报告了刘少奇，随即又给在昆明的章汉夫通电话，要他报告周恩来。

当天，刘少奇分别主持召开了中共中央政治局会议和书记处会议，讨论飞机失事问题。

会上，不少领导人考虑到周恩来已成为国民党特务严密追踪的暗害目标，提出是否由陈毅替代出席会议的问题，并决定增派公安部副部长杨奇清做顾问同去。

在杭州的毛泽东也为周恩来和中国代表团的安全焦虑不安。

会后，杨尚昆同周恩来通电话时，周恩来明确表示：临阵不换将。他还说：同意中央会议最后形成的一致看法，尽管出席会议有很大危险，但从政治上考虑必须去、不能退，否则正中了国民党反动当局的诡计。出事以后，舆论宣传叫得厉害一些，引起全世界注意，反倒可能增加安全保证。

这天，中国政府就“克什米尔公主”号事件向全世界发表声明，郑重宣布：“这一不幸事件绝非一般的飞机失事，而是美国和蒋介石特务机关蓄意制造的谋杀。”它们的这种卑劣行为，“只能加强亚洲、非洲和全世界人民争取和平和自由的共同行动。”“英国政府和香港英国当局对这次不幸事件是负有严重责任的。”同时，声明要求英国方面彻底查处罪犯，将特务逮捕法办。中国政府的声明发表后，在世界范围内尤其是亚非国家中引起广泛反响，舆论纷纷谴责这一卑劣行为。

飞机失事消息传到昆明后，中国代表团成员和云南省党、政、军领导人也都众口一词地劝周恩来不要再去万隆。但是，他毫不含糊地回答：“我们是为促进世界和平、增强亚非人民对新中国的了解和友谊而去的，即使发生了什么意外也是值得的，没有什么了不起！”

文仗如武仗，不能无危险

在9日晚得知最新情报的邓颖超，深知国民党特务什么伤天害理的事都干得出来的。10日一大早，她就给周恩来写了一封情切切、意真真的信：

亲爱的人：

别才3日，但禁不住要写几个字给你。这次蒋贼是蓄意下毒手施行暗害的，他并从各方面的可能着手。因此往返途中停留时，飞机着陆后严加封锁，起飞前的严密检查，是必须而不可忽视的。在逗留地区对所有交通工具，亦应请看守与检查。你出外活动，必须严密警惕，仔细机警。为了人民的利益，为了人类进步崇高的事业，为了你能做更多的工作，你必须善于保卫你自己。在这方面，亦必须取得对敌斗争的胜利。我衷心地祝福你胜利平安地归来！热烈地在期待着欢迎你。

……

知道邓颖超在急切地等待着他回信的周恩来，在4月12日收信的当天就写了回信。他写道：

你的来信收阅，感你的好意和诤言，现将来信捎回，免得失落。有这一次教训，我当更加谨慎，更加努力。文仗如武仗，不能无危险，也不能打无准备的仗，一切当从多方考虑，经集体商决而后行。望你放心。再见。

一封短信，寥寥数语，把周恩来一生都在忠实实践的崇高思想境界和盘托出。正如他经常引用古语所说："青山处处埋忠骨，何必马革裹尸还。""鞠躬尽瘁，死而后已。"

1994年9月，英国牛津大学圣安东尼学院华裔学者曾锐生先生在《中国季刊》上大揭秘，首次披露了国民党特务机关策划"克什米尔公主"号空难事件的始末。

1995年春，台湾《中时周刊》予以转载。据《中时周刊》介绍：

这次暗杀行动的两位执行者，一位叫周斌成，系"保密局敌后部署组组长"，此人沉默寡言，工于心计，是早年戴笠得意的学生之一；另一位则是组员陈鸿举。两人都是台湾派到香港从事敌后颠覆的情报人员。

当时两人的全盘计划是这样的：找人到"克什米尔公主"号上放炸弹，时间一到，炸弹爆炸，将一切都炸得灰飞烟灰，包括所有乘客及犯罪证据。

在此计划中，放炸弹的人将是个关键人物。问题的难点自然是谁将执行这个任务？最好是机场工作人员，尤其是能接近飞机而又不引人注意的"小角色"。周、陈两人在机场勘察一阵过后，终于找到心目中的理想人选——小郑。

小郑是香港人，本名叫周驹。他原是香港启德机场的清洁工，才20来岁，未婚无家累，只有一位嗜赌如命的父亲；小郑个子瘦小，长相普通，在机场打扫清洁，鲜少引人注意。

在港币60万的重赏下，小郑充当了暗杀周恩来的这一事件的主角。

计划大致确定后，周斌成与陈鸿举两人特地从香港赶回台湾向保密局长毛人凤"口头报告"。毛人凤一听，觉得"大有可为"。

尽管毛人凤觉得计划可行，可是周、陈两人却不敢向毛人凤提起60万港币的事情，怕金额过高，遭到毛人凤的反对。最后，两人决定央请当时有“地下局长”之称的谷正文，出马为60万港币游说。

谷正文也是详听计划始末后立刻赞成的。他的理由有三：一是暗杀中共领导人物，本来就是特务工作之一；二是想借此给香港政府压力，因为在此之前香港对台湾情报人员不太客气，抓到老是判重刑；三是这个计划“太漂亮”了，可以说是天衣无缝。

谷正文并建议周、陈两人，最好在计划行动的前一天，能带小郑住在旅馆，并将他的爸爸一起找来，免得小郑临阵退缩，坏了整个计划。

4月10日，周、陈两人从台湾带着60万港币利用货船偷渡至香港，与小郑住进旅馆，将现金交给小郑的父亲保管。当时，除了交给小郑炸药外，同时还教他如何使用，并就计划细节反复进行沟通演练……

4月11日，小郑跟往常一样上班去了，“平安无事”地通过对工作人员的例行检查。小郑的炸药是如何通过检查的？原来，台湾人员交给他的炸药，叫做TNT，是一种高科技产品，一直由美国中情局提供台湾情报网使用。这一次，为了应付机场的安检，特别做成牙膏模样。按规定，简易的漱洗用具，机场工作人员是被允许带入的。就这样，小郑带着TNT混入机场。

4月11日早晨，小郑负责3架飞机的清洁工作，其中包括为加油而做短暂停留的“克

※『克什米尔公主』号飞机残骸。

什米尔公主”号。小郑跟着一组工作人员进进出出，东打扫，西打扫，谁也没有注意到他何时钻进行李舱装了定时炸弹，又何时失踪的。

失踪的小郑躲到飞虎将军陈纳德停在香港的民用客机里随时等待飞往台湾。

台湾国民党当局获悉他们爆炸飞机的阴谋得逞后，惊喜若狂，弹冠相庆。由他们控制的媒体更是秉承主子的旨意，竭尽歪曲攻击之能事，以毫无人性的尖酸刻薄的措辞，把这一事件作为特大喜庆新闻加以报道，声称：“恶贯满盈”，“周匪恩来座机坠海”。16日晚，当秋毫无损的周恩来英姿飒爽地出现在印尼首都雅加达时，台湾国民党当局才如梦初醒，收敛了他们为正直人们所不齿的脸上泛起的笑容。

“克什米尔公主”号飞机事件发生后，周恩来亲自过问和关心着“克什米尔公主”号飞机破案与善后工作。

4月15日，周恩来怀着沉痛的心情致电中共中央并告外交部，对善后工作提出3点意见：（一）由外交部致电随机遇难的越南工作人员、波兰和奥地利记者3人的家属“表示慰悼”；（二）“由外交部建议越南政府外交部参照波兰外交部的做法对飞机破坏事件发表一声明，要求英国政府迅速追究破坏分子，以明责任”；（三）“对此次牺牲的我国工作人员和记者家属由外交部代表政府慰悼，并请内务部议定抚恤办法”。

在中国驻印度使馆参赞申健处理完现场的善后工作赶往万隆向周恩来汇报时，周恩来沉痛地说：“烈士们的光荣姓名，将永远写在亚非各国人民和世界先进人类为和平事业而奋斗的历史上。历史将永远记住，烈士们是为亚非两大洲人民的友好合作和独立自由的事业牺牲的。”

在苍松翠柏掩映下的八宝山烈士墓，至今仍然矗立着一个高高的纪念碑。纪念碑前镶嵌着一块汉白玉浮雕，浮雕上一只和平鸽在展翅高翔。它的正面镌刻着周恩来的亲笔题字：“参加亚非会议的死难烈士公墓。”它的背面刻着烈士们的姓名与简历。石碑上还刻有经周恩来核定的记载烈士们殉难经过的碑文。碑文最后一句是：“为和平、独立和自由事业而光荣牺牲的烈士们永垂不朽！”

以后，周恩来以他丰富的斗争经验，开展了多方面的各种形式的外交活动，终于促使香港政府在进行大量侦破工作之后，于1956年1月发表公开声明，公布了国民党特务制造飞机坠毁事件的罪恶事实，并宣布对犯有谋杀罪的国民党特务周驹已经发出逮捕状，要台湾当局将逃到台湾的这名罪犯送交香港政府处置，使台湾国民党当局的丑恶行径暴露在世界各国人民面前。

“空中霸王”号专机再遇险情

4月14日清晨7时20分，周恩来率领中国代表团一行27人，另行乘坐印度“空中霸王”号专机，飞离昆明。

这架飞机是第二次世界大战后改装的，性能比“克什米尔公主”号差得多。

据时任外交部交际处处长的王倬如回忆：“为了保证这架飞机的飞行安全，行前，陈毅副总理、公安部副部长杨奇清和我商量，认为最有效的措施是做好机组人员特别是机长的工作，同他们搞好关系。于是，我们主动同他们聊天，请他们吃饭，送他们礼物。这样，有一位孤儿出身的空中小姐向我们介绍了他们机组人员的情况。她说，驾驶员这个人很正直，驾机时间很长了，很有经验。”随后，“我们与机长也交上了朋友，他在以后的安全飞行中起了很好的作用。”

全体随行人员上机后，周恩来当众宣布纪律：所有机上人员一律不准吸烟。

这天上午10时30分，周恩来一行飞抵缅甸首都仰光。

在仰光，映入周恩来一行眼帘的是，到处都是人们用竹木树枝搭起的彩棚，棚前摆着贮满清水的大缸和供人休息的桌椅，有的彩棚旁的消防水龙头还不断地流淌着自来水。一打听，才知道中国代表团恰好赶上缅甸的泼水节，这就是缅甸的新年。

据传说，很早以前的一年除夕，缅甸国王升殿恰遇神仙下凡，他顿时心中大喜，马上用香料和清水混合，泼洒在文武百官身上，以表示涤旧除污、迎新接福。从此，泼水成为缅甸人民的一个传统节日。人们把节日之水视为吉祥和幸福的象征，这不仅可以驱暑祛寒，还能除去灰尘与污秽，消除烦恼与忧愁，洗掉一年的辛劳，让欢乐和幸福伴随人们度过新的一年。同时，泼水节还有祈求风调雨顺、五谷丰登、人畜兴旺、健康长寿之意。因此，每逢新年佳节，人们都要相互泼洒清水，游玩嬉戏。

缅甸每年的泼水节都在4月13日前后。4月是缅甸的盛夏，是旱季农闲季节，人们要连续欢庆4天时间。

这天下午5时左右，在总理府同吴努会晤的周恩来、陈毅以及翻译浦寿昌等人，在主人的盛情邀请下，兴致勃勃地换上缅甸民族服装，先后参加了5个彩棚的泼水仪式。卫士长成元功是这样回忆当时情景的：

开始，可能因为我们是贵宾，群众还比较文明，他们只是用小碗向我们身上泼，或用树枝沾上水向我们洒。后来，在吴努总理的带领下，群众不再用小碗和树枝了，而是用盆

※ 会议结束后，周恩来应邀访问印度尼西亚。这是他在招待会上同印尼总统苏加诺（右二）、总理阿里·沙斯特罗阿米佐约（右一）交谈。

和桶，嬉笑着大盆大桶地向我们身上泼来，还有的干脆提起我们的衣领往衣服里边灌。我们也不再客气了，便把对方的盆和桶抢过来向对方回敬，以致把许多妇女脸上的脂粉都冲得一道一道的。尽管如此，她们也不嗔怪。5个彩棚的泼水仪式下来，我们每个人的身上都被泼得水淋淋的。尤其是我和李福坤同志，由于没有换缅甸民族服装，浑身上下湿得就像个落汤鸡，新做的中山服被泼得变了形，干后皱皱巴巴的再也无法穿了，只好另换一身。

14日晚上，缅甸、中国、印度、越南、埃及和阿富汗6国领导人在总统府召开会议，讨论“克什米尔公主”号飞机事件带来的影响，商谈即将召开的亚非会议可能出现的形势等重要问题。这时，飞机爆炸事件已经在一些亚非国家领导人中引起思想混乱：有的担心亚非会议开不成了；有的认为即使开成了，也不一定能取得积极成果。

※ 会议休息时，周恩来为各国朋友签名留念。

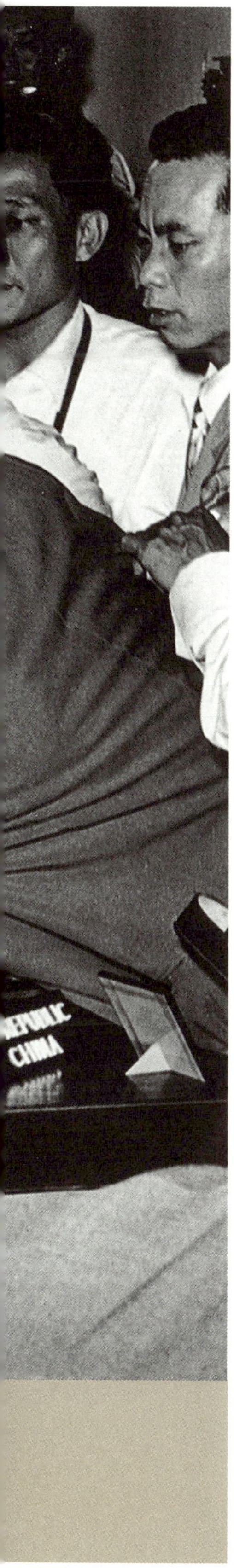

针对亚非各国领导人中普遍存在的疑虑和恐惧情绪，在会上，周恩来分析了召开亚非会议的有利条件，冷静地指出：敌人对会议搞示威性破坏，并不说明他们强大，恰恰说明他们害怕我们召开亚非会议。只要各国从彼此的根本利益上去求大同，只要用和平共处五项原则和亚非国家团结的精神，去反击殖民主义的挑战，亚非会议就一定能够开好，一定能够取得成功。同时，他真诚地建议在座各位领导人，在亚非会议上不提共产主义问题，以免引起不必要的争论，致使会议没有结果。

与会其他国家领导人一致赞同周恩来的意见，决心为推动亚非会议的胜利而努力。4月16日凌晨1时10分，周恩来率领中国代表团由仰光飞往印度尼西亚。

印度尼西亚位于我国南海诸岛和大洋洲遥遥相望的海面上。它由大小不等的3000多个岛屿组成，故被称为“千岛之国”。

飞机在飞经新加坡上空时，忽遇雷雨，险象环生——万米高空，乌云翻滚，电闪雷鸣，暴雨如注，就像把人和飞机都拖到了万丈深渊似的。这时，机械师走出机舱向周恩来报告：“前方雷雨层更厚，飞机无法穿越，机长的意见是只能迫降。”周恩来点了点头，果断决定：“按机长的意见办。”

这样在11时45分，周恩来的专机被迫暂时降落到与中国还没有外交关系、国民党特务活动比较猖狂的新加坡的机场上。

专机降落后，周恩来意外地得到英国驻马来西亚高级专员麦克唐纳和机场老板的邀请，要他到机场贵宾候机室稍事休息。他俩虽然久闻周恩来大名但始终无缘见上一面，这天赐良机当然是不会放过的。

为了保证周恩来的绝对安全，同行的陈毅、廖承志等代表团的同志力加劝阻。

周恩来却自有一番理由。他说：“这位麦克唐纳是英国工党首任首相拉姆齐·麦克唐纳的儿子，也是能够对马来西亚政局产生很大影响的人物。这送上门来的外交工作不去做岂不可惜？”

下午近2点钟，满面春风的麦克唐纳和机场老板把周恩来和陈毅送到“空中霸王”号专机前，彼此依依惜别。回国后，周恩来要英国驻华代办杜维廉转告这时已是英国首相的艾登，对麦克唐纳所给予的热情招待和尽力保护，“向英国政府表示感谢”。

中国代表团没有按时抵达雅加达，可急坏了中国驻印尼大使黄镇以及使馆工作人员，不安的气氛笼罩在人们心头。

下午5时50分，中国代表团的专机终于徐徐降落在雅加达玛腰兰机场。

当周恩来刚一出现在机舱门口时，欢迎的群众就爆发出了雷鸣般的欢呼声和掌声。

随后，周恩来在印尼外长苏纳约和中国驻印尼大使黄镇陪同下，乘车驶离机场。

一路上，街道两旁、楼台房顶，到处挤满了欢呼致意的人群。从此以后，凡是中国代表团经过的地方，“和平万岁！”“中华人民共和国万岁！”“中国、印度尼西亚友好万岁！”的欢呼声此伏彼起，掌声震耳欲聋。

4月17日上午10时，周恩来的专机飞抵安第机场，来到这次历史盛会的所在地——万隆。

在这里，周恩来受到先期到达的沙斯特罗阿米佐约的盛情迎接。

周恩来受到特别礼遇，亚非会议人民委员会主席阿末代表万隆120个团体向周恩来致了热情洋溢的欢迎词。

周恩来在机场也发表了诚挚友好的讲话：

中华人民共和国代表团抱着对于和平和友好的愿望，前来参加即将在万隆举行的亚非会议。

亚非会议的召开，是同印度尼西亚政府和人民的努力分不开的。在这次会议上，亚非会议的代表们将会获得历史上的第一次机会，在一起讨论共同关心的问题；这个事实就说明了这次会议是有重大意义的……

我们第一次踏上印度尼西亚共和国的美丽的国土的时候，请允许我以中华人民共和国政府和人民的名义向印度尼西亚共和国政府和人民热烈地致意。

祝中国和印度尼西亚之间的友谊日益发展。

祝亚非会议成功。

同时，周恩来有预见性地指出：“我不能不指出有些人是不喜欢我们这个会议的。他们正在力图破坏我们的会议。”但是，“我们的会议一定能够克服各种破坏和阻挠，并对于促进亚非国家之间的友好和合作，对于维护亚非地区和世界和平做出有价值的贡献。”以后发生的事实，证实了这预见的正确性。

（熊华源）

提出四个现代化

周恩来提出：“我国的经济原来是很落后的，如果我们不建设起强大的现代化的工业、现代化的农业、现代化的交通运输业和现代化的国防，我们就不能摆脱落后和贫困，我们的革命就不能达到目的。”

我们的国家，要在比较短的历史时期内赶上世界上的发达国家，必须有一个明确的发展目标。这个目标，开始时提的是——工业化。

※ 1962年6月，周恩来在哈尔滨电机厂视察。

※ 周恩来视察北京第一棉纺厂。

早在革命战争年代，1945年4月，毛泽东在中国共产党的第七次全国代表大会上所作的《论联合政府》报告中，就提出："中国工人阶级的任务，不但是为着建立新民主主义的国家而斗争，而且是为着中国的工业化和农业近代化而斗争。"1949年6月，建国前夕，他又说：中国将是一个人民民主专政的国家，"人民民主专政的国家，必须有步骤地解决国家工业化的问题"。

1949年，周恩来主持起草的中国人民政治协商会议的共同纲领中也说，中国要"发展新民主主义的人民经济，稳步地变农业国为工业国”。

1952年，我国的经济已经恢复，朝鲜停战也已在望，周恩来主持起草《中国经济状况和五年建设的任务（草案）》，准备制定第一个五年建设计划。在这个草案里，提到的基本任务是“为国家工业化打下基础”。

国家工业化所需要的时间，当时周恩来估计，“中国工业化，是十年、二十年的问题”。

新中国的建设，开始时仿照苏联的模式，但是已经与苏联有所不同，例如，1949年周恩来提出以农业为基础，就是不同之一。经过恢复时期和第一个五年计划头两年的实践，建设中国的路究竟怎么走？周恩来在重新探索了。

中国的新民主主义革命，走的是自己的道路，取得了胜利。新中国成立后如何建设？中国也要本着马克思主义的基本原理探索走自己的路。这种探索经历了几十年，到了80年代，邓小平归结为“建设有中国特色的社会主义”。

周恩来尽管事务繁多，但是他并不埋没在事务中，他是一个思虑深远的政治家、战略家。周恩来从宏观上试图把握中国的未来，探索除了工业化之外，是否还可以有其他的目标，他提出了四个现代化。

1954年，在第一届全国人民代表大会第一次会议上，周恩来提出：“我国的经济原来是很落后的，如果我们不建设起强大的现代化的工业、现代化的农业、现代化的交通运输业和现代化的国防，我们就不能摆脱落后和贫困，我们的革命就不能达目的。”

周恩来提出了四个现代化后，中国共产党全党接受了周恩来的提法，把它写入了1956年中共八大通过的党章总纲：

“中国共产党的任务，就是有计划地发展国民经济，尽可能迅速地实现国家工业化，有系统、有步骤地进行国民经济的技术改造，使中国具有强大的现代化的工业、现代化的农业、现代化的交通运输业和现代化的国防。”

此后的二十多年中，周恩来一再地、反复强调地提这个目标，内容越来越完整、越来越科学，他的思想不断发展着。

1954年提出的四个现代化的内容，和现在我们说的四个现代化的内容略有不同，主要是现在不再把交通运输的现代化专门作为四化的一项内容，因为周恩来后来作了更改。1957年8月13日到20日，周恩来在北戴河主持召开国务院常务会议，讨论关于发展国民经济的第二个五年计划和1958年计划、预算和国务院的体制等问题。他在会上讲到工业的时候，讲明了工业是“包括交通运输在内”的，指出“交通运输是要先行的，但要全面安排”。因此，交通运输业的现代化就包含在工业现代化之内，不再单独列出了。

1955年，经过上年的日内瓦会议和本年的万隆会议，世界局势肯定在趋向和缓了。周恩来说，这“才考虑把国防工业放慢一些”，这以后的几年间，国防现代化暂时不提了。这时只提工业、农业、科学文化这“三个”现代化。

周恩来关于几个现代化的提法和把交通运输现代化纳入工业现代化的主张，受到中共中央其他领导人的重视和接受。1957年后，毛泽东、刘少奇、朱德在他们的讲话中，都提过要把我国建设成为一个具有现代工业、现代农业和现代科学文化的伟大的社会主义国家。

1959年底、1960年初，毛泽东在边读边议苏联的《政治经济学教科书》第三版社会主义部分时，讲到仍要加上“国防现代化”。这就是要重新提出1954年周恩来提过的国防现

※ 1958年9月，周恩来在开滦煤矿井下了解作业情况。

※ 1959年10月，周恩来在兰州炼油厂视察。

代化。1959年，周恩来恢复了“四个”现代化的提法。这年12月24日，他在黑龙江省委组织的厅、局长以上干部会议上作报告，说道：“我们处在这样的国际国内形势下，需要加快建设我们的国家，使我们国家更快地成为具有现代工业、现代农业、现代科学文化和现代国防的社会主义强国。”后来，1961年9月15日，中共中央在关于当前工业问题的指示中，也恢复了“四个”现代化的提法。

三年后，周恩来又把科学文化现代化表达为科学技术现代化。

1956年1月，周恩来曾说过：“现代科学技术正在一日千里地突飞猛进。”科学方面的最近的成就“使人类面临着一个新的科学技术和工业革命的前夕”，“我们必须赶上这个世界先进科学水平”。后来他在实践中越来越认识到科学技术现代化的重要性和它对工业、农业、国防现代化的重大影响，深刻地认识到我们只有掌握了最先进的科学技术，才能有巩固的国防，才能有强大的先进的经济力量。1963年1月，他在上海市科学技术工作

※ 1963年1月，周恩来在上海市科学技术工作会议上讲话，指出实现四个现代化“关键在于实现科学技术的现代化”。

会议上说：“我们要实现农业现代化、工业现代化、国防现代化和科学技术现代化，把我们祖国建设成为一个社会主义强国。”

他在讲四个现代化的时候说，我们要正确地认识科学技术现代化在社会主义建设中的重大意义，要使我国实现四个现代化，“关键在于实现科学技术的现代化”。

1956年1月，他就说过：“科学是关系我们的国防、经济和文化各方面的有决定性的因素。”

对于这四个现代化，周恩来认为“要同时并进，相互促进，不能等工业现代化以后再来进行农业现代化、国防现代化和科学技术现代化”。当然，这里所说的同时并进，是重点建设和全面安排相结合的，是国民经济各部门相互促进，协调发展，有缓有急的同时并进。

周恩来关于中国进行现代化建设的设想，是开放性的。1964年4月23日他在会见日本关西经济访华代表团时说："中国经济的发展，主要依靠自力更生。"同时又说："要使经济技术达到现代化的水平，也需要进行国际间的合作。"

在1964年末到1965年初的第三届全国人大第一次会议上，周恩来作的政府工作报告中，概述了我国农业、工业、财政贸易、文化教育等方面已经取得的巨大成就，说是调整国民经济的任务已经基本上完成了，整个国民经济将要进入一个新的发展时期。他说：要"把我国建设成为一个具有现代农业、现代工业、现代国防和现代科学技术的社会主义强国"。这是他正式向全国完整地提出现在这个"四化"号召。

与此同时，周恩来提出要建立独立的国民经济体系和工业体系。这样提，有一个国际背景，就是当时苏联的领导人赫鲁晓夫强调要什么"国际分工"，要中国只搞农业、轻工业，实际是卡中国。周恩来据理力争，主张建立自己的体系。

另一方面，这也是从"工业化"的提法发展而来的。

什么叫做"工业化"？

我国开始建设时依据的是苏联的经验。苏联的经验，实现国家工业化，标准是工业总产值在国民经济全部产值中达到70%。斯大林1933年对苏联第一个五年计划作总结，就是说工业产值在国民经济全部生产中的比重已经增长到70%，苏联已由农业国变成工业国了。

1956年7月，周恩来会见南斯拉夫驻华大使波波维奇，在谈话中他讲道：我们要实现工业化，至少必须争取使工业在整个国民经济中所占比重达到60%到70%。这里所说的这个百分比大体相当于苏联宣布由农业国变成工业国时工业产值在国民经济中的比重。

如果按照这个标准，我国达到工业化所需的时间并不用很久。根据一些材料估计，在抗日战争以前，我国现代工业产值只不过占国民经济总产值的10%左右。1953年的统计，我国使用机器的工业的产值1949年约占工农业总产值的17%左右。1952年是28%左右。1957年，全国工农业总产值1241亿元，其中工业总产值704亿元，占56.7%。1958年，全国工农业总产值1649亿元，其中工业总产值1083亿元，占65.6%。1959年，全国工农业总产值1980亿元，其中工业总产值1483亿元，占74.9%。所以，如果按照60%到70%的要求来说，1958年已经达到了；如果按照苏联宣布由农业国变成工业国的百分比要求说，1959年也已经达到了。

但是，那时候周恩来多次对周围工作人员明确地说，他不赞成过早地宣布实现了工业化，1956年2月8日他在国务院的会议上说："绝不要提出提早完成工业化的口号。"为什么不要提出呢？周恩来经过了多年经济建设的实践，对工业化的解释已经在作新的考虑了。原来的单纯百分比的要求，显然太简单了。

1953年，周恩来已经认识到，以工业总产值占的百分比多少来计算工业化，以及只提"工业化"，都是不够的。这年，政务院财政经济委员会副主任贾拓夫在全国劳模大会上作报告，提出"实现社会主义工业化"的口号，周恩来看到报告后认为不应孤立地只提工业化，提议他做些修改，说："因为这个口号在我们这个过渡时期作为唯一目标来说是不完全的，其中没有包括农业集体化及利用和改造资本主义工业。"

我国的第一个五年计划，通过重点建设重工业来实现工业化，但是在五年计划的第一年，1953年，周恩来就说："集中主要力量发展重工业，不是说把一切力量都摆在重工业上，其他的都不搞了，农业不发展了，轻工业也不发展了。那是不行的，因为重工业还不能满足人民的需要。"这时他已经看到苏联当年一味发展重工业的弊病，认识到国民经济的发展必须全面地协调向前。他说："要使各个方面都能全面地有配合地向前发展，才能保证我们计划建设的胜利。"

1956年9月，周恩来在中国共产党的第八次全国代表大会上作《关于发展国民经济的第二个五年计划的建议的报告》。在这个报告中，他对工业化的解释有了创造性的提法。他说："我国社会主义工业化的主要要求，就是要在大约三个五年计划时期内，基本上建成一个完整的工业体系。"这一点，后来写进了八大通过的关于发展国民经济的第二个五年计划（1958年到1962年）的建议中。

"建成一个完整的工业体系"，这就把社会主义工业化的内容充实和进一步发展了。

什么叫建成完整的工业体系？在中共八大上，周恩来曾经解释过。他说："我们所说的在我国建立一个基本上完整的工业体系，能够生产各种主要的机器设备和原材料，基本上满足我国扩大再生产和国民经济技术改造的需要。同时，它也能够生产各种消费品，适当地满足人民生活水平不断提高的需要。"后来，在中共八届二中全会上，他进一步说明："我们的工业化，就是要使自己有一个独立的完整的工业体系。"他说："我们所说的在我国建立一个基本完整的工业体系，主要是说：自己能够生产足够的主要的原材料；能够独立地制造机器，不仅能够制造一般的机器，还要能够制造重型机器和精密仪器，能够制造新式的保卫自己的武器，像国防方面的原子弹、导弹、远程飞机；还要有相应的化学工业、动力工业、运输业、轻工业、农业等等。但是，应该指出，基本上完整并不是说

※ 1959年10月5日，周恩来在庆祝包头钢铁公司一号高炉出铁剪彩典礼上。左一为乌兰夫。

一切都完全自足。”

说到建立一个完整的工业体系问题，周恩来的认识也还是在继续发展的。此后不久，他在1959年12月的一次讲话中，提到了“我们的国家很落后，比起工业发达的国家，我们不仅经济上落后，而且生活水平以及科学文化水平也不高。要摆脱这种落后状态，就得很快地建立一个独立的经济体系，这包括经济、文教、科学、国防、财政、贸易等各方面。”

1963年8月，在一次《中共中央关于工业发展问题》起草委员会议上，邓小平提出，要“立足现实，瞻望前途”。周恩来表示同意，并且说：“必须瞻前顾后，有一个远期的

※ 1962年6月，周恩来在长春第一汽车制造厂视察。

奋斗目标。”他提出要基本建立一个独立的国民经济体系。“国民经济体系不仅包括工业，而且包括农业、商业、科学技术、文化教育、国防各个方面。”他说：过去的“工业国的提法不完全，提建立独立的国民经济体系比只提建立独立的工业体系更完整。苏联就是光提工业化，把农业丢了”。按照周恩来的设想，为了建立一个独立的国民经济体系，当时他提出了到1975年的奋斗目标。

他认为，达到了这些目标，“就可以说基本上建成独立的国民经济体系了”。

在1963年，周恩来认为，经过建国后十四年的努力，“我们已经为建立一个独立的国民经济体系和工业体系打下了初步的基础”。

在1964年末到1965年初的三届人大一次会上，周恩来提出，不能孤立地提建立独立的、比较完整的工业体系问题，同时还应当提出建立国民经济体系问题，要建立我国独立的，比较完整的工业体系和国民经济体系。因为我们国家是一个人口众多的大国，在建立工业体系的同时，必须大力发展农业，加速农业和科学技术的现代化进程，相应地发展交通运输业。工业现代化和建立完整的工业体系不能孤立地进行，必须从国民经济综合平衡的要求出发，全面地有计划按比例地发展。

1964年12月全国人大三届一次会上，周恩来在完整地提出四个现代化的同时，也提出了两步走的设想。第一步，建成一个独立的比较完整的工业体系和国民经济体系；第二步，在本世纪内，全面实现农业、工业、国防和科学技术的现代化，使我国经济走在世界的前列。这次在政府工作报告中提出四个现代化，它的内容和两步走的设想，当然是中共中央领导人共同考虑和同意的。四化的内涵已经是现在所说的内容，而两步走的设想，表明了周恩来的思想又进了一层。第一步可以说是对工业化的思想的进一步深化，第二步则对四化提出了完整的要求。

这样，就把实现四化目标和成体系地进行建设，有机地联系了起来。战略目标是比较

※ 周恩来在北京东方红炼油厂视察。

※ 1975年1月，周恩来在全国人大四届一次会议上。

长期的，为达到目标，必须一步一步进行，有短期内的努力方向。后来，八十年代，邓小平也按照分步走的设想来指导全国为战略目标而奋斗。

周恩来在三届人大一次会上宣布四个现代化目标之后，本来打算从1966年起，在建设上用“巨大的而又是稳重的”步伐开始迈进。但是，“文化大革命”打断了这个进程。

十年后，1974年冬，邓小平受毛泽东委托，代周恩来主持起草在四届人大会上的政府工作报告。报告中把周恩来关于四个现代化建设的一贯思想，作为经济部分的重点来写。当时的起草小组，包括了王洪文、张春桥、江青等成员，邓小平主持。起草小组中对此争论很大，邓小平坚持了下来。周恩来同意这个报告稿。1975年1月18日，在四届一次人大会议上，周恩来以顽强的意志，战胜了沉重的癌痛，以全国人民熟悉的激昂有力的声音，作了报告，重申四个现代化的目标。这一报告使全场振奋，长时间地掌声雷动。他再次鼓起了中国人民把我国建设成为社会主义现代化强国的斗志。

（力平）

关心体育事业

一位日本人这样说：中国有周恩来这样关心、精通体育事业的领导人，实在太幸福了。

日本前乒乓球协会负责人长谷川先生曾说过这样一句话：中国有周恩来这样关心、精通体育事业的领导人，实在太幸福了。20世纪60年代，国务院各部委的人特别羡慕体委，说周恩来似乎对体育事业格外青睐，只要贺龙老总开了口，不论活动大小，周恩来是有请必到，从不推辞……

周恩来亲自为新中国体育事业组建领导班子，确定发展路子，培养体育苗子

1952年7月，对于刚刚起步的新中国体育事业来说，就面临着一次挑战与抉择。当时，第15届国际奥林匹克运动会在芬兰首都赫尔辛基举行。由于西方敌对势力的阻挠和破坏，新中国的体育组织是在奥运会即将开幕时才得到参加奥运会的邀请的。

去，还是不去？

有些人认为，中国的体育事业还很落后，加上又是临时组队，去了也不一定能赶上比赛；再说，即使参赛了，也很难取得成绩。

这些人的顾虑并不是没有根据的。

奥林匹克运动会是全世界范围内规模最大的体育盛会，奥林匹克雄风也往往被视为一个国家强盛与否的支点。然而，1932年，当第10届奥运会在美国洛杉矶举行时，拥有世界人口最多的中国仅派出了一名教练带着一名叫刘长春的东北大学学生运动员前去参加，结果在预赛中就被淘汰。1936年，中国派去参加第11届奥运会的运动员有所增加，除撑竿跳高运动员符保卢取得决赛权外，其他所有参赛项目全部在预赛中被淘汰。1948年，当时的国民党政府再一次派运动员去参加奥运会，但仍没有突破中国在奥运会领奖台上零的记录。

旧中国的体育设施，也简陋得不能再简陋了，直到新中国成立，尚无一所体育学院、一支健全的体育运动队，也没有一处像样的体育设施和建筑。

可以说，在新中国成立之前，中国的体育运动几乎是一片荒漠，更谈不上在世界体

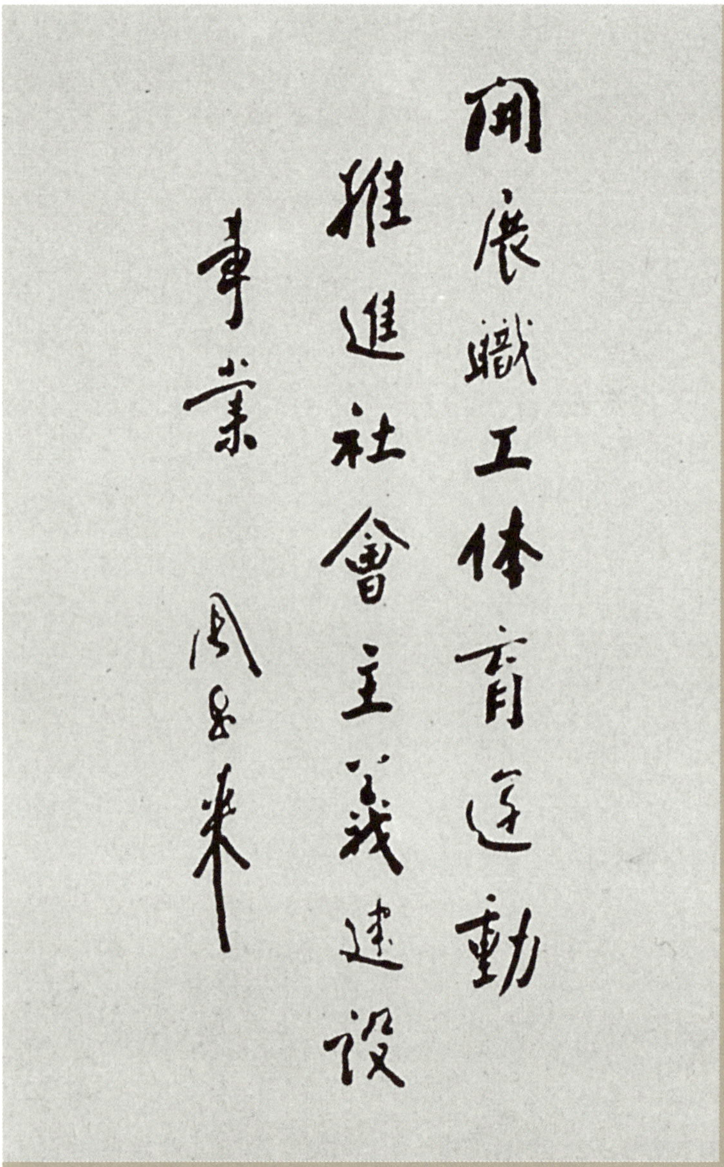

※ 周恩来提出『一定要把体育运动和国家的前途连结起来』，强调体育运动只有『在普及的基础上才能提高』。这是1955年10月他为第一届全国工人运动会的题词。

坛上的地位和影响了。这样的体育运动水平，与一个拥有世界人口最多的大国是多么不相称！

尽管面对的是这样一片体育荒漠，但作为新中国首任总理的周恩来没有因此而灰心、放弃。他坚决主张组队前去参赛。他说："尽管我们还难以在奥运会上取得成绩，但我们还是要去。在奥运会上升起五星红旗就是胜利，要通过运动员的风采来宣传新中国的面貌。"

在周恩来的支持与关怀下，中华全国体育总会秘书长荣高棠率领由40人组成的中国体育代表团前往赫尔辛基参加第15届奥运会。五星红旗第一次在奥运会上高高飘扬。

这一次，中国体育代表团不是以成绩，而是以惊人的参与意识和精神，引起了世界各国运动员的关注。

中国体育代表团回国后，周恩来亲自听取了代表团的工作汇报。他满怀信心地说："参加奥运会，升起了五星红旗还不够，中国运动员应该为世界体育界做出贡献。我们国家有那么多人口，我们会有好的体育人才。今后应该多创些纪录，多获世界冠军，让五星红旗更多地飘扬在国际运动场上。"

※ 1952年8月，周恩来和毛泽东在北京先农坛体育场观看解放军体育运动会的比赛。

新中国体育事业要腾飞，首先是要建立领导和管理中国体育事业的组织机构，这是振兴新中国体育事业的组织保证。新中国成立伊始，党中央委托青年团管理体育工作。为了更好地领导中国体育事业的发展，就在中国体育代表团从赫尔辛基回来后，周恩来提议，在政务院设立一个与各部委平行的国家体育运动委员会，并同当时任政务院副总理的邓小平商量，让热心体育事业、为体育界人士所倾慕的贺龙出任国家体育运动委员会主任。

1952年11月15日，周恩来在中南海怀仁堂主持召开中央人民政府委员会第19次会议，讨论政务院增设国家体育运动委员会的问题。会上，周恩来正式提议：为了加强对体育运动的领导，建议由贺龙担任国家体育运动委员会主任，蔡廷锴任副主任。会议一致通过了周恩来的提议和任命。

后来的事实证明，周恩来选择贺龙任体委主任，是颇具眼光的。贺龙不负重托，为振兴新中国的体育事业做出了不可磨灭的贡献。

有了组织保证还不够，还要确立一条适合中国国情的发展体育事业的路子。对此，周恩来明确指出：当前体育运动的方针首先是要普及，在群众性体育活动广泛普及的基础上，不断提高运动技术水平，培养体育人才。

1952年，在周恩来的支持下，在全国范围内开展了广播体操活动。

1953年底，事关新中国体育事业发展的国家体育运动委员会第一次全体会议正在紧张地筹备，周恩来对此非常关注。尽管这时他正忙于准备参加新中国第一次登上国际舞台的日内瓦会议，但还是在百忙中抽空亲自审阅了这次会议的文件，并作了批示："体委会议及议程同意。总结报告最好由贺龙同志作，如他坚辞，再由荣高棠作，而贺作结论。"

1954年1月16日至21日，国家体育运动委员会第一次全体会议在北京隆重召开。贺龙和荣高棠在会议上分别作了《1953年体育工作总结报告》和《1954年体育工作计划报告》。这使新中国体育事业第一次有了纲领性的文件。

国家体育运动会第一次全体会议刚落下帷幕，周恩来就亲自主持政务院会议听取贺龙关于体委工作的报告。会上，周恩来就体育工作的意义、发展方针等作了系统发言。发言中，周恩来第一次提出，我们一定要把体育运动和国家前途连接起来。他说：体育运动不只是为了个人的身体健康，而且是为了保卫祖国、建设社会主义。只要坚持开展体育运动，5年、10年、15年，中国人民的体质就会大大改变。我问过专家，他们说5年至10年左右就可以了。

周恩来在讲话中还提出了新中国体育事业的发展方针。他说：当前体育运动的方针是

※ 1959年9月，周恩来和毛泽东、刘少奇、朱德在第一届全国运动会主席台上。

要普及和经常化。在普及的基础上才能提高，经常化了才会出人才。只要体育运动做到普及和经常化并加以正确的指导，人民的体质一定会大大增强。

说到这里，周恩来还特意强调说："今后两三年之内，我们不可能在国际比赛中得到多少冠军，因为没有经常锻炼的基础。我们的体育运动如果发展得当，6年以后，到1960年，一定会出现许多好选手。我们的体育运动与资本主义国家的不同，我们的体育运动是有群众基础的，是有远大前途的。"他还说："实现上面的方针，关键在于领导，不仅是体委，教育部、高教部和各个行政部门也有责任。政务院要发个通知，提倡早间操和工间操，先在北京的中央各机关试行。"

根据周恩来的指示，1954年3月1日，政务院发出了《关于在政府机关中开展工间操和其他体育运动的通知》。

作为一国总理，周恩来不仅关注中国体育事业发展的大政方针，而且在许多场合还关心体育运动员的成长，勉励他们成为世界上第一流的选手，在国际比赛中为国争光。这种关心和勉励在运动员身上化作了无形的巨大力量。

1957年10月，周恩来得知女子跳高运动员郑凤荣有实力冲击女子世界跳高记录时，亲自到北京体育学院观看。3个月前，郑凤荣曾经在柏林以1.72米的成绩获得国际田径比赛第一名，而这次，由于紧张和激动，郑凤荣只跳过了1.70米的横杆。年轻的姑娘懊悔极了。

贺龙向郑凤荣招了招手，并把她介绍给周恩来。郑凤荣满脸通红地在周恩来面前低下了头，说："总理，我没有跳好。"周恩来亲切地拉着郑凤荣的手，笑着说："你还年轻，来日方长嘛！"说着，他把体育学院送给他的一束鲜花递到了郑凤荣的手中。郑凤荣接过鲜花，热泪夺眶而出。

总理的此番举动，对一个普通运动员的鼓舞是别的力量所不能替代的。

一个多月后，郑凤荣就以1.77米的成绩打破了由美国运动员麦克·丹尼尔所保持的1.76米的世界女子跳高纪录。这是中国运动员首次打破世界田径纪录。

美联社的一位记者对此报道说："一位20岁的中国姑娘，在北京以有力的一跳警告田径界：6亿中国人不会永远是落后的选手了。"这位美联社记者的感觉是敏锐的。

1959年9月，为了检阅新中国10年来的体育成就，我国举行了第一届全国运动会。毛泽东、周恩来等党和国家领导人非常重视这次全运会。周恩来除出席开幕式外，还亲自到场地观看运动员比赛。我国女子短跑选手姜玉民一人夺得100米、200米、400米3项冠军，也是这些项目全国纪录的保持者。周恩来在祝贺姜玉民时风趣地说："你一个人保持3项全国纪录，可不是好现象啊！体育比赛就是要人才辈出，后浪推前浪，才能迅速地提高我国的体育运动技术水平。应该培养更多的优秀运动员同你争冠军。"

不能只看到几个优秀选手，而要着眼于培养成千上万的优秀运动员。这是周恩来指导中国体育事业发展的一个重要思想。

新中国第一届全运会，成绩喜人：有7人4次打破4项世界纪录，664人844次打破和新创106项全国纪录。其中，穆祥雄以1分11秒1的成绩创造了百米蛙泳世界纪录，17岁的乒乓球运动员李富荣打败了世界冠军容国团。

为了鼓励运动员创造出好的成绩，进一步促进全国体育运动水平的提高，就在第一届全国运动会进行期间，贺龙向周恩来递交了《关于对世界纪录创造者和世界冠军获得者颁发体育运动荣誉奖章的请示报告》，要求在全运会闭幕式上正式给世界纪录创造者和世界冠军获得者颁发体育运动荣誉奖章。周恩来兴奋地在贺龙的报告上批示："同意。"

1959年10月3日，在有8万多人参加的第一届全国运动会闭幕式上，周恩来和贺龙一起，向新中国10年来打破世界纪录和获得过世界冠军的40名运动员颁发了体育运动荣誉奖章。

周恩来送给中国乒乓球健儿四句话。“准备力量，埋头苦干，10年后在全世界放异彩。”

1959年4月5日。一个中国人民永远不会忘记的日子。这天，我国乒乓球运动员容国团，在第25届世界乒乓球锦标赛中一路过关斩将，夺得男子单打冠军。这是有史以来中国人在国际重大比赛中获得的第一个世界冠军。中国体育史上没有世界冠军的历史随着五星红旗在国际领奖台上的冉冉升起宣告结束了。

听到容国团夺冠的喜讯后，周恩来的欣慰是可想而知的。他倾心关注的事业终于结出了硕果。

20世纪50年代初期，中国的乒乓球与其他体育项目一样，水平较低。周恩来千方百计地邀请一些强队来我国访问，以提高中国的乒乓球技术水平。当时，在香港打球的姜永宁、傅其芳等乒乓球水平比较高的运动员，怀着对祖国的一片赤情回到了国内。周恩来对他们非常重视，亲临现场观看他们的比赛。周恩来观看时称赞姜永宁的防守技术很出色。他同时向姜指出：应当加强攻的技术，不然只是被动挨打。周恩来还鼓励姜永宁、傅其芳等不仅要求自己在技术上精益求精，而且要培养更多的优秀选手。

姜永宁、傅其芳等深受鼓舞。虽然他们自己并没有获得世界冠军，但他们按照周恩来的指示去做，为振兴新中国的乒乓球事业培养了一批夺取世界冠军的人才。

共和国总理对乒乓球运动事业的深切关注，深深地感动了大陆以外的有志之士。1957年，曾受过傅其芳指导的容国团从香港回到内地。两年后，他为新中国争得了第一个世界冠军。

得了冠军，固然值得庆贺，但更重要的是不应当就此而满足，应当看到我们与世界强队的差距，准备迎接新的挑战，取得更大的成绩。这一点，欣慰中的周恩来显得格外地冷静和清醒。

1959年4月24日，国家体委在北京饭店设宴欢迎从第25届世界锦标赛归来的乒乓球代表团。周恩来当时正忙于别的国事，听到消息后特意中途赶到北京饭店，与贺龙、陈毅一起同乒乓球代表团欢聚。

周恩来首先说：“我国乒乓球队在第25届世界乒乓球锦标赛上获得男子单打冠军，全世界都震动了。首先，我向你们表示庆贺。”掌声四起。周恩来摆了摆手，继续说：“但是，欢迎庆贺只是一方面，另一方面，这仅仅是胜利了一次，胜了一次还要再胜，不能就此停滞不前，一切体育竞赛项目都是这样。我们要准备力量，在今后的世界比赛中争取多拿一些金牌，10年后在全世界放异彩。”

接下来，周恩来语重心长地给乒乓球队员送了至今仍被体育界视为“经典”的4句话：

一、胜而不骄。我们取得世界冠军才是第一次，胜而骄就容易摔跤；二、败而不馁。败一次不算什么，常胜将军也会打败仗。最怕的就是气馁；三、埋头苦练。要天天练，不求一下子让人知道，不急于求露；四、生生不已。要多增加新生力量，好选手要自己带头帮助别人，使后来者居上，这样体育运动才能大发展。不能光靠几个选手。

自1952年中国人民粉碎国际敌对势力的阻挠和破坏，派出代表团参加第15届奥运会后，国际敌对势力又要出新的花招，把所谓的“中华民国奥委会”列入国际奥委会名单，妄图制造“两个中国”。中国奥委会在多次抗议无效后，被迫于1958年8月宣布退出国际奥委会。对此，一些运动员因不能参加国际体育比赛而产生急躁情绪。针对这种情绪，周恩来指出：“十年不鸣，一鸣惊人。8年、9年，我们总要进到奥林匹克运动会的。现在准备力量，埋头苦干，10年后在全世界放异彩。”

※ 1957年10月，在赛场鼓励打破全国跳高纪录的郑凤荣再接再厉，继续前进。二十多天后，郑凤荣打破女子跳高世界纪录。

一个国家的体育实力，往往支撑着这个国家的国际地位。第25届世乒赛结束后，国际乒联代表大会以绝对多数票的优势通过了第26届世乒赛在北京举行。这一举动本身就意味着国际乒坛已觉察到了中国乒乓球实力的悄然崛起。以往，不要说承办世乒赛，就连邀请一些乒乓球强队来访都不容易。

对于第26届世乒赛，周恩来自始至终给予了特殊的关注。在乒乓球健儿集训期间，正遇上天灾人祸，国家经济处于困难时期。毛泽东、周恩来自己不吃肉，但对集训的运动员却提供了充分的粮食和副食品。

1961年3月12日，在锦标赛大战前夕，周恩来拉着陈毅一同来到北京东郊工人体育场，看望正在紧张训练的乒乓球健儿。

针对在第25届世乒赛上我国有些选手思想不过硬，想赢怕输，临场过分紧张，发挥失常，没有打出应有的水平和风格这种现象，周恩来叮嘱运动员们："我还是给你们讲两句话：一是胜不骄，败不馁；二是留有余地，藏一手。你们要好好练习，好好保养，不要紧张，为国争光。不仅要比赛，还要注意学习，把别人的长处统统吸收过来。不要争一日之长短，胜了还要再胜。如果不胜，下次再来。不要光看今年一年，要看长远一些。"

周恩来还委托陈毅给乒乓球小将们作战前动员。陈毅说："我代表党中央、国务院表个态度：你们打好了鼓励你们，你们没打好，也不责备你们。我们鼓励你们力争胜利，也鼓励你们失败了不泄气，要有泱泱大国的风度，不要斤斤计较。如果你们全部失败，我要请你们吃饭，给你们献花敬酒，鼓励失败的英雄。"

1961年4月，第26届世界乒乓球锦标赛在北京举行。中国乒乓球健儿没有辜负周恩来总理的心血与期望，经过近半个月的鏖战，他们终于放出了震惊世界的异彩：男子团体获得冠军；男子单打囊括了前四名，庄则栋、李富荣获男子单打冠亚军；邱钟惠获得女子单打冠军；女子双打和男女混合双打分别获亚军。这样，中国乒乓球小将们在第26届世乒赛上总共获得了3项世界冠军、4项亚军和8个第三名。

喜讯传开，举国欢腾，世界也被震惊了。外国通讯社当时就惊呼："中国执掌了世界乒乓球的牛耳。"

第26届世乒赛激烈鏖战时，周恩来正陪同前来中国度假的缅甸总理吴努夫妇在云南，但他时刻关注着北京乒乓球健儿的比赛状况。周恩来后来在中日乒乓球运动员联欢会上说："我在第26届世界乒乓球锦标赛期间，只参加了开幕式和开幕式的宴会……其他的时间我不在北京。但每天工作完了，我总要看报纸上有关比赛的报道，或者打长途电话到北京了解当天比赛的情况和结果。14日晚上，我正在中国美丽的西双版纳。当时，正逢傣族人民过泼水节。当我得知中日两国球队各得了3个冠军，很平衡，就非常高兴。本来这天我的身体不太舒服，不打算参加泼水节的泼水了，但因为知道了中日双方各得了3个冠军，非常高兴，于是我就大泼其水，大跳其舞。我把这个消息告诉了吴努总理，他也很高兴地大打其鼓，大跳其舞。为什么这样高兴呢？因为这证明了一个真理：欧洲人、北美洲人能做到的事，亚洲人只要努力，也能办到，而且能够胜过他们。”

其实，周恩来这是在有日本外宾的场合讲这番话的，他真正高兴的应是我国运动员夺得了3个冠军。这证明外国人能办到的，我们中国人同样也能办到，而且可以胜过他们。

周恩来从云南回到北京时，为中国乒乓球队举行的颁奖仪式和庆功宴会已经结束。为了表示心意，周恩来执意自己掏钱在家里请乒乓球小将们吃了顿饭，贺龙夫妇、陈毅夫妇作陪。因为周恩来个人请客频繁，而他和邓颖超的粮食有定量，请客多了，粮食不够，故交待贺龙、陈毅两家自带粮票，每人半斤。

这天，邓大姐准备了四菜一汤，两荤两素，还特地给每人发一个鸡蛋，算是特殊照顾。席间，贺龙向周恩来介绍邱钟惠：“小邱是云南人，是个勇敢顽强的姑娘。1960年，两次都赢了高基安。”

周恩来一边给邱钟惠夹菜，一边笑着对她说：“小邱啊，这次锦标赛你和高基安争冠军的那天，我正在你的家乡。你和高基安的比分，我是让秘书打电话回北京问的。我给你们算了一下，几局加在一起，是96比98。论总分，你还输2分呢！”

邱钟惠的心被深深地打动了。在场所有的乒乓球小将的心都被打动了。总比分连他们自己都没细算过，哪里想到，日理万机的周总理还会给一个运动员计算总比分呢！

周恩来继续说：“所以，虽然胜了，得了冠军，但也要看到自己的不足，要尊重失败者。希望你不要骄傲。论技术，你还不如高基安。”

邱钟惠激动得连连点头。

1961年的第26届世乒赛，标志着中国乒乓球运动实力的全面崛起。从此，日本乒乓球称雄世界乒坛的历史宣告结束。

周恩来身边的几位工作人员都曾回忆说：20世纪60年代，总理的办公桌上有相当长一段时间摆着日本著名排球教练大松博文写的一本关于排球训练的书，总理经常抽空仔细翻阅。

20世纪50年代，中国排球运动水平处于刚起步的低水平阶段。尽管各方面做出了不少努力，但没有收到像乒乓球那样快速提高的效果。

当时曾有人说，中国人个子矮，体质差，搞大球不行。周恩来听说后批评了这种看

※ 1963年8月，周恩来观看中日排球友谊赛后和中国运动员握手。右二为袁伟民。

法。他说：“有人讲中国大球上不去，小球要掉下来，我就不相信。日本运动员不也矮吗？他们能做到的，为什么我们做不到？”

日本女子排球队自1960年获得世界排球锦标赛亚军后，1962年又获得世界冠军，1964年，竟然摘取了奥运会桂冠。世界排坛称她们为“东洋魔女”。

周恩来对日本女子排球队的快速起飞颇为关注，一直想探究其中的原因。后来他发现，日本女排成功的秘诀是教练大松博文实行了大运动量的训练方法。周恩来就叫秘书把大松博文所写的关于排球训练的书找来，摆在案头仔细翻阅。

1964年11月，在周恩来的支持下，国家体委邀请大松博文率领世界女排锦标赛冠军贝冢队访问中国。贝冢队访华期间，周恩来于11月25日、27日两次到现场观看了她们的训练。

贝冢队队员的平均身高不算高，最矮的1.60米，最高的1.72米，但其训练艰苦程度确实惊人。只见大松博文一边大声喊叫，一边抡起胳膊将球连珠炮似的扣给女队员，力度之大、角度之刁、速度之快、频率之高，都到了极限。女队员们竭尽全力，不顾伤痛，倒地翻滚拼死救球。有的队员因精疲力竭，倒在地上一时爬不起来，大松博文就把球连连向她们身上用力扣去，并大声呵斥，直到队员挣扎着起来接球为止……

周恩来看后深有感触。训练结束后，周恩来接见了大松博文。他对大松博文从严、从难、从实战需要出发的训练方法表示赞赏，说："你的队伍最好的地方是训练从实战需要出发，你创造的翻滚救球，也是从这里产生的。"

大松博文十分钦佩周恩来的眼力，一眼就看透了他训练方法的本质。

观看完大松博文的训练后，周恩来把体委和排球队的负责人及参加观摩训练的中国排球队员召集到一起谈体会。周恩来说："人家练防守，是教练员用力向运动员扣杀。大松打出的球，力量比比赛时的强度大多了。不然，就练不出来。他这个教练员能以身作则，带着运动员一起干。教练员参加实践这条很重要。大松一个人带一个队，而我们却是一大批教练带一个队。"

说着，周恩来问在一旁的国家女子排球队教练阙永伍："你今年多大了？"

"31岁。"

"大松博文已经40岁，你比大松年轻。你应该提高本领，好好干。将来你训练时，我来看。"

接着，周恩来又指出了我国排球训练中存在的一些问题。他说："日本队训练，比打比赛时还累。练习时难度这样大，比赛时就容易了。人家训练的每一手段都有实际意义。训练超过实战需要，比赛时就能过硬。你们的训练呢，第一，不能做到教练员参加实践；第二，不能为队员出难题；第三，技术不过硬。如果解决了上述三点，就差不多。但是，我们不能学大松打骂运动员。但他那种严格的精神，是和我们提出的'三从一大'相一致的。"

周恩来还谈到日本女排队员的身高、体形和饮食结构，说："中国女排可以参照日本女排，研究研究营养科学问题。日本队本身条件不如我们，但训练出了高水平的队。我们这么好的条件，应该比她们好才行。你们个子这么大，应该像人家这样练才对。"

12月初，大松博文率贝冢队赴上海比赛，然后回国。贺龙经请示周恩来同意，决定在上海召开全国训练工作会议，各省、市、自治区体委派人参加，并组织现场观摩大松博文训练，边观摩，边讨论，找各自的差距。这次会议提出，要整顿训练作风，反对"娇、骄"二气，要求运动员做到"三不怕"（不怕苦、不怕难、不怕伤）、"五过硬"（思想过硬、身体过硬、技术过硬、训练过硬、比赛过硬）。这次会议的召开，不仅对排球，而且对整个中国体育界都产生了重大的影响。

1965年四五月间，应周恩来的邀请，大松博文前来中国指导训练中国女排。本来，大

※ 1961年4月，周恩来出席我国参加第二十六届世界乒乓球锦标赛组委会举行的联欢会，祝贺运动员取得好成绩。右二为庄则栋，右三为徐寅生，右五为邱钟惠。

松博文这个人是很有些个性的。1960年日本女排在世界排球锦标赛上获亚军，当时任日本女排教练的大松博文当场扔掉银牌，表示非金牌不拿。两年后，日本女排果然获得世界冠军，取得金牌。为此，他颇有些自负。大松博文刚到中国时，也有些傲气，甚至对中国排球的水平有点瞧不起。但自从他见到周恩来后，对中国的态度开始改变。正如他后来回国著文所写的那样："我在中国看到一种精神，就是这个国家的领导人的精神。这一精神除了伟大之外，不可能有第二种说法。"

大松博文到中国来任教后，对周恩来表示：要全力以赴，把训练贝冢队的方法全部拿出来训练中国队。在中国执教期间，他除了训练国家女排外，还训练四川、山东和上海女排。

非常不幸的是，正当我国排球水平向世界先进水平靠近时，一场史无前例的"文化大革命”打断了中国排球乃至整个中国体育的发展进程。

本来，在我国一些体育项目水平还较落后的情况下，邀请世界一些强队来我国访问，或我们自己出去与强队切磋，是提高我国体育运动水平的一条好途径，但这一途径也被视为“崇洋媚外”、“投降主义”而被堵塞。

林彪事件后，周恩来利用在毛泽东的支持下主持中央日常工作的机会，大批体育界的极“左”思潮，明确肯定“文化大革命”前17年体育工作成绩是主要的。

在周恩来的关心、过问下，停顿多年的体育工作得以重新恢复。排球及其他体育项目的训练工作、旨在提高中国体育水平的中外体育比赛交流等陆续恢复。1972年4月，周恩来亲自视察了广州二沙头体育集训基地，观看了男女排球、篮球、足球、乒乓球、体操等项目的汇报表演。他鼓励运动员：一定要狠抓训练，严格训练，把运动技术水平搞上去。

1972年7月22日，中国男、女排球队在北京首都体育馆与当时世界上实力最强的日本男、女排球队进行比赛。周恩来亲自到场观看，国家体委主任王猛、外交部长姬鹏飞及中国排球协会的负责人也一同前往观看。

比赛开始前，周恩来接见了日本男女排球代表团团长前田丰先生。他问前田丰：“团长先生，日本排球水平很高，有什么秘诀吗？你看中国排球的水平什么时候能赶上日本？”

前田丰说：“中国队员的弹跳力和柔软性很好，在今后的国际比赛中要记住对方的弱点。依我看，再有3年就可能赶上日本。”

周恩来追问道：“如果用了3年时间没能赶上，怎么办呢？”

前田丰说：“请允许我坦率地说，中国人口多，适合打排球的人极多。如果5年之后培养不出世界水平的强队，那就不是选手的问题，而是领导者的问题了。”

周恩来的目光扫了一下在场的中国方面的几位体育负责人，说：“请诸位好好记住团长先生的话。”

这时，运动员入场的铃声响了，周恩来及中日双方官员走进贵宾席。中日双方的女子选手开始赛前练习。现场的广播开始介绍各位参赛选手的情况。当介绍到日本选手时，她们边跑边稍稍停下脚步向场内观众挥手致意。这是国际比赛的一般要求。然而，当介绍到中国选手时，她们只是默默地跑着，没有一点反应。

周恩来的脸色顿时沉了下来。他严厉地对站在一旁的负责人说：“刚才不是还说要老老实实地学习日本队的长处吗？这是在学习吗？”

有关人员不了解情况，手忙脚乱，不知所措。

※ 周恩来给取得优异成绩的运动员颁奖。

周恩来严肃地说："中国选手为什么点名不应？不向观众致意呢？中国队要从头来一遍！"

这样，播音员重新介绍了一遍中国选手，中国选手向观众挥手致意。

观看期间，周恩来向前田丰询问了团体队如何赢得比赛的要点，询问了日本队担任扣杀、佯攻的选手的名字，并在队员名单上画上了红圈。

比赛结束后，在回宾馆的路上，前田丰感慨万千。他对陪同的中国排球协会负责人说："我非常羡慕中国体育界。你们有那么热情而又有感情的总理，真幸福。再过5年，中国排球走不到世界前列是不应该的。"

然而，由于"文化大革命"的干扰，中国排球的全面腾飞是在7年之后。1979年，在亚洲排球锦标赛上，中国男女排球队双双获得冠军；1981年，在日本举行的世界杯赛中，中国女排再获冠军。此后，中国女排一发而不可收，赢得世界女排"五连冠"的殊荣。

周恩来虽然在生前没能实现中国排球腾飞于世界的愿望，但他生前一直在为中国排球称雄世界而铺路架桥，"五连冠"的殊荣里也积淀有周恩来的心血。

（南山）

周恩来纪事

1898-1976

下

李新芝 刘晴◎主编

中央文献出版社

※ 周恩来和毛泽东、刘少奇、朱德、陈云、邓小平在中共中央工作会议上。

※ 为落实党的干部政策、千方百计地解放干部，周恩来精心安排出席国庆二十五周年招待会人员名单。这是1974年9月30日他在国庆招待会上致词。

※ 1964年11月，率领中国党政代表团赴苏联参加十月革命四十七周年庆祝活动时，拜谒列宁墓并献花圈。

※ 1972年10月，周恩来和美籍华人著名物理学家李政道在一起。

※ 为开创我国外交新局面辛勤工作的周恩来。

下 册

第六编（下）06

总理国务 励精图治

第七编 07

十年探索 呕心沥血

第八编 08

鞠躬尽瘁 死而后已

★★★ 第六编（下） ★★★

总理国务 励精图治

第六编（下）06

总理国务　励精图治

原子核科学技术事业的领导者

新中国成立以后，在周恩来的亲切关怀与组织领导下，我国从工业和科学技术落后状态发展到原子弹、氢弹爆炸，核潜艇下水，导弹、人造卫星上天，从而加强了国防力量，提高了我国的国际地位。

一

当我还在法国留学和从事科学研究的时候，就听到不少关于周恩来和邓小平、陈毅、李富春、聂荣臻等同志勤工俭学时胸怀大志，拯救危难中国的事迹。正是通过这些事迹的熏陶，我开始对中国共产党产生了钦佩景仰的感情。

我第一次见到周恩来同志是北平解放不久，在北京饭店举行的一次会议上。他向各界人士作形势报告，手无片纸，而所举的各项数据准确无误；他精力充沛，襟怀坦诚，语言亲切、中肯，侃侃而谈三四个钟头，全场听众的心自始至终紧紧地被吸引住。我有生以来第一次听到这样引人入胜、令人信服的报告，留下的印象极为深刻。今日回想起来，周恩来同志的言谈举止依然历历在目。

※ 1955年6月，周恩来出席中国科学院四个学部成立大会并在会上讲话。

※ 1956年6月14日，周恩来和聂荣臻陪同毛泽东、朱德、陈云、邓小平、林伯渠等党和国家领导人接见参加全国科学规划工作的科学家。

1949年2月底，当时住在北京饭店的丁瓒同志电话通知我，党中央决定派一个代表团到法国巴黎去参加保卫世界和平大会，团长是郭沫若，团员包括各方面人士40余人，他和我也在团员之列，要我协助办理出国事务。丁是中国科学工作者协会的会员，我是世界科学工作者协会的会员，我们互相知名但未见过面。我那时回国半年多，在北平研究院原子学研究所工作并在清华大学任教，正着手培训原子核科学干部和筹备建立实验室，但物质上困难很大，很想借到巴黎开会的机会，托我在法国的老师约里奥·居里教授帮助定购中型回旋加速器的电磁铁和其他一些仪器、图书、资料等。我把这个想法向丁瓒谈了，但又有些后悔，因为战争还在继续，国家经济和人民生活还很困难，要拿出外汇购置仪器图书实非易事。丁说他可以反映一下我的要求。不料几天过后，中共中央统战部部长李维汉同志在怀仁堂附近一间小房子里约我会面，他对我说："你想趁开保卫世界和平大会的机会，定购一些研究原子核科学需要的器材，中央很支持。你提的预算20万美元的数目，可能不是一次能用完：北平刚解放，国家经济还需要恢复，因此这次预备先在代表团带的费用中支付5万美元，以后再陆续支付。中央对发展原子核科学很重视，希望你们好好筹划。代表团副团长是刘宁一同志，你过去很熟悉，这次需要支付款项时和他商量办理即可。"听到这个传达，当时真是心里暖呼呼的，有这样为民族、为事业着想的党和领导，中国新兴科学的发展定会大有希望！后来知道，党中央作出这样的决定，是由于周恩来同志起了重要作用。

代表团乘火车到达莫斯科，在向法国使馆办理到巴黎去的签证时，结果被拒绝入境，戴高乐政府反对苏联、中国、东欧等国家的代表去巴黎开保卫世界和平大会。苏联方面及时和法国的约里奥·居里（世界和大主席）等联系，决定在巴黎和布拉格同时举行大会，一个会议两个会场，重要发言两个会场都能听到。4月20日大会开会时，约里奥·居里对法国当局不给签证的做法首先提出抗议，他还讲出“真理旅行不需要签证”的警句，全场为之热烈鼓掌。第二天正在开会过程中，忽然传来中国人民解放军解放南京的消息，顿时会场充满了欢呼声、掌声，互相握手拥抱，表示祝贺。这时主席台前几个外国代表把身体比较轻的我国代表丁瓒，抬起来向空中抛举，大会气氛达到高潮。中国人民为保卫世界和平做出了重要贡献。

在当时形势下，原以为能去巴黎见到约里奥·居里的计划不能实现了。经过与刘宁一同志商量，在代表团款项中取出中央批准的经费的十分之一（即5000美元），托来布拉格开会的一位有身份的法国代表，带给了约里奥·居里。后来从法国和英国回国的我国核科学家即用这笔经费购买了仪器和图书带回国内。原来预计定购回旋加速器电磁铁的计划没有能够实现。

从布拉格回北京后，丁瓒告诉我中央研究院和北平研究院的研究机构重复，人力分散，要我趁筹备自然科学工作者会议的机会，开始注意到会科学家们的专长、成就和学术见解，以备在新的政治协商会议召开时，对组织全国统一的科学研究机构提出调整方案意见，提供领导参考。

建国伊始，周恩来就十分重视国家科学技术的发展。郭沫若被任命为政务院文化教育委员会主任兼中国科学院院长。1950年，郭沫若主任根据政务院决定就中国科学院基本任务发出指示，其要点可概括为：①确立科学研究为人民服务的观点；强调科学研究的计划性与集体性，建立各学科之间的有机联系。②加强研究人员的政治学习，使他们能掌握马列主义的观点和方法；与各大学联系，互相协作，统筹专门人才的培训；号召海外的科学人才返回祖国，为祖国服务。③调整与充实科学研究机构，把彼此独立、性质相同的机构合并起来，并逐步加以充实；征求财经部门的意见，按国家当前建设的需要，选定研究重点，解决实际问题，有计划有步骤地建立并发展国家建设需要而目前尚无基础的学科的科学研究。

根据这些指示的精神和中央关于合理布局的原则，科学院副院长兼计划局局长竺可桢

※ 1955年6月，周恩来出席中国科学院四个学部成立大会，会议休息时，同科学家们在一起交谈。右起周扬、范文澜、翦伯赞。

和我曾经召开过八次科学家座谈会就各学科研究机构的调整提出方案，最后形成北京以数理科学和社会科学为重点，上海以化学、生物科学为重点，南京以地学、天文学为重点，东北以技术科学为重点的布局，逐步调整实施。自此中国的科学技术开始走上了有计划地为国家建设服务的道路。

1951年底，周总理亲自处理美国在朝鲜和中国东北进行细菌战问题，并决定由中国

※ 1958年8月，周恩来和陈毅、贺龙陪同外宾参观刚建成的我国第一个综合性原子核科学技术研究基地——中国科学院原子能研究所。

保卫世界和平大会主席郭沫若向世界和平理事会提出派遣科学家代表团来朝鲜和中国进行调查。1952年世界和平理事会在挪威奥斯陆举行特别会议，经过激烈的斗争，在会议主席约里奥·居里等的正义呼声下，终于通过决议，成立了“调查在朝鲜和中国细菌战事实国际科学委员会”。委员会由英、法、意、苏联、巴西、瑞典等国科学家组成，我国卫生部门和科学院也组织了有关专家进行配合。委员们到达北京后，周总理指定廖承志同志负责这个委员会的一切工作，还委派我担任委员会和我国科学家之间的联络员。在严酷的战争气氛中，委员们和中朝两国的专家为了和平事业不顾个人安危进行实地调查，最后得出美国确实在朝鲜和我国东北地区进行了细菌战的结论，并向全世界予以公布，激发了世界爱好和平人们的义愤，有力地打击了战争行为。调查结束后，周总理陪同毛主席在北京中南海接见了委员会成员，对他们主持正义，坚持事实求是的态度表示赞赏和感谢。我在这场斗争中受到了实际锻炼，政治觉悟有了明显提高，我由衷地感谢周总理给了我锻炼的好机会，感谢他给了我许多亲切有益的教诲。一年多后我光荣地参加了中国共产党。

1953年科学院决定组织访苏代表团，主要任务是考察苏联如何组织和领导科学研究工作，了解苏联科学的现状及其发展方向，并就中苏两国科学合作问题交换意见。这件事的前前后后都受到周总理的亲切关怀和过问。代表团的组织工作是由中央宣传部副部长胡乔木同志负责的，由即将到职的科学院副院长、党组书记张稼夫同志任代表团支部书记，我任团长，武衡同志任秘书长。代表团由26个成员组成，包括了数理化、生物、地学、农业、医学、工程、历史、语言、教育等19个学科的专家，我们在苏联期间正遇上斯大林逝世，周总理率领党政代表团也来到莫斯科。就在这十分繁忙而短暂的时间里，周总理还认真听取我们代表团的情况汇报，并给以指示和具体帮助，由于周总理和李富春同志（陪同周总理赴苏）的关照，我有机会参观了一些核科学的研究机构和培养干部的专门院系。当时这方面工作苏联列为保密范围，因此引导参观和谈合作问题都是由苏联物理研究所所长斯柯贝尔琴院士和我直接用法语进行，不用翻译，斯柯贝尔琴青年时期曾在法国居里实验室工作过，懂法语。交谈中我曾试探苏联能否提供一台中型回旋加速器和一座实验性反应堆。他的回答是回旋加速器的技术已较成熟，通过外交途径，苏联可以提供；实验性反应堆现在还不能提供，将来提供的可能性是有的。

代表团回国后进行了系统的总结汇报，并向科学界介绍了有关情况，如半导体研究等，周总理对这些情况十分重视，并结合我国实际对科学院采取了一些相应的调整措施，如进行遴选学部委员的工作，成立了数理化、生物地学、技术科学和社会科学四个学部，分别负责领导本学部的各研究所。同时建立奖励制度，并颁发了第一次全国自然科学奖金等等。

二

周总理大力支持发展新兴学科，特别是原子核科学，对发展我国科学技术，真可以说是关怀备至。中国科学院成立后，以原北平研究院原子学研究所和中央研究院物理研究所原子核物理部分为基础，组建了近代物理研究所。其主要任务是研究原子核物理和放射化学，开展原子核科学技术的基础工作，为原子能的应用作准备。1950年由吴有训副院长兼任所长，我任副所长；1951年由我任所长，1952年王淦昌、彭桓武任副所长。清华大学和浙江大学等从人力上给予了积极的支持。参加研究所初期研究工作的有何泽慧、赵忠尧、邓稼先、朱洪元、杨澄中、杨承宗、戴传曾等十余人。1953年底，近代物理研究所改名为物理研究所。

经过几年的艰苦创业，在理论基础、培育人才和物质条件方面为进一步发展原子核科学研究打下了初步基础。1954年地质部在综合找矿中发现了铀矿资源。国际上准备在日内瓦召开原子能和平利用会议，苏联表示愿意对其他国家给予科学技术上的援助。在这样的形势下，1955年1月14日周总理亲自召见李四光和我，询问了我国核科学研究人员和设备、资源等情况，还详细地了解了核反应堆和原子弹的原理以及发展核能技术所需要的条件等。薄一波、刘杰同志参加了这次谈话。周总理告诉我们中央要讨论发展原子能问题，届时要我们带着铀矿石和简单深测仪器，进行汇报并操作表演。第二天即1月15日，毛泽东主席在中南海主持召开了中央书记处扩大会议，出席会议的有刘少奇、周恩来、朱德、陈云、彭真、邓小平、李富春、薄一波等。会议听取了李四光、刘杰和我的汇报。根据周总理会前的嘱咐，我们用铀矿标本和探测器进行现场表演，当盖革计数器接近铀矿石发出嘎嘎响声时，大家都高兴地笑了。接着毛主席询问了发展原子能事业的有关问题，周总理坐在他的身旁，一边插话补充情况，一边提醒我们抓住重点，讲得尽可能详细和通俗一些。听完汇报后，毛主席十分高兴地说："我们国家现在已经找到铀矿，进一步勘探一定会找出更多的矿床。解放以来，我们训练了一些人，科学研究有了一定基础，创造了一定的条件，过去几年你们也经常反映，但其他事情很多，来不及抓这件事。这件事总是要抓的。现在到时候了，该抓了。只要排上日程，认真抓一下，一定可以搞起来。"他还强调说："现在苏联对我们援助，我们一定要搞好！我们自己干，也一定能干好！我们只要有人，又有资源，什么奇迹都可以创造出来！"会上毛主席问到原子核内部组成情况，从哲学角度考虑，提出中子、质子也是可分的观点。周总理特别强调说，对人才培训需要大力加强。这是一次对我国核科学技术研究和核工业建设具有重大历史意义的会议。

在我国当时的情况下，发展原子能事业自然不是一件容易的事，科学技术力量、设备条件、组织协调等方面都困难不少。然而这一切困难，周总理都想到了，并且在会后立即扎扎实实地组织抓了下面几件事：

1. 加速培养专业人才，开办技术物理和工程物理系。根据我们的建议，周总理决定

※ 1952年，周恩来同著名地质学家李四光亲切交谈。

调浙江大学的胡济民、北京大学的虞福春、东北人民大学的朱光亚、上海复旦大学的卢鹤绂到北京大学创办技术物理系，由胡济民任系主任，学生从全国各校物理系三年级学生中择优选拔，人数为100人，教学用的仪器设备由近代物理所帮助解决，并且在所内挂了“六组”的名义，便于取用器材。教学和生活用房由科学院负责修建。紧接着，清华大学自告奋勇办起了工程物理系，由何东昌任系主任。这样从1956年夏起，每年有约100名学生毕业，从1960年起每年毕业生达到200名。1958年聂荣臻同志提议，并在周总理支持下，科学院创办了中国科技大学，采取所系结合的办校方针，由近代物理研究所负责办近代物理系和近代化学系。事实证明，这一决策具有深远的战略意义。

2．及时统筹调整留学人员专业，以济急需。周总理亲自指派教育部主管留学生工作的同志带着留学生名册找到科学院干部局郁文同志，要他和我们商量考虑在派到苏联和东欧学习理工科的学生中，挑选一些适合转方向的留学生转到原子能有关专业。最后我们选定了300余名，他们后来都在原子能事业所需的反应堆、核化学和化工、铀矿地质等方面发挥了骨干作用。这项工作完全是周总理替我们谋划安排的，同样具有战略意义。

3. 周总理指示我们要重视宣传工作。他说，我们党的机构有两个部，即宣传部和组织部，我们历来是宣传先行，然后组织落实。发展原子能的重要意义只有少数人知道还不够，要让大家都知道，特别要让党中央、国务院、军委的负责同志知道。同时还叮嘱我们宣传不单要重视科学性，而且要通俗易懂，不能尽说行话。根据周总理的指示，由我先在宣讲团试讲并作示范表演，大家提出修改意见后，再次试讲，最后由宣讲团成员分头去宣讲。结果使更多的人懂得了发展原子能事业的重要性，造成一个全党全民关心原子能事业的气氛。

※ 1962年1月，在招待科技工作者的酒会上，周恩来和著名科学家钱三强（中）、周培源碰杯。

4. 周总理强调要加强党的领导。他决定由军委政治部选派有大学毕业文化水平的政治工作干部李毅同志担任研究所的副所长，并选派了三个办公室的主任、副主任，加强了研究所工作人员对马列主义、毛泽东思想的学习，提倡艰苦奋斗、勤俭建国的作风，对贯彻上级领导的决定和保密工作起了积极作用。

为了加强对原子能事业的领导，1955年7月中共中央指定陈云、聂荣臻、薄一波组成三人领导小组。1956年11月国务院成立以宋任穷为部长，刘杰、袁成隆、刘伟、钱三强、雷荣天为副部长的第三机械工业部（1958年以后改名为第二机械工业部），具体负责实施我国原子能事业的建设和发展工作。同时科学院系统为核科学技术的发展，成立了以李四光和吴有训分别为主任委员的原子核科学委员会和原子核科学委员会同位素应用委员会。

※ 周恩来在招待出席全国科学规划会议代表的酒会上，同科学家们交谈。

从此我国原子能事业进入了大发展阶段。

1955年苏联正式通知我国，在和平利用原子能方面提供一座7000瓩的重水型实验性反应堆和直径为1.2米的回旋加速器，并接受科学技术人员去学习。为了安装这些大型设备及其发展的需要，选定北京远郊区坨里为实验基地。同时在中美日内瓦外交谈判之后，一批留美、欧的科学家陆续回来，其中核科学方面科学家有张文裕、汪德昭、王承书、李整

※ 周恩来同归国留学生交谈。

武、谢家麟等10人。国务院根据需要，从各部门抽调了一批得力干部、科学技术人员和熟练技工大力支持。1955年秋我和彭桓武、冯麟、力一、何泽慧率领实习团30余人去苏联实习反应堆、回旋加速器和在这些设备上进行研究工作的仪器等。1958年夏，反应堆和回旋加速器等设备建成，经国务院批准，物理研究所改名为中国科学院原子能研究所，由二机部和中国科学院双重领导，以二机部为主，由我任所长，李毅、越忠尧、郑林、王淦昌、彭桓武、罗启霖、力一、梁超任副所长。1958年9月27日国务院在原子能研究所坨里的实验基地举行了隆重的落成典礼，仪式由科学院副院长张劲夫主持。

至此，在周总理关怀下我国第一个综合性的原子核科学技术基地初步形成。许多领导同志和战斗英雄、劳动英雄陆续参观了研究所，特别是1958年8月22日周总理和陈毅、贺龙副总理陪同西哈努克亲王参观研究所，受到全体职工的热烈欢迎。

研究所的业务范围迅速扩大，科学技术水平也迅速提高。

这个阶段，我国与各社会主义国家核科技合作与交流主要是通过在苏联杜布纳联合原子核研究所进行的。1956年春，商定了由苏联、中国、波兰、南斯拉夫、罗马尼亚等11国成立联合原子核研究所。1956年秋冬起，我国先后由科学院原子核科学委员会从全国各地区选派赴联合所工作的科学家和青年共130多人，他们中有王淦昌、张文裕、胡宁、朱洪元、周光召、何祚庥、吕敏、方守贤等。王淦昌曾被推举担任该所1958—1960年期间的副所长。我国科学工作者和各成员国的科学工作者一起，为该所的发展做出了贡献，其中突出的有：王淦昌领导的研究小组发现了反西格玛负超子，参加这项工作的还有丁大钊和王祝翔以及其他成员国的工作者；另一项工作是周光召对盖尔曼等人提出的部分赝矢流守恒定律（PEAC）给以较严密的理论上的证明，这一观念直接促进流代数理的建立，并对弱相互作用理论起到重要作用。通过联合所的广泛交流与合作，对于我国培养核科学人才起到了良好作用。1965年我国退出了联合所。

为了改变我国在经济上和科学文化上的落后状况，1956年周总理亲自领导制订我国第一个科学技术发展十二年规划。规划制订过程中，他特别注意听取各方面科学家的意见，尤其是不同的意见。确定规划的方针是：重点发展，迎头赶上。选定了57项重要任务。根据国际上科学技术发展的趋势和我国具体条件，周总理还在规划中果断地对原子能、喷气技术、计算技术、半导体、电子学、自动化技术等工作方面采取了紧急措施。他在注意新兴技术和应用科学发展的同时，非常关心基础科学研究，他指出：“如果我们还不及时地加强对于长远需要和理论工作的注意，那么，我们就要犯很大的错误。没有一定的理论科学的研究作基础，技术上就不可能有根本性质的进步和革新。”十二年规划中绝大多数项

※ 周恩来同梁思成（右）、孟昭英等科学家在一起。

目提前实现，使我们在全国建立起一批重要研究机构，形成了自己科学的研究体系。1963年第二次制定科学技术发展规划时，刚露苗头的新兴学科——光，及时地被增列为重点项目。激光在我国得到较好的发展，它的应用将会带来多方面的技术革新，可能还会导致技术革命。周总理领导制订科学技术发展长远规划在当时是一个创举。

三

1959年6月，苏联政府片面撕毁关于国防新技术的协定。对此，中共中央决定完全依靠自己的力量发展原子能事业。周总理提出独立自主、自力更生、立足国内的方针，要二机部缩短战线，集中力量解决最急需的工作，并调动各地区、各部门的力量支持原子能事业。

1962年11月，在中共中央领导下成立了以周恩来总理为主任，由贺龙、李富春、李先念、薄一波、陆定一、聂荣臻、罗瑞卿、赵尔陆、张爱萍、王鹤寿、刘杰、孙志远、段君毅、高扬组成的15人专门委员，领导我国的原子能工业建设，核武器的研制，核试验工作，核科学技术工作，有力地推动了我国原子能事业的发展。

作为我国第一个综合性核科学技术基地——原子能研究所，当即转入为核工业服务的轨道，充分发挥了多学科综合性的优势，不仅承担了繁重的科技攻关和培训干部的任务，同时还选派和推荐成批的优秀科技干部，输送到核工业的有关院、所、工厂负起科技领导责任。由于苏联毁约停援的行动，激发了广大科技人员的强烈爱国主义精神，他们对承担任务感到莫大光荣。当时我们的主要目标是保证及时提供足够数量的铀-235、钚和锂-6的核燃料和原子弹、氢弹、核潜艇的设计和制造。为了实现这样的奋斗目标，我们原子能研究所和广大科技工作人员做了大量工作。有效的强有力的组织领导工作是实现国家重大科学技术事业发展的保证。以周总理为首的中央专门委员会的强有力的领导，使我国尖端科学技术事业得到了迅猛的发展。周总理领导和部署发展我国科学技术的成功经验，将继续在新的历史进程中发挥重要作用。

（钱三强）

钱学森回到祖国

钱学森回国受阻，周恩来抓住时机启动中美谈判，并把一封信交给王炳南，指示道："这封信很有价值。这是一个铁证，美国当局至今仍在阻挠中国平民归国。你要在谈判中，用这封信揭穿他们的谎言。"

钱学森回国受阻震惊新中国

钱学森1935年赴美国留学。10年后，他成为当时一流的火箭专家。由于发表了"时速为一万公里的火箭已成为可能"的惊人火箭理论而誉满全球。这位加州理工学院的教授在"二战"期间，和其导师冯·卡门一起参与了当时美国绝密的"曼哈顿工程"——导弹核武器的研制开发工作，在美国是一个屈指可数的稀世之才。

当中华人民共和国宣告诞生的消息传到美国后，钱学森和夫人蒋英按捺不住内心的喜悦，商量着早日赶回祖国，为自己的国家效力。此时的美国，以麦卡锡为首对共产党人实行全面追查，并在全美国掀起了一股驱使雇员效忠美国政府的歇斯底里狂热。钱学森因被怀疑为共产党人和拒绝揭发朋友，被美国军事部门突然吊销了参加机密研究的证书。这

※ 1964年5月，周恩来同著名科学家钱学森握手。

使他非常气愤。钱学森以此作为要求回国的理由。然而，钱学森万万没想到，他的回国夙愿竟酿成了一场劫难！美国海军部次长恶狠狠地说："他知道所有美国导弹工程的核心机密，一个钱学森抵得上5个海军陆战师，我宁可把这个家伙枪毙了，也不能放他回红色中国去！"

从此，美国对钱学森的政治迫害接踵而至。移民局抄了他的家，在特米那岛上将他拘留14天，直到收到加州理工学院送去的1.5万美元巨额保释金后才释放了他。后来，海关又没收了他的行李，包括800公斤书籍和笔记本，他们硬说里面有机密材料。

钱学森在美国受迫害的消息很快传到国内，新中国震惊了！国内科技界的朋友通过各种途径声援钱学森。党中央对钱学森在美国的处境极为关心，中国政府公开发表声明，谴责美国政府在违背本人意愿的情况下监禁了钱学森。

周恩来抓住时机启动中美谈判

当钱学森的回国要求被美国无理阻拦时，中国也扣留着一批美国人，其中有因违反中国法律而被中国政府依法拘禁的美国侨民，也有因侵犯中国领空而被中国政府拘禁的美国军事人员。美国政府急于想要回这些被我扣押的美国人，但又不愿意与中国直接接触。

1954年4月，美英中苏法五国在日内瓦召开解决朝鲜问题和恢复印度支那和平问题的国际会议。出席会议的中国代表团团长周恩来说，美国人既然请英国外交官与我们疏通关系，我们就应该抓住这个机会，开辟新的接触渠道。

中国代表团秘书长王炳南6月5日开始与美国代表、副国务卿约翰逊就两国侨民问题进行初步商谈。美方向中方提交了一份美国在华侨民和被中国拘禁的一些美国军事人员名单，要求中国给他们以回国的机会。

为了表示中国的诚意，周恩来指示王炳南在6月15日举行的中美第三次会谈中，大度地作出让步，同时也要求美国停止扣留钱学森等中国留美人员。

然而，中方的正当要求被美方无理拒绝。7月21日，日内瓦会议闭幕。为不使沟通渠道中断，周恩来指示王炳南与美方商定自7月22日起，在日内瓦进行领事级会谈。为了进一步表示中国对中美会谈的诚意，中国释放了4名被扣押的美国飞行员。

1955年7月25日，我外交部成立了一个中美会谈指导小组，由周恩来直接领导。8月1日，中美会谈由领事级升格为大使级。

※ 1955年，科学家钱学森冲破重重阻力从美国回到祖国。图为钱学森一家归国途中在『克利夫兰总统号』轮船上合影。

王炳南亮出钱学森的信件

中国作出的高姿态，最终是为了争取钱学森等留美科学家尽快回国。可是在这个关键问题上，美国代表约翰逊还是以中国拿不出钱学森要回国的真实理由为由，一点不松口。

正当周恩来为此非常着急的时候，时任全国人大常委会副委员长的陈叔通收到了一封从大洋彼岸辗转寄来的信。信的内容是钱学森请求祖国政府帮助他回国。

这封信是钱学森在一封寄给在比利时的亲戚的家书中，夹带给陈叔通的。陈叔通深知它的分量，当天就送到周恩来那里。周恩来当即作出了周密部署，叫外交部火速把信转交给正在日内瓦举行中美大使级会谈的王炳南，并对王炳南指示道："这封信很有价值。这是一个铁证，美国当局至今仍在阻挠中国平民归国。你要在谈判中，用这封信揭穿他们的谎言。"

8月1日中美大使级会谈一开始，王炳南率先对约翰逊说：大使先生，在我们开始讨论之前，我奉命通知你下述消息："中国政府在7月31日按照中国的法律程序，决定提前释放阿诺维等11名美国飞行员，他们已于7月31日离开北京，估计8月4日即可到达香港。我希望，中国政府所采取的这个措施，能对我们的会谈起到积极的影响。"可谈到钱学森回国问题时，约翰逊还是老调重弹："没有证据表明钱学森要归国，美国政府不能强迫命令。"于是，王炳南亮出了钱学森给陈叔通的信件，理直气壮地予以驳斥："既然美国政府早在1955年4月间就发表公告，允许留美学者来去自由，为什么中国科学家钱学森博士在6月间写信给中国政府请求帮助呢？显然，中国学者要求回国依然受到阻挠。"在事实面前约翰逊哑口无言。1955年8月4日，钱学森收到了美国移民局允许他回国的通知。

钱学森终于回到祖国

1955年9月17日，钱学森携带妻子蒋英和一双幼小的儿女，登上了"克利夫兰总统号"轮船，踏上返回祖国的旅途。钱学森的导师冯·卡门感慨道："美国把火箭技术领域最伟大的天才、最出色的火箭专家钱学森，拱手送给了红色中国！"话别时，这位导师充满激情地说："你现在在学术上已经超过我，回你的祖国效力去吧，科学是不分国界的。"

由于钱学森的回国效力，中国导弹、原子弹的发射至少向前推进了20年。

（楚楚）

筱文艳的成长

从解放初期到“文革”期间，周恩来前后接见筱文艳达24次。筱文艳的成长，凝聚着周恩来的心血。

淮剧著名表演艺术家筱文艳家中挂着一幅周恩来总理亲笔书写的条幅，这幅字是1964年秋全国人大和全国政协开会期间，周总理接见文艺界代表时赠给筱文艳的。上题“努力学习，精益求精”8个大字，这幅字虽经历了30年的沧桑更迭，但依然墨气凝重，挺拔圆浑。筱文艳把这幅赠言视为自己一生的座右铭。如今她虽已年过古稀，但当年周总理对她的亲切关怀和教诲却常常浮现在眼前。

相见不相识

1952年夏天，第一届全国戏曲观摩演出大会在北京举行，筱文艳率团赴京参加演出。她与盖叫天、杨占魁、武筱风等淮剧著名演员联手演出《兰桥会》、《种大麦》、《王贵与李香香》等折子戏。他们非常希望毛主席、周总理能来观看他们的演出！解放前，筱文艳就曾听说过周恩来是个了不起的伟人，但她从未见过周总理。想像中他是个大人物，一定非凡威严无比。

当时，筱文艳与一些演员住在前门外鲜鱼口一个招待所大院里。一天下午两三点钟，她排完戏，趁休息时在大院里洗衣服，一边洗，一边入神地温习台词。忽然身旁有人问她：“同志，请问盖叫天先生住在哪个房间？”

筱文艳抬头一看，见问话人五十上下年纪，穿一套深蓝色布料制服，身高1.7米以上。他操着一口浓重的淮安口音，说话时微笑中带着热情。筱文艳忙用手指指楼上，答道：“盖老住在二楼靠中间的那个房间。”问路人很有礼貌地道一声谢，走上了楼梯。

第二天清晨，华东地区领队于伶微笑着告诉大家：“昨天下午，周总理特地来看望盖老……”

“啊，是周总理！”盖叫天和筱文艳几乎同时惊喜地叫出声来。64岁的盖老动情而懊悔地说：“我还当他是一般干部呢！前天我演出《武松》后病倒了，想不到周总理会亲自来看望我，问我烧退了没有？还伸手摸了摸我的脑门。”此时，筱文艳的心情更是不平静，她为自己没认出周总理感到惋惜：当时我如果把周总理带到盖老房间里那该多好啊！

※ 戏中的筱文艳。

一个国家总理特地亲自登门来看望生病的老艺人，这在旧社会真是不可思议。唉，失去了这次机会，今后还能见到总理吗？

怀仁堂里认同乡

这天，淮剧演出两出折子戏。筱文艳在《种大麦》中扮演懂农活的妻子，和经商的丈夫下田种麦，边劳动边逗趣，边唱边舞，演来惟妙惟肖。演出一结束，周总理就走进后台，笑着和演员一一握手。他高兴地对筱文艳说："你演得很成功，祝贺你，刚才主席看了戏说，舞蹈不错，唱得也好听，就是没有戏剧矛盾。"

筱文艳握着总理的手，连声答道："我们回去一定好好修改。"

周总理听出筱文艳满口苏北口音，马上亲切地问她："你是哪里人呀？"

"我是淮安人，生在车桥东乡张家墩。"

"噢，我们还是同乡呢。我老家在城里。"总理手握得更紧："回去过没有？"

"没有。我5岁随父母流落到上海，11岁就登台唱淮剧，一直没有回去过。"

"我也几十年没回去了。你如有机会回去，代我向乡亲们问好。"总理深深怀念着家乡人民，感叹地说。

“好！好！”筱文艳连连点头。这次谈话虽只十几分钟，可总理平等待人、和蔼可亲的音容笑貌，却永远印在她的心田。

这次进京演出非常成功。在全国数百名演员中，筱文艳获演员一等奖；她主演的《王贵与李香香》获剧本奖和演出二等奖。毛主席观看淮剧、周总理接见他们的消息很快在淮剧演员和观众中传开，工厂、码头、部队、农村争先恐后地邀请他们去演出，淮剧在上海这样风光还是第一次。筱文艳如今谈起这段往事，还是无限赞叹：“淮剧能得到发展，我的戏能拍成电影，能载入《中国戏曲曲艺词典》，完全是党的培养和周总理的关怀。”

题写“黄浦剧场”

上海的北京东路上有一家近似欧洲建筑风格、拥有1000多个座位的金城大戏院。根据观众和演员的要求，1958年秋天，上海市决定将这座剧场作为淮剧的演出基地。昔日淮剧团到处流动，而且多是二三档场子，今天有了一流剧场，淮剧演员和广大戏迷无不喜出望外，奔走相告。

大家为给这个淮剧剧场起个贴切的新名字，绞尽了脑汁，什么“东方”、“红光”、“工农”、“淮光”等名字均无特色。正巧，这时周总理在上海开会，他前来观看筱文艳主演的《水斗》和《断桥》两个折子戏。演出结束后，他会见了演员。多好的机会！筱文

※ 如今的黄浦剧场。

艳就大胆提出了大家的请求：“总理，我们剧场想起个名，‘淮光’好不好？”总理带着征询的口吻说：“‘淮光’和坏光谐音，不好。叫黄浦剧场好不好？上海是有光荣革命传统的城市，黄浦江是它的特征。”

“好！”演员们异口同声地赞同。站在总理身旁的筱文艳也连连点头，可她又想说什么，似乎难以启齿。她欲言又止的神情被总理看出来了，总理便对她亲切地说：“有什么话尽管说。”

“我们想请总理写‘黄浦剧场’四个字。”

总理谦和地说：“我的字写得可不好啊。”但他还是满足了筱文艳和大家的要求，在离开上海前，用毛笔认真题写了“黄浦剧场”四个大字。当上海市文化局副局长李太成将总理的亲笔题字送到淮剧团团部时，演员们争相观赏，爱不释手。从此，金城大戏院换上了“黄浦剧场”的巨幅招牌，入夜霓虹灯闪闪发光，吸引了无数过往的路人和观众。演员们感到自豪，观众也为他们感到高兴。

1961年夏天，周总理在上海视察。他在延安中路儿童艺术剧场观看上海电影剧团演出。筱文艳晚到一会儿，还未在后排坐下，总理听到轻微的响声，转脸看到了她，忙招招手，叫她坐到前面第五排自己身边。演出结束后，总理问了各个剧种的演出情况，市文化局领导汇报后，总理语重心长地对筱文艳说：“过去你们淮剧没有剧场，常去工厂、码头演出。现在有了剧场，可不能忘了这些地方，忘了工农大众啊！”当时筱文艳正在上海上演《牙痕记》，由于三年严重自然灾害的影响，观众不多。总理的这次谈话，使身任上海人民淮剧团艺委会主任的筱文艳深受启发。以后，她和本团演员，再次来到上海工厂、码头和驻沪部队，还奔赴大江南北，深入江苏的城镇、农村巡回演出，观众如潮，使筱文艳再一次看到了振兴淮剧的希望。

“你们倒给我提了个问题”

1964年4月，周总理来到上海，在百忙中挤出时间，观看了话剧《年青的一代》、《小足球队》和北方戏剧《社长的女儿》等现代戏。一天晚上，周总理再次赶到黄浦剧场，看了新编现代淮剧《海港的早晨》。演完，他和华东局、上海市委领导同志魏文伯、陈丕显、韩哲一、南京军区司令员许世友一起上台，祝贺他们演出成功。接着总理风趣地说：“合个影吧。许世友将军指挥过千军万马，今天合影也请他指挥。”

与演员合影后，筱文艳对总理说：“总理，我们第一次排现代戏，请你提提意见。”

总理说：“我没有向你们提意见，你们倒给我提了一个问题。我看了《年青的一代》、《小足球队》、《社长的女儿》，今天看了《海港的早晨》。你们戏中的主角、青年余昌宝（后来京剧《海港》中改名韩小强）轻视码头劳动，造成了事故。他有那么多码头工人叔叔，有那么好的舅舅，本人也是码头工人的后代，为什么变得这样？这说明我们教育还存在问题……”他还特意向刘少奇主席推荐淮剧《海港的早晨》，不久，刘少奇在上海也看了这个戏，肯定了戏的主流。

“有多少人知道筱文艳叫张士勤”

1964年秋天，已担任全国政协委员的筱文艳赴京开会。会议开幕前，周总理在报上看不到上海淮剧演员筱文艳和广东粤剧演员红线女两个人的名字，感到诧异，便问工作人员，回答说红线女因公请假没来，筱文艳来了，签的是原名“张士勤”。一天晚会中间，总理让秘书将筱文艳请到人民大会堂江苏厅，总理对筱文艳有点严肃地说：“我找来找去没有看到你和红线女的名字，还以为你没来呢。”筱文艳连忙解释：“筱文艳这名字已经有了名气，我想应当谦虚点，所以用了原名。”总理说：“你是代表谁来的？不是代表个人，是代表群众，做什么事都要有群众观点。有多少人知道筱文艳叫张士勤？别说群众，连我也不知道。名字仅仅是个代号，不用艺名，不等于没有名利思想，如果能加强修养，又哪里在乎名字啊！今后你一切要从群众利益出发。”会议开幕前，总理将题词“努力学习，精益求精”叫秘书复印几份，赠送给筱文艳等，总理用严格要求自己的口吻，对筱文艳等说：“我们要活到老，学到老，全心全意为人民服务一辈子。”

在总理家做客

全国政协开会期间，一天中午，总理的秘书打电话给张瑞芳，请她并转告袁雪芬、筱文艳、严凤英，总理请这四位演员到他家里做客。第二天下午，邓大姐亲自登门来接她们。总理与张瑞芳等说过话，接着问筱文艳：“你今年多大了？”筱文艳说：“今年42岁。”总理说：“噢，属狗的，我比你大两转，今年66岁了。”

桌上放着六七碗家乡菜，总理边给大家夹菜，边打招呼：“今天请你们吃顿家常便饭，刚送走电影界和乒乓球队两批同志出国，请他们吃过饭，到月底了……”总理请客人到家里吃饭，向来自己掏钱，到月底手头紧，也不肯开支公家一分钱。

※ 戏中的筱文艳。

饭后，总理和四位客人交谈了戏曲“百花齐放、推陈出新”等问题。谈到1963年中国戏剧移植朝鲜戏剧《红色宣传员》，张瑞芳说：“有人反映这部戏太温情了。”总理认真地说：“人家国情如此，不能按我国国情。”她们聆听了总理关于戏剧改革的谈话，再一次受到了启迪。

从解放初期到“文革”前夕，周总理前后接见筱文艳达23次。筱文艳的成长，凝聚着周总理的心血。

逆境中的关怀

“文革”初期，筱文艳遭到残酷迫害。直到1969年，第一次“解放”她，排演新戏《育苗》。一次在沪西一家剧场演出。筱文艳刚出场，观众就报以热烈的掌声。演完当天，造反派突然宣布今天演出是文艺黑线回潮，不让筱文艳再演出。她是靠边了，算算时间，从“解放”到第二次靠边不到半个月。

筱文艳身处逆境，受尽折磨，多么想见到周总理，吐一吐自己的冤屈！周总理也没忘记筱文艳。就在她重新“解放”以后的1973年8月，开党的十大，上海港一个码头工人赴京开会，总理向他谈了“三年改变港口面貌”的规划，又问他看过《海港》这出戏没有？那个码头工人摇摇头，接着总理对他说：“筱文艳不是解放了吗？她应该演戏给码头工人看！”码头工人面露难色，答道：“我们码头上没有舞台。”总理加重语气说：“没有舞台也好演嘛！”这位码头工人代表回到上海，就写信给筱文艳，向她转告了总理的嘱咐。筱文艳一边念着信，一边泪水长流：“总理这样关心淮剧，真待我们恩重如山，我们怎样报答他老人家呢？”她立即带领一批演员从浦西赶到浦东，从外滩赶到吴淞，足迹踏遍百里海港，在上海港的十个港区和一家船厂巡回演出，还风尘仆仆地奔赴张家港、江阴要塞，为码头工人、为部队献演《海港》和武打戏。他们每到一个单位，至少上演一两场，观众共达两万多人。

1975年，筱文艳赴京开会，周总理最后一次接见了她，她向总理汇报了思想、工作后，再一次聆听了总理的教诲。

坐牢也要开追悼会

1976年1月8日清晨，筱文艳早早走出家门，挤在41路公共汽车上赶往上海人民淮剧团去上班。汽车驶到瑞金路，突然一阵哀乐从一位乘客的半导体收音机里传出，敬爱的周总理离开人间的噩耗，使筱文艳顿时全身一颤，差点儿昏倒。她怀疑自己的耳朵，再次凝神细听，广播的讣告明明白白播着周恩来的名字！筱文艳忍不住泪水长流，泣不成声。她连走带跑，换乘另一辆公交车，赶向南京东路电报大楼。她拿了一叠电报纸，边哭边写：“亲爱的邓大姐，我是筱文艳，一个曾24次受到总理接见并得到亲切教诲的普通演员。我无法表达听到噩耗后内心的万分悲痛，但希望大姐多多保重。我一定铭记总理教导，永远跟党走，做一个光明磊落、严于律己、对革命事业忠心耿耿的好党员、好演员……”这份唁电，她一口气写下350多字，字字句句，充满了崇敬的深情、悲切的哀思。

筱文艳当时担任上海人民淮剧团团长、党支部书记，她带领大家在团部摆设灵堂，挂上周总理遗像，买了黑纱，布置追悼会。一切费用，都由她和演员们自己出。挽联写什么好呢？正好马路上贴出一副挽联：“挥泪继承总理志，决将誓愿化宏图！”筱文艳看了中意立即叫人写好，但还未挂在灵堂上，工宣队就前来传达上海市革委会和文化局革委会的指示：一不佩黑纱，二不设灵堂，三不开追悼会。不准将挽联贴上马路，“挥泪继承总理志”这幅挽联更不准传开……

当时筱文艳对这些人的“指示”敢怒不敢言。但她怎么也不理解：周总理为党为人民鞠躬尽瘁、功昭千秋，为什么不能为他开追悼会，又为什么不能贴出继承总理志的挽联？一连串的疑问，使她百思不得其解。但她还是下了决心：不管怎么说，哪怕坐牢，黑纱要佩，灵堂要设，追悼会要开！

筱文艳顶着巨大的压力，通知全团准时举行追悼会。那天，几乎所有的演职员都怀着悲痛的心情，赶来参加了。在灵堂里，筱文艳泪如雨下，追忆着总理无微不至地关怀淮剧事业和她个人的恩情！

（金宝山）

侄女的回忆

周秉德是周恩来的侄女，她与周恩来和邓颖超在西花厅共同生活了15年之久。周秉德的工作与为人处事，没让伯父伯母操多少心，真正让他们牵挂多的还是周秉德的婚事。

第一次见面，伯父边端详边寒暄

1937年4月，我出生在哈尔滨，这让三代没有女孩的周家兴奋了一阵子。1943年，全家投奔天津的四奶奶，在那里我念到小学六年级。

在我小学三年级的一天，爸爸翻阅《益世报》，看到有关大伯的消息，很是兴奋，对我悄悄地说："你伯父在共产党内是做大事的。"从此，我便晓得自己有一个当了共产党大官的伯父周恩来，很盼望有那么一天能和伯父见个面道个好。

1949年上半年，已在北平华北革命大学学习的爸爸，在同伯父的一次谈话中提到，小学毕业在即，想接我到北平念中学。伯父知道我爸爸在华北革大住的是集体宿舍，带孩子不方便，便提出让我住到伯父的住处来。

那年6月下旬的一天，刚刚小学毕业的我在火车的汽笛声中告别了天津，告别了妈妈与弟妹，随爸爸来到北平。一位精干的叔叔领我进入中国共产党的首脑们居住的地方——中南海。进门，绕湖，再进门，不多时我被带到了一个叫丰泽园的院子里，那是四合院式的平房。我当时觉得新鲜，自己在院子里转来转去，瞧这瞧那。

不一会儿，在外边开会的伯父回来了。他高大魁梧，脸庞丰满红润，与爸爸有点像，也有两道浓黑的剑眉。见到我，他亲热地把我拉到身边，左右端详，笑着说："呦，你好像你爸爸，又有点像你妈妈。"

问了我妈妈及弟妹的近况后，伯父吩咐卫士安顿我的住处。我被安排住在靠西边的一排坐南朝北的房子里，屋里有几个书柜，东边一间是伯父秘书夫妇的住房兼办公室。房子里的条件比我家里要好，但绝不豪华。

当时，伯母不在，她受毛泽东主席之嘱，到上海接宋庆龄先生去了——迎接她来北平共商建立人民共和国大计。8月28日，我随伯父到北京站去接伯母。火车站里锣鼓喧天，伯父和其他党政领导人走到前面与宋庆龄先生握手交谈。这时，卫士叔叔把夹在人群中的我领到伯母面前，伯母便握住我的手笑吟吟地说："你就是小秉德吧！你好！"我随即向伯母问好。这是我第一次与伯母相见。

伯父、伯母一生无儿无女，多年来一直把自己对儿女辈的感情全部倾注在一批烈士子女身上。亲侄女来到身边，自然疼爱万分，把我看成自己的女儿一样，我也很快适应在中南海的生活，感受到在北平也有一个充满亲情而温暖的家。

我住的书房里，有许多我从未见过的书。伯父对我说："你可以在这里多看些书。毛泽东伯伯就住在前面，他工作忙，不要去打扰他。"伯父的话，我现在还记得。我常常一个人坐在伯父书房里看书，《钢铁是怎样炼成的》、《李有才板话》等好多书，都是在那个时期读到的。

平时，我不是经常能见到伯伯，因为他夜里办公，一般只在上午睡上几小时。白天，小院常常静得很，除了鸟叫还是鸟叫。看完书后，我往往发呆地望着高处，思念在天津的开心时光。还好，不多时，我认识了李敏、李讷等好多小伙伴。我们或一起看书，或一起唱歌，玩耍，聊天。这时，我才真正适应了中南海的生活。

从一件件小事中，我看到了一位伟大而崇高的伯父

那一年秋，我顺利考上北京师大女附中（现为北京师范大学附属实验中学），进入干部子弟班就读。平时住校，每个周末回家看伯父、伯母，向他们谈谈校园生活。有一回，伯父对我讲："你们班是干部子弟班，革命老区来的孩子多，他们身上有许多革命老区传统，你要努力向他们学习，向他们看齐。"

我从天津来时穿的是两身小花衣裙，到秋季穿就显得单薄了。卫士叔叔见了，便骑自行车带我到王府井订做了两套秋天穿的衣裤。没多时，第一套蓝色卡其布小西套完工了。

※ 周恩来和家人在一起。

我穿上显得特别精神。吃饭时，伯父看见了，说：“不错！哪里来的？”我如实回答：“叔叔带我去做的。”几天后，我又换上了另一套黄卡其布的衣裤，这下伯父看见后便皱了皱眉：“怎么又做了一套？浪费！”原来，当时实行的是供给制，伯父嫌我做多了，多花了公家的经费。

不论伯母怎样解释“秉德在校，得要有两身衣服换洗”，伯父却谈起了自己的住校史：“我在南开上中学，夏天就一件单布长衫，冬天也就一件藏青棉袍，周六回去就洗净晾干。现在国家还困难，我们还是要节省嘛。”我那时并不太懂，但还是使劲地点头，认定伯父说的话一定对，照着办没错。

每逢周六晚上，春藕斋开舞会，我们孩子也跑进去玩。才学会一点“舞艺”的我们，看许多姑娘与伯父等中央首长跳舞，便壮着胆子下舞池。我伯父的舞姿很棒，风度翩翩，舞步流畅，舞姿优雅，只要他一到场，几乎没办法落座，因为请他跳舞的姑娘太多了。好不容易轮上我同他跳。伯父微笑着揽住我的背，踩着音乐步入舞池。“跳的还行，你乐感可以。”听到伯父的夸奖，我不免有点飘飘然，不料他又说了一句，“转到那边你就下去吧，让别的同志跟我跳，看好多人在排队呢。”觉得不太过瘾的我，无奈地点头。这就是我的伯父，宁可委屈亲人也不愿让他人失望。

1949年11月，我随伯父、伯母搬进了中南海最西北端的西花厅。那时，我妈妈与弟妹也来到了北京，我与大弟秉钧、大妹秉宜一同住在西花厅的东厢房里，三张床并排着，彼此留点活动小空间。因为北面挨着的是伯父的卧室，他夜里办公，上午睡觉，所以我们在室内不敢嬉戏，不敢大声说话。

有一回，爸爸提出把大妹过继给伯父，伯父却另有想法：“如果我要了这个孩子，别的孩子就会认为我这个做伯父的不公平。再说，她也会养成特殊化心理，对她的成长没好处。”伯父总是想得很周全。

弟妹在北京八一学校读书。家庭条件稍好的同学都有车接送，军区里的孩子则可以坐单位的面包车。弟妹上学放学是卫士叔叔骑一辆三轮车接送，尽管伯父、伯母都有车，但从来没有给我们使用过。“车是工作用的，小孩不应该享受，你们从小不要依赖家庭关系，不要奢求非分享受，要自己奋斗，要自律自立。”这是伯父时常对我们说的话。

职业选择，伯父对我亦宽亦严

1950年，抗美援朝的宣传活动热火朝天。我们班上有好几位十五六岁的同学报名参加了志愿军，我怀着几分羡慕，也在报名处拼命地挤。可是因年龄太小，报不上名。

伯父知道后，不由哈哈大笑，“一个小孩，人家怎么会要你？”见我一脸的不高兴，撅着小嘴巴，伯父又过来安慰我：“当然愿望是好的，可要立足实际啊！你年纪还小，好好学习，今后报效祖国的机会有的是！再说，留在后方，也可搞宣传发动工作。”本来鼻尖发酸的我，茅塞顿开，在后方我的确可以为抗美援朝出一份力。于是，我积极参加了学校业余剧团，在校内和社会上，多次参加抗美援朝的演出活动。

1952年，我初中毕业。就我当时的学习成绩而言，读高中、考大学甚至留苏，应该不成问题。就在这时，学校上映了一部苏联影片《乡村女教师》，片中主人公瓦尔瓦娜置身乡村，为小学教育呕心沥血，这深深打动了我。我们新中国的建设需要各行各业的人才，当时教育力量就很薄弱，于是当一名教师便成了我梦寐以求的理想。

周六，我照例回西花厅。餐桌上，我把自己择业的小秘密告诉了伯父伯母。“好啊，女孩子选择做教师挺不错的，国家正需要大批的教师培养人才参与祖国建设，当教师很有意义。当年我16岁，一毕业就当教师。秉德，我支持你。”伯母一听我的决定，马上做出欣慰的反应。说到这儿，她转过头去向正在举筷吃饭的伯父说：“秉德不准备考高中，打算报名上师范学校，你怎么不吭一声，表个态？”

伯父放下筷子，缓缓地说：“这事应该让她独立思考。有你一人说就够了，我讲多了会增加她的压力。万一有一天她犹豫、后悔，都没办法了。况且，她还应该听听她爸爸妈妈的意见。”

这一年，我梦想成真被保送进北京师范学校。毕业前，我刚刚18岁，已经加入了党组织。就在这个时候，传来消息，各地师资紧缺，不少适龄儿童无法入学。国家盼望师范生赶快加入教师行列，补充师资力量。于是，我再一次主动放弃了上师范大学的机会，被分

※ 挚爱深情。

※ 周恩来同家人共餐。

配到北京东郊区（现朝阳区）第三中心小学，担任四年级的班主任，教语文和算术，成了一名乡村女教师。

当时形势发展很快，我在教师岗位上只工作了两三个月，被调到区委参加肃反工作。伯父叮嘱我："搞这项工作，要仔细、谨慎、实事求是！作为宣传教育群众的干部，自己一定要注意领会学习党的方针政策。"在区委工作的日子里，我扎扎实实地工作在基层，虽没有任何职务，但伯父、伯母常为我这个侄女的良好表现感到欣慰，毕竟我没暴露出与他们的亲属关系，更没借用与他们的特殊关系谋私利。

1965年，我丈夫沈人骅调到西安工作。不久，为了减轻北京城市人口居高不下的压力，中央有个文件要求"夫妇双方，如一方不在北京，另一方跟着调离北京"。伯父、伯母对我随夫离京没有半点干预，更没有托熟人照顾人生地不熟的侄女。

我分配到西安市轻工业局人事科不久，"文革"开始了。我成了造反派揪斗的对象，还被关过3天。看过我档案的人事科长感慨地说："如果你讲出你是周总理的亲侄女，造反派一定不敢关你了。"但我无法做到，我想，我依靠的应是组织，应该相信组织，没必要依靠什么关系为自己开脱。

1974年，我随丈夫调回北京工作。我去西花厅看伯父、伯母。一见面，伯父眼一瞪，"秉德，你是不是因我的关系调回来的？"伯母马上插话："恩来，你不要忘了，秉德不光是你的侄女，还是人骅的妻子，是军人家属。"伯父这才连连摆手："我放心了，是随军人调动的。"

我的婚事，伯父伯母操心不少

我在工作与为人处事方面，没让伯父伯母操多少心，真正让他们牵挂多的还是我的婚事。1958年的夏天，妈妈的一个朋友将自己的一个亲戚介绍给我。他是在莫斯科留学的大学生，没上过大学的我也希望找个大学生当自己的老师，便征求一下伯父与伯母的意见。伯父说："你的婚姻问题能不能在25岁以后解决？我们中国人口基数大，要实行计划生育，从你们这一代开始要提倡晚婚。你看晚点成家如何？"向来听话的我爽快许应后，伯父的脸上浮现出由衷的笑容。

仿佛我与留苏学生特别有缘。一次伯父的养女孙维世的妹妹孙新世来西花厅时，带来了她留苏时的一个男同学。很明显，是要介绍给我。伯父一听介绍，很高兴，吩咐卫士叔叔掏出100块钱，"安排他们好好吃顿饭"。那是困难时期，他此举表示同意我们发展关系。后来，由于另有原因，我没有征求伯父伯母的意见便主动终止了交往。

不知不觉，我已是25岁的大姑娘了。有一天，聂荣臻元帅留苏回来的女儿聂力出于关心，也把自己的同学推荐给我。在接触中，我俩谈得很投缘，感觉对方很适合自己。但伯母却语气严肃地说："现在中苏关系紧张，苏联的克格勃特务无孔不入，你俩一旦成了夫妻，经常出入西花厅，会不会无意间被苏联克格勃所利用？"伯母虽没明确表态反对，但理智的我没有半点犹豫："您放心，我再也不会同他往来了。"真的，我不应该因为我个人的事情而影响了国家大局，这次恋情又搁浅了。

1963年，已经26岁的我还待字闺中，这可急坏了年近半百的妈妈。无意中，伯父的老警卫秘书何谦见青年军官沈人骅已30出头还没对象，便决意为我牵线。见面后，他给我们第一印象不错，英俊、谦和、稳重、正派、有知识。渐渐地，我了解更多了：他是党员，有技术，会四门外语，家庭背景好。

我知道伯母经常惦记我的婚事，认识这位空军大尉后，就一五一十向伯母讲了，请她参谋。一听说沈人骅的祖父是沈钧儒先生，伯母脸上露出了笑容，说：“这家人我们太熟悉了，他的爷爷是中国共产党的好朋友，他的爸爸是西城区的人大代表、中南海门诊部的内科主任，他本人在部队表现很优秀。这样的人家，用不着再了解。”

第二年国庆节，我与人骅走到了一块儿。伯父很高兴地送我们一件礼物——一张伯母在庐山拍的21英寸的大风景照。画面上的云雾似在流动，两个凉亭在云间若隐若现，十分传神逼真。礼物十分珍贵。直到今天，我的床头还依旧挂着这张照片。那天，伯母像嫁女儿一样，准备了好些既漂亮又实用的东西，而且不顾身体虚弱，带着秘书张元阿姨登门道喜。

新婚后，我就搬出了中南海，但伯父、伯母的关爱始终如温暖的阳光沐浴着我。后来的几年，我也从未间断去西花厅看望他们。

“文革”时期的伯父

1967年5月我出差北京，去西花厅看望伯父伯母。站在伯父办公室门口往里一看，不觉大吃一惊：办公桌上、躺椅上、地面上，到处是一沓沓文件。原来，“文革”时各部委受到冲击无法正常工作，全国各地的文件都往西花厅报。于是，伯父睡眠的时间越来越少，夜以继日地工作，一天工作十六七个小时成了家常便饭。

一见面，我果然见伯父的脸变得瘦削了，原本炯炯有神的双眼也布满了血丝。吃饭时，三下两下便放下筷子，急匆匆地往办公室赶。这时，我意识到：“伯父老了，也更忙了。”

我意外地在伯父办公室门上发现一张大字报，是他身边人员写的，还有伯母的五条补充建议，内容都是请求他注意休息，改变工作方式与生活习惯，保重身体。仔细一看，陈毅、叶剑英、李先念也在上面签了名，伯父在上面写了8个大字“诚恳接受，要看实践”。但是听伯母讲，他还是没兑现，休息得很少。我怀着沉重的心情和恳切的愿望，在伯父的8个大字旁写了两行小字：“你的实践做得不够，必须真正实践才行。”

记得那一天，我留在西花厅吃午饭，饭桌上我就西安各大学的造反派冲击陕西省委发了牢骚。伯父耐心引导我，我还是想不通，一次次顶嘴：“为什么只相信少数学生，不相信广大的工农兵？”“那么多的老干部怎么会都是走资派？”这一讲，伯父更火了：“你是省委、市委派来说服我的吗？”其实，伯父同绝大多数党和国家领导人一样，对毛泽东发动和领导的“文化大革命”恐尚未理解，但毕竟是党的领导人之一，必须维护与执行党中央的决定。“我犯过政治错误，但从来没有犯过组织错误。”这是他曾对我们说过的一句话。

1968年8月，我回北京生第二个小孩期间，打算看看已被关押半年的爸爸。可是不许探望。伯父伯母教育我和弟弟妹妹们：对这一件事，要相信党，相信组织，事情总会搞清楚，你们要做好自己的工作！

事后我才知道，这是外交部部分红卫兵报到江青那里的一个案子，讲爸爸参加了王光琦组织的“聚餐会”这个所谓的反革命组织。江青批送总理处，伯父亲笔批示逮捕令，指示立即逮捕自己的亲弟弟。当夜，爸爸被秘密抓走。不久案子水落石出，但上边一拖再拖不肯放人。爸爸被关了整整7年多，直至1975年5月才释放出来。

出狱时，我们父女俩相拥而泣。神情似乎麻木迟钝的爸爸含泪给我讲：“秉德，你莫哭！你爸爸这些年来一直与部长以上的大人物关在一起，我担心那些造反派整我的真正目的是为了整你伯父。因此，尽管有天大的压力，我也要努力活下去。你的爸爸没有错，你的伯父更没有错。”

和伯父最后一次通话和见面

1976年，伯父去世的时候，我正出差上海。1月9日凌晨，我从广播里听到这噩耗时惊呆了。当天我赶回了北京。在此之前，我曾同伯父通过一次电话，并见过一次面。

那是1975年5月12日下午，我接到伯父以前的保健护士王力的电话后，赶到她家。她说：“总理有病，可能比较严重。昨天我们几个医生、护士在医院与他见面时，他问‘你说我还能活一年吗？’当时我愣住了。他有病，应积极治疗，带着这种情绪会影响治疗效果的。秉德，你设法去见见你伯父，好好劝劝他。”

伯母一再阻拦神情激动的我去305医院见伯父，说中央有规定，为了保证治疗，不要打扰他。伯母拨通病房的电话要我与伯父好好谈谈。电话中，伯父的声音还是那么亲切、从容。我问他是否讲了那句询问医生的话。伯父说：“只是开个玩笑。”我急了，“这玩笑也不应开，我们听了心里不好受，你要长命百岁，再为国家多做贡献。”

“你是共产党员，是唯物主义者，人总是有那么一天的。说那话也的确没什么，想开点，好嘛？”电话中的伯父，语气时而严肃，时而缓和。

“我不想多占你的时间，请千万注意休养好，配合治疗。如果不想呆在医院里，就回家住，或到南方走走，散散心，好不好？”放下电话前，我一再恳求劝告伯父甩掉思想负担，保重身体。

1975年5月20日，我在西花厅最后一次见到伯父，只见伯父进门后微笑地坐在一个小沙发上，双脚搁在一小凳子上，脸更为消瘦，老年斑比以前也更多了。问候后，我在伯父身边坐下。他当时气色还可以，询问了我的工作和孩子情况。我怕过多打扰伯父休息，起身告辞。出门时，我提出和他合张影。“你看，家里人很多，下次我们再照吧！”他握着我的手，轻声说。

真没想到，这一天竟成永诀。伯父说的“下一次”再也没有了，成了我一辈子的遗憾。

1992年7月11日，伯母邓颖超这位伟大的女性溘然长逝，同样留给我无尽的哀思和深深的怀念。

伯父伯母去世后，我们一大家及西花厅的工作人员在每年1月8日和3月5日，去人民英雄纪念碑前、毛主席纪念堂或西花厅聚会，给老人鞠个躬。每每走进西花厅，不敢多看那海棠、芍药、水仙及园中的小径。那里永远回荡着伯父朗朗的笑声和伯母谆谆的教诲。

（余玮、施枫）

请出载涛

载涛住宅门首的匾额上有4个大字：“平淡天真。”有人问他：“您是不是有隐居之意？”载涛直率坦诚地说：“是的，解放后我是准备隐居的。但想不到毛主席、共产党不嫌弃我，周总理礼贤下士，又把我请出来了。”

载涛是爱新觉罗家族的长辈，他与溥仪有着比较特殊的关系，有人说，一则因为他是皇叔，为宗室近亲，二则由于当时溥仪之父载沣政治上缺乏识见，因而不少事情都要仰仗载涛周旋。当时，载涛被委为陆军大臣，参与军机。他有一个酷好，喜欢骑术，凡是有关马的知识他均有特殊兴趣，在军马改良、繁育、驯养方面有很深的造诣。

新中国成立以后，载涛赋闲在家。与他早在北京军咨府就有来往、后来成为莫逆之交的李济深前来造访。李济深熟悉载涛，知道他在晚清宫廷的地位、作用，也了解载涛“平民化”后思想发生的变化，于是向周恩来建议，邀请载涛参加中国人民政治协商会议。

周恩来很快批准了这一建议。

1950年6月14日，一届政协二次会议在京召开，周恩来遇到了载涛，他既高兴而又颇

※ 爱新觉罗·载涛。

有歉意地说：“载涛先生，首届全国政协会议没请您参加，我把您这位几十万满族人民的代表给忘记了。”

载涛不知所措：我算什么呢？不就是清朝的遗老遗少吗？可是全国人民的总理，却对我如此敬重。他语塞了。

周恩来看出了他的心思，微笑着对载涛说，大家都在为新中国出谋献策，你也提一个议案吧。

周恩来离开了。载涛停立在原地，他不知怎么做才能回答总理，他不相信自己能够提出什么对国家建设有价值的议案。

这是一块心病。载涛找到了李济深和原国民党著名将领蒋光鼐，他问：我该怎么办呢？

李济深、蒋光鼐对视了一下，双目传神，两人不约而同地说：“发挥你的专长，你懂马，就提个军马方面的议案吧？”

载涛如释重负，他深深感谢两位朋友的启发，要说马，自己轻车熟路，再内行不过了。当晚载涛就认真地作了一番思考，拟就了一份改良马种，以利军用的议案。

议案送到李济深、蒋光鼐手中，博得一致称赞。载涛又邀请他们同署，两人愉快地答应了。这份议案是这么写的：

案由：拟请改良马种，以利军用案

理由：查现代军事，以机械化为主体，但我国幅员广袤，交通甚多不便，对于军事运用，仍须依赖马力；我国马种马力向未讲求改良，效力比较落后。载涛对于马政稍有心得，愿贡献我人民政府采择研讨，以利军用。如蒙议决，自行拟具详细意见书，交由军委会审核办理。

提案人：载涛

副署人：李济深　蒋光鼐

议案送到了周恩来手中，他很快呈报给毛泽东。毛泽东批阅了这份议案，他对载涛的拳拳爱国之心和广博的军马知识十分赞赏，亲自提议任命载涛为军委总后勤部炮兵司令部马政局顾问，并把这个议案转给了朱德总司令。

※ 1960年1月，周恩来接见被特赦的伪满洲国皇帝爱新觉罗·溥仪（中）及其亲属载涛等。

载涛上任了，他来到了西北军马场、东北军马场，他看到膘肥体壮的军马，兴致勃勃，拿起卷尺测量军马的高度、长度。他观测一匹马的步度，便毫无思索地说：“这是阿拉伯良种马。”他看到地上一匹马的蹄印又说：“这是安格鲁诺尔曼的马种。”他还滔滔不绝地谈起了法国良马的特征……在牡丹江军马场，载涛还受到全体职工的热烈欢迎，他欣然命笔，写下了“牧马山庄”4个遒劲有力的大字。

载涛住宅门首的匾额上，也有4个大字：“平淡天真”，落款是载涛手书，有人问他：“您是不是有隐居之意？”

载涛直率坦诚地说：“是的，解放后我是准备隐居的。但想不到毛主席、共产党不嫌弃我，周总理礼贤下士，又把我请出来了。”

载涛每逢说到此时，都要抬高他的声音：“说句笑话，任命我为马政局顾问，论职务，那不过是‘弼马温’的官职，但就是这样的差事，我也感到十分荣幸，因为这也算是对人民的一点贡献！”

（石肖岩）

安宁而温暖的西花厅

邓颖超告诉赵炜：周恩来最初住的是丰泽园，后来毛泽东要搬进来，周恩来偶尔路过这里，一下子喜欢上了盛开的海棠花，便搬到了这个小院。

1955年1月，从部队转业到国务院机要处不久的赵炜，被调到中南海西花厅总理办公室工作。她至今清晰记得第一次见总理夫妇的情景。

“那天，周总理就像我们在报纸照片上常见的装束——身着灰色中山装，脚上一双黑皮鞋。那是个阳光明媚的春日，邓大姐穿的显得有些多：一件带花的薄呢子大衣，脚上是蓝呢面棉鞋，头上还包着一块当时非常流行的花方巾。”

身边的卫士向总理简单介绍了赵炜的情况，握手之后总理问了赵炜几个问题，“我的手心直冒汗，声音也有些打颤”，周总理微笑着说：“不要紧张，我是总理，你是这里的工作人员，咱们都是同志。”

周恩来夫妇所居住的西花厅紧邻中南海西北门。邓颖超后来在一次跟赵炜散步时告诉她，周恩来最初住的是丰泽园，后来毛泽东要搬进来，周恩来偶尔路过这里，一下子喜欢上了盛开的海棠花，便搬到了这个小院，一住就是26年，周恩来去世后邓颖超又生活了16年。“有人认为恩来喜欢马蹄莲，其实我们俩都最喜欢海棠花”，邓颖超这样告诉赵炜。

到西花厅，赵炜的第一个感受是那里很多人的工作时间和别人不一样。周总理习惯夜里办公，最早也要到凌晨二三点。据说以前中央曾请刘伯承给周恩来当参谋长，刘伯承听后急忙说：“恩来熬夜的本事实在大，我可熬不过他，还是另请他人吧！”上午基本是周恩来的休息时间，秘书们的作息也跟他一致，所以西花厅的上午大多是静悄悄的。

西花厅一天的繁忙是从总理起床时间为起点：先是忙着请示汇报的秘书们——五六十年代，周恩来总共有20多位秘书，负责联系不同的部委，周恩来办公桌左手下有一排标有秘书名字的电铃按钮，便于找这些秘书。“文革”后，这些秘书只剩下两位；遇到急事，男秘书们干脆把总理堵在卫生间里，所以也有工作人员们戏称这里是“第二办公室”。总理的早餐常年不变：面包、果酱、黄油和豆浆鸡蛋冲麦片。

“总理平时有两件东西是从不离身的。一件是他的那只老手表，另一件是办公室和保险柜这两把钥匙。”赵炜回忆。周恩来的办公室有三把钥匙，他自己一把，值班秘书一把，值班警卫一把，连邓颖超都不能“私自”进入他的办公室。或许是早年革命生涯沿袭下来的习惯，周恩来的钥匙几乎24小时不离身，平时放在衣服口袋里，睡觉时就压在枕头底下，出国时才交给邓颖超保管，“大姐把钥匙放在信封里，为了避嫌，特意用订书器把信封口订上，等总理回来后再完璧归赵。”

平时，周恩来都是亲自取放保险柜里的东西，至于里面究竟放了些什么，邓颖超也从不知晓。在总理身边工作了21年的赵炜有过两次打开保险柜的经历，第一次是“文革”初期，周恩来让赵炜将里面存放的三个存折取出送交中国银行保管，三个存折累积40万元的存款是解放后国家给傅作义的补贴，“文革”一起，傅作义怕红卫兵抄家，便在前一天晚上送到周恩来这里保管。第二次开这个保险柜时已是周总理去世，来清理遗物。“说实在的，这次打开保险柜很出乎我意料，因为里面根本没有任何重要的东西。”总理是个保密意识很强又很细心的人，赵炜推测，他一定在住院时就把里面的重要东西作了安排。

周总理有一个清嗓子的习惯。晚上，只要夜间从外面回来，在西花厅前院一下车他就要咳两三声，一听到这个声音，值班室的人马上知道总理回来了。赵炜还是后来从邓颖超那里知道，原来周总理这种进门前先咳嗽的习惯是30年代在上海做地下工作时养成的。那时他们住的院子没有电铃，回来晚了不敢高声叫门，就以咳嗽两声为暗号。后来虽然转战南北，这个习惯一直保留了下来。

“总理是个喜欢整洁的人”，用今天的眼光来看，周恩来有点像“完美主义者”，

※ 西花厅外景。

“办公完毕，他习惯自己把办公桌上的文件收拾好，笔、墨、放大镜等文具也都一一整理得清清爽爽，放到固定位置，临走前再把椅子摆好。”在总理身边呆了20多年，不知进了总理办公室多少次，赵炜从未见过他的办公室有过乱糟糟的情形。注重仪表的周恩来，即使在家也穿得整整齐齐，再热的天，他也坚持穿衬衫，而且从不敞着领扣。

早期的西花厅留给大家的记忆都充满了温暖安宁。平时周恩来一天要工作十四五个小时，周围工作人员想方设法让他多些休息放松的时间。周恩来周六有时去中南海紫光阁跳舞，赵炜印象中的总理，舞跳得很棒，步子既轻柔又稳健。如果周六有时他不外出，警卫局服务处会过来放电影给大家看，租一个片子要15块钱，就从周恩来和邓颖超的工资里扣。偶尔，他会和邓颖超一起去首都剧场看一场人艺的演出，为了避免惊动观众，他们经常在演出半小时后悄然入场，坐在观众中，没看完前再悄然离去，门票也必然要自己掏钱来买。

赵炜回忆，那时候的周恩来也特别喜欢招待客人。不管是谈工作还是开会的，赶上吃饭时候，他总是热情挽留：“别走了，一起吃个饭吧，今天我请客。”饭费从他的工资里

※ 1963年4月，周恩来和邓颖超一起同新闻工作者在西花厅院内漫步。

出，他自己也不知道一个月究竟花多少剩多少。有一次，周恩来又照例表示他“请客”，留客人吃饭，邓大姐在旁边开他玩笑：“怎么老说是你请客啊？你一个月有多少钱啊？是吃我的，别以为是吃你的，不信咱们分开算算。”“是吗？那就让大姐请你们吃饭。”周恩来笑呵呵地说。从1964年起，周恩来与邓颖超的工资开始分开支配，一个月下来，周总理的工资扣掉房钱、水电费和各种开销后，果然没剩多少。自此以后，他虽然还是请客如常，但多了点“理财概念”，再留客人吃饭时，总没忘加一句“特别声明”：“今天是大姐请你们吃饭啊！”

（赵炜）

“不能把钱花到我这里”

为了方便周恩来乘车出入，工作人员想把台阶拆掉修平。周恩来知道后很不高兴地说：“国家经济还很困难，不能把钱花到我这里。”

1954年春的一天，我到周总理的住处西花厅查哨。

查完哨往回走时，见花工老张正在往花地里补水浇花，便走过去，看他浇的什么花。

我刚和花工老张聊了几句，就见周总理的车从外面回来了。车从我们身边擦过，还没到他的门口，就突然停住，周总理推开车门走了出来。

我们以为总理有什么事，静静地看着总理。总理走过来，问花工老张：“放水干什么？”

花工老张回答说：“补水养水浮莲。”

总理一听，有点不高兴，说：“什么水浮莲？自来水能用来干这个吗？这是一个很大的浪费嘛，谁有时间来看水浮莲呀？”

花工老张解释说：“现在少浇点水，夏天下雨的水就够用，就不用自来水了。”

总理说：“如果不下雨呢？”花工老张一时回答不上来。不等他回答，总理又说：“今后不要这样搞了。待它干了，可种些菜和其他的东西。我们应当时时想到农民，想到广大的人民群众。城市吃水还有困难，我们怎么能用自来水浇花养花呢？一切都要从简，从节约的原则出发嘛！”

总理走后，花工老张望着总理的背景，对我说：“看看总理，他总是想着人民，想着国家有困难，连给花浇点水他都不同意。”

我说：“总理一向严格要求自己。他这种艰苦奋斗的革命精神是我们要好好学习的啊！”

我告别了花工老张，在返回的路上，不由得想起1952年4月底发生的一件事。那天，总理的秘书何谦打电话要我到西花厅。我去后，何谦说：

“总理出入院子，上下车得走很远一段路，还要上下十几个台阶，很不方便，想把那个台阶拆掉，你看怎么样？”

我说：“很好。这样总理就可以在院子里直接上下车了，还能节省时间。”

接着，何谦便同我研究了工人出入的规定、路线、制度需不需要加哨和加几个哨的问题。

※ 1960年秋的一天深夜，周恩来在西花厅和新华社社长吴冷西（左）、副社长朱穆之商谈送审稿。

研究后，何谦有事走了。

我留在院子里具体看了哨位的情况，当准备离开时，正遇上周总理从外边回来了。他看到我，问："你有什么事？"

我说："是修台阶。"

总理似乎已经估计到，问："怎么修？"

我说："想把台阶拆掉修平了，方便你乘车出入……"

没等我说完，他就打断我的话："这又是谁的主意？你告诉他，说不准修。有这台阶，我上上下下也是一个锻炼嘛。国家经济还很困难，不能把钱花到我这里。"

第二天，我把总理的意见报告给了何谦，他说，总理也给他讲了。当得知是他的主意时，还批评了他。

我回到大队办公室，把总理不让用自来水养花的事给同志们讲了一遍，大家都很受教育，并决定在适当时机，利用这个好题材给全体同志讲一课。

几天以后，总理的秘书何谦通知我，转告总理指示说，西花厅院内由部队负责打扫，可在草地上种上葵花，在池内种些西红柿、南瓜、茄子等蔬菜。

根据总理的这一指示精神，我们很快把池内作了平整，找来各种菜籽，分别种上了南瓜、扁豆、青椒、茄子等。不久，这些种子就发芽，长出来了。

为保证院内的卫生，每两天我们搞一次院内的卫生，对经常行走的路，每天清扫一次。

中秋节的晚上，邓大姐把中队的同志和总理身边的工作人员请到西花厅赏月。只见大厅的平台上摆好了桌子、椅子。桌子上放了糖块、瓜子、柿子等，人们正陆续到来。

人到齐后，邓大姐说："总理今天因工作忙，不能参加我们这个赏月会。让我代表他，向同志们问好！"

大家齐声鼓掌，表示感谢。

一轮明月挂在天上，把中南海映得银光遍地。大家紧紧地围坐一起，嗑瓜子儿，吃柿子……

邓大姐说："瓜子、柿子都是大家动手栽种的，这叫'自食其果'，其乐无穷。"

说得大家都笑了。

大家说着，吃着，笑着。天上月色溶溶，地下是情意融融。战士们说："每逢佳节倍思亲，在总理这里过中秋，就像回到了自己家里一样。"

（张随枝）

主持对台工作

周恩来在全国人大常委会议上首次提出："中国人民愿意在可能的条件下采取和平的方式解决祖国统一问题。"

用和平方式解决台湾、香港和澳门问题，是毛泽东、周恩来首倡，邓小平、江泽民运用实施的。随着香港澳门已经回归，中华民族的统一今后主要是解决台湾问题。早在50—70年代，担任政府总理兼全国政协主席的周恩来，主持对台工作，在和平解决台湾问题上有过多次筹划和数十次讲话，为推动祖国统一作出了巨大努力。

一、50年代前期和中期，周恩来奠定了和平解决台湾问题的基础

新中国成立的开国大典上，毛泽东在天安门城楼向全世界庄严宣告："中华人民共和国中央人民政府为代表中华人民共和国全体人民的唯一合法政府。"周恩来即以外长的名义，把这一公告送交了各国政府并致电联合国。从此，维护中华人民共和国的合法地位、主权统一和领土完整，成为中国共产党和全国各族人民坚持一贯的原则立场。

在实现台湾回归祖国的问题上，共和国的第一代领导人尽管当时主张"武力解决"为主，但也从未放弃对和平统一作不懈努力。可是，在新中国成立之初，由于朝鲜战争爆发，美国插手台湾问题，曾经干扰了解放台湾的进程。进入50年代中期，国际形势开始发生了一些值得注意的变化：1953年7月，朝鲜停战达成协议；1954年春，柏林会议召开；4月至7月，日内瓦会议签订越南停火协议。针对国际局势由紧张对峙向缓和转变，毛泽东、周恩来不失时机地提出了和平解放台湾的设想。

1954年7月，中共中央政治局召开会议，决定根据日内瓦会议后的形势，发动一场声势浩大的和平解放台湾运动，以粉碎美国制造"两个中国"的阴谋。在毛泽东的运筹下，由周恩来于1955年3月在全国人大常委会议上首次提出："中国人民愿意在可能的条件下采取和平的方式解决祖国统一问题。"这一主张，标志着中共中央对台政策的重大调整。

1955年4月17日，周恩来率中国政府代表团赴印尼的万隆，出席由29个亚非国家参加的会议。出发时，毛泽东代表中共中央指示周恩来："可相机提出在美国撤退台湾和台湾海峡的武装力量的前提下和平解放台湾的可能。"会议期间，周恩来还同印尼、缅甸等7国代表团团长举行会谈，讨论缓和远东局势、特别是台湾地区局势的问题。周恩来在会谈

时声明：“台湾问题是中国内政，台湾地区的紧张局势是美国造成的。中国政府愿意同美国政府谈判缓和台湾地区紧张局势的问题，但任何谈判都丝毫不影响中国人民行使自己的主权——解放台湾的行动。”

在万隆，周恩来接受了美国《民族》周刊记者的采访，向新闻界发出一个信号：“为了缓和台湾地区的紧张局势，中国提议和美国坐下来谈判解决这个问题。”4月26日，美国国务卿杜勒斯在记者招待会上作出反应：愿意同中共举行双边会谈。经英国穿针引线，中美两国开始了日内瓦（后改到华沙）会谈。中美大使级会谈虽然未能就台湾等问题达成实质性协议，但对缓和台湾地区紧张局势，促成双方的相互了解起到了积极的作用，也为我国的社会主义建设创造了有利的国际条件。

同年7月30日，在全国人大一届二次会议上，周恩来报告了出席万隆会议的情况，并根据国内外形势的新变化，再一次公开宣布：“解放台湾有两种可能方式，即战争方式和和平方式。中国人民愿意在可能的条件下，争取用和平解放台湾。”周恩来的讲话，标志着共产党在和平统一祖国的进程上，迈开了自己的步伐。接着，他又重申：“只要美国不干涉中国内政，和平解放台湾的可能性将会继续增长，如果可能的话，中国政府愿意和台湾地方负责当局协商和平解放台湾的具体步骤。”

※ 1960年4月，周恩来会见郑铁如（前排左二）、章士钊（前排左三）、费彝民（前排左七）等。

当时，中央文史馆馆长章士钊读《人民日报》，看到所载周恩来在万隆会议上关于和平解决台湾问题的讲话，心情激动万分。他主动向周恩来请缨，要求去香港走一趟，找过去的一些老朋友做蒋介石的工作。毛泽东、周恩来同意章士钊的请求，并由周恩来以中共中央的名义给蒋介石写了一封信。信中提出了台湾回归祖国、完成统一大业的四点办法，即："第一，除了外交统一于中央外，其他台湾人事安排，军政大权，由蒋介石管理；第二，如台湾经济建设资金不足，中央政府可以拨款予以补助；第三，台湾社会改革从缓，待条件成熟，亦尊重蒋介石意见和台湾各界人民代表进行协商；第四，国共双方要保证不做破坏对方之事，以利两党重新合作。"信的结尾说："奉化之墓庐依然，溪口之花草无恙。"热忱欢迎蒋介石能在祖国统一后，回故乡看一看。

1956年，章士钊带着中共中央的信，会见台湾派驻香港负责《香港时报》的许孝炎，交谈了共产党方面以和平方式统一祖国的设想与诚意。许孝炎感到事关重大，立即从香港飞往台北，直接到蒋介石的"总统府"，将中共中央的信面呈蒋介石，并将与章士钊的会谈情况向蒋介石作了报告。蒋介石沉思良久，没有作任何表示，许孝炎只好默默退出。

随后，周恩来又请人传话给蒋介石："我们从来没有把和谈的大门关死，任何和谈的机会我们都欢迎。我们是主张和谈的，既然我们说和谈，我们不排除任何一个人，只要他赞成和谈。"他还进一步说："蒋先生还在台湾，枪也在他手里，他可以保持。主要的是使台湾归还祖国，如果他做了这件事，他就可以取得中国人民的谅解和尊敬。"但是，蒋介石囿于成见，没有以民族利益为重，错过了一次历史的机遇。

二、50年代后期和60年代前期，周恩来大力促进第三次国共合作

1956年上半年，中国共产党发动了新中国成立以来第一次巨大的和平攻势，频频向台湾发出了和谈信息，以推动第三次国共合作。

1月25日，毛泽东在最高国务会议上提出："台湾那里的一堆人，他们如果站在爱国主义立场，如果愿意来，不管个别的也好，集体的也好，我们都要欢迎他们，为我们的共同目标奋斗。"几天后的1月30日，在全国政协二届二次会议上，周恩来公开宣布了对台湾问题的方针、政策，发出了"努力争取用和平方式解放台湾，实现祖国的完全统一而奋斗"的号召。他还宣布了对待去台人员的方针和政策："凡是愿意回到大陆省亲会友的，都可以回到大陆来；凡是愿意到大陆参观、学习的，也可以到大陆来；凡是愿意走和平道路的，不管任何人，也不管过去犯过多少罪行，中国人民都将宽大对待，不咎既往。"

※ 周恩来邀请张治中（左一）、傅作义（左三）、屈武（左四）商谈对台湾工作问题。这是会后的合影。

同年4月，毛泽东又提出“和为贵”、“爱国一家，爱国不分先后，以诚相见，来去自由”的主张，吸引原国民党要人从海外归来。5月，周恩来在中南海设宴，款待从香港返回大陆观光的前国民党中央委员、李宗仁的高级智囊程思远。席间，周恩来说：“我们主张爱国一家，团结对外，以诚相见。国共曾两次合作反帝反封，我们希望有第三次合作。有人说，过去两次合作是凶终隙末，然而追源究始，事实俱在，有目共睹，责任不在共产党。”当谈到李宗仁时，周恩来意味深长地说：“李先生去年8月发表《对台湾问题的几点具体建议》，反对‘台湾托管’、‘台湾独立’，主张台湾问题由中国人协商解决，这是李先生身在海外、心在祖国的表现，我们欢迎在他认为方便的时候回来看看。”程思远将这一席话转过去，使李宗仁产生“叶落归根”的念头。

6月28日，周恩来在全国人大一届三次会议上，传递了一个重要信息：“中国人民解放台湾有两种可能的方式，即战争的方式和和平的方式；中国人民愿意在可能的条件下，争取用和平的方式解放台湾。毫无疑问，如果台湾能够和平解放，那么，对于我们国家，对于我们全体中国人民，对于亚洲和世界的和平，都将是最为有利的……现在，我代表政府正式表示：我们愿意同台湾当局协商和平解决台湾的具体步骤和条件，并且希望台湾当局在他们认为适当的时机，派遣代表到北京或者其他适当的地点，同我们开始这种商谈。”

7月16日。周恩来和陈毅陪同原国民党中央通讯社记者曹聚仁，在颐和园的昆明湖划船。曹聚仁此时虽在新加坡《南洋商报》工作，但与许多国民党高层人物有特殊关系。他问周恩来：“你许诺的‘和平解放’的票面里，有多少实际价值？”周恩来答道：“票面

※ 1955年7月，周恩来和宋庆龄在全国人大一届二次会议休息时交谈。

和实际价值完全相符。国民党和共产党合作过两次，第一次合作有国民革命北伐成功，第二次合作有抗战胜利，这都是事实。为什么不可以有第三次合作呢？”并指出：“我们对台湾绝不是招降，而是彼此商谈。只要政权统一，其他都可以坐下来共同商量安排的。”他请曹聚仁传话，提出了“彼此商谈、政权统一、合作建设”三条建议。此后，曹聚仁风尘仆仆，每年回大陆两三次传递信息，并两次应邀到毛泽东的家中做客。

10月间，毛泽东会见有关朋友，表示：如果台湾回归祖国，一切可以照旧，台湾现在可以实行三民主义，可以同大陆通商，但不要派特务来破坏，我们也不派“红色特务”去破坏他们，谈好了可以签个协定公布。台湾可派人来大陆看看，公开不好来就秘密来。台湾只要与美国断绝关系，可派代表团回来参加人民代表大会和政协全国委员会。周恩来说得更具体：蒋经国被安排在人大或政协是理所当然的，蒋介石也要在中央安排。台湾还是由他们管，如果陈诚愿意做省长，蒋经国只好让一下。

1957年初，毛泽东、周恩来进一步提出了第三次国共合作的问题，并具体提出和平解放台湾问题的一系列方案。在周恩来的直接领导下，成立了对台工作办公室，开展和平统一的宣传和统战。到1963年，周恩来把有关方案设想概括为“一纲四目”或“一则四条”。“一则”是台湾回归祖国、主权统一，这是基本原则和最高纲领。“四条”是高度自治、改革从缓、中央资助、互助团结。这里，已实际勾画了“一国两制”、“两个不变”，“高度自治”、“和平统一”的雏形，为中国共产党制定对台统一战线政策奠定了基础。

1957年4月，在欢迎苏联最高苏维埃主席伏罗希洛夫的宴会上，宾主谈到了台湾问题。当周恩来说起过去“国共两党有过两次合作”时，毛泽东当即提出：“我们还准备搞第三次合作。”这是中国最高领导人在外交场合，首次明确提出第三次国共合作。

蒋介石经过考虑后，召许孝炎回台北，在“总统府”进行了长时间的密谈，决定派宋宜山往北京走一趟，作“实地考察”了，了解中共中央的真实意图。蒋介石选宋宜山为密使，由于他是自己的学生，又是台湾“民意机构”的“立法委员”，身份比较灵活，官场味较轻。他的胞弟宋希濂是被解放军俘虏的战犯，他去北京万一被人发现，还可以说成探亲。

宋宜山于同年4月到达北京，章士钊、唐生智的弟弟唐生明等到车站迎接。第三天，周恩来在东兴楼饭店宴请他，并提议中共中央统战部部长李维汉出面会谈。李维汉提出：“两党可以通过对等谈判，实现和平统一；台湾可以作为中央政府统辖下的自治区，享有高度自治权；台湾地区的政务仍旧蒋介石领导，中共不派人干预，而国民党可派人到北京

※ 1957年4月，周恩来同毛泽东、刘少奇、朱德等与来访的苏联最高苏维埃主席伏罗希洛夫（右）在欢迎酒会上。

参加中央政权的领导；美国军事力量撤离台湾海峡。”李维汉还表示，国共两党可先在香港进行谈判，如能实现，他将率团前往。宋宜山认为方案非常实际，愿意回台湾后为促成两党谈判而尽力。

在章士钊、唐生明等陪同下，宋宜山参观了工厂、农村，游览了故宫、颐和园，并到北京功德林战犯管理所探望了他的胞弟宋希濂。所到之处，政通人和，百业俱兴，显得很有生气，给人以欣欣向荣的印象。宋宜山回到香港，将大陆之行的印象写了一份1.5万字的书面报告，由许孝炎转呈蒋介石，并告之：“以前提的‘反共复国’，似已无望。”蒋介石越看越生气，骂他“半个月就被赤化了”。蒋介石最顾忌的是共产党的“攻心”战术，两岸和谈开始迈开的实质性的一步，就被他堵塞了。

继抗美援朝期间美国派第七舰队开进台湾海峡之后，1958年又发生了第二次台湾海峡军事危机。当时，金门、马祖已是人民解放军的囊中之物，但毛泽东、周恩来为反对美国制造“两个中国”的企图，向台湾表示“世界上只有一个中国”和和平统一的诚意，决定不取金、马。周恩来对此解释：“台湾宁可放在蒋氏父子手里，也不能落到美国人手中。”10月6日，毛泽东发表《告台湾同胞书》，提出“我们都是中国人”，应该“和为上计”。不取金、马二岛，就为台湾留下了和平归路。

1961年下半年，美国为了继续推行“两个中国”的政策，邀请“副总统”陈诚访美，企图在是否从金门、马祖撤军问题上离间蒋氏父子与陈诚的关系。对于长期坚持一个中国政策的蒋介石来说，美国制造“两个中国”无疑是不祥之兆，从而加深了美蒋之间的矛盾。为了击破美国拉陈抑蒋的阴谋，周恩来再次传话给台湾：“我们希望蒋介石、陈诚、蒋经国团结起来反对美国。”陈诚赴美前，周恩来又请人托言蒋介石，提醒台湾当局要加强内部团结，把军队抓在手里，美国就不敢轻举妄动。

陈诚访美时，美国曾将1955年以来中美大使级谈判记录给他看，想以此进行拉拢。陈诚看后却对人说：“中共拒绝美国一切建议，而坚持美国舰队及武装力量退出台湾的做法，不受奸诈，不图近利，是泱泱大国的风度。”后来陈诚病逝，遗言中没有提“反共”，也没有提“反攻大陆”，却向蒋介石进言：“对中共不能反潮流；不能为外国动用台湾兵力；不能信任美国；不能受日本愚弄。”台湾的国民党右派想在遗言中加上“反共”和“反攻大陆”的内容，陈诚夫人不同意。找到蒋介石，蒋介石也不同意修改。这说明，蒋介石当时的态度令人深思。

此时，海峡两岸的中国人已存在相当多的共识，并表现出一些行动。1962年和1964年，毛泽东和周恩来又两次安排章士钊赴香港构筑台湾与大陆的另一通路。随着翁文灏、卫立煌、李宗仁等陆续返归大陆，引起海内外极大的震动，显示了人心思归和和平统一的趋势。

三、70年代前期和中期，周恩来以外交压力促使台湾回归

由于受到“文化大革命”干扰，对台统一战线的工作一度被搁置下来。但在1971年周恩来主持中央日常工作后，又把和平解放台湾、加速祖国统一提到议事日程上来。如恢复台盟和民革的活动、纪念台湾二二八起义、开展对台宣传、整理台湾民歌、接待海外同胞、恢复孙中山纪念活动等，并把台胞的许多建议作为制定有关政策的参考，寻找和平解放台湾的具体途径。1971年5月和10月，周恩来两次指示抓紧落实台胞政策。他还对台胞说：“中华人民共和国政府之所以愿意与蒋介石谈判的原因，主要是为台胞着想”，“我们不愿看到台湾成为一个流血的地方”。他还表示，愿意在有生之年与蒋介石“面对面晤

※ 台湾省的著名旅游风景区——阿里山。

谈”。可惜蒋介石执迷不悟，错过了许多良机，也有负周恩来的一片苦心。

周恩来常以强烈的政治责任感和历史责任感去评价历史人物，不忘记他们做过的好事。他曾对身边的工作人员说，我们取得了政权，不要忘记帮助过我们的朋友。有的人现在还在台湾，等祖国统一，一定要关照这些朋友，如张学良。1975年12月18日，周恩来临终前20天的清晨，特地把中央对台办主任罗青长叫到病榻前，在谈了对台湾工作后，仍一字一句地嘱托：“千万要记住，不要忘记台湾的老朋友。”罗青长明白他指的是张学良等，会意地点点头说：“总理，您放心吧！”周恩来见他听懂了，喃喃地说：“我实在……太累了……休息……十分钟。”说完后，闭上眼睛昏睡过去了。张学良是发动西安事变、促进第二次国共合作的功臣。

由于台湾当局不肯放弃“反共”和“反攻大陆”的错误立场，周恩来发起强大的外交攻势，在国际舞台上孤立台湾，迫使台湾回归。1970年10月，加拿大与中国建立外交关系。建交公报写道：“台湾是中华人民共和国领土不可分割的一部分，加拿大政府承认中华人民共和国政府为中国唯一合法政府。”此后，中国明确把承认一个中国，承认中华人民共和国为中国唯一合法政府，台湾是中华人民共和国不可分割的一部分，作为同世界上任何一个国家建交的先决条件，以堵塞制造“两个中国”的借口，营造和平统一中国的国际氛围。

毛泽东晚年的国际战略，是“三个世界”的理论。这个理论经周恩来在国际舞台上充分发挥，争取了亚非拉广大第三世界国家。1971年10月，第25届联大以压倒多数票恢复了中华人民共和国在联合国的合法席位，从而确立了中华人民共和国在祖国统一的轴心和主体地位，也使台湾在国际上的处境日益孤立。

随后，美国被迫承认中国。1972年的中美《上海联合公报》，是周恩来和基辛格的杰作。本来美方不愿就范，但在周恩来的坚持下，基辛格作了一些调和。基辛格在中方写上“中华人民共和国是中国唯一合法政府，台湾是中国一个省”，“解放台湾是中国内政，别国无权干涉。中国政府坚决反对任何旨在制造‘一中一台’、‘一个中国、两个政府’、‘两个中国’、‘台湾独立’和‘鼓吹台湾地位未定的活动’”。之后，代表美方写道：“在海峡两边的所有中国人都认为只有一个中国，台湾是中国一部分。”上海公报为尔后中美建交框定了前提条件和基本原则，扫除了海峡两岸统一的障碍。接着，日本田中首相访华，与周恩来谈判，发表中日建交的联合声明。日本“承认中华人民共和国是中国唯一合法政府，台湾是中华人民共和国领土不可分割的一部分”，表示只同台湾保持文化、商务等非官方关系，即民间关系。台湾在这个国际背景下日暮途穷，反对祖国统一的顽固派感受到了空前的孤立。

1978年12月，中美正式建交，在建交公报上美国政府已“承认中华人民共和国政府是中国唯一合法政府。在此范围内，美国人民将同台湾人民保持文化、商务和其他非官方关系”。并同意中国关于“解放台湾回归祖国，完成国家统一的方式，这完全是中国的内政”的立场。此时，虽然周恩来已经逝世，但他为这些原则的制定所付出的心血和智慧是有目共睹的。在10年间，大陆广交朋友，台湾众叛亲离，形成鲜明对照。1969年前与中华人民共和国建交的国家不到50个，到1976年1月达107个，而1978年增至116个。与此同时，与台湾保持外交关系的则从1969年的70多个，直降到1978年的21个。可见，周恩来为促使台湾回归，“瞻前顾后，日积月累”。他通过不断地壮大国际和平统一战线和国内爱国统一战线，在生前就为台湾回归、实现祖国统一撒好了铺路石。

今天，由邓小平设计、江泽民等第三代领导具体实施的“一国两制”方案，已由设想变为现实。饮水思源，每一位热望祖国统一的炎黄子孙，都会记住周恩来对台统一战线工作的卓越贡献。

（曾长秋）

★★★ 第七编 ★★★

十年探索　呕心沥血

第七编 07

十年探索 呕心沥血

关怀科学技术事业

在周恩来多次听取科学规划的汇报和指示下，我国十二年科学技术发展规划制定了，经党中央批准付诸实施。

自从新中国成立以来，到周恩来同志逝世的1976年，将近27年的岁月里，他一直担任着我国政府的总理，在党中央的正确决策之下，他领导着中国人民和各级人民政府进行社会主义革命和建设的伟大斗争，新中国的每一项成就，无不凝聚着他的心血。同样地，他对我国科学技术的发展给予了极大的关怀和付出了宝贵的精力。这里仅就我所接触的几件事和亲自聆听他老人家的教诲，简述如下，借以抒发我对敬爱的周恩来同志无限崇敬和缅怀的心情。

※ 1964年12月，周恩来在全国人大三届一次会议上作《政府工作报告》，提出“把我国建设成为一个具有现代农业、现代工业、现代国防和现代科学技术的社会主义强国”，并提出国民经济发展按两步走的战略设想。这是他在主席台上。

—

《1956—1967年科学技术发展远景规划纲要》（简称十二年科技规划）是在周总理的直接领导下制订的 。他指示要根据世界科学已有成就来安排和规划我国的科学工作，争取在第三个五年计划期末，使我国最急需的科学部门接近世界先进水平。这个任务在新中国建立初期，百废待兴，科学技术水平十分落后的情况下，在我国国民经济第一个五年计划正在实施的条件下，是既迫切又艰巨的。这是因为社会主义建设必须尽可能地运用当时世界上最先进的科学技术，只有掌握了最先进的科学技术，我们才能有巩固的国防，才能

※ 1956年1月，中共中央召开关于知识分子问题会议。周恩来在会上作《关于知识分子问题的报告》。这是他和毛泽东、刘少奇等中央领导人同与会代表合影。

有强大的先进的经济力量。当时，我们无论从数量方面，业务水平方面，政治觉悟方面，都不足以适应社会主义建设急速发展的需要。以仅有的科学技术力量，完成这一任务是十分艰巨的。当他在听取汇报科学规划时，强调指出要尽量采用世界先进技术，瞄准当时的新兴科学、新兴技术，不失时机地“迎头赶上”，同时又根据解放不久，国力有限的客观实际，要求我们要“重点发展”，避免力量分散，拖延时日。

在科学技术发展规划中，正确地处理理论与实际的关系，处理好科学研究与生产实践的关系，是一个具有决定意义的问题。为使我国的科学技术工作密切结合社会主义建设的实际，有效地解决生产建设中的科学技术问题，当时提出以“任务带学科”的方针来制订

※ 1966年夏，周恩来视察国防科工委某基地时，同基地负责人座谈。

规划，经过反复讨论提出50多项任务，安排了科学调查、研究试验、试制任务。他指出，在大力发展应用科学研究的同时，必须加强基础理论研究，他说：为了有系统地提高我国科学技术水平，还必须打破近视的倾向，如果我们还不及时地加强对长远需要和理论工作的注意，那么，我们就要犯很大的错误 。没有一定的理论科学的研究作基础，技术上就不可能有根本性质的进步和革新。在周总理的直接领导下，十二年科学技术发展规划增列了《现代自然科学中若干基本理论问题的研究》，以后又在这一基础上专门制定了基础科学研究规划。周恩来同志高瞻远瞩，深刻理解科学技术的发展规律，使我国科学技术发展少走了不少弯路，而且取得了较快的发展。例如对核武器的发展，我国原来几乎没有专门搞这方面工作的人员，正是由于我国有了一批具有较深造诣的理论物理学家，所以才能使我国核武器的发展取得较快的成功。在"文革"后期，周总理对科学院的同志说："为了发展核武器，当时从科学院抽调了一批做理论工作的同志，现在可以还给你们了，以加强基础理论工作。"足见理论工作的重要和周恩来同志的远见卓识。

在周总理多次听取科学规划的汇报和指示下，我国十二年科学技术发展规划制定了，经党中央批准付诸实施，由于规划的方针正确，措施具体，组织落实，十二年规划提前5年，于1962年经认真检查，具体项目基本上完成了，从而有效地解决了一批我国国民经济建设和国防建设中的科学技术问题，使我国科学技术水平提高了一步，缩小了与世界先进水平的差距。

党中央提出在我国努力争取实现农业、工业、国防和科学技术现代化的伟大任务后，按照党中央的指示，1962年2月，国家科学技术委员会召开的全国科技工作会议（即广州会议）讨论了制订新的科学规划的问题。周总理出席这次会议，并作了重要指示，经过一段时间的准备于当年底开始组织编制《1963—1972年科学技术发展规划》（即“十年规划”）。这个规划是在“大跃进”之后，我国国民经济遭受了严重的困难，以及苏联单方面撤退专家、撕毁协议的情况下制订的。1963年周恩来同志在上海市科学技术工作会议上进一步指出，要“把我们祖国建设成为一个社会主义强国，关键在于实现科学技术的现代化。”实现科学技术现代化的主要要求是：实事求是，循序前进，相互促进，迎头赶上。他鼓励科技人员要有科学的态度，要有雄心壮志，他还一再强调要相信和依靠自己的工人和技术人员。他多次亲自召集各有关部门、科技人员和领导干部开会讨论，组织协作，检查进度，攻克一个个难关，部分地实现了规划的要求。可惜“十年规划”实行不到5年，由于十年动乱，被迫停止了。

二

周恩来同志非常重视科学技术的情报信息工作。记得1956年初制订“十二年科技规划”工作开始不久，我们向他汇报规划进展情况时，提出为了赶上世界先进水平，必须及时掌握国外科学技术发展的情报资料，但是我们还没有一个科技情报机构。周总理说：“你们工作这么几年，连个情报部门都没有，你们的‘仗’是怎么打的？”他的这段又是批评、又是鼓励的话，向我们提出了一项紧迫的任务，于是在十二年规划中，将建立科技情报工作作为一项紧急措施列为重点任务。

在党的第八次全国代表大会上，周恩来同志指出：“为了发展我国的科学研究事业，还应该及时地解决必须的图书、资料仪器和试验场所等问题，积极地改善科学研究人员的工作条件，并且进一步密切国际间科学研究工作的联系和合作，收集和交换国内外科学和技术的资料。”根据这一指示，1958年5月国务院批准了原科学规划委员会和原技术委员会提出的《关于开展科学技术情报工作的方案》，确定了我国科学技术情报工作的任务、管理体制、机构设置以及建立国内科技情报网的原则等。在一年多的时间里，各部门共建立了50多个专业情报机构，全国建立了7个地区综合情报所，出版各种情报刊物457种，科技文摘28种，快报20多种。

但是规划执行的初期，建立情报机构仍然未被有关领导部门重视。经过国务院批准建造新的办公大楼，因为地皮、施工等问题，一再拖延，大概过了一年多了，一天晚上在人民大会堂，因为其他事情我见到了周总理，他一见我就问，“你们情报所的大楼盖得怎么样了？”我如实地向他报告了进展情况。事隔一年多，我万万没有想到他仍然记挂着这件事。总理日理万机，国家大事、天下大事都在他胸中，但他还未忘怀作为一个部门的科技工作中的一项具体措施，他是多么关注我国科学技术事业的发展啊！这使我深深感动。时隔近30年了，我仍记忆犹新，好像是昨天发生的事情一样！

在1963年制订的“十年科学技术发展规划”中，科学技术情报工作被列为重点任务之一。

在十年动乱的年代里，周总理仍然关心我国科技情报工作。1970年他在听取中国科学院工作汇报时，再一次指出：“情报所要组织好，搞一个好的领导班子，这是为大家服务的。”

为了赶上世界科学技术的先进水平，就必须从我国实际需要出发，认真地而不是肤浅地，有选择地而不是全盘地，有分析地而不是盲从地，在坚持独立自主、自力更生的前提下，学习外国的先进科学技术。他多次指示我们对外国的先进的东西要学习，要钻研，对友好国家和国际朋友，我们可以采取交换索取的方式，也可以采取购买技术的方式，吸取国外的科技成就。在他的这一指导思想指引下，“十二年科学规划”单独列了《国际合作》一章。我们先后开展了与苏联、东欧社会主义国家、第三世界国家和资本主义国家的科学技术交流与合作，对我国科学技术的发展发挥了一定的作用。

三

周恩来同志对科技情报的交流和保密工作也很重视，为了正确处理科学技术交流与保密工作的关系，推动我国科技事业的发展，做了许多工作。1958年，根据中央科学技术保密工作的指示，各科技部门开始建立了保密工作机构和保密制度。但是在执行过程中，出现保密的范围越来越宽，保密的密级越定越高的情况，在一定程度上影响了各单位、各地区的交流，甚至形成互相封锁，科学技术人员得不到必要的资料，不了解其他单位的工作进展情况，影响了工作。在1962年广州会议上，科学家们对此有强烈的反应。周恩来同志从会议的“简报”上看到了这个问题，很快指示国家科委着手解决。为此，国家科委与中央宣传部出版局在聂荣臻副总理的领导下，专门召开了科学技术出版工作会议，解决科学

※ 周恩来在湖北省南津关视察。

技术论文、著作等的出版、印刷、稿酬等问题。为此，国家科委成立了出版局，使科学论著得到及时发表，初步改善了国内的学术交流。

加强出版工作，虽然使科技交流情况有所改善，但保密过宽、密级过严的问题仍未解决。为了改变这种状况，1965年5月中央批转国家科委党组《关于改进科学技术保密工作的报告》，决定由中央保密委员会、国家科委、国家经济委员会、国防工业办公室、国防科委和中国人民解放军总政治部，联合召开科学技术交流与保密工作会议，我被指定负责筹备工作。筹备组向聂荣臻（兼国家科委主任）、薄一波（兼国家经委主任）、罗瑞卿（兼国防工办主任）、谢富治（兼公安部长）四位副总理和有关部门的领导同志汇报后，于8月22日向周恩来总理作了汇报，周总理对保密过严的原因指出：一是不相信群众，不相信科技人员，以致保密“层层加码”，二是垄断思想，把资料成果据为己有，三是审批过严，交流手续过繁，还有就是学习苏联的“框框”。因此，他要求“创造一套和中国实际情况相结合的保密制度”，要从政治思想作风，依靠群众和加强党的领导三方面来抓好这项工作。他还指示要抓几个典型，“有典型，才能得出结论怎么办”。最后他要求各有关部门“搞出保密项目来，要保住核心机密，项目少些才能真正保得住。只有领导重视、群众重视，责任明确了，才能保住科学技术机密”。他还根据科学技术发展的特点，指出：某些科技保密项目过一个时期以后，可以降密。周总理还逐字逐句地审阅了这次会议的汇报提纲。全国科学技术交流和保密工作会议如期召开了。会议开得很成功，达到了预期的目的。

这次会议之后，国务院的有关部门和部分省市具体制订了科技保密项目和密级划分，既推动了科学技术的交流，又保住了国家的机密。可惜为时不久，1966年开始了十年动乱，科学技术的交流也好，保密也好，都付之东流了！

（武衡）

检阅海军驻青岛部队

1957年8月1日，是我军建军30周年纪念日。军委决定在青岛举行海上阅兵，周恩来检阅驻青岛海军部队。萧劲光致欢迎词，周恩来向指战员们讲了话。他说："为建设一支坚强的、足以自卫的海军力量，保卫祖国保卫亚洲和世界和平而奋斗！"

一

1957年7月12日，毛泽东主席结束了在华东地区杭州、上海等地的巡视后到达青岛，在这里召开了省、市、自治区党委书记会议。

当时，海军北海舰队尚未成立，但青岛仍不失为年轻的人民海军比较集中的地区。自1950年下半年起，在这里陆续诞生了新中国海军的第一支驱逐舰部队、第一支潜艇部队、第一支快艇部队，到1957年，军港设施逐步配套，流亭机场也已修建完工。1957年8月1日，是我军建军30周年纪念日。军委决定在青岛举行海上阅兵，请中央领导检阅驻青岛海军部队。

毛泽东到青岛后，海军司令员萧劲光立即从北京赶到青岛看望。毛泽东在海滨“八大关”附近原先由德国人建造的“提督楼”接见了萧劲光。萧劲光首先向毛主席扼要地汇

※ 周恩来检阅舰艇部队。

报了青岛基地的建设和这次海上阅兵的准备情况。他说，海军经过8年的建设和训练，装备方面有很大进步，训练水平、官兵军事技术的掌握，也有很大提高。这次举行的海上阅兵，空、潜、快等主要的海军兵种都要出动，请毛主席检阅。毛泽东听后非常高兴，当即爽快地表示："很好，我要去看看海军。"

"毛主席要来检阅海军了！"听到萧劲光传达的这个喜讯后，基地政委卢仁灿、担任此次阅兵总指挥的基地副司令员马忠全等领导和全体官兵都沉浸在无比的兴奋之中。在海军首长的具体指导下，阅兵指挥部完善方案、深入动员，组织部队反复演练，进一步抓紧了接受检阅的各项准备工作。

经反复论证研究，最后决定海上受阅的兵力是：青岛基地驱逐舰、潜艇、猎潜艇、快艇、练习舰等各支（大）队，分别派出驱逐舰4艘，中型潜艇4艘，猎潜艇3艘，远航、近航鱼雷快艇计15艘，登陆舰2艘；青岛水警区高速炮艇4艘；海军航空兵独立大队水上飞机2架；两个航空师轰炸机27架，侦察机1架，歼击机14架；在青岛海区训练的东海舰队猎潜艇3艘。总计舰艇35艘、飞机44架。另外，为保证阅兵的顺利进行，还部署舰艇13艘、飞机6架担负安全警戒任务。

码头受阅部队，主要由青岛基地司令部、政治部、干部部、工程部和后勤部的军官组成，共306人，编为3个方队。此外还有防空部队战士组成的水兵方队和海军航空、炮兵、鱼雷快艇等学校学员组成的学员方队。

为使毛主席和中央领导同志能够看到各型舰艇，东海舰队司令员陶勇中将还亲率我国自己改装制造的"昆明"号护卫舰，从上海专程赶来青岛参加阅兵。

检阅定于8月4日在胶州湾进行。为圆满完成受阅任务，各部队在按照预定科目分别进行训练的基础上，先后进行了两次预演。8月2日，经过全面检查、协同演练，阅兵准备工作基本就绪。萧劲光司令员向阅兵指挥部传达了军委的通知：毛主席到青岛后，由于天气关系患了感冒，两天来高烧未退。经毛主席批准，军委决定委托周恩来总理赴青岛代表毛主席和党中央检阅海军部队。

二

8月4日的滨城青岛，空明澄碧，风平浪静。海军军营、码头、机场、阵地，披上了节日的盛装。

9点30分，周恩来总理在萧劲光司令员的陪同下来到大港3号码头。周总理接受阅兵总

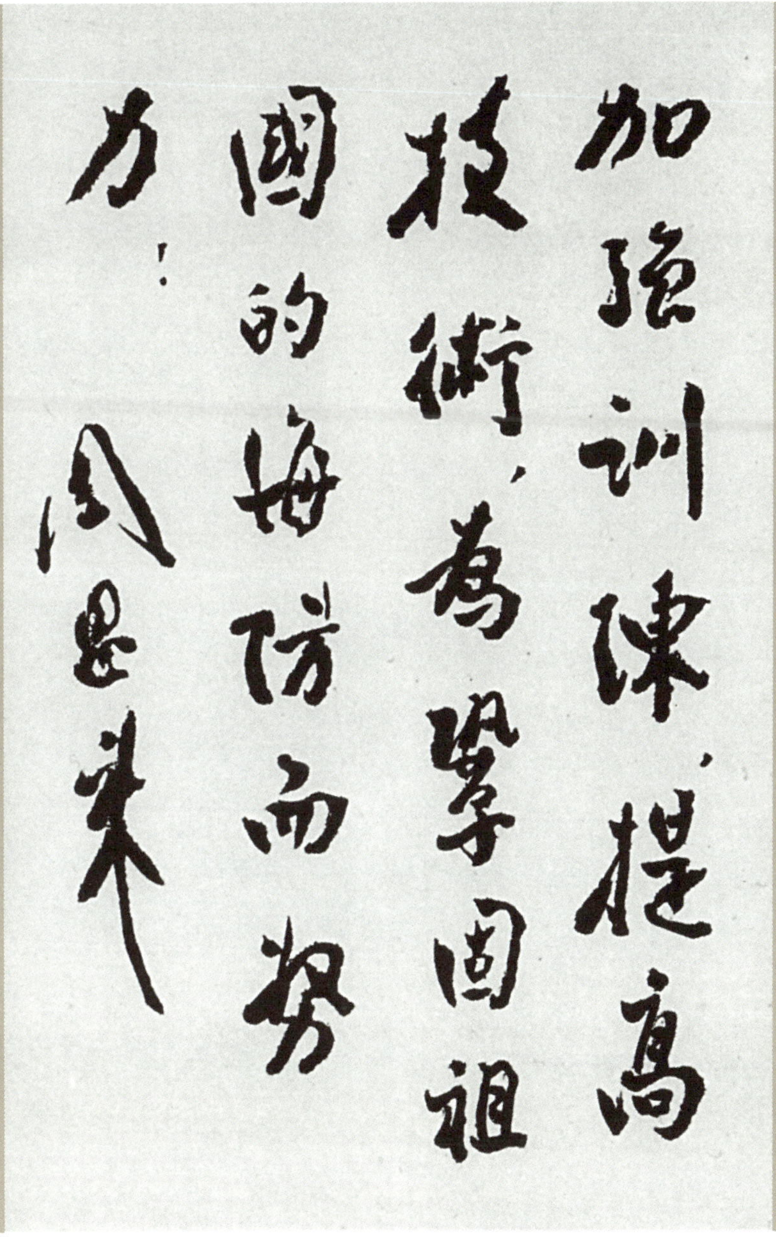

※ 1953年11月，周恩来为海军东海舰队某部的题词。

指挥马忠全的报告后，首先检阅了码头上的军官方队，接着健步登上检阅艇。这时，胶州湾海面，挂满旗的艘艘战舰整整齐齐地排列着，旗下指战员列队站坡，昂首挺胸接受总理检阅。当检阅艇稳稳地驶近受阅的每一艘舰艇时，站在驾驶台上的周恩来都以洪亮的声音向大家致节日的祝贺和问候。“同志们好！”“总理好！”“中国共产党万岁！”“毛主席万岁！”总理和舰员们的声音交汇在一起，响彻海空。

检阅完海面上的舰艇后，大约10时，周总理登上检阅旗舰——“鞍山”号驱逐舰，检

※ 周恩来同舰艇部队官兵握手。右一为萧劲光。

阅了在甲板列队迎候的官兵，和已在旗舰上的国务院副总理乌兰夫、最高人民检察院检察长张鼎丞、山东省委书记舒同、副总参谋长韩先楚、空军司令员刘亚楼、武汉军区司令员陈再道，以及海军副司令员刘道生、方强，海军参谋长周希汉、青岛基地政委卢仁灿等，一一握手。

萧劲光致欢迎词：

“敬爱的周总理：

今天我们怀着庄严和愉快的心情，接受您的检阅。我代表海军全体指战员向总理致以崇高的敬礼和热烈的欢迎！

海军建设8年来，在党中央和毛主席的英明领导下，在全体官兵的努力下，已经成长起来了。在保卫祖国的海防线上做了一点工作，但是距离党中央和毛主席对我们的要求和期望还很远，需要继续不懈努力。总理这次对我们的检阅，是中国人民解放军海军史上最大的光荣，给了我们极大的鼓舞和信心。我们将遵循着党中央和毛主席的指示，努力学习，熟练地掌握军事技术，提高部队的军事素质，继续发扬解放军的光荣传统，为建设一支海上战斗力量，保卫海防，保卫社会主义建设而奋斗！”

接着，周总理向指战员们讲了话。周总理说：

“海军司令员萧劲光大将同志，全体同志们：

中国人民解放军建军30年了。30年来，人民解放军在党的领导下，经历了英勇艰苦的斗争，保证了我国民主革命和社会主义革命的胜利，并且正在保卫着我国社会主义建设事业的胜利进行。目前我们国家正处在新的历史时期。在过去各个革命战争时期，我国人民依靠这支军队打败了国内外敌人。在社会主义革命和建设时期，我国人民还必须靠这支军队保卫祖国的安全。

中国人民解放军海军同志们：你们在建设海上武装力量上，在保卫海防和保卫社会主义建设上，已经取得了一定成绩，我祝贺你们！但是你们都知道我国的海岸线很长，美帝国主义还霸占着我国领土台湾，你们必须继续努力，为建设一支坚强的、足以自卫的海军力量，保卫祖国保卫亚洲和世界和平而奋斗！”

周总理的讲话不时被热烈的掌声和欢呼声所打断。总理讲话刚停，两架水上飞机从旗舰右侧低空疾驰而过，然后在旗舰上空摇摆着机翼向总理致敬。接着，威武雄壮的海上分列式开始了。

航行在最前面的是刚刚投入战斗行列的潜艇编队。总理兴致勃勃地听取了潜水艇支队支队长傅继泽介绍潜水艇部队的成长情况。1953年2月，总理亲自视察了刚刚组建的旅顺潜艇学习大队，鼓励学员们遵照毛主席的指示，克服一切困难掌握军事技术，学会潜艇作战。四年多后的今天，年轻的人民海军已经有了自己的潜水艇部队。望着渐渐远去的潜水艇编队，总理心情格外高兴。

紧随其后的依次是猎潜艇编队、快速炮艇编队、鱼雷快艇编队。随着一艘艘舰艇飞驰而过，海军副司令员刘道生对每一类舰艇的性能、特点，向周总理一一作了介绍。

最后的科目，是进行潜艇下潜、上浮表演和航空兵跳伞表演。潜水艇在官兵熟练的操作下，时而潜入水中，时而浮出海面，时而只有潜望镜带动的一条隐隐的浪花。正在人们的目光追逐着潜艇的航迹时，一架运输机呼啸着从西北方向飞来。跳伞表演开始！刹那间，五彩缤纷的"花"从天而降，在碧海、蓝天的映衬下，分外美丽壮观。

海上阅兵进行了两个多小时，12时，按计划准时结束。周总理始终精神饱满，神采奕奕。他时而拍手、点头，时而向两侧的萧劲光和卢仁灿提问，脸上含着满意的微笑。阅兵结束回到旗舰会议室里，官兵们向总理提出了题词的请求，周恩来欣然答应。当即挥毫写道："中国人民解放军海军同志们：庆贺人民解放军三十周年纪念！庆贺中国人民海军的成长和壮大！希望你们为建立一支更加强大的足以保卫自己的人民海军，为保卫祖国的社会主义建设，为保卫远东和世界和平而奋斗不息！"

离开检阅舰前，周总理和舰上的党政军领导一起与"鞍山"舰的官兵合影留念。

三

阅兵结束后，毛主席听了关于海上阅兵的汇报，非常高兴。8月5日下午，毛主席感冒初愈就在青岛汇泉体育场接见了海军驻青岛部队大尉以上军官，同大家一起合影留念。因国事繁忙急于返京的周恩来总理，由于通往机场的路上的河水暴涨，未能成行，改变了返京的计划，也参加了接见和合影。

（吴殿卿）

"我一定帮你办到"

朱启钤对周恩来说："国家不是说人民信仰自由吗，我不愿意火葬。我死了，把我埋在北戴河，那里有我继室于夫人的茔地。我怕将来办不到，所以才和你说，你帮我办吧！"周恩来对朱启钤说："我一定帮你办到，你相信我，放心吧！"

朱启钤，晚清时曾任京师外城巡警厅厅丞、京师大学堂译学馆监督、津浦铁路局北段督办。北洋政府时代，曾任交通部总长、内务部总长、代理国务总理、1919年南北议和北

※ 青年时代的朱启钤。

方总代表。以后，在津沪一带经营实业，经办中兴煤矿公司（今山东枣庄煤矿）、中兴轮船公司等企业，并在北京组织中国营造学社，从事古建筑的研究。

解放前夕，朱启钤寓居上海。当时章士钊先生也住在上海，朱启钤和章士钊先生交往甚笃。1949年国共和谈期间，章士钊以国民党李宗仁政府和平代表团正式成员的身份来北平，周恩来曾授意请章士钊写信给朱启钤，劝说他留在大陆，不要去香港、台湾。章士钊两次写好信后，交由金山派人设法送往上海。据朱启钤说，只收到一封，据金山说，第一封信因为送信人中途牺牲，未能递到。

上海解放后，周恩来即派章文晋（朱启钤的外孙）到上海将朱启钤接到北京，此后朱启钤即定居在东四八条住宅中，一直到1964年去世。

朱启钤回京后，周恩来对他关怀备至，将他安置为中央文史研究馆馆员；因朱启钤对古建筑研究有素，又让他兼任古代修整所的顾问；并先后安排他为市政协委员和全国政协委员。

50年代初期，人民政府决定扩建天安门广场，修建人民英雄纪念碑。周恩来指示有关部门征求朱启钤的意见。当时北京市人民政府的秘书长薛子正派人将朱启钤接去，参加市政府在旧司法部街老司法部内召开的座谈会。会上，朱启钤发表了以下几点意见：

（一）天安门广场的周围，不要修建高于天安门城楼的建筑。

（二）扩建广场，移动华表时，要注意保护，特别是西面那座华表，庚子时被打破过，底座有钢箍，移动时要注意。

（三）广场上东西两面的“三座门”，尽量不拆。

※ 华表。

（四）东西“三座门”之间南面的花墙是当初（约民国2年）为了与东交民巷外国的练兵场隔绝，经我手，在改建新华门的同时修建的，并非古迹，可以拆除。

这些建议，有关部门大体上采纳了。东西“三座门”开始并没有拆除，后来因为有碍交通，才不得不把它移走。

1957年深秋的一个傍晚，周恩来到东四八条章士钊住处访问，顺便来到前院看望了朱启钤（章士钊当时住在朱家后院）。

寒暄了一阵以后，周恩来说他在北戴河看到一通碑文，上面有他叔父周嘉琛的名字，问朱启钤知不知道？朱启钤说：“民国2年，我任内务部总长，举办县知事训练班时，他是我的门生，当时他正在临榆县知事任内（北戴河属于临榆县治）。”周恩来打趣地说：“那你比我大两辈，我和章文晋同辈了。”

这样把话题扯开以后，周恩来详细地询问了朱启钤的起居，并问生活上有什么困难，又问：“送给你的《参考消息》，收到了没有？”朱启钤说：“他们每天都拿给我看，字太小，没法看清楚。”周恩来说：“这是专治我们老年人的，叫我们看不见。”他当时即指示秘书，以后给老人的文件一定要用大号字印刷。

周恩来又和朱家亲属朱泽东、章以吴等聊起来，得知他们均是南开校友后，惊讶之下，不禁又高兴地谈起南开的学校生活来，其平易近人之风，一如校友聚会。

朱启钤让周恩来抽烟时，周恩来说，我不吸烟，只是在同马歇尔谈判时吸过一个时期，因为太费脑筋，后来就戒掉。

出于待客的礼节和对周恩来这样一位贵客的敬意，朱启钤执意要家人上茶。周恩来随行的保卫人员为对总理的安全负责，便向他们家里人摆手，示意不要送茶。大家对于朱启钤的心情和保卫人员的职责都是理解的，但是越是理解双方的心情，也就越感到左右为难。最后，出于对周恩来的一片敬意，只得将茶杯和糖果放到了中间的桌子上。朱启钤眼花耳聋，没有看清以上的情形，仍在不断地催促家人“上茶、上茶”。没想到这时周恩来亲自走过去，坦然自若地端起茶杯，呷了一口，然后将茶杯放到了自己身旁的茶几上，并且还吃了送上来的糖果，周恩来的这一举动解除了朱家人尴尬的处境，使他们十分感动。

朱启钤耳聋，在和周恩来谈话时，经常打断周恩来的话，周恩来总是耐心地对他反复加以解释。当周恩来谈到黎元洪时，朱启钤听不清，几次问周恩来。周恩来耐心地一次比一次提高声音回答，还笑着说：“大总统嘛！”

每当朱启钤打断周恩来的讲话时，家人就向他摆手，示意不要打断周恩来的话，周恩来看到后说：“不要阻止他，让老先生说嘛！”

朱启钤当时对文字改革有些不理解，在谈话中说：“是不是改革以后，我们这些老头子都成了文盲啦？”周恩来听罢大笑，指着在座的章士钊说：“他参加了会嘛！情况他都了解，以后请他给详细介绍介绍。”

朱启钤在葬俗上思想较旧，担心身后被火化，在周恩来快要告别时，他对周恩来说：“国家不是说人民信仰自由吗，我不愿意火葬。我死了，把我埋在北戴河，那里有我继室于夫人的茔地。我怕将来办不到，所以才和你说，你帮我办吧！”

家人没想到朱启钤会提出这样的问题，忙去阻拦，但是周恩来却又一次制止了他们。

等朱启钤说完后，周恩来对着他戴的助听器话筒说："我一定帮你办到，你相信我，放心吧！"朱启钤听到周恩来的回答，连连点头，脸上露出了欣慰的神色。

周恩来告别离去时，朱家人全都送到门口。临走时，他和朱家人及工友等一一握了手，并幽默地说："你们朱家可以组成一个仪仗队了。"

事后，朱启钤曾对家人说："总理是我在国内所遇到的少见的杰出政治家，也是治理我们国家的好领导。可惜我生不逢时，早生了30年，如果那时遇到这样的好领导，我从前想做而做不到的事一定能办到的。"

1961年朱启钤90岁生日时，周恩来曾送来了一个大花篮祝贺，几天以后又在全国政协二楼小礼堂为朱启钤举行一次小型祝寿宴会。除朱家的家属外，章士钊和张学铭也参加了这次宴会。其他应邀作陪的都是70岁以上的在京的全国政协委员。在祝酒时，周恩来说："今天在座的都是70岁以上的老人，我是个小弟弟。我们今天不只是给朱桂老祝寿（朱启

※ 1955年6月，周恩来和邵力子在颐和园。

铃号桂辛），而且也是给在座的各位老人祝寿。”在宴会上，朱家家属表示感谢周恩来对他们的照顾。周恩来说：“不要感谢我，我是代表党和毛主席给大家祝寿的。”

在席间，朱夫人许曼颐问邵力子：“邵老，傅先生怎么没有来（指邵老的夫人傅学文）？”周恩来听到以后，说：“这是我们工作没有做好，以后要请夫人们都来参加。朱夫人提得很正确。”在朱家家属集体向周恩来敬酒时，他半开玩笑地说：“你们什么时候请我吃饭？听说你们朱家的菜很好吃。”

朱启钤通过儿媳写的一张便条（因朱启钤耳聋，有时用写便条的方法“谈话”），明白了周恩来的意思，就说：“好呀！那就请总理定个日子吧！这样，我们再一次有机会请总理来家里做客。”

经过和有关部门的联系，周恩来约定12月7日中午到朱家吃饭。朱家从北京饭店请了两桌菜，自己家里又做了几样有贵州风味的家乡菜（朱家祖籍贵州），另外还做了周恩来喜欢吃的“狮子头”（丸子）。

1961年12月7日中午将近12点，周恩来办公室打来电话说，总理正在大会上作报告，可能要晚到一会儿，并且说邓大姐先到。过了一会儿，邓颖超和章文晋、张颖夫妇就到了，邓大姐又向他们说了周恩来晚到一会儿的原因。12点半过后，周恩来和孔原、童小鹏等人来朱家，因为周恩来下午3点钟还要参加一个会议，所以来了以后，没有多谈，就入座吃饭。

吃完饭后，朱家本想请周恩来休息一会儿，周恩来说：“不休息了，坐坐就行了。”他作了一上午报告，嗓音有点儿发哑，但是他仍然陪朱启钤和章士钊谈了一会儿话。朱启钤虽祖籍贵州，但平生却没有到过老家，他一直希望在去贵州的铁路修通后，回家看一看，他同周恩来说了这件事，周恩来鼓励他好好保重身体，还说通往贵州的铁路很快就要建成了，将来有机会回家乡看看的。

周恩来这次来朱家吃饭，使朱启钤十分高兴。他将手书的“松寿”缂丝小条幅，亲手装裱，通过中央统战部送给周恩来，作为纪念。

1964年初，朱启钤患感冒，继则并发肺炎，住进北京医院。当时正值周恩来出访亚非各国，中央统战部将朱启钤病情向远在国外的周恩来作了汇报。周恩来打了电报，请北京医院的医务人员尽力医治。中央统战部副部长徐冰还代表党和政府到医院看望了朱启钤。尽管北京医院的医护人员竭尽全力地救护医治，但朱启钤终因年老体衰，于1964年2月26日逝世。临终前，他时时以总理远行国外为念。

朱启钤生前鉴于火葬日益普及，而北戴河茔地又划作禁区，因此在京郊万安公墓买了寿穴，以为死后埋骨之地。他去世后，全国政协征求朱家的意见，是否仍照朱启钤遗愿葬在北戴河茔地。朱家经过考虑，说“老人生前已另有准备”，没有坚持葬北戴河。后来经周恩来批准，朱启钤的遗体被安葬在八宝山革命公墓。在嘉兴寺开追悼会时，周恩来送了一个鲜茉莉花做成的花圈，并由当时的中央统战部部长李维汉代表他主持了追悼会。

在周恩来的关怀下，朱家的生活一直受到很好的照顾。朱夫人许曼颐每月由政府补助60元生活费，直到1970年她去世时为止。十年动乱中，朱家遭到冲击，周恩来知道后，指示中央统战部很快地给他们落实了政策。

（张文和）

冒进、反冒进、反反冒进

1955年底出现的冒进，1956年开始的反冒进，1958年进行的反反冒进，是围绕对1956年经济工作的估计和1957年国民经济计划的制定发生在中共中央高层的一场重要争论。

“主观的努力落后于客观的需要”

从1955年下半年开始，在持续批判右倾保守思想的情况下，中国的农业、手工业和资本主义工商业的社会主义改造，迅猛发展，势如破竹。

由于三大改造的进度大大加快，加上1955年国民经济的情况也很好，全国呈现一片蓬勃向上、欣欣向荣的喜人景象，使人们头脑开始发热，误以为经济建设的速度可以大大加快，甚至“完全有可能迅速建成社会主义”。1955年12月5日，刘少奇在中共中央召开的座谈会上传达的毛泽东指示，就反映了毛泽东急于求成的心态。刘少奇谈到：关于八大的准备工作，毛主席提出：“中心思想是要讲反对右倾思想，反对保守主义，提早完成我国的社会主义工业化和社会主义改造。保证十五年、同时争取十五年以前超额完成。有无可能呢？有可能。”“因此必须加大速度，在我们的一切工作中都要反对保守主义，要求在较短的时间内，获得更大的成绩。”“我们完全有可能迅速建成社会主义。”“这不是急躁冒进，而是实际与可能的要求，是稳步前进。”要以此为中心，“迎接八大，使八大开好。”

反对右倾保守思想，加快社会主义改造和建设的速度，是毛泽东为中共八大确定的主

※ 1959年4月，第二届全国人大第一次会议在北京举行，周恩来连任国务院总理。这是他在会上作《政府工作报告》。

题。当时，周恩来同意毛泽东的这个主张。他在座谈会上表示：

“最近政府在各方面的工作，或多或少都存在着保守。”“反对盲目冒进是对的，但又带来了副作用，必须打破这个副作用。”“我对毛主席指示的体会可以用一副对联来反映，上联：客观的可能超过了主观的认识；下联：主观的努力落后于客观的需要。新大陆早就存在，而我们发现得太晚了。”

为加快社会主义建设的速度，使农业发展有个长远的奋斗目标，1956年1月，毛泽东在《农业十七条》的基础上，主持起草了《一九五六年到一九六七年全国农业发展纲要（草案）》，简称《农业四十条》。《纲要》规定，粮食和棉花的产量在1967年分别由1955年的预算计数3652亿斤、3007万担增加到1万亿斤、1亿担，每年分别以8.8%、10.5%的速度递增。这实际上是不可能达到的。到1996年，时隔近40年，我国粮食、棉花的产量才分别达到9800亿斤、8400万担。

《农业四十条》各项高指标的公布，迫使工业、交通、商业、文教等部门纷纷大幅度修改原订的各项计划指标。周恩来和陈云经过周密的了解和核算，发现如果按照各部门提出的高指标安排1956年的国民经济计划，国家统一分配的8类物资250多种产品中的大部分将是紧张的和短缺的，其中钢铁严重短缺。自此，周恩来和陈云等敏锐地觉察到“盲目冒进”的苗头已经开始露出，并着手设法防止。

※ 1956年9月，中国共产党第八次全国代表大会在北京召开。周恩来作《关于发展国民经济的第二个五年计划的建议的报告》，初步总结了几年来国家经济建设的经验教训，强调“把计划放在既积极又稳妥可靠的基础上，以保证国民经济比较均衡地发展”。

“从良心上不能同意这个决定”

周恩来主持领导中国经济建设的工作中，始终坚持实事求是的思想路线，既注意防止和反对右倾保守思想，也注意防止和反对急躁冒进情绪，而且坚持从实际出发，确实存在哪种倾向就反对哪种倾向。早在1953年，他就多次提出“我们既反对保守思想，也反对急躁情绪”。

在这次制订国民经济发展年度计划和远景规划的过程中，周恩来发现有盲目冒进的苗头后，首先想方设法防止冒进。1956年1月20日，他在中共中央召开的知识分子问题会议上作结论时，强调指出：在经济建设中，不要做那些不切实际的事情，要“使我们的计划成为切实可行的、实事求是的、不是盲目冒进的计划”。“这一次我们在国务院召集的计划和财政会议，主要解决这个问题。”

1955年12月5日，刘少奇在传达毛泽东的有关指示时，毛泽东曾经提出“提早完成我国的社会主义工业化”。在全国政协二届二次会议上有人提出，1956年1月30日，周恩来在会上所作的《政治报告》中为什么没有提“提早完成我国的社会主义工业化”的问题。2月7日，周恩来在闭幕会上讲话时解答说：讲提早完成工业化应慎重。这就是说，工业化比三大改造困难得多。要实事求是，不要没有根据地提，要区别提，不要混同提。因此，《政治报告》中说加快速度，但不是提前完成工业化。大家要认识工业化是需要时间和知识的。

2月6日，在全国政协常委会第17次会议上，周恩来又讲了这个问题。他说：对于社会主义工业化，可以有两种设想：一种是工业化可以提早完成；一种是在规模和速度上能够扩大和加快，但不等于提前完成工业化。我们不要随便提出提前完成工业化的口号，可能还需要大约三个五年计划的时间。谨慎一点好，因为我们现在没有把握。为了慎重起见，我们过渡时期还是照原来设想的那样长一点没有坏处。周恩来之所以反复强调不要提提早实现工业化，首先是因为这个提法脱离实际，是不可能的；其次是如果这样提，整个国民经济计划的高指标也就不可能避免。

由于全国计划和财政工作会议没有能够有效地遏制住急躁冒进的苗头，1956年2月8日，周恩来在国务院第24次全体会议上大声疾呼，“绝不要提出提早完成工业化的口号”，各部门订计划，“都要实事求是”。他郑重地说：

“不要光看热火朝天的一面。热火朝天很好，但应小心谨慎。要多和快，还要好和省，要有利于提高劳动生产率。现在有点急躁的苗头，这需要注意。社会主义积极性不可损害，但超过现实可能和没有根据的事，不要乱提，不要乱加快，否则就很危险。”“条件不成熟的等一下不要紧，因为政权在我们手中，这是很大的保证。我们要使条件成熟，做到‘瓜熟蒂落，水到渠成’。”“绝不要提出提早完成工业化的口号。冷静地算一算，确实不能提。工业建设可以加快，但不能说工业化提早完成。晚一点宣布建成社会主义社会没有什么不好，这还能鞭策我们更好地努力。”“各部门订计划，不管是十二年远景计划，还是今明两年的年度计划，都要实事求是。”“对群众的积极性不能泼冷水，但领导者头脑发热了的，用冷水浇浇，可能会清醒些。各部专业会议提的计划数字都很大，请大家注意实事求是。”

周恩来在提醒大家注意实事求是的同时，相继采取了一些具体措施。一是，削减基本建设投资。1956年2月10日，周恩来主持召开国务院常务会议，讨论决定，1956年度中央各部基本建设投资总额削减6%（加上各省市削减后的金额）。二是，节约钢材。2月4日和28日，周恩来主持召开国务院常务会议，讨论《一九五六年国民经济计划（草案）》，会议原则通过，并要求各工业部门、有关的交通运输部门分别节约钢材4%、2.5%。这就是后来所说的“二月促‘退’会议”。三是，缓解物资供需之间的矛盾。进入4月后，急躁冒进的后果开始显现出来，主要表现是财政紧张，生产物资供应短缺。

4月10日，周恩来主持召开国务院常务会议，讨论国家计委《关于一九五六年基本建设计划安排和要求增加部分投资的补充报告》。会上，突出地反映出基本建设规模同物资供应严重不相适应的矛盾。陈云指出：基本建设规模“首先决定于生产、材料，不决定于财力”。经济建设“应按比例发展，而基建和生产的比例是最重要的”。“订计划首先应该进行物资平衡，再进行财力平衡”。周恩来在会上强调：“搞计划必须注意实事求是。”“一定要为平衡而奋斗。”

会议根据周恩来、陈云等同志的意见，决定从增产、进口、库存、节约、减少出口、调剂等6个方面来缓和物资供需之间的矛盾。为了落实增加钢铁生产，4月中旬到5月上旬，周恩来先后到全国数家钢厂研究增产措施。为了落实节约钢材，他回到北京后，根据陈云在南方视察时了解的情况，5月10日，又在京主持召开国务院常务会议，果断决定将双轮双铧犁的产量再减到180万部（原计划1956年生产500万部）。

虽然从统一思想认识和采取具体措施两个方面，做了一系列的努力，防止急躁冒进的势头，但是进入1956年4月中旬以后，国民经济还是出现相当严峻的局势。更为严重的

※ 周恩来同毛泽东、朱德、刘少奇、邓小平、陈云在八届九中全会上。

是，这时中央领导层的思想认识并不一致。4月下旬，毛泽东在中共中央政治局会议上提出，再追加20亿元的基本建设投资。与会大多数同志不赞成，周恩来再三说明增加基建投资会带来一系列困难。但是，毛泽东仍坚持己见。1982年11月4日，胡乔木回忆说：

“一九五六年各条战线、各省市根据毛主席一九五五年冬写的《中国农村的社会主义高潮》序言的精神，加快速度，扩大了预定计划的规模，增加了预算指标。四月下旬，毛主席在颐年堂政治局会议上提出追加一九五六年的基建预算，受到与会同志的反对。”“会上尤以恩来同志发言最多，认为追加预算将造成物资供应紧张，增加城市人口，更会带来一系列困难等等。毛泽东最后仍坚持自己的意见，就宣布散会。会后，恩来同志又亲自去找毛主席，说我作为总理，从良心上不能同意这个决定。这句话使毛主席非常生气。不久，毛主席就离开了北京。”

可以说，这是两位中央领导人就冒进与反冒进的问题一次面对面的交锋。此后，周恩来由防止急躁冒进进而反对和纠正急躁冒进。

“已经不是预防而是需要反对冒进了”

根据国民经济已经出现的日益紧张的趋势，周恩来、陈云等认为，经过压缩后的《一九五六年国民经济计划（草案）》仍然是一个冒进的计划，《中华人民共和国发展国民经济的十五年远景计划纲要（草案）》相应规定的指标也是冒进的。针对这种情况，1956年5月11日，周恩来在国务院全体会议上明确指出：“反保守、反右倾从去年八月开始，已经反了八九个月了，不能一直反下去了！”在他指导起草的《一九五五年国家决算和一九五六年国家预算的报告》稿中提出：“在反对保守主义的时候，必须同时反对急躁冒进倾向。”

为了降低急躁冒进所表现出的高指标，6月4日，周恩来在刘少奇主持召开的中央会议上，提出继续削减财政支出、压缩基本建设投资和调整计划指标的意见。会议提出既反保

※ 1960年5月，周恩来在贵阳视察时向基层干部了解情况。

守又反冒进、在综合平衡中稳步前进的经济建设方针。6月5日，周恩来主持召开国务院常务会议，研究压缩1956年财政预算和基建投资。周恩来说："既然认识到不可靠，就应该削减。昨天党中央开会决定了这个精神。今天在会上讨论，把数字减下来。"会议决定，国家财政预算一律按5%削减，预算支出由原来的317亿元削减为307亿元，削减10亿元，其中基本建设投资削减7.35亿元，减为140亿元。6月10日，刘少奇主持召开中共中央政治局会议，确认6月4日中央会议作出的决定，并且通过了1956年国家预算报告（草案）。12日，周恩来主持召开国务院全体会议，讨论通过了这个报告（草案）。周恩来在会上说：

"从去年反保守到现在，注意了发掘群众的积极性，所以各方面都出现了高潮，农业、手工业和资本主义工商业的三大改造高潮，推动了各项工作，迎来了整个社会主义建设的高潮。""但也带来了一些不实际的主观主义的要求，带来了急躁冒进。""去年十二月以后冒进就冒头了，因此，现在的情况和去年不同了，已经不是预防而是需要反对冒进了！如果冒进继续下去，又会脱离实际，脱离群众，脱离今天的需要和可能。不能向群众泼冷水，但也不能把少数积极分子的要求当成群众的要求。""今年的收入不能打得太冒，要打在稳妥可靠的基础上。""应该加强计划性，首先搞生产计划，然后搞人力、物力计划的平衡，最后搞财政预算。反过来，预算又会影响生产和人民群众的生活。"

6月20日，《人民日报》发表了刘少奇安排中宣部起草的题为《要反对保守主义，也要反对急躁情绪》的社论。社论特别指出："在反对保守主义和急躁冒进的问题上，要采取实事求是的态度。""应当根据事实下判断，有什么倾向反对什么倾向，有多大错误就纠正多大错误，万不可一股风，扩大化，把什么都反成保守主义，或者都反成急躁冒进。"刘少奇在审阅修改这篇社论后批示："主席阅后交乔木办。"毛泽东认为社论的内容是针对他的，只批了三个字："不看了。"

对于这一阶段周恩来等人反冒进所作的种种努力，及其所取得的成效，薄一波在《若干重大决策和事件的回顾》一书中作了这样的评论：

"由于党中央、国务院从年初开始，大力压缩基建指标，从防止冒进到明确提出反对冒进，一股来势很猛的盲目冒进势头总算被遏制住了。一九五六年的经济发展，总的说来还算是健康的。据统计，一九五六年实际完成的工业总产值比上年增长28.1%，基本建设投资比上年增长62%，是'一五'期间我国经济增长速度最高的一年。""如果不是党中央、国务院及时采取正确的方针，遏止来势很猛的冒进倾向，而是一个劲地反对‘右倾保守’，只讲多和快，不讲好和省，那么，一九五八年‘大跃进’那样的大灾难，就可能会提前到来。但是，因为来势很猛，冒进势头还只能说是基本遏止住，并没有完全遏止住。”

这番评论是很中肯的。

“只要摸清了情况，就敢于抗大流了”

为进一步遏止住急躁冒进，周恩来等继续做出不懈的努力。从1956年7月起，他用很大精力主持编制第二个五年计划建议，以便提交将于9月召开的中共八大审议。在大批右倾保守思想的形势下，国家计委编制的“二五”计划指标大大提高了，经过修改后提出的两个方案，仍然偏高。为讨论国家计委报送的这两个方案，7月3日至5日，周恩来连续三天主持召开国务院常务会议。会议决定，按五年财政总收支2350亿元至2400亿元来安排，相应地削减主要工农业产品产量指标和基本建设投资，在稳妥可靠的基础上编制一个比较切实可行的方案，作为向中共八大提出的“二五”计划建议。

周恩来在主持起草“二五”计划建设稿的过程中，面对经济建设中出现的种种矛盾和问题，从中国国情出发，进行了理论思考。他在接待外宾时说过：“中国经济建设的速度应当高于资本主义国家。确定这样的速度，既是社会主义制度的本质所决定的，也是改变中国贫穷落后面貌的需要，是有可能的。但是，正因为中国贫穷落后，要赶上发达国家，又需要做长期的努力，绝不是一朝一夕的事情。”1956年7月17日，他主持召开国务院常务会议，讨论国家经委《关于一九五六年钢材、水泥、木材供需上存在的问题和处理意见的报告》时说：

“同意《报告》中提出的关于今年的生产和基建中应该吸取的教训，同时应该指出增产节约仍然是我们今后经常的任务。搞生产必须要根据可能，建立在稳妥可靠的基础上，计算生产潜力，除人力条件外，还必须考虑到物资等其他条件。根据目前材料的紧张情况，在安排今年下半年生产的时候，应该为明年生产作准备。近几个月来，我们得到一条教训，既不要右，又要敢于抗大流，这就要摸实际情况，每年下去看看。只要摸清了情况，就敢于抗大流了。”

※周恩来在磁县农村召开座谈会。

在修改“二五”计划建议的报告的过程中，周恩来为了从理论上总结概括中国经济建设的基本经验教训，提出在报告稿第一部分中增加“谈几个大的经验教训”。1956年9月16日，周恩来在中共八大作《关于发展国民经济的第二个五年计划的建议的报告》，充分肯定“一五”计划期间中国经济建设取得的成就，同时剖析发生过的缺点和错误，并从这几年经济建设的实践中总结出四条指导性的经验教训。

“第一，应该根据需要和可能，合理地规定国民经济的发展速度，把计划放在既积极又稳妥可靠的基础上，以保证国民经济比较均衡地发展。”“经验证明，我们在编制长期计划的时候，应该按照我们实现社会主义工业化的根本要求和国家物力、财力、人力的可能条件，实事求是地规定各项指标，同时，还应该保留一定的后备力量，使计划比较可靠。而在编制年度计划的时候，就应该根据当年和以后年度的可能的发展条件，积极地发挥潜在力量，以保证长期计划的完成和超额完成。经验还证明，我们在编制年度计划的时候，在有利的情况下，必须注意到当前和以后还存在着某些不利的因素，不要急躁冒进；相反的，在不利的情况下，又必须注意到当前和以后还存在许多有利的因素，不要裹足不前。”

“第二，应该使重点建设和全面安排相结合，以便国民经济各部门能够按比例地发展。”“我们强调重点发展，并不是说可以孤立地发展重点，而不要全面安排；我们要求全面安排，也不是说可以齐头并进，而不要保证重点建设。我们在制定计划和安排工作的时候，必须把重点和全面很好地结合起来。”

“第三，应该增加后备力量，健全物资储备制度。”“必须认识，像我们这样一个经济落后、人口众多的国家，在相当长的时期内，各种物资的缺乏是经常的现象，而物资的多余是暂时的现象。这就需要我们更加注意增加后备力量，建立物资储备制度，由国家储备必要的物资，特别是比较缺乏的重要物资。”

“第四，应该正确地处理经济和财政的关系。多年来的经验是：我们的财政收入必须

※ 1960年1月，周恩来在火车上。

建立在经济发展的基础上，我们的财政支出也必须首先保证经济的发展。因此，应该首先考虑经济，特别是工农业生产的发展计划，然后根据它来制定财政计划，用财政计划保证经济计划的圆满执行。”

事实正是这样，在中共八大确定的正确经济建设方针的指导下，在一段时间内，国民经济得到积极而稳妥的发展。在反反冒进时，周恩来主持制定的“二五”计划虽然受到毛泽东批评，但在遭受“大跃进”的严重挫折后，1960年6月18日，毛泽东在《十年总结》中，讲到高指标的教训时说：“一九五六年周恩来同志主持制定的第二个五年计划，大部分指标，如钢等，替我们留了三年余地，多么好啊！”

“对于高指标应该勇于抵抗，敢于修改”

八大以后，周恩来的工作重点是领导编制1957年国民经济发展计划。当时，各部门和各地区向国家经委提出的基本建设投资额高达243亿元，比1956年的基建投资额增加103亿元。当经委把基建投资额压到150亿元时，各部门、各地区强烈反对。经委根据财政、物资和市场的情况，进行平衡测算，发现即使压到140亿元到150亿元仍然偏高，实难做到。针对这种情况，周恩来对他的学习秘书范若愚说：这样搞计划不行，仍然是冒进的。我准备在八届二中全会上讲一讲这个问题。他请范若愚查找马克思关于“人类始终只提出自己能够解决的任务”这段话的出处，以便学习，统一思想认识。

为了检查1956年计划执行情况和讨论1957年计划控制数字，从1956年10月20日到11月9日，周恩来主持召开了10次国务院常务会议。会上，个别同志仍然主张1957年度的计划指标可以定得高一些。针对这种意见，周恩来于24日说：“三大改造高潮一来，头脑发热了，前进得快了。冒、松、紧、分这四个字不能并提，主要是冒了。”“不但年度计划冒了，远景计划也冒了，而且把年度计划带了起来。”因此，现在我们“主要应该批‘左’”。他还表示：“各部提出不能减的理由，就是完不成第二个五年的数字，达不到第三个五年的水平。我们答复他们：可以达不到。”李先念强调：“搞明年计划，首先把党的思想统一了才行。”

为了统一思想认识，周恩来请各部委党组负责人参加11月9日的国务院常务会议。会上，周恩来作总结发言。他首先讲了苏联优先发展重工业、忽视农业和轻工业的教训。他说：

“中心就是一条，搞重工业不要失掉人民，否则就没有了基础，就成了沙滩上的建筑物。我们要在人民需要的基础上建立重工业，重工业要为人民服务。同时也注意轻工业和农业，使人民的长远利益和目前利益结合起来，否则就要吃亏。对于高指标应该勇于抵抗，敢于修改，这才是马克思主义者。指标一经确定就神圣不可侵犯的提法就是迷信。毛主席指出的十大关系主要是经济关系，最重要的一条就是国家建设和人民生活的关系摆得是否恰当。摆得不恰当，经济基础即不巩固。但是，要把各方面的关系摆得恰当，是不容易的。从我们国家大、很落后、人口多的实际和要建设、要注意人民生活的原则出发，我们现在根据可能，把原来设想的建设速度放慢，不能算是错误。明年的计划必须采取退的方针，指标可能要回到北戴河会议的方案上，目的是要保持平衡。这不发生‘左’倾、‘右’倾的问题。不像政治方面，‘左’了就是盲动，‘右’了就是投降。”

经过耐心说服，与会者的思想认识基本上取得了一致。会议一结束，周恩来于11月10日参加中共八届二中全会，并作《关于一九五七年国民经济计划的报告》，明确提出：

“明年的计划方针应该是，保证重点，适当退却或者适当收缩。”“总的方面是要收缩一下的，不然站不稳，那就会影响我们的货币、物资、劳动、工资等各方面。”

毛泽东对周恩来的讲话是不满意的。然而，他在11月15日的会上讲话，不但没有提出批评，而且同意1957年国民经济计划实行“保证重点，适当收缩”的方针。

1957年7月15日，全国人大一届四次会议审议通过了1957年国民经济计划的主要指标。按照这个计划，工农业总产值和财政收入稳步增长，基本实现财政、物资、信贷的三大平衡，市场稳定，使1957年经济建设成为建国以来进行得最好的年份之一。到1957年底，“一五”计划的经济指标大幅度超额完成。可以说，这正是反冒进带来的成效。

“这一反冒进的错误，我要负主要责任”

对于反冒进，毛泽东一直耿耿于怀，早就想要批评反冒进。他本来准备在1956年11月召开的中共八届二中全会上讨论反冒进的问题，但由于发生了波兰、匈牙利事件，大家的注意力转移到国际问题上，对反冒进问题没有展开。会上，毛泽东同全会的组长一起，议出了7条意见，对压缩1957年预算和计划指标，表示同意。实际上，他对这7条并不满意。

※ 周恩来在武安县伯延公社向老农了解情况。

后来，1958年1月12日，他在南宁会议上说："1956年6月至11月反冒进，二中全会搞了七条妥协方案，是个堤坝，挡一下水。""解决得不彻底。"

1957年上半年，在整风反右派运动中，有人利用中共内部关于反冒进问题，攻击新中国经济工作搞糟了，甚至提出共产党不能领导经济工作。这种情况使毛泽东认定，"反冒进也促进了右派的进攻"。

这年6月26日，周恩来在全国人大一届四次会议上作《政府工作报告》，也讲到这个问题。他说："有人认为，我国的发展国民经济计划，在一九五六年全面冒进了，在一九五七年又全面冒退了。很明显，这种意见是不正确的。"报告中有两处肯定"一九五六年的建设是跃进的发展"。在这里，周恩来最早提出了"跃进"这个词。

后来，1958年5月17日，毛泽东在中共八大二次会议上说：周恩来这篇《政府工作报告》，是"以无产阶级战士的姿态向资产阶级宣战"。

5月26日晚，周恩来就这件事致信毛泽东：

“这是我最早抛弃反冒进的开始。”“我当时的中心思想是维护社会主义，反击右派，从建设的实绩上，肯定了一九五六年的建设是跃进的发展，抛弃了对一九五六年是‘冒进’的错误估计。但是，我当时还没有意识到反冒进是方针性的错误，因而也就没有认识到多快好省的方针和农业纲要四十条可以促进社会主义建设，使其成为由量到质的跃进。”

※周恩来在全国人大一届一次会议上作《政府工作报告》，明确提出要把我国建设成为具有『强大的现代化的工业、现代化的农业、现代化的交通运输业和现代化的国防』的社会主义国家。

然而，毛泽东认为，周恩来在《政府工作报告》中的这种认识和态度，还没有从根本上解决反冒进的问题。他曾经设想，在反右派运动高潮过去后，“用整风来反掉右倾保守思想”，“借整风来统一思想”，以此来解决反冒进的问题。

1957年10月9日，毛泽东在中共八届三中全会上作总结讲话，第一次公正批评反冒进。他说：

“去年这一年扫掉了几个东西：一个是多快好省扫掉了，不要多了，也不要快了，至于好省就附带扫掉了。好省我看没有哪个反对的，就是一个多、一个快人家不喜欢。有些同志叫冒了，我看，加一点限制，加一点形容词，就没有弊病了。本来这个好省是限制多快的。省者，就要少用钱；多者，就是多办事；快一点也是多办事，而且要有一个好，要质量好。”“去年下半年一股风，把这个口号扫掉了，我还企图恢复，有没有可能？请大家研究。”

毛泽东的批评没有点名，当时与会的大多数同志不清楚是批评谁，也没有意识到反冒进问题的严重性。因而，会上没有人对这个问题发表意见。

但是，周恩来是心中有数的。他在修改审定提交中共八大的“二五”计划建议稿和“二五”计划建议的报告稿时，最初保留了多、快、好、省这个口号，只在后面加写了“又安全”三个字。他在书面意见中还把这个口号作为需要斟酌的问题提了出来。后来，他考虑到这个口号提出来后，人们往往只追求多、快，而忽视好、省，并以牺牲好、省来追求多、快，使这个口号没有发挥积极作用。对此，周恩来等经过慎重斟酌，把两个原稿中多处写上的“以多、快、好、省的精神”删掉了。此后一年多时间，没有再提这个口号。这就是毛泽东批评反冒进扫掉了多、快、好、省的由来。

11月2日至21日，毛泽东在访问苏联期间，赫鲁晓夫告诉他：“十五年后，苏联可以超过美国。”毛泽东回答说：“十五年后，我们可能赶上或超过英国。”这时，毛泽东满怀必胜的信心提出：“东风压倒西风”。他准备探索一种更高的发展速度来加快社会主义建设。因而，他对反冒进更加反感。他从莫斯科打回电话，批评1956年的反冒进是不对的，“以后再也不要提反冒进了，搞社会主义就要冒一点”。可以说，这是毛泽东第二次不点名地批评反冒进。

12月12日，《人民日报》发表毛泽东主持起草的社论，这篇题为《必须坚持多快好省的建设方针》，第一次公开向全党全国批评反冒进。这是第三次不点名批评反冒进。

1958年1月2日至4日，毛泽东在杭州召开华东地区四省一市中共党委书记会议，周恩来出席会议。会上，毛泽东发了脾气，严厉批评反冒进。

毛泽东在5月29日中央政治局扩大会议上又说："杭州会议，我在那里放火。我是放恩来的火，有柯老（指柯庆施）为证，就在杭州，实在憋不住了。几年之气，就向薄一波发泄。我说：我不听你这一套，你讲什么呀？我几年都不看预算了，横直你是强迫签字。"这是毛泽东第一次公开地点名批评周恩来等反冒进。在毛泽东看来，杭州会议还远没有从根本上解决反冒进问题。

为了继续批评反冒进，1958年1月11日，毛泽东接受周恩来的建议，主持召开南宁会议。会议的主题本来是总结"一五"计划的执行情况和讨论"二五"计划和长远规划等问题。但是，在南宁会议第一天，毛泽东却批评反冒进的问题。他说："不要提'反冒进'这个名词，这是政治问题。首先没有把指头认清楚，十个指头只有一个指头长了疮，多用了一些人（工人、学生），多花了一些钱，这些东西要反。当时不要提'反冒进'，就不会搞成一股风，吹掉了三条：一为好快多省，二为四十条纲要，三为促进委员会。这是属于政治，不属于业务。一个指头有毛病，整一下就好了。"会议的第二天，毛泽东从工作方法的角度继续批评反冒进。他说：

"我们要注意，最怕的是六亿人民没有劲，抬不起头来就很不好。群众观点是从六亿人民出发。看问题要分清主流、支流、本质、现象。""工作方法希望改良一下。这一次千里迢迢请同志们来一趟，是总理建议的，本来不想多谈，有点灰心丧志。""右派的进攻，把一些同志抛到和右派差不多的边缘，只剩了五十米，慌起来了。"

周恩来因为接待也门巴德尔王子，1月13日才飞抵南宁。当晚，毛泽东约周恩来、刘少奇谈话，直到深夜。

在16日的会上，毛泽东继续批评反冒进。他拿着柯庆施在中共上海市党代会上作的《乘风破浪，加速建设社会主义的新上海》的报告说："这一篇文章把我们都压下去了。上海的工业总产值占全国的五分之一，有一百万无产阶级，又是资产阶级最集中的地方，资本主义首先在上海产生，历史最久，阶级斗争最尖锐，这样的地方才能产生这样一篇文章。这样的文章，北京不是没有也，是不多也。"

接着，毛泽东问周恩来："恩来同志，你是总理，你看，这篇文章你写得出来写不出来？"周恩来回答说："我写不出来。"毛泽东还说："你不是'反冒进'吗？我是反

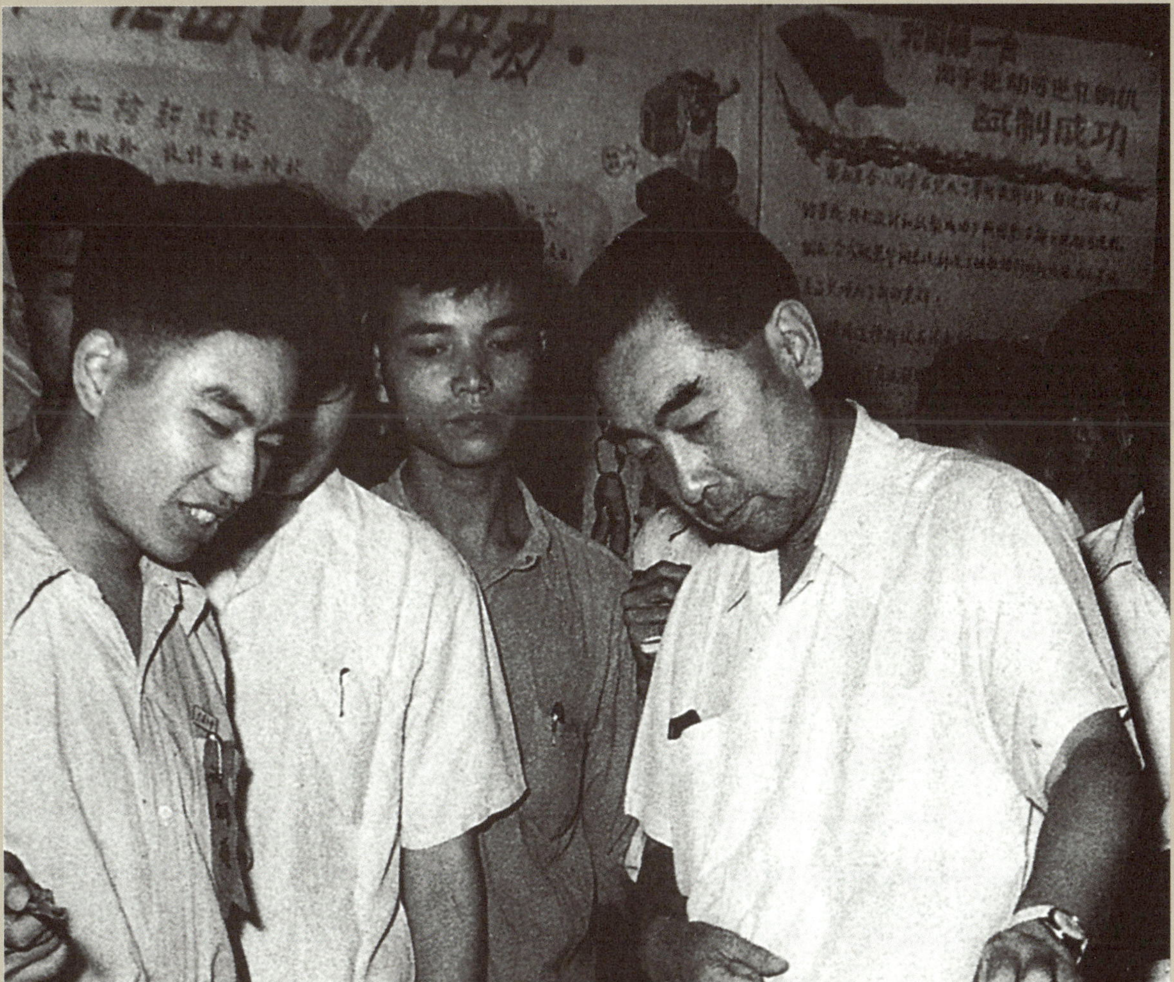

※ 1958年8月，周恩来在清华大学毕业生设计展览会上。

‘反冒进’的！”这些过分的话，明显是太重了。

1月17日，毛泽东在听取各省、市、自治区汇报时又一次批评反冒进。他拿着1956年6月20日《人民日报》社论《要反对保守主义，又要反对急躁情绪》念一段，批一段。他说：“这篇社论针对谁？是针对我的《高潮》序言提出批评。社论提出的方针是对社会主义建设不利，没有想到造成这样反冒进的空气，挫伤了积极性，这是没有料到的。”他还说：“把我撇开，又要利用我。一不麻烦我，二可利用我打别人。”

毛泽东在会上连续几次严厉批评反冒进，使南宁会议的气氛非常紧张。经过中共八届三中全会和杭州会议，周恩来对毛泽东的批评是有思想准备的，但他没有想到会把反冒进问题看得这么严重、批评这么尖锐。1月19日，毛泽东同周恩来单独谈话。当晚，继续开会直至20日凌晨1时多。会上，周恩来本着相忍为党、顾全大局的精神，对毛泽东的错误批评没有申辩，而是检讨自己，并且承担反冒进的责任。他说：

反冒进这个问题，是一段时间（一九五六年夏季到冬季）带方针的动摇和错误。“反冒进是由于不认识或者不完全认识生产关系改变后生产力将要有跃进的发展，因而在放手发动群众进行社会主义革命和建设中表示畏缩，常常只看见物不看见人，尤其是把许多个别现象夸大成为一般现象或者主要现象。这是一种右倾保守思想。”反冒进的结果损害了三个东西——促进会、农业四十条、多快好省，使一九五七年的工农业生产受到了一些影响，基本建设也减少了一些项目，而最重要的是群众和干部的劲头得不到支持，反而受到束缚，使我们建设走群众路线这一方针受到某些损害。“这个方针是与主席的促进方针相反的促退方针。实行这个方针，不管你主观想法如何，事实上总是违背主席方针的，越是不自觉，这个方针性的违背，就越严重、越危险。”“这一反冒进的错误，我要负主要责任。”

在1月20日的会上，毛泽东说：冒进是全国人民烈焰冲起来的，是好事，部分是坏事。反冒进把前进放在第二位。

1月21日，毛泽东在会上作总结讲话，关于反冒进问题，对周恩来的检讨发言，他没有表态，仍强调“‘反冒进’的教训：反掉了三个东西，把一些同志抛到（同）右派似乎相近的地位”。看来，毛泽东对批评反冒进的问题还意犹未尽。

“请考虑自己继续担任国务院总理是否适当的问题”

南宁会议结束后，中共中央召开政治局扩大会议，传达南宁会议精神。毛泽东在2月18日的会上，继续批评反冒进，但口气缓和了。他首先肯定了周恩来在一届人大四次会议上的《政府工作报告》。他说：

“我赞成这个冒进，这个冒进好嘛！……冒是有一点，而不应该提什么反冒进的口号。有一点冒是难免的。同志们，今年下半年，你们就会看到，要有一个大冒就是了。我看比哪一年冒进还要厉害。”

“虽然总理有那篇报告，但是这个问题人们还不大了解，所以南宁会议还是要放一炮的。这个炮不过是小炮而已，害得一些同志紧张，何必那么十分紧张，南宁会议我们就讲了的，就是这么一件事，一个时期，一个问题。”

“一九五六年‘反冒进’，这是个什么事情呢？这是大家都在正确的之下，在个别问题上意见不一致，这么一种性质。”“以后‘反冒进’的口号不要提，反右倾保守的口号要提。”“冒是有一点冒，而不应该提什么‘反冒进’的口号。”

毛泽东的这番给反冒进定性的话，比他在南宁会议上的批评缓和多了。周恩来因为访问朝鲜，只在2月23日参加了最后一次会，汇报访问朝鲜的情况。对于反冒进的问题，会上已经不能发表不同意见了。为了进一步解决反冒进问题，毛泽东提议再到成都开一次会，讨论社会主义建设的方针问题。

1958年3月9日至26日，在成都召开中共中央政治局扩大会议。在3月9日的会上，毛泽东从建设方针的角度批评反冒进。他说：建设社会主义有两种方法的比较，“一种是马克思主义的‘冒进’，一种是非马克思主义的‘反冒进’，究竟采取哪一种？我看应采取‘冒进’，很多问题都可这样提”。他还说：“过去八年的经验，应加以总结，‘反冒进’是个方针问题，南宁会议谈了这个问题，谈清楚的目的是使大家有共同语言，好做工作。”

在18天会议期间，毛泽东作了6次长篇发言，主要讲“破除迷信，解放思想”，并且提出“鼓足干劲，力争上游，多快好省地建设社会主义”的总路线。

周恩来在3月19日的会上就外交工作问题发言，在3月25日的会上对反冒进问题再次作检讨。他说：

“在当时就是没有听取多方面的意见，没有接触群众和实际，而只局限在会议室和办公室中，更没有看清在所有制改变后解放了的生产力要求大发展的群众运动正在起来。我们反而只看见死的物不看见生气勃勃的人，务实而不务虚。我负主要责任提出的‘反冒进’报告就是对群众生产高潮这个主流泼了冷水，因而不是促进而是促退，不是多快好省而是少慢差费，四十条也就被打入冷宫，这就是问题的本质。”

“当时确没有这样认识，等到右派教育了我，主席提醒了我，群众实践更启发了我，才逐渐认识这是社会主义建设问题上方针性的错误。更深一层说，也就是对社会主义革命本质的东西解放生产力，社会主义建设的主流发动群众、发展生产，看不到，自然就抓不起了。”

对于周恩来的检讨，毛泽东在当天的会上评论说：“如果从经验上、从方法问题上作为例子，那倒是可以的。这个问题不是个什么责任问题，也不是老要听自我批评的问题，南宁我们都听过了，北京也听过了的。”他还说：“关于反冒进的问题，我看以后不要谈很多了。在我们这样的范围，就是谈也没有好多人听了。”看来，毛泽东对周恩来的检讨还不满意，还将进一步解决反冒进的问题。

为了把成都会议讨论的问题用中央决议的形式确定下来，中共中央决定召开八大二次会议。成都会议前后，周恩来一直为治理长江和黄河的问题而奔忙，加上频繁的外事活动，使得他很少有时间来认真思考南宁会议以来毛泽东对反冒进的一系列批评。既要承受错误批评的思想压力，还要忍辱负重地承担繁重的国务工作，这是常人难以忍受的事情。据当年一位在他身边工作的人员说：“那是周总理最痛苦的一段时间。但是，在工作面前，在我们这些工作人员面前，他从来没有表现出来，对工作依然是那么认真，那么投入。”

在中共八大二次会议开幕后，5月15日，毛泽东分别同周恩来、陈云长时间谈话。从这时起，周恩来开始准备起草在大会上对反冒进问题再次检讨的发言稿。据周恩来的学习秘书范若愚在回忆文章中说：

“有一天，周恩来同志对我说，他这次发言，主要是做‘检讨’，因为‘犯了反冒进的错误’，在南宁会议上已经被提出来了。”“我意识到，在反冒进这个问题上，他的内心有矛盾，因而找不到恰当的词句表达他想说的话。”“我看到政治局常委和书记处提的意见，把‘检讨’部分中的一些话删掉了，有些话改得分量轻了。我看了之后，心里的紧

※ 1958年5月，中共八大二次会议在北京举行。会议根据毛泽东的提议，通过“鼓足干劲，力争上游，多快好省地建设社会主义”的总路线。

张情绪才缓和下来。但是，我发现周恩来同志在起草这个发言稿的十多天内，两鬓的白发又增添了。”

当时任总理办公室主任的童小鹏回忆说：

“后来，这个检讨稿打印出来发政治局和书记处征求意见。邓小平看后就说，与这么多干吗，把‘离右派差50米远’等刺激字眼划去，有些话的分量也改得轻了。可见邓小平对毛泽东的批评，是有不同看法的。”

周恩来在中共八大二次会议上再次进行检讨，大会还将这个8千多字的检讨稿作为会议材料印发代表。他检讨说：“‘反冒进’的错误，集中地反映在我在一九五六年十一月八届二中全会的报告中间。当时我对于一九五六年的建设成绩和在跃进中出现的某些缺点和困难，作了错误的估计，把实际上不到一个指头的缺点夸大化，肯定一九五六的年度计划‘冒’了，并且提出一九五七年适当收缩规模的意见。”他还说：对于毛泽东批评的反冒进是关于社会主义建设规模和速度问题上方针性的错误，“在相当时间没有意识到，问题的严重性就在这里”。

对于周恩来的这次检讨，没有见到毛泽东表态和评价的有关材料。但是，毛泽东在中共八大二次会议上的讲话中，两次讲到可能发生的大灾难，一是发生战争，二是党的分裂。历史上有党内分裂，今后会不会有新的分裂，可能有，分裂是新陈代谢。对于毛泽东把问题的严重性讲到这个份上，周恩来自然是心领神会的。

1958年6月9日，周恩来即在中共中央政治局常委扩大会议上提出“请考虑自己继续担任国务院总理是否适当的问题”。这时，彭德怀也向中央提出“不担任国防部长的工作”。常委会讨论他们的请求时，挽留他们继续担任现在的工作职务。会后，邓小平拟定了常委会会议纪要，会议决定：“他们应该继续担任现任工作，没有必要加以改变。”他还将这个会议纪要报送毛泽东。

当时，周恩来处境困难，心情苦闷。但是，为了党和人民的事业，他服从中央决定，继续担任总理的工作，忘我地操持繁重的国务。

忍辱负重“反冒进的问题，现在也搞清楚了”

在中共八大二次会议上，刘少奇代表中共中央作的工作报告，对批评反冒进作了结论。1958年5月20日，毛泽东在会上讲话时指出：“经过整风和批评反冒进，中央也好，地方也好，都很团结。反冒进的问题，现在也搞清楚了，我们在新的基础上团结起来。”

但是，毛泽东在此之后还批评过反冒进。就在八大二次结束后的第三天，毛泽东看到彭真送来的1957年11月13日《人民日报》社论后，于5月26日给中央和地方的领导同志写了一封信，表扬这篇社论提出“跃进”一词，“其功不在禹下”。信中写道：“以‘跃进’一词代替‘冒进’一词从此篇起。两词是对立的。自从‘跃进’这个口号提出来以后，反冒进论者闭口无言了。‘冒进’可反（冒进即‘左’倾机会主义的代名词），当然可以振振有词。跃进呢？那就不同，不好反了。要反，那就立刻把自己抛到一个不光彩的地位上去了。”“如果要颁发博士头衔的话，我建议第一号博士赠与发明这个伟大口号

（即‘跃进’）的那一位（或者几位）科学家。”

1959年7月23日，毛泽东在庐山会议上尖锐地批判彭德怀写给他的那封信时，连带着又批了反冒进。他说：“这些同志，据我看不是右派。我所谓方向，是因为一些人碰了钉子，头破血流，忧心如焚，站不住脚，动摇了，站到中间去了。究竟中间偏左、偏右，还要分析。重复了一九五六年下半年一九五七年上半年犯错误的同志的道路，他们不是右派，可是自己把自己抛到右派的边缘去了，距右派还有三十公里。”由此可见，对反冒进的问题，中共中央虽已作结论，但毛泽东对反冒进的批评并没有就此结束。

回顾和考察冒进、反冒进、反反冒进的历史过程，可以得出一点基本认识：冒进是不利于社会主义建设事业的，反冒进是坚持实事求是的，反反冒进是错误的。历史已经证明：错误地批评反冒进，违背了集体领导的原则，改变了中共八大确定的既反保守又反冒进即在综合平衡中稳步前进的经济建设方针；错误地批评反冒进，违背了民主集中制的组织原则，造成强大的政治压力，破坏了党内正常的民主生活；错误地批评反冒进，还违背了客观经济规律，助长“左”的指导思想的滋长和蔓延，造成“大跃进”的严重失误，给党和人民带来灾难性的后果。历史的教训十分深刻，应当永记不忘。

（刘武生）

关心文艺工作

周恩来于1959年、1961年及1962年就文艺工作发表过三篇讲话。他常常说自己是“一个文艺界的朋友”。他关心文艺、爱好文艺，并且熟悉文艺界的很多人。

1958年的“大跃进”，在经济建设中，违背了客观规律，发生了“左”倾错误。这种错误也影响到了文艺工作中，电影界的情况尤其严重。多制片厂纷纷提出“跃进”计划，提出“人人放卫星”、“部部工农兵，片片满堂红”等，要两三个月就拍制出一部故事片来。

1959年4月23日上午，周恩来因病住院治疗。他就想利用这个时间，解决一下这方面的问题，于是找了陈荒煤、陈鲤庭、沈浮、郑君里、赵丹、张瑞芳等，请他们到医院去谈谈。

见面后，郑君里高兴地说：“我们正希望听听总理的指示哩。”

※ 1953年9月，周恩来在中国文学艺术工作者第二次代表大会上作报告，强调文艺工作者要深入实际生活，“创作有正确思想内容的优秀的文艺作品”。

周恩来不高兴了，说，我们都是老朋友了，不是什么“领导指示”，否则我就不说了。

郑君里像孩子般地央求周恩来讲。

周恩来讲了话。出院后，5月3日，他又邀约了全国人大代表、政协委员中的部分文艺界代表和委员在紫光阁谈了话。两次谈话的内容大致相同，都是说文艺工作要两条腿走路。文艺是精神产品，工作不能过分紧张，既要力争完成任务，又要留有余地；既要有思想性，又要有艺术性；既要浪漫主义，又要现实主义；既要政治挂帅，又要讲物质福利；等等。这两次讲话的精神都是要纠正当时文艺工作中的片面性和“左”的思想。

但是，1959年下半年，又开始了反右倾运动。周恩来的讲话精神没有能贯彻执行。周恩来后来说：“使我难过的是，讲了以后得不到反应，打入‘冷宫’，这就叫人不免有点情绪了。”

到1961年后，我国经济进入调整时期，周恩来在这年的文艺工作座谈会和故事片创作会议上，以及下一年在紫光阁接见话剧、歌剧、儿童剧作家时，又讲了文艺工作。

陈荒煤认为，周恩来1959年的《关于文化艺术工作两条腿走路的问题》、1961年《在文艺工作座谈会和故事片创作会议上的讲话》、1962年《对在京的话剧、歌剧、儿童剧作家的讲话》，这三个讲话，表明了周恩来“在坚持文艺为人民服务，为社会主义建设服务的方向，坚决贯彻百花齐放、百家争鸣的方针中，始终是一个以身作则，尊重艺术的客观规律，发扬艺术民主的楷模”。

周恩来常常说自己是“一个文艺界的朋友”。他关心文艺，爱好文艺，并且熟悉文艺界的很多人。建国前夕，在北平开全国文学艺术工作者代表大会，他到会作报告，说，解放区的文艺工作者约有六万人，前国民党统治区的新文艺工作者约有一万人以上，大家要团结起来，使新中国的文艺“获得伟大的胜利”。这次会议建立了全国统一的文学艺术界组织——中华全国文学艺术界联合会。

1953年9月，周恩来在中国文学艺术工作者第二次代表大会上作报告，强调文艺工作者要深入实际生活，“创作有正确思想内容的优秀的文艺作品”。

“百花齐放，推陈出新”。这是周恩来1955年11月为广东粤剧团题的词。

1956年4、5月间，浙江省昆苏剧团到北京演出《十五贯》。周恩来看后认为这个剧有丰富的人民性和相当高的艺术性。他推荐了这个剧，《十五贯》轰动了全国。当时我国正在进行肃反运动，这个剧肯定况钟这个历史人物，一针见血地讽刺了官僚主义、主观主义，非常成功。很多公安人员看后感动极了，对党政其他干部和广大群众，这剧也有教育意义。

周恩来就《十五贯》这个剧讲了两次话，不但救活了这个剧种，而且为戏曲改革指出了方向。他讲到百花齐放“并不是要荷花离开水池到外边去开，而是要因地制宜”，讲到老艺人在旧社会奋斗的艰辛，讲到历史题材也可以有大的教育意义，讲到昆曲的改革可以推动全国其他剧种的改革，讲到要重视民族艺术的优良传统，讲到“古今中外都有好东西，都要学，不要排斥”，等等。

周恩来对各种文艺形式都很重视和喜爱，对于传统的戏剧、曲艺等，他从来反对一概否定的态度，认为应该钻研、继承和改革。1958年8月在北京举行第一届全国曲艺会演，无锡市曲艺演员王一梅在中场休息时看见周恩来在休息室休息，就进去请他签名，苏州弹词演员侯莉君也跟了来。周恩来为他们签了名，嘱咐他们说：要尊重老艺人，对艺术要钻研。在我们新中国，无论是曲艺事业还是曲艺演员，都是属于人民的，因此不要有也不应有低人一等的想法，要做出成绩来。

周恩来过去在解放区、国民党统治区，与文艺工作者们有很好的友谊。建国后，他又交了不少新的文艺界朋友，热情关心他们，对老的文艺工作者尤其尊重。

著名画家齐白石的弟子钟灵谈过一件事：

1955年，我们为了齐白石老人有个安静的环境作画，在雨儿胡同布置了一所四合院，把老人从跨车胡同迁入新居。1956年的一天，周总理来看老人，同他谈了话。之后，总理在另一间房子里把我叫去，严肃地说："把老人接到这里住，是你的主意吧？"我点了点头。周总理责备说："你也不想一想，老人有儿有女，他也需要享受天伦之乐嘛！胡闹。"只有两个字，"胡闹"，声音并不大，却给了我深刻的印象。接着周总理亲自搀扶着老人走过院子，并对我说："我把老人送回家，你把老人的东西收拾好随后送去。"这样，老人就坐总理的汽车先走了。周总理和齐白石大师有着崇高而深厚的友谊。老人获得国际和平奖金，周总理亲自前来祝贺；老人逝世后，周总理亲临追悼会表示哀悼。

1957年春天，周恩来和贺龙陪外宾到杭州，著名京剧演员盖叫天曾去看望了他们。在外事工作完毕后，一天下午，春雨濛濛，周恩来自己撑了一把雨伞，步行到金沙巷盖叫

※ 周恩来是文艺工作者的知心朋友，常常同他们切磋探讨艺术问题。这是1953年1月他在庆祝著名画家齐白石93寿辰宴会上同老人交谈。

※ 1962年3月，周恩来和著名作家冰心在飞机上交谈。

天家中，进行回访。盖叫天含着激动的眼泪，颤抖着双手，接过周恩来的雨伞，迎他进屋内。周恩来在谈话中，亲切地关心盖叫天的健康和工作，称赞他勤学苦练，活到老学到老的精神。

沈尹默是有名的书法家，一次，周恩来到上海时接见了他。沈尹默一进门，周恩来上前迎接。沈尹默是眼睛高度近视，看不清人，误以为是接待人员，便把身上的大衣脱下，随手交给周总理。周总理接过大衣，挂在衣架上。交谈起来，沈尹默才发觉为他挂大衣的就是周恩来总理，内心感到失礼，非常抱歉。周恩来却安然处之。

周恩来介绍著名京剧演员程砚秋入党的事，当时曾经传为佳话。

在日本侵略军占领北平时期，程砚秋隐居起来，矢志不登台演戏，表现了民族气节。北平解放，周恩来到北平，曾经亲自到西四报子胡同程砚秋家中拜访，程砚秋没有在家，家中人没有接待。后来，在北京饭店的一次宴会上，两人见到了，从此接触多了起来。1951年中国戏曲研究院成立，程任副院长。周恩来平时很关心程砚秋的各方面情况。1957年，程砚秋向研究院的党组织申请参加中国共产党。这时，正好周恩来率领中国党政代表团到莫斯科，而程砚秋也到莫斯科参加世界青年联欢节活动，当艺术顾问。程砚秋在莫斯科见到了周恩来，提出了入党申请，并且问周恩来看自己够不够条件。周恩来表示：这个问题需要经过你所在单位的党支部讨论，就我个人来说，是同意你入党而且愿意做你的入党介绍人。当时贺龙也在场，他说：也算我一个。

※ 1956年5月，周恩来观看广东粤剧团演出后，同著名粤剧表演艺术家马师曾（右三）、红线女（右二）交谈。

※ 1962年7月，周恩来观看中央歌剧舞剧院演出《白毛女》后，同喜儿扮演者、著名歌唱家王昆握手。

※ 周恩来和朱德会见文艺工作者。

周恩来回国后，同文化部戏曲改进局的总支书记马少波谈了这件事，马少波是主持戏曲研究院日常工作的。后来，按照党章规定的程序，支部大会同意程砚秋入党。周恩来在程砚秋的入党志愿书上，写了自己的意见：

“程砚秋同志在旧社会经过个人的奋斗，在艺术上获得相当高的成就，在政治上坚持民族气节，这都是难能可贵的。解放后，他接受党的领导，努力为人民服务，政治上积极要求进步，这就具备了入党的基本条件。他的入党申请，如得到党组织批准，今后对他的要求，就应该更加严格。我曾经对他说，在他被批准为预备党员期间，他应该努力学习，积极参加集体生活，力图与劳动群众相结合，好继续克服个人主义思想作风，并且热心传授和推广自己艺术上的成就，以便提高自己的阶级觉悟，发扬为劳动人民服务的精神。”

11月13日，周恩来写信给程砚秋，把这些意见抄告给他，说：砚秋同志，我在你的入党志愿书上写了这样一段意见，“现在把它抄送给你，作为我这个介绍人对你的认识和希望的表示”。

程砚秋接到信后，在12月3日写了一封回信，说：

“对您的珍贵指示和对于我的愿望，感到兴奋极了，想了多日真不知应用何语言来回答，您再三说您三十年没有介绍人入党了，请放心吧，我永久遵守党的一切，有信心为人民去工作，不会使您失望的。专此敬复周恩来总理台鉴。”

1958年3月，程砚秋去世。周恩来对程派艺术的继承和发展很关心，对程的家属也很关心。1959年程砚秋去世一周年的时候，周恩来请程派弟子赵荣琛、王吟秋、李蔷华、江新熔、侯玉兰、李世济以及琴师钟世章、鼓师白登云，到家里座谈，提议要搞一个程派剧团。其中的江新熔，原是八路军文工团的演员，一次她为周恩来和梅兰芳、程砚秋清唱了一段程派的《三击掌》，大家很赞赏。唱毕，周恩来对程砚秋说：“程先生，你一辈子没有收过女徒弟，今天，我介绍江新熔做你的弟子。我当这个介绍人。”他回过头去对江新熔说，过去你是山东的“梅兰芳”，今后要做山东的“程砚秋”了。并且建议她把“熔”字改为“蓉”字。1960年，程砚秋逝世两周年之际，周恩来又在家中请一些人去座谈继承和发展程派艺术问题。后来，程的大弟子赵荣琛、王吟秋等成立了北京青年京剧团。

我国第一个五年建设期间，文艺界呈现了蓬勃发展的景象。1957年反右派扩大化和

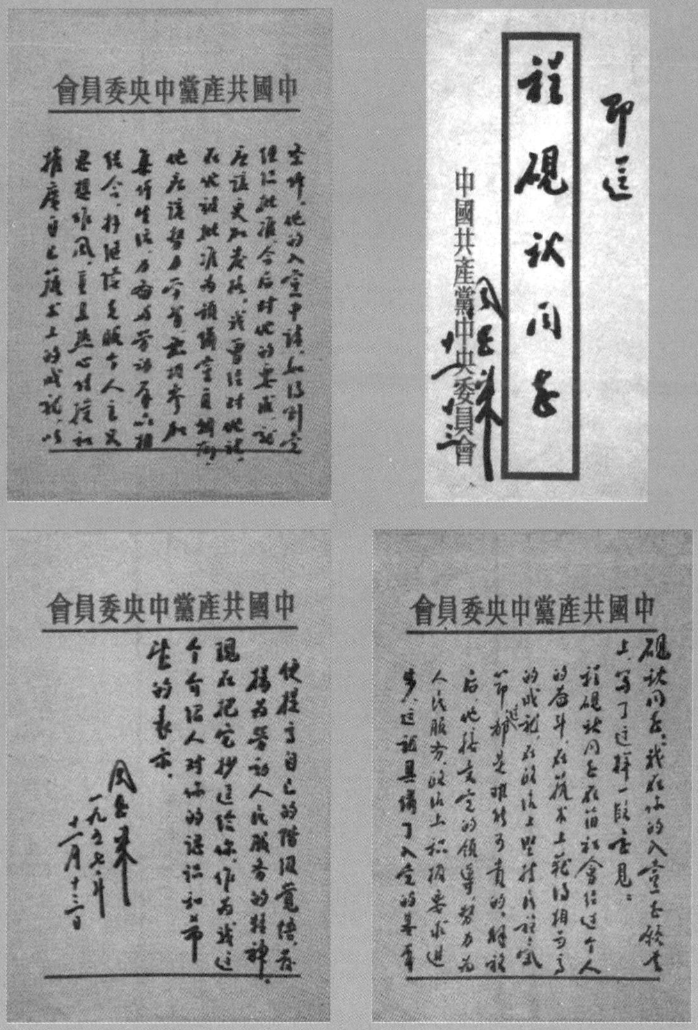

※ 1957年11月13日，周恩来为介绍京剧演员程砚秋加入中国共产党写给程砚秋的信。

1958年开始的“大跃进”，文艺界也受到了损伤，1959年又是反右倾，到了1961年，周恩来在文艺工作座谈会和故事片创作会议上讲话，一开头就说：

“现在有 一种不好的风气，就是民主作风不够。”

他提出：“我们党要造成一种民主风气”，“大家都是在社会主义立场的范围内探讨问题，是为了把文艺搞好，把文艺政策执行好。在这些方面各有所见，为什么不能讨论呢？”“几年来有一种做法，别人的话说出来，就给套框子、抓辫子、挖根子、戴帽子、打棍子。”

当时，文艺界对《达吉和她的父亲》有争议。周恩来说，对于《达吉和她的父亲》，不论是小说和后来改拍成的电影，他都看了，是一个好作品。他说：昨天看电影几乎流下

泪来，但是没有流下来，因为导演的手法把你的感情限制住了，这里有框子，“父女相会哭出来就是人性论”，于是导演的处理就不敢让他们哭。

周恩来主张：“那些大的原则还是应当坚持的。只有把那种坏的、不好的偏向去掉，正风才能建立起来。”

周恩来是十分民主的。黄宗英在一篇回忆文章中曾经记下了周恩来同赵丹关于《达吉和她的父亲》小说与电影哪个好的争论：

赵丹说：“总理，你说电影比小说有所提高，可我看还是小说好。”

总理说：“影片的时代感比较强，场景选择得更广阔……”

赵丹说：“那不过是电影这个综合艺术的表现手段比小说丰富罢了。”

他们两个各抒己见，说个不停。最后赵丹语塞，说：“总理，我保留我的意见，觉得小说就是比电影好。”总理略微停步，偏过头来微笑地看着他，那神情、那目光、那姿势，人们都熟悉，我找不出文字来形容。总理声音洪亮地说：“你完全可以保留你的意见，我也可以坚持我的意见，你赵丹是一家之言，我周恩来也是一家之言嘛！”总理哈哈大笑，赵丹也嘿嘿地跟着笑，我们当然也笑了，连林中的鸟儿、花丛中的蝶儿、天上的云彩，都笑了，都笑了！

※ 1963年8月，周恩来在文化部召开的音乐舞蹈座谈会上作报告，强调『艺术的表现形式，要统一、和谐、明确、生动』。

张颖说：“周恩来同志重视对文艺工作的领导，但他从不居高临下地发号施令，而是以同志和朋友的身份与文艺工作者平等地交换意见。”“周恩来同志也曾批评过一些作品演出，但不强加于人，而是以理服人。”

在周恩来的多次讲话中，他认为文艺并不是对客观现实的被动反映，而是作家、艺术家发挥主观能动性的创造。因此，作家、艺术家的世界观往往决定着作品的性质。文艺工作者要有远大的理想，要有共产主义理想，这样才能够高屋建瓴，气势磅礴，意气风发。有了这样的气魄，才能产生出好作品。不仅写人物要有理想，即使画人物画、山水画也要如此。

他认为：“文艺同工农业生产一样，有它客观的发展规律”。周恩来从政治角度、群众观点、领导作风这三个方面论述了文艺的客观规律，并且从解放思想、破除迷信这个角度来批评领导缺乏民主作风，违反文艺的客观规律。认为“革命的文艺，应当根据实际生活创造出各种各样的人物来，帮助群众推动历史的前进，实现为政治服务的目的”。

他强调实践。所谓实践，包括生活实践和劳动实践，此外还要有写作实践和艺术实践。他形象地说：“蚕不吃桑叶吐不出丝，蜂不采花酿不出蜜，创作人员不到工农兵生活中去，写不出好作品”。同时，他强调了题材的广阔性和多样化。

※ 1964年3月，周恩来在昆明和文艺工作者齐唱革命歌曲。左六为著名京剧表演艺术家关肃霜。

※ 1962年春节，周恩来出席北京人民艺术剧院的迎春晚会。前右二为王震，右一为曹禺。

周恩来认为：文艺应当反映社会生活方面某些最本质的东西，但是必须用生动感人的艺术形式去反映，“文艺的特点是通过形象思维反映生活”，“没有了形象，文艺本身就不存在，本身都没有了，还谈什么为政治服务呢？”所以，作家、艺术家的创作需要反映社会生活的本质，而且应当从丰富多彩、绚丽多姿的生活出发，使本质包含在生动的有血有肉的艺术形象之中。

“文艺要求思想性和艺术性辩证地结合”。周恩来从文艺的教育作用和娱乐作用是辩证统一的观点，指出文艺要寓教育于娱乐，多方面地满足群众的需要。他说，艺术是要人民批准的，艺术家要面对人民，为人民服务，作品要到群众中去考验。领导的责任是要在政治上把关，而在艺术上少加干涉，尊重艺术的规律。要发扬民主，发挥文艺的积极性和创造性，生产出符合我们伟大时代的更多更美好的作品来。

周恩来不但关怀国内文艺事业的发展，而且关心我国的对外文化交流。他在1954年参加日内瓦会议时，就请了世界著名电影大师卓别林观看中国彩色戏曲片《梁山伯与祝英台》。卓别林看得情绪激动，潸然泪下，以致原来准备接着放映的《白毛女》只好停映。卓别林说：“你们有数千年的文化，希望你们能充分发扬优秀的文化传统，你们的成就会

※ 1954年7月，周恩来在日内瓦宴请英国著名电影艺术家查理·卓别林及其夫人。这是和卓别林合影。

※ 1959年9月，周恩来接见上海越剧院《红楼梦》剧组时，同贾宝玉扮演者、著名越剧表演艺术家徐玉兰握手。

吸引整个世界。”

从1949年到1966年，周恩来任总理而“文化大革命”尚未开展这期间，我国和外国签订的政府间的文化合作协定有三十多个，平均每年有一百多起、两千人次的文化交流项目。在表演艺术的交流方面，我国派出去的艺术团体或艺术家个人有一百六十八起、一万一百多人次。我们接待的外国艺术团体有二百二十五起、两万一千五百多人次。通过交流，也锻炼了我国的文艺队伍，传播了我国文化，并且创作了不少受欢迎的优秀节目，如《红绸舞》、《荷花舞》、《春江花月夜》等。

中外文化交流中，大部分是文艺方面的交流。周恩来强调“要以自己的东西为主”，“应从本民族出发”。他说：“我们的民族从来善于吸收其他民族的优秀文化。我们吸收了印度文化和朝鲜、越南、蒙古、日本的文化，也吸收了西欧的文化。”他的中外文化交流的思想是开放的，既反对保守僵化的盲目排外思想，也反对“全盘西化”的民族虚无主义。他说：“我是主张先把本民族的东西搞通，吸收外国的东西要加以溶化，要使它们不知不觉和我们民族的文化融合在一起。”

这是以我为主的学习和吸收其他国家和民族的优秀的文化。

（力平）

“我不能让你空手而归”

1958年7月，淮安县副县长王汝祥受县委委托到北京去见周恩来。周恩来让他给江苏省委领导带了一封信，并说：“你从家乡老远来，我不能让你空手而归。我这淮安人也得尽点淮安人的责任。这封信你交给江苏省委，你们的困难尽量请他们帮助解决。”

1958年7月，正值盛夏时节，淮安县副县长王汝祥受县委委托到北京去见周恩来总理。县委交代他的任务是，一、汇报淮安工作，请总理对发展故乡的工农业生产给予适当“照顾”；二、向周总理直接请示他的旧居处理问题。

从淮安出发上路，王汝祥的心里总在想，都说总理日理万机，他能有时间接见我吗？到北京后，王汝祥忐忑不安地来到国务院说明了来意……

“父母官”来到北京，几十年未回故乡的周恩来也很高兴，想着见见家乡来客，了解一下家乡的情况。7月25日，他就安排时间接见了王汝祥，还请“父母官”吃了饭。

家乡人见面，自然是一番问长问短，不过，周恩来因时间有限，也不能把想问的都问到。而王汝祥是第一次见到周恩来总理，心情激动之下，本来想好的话，也不知说明白了没有。会面时间不长，周恩来因还要接见来访的外宾，就对王汝祥说：“我和你的事改日再谈吧。”

两天之后的7月27日，夜色将临之时，王汝祥如约走进中南海西花厅，只见周恩来已等候在他的办公室门外。

“吃饭了吗？”周恩来见王汝祥走来，老远就打招呼，并迎上来握手，拉着王汝祥一同步入会客厅，在藤椅上促膝坐下。周恩来颇有歉意地说：“老王，这次你来，我招待不周，仅让你吃个便饭，你一定要嘀咕我这个老乡太小气了。”

“不，不，总理，那天我吃得很好。”王汝祥怎么也想不到周恩来会这么客气。周恩来摇了摇头：“你们在下面招待客人可能比较丰盛，可是，国务院有待客标准，作为国务院总理，我也不能例外啊！”

王汝祥明白了周恩来的意思，知道这是总理的一种解释吧，他不好再说什么。周恩来随即转了话题：

“听说你们要重建我老家房子？这不行，不要以为我是总理嘛！”

“不是重建，是修理。房子年久失修，快要倒塌了，我们只是把它扶扶正。是因为尔

※周恩来故居。

萃（周恩来的侄子）参军了。地方上要拥军优属，这是我们应做的工作。”

“我那房子要倒了，就把它拆掉。”周恩来像是没听见王汝祥的话似的，继续说：“你们对城里地主的房子是怎么处理的，我家那房子，我看可以没收。”

“没收？！”王汝祥没料到周恩来会说出“没收房子”的话，一下子愣住了，不知怎么回答才好，但没收无论如何是不能答应的。好一会儿，王汝祥才想出“对策”说：

“总理，城市没搞土改，怎能随意没收房子？”

周恩来听后，忍不住仰脸大笑道：“好，不谈没收，不谈没收。”

谈话气氛就这样不知不觉地活跃起来，话题也进入了淮安的工农业生产情况。

此时节正是“大跃进”的高潮期，举国上下都难挡浮夸风、“卫星热”，淮安自然也不例外。说到农业产量，王汝祥一开口就说粮食亩产有5000斤。周恩来一听“噌”地站起来，面色严峻，沉默不语，在大厅内踱了几步后，双眸闪着感情复杂的目光，然后语气严肃地说：“干劲要鼓，但要实事求是！”

王汝祥说淮安农业搞得很不错，除了有些浮夸在里面外，还有另外一层意思，就是为发展地方工业的想法做铺垫。上次谈话，他也没有将来意和盘托出，只是转弯抹角地以汇报故乡情况为由，暗示家乡办工业有困难，想请周恩来为发展淮安工业解决点钢材。这一次，他还是说着说着，奔了办工业的主题。

王汝祥这里在想方设法地寻思着如何“不辱使命”，周恩来内心早已明了其意，一语道破：“你是来找我这个老乡开‘后门’的吧？”

周恩来话音刚落，王汝祥的脸上顿时火辣辣的。他虽不愿意承认是来“走后门”的，但又不能否认，确实是有这层意思嘛！

见王汝祥语塞，周恩来知道自己所说不差，但他并没有顺着“走后门”批评下去，而是中肯地建议说：今后一年，淮安还应将主要力量放在农业上，如粮食产量显著增多，就可调整耕地，多种经济作物，或增加储备和外调任务，在这样的农业基础上，地方工业的原料、资金、市场都容易解决，就更有利于发展。因此对地方工业，除手工业和土法生产的以外，不宜搞得过多，不如集中力量先将铁木农具厂搞起来，然后再及其他。当然，不论办什么工厂，都要首先面向农业，由省里统筹规划。办厂要用钢材，也得由全省统一安排。

说着说着，周恩来把话锋一转，微笑着说：“老王，老乡之间可不兴搞贿赂啊。”

“贿赂？！”王汝祥听了大吃一惊，他这才想起来这次进京，带了一些淮安土产茶馓，托总理办公室的同志转交给周恩来，表达家乡人民的一点心意，没想到周恩来竟认起真来。王汝祥一时不知如何回答，只好说：“这是家乡人民的一点点心意。请总理尝尝。”

“尝尝？整整一大铁盒子哩！不准请客送礼，是我们国务院的规定。”

“这……”王汝祥尴尬极了，心想：要是周恩来总理真的把这盒茶馓原封不动地退回，那我回去可怎么向县委、县人委和全县人民交代啊？

周恩来看出王汝祥的心思，抬手抚摸着鬓角，哈哈笑了起来：“看，都把我当成黑脸包公了，这么多年，你是第一位从家乡来找我的‘父母官’，好吧，我也只好破例地来个‘执法犯法’了。”接着，周恩来十分感慨地说：“离开家乡太久了，连你这父母官都不理解我了。”沉思片刻又轻声问道：“文渠没有堵塞吧？”

“没有。”

“小时候，我和小伙伴们常常在文渠里划船，打水仗……”

谈到童年，周恩来娓娓叙来，仿佛他又回到了淮安，回到了驸马巷，回到了那一群群儿时的伙伴互相追逐、淘气玩耍的时代……王汝祥一见周恩来沉浸在故乡情中，便趁机说：“总理，您老离开家乡这么多年，现在家乡变化不小，请总理回去看看。”

周恩来点了点头，无限感慨地说：“是啊，我何尝不想回去看看！1946年，我在南京梅园新村时，有一回梦见自己又在文渠里划船，醒来后便想，将来全国解放了，我一定回去看看。可这些年多少事情等着我们去做。有时候工作忙，遇到棘手的事情，难遣的烦恼，紧张得饭都顾不上吃，觉也不能睡，真想立即回去约几位童年时代的朋友，爬爬鼓楼（指淮安镇淮楼），放放风筝……可是……”

王汝祥知道周恩来回去也难，只好说：“总理，工作再忙，您老也要注意休息啊！”周恩来微笑着未置可否，沉默片刻，他才说，“老王，你是‘父母官’，我的心里话对你不隐瞒，我讲个故事给你听听。你给裁判裁判。有这么一个摆渡的，他在湍急的河流中，把船划到了河中心，这时，他感到很疲劳，而对岸又是乘客很向往的地方，你说，这个摆渡的该怎么办？”

王汝祥琢磨着周恩来的话，很快领悟了其中的意思：革命尚未成功，同志仍需努力。周恩来是把自己比作那个“摆渡”的，他还要把国家与人民送到繁荣富强的彼岸去啊！所谓鞠躬尽瘁、死而后已，不就是如此吗？！

王汝祥还在感慨万分的体会中，周恩来递过一封信，信封上写着：“江渭清、刘顺元、惠浴宇同志收。”然后说：“你从家乡老远来，我不能让你空手而归。我这淮安人也得尽点淮安人的责任。这封信你交给江苏省委，你们的困难尽量请他们帮助解决。”

接过信，王汝祥就忙着往口袋里装，该看不该看他还是心中有数的。

倒是周恩来发话说：“你可以打开看看，信的内容与你们的意图符合不符合？”

王汝祥没有打开信的意思，嘴里却在连声说着：“行行行。”

周恩来见状，不禁风趣地说：“不看，回去交不了差，不要后悔哟！”

王汝祥说：“不会，不会。”

转眼间，两三个小时就过去了，王汝祥起身向周恩来告辞。周恩来送他缓缓走出会客厅。握手道别时，王汝祥再次邀请周恩来从百忙之中能抽出点时间回故乡看看。

周恩来也微微点头，紧紧握住王汝祥的手说：“请代我向家乡人民问好，代向淮安的机关干部问好。噢，还有，要实事求是地把《淮安日报》办好，每月按期寄给我一份。”在第二次接见后，周恩来还为淮安县委写了“鼓足干劲，力争上游，多快好省地建设社会主义”的题词，并为《淮安日报》题写了报头。

事后，人们得知了周恩来写给江苏省委负责同志信的内容。在这封信中，他写了淮安县委向他提的要求，明确地表达了他个人对这些问题的看法，特别是在写到淮安县委希望他帮助解决钢材问题时，他写道：“王汝祥同志这次来，想在北京解决钢材问题，我当然不能那样做！”信中还特别声明，他不了解淮安情况，对淮安的建议“不一定对，所以千万不要认为这是成熟的意见，更非组织上的意见”。

（张文和）

“一武一文”

综观1958年第二次台海危机整个过程，毛泽东和周恩来实行的是“一手打炮，一手谈判，一武一文”，进行“武力侦察”和“外交侦察”合作的策略。

1958年8月23日的万炮轰金门，令蒋美始料不及。蒋军的金门补给中断，美国也陷入了困境。由于蒋美签订的共同防御条约不包括金马，协防金马没有理由，反而会引起中美战争的危险。但一旦国民党当局失去这些岛屿，就会导致台湾防御体系的瓦解。这两种情况，美国都是不希望看到的。为此美国当局采取一种“战争边缘”政策，即在台湾海峡大肆炫耀武力，进行战争恐吓，妄图使大陆罢手。

面对美国的战争恐吓，毛泽东决定，自9月4日起停止炮击3天，以观各方的反应。9月4日，中国政府发表领海的声明：宣布我国领海宽度为12海里，一切外国飞机和军用船

※ 周恩来观看反坦克导弹。

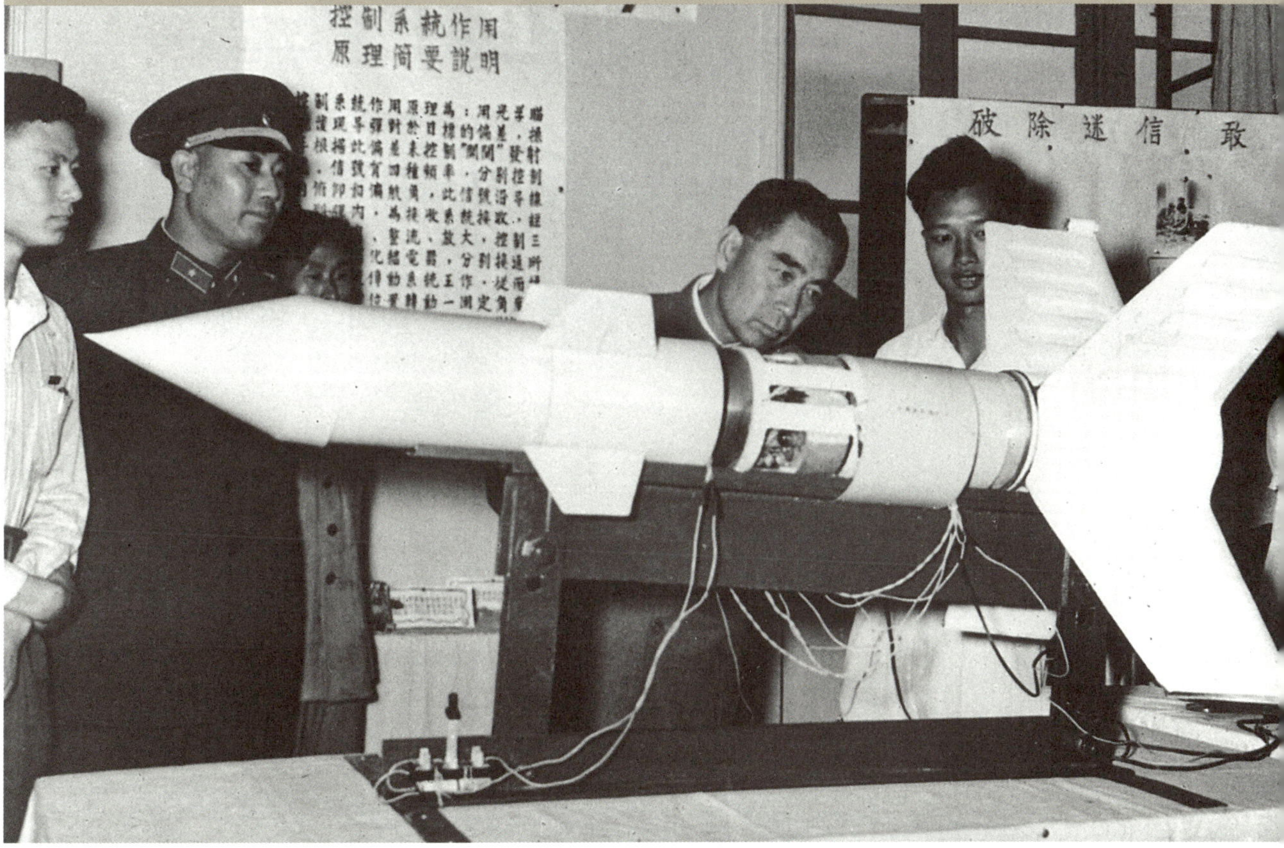

※ 周恩来了解一五二毫米火箭增程弹的研制情况。

舶，未经中国政府的许可，不得进入我国领空和领海，并以炮火进一步封锁金门马祖，不给美国以协防的借口。

但美国当局无视中国的这一声明。9月7日，美蒋海军组成的联合舰队对运输舰进行护航，试图恢复金门的海上补给线，美国军舰配置在海上编队的两侧，把国民党的军舰和运输船夹在中间。

美国人给毛泽东出了一道难题。如果不打，宣布的领海宽度等于白说；如果打美舰，中美之间将越过战争边缘，兵戎相见。于是，毛泽东决定只打蒋舰，不打美舰。如果美舰开火，没有命令不准还击。当我军以密集的火力攻击蒋舰及运输船只时，美舰丢下蒋舰及运输船只，调头向领海之外跑去。毛泽东一下子摸到了美国的底牌，虽然美蒋签订了共同防御条约，但条约是有一定限度的，美国并不想越过战争边缘和中国发生直接的军事冲突。

武戏文戏一起唱，逼迫美国回到谈判桌，探索解决台湾问题的新途径。毛泽东、周恩来从战略的高度，将炮击金门这一军事行动和外交斗争结合起来。9月6日，周恩来授权代表中华人民共和国发表关于台湾海峡地区的声明，表明了中国对台湾问题的严正立场。同时指出，既然美国国务卿杜勒斯在9月4日的声明中隐约提到了“愿意进行和谈”，中国政府将准备恢复中美大使级会谈。9月15日，中美大使级会谈在华沙复会。周恩来亲自领导了这次会谈。他根据毛泽东的意图，指示我方代表王炳南“应采取积极主动的方针”，即在美国不正面回答我方提案而继续主张停火的情况下，提出坚决要求美国从台湾澎湖列岛和台湾海峡撤出一切武装力量，停止向中国领海领空的一切军事挑衅和干涉中国内政的行动，以缓和和消除目前台湾海峡紧张局势的反建议。这个反建议确定了中美谈判的原则，扭转了被动的局面，毛泽东高度评价说：“我们的这种新方针新策略是主动的、攻势的和有理的。高屋建瓴、势如破竹，是我们外交斗争的必须态度。”随后周恩来组织了一个配合中美大使级会谈的大规模的行动，从各方面扩大要求美军停止挑衅和从台湾海峡撤退的活动。这是周恩来发动的一次大规模的舆论配合外交，以宣传促进会谈的策略。

在这之后，中国人民解放军继续保持对金门强大的压力。同时，在华沙同美国谈判，进一步摸底。经过几个回合的实战和谈判，毛泽东和周恩来判断美国要保住台湾，但不一定要保住金马，美国有可能企图放弃金马以换取中国承认美国在台湾的存在。

果然，美国见其武力未奏效，而为蒋介石护航会冒很大的风险，大量兵舰集结台湾对美国的战略利益很有影响，并且国内人民越来越反对政府的战争政策。美国开始调整对台政策。9月30日，美国国务卿杜勒斯在答记者问的声明中说：“我们没有保护沿海岛屿的任务法律义务，我们不想承担任何义务。如果美国认为放弃这些岛屿不会对保护台湾产生任何不利的影响，我们就不会考虑在那里使用部队。”这就是说，美国对金马的政策由“协防”转为“脱身”，以换取长期占领台湾的合法化。对于杜勒斯的谈话，蒋介石十分恼火，10月1日公开拒绝了这次谈话。一个想拼命脱身，一个又赖在那儿不走，美蒋双方的矛盾进一步扩大化和公开化。

针对美蒋矛盾的激化，毛泽东和周恩来权衡利弊，适时主动调整策略，炮战进入高潮阶段。这也是毛周合作精彩之笔第二。毛周将原定封死金马、逼蒋撤退或打到一定程度相机登陆解放金门的方针，改为采取暂不解决金门问题“保留金、马（祖）在蒋军的手中”的方针。为实现这一方针，毛周提出了“打而不登，断而不死”的策略。9月22日，周恩来致电巡视江南的毛泽东，请示关于军事斗争的最新方针，建议“在目前形势下对金门作战的方针，仍以打而不登、断而不死，使敌昼夜惊慌、不得安宁为妥”。下午，毛泽东回电予以肯定。

对于这一别出心裁的方针，毛泽东和周恩来是“慎之又慎、三思而后行”的。10月1日起，中共中央连续召开政治局会议，讨论台湾海峡的局势和对策。会上，周恩来对形势进行了客观的分析。他指出，杜勒斯的谈话，表明美国想趁目前这个机会制造两个台湾，要我们不用武力解决台湾的问题。以此为条件，美国可能要台湾放弃“反攻大陆”的计划，从金门马祖撤退。杜勒斯的政策，一句话就是以金马换台澎，这同中美大使级会谈中侦察美方的底牌的情况是一样的。接着毛泽东说，侦察任务已经完成。问题是下一步棋怎么走，可以设想，让金马留在蒋的手里如何？这样做的好处是金马离大陆近，我们可以通过这里和国民党保持接触，什么时候需要就什么时候打炮，什么时候需要紧张一点就把绞索拉紧一点。什么时候需要缓和一下，就把绞索放松一下，不死不活地吊在那里，可以作为对付美国人的手段。我们一打炮，蒋介石就要求美国救援，美国人就紧张，担心蒋介石给他闯祸。对于我们来说，不收复金马，并不影响我们建设社会主义。反之，如果我们收复金马，或者让美国迫使蒋介石从金马撤退，我们就少了一个对付美蒋的筹码，事实上形成了两个中国的局面。会上大家讨论了毛泽东的设想，同意毛泽东的方针。毛泽东最后说，方针已定，还是打而不登、断而不死，让金马留在蒋手中。可以看出，1958年台海危机的两个关键时刻，中共中央政策的形成和运转过程，是毛泽东和周恩来共同策划和组织的。

在这一历史事件的结尾，毛泽东创造性地以两告台湾同胞书的文告和打政治仗的策略收场。10月6日和10月23日，毛泽东两次以国防部长彭德怀的名义，写了《告台湾同胞书》和《再告台湾同胞书》两篇文告，揭露了美国的侵略行径和阴谋，划清了中美之间和国共两党之间的界限，在台澎金马军民中产生了极大的反响，加深了美蒋之间的矛盾。同时，文告规定双日不打，单日打，就是单日打炮，也不打阵地和居民点，只打到海滩上。后来发展到每逢年节，对金门停止打炮3天。对于这一特殊的“对话”，蒋军心领神会，以同样的方式办理。这样，海峡两岸的领导人之间心照不宣，共同抵制美国企图在台湾海峡画线使台湾和大陆分离的阴谋。在10月3日的政治局常委会议上，毛泽东以绞索政策击

※ 20世纪60年代的周恩来。

败美国的脱身政策。留蒋在金马，拖住美国，反对美国用金马换台湾的要求。

在当时的国际局势下，苏联作为举足轻重的一方，其作用是不可低估的。9月5日晚，周恩来接见苏联驻华使馆参赞苏达利柯夫，说明了中国的意图只是惩罚国民党军队，阻止美国搞两个中国，而不是马上解放台湾。如果打出乱子，中国自己承担后果，不拖苏联下水。随着形势的发展，中国政府调整政策之后，周于10月14日接见苏大使安东诺夫，指出中国的方针是“宁予家奴，不予外人”，将金马留在蒋的手中。了解中国的态度后，苏联在此次危机中给予中国较大的外交支援。赫鲁晓夫3次致信艾森豪威尔，促进了中美大使会谈，同时也增加了中国在同美国抗争过程中的底气。总的来说，1958年中苏双方关系是良好的和正常的，彼此间存在的问题和争议降到了次要的位置。这对于中国政府解决台海危机是需要的和必须的。

周恩来高度重视中间地带各方的态度和影响，妥善而周到地处理远东复杂关系。9月

21日，周恩来接见印度驻华大使、缅甸驻华大使、锡兰驻华大使和柬埔寨代表团副团长。9月25日，周恩来接见伊拉克人民友好访问团团长。在与各国大使的谈话中，周恩来表示了我国外交的严正立场。他将美国对我国的干涉和我们收复台湾这两种性质不同的事件做了严格的区分，指出“我们对沿海岛屿上的蒋军必须惩罚，解决台湾主权问题不能放弃”，而“美国的所谓停火政策”“是想扩大侵略”，“我们决不能接受，我们不能容忍它的武装力量在台湾地区，要他们撤走”。周恩来和大使们说：“我们首先要争取和平解决，但你打我也不怕，我也准备打。”

在毛泽东发表两告台湾同胞书的同时，周恩来及时做台湾地区统一战线的工作。10月13日，毛泽东和周恩来一起与曹聚仁谈话。这次谈话，周恩来将中国政府处理与台湾关系的基本原则，如何处理中国、台湾、美国的三角关系的基本立场全盘托出，希望曹及时转告台方。他强调：“美国企图以金门、马祖换台湾、澎湖，我们根本不和他谈。台湾抗美就是立功。希望台湾的小三角（蒋介石、陈诚、蒋经国）团结起来，最好是一个当总统，一个当行政院长，一个将来当副院长。”中国政府调整政策之后，周恩来频频接见当时中台之间的两位信使（曹聚仁和章士钊），这在历史上是没有的。

总的来看，在1958年的第二次台海危机中，毛泽东和周恩来各扬其所长，密切配合，共同策划和组织了整个过程。即使在某些时候，毛泽东作为决策者周恩来作为执行者，处于承上启下地位的周恩来，其思想也得到了充分的发挥和实现。

（程惠丽）

民以食为天

在国民经济困难时期，周恩来统筹全国粮食工作的全局，组织调拨粮食，果断决定进口粮食，并且下决心大幅度精简城镇人口，调整农村政策，实行粮食“三定三包”，终于使我国渡过了“粮荒”的难关。

1958年，席卷中国大地的“大跃进”和人民公社化运动，在“左”倾指导思想的影响下，以高指标、瞎指挥、浮夸风、强迫命令、“共产”风为标志的“五风”严重泛滥，加上自然灾害，造成1959年至1961年国民经济严重困难。困难最突出、最明显的表现是，粮食大幅度减产，城乡粮食供应普遍紧张，出现了前所未有的“粮荒”。

※ 1959年6月，周恩来在河北磁县临漳镇农村了解小麦生长情况。

※ 从1953年开始，我国在实行社会主义工业化的同时，对农业、手工业和资本主义工商业进行社会主义改造。1956年1月，北京市各界人士举行联欢大会，庆祝北京在全国第一个实现工商业全行业公私合营。这是周恩来和彭真（右一）陪同毛泽东接受工商界代表乐松生（左一）呈献报喜信。

面对这种严峻的形势，总理国务的周恩来忧心如焚，寝食不安。他呕心沥血，日夜操劳，统筹全国粮食工作的全局，组织调拨粮食，果断决定进口粮食，并且下决心大幅度精简城镇人口，调整农村政策，实行粮食“三定三包”，终于使我国渡过了“粮荒”的难关。

分析“粮荒”原因，摸清粮食底数。周恩来认为，“产量没有那么多，有虚数”。他指出：全国粮食收支计划，必须按粮食部门核实过的数字安排。

当时粮食工作的主要问题是，由于人祸天灾，粮食大幅度减产，而相当多地区却逐级浮夸虚报粮食产量，致使粮食底数不清。周恩来首先要求摸清粮食产量的底数。1958年8月，在北戴河举行的中共中央政治局扩大会议，公布当年粮食产量将达到6000亿至7000亿斤，比上年增产60%至90%。到年底，各地上报的粮食预计产量进一步夸大到8000亿斤，全国人均粮食占有量1300斤左右。1959年，继续浮夸粮食产量将达到1万亿斤。这样，就造成我国粮食已经过关的假象。当时，周恩来明确指出：“产量没有那么多，有虚数。”果然，正如他所说，1959年落实的粮食产量仅3300多亿斤，为原有估产的1／3。

高估产造成高征购。1959年至1961年，3年平均征购粮食占粮食总产量的35.3%，其中1959年达39.7%，而正常年景一般只占20%多。高征购所购的过头粮，包括农民的部分口粮、种子和饲料。这严重挫伤了农民生产粮食的积极性，进一步导致粮食减产。这是造成粮食供应紧张的主要原因。

1959年初春，河北、山西、内蒙古、陕西、甘肃、宁夏、青海、山东、江苏、安徽、福建、河南、湖北、湖南、江西15省、自治区出现春荒，河北、山东等5省出现严重缺粮情况。周恩来收阅中央救灾委员会办公室送来的两件灾情报告后，立即转送毛泽东等传阅。毛泽东于4月17日晚批复：建议将此两件“在3日内，用飞机送到15省省委第一书记手收，请他们迅即处理，以救2517万人的暂时（两个月）紧急危机”。为引起各省领导同志关注，毛泽东还写道：“文件可安一个题目，《15省2517万人无饭吃大问题》。”18日，周恩来致信15省、自治区第一书记。信中指出：“请你们收到这两个文件后，迅即核实情况，采取措施调运粮食，以解除2517万人暂时缺粮的紧急危机。”

4月19日，周恩来召集15省、自治区在京出席全国人大会议的代表商议解决春荒中的粮食问题。1959年的灾荒所影响的是农村部分地区，对它的严重程度还没有引起足够注意。而1960年的灾情比1959年严重得多。

1960年3月29日，周恩来收阅一封自称“一位不愿署名的政协委员”的来信，反映安徽省和县铜城闸和无为县发生“饿死人事件”和“田地荒芜”的情况，立即将这封信批转给中共安徽省委第一书记曾希圣，要求他派人前往调查处理。信中写道：“转上一信，请阅后派人前往两县一查，也许确有其事，也许夸大其词。但这类个别现象各地都有，尤其去年遭灾的省份，更值得注意。”

到1960年秋后，自然灾害的情况进一步暴露出来。全国受旱面积达6亿多亩，水灾面积1亿多亩，加上风、雹、虫灾面积，共计9亿多亩，占全国耕地面积16亿亩的56.1%多。1960年10月29日，周恩来在中共中央政治局扩大会议上说：“这样大的灾荒是我们开国11年所未有的。拿我们这个年龄的人来说，20世纪记事起，也没有听说过。”还值得注意的是，由于“大跃进”和人民公社化运动的折腾，这时农村抵御自然灾害的能力已很虚弱。因此，1960年粮食大幅度减产，原计划6000亿斤，实际上只有2870亿斤，比1957年减少26%以上。

农村粮食大幅度减产，势必引起城镇粮食供应紧张。据国务院财贸办1960年6月份的报告统计：入夏以后，北京、天津、上海、辽宁等大城市和工矿区的库存粮食已经很少，北京只能供销7天，天津只能供销10天，上海几乎没有大米库存，辽宁省10个城市只能供销8至9天。

值得注意的是，由于浮夸风的影响，一些放过“卫星”的人不承认粮食减产，致使全国粮食产量的底数不清。1960年1月26日，中共中央批转的一个报告认为：国家粮食库存在1959年6月底343亿斤的基础上，1960年6月底将增加到500亿斤。报告设想，今后每年征购和销售各增加200亿斤，购销差额每年在150亿至200亿斤左右，至1963年底，国家库存可达1000亿斤贸易粮。显然，这是浮夸的估计。这年七八月间在北戴河召开的中共中央工作会议上，估计1960年7月1日至1961年6月30日的年度粮食产量仍然偏高，产量为3500亿斤，并决定征购1100亿斤。

但是，国家粮食部预计1960年全国粮食产量只有2000多亿斤，年底落实为2870亿斤。周恩来得知中共粮食部党组的情况报告后，强调指出：农业生产的情况如何，可以各说各的，但全国粮食收支计划，必须按粮食部门核实过的数字安排，并据此调整粮食购、销、调的指标。为认真核实粮食产量，他还同意粮食部提出的对全国农村生产队的粮食实行过秤入库的办法。

为了进一步摸清粮食产量的真实情况，周恩来把北方各省主管粮食工作的领导同志和部分县、社干部，请到北京召开紧急会议。会上，他认真听取意见，详细了解实际情况，并同中央其他领导同志研究后，提出全党动员，发展生产，控制消费，低标准，瓜菜代，艰苦奋斗，渡过暂时困难的一系列具体措施。他还在会上提出，每月召开一次北方各省粮食厅、局长会议，主管农业的中央领导同志到会听取汇报，亲自部署和精心安排粮食工作。

※ 1957年12月，周恩来在浙江省农业科学研究所观看牲畜饲料标本。

※ 1965年10月，周恩来和邓小平、彭真、陈毅、谭震林参观全国农业大寨展览。

人们称赞周恩来是“粮食调度的总指挥”，他设计的“哈达表”生动体现了关爱人民的真情

粮食底数基本摸清后，发现粮食入不敷出，缺口很大。为了保证供应城镇人口最低限度的口粮，中共中央和国务院相继采取了一系列重大措施。首先将为数不多的国家库存粮食和地区间的粮食进行调拨，以解燃眉之急。做好全国范围的粮食调运工作，是一项十

分繁重而艰巨的任务。如1960年第3季度，据粮食部计划，国家要从有关省、区调运至少60.3亿斤粮食，用来保证京、津、沪、辽和出口的需要。这样大量的粮食调拨数字，是建国以来历年所没有的。

为了安排好粮食调运工作，通常要经过三道“防线”。时任粮食部党组书记的陈国栋在《周恩来与粮食工作》一文中说：先念同志老是讲，“我们管粮食、管吃饭分三线”。我在第一线，由我先与各省、市、区协商，能够商量好的，就不找先念同志了。商量不下去，就把先念同志请出来。先念同志跟他们商量不下去，最后就把总理请出来。于是，总理就把我们带上，一个一个省地定。那时候，调动500万斤粮食都要报告总理。

在国民经济严重困难的日子里，周恩来亲自抓粮食调运工作，被称赞为“粮食调度的总指挥”。据有关文献档案记载，1960年6月至1962年9月的2年4个月中，周恩来关于粮食问题的谈话115次。从总理办公室退粮食部办公厅现存的32张表格中，周恩来改动的笔迹有994处。《1962年至1963年度粮食包产产量和征购的估算》表格上，周恩来用红蓝铅笔做的标记145处，调整和修改数字40处，在表格旁计算6处，批注数字70处，批注文字7处。这些数字生动体现了周恩来执政为民的精神。

为做好全国粮食调运工作，周恩来设计了《中央粮食调拨计划表》，记载各省、市、自治区的粮食收购、库存、销售、调拨的收支等情况。一看这张表格，就能够一目了然地知道各地粮食调拨和中央粮食收支的具体情况。因为这张表格相当长，人们戏称“哈达表”。周恩来通过这张“哈达表”，随时掌握全国粮食调运动向，检查粮食政策执行情况，部署粮食工作。他对“哈达表”上的统计数字看得很细，记得很牢。他到各地视察时，对当地的粮食情况有时比当地领导同志了解得还清楚些。周恩来创制的这张“哈达表”，充分体现了他关心人民吃饭问题的深情厚谊。

在调粮工作中，周恩来力求事先对各地粮食情况进行调查研究，做到心中有数。1961年在庐山召开的中共中央工作会议结束后，9月18日，中共江西省委领导同志与周恩来以及中央其他领导同志共进晚餐，同叙国事。中共江西省委领导同志刘俊秀站了起来，向总理举杯：“南昌是总理领导八一起义的英雄城，人民解放军的诞生地，总理离开南昌34年了，今天来到南昌视察工作，我们心里格外高兴，为总理敬一杯酒！”周恩来也站起来笑着说：“江西对国家贡献是大的，特别是这几年暂时困难时期，又多支援了国家粮食，应该受到人民的表扬。俊秀同志，你要敬我一杯可以，但有一个条件！干一杯酒，要增加外调粮食一亿斤！我们干3杯，增加3亿斤好不好？”刘俊秀说：“总理啊，国务院今年给我们的外调粮任务12亿斤，怕有困难啊！”周恩来接着说：“我有调查，江西老表口粮水平比较高，还有储备粮，比严重缺粮的晋、冀、鲁、豫好多了。增加3亿斤虽有困难，还是可以的！”刘俊秀想：国家面临这么大的困难，总理是我国6亿多人民的当家人，今天亲自向我们要粮食，再困难也要想办法拿出3亿斤粮食来。于是，他回答说：“可以！就按总理的意见办。总理的心情我们理解，国家有困难我们应该大力支援，3亿斤就3亿斤！”这时，周恩来高兴地举起酒杯连干3杯。后来，中共江西省委研究决定，同意增加3亿斤外调粮，作为光荣的政治任务来完成。在江西省完成14.6亿斤外调粮时，中央来电说：“现在到了7月，新粮已上市了，另外4000万斤不再调了。”这体现了周恩来实事求是和体谅地方的精神。

由于当时各地包括一些产粮地区的粮食供应都很紧，外调粮食不仅必须实事求是地摸清实际情况，而且需要做深入细致的思想说服工作。为此，周恩来常常同一些省的领导同志谈话，希望他们顾全大局，支持国家调拨粮食。有一次，中央向黑龙江省下达调拨28亿斤粮食的任务，后又增调2亿斤。中共黑龙江省委主管财贸工作的省委书记杨易辰想不通，并“同总理争了起来”，周恩来耐心地说服教育他。周恩来循循善诱地对杨易辰说：“要树立全局观念，服从大局。黑龙江有困难，但其他省份更困难，很多省死了不少人，国家要拿粮食去帮助他们，在这种情况下，只有全国上下团结一致，同心同德，才能渡过难关。每一个党员干部，尤其是领导干部，一定要顾全大局，以党和人民的利益为重，坚决支持和执行中央的统一部署。”

听了周恩来这番语重心长的话，杨易辰不仅想通了，而且坚决完成了调粮任务。他说：“总理的一席话，使我深受教育，我感到自己确实是考虑本地区的利益多了，想整体利益少了。思想通了，在行动上我坚决执行了中央的调粮计划。”

在调拨粮食的过程中，对一些重点产粮地区的实际困难，周恩来总是想方设法帮助解决。1961年，周恩来出差到东北，看到当地粮食供应确实困难，便提出向苏联商谈，从苏联远东借20万吨粮食，以应急需，然后从进口粮中归还。四川省号称“天府之国”，原是粮食调出大省，60年代初粮食供应也紧张，周恩来得知后，立即指示：停止外调粮食，由省里内部调剂。1962年初，四川省的粮食供应告急，周恩来知道后，心里很难过，立即提出想办法支援四川。他请李先念、陈国栋、杨少桥到自己办公室，一起核算后，决定在当年第二季度给四川调运2.5亿斤粮食，帮助他们渡过春荒。

为组织领导好全国范围内的粮食调运工作，中央成立了以李先念为首的调运指挥部，中共中央还发出了一系列有关调运粮食的文件。周恩来还同外贸部商量，尽快进口1200多辆汽车，交粮食部使用，增加中央的调粮运力。

※ 1965年5月，周恩来和李先念（右四）、罗瑞卿（右一）视察大寨时，在团支部书记郭凤莲（左前）家做客。右二为大寨党支部书记陈永贵。

周恩来和陈云建议，并经中共中央决定，从国外进口粮食，以缓解粮食供应紧张的危急状况

1960年冬，全国范围内的粮食供应危机更加严重，仅靠地区之间调运粮食不能完全解决问题。关键问题在于各地农村和国库没有多余的粮食可供调出。11月，国家调运粮食任务只完成60.4%。12月头4天每天调运粮食比11月份平均下降20%，比中央的要求减少了一半，交通沿线的粮食库存空虚。在这种粮食供应难以为继的严峻形势下，根据周恩来和陈云提出的建议，中共中央决定进口粮食。

在当时的历史条件下，从国外进口粮食是一个重大的决策。新中国成立后，改变了国民党统治时期沿海城市吃饭靠进口粮的局面，并且开始出口粮食，这是个很大的成就。

※ 1962年6月，周恩来视察长春拖拉机制造厂。

1958年前，国家每年出口四五十亿斤粮食，1958年向东欧和港、澳地区出口80亿斤粮食，创最高记录。但是，在“左”的思潮影响下，有些人错误地认为，吃进口粮就是对帝国主义的“依赖”。因此，吃进口粮成了一个禁区。周恩来和陈云提出从国外进口粮食的建议，就是要冲破这个禁区，这是需要有足够的政治勇气的。1961年5月30日，陈云在外贸专业会议上讲话时明确指出：“把粮食拿进来，这是关系全局的一个重大问题”，“没有粮食是最危险的”。

1962年12月底，周恩来出访缅甸。行前，他在飞机场同陈云、外贸部长叶季壮商讨进口粮食问题，当时确定的进口粮食数量是150万吨。周恩来到昆明后，外贸部给随行的外贸部副部长雷任民打来电话，说中央决定进口250万吨粮食。周恩来得知这个情况后，立即打电话问陈云。陈云说：粮食太紧张了，要进口这么多粮食才能渡过难关。周恩来感到，一向精细稳重的陈云都主张增加粮食进口数量，足以说明国内粮食紧张的程度，心里非常着急，很久没有说话。

在访问缅甸结束前一天，周恩来对雷任民说："访问结束后，你不要回北京，直接去香港，确实搞清三个问题：一是能不能买到粮？二是运输问题能不能解决？三是中国银行能不能解决外汇支付问题？"因为当时台湾海峡局势比较紧张，美、蒋对我实行海上封锁。这样，运输和资金特别重要。雷任民从香港回到北京后，立即向周恩来报告，经过了解和研究，货源、运输、外汇都可以解决。周恩来听后，还从各种角度提出许多问题，直到雷任民一一答复后，他的心里才踏实。

在进口粮食的过程中，周恩来不仅抓得很紧，而且抓得很细。为了严密周到地计算进口粮食的价格，他常常同外贸部门领导同志一起，对大米和小麦的国际市场价格进行对比计算。当时，一吨小麦价格是60多美元，大米价格是100多美元。这就是说，出口一吨大米，至少可以换回一吨半小麦。我国进口小麦量大于出口大米量，加上出口大豆等粮、油类产品，一进一出，在金额上进与出相差不多。粮食生产形势明显好转后，周恩来主张继续进口粮食。周恩来认为，继续进口粮食对我们国家有利。因为进口小麦供应北京、天津、上海、大连、广州等大城市，除有利于农民休养生息外，还可以减少从内地粮区运粮食到大城市的运输量，缓解运输紧张状况，节省大量人力、财力；而且，小麦便于储存，以备急需。当时国际市场麦价比较低，海运费也便宜。相反，靠陆路从我内地运到沿海大城市，运费就比较高了。从这里，我们可以看到，周恩来想问题是相当周到和深远的。他是用战略眼光来分析、处理这个问题的。

1961年3月，中共中央决定进口粮食增加到500万吨，从1961年到1965年，连续5年每年进口粮食500万吨。每年的进口粮食占京、津、沪等大城市和辽宁省用粮总数的70%至80%。购买这批进口粮食需要5亿美元的外汇，占当时国家拥有外汇总数的1／4。为解决外汇困难，周恩来一面请国家银行进行调剂，一面压缩其他进口物资。每年进口500万吨粮食，在全国粮食总量中所占比重很小，但在全国粮食调节和弥补国家粮食逆差上，却起了相当重大的作用。进口500万吨粮食，不仅减少了产粮区的粮食调出，保证了重灾区的粮食供应，避免了京、津、沪、辽粮食脱销的危险，而且补充了部分国家粮食库存。

为解决粮食供应危机，必须大幅度精简城镇人口，周恩来提出："决心要大，步骤要稳，工作要细，要负责到底"

大幅度地精简城镇人口，包括城镇职工和居民，是调整工作中的一项关键性措施，也是缓解粮食供应紧张的一项有效措施。在“大跃进”的浪潮中，全国职工人数盲目攀升，1957年为2450万人，到1960年猛增到5000万人。与此相应地减少农村劳动力2300万人，原来生产粮食的人变成了吃商品粮的人。短短2年多全国职工人数成倍增加，大大超越了国民经济发展水平，特别是农业生产水平所能承受的程度。中共中央决定在进口粮食的同时，下决心精简城镇人口。

1961年3月21日，周恩来在广州召开的中共中央工作会议上，介绍了粮食问题的情况，并提出了解决粮食供应紧张的措施，首次提出压缩城镇人口的意见。他说：“在不妨碍生产、而且有利于生产的情况下，要压缩一批城市人口回乡，这项工作应该立即着手准备，而且要有计划有领导有步骤地去做。我们希望从今年麦收开始到明年，争取在一年半的时间内压缩1000万以上的人口回乡，这对于减少城市的粮食压力，促进农业生产的发展，会起很好的作用。”

1961年5月21日至6月12日，中共中央工作会议在北京召开。研究怎样从根本上解决粮食问题，是这次会议的一个重要议题。5月31日，周恩来在会上作了关于粮食问题和压缩城市人口的报告。他提出，要解决粮食问题，根本的方针是，“从城市压人口下乡”。人如何压下去？“最重要的方针是人从哪里来，回到哪里去。”“3年压2000万人，这是一个艰巨的工作。”

当天，陈云在会上讲话，完全赞成周恩来的意见。

中共中央工作会议认真讨论了周恩来的报告。经过综合分析讨论中所提的意见，周恩来连夜主持起草了《关于粮食问题的九条办法》。6月6日，他对这“九条办法”逐一说明。经过讨论，又作了一些修改和补充。这“九条办法”中直接有关压缩城市人口的主要内容是：全国城镇只许减人，不许加人，特殊需要加人的必须得到中央和中央局的批准。减少城镇人口，必须同压缩城市粮食销量结合进行。中央要求，在1960年底1.29亿城镇人口的基数上，3年内减少城镇人口2000万以上。6月12日，中共中央工作会议通过了这个文件。这“九条办法”至关重要，是调整时期指导城市精简工作和解决粮食问题的纲领性文件。

减少城镇人口的方针、政策确定后，艰巨的任务在落实。为了尽快地落实中共中央确定的减少城镇人口的任务，周恩来亲自紧抓不放。1961年8月24日，他在庐山召开的中共中央工作会议上，再次作关于粮食问题的报告。在讲到减少城镇人口问题时，他强调指出：为了解决城市问题，必须精简城镇人口。“现在粮食情况很紧张，中央各部要帮助各省、市把厂矿的人员压下去，压人的事情要抓紧，城市长期这样多人是不行的。”8月30

日，会议通过了周恩来改定的《中共中央关于1961年到1962年度粮食工作的几项规定（草稿）》，强调加紧压缩城市人口和城市粮食销量，切实安排好城乡人民生活，是摆在全党面前的一项迫切的重大的经济任务和政治任务。

1962年1月11日至2月7日，中共中央在北京召开扩大的中央工作会议，又称“七千人大会”。2月7日，周恩来在大会闭幕会上讲话。在讲到克服目前困难的八项主要办法时，他提出的第一项办法就是“坚决精简机构，压缩城镇人口，精简职工人数，减少粮食供应”。他说：“中央决定，1962年上半年要继续压缩城镇人口700万人，其中职工要减少500万人。在上半年精简的指标实现以后，下半年还要考虑提出新的精简计划。这是克服当前困难最重要的一着，也是调整工作的一个重要环节。”

“七千人大会”后，1962年2月21日至23日，刘少奇在中南海西楼主持召开中共中央

※ 1962年初，中共中央召开扩大的中央工作会议（即七千人大会）。周恩来在会上针对浮夸风等不良倾向，强调要“说真话，鼓真劲，做实事，收实效”。

※ 1962年初，毛泽东、刘少奇、周恩来、陈云、邓小平、彭真在北京举行的中共扩大的中央工作会议（即七千人大会）上。

政治局常委扩大会议，讨论1962年国家预算和经济形势问题。周恩来主持起草了《中央财经小组关于讨论1962年国民经济调整计划的报告（草稿）》，提出了几项重大措施。其中一项就是继续压缩城镇人口1000万，包括精简职工850万人。随后，在周恩来改定的《中共中央关于批发1962年国民经济调整计划的指示》中，强调指出："当前最急迫的措施，是要坚决缩短工业生产战线和基本建设战线，关掉、合并、缩小一批工厂，拆掉那些用不着的架子，收起那些用不着的摊子，大力精简职工和压缩城镇人口。这些方面的工作做得愈坚决，愈妥善，我们就能够愈快地改变当前国民经济困难的局面。"

针对当时一些领导干部对大幅度压缩城镇人口和精简职工的重要性认识不足，下不了决心，等待观望，措施很不得力，为了统一思想和行动，做好调整工作，1962年5月7日至11日，中共中央政治局常委在北京召开工作会议，又称五月会议。5月11日，周恩来围绕经济形势和方针、任务等问题作了有针对性的讲话，着重讲了精简工作问题。他说："去年已经是下大决心了，1000多万人下乡，870多万职工精简下来，这是一个大决心。但是，去年我们还不能设想关这么多厂，拆这么多'庙'，精简这么多人。这件事情，在中国，没有哪个政权能够这样做，只有我们才有这样做的群众基础。""现在下这个决心，目的就是要把我们的经济生活来一个大幅度的调整，使它在新的基础上来一个大改组。这是领导的决心，也是全民族的决心，几乎要震动我们全民的生活，不是一件简单的事情。""这是一个积极方针，是一个经过调整、改组，然后前进的方针。"

根据五月会议精神，周恩来修改、审定了几个有关经济调整和减少城镇人口的文件。5月19日，他审改了《中共中央批发〈中央财经小组关于讨论1962年国民经济调整计划的报告〉的指示》。5月21日和22日，周恩来修改审定《关于减少职工和城镇人口的宣传通知》和《中共中央、国务院关于进一步精简职工和减少城镇人口的决定》等4个文件。五月会议后，最紧迫、最艰巨的任务在于落实。为了帮助各地落实压缩城镇人口、精简职工和关停并转企业等项调整方案，周恩来和几位副总理分赴一些省、市，去指导和督促工作。周恩来主动提出到大型厂矿企业多、困难大的东北三省。中央要求东北地区精简职工200万，压缩城镇人口300万。行前，他派国家计委一位副主任率领工交系统80多人组成的工作组，先到东北三省进行调查，并提出三点调整方针：一是，在整个经济布局上，要缩短工业战线，拉长农业战线；二是，在工业系统，要缩短基本建设战线，拉长生产战线；三是，在机械设备方面，要先辅机，后主机；先维修，后制造。周恩来到达沈阳后，听取了工作组详细汇报。

随后，周恩来同中共中央东北局和三省的领导同志一起，研究在东北地区落实精简职工、减少城镇人口和关、停、并、转一些企业等调整方案，讨论克服困难的办法。他耐心地说服教育，强调东北的调整，必须对照全国的情况进行。他说：除坚决调整外，别无出路。在东北期间，他先后到东北三省的厂矿企业、农村和学校，广泛深入地调查研究。他指出：下去不仅要调查，还要解决问题，摸出解决问题的经验。

在调查研究过程中，周恩来反复强调精简职工、减少城镇人口对克服经济困难的重要性。他说：今年下半年抓住精简职工和减少城镇人口这项工作，是克服困难的一条基本出路。他对一些地区和单位贯彻执行中央调整方针不力和精简职工、减少城镇人口决心不大，提出严厉批评。5月28日至6月25日，周恩来在东北地区艰苦细致地工作了近一个月时间，落实了各项调整方案，并督促立即付诸行动。

※ 1959年6月，周恩来在钢铁厂视察。

由于情况明，决心大，方法对，在全国范围内大刀阔斧地进行精简职工和减少城镇人口，取得了显著成效。1961年到1963年，共精简职工1940万人，减少城镇人口2600多万人，吃商品粮的人口减少2800多万人，全国非农业人口口粮和食品工业粮食销量共减少138.4亿斤。因此，不仅稳定了全国特别是重灾区和大中城市的粮食供应，而且调整了工农业严重不协调的现象，对于农业生产的恢复和发展，对于整个国民经济的顺利调整，起了关键性的作用。

调整粮食政策，实行“三定三包”，开展增产节约，从根本上渡过粮食难关

为了从根本上渡过粮食难关，中共中央调整粮食政策，采取了一系列增产节约的措施。1960年8月10日，中共中央发出《关于全党动手，大办农业，大办粮食的指示》。9月7日，中共中央发出《关于压低农村和城市的口粮标准的指示》。11月14日，中共中央还发出《关于立即开展大规模采集和制造代食品运动的紧急指示》。中共中央还成立了以周恩来为首，李富春、李先念、谭震林、习仲勋参加的“瓜菜代”领导小组，并设立专门办公室。各地也成立了相应的工作领导小组和办公室。

为了认真研究粮食问题，周恩来建议在广州召开的中共中央工作会议上讨论粮食问题。1961年3月21日，他在工作会议上介绍粮食的现状，指出在二三季度存在80亿斤的粮食缺额。怎样克服粮食供应危机？周恩来提出应该实行“三包三定”政策。“三包三定”，即包产、包购、包销，定产、定购、定销。对于“三包三定”的具体办法，周恩来作了解释说明。主要内容是：（一）包产以后，超产部分可以全部归大队，但是要允许国家买。（二）在目前灾荒基础上进行的包产，“一般不能三年不变，只能一年一变”。当然，个别生产稳定、历年丰产的地区，可以考虑几年不变。（三）地方在“三定”之后出现灾荒，由县、地管小灾，地、省管中灾，省和大区管大灾，中央管两种特大灾荒。他强调：“三包三定”政策“一定要贯彻，否则不能调动农民的积极性，稳定农民情绪，增加农业生产”。

怎样使我国粮食早日过关，周恩来在会上提出三条措施：（一）在六七年的时间内，还要从各方面来支援农业，大抓经济作物，实行机械化，求得增产。同时，还要实行低标准，瓜菜代，口粮水平不能一下增加太多，这是长期奋斗的方针。（二）在全国来说，仍

要继续提倡节衣缩食，特别是在城市，更要大力提倡。（三）在不妨碍生产，而且有利于生产的情况下，要压缩一批城市人口回乡。

经过一系列农业政策和粮食政策的调整，1961年的农业生产开始稳住，粮食产量略有回升。1962年秋收后，粮食形势开始好转。1962年粮食产量从1960年的2870亿斤回升到3200亿斤，比上一年增产250亿斤；农业总产值比上一年增长6.2%，结束了3年连续下降的状况。

1962年9月，中共中央提出5年内粮食工作的方针，要求在逐年增产和农民生活逐步改善的基础上，适当增加征购，严格控制销量，逐年增加上调，逐步补充库存。计划到1967年粮食总产量至少达到4000亿斤，征购数从1962年的635亿斤上升到800亿斤，库存增加到350亿至360亿斤，相当于1959年的水平。由于调整时期贯彻执行了正确的粮食政策，1967年粮食总产量达到4350多亿斤，实现了预期的目标。

（刘武生）

视察邯钢

出铁了。火红的铁水从炉膛里奔涌而出，金星四溅，光辉耀眼，四周被烤得一片火热。周恩来专心致志地看着，全然不顾灼人的热浪，汗水不断从脸上渗出。

邯郸钢铁总厂于1957年开始筹建，1958年建成投产，经过30多年的建设和发展，邯钢已成为河北省最大的钢铁生产基地之一和省属国家级特大钢铁联合企业。建厂之初1959年6月4日，周总理就到邯郸钢铁厂进行了视察。

当周总理要来视察的消息传到邯郸钢铁厂后，十里钢城沸腾了。工人们奔走相告，个个欢欣鼓舞。他们自动组织起来清理炉台，备足煤炭、矿石，检修、润滑机器设备，决心以良好的工作状态欢迎总理的到来。

下午5时许，天阴着，一阵一阵地下着濛濛小雨，总理头戴大草帽，身披风衣，脚踏雨鞋，在邯郸市委书记处书记刘英等陪同下来到邯钢，一下车就受到了全厂干部职工的热烈欢迎。随后，在厂党委书记赵玉清、厂长萧寒、工会主席冯洋舟、一分厂党委书记刘勇、厂长张英等同志的引导下开始视察。

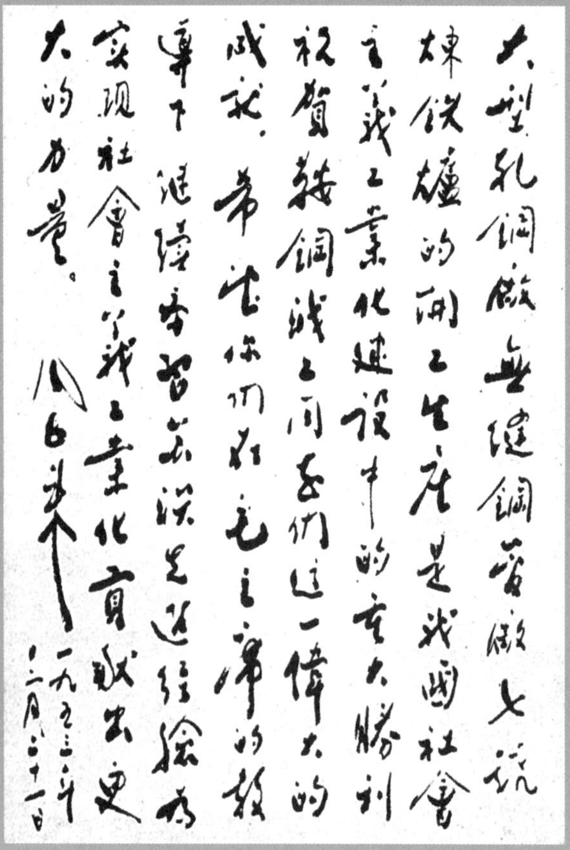

※ 1953年12月，周恩来为庆祝鞍钢七号炼铁炉开工生产的题词。

总理首先参观了近处的28立方米12号高炉，然后，经过铸造车间来到了55立方米4号高炉。

当时，邯钢建设刚刚起步，从鞍钢、太钢等地抽调了大批工程技术人员帮助建设，他们为邯钢的发展发挥了重要作用。当总理来到4号高炉时，萧寒指着从太钢调来的车间副主任魏金福给总理介绍说：“这是魏金福同志，从太钢调来的老工人。”总理伸出手和魏金福握手，魏金福看着自己沾满了灰尘的手，犹豫了一下，总理已紧紧地握住了他的手。此时，魏金福激动万分，一时不知说什么才好。总理亲切地问他：“什么时候从太钢调来的？”魏金福答道：“1958年5月份。”总理又问：“你们现在的生产怎么样？”魏金福说：“很好，生产一直不错。”总理接着问：“铁的质量怎样？”魏金福说：“铁的合格率一直保持百分之百。”总理听了非常高兴，连声称赞道：“好！好！”

总理平易近人，对人和蔼可亲。在视察中，他面带慈祥的笑容，边走边向职工频频点头，招手致意，有时停下来和工人亲切交谈。

5点30分，总理来到55立方米的一号高炉前。总理健步登上炉台，热情地和这里的工人一一握手，详细地询问了生产情况，他对大家说："要注意品种质量，降低焦比。"

一号高炉有个名叫韩喜的热风工。前不久，他自己开动脑筋，搞了后烟道革新，取得了成功。当有人给总理介绍这个事迹后，总理握着韩喜的手亲切地勉励他："要好好工作，提高风温。"随后又关切地嘱咐他："搞煤气，要注意安全。"

出铁了。火红的铁水从炉膛里奔涌而出，金星四溅，光辉耀眼，四周被烤得一片火热。总理专心致志地看着，全然不顾灼人的热浪，汗水不断从脸上渗出。显然，这热烈奔放、精彩纷呈的场面引起了总理极大的关注和兴趣。直到一炉全部出完，总理才抬起头来。他走上前向工人们表示祝贺。受到总理问候的工人非常激动，他们拿出专为总理铸造的一块样铁，双手捧给总理，请总理收下，总理双手接过了这块沉甸甸的寄托了钢铁工人们无限情谊的样铁。

后来，这里的工人编了一个顺口溜，表达他们的喜悦和激情："五点三十分，永远记在心，见到周总理，年底群英会上再去见毛主席。"

总理看完出铁后，又来到了新建的255立方米7号高炉旁，这是当时全省最大的高炉，还正在施工。总理来到近前问："谁是工长？"萧寒把工长马永贵介绍给总理，总理和他握手，问："从哪里调来的？"马永贵说："从鞍钢调来的。"总理听了高兴地说："过去全国支援了鞍钢，现在鞍钢支援全国，全国形势大好啊！"接着总理又问他："从哪个学校毕业的？"马永贵说："从鞍钢钢校毕业的。"之后，总理又详细地询问了高炉建设安装的一些具体情况。当听马永贵介绍说这个高炉准备"七一"出铁，给党的生日献上一份厚礼时，总理高兴地说："很好！很好！"

总理又走到7号高炉车间的党委书记李云清跟前，亲切地和他交谈，总理问："你从哪里调来的？"李云清说："从炮兵部队。"总理又问："车间有多少工人？"李云清说："有400人。"总理问："你看高炉的施工质量怎样？"有个叫贾正的工人说："我们都经过打压试验了。"总理满意地点了点头，围着高炉走了一周，仔细地观看了高炉的建设情况，他一再地嘱咐道：一定要保证质量，把高炉建好。

参观了7号高炉后，天色已晚，总理辞别了依依不舍的人们，乘车离开了邯郸钢铁厂。

总理走后，钢厂的工人们依然沉浸在幸福之中。铸造车间的一位女工说：我看到总理下车时，高兴得跳了起来。实验室的一个职工说：见到了一位可敬可亲的总理，只觉得一

※ 1959年11月，周恩来在北京接见全国群英大会代表，同全国著名劳动模范、鞍钢工人孟泰交谈。

股暖流传遍全身，不知说什么好，真兴奋！一号高炉的老工人宋治泰，是从鞍钢调来的，他深情地说："以前在鞍山时总理去过我没见到，这次能够让总理看看出一炉铁，真荣幸！"有一位刚入厂的新工人激动地说："过去在农村没有见过县长，这次见到了总理，他老人家边走边向我们笑哩！"职工们还高兴地说："总理很健康，红光满面，这是我们的幸福。"这些出自肺腑的话语，体现着总理与人民，人民与总理之间的血肉关系，鱼水之情，表达了职工群众对人民总理的无限热爱。

总理视察邯郸钢铁厂后的第二天，即6月5日，总理在邯郸亲自主持召开了由十几个钢铁厂的党委书记参加的座谈会。会上，总理和与会同志一起研究了如何提高生铁生产质量问题。并对邯郸钢铁生产的现状、前景和发展的方针策略问题进行了深入细致的分析探讨，为邯郸钢铁事业今后的发展，设计了宏伟的蓝图。6月13日，中共中央发出《关于调整1959年主要物资分配和基本建设计划的紧急指示》，指示把钢产量降至1300万吨。由此可见，周总理的邯钢之行蕴涵着一个极为重要的调整计划。

34年后，邯钢产钢能力达150万吨，钢材150万吨，1992年实现工业总产值15.32亿元，销售收入23.2亿元，利税4.6亿元，在全国500家最大工业企业中排第54位，各项技术经济指标全部达到国家一级企业标准。对国家四化建设和邯郸的经济发展做出了重大的贡献。当年视察时最大的高炉才255立方米，1992年1260立方米的高炉已建成投产。饮水思源，抚今追昔，邯钢的建设和发展渗透着总理的心血。

（张建华）

会见“特殊”客人

周恩来在西花厅会见了首批特赦战犯，他谈了整整三个小时，使大家如沐春风。杨伯涛曾对人说：“这种对待俘虏的做法自古以来是没有的。”

1959年12月4日，首批特赦在人民解放战争时期被人民解放军俘虏的战争罪犯大会在北京、抚顺、济南、西安等地隆重召开。此举在国内外引起强烈反响。它对调动各方面积极因素参加社会主义建设，特别是对推动祖国和平统一事业产生了积极而深远的影响。

在解放战争时期被人民解放军俘虏的战犯一直没有进行正式审判，而是分别关押在各地的战犯管理所。他们在战犯管理所一边治疗伤病，一边接受党的政策教育，交代所犯的罪行。

对这批人究竟如何处理，党中央一直持慎重态度，研究过各种方案。最初，中央曾考虑对他们进行正式审判。经过反复讨论，权衡利弊后，还是决定采取慎重态度，对他们不判不杀，暂时放在那里。历史证明，中央的决定是正确的。

1956年，争取和平解放台湾方针确定后，如何处理战犯的问题又提到议事日程上来。1月30日，周恩来在《中国人民政治协商会议第二届全国委员会常务委员会工作报告》中号召：“为争取和平解放台湾，实现祖国的完全统一而奋斗。”当天，他在陆定一起草的《为配合周恩来同志在政协所作的政治报告向台湾展开相应的宣传工作问题给中央的报告》的批示中，最早提出了“政协会后，可放十几个战犯看看”的意见。

中共中央非常重视周恩来的意见，中央政治局就这个问题进行了专题讨论，并对各方面情况做了分析和研究，认为已经具备了释放一批战犯的条件。当时国内生产资料私有制的社会主义改造已获得了决定性的胜利；第一个五年建设计划提前完成，政治、经济稳定。从战犯本身的情况看，他们虽多是有过重大罪恶，但一般高高在上，同人民群众直接接触较少，不像直接压迫人民群众的恶霸地主那样，不杀掉一批不足以平民愤。

再者，经过几年的关押改造，他们之中的多数已经有了不同程度的悔改表现。在这种情况下，如果释放一批战犯，不仅有助于孤立、动摇、瓦解境内外敌人，并且有助于安定社会上和统一战线内部对我们抱有疑惧的人的思想，使人民民主统一战线获得进一步的巩固和扩大。

另外一个重要因素是，当时，根据周恩来阐明的对台方针和中央的部署，政府宣布，国民党去台人员只要回到祖国，不管什么人将一律既往不咎。

在这种时候，释放一批战犯，有利于加强台湾与大陆的关系。

3月14日，政协二届十九次会议专门讨论了周恩来关于释放战犯的提议。周恩来根据毛泽东主张的对国内战犯“一个不杀”的原则作了发言，具体说明这一重大决策的目的、方针和步骤。他明确指出：我们的目的就是要“转消极因素为积极因素”。他说：“杀他们是容易的，杀了他们，他们就不能再起积极作用，只能起消极作用。对台湾的影响相反，使我们觉得战犯的下场只是要杀的，增加了台湾的恐慌，这与我们的政策不相符合。”

那么，如何实施这一决策呢？当时会上有两种意见：一种意见认为应该立即全部释放；另一种意见认为应该逐步释放。周恩来主张后一种意见，他说：“虽然前一种意见处理起来很简便，但工作不完满，收获也不大，一下子轰动一时，过去后就没有下文可做了。”他提出：“我们要影响台湾还是一步一步地来做好，先放少数的，试一试，看看有效没有，放出后的工作也要循序渐进，急不得。”

对战犯释放后的安排，周恩来也提出了具体意见，他说：第一步先集中他们在北京参观，然后再到各地去参观，允许亲友看望他们。等这些人对新生活适应后，对祖国的形势有所了解后，再做第二步工作，即同他们一起讨论如何开展对台湾的工作。周恩来表示，如果他不是总理，倒愿意跟这些人多谈谈。他还强调：“他们出去后，愿意到台湾的到台湾，愿意到香港的到香港，允许来去自由，允许言论自由，我们说话是算数的。”

4月25日，毛泽东在中共中央政治局会议上作《论十大关系》的报告，进一步就宽大战犯的政策问题作了说明。毛泽东指出，党的政策总的精神是化消极因素为积极因素，杀了这些人，一不能增加生产；二不能提高科学水平；三对我们除四害没有帮助；四不能强大国防；五不能收复台湾。如果不杀或许对台湾还会产生影响。对释放战犯的时间问题，毛泽东经过反复考虑后，在5月2日的一次会议上表示：目前马上释放，时机尚不成熟。其

※ 1959年12月4日，最高人民法院特赦首批战争罪犯33名。伪满洲国皇帝溥仪亦在特赦之列。这是前伪满洲国皇帝溥仪（左二）在中华人民共和国最高人民法院特别军事法庭出庭作证（1956年7月摄）。

理由是："放早了，老百姓不那么清楚，我们也不好向老百姓说明，还要过几年，老百姓的生活更加过得好了，我们再来放。""不讲清楚这个道理，一下子把他们放掉了，人家就不了解，也没有这个必要。"

经过上上下下的充分酝酿与讨论，对战争罪犯实行特赦的方针终于确定下来。

1956年初，为加强对战犯的统一管理和改造工作，中央决定实行战犯集中。战犯中的200名国民党高级将领被集中到北京功德林战犯管理所。管理人员向他们宣布，可以与家属自由通信，可以接待来访亲友。

为加强对战犯的改造工作，管理所根据周恩来的指示，采取了多种办法。首先组织他们成立学习委员会，学习党的政策，开展讨论，进一步清理思想。接着，组织他们到东北各大工业城市以及天津、武汉等地参观，让他们亲眼看看祖国社会主义建设的伟大成就。管理所还坚持思想改造与劳动相结合的方针，安排他们到北京远郊五云山下参加劳动。与此同时，周恩来还委托原国民党高级将领及爱国民主人士张治中、程潜、邵力子、章士钊、傅作义、蒋光鼐、张难先、郑洞国、侯镜如等先后到功德林看望，做说服开导工作。他们带去了毛泽东、周恩来的问候，并把周恩来的意思转告大家：今后谁愿意留在大陆为祖国建设服务，一律妥善安排，愿意去台湾或海外者，政府也给予方便，保证来去自由。

这一系列的工作和措施，推动了战犯们的思想转变。从1959年6月至10月，这批战犯先后三次给中共中央写“感恩信”，除表示服罪外，还表示愿在解放台湾的斗争中贡献自己的力量。廖耀湘在北京参观后说：“我虽是一个旧社会遗留下来的犯人，但我是一个中国人，对这种复兴祖国的伟大神圣事业，不能不虔诚地热烈拥护。”王耀武还建议组织工作小组，研究统一祖国的具体办法。

1959年9月14日，国庆十周年前夕，毛泽东代表中共中央向全国人大常委会建议，在庆祝中华人民共和国成立十周年的时候，特赦一批确实改恶从善的战争罪犯、反革命罪犯和普通刑事罪犯。9月17日，二届人大九次会议讨论并同意毛泽东提出的建议，决定在国庆十周年之际，对一批罪犯实行特赦。同日，刘少奇主席公布特赦令。

12月4日，最高人民法院宣布特赦首批战犯33名，其中在功德林战犯管理所的有10名。

他们是：杜聿明、王耀武、陈长捷、曾扩情、周振强、杨伯涛、郑庭笈、宋希濂、邱行湘、卢浚泉。10个人中，除陈长捷、卢浚泉外，都是黄埔军校的毕业生。

根据周恩来的指示，这10个人和从抚顺战犯管理所释放的末代皇帝溥仪专门组成一个小组，集中住在北京崇文门内旅馆，由周恩来总理办公室的同志负责他们的学习和生活。

周恩来这样安排是有特殊意义的。

因为，蒋介石曾任黄埔军校的校长，他的亲信多数来自黄埔系。而周恩来曾任黄埔军校政治部主任，在黄埔同学中也深有影响。依靠这批黄埔军校的毕业生来联络大陆与台湾的关系，的确是再合适不过了。

这批人刚刚迈出监狱的大铁门，就受到周恩来无微不至的关怀。周恩来深知，走出功德林的大门，对他们来说意味着新生活的开始，但他们所处的环境将更为复杂。他们能很快适应新生活吗？他们能抵御住复杂环境中的各种影响吗？他们能跟上时代的步伐吗？显然，周恩来关心的不仅是他们的生活，更重要的是他们的思想。

不久，周恩来收到曾扩情以学生身份请求“赐教”的来信。他认为这正是开展工作的很好机会，无论从旧情还是新谊来讲，自己都有不可推卸的责任。因此，他立刻通知有关部门安排会见。

12月14日，周恩来在自己的住所中南海西花厅会见了这批特殊的客人。当周恩来出现在面前时，大家惊喜万分。后来，杨伯涛回忆说：“当时，能够见到周总理感到很幸福。但是，想起自己从黄埔军校毕业之后，走了一段漫长的反革命道路，成为罪行累累的战犯，真不知该说什么好，喜悦和羞愧之情顿时交结在一起。”

周恩来同客人一一握手，分别询问了每个人的学习、家庭、身体健康情况以及出狱后的感想。

当他走到黄埔一期毕业生曾扩情面前，叫一声“曾扩情”时，这位在大革命时期曾与周恩来共过事的汉子不禁泪盈眼眶。他想不到事隔几十年，周恩来还记得他的名字。周恩来握住他的手说：“我在黄埔军校时年龄还不到30岁，当时感到压力很大。”曾扩情连忙说：“我那时已经30开外了。我这个学生比老师还大几岁哩。”当时，曾扩情在黄埔军校政治部任少校科员。

转过身，周恩来看到了坐在一旁的溥仪。这是他第一次同溥仪见面，所以叙谈的时间较长。他同溥仪说起满族人的习俗礼节。陪同前来的陈毅在一旁风趣地说：“我当年在北京读书时，还是你的臣民呢！你出来时，我们还要看看你这个皇帝呢！”引起了一片笑声。

周恩来的目光又转向杜聿明。杜也是黄埔一期生。解放战争时期他任国民党东北保安司令长官，后任徐州“剿总”副总司令。淮海战役中被俘后，陈毅要见他，他态度顽固拒不见面，因此在今天的场合深感不安。他面带愧色地对周恩来说：“学生对不起老师，没有听老师的话。”周恩来忙说：“这不怪你们，怪我这个当老师的没有教好。”一席话感动了在座的所有人。

周恩来又走到郑庭笈面前。郑庭笈是黄埔五期生。解放战争期间，他任国民党第四十九军中将军长，辽西战役时被人民解放军俘虏。陪同前来的张治中在一旁介绍：“这是郑介民的堂弟。”

郑介民在1946年时任国民政府军事委员会军令部第二厅厅长，是北平军调处执行部国民党方面的代表。周恩来说：“我知道！”接着他详细问了郑的家庭情况。周恩来为什么这么关心他的家庭问题呢？原来，郑庭笈的妻子冯莉娟在郑被俘后原准备去台湾。临行前，她听到郑在哈尔滨发表的一篇广播讲话稿后，决定留下来。

1954年，她回到北京。因作为战犯的妻子难以安排工作。她提出和郑庭笈离婚。郑庭笈如实地把家庭情况告诉周恩来。周恩来听后沉思片刻，转过脸对张治中说：“那你们应该动员他们复婚嘛！”这件事，郑庭笈以为周恩来顺便问问就过去了。没想到当他后来再次遇见周恩来时，周的第一句话就是：“你复婚了吗？”郑庭笈激动得不知该如何回答。

几十年后，郑庭笈回忆起当年的情景仍记忆犹新。他说：“我至今还无法判断，周总理这样待我，究竟是由于他有超人的记忆力，还是有超人的情感。”郑庭笈出任全国政协文史专员后，在周恩来关照下，有关部门将他妻子调到他身边当打字员，促进了这对夫妻感情的再度结合。郑庭笈逢人便讲："如果没有周总理，我们夫妻不会破镜重圆。我的家庭也不会像现在这样幸福。可以说，周恩来就是我们的红娘。"

……

一一询问情况后，周恩来招呼大家坐下，在祥和的气氛中开始了严肃的谈话。他说："你们出来几天了，有些问题先谈一谈好。我们党和政府是说话算话的，是有原则的。我们是根据民族利益、人民利益来释放你们的。"谈话中，周恩来要求他们着重解决四个方面的问题：即立场问题、观点问题（包括劳动观点、集体观点、群众观点）、工作和生活问题、前途问题。

谈到立场问题，周恩来强调："首先要站稳民族立场、热爱新中国。"他激动地说："从鸦片战争到今天，经过将近120年的斗争，中国人民翻了身，取得了伟大的胜利，这一事实连帝国主义也是承认的。这样的国家不爱还爱什么？"大家深为周恩来强烈的民族感情、爱国热情所感动。

※ 关心特赦战犯的周恩来。

接着，周恩来阐述了民族立场的重要性及争取台湾回归祖国等政策性问题。他说：民族立场很重要，我们对蒋介石还留有余地，就是因为他在民族问题上对帝国主义还闹点别扭，他反对把台湾交联合国“托管”，反对搞“两个中国”。针对1958年夏，美国政府制造台湾海峡危机，想以退出金门、马祖来换取侵占台湾合法化的阴谋，周恩来说：“我们认为台、澎留给蒋介石比留给美帝国主义好，将来这些地方总有一天会回到祖国怀抱。”正如章士钊先生所说：“现在真正支持蒋介石的是北京。”周恩来希望蒋氏父子与陈诚团结起来反对美国。他说，要坚持民族立场，祖国的领土是完整的，不容许帝国主义分割，损害我们的一根毫毛也不行。

谈到观点问题，周恩来充分肯定他们有做新人的愿望，但也指出还要继续树立和加强劳动观点、集体观点和群众观点，不要把十年改造所得抛于一边。

谈到工作、生活安排时，周恩来嘱咐中央统战部部长徐冰作出妥善安置。对准备与台湾方面联系的人，周恩来叮嘱：“可以做点工作，但写信也不要太急，不要挖苦，要以民族利益为重，工作要从长计议。”

最后，谈前途问题，周恩来向他们提出两点希望。第一，要相信党和国家，要用自己的力量为国家为民族多做贡献。第二，倘有不如意的事可以写信，可以与中央统战部联系，有话就要说，不要积少成多，结成疙瘩。对今后的去向，周恩来挽留他们在首都工作。后来，他们之中一些人因家庭原因未能留在北京。其他凡留在北京的除溥仪之外，都安排到京郊中朝友好公社劳动。经过一段时间的锻炼，又陆续分配到政协文史馆等单位工作。

第一次会见，周恩来谈了整整三个小时，使大家如沐春风。杨伯涛把这份讲话记录珍藏至今，每逢遇到困难、挫折，常以此激励自己。

他曾对人说：“这种对待俘虏的做法自古以来是没有的。我为什么拥护共产党？因为我是过来人，我看到过国民党的兴盛，也看到过它的衰败。我为国民党做过19年事，又在共产党领导下工作了20多年，我感到只有共产党才有这种胸怀。而周恩来使我形象化地认识了共产党。”

在周恩来关怀下，杨伯涛一直坚持做对台工作。多少年来，他经常对台湾方面进行广播讲话，劝导过去的同事或部下早日回到家乡来。他还根据亲身经历撰写了数万字的关于陈诚军事集团的兴起和衰落的材料，对了解台湾及陈诚的情况，制定相应的争取方针很有帮助。

（廖心文）

在四年调整时期

周恩来在这关系我国国民经济盛衰的关键时刻，同当时中央其他领导同志一起，做出了重要贡献，为国民经济经过“大跃进”的挫折而恢复发展，发挥了最重要的作用。

一

四年调整时期（1961年至1964年）是新中国成立后的一个重要时期，也是新中国开始全面建设社会主义历史阶段中的重大转折。周恩来在这关系我国国民经济盛衰的关键时刻，同当时中央其他领导同志一起，做出了永铭人心的卓越贡献，为国民经济经过“大跃进”的挫折而恢复发展，发挥了最重要的作用。

众所周知，从1958年南宁会议开始的“大跃进”，连续3年对我国国民经济造成严重的破坏和损失。1958年底开始的调整工作因庐山会议而中断，同时正在掀起的国际反华浪潮又迫使我党中央不得不以大部分精力来对付。

1960年7月，国务院国家计划委员会鉴于国民经济严重失调，即开始酝酿进行调整，提出了“整顿、巩固、提高”的六字方针，周恩来在讨论这个方针时，采纳了“巩固”和“提高”，把“整顿”改为“调整”，还增加一项“充实”，这样就形成了八个字“调整、巩固、充实、提高”的调整方针。周恩来在他主持的国务院会议上解释：“整顿”含义不如“调整”确切，也易于为人接受；大跃进中搞了许多大架子、空架子，需要加以“充实”，不只是“巩固”和“提高”的问题。当时，正值苏联宣布毁除同中国签订的所有合同，撕破一切协议，撤回全部在中国协助工作的专家。中苏关于国际共产主义运动重大问题的争论也正在激烈进行。中苏关系处于严重恶化之中。因此，1960年夏季在北戴河召开的中央工作会议上，调整国民经济的八字方针并未引起应有的重视。按会议要求，周恩来还就历史上各个时期的中苏两党关系作了一个详尽的报告。

但是，无论如何，作为调整国民经济的指导方针，毕竟是在周恩来主持下提出来了。

二

1961年1月，中共八届九中全会召开。这次全会是在1960年11月全世界八十一党莫斯

※ 1961年1月14日至18日，陈云出席中共八届九中全会。主席台左起：陈云、周恩来、刘少奇、毛泽东、朱德、邓小平。

科会议就共同声明达成协议之后举行的。当时中央政治局常委分析形势时一致认为，由于莫斯科会议经过激烈争论后终于达成协议，中苏关系至少可以缓和一个时期，我党中央的工作重点，应从国际问题转移到国内问题。因此，这次全会除了刘少奇和邓小平汇报八十一党会议情况和分析外，周恩来在讲话中强调：国民经济严重失调已到难以为继的地步，中央常委已确定集中力量解决国内问题，今年应当是大战役后大休整的一年，要通盘考虑全面调整，至少今明两年内要实行“调整、巩固、充实、提高”的八字方针。经济工作如此，其他工作也应如此。因此这次全会集中讨论1961年国民经济计划，批准了这个计划和这个计划中提出调整国民经济的八字方针。毛泽东讲话时肯定调整方针，并提出1961年为调查年，大兴调查研究之风。只有情况明才能决心大，也才能方法对。

全会以后，毛泽东亲自组织调查组去农村调查研究，刘少奇、周恩来、陈云、邓小平以及其他中央领导同志也纷纷下农村，去工厂，进行广泛、细致和系统的调查研究。中央多次开会讨论，会后形成了调整各方面工作的一系列文件草案，《农业60条》、《工业70条》、《商业40条》、《手工业35条》、《高教60条》、《科研14条》以及根据周恩来在文艺工作座谈会的意见而后来形成的《文艺8条》等等。

但是，中央决定的调整方针和各项政策，贯彻执行中进展缓慢，干扰和阻力很大，主要原因是党内干部，尤其是高级领导干部，情况不明、思想不通、决心不大，总想搞多一点，搞快一点，或者总想少退一些，迟一些再退，拖延观望。他们对于中央下达的调整文件，有的置之不理，自行其是，或者各取所需，大打折扣，有的甚至不传达、不讨论、不执行。中央政治局常委对于在调查中发现的这种情况十分重视，经几次讨论，决定召开扩大的中央工作会议，中央、省、地、县（团）四级主要负责干部参加，着重解决思想作风问题，以贯彻调整方针。

三

扩大的中央工作会议于1962年1月举行，参加的有七千多人，通称“七千人大会”。

刘少奇在大会上的书面报告和讲话，总结了“大跃进”以来的经验教训，既肯定了成绩又指出了失误，着重批评妨碍纠正“左”的错误、贯彻中央集中统一领导的分散主义倾向，并代表党中央政治局作自我批评，承担大跃进中“左”倾错误的主要责任。他明确指出，在中央已经提出纠正这些错误的一系列方针政策以后，全党当前主要任务是贯彻执行中央决定的方针政策，坚决反对妨碍落实这些方针政策的分散主义倾向，加强民主集中制，加强中央集中统一领导。

毛泽东在大会上讲话，也作自我批评。他声明：1958—1960年这3年大跃进中的缺点错误，主要责任由他承担。他着重讲了党内民主的重要性和紧迫性，批评各级党组织中缺乏民主，书记说了算，并严厉提出他偏要摸那些屁股摸不得的“老虎”。他号召分组召开“出气会”，对中央和省委提意见，像竹筒倒豆子那样交心见面。“七千人大会”出现了坦诚相见、热烈感人的批评和自我批评的新高潮。因为实际上对中央的意见，讨论刘少奇的书面报告时已提得差不多了，这时主要是各县委对各省委的意见。

周恩来在2月7日讲话。他首先作自我批评。他说这3年中的错误，国务院及其所属各部委负有很大责任。有关国家计划和政策的文件，许多是国务院提请党中央批准的，国务院负有主要责任。他以“四高”、“三多”为例加以说明。“四高”是高指标、高估产、高征购、高调出，国务院应负主要责任。“三多”是计划变动多、基建项目多、权力下放过多，国务院也应负很大责任。至于有些政策性文件，未经中央批准而擅自下达，国务院和有关部委则应负全部责任。

周恩来说，由于“四高”、“三多”给许多同志造成很大压力，伤害了许多同志，我乘此机会向大家道歉。周恩来出自肺腑的自我批评，极大地感动了到会同志。

“七千人大会”总结了3年“大跃进”的经验教训，提出了纠正“左”的错误的方针政策、尽管还没有从根本上改变“左”倾指导思想，但毕竟是我党为建设社会主义而斗争的“长征”中具有重大历史意义的会议，在全党干部中为继续调整打下了思想基础。只是因为当时大家议论中心是民主集中制，加上当时对困难的估计仍有不足，中央决定的有关调整的方针政策，周恩来讲话提出的克服困难的八大措施，没有具体落实到实际工作中去。

四

“七千人大会”之后，中央为了更加深入细致地贯彻调整方针，继续分别研究各部门的工作。刘少奇主持政治局扩大会议（即通称的西楼会议）在2月下旬分别听取财经部门的汇报，发现4年（1958—1961年）财政收支不是像过去说的那样收大于支，结余39亿元，而是支大于收，结余是虚假的，实际财政赤字达270亿元。由此，政治局要求各部、委进一步弄清情况，如实向中央报告。经过紧张而认真的摸情况，摆事实，作比较，终于发现当前的经济困难比过去估计的要严重得多。

周恩来提议，请陈云和李富春把严重经济困难的实际情况和克服困难的办法向中央党政军机关高级干部讲清楚，进一步统一大家对形势的看法， 以便首先在中央机关全面落实调整方针，政治局会议同意周恩来的提议。于是有2月26日在国务院小礼堂举行中央各机关党组成员的高干会议，这个会议对陈云的报告，反应热烈，掌声雷动，前所未有。

陈云本来体弱多病，几个月来主持调整工作日夜操劳，又病倒了，3月初即赴南方休养。调整工作由周恩来代为主持。周恩来综合大家意见，提出很有说服力的看法。他说，关于第一个问题，看来以称调整时期比较适当。因为八字方针领头两字就是调整，九中全会决定也是讲调整，“七千人大会”更称当前为调整时期，没有必要改称恢复时期，以免国内外产生误会。但是这个时期的工作内容，实质上是恢复，关键是农业恢复。可以这样说，当前的主要任务是恢复到1957年的水平。当然，不是所有产业行业都是恢复，有的还得减产，短线产品还要增产。所以称调整时期是适当的，有利于贯彻八字方针。

刘少奇赞成周恩来的意见，并认为：我国当前经济困难严重。社会主义国家经济工作搞得不好，也会出现经济危机。可以说目前我国处于经济危机之中。这是非常时期，只有采取非常措施才能克服经济困难，渡过经济危机。刘少奇和周恩来的意见，得到在京政治局委员的一致赞成。会后，刘少奇、周恩来和邓小平一起，于3月中旬起程从北京飞武汉，向在那里休息的毛泽东汇报，毛泽东同意政治局会议的意见，并批发了陈云和李富春、李先念的3个报告。

五

根据西楼会议的决定，中央财经小组在周恩来亲自主持下重新修改了1962年国民经济计划，着重解决工农业间和工业内部比例严重不平衡的问题，和应当采取的非常措施，以克服当前的经济困难。

刘少奇于5月初起接连召开政治局扩大会议，讨论中央财经小组提出的方案。会上李富春、李先念、姚依林和邓子恢分别作了计划、财政、工商业和农村工作的专题汇报。谢富治和林枫也分别就公安和文教问题发言。

5月11日，周恩来在综合会议上发言，作了长篇讲话。周恩来说，经过这1年多的实践，证明毛主席在九中全会提出大搞调查研究，才能做到“情况明、决心大、办法对”是非常及时、正确的。周恩来说，要做好“情况明”不容易，是逐步认识的。现在可以说，我们对困难发展的趋势是看清楚了，即在10年中有5年是调整时期，主要指恢复。

周恩来又说，领导决心来自情况明，情况明了决心才能大。中央对调整工作的决心是大的，去年九中全会时是大的，去年9月庐山会议时也是大的，今年“七千人大会”也是大的，现在经过2月西楼会议，决心更大了。

周恩来还说，现在中央财经小组想了克服困难的一些办法，提出了若干调整国民经济的非常措施，但可以说还很不够，还要依靠广大干部和群众的创造性。只要我们领导者把情况说清楚，广大干部和群众会想出许多办法的。

周恩来在讲话中回答会议中有些同志提出的问题，主要是“七千人大会”时说最困难的时期已经渡过了，现在又说过去对困难的严重程度估计不足，似乎前后有些矛盾，应如何看待，如何解决。

周恩来说，一般说最困难时期已经渡过，这是可以的，这主要是指去年1年中，中央下大力进行调整，已重新制订许多方针政策，以纠正3年大跃进中诸方面的“左”的错

※ 1962年2月21日至23日，刘少奇在北京中南海西楼主持召开中央政治局常委扩大会议（即『西楼会议』）。图为中南海西楼。

误。这是争取经济情况好转的基础。但是当时的确没有发现还有最近三四个月中发现的那些严重的困难，如4年财政收支不是有39亿元结余，而是有270亿元赤字，从而导致通货膨胀，仅去年就多发了60亿元票子。现在的情况是经济困难尚未见缓解。

周恩来强调说：当前时机是紧迫的，条件是成熟的，我们再也不能犹豫不决，该退的一定要退够。最紧迫的措施，关键是坚决减少城镇人口。中央决定减少2000万人口。这是釜底抽薪。大批基本建设项目要下马，工矿企业要关闭一批、停产一批、合并一批、转业一批，即使伤筋动骨，也在所不惜，为的是全力支援农业恢复，否则没有出路，不可能渡过困难，不可能争取好转。刘少奇赞成周恩来的意见，他说减少城镇人口2000万是很大的决心，2000万人减下去了，最困难时期也就渡过了。

就这样，5月政治局会议通过了中央财经小组提出的进一步调整的方案。

六

1962年夏天在北戴河召开的中央工作会议，是毛泽东建议召开的。

会议一开始，毛泽东就在中心小组接连发表关于阶级、形势、矛盾的多次讲话，会议逐渐就转到以反对“黑暗风”、“单干风”和“翻案风”为主要内容。这次会议（7月25日至8月24日）以及其后的八届十中全会预备会议（8月26日至9月23日在北京举行）和十中全会（9月24日至9月27日）都是沿着这条路线发展的。周恩来参加中心小组的会议，中心小组不开会时就主持城市工作会议。

北戴河会议大批“单干风”，主要是批评邓子恢主张推广安徽实行“五统一”下的“责任田”制度（包产到队、定产到田、责任到人）。毛泽东在讲话中还批评田家英去湖南、浙江调查后认为“包产到户”在特别困难的地方不失为渡过困难的有效办法，也批我主持的新华社《内部参考》刊也出介绍“包产到户”的材料过多。

所谓“翻案风”，是指彭德怀在6月间给中央的申诉信，信中认为中央在庐山会议上对他的批判和结论是不符合事实的，要求重新审查，作出正确的结论。经毛泽东在中心小组提出，会议对彭德怀大加批评，其后在十中全会及其预备会议上尤其激烈。

至于所谓“黑暗风”，按毛泽东的说法，是指对形势的估计，说当时有一股风，只许讲形势一片黑暗，不许讲形势有一点光明，丧失信心，前途悲观。工作会议各组大批“黑暗风”，自然影响城市工作会议落实调整措施。我和田家英除参加中心小组外，也参加城市工作会议，因为周恩来要我们去听听各方面的意见。

根据中央已经批准的方案，城市工作会议要具体落实到每个省、市、自治区和中央各部门。中央财经小组提出的方案主要是：

（1）城镇人口减少2000万人。

（2）基本建设项目，投资从1960年的384亿元减到1962年的67亿元，开工项目从1960年的1800项压缩到1962年的1000项。

（3）绝大多数重工业生产指标，1962年比1961年降低5%—20%。现有6万多个工厂企业，保住一批，缩小一批，合并一批，转业一批，关闭一批。

上述主要方案，在当时北戴河刮起的大批“黑暗风”的浪潮下，受到很大冲击。城市工作会议上，不少同志认为中央在2月会议和5月会议上对形势估计过于严重，把困难说得过多，因而提出的措施过多。许多地方和部门纷纷要求城镇人口少减一些，基建项目少下马一些，工厂企业少关停并转一些。有些同志认为中央财经小组提出的非常措施对我国国民经济“伤筋动骨”、“大伤元气”，有的甚至不指名地责备主持调整工作的周恩来。

周恩来在会上反复解释中央为什么采取这些非常措施。

他指出，3年大跃进中我们（包括中央在内）只想快些、多些，没想好些、省些，长期不觉悟，问题积累越来越重，以致非下最大决心调整不可。

基本建设战线确实太长了。1957年基建投资只有100亿元左右，1958—1960年基建投资共达1112亿元，平均370亿元。施工项目，1957年只有900多项，1960年达1815项。工厂企业增加太多，职工人数3年内增加3000多万人。许多企业处于停工或半停工状态，劳动生产率下降30%。

周恩来说，中央决定上述3项措施，确是非同寻常。不调整，不采取非常措施，犹豫拖延，就会坐失时机，拖垮我们的国家，别的出路是没有的。

周恩来在城市工作会议中，坚持原则，维护中央决策，有若中流砥柱，坚如磐石而又耐心说服，理情兼备，令人十分感动。

在北戴河，我和田家英在旁听城市工作会议时，耳闻目睹各种不同议论。对中央决策，尤其是减少城市人口、基建项目下马、关停并转相当部分工矿企业，有赞成的，有怀疑的，也有反对的。我们认为这些同志对国家大事如此轻妄，怎么得了。

周恩来一面安慰我们不要激动，一面又严肃地对我们说，非常措施是中央会议决定并经毛主席同意的，必须坚决贯彻执行。执行这些措施涉及各方面的实际利益，难度很大，

※ 1962年5月7日至11日，刘少奇在北京主持举行中共中央政治局常委扩大会议。会议讨论中央财经小组提出的《关于讨论1962年调整计划的报告》，作出全面贯彻执行八字方针和对国民经济进行大幅度调整的重大决策。图为正在贯彻调整方针的沈阳重型机器厂。

有同志一时想不通是可以理解的，这要耐心说服，稳妥帮助。但是，你们可以相信，中央是坚持原则的，议而有决，决则必行。我已同少奇同志和小平同志谈过，抓阶级斗争不能影响调整工作，毛主席也表示赞成。

一两天以后，周恩来8月17日在中心小组发言时，一般表示同意毛泽东讲的阶级、形势、矛盾的意见，着重谈了对形势的看法。毛泽东在周恩来发言过程中插话说，调整工作是见效的，大家是有信心的。

刘少奇也插话说，据最近统计，今年上半年减少城镇人口的任务已经完成，减轻了粮食供应的很大负担。过去强调困难严重，因此大家才下决心减人。

七

北戴河中央工作会议（7月25日至8月24日）后，接着就在北京召开八届十中全会和它的预备会议。

预备会议历时近一个月（8月26日至9月23日），批判“三风”比在北戴河有过之无不及，到了八届十中全会正式会议（9月24日至9月27日），毛泽东在讲完全会议程后又一次更系统地讲了阶级、形势、矛盾三大问题。其中关于形势问题中，他讲了抓阶级斗争和抓调整工作的关系。因为在北戴河会议将结束时，刘少奇提出：阶级斗争问题是否不要联系那么密，有些问题可以就事论事，不上纲上线。当时没有定论。

在这次全会开幕时的讲话中，毛泽东说，切不可以因阶级斗争妨碍调整工作，请各地区、各部门务必注意。要记取1959年庐山会议的教训。要努力做好调整工作，争取明后两年恢复农业。全党要团结起来，要团结包括犯过错误的所有同志。犯过错误的同志要改正，站到马列主义方面来，中央路线方面来，我们就好合作。

刘少奇在讲话中着重讲了对待困难的三种态度：一是坚决克服困难，坚持社会主义道路；二是被困难吓倒，放弃社会主义道路；三是利用困难向党进攻，这是反动的。在刘少奇讲话过程中，毛泽东插话说，被困难吓倒，暂时动摇，提过建议的是思想认识问题，不能说是搞修正主义。至于未经中央同意就到处宣传包产到户，那是违反纪律问题。不是到处宣传，只在党内提出意见或建议，这是允许的。

周恩来在9月25日下午讲话，他表示同意毛泽东的讲话和即将提交全会通过的文件和决定。他谈到形势时说，5月会议对困难估计过了一点，但工作还是积极的，信心十足、干劲十足的。强调困难不是否定工作中的成绩。这两年，特别是七千人大会之后，做了大

※ 1964年的周恩来。

量的调整工作，而且收效很快。

周恩来这番话，简明扼要，针对性很强。可以说，在大刮反“三风”的那个时候，能这样直言不讳，实事求是的风格，深得大家称赞。

八届十中全会及其以前的北戴河会议，毛泽东重提阶级斗争和大批所谓“三风”，反映了党内“左”倾指导思想的进一步发展，与4年之后发动所谓“文化大革命”密切相关。但是从当时的形势及其以后总的情况看，这对调整工作并没有构成重大干扰，中央领导同志的主要精力，还是集中抓调整工作。只是1963年开始的四清运动（后来称之为农村社会主义教育运动），或多或少地影响各地的经济调整工作，加上1964年开始的“学术、文艺批判”，也为而后的“文化大革命”在思想上和政治上准备了条件。但是，无论如何，中央领导同志，特别是周恩来，坚持调整的方针，做了大量工作，使国民经济较快地得到恢复和发展，1963年开始好转，1964年全面好转。

八

周恩来在第四届全国人民代表大会第一次会议（1964年12月20日至1965年1月4日）上，作“文化大革命”前最后一次政府工作报告时宣告：

“现在，调整国民经济的任务已基本完成，工农业生产已全面高涨，整个国民经济已经全面好转，并且将要进入一个新的发展时期。”

周恩来从农业、工业、财政贸易、文化教育这4个主要方面，概括地列举4年来国民经济调整工作的巨大成就。

在农业方面，粮食、棉花、烤烟、甘蔗、猪、羊等主要农牧业产品的产量，都超过1957年的水平。1964年全国拥有的拖拉机数比1957年增长4倍，排灌机械马力增长12倍，农村用电增长22倍，化肥增长两倍多，农田水利建设成绩很大。

工业方面，1964年工业总产值比1957年有很大增加。4年来主要工业产品品种增加了24000多种，产品质量普遍提高，有些已达到或接近世界先进水平，成本显著降低，劳动生产率逐年提高。

商品供应状况显著改善，物价稳定，财政收支平衡，城乡人民生活有所改善。同1957年相比，1964年供应的猪肉、羊肉、蔬菜等副食品，都增长30%以上，机制纸、铝制品、搪瓷制品、自行车、收音机等主要日用品，都增长50%以上。

文化、教育、卫生、体育事业也有了新发展。

周恩来指出，今后10年，是我国国民经济发展的关键10年，我们要建设一个独立的比较完整的工业体系和国民经济体系，还要在更长的时期内，进一步全面实现农业、工业、国防和科学技术的现代化，使我国国民经济走在世界的前列。

总的来说，在4年调整时期，周恩来同中央其他领导同志一起，在3年“大跃进”造成国民经济严重破坏的情况下，在关系我国衰败下去还是中兴起来的重大战略问题上，坚持调整方针，不辞辛苦，全心全力，任劳任怨，既坚持原则，又耐心说服，措施果断又步骤稳妥，历尽艰难险阻，百折不挠，对国民经济调整任务的胜利完成，对国民经济较快地恢复和发展，起了关键性的重大作用，我们全党和全国各族人民，永远不会忘记周恩来的这一伟大贡献。

（吴冷西）

“在国外的最好朋友”

斯诺是一位能与周恩来结下深厚友谊的美国记者。周恩来曾对一个记者说：“对我们来说，斯诺是最伟大的外国作家，是我们在国外的最好朋友。”斯诺说周恩来：“他似乎是一点也不像一般所描绘的赤匪。相反，他倒显得真的很轻松愉快，充满了对生命的热爱……”

斯诺是中国人民的诚实朋友，也是周恩来总理非常尊重的国际友人。自从1936年在陕北相识之后，周恩来身上所独具的经历、学识、意志、热情和忘我的献身精神，已给斯诺留下了深刻的印象，周恩来所表现出来的领袖魅力令斯诺折服。在以后的汉口会面、非洲采访以及三次对新中国访问时与周恩来的访谈和交往中，使斯诺了解到更多的情况，他们之间的友谊就是在这几次富有历史意义的采访中建立起来的。在那艰难的岁月中，这枝友谊之花更为绚丽，成为斯诺一生中不可分割的一部分。斯诺是唯一一位能与中国领导人周恩来结下深厚友谊的美国记者。早在1937年，周恩来在武汉时曾对一个记者说：“对我们来说，斯诺是最伟大的外国作家，是我们在国外的最好朋友。”1972年2月15日，斯诺不幸病逝。消息传来，周恩来总理十分悲痛，立即给斯诺夫人发了唁电。其悲痛、赞扬之情

※ 毛泽东和美国记者埃德加·斯诺。

※ 周恩来与斯诺相识已久，图为1938年夏，周恩来和邓颖超在武汉会见美国著名进步记者和作家、《西行漫记》作者埃德加·斯诺。

跃然纸上："斯诺先生的一生，是中美两国人民诚挚友谊的一个见证。早在中国人民进行民族、民主革命时期，他就同中国的革命力量建立了友谊。他冲破当时的重重障碍，热情地把毛泽东主席领导下的中国革命斗争和中国工农红军的二万五千里长征，介绍给美国和各国人民。在我国解放后，他又多次来访，报道了毛主席领导下新中国人民革命事业的进程。他的著作受到中外广泛的重视。甚至在他重病期间，他仍然念念不忘为增进中美人民之间的了解和友谊而工作。对这样的一位老朋友，中国人民是不会忘记的。"

一

斯诺与周恩来的初次会晤是在1936年。那年夏天，经过宋庆龄的安排和我地下党组织的联系和介绍，一个年轻的美国记者冒着生命危险，历经长途跋涉，千辛万苦，来到了安塞白家坪。他虽然风尘仆仆，面容清瘦，两眼仍然显露出了能够负重致远的神采。游击队员围上前盘问他，他似乎身陷重围了。这时，有一位长着一脸黑色大胡子的清瘦青年军官走上前来，用温和文雅的口气向斯诺招呼："哈，你想找什么人吗？"在这荒山野岭之中，有人能用英语与斯诺打招呼，使他倍感亲切，同时也感到很惊讶。当斯诺知道这个青年军官就是那个"鼎鼎大名"的红军指挥员周恩来时，高兴极了，立即作了自我介绍："我是埃德加·斯诺。"

斯诺与周恩来谈了几分钟，说明了自己的身份以后，周恩来安排他在白家坪过夜，并告诉他第二天早晨到设在附近一个村庄里的司令部去。

第二天早晨，一名列宁儿童团的团员把斯诺护送到周恩来的司令部。使斯诺感到吃惊的是，司令部原来就是一个不怕轰炸的小屋，四周围着同样的小屋，农民都若无其事地住在那里。斯诺来到小屋跟前，惊奇地发现，蒋介石悬赏8万元要周恩来的首级，可在周恩来的司令部门前，却只有一个哨兵。

斯诺进屋后的第一印象就是屋里很干净，周恩来的生活是那么简朴，屋子里"陈设非常简单。土炕上挂的一顶蚊帐，是唯一可以看到的奢侈品。炕头放着两只铁质的文件箱，一张木质的小炕桌当做办公桌。"当哨兵报告斯诺到来时，周恩来正伏案看电报。

周恩来马上放下手上的工作，热情地欢迎斯诺。"我接到报告，说你是一个可靠的新闻记者，对中国人民是友好的，并且说可以信任你会如实报道。"周恩来继续说："我们知道这一些就够了，你不是共产主义者，这对于我们是没有关系的。任何一个新闻记者要来苏区访问，我们都欢迎。不许新闻记者到苏区来的，不是我们，是国民党。你见到什么，都可以报道，我们要给你一切帮助来考察苏区。”

周恩来诚恳友好而又带有外交辞令的话，使斯诺深感意外，他觉得“给我这样自由活动的诚意，我是有一点惊奇和怀疑的。我原以为即使允许我到苏区去旅行，对于拍照、搜集材料或访问谈话等总会对我加以一定的限制的。他的话听起来太理想了，总归有什么地方出毛病的……”

显然，周恩来已从地下党组织那里了解到斯诺在来陕北之前的为人以及他在中国抗日救亡运动中的表现，相信他是一位正直且富有同情心、能正视现实和尊重事实的进步记者。因此，1936年7月9日至10日，周恩来很坦率、诚恳地与斯诺进行了两天的促膝长谈，回答了斯诺提出的大部分问题。周恩来是斯诺进入红色根据地以来所采访的第一位中共重要领导人。

通过与周恩来的谈话以及通过其他渠道所了解到的情况，斯诺认为周恩来“像其他许多红军领袖一样，他是一个传奇式的人物”。但是从周恩来身上他了解到更多的情况。在斯诺真实的笔下，周恩来不仅仅是一个普通的人，而且更具有作为领袖人物的高尚品质和魅力。

对于周恩来，斯诺是这样描述的：“他个子清瘦，中等身材，骨骼小而结实，尽管胡子又长又黑，外表上仍不脱孩子气，又大又深的眼睛富有热情。他确乎有一种吸引力，似乎是羞怯、个人的魅力和领袖的自信的奇怪混合的产物。他讲英语有点迟缓，但相当准确。他谈吐缓慢安详、深思熟虑。”“因此，周恩来给我的印象是，他头脑冷静，善于分析推理，讲究实际经验。他态度温和地说出来的话，同国民党宣传九年来诬蔑共产党人是什么‘无知土匪’、‘强盗’和其他爱用的骂人的话，形成了奇特的对照。”“不知怎么，当他陪着我走过安静的乡间田埂，穿过芝麻田、成熟的小麦田、玉米田，回到白家坪去时，他似乎是一点也不像一般所描绘的赤匪。相反，他倒显得真的很轻松愉快，充满了对生命的热爱……”

正是斯诺的陕北之行以及他在《西行漫记》中对中国革命和其他领袖人物所作的正确记录和解释，对于国民党反动派的种种诬蔑、诽谤、造谣、中伤不啻是当头棒喝，且对于新闻舆论界确能起到以正视听的作用，对于人们了解中国革命，甚至投身中国革命有着不可估量的意义。

在采访的过程中，周恩来给斯诺画了当时红军占领区的草图，并给他讲了近期的军事和政治计划。这两个计划的主要目的在于结束内战，同其他军队结成抗日统一战线。

“这么说来，你们放弃革命了？”斯诺问道。

"绝不是的，我们在促进革命，而不是放弃它。也许革命会通过抗日取得政权。"蒋介石又如何呢？周恩来预言说："抗战开始之日，就是蒋介石开始灭亡之时。"

周恩来还替斯诺起草了一个旅程路线，开列了为时共需92天的旅程中的各个项目，标出了每个地方斯诺要访问的人名和机构名称。事实上，斯诺后来花费的时间比周恩来预计的要长得多。

访问结束后第三天，斯诺起程去保安，周恩来为他安排好一切，给斯诺送行，并给毛泽东主席拍了一个电报，告诉他斯诺的到来。

这次会见、采访虽然只有两天时间，但是周恩来已给斯诺留下了深刻的印象，并为他们今后的友谊奠定了基础。此后，斯诺多次会见周恩来，并为周恩来和邓颖超写了传略。1937年他还冒着极大的危险，帮助邓颖超脱险离开北平。

二

斯诺结束了陕北之行回到北平之后，有关他冲破重重阻挠进行苏区采访且安全返北平的消息不胫而走，使他一下子成为富有影响的新闻人物，也赢得了中国革命进步人士的信任。他在北平的家常常住满上了敌人黑名单的大学教授和学生，他也常帮助一些人化装成乞丐、苦力或小贩逃出北平。事实上他已站到了中华民族的解放事业这一战线上来了。他也承认自己不再是"中立者"了。

为了支援中国人民的抗日斗争事业，1938年，斯诺与艾黎、宋庆龄等人组织了"中国工业合作协会"（简称"工合"）。为了筹组"工合"事宜，当年6月，斯诺到了中国内地，来到了被围困中的汉口。在珞珈山上，作为中共驻武汉代表团团长的周恩来会见了斯诺，斯诺与艾黎也多次拜访了周恩来。他们谈到了"工合"的活动，周恩来对他们的计划和行动表示支持。周恩来认为工业合作社运动的任务是争取各国人民支援解放区，并要坚持为发展抗日民族统一战线和世界反法西斯统一战线服务。斯诺不仅自己想方设法去采访周恩来，了解中国共产党的抗日政策，而且他还为《伦敦新闻年鉴报》的一名女记者安排了访问周恩来的机会，以便让更多的记者了解中国共产党及其领导人。当年，周恩来、邓颖超与斯诺的合影照片，至今仍珍藏在八路军武汉办事处旧址。这张照片既是历史的见证，也是斯诺与周恩来之间友谊的最好纪念。

汉口会面之后，斯诺很难有机会拜访周恩来，但是周恩来仍然把斯诺看做真诚的朋友，1944年8月6日，他写信给王炳南希望他多注意储备人才和同外国朋友埃德加·斯诺等

※斯诺为毛泽东拍摄的照片。

保持联系。在战争期间，斯诺也尽可能和中国保持联系。1942年和1943年他曾两次短期访华，通过和一些朋友的接触，保持着对中国的基本了解。周恩来也抽空给斯诺写信，告诉他，“自你离开中国后它已有很大的变化”，因为抗战后期，中国的形势确实发生了重大变化。但是谁也不曾想到，汉口一别就是20多年。

三

抗战结束后，由于冷战的影响，人为地割断了斯诺与中国的联系，使他无法了解新中国所发生的翻天覆地的变化。经过多方交涉和联系，1960年6月28日，斯诺终于得以作家身份第一次访问新中国。重新投身于新闻报道事业，并且是20年中第一次到中国作较长的逗留，同时会见了毛泽东主席和周恩来总理等领导人。

周总理日理万机，但他仍从百忙中抽出时间与邓颖超等人一起，陪同斯诺游览北京密云水库。在去密云的火车上的会客室里，周总理与斯诺举行了会谈。周总理对斯诺说："美国记者到中国访问的问题，现在已完全系于中美间就美国政策一手造成的大问题的会谈（主要是台湾问题）。"谈到台湾问题时，周总理旗帜鲜明地说：这个海岛之"属于中国，犹如夏威夷之属于美国一样清楚。"周总理把斯诺看成是一个作家和历史学家，而不是作为记者来访问的。但是对斯诺来说，史学家、作家和记者的身份都是无关紧要的，关键的还是访问本身。在短短3个小时的旅途中，周恩来与斯诺进行了马拉松式的会谈，讨论了斯诺所提出的问题。在这一天的游览及前后两次长谈中，他们会谈了约12小时（不包括"餐桌旁的谈话"）。他们的话题非常广泛，包括中国的国内形势和国际形势，最后集中到中美关系这样敏感的问题上来。周总理向斯诺透露了中美两国间的问题，以及当时中国政府所采取的政策。在他们的谈话中，周总理强调了中国和美国谈判的大门是敞开的，当然这不是没有条件的，美国应该通过和平谈判来解决问题，而不是依靠武力威胁的老办法。周总理与斯诺的谈话，暗示着中国愿意与美国通过谈判来改善两国间的紧张关系。1960年11月，斯诺结束了近4个月的采访，乘飞机回到瑞士的家中。他将这次访问所收集的材料写成了《今日红色中国》一书，报道了与周恩来总理的谈话内容、在新中国的所见所闻、亲身感受和体会。

四

斯诺写完《今日红色中国》后，开始试探再次访华的可能性，但是由于中美关系仍处于紧张状态，斯诺的请求没有得到批复。不过斯诺还是想方设法寻找一切机会了解中国。1963年12月，周恩来总理出访非洲10国，斯诺由巴黎《新代表》周刊资助前去非洲采访，在圭亚那见到了周总理。记者们都非常羡慕斯诺与周总理进行了5个小时的长谈，《纽约时报》和其他报刊购买了这次的谈话内容。在他们的谈话中，周总理承认中国同意和苏联通过谈判解决双方的边境问题，斯诺也观察到中国过去从来未承认和苏联有边界争端；周总理又重申反对任何"两个中国"的政策，这是十分重要的声明。接着周总理又告诉斯诺，1960年斯诺访华后所写的报道并没有使他变成中国不欢迎的人，这使斯诺消除了疑虑，因为他觉得他请求访华没有得到答复，这是其中的一个原因。

1964年10月，斯诺作为法国《新直言》周刊记者，第二次访问新中国。这次访问虽然经过了种种耽搁后才得以实现，但是他认为这是比较合适的时机。因为自1960年以后，中国的政治、经济等各方面都有了明显的变化，斯诺也希望更多地了解新中国的变化。到中国后不久，周恩来总理在自己朴素的住宅里，会见了中国人民的老朋友斯诺，他们进行了亲切友好的会谈，周恩来总理的谈话给斯诺留下了深刻的印象。斯诺写道：“他的言谈中的现实主义精神，带有对冒险主义和投机行为的强烈厌恶，同时他深深感到，要使中国成为一个完全现代化的国家，还需几十年的努力，远远超过了他自己的岁月。”他们也谈到了彼此都关心的话题——中美关系和越南战争问题。关于中美关系改善的可能性，周总理说，为了改善中美关系，我们必须从原则问题开始，而不能从枝节问题开始。在华沙中美大使级会谈中，我们总是提出下列两点：一点是中国同美国应该在（万隆）五项原则的基础上达成和平共处的协议。另一点是美国必须从台湾和台湾海峡撤出它的一切武装力量。一旦这两点原则上达成协议，其他问题就将比较容易解决。否则，仅仅抓住枝节问题，就解决不了基本问题。这次会见，使斯诺从中国方面得到第一手材料。在中美两国关系紧张时期，斯诺就成了中国与美国之间联系的主要途径。

五

斯诺离不开中国。每当他离开中国一段时间以后，又被中国强大的磁力吸引过来。1970年8月，斯诺偕夫人洛伊斯·惠勒第三次访问新中国，斯诺曾是中国“文化大革命”前访华的量后一名美国记者，现在又是中国“文化大革命”后第一个访华的。《华盛顿邮报》的观察家报道说，这次访华是中国人有兴趣发展与美国关系的信号；美国驻香港领事也致电华盛顿称：“这次访华有利于创造中美关系的奇迹。”斯诺夫妇的来访，受到中国方面的热烈欢迎。周恩来总理欢迎斯诺的地方是在乒乓球场。那是1970年8月18日，斯诺夫妇被邀请去观看朝鲜和中国乒乓球队的比赛。比赛开始后不久，他们被召到体育馆下面的一间会客室里，周总理已在那里等着斯诺。他们已有7年多没有见面了，但斯诺觉得72岁的周总理还是同过去一样机敏。周总理向斯诺亲切问好，并谈到了斯诺的旅行计划，随后他们的话题转到了政治方面，就中美关系作了简短的会谈。因乒乓球比赛快要结束了，他们的谈话暂时告一段落。

10月1日，是中华人民共和国成立21周年国庆纪念日，斯诺夫妇应邀登上天安门观礼台，与我们党和国家领导人一起检阅游行队伍。周总理把他引到毛泽东主席跟前，在照相机的咔嚓声中，这一片刻就成了永恒的一刹那了，象征着中美关系将发生重大变化。这一天，斯诺和周总理会见的时间很短，但他们的会谈是愉快的。

因为多年没有来中国了，斯诺夫妇想到全国各地去走访。在去沈阳前几天，他们见到了周总理，周总理告诉他们这个时候那里天气很冷，因此要他们多穿些衣服。当周总理得知他们没有大衣时，第二天就派人为他们订做了大衣。他们也一直非常珍爱这两件被他们称为“周恩来大衣”的礼物。通过这件事，斯诺认为周恩来是个有多方面专长的人物，办事是那么的细致和周密，这也体现了周总理对斯诺夫妇的关怀和照顾。

11月5日，当斯诺夫妇回到北京后，周总理又在人民大会堂福建厅同斯诺进行了4个小时的会谈。在同周恩来的谈话中，斯诺感到，中国将进一步扩大同外界的联系，包括同美国的联系。周总理告诉他，门是敞开的，中国愿意同美国进行谈判。这次会谈的内容非同一般，1970年12月13日和1971年2月28日斯诺分别在意大利《时代》周刊上发表了《同周恩来的谈话》的国际和国内部分。1971年2月份，斯诺离开中国回到他瑞士的家中。

斯诺在对新中国的几次访问中，每一次都与周恩来总理进行了多次长时间的会谈，他们所谈论的内容非常广泛，但是他们始终都在关注着中美关系的发展，斯诺在中美关系的发展中起到了一个特殊的中间人的作用。1971年访华后，斯诺积极向外界传递了中国愿意同美国改善关系的信息。同年7月，基辛格秘密访华；1972年2月，尼克松终于来到了中国，开创了中美关系的新时代。斯诺促成了尼克松的中国之行，而他自己却不幸在尼克松启程去中国前3日告别了人世。

1971年冬，斯诺被发现患了癌症。毛主席和周总理都十分关心他的健康，曾多次派当时驻联合国代表黄华同志和驻瑞士大使陈志方同志前去慰问探望。周总理曾写信要斯诺来中国治病，后来听说他的癌症已进入晚期，而且在手术后癌细胞又继续扩散，毛主席和周总理于是派马海德和日坛医院的医护人员组成一个医疗小组，前往瑞士探望和协助医疗护理。但是病魔还是无情地夺走了斯诺的生命。1972年2月15日，中国人民的忠诚朋友埃德加·斯诺在瑞士自己的家中停止了呼吸。他用毕生的感情在临终时喊出一句话：“我热爱中国！”这是他的遗言，也是他对自己一生工作和战斗的总结。当斯诺不幸逝世的消息传到中国时，周恩来总理立即给斯诺夫人发了唁电，表达了他对斯诺的沉痛哀悼，同时也对斯诺一生的重大贡献作了准确的概括和高度的评价。

根据斯诺生前的遗愿，他的一半骨灰留在中国。1973年10月19日上午，斯诺的骨灰安葬仪式在北京大学未名湖畔举行。毛主席、周总理等都敬送了花圈。周总理亲自拟定了简短的碑文：“埃德加·斯诺（1905—1972），中国人民的美国朋友。”并抱病和邓颖超一起参加了安葬仪式。周总理向斯诺夫人及女儿西安亲切问候，并说：“斯诺先生为中美两国人民的友谊所做出的功绩，中国人民永远不会忘记的。”

（巫云仙）

乒乓情

周恩来和身边工作人员打乒乓球，为了不让他打得费劲，大家的打法就尽量地适应他，多为他送球到右边，便于他抽、扣、吊。他发现后，不干了，说："尽给我容易的，那不行！"

周恩来作为大国总理每天都要工作十几个甚至二十个小时，常常熬到后半夜。打乒乓球是周恩来很喜欢的一项运动，于是，邓颖超和身边的工作人员有时便把他拉出来打一会儿乒乓球，好让他休息一下脑子，活动一下身体。

西花厅有一张自制的乒乓球台子，既不标准又不牢靠，碰一下就东倒西歪地"吱吱"乱响。台子虽然简陋，但周恩来和身边的工作人员偶尔打几下乒乓球的乐趣还是不减。

1960年岁末，演员王丹凤、张瑞芳、桑弧和秦怡有幸作为上海代表，赶往北京去参加由周恩来总理和陈毅副总理率领的政府代表团赴缅甸访问。

由于他们迟来京两天，未能赶上周恩来接见和宴请。周恩来便在百忙中特意又安排他们去中南海自己的寓所做客，共进午餐。

饭后，周恩来又陪四人在院子里散步谈心。不知不觉地，一行人踱步来到了一间休息室，只见室内陈放着一张墨绿色的乒乓球台。周恩来微笑着对他们说："文艺工作者也要注意锻炼。"

说着，周恩来顺手拿起球拍，热情地邀请他们打一会儿乒乓球。当周恩来与张瑞芳等对打时，平常不爱运动的王丹凤躲在一边，生怕总理点她的将。

谁知与他们三位打完后，周恩来笑眯眯地邀请王丹凤上去与他对打。王丹凤红着脸，连连摆手推辞说："总理，我不会打的。"

周恩来毫不在意，一再鼓励她："不要紧的，来试试嘛。"

王丹凤心里清楚，总理是要和每个人都打一遍，才不拂却每人的好心情。她最终拗不过总理的一片好意，笨手笨脚地打了起来，结果，球儿不是碰网，就是出界。总理看她确实不会，也就不再难为她了。他放下球拍，和蔼地叮嘱王丹凤说："打乒乓球是很好的运动，以后要学学。"王丹凤忙不迭地频频点头。

一年以后的一天，周恩来到上海视察工作，期间，接见了文艺界人士。周恩来见到王丹凤时，第一句话就问："王丹凤，学会打乒乓球了吗？"一句话让王丹凤心潮难平：真没想到，日理万机的总理，竟然还记得这件区区小事！

※ 周恩来打乒乓球。

1961年的一天，周恩来身边的工作人员马列碰到了荣高棠，他灵机一动，提议说："总理爱打乒乓球，夜里工作疲劳的时候，让他活动活动。你们的乒乓球台那么多，比赛完了不用的台子可不可以给我们西花厅弄一张？"

荣高棠当即爽快地满口答应了下来，说："没问题，没问题！"

第二天，一张墨绿色的标准乒乓球台被送到了西花厅。

※ 1971年4月，周恩来接见应邀来华访问的美国乒乓球代表团全体成员。这次应邀来访被人们称为小球转动大球的“乒乓外交”。

当天，周恩来知道后批评了身边工作人员，要求按价付钱。

荣高棠坚决拒绝了，说：“无论如何也不能收总理办公室的钱。这种比赛用过的台子，体委有的是，给总理一个旧台子让他锻炼身体是应该的。”

后来，体委的同志请总理办公室人员一起做做工作，说这台子不只是给总理一个人的，而是送给办公室的全体同志打球用的。但周恩来还是坚持原则，大家拗不过他，只好说：“那就算先借给你们用吧。”

周总理这才破例地接受了这份特殊的礼物，将它摆在了他办公室隔壁的房间里（陈毅原先在这里办公，担任外交部部长后，这间房子就闲置下来，所以正好摆放这张乒乓球台）。大家把这个房间称作乒乓房。

有了这张乒乓球台，周恩来打乒乓球的机会就多了起来。办公时间长了，他抽空利用打球来休息一下脑子。夜间办公很困了，又不能睡觉，他便打一下乒乓球来提提精神。秘书、警卫员和医生都陪他打过。由于周恩来的右臂在延安时受过伤，落下了病根，伸不直，也弯不到头，一直不灵便。为了不让他打得费劲，大家的打法就尽量地适应他，多为他送球到右边，便于他抽、扣、吊。他发现后，不干了，说："尽给我容易的，那不行！"一副很认真的态度。当他出现球下网或出界等失误情况时，他会露出一副惋惜的神态，连说："唉，输了，输了！"而当他抽球抽中了，对方没有接到时，他又会高兴地直喊："你输了，你输了！"快乐得像个孩子。

在周恩来的带动下，总理办公室的工作人员，从办公室主任童小鹏到每一位服务员、警卫员，都喜欢上了这小小银球。

"文化大革命"开始后，国家处于一片混乱之中，周恩来处境艰难，苦撑危局，就再也没有一点时间和兴致来打乒乓球了。

周恩来也非常关注国家乒乓球队的成长。每逢国内外有乒乓球大赛，体委都要送来几份秩序册，上面详细地编列着分组情况。谁与谁对阵，怎么样淘汰，如何出线等等。他几乎每天都要问：谁被淘汰了，谁出线了，下一轮该哪家跟哪家比了。身边工作人员就根据最新的消息在上面用红笔勾出。稍有一点空闲时他也亲自勾画，那个关注劲儿，不亚于对国家大事。

1961年，中国乒乓球队在第26届世乒赛夺冠之后，周恩来热情地接见了运动员代表和体委的负责同志，对乒乓健儿的拼搏精神给予了充分的肯定，同时也谆谆教导大家谦虚谨慎，戒骄戒躁，继续提高乒乓球技术水平，不断攀登新的高峰。

中国乒乓球队几次出国比赛归来，周恩来都备设家宴招待参赛队员和教练员。他还打趣说："我请你们到我家吃饭，钱我出，但要自带粮票。"

席间，周恩来嘘寒问暖，平易近人，与大家谈笑风生。饭后，他还要跟这些国球高手们一起挥动球拍打上几场。

"文化大革命"开始后，在世界乒坛享有盛誉的中国乒乓球队连续数年未在国际大赛中露面。即使在如此艰难无奈的时期，周恩来也设法冲破许多阻碍，对中国乒乓球队给予关怀。

有一次，周恩来向国家体委军管会和体育院校军宣队负责人了解运动员的思想、训练和生活情况，借机询问了乒乓球运动员的学习和训练情况，提出：要抓紧训练，恢复技术。周恩来还根据毛泽东思想，对中国乒乓球队乃至整个体育界提出了著名的"友谊第一，比赛第二”的方针。这一方针不仅在国内而且在国际上产生了深远的影响，对中国体育甚至世界体育的健康发展都具有很好的指导意义。

根据毛泽东寄希望于人民的战略思想，周恩来还十分重视开展同世界各国人民特别是第三世界人民的体育交往。在他的关怀和支持下，我国同许多国家共同发起组织了“亚乒联盟”，举办了“亚非乒乓球友好邀请赛”、“亚非拉乒乓球友好邀请赛”，增进了彼此间人民和运动员的团结和友谊。

（孟红）

“您活在我心中”

周恩来特别称赞日本乒乓球运动员松崎君代坚忍不拔的精神，他说：“松崎小姐打半决赛时，我不巧去了外地，我是在电视里看的。给中国人民留下很深的印象啊。”

周恩来与日本乒乓球运动员松崎君代的交往，为许多人所熟知。

1961年3月，第26届世界乒乓球锦标赛在北京举行。松崎君代作为日本代表队的一员，参加了这次比赛。这是新中国成立以来，第一次举行国际体育大赛，全国瞩目。

开幕式前一天晚上，欢迎世界乒联的官员和各国代表队的盛大宴会在人民大会堂举行。进入宴会厅之前，在宽敞的休息厅里，来自各国的官员和选手纷纷和老相识打招呼，或与队友交谈，突然间，入口处静了下来，在照相机闪光灯的闪烁下，周恩来出现在人们面前。红润的脸庞神采奕奕。一点不错，正是从照片上常见到的周恩来总理。

周恩来与数百人一一紧紧地握手，向日本队这边走来。此时的日本队是世界乒乓强国，自然引人注目。见到印有太阳旗标志的日本代表队，周恩来以与日本人毫无二致的发音，用日语大声说：“晚上好！”表达出热情的欢迎之意。“我的发音还可以吗？”这次说的是汉语。日本的记者们说：“总理的日语真棒啊。”周恩来回答：“哪里哪里，通通忘掉了。”

开赛以后，中国队打得与两年前相比进步显著，在7个比赛项目中，中国队取得男子团体、男子单打、女子单打等3个主要项目的冠军，日本队取得了女子团体、男子双打、混合双打3个项目的第一名。

松崎君代在上次——第25届锦标赛上是初次露面，夺得了女子单打冠军，因此，第26届北京锦标赛也把松崎君代列为种子选手。但由于情绪调整不力，在半决赛时她就被淘汰了。

比赛结束后，周恩来特地为日本代表队举行了欢送宴会，松崎君代荣幸地坐在周恩来身边。

周恩来放下筷子，起身道："请边吃边听吧。"然后就发表了在那种宴会上很少见到的长达40分钟的谈话。

日本方面祝贺中国代表队在这次大赛中获得的巨大成绩时，周恩来说，"双方都得3个奖杯，都一样嘛，"这无疑是对日本队甚感不理想的成绩的亲切安慰。周恩来又特别称赞松崎君代说："松崎小姐打半决赛时，我不巧去了外地，我是在电视里看的。给中国人民留下了很深的印象啊。你虽然失败了，实际却得了第一，中国运动员也要学习你这种即使失败也要坚持到最后，即使失败也面带微笑的精神。"

周恩来从乒乓球说到中日友好的历史："中日两国人民之间两千年来的友好历史像富士山一样高，中日友谊更像长江一样源远流长。"他的话格调高雅，简洁明了，人们被他的话所吸引，早已忘了用餐。

宴会结束时，周恩来问松崎君代："您的父亲喝酒吗？""很喜欢喝，每天晚上都要喝两杯。"松崎君代回答。"那么，我那里有茅台酒，就送给他吧。那还是解放前的呢，现在已不多见了"，周恩来说。因领队长谷川先生说他不喝酒，于是周恩来送给荻村先生和松崎君代每人一瓶。

以这次大会为契机，中日双方商定了进行乒乓球交流的协议。第二年夏天，第一次中日乒乓球友谊赛在中国举行。

松崎君代作为选手之一，实现了第二次访华的愿望。代表队全体人员很快得到了会见周恩来的机会。

身为一国领导人，要会见很多外宾，一定不会记得每个乒乓球运动员吧——松崎君代沉浸在再次见到周恩来的幸福之中——但心里不免这样想。

这时周恩来问松崎君代："您双亲都很健康吧。"

松崎君代慌乱地回答："上次，双亲拜领了您的茅台酒，非常感谢，并说味道醇香，很好喝呢。"

周恩来听了笑道，"那么再送几瓶给他们吧。"

周恩来对松崎君代的双亲一无所知，竟还这样关心他们的健康。这是多么令人高兴、

※ 用乒乓球和茅台酒见证中日友好的周恩来。

多么令人感动啊。

松崎君代听说，周恩来曾评价松崎君代的坚忍不拔的精神说，她是不是有农民的血统啊。一点不差，松崎君代的双亲都出生于山里的农民家庭，幼年时期生活相当艰苦。然而，由于松崎君代从不曾对自己做过这样的分析，一旦得以点拨，松崎君代才明白，怪不得周恩来对她的双亲怀有关切之情呢。

1963年4月，在捷克斯洛伐克首都布拉格举行的第27届世界乒乓球锦标赛上，松崎君代除了和队友夺得女子团体冠军外，还幸运地夺得女子单打和女子双打冠军。

比赛结束后，中国驻捷克斯洛伐克大使馆邀请松崎君代和中国选手一起品尝中国风味。席间，宣读了周恩来拍来的电报："祝贺日本女子乒乓球队囊括各项冠军和松崎选手夺得女子单打冠军。"

常听中国同行说，周恩来很喜欢乒乓球，这次竟对外国代表队表示了这么亲切的关怀，松崎君代不禁暗自庆幸：自己选择打乒乓这条路算是走对了。

松崎君代参加完这次比赛回国后，就退役了，既然挂拍，也就与乒乓球无缘了，恐怕再也没有去中国的机会了——松崎君代本已做好了精神准备，但幸赖中国体育界的热心斡旋，毋宁说更大程度上是承蒙周恩来的厚爱，松崎君代与中国的缘分反而越来越深了。

1964年10月，国际乒乓球友谊赛在北京举行，松崎君代以代表队的编外队员身份也受到邀请。

一天，周恩来邀请松崎君代和日本队成员一起到中南海他的家中共进午餐。同席的还有西园寺公一先生和夫人、中国乒协会长夫妇。

就餐前，周恩来送松崎君代一份装饰着红色饰带的礼品，说："你的婚期快到了吧。"那是一块粉红色的丝织品。

松崎君代感动得竟无言以对。

"今天请品尝我老家的风味，请多吃点。"周恩来不停地为松崎君代夹菜，松崎君代感动至极，难以言表，到最后也没能说出话来。

席间，不知谁问道："听说你们夫妇没有孩子，是不是有点孤单哪。"

"不，全中国的孩子都是我们的孩子，一点也不孤单。革命接班人不断涌现出来。"

真心实意地说出如此豁达的话的，除周恩来外能有几人？年轻时就投身革命，置生死于度外，把一切献给中国人民的事业——只有这样的人，才能具有那种真实。

这次访问后，中国进入"文化大革命"时期，周恩来与松崎的来往也就中断了。不过松崎君代从好多人那里听说："周恩来打听您的情况，我答不出，很为难。"

1966年，松崎君代结婚时，托人给周恩来捎来了她的结婚照片。

1972年8月，亚洲乒联第一届代表大会在北京召开。大会邀请了由10名日本的OB（已退役的老选手）乒乓球选手组成的元老代表队参加。

周恩来走过来了。见到松崎君代的瞬间，张开双臂，情不自禁地叫道："哎呀，老朋友！"简直喜形于色。

"您好！"松崎君代先用中文问候，接着说，"总理这么健康，太令人高兴啦。"

"哪里，上年纪喽，有小孩了吧？"

"和总理一样，还没有呢。"

刚说完，松崎君代便意识到：糟糕！自己说走了嘴。然而周恩来却大笑起来，松崎君代这才稍稍安心。

周恩来对自己没有孩子处之泰然，却反过来关心松崎君代。这使松崎君代有机会接受中国具有国际水平的医生的诊疗，很受照顾。只是，周恩来的这份恩情，松崎君代甚感遗憾地没能报答。

第二年，1973年夏季，亚、非、拉乒乓球友好邀请赛同时在北京举行，日本OB代表队再次受邀参加，作为成员之一，松崎君代和丈夫也接到邀请。

中国方面对日本OB队照顾得无微不至。他们先后到延安、西安、苏州、南京、上海等城市的学校、农村、工厂参观，游览名胜古迹；或者指导年轻选手，OB选手之间也进行了比赛。

周恩来有始有终地观看了在北京举行的中日OB选手友谊赛，虽已时至深夜，仍用整整一个小时的时间，和中日两国的老球友畅谈起中日乒乓球交流情况。周恩来记忆准确，顺序不乱，简直如数家珍。即使是乒坛中人，说起这段历史也难免前后颠倒、或漏掉环节的错误，因而那天晚上在场的人无不惊叹周恩来非凡的记忆力。

周恩来又高度评价了日本乒协对中日友好发挥的作用和日本OB选手对促进中日邦交正常化所做的巨大贡献。周恩来在尽述了日本乒坛人士在中日关系紧张时期不惧风险来中国进行比赛交流的业绩后，指名道姓地让他们一抒胸襟。又几次三番地嘱咐松崎君代说：今后也请常来中国。“我常对日本友人说，请不要让松崎小姐脱离中日友好之轮”。这是自从和松崎君代相识以来，他给予松崎君代的最高赞誉。

1975年，松崎君代第6次访问中国，在北京和其他十几个地方受到热烈友好的欢迎。这一次，已是重病中的周恩来没有接见她，但陈锡联副总理接见松崎君代时，详详细细地转告了周恩来委托他带的口信。

“收到了你问候我的信。”

“非常感谢！”

“这次请多住些时候，好好看看自己的病。”

“在你丈夫到来之前，不要太孤单了，有什么要求尽管提出来。”

松崎君代当时并不知道周恩来已是重病之中。而周恩来却在医院中受着癌症晚期的痛苦煎熬，与病魔做着最后的抗争。然而尽管在这种情况下，他仍然对松崎君代关怀备至。怎能不令人感动地落泪呢？1976年1月9日早晨，当松崎君代从电话里得知“周恩来总理患癌症逝世”的噩耗时，拿着话筒的手不禁哆嗦起来，满腔悲痛，竟难以自禁。

1978年，松崎君代和她父母访华期间，为故去两年的周恩来写了悼词：“周恩来总理：您活在我心中。松崎君代。1978年10月5日。”

“您活在我心中。”周恩来不仅活在一位日本运动员的心中，活在中国人民的心中，而且也活在每一位有幸结识他的国际友人心中！

（张文和）

嵯峨浩终于回来了

溥杰的妻子嵯峨浩终于回到了中国，周恩来接见了他们，并请他们一起观赏了京剧《杨门女将》。周恩来意味深长地对溥杰的岳母说：“为了中日两国人民的友好，两国人民要将50年来的不愉快的事情消除掉。”

凡是和末代皇族成员接触过的人们，只要微微留心，就会发现，在他们住屋的墙上都挂有一幅周恩来和他们会见的照片。

提起这张1962年6月拍摄的照片，溥杰有一种抑制不住的激动之情。

那一天，溥杰接待了我，专门取下这张合影，我仔细端详，只见上面密密麻麻，共有35人之多。

我把目光移到照片的第一排，溥杰用满口的北京腔，咬字清晰地一个个念着：溥仪、老舍、载涛、嵯峨尚子、周总理、嵯峨浩、我。

嵯峨尚子？嵯峨浩？这不是日本人的名字吗？我再看过去，啊，不错，嵯峨尚子，穿着一身整齐的日本和服，而嵯峨浩，却是紧身的旗袍。

溥杰敏锐地发现了我瞳孔里散出的诧异，连忙取来一份资料，让我仔细读去。

那是一份早年的报纸，微微呈现黄色，上面跳出一行醒目的标题：《末代皇帝日籍弟妇偕母女自日过港返北京与夫团聚》。

下面写着：

前伪“满洲国皇帝”溥仪的弟妇、溥杰的日籍妻子爱新觉罗浩（闺名嵯峨浩），昨午奉母携女自东京搭英国海外航空公司班机飞来香港，将于今天乘车赴广州，和她丈夫共返北京团聚。

她看来相当谦厚，谈话时始终保持谦逊甚至拘谨的笑容，语调温柔。她穿着一袭银色绣黑碎花的织锦旗袍，外罩同样的织锦短外套。

爱新觉罗浩说，丈夫和她别后，一直有信给她。她相信他正在广州等候她回来，说到这里，她笑了——这时她笑得不像矜持，显然她心里是甜丝丝的。

这是一段真实而曲折的故事。

火车向广州开来。

嵯峨浩陷入了一种不可梳理的困扰之中：

1945年8月12日，苏联政府对日宣战的第三天，伪满傀儡政府分崩离析，嵯峨浩随同皇室家族逃离长春“皇宫”，跑到通化大栗子沟。狼狈万分的溥仪、溥杰双双成了苏军的俘虏，而她们，四处流离，几经辗转，嵯峨浩最后被遣返日本……

广州，身材瘦小的溥杰正引颈相望，他不知分离10余载的妻子现在怎样，他想起了3个月前……

1961年除夕之夜，周恩来以他自己的名义，邀请皇室家族成员到他家里做客，高兴地以中国北方迎新年的传统，用饺子款待他们。

饭后，周恩来请大家来到会客室，斟上了热腾腾的碧螺春茶。他微笑着说：“今天特意请你们来，也是同你们商量一下，是不是可以以你们的名义，邀请溥杰的日本爱人回中国来？”

这句话，一下子暖热了皇室家族成员的心。自从溥杰获释后，家族里就考虑过这个问题。

溥仪，是坚决的反对者，提起日本，他心中有无形的烈火，他要溥杰与妻子一刀两断。

溥杰，他流连的不仅是和妻子的绵绵情长，他凭自己的良心，深深内疚，妻子为自己受尽苦楚，在日本拉扯大了两个女儿，而流逝了16年宝贵的青春时光。

意见如此分歧，现在该怎样解决，怎样回答周恩来呢？

碧螺春茶冒着缕缕清香，座位上的家族成员一个看一个，面面相觑，沉默无言。几个人借着上厕所，悄悄离席了。

周恩来叫住了他们，幽默地说：你们都去，我也去。

“轰”的一声，大家乐了。

周恩来问了溥仪，又问了他的弟弟金友之（溥任），金友之心直口快：“这是中央的关怀，我想嫂子回来了，大家一定会做她的工作，帮助她进步。”周恩来又一一问了溥仪的六妹夫王武贤、七妹金志坚，还有其他人，都没有提出反对的意见。

周恩来缓缓地说：“我看过嵯峨浩给溥杰的信，她有做中国公民的愿望。过去，她入过伪满的‘国籍’，伪满是让我们解放的，所以我们可以批准她作为中华人民共和国的公民。”

一直闷闷向隅的溥杰，抬起了头，他万万没有想到，周恩来说出了这些话。

他泪水纵横。

周恩来继续向在座的人说：“有不同意见，我们也可以试试嘛，让她回来，如果住得不习惯，不舒服，要回去，也没有关系。”

溥杰沉浸在后来的幸福中。他按照周恩来的嘱咐，给远方的妻子写了一封热情洋溢的信，请她带着女儿，回来看看。同时，由中共北京市委统战部部长廖沫沙亲自出面，邀请溥仪、溥杰的三妹金蕊秀、三妹夫郭布罗·润麒、五妹金韫馨、五妹夫万嘉熙5人，给嵯峨浩用日文写了一封代表家族的邀请信。

广州车站上，嵯峨浩正在向溥杰扑来，他们重新聚首了！岳母嵯峨尚子的眼眶里滚动着泪珠，女儿嫮生叫着“爸爸！”他们百感交集。

时过境迁，溥杰谈起来还是那样激动，他不时摘下眼镜，用手绢拭着眼泪。他对

※ 溥杰（右）、溥仪（左）、载涛（中）在一起。

我说，当我和浩会面时，溥仪也是情感纷纭，他之所以不同意浩回来，是有着历史原因的。

溥杰找出了《我的前半生》，指着上面的一段记载说，这不，上边都有呢。

溥仪在他的一篇回忆中写道：

溥杰毕业于日本陆军士官学校，从1935年冬天起在长春伪禁卫队步兵团当排长。当时，日本军国主义分子就鼓吹让他和日本女性结婚。我和他对日本人的企图也有所察觉。有一天，我对弟弟讲："你如果和日本女子结了婚，往后可不好办了。"

溥仪为了不让日本关东军包办溥杰的婚姻和觊觎爱新觉罗的"皇位"，很快就把"皇后"婉容的一位亲戚找来，打算撮合溥杰和那位亲戚的女儿结婚。不料伪满皇室"御用挂"吉冈闻讯后公开干涉"御弟"的婚事。后来，日本方面又由"九一八"事变的罪魁本庄繁和陆军大臣南次郎直接插手，为溥杰选定了对象，这就是日本华族嵯峨实胜侯爵的长女嵯峨浩。

婚后一个月，日本关东军即起草了《帝位继承法》，规定："皇帝死后，由其子继之；无子时，以其孙继之。无子和孙时，以其弟继之。无弟则以其弟之子继之。"溥仪没有子嗣，可见，溥杰的这桩婚事，不过是为培养有日本血统的继承人，要了一个"政略婚姻"的手腕。

这在溥仪的思想深处，埋下了对日本人的恨。

然而不管怎样，嵯峨浩重返中国，溥仪到底明白了周恩来的良苦用心，自己也知道关心弟媳妇了。感情融洽，交往随之十分频繁。

嵯峨浩时隔16年回到中国，而且是共产党领导下的一个新世界，她显得陌生；日本的宣传使她对中国不甚了解。6月，周恩来接见时，一眼就看出了她的心事。

周恩来谈起了中国一出京剧《平贵别窑》的故事，对她说："王宝钏与薛平贵等了18年才相会，你等了溥杰16年。薛平贵后来当了皇帝忘了本，溥杰现在可是中华人民共和国的公民了。"

嵯峨浩明白了周恩来话中的寓意，她不时地点点头。

接下来，周恩来意外地提到了溥杰夫妇大女儿慧生的一件事。

溥杰从苏联解到抚顺管理所不久，慧生就背着母亲和全家人，用中文给周恩来写了一封信，请求允许她和父亲通信。周恩来亲自阅办了这件事。从此溥杰和他亲属之间鱼雁频传，成为伪满战犯中的第一例。周恩来说：“我很喜欢这样勇敢的女孩子，青年人是需要有勇气的。”

这件事，连溥杰和嵯峨浩两人都蒙在鼓里，他们几年频频通信，却不知晓是周恩来和他们女儿联系的结果。溥杰哽咽着，而嵯峨浩则流下了更多的泪水。

他们无法启口告诉周恩来，他们没有尽到做父母的责任，聪明貌美的慧生，已于4年前离开了人世。

慧生生活在战后的日本，在东京的贵族学校读书。她结识了同学大久保，相互爱慕。溥杰在和她通信中知道了此事，只是含混地告诉她凡事要多听听妈妈的意见。谁料，妈妈封建思想流毒太深，坚持要女儿等将来有机会回到中国，找一个满族青年结婚，以延续爱新觉罗家族的香火。终因双方家族的反对，一场悲剧出现了。

1957年12月末，在东京附近伊豆岛天城山的一个幽谷里，这一对恋人双双扣动扳机，殉情身亡，成了轰动日本四岛的一大新闻。

溥杰夫妇将永生以之为憾。嵯峨浩告诉周恩来，她已决定留在中国，也想把小女儿嫮生留下来。

可是，嫮生从小住在日本姥姥家，她仍想回日本去。

周恩来听了后，亲切地对嫮生说：“你母亲是个日本人，和你父亲结了婚。你是个中国人，也可以同日本人结婚嘛！但是，你姐姐去世了，你父母就你一个女儿，你应该常来看望他们。我许可你常来常往。”

嫮生默默地往肚里咽着泪水，告别之际，她抑制不住自己的感情，跑到周恩来跟前，鞠了一大躬，深情地说：“我从内心里尊敬您！”

1978年3月，嫮生终于和丈夫福永健治一起，带着4个孩子回国探亲。她带来了一束花，请有关部门一定要转交给邓颖超，以表达她对周恩来的怀念。

溥杰的叙述，深深拨动着我的心弦。溥杰一家的团聚，难道仅仅是一个简单的团聚吗？不是，绝不是。

溥杰也是这么认为的。他说，周恩来专门请我们一起观赏了京剧《杨门女将》，他意味深长地对我岳母说：“为了中日两国人民的友好，两国人民要将50年来的不愉快的事情消除掉。”

十多年后，中日两国终于实现了关系正常化。

（石肖岩）

在中法建交谈判中

谈判中，周恩来明确指出：台湾问题解决以前不能建立外交关系和交换大使。法国谈判代表富尔从周恩来坚定不移的态度中明白了：在台湾问题上，中国是不容商量的。

1958年，戴高乐重新执政后，为了维护国家主权和民族利益，不再一切听命于美国，而采取了独立自主方针。60年代初，美苏策划所谓“部分禁止核试验条约”，法国同中国一样，拒绝在这个条约上签字。同时，法国还退出北大西洋公约组织的军事一体化机构，法国和美国的矛盾异常尖锐。

戴高乐调整法国外交政策的一个重大步骤是与东方的社会主义大国——中国建立外交关系。1963年，周恩来访问阿尔及利亚期间，就曾利用一些活动间隙专门了解并研究过对戴高乐的看法和中法建交的可能性。在听过情况汇报后，周恩来曾表示过以下主要论点：一、戴高乐是坚决抵抗德国法西斯的民族英雄，在法国人民中有很高的威信。二、戴高乐不服从美国的指挥，对美国闹独立性，我们可以利用美法矛盾做工作。三、戴高乐果断下令从阿尔及利亚撤出百万侵略军，让阿尔及利亚独立，这是很明智的决策，既减少了法国的财政负担，也有利于提高法国在国际上的地位。四、中法建交是可能的。

1963年8月，法国前总理富尔通过中国驻瑞典使馆提出不带任何官方使命，以纯私人性质访问中国。中国政府早已知道富尔访华的意图，同意富尔这一要求。周恩来指示：以中国外交学会会长张奚若的名义邀请富尔访华。

富尔在1957年5月曾以法国前总理的身份来华访问过一次。当时中国完成了第一个五年建设计划，国家蒸蒸日上，给他留下了深刻的印象，认为这个新崛起的社会主义大国不容忽视。在同周恩来和其他中国官方人士的接触之后，他对中国的外交政策有了一定的了解，对以美国为首的国际反华势力制造“两个中国”提出了不同看法。他说：“法国没有理由奉行‘两个中国’的政策，除非断绝同台湾的关系，否则，承认中华人民共和国不仅是一种无用的行动，而且实质上是一种不友好的姿态。”戴高乐以及法国政府中一些官员，对富尔的看法有同感。因此，当戴高乐决定建立法中正常外交关系时，富尔作为特使来华进行试探性活动，就成了最适合的人选。

1963年10月22日，富尔偕夫人乘专机到达北京。

第二天上午，周恩来在西花厅接见了富尔，张奚若和谢黎在座。

周恩来在同富尔握手时说：“很高兴再一次见到阁下。”

富尔高兴地说：“已经6年多了，总理一点也不见老。”又问：“总理到过巴黎？”

“是的，那是40多年前的事了。”

“现在是再去巴黎的时候了。”富尔这句话意味深长，道出了他此行的使命。

接着转入正题，富尔说：“法国元首戴高乐将军希望同中国领导人就两国关系问题进行会谈。他认为，像我们这样两个大国的领导人现在还不能进行会谈是不正常的。”“因此，戴高乐将军要我来中国，代表他同中国领导人会谈。他认为，我这次访华的使命不宜公开。这并不是想掩盖他对中国的感情，而是因为一旦公开出去，报界就会大做文章，那就不能安安静静地深入探讨问题了。不过，此次访华还是正式的、官方性质的。戴高乐将军有一封亲笔信给我，信中授权我代表他同中国领导人会谈。”

富尔当场拿出信读了一遍，把信交给了周恩来，说：“你们可以留下来看一看，过两天再给我。”

周恩来礼貌地接过富尔递过来的信，看了一下，又还给了富尔。接着说：“从戴高乐将军的信中可以看出，法国很注意如何增进中法两国的关系。我们一向有这种愿望，阁下

※ 1963年10月，周恩来会见法国前总理埃德加·富尔。

上次来华时，我已经谈过这个问题。”

接着，周恩来谈了他对近年来戴高乐将军所采取的行动表示赞赏。他说：“戴高乐将军当政，做了一些工作，特别是在维护国家独立和主权方面采取了勇敢的步骤。有些大国可能不高兴。我们觉得，一个国家应该如此，不受任何外来的干涉，因为一个国家的事务只能由这个国家自己解决。”

听到周恩来一番真诚、坦率的话，富尔也以坦诚的态度提出会谈的主题——法中建交。他说：“我们一开始没有承认中华人民共和国，而保持同蒋介石的关系。我们一致认为这是不正常的，而且产生了很多问题。我不愿意像一个商人那样来谈论这个问题。我们没有什么特别的要求提出来，因为目前的局面对我们没有什么特别的坏处，但是这种局面是不正常的，是奇怪的，因此，我们愿意同你们交换意见。”“希望总理考虑我刚才提到的问题。”“会谈的方式也请总理决定。”

有着丰富外交经验的周恩来，听富尔的一席话，明白了他所表达的意思：法国急于同中国建交，但它是一个大国，不能表现出有求于中国的样子。因此，他直截了当地对富尔说：“我了解你的意思。我们可以不只谈一次，可以谈几次，自由交换各种意见。”“今天还想问一个问题。中法建立正式关系，法国同台湾的关系是一个困难。我想了解一下，除了这个困难，还有什么困难。”

周恩来想试探一下，法国同中国建交是否要看美国的脸色。

富尔很爽快地回答：“法国奉行独立政策，不需要征求苏、美的意见，自己可以作出决定。”但他同时又表示：在戴高乐将军采取这种具有历史意义的行动时，中国方面也不要强加使他不愉快甚至丢脸的条件。

周恩来坦率地说：“我们的态度很清楚。采取拖泥带水的办法，像英国、荷兰，双方都不大愉快。英、荷承认中国13年，但同中国一直是半建交的关系，没有互换大使。因为英、荷一方面承认新中国，一方面又在联合国支持蒋介石集团，这使双方都不大愉快。与其如此，不如等待。这是第一点，第二，如果法国认为采取勇敢的行动，断绝同蒋帮的关系，同中国建交的时机已到，我们欢迎这种决心，也愿意同法国建交，直截了当交换大使。这是友谊的表现，而不是交易。”

富尔听了周恩来提出的两点，立即表示：第一点不成问题，法国“不会采取拖泥带水的办法，要么交换大使，要么维持现状”。对第二点，即同台湾断绝关系，富尔态度模棱两可。他既表示法国不迁就“两个中国”的主张，却又说台湾是一个微妙的问题，对法国来说，同台湾断绝一切关系有困难，因为岛上存在着一个事实上的政府，而戴高乐将军没有忘记战时同蒋介石站在一边，不愿意切断联系。

对于台湾问题，周恩来是决不作原则性妥协的，他严正指出：“蒋介石集团是被中国人民推翻和赶走的，这是中国人民的意志表现的结果。”为了以理服人，周恩来语气平和、态度诚恳地反问：“如果法国处在中国的地位，将如何考虑这个问题呢？现在法国是戴高乐将军领导的，如果外国势力在法国本土以外扶植一个反戴高乐将军的傀儡政权，说这是法国政府，法国对此采取什么态度呢？”在作了一番入情入理的分析后，他明确指出：“台湾问题解决以前不能建立外交关系和交换大使，但可以建立非正式的关系，如先设立贸易代表机构，半官方的、民间的都可以。”富尔从周恩来坚定不移的态度中明白了：在台湾问题上，中国是不容商量的。

他表现出无可奈何的样子，说：“法国在13年前就犯了一次错误。我个人很愿意承认这次错误，但作为一个大国，很难承认这种错误。我愿意同你们共同找出一个办法，使法国不致对过去的错误表示忏悔。”他指的是13年前没有承认中华人民共和国，而同台湾保持了关系。

10月25日，周恩来与富尔在西花厅举行了富有成效的第二次会谈。

会谈一开始，富尔就提出了对华建交的三个方案：

一、无条件承认方案，即法国政府正式宣布承认中国，中国政府表示同意。

二、有条件承认方案，即法国政府表示愿意承认中国，中国政府提出接受承认的条件。

三、延期承认方案，即法国政府对中国先不作政治上的承认，但两国间形成特殊关系局面。

富尔对这三个方案作了进一步的解释。他还说：戴高乐希望能争取立即实现第一个方案。但是，如果法国主动承认中国，而中国提出先决条件，对他是不愉快的。

周恩来想把双方的共同点肯定下来，使会谈有个明确的基础，然后对分歧的有关问题再进行深入讨论。他对富尔说：我提出三个问题：第一，“双方都愿意建立外交关系，互派大使。这点是肯定的。”第二，“法国承认的是中华人民共和国”，“不承认有另外一个中国。”“戴高乐将军是否也是这样认为？”

富尔说：戴高乐也是这个想法，但是保留台湾这一点，“需要进一步得到情况。”

富尔这个回答耐人寻味。才思敏捷的周恩来立即问道：“台湾保留是什么意思？是指承认台湾是中国的一个省，但由于目前在蒋介石手中，这样一个复杂问题需要有时间和手续来处理，还是指台湾的地位尚未定？”

富尔回答说：“戴高乐将军在这个问题上没有明确的指示。”这可能是事实，也可能富尔有难言之隐。

“你的看法如何？”周恩来将了富尔一军。

富尔无法回避了。他说：作为戴高乐的代表，在这个问题上“我没有得到指示”，因而“不能明确表示意见”。“但是我认为台湾是中国的一个省。戴高乐不管这个问题，他所管的是承认中华人民共和国的问题。”

周恩来坚持要对方有个明确的态度，于是又问：现在要明确这一点：戴高乐将军是否还认为台湾地位未定？

富尔说：不是戴高乐不明确台湾的地位，他要“我来了解你们的看法。”

周恩来说：“我们的看法，我和陈毅元帅都已经说了，我可以再明确一下，也就是第三点，台湾是中华人民共和国的一个省。在这个问题上，法国无意承认‘两个中国’。是不是这样？”

是的，法国“只承认一个中国”。富尔回答倒很干脆。

周恩来接着说：“好，这一点肯定了。”“那么‘中华民国’从客观上说不存在

※戴高乐将军。

了。”“台湾是中国领土这一点应该肯定，因为蒋介石也是这么说。”

富尔又把前面说过的问题提出来并作解释。他说：“戴高乐将军想要了解的是在承认中国的同时，是否能不完全割断同台湾的关系。这样做不是为了让美国制造‘台湾共和国’”，完全“是出于方便的考虑”。“既然你们的答复是要法国完全割断同台湾的联系，我可以把这一意见转告戴高乐。他没有要我拒绝，也没有要我接受。”

周恩来再次申明：你的立场我了解了。但我还是要把问题说得更清楚，以便你回去报告戴高乐将军时把事情弄得更明确。“我所要谈的第三点关于台湾问题有两种情况，一种是认为台湾地位未定，这就不是一个小问题，这会引导到美国制造‘台湾共和国’这条道路上去。另一种情况是作为一个复杂问题，蒋介石在法国设有领事馆，为了摆脱这样一种关系，需要通过一些手续，从礼遇上说，不使台湾代表太难堪，也不使戴高乐为难。这是一个手续问题。”

富尔连连点头说：“对。”

对富尔的这个表示，周恩来也采取了灵活态度，接着说：“如果认为台湾地位未定，对两国建交是个很大的障碍；如果属于第二种情况，我们可以想些办法如何摆脱。”

富尔也坦率地谈了戴高乐的态度。他说：“戴高乐说过目前同中国的相处情况应该结束了。派我来和你们接触时，他说，你自己看，去谈以后再说。我想，他不会像你们那样对台湾这样重视。我已知道的是现在要缩减在台湾的外交机构，也即试图摆脱这样一种关系。但是，必须先了解情况后再进行摆脱。这一点总理是否清楚？”

周恩来回答：“清楚了，希望你把我们的态度转告戴高乐将军。”

将近4个小时的会谈使双方的看法比较接近了。在共进晚餐时，周恩来又有针对性地对富尔谈了柬埔寨与新中国建交的情况：“西哈努克宣布承认我们，蒋介石集团的领事就走了。”

富尔说：“这是一个先例。”

10月31日下午，会谈继续进行，地点在钓鱼台宾馆15号楼，一开始就接触到主题。

周恩来提出了一个新的方案，就是积极地、有步骤地建交的方案。这个方案分三个步骤。第一步骤，即富尔提出的，法国政府通过中国驻瑞士大使馆向中国政府提出正式照会，承认中华人民共和国，并且建议正式建立外交关系和互派大使。中国政府接到上述照会后，复照表示愿意建交和互派大使，并在照会中申明我们认为法国政府采取这一行动意味着法国只承认中华人民共和国为代表中国人民的唯一合法政府，不再承认在台湾的所谓“中华民国”和它在联合国的代表权。

第二步骤，中法双方相约同时发表上述来往照会，在照会公布以后，双方派出筹备建馆人员去对方建馆。

第三步骤，上述两个步骤做出后，可能会出现三种情况：一是蒋介石驻法国代表看到照会后主动撤走，这样，法国也相应撤回在台湾的外交代表及机构。二是蒋介石驻法国代表赖着不走。法国政府不把他作为外交官看待，只作为普通侨民看待；同时，法国应撤回它驻台湾的外交代表，不降级保留任何代表。如果出现上面两种情况，中法双方即可派出大使，完成全部建交步骤。第三种情况是，蒋介石驻法国代表赖在法国不走，法国政府仍将他作为外交代表看待，同时法国把它在台湾的代表降级后仍为外交代表存在。这样，实际上是一种变相的"两个中国"的出现。如果出现这种情况，中国政府将不得不中断同法国的建交步骤。

周恩来的这个方案，实际上是把是否附加条件的问题上加以变通，即不要求法国政府公开声明对"两个中国"的立场，而以我单方面照会申明、法国默认的方式代替。这样就照顾到对方的面子了。这是一个让步。

富尔对周恩来关于附加条件问题的变通办法表示兴趣。他说：法方把对附加条件的承认变为附加解释的承认，"戴高乐需要完全了解中国对承认这件事是怎样解释的。你们的解释完全符合国际法，主权是不可分割的"，法国"承认中华人民共和国，就不能承认'两个中国'"。"我可以向戴高乐报告，中国的解释不是条件，而是国际法的实施。"富尔也作出让步。但他对中方要求的法国与台湾完全断绝关系后才答应派出大使，这一点感到为难。他说："如果蒋介石自己断交，问题很简单。如果蒋不动，就会造成双方的困难。我明确说戴高乐也不会自己采取驱蒋步骤，这是他的立场。"这"不是要承认'两个中国'或帮助美国关于台湾地位的活动"，"这是形式问题，礼遇问题"。"如果蒋介石不采取行动，会出现什么情况呢？"事实上，法国驻台代办和台湾驻法代办虽然存在，但他们的地位"不可能是外交地位"。"台湾代办如果到法国外交部去，说他代表'中华民国'，我们的回答是：'不可能'"。

周恩来说："如果台湾驻法代表走了，法国理所当然要相应召回它在台湾的代表。"

富尔毫不含糊地说："当然。如果台湾断绝关系，我们也断绝关系，没有必要保留。"

周恩来又问："我们的大使去了，如果法国外交部请客，对台湾代表请不请？"

富尔风趣地回答："可能有好多人可怜他"，"外交部的人认识他，会有人请他吃饭"，"但不能作为中国代表请他"。

到这时，周恩来已感到中法建交的障碍基本上扫除了。

这时正在上海的毛泽东将接见富尔。

11月1日晚上，周恩来和富尔在上海和平饭店继续会谈。

在此之前，富尔传达了戴高乐将军不支持制造“两个中国”的立场，中法双方达成三点默契：

一、法国政府只承认中华人民共和国政府为代表中国人民的唯一合法政府，不再承认在台湾的所谓“中华民国政府”。

二、法国支持中国在联合国的合法权利和地位，不再支持所谓的“中华民国”在联合国的代表权。

三、中法建交后，在台湾撤回它驻法国的“外交代表”及其机构的情况下，法国也相应地撤回它驻在台湾的外交代表及其机构。

这样，中法建交已经水到渠成，这次会谈一开始，周恩来就提出了一个直接建交的方案：

一、法国政府直接向中国政府提出正式照会，承认中华人民共和国政府，并建议中法两国立即建交，互换大使。

二、中国政府复照表示：中华人民共和国政府作为代表中国人民的唯一合法政府欢迎法国政府的来照，愿意立即建立外交关系，互派大使。

三、双方相约同时发表上述照会，并立即建馆，互派大使。

周恩来宣读这一方案后，问富尔：“你现在还有没有困难？”

富尔回答说：“我觉得这个方式好，没有反对意见。我是受委托来的，有权答复，但还要经过总统批准。我相信总统会同意的。因为我认为你们的方案是正确的，形式也是很好的。你们明确一下（指达成的三点默契）有好处，但又不是一个条件，而是你们的一个声明。事实上，你们把第一方案和第二方案融合在一起了。这不是无条件建交，也不是有条件建交，而是附加解释的承认。”

周恩来很高兴，接着说：“就这样吧，我们把不一致的意见排除了，从共同的愿望出发达成了协议。上次你说要看我们的，以后就看你的了。”

富尔也显得轻松，站了起来，说：“我将尽力而为。”会谈告一段落。

周恩来还继续和外交人员研究建交方案，以“周恩来总理谈话要点”的书面文件交给富尔，这时已是11月2日的凌晨了。上午11时，周恩来和富尔在和平饭店就这个方案进行最后推敲。富尔提出第二点默契中的“不再支持所谓‘中华民国’在联合国的代表权”这

※ 周恩来和毛泽东在一起。

一句删去。双方经过协商，最后商定把这一句改为“这就自动地包含着这个资格不再属台湾的所谓‘中华民国政府’”。

方案最后定下来，建交的具体问题由双方代表在瑞士洽谈。

1964年1月27日，中法两国发表联合公报，正式宣布建立外交关系，并在3个月内任命大使。台湾当局终于撤走了它驻法国的“大使馆”。

中法建交是震动世界的大事，这意味着美国孤立中国的政策遭到沉重的打击，也为许多西方国家作出了榜样，中法建交以后，意大利、加拿大、比利时、葡萄牙等西方国家相继表示愿意同我们讨论建交问题。

戴高乐和周恩来两位伟人，为中法友谊的发展，开辟了道路。

戴高乐对中国是怀有敬意的，他说：“中国是真正的国家，比历史还要古老的国家，那里有真正的人，豪迈的人。”他对毛泽东、周恩来很崇敬，生前一直希望能访问中国。

毛泽东、周恩来对戴高乐奉行独立自主政策，敢于反对美国的控制和干涉，表示十分赞赏。

1964年4月，周恩来在接见日本友人松村谦三时，称赞戴高乐是“反映民族独立精神，摆脱外国控制的了不起的政治人物”。

戴高乐频频表示访问中国的愿望，但因种种原因一直没能实现。戴高乐将军逝世后，毛泽东、周恩来分别给戴高乐夫人和法国总统蓬皮杜发出唁电，称戴高乐为“反对法西斯侵略和维护法兰西民族独立的不屈战士”。周恩来亲自到法国驻华使馆吊唁。北京天安门、新华门、外交部下半旗以示哀悼。外国领导人逝世，中国政府以这样的规格对待，是很少有的。中国人民对于热心同中国建立友好关系的朋友，是永远不会忘记的。

（童小鹏）

出访亚非欧十四国

周恩来亚非欧十四国之行，是我国历史上具有世界意义的国际活动，也是他革命实践的丰碑。

1963年12月中旬到1964年2月底，周恩来总理在陈毅副总理陪同下，率领中国政府代表团访问了亚非欧十四国。这次访问历时72天，行程十万八千里，在阿拉伯联合共和国（现名埃及）、阿尔及利亚、摩洛哥、阿尔巴尼亚、突尼斯、加纳、马里、几内亚、苏丹、埃塞俄比亚、索马里、缅甸、巴基斯坦、锡兰（现名斯里兰卡），处处留下了周总理的足迹，处处留下了难忘的记忆。这次14国之行，是我国历史上具有世界意义的国际活动，也是伟大国际主义战士周恩来革命实践的丰碑。我作为代表团的成员随行，深深感到周总理这次访问取得了巨大的成功，为我们做好外交工作、打开新局面树立了光辉的榜样，使自己受到一次最深刻的教育。

周总理这次访问的亚非欧14国中，有10个非洲国家。这个时候，曾经被人称为“黑暗大陆”的非洲正在觉醒，非洲国家相继挣脱殖民主义的羁绊宣布独立。继1955年万隆亚非会议之后，1963年34个非洲国家的首脑召开了非洲统一组织成立大会。处在殖民统治下的非洲各国人民，为独立和自由进行着英勇顽强的斗争。民族独立解放运动的蓬勃发展，正

※ 1963年12月，周恩来访问阿拉伯联合共和国期间，宣布中国处理同非洲和阿拉伯国家关系的五项原则。这是和陈毅参观狮身人面像时的留影。

※ 1964年1月，周恩来访问几内亚时，观看热带粮食作物木薯。

在迅速地改变着整个非洲大陆的政治局面。新中国作为一个解放了的被压迫国家，作为非洲独立运动的积极支持者，这时首次派自己的领导人对非洲10国进行正式友好访问，是一次具有重大历史意义的外交活动。这是一次伸张正义、扶弱抗强的壮举，它在非洲大陆上产生了巨大的深远的影响。通过这次访问，增进了我国同非洲国家的相互了解和信任，推进了我国同这些国家的友好合作，开创了我国对非洲外交工作的新局面，为我国的外交史谱写了重要的新篇章。

1963年12月中旬，在访问非洲的第一个国家埃及时，根据和平共处五项原则和万隆会议十项原则精神，周总理亲自拟定我国同非洲国家和阿拉伯国家相互关系的五项原则。我国支持非洲和阿拉伯各国人民反对帝国主义和新老殖民主义，争取和维护民族独立的斗争，支持他们奉行和平中立的不结盟政策，支持他们用自己选择的方式实现统一和团结的愿望，通过和平协商解决彼此之间的争端，主张这些国家的主权应当得到一切其他国家的尊重，反对来自任何方面的侵犯和干涉。这些原则，是我国外交上的创举，受到非洲国家和阿拉伯国家的普遍欢迎，一直指导着我国同非洲和阿拉伯国家的友好往来。

这次访问的非洲国家，大都是刚刚取得独立，地位不高，发言权不大，被人看不起的国家。中华人民共和国的总理去了，又宣布了这个伸张正义、体现友好的五项原则，对他们是很大的支持。各国人民以最热烈的方式，最高的礼仪接待周总理。访问中，无论到达哪个城市，都是万人空巷，倾城而出，男女老少都穿着大红大紫、大蓝大绿的民族服装，伴着非洲鼓激昂的节奏欢歌狂舞。老人、儿童争着上来摸摸中国客人的汽车，妇女按当地风俗脱下身上的花袍，铺在路上让中国客人的汽车碾过，好让她们心爱的衣服上留下友谊的印痕。到处有纵情的欢笑和激动的泪水，到处有热烈的掌声和绚丽的鲜花，充分表达了非洲人民对中国客人的深情厚谊。

在1963年的最后4天里，总理访问了摩洛哥王国。按照惯例，不管来访的是总统、国王或总理、首相，摩洛哥国王都一概不去机场迎接，只是等在自己王宫门口，待人家来见他以后再回拜。这一次接待周总理，哈桑二世国王考虑到虽然不便破例，但要充分表达对中国客人的友好情意。因此，特地作了安排，将市郊的一座豪华的宫殿“和平宫”让给中国客人住。周总理到达那天，国王特地前去市郊，亲自站在“和平宫”门口迎接，引领客人们进宫，喝了茶，寒暄一阵，才告辞而去。外交大臣私下告诉中国客人说：我们国王这次是破例了，哪一个来都没有这样。

1月21日，周总理来到几内亚首都科纳克里。好客的塞古·杜尔总统没让代表团住到欧美式的别墅里，却径直送我们住进了“美景别墅”。这是两幢修建在海边的非洲式草屋，里面有舒适的设备。屋外就是海滩。住在这非洲风格十足的草屋里，使客人们体味到深厚、浓烈的民族感和亲昵的友情。

就在这次访问非洲时，周总理提出了我国对外援助的八项原则。这些原则，是经过总理深思熟虑、一再仔细推敲的，充分反映了无产阶级国际主义精神。周总理一直非常重视对外援助工作。这次来到非洲，总是挤时间亲自视察我国对外援助项目，了解和解决存在的问题。他也考察了超级大国的“援助”给第三世界国家带来的恶果。他们进行“援助”的目的都是为了掠夺，为了谋求特权，是要加深受援国对它们的依赖。同时，周总理也总结了我国对外援助工作的经验。马里是同我国建交较早的非洲国家之一，当时我国派到马里的专家较多。从加纳到了马里，周总理同凯塔总统谈得最多的，是对马里和非洲的经济援助问题。周总理怀着对发展中国家的无限同情，按照毛泽东主席关于已经获得革命胜利的人民应该援助正在争取解放的人民的斗争的教导，提出我国对外援助的八项原则。在提出八项原则的头天晚上，他通宵未眠。八项原则的主要内容包括严格尊重受援国主权，不附带任何条件，不要求任何特权，援助对方增强自力更生的能力，提供优质的设备，保证传授技术，我们派出的专家和当地专家同等待遇等。这些原则，体现了援助、支持是相互的，双方是平等的精神，同大国沙文主义形成鲜明的对照，充分体现了我国同第三世界国家进行经济、文化合作的真诚愿望，为无产阶级的国际主义开创了光辉的范例。

根据这些原则，周总理在访问非洲的过程中，每到一个国家，差不多都要谈定一笔援助。虽然我国援助的数额，与超级大国的援助相比并不算多，却是真正用来扶助他们民族经济，帮助解决人民日常生活必需品的。比如，帮助他们建立自己的米厂、皮革厂、卷烟厂等等。几内亚盛产竹子，但不会编织。总理就派我们的专家去帮助他们发展竹编业，使他们的资源得到充分的开发和利用。马里人民爱喝茶，过去每年都从中国进口茶叶，中国便派去茶叶专家，帮助马里人民自己种植和炒制茶叶。宁可失去自己的出口市场，也要帮助友好国家发展经济，表现了友谊的真诚和无私。

这次访问中，周总理处处尊重东道国的安排，事事为东道国着想，为我们树立了平等待人，反对大国沙文主义的光辉榜样。加纳是预定要访问的国家之一，1964年新年过后，正准备从阿尔巴尼亚出发前往的时候，发生了一个意外事件。1月2日，加纳发生了谋刺恩克鲁玛总统的案件。面临这突然变化的情况，我们是否还去访问呢？问题不仅是我们应不应去，还有加纳的愿望和困难需要我们认真考虑，周总理经过认真考虑后，决定还是去访问，并要黄镇先去加纳直接了解情况。当时租用了两架荷兰的飞机，总理让黄镇乘一架先走。到突尼斯降落等候总理，看他还有什么新的指示。总理到后对黄镇说：你先去吧，到

※ 1964年1月，周恩来访问马里时，受到人民群众热烈欢迎。左一为莫迪博·凯塔总统。

※ 1964年1月，周恩来访问加纳期间，宣布中国对外经济技术援助的八项原则。这是和陈毅前往总统官邸拜会弗朗西斯·恩威亚·克瓦米·恩克鲁玛总统（右二）。

※ 1964年1月，周恩来访问阿尔巴尼亚时，和陈毅参观地拉那斯大林纺织联合工厂受到热烈欢迎。

※ 1964年1月，周恩来访问突尼斯时，在答谢宴会上欣赏哈比卜·布尔吉巴总统（左）赠送的影集。

加纳与黄华同志多商量，有什么问题马上电报联系。黄镇当天就飞到加纳首都阿克拉。记得当时还即兴在飞机上做了一首诗，其中有一句“一日飞行万里天”，就是指的这一天。黄镇同黄华大使一起去见恩克鲁玛，他脸上贴着纱布，缠着绷带，住在克里斯兴城堡里。黄镇同黄华一方面代表周总理对他表示慰问，一方面与他们商量访问的具体安排，并转达了周总理的建议：这次访问免去一切礼节，总统不要到机场迎接，也不要在城堡外面举行会议和宴会。这些安排照顾了恩克鲁玛的困难处境，他听了周总理的这些建议非常高兴，表示完全同意。当时刺杀事件发生不久，情况还未完全弄清，虽然黄华大使做了许多分析说可以去，但大家非常关心周总理的安全。中央也十分重视这一事件的发展和总理前去访问的问题，不时来电报询问情况。周总理决定去加纳访问这一决策是很英明的，对加纳及整个非洲都有很大影响。恩克鲁玛非常感激我们，他原来估计在这么动乱的情况下周总理不会去的。周总理从政治上大的方面着眼，冒着风险去了，在困难的时候支持了恩克鲁玛，体现了对一个小国的尊重。这样的事是世界政治史上罕见的。这件事效果非常好，影响非常大，中国的形象在非洲大大增加了光辉。

在访问中，周总理处处体谅被访国家的处境，尊重他们的民族自尊心。当时，埃塞俄比亚还未同我国建交，他们还受美国的控制。在向周总理发出邀请以后，他们还有些矛盾，感到为难。一方面，他们希望周总理去访问，另一方面又怕美国施加压力。迫于这种外来的因素，塞拉西皇帝提出，他不能在首都亚的斯亚贝巴接待我们，准备在阿斯马拉市接待。按国际惯例，对一个国家的总理，如果不在首都接待是不礼貌的。美国报刊立即对此喊喊喳喳，说这是有意降低对中国人的接待规格。但是，周总理着眼于发展中非人民和中埃人民友谊，体谅了埃方的困难处境，仍欣然应邀往访。那时我们有些代表想不通，周总理却说：没有关系，美国对他们有压力，我们应该谅解他们。周总理同塞拉西皇帝会谈时，双方观点不一致，有了争论。后来，我们准备了一篇讲话稿，准备在宴会上讲。宴会前，周总理一直在考虑，许多观点都讲过了，是否有必要再讲。经过与代表团同志反复研究，总理说可以不讲，但要改变一下方式，使他们知道我们的意见。他让礼宾司司长俞沛文同志把讲话稿送给塞拉西皇帝看，征求他的意见。塞拉西看后说，请转告周总理，他的意见，他的观点，我们都知道，我们是尊重他的，请他最好不要讲这篇稿子。因此，周总理就没有讲。他说，我们可以等5年、10年、15年、直到对方方便时我们再建立外交关系。经过这次会谈，埃塞俄比亚不久便同我国建立了外交关系。

新年过后，从阿尔巴尼亚直飞西非，其间距离一万里，需要在突尼斯加油。原来的访非计划中并没有这个国家，但突尼斯方面一再热情邀请。于是我们决定前往，并从停留一天加到一天半，最后又加到两天，使“停机加油”升级成了正式访问。1月9日，在中国客人到达突尼斯的当晚，布尔吉巴总统在国宴上讲话，对中国的对外政策提出了若干异议。周总理完全体谅各种朋友的疑虑和误解，当场即以“求同存异”的精神，给以具体、圆满的答复。后来布尔吉巴总统说：“我同意周恩来总理求同存异的方针，我们还是要反帝反殖。突尼斯需要伟大的友谊，并一定要同中国建立外交关系。”第二天，突尼斯与中国便正式宣布建立了外交关系。这是访问非洲的一个大收获，也是与某些大国外交斗争中取得的重要胜利。实践证明，中央同意我们到有些没有建交的国家去访问，是十分英明的决策，它的影响是巨大的。这次访问结束以后，当年年底，刚果（布拉柴维尔）、坦桑尼亚、中非共和国、赞比亚、达荷美（现称贝宁）等非洲国家，相继同我国建立了外交关系。

周总理在埃及答记者问时说：“中国政府代表团到非洲访问，第一个目的是向非洲人民学习；第二个目的是寻求友谊。”他在这次出访中以身作则，花了极大的精力进行调查研究，对这些国家一切有益的东西都采取认真学习的态度。他还一再向代表团同志们指出：不要以为非洲受几百年殖民统治就全部落后，非洲国家有很多长处值得我们学习。周总理高度赞扬非洲人民旺盛的政治热情，称颂他们反帝反殖的革命精神。访问苏丹期间，周总理多次讲到老牌殖民主义者戈登的可耻下场。戈登是英国殖民主义的刽子手。19世纪60年代他曾参加英法联军火烧圆明园，帮助中国清朝皇帝镇压太平天国农民起义军。70年代他又当上了英国派驻苏丹的殖民总督。后来这个曾侥幸逃脱中国人民惩罚的殖民主义者，终于被英勇的苏丹人民起义军刺死在喀山穆。苏丹人民为自己报了仇，也为中国人民泄了恨。周总理多次向苏丹人民表示对于苏丹人民的谢意，表示要向苏丹人民学习。

周总理非常重视学习这些国家的科学技术成就。60年代的头几年，我们国内正在进行开发石油的大会战。周总理一路上非常留意参观一些非洲国家的炼油厂。他在摩洛哥参观了意大利、法国帮助他们兴建的、具有现代化设备的炼油厂，非常赞赏。他说，苏联帮助我们在兰州建的炼油厂，与这个炼油厂的生产能力差不多，但他们只需200个职工，而我们却需要6000个职工。他在参观这个厂后在题词中写道：“这是一个很好的现代化的炼油厂，建设得很快，管理得很好，并且锻炼出不少技术人员，值得我们学习。”回国后，总理派石油部的总工程师专程前去考察摩洛哥炼油厂。在加纳，本来没有安排参观炼油厂的节目。周总理在乘车经过一家炼油厂的时候，还是征得主人的同意，停车进行了参观。这家工厂每年炼油120万吨，总共只有300名职工。周总理就要中国的有关部门把它的长处学到手。

※ 1964年1月，周恩来访问苏丹期间，参观著名棉区吉齐拉时，和陈毅接受儿童献花。

※ 1963年12月，周恩来访问摩洛哥时，和穆莱·哈桑二世国王在招待会上。

※ 1963年12月，周恩来访问阿尔及利亚时，看望烈士子弟之家的孩子们。

※ 1964年1月，周恩来访问埃塞俄比亚时，和海尔·塞拉西皇帝在一起。

※ 1964年2月，周恩来访问缅甸时，和革命委员会主席吴奈温及其夫人、子女在一起。

※ 1964年2月，周恩来访问巴基斯坦时，在拉瓦尔品第同穆罕默德·阿尤布·汗总统（右二）、佐勒菲卡尔·阿里·布托外长（右一）举行会谈。

周总理在摩洛哥吃的橘子是从中国引种去的。总理说，咱们中国是橘子的故乡，几十年来，由于管理不善，品种退化了，而摩洛哥人民经过科学种植管理，有了新的发展，比我们的橘子好吃得多。第二年，总理派西双版纳植物研究所副所长和广州植物研究所所长一起去专门考察摩洛哥的橘子。周总理的足迹所到之处，总是以真诚的情意关怀那里的一切劳动人民，他对各阶层人民群众的亲切感情和平等待人的态度，给非洲人民留下了深刻的印象。在加纳访问时，周总理要求尝尝当地人民的主食木薯。当主人感到犹豫时，总理说，“我就是要吃你们的家常饭。”无论在宾馆，在机场，在参观单位，还是在其他一切隆重的场合，他总要同在场的服务人员、司机、警卫人员、欢迎欢送的群众、非洲鼓手等亲切握手或交谈。在下榻的宾馆，总理总要见一见厨师和招待员，亲切地同他们握手、谈话，向他们表示感谢。和周总理接触过的劳动者都感到他平易近人，亲如家人。代表团离开阿克拉前，周总理还在下榻的国家大厦专为招待代表团的服务人员举行了一次宴会，周

※ 1964年2月，周恩来访问索马里时，向欢迎群众挥手致意。右一为阿里·舍马克总理。

总理和陈毅副总理亲自向他们敬酒。他们感动得流泪，用发颤的手举着酒杯，深情地说：“这样传奇式的故事，将永远流传在加纳人民的子孙后代中！”这次租用的荷兰飞机，机组人员的工作是出色的。他们对周总理率领的代表团的安全极为重视，总理经常对他们的工作和生活表示亲切的关怀，使他们极为感动。他们说，我们荷兰飞机差不多跑遍了全世界，但没有看到任何国家的领导人像你们的总理这样平等待我们，他同我们握手、照相，对我们十分尊重。代表团访问阿尔巴尼亚后，本来应该另换一批机组人员。但是他们18个人给荷兰公使写了一份报告说：我们决心为中国总理访问服务到底。他们的愿望实现了。访问结束到达昆明时，他们提出想到北京看一看。周总理就派我们的飞机送他们到北京，并同陈毅副总理一起专门招待了他们，还派人带领他们参观北京的名胜古迹。最后他们依依不舍地回国了，临行时诚挚地表示，总理以后有出访的任务，他们非常愿意再来服务，一定圆满地完成任务。

1964年2月4日，访问非洲10国的最后一天，在索马里首都摩加迪沙，周恩理提出著名的“整个非洲大陆是一片大好的革命形势”的论断。他向全世界指出：非洲已经不是19世纪末叶或者20世纪初叶的非洲了，非洲“已经成为一个觉醒的、战斗的、先进的大陆”。他深信一个独立自主、繁荣富强的新非洲是一定要出现的。非洲历史的发展完全证实了周总理的论断。

（黄镇）

留在海军文艺舞台上的记忆

周恩来在百忙中先后5次观看了海政话剧团演出的《甲午海战》、《海防线上》、《赤道战鼓》和《夜海战歌》等优秀话剧。

60年代初到“文化大革命”前的一段时期，我国的文艺舞台百花齐放，百家争鸣，呈现出一片多姿多彩的繁荣景象。成立于1959年的海政话剧团，作为军队文艺界的一支生力军，以饱满的革命热情，在短短6年多的时间内，先后创作排演出《甲午海战》、《海防线上》、《赤道战鼓》和《夜海战歌》等优秀话剧，在我国戏剧界产生了很大影响，得到了专家的肯定，受到了观众的广泛好评。这些剧目的创作、排练和上演，得到了许多中央领导的关怀。特别是敬爱的周恩来总理，在百忙之中先后5次观看了话剧团的演出，使广大演职人员受到巨大的支持和鼓舞，留下了难忘的记忆。

观看话剧《甲午海战》后，周总理对大家说："要发扬中国老海军与敌人拼搏到底的光荣传统。"

1962年11月的一天，海政话剧团《甲午海战》剧组的全体同志，怀着紧张而又激动的心情，早早地来到了人民大会堂小礼堂，准备为周恩来总理等中央首长举行专场演出。

因为是第一次为中央首长演出，年轻演员们既兴奋又紧张。本来文艺团体走到哪里，哪里就是笑声不断，歌声飞扬，而这次的兴奋却缺少了往日的多言多语。大家都在尽心尽力地认真做着演出前的准备。

周总理在陈毅副总理的陪同下来到了小礼堂。演员们兴奋极了，互相以眼神传递着激动的心情。

帷幕徐徐拉开，甲午中日战争的历史风云展现在舞台上。《甲午海战》以1894年中日黄海海战为主线，塑造了以北洋水师"致远"舰管带邓世昌为代表的下级官兵反对清廷妥协投降、英勇抗击帝国主义侵略的英雄形象，热情地歌颂了中国海军官兵坚强不屈的品格和爱国主义精神。总理看得很投入，随着剧情的发展，脸上的表情一会儿严峻，一会儿开朗。每当幕间总是对演员们的表演报以掌声。

演出结束，周总理带头起立，热烈鼓掌。率先走上舞台，与演员们一一握手，表示祝贺。连连说："你们搞了个好戏。演得好，演得好。"

当走到邓世昌的扮演者郭宪忠跟前时，周总理说："哎呀，这是我们的老海军。演得不错嘛！"

郭宪忠激动地回答："谢谢总理，谢谢总理！"

总理握着郭宪忠的手说："你是中国老海军的将领。"说着，总理看着左右的演员们，提高了声音说："要发扬中国老海军与敌人拼搏到底的光荣传统。"随后，周总理高度赞扬了以邓世昌为代表的中国老海军的大无畏精神，肯定了《甲午海战》这部历史剧的重大意义，并再次祝贺演出成功。

当总理准备与全体演员合影时，转过头去，对站在边上的郭宪忠招呼道："哎，哎，跟我们的老海军一块儿照个相。"说着走过去拉着郭宪忠的手，让他站在自己身边。只听"喀嚓"一声，历史记录下了这难忘的时刻。

总理观看《甲午海战》，给海军文艺工作者以巨大的支持和鼓舞，扩大了剧作的社会影响。此剧连续演出360多场，曾在东海、北海舰队及京、津、沪、宁等地部队和沿海城市一次巡回演出达9个月之久，平均两天演出一场。该剧成为国内许多剧种移植、各兄

※ 1964年4月，周恩来和参加全军第三届文艺会演的部队文艺工作者在一起畅谈。

弟团体广泛上演的剧目之一。被编入“五四以来的优秀剧目《中国话剧选》”，并被列为《中国大百科全书》戏剧卷条目之一。

观看《海防线上》后，周总理说：“我们就是要写从生活中来的、具有必然性的典型事件。”

1964年4月14日，总政治部在北京举行颁奖大会，授予全军5个优秀话剧创作奖，海政话剧团创作的七场话剧《海防线上》榜上有名。就在这天晚上，周恩来总理在人民大会堂小礼堂观看了这部话剧。

《海防线上》是以1962年我沿海军民全歼9股窜犯大陆的美蒋武装特务的事件为背景，创作的以讴歌军民联防为主题的话剧。1964年4月12日起，该剧在北京“二七”剧场正式对外公演。公演的第一天，国务院副总理兼总参谋长罗瑞卿观看了演出，称赞道：“你们这个戏搞得很好，是好戏，导演也好。这个戏写得很深刻，安排得很细致。希望你们多写些反映现实生活的好戏。我要建议请中央领导看看。”

站在罗瑞卿身边的一位海军领导说：“周总理也说要看看。”

罗总长说：“是嘛！总理都开口说要看嘛，请总理看看。”

14日晚上，周总理、薄一波副总理、中央书记处书记李雪峰、国防委员会副主席张治中在海军司令员萧劲光大将的陪同下，来到人民大会堂小礼堂。演出开始之前，周总理对海军文化部部长陈斐琴说：“听说你们只把十中全会的决议印在节目单上，没有介绍剧情，是保密吧？”

陈部长赶紧解释：“我们想努力体现十中全会的精神，但剧本没有达到这个要求。剧情观众一看就会清楚的。”

当然，听到总理对节目单上未介绍剧情的意见，团里很重视，第二天立即改印了节目单。

序幕结束，当第一场开始时，总理问：“灯柱后边天幕上是什么？是海岛吧？”

陈部长说：“是海岛的礁石。”

总理说：“海岛不在海里，搞到云彩里去了。”

那天因总理来看戏，大家非常紧张，舞美把水平线对低了，所以海岛跑到天上去了。张风一团长立即派人通知舞美进行了纠正。

总理问：“这个戏是福建、广东一带的那些事吧？”

张团长回答：“是的，是广东一带歼灭9股美蒋匪特的事情。”

编剧林荫梧说：“也有过去在沿海收集和积累的一些资料。”

总理又问旁边另一位编剧朱祖贻：“这个戏你们搞了多久？下去体验生活了吗？”

朱祖贻回答说：“去年3月份下去的，去了海丰、汕尾、田乾、遮浪……我们还在广东公安部门的支持下，以公安人员的身份，审判了在押特务，取得了第一手资料。”

总理说：“我们就是要写从生活中来的、具有必然性的典型事件，这和写侦探小说不同。侦探小说用许多偶然事件组合起来，把读者带进一种情景中去，使人读了就是侦探小说。戏剧中发生的事件就是要有必然的联系。”

这时，张治中插话说："这个戏的民兵很好，戏是强调军民联防，这非常突出，很好，很重要。"

在《海防线上》后几场中有一段剧情：哑女马小鸥到大陆后，看到大陆一片繁荣欢乐的景象，感到自己受了蒋帮的蒙骗。此时，解放军带来了一位女教师，她正是哑女的母亲。看到母女相会这一段戏时，总理有些激动，感叹地说："女教师应该给哑女以母爱，把她感化过来。作者是不是怕人家说她立场不稳呀？其实女教师一出场，立场、态度就是很清楚的，观众对她不会有什么怀疑。"

总理问："剧作者多大年纪了？"

陈斐琴部长说："30多岁。"

总理说："怪不得，这样的年纪体会不到母亲的感情，我们（指自己与萧劲光司令员）就体会得到。你们（指陈部长）这样的年纪也体会不到。"

尾声一幕开始时，周总理看见军民联防的情景，海面上战舰在巡逻，很高兴地鼓起掌来，连连说："很好，很好！"

演出结束后，周总理登上舞台，同演员们握手，祝贺大家演出成功，称赞道："剧本的主题是很好的，内容是好的，戏是好戏。"说完与演员们一起合影留念。

第二天（4月15日），新华社在《人民日报》刊登了总理观看演出的消息，《解放军报》同时还刊登了照片。1978年，周恩来80诞辰纪念日时，《解放军画报》4月号又刊登了他1964年观看《海防线上》后上台接见海政话剧团演职员的照片。

观看《赤道战鼓》后，周总理说："你们的舞跳得很有激情，这个戏有战斗性，有非洲味。"

1964年11月29日，首都各界70万群众在天安门广场举行盛大集会和示威游行，严正声讨美国、比利时的侵略罪行，坚决支持刚果（利）人民争取民族解放的正义斗争。毛泽东主席发表了《支持刚果（利）人民反对美国侵略的声明》，号召"全世界人民团结起来，打败美帝国主义侵略者及其一切走狗！"在此历史背景下，1965年2月，海政话剧团创作排演了反映非洲人民争取民族解放斗争的七场话剧《赤道战鼓》。该剧通过穆卡尼亚一家的生活变迁，生动有力地控诉了新老殖民主义在非洲所犯下的滔天罪行，展示了刚果人民在争取自由解放斗争中，懂得了要取得真正的独立和解放，必须同敌人进行针锋相对的斗争。

1965年2月25日晚，海政话剧团在中国青年艺术剧院剧场演出《赤道战鼓》，接到通知，周恩来总理要观看演出。已经过了预定开演的时间，大家想等总理来了再开幕，但总理处回话说："不要等，请按时开演。"

20时30分，周总理和邓颖超同志才赶到剧场。总理非常尊重演员，他到晚了，怕在演出中进入剧场，既影响观众看戏，又影响演员演出，便与邓颖超在休息室等候，直到幕间时，才悄悄进入剧场。

在第4场结束时，总理和邓颖超来到了休息室，总理对陪同的海军领导说："这个戏很好。我因为有别的事，开饭晚了，吃完饭立即赶来了。"

邓颖超同志说："戏不错，很激动人的！"

萧劲光司令员对周总理说："前面没看着。"

总理说："从第4场看起的。一共有几场？"

张风一团长回答说："加上序幕、尾声一共7场。"随后便简要地介绍了剧情。

※和蔼可亲的周恩来总理。

周总理说："我听总政文工团的同志称赞《赤道战鼓》有战斗性，有非洲味。"

萧司令员说："总理有时间的话，是不是从前面再看起？"

周总理笑着说："不行啊，我还有两个文件要赶。"

总理又问张风一团长："这个戏什么时候搞的？"

张团长说："从去年冬天开始搞的，一个多月时间，排练只有20多天。"

周总理赞叹地说："噢！只用了20多天，很快嘛！东方歌舞团帮忙了吗？"

张团长说："帮了，我们向他们学习了非洲舞蹈和非洲鼓。"

这时，萧司令员再次向总理建议："前三场戏很好，还是请总理看一看吧，有新老殖民主义，演得好，我很喜欢。"周总理环视了一下周围的同志，看到大家期待的目光，略一思索，便爽快地说："好吧！"

邓颖超同志笑着说："你们这些宣传家有办法，让他（指总理）看吧，他是'壮丁'。我不行，下次补。我能赶早，不能赶晚。你们不是一直要演吗？下次我买票再看。"

编剧李恍同志说："要看随时通知我们就可以了。"

邓颖超又说："刚才我看了，感到很好，印象很深。"

22时左右，当全剧结束观众退场后，周总理与邓颖超同志在极为热烈的鼓掌声中来到舞台上，与演员们一一握手，总理说："你们的舞蹈跳得激情得要命啊！不错，你们的舞蹈跳得很有激情，这个戏有战斗性，有非洲味。"

当周总理走到扮演丛林游击队领导人米林迪的郭宪忠面前时，尽管他因为演的是黑人，全身都涂成了棕黑色，总理还是一眼就认出他来，握着郭宪忠的手说："我们的'老海军'也在这儿扮演角色了。"然后，招呼大家一同合影留念。

当演员们得知总理还要补看序幕和前3场时，激动万分，大家以最快的速度调整布景、道具，改妆，换装。

在等候序幕开始的过程中，总理对话剧团的编导人员提出："现在这个尾声（指出现毛主席声明前的东方红音乐传到非洲丛林），非洲人看了会感到怎样？我回去给你们想一想怎么处理更好。"

后来根据总理的意思，把尾声进行了改进。

总理说："在西非大西洋沿岸从安哥拉到刚果，就有这样一串串堡垒，靠着大河和海洋（指剧中第6场的场景）。他们贩卖黑人就从这些地方直接装上船。据说被殖民主义残杀的平均100人只剩下10人左右，人们根本没有地方住，死在战斗中、堡垒里，有上亿人牺牲了。非洲，不到那里是体会不出那种激情的。你们学习他们的舞蹈不容易。”

当话剧团一位领导说：“我们都没有去过非洲，排练难度很大。通过外交部非洲司司长宫达非，请他出面帮忙，采访了一些非洲留学生，还有秘密在军事学院学习的刚果游击队战士。这些，对我们的演出成功帮助很大。”

总理点点头说：“刚果人民的斗争，真正胜利恐怕还要几年、十几年，好在他们的领导人很年轻，通过他们的战斗实践，有更好的经验，可能胜利得比我们想得快一些。”

当序幕结束时，总理鼓掌并对萧司令员说：“这个序幕想得好！”

第3场演完后，总理起身鼓掌。张风一团长请总理作指示。总理说：“戏不错，不说了。”再次与在场的同志们握手。大家都说请总理早些休息。这时，总理的秘书轻声说：“总理还不能休息，还有两个文件等着他搞呢！”

《赤道战鼓》上演之后，受到广大观众的热烈欢迎。刘少奇主席观看演出后说：“政治上没什么问题，艺术上要不断提高，坚持下去，‘草鞋没样，边打边像’，你们要勇于编这样的戏，这样的舞，就是好的，勇于创造。”

※《赤道战鼓》剧照。

郭沫若观看演出后为该剧题词："赤道战鼓，响彻了非洲的心脏，振奋了被压迫人民的心脏，要把帝国主义投入燎原的烈火！"

国务院副总理兼外交部长陈毅专门抽出时间，把海军的编导人员请到中南海，谈了3个多小时。他说："我是受周总理的委托来看戏的，我要用你们的戏做工作，让你们的戏起到配合外交工作的作用。"

刚果（利）民族英雄卢蒙巴的夫人在上海观看了《赤道战鼓》，她说："这出戏实在好极了。演得很好，一看就知道是刚果（利）人民的生活，反映了刚果（利）人民的斗争精神。"

该剧先后演出了300多场，还多次专场为外宾同声传译演出。并被全国许多文艺团体移植成沪剧、评剧、川剧、江西采茶戏等地方剧种上演，剧本还被译成英、法文发行，受到国外读者的赞誉。1965年5月28日，《赤道战鼓》荣获解放军总政治部授予的优秀作品奖。

周总理先后两次观看了《夜海战歌》。在"文化大革命"中，他还叮嘱话剧团领导："告诉大家，别忘了练基本功啊！"

1966年2月，海政话剧团创作演出了七场话剧《夜海战歌》。该剧是以1965年名震中外的人民海军光辉战例——"八六"海战和崇武以东海战为背景创作的，全剧充满了革命的英雄主义和水兵们乐观主义的生活气息，是一次将海战正面搬上舞台的大胆尝试。剧本曾被译为英、法文对外介绍，获得好评。

"八六"海战的胜利消息，给海政话剧团的同志们以极大的鼓舞和力量，激起了他们强烈的创作热情。为了尽快把这一海战的重大胜利搬上舞台，创作人员立即赶赴南海前线，深入参战的英雄舰艇体验生活，访问参战的海上民兵。就在此时，又传来了崇武以东海战的捷报，创作人员当天即赶赴东海前线，参加了前线军民庆功大会。他们先后采访了"海上先锋艇"、"猛虎艇"的指战员，并在"海上英雄艇"、"一等功臣艇"上生活了一个多月。为了体验海上战斗，全体演职员还专程前往海军舰艇部队参加了一次海上实战攻击演习。

在创作过程中，当大家听说周恩来总理在总参作战指挥室亲自指挥了崇武以东海战时，更增添了要写好《夜海战歌》的信心。大家一边编写剧本，一边排演剧情，元旦、春节都在彻夜排练，仅用了短短15天的时间，话剧《夜海战歌》就搬上了舞台。公演之后，受到了军内外广大观众的好评。

1966年3月3日，周恩来总理和陈毅副总理，在人民大会堂小礼堂观看了《夜海战歌》。在观看演出的过程中，周总理很高兴，看得很仔细，不时被剧中的情趣引得爽朗大笑，好几次带头鼓掌。也许是亲自指挥的海战被搬上舞台，总理看得格外投入，显得心情很愉快。

序幕开始，周总理看到天幕上海水翻腾，不住地点头说："好，好！壮观，壮观！"

看到女民兵上场后，总理说："这些女孩子都没有光过脚吧。你看她们的脚跟，到海南岛去（总理知道话剧团将要去海南拍《赤道战鼓》电影），就可以光脚锻炼锻炼啦。"演出中，总理指着天幕上的幻灯背景说："为什么帆船靠岸了还扬帆？"

当总理看到少先队员出场时问道："他们是不是小孩子啊？"当得知演少先队员的演员有的30多岁，有的已经是孩子的母亲时，总理笑着说："哦！好，好！"

演到海战时，总理看得精力很集中，似乎已经进入到海战之中了。看到炮艇向敌舰射击，炮口冒出火焰时，总理兴奋地鼓起掌来。

全剧结束后，总理请陈毅副总理到后台看望演员们。

陈毅故意打趣地说："咦，总理，你有过指示，看完戏不让上台呀！"

当时总理确实做过三条规定，看戏不上台、不照相、不登报。

总理说："到后台看看大家，不照相，不登报，从后台进嘛！走吧，走吧！"

陈毅边走边笑着说："不能违反规定啊。"

周总理对在旁边陪同的张风一团长说："看了戏，总要看看大家。不要鼓掌，不要照相。"

演员们见到总理来了，都非常激动。总理与演员们一一握手，并不断地说："精彩，精彩！好戏，好戏！你们演得很好。"然后又说："陈毅副总理来看望大家了。"

陈老总对大家说："我没参加过海上打仗，你们让我第一次参加了海战！"

1967年9月，在"文化大革命"的高潮期间，为了稳定形势，周总理指示，陆、海、空三军要联合演出，在人民大会堂小礼堂海军再次演出话剧《夜海战歌》。日理万机的周总理又一次来观看了海军的演出。演出结束后，总理从后台进去，向全体演职员表示祝贺。

周恩来总理先后5次观看了海政话剧团的演出。他始终关心着海军的文化工作和文艺工作者。就在这一年"十一"前夕，国庆办公室和总政召集驻京各文艺团体在天安门城楼上的大厅里开会，布置"国庆大型游园活动"，周总理亲自参加会议。开会之前，总理询问道：“海军的同志来了没有？”

参加会议的雷凤鸣走过去向总理报告：“我是海政话剧团副团长，来领受任务。”

总理亲切地握着雷凤鸣的手说：“你们的几个话剧我都看过。”随后，总理又说：“听说你们杂技演员也唱歌跳舞？”雷凤鸣回答：“有这种情况。”周总理关切地叮嘱道：“告诉大家，别忘了练基本功啊！”

总理的关怀，给海军文艺工作者以巨大的鼓舞。在海政话剧团27年的历史中，他们始终坚持文艺为社会主义服务、为部队服务的方向，把戏送到高山、海岛、舰艇，山脚峡谷作舞台，天空绿树当布景，从黄海到南海，从万山群岛到长山列岛，码头、哨位、场站、甲板都曾经是他们的演出场地，他们的足迹遍及万里海疆。

（魏节）

揭开“跃进”号沉没之谜

我国自己制造的万吨远洋货轮“跃进”号遇难了！“跃进”号被鱼雷击沉的消息，在全世界迅速传开了。为揭开“跃进”号沉没之谜，周恩来指示，成立调查“跃进”号的海上编队，立即进行海底搜索。

一

1963年5月1日下午2时许，周恩来总理正在中南海办公室里批阅文件，电话铃突然响了。周总理抓起电话，面容顿时严峻起来：我国自己制造的万吨远洋货轮“跃进”号遇难了！

交通部报告说：接到了“跃进”号发出的“我轮受击，损伤严重”的紧急密电。

“跃进”号是我国第一艘国产的远洋货轮，载重量为15930吨。根据中日民间贸易的规定，该船装载着3600多吨玉米、矿产品和其他货物，于4月30日15时58分从青岛港外锚地起航，首航日本的门司和名古屋两港。现在，“跃进”号竟遭到了不幸。周恩来的心情分外沉重。“跃进”号究竟发生了什么事？它的位置在哪里？现在情况怎样？

周总理焦急地等待着。电话铃又急促地响起来。传来的消息更坏了：下午2时10分，已收到“跃进”号第一次发出的“SOS”国际求救信号！

整个下午，再也没收到“跃进”号的呼叫。周总理通过多种渠道查问“跃进”号的下落，回答是：没有新的消息！一直到了晚上，才传来更坏的消息：“跃进”号已经沉没！

周总理马上下达指示给海军：“立即派军舰前往营救！”于是，海军东海舰队205、206、211、224四艘军舰，披夜幕，破巨浪，向“跃进”号沉没海域驶去。

这是一个漫长的夜。周总理始终没有合眼。

5月2日，周总理接到由日本日中贸易促进协会发来的通知。通知说，“跃进”号59名遇险船员分乘三艘救生艇在海上浮游时，由日本渔船“壹歧丸”救起，并且转登在这个海域的日本“甑”号巡视船上。总理看完通知，立即命令海军：派军舰去把遇险船员接回来。

周总理放下电话，敏捷地打开收音机。果然，日本“全亚细亚广播电台”在它的新闻节目里向全世界发布了消息：“中国国产的第一艘万吨级远洋货轮‘跃进’号在赴日本途中因腹部中了三发鱼雷而沉没……”

“跃进”号被鱼雷击沉的消息，在全世界迅速传开了。许多国家和地区的反映接连不断地向总理办公室报来。有的声明他们“没有海军舰艇在那个海区活动。”还有的宣布“我们没有潜水艇，不存在袭击的问题。”消息越传越讹，有些国家互相猜疑起来，有的甚至利用“跃进”号的沉没，破坏我国的政治声誉，进行挑衅和中伤。周总理看着这一份份报告，心情更加沉重了。他果断地决定：由海军协助交通部进行调查！

二

随着周总理指示的下达，一个调查“跃进”号的编队成立了。它由4个分队组成：以上海海难救助打捞局“打捞一号”、“打捞二号”等四艘船组成潜水作业分队，以东海舰队两艘护卫舰、两艘扫雷舰和两艘猎潜艇组成三个警戒分队。

5月12日，是个星期日。此前接到通知，周总理今天到上海部署调查“跃进”号事宜。

清晨，东海舰队和上海市委的领导，驱车来到虹桥机场。他们都心存疑虑：“这么大的雾，总理能来吗？”开始大家为总理的安全担心，后来看到大雾越来越浓，反而放心了：“总理准来不了！”正在大家准备返回时，接到通知：“由于雾大，飞机改到龙华机场降落！”大家又忧心忡忡地驱车向龙华机场奔去。雾实在太大，能见度不好，汽车被迫放慢了速度，还得不停地鸣着喇叭。大家看着湿漉漉的街道，又不安起来：“汽车行走都这么困难，飞机怎么降落？……”

大家来到龙华机场，焦急地等待着。飞机的声音早已听到了，但是什么也看不见。每个人的心都像悬在半空中。直到飞机着地，大家的心还平静不下来。一见周恩来就问：“总理，这样的天气，你还亲自来？！我们都准备好了，只要你来个电话，我们就可以出航！”

周总理一边同大家握手，一边认真地说：这样大的事，我能不来吗？

汽车来到锦江饭店的时候，已经是上午10点多了。周总理在大家陪同下进了锦江饭店，立即在饭店小礼堂召开了调查“跃进”号沉没原因准备工作汇报会。

汇报会一开始，周恩来就激动地告诉大家：我是从杭州来，从毛主席身边来！毛主席正在写一个文件（即后来发表的《人的正确思想是从哪里来的》）。我们在调查“跃进”号沉没的原因时，一定要贯彻执行毛主席的指示，不仅要注重和阶级敌人作斗争，而且要注重和自然界的敌人作斗争，要实事求是，要有科学态度。

周恩来总理说完，叫海军参谋把海图拿来。周总理一面看海图，一面听汇报，还不时地询问情况。

※ 中国第一艘万吨远洋货轮『跃进』号下水。

当海军副参谋长傅继泽汇报到编队领导干部时，周总理突然问：“怎么都是舰队的副司令、副政委？舰队司令、舰队政治委员呢？”接着周总理严肃地说：“这可不行呀！毛主席对这次调查很关心，很重视。你们不是说为什么我非要亲自来吗？因为它已成了国际事件了。能不能查明‘跃进’号沉没的原因，直接关系着我国的国威，我军的军威。对于这样的大事，我当总理的要抓，你们这些当司令、当政治委员的，也要亲临第一线，不能只是交给第二把手、第三把手！”东海舰队司令员陶勇马上表示：“我们亲自去！”周总理微笑着点点头，说：“好，对于重大问题，我们主要领导干部，一定要亲自出马，这要成为一条规矩。”总理又强调说：“主要领导干部不但要亲临第一线，还要善于抓住关键性的问题不放，要一抓到底。”

已经是下午两点了，周总理仍详细地询问着各方面的准备情况。傅继泽考虑到周总理从下飞机到现在一直没有休息，就提议说：“总理，该吃午饭了，吃完饭再谈吧？”周恩来总理惊讶地问：“你们还没有吃饭呀？”大家激动地说：“总理，您也没有吃呀！”

三

从12日下午到13日上午，周总理对编队出航的准备情况，进行了全面检查。他走遍了每一艘舰船，听取汇报，了解情况，观察操作，从组织指挥，到后勤保障，全部作了检查，还不时地提出一些大家意想不到的问题。

调查“跃进”号沉没原因的前提，是首先要能找到“跃进”号沉没的地点。寻找“跃进”号的手段，是声纳，周总理首先来到指挥舰的水中探测仪室，认真听取了声纳班班长的介绍，亲自摇着声纳回音操纵柄，仔细辨别了过往船只、泥土、港岸的回音，仔细地观察了声纳的各个部位。周总理想了想，对班长说：“你们这个岗位很重要，能不能找到‘跃进’号，就看你们各个舰艇上的声纳兵了。”班长满怀信心地回答：“没有问题！”总理点点头，但又说：“为了做到‘没有问题’，你现在就要带头找出问题，再去做准备！”

周总理走出水中探测仪室，又到了观通部门，来到报务班的战士们中间，同大家交谈起来。总理关心地问：“你们的收发报机能不能同北京联系上？”战士们肯定地回答：“能！”周总理又问：“你们军舰一旦受到损坏，没有电，通讯联络怎么办，还能不能跟北京沟通联络？”军士长如实回答：“不能。”总理没有批评大家，只是讲了一个在战争年代用手摇发电机保证通讯畅通的故事。尔后，他意味深长地说：“你们是在公海执行任务，又是第一次执行这样的任务，可能会遇到各种各样的情况，要及时报告中央，中央也会及时下达处置的指示。通讯联络搞不好，可要误大事啊！”军士长激动地点点头。送走周总理以后，军士长马上带着战士们去领导机关领了一台手摇发电机。

找到“跃进”号诚然重要，更重要的是要潜水员下去探摸清楚它沉没的真正原因。周总理知道，当时我们的潜水员只能下到40米，承受四个大气压。可是，“跃进”号沉没的海区有五十多米深，潜水员下去，要承受五至六个大气压，能承受得了吗？弄不好，就要得减压病，轻则瘫痪，重则死亡。所以，他很重视潜水员的准备工作，用了半天时间检查了潜水员的准备情况。当周总理来到海军医学研究所的时候，潜水员正在做加压试验。技术员见周总理来了，马上介绍了高压设备和加压减压情况。研究所的一位领导走到技术员跟前，轻声地说：“总理很忙，介绍讲简单些。”这话被总理听到了，他摆摆手，叫技术员讲细些。就这样，周总理站在那里，听了四十多分钟的技术课。加压试验开始了。总理马上坐到加压仓前，身体微向前倾，面容慈祥，神情专注，右手扶着加压仓，左手握着电话耳机，不断地问：“感觉怎么样？感觉好吗？”当加到六个大气压时，总理又问：“能不能抗得住？还能不能活动？”潜水员回答说：“可以。”接着拿起哑铃做了各种动作。周总理高兴地站了起来，连声说：“很好。很好！”当潜水员走出高压仓时，总理上前同大家握手、问候，并拉过一个潜水员，用手轻轻地按着潜水员的脉搏，默默地数着每分钟跳动的次数，然后把它记在本子上，又同潜水员交谈了一会儿，才往外走。走了几步，总理突然停住，转身问陪同的几位领导：“‘跃进’号装了那么多玉米，船沉以后，船舱已破，玉米会流出来，鲨鱼会不会去吃，潜水员的安全怎么办？”几个领导都说：“没有考虑到。”总理说：“这么大的事，你们怎么能不考虑呢？”几位领导内心感到一阵惭愧，表示马上去解决。

大家继续往外走着。陶勇司令员上前说：“总理，请你给部队做个报告吧。”总理点了点头，欣然同意。

四

周总理的报告是5月13日下午做的，地点在吴淞码头海军礼堂。报告一开始，周总理就提出了一个问题：“跃进”号已经遇难沉没在海底了，它到底是什么原因沉的？

总理的提问，把有些人的思想搞糊涂了。他们清楚地知道，59名遇险船员从日本接回来的当天，周总理就同他们进行了座谈。许多船员说，“跃进”号是受了鱼雷的攻击，日本“全亚细亚广播电台”正是根据他们的反映发布的消息；他们还清楚地知道，在锦江饭店小礼堂的会议上，不少领导同志也正是从“受到鱼雷攻击”这一点出发，进行准备工作的。现在，是查明“跃进”号受鱼雷攻击的情况，周恩来总理怎么提出“到底是什么原因沉没的？”

会场一千多名干部战士都睁大眼睛，焦急地等待着周总理的回答。会场上寂静得连一根针掉在地上都能听见。

周恩来总理开门见山地回答：根据我们的初步分析，“跃进”号很可能是触礁沉没的。接着，他阐述了理由：

“跃进”号沉没的地区有三个礁石，很大的可能是遇到了一个浅水区，也就是在北纬32度7分，东经125度11分这个海区，有一个苏岩礁区，这是火山爆发后留下来的。这个火山岩上的珊瑚礁，在水下只有5.4米深，而我们“跃进”号最大吃水深度是9.7米，我们装货装到9.4米的样子，可能会碰到它。如果碰到它，那就触礁了。

※ 中国制造第一艘万吨远洋货轮“跃进”号纪念邮票。

听到这里，有些人心里犯嘀咕了：按预定航线，“跃进”号距离苏岩礁有7海里。这么远，怎么会触礁呢？

周总理好像猜到了大家的心思，接下去说：不错，7海里是很远的一段距离，但是，那是在大海里，是深海区，那问题就来了。当时有风，有了风，这就不能按平常的速度前进，这是第一件；第二件是潮汐，潮汐涨落，就影响快慢；第三件是潮流，从南面来的潮流，往东北推，就把船往北偏。还有其他因素。“跃进”号出事前，虽然定了八次船的方位，但是，由于上面说的原因，所以实际位置并不正确。所以我们判断“跃进”号很可能是触礁了。

“跃进”号有没有受到鱼雷攻击的可能性呢？周总理在详细地分析了有关国家和地区的现行政策，分析了一些国家和地区对这个事件的反映，又分析了“跃进”号沉没时发出的响声，然后说：“不能排除水下遭到攻击的可能性，但是，现在判断，最大的可能是触礁。”

周总理强调说：最近，毛主席正在起草一个新的文件，不久的将来就要发给党内讨论。文内有段讲哲学的，讲到，认识来自实践，没有实践，就不能够有认识，实践反映到头脑里，物质变成精神，正确的思想，改造物质世界。这次调查“跃进”号，就要求我们运用毛主席的哲学思想解决问题。

周总理接着说，当然，我的分析对不对，是不是符合实际，还要由你们去现场进行调查，充分掌握了情况再作最后的判断。

周总理一直站在讲台上给大家讲了101分钟。

这天晚上，周总理又参加了编队临时党委会议，开完会，已是深夜十二点了。会议一散，周总理又赶到机场，返回北京。总理临上飞机前，一再嘱咐大家：再给你们三天时间。你们进一步做好准备。去公海调查，在我们这是第一次，要用毛主席《实践论》指导自己的行动。不管世界舆论怎样，我们共产党人，一定要实事求是，一就是一，二就是二，不能用“大概”、“可能”，一定要有充分的根据。

五

5月19日，调查“跃进”号的海上编队到达调查海域。

编队经过一天的搜索，于5月20日上午发出了第一份电报：“发现苏岩礁！”

电报传到北京，传到中南海总理办公室。周总理马上打电话给海军和交通部：告诉他

※ 周总理与调查“跃进”号失事原因的全体潜水员合影。

们，向他们祝贺，希望他们继续努力，一定要把“跃进”号沉没的真正原因彻底查清楚！

周恩来总理的指示，传到了海上，指战员们精神大振，迎着狂风恶浪紧张地工作着。发来了一份份报告：

“5月22日下午，发现‘跃进’号沉没位置：苏岩礁方位148度，距离1.2海里，即北纬32度06分，东经125度11分42秒。”

“5月24日下午，潜水员下潜成功，摸到沉船船首‘跃进’两字，锚孔朝上，甲板近似垂直，船体左侧卧海底。”

从5月26日开始，编队进入潜水作业阶段。潜水作业进行到5月31日。编队向周总理报告了调查结果：

“对苏岩礁进行了4天18次的摸索，在它的西南角发现一块长约3.5米、宽不到1米的平坦岩礁；岩礁上有遭受触撞的显著痕迹，在被撞处的周围有许多岩石碎块（已经取回来8块），潜水员在水下发现部分礁石上有紫红色漆皮存在。‘跃进’号的破损情况：摸到破洞三处，凹陷五处，龙骨折裂一处。从沉船中和苏岩礁被撞处取出航海的日记等物件29种。根据上述情况分析，可以证实‘跃进’号确系触礁沉没！”

周恩来看完最后一份电报，马上命令新华社发表声明：

“经过周密的调查，已经证实‘跃进’号是因触礁而沉没的。”

5月31日，周恩来总理下达了迎接调查编队返航的指示。中共中央、国务院、中央军委和总参谋部联合发出了电报，祝贺和表扬编队圆满完成调查任务。

（陆其明）

关心《中国青年》杂志

中国青年杂志社为纪念创刊40周年举办展览，周恩来参观了展览，并作出重要指示。

“人民总理爱人民”，这是1976年周总理逝世后广大人民对这位伟大的无产阶级政治家和敬爱的领导人发自内心的歌颂。周总理有宽广的胸怀，他胸中装着广大人民；他对新中国的年轻一代的成长，更时常挂在心中。我从1953年到1963年担任《中国青年》杂志总编辑，从周总理关注这个杂志就可以感受到他对青年的热爱。

一

1953年10月，《中国青年》杂志刊载一篇译文，题为《抽烟的害处》。文章着重叙述尼古丁对人体的严重危害，说：“只要用十五分之一滴的尼古丁注入狗的血管中，狗就会死亡。一个人抽一支烟就几乎有千分之一克的尼古丁侵入人的身体。这个数量相当于能使人致命的分量的五十分到四十分之一。”在1953年斯大林逝世后，国内外都传说斯大林生前吸烟太多，以致得了不治之症，于是有些人开始不吸烟或少吸烟。《中国青年》杂志刊出这篇文章后，由于这个杂志发行量大，读者又不限于青年，抽烟的害处便在社会上引起很大的震动，以致香烟的销售量大为减少。四川省一个专区的烟酒专卖公司在一个季度没有完成销售计划，便埋怨《中国青年》杂志。不少青年写信问编辑部，既然吸烟有那么大的害处，为什么政府还允许农民种植烟叶？烟厂生产香烟？商店出售香烟？这些情况总理得知后，在一次会上，他说，在青年中提倡禁烟是完全应该的；但吸烟在中国以至全世界，有长期的历史，有广泛的群众性，因此，政府不能下令一律禁止种烟卖烟和吸烟。他还指出，《中国青年》杂志登的那篇文章，在某些论述上把尼古丁的害处夸大了。文章说，一个人吸入多少尼古丁就会死亡，但要知道；抽烟的人不是一次就把那么多的尼古丁吸入体内的。另外，还有个国家税收问题。我们编辑人员听到总理的讲话后，认识到，宣传一个事物，不论是赞成或反对，都要注意科学性，对事物要进行恰如其分的分析。当然，总理是不赞成吸烟的，他自己就从不吸烟。

二

1957年10月初，周总理办公室打电话来，说有一篇文章，是周总理接见美国青年代表团的谈话记录。总理嘱交《中国青年》杂志刊登。我们听了很高兴，急忙派人把文章取来，还附有两幅照片。文章和照片都刊载在1957年《中国青年》杂志第20期上。现在我翻阅那期杂志，从一幅照片看出，周总理坐在美国青年中间，面带笑容，手打着拍子，与青年一起欢快地歌唱。另一幅照片是周总理俯身在一个乐器（类似“吉他”）上签名，两旁站着一些美国青年在注视着。总理同美国青年的谈话，口气亲切，立场鲜明。他一开始就说：“中国人民很欢迎美国朋友来中国访问。我们两国人民在过去很长时期内彼此往来得很多。最近这个时期中断了。这次你们一来就来了41位，你们做了打开两国人民来往的先锋。因此，我代表中国人民非常欢迎你们，同时，中国政府也欢迎你们这种友好的访问……”一个美国青年问：“我们两国之间更加密切的关系，对各自国家的经济发展有何影响？”周总理说：“如果中美两国友好起来，毫无疑问，对两国的经济发展都会有好处……任何一个国家在这个世界上，不可能完全闭关自给，总是要互相需求，首先是贸易的来往，技术的合作。这对我们中美两国，也不例外。当然这种友好来往，经济来往，也是要建立在平等互利的基础上，这正是亚非会议29个国家所通过的原则。”一个美国青年提出：“美国国务院曾多次说过，在中国发生过种种暴行，被清除的人以百万计，这就作为不承认中国的理由之一。他们又说，在西藏发生了什么事。你是否愿意评论一下？”总理答道：“一个革命的国家，当她初建成以后，总有一些反对新政权最严重的反革命分子，国家要消除一些，镇压一些，这是很自然的事情。在美国和法国的历史中，也有过这样的事。总之，这是我们的内政……至于说到在西藏发生的什么事情，那是完全没有根据的。相反的，倒是美国有一部分人通过西藏的几个坏分子，进行西藏‘独立’的活动……这就是世界上常说的在别的国家进行的颠覆活动。这是一种敌视中国人民的行动。”周总理接见美国青年代表团，并同他们进行亲切坦诚的谈话，美国青年代表团很感动，团长说：“我代表大家感谢总理给予我们来华以后的一个特殊的光荣。”

三

中国共产党党员、模范共青团员、五好战士、解放军原沈阳部队工程兵某部运输连班长雷锋，于1962年8月15日因公殉职。他的模范事迹在沈阳人民和青少年中传诵着。1963年2月初，首都几家报纸先后刊载了雷锋的部分日记。共青团中央于2月15日发出广泛开展“学习雷锋”活动的通知。中国青年杂志社编辑部决定出学习雷锋专辑。为此，写信给毛主席、周总理和其他中央领导同志，请为雷锋题词。信是在2月中旬发出的。编辑部首先收到周总理的题词，词句是：“雷锋同志是劳动人民的好儿子，毛主席的好战士。”之后，编辑部又收到毛主席的题词“向雷锋同志学习”。毛主席题词的消息很快传开了，许多报刊要求刊登毛主席题词的手迹。有的报纸还要请其他中央领导同志题词。中央决定，中共中央政治局常委都为雷锋题词。周总理听说毛主席题了词，叫秘书打电话给中国青年

※ 1963年3月29日，周恩来参观雷锋生平事迹展览，阅览雷锋日记。

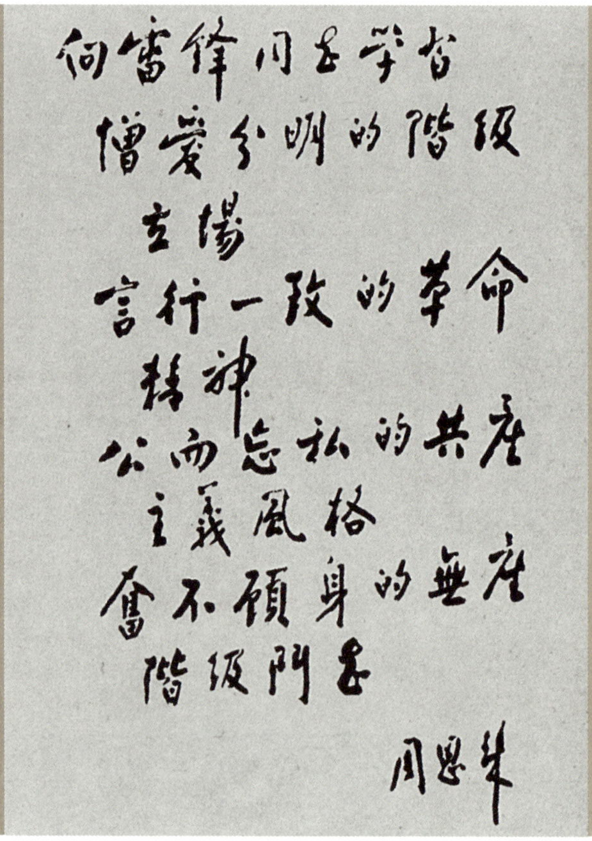

※ 1963年3月6日，周恩来为号召向共产主义战士雷锋学习的题词。

杂志社，询问毛主席题词的内容。我们向总理作了报告。于是总理作了第二次题词，词句是：“向雷锋同志学习：憎爱分明的阶级立场，言行一致的革命精神，公而忘私的共产主义风格，奋不顾身的无产阶级斗志。”周总理题的这几句话，显然是经过思考的。因为毛主席的题词是“向雷锋同志学习”。学习什么呢，可以有不同的理解，周总理指明了学习的方向。

四

1963年10月18日晚，中国青年杂志社为纪念创刊40周年（创刊日期为1923年10月20日），在团中央礼堂举行晚会，并在礼堂的一个会议室里，举办一个展览，陈列有关《中国青年》杂志历史文物和当前状况的种种资料、图表、历年出版的杂志以及一些读者的反映等。我们夙知周总理关怀青年，也关心团的报刊工作，特发柬请总理前来参加纪念会。晚上八点钟左右，总理来了，我们事先已知道总理要来，团中央书记处书记胡克实、刘西

※《中国青年》创刊四十周年。

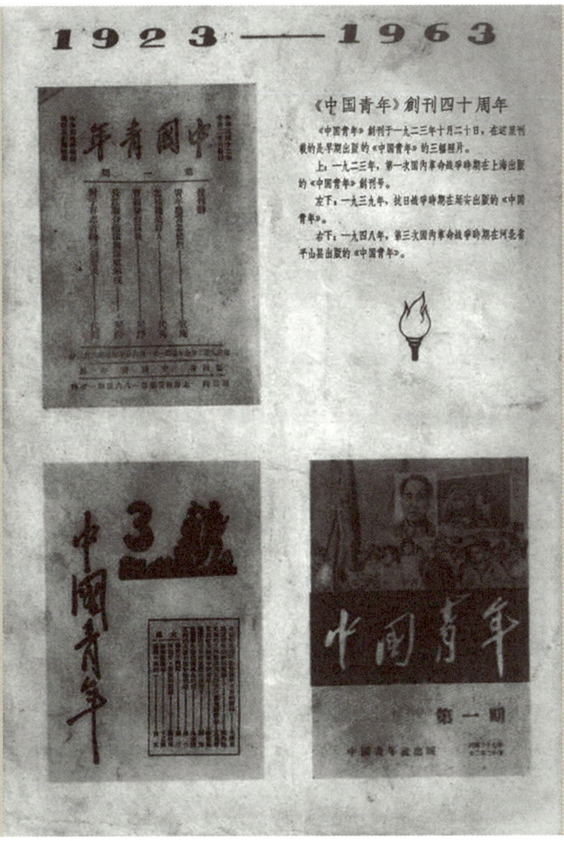

元同志在礼堂门口等候，我也在场。总理来后先到展览室参观，他在室内边走边看边问边讲，我在他身旁作解说。杂志社不少同志聚集在一边，亲睹总理的风采，亲聆总理的教诲。当他翻阅陈列着的《中国青年》杂志1960年第21期（内容多是介绍“毛选”第四卷）时，批评说，文章太长了，和《红旗》杂志差不多，青年看不完，我们老头子看也觉得多了。帮助青年读“毛选”，最好一个问题讲一段，一年把四卷讲完，最好用札记的形式。文章多了，当时学起来也许有些心得，但是往往看不细，理解不深，过后还是忘了，短些的文章好。总理看到一个青年手抄的中国青年雷锋专辑（按：这个青年当时买不到那期专辑，向别人借来一册，亲自抄录有关雷锋的文章。过了一段时间，他把手抄本寄给《中国青年》杂志社），很有感慨地说：“这证明你们刊物的发行份数需要增加。”又说：“你们还要把青年中这类动人的材料经常向我们反映，向各方面宣传。”总理绕着展览室参观了一遍，就站在一张长桌子旁，面向大家，对《中国青年》的方针和内容作了重要讲话。他首先说，党和政府考虑问题，要为全体人民着想，从刚生下来的小孩到老年人，都要想到。婴儿要进婴儿室、托儿所；稍长一些，要进小学；青年要学习、结婚、参加劳动；老年人要安度晚年，这些问题都要放在我们心里。拿青年来说，农村青年占绝大多数，城市中的知识青年，有的也要去农村，这就要解决他们的精神食粮问题。总理指出，你们纪念《中国青年》杂志创刊40周年，应该考虑今后20年怎么办？要有计划，确定新的方针。现在刊物发行145万份，百分之七八十在城市，只有很少部分在农村，无论从发行情况和刊物内容来看，都和农村青年的需要不适应，应该根据新的情况加以改进。我看今后《中国青年》的方针应该是：面向农村，兼顾城市。总理说，如果你们愿意和能够担负这个任务，我就要替你们为增加纸张而奋斗。你们要我来，我就要解决这点问题。

1965年2月26日，周总理接见各中央局和部分省、市、自治区出席安置工作会议的代表，并听取他们的汇报。他在插话中几次提到《中国青年》杂志，叫杂志专门设一栏，讲农村青年的问题，每期至少要一半讲农村。内容里面有政治、农业生产知识、农业技术知识、农村通讯。要登些新的歌，要简谱的，要有革命的歌曲；搞些漫画，漫画要画得简单些。当时参加会议的团中央书记处的一位同志说，这个刊物的转变，还要一个过程，长期以来主要是给城市青年看的。团中央还有一个刊物，叫《农村青年》，今后要加强领导。

周总理对《中国青年》杂志的关怀，体现了党中央对青年工作的重视，对广大青年的重视。

（邢方群）

统筹全局，指挥若定

从西南铁路大会战，到建北京地铁、修坦赞铁路，周恩来统筹全局，指挥若定。

1964年8月，中共中央为加强战备，作出加快三线建设与西南铁路建设的战略决策。三线是指京广线以西的内地。在中共中央工作会议上，毛泽东十分激动和严肃地说：“要准备帝国主义可能发动侵略战争。工业交通部门要搬家，成昆、川黔、滇黔（即贵昆）这三条铁路要抓紧修好。”

周恩来按照毛泽东的指示亲自部署，调兵遣将，于9月10日组建西南铁路建设总指挥部，调动了铁道兵、铁路职工和民工数十万人，展开了一场气势磅礴的西南铁路大会战。

1964年9月4日，周恩来在吕正操《关于西南铁路建设初步部署的报告》上批示：“修路进度，请计委、经委和铁道部李（富春）、薄（一波）、吕（正操）三同志亲往西南，与井泉同志和西南局切实计算一下，看可否争取一九六五年二季度川黔线通车，一九六六年滇黔线通车，一九六八年成昆线南段直达攀枝花通车，一九六九年成昆线北段通车，湘黔线一九七〇年通车。”这几条线将形成联通云、贵、川三省的铁路运输网，对推动三线建设具有重大意义。

周恩来对新建铁路十分重视优化选线，重视沿线矿藏勘察与地下资源的开发。1964年10月10日，他在李井泉、吕正操《关于川汉线选线的请示报告》上批：“同意报告中所提的计划革命意见，和一波批语。”薄一波的批语是：“不要像以往那样，虽然列了几条线叫选线，而实际上主观上早已定了一条，选是假的。报告中两条线均应进行同样的实地勘测、初步设计，然后比较选定。”周恩来还在报告介绍第一方案所经地段“其他资源也较丰富”一句旁批注：“有哪些地下资源，望先与地质部、冶金部联系研究后标图送阅，以便在现地勘察线路时，进行矿藏勘察。”

毛泽东十分赞成周恩来的意见，批示说：“周说得对。必须同时勘察三条线上的地下资源，即煤、铁、其他金属及森林情况。”

修川汉铁路原是毛泽东的指示。铁道部根据这一批示精神，组织力量对川汉、襄渝两线进行了勘测，认为川汉铁路地质相当复杂，工程异常艰巨，造价极高，于是向毛泽东送上请示报告，建议暂不修川汉铁路，应立即动工修建襄渝铁路，以达到川汉铁路从重庆通往武汉的目的。毛泽东认真研究了铁道部的报告，同意修建襄渝铁路，收回自己的意见。

经反复论证，在周恩来的主持下，西南铁路大会战确定的战略目标是：以成昆线为中心，以速取川黔、贵昆来保成昆。

这三条铁路曾于1958年开工修建，后又下马停建。1964年9月12日，铁道部发出关于加速修建西南铁路的指示，数十万铁道兵、铁路职工和民工迅速集结工地，贵昆、川黔、成昆三条铁路又重新开工。到年底，这三条铁路都超额完成当年投资计划。

川黔铁路一马当先。这条连接川黔两省的铁路干线，北起重庆，南止贵阳，全长463公里，于1965年10月建成，1966年交付运营，实现了毛泽东“要快修”的号召。

贵昆铁路再传佳音。这条贯通黔滇两省的铁路干线，东起贵阳，西至昆明，全长644公里。参加建设的铁道兵指战员和铁二局职工联合作战，战胜了溶洞、瓦斯，于1966年3月4日全线通车。中共中央、国务院发电祝贺。

西南铁路大会战最艰难的当属成昆铁路。它从成都至昆明，全长1091公里，桥隧总线长就占线路长度的41.6%，其沿线地势之险峻，地质之复杂，工程之艰巨，为举世罕见。

以铁道兵五个师和铁二局为主力军的30万筑路大军顽强拼搏，至1966年底，累计完成各项主体工程超过50%。

正当成昆线会战高潮迭起的时候，“文化大革命”的灾难降临了。指挥部领导被“打倒”、“夺权”，工程陷于瘫痪，北段因武斗被迫停工，致使周恩来原定的1968年南段通车的计划落空了。

此时的周恩来，面对全国“打倒一切，全面内战”的混乱局面，既要应付各地造反派的纠缠和林彪、江青一伙的阴谋，又要不分昼夜地处理国家经济方面出现的各种问题。在艰难的处境中，他仍指示铁道兵部队要坚持南段施工，并维持停工地区秩序。

1969年5月12日，针对成昆线工地指挥部领导权被夺、沿线工地发生武斗、工程陷于

※ 成昆铁路隧道口施工。

瘫痪的情况，周恩来指示："西南铁路建设由铁道兵统一指挥施工。"当年8月，周恩来代表中共中央、国务院，发出"成昆铁路务必于1970年7月1日全线通车"的指示，并责成新组建的铁道兵西南指挥部负责实施。

因受武斗威胁而离开工地的数万名铁路职工迅速赶回了工地。9月1日，成昆线北段停工地段恢复施工。参加施工的铁路职工、铁道兵指战员，从大小凉山到金沙江畔，展开了最后的决战。

1970年7月1日，成昆铁路举行通车典礼。6月27日，周恩来还就举行成昆铁路通车典礼事，批告以中央名义参加通车典礼的吴法宪："不要铺张浪费，要做增产节约的模范。"

湘黔铁路，是周恩来关注的另一条铁路。1970年2月28日，李先念向周恩来转送了铁

※ 通车后的成昆铁路。

※ 北京地铁开工典礼。

道部军管会关于湘黔线选线报告。周恩来在经国务院业务组与军委办事组研究的基础上，亲自审定了湘黔铁路的选线方案，于3月8日向毛泽东、林彪等写了书面请示报告："认为'贵阳接轨方案'较'遵义接轨方案'为好。"毛泽东阅后批示："照总理意见办。"这年9月，湘黔铁路分东西两段先后复工。这条联系中南与西南的重要通道，东起京广铁路的株洲田心，西达黔桂铁路的贵定，全长820公里，全线于1972年接轨通车，1975年1月交付运营。它与浙赣铁路一起组成了长江以南横贯中国东西的运输大动脉。

1969年12月的一天夜里，周恩来在中南海总理办公室接见了铁道兵副司令员何辉燕。周恩来手拿一枝红蓝铅笔，指着桌上的地图说：毛主席亲自确定了襄渝铁路的走向，这条铁路要快修。修好这条铁路，"天府之国"的交通就活了。总理审定了设计方案，紧握着何辉燕的手，嘱咐说："这个任务就交给你们铁道兵了！"襄渝铁路自湖北襄樊至重庆，全长897公里，全线东西两段于1968、1969年开始施工，1973年10月胜利接轨通车。

至此，周恩来1964年规划与批示的五条新线已全部建成开通，历时10年之久的西南铁路大会战终于画上句号。西南地区铁路营业里程从建国时的733公里上升为5891公里。

周恩来在指挥西南铁路大会战的同时，还指挥与协调北京地下铁道建设、援助非洲的坦赞铁路建设。

1965年7月1日，北京地铁一期工程在玉泉路开工。周恩来十分关心共和国的第一条地下铁道建设，亲临现场视察，对设计、施工、领导等问题多次作出重要指示。经过4年多奋战，从北京站至苹果园的地铁一期工程于1969年10月1日建成通车，全长23.6公里，成为首都市区连接西部的交通动脉。

一期完工后，二期怎么建？1970年2月6日，周恩来在听取杨杰等汇报后指示：北京地铁当前施工力量不统一，如铁道兵、地铁局、水电部、北京市四股施工力量未形成统一领导，这样会造成人力、物力、财力的浪费。二期工程的施工力量由铁道兵统一领导，其投资、物资、材料的申请分配问题，统一由铁道兵归口负责。为加强领导，周恩来批示成立领导小组，由刘贤权任组长，吴德、杨杰任副组长，其任务是首先总结地铁一期建设经验，规定改进措施，提出二期施工计划。

1970年4月30日，周恩来乘车巡视新建的北京地铁一期工程，沿途对车辆设备、站牌位置、噪声等问题作出具体指示。他指出：修建地下铁道，对我们来说是新的，但在世界上就不是新的了。我们要吸取先进经验，采用先进技术，要注意有所创造，提高质量，要加强防护能力。在周恩来的关注下，1971年3月，北京地铁二期环线工程开工。

1965年2月18日，周恩来陪同毛泽东，与来访的坦桑尼亚总统尼雷尔举行会谈，应坦桑尼亚、赞比亚两国总统的请求，中国政府决定帮助两国修建坦赞铁路。当年6月4日至7日，周恩来亲赴坦桑尼亚进行友好访问，与尼雷尔进行了五次会谈，研究坦赞铁路的勘察、建设等问题。

1970年10月，中国援建的坦赞铁路坦桑尼亚段和赞比亚段，分别于26日和28日举行奠基典礼，两国总统分别主持典礼。这条铁路南起赞比亚，直达坦桑尼亚的达累斯萨拉姆港口，全长1860公里，总预算5亿美元，由中国用无息贷款形式修建。周总理指示“一定要把铁路修好”，并批示“计划六年，希望能够缩短”。经过数万名铁路援外职工的艰苦施工，经过三国人民的共同努力，坦赞铁路于1976年7月14日全线交付使用，比原定6年缩短了4个月。

“文革”10年中国经济损失惨重，几近崩溃；然而铁路建设却“一枝独秀”，在曲折中持续发展。10年中新建铁路5669公里。

更为难得的是，“三五”期间铁路投资为120.31亿元，占国家基建总投资的12.3%，超过新中国其他任何时期。

这要归功于毛泽东、周恩来，两位伟人描绘出铁路建设的宏伟画卷！这要归功于共和国经济“总管”周恩来，是他力挽狂澜，亲自调兵遣将，保证资金，指挥西南铁路大会战！

（雷风行、才铁军）

导演东方绝唱《东方红》

在《东方红》的创作与排演中，周恩来是名副其实的总导演，从作品主题的确立到艺术表现手法，从细节的处理到道具的使用，服装颜色的选择，他无不亲自过问。

新中国诞生后，周恩来总理始终对文艺工作倾注着巨大的关怀和热情。上世纪60年代，上海的一部大型歌舞启发了周恩来的灵感，他心中酝酿着一个宏大的创作设想：在共和国十五周年的庆祝中，要上演一部大型的史诗性的歌舞，完整、艺术地再现中国共产党的光辉历程。

※ 大型音乐舞蹈史诗《东方红》。

“上海之春”启发了周恩来

1964年的第5届“上海之春”正逢上海解放十五周年，为了庆祝这一节日，在文化广场举行的开幕式上，上海的艺术家们献演了音乐舞蹈史诗《在毛泽东旗帜下高歌猛进》。这是一部表现共产党领导我国人民进行革命斗争，夺取政权，建设社会主义的大型歌舞。由上海的专业乐团、合唱团、歌剧院、音乐、舞蹈、戏剧院校和部分业余合唱团、童声合唱团共2000余人参加演出。

革命的思想内容与大型的艺术形式相结合，在上海还是第一次。这主要是借鉴了朝鲜表演大型歌舞的经验。这场大型歌舞在“上海之春”期间演出了两场，深受观众欢迎。闭幕后，又重演了7场。6月18日晚，陈毅副总理陪同一位非洲国家的元首观赏了表演，看到外宾对大型歌舞很有兴趣，便指示上海市委：“班子不要散，请总理来看一次。”

周恩来听陈老总兴致勃勃的一番讲述，决定亲自去一趟上海。7月13日晚，访问缅甸刚刚回到上海的周恩来与陈毅一起，观看了大型歌舞《在毛泽东旗帜下高歌猛进》。

面对亲身经历过的一幕幕激动人心的场面，周恩来心潮澎湃，思绪万千。就在观看演出时，他的心中酝酿着一个大胆的创作设想：在国庆十五周年之际，北京也要上演一部大型的歌、舞、诗结合的史诗性作品，来完整地、艺术地反映中国共产党的光辉历程。

周恩来一回到北京，马上找来周扬及文化部、总政文化部有关负责人谈了他的设想。接着，他又在国务院各部党组书记会议上公开透露了他的想法。

他对到会者说：“我们这回国庆要大庆祝一下。上个月我到了上海，陈总把我拉去看了一个上海2000人的歌舞，很动心。我看还不错。有这么一个想法，就是最好在十五周年国庆，把我们革命的发展，从党的诞生起，通过艺术表演，逐步地表现出来。请周扬、徐冰同志及有关方面的同志帮助搞一下。现在离国庆只有两个月了。总之，要有人写，要写几首壮丽的史诗。请周扬同志主持一下。北京可以和上海合作……”

顶着江青干扰上《东方红》

第二天，周恩来在人民大会堂召集国务院外办、对外文委和文化部负责人研究“北京音乐节”问题时，适时将他搞大型音乐舞蹈史诗的想法在外事、文化圈内透了个“风”。大家一听，开始很振奋，但是静下来一掐指头，有点担心，对时间怀有顾虑。毕竟这个创作任务是跨越共产党四十多年历史长河的鸿篇巨制，舞台上的表演虽然只有两三个小时，但幕后的工作量不是一朝一夕就能完成的。

周恩来见大家都沉默不说话了，便爽朗一笑，胸有成竹地说：“时间虽然紧了些，但有上海的大歌舞，总政文工团的革命歌曲大联唱，还有飞夺泸定桥等表现革命历史题材的舞蹈，以这些为基础进行加工，是有可能搞出来的。就看大家有没有这个决心了！”

大家的积极性很快调动起来。7月24日，就是周恩来“透气”的第三天，周扬以中宣部请示报告的形式向陆定一、康生并周恩来、彭真写了一个报告，提出创作一个概括地表现党领导下的中国革命历程的大型歌舞，在国庆上演出；同时，还提出了具体的组织领导意见。

周恩来仔细地审阅并修改了这个报告。7月30日，他在西花厅召集有关方面负责人开会，最后决定立即上马，争取在国庆节上演。会上，周恩来与大家谈定了一些原则性的问题，并就大型歌舞的领导组织工作亲自点将，拟定了一个由13人组成的领导小组名单和组织指挥工作小组名单。领导小组以周扬为组长，梁必业、林默涵等为副组长，齐燕铭、张致祥、陈亚丁、周巍峙、许平、吕骥等为组员；组织指挥工作小组以陈亚丁为主任，周巍峙、许平等为副主任。后来，工作小组又称为“大歌舞指挥部”。

关于名称问题，考虑到上海的《在毛泽东旗帜下高歌猛进》这个题目太长，会上有人建议用“东方红”。周恩来眉头一挑，高兴地立即表示赞同，认为这个题目很好，既精炼又切题。

8月1日，周恩来正式批准了周扬的报告，并对演出队伍、朗诵词等具体问题作了详细的批示。此后，《东方红》的创作与排演活动就紧锣密鼓地开始了。

1964年，作为意识形态的文艺领域，已是“山雨欲来风满楼”。1963年12月和1964年6月，毛泽东先后写下了有关文艺工作的两个批示，对建国后的文艺状况作了比较“左”的估计。这种估计又被江青、康生所利用，大肆否定建国以来的文艺成就，一大批优秀的作品和作家、艺术家遭到批判和打击。在这种气氛下，周恩来策划并批准一个由3000多人参加的大型歌舞，其用意除了要证明建国以来的文艺成就外，还想让一些优秀的艺术家、文艺界权威参与《东方红》的创作与演出，肯定他们的价值，加上一层“保护色”。因为《东方红》主题鲜明，是以歌颂中国共产党、宣传毛泽东思想为主题的，没有人能将此打倒、推翻。

在参加《东方红》创作与演出的队伍问题上，考虑到当时毛泽东提倡“大学解放军”，周恩来决定以军队文工团为主。但是，周恩来又特意强调说，总政文工团是主力，但不能骄傲，中央歌剧院、中央乐团、东方歌舞团等政府所属文艺单位都要参加。

※ 1964年10月16日，毛泽东、刘少奇、周恩来、朱德等接见参加大型音乐舞蹈史诗《东方红》演出的全体人员。

名副其实的总导演

周恩来强调说，要挑选最优秀的演员，毛主席的诗词一定要写出最好的曲子来，用最好的演员来唱。周恩来指示在《东方红》中选用大量的民主革命时期的音乐作品，其中包括贺绿汀作词作曲的《游击队歌》和田汉作词的《义勇军进行曲》。当时贺绿汀、田汉正受到“批判”，江青说《游击队歌》又松又软，因为这个，有人主张拿下这两首曲子。对此，周恩来不以为然：对民主革命时期的作品，要一分为二，有些是人民群众批准了的东西，我们为什么不能采用？

在《东方红》的创作与排演中，周恩来是名副其实的总导演，从作品主题的确立到艺术表现手法，从细节的处理到道具的使用、服装颜色的选择，他无不亲自过问。

但是，艺术不是对历史进行简单、机械的复写，《东方红》也不可能把党史上每次重大事件都搬上舞台，艺术需要集中，需要典型化。周恩来经常对编创人员说，毛主席在总结我党的历史经验时曾指出，党的建设、武装斗争、统一战线是我党战胜敌人的“三个法宝”。《东方红》所要表现内容的选择和情节的安排都应围绕正确表现这“三个法宝”及其相互关系。

主题确定了，但在艺术上如何表现，却是一个不小的难题。在当时，用艺术形式，特别是用歌舞来概括地表现中国共产党领导下的中国革命的历史，还处于探索阶段。正如周恩来所说：“史诗要用史诗的写法，它不是写故事性的剧本，是粗线条的，又要很深刻，能打动人。”

在谈到如何表现我党经历的北伐战争、土地革命战争、抗日战争、解放战争、抗美援朝战争时，周恩来说，这五个阶段各有不同特点，标志着中国革命发展的不同阶段。只有把握了这五个阶段的不同特点，艺术表现上才会有特色。《东方红》的基调是刚的，这是统一，但也应该有优美抒情的歌和舞。革命是广阔的，革命感情是丰富的。

在把握历史本质的前提下，周恩来十分注重细节的真实。在表现红军长征一场中，如何正确表现红军一、二、四3个方面军，当时有些争议。有人主张统称为“红军”，有人认为只提“中央红军”就可以。周恩来不同意这样处理。他说，张国焘虽然很坏，但四方面军广大指战员是好的，不应该受到歧视。毛泽东也同意周恩来的看法。后来，3个方面军都表现了，欢庆3个方面军会师的歌也是周恩来亲自修改敲定的。

可以这样说，《东方红》从歌词、歌曲、乐曲、朗诵词以及服装道具、舞美等表演艺术手段的设计，都渗透着周恩来的心血。甚至每一次分场排演，他都亲自审看。正式公演前预演过8遍，周恩来竟然看了整整5遍。

周恩来一向强调艺术民主，谈自己的看法时总是事先声明：我生活在这个社会上，对很多问题不可能没有感触，包括文艺问题。我说错了，大家议论改正；说得不充分，大家补充；说得对的，供大家参考。参加《东方红》演出的一名年轻演员当时感叹道：“在总理面前，我觉得比在我们团长面前还受尊重得多。”

《东方红》与原子弹爆炸

1964年10月2日，大型音乐舞蹈史诗《东方红》第一次在人民大会堂演出，到16日结束，共演出了14场，场面之大、演员之多、气势之宏伟，轰动了整个北京城。

10月6日，毛泽东和周恩来、彭真、贺龙等党和国家领导人出席了中国人民解放军总政治部为庆祝中华人民共和国成立十五周年举办的晚会，同驻京陆、海、空军及人民公安部队官兵一起观看了大型音乐舞蹈史诗《东方红》。

10月15日，周恩来陪同日本芭蕾舞代表团的清水正夫和松山树子观看了《东方红》，并领着他们到演出后台参观。清水正夫和松山树子参观后提出了许多艺术上的专业问题，周恩来十分内行地一一做了详细的解释。清水惊奇地睁大了双眼问道："总理，你怎么会这样清楚地知道这些事情？"在一旁的中国演员自豪地回答："总理是我们的总导演啊！"二人感动地说："你们是幸福的，只有你们中国有这样的总理。"

1964年10月16日晚，毛泽东率领几乎所有在京的党和国家领导人接见参加演出《东方红》的全体人员。这一时刻是大家盼望已久的。那晚，周总理走到麦克风前，用双手向四周做了个停止的手势，然后双目环顾了一圈，才开口说话。

"今天正式开会前，主席让我告诉大家一个好消息……但是，我要提三个要求：第一，大家不要跳，大会堂的楼板会承受不住的；第二，大家不要高呼口号，我的耳朵会受不了的；第三，注意维护会场秩序……这个好消息就是：今天我国西部爆炸了第一颗原子弹！"

周恩来的话音刚落，3000多人中间像丢了个大炸弹，全场爆发出巨大的欢呼声，会场上顿时沸腾了……

※ 1964年10月16日傍晚，周恩来同毛泽东、刘少奇、朱德等在人民大会堂接见音乐舞蹈史诗《东方红》演职人员时，兴奋地宣布：今日北京时间十五时，我国第一颗原子弹爆炸成功了！

※ 原子弹爆炸后升起的蘑菇云。

将《东方红》搬上银幕

1965年国庆节后，大型音乐舞蹈史诗《东方红》虽然告别了舞台，但是周恩来的心却没有告别《东方红》。也就在这天晚上，周恩来把有关负责人召集到西花厅，综合中外朋友的建议，提议把《东方红》拍成电影。

根据周恩来的建议，大歌舞指挥部扩大和调整了领导小组成员，增加了文化部电影司的司徒慧敏和八一、北影、新影3个电影制片厂的负责人，确定王苹、李恩杰为导演，薛伯青、钱江等为摄影。为了加强艺术领导，指挥部还专门成立了《东方红》电影导演团。

12月的一天，周恩来约请参加人大和政协会议的电影艺术家和《东方红》导演团成员到人民大会堂北京厅，就如何拍好电影《东方红》进行座谈。这次座谈会上，江青终于打破沉默，一语惊人："把《东方红》拍成电影，我非常担忧。《东方红》自始至终没有东西贯穿，艺术上也平，革命乐观主义不够突出，舞蹈像小孩捉迷藏似的……"

20世纪60年代初以来，周恩来在文艺界大刀阔斧地纠"左"的同时，为进一步繁荣文艺，亲手抓起了文艺界的工作，招致了自称是文艺领域"哨兵"的江青的不满。1966年2月，她在上海召开的部队文艺工作座谈会上明确说："前年，根据主席的指示，我开了一次音乐座谈会。在会上，我提出乐队要中西合璧，有人说这是非驴非马。周恩来又另外召开了一次音乐座谈会，讲要先分后合。这是错误的，不符合毛主席思想的，他是应该作检讨的。"江青还指责有关负责人把《东方红》列为建国以来优秀剧目，说《东方红》的问题也不少。

其实，对江青的居心叵测，周恩来早有察觉。周恩来在指导创作《东方红》时，非常谨慎。比如，在是否表现他领导的南昌起义问题上，编创人员一再主张要专场表现，但周恩来坚决不同意。这其中有周恩来的谦虚，也有谨慎——避免给江青留下口实。

针对江青对《东方红》的否定态度，周恩来不怕压力，坚持把《东方红》拍成电影。他坚定地说："我既然背上了这个包袱，我也不害怕。"

在《东方红》的摄制过程中，周恩来始终关心着每一步工作。每隔几天，他就要同编导人员一起审看样片，听取汇报。"情深谊长"一场反映了红军在长征途经少数民族地区时，团结少数民族头人，头人给红军带路的事。后来在拍摄中，有人觉得表现头人不好，就改成老人。周恩来看后指出，把头人改成老人不好。没有头人，还搞什么统一战线？民族民主革命阶段，北上抗日，不团结头人怎么行？党的政策总是同具体历史条件结合起来的。

从1964年夏天周恩来开始策划《东方红》，到共和国十五周年献礼，再到1965年国庆节拍摄成电影公演，距离史无前例的“文化大革命”仅一年时间。《东方红》成为“文化大革命”前文艺舞台上最后的辉煌和“绝唱”。

（帙明）

亲临天山脚下

周恩来在新疆建设兵团石河子垦区写下了这样一幅题词：“高举毛泽东思想的胜利红旗，备战防边、生产建设、民族团结、艰苦奋斗、努力革命、奋勇前进。”

1965年，是新疆各族人民难忘的一年。自新疆维吾尔自治区成立以来，已走过了10个年头，自治区的工农业生产有了显著的发展，各方面工作也取得了较大的成绩。就在这年的7月，周恩来总理和陈毅副总理出访归来，亲临新疆视察。

周恩来是率中国代表团出访巴基斯坦和坦桑尼亚归来后抵达新疆的，这也是他首次乘坐中国民航专机进行国际远航飞行。早在6月1日，当出访代表团经新疆和田停留时，周恩来向和田专区各族干部提出了要求：“新疆这几年的工作有很大成绩，尽管如此，还要做巩固的工作。新疆要成为祖国西北的巩固后方，保证祖国边疆的安全。新疆同全国一样，肩负着生产建设和备战动员等方面的任务。”6月2日，飞机西行飞越帕米尔高原时，周恩来还给中国人民解放军驻新疆空军红其拉甫导航站发电致意：“你们在高山辛勤工作，不畏艰难，克服了重重困难，望你们继续努力。”虽然出访任务繁重，但周恩来始终惦记着新疆的各族人民。他早已作好安排，回国时一定要在新疆好好看看。

7月3日，周恩来一行结束访问后回到乌鲁木齐。在新疆期间，周恩来深入到喀什、石河子垦区和乌鲁木齐等地的农村、工厂、机关、学校参观视察。7月5日，周恩来在新疆建设兵团石河子垦区写下了这样一幅题词：“高举毛泽东思想的胜利红旗，备战防边、生产建设、民族团结、艰苦奋斗、努力革命、奋勇前进。”当日，他在兵团阐发了上述题词的主题：

“我想了几句话提出来，请你们去展开讨论。总的口号是，高举毛泽东思想的胜利红旗。这一条讨论不讨论没什么，这是政治挂帅问题。谁要不高举毛泽东思想红旗，自己

※ 1965年7月，周恩来抵达乌鲁木齐时，接受维吾尔族青年献花。

就要栽跟头。第一句就是备战防边。这是新疆建设兵团的重要任务之一，要立即进行备战动员、边防动员；第二句话是生产建设。你们要把生产搞好，还要扩大农垦面积；第三句话是民族团结。你们这里少数民族少了一点，要增加一些。100多万人中，少数民族太少。你们可以用生产队的形式吸收一些少数民族，慢慢培养、帮助他们；第四句话是艰苦奋斗。这是新疆建设兵团的作风。你们这里主要的是好的，15年来主要是成绩。但我要提一点，要艰苦朴素，这点你们要学大庆。大庆在祖国东北，你们在祖国大西北，西北要学东北；第五句话是努力革命；第六句话是奋勇前进。不革命就没办法前进。支边青年一来就说新疆是好地方。这里确实是好地方，'风吹草低见牛羊'。但是还是要经过一定的过程、实际劳动深入一下才行。"

周恩来不仅规范了新疆生产建设兵团的任务，向他们提出了更高的要求，而且还对在那里支边的上海知识青年提出了期望：大家要扎根边疆，努力搞好农业生产。

※ 1965年7月，周恩来和陈毅在王恩茂（左一）、赛福鼎·艾则孜（左二）、陶峙岳（左三）陪同下视察石河子农垦区。

7月6日，周恩来在新疆维吾尔自治区党、政、军负责干部会议上再次对各族干部讲话。在讲到“搞好民族团结”问题时，他强调：“要做长期的工作，要各个方面打破界限才能够团结。首先，要学习语言，汉族干部先要学好维吾尔语；其次，要尊重这个地区的民族风俗习惯；再次，汉族干部和青年，要有决心在新疆工作和革命。”最后，他留给支边的青年两句诗：“埋骨岂须桑梓地，人生处处有青山。”

在新疆期间，周恩来还特别提倡要发扬艰苦奋斗的精神。他对干部们严肃地说：“不能大手大脚，否则我们这一代创业，我们这一代也会毁业。”

直到7月7日，周恩来才离开乌鲁木齐飞回北京。虽然离去了，但他的身影和声音却深深地留在了新疆各族干部和群众的脑海里；他在每一地与各族群众所唱的《新疆好》的歌声，始终飘荡在天山南北。

（南哲）

迎接李宗仁归来

1965年6月13日，李宗仁离美飞往瑞士，踏上了辗转的归国之途。周恩来让程思远来北京面商迎接李宗仁回国之事。

1965年7月20日中午，前国民党政府代总统李宗仁从海外乘飞机到达首都机场，受到政府和人民的热烈欢迎。李宗仁归国，是中国共产党爱国统一战线政策的胜利，是周恩来总理将近10年精心擘划努力工作的结果，是中国共产党与国民党关系史上一件大事。

促进李宗仁转变

1949年1月人民解放军已取得辽沈、淮海、平津三大战役决定性的胜利。21日，蒋介石为形势所迫，不得不宣告下野，让副总统李宗仁出任代总统。李宗仁主张重开和议，但最后又不接受和平协定。人民解放军渡江南下以后，他被迫远走美国。蒋介石则在台湾复职。

在美国，李宗仁曾经想要依靠美国，寻求第三条道路，不久就意识到这一选择的错误。同时他又看到新中国成立以后，在各方面均取得了令人瞩目的成就，特别是抗美援朝战争的胜利，十分鼓舞人心，使他认识到中国人民真正站起来了。

1955年4月23日，周恩来总理在万隆召开的亚非会议上声明，台湾是中国的领土，中国人民解放台湾是中国的内政。为了缓和台湾地区的紧张局势，中国政府愿意同美国政府坐下来谈判。中国人民愿意在可能的条件下，争取用和平的方式解放台湾。

李宗仁在报纸上看到周恩来的声明，心情兴奋。他写信给居住在香港的程思远，嘱其同海外爱国人士交换意见，并为他准备一份文件，以便在适当的时候发表。

李宗仁为了表示他拥护中共和平解决台湾问题的方针，于1955年8月在美国发表了他

※ 李宗仁。

的《对台湾问题的具体建议》。在这个建议中，李宗仁认为，台湾问题只能经由政治途径解决。他主张国共两党通过和谈找出一项统一祖国的办法。他坚决反对由美国托管台湾和台湾独立的主张。他说凡是促使台湾从中国分离的活动，都是与统一背道而驰，国人必须重视。

李宗仁的建议，在海外引起了强烈的反应。香港“自由阵线”集团谢澄平过去一贯支持李宗仁，看到这一建议后，不仅表示要同李宗仁划清界限，并且在他所办的《中声报》上公开声讨李宗仁，指责李宗仁放弃反共立场，甘冒天下之大不韪。

李宗仁的《对台湾问题的具体建议》，自然引起了北京中南海的注意。中共中央认为，李宗仁的政治立场现在已发生了根本的转变。于是争取李宗仁归国的工作便自此开展起来。

安排程思远到北京

1956年4月下旬，周恩来总理授意李济深：“设法以你的名义告诉程思远，让他到北京来一趟，谈谈李宗仁的问题。”

李济深按照周恩来的意思，当即给香港方面的朋友打了电话。

我4月29日来到北京，翌晨去访李宗仁的老朋友黄绍竑。黄说：“昨天下午我在全国政协礼堂参加一项会议，在散会时周总理对我说，程思远到北京了。”我这才知道，此事是周恩来总理安排的。

我参加“五一”劳动节活动回来，连续几天受到李济深、蔡廷锴、黄绍竑的宴请。5月6日晚张治中邀我到私邸餐叙，他说：“明天政协礼堂三楼有一个酒会，周总理在那里会见你，请你写一份关于台湾问题的材料，在明天中午交给我。”我写的材料，内容分别从美国、日本、香港三处的看法来分析台湾问题。

5月7日下午，在全国政协礼堂举行的酒会上，周恩来进入大厅时，全场报以热烈的掌声。他一面扬起左手向众人打招呼，一面径直向我走来。张治中正要介绍，周恩来已把手伸向我说：“思远先生，欢迎你到北京来，1938年我们曾经在武汉见过面。”随后彼此热烈地握手。

周恩来问：“你今年多大岁数了？”

“今年47岁了。”我说。

“身体还这样好啊！”

“我经常爬山游泳。”

“到不到东北去看看？”

“这一次我没有准备，下次再去吧。”

周恩来略显遗憾地说：“东北是我国重工业的基地，你多看点地方，到海外才有材料向海外朋友介绍。”

总理随即向周围的刘斐、余心清、屈武、刘仲容、刘仲华打招呼道：“你们要陪思远先生多看一看北京风光。”又对我说：“过几天我们再谈一谈。”

5月13日中午，周恩来在中南海紫光阁宴请我。在宴会上，周恩来讲了话。他指出：我们主张爱国一家，团结对外，中国共产党人和国民党人曾经两度合作，并肩作战，反对帝国主义，我们希望大家以民族和祖国利益为重，国共两党重新携起手来，争取第三次合作，实现祖国的完全统一。周恩来特意请我向李宗仁和所有在海外的国民党军政负责人转达这样的信息：爱国一家，爱国不分先后，我们赞成中国的一句古话“和为贵”，欢迎李宗仁先生在方便的时候回来看看，也欢迎其他国民党军政负责人来大陆探亲、访友、观光，我们将给予各种方便，并保证他们来去自由。

三年后的1959年10月，我应邀参加建国10周年庆祝活动，再次来到北京。周恩来在中

※ 1960年10月，周恩来和邵力子、张治中、陈赓在颐和园宴请原黄埔军校学生、国民党高级将领。这是宴后合影。

南海紫光阁接见了我。周恩来对我说：你转来李德邻（即李宗仁）先生信，他自愿将所收藏的历史名画献给国家，这是他爱国主义精神的表现，政府考虑接受。

周恩来得知李宗仁在写给李任潮先生的信中表示了叶落归根、回国定居的愿望后，认为他回国定居的时机还不成熟，建议我去欧洲同李宗仁先生谈谈再说。

我回到香港后，写信给李宗仁，要他将献给祖国的文物运到香港来。这些古董有12箱，运到北京后，周恩来指示故宫博物院的专家进行了鉴定。鉴定结果，大部分是假的，仅值5000美元。

不久，我得到周恩来寄语，说德邻先生那些字画，有些是真的，有些是赝品。但政府体念李先生的爱国热忱，将助他一笔赴欧洲的旅费，以壮行色。当李宗仁得到这笔12万美元的旅费时，深深感佩政府的慷慨和胸怀。

1961年1月20日，肯尼迪宣誓就任美国总统。李宗仁给肯尼迪写了一封信，一是对他就职表示祝贺；二是希望他调整对华政策，实现中美关系正常化。肯尼迪复了李宗仁一封信，敷衍说对华政策关系重大，容当缜密考虑。李宗仁将肯尼迪的复函寄给我，嘱我送呈周恩来阅。

1961年6月上旬，我第三次到北京，周恩来接见我时，再次提出由我到欧洲去同李宗仁面谈。希望李宗仁对美国不要抱有幻想。

“一切不强加于人”

1963年，我同李宗仁约好，12月中旬在瑞士苏黎世会面。选择在苏黎世会面是因为李宗仁的夫人郭德洁的弟弟郭德风在那里开了一间中餐馆，可以照拂一切。

我赴欧前，于11月中旬第四次来到北京。见面时，周恩来郑重地要我向李宗仁转达：李先生决心回来，我们表示欢迎。他可以回国定居；可以回国后再去美国；可以在方便的时候再回来；可去欧洲暂住一个时期再定行止。总之，我们欣赏德邻先生向往祖国之心，但一切不强加于人，由他自己决定。

周恩来又说：我们希望李先生不可介入中美关系；不可介入美台关系；不可介入国共关系；不可介入第三势力。

按照事先约定，1963年12月14日李宗仁从纽约飞抵苏黎世，住在天堂广场的SAVOY饭店，美国联邦调查局的两名特工人员也尾随住进饭店。他们发现李宗仁除与郭德风往来外，并无其他活动。当我到达苏黎世时，放松了警觉的这两名特务已经到日内瓦游山玩水去了。

李宗仁得知共产党和人民政府对他既往不咎、欢迎他回国定居的态度，内心至为感动。24日下午，李宗仁从瑞士飞回纽约。与此同时，我回到香港。

部署摆脱险境

1965年6月13日，李宗仁离美飞往瑞士，踏上了辗转的归国之途。周恩来要我再来北京面商迎接李宗仁回国事。6月18日我第五次到北京，不巧周恩来已经离京出访非洲。他在临行前嘱托国务院秘书长周荣鑫、中央统战部部长徐冰、总理办公室主任童小鹏等向我转达已经做好的如下安排：一、政府发给李宗仁先生一笔回国旅费，请我带往瑞士面交；二、同时发给我一笔旅费，请我去瑞士把李先生接回来；三、我到苏黎世后，将有负责同志同我联系，帮助我解决有关问题。

在不到两个月之前的4月22日，李宗仁亲自去新泽西州纽华克城移民局办理赴欧洲旅游的签证手续。他提出的理由是陪伴刚做过手术的夫人去瑞士作短期休养。他的申请并没引起移民局的怀疑，在6天内便办好了签证手续，此事美国联邦调查局并不知晓。

6月19日，李宗仁独自飞往欧洲。郭德洁则以赴欧养病用钱为由，委托一位律师出售了她在新泽西州盎格鲁林镇的房屋。之后于23日，郭德洁也离开纽约飞往瑞士与李宗仁会合。

我因签证延缓，6月28日才从香港飞抵苏黎世。这时，同我联系的负责同志担心李宗仁一行在苏黎世久待会暴露行踪，建议他们到日内瓦附近的洛桑去小住。正欲动身，忽然接到那位负责同志紧急通知：现在有特殊情况，必须在7月13日下午2时以前离开苏黎世，启程返国。那位负责人让郭德风在瑞航买去香港的机票，又密嘱我在卡拉奇下机，那里将有人等候；并叮嘱在沿途着陆停留时不要离开座位，因为那些地方国民党的特务太多了。这位负责人关照得十分周到。

李宗仁一行离开苏黎世非常及时。郭德风送行后回到他的餐馆时，那里已有两个彪形大汉在那里等候他了，其中一位亢声问道："李宗仁先生在哪里？我们是从日内瓦来的，带有白崇禧将军的亲笔信要交给他。"郭德风答道："李先生和夫人到罗马去了。""那么我们就在这里等他回来。"从这个时候起，这两位"仁兄"便寸步不离地跟着郭德风。直到7月20日他们从媒体广播里得知李宗仁已到北京，才怏怏离去。

7月14日凌晨3时许，李宗仁一行飞至卡拉奇机场。中国驻巴基斯坦大使丁国钰乘坐一辆救护车径直开到飞机舷梯等候。丁大使对我解释道："李先生的行踪已被台湾当局侦悉，恐有万一之虞，必须采取绝对安全的措施。考虑结果，只有救护车才能开到舷梯底下。"

丁大使又说："我们原来已为李先生在高级宾馆订了总统间，可是后来接周总理指示，准备将李先生接到大使馆住。”

后来丁大使对李宗仁说，他奉周总理命陪同先生返国。

“你回来了，我们欢迎你”

1965年7月18日上午11时，李宗仁一行飞抵上海虹桥机场，周恩来偕陈毅和上海党政军负责人早已在机场等候。

※ 1965年7月，周恩来会见从美国回到祖国的原国民党政府代总统李宗仁和夫人郭德洁。右一为彭真，左一为张洁清。

李宗仁看到周恩来站在候机室门前迎接，连忙快步上前拥抱。周恩来说：“你回来了，我们欢迎你。”李宗仁激动地连声说：“总理你好，总理你好。”随后，李宗仁和陈毅副总理、陈丕显、罗青长以及其他前来迎接的负责同志一一握手。罗青长告诉我说：总理直至今日凌晨接到李先生所乘飞机已经进入国境的报告才上床休息。是夜李宗仁等在上海锦江饭店下榻。

19日上午9时，周恩来在上海文化俱乐部会见李宗仁时说：“我们很为李先生的安全担心。台湾方面到处打听李先生的消息，但所得到的消息都是不准确的。过去他们自夸信息灵通，现在事实证明他们落后了。”

接着，周恩来从国际形势谈到台湾问题，他说：1955年东南亚外长会议期间，英国外长艾登到香港，给我拍来了一个电报，希望在深圳和我会面。艾登想斡旋台湾问题，他的具体意见是：把金门、马祖以及沿海岛屿归还我们；我们可以提出对台湾的主权要求，但台湾维持现状。维持到十年以后的若干年再说。如果中国拿原则作交易，就可以达成这样的协议。但我们不拿原则作交易，我们不能这样做。

1965年7月20日上午9时，李宗仁与周恩来一起来到上海虹桥机场，周恩来对李宗仁说：“我的专机先飞20分钟，以便在首都机场部署一切，欢迎你们。”

上午11时，李宗仁一行乘坐的专机在首都机场徐徐降落。

当李宗仁走出机舱，看到机场热烈的欢迎场面时，他为之震动了。他激动地脱下礼帽，向人群招手致意，随即走下舷梯，同周恩来、彭真、贺龙、罗瑞卿、郭沫若、陈叔通等党和国家领导人热烈握手，表示感谢。

在机场上，各民主党派负责人、无党派人士、国民党起义将领都纷纷上前和李宗仁会面。当年国民党政府和谈代表团成员邵力子、黄绍竑、章士钊、李蒸、卢郁文、屈武、李俊龙、金山、刘仲华、刘仲容等人也前来迎接。周恩来做事周到，连白崇禧的老师李任仁也被邀从南宁接来欢迎李宗仁。

在机场上，周恩来介绍溥仪先生同李宗仁先生见面。这真是一个历史性的场面，中华人民共和国成立后，改造了末代皇帝，又把一个国民党代总统争取归国，这充分显示出中国共产党的爱国统一战线政策是既往不咎和宽仁阔大的。

李宗仁在机场大厅宣读了他的声明。他说：“1949年我未能接受和平协议，至今犹感歉疚。”“深冀我留台国民党军政同志，凛于民族大义，也与我采取同一步伐，毅然回到祖国怀抱，”“为完成国家最后统一做出有用的贡献。”

当天晚上，周总理在人民大会堂设宴欢迎李宗仁夫妇。李宗仁在宴会上说：“中国共产党和国家领导人不咎既往，欢迎我回到祖国，这种宽大精神使我感动。”“我多年阔别家园，一旦重返乡邦，看到江山如此多娇，城乡面貌焕然一新，象征祖国已经进入了一个伟大灿烂的时代。”

7月21日这一天，在香港出版的所有报纸，都用第一版以显著位置对李宗仁归国作了报道，香港的所有电台和电视台都在新闻节目中，作为头条，反复播送。

（程思远）

“发展生产，重建家园”

周恩来听完邢台地震情况的汇报后，当即指示：“对死者要掩埋好；对受了伤的，要好好治疗。活着的人要站起来，战天斗地，发展生产，重建家园。”

河北省邢台地区隆尧县白家寨公社是邢台地震伤亡最重、损失最大的地区之一。大地震后的第三天，周恩来亲自到这个公社视察灾情，慰问受灾群众，受到灾民们的热烈欢迎。

1966年3月10日下午，白家寨上空出现了一架护航机，在上空盘旋，很快又来了两架直升机，一架是记者等人乘坐的，一架是周恩来及其工作人员乘坐的。飞机先后降落后，周恩来走下飞机，向大家招手致意。这时，汇集在白家寨的2000多名群众涌向村头，报以热烈的掌声，欢迎总理的到来。周恩来同迎上来的群众亲切握手，详细询问受灾情况，并向群众致以亲切慰问。此时，他也看到了群众眼中的泪水和脸上的泪痕。这泪水，有失去亲人和家园的悲哀，有见到敬爱的周总理亲临灾区的激动。

群众情不自禁地高呼：“毛主席万岁！”“共产党万岁！”等口号。群众高呼这些口号，并没有人布置，也没有人带领。这是那个年代发自群众内心的呼声。从当时拍摄的一些资料中可以看出周恩来的心情：他一脸的忧心和焦虑，群众的灾难就是国家的灾难，周恩来看着这一片废墟和灾民群众，他在忧国忧民……当周恩来同迎上来的群众握手时，一位年近花甲的老大娘激动地走到周恩来跟前，“扑通”一下跪倒在他面前，哭着说：“总理，你来了，我们就有救了！”周恩来连忙搀扶起老大娘说：“大娘，你们遇到了灾难，党和政府非常关心。有党和政府的帮助，困难是一定能够战胜的。”

※ 1966年3月8日，河北邢台地区发生强烈地震。周恩来第二天就赶往灾区，鼓励受灾群众以愚公移山精神，“奋发图强！自力更生！发展生产！重建家园！”

为了让灾区广大群众听到总理的指示，让在场的灾民都能看到周恩来的面容，一位救灾的解放军战士搬来一个木料箱子，让周恩来站在这个箱子上向大家讲话。在一片热烈的掌声中，周恩来登上木箱，面对灾民们大声喊道：

“同志们，乡亲们，你们受了灾，损失很大，党中央和政府非常关心你们。毛主席让我来看望大家，慰问大家。”

周恩来讲完这几句话之后，“毛主席万岁！中国共产党万岁！”群众的掌声、口号声、欢呼声响彻上空。周恩来等到会场平息后，又继续讲话。会场没有扩音设备，周恩来只有使劲地喊，靠他自己的嗓子，努力使声音传得更远些。

“这次地震来得很突然。你们这个地方，从邢家湾到耿庄桥是地震的中心。二十年

前，在抗日战争中，你们也受了损失，那是和民族敌人作斗争。这次是和地底下的‘敌人’作斗争。每个村庄、每个家庭都有很大损失。付出了代价，也取得了经验。听到地震的消息后，解放军立刻赶来了，地方上的工作队和医疗队也来了。重伤的得到抢救，轻伤的得到治疗，牺牲的也掩埋起来了。他们牺牲了，我们要继承他们的事业。我们要和地球‘打仗’。你们这个地方是洼地，过去改造得不错，现在要战胜地震灾害，重建家园。重建家园光靠你们的力量还不够。你们县西部有好多没有受灾的庄子，巨鹿、宁晋、任县都有些没有受灾的庄子，可以来帮助你们。互相支援，过去打日本就是这样。重建庄子要建得分散一点，房子要矮一点。共产党员、共青团员和少先队员要带头抗震救灾。你们组织起来，办法一定会有的。国家当然要支援你们。你们这个地区有三十个公社、三十四万人受灾，现在已开进解放军两万多人，地方上的工作队和医疗队一万多人，共三万多人，十个人就有一个人帮助。真是一人有困难，大家来相帮，因为我们是社会主义的国家。你们不是学过《愚公移山》吗？愚公能够移山，我们对现在的困难也一定能够战胜。死了人当然难过，但是不要低头。大家一定要团结起来，团结就是力量！老年人家里没有人，我们要照顾他们，娃娃没有人带，我们要帮着带，这些都要靠青年壮年去做。我不能到每个庄子去了，请你们庄子做代表。你们要把党中央、毛主席的关怀和我讲的这些话传给别的庄子。中国人民是有志气的。你们要学习毛主席著作，把劲头鼓起来，用七八天的时间把生活组织起来，过几天还要搞生产。隆尧要和巨鹿、宁晋比嘛！恢复了生产，恢复了力量，就对得起死去的人。现在大家一起呼口号。”

※ 河北邢台地区发生强烈地震后，周恩来第二天就赶往余震仍在继续的灾区，了解灾情，慰问受灾群众。

这时，周恩来激动地举起右手，带头高呼口号：

奋发图强！

自力更生！

发展生产！

重建家园！

在场的中国人民解放军指战员和灾区干部、群众齐声跟着周恩来高呼起来。

周恩来最后说：“重建家园后，再来看你们。”

周恩来讲完话之后，在当地干部的陪同下，一连走访了7户受灾群众。周恩来在碎砖烂瓦中深一脚浅一脚地走进那些临时搭起的简易窝棚，亲切地与乡亲们交谈着。

“家里损失如何？”

“蒸饭的锅和吃饭的碗有没有？”

“窝棚挡不挡寒？”

周恩来每到一户都详细询问他们生活上急需解决的问题，对群众提出的困难，当场予以处理。

周恩来走进白家寨贫协主席王根成的窝棚里。周恩来询问他家的地震损失情况后说：“你是个老党员，要带头干，还要教育好娃娃，鼓足干劲，重建家园。”

王根成也当即向周恩来表示了决心。他说：“请总理放心，在抗战时期和敌人作斗争，我都没有怕，现在遇到地震灾害，也不会怕，一定拿出抗战打鬼子的劲头来，和自然灾害作斗争。”

周恩来听后，会心地笑了。接着他又到另一个窝棚里与受灾群众亲切交谈。

当周恩来从一家窝棚出来后，在街道上行走时，看见一个小女孩坐在一截断墙下，便急忙上前把这个小女孩抱了起来，以免遭余震倒塌的危险，并深情地问这个小女孩：“你的爸爸妈妈呢？”一旁的村干部连忙汇报说：“小孩的父母都没事。”这时，周恩来嘱咐这个孩子：“不要在墙底下坐着，墙倒下来会砸着你，记住了吗？”小女孩怯生生地点了点头。果然，此时发生余震，那截残墙“轰”的一声倒塌了，砖头土块滚落在周恩来的脚边。

时间已接近傍晚，周恩来自下飞机后，没有喝一口水，没有休息一分钟。大家看他很累了，就对他说：“总理，休息一下吧！”“好吧，那就再和社队干部谈一谈。”周恩来回答道。他确实感到累了，坐到白家寨大队窝棚里，村干部用粗瓷大碗，给他倒了一碗白开水。周恩来接过来一饮而尽，然后听取白家寨公社党委书记杨世英的汇报。

周恩来听取汇报后，当即指示：“对死者要掩埋好；对受了伤的，要好好治疗。活着的人要站起来，战天斗地，发展生产，重建家园。”接着，周恩来又询问了一些情况。

“群众的生活安排怎么样？”

“都安排好了，基本上达到一家一口锅，一人一只碗，一双筷子。”

“房子都震倒了，你们打算怎么办？”

“准备集体盖房。”

※ 1966年4月，周恩来在河北邢台听取研究人员汇报地震监测情况，鼓励他们早日攻克准确预测预报震情的难题。

“依靠什么？”

“靠大家齐心努力，3年全建好。”

“3年完成，好！一定要完成！要先有个规划，是不是将房子盖得分散一点，矮一点为好。”

“生产准备怎么安排？”

“资金不足大伙凑，缺少牲畜壮劳力上，肥料不足就用倒房土。”

“好，好！就是要有这种精神。国家虽然会支援你们，但不能有依赖思想，要有自力更生的精神。多难兴邦啊！希望你们党员干部要带好头，重建好家园后，我再来看你们。”

天快黑的时候，周恩来一行乘坐直升机离开了隆尧县白家寨。

（曾文友）

二访河北沙石峪

阿尔巴尼亚两次派党政代表团来中国访问农村抗旱的先进典型——河北沙石峪。周恩来周密布置，两次抱病陪同外宾访问。

1966年前后，阿尔巴尼亚两次派党政代表团来中国访问农村抗旱的先进典型——河北沙石峪。

周恩来受党中央委托，两次陪同阿尔巴尼亚党政代表团前往沙石峪访问。

时任中央农林政治部副主任的王振扬，既是访问的推荐者和策划人，又是两国领导访问的全程陪同人员。两次访问是怎么筹划的？缘由何在？又是如何组织实施的？遇到了什么问题？有哪些动人的故事？王振扬是这一历史的知情人。以下是根据他的回忆撰写的。

王振扬在考察旱情时，发现了一个抗旱生产的典型——沙石峪

1965年秋，全国农村全面开展“四清”运动，国务院分管农业的副总理谭震林遵照中央的部署，指派国务院农办、农林政治部领导张修竹和王振扬带领工作组，到天津武清县农村蹲点，搞“四清”调查。

1966年初春，河北邢台发生强烈地震，周恩来带领中央农林政治部主任秦化龙等乘直升机赶往震区视察灾情，慰问灾区人民。随后，周恩来又前往石家庄等地区，进行了为期一个多月的调查研究。他发现北京、天津、辽宁、河北、内蒙古、山西、陕西等北方省市农村的旱情极为严重。

回到北京后，周恩来马上主持召开北方抗旱工作会议。谭震林根据周恩来的指示，指定当时在武清农村蹲点的王振扬出席会议。国务院秘书长周荣鑫、副秘书长高登榜、农机部长陈正人、城建部长万里、河北省委书记刘子厚和省长林铁等都赶来与会。

会后，周恩来指示陈正人和王振扬两人，先考察河北、北京、天津一带的旱情，然后去河南和西北，必要时可去一趟新疆。周恩来布置工作很细致，要求工作组每到一地，必须查明旱情程度，当地政府采取什么抗旱措施、工作组的意见如何，要一一写成简报，及时报送总理办公室。

任务紧急，刻不容缓，陈正人和王振扬立即带领随员分头行动，南下北上。

王振扬在河北省委农业书记阎达开的陪同下，冒着刺骨的山风，在冀东地区翻山越

岭，东奔西跑，一个县一个县地察看旱情。

一天，他们来到遵化县的沙石峪村，了解该村“愚公移山”、抗旱生产的经验。

沙石峪村坐落在遵化县长城以南30公里的群山之中，原是荒山秃岭的穷山沟，耕地在山梁上“瓢一块、碗一片”，一亩地少则八九块，多则八九十块。附近没有水，要翻山越岭到几里路外，一担一担地挑。干旱缺水。庄稼难长。好年景时，每人每年也吃不到七八十斤。全村80户人家，有65户常年外出打工、逃荒。解放后，村支书张贵顺领导群众走互助合作的道路，组织起来开山劈岭，寻找水源。因不懂科学，历经挫折，劳民伤财，教训深刻，一度灰心丧气。后因上级政府派水利干部帮助勘察，终于在两公里外的地方找到了水源。沙石峪人再接再厉，在坚如铁板的石头上，硬是打出了三眼水井，开始有了10亩水浇地，从而结束了从山外运水的历史。

后来，张贵顺又带领群众办农业合作社，发扬“愚公移山”精神开山造田，在北山上用石头垒起了一道道石坝，从山下挑土到山上垫地，先后整出73层梯田，造田43亩。1954年冬，村支部又组织37名党团员成立开山队，由民兵连长带队，开进深山“狼洼”，冒着刺骨寒风，挥舞铁钢钻，开山炸石，挑土造田。火热的气氛，感动了群众，开山队伍随即扩大为100多人。经过四个年头的艰苦奋战，沙石峪的土地由原来的997亩扩大为1390亩，平均每人增加一亩地。集体栽种果树近万棵，他们还在北山腰凿开了一个能容水4800立方的蓄水池，为农业生产创造了有利条件。

各级政府也给了他们许多支援，农业部副部长、著名起义将领何基沣，当年考察时就曾帮助他们解决了一些引水用的水管。1955年，沙石峪人战胜干旱，获得了粮食大丰收，第一次向国家交售2800公斤余粮，实现了粮食自给自足，成了干旱山区脱贫致富的先进典型。

王振扬等在沙石峪爬山头，看水池，走田地，访村民，对村支书张贵顺组织群众顽强抗旱的动人事迹感触极深，并很快写成简报向周恩来作了报告。

随后，王振扬又带领工作组赶到遵化县城东20公里的西铺村考察。

西铺村也是个山多地少、石厚土薄的穷山村。解放前，因村里拄着打狗棍讨饭的人多，该村被称为“穷棒子村”，全村每年都有30多人被饿死。20世纪50年代初，共产党员王国藩领导23户贫农办合作社，其中有11户历来靠讨饭为生，所以有人称他们为“穷棒子社”。但他们人穷志不穷，靠勤劳的双手艰苦创业，开山造地，引水种田，终于摆脱了贫困。1955年，毛泽东在主持编辑《中国农村的社会主义高潮》一书时，特意写按语高度赞扬王国藩领导的“穷棒子社”艰苦创业、勤俭办社的精神。

※ 周恩来在沙石峪村参观。

1965年冬，王国藩又带领大家掀起治山治水的新高潮，苦战48天，修建了一条长1300米的盘山渠道，把水引上岭子山的倒虹吸工程，扩大了水浇地260亩。同时修坝阶350道，平整土地240亩，还修筑了一条护林堤坝。王振扬目睹眼前这些刚完成的工程，及时写成简报向周恩来作了报告。

遵照周恩来的指示，王振扬继续带领调查组南下河南林县，深入考察农民修筑红旗渠引水抗旱的经验。随后，又转赴陕西、山西农村，考察当地的旱情。

王振扬有文化，办事认真，思路敏捷，能说会写，表达能力强，而且写得一手漂亮字。每到一地，他都亲自动手，将了解到的情况，及时写成简报，不断报送总理办公室。

周恩来一访沙石峪，找不到王振扬。王振扬解释说，领导人太多，我不便上前

1966年4月初，总理办公室突然召王振扬返京，到中南海西花厅开会。与会人员有国务院秘书长周荣鑫、外交部副部长王炳南和礼宾司司长等。周恩来说阿尔巴尼亚部长会议

主席谢胡将率党政代表团来中国访问，他们要求参观中国农业生产的先进典型。因为山西大寨他们过去已参观过，这次不再安排。阿尔巴尼亚是一个多山、少雨、干旱的国家，对方要参观一个地形、环境、气候条件与他们相仿的农业生产先进典型。

当时中苏关系紧张，而阿尔巴尼亚一直坚定地站在中国一边，所以党中央十分重视这次访问，周恩来亲自主持会议，研究选择参观地点，并陪同参观。他让在华北、西北、中原地区搞抗旱调查、熟悉农村先进典型情况的王振扬谈谈意见，拿出方案供大家讨论。

王振扬立即将河北沙石峪、西铺村和河南林县红旗渠的情况，向会议逐一作了介绍。相比之下，沙石峪更符合阿尔巴尼亚的国情和参观要求。但问题是沙石峪地处山区，交通不便。

周恩来点头赞同王振扬的发言，他认为交通不是大问题，只要选点合适，可以让空军派飞机运送代表团。他同意将沙石峪选为参观典型，又因西铺村和沙石峪都在遵化县内，又指示将毛泽东表扬过的老典型西铺村也列入参观计划，并指定外交部和总参会同王振扬前往沙石峪和西铺村进行实地考察，做好迎接外宾参观的各项准备。

1966年4月28日，以阿尔巴尼亚部长会议主席谢胡为首的党政代表团，搭乘专机如期来访。我国给予很高的礼遇，周恩来、陈毅率领有关人员到机场迎接，王振扬作为中方陪同人员奉命前往。

第二天，周恩来、陈毅带领王炳南、王振扬等，陪同阿尔巴尼亚党政代表团，从国宾馆乘车出发前往西郊机场登上专机。瞬间，一架银白色的大型飞机腾空而起，飞越燕山山脉。飞机在遵化机场降落后，大家换乘直升机前往沙石峪。

那天，沙石峪上空万里无云，春风浩荡，阳光灿烂。从机舱中向下俯视，层层叠叠、长满碧绿茁壮麦苗的梯田，漫山遍野、郁郁葱葱的大片果树林，还有那弯弯曲曲的引水渠和大大小小的蓄水池都尽收眼底。目睹此景，谢胡在机舱内笑逐颜开。他按捺不住激动的心情，兴奋地对周恩来说："恩来同志，你们把我们带到了一个好地方，太好了！我们要好好看看！"

长期深居山沟峡谷的沙石峪人，听说周恩来陪同外国领导人来山村参观，无不欢欣鼓舞。男女老少，像过年一样，全部出动，挤在村头迎接。

当直升机飞临山村缓缓降落时，数百名沙石峪人挥动红旗，敲着锣鼓，热烈鼓掌欢呼。周恩来、陈毅等陪同外宾，满面笑容，频频向大家招手致意。村支书张贵顺快步上前迎接，周恩来和谢胡等热情地和张贵顺握手，让他介绍组织农民群众引水抗旱、夺取丰收的先进事迹。

张贵顺领着大家爬山越岭，边参观，边介绍。

外宾们不住地夸赞沙石峪人不怕困难、勇于奋斗的英雄气概。擅长赋诗的陈毅，眺望远方，触景生情，“万里千担一亩田，青石板上创高产”的诗句油然而生。后来，他把这首诗写下来，留给沙石峪做纪念。

周恩来和谢胡等来到村里的办公室，沙石峪人用自己生产的大枣、花生、核桃等热情招待来访的贵宾，宾主双方欢聚一堂，亲切交谈。谢胡激动地说：“沙石峪的地势、气候，同我们阿尔巴尼亚的条件极为相似。沙石峪农民群众‘愚公移山’、艰苦奋斗、战天斗地、夺取丰收的英雄气概和先进经验十分感人，很值得学习。”他表示今后要把沙石峪当成培训阿尔巴尼亚干部的大学校，轮流组织干部分期分批来沙石峪参观学习。周恩来等鼓励沙石峪人继续发扬愚公移山的精神，再接再厉立新功。

从此，沙石峪人冬战严寒，夏战酷暑，长期艰苦奋斗的英雄事迹，很快就通过新闻电讯传向北京，传向海内外，成为沙石峪人永远的骄傲。

那天，周恩来的心情特别好，他看得仔细，问得也详细，不断赞扬张贵顺组织群众抗旱夺高产的成绩很大，工作干得不错，先进事迹和经验值得推广。当然，也不断夸奖王振扬向自己推荐了沙石峪这个好典型。他四处寻找王振扬，谁知王振扬却一直远远地站在众多领导人的后边。听说总理找他，他才匆匆挤到前面。周恩来问，你怎么站到后边去了？他解释说，领导人太多，我不便上前。周恩来风趣地笑道，沙石峪还是你推荐的呢！你不推荐，我们怎么能来这里参观呢！

参观完沙石峪后，周恩来、陈毅等又陪同阿尔巴尼亚党政代表团，登上直升机前往西铺村访问。参观西铺村的过程中，中阿两国领导人都热情赞扬西铺村农民，用“穷棒子”精神改天换地的英雄行为。

周恩来二访沙石峪，物是人非。临走时，周恩来让王振扬作为自己的联络员留在沙石峪

1967年“一月夺权风暴”后，全国政治局势陷入混乱。不久，阿尔巴尼亚第二批党政代表团再次来我国访问，地点依然是沙石峪和西铺村。谢胡回国后，十分佩服沙石峪和西铺村的农业生产。他向阿共中央汇报后，决定组织第二批党政领导干部访问团来中国学习经验。此时，我国的“文化大革命”已经兴起，主管外交工作的陈毅副总理和主管农业工作的谭震林副总理相继被打倒，国务院秘书长周荣鑫成了“走资派”。周恩来身边没有了

助手，他再次将正在外地调查农业抗旱的王振扬召回北京，让王振扬陪同自己接待阿尔巴尼亚外宾。

2月5日，周恩来与王振扬等一起陪同阿尔巴尼亚党政代表团，前往沙石峪和西铺村访问。

周恩来在欢迎的人群中，已找不到沙石峪原村支书张贵顺的身影。“文化大革命”的狂风刮到了山村后，“造反派”夺了大队的权，群众组织将张贵顺作为“走资派”和“阶

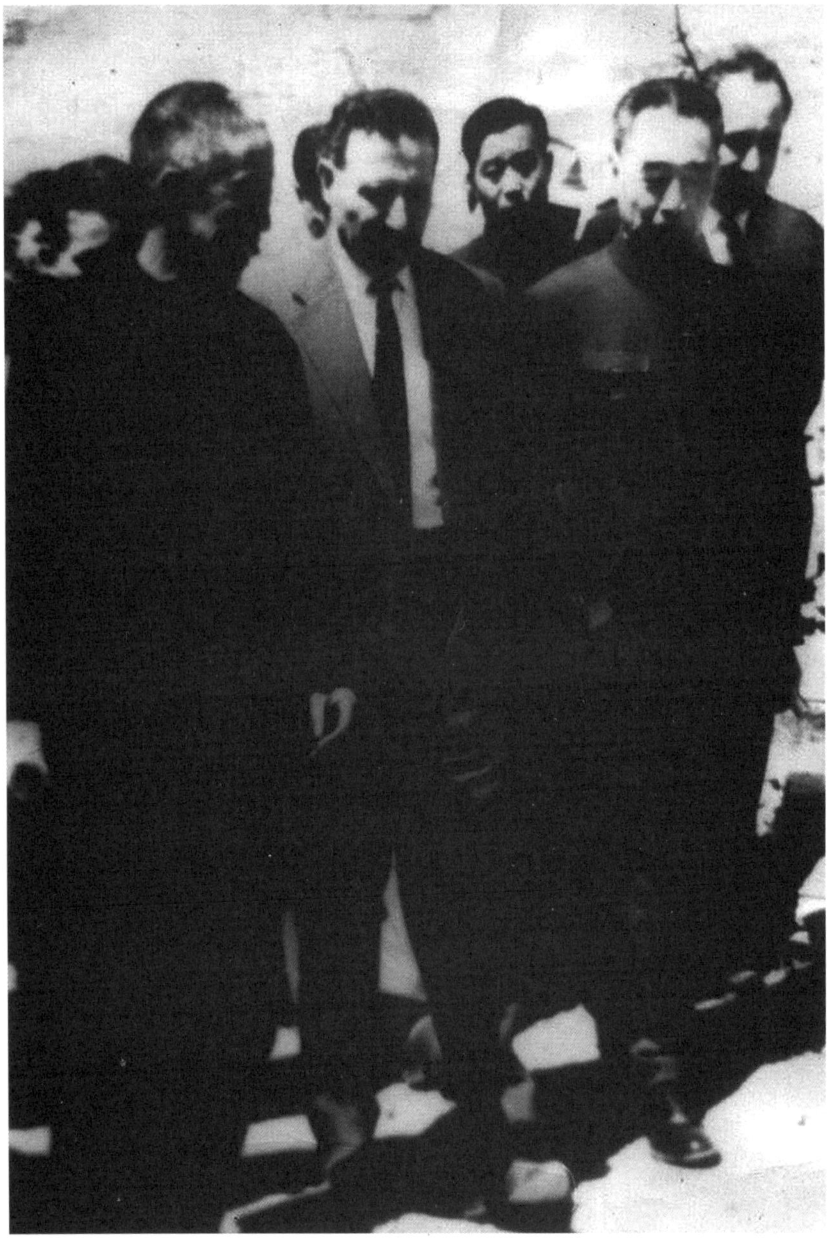

※ 周恩来总理陪同阿尔巴尼亚客人在遵化县沙石峪村。

级异己分子”打倒，还开除了他的党籍，实行群众专政、监督劳动，县委竟也批准了群众开除张贵顺党籍的行为。这一奇闻，让周恩来十分惊讶。他关心张贵顺，特地指示让张贵顺前来见一面。只见张贵顺低着头，气色灰暗，似乎有一肚子委屈的话要说。但在当时的环境下，又不敢明言。周恩来理解他的心情，让他暂时离开后，问王振扬怎么回事？王振扬也莫名其妙，说不清楚。

随后，周恩来继续陪同阿尔巴尼亚党政代表团去西铺村访问。

那里的情况同样如此，一片混乱。村子里群众分成两派，争斗不休，各不相让。老支书王国藩靠边站，村支部陷入瘫痪，农业生产无人过问。

在访问沙石峪和西铺即将结束、随行人员正要返京时，周恩来突然临时决定将王振扬留下。他当众宣布：王振扬作为自己的联络员留在沙石峪，了解农村“文化大革命”运动的情况。大家有事可以找他，由他直接向总理办公室汇报。

顿时，在场的人都把目光转向王振扬。王振扬毫无准备，觉得自己穿一套迎接外宾的呢子大衣留在农村活动不方便，要求回北京换一身棉袄再来。周恩来当即安慰道：“你不必回去了，到了北京，我会马上派人到你家，取衣服给你送来。”

果然，刚回到北京，周恩来立即让国务院农办人员到王振扬家里取走棉袄。第二天，农办干部刘铭西乘专车匆匆赶到沙石峪将棉袄送给王振扬。

王振扬和刘铭西在沙石峪住了几天，了解了一些情况后，又移到西铺村继续执行周恩来交给的使命。当时，附近部队已派出两名干部到村里“支左”，北京农业大学的红卫兵也派人介入村里的运动，形势更加混乱。村里的两个群众组织，都自称是无产阶级革命派，斗争很激烈，部队“支左”干部悄悄告诉王振扬：由于“四清”运动产生的恩怨，情况复杂，不能轻易表态。王振扬感到形势严峻，意识到自己作为总理的联络员在农村活动时，态度应更为谨慎。因此，他在找群众谈话、了解情况时，一般只听，如实记录，决不轻易表态。

一个月后，王振扬完成任务要返回北京。两派群众将他团团围住，非要他明确表态，承认自己一派是革命派，否则不予放行。王振扬处境困难，幸有解放军派人帮助解围，才得以脱身，匆匆回京向周恩来汇报。周恩来对他的工作表示满意，让他重返沙石峪和西铺村，劝说北京农业大学的红卫兵撤回北京。

然而，此时中央机关的“文化大革命”已进入高潮，无政府主义思潮疯狂泛滥，周恩来的权威受到了严重挑战，王振扬也陷入“文化大革命”的漩涡之中，他已无法执行周恩来交给的使命。

当时，作为中央农林口最高领导机关的国务院农办、农林政治部，已完全陷入瘫痪。国务院副总理兼农林办公室主任谭震林被打倒了。此前，中央农林政治部主任、原上海警备区政委秦化龙，也被扣上搞“农业党”、“为彭德怀翻案和执行刘少奇修正主义路线”等罪名，受到撤职、打倒，惨遭游街批斗。一些群众愤愤不平，不断向周恩来和党中央告状，要求为秦化龙平反。机关里的群众形成两派，相互混战。首都大专院校的大批红卫兵，也如潮水般涌进机关大楼，农林口局势严重混乱。秦化龙问题成了中央农林口的斗争焦点，这引起了周恩来的高度重视。

5月的一个深夜，周恩来在中南海勤政殿召集中央农林口各群众组织和大专院校红卫兵代表开会，听取大家对秦化龙的处理意见，有七八十人参加。因会议主题是处理秦化龙的问题，国务院农办、农林政治部的7名代表被安排在会议的中心位置。

会上，周恩来点着名字向国务院农办、农林政治部的人逐一询问农办副主任张修竹、郝中士、梁步庭、杨煜等人在运动中的情况，转而又关切地问及中央农林政治部副主任王振扬现在怎么样？国务院农办、农林政治部的人如实汇报，说王振扬身体状况不错，常在机关大院看大字报。周恩来随即用赞扬的口气说：“王振扬不错！河北的沙石峪还是他向我推荐的呢！”

众所周知，“文革”初期，中央机关无政府主义盛行一时，各单位群众组织先后成立。争相夺权，揪斗领导干部，派性斗争十分严重。周恩来处事一向谨慎稳重，为避免引起派性，造成不必要的纠纷，他在群众场合通常不轻易公开表扬领导干部。

然而周恩来对王振扬偏偏例外，不仅在会上公开表扬，而且当王振扬身陷困境时，还亲自出面，果断干预。

12月下旬的一个冬夜，农业部的“造反派”闯入王振扬家中，将其绑架，押到远在东郊顺义县的农村拷打、审问。这时，中央气象局政治部主任亓盾刚被“造反派”活活打死。惨案才发生不久，又出现了王振扬被绑架事件，周恩来闻讯后极为震怒，谴责是“土匪行为”。他让联络员立即通知农业部的“造反派”，限令：“12月21日天亮之前，必须将王振扬送回家，否则以土匪论处。”

“造反派”慌了，凌晨3时迅速将王振扬送回家中，并让他儿子写收条。孩子还小，不会写。写“收到爸爸一个”吧，似乎又可笑。王振扬出主意，写：“今天凌晨3时，我爸爸回家了。”“造反派”点头同意，拿了收条匆匆离去。

此后，中央机关的局势越来越乱，国务院农办、农林政治部也撤销了，王振扬一直被关在五七干校。周恩来逝世后，王振扬有幸参加了遗体告别仪式。

秋去冬来，岁月轮换，弹指一挥间，30多个春秋过去了，种种往事已如过眼烟云，相继从脑海里消失。唯有当年邢台地震，北方旱情严重，总理心系亿万农民，亲赴农村调查研究，紧急布置抗旱；阿尔巴尼亚贵宾来访，总理周密布置，两次抱病陪同外宾访问沙石峪、西铺村；“文革”动乱期间，总理关心部下，派人到沙石峪送棉袄，以及勒令“造反派”放人等往事，始终牢牢地深藏在王振扬记忆里。稍作回忆，总是令人激动不已，感慨万千。王振扬既无限敬佩周恩来热爱国家、热爱人民、不顾劳累、公而忘私、鞠躬尽瘁的伟人风范，也深深怀念周恩来无微不至、处处体贴关心部下的崇高品德。

（许人俊）

视察大庆

周恩来于1962年、1963年及1966年三次视察大庆。

周总理第一次到大庆视察，正是大庆艰苦创业、进行会战的1962年。当时，大庆全体干部群众住牛棚、干打垒，以五两粮加野菜保三餐，进行着艰苦的油田开发建设。

6月20日，余秋里同志和我专程赶到齐齐哈尔迎接周总理。晚上，在开往大庆的列车上，周总理和同来的邓大姐听取了关于大庆会战情况的汇报。汇报一直持续到深夜1点多钟，陪同总理的同志见时间太晚了，劝总理休息。总理笑笑说：“年纪大了，更应该多做工作啊！”

6月21日，千里油田，碧空如洗，芳草萋萋。10点30分，总理乘坐的客车缓缓开进萨尔图车站。周总理敏捷地走下列车，与在站台上迎接的会战指挥部领导同志和干部群众紧紧握手，并深情地说：“同志们辛苦了。”我们请总理先休息一下，总理说：“时间不多，要抓紧在大庆多看几眼。”

周总理和邓大姐首先来到正在打井的1202、1203钻井队。周总理健步登上钻台，和工人们一一握手问候。当班工人见自己手上满是油污和泥浆，不好意思地在衣服上猛擦。总理主动上前紧握钻工的手，和蔼地说：“没关系，我也当过工人。”接着他又亲切地和围在身边的同志拉家常：“多大年纪了”，“当了几年钻井工人”，“老家在哪里”，“冬天野外钻井冷不冷，穿的工服暖不暖，爱人接来没有……”他一面细心询问，一面耐心倾听大家的回答，不时深情地点头，发出爽朗的笑声。当总理听说国产钻机性能不错时，非常高兴，一再鼓励我们要再接再厉，多打井，打好井。这时总理看到一位柴油机司机坚守岗位不能站到近前，他马上从司钻操作处很窄的地方挤过去，一把握住司机那满是油污和老茧的手。那位司机激动得久久不肯松手。快要离开井队时，总理听说钻井工人想和他合影留念，便伸出两只胳膊，搭在身边的两位老工人的肩上，留下了难忘的镜头。接着我们陪同周总理来到大庆首先创立岗位责任制的试点单位北三注水站。总理详细地看了贴在墙上的各项岗位责任制度，边看边点头说："好，你们这样做很好。"总理发现泵站流程图没有填写绘图时间，就嘱咐："要把时间标上。"邓大姐也补充说："记上日期，别人看着明显。"总理还对化验员意味深长地说："你们的工作很重要啊！"

从泵房出来，陪同人员示意总理时间不短了。总理说："来一次不容易，多看看高兴啊！"总理又来到附近的职工宿舍、食堂。在食堂，总理和炊事员握手、问候，还拿起锅盖，用勺子搅了搅正在煮着的红高粱米粥，又亲口尝了尝另一个锅里的菜汤，深情而又体贴 地对炊事员陈玉珍说："你们很辛苦啊！"陈玉珍回答说："不辛苦。"周总理环视了一下周围的同志们说："艰苦是一个事实，说不艰苦是假的，人家卡我们的脖子要债，又遇上自然灾害，现在确实存在困难，但我们只要坚持艰苦奋斗，自力更生，将来一定会好起来的！"

从食堂出来，总理一回身发现200米外一位家属从地窝子里出来倒垃圾，就朝地窝子走过去。我们劝总理不要下去了。总理却一个劲地向前走。家属杨德群又激动又担心。她对总理说，里面又黑又暗，首长就别进去了。总理说："你们能住，我就能进。"周总理弯腰走进地窝子。在地窝子里总理深情地端详着躺在土炕上刚刚满月的孩子说："同志们现在生活得确实很艰苦，但将来一定会好起来！"这时，照相机留下了总理走进地窝子的难忘镜头。

总理来到大庆视察的消息不胫而走，迅速在油田上传开。但国事繁忙的总理，当晚就要离开大庆了。人们不约而同地聚集在萨尔图车站，秩序井然地为总理送行。在余秋里同志陪同下，总理上了火车后，又再次下来，频频向群众挥手告别。

这次视察，周总理充分肯定了大庆艰苦奋斗、自力更生的创业精神，肯定了大庆注意取全取准资料，按科学态度办事的做法。对大庆结合实际情况，分散建设居民点、工农村也很赞扬。他热情地对我们说，像大庆这样的矿区，不搞集中的大城市，分散建设居民点，家属组织起来参加农副业生产，可以做到工农结合、城乡结合，对生产、生活都有好处。以后总理又把它概括为"工农结合、城乡结合、有利生产、方便生活"，形成了大庆矿区的建设方针。

※ 1962年6月，周恩来一到大庆。这是在1202钻井队现场参观。

※ 1963年6月，周恩来二到大庆。这是在大庆最大的油库——西油库装油栈桥上。

1963年，大庆原油产量达到430多万吨，为实现我国石油基本自给做出了贡献。就在这一年，周总理第二次来到了大庆。

同上次一样，在由哈尔滨驶往大庆的列车上，周总理就向前来迎接的会战工委副书记张文彬同志详细询问了大庆一年来的变化情况。

6月19日上午11点，总理一下火车，立即改乘大客车直奔1203钻井队的井场。抵达后，他第一个下车，热情地与钻井工人们握手。在人群中，总理一眼认出一年前见过面的小李，便大步走过去，紧紧握着小李的手说："你是李……""我叫李清明。"小李回答说。总理高兴地大声说："李清明同志你好！"总理惊人的记忆力，使在场的人们激动不已。然后总理又健步登上高高的钻台，把手伸向每一个当班的人。当班的柴油机司机见总理向他走来，正要找东西擦手。总理赶忙制止说："不用擦，你们很辛苦，整天和油、泥打交道，这是你们的光荣啊！"总理还询问钻井进尺多少，指标多少。当工人们回答说要用三年的时间打10万米时，总理高兴地鼓励说："好！要有雄心壮志，要敢于创指标！"

当总理来到大庆最大的油库——西油库时，他环顾四周的油罐群，遥望远处的装油栈桥和长长的油龙，语重心长地说："这地方很重要，一定要搞好安全生产。"总理要上装油栈桥看一看。栈桥很高，大家劝总理别上去了，可总理还是踏着扶梯，登上了四米多高的装油栈桥。值班工人给总理做了罐车装油的表演。总理见栈桥上没有一点油污，满意地点点头，并关切地问当班工人："冬天和雨天怎么办？"工人回答说，坏天气和好天气一样，坚守岗位，一丝不苟。总理听了赞叹说："这是你们大庆人自己创造的严细作风，四个一样好，我要向全国宣传！"

登高远望，总理见远处站着很多群众，就一面热情地招呼让大家站过来，一面快步走下扶梯迎上去，全场顿时爆发出阵阵掌声。当总理听说身边的一位工人是湖南人时，亲切地问："湖南人都吃大米，在东北要吃粗粮，你能习惯吗？"那位工人回答说："总理，粗粮细粮我都能吃，只要为国家多产油，吃什么都行！"总理听了带头为他鼓掌。

总理所到之处，与工人们都像久别重逢的老朋友一样亲切交谈，详细地询问他们生产、生活方面的情况。尤其是职工的生活，总理问得最多最细。

总理这次视察以后不久，一大批文化艺术界、新闻界的知名人士，受总理的鼓励，陆续来到大庆，深入生活进行创作，讴歌中国工人阶级在社会主义建设中的创造性劳动。作家孙维世等同志在大庆创作了反映家属劳动生活、精神风貌的话剧《初升的太阳》。这个话剧于1965年冬在北京国务院小礼堂汇报演出时，总理不但看完全剧，还上台热烈祝贺，并在台上亲自打拍子指挥全场观众高唱《大庆家属闹革命》等歌曲。

1966年春天，周总理第三次来到大庆。5月3日中午12点半，我陪同总理乘坐直升机降落在绿草如茵的临时停机场上。总理挥动双臂，向前来迎接的油田的领导同志徐今强、宋振明、陈烈民等致意。

这次总理来大庆，住在一间简陋的办公室里，吃的是高粱米芸豆饭，玉米碴子粥和大庆自产的萝卜、土豆、白菜加粉条做的大盆烩菜。因为总理有言在先：顿顿要有粗粮，餐餐不上酒，菜要吃大庆自产的。

午饭后，总理执意不休息，和我们一起坐上国产大轿车，看了南二区6排32井。对全部油井生产旺盛，保持自喷，表示满意。

当总理到1202、1205钻井队时，对这两个队力争在当年分别打井5万米，给予热情鼓励，说："你们两个队，如果每个队打井上5万米，国务院要鼓励你们。"随后总理又登上正在打井的钻台，看了钻井大队长铁人王进喜同志亲自做的操作表演。总理关心钻井工人，钻井工人也没有辜负总理的热切期望，到年底，1202和1205钻井队双双登上10万米高峰。铁人王进喜带队进京，向总理报了喜，并应邀登上天安门城楼参加了国庆观礼。

在炼油厂，总理对他们实行岗位责任制和搞技术革新的情况很赞赏。

这一天，总理从钻台到油井，从工厂到车间，虽然一刻也没休息，但毫无倦意，谈笑风生。晚饭时，总理还谈了自己的成长经过，并提示我们，"要活到老，学到老，改造到老。"

5月3日的夜晚，是周总理和大庆的干部群众共同度过的一个不眠之夜。晚上9点30分，总理召开座谈会，听取大庆全面工作汇报。对家属来矿的安置、农副业生产和计划生育等问题，他也很关心。临结束时，他一再告诫我们："不能忘记一分为二的观点，任何时候都不能满足。"座谈会结束后，总理又邀我和徐今强同志谈了建设新型矿区、改革教育制度等问题。总理强调要办好半工半读学校，在油田逐步形成一个完整的教育体系，要坚持教学、科研与生产相结合，并谆谆告诫我们一定要继续发扬艰苦奋斗的好传统。

汇报结束时，已是5月4日凌晨1点30分了，可总理又到生产会议室看了生产模型、技术革新和油田建设图表。当我们一再请总理休息时，总理说："你们怎么老是让我休息呀，我快七十的人了，让我多做点工作不好吗？"我们听了既感动，又心疼。这一夜，周总理只睡了两个多小时！

5月4日上午，总理到油田建设工地视察，对工地黑板报上工人的一首诗过目不忘，在场的人们，无一不惊叹总理的记忆力，感激总理对工人的感情。总理走到一块较高的地方，瞭望广阔的油田，边看边说："既要搞好油田建设，又要多种树，搞好绿化，尽量保护植被，建设新型矿区。"

接着，总理又视察了丰收村，并深入到食品作坊、理发室、卫生所、工人家庭，考察了解工人的生活、福利、医疗情况。总理与大庆家属们亲切和蔼地交谈、共唱革命歌曲的动人情景，至今传为佳话。

11点多，总理不顾劳累来到大庆缝补厂。总理对一件用160多块旧布拼成里子的棉工作服看了又看，摸了又摸，高兴地说："好，好，你们要永远保持这种艰苦奋斗的精神。"

这一天的午饭后，总理出席欢迎外宾的大会，看到13000多人的会场秩序井然，无一人走动，高兴地说："工人也要有严格的纪律。"

周总理第三次来大庆视察，一共在大庆度过了28个小时。临回京前，他对我们说："大庆是成功的，你们自己可不要忘了一分为二呀！"要分手了，我们说欢迎总理下一次再来大庆检查工作，总理点点头说："有机会一定来。"

周总理第三次视察大庆不久，那场持续十年的灾难性的内乱开始了。在关键时刻周总理同林彪、"四人帮"一伙进行了针锋相对的斗争，旗帜鲜明而坚定地保护了大庆油田和大庆的广大干部。大庆在极其困难的条件下，仍然大幅度提高原油产量，对国民经济在大动乱中仍然得以维持起到了重要作用。

"文化大革命"一开始，江青、康生就把矛头对准大庆，诬蔑北京历史博物馆的大庆展览"是反毛泽东思想的大毒草"，唆使北师大一个造反团去批判。陈伯达还亲自写信派这个造反团到大庆煽风点火，鼓吹"打倒一切"。一时间大庆领导班子17名成员中，16名被揪斗，12名被戴上"叛徒"、"走资派"的帽子，关进了"牛棚"。铁人王进喜也惨遭揪斗、毒打、游街，被诬为"假典型"，是"地主、国民党"。钻井、采油、油田建设等二级公司、厂的300多名领导干部、技术专家都被戴上各种帽子统统打倒靠边。到1966年底，全油田共有6千多名干部被揪斗。数以万计的一线生产单位的班组长、劳模、技术骨干甚至家属标兵受到批判。大庆油田的生产失去了正常的指挥，受到严重的破坏。

周总理得知这一情况，忧心如焚。1967年1月，短短二十几天在有关会议上，他针对林彪、"四人帮"搞垮大庆的阴谋，七次刻意地强调："大庆是伟大领袖毛主席亲手树立的典型"，"大庆出了问题，没法向毛主席交代"。特别令我们难忘的是1967年1月8日，周总理在北京工人体育馆接见铁人王进喜和全国石油系统的群众代表时说："为什么有人硬要反对大庆？为什么他们硬要打倒铁人王进喜同志？这是为什么？是阴谋，是为了毁掉毛主席树立的这个典型。"讲到这里，周总理扳着手指，一一阐述了大庆石油会战取得胜利的原因。他说，大庆靠什么打了胜仗？首先，靠毛泽东思想，靠"两论"起家；其次，靠大庆广大职工艰苦卓绝的辛勤劳动；再其次，就是靠全国各方，可以说党政军民各方面的大力支持。单单有这三个条件，如果没有组织这次石油会战的领导人，没有这个会战的领导班子，等于说打了一个胜仗没有指挥员，行不行啊？不可能嘛！我曾三次到大庆，都受到深刻的教育和启发。那时候，没有任何厂矿像大庆取得那样伟大的成就。

1967年2月1日，周总理在接见工交各部群众代表时又说，大庆最近很乱，甚至还有人反对王铁人，我很着急，我一提起这件事就很激动，恨不得飞去看一看。

3月23日，周总理接见大庆代表时又讲：大庆会战是党中央决定的。1960年苏联撤走

※ 1966年5月，周恩来三到大庆。这是在观看职工家属生产的大南瓜。左一为全国著名劳动模范王进喜。

了专家，对我们是个考验。大庆在那样困难的条件下，五年工夫石油年产量由97万吨跳到去年的1060万吨，这是伟大的成绩。毛主席在井冈山时就讲自力更生，1962年我去大庆，那真称得起是“艰苦奋斗、自力更生”的典范。

在当时斗争极其尖锐复杂的情况下，为了保护大庆油田，总理决定继鞍钢之后，对大庆实行军管。1967年1月，总理找余秋里同志和我去商量如何起草大庆军管决定。决定起草后总理亲自作了修改。在决定的开头，总理加上了“大庆油田是在伟大的毛泽东思想哺育下成长起来的我国工业战线上的典型”。另一处总理加上了大庆军管会由石油部、沈阳军区共同领导。当年3月，总理在谈到这个决定时说，这个决定毛主席、中央常委都看过，开头第一句话关系到大庆的政治生命问题，这是总体。这个文件是很慎重的，我是不会掉以轻心的，这是按毛主席指示办的。

周总理保护大庆油田的举动震慑了“四人帮”一伙围剿破坏大庆的嚣张气焰，给处在困境中的大庆广大干部、职工以巨大鼓舞和支持。人们奔走相告传送总理的指示，从中获得了力量。不少基层干部白天挨批斗，晚上回去抓生产。很多老工人把行李搬到油井上，一连几个月黑夜白天连轴转，坚持采油。

“四人帮”把大庆的基本经验，统统攻击为“修正主义”的东西，把“三老四严”、“四个一样”、《生产工人岗位责任制》诬蔑为套在工人脖子上的“精神枷锁”，叫喊要“火烧一切制度，彻底解放工人”，造成了生产管理上的极度混乱。更为严重的是他们竟鼓吹“不搞科研照样出油”，把油田的科研单位、科研管理部门的大批地质、工程技术人员打成“反动权威”、“臭老九”，赶到基层单位或农场去种地、喂猪。整个油田的科研工作处于瘫痪状态。1970年大庆油田出现了压力下降、原油产量下降、原油含水上升的“两降一升”严重情况。致使大庆月月欠产，完不成国家原油生产任务。广大干部、职工忧心如焚。

周总理听到大庆油田受到破坏的情况，万分焦急。1970年3月11日他把铁人王进喜请到北京，听了铁人的汇报，沉重而关切地说，大庆的情况我已经了解了。3月8日，周总理在石油部军管会报送国务院的《关于当前大庆油田主要情况的报告》上批示：要保护大庆油田，要加速解放大庆的干部，特别强调大庆不要忘本，要恢复“两论”起家的基本功。我们心里都知道，简短的批示蕴涵着总理对大庆基本经验的肯定，对广大干部和油田生产的极大关怀与支持。大庆广大干部、技术人员和工人，按照总理的批示精神，根据“两降一升”的实际情况，从开发方案到技术管理等方面进行了大量艰苦的调整工作，迅速扭转了“两降一升”的严重局面，使油田恢复了正常生产。

由于“四人帮”一伙的倒行逆施，1972年秋，我国能源十分紧张，不少地方煤、电告急，国民经济遭到严重破坏。总理找余秋里和我去商量，毅然决定开发大庆喇嘛甸新油田。经受了残酷斗争考验的大庆干部、工人，大干20个月，到1974年底就把喇嘛甸新油田建设成年产800万吨生产规模。1974年大庆原油产量达到4100多万吨。1975年邓小平主持中央工作，抓了各方面的整顿，我国的政治、经济形势出现了希望和转机。大庆也恢复了活力。1975年8月，小平同志几次指出：要大力开采石油，尽可能多出口一些。油田上下经过几个月的论证，决定从1976年起实施“高产上五千（万吨），稳产十年”的方案。1975年，大庆原油年产量上升到4626万吨。1976年大庆广大职工在悼念周总理、毛主席的沉痛之中，在粉碎“四人帮”的欢乐之中，使原油产量上升到历史最高水平——5030万吨，为缓解当时国民经济的严重困难出了力，以实际行动告慰了生前一直关心、爱护大庆的周总理。

（康世恩）

★ ★ ★ 第八编 ★ ★ ★

鞠躬尽瘁　死而后已

第八编 08

鞠躬尽瘁　死而后已

在“红卫兵运动”中

在千方百计安排好来京红卫兵的日常生活，组织好毛泽东一次次接见活动的同时，周恩来集中考虑的一个问题，就是如何向北京、向全国的红卫兵进一步讲解党的各项政策。

1966年夏秋，先在北京、继而在全国爆发了一场“红卫兵运动”。这场运动，是在这一年8月召开的中共八届十一中全会之后，将“文化大革命”进一步推向全国的开端。

一

8月18日，首都北京发生了一件影响全国、震动世界的大事：毛泽东在天安门接见北京大中学校的几万名“红卫兵”，并与首都百万群众共庆“文化大革命”。毛泽东在天安门接见红卫兵，是他不久前写给清华附中红卫兵的支持信之后，进一步明确表示他对红卫兵的支持。8月18日这天，成为全国“红卫兵运动”的发端。

北京“八一八”大会以后，全国各地纷纷响应，成千上万的红卫兵组织几乎一夜之间就遍布了城镇乡村。这些以“红五类”出身为主体的青少年们，抱着“保卫毛主席、保卫中国共产党、保卫红色政权”的神圣使命的真诚愿望，不再停留在学校里搞运动，而是冲出校园，走上街头，把“文化大革命”的烈火引入社会，推向全国。

从8月下旬起，北京、上海、天津以及全国大大小小的城市街巷里，都出现了一队队“破旧立新”的红卫兵。他们先从人们的衣着穿戴和“陈规陋习”实行“革命”，继而开始扫荡所谓“封、资、修”的各种名称字号：在北京，红卫兵倡议把东西长安街改名“东方红大道”，并砸烂“全聚德”招牌，捣毁“荣宝斋”“黑店”；在上海，红卫兵冲上南京路，拉倒“大世界”；在天津，红卫兵“革新”滨江道，更名“劝业场”……由于舆论宣传的鼓动，短短几天内，“破四旧”的风潮便席卷中国大地。

然而，无政府主义的恶果却与红卫兵“破四旧”的行动相伴而来：多处名胜古迹被捣毁、破坏，祖国千百年的文化遗产被洗劫废弃；肆意冲、抄民主党派和宗教界人士住宅，没收、毁坏私人财物的情况比比皆是；对著名作家和艺术家，乃至基层领导干部、普通教师实行人格侮辱、打骂、关押的行为更随处可见。更严重的是，一些红卫兵还把“破四旧”的目标对准宋庆龄、郭沫若等国内外享有名望的党和国家领导人，老舍、傅雷等一批高级知识分子因不堪受辱而选择了绝路，许多“黑五类”人员被打致死，或强迫遣送回乡……

周恩来极为关注北京和各地“红卫兵运动”的进展情况。对红卫兵“破旧立新”的一些举动和倡议，他并没有表现出由衷的热情。一次，当他得知北京市海淀区的中关村被改名“革命村”时，不以为然地说：“还是先叫中关村好，不然会有很多人搞不清楚地方，我就不知道‘革命村’是哪里嘛！”而对于举世闻名的国家重点文物古迹，他则尽力去设法保护。就在“八一八”接见大会后的当晚，他在主持的一次会议上宣布了立即关闭故宫的决定，并部署北京卫戍部队前往守护，使得这座数百年历史的皇家宫殿在“红卫兵运动”中得以保存。类似的情况，还有杭州灵隐寺等处。后来，周恩来告诉红卫兵：“破四旧”是个长期任务，中国的封建统治时间那么长，封建传统那么浓厚，习惯势力那么大，要一下子解决问题是不行的。

名目繁多的改名、命名活动直到国庆节前还不断出现。9月下旬，周恩来接到北京市委办公厅报告：北京34所中学红卫兵和外地学生组织起一个“东方红筹委会”，拟将北京市改为“东方红”市，9月27日召开命名大会；同时把天安门前的华表和石狮子搬走，另树立毛泽东铜像和英雄人物塑像等。周恩来26日在报告上指示：“请以电话告市委办公厅和周（荣鑫）秘书长，通过联络总站，告以这是国家大事，国际观瞻所系，他们可以关

※ 1966年9月，周恩来同即将赴外地串联的北京中学生红卫兵座谈。

心，可以倡议，但不能由他们决定、命名。否则命名无效，岂不损失信誉？”

这一时期，几乎天天都在发生让周恩来意想不到的事情，尤其是“破四旧”当中出现的那些影响面大、涉及党和国家政策、法律、制度方面的问题。为此，周恩来认为有必要就这些问题当面向红卫兵加以劝说和引导。

鉴于红卫兵活动大都具有自发性、随意性的特点，周恩来首先考虑应把各种红卫兵组织起来，以便创造给他们做工作的机会和条件。

8月24日，根据周恩来的提议，北京新市委决定成立首都红卫兵联络总站，地点设在北京市劳动人民文化宫内，由市委书记雍文涛主持总站工作；党中央、国务院在联络总站设有办公室，周恩来委派周荣鑫总负责，以了解、沟通情况，及时发现各种问题。

两天之后，周恩来通过联络渠道得知，北京一所中学的红卫兵倡议，把苏联大使馆前的扬威路改名“反修路”，并于29日召开20万人命名大会，会后还将举行大规模庆祝游行。为避免发生涉外纠纷，周恩来在28日夜里召集紧急会议，他向红卫兵说明：我们进行反修斗争，是靠文斗不是武斗。如果按你们的精神，把反修的大字报贴到大使馆去，就要闯进大使馆，就有可能把文斗变成武斗。我们今天和苏联还有国家的关系、外交的关系，我们应该遵守这个关系，就如同他们在莫斯科尊重我们的大使馆一样。因此，你们可以在他们的门口搞示威，但要有个界限，不能闯入大使馆里去。经过反复做工作，大会组织者终于表示同意按周恩来提出的意见办。从29日起，群众游行持续了两天，共达40万人次，没有发生任何事情。

最使周恩来感到不安的，还是“破四旧”中发生的对各民主党派负责人、无党派人士和各类知名人士进行的侮辱、打骂、抄家等行为。他多次向红卫兵强调要学好用好“十六条”，其用意之一就是希望他们有所遵循，有所节制，严格遵守“要文斗，不要武斗”这起码的一条规定。但是，涉世不深、缺乏政策法律观念的青少年们已为狂热的“革命”激情所支配，“造反有理”、“无法无天”几乎成了他们高于一切的信条和准则。

8月29日夜，北京大学经济系的一群红卫兵闯入了全国人大常委和政协常委章士钊的住宅，肆意进行查抄。事后，章士钊立即致信毛泽东，反映红卫兵的无理行径，要求在“可能范围内稍稍转圜一下，当有解铃之望”。次日，毛泽东在来信上批：“送总理酌处，应当予以保护。”

周恩来接到批件，马上采取措施，对章宅实行保护，并将章本人秘密转移到301医院。与此同时，周恩来又亲自写下一份应予保护的干部名单，其中包括宋庆龄、郭沫若、章士钊、程潜、何香凝、傅作义、张治中、邵力子、蒋光鼐、蔡廷锴、沙千里、张奚若、李宗仁等十几位高级民主人士，以及人大常委会、国务院及所属各部委、全国政协、各民主党派中央、最高人民检察院、最高人民法院的负责人。这份名单虽然只有几十个字，却包含了几百名保护对象。可以说，周恩来几乎对名单上的每个人都费了一番心思，以寻求最稳妥的保护方法。

名单中的第一人是中华人民共和国副主席、民革中央主席宋庆龄。她不仅是国内外享有名望的民主人士，还是几十年来同中国共产党患难与共的挚友。建国后，宋庆龄大部分时间居住在上海。“文化大革命”一开始，周恩来感到宋长住上海不安全，便劝说她来京定居，并指示中央警卫局负责人杨德中主管宋宅的各项工作，由公安部、北京市公安局和当地派出所三方面协同警卫。“破四旧”当中，果然如周恩来所料，宋庆龄在上海的寓所受到冲击，就连万安公墓内宋父母的墓地也遭到红卫兵的破坏。此外，在南京，有人提出要推倒孙中山的铜像；在北京街头，则出现了攻击宋庆龄的大字报，还有人扬言要冲入宋庆龄在北京后海的住地。为了阻止事态的继续发展，周恩来亲自出面教育对于历史知之甚少的红卫兵。在周恩来的全力保护下，宋庆龄及其住宅免遭厄运，她父母在上海的墓地也得以修复。

这一时期，受到周恩来保护的还有班禅额尔德尼·确吉坚赞、阿沛·阿旺晋美等民族宗教界人士和一些著名学者、艺术家、知名人士及其家属。

周恩来不仅向红卫兵讲述中国近代史、中共党史，有时还要给红卫兵介绍一些自然科学、社会科学的常识，以劝说他们收回或改变违反科学认识和正常行为规范的主张和“倡议”。例如，为了向坚持要把交通信号改作“绿灯停、红灯行”的红卫兵解释清楚此举行不通的道理，周恩来先从专业人员那里了解情况，然后再做说服工作。他由光线的透射力谈起，进而说到国际间的通行惯例，等于给学生们补上了一堂光学物理课。再如，为了纠正某些学生组织提出的“消灭伊斯兰教”这种极端错误的口号，周恩来在调查掌握了大量资料的基础上，以全中国有几千万、全世界有几亿伊斯兰教徒的基本事实为出发点，耐心向红卫兵讲述宗教的起源、发展及其社会影响等等，说明现行党的民族宗教政策的必要性、长期性。

就这样，身为几亿人口的一国总理，周恩来几乎每天都要和来自四面八方的红卫兵打交道、做工作。正如他自己所讲，从这时起，他的基本工作已放在了红卫兵方面。

二

自8月下旬开始，北京一些大中学校的红卫兵先后离京“南下”、“北上”、“东进”、“西征”，向全国播撒“文化大革命”的“火种”。与此同时，各地的红卫兵也纷纷涌入北京，接受毛泽东的检阅，取首都红卫兵“造反”之“经”。至28日，外地来京学生已达14万人。在31日毛泽东第二次接见红卫兵后，出入北京的学生人数更逐日递增。在这之后，每天来往北京的红卫兵成倍增加，已难以数计。为安排好来京红卫兵的吃住问题，周恩来想方设法，费尽了心思，最后就连中南海国务院办公的地方也住进了几千名红卫兵。到这一年11月下旬止，毛泽东共计8次接见来京串联的全国1100多万红卫兵。

在千方百计安排好来京红卫兵的日常生活、组织好毛泽东一次次接见活动的同时，周恩来集中考虑的一个问题，就是如何向北京、向全国的红卫兵进一步讲解党的各项政策。

鉴于北京红卫兵“破四旧”中发生的种种情况，周恩来不难想象全国各地已经和即将要发生的各类问题。他这时的想法是，由党中央下达一份有关红卫兵的文件，以便对全国

※ 1966年9月，周恩来和陶铸、李富春、谭震林等接见来北京串联的各界群众和红卫兵代表。

红卫兵的行动加以指导、约束。

8月底9月初，周恩来亲自起草了《有关红卫兵的几点意见》（未定稿），共包括十条内容。《意见》强调："目前最急迫的任务是组织起来，学习和掌握政策"，"不能各自为战，违反纪律"。针对已在全国掀起的红卫兵大串联风潮，周恩来这样写道：

"我们提醒你们，实行革命串联，要保障党和国家的首脑部门、要害部门和宣传工具……工作不受影响，安全不遭危害，机密不致外泄，档案不致遗失，财产不受损失。要保证国家的专政工具正常行使职能。要保证交通运输机构照常运行，不受阻扰。要保证党和国家的对外关系和活动不受影响。""我们还要提醒你们，同厂矿、科研机关和服务性

※ 周恩来和郭沫若在一起。

行业实行革命串联，要保障厂矿的生产和基本建设不受影响，科研机关的科学实验和中间性生产不致停顿，尖端技术的厂区不被闯入，尖端技术资料不受损失，服务医疗事业不致中断。”

《意见》还就红卫兵的组织形式、斗争方法和政策等作出一些具体规定。

9月3日，周恩来主持中央政治局常委碰头会（从8月下旬起，中央文革小组全体成员出席该碰头会），讨论《有关红卫兵的几点意见》（未定稿）。会上，陶铸、陈毅、王任重等都明确表示赞同向红卫兵讲政策。而康生却唱反调说：“十个问题，需不需要讲？我看有代替的危险。”姚文元也话中有话地提出：“应该用阶级分析讲政策。”由于中央文革小组成员的反对，这个《意见》稿最终还是夭折了。

尽管如此，周恩来仍没有放弃对广大青少年进行教育、劝导的责任。就在《意见》稿被否定后不久，他连续出席离京、在京和来京的三种类型的红卫兵会议，针对实际情况和问题，耐心宣传解释党的各项政策和国家法律。

9月10日，他向离京奔赴各地的首都红卫兵提出：红卫兵应是一支战斗队、宣传队。“战斗”指的是进行文斗而不是武斗；“学习”就是要做调查研究，要进行科学分析，要有冷静的头脑；“宣传”就是讲政策、讲实际、讲界限，不盲目行动，不强加于人。“当前无产阶级文化革命的重点是文教机关，而工厂、农村、服务性的行业应由那里的干部群众自己进行文化大革命，你们可以去进行必要的革命串联，但不能像在学校里一样，冲进去，要到哪里就到哪里。我们是无产阶级专政的国家，要有革命的秩序、建设的秩序。”“边疆的省份，靠边境的城市、集镇和边防点你们不要去。这些地方的每一个行动都关系到很多政策，如对外的政策、民族的政策等。那里宗教信仰常常和民族问题结合在一起，人们有自己的风俗习惯，即使改变也需要时间。”“总之，你们要团结一切可以团结的人们，包括爱国的剥削阶级知识分子、剥削阶级家庭出身的其他人士，甚至剥削阶级分子本身。”

同一天，周恩来出席北京市大中学校红卫兵代表座谈会，并发表长篇讲话。在谈到党的干部问题时，他指出：

“不能说全国的大学、中学里所有的领导都是‘走资本主义道路的当权派’。领导中有正确的、积极的因素，不能说一切都是坏的。也不能说所有党政机关的当权派都是‘走资本主义道路’，如果都是，那我们的无产阶级专政，毛主席的英明领导，不是在这些地方落空了吗？”“某些领导机关的某些领导同志犯了错误，而这个错误即使是某一个时期的路线错误、方向错误，也不能画等号就是‘黑帮’。”“所以，不是一切领导机关都要‘炮打’，也不是一切领导人都是路线错误、方向错误，更不是一切领导人都是‘黑帮’……即使不看做一切，而看做是绝大多数，也不合适，因为不合乎事实嘛。”

9月13日，周恩来更明确提出：“黑帮”这个名称不能乱用。“犯路线错误的是否就是不革命、反党反社会主义？不能这么说，没有这个定义。”“去上海的同学问我，是否给上海市委去过电话，说‘上海市委是革命的’？我确实这样讲过。因为今天我们没有充分的材料，证明上海市委是黑帮、是不革命的。”

9月下旬，周恩来接见来京的哈尔滨军事工程学院的三个红卫兵组织代表时，再次批驳了“黑帮”、“黑线”的说法，指出：这不是毛泽东思想，不是马列主义的科学语言。

这样，仅在9月份里，周恩来接见北京和各地的红卫兵就达20多（场）次，所谈内容涉及党的干部、民主党派、知名人士、民族资产阶级、知识分子、民族、宗教、华侨、外事等各个方面的政策性问题。为最大限度地利用宣传场地，北京的一些大小礼堂和体育场馆里，都留下周恩来那不知疲倦的身影。

对于各地频繁发生的各种涉及政策法律的事情，周恩来更是不推不拖，亲自解决处理。9月19日，他对中央给中共吉林省委《关于被批判、斗争对象工资处理问题的请示报告》的批复稿作了修改，并将报告中“凡属定性的，暂时只发给其本人及需要由他供养的家属生活费”一句，改作“即使已定性的，也暂不改变。如本人少领工资，或捐献一部分工资作党费，听其自愿，但不强求，也不许其由减少用费而致病”。将报告中“凡未定性的，工资可暂发给”一句，改为“凡未定性的，工资仍照旧”。

9月下旬，周恩来和陶铸联名致信毛泽东、林彪，反映一些地区连续发生的红卫兵违反政策的情况。关于上海问题，24日的信中告：“最严重和急迫的就是他们要在明（25）日举行带一二百资本家游街示众，市委劝阻无效。”为此，中央决定给上海市委和北京赴沪红卫兵发一紧急指示制止。26日的信中提出：“鉴于各地医院领导不少瘫痪，院中红卫兵对专家医生打击面过大，大家一致主张支持华东局的意见，并且认为医院红卫兵要做到自动取消为好。”

尽管青少年无知、狂热的行动使得周恩来负担加重，日夜操劳，他仍丝毫不减对后代的极端负责和真诚爱护的情感。9月9日，他直接与西北工业大学（西安）绝食学生代表通电话：

※ 面对严峻的形势，周恩来力挽狂澜，苦撑危局，夜以继日地操劳，尽力维系党和国家各项工作的运转。

我一直在等待你们！你们没有吃饭、没治病，我怎么能睡觉啊？你们提的问题都好商量，你们有权提出要求。有些是马上可以办的，有些要经过中央讨论，我不能马上回答。你们不吃饭，我们心里不安。在毛主席的新中国，怎么能绝食呢？我们不责怪你们，而是劝导你们。光凭这个热情，会得到你们所不希望的后果。你们要求把问题提到毛主席面

※『文化大革命』中的周恩来。

前，要他考虑。你们从一方面看，他要从全局看；你们是从一个时候看的，毛主席、党中央是从整个历史看的。很多问题不像你们想的那样简单。你们的要求，我接过来，但不能马上回答。这24位同学有意见，完全可以派代表来京面谈，我可以派飞机把你们送来，你们赶快治病，再不吃饭，我们心里就不安。

从第二天起的半个月内，周恩来一连4次接见西安绝食学生代表，耐心做他们的劝导工作。

周恩来不仅自己带头做青少年的教育工作，还要求各级党政主要领导干部丢掉“怕”字，放下包袱，到群众里面去，亲自宣传解释党的政策，劝阻违背政策和法律的极端行动，以体现党对运动的领导。同时，周恩来主持的中央政治局常委碰头会还商定，为抓紧研究有关社会政策问题，先由各有关方面负责人组织收集材料，进行研究，提出问题和初步处理意见，而后报毛泽东和党中央批准。

周恩来亲自向红卫兵宣讲解释党的政策，在全国引起了巨大反响。“一致认为解决了很多思想问题和政策问题”。北京和各地的红卫兵组织大量传抄、翻印的中央领导人的讲话中，周恩来的讲话占了很大比重。由于周恩来的地位、声望，尤其是他入情入理、循循善诱、平等待人的讲话风格和处处体现出来的广博的知识、宽阔的胸怀，使许多青少年深受教育，得到启示。

三

面对“红卫兵运动”造成的一系列后果，周恩来所考虑的一个重要问题，就是如何客观地、正确地认识党内矛盾的性质，进而把握和处理好对犯错误干部的政策问题。

还在8月间，周恩来在谈到工作组问题时，就多次提出，即便是犯了方针、路线的错误，也还要本着毛主席说的“惩前毖后，治病救人”的精神，指出其错误，帮助其改正，并说：在这个问题上，我自己和在中央工作的同志的心情一样，我代表他们，也代表我自己，向你们（指工作组所在单位群众）道歉。同时，我应该向你们说清楚，这个问题已经在中央全会（即八届十一中全会）上解决了。

基于这一认识，周恩来反对在工作组及其他问题上对领导干部揪住不放，无限上纲，以至采取群众“罢官”的做法。9月初，他主持的中央政治局常委碰头会商议了《关于党政军高级干部任免审批手续的暂行规定》（草案）的文件稿，实际上是设法对中央和地方的大批党政军高中级领导干部进行保护。在这以后，不论是和群众的谈话，还是主持制定有关文件，周恩来都一直坚持对各级领导干部不能由群众组织来定性、“罢官”。

9月下旬，针对红卫兵和其他一些人的提问，周恩来强调：

“不能说犯了路线错误就是反革命，路线错误还是人民内部矛盾。我就犯过路线错误，但愿意改正错误，跟毛主席学习。”“如果一个人在一个时候犯了一些修正主义观点和倾向的错误，只要他认识了，而又坚决改正，对这种人，党还是采取治病救人的方针的。这样的人，在各级领导机构中都有。”“现中央、国务院各部正副部长36人停职反省，将来也要一分为二，不是一棍子打死。即使是反党性质的，也还有走得很远的、有愿意革命的。犯了路线错误，主观上还认为自己是革命的，只要愿意改正错误，就不能算敌我问题。”

为了在全国开展对“资产阶级反动路线”的批判，10月9日至28日，毛泽东在北京主持召开中共中央工作会议，进一步解决党内高、中级干部对“文化大革命”的认识问

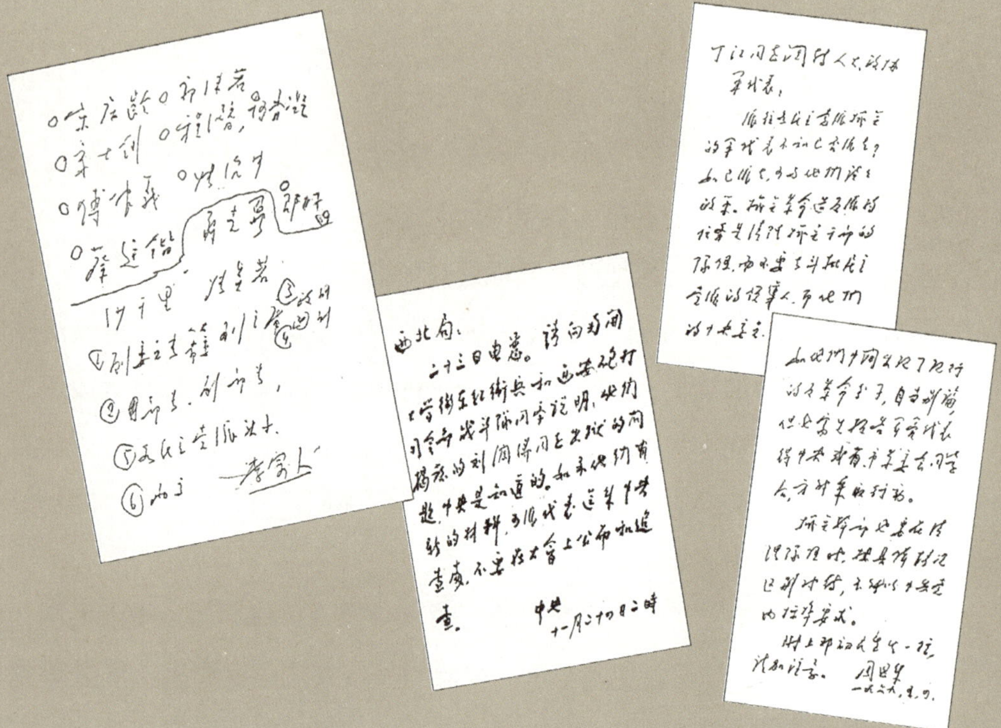

※周恩来亲拟的关于保护党内外领导干部和上层民主人士的三份文电。

题。会上，陈伯达、林彪作主题发言，点名批判刘少奇和邓小平，指责他们是“资产阶级反动路线”的提出者和代表人，并鼓吹群众运动“天然合理”。刘、邓二人被迫再次检讨。通过这次会议，把已在八届十一中全会上“解决”了的刘少奇、邓小平的问题，又在更大范围里重新提了出来，并且断言：“两条路线的斗争还在继续，而且还会经过多次的反复。”

批判“资产阶级反动路线”带来了一系列严重后果，首先是刘少奇问题正日趋明朗化、公开化。为此，周恩来十分关注社会上对刘少奇和王光美问题的反应。10月11日，他嘱告国务院副秘书长许明和公安部负责人，要他们分别派人察看北京几条主要街道上有关王光美的大字报，并将标题和简要内容抄回。12日，他又在清华红卫兵于当日发出的“彻底批判王光美的右倾机会主义路线”大会“请帖”上作批（给陈伯达、康生、江青、张春桥等）：“我准备派人去录音，带回给王光美同志，而不要她去参加会议。”

对刘少奇本人，周恩来这段时间内尤其注意和留心他在公开场合的露面问题。在周恩来亲自担任“总指挥”的毛泽东连续八次接见红卫兵的活动中，刘少奇、邓小平以党和国家主要领导人的身份，一次不落地参加了各次的接见活动。其中，国庆节那天，经过周恩来精心安排，刘少奇仍以国家元首身份出现在天安门城楼上，排名紧随毛泽东、林彪之后。

但是，随着中央工作会议批判“资产阶级反动路线”的不断升温，刘少奇的问题终于被“捅”了出来。

10月18日，一些外地红卫兵在天安门前观礼台贴出“打倒刘少奇”的大标语。当天下午，清华大学也出现“打倒修正主义分子刘少奇”的大字报。周恩来得知后，立即派国务院秘书长周荣鑫、中央办公厅第一副主任童小鹏前往天安门东侧的北京市劳动人民文化宫，向红卫兵做劝说工作，要求他们撤下标语口号。

第二天，周恩来亲自接见在天安门张贴标语的哈尔滨工业大学红卫兵代表，回答他们有关刘少奇问题的提问。关于八大党章中未提“毛泽东思想”一事，周恩来说：

“八大党章中没提毛泽东思想，这是毛主席的提议。针对当时的国际局势，主席说不一定每次开代表大会都提。”当问及毛主席在党内是否是“少数”和“炮打司令部”问题时，周恩来答道：

“毛主席的地位在遵义会议时就确立了。现在毛主席的威信是蒸蒸日上，谁也不敢公开出来反对。”“即使少奇同志有错误，我现在也没有权利回答你们。你们把少奇同志的大字报贴到天安门，你们要考虑考虑。少奇同志是政治局常委，是国家元首，你们把标语

※ 周恩来尽最大努力制止林彪、江青一伙挑动批斗党政军领导干部的行为。这是1966年12月他和受他保护的陶铸（右一）、陈毅（右三）、贺龙（右四）在批斗大会上。

贴到天安门，外国人就会怀疑我们是发动群众，制造舆论。少奇同志不是普通党员，也不是普通的领导，就是要撤换也不需要去发动群众。主席的思想一直是采取'惩前毖后，治病救人'的思想教育方针。""劝你们不要到天安门去贴少奇同志的大字报了，学校也最好避开这个问题。"

就在周恩来多次劝阻红卫兵不要面对面斗争王光美和扩大刘少奇问题的同时，中央文革小组一些人却反其道而行之，多次煽惑红卫兵揪斗王光美，并主张将"打倒刘少奇"的口号公开化。

12月18日，张春桥私下召见清华"井冈山兵团"红卫兵负责人蒯大富，鼓动他把"打倒刘少奇"的行动推向社会。几天之后，蒯大富组织清华大学5000多人上街游行，一时间，首都各主要街道到处可看到、听到“打倒刘少奇”的标语、口号。即使这样，中央文革的几个头面人物仍不满足。27日，江青对红卫兵的一次公开讲话中，公然引导揭批刘少奇和王光美，称刘曾作过“赫鲁晓夫式的”报告，并表态“支持”红卫兵揪王光美回清华。

鉴于在北京发生的越来越严重的局势，周恩来于12月底亲自召见清华“井冈山兵团”的11名代表，再次明确反对张贴“打倒刘少奇”的标语，指出：“这样提法矛盾的性质就变了。”学生们问：“难道刘少奇不属于敌我矛盾？”周恩来回答：“那是你们这样认为，但我不是这样看的。你们不能把看法强加于我。”周恩来还表示：“我曾经两次请示主席，主席还是不同意让王光美回清华（检查）。你们可以让她书面回答问题，这个事情我可以办，但不能涉及刘少奇的问题。”

然而，周恩来的努力毕竟是有限的。在林彪、江青一伙的大肆鼓动下，整个形势继续朝着与周恩来等老一辈革命家的主观意愿相反的方向发展。1967年1月初，中南海周围开始集结数以千计的红卫兵和造反派，他们发表演说，呼喊口号，散发传单，涂写标语，强烈要求“揪出”刘少奇、邓小平、陶铸和批斗国务院的几位主要领导人陈毅、李富春、李先念、谭震林、余秋里等。一时间，各种批判发言、声讨文章、“勒令书”、“请愿书”伴随着大量歌曲、口号，通过一只只高音喇叭对着中南海昼夜不停地播放，真有“黑云压城城欲摧”之势。

周恩来办公和居住的西花厅就在中南海的西北角，和人来车往的大街仅一墙之隔。墙外无休止的喧嚣声，已使他连续几天无法正常休息工作了。为此，有人劝他暂时离开中南海，找一处安静的地方办公、休息。周恩来回答：“中南海是我的工作岗位，是毛主席、党中央和国务院所在地。无论发生什么情况，我决不离开中南海。如果有人来冲，我将挺身而出，保卫中南海！”

1月5日清晨，周恩来来到国务院西门，劝说为“揪”陶铸在这里“蹲守”了一夜的学生们。他说：“天气这么冷，你们不走，我也没法睡觉。你们的大喇叭不要再喊了，连毛主席都没法睡觉了！”“关于陶铸的问题，我必须向主席请示，并且要经过党中央讨论。”

7日凌晨1时，周恩来中断正在进行的与南京学生的谈话，匆匆赶去接见“批判陶铸联络委员会”的代表，再次阐明对陶铸问题的态度。指出：陶铸同志不能马上见你们，因为他还是中央常委；你们举行批判陶铸同志的大会不合适，现中央常委对这个问题还没有讨论。有关陶铸同志的材料，你们应该实事求是地把它们整理好，上交中央。周恩来的讲话，表明他并不赞成几天前陈伯达等人突然宣布打倒陶铸的做法。在党内斗争问题上，他一贯主张应该光明磊落、实事求是，尤其不能背后搞鬼或当面搞侮辱人格的举动。

就在这天晚上，周恩来严肃批评了清华大学红卫兵骗揪王光美的“一六”行径（注：清华大学“井冈山兵团”红卫兵为达到把王光美带到该校批斗目的，编造出刘少奇女儿因车祸在医院手术的谎言，将刘少奇夫妇骗至医院，并带走王光美。周恩来闻讯后连夜打电话给该校红卫兵组织负责人蒯大富，下令立即放人，并亲派秘书到清华催促放回王光美。），说：这个动作确实不光明磊落。这是一场什么戏呀，是恶作剧嘛！这是不正常的，共产党不这样。我是不赞成这种作风的。这种坏作风不能提倡，这是背后搞鬼，不是堂堂正正的政治斗争。现在，必须肃清这个坏作风。又指出：斗争王光美，这不是她一个人的问题，不要再扩大这个问题。这也是毛主席、政治局的意见。

……

在1966年秋冬的整整4个月时间里，周恩来力挽狂澜，竭尽所能，最大限度地减轻无政府主义给党、国家和人民造成的破坏；同时，他的关心爱护与言传身教，也深深地启发、教育了广大青少年，促使他们当中的一些人思考、觉醒，并最终奋起向邪恶势力进行英勇战斗。

（安建设）

同林彪、江青反革命集团作斗争

周恩来在“文化大革命”中处于非常困难的地位，他为了维护国家和人民的利益，克服重重困难，同“左”倾错误和林彪、江青两个反革命集团进行了艰难曲折的斗争。

1966年5月至1976年10月的“文化大革命”，使党、国家和人民遭到建国以来最严重的挫折和损失。这场“文化大革命”是毛主席发动和领导的。他的出发点是反修、防修。对于一个执政的无产阶级政党来说，当然必须时刻警惕和防止走上对内压迫人民、对外追求霸权的修正主义道路。问题在于发动“文化大革命”的时候，毛主席对党内和国内的形势作了违反实际的估计，对什么是修正主义没有作出准确的解释，采取了错误的斗争方针和方法。林彪、江青等人，为了夺取党和国家的最高权力，组成两个反革命集团，利用毛

※ 1966年11月，周恩来在孙中山先生诞辰一百周年纪念大会上讲话。

主席的错误，把它推向极端，进行了长达10年的反革命大破坏，使我国人民遭到一场大灾难。周总理在“文化大革命”中处于非常困难的地位。他为了维护国家和人民的利益，克服重重困难，同“左”倾错误和林彪、江青两个反革命集团进行了艰难曲折的斗争，建立了不朽的功勋。

“文化大革命”前，我在国务院秘书厅工作，担任秘书室主任。“文化大革命”开始后，怀疑一切、打倒一切的狂潮，迅速冲击到国务院机关。国务院秘书长、副秘书长，有的“靠边站”，有的被“专政”，有的被迫害致死，国务院直属机关基本瘫痪。1967年8月，周总理、李富春、李先念同志决定，组建国务院值班室，我担任值班室主任，为

总理、副总理服务。1970年国务院直属口改组为国务院办公室，开始，军代表为主，我为副；以后，我负责全面工作，仍然为总理、副总理服务，协助领导处理国务院日常具体事务。对周总理在“文化大革命”中的活动，有所了解。我有义务将我接触到的、看到的和听到的周总理在“文化大革命”中同“左”倾错误和林彪、江青两个反革命集团的斗争情况，根据历史事实，作一记述，以此来缅怀敬爱的周总理。

※ 1967年8月，周恩来在北京工人体育场接见全国各地来京串联的群众，动员他们回到工作岗位上去。

“文化大革命”一开始，周总理就对这场“革命”很不理解

毛主席1966年发动“文化大革命”的时候，对当时党和国家的政治形势作出的错误估计，集中反映在1966年5月中央政治局扩大会议通过的《五一六通知》和8月党的八届十一中全会通过的《关于无产阶级文化大革命的决定》两个文件中。毛主席的主要论点是：一大批资产阶级的代表人物、反革命修正主义分子，已经混进党里、政府里、军队里和文化

领域的各界里。相当大的一个多数的单位的领导权，已经不在马克思主义者和人民群众手里。党内走资本主义道路的当权派，在中央形成了一个资产阶级的司令部，它有一条修正主义的政治路线和组织路线，在各省、市、自治区和中央各部门都有代理人。过去的各种斗争都不能解决问题，只有实行“文化大革命”，公开地、全面地、自下而上地发动广大群众揭发上述的黑暗面，才能把走资派篡夺的权力夺回来。这实质上是一个阶级推翻一个阶级的政治大革命，以后还要进行多次。历史已经证明，毛主席对形势的估计是不符合实际的，在这个基础上确定的路线、方针、政策是错误的。

在“文化大革命”酝酿准备阶段，毛主席找的是林彪、康生、陈伯达、江青、张春桥等人，没有找周总理商议，当时，周总理正在集中精力调查研究冀、鲁、豫、晋、陕、辽、京、蒙北方八省、市、自治区抗旱防涝，并把它作为农业上的主攻方向。长期抓下去，扭转“南粮北调”问题。同时处理邢台大地震所造成的严重自然灾害问题。因此，周总理对“文化大革命”缺乏思想准备，对毛主席发动这场“革命”的深层想法不大清楚。

※ 周恩来给毛泽东、林彪的信。

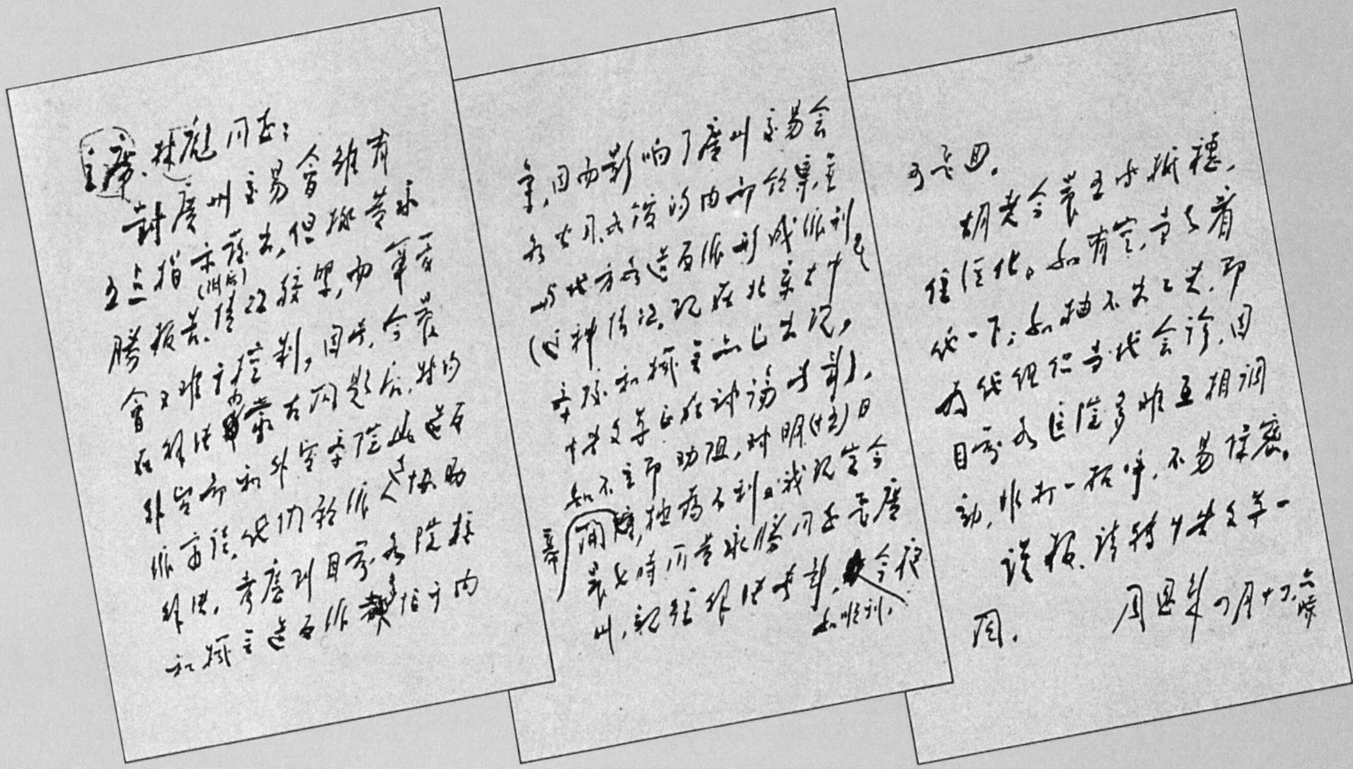

他本着对毛主席的一贯尊重和信任，与中央其他领导同志一起，赞同了根据毛主席的指导思想准备的“文化大革命”的两个文件。尽管如此，周总理在八届十一中全会讨论《中共中央关于无产阶级文化大革命的决定》（草稿）时，他与陶铸同志商量删去了原稿中“黑帮”、“黑线”的提法，并增加了不少限制性的政策规定，如：必须严格区别两类性质不同的矛盾，对干部要区别对待，好的和比较好的是大多数，要团结95%以上的干部和群众；要文斗不要武斗；对于有贡献的科学家和科学技术人员应该加以保护等等。这些修改得到毛主席同意。然而，由于周总理对“文化大革命”的想法与毛主席不一致，所以对一些问题的认识和处理上必然会出现分歧。例如，1966年5月25日，北京大学聂元梓等人贴出所谓“第一张”大字报，煽动群众揪斗老干部。周总理知道后，连夜派华北局、国务院外办、高教部的负责人到北京大学，批评聂元梓等人搞乱了中央的部署，违反了中央“内外有别”的规定，并重申了中央规定，要他们严格遵守。康生得知周总理的批评后，立即要来大字报底稿，密报给在外地的毛主席。6月1日，毛主席指示康生、陈伯达：“此文可由新华社全文广播，在全国各报刊发表”。

8月23日，周总理审定李富春与李先念、谭震林、薄一波、余秋里、姚依林等同志根据《中共中央关于无产阶级文化大革命的决定》（即“十六条”）精神拟定的国务院八个口（外交、文教、科学三个口除外）机关“文化大革命”的十条意见稿。这十条意见的主要精神是要加强对运动的领导，提出要保护国家机密；对一部分干部“烧”到一定程度后要注意保护；既要放手让群众敢于革命，又要让群众学会善于革命、善于掌握党的政策；等等。周总理在一旁批注：这十条意见同样适用于外事、文教、科学三口。并批告陈伯达：“这件很好，我注了几条意见，如蒙同意，请送主席、林彪同志核阅，并请主席批示，可否印发政治局、书记处、文革小组各同志。”毛主席不同意批发这十条意见。在8月29日的中央政治局常委扩大会议上，毛主席说：“一条也不要，何必十条，有‘十六条’嘛！”

8月31日，周总理审阅《中共中央、国务院关于文化大革命中一些具体问题的通知稿》。这是陶铸同志根据周总理的意见组织人起草的，准备下发到县团级。鉴于红卫兵到处冲击，全国出现混乱局面，《通知稿》要求各省、市、自治区、中央各部门对党和国家要害、机密部门和单位，必须坚决进行保护。《通知稿》列出的要害、机密部门和单位有：军队、军事机关、公安机关、外事部门，中央和各省市、自治区广播电台、电视台、新华社，电讯部门和各级党政机关的电台、机要部门、中央和各地档案部门，航空站，铁路枢纽、站段，港务局、码头、水电站、大电厂、变电站，尖端企业和尖端科研部门，科学研究机构和科学技术资料部门，中央和各地的银行、仓库，外贸机关，城市重要公用事业机关（自来水公司、公共汽车公司等）。周总理审阅时又增加了人民日报社、解放军报社、红旗杂志社，批：提议照发，请主席、林彪、康生、富春、江青核阅，退汪东兴办。9月1日，毛主席批：此件不发。

9月2日，周总理起草《有关红卫兵的几点意见》（未定稿），对红卫兵运动提出十条要求。主要内容是：红卫兵要大学解放军，“把红卫兵建设成为一支具有社会主义觉悟和严格组织性、纪律性的战斗队伍”。要“学习和掌握政策”，“分清敌我，团结大多数”。“党的统一战线政策，在社会主义革命的现阶段中，仍然是需要的、正确的”，“对于在国家和统一战线中具有合法地位的民主人士和对于有贡献的科学家和科学技术人员，只要没有发现现行反革命活动，应当加以保护”。“要文斗，不要武斗，不要动手打人”。红卫兵搜捕人，必须与北京市委、卫戍区和公安部商定。红卫兵串联“要保障党和国家的首脑部门、要害部门和宣传工具”，“使这些部门的工作不受影响，安全不遭危害”；“要保障交通运输机构照常运行，不受阻扰，要保障党和国家的对外关系和活动不受影响”，“革命串联不在这些机关内部进行”；“要保障厂矿的生产和基本建设不受影响，科研机关的科学实验和中间性生产不致中断”等等。3日凌晨，对《意见》进行了最后修改，嘱秘书通知陶铸、康生、李富春、谢富治、陈毅、杨成武、吴德、江青、张春桥、姚文元等人上午开会讨论。会上，陶铸、陈毅等同志赞成《意见》，康生等人则持否定态度，结果《意见》没有发出。

周总理清楚，康生等人的反对意见，在很大程度上反映了毛主席的主张，因此，《意见》未送毛主席。这表明，周总理与毛主席对国内政治形势的估计和“文化大革

※ 1966年11月，周恩来接见全国各地来京的半工（农）半读师生。

命”的做法上存在根本分歧。许多事实说明，周总理在实际上不认为中央有个“刘、邓司令部”，有一条“修正主义的政治路线和组织路线，在各省、市、自治区和中央各部门都有代理人 。”因此，当红卫兵到处冲击，搞乱全国的时候，他心急如焚，主张立即加以制止，维持党政机关的工作秩序，维持经济生活秩序，维持社会主义法律秩序。毛主席的想法与周总理的想法不同，他要在中央摧毁所谓“刘、邓司令部”，在全国夺取所谓“刘、邓代理人”篡夺的权力。他的方针是要用天下大乱达到天下大治。他不顾一切地发动群众，不允许搞规定加以限制。在这种情况下，周总理曾考虑自己是不是“思想落后”“跟不上形势”，并表示要跟上去。但是极左路线的严酷现实，使周总理越来越难以理解。林彪、江青两个集团利用毛主席的错误，把它推向极端，怀疑一切、打倒一切，很快把全国搞乱。周总理对此是绝不能容忍的，与他们进行了长期的斗争。周总理与毛主席在“文化大革命”的理论和做法上的分歧和矛盾逐渐加深。周总理深知，毛主席的“左”倾错误是难以纠正的。如果针锋相对地进行斗争，不仅无济于事，而且对党、国家和人民会造成不堪设想的后果。从大量事实可以看出，他权衡利弊，确定采取在总体上支持毛主席发动的“文化大革命”，在实际工作上纠正“文化大革命”许多极端的做法，努力减少“左”倾错误所造成的损失，等待时机纠正错误。历史已经证明，这是正确的选择。周总理做出这样的选择，不可避免地要说一些违心的话，办一些违心的事。这是表面现象，而不是本质。周总理在“文化大革命”期间，在一系列重大问题上同林彪、江青两个集团进行了各种形式的斗争。

建国后17年起主导作用的是革命路线，还是修正主义路线?

毛主席发动“文化大革命”的时候，对党和国家政治形势的估计，如前所述，是不符合实际的、错误的。但是毛主席并不想否定一切。林彪、江青两个集团，抱着篡党夺权的目的，利用毛主席的错误，推波助澜，否定一切，胡说建国后17年我国各方面的工作实行的都是修正主义路线。他们把各地区、各部门的领导干部，都视为走资本主义道路的当权派、反革命修正主义分子。在他们的煽动下，大批学生冲向社会，冲向党政机关，冲向文化领域，冲向教育科研单位，许多党政领导干部、专家学者、爱国民主人士被扣上走资派、反革命修正主义分子、反动学术权威、反动资本家等等帽子，受到抄家、揪斗、游街、殴打等人身迫害和侮辱。周总理对于这种践踏法制、违反政策的行为，坚决反对、极力阻止。他在北京多次接见红卫兵代表，批评他们的错误行为，宣传解释党的政策，对他们进行教育。他说：“不是所有的文教机关、党政机关的领导者都是走资本主义道路的当权派。如果那样看，把党中央放到哪里，毛主席的英明领导不是落空了吗？”“一些领导机关、领导同志犯了错误，但不是一切党政领导机关都犯了方向路线错误，都是黑帮、黑线。黑帮、黑线这些词早就不用了，你们翻开‘十六条’看看”。“说一切都是坏的是不对的，就是说多数是坏的，也是不切实际的，多数还是好的。”针对林彪、江青一伙片面强调“让群众自己解放自己、自己教育自己”，“群众运动是天然合理的”等谬论，周总理说：“依靠群众，放手发动群众，走群众路线，都要有领导”，“没有领导，谁去依靠，谁去放手，谁去走啊？”周总理在多次讲话中强调：民主需要集中，自由需要纪律。反对极端民主，反对无政府主义。

1966年9月初，鉴于许多爱国人士受到冲击，统战政策遭到破坏，周总理指示中央统战部负责人：统战部对统战政策不要动摇，不要撒手不管，统战政策必须坚持下去。

1966年10月15日，周总理和江青等接见“首都大专院校红卫兵革命造反总司令部”有关人员，针对有人提出“上海以总理说上海市委是正确的讲话为盾牌，压制革命”，回答说：我给上海市委打电话，说过他们不是黑帮，是革命的。革命反革命是敌我矛盾，正确不正确是人民内部矛盾，这是两个问题，两种不同性质的矛盾，一定要区分开来，不能混淆不清，我已讲过多次了。

1966年11月间，谷牧同志根据周总理多次讲话精神起草的《工业交通企业进行文化大革命的若干规定》（又称《十五条》）提出：“17年来，工交战线基本上是执行毛主席革命路线的。”周总理阅后同意。

1967年2月1日，周总理接见国务院工交口“造反派”时说：不能认为各部委、各省市的负责人都是走资本主义道路的当权派或代理人，各省市统统都是“黑线”。如果那样看，十几年来毛主席的“红线”又体现在哪里呢?

1967年7月初，乔冠华同志就康生在6月的一次会议上给外交部扣上“三降一灭”的帽子（即投降帝国主义、修正主义、各国反动派，扑灭人民革命运动），请示周总理：康生的提法到底指什么?周总理想了一阵后说：“三降一灭”不通。1971年5月底，周总理在外事工作会议上发表讲话，在谈到建国后外交工作的评价时说：“我不同意那种极左思潮的说法，更不能同意‘五一六’反革命集团的说法，好像我国外交也是修正主义的路线。因为毛主席一直关心这条战线，亲自抓、亲自领导这条战线。”

1967年8月7日，谢富治在公安部全体工作人员大会上讲话，号召“砸烂公、检、法”。他说：“整个17年来的公安工作是按照修正主义办的”，“毛主席思想在我们公安、政法系统没有占到统治地位”，“不把原来的政治、思想、理论、组织方面的坏东西彻底砸烂，就永远跟不上毛主席思想”，“不把旧机器彻底打碎，要转变过来是困难的”，“我今天的讲话可能有错误，但总的精神，是有毛主席的指示作根据的。砸烂公、检、法，毛主席当着我的面讲过没有十次，也有八次”。由此可见，首先提出砸烂公、检、法的是毛主席。但是，这绝不意味着减轻谢富治的罪责。中央纪律检查委员会在开除谢富治党籍的决定中说：谢富治政治品质恶劣，在“文化大革命”期间，直接参与林彪、江青等人篡党夺权的反革命阴谋活动，犯下严重罪行。此后，全国各地造反派冲击公、检、法机关，残害公、检、法人员日盛。8月24日，周总理在接见广西两派时指出：对公、检、法要一分为二，不能说没有好的。1971年2月8日，周总理接见出席第十五次全国公安会议全体代表，就建国以来公安工作的基本估计等发表讲话。他说：对这一时期的工

※ 1968年2月，周恩来在国务院工交、财贸、农林和直属单位大会上讲话，强调『必须真正地解放大批干部』，依靠他们把工农业生产『推动起来』。

作，要看主流，要看红线。“这17年毛主席的无产阶级革命路线、这条红线领导全国，不然怎么有今天？不能说‘文化大革命’以前是黑线统治着，这种说法简直是不可想象的，等于否认毛主席的领导，否定毛主席的革命路线”。“尽管各省领导、各部领导大部分改变了，是不是说所有省、部都是资本主义复辟了呢？不能这样讲”。在谈到公安队伍情况时指出：就整个队伍看，还是好的。“不要以为公安干部都不好，那就危险了，那样就要扩大化”。

1970年1月27日，周总理在接见上海市和六机部代表就造船工业等问题讲话时说：“20年来，在造船工业方面还是毛主席思想在领导；把造船工业说得一团漆黑，我对此有保留，搞一概否定不行。”

1970年8月16日，周总理在同国家体委军管会负责人和一些乒乓球队员谈话时指出：“建国后17年的体育路线不都是修正主义的，还有毛主席的革命路线。由于坏人钻空子，搞了极左思潮，弄得一个时期思想比较混乱。”1971年7月，周总理修改国家体委一份工作报告，提出：建国后体育战线“毛主席的革命路线在广大群众和多数干部中还是占了主导地位的”。

1971年7月6日，约见国务院全国教育会议领导小组成员，针对会议对解放后17年教育工作估计的争论，提出：“毛主席的红线也是照耀了教育战线的”，“知识分子的大多数是接受共产党领导的，是为社会主义服务的”，“对教师队伍和解放后培养的学生要作具体分析，要辩证地看问题”。周总理的这个正确的估价，遭到张春桥、姚文元的反对，没有得到毛主席的支持。

根据实际情况决定方针政策，是任何一个严肃的政党必须遵循的原则。毛主席对党和国家政治形势估计错误，是导致十年内乱的一个根本原因。周总理坚持实事求是的思想路线，认为建国后17年全国各项工作实行的是毛主席的革命路线，不是修正主义路线。这在很大程度上，是对发动“文化大革命”论点的否定。

党政领导干部是党和国家的宝贵财富，还是“文化大革命”的对象？

尽管毛主席在《五一六通知》中，对于从中央到基层各级领导干部的政治状况作了不符合实际的估计，并导致严重后果，但是，毛主席并没有想打倒一切，对于有错误可以改正的干部，他还是要用的。林彪、江青一伙则不同，他们为了扫清篡党夺权的障碍，丧心病狂地迫害党政军干部，煽动造反派强加给他们“走资派”、“反革命修正主义分子”、“三反分子”（即反党、反社会主义、反毛泽东思想）、“叛徒”、“特务”等罪名，进行残酷斗争、无情打击，各级领导干部被罢官、夺权，大批干部“靠边站”，有的被“专政”，有的被投进监狱，有的被迫害致死，造成乌云遮天的黑暗局面。大批党外民主人士、高级知识分子，也遭到同样的命运。对于林彪、江青一伙这种倒行逆施，周总理表示坚决反对。他在多次接见北京和各地红卫兵以及各地区、各部门造反派代表时反复讲：建国后17年毛主席的革命路线是主要的；干部的大多数是好的和比较好的；老干部是党和国家的宝贵财富，不是“文化大革命”的对象；犯路线错误属于人民内部矛盾，不要按敌我矛盾对待；对犯错误的干部，要采取惩前毖后、治病救人的方针，不能一棍子打死，等等。不仅如此，周总理在力所能及的条件下，保护和解放了大批干部。

1966年8月30日，章士钊先生写信给毛主席，反映8月29日夜被红卫兵抄家的情况。毛主席阅后批示：“送总理酌处，应当予以保护。”周总理接到指示后，马上找来肇事的造反派，进行了严肃批评，责令他们立即送回被抄走的全部书籍，并派部队保护章宅。有了毛主席的批示，周总理就有了保护干部的依据。于是他开列了一份应予保护的名单，要求对宋庆龄、郭沫若、章士钊、程潜、何香凝、傅作义、张治中、邵力子、蒋光鼐、蔡廷锴、沙千里、张奚若、李宗仁等知名人士和国家副主席、全国人大副委员长、常委，政协副主席，国务院副总理、部长、副部长，各民主党派负责人，最高人民法院院长和最高人民检察院检察长等均给予保护。名单开出后，嘱公安部有关负责人把这份名单转交给统战部，要统战部照名单划定范围，把党外人士的名单开列出来。9月1日，又命301医院准备接收章士钊、程潜、傅作义、蔡廷锴、李宗仁等知名人士入院，告以这些人年老多病、政府应负责保护。

周总理为了保护遭受迫害的党和国家领导人，想了许多办法，做了许多工作。例如，1967年7月，江青、康生等人趁毛主席不在北京，策动100多个群众组织，数千人，在中南海两个西门外安营扎寨，几十个高音喇叭对着中南海日夜狂吼，企图冲进中南海揪刘少奇、邓小平、陶铸等同志。周总理为了保护刘、邓、陶等同志，为了防止全国形势进一步恶化，为了维护国家的形象，造反派围困中南海五十多天，他巍然不动。后来，毛主席对此进行批评，造反派才散去。事后，周总理在国务院业务组的一次会议上说：戚本禹曾给我打电话，建议我搬到钓鱼台去住，我拒绝了。如果我离开中南海，造反派就会冲进来抓人，那全国还有什么地方不可以冲击？如果刘、邓、陶被揪走，那全国还有什么人不可以揪？如果国家首脑机关被造反派占领，那我国政府在国际上的形象将会变成什么样子？毛主席不在北京，我如果撒手不管，那就是对党、对国家不负责任，就是犯罪！

在贺龙同志受迫害时，周总理将贺龙同志和夫人接到自己的住地——西花厅暂住，以后又送到西山保护起来。后来，林彪派人将贺龙同志抓走，总理未能继续保护下去。

1966年底，周总理获悉彭德怀同志被北京的红卫兵从成都市抓走，即将押送北京。他立即要秘书给成都军区司令员、政委打电话：（一）由成都军区派出部队与红卫兵一道护送彭德怀同志到北京，沿途不许任何人截留，不得对他有任何侮辱性言行，绝对保证他的安全；（二）不坐飞机，由成都军区联系火车来京；（三）由北京卫戍区派部队在车站等候，指定卫戍区司令员傅崇碧亲自去接，由卫戍区安排食宿，不许任何一派红卫兵插手。在火车抵达北京，傅崇碧同志去接时，北京各路造反派已云集车站，准备抢人。周总理亲

※ 1970年8月，周恩来在中共九届二中全会上的严峻神情。

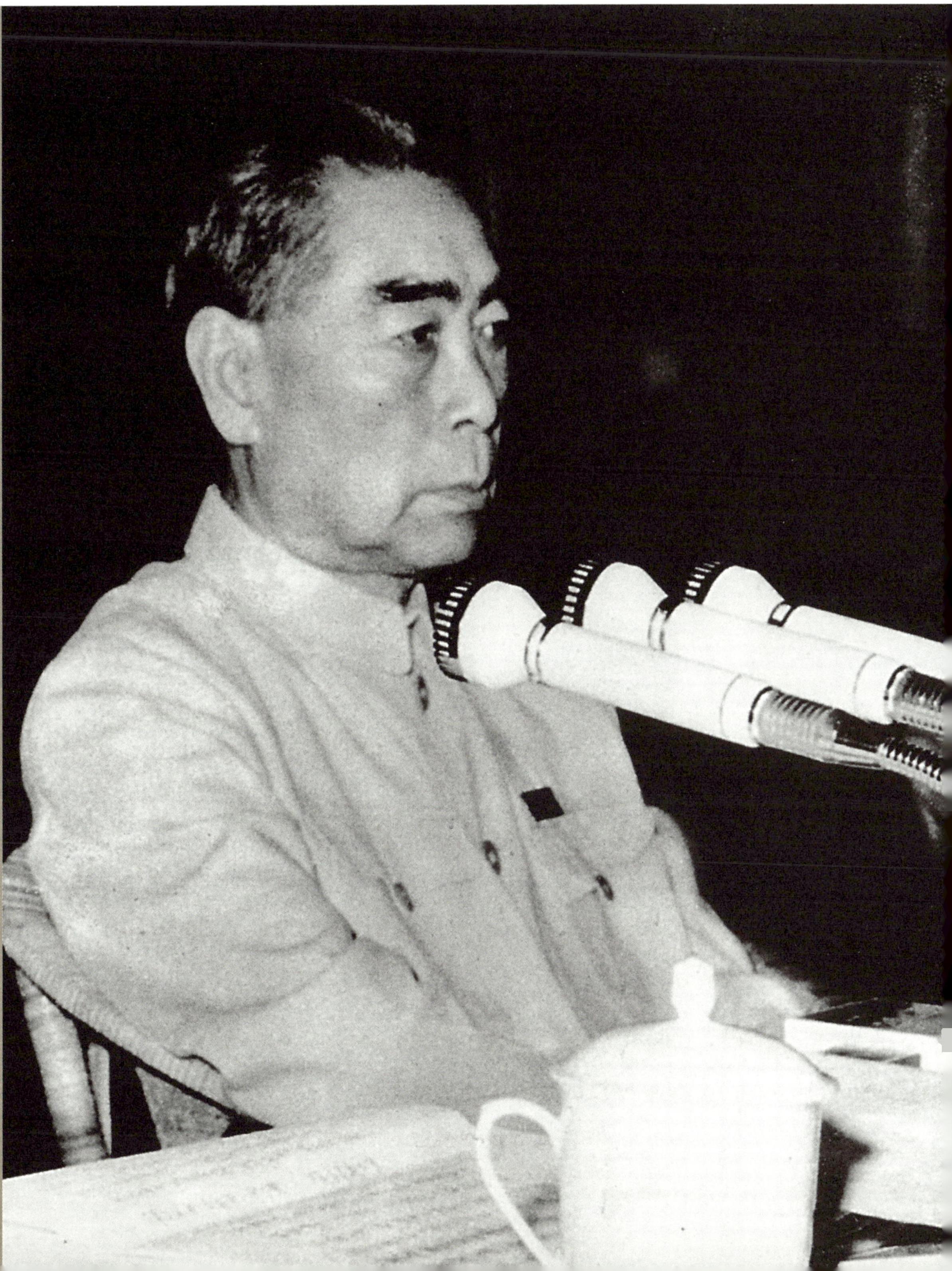

※ 周恩来和宋庆龄在一起。

自到车站做造反派的工作，最后同意他们派人与卫戍区共同管理，并约法三章：对彭德怀不许游斗，不准武斗，不准搞逼供信。这样，彭总暂时被“监护”起来，从1966年底到1967年7月由专案组管理之前，他没有受到后来那种非人的折磨与摧残。1972年1月，有关部门根据周总理的指示，将彭德怀同志及其他被监护者，都转移到北京木樨地附近的一个单位，彭总等人的居住、饮食等都有所改善，并配备了医护人员。

彭真同志被撤职后，周总理通知卫戍区照样派警卫部队在他的住地保护。当江青指使红卫兵将彭真同志抓走，不知去向时，周总理立即下令寻找，查到下落后，派部队把彭真同志要回，保护起来。同日，被绑架的还有刘仁、万里、林默涵、夏衍、田汉、许力群等同志。周总理指示北京卫戍区和公安部立即把他们找回来，指出：“不能开这个先例，不能随便抓人。”

对于安全受到威胁的宋庆龄、郭沫若等著名人士，在他们的住地，派卫戍区部队加以保护。有的送解放军总医院加以保护。对不愿离家的，派解放军战士或公安人员身着便装，臂戴红袖章，到被保护人家中，劝阻前来抄家的红卫兵。对傅作义、邵力子、蔡廷锴、蒋光鼐、沙千里等同志都采取了这种保护措施，使他们较为安全地渡过红卫兵运动的高潮。

在西藏的阿沛·阿旺晋美同志和新疆的赛福鼎同志的安全受到威胁时，周总理决定派专机把他们接来北京，加以保护。

“文化大革命”初期，林彪、江青、康生等人制造了所谓“六十一人叛徒集团案件”，诬陷薄一波等同志，周总理得知红卫兵因这件事揪斗中共中央西北局第一书记刘澜涛和吉林省委代理第一书记赵林时，于1966年11月24日，就刘澜涛同志的出狱问题，为中共中央起草给西北局的电报指出：“刘澜涛同志的出狱问题，中央是知道的。如果他们有新材料，可派代表送中央查处，不要在大会上公布和追查。”在将电报稿送毛主席审批时，又附信说明：此事“七大”、“八大”均已审查过，“故中央必须承认知道此事”。毛主席当天指示：“照办。”11月30日，中共中央分别给西北局和吉林省委发去电报。

薄一波同志在这个重大冤案中横遭迫害，周总理积极设法保护。先是借薄一波同志身体不好，要他去广州休养6个月，实际上是让他避开红卫兵的揪斗。康生知道薄一波同志去广州后，策动国家经委造反派到广州去抓。周总理立即指示：“应由广州军区派部队按接送彭德怀的三条，送薄回北京。”薄一波同志被投入北京的一个监狱，备受折磨。在周总理多次关照下，薄一波同志被安排住进医院治疗。

1967年上半年，在国务院一些部长遭到轮番揪斗、人身安全受到威胁时，周总理、李富春、李先念同志先后把他们接到中南海休息，少则几天，一般两三个星期，个别的住一两年。据不完全统计，到中南海“避难”的有：王震、陈正人、廖承志、方毅、姚依林、康世恩、刘宁一、周荣鑫、段君毅、吕东、王诤、刘澜涛、钱之光、邱创成、江一真、王磊、孙正、钱信忠、钱正英、周子健、萧望东、林乎加、萧鹏、刘建章、王子纲、徐今强、李人俊、江学斌、饶兴、刘秉彦。余秋里、谷牧协助周总理抓经济工作，常住中南海，不能回家，有时白天挨批斗，晚上回中南海工作。

原煤炭工业部部长张霖之，1967年1月被非法关押在北京矿业学院死亡，周总理多次指示有关部门查明死因，迟迟没有结果。1970年责成煤炭部军代表继续追查。7月31日，周总理召集国务院业务组会议，审查煤炭部军代表给国务院的两次报告，以及驻矿业学院工、军宣队的报告。会议结论主要内容是：张霖之同志的历史是清楚的。1967年1月，张被非法关押在北京矿业学院时，由于戚本禹的威胁和煽动，在武斗和逼供的混乱中死去。兹决定张霖之同志的死亡，应按人民内部矛盾处理，张霖之同志的家属和他的子女不受任何牵连，应按革命干部家属看待。

在一些大区、省市自治区领导人被夺权，遭到残酷斗争，无情打击，处境十分困难时，周总理在报请毛主席同意后，分别把他们接到北京，有的安置在京西宾馆，有的安置在中直招待所等地方，保护起来，并派专人负责他们的安全和生活。据不完全统计，受到这种保护的有：李井泉、宋任穷、张体学、张平化、叶飞、江华、谭启龙、江渭清、杨尚奎、刘俊秀、欧阳钦、黄火青、黄欧东、曾希圣、廖志高、霍士廉、王鹤寿、杨超、高克林等同志。江青、康生曾数次追问这些人的下落。

后来，周总理将其中的部分同志分散安排到毛主席亲自抓的"点"，也就是北京的"六厂二校"中的六厂去"接受工人阶级再教育"，实际上是保护起来。这六个厂是毛主席抓的点，造反派不敢到那里去闹事、抓人，实际上是"安全岛"。

1967年1月，周总理与叶剑英同志商定，以治病为名，将昆明军区司令员秦基伟接来北京保护。

1967年武汉"七二〇"事件后，周总理把武汉军区司令员陈再道、政委钟汉华等接来北京，安置在京西宾馆，加以保护。

1968年3月，南京军区司令员许世友同志遭到造反派的围攻，安全受到威胁时，毛主席、周总理决定把许世友同志接来北京，安置在中南海休息了一两个月。

1970年，原北京军区司令员杨勇在驻石家庄地区某部"软禁"时将腿摔断，周总理得知后，立即派飞机接回北京，送301医院治疗。

1970年4月初，周总理在《张学思病情恶化的报告》上指示："要告诉医院，设法进行抢救。如果他们力量不够，可以请三〇一或其他医院一块儿进行抢救。"据此，张所在医院提出救治方案，但遭到林彪一伙阻挠。5月下旬，张学思同志病危，临终前表示："非常感谢毛主席和周总理"，同时对林彪等人强加于他的罪名一一批驳，说："问题迟早总会弄清楚。"5月29日，张学思同志在医院病逝。

周总理不仅保护了大批党政领导干部和党外民主人士，还保护劳动模范，如大庆油田的铁人——王进喜同志，北京市的掏粪工人时传祥同志等。

1968年12月26日，毛主席指示："在犯过走资派错误的人们中，死不改悔的是少数，可以接受教育、改正错误的是多数，不要一提起走资派，就认为是坏人。"毛主席的这个指

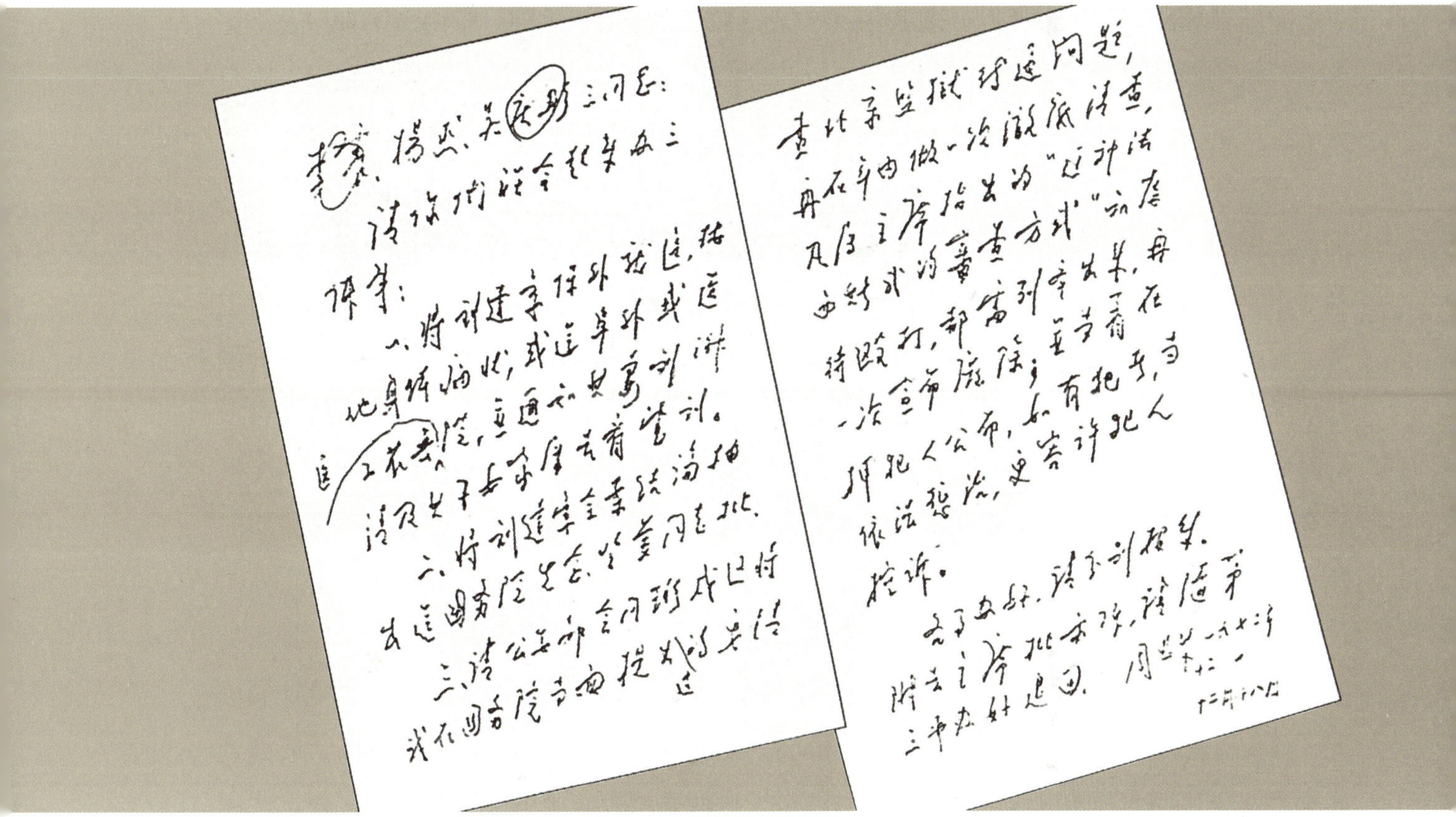

※ 1972年12月18日，周恩来根据毛泽东指示，致信公安部等部门负责人，责令废除法西斯式的审查方式。

示成为周总理在干部问题上同林彪、江青一伙斗争的有力武器，成为解放干部的重要依据。

1970年2月，周总理对进驻各民主党派机关军代表指示：对民主人士不能那样随便揪斗。如果民主人士有政治历史问题，可以背靠背地进行审查历史问题，既往不咎。如有现行反革命，另当别论。之后，又几次向有关部门提出：要把下放劳动的民主党派中央委员以上人员，从五七干校抽调回来。

1972年4月，原第六机械工业部部长陈正人和原内务部部长曾山相继因心脏病去世。周总理在不到10天的时间，连续参加两位老部长的追悼会，既悲痛又震惊！周总理与国务院其他领导同志商定，通知在“五七”干校和疏散在各地的国务院各部委副部级以上干部回京，普遍检查一次身体，并改善他们的保健和医疗条件。同时，周总理还指示中央统战部和全国政协，对上层爱国人士的医疗、生活状况进行调查，对存在的困难及时加以解决。国务院办公室和政工小组向国务院各部门传达了周总理的指示，请卫生部安排医院承担这一任务。卫生部安排10个医院检查身体。1973年3月，原教育部部长何伟又因心脏病突然病逝，周总理严肃批评了未落实好医疗保健工作，提出卫生部对党内老干部以及全国人大、全国政协常委中的爱国民主人士进行一次全面身体检查，具体工作由北京医院负责。“文革”中一度废止的高级干部和爱国民主人士的医疗制度得以恢复。

1972年3月，周总理看了原中央统战部部长徐冰逝世的报告，提出：全面检查一下被拘留、关押、监护、隔离人员的身体情况，有病的治病，病重的住院，身体不好的加点营养，不要等病危再去医院治疗。周总理关心这些人的健康和治疗问题，不仅是出于人道主义，更主要的是他对强加于这些人的罪名是有怀疑的，或者是不相信的。可是，周总理没有掌握有力材料，又没有经过中央会议讨论，他个人是无权否定的。在江青一伙还在台上的时候，立即释放是不可能的。在这种情况下，周总理只能设法减少他们的痛苦，减少疾病和死亡。历史已经证明，“文革”期间失去自由的老干部，除林彪、江青反革命集团的死党外，都是好同志，是冤假错案。

1972年12月18日，毛主席将原铁道部副部长刘建章妻子刘淑清反映监狱虐待在押人员的来信送给周总理，毛主席指示：“应一律废除这种法西斯式的审查方式。”当日，周总理在批交有关同志办理时提出：“请公安部会同卫戍区，将我在国务院提出过的，要清查北京监狱对在押人员的待遇问题，在年内再作一次彻底清查。凡属法西斯式的审查方式和虐待、殴打在押人员都要列举出来，再一次宣布废除。如有违犯者，当依法惩治，并容许犯人控诉。”

1973年1月8日，周总理审阅公安部《关于贯彻执行毛主席对监管工作重要指示的报告》时指示：同意将秦城监狱收归公安部直辖，要求在一个月内整顿好，并定出新的规章，严格遵守。允许各省来开监管工作会议的人参观、批评和学习。同时建议卫生部再拨出两个医院的部分病床，接收在押人员住院治疗。秦城监狱经过整顿，在押人员的居住、饮食、医疗卫生条件均有所改善。

1973年年初，周总理约负责组织工作的纪登奎同志谈话提出：现在还有很多省部级干部没有解放，而各方面的工作又很需要这些有经验的老同志出来工作，要抓紧时间解放一批老干部，并重新安排他们的工作。到1973年7月，中组部、国务院业务组、总政治部分别提出各省、市、自治区党政正副职、中直各部门正副职、国务院各部委正副职和军队正军职以上待解放的名单，共约300多人。在周总理的主持下，中央政治局连续开会讨论这个名单。在讨论中，江青、张春桥等人屡屡作梗，百般阻挠。参加会议的叶剑英同志作《过桥》诗（一匹复一匹，过桥真费力，多谢牵骡人，驱骡赴前敌）表示愤慨。由于周总理、叶剑英、李先念等同志据理力争，最终还是解放了一大批高级领导干部。当时国务院业务组提到会议上151人、经中央政治局讨论通过可以解放97人。所谓解放，即恢复党的组织生活，阅读党内文件，按原级别发工资，分配适当工作或安置休养。

1973年5月20—23日，在中央召开的工作会议上，周总理宣布，毛主席批准，谭震林、乌兰夫等13人予以解放，分配工作。

1972年10月，周总理约公安部负责人谈使用老公安干部问题。当了解到西北某地对原来的老公安干部基本不用时批评说：“为什么不用？原来的老公安干部至少要恢复一半以上。”

周总理为了加快解放干部的进度，指示党政军、统战、文教、科学等系统，利用国庆节、五一节等重大节日，让应当解放而尚未解放的高级干部、各民主党派负责人，文化、教育、科学各条战线的知名人士参加招待会等活动，会后将名单登报。遵照周总理的指示，党、政、军有关部门每年国庆、五一都提出一个大名单，送周总理审阅。他不仅同意，常常还增加一些人。这样就起到了解放干部、恢复名誉的作用。

不仅如此，周总理还利用其他机会解放干部。例如1975年2月4日，辽宁海城地震后，立即组成以副总理华国锋为团长的中央慰问团，前赴灾区慰问。那时周总理正在住院。慰问团出发后，将名单报送周总理。他阅后指示：吕正操同志是海城人，中央慰问团应增加吕正操同志，并任副团长，让他与灾区群众见见面，并发表讲话，然后作新闻报道，以恢复名誉。之后，立即派专机送吕正操同志去辽宁灾区，参加中央慰问团的活动。

由于周总理的努力，保护和解放了一大批老干部，为后来粉碎“四人帮”，纠正“文化大革命”的错误，保存了骨干力量。但是，由于受历史条件的限制，仍然有大量冤假错案没有平反，还有大量老干部没有解放。

周总理在保护老干部中，最大的贡献是用各种办法保护邓小平同志，在时机到来时，及时向毛主席提出建议，促成了邓小平同志的复出，为中国共产党建立第二代领导核心，为彻底纠正“文革”的错误，为我国实行改革开放政策，创造了先决条件。

1969年初，因“战备疏散”，邓小平同志一家被安排去江西省，周总理接连给江西省负责人打电话，对邓小平同志一家的安排做出具体指示。他否定了在赣州安置的方案，提出在南昌市郊选一个地方。最后将邓小平同志一家安置在驻南昌市郊新建县望城岗的某步兵学校校长的一套住宅，其条件基本符合周总理的要求。邓小平同志的“劳动”点拖拉机修配厂，离其住处不远。

1972年1月，在陈毅同志追悼会上，毛主席说，邓小平同志属于人民内部矛盾。周总理立即暗示陈毅同志的子女，设法把毛主席的看法传给邓小平同志。

1972年春，王震同志给毛主席写信建议让邓小平同志出来工作。王震同志要我找一位字写得工整的人抄清，并说："此事请示过周总理，总理说可以给毛主席写信。"

1972年8月3日，邓小平同志写信给毛主席，在批判林彪的同时，希望做点工作。8月14日，毛主席阅后批给周总理，列举了邓小平同志在历史上的四条功绩（即：在中央苏区是所谓"毛派"的头子，没有历史问题，有战功，建国后没有屈服于苏联的压力）。周总理立即把毛主席的批示和邓小平同志的信印送中央政治局委员传阅。15日，又主持中央政治局会议传达了毛主席的批示。同时以中央名义通知江西省委，宣布立即解除对邓小平同志的监督劳动，恢复党的组织生活，做一些调查研究工作，当年12月，周总理与纪登奎、汪东兴同志共同研究邓小平同志重新出来工作问题。之后，纪登奎、汪东兴同志写了一封建议信，提出邓小平同志仍任副总理，周总理看了以后，又取得毛主席的同意，终于在1973年3月10日以中共中央名义发出《关于恢复邓小平同志的党组织生活和国务院副总理职务的决定》。以后毛主席对邓小平同志更加信任，让他担任党政军更加重要的职务，毛主席对邓小平同志重新委以重任，与周总理不失时机地向毛主席进言有着密切关系。

"文化大革命"已经结束20余年，现在谈论它的是非功过，不仅是为了让人们知道周总理在"文化大革命"中为党、国家和人民做出的历史贡献，更重要的是为了继承周总理和已故的其他老一代无产阶级革命家的遗志，吸取"文化大革命"的经验教训，防止再发生类似严重错误。

（吴庆彤）

保护贺龙元帅

为了保护贺龙，周恩来先后把贺龙安排在钓鱼台、新六所、西花厅居住。"一月风暴"的飓风，刮进了中南海。周恩来对贺龙说："对于你的安全我负责。主席不是也说嘛，要保你。我也要保你。"

1966年夏天，"文化大革命"刚开始不久，林彪一伙就诬陷贺龙是"黑线人物"，"要篡党夺权"。之后，康生、江青分别到北京师范大学和清华大学诬陷贺龙调兵搞"二月兵变"，煽动学生造贺龙的反。从此，我家就没有安宁过。家被抄，孩子们也躲到亲友、同事家里去了。

※贺龙。

1966年12月24日，体委造反派斗荣高棠那天，贺龙去接周总理一块儿去体委。见面后，总理亲切地握着贺龙的手说：“你血压高，我还是建议你休息。”我们深知总理是为了保护贺龙才提了这个建议的，但由于贺龙对突如其来的“文化大革命”起因不清楚，对全国乱成这个样子不理解，又感到不放心，觉得不应该休息。他说：我干了一辈子革命了，怎么怕群众呢？把我保起来不行，还是想工作。总理从贺龙犹豫的眼神中看出他心有疑虑，便诚恳地说：“工作我替你顶着，不要紧。你休息吧，保重身体第一。”体委的造反派对贺龙也是纠缠不休的，听了总理的指示不敢违抗，也就同意贺龙休息。

1966年12月25日晚，总理派人把贺龙和我安排在钓鱼台住。我们刚住了一个晚上，第二天清早，就接到总理办公室来的电话，叫我们马上离开那里。原来康生、江青也住在那里。按总理安排，我们转到新六所住。但是体委、政治学院的造反派很快知道了我们的住处，又跟踪而来，整天闹得不可开交。东交民巷的家也被造反派进驻了。贺龙很气愤，说：“群众还不知道我呀，我也了解群众。我不怕，我要回去一趟。”我对警卫员杨青成说：“是总理安排我们住在这里的，要回去，还是告诉一下总理好。”

1967年1月9日，贺龙到西花厅见到周总理，讲明情况后，总理说：“你不要去，我顶着。”说着他马上把电话接到东交民巷我家里，严厉地对造反派说：“找你们的头头，我是周恩来。我是总理。你们到贺龙家里去，呆在那里，这不好吧？这个像样子吗！你们

※抗战时期的贺龙。

赶快搬出来！有什么事跟我说，今晚7点钟，我在大会堂接见你们！”总理讲话后，他们马上就撤走了。当时的天下要没有总理支撑真不知道会成什么样子呢！总理又对贺龙说：“不去，不管他，你不要接他们的电话。”

当时正是“一月风暴”，社会上很乱，总理对贺龙的安全放心不下，1月11日凌晨，又安排我们两人住在他家西花厅的前厅。床是我们到后临时搭的。在西花厅住时，我和贺龙亲眼见到了总理日夜操劳的情景，他天天夜间出去工作。我和贺龙都睡不着，每天黎明前都趴在窗台前，盼着总理早点回来。当时正值隆冬，分外寒冷，每天天快亮时，才看见总理的汽车缓缓地从外边开回来。总理太疲乏了！太劳累了！看到这些，我和贺龙心里难受极了。林彪、“四人帮”一伙对老帅们采取冷攻，对总理是搞热攻，车轮战，使他不得休息。

贺龙住在西花厅，心情很不安，总觉得总理天天为国家操劳，他却躲在西花厅休息，很不是滋味。总理工作这么紧张、劳累，有时还抽时间到我们的住处看一看，每次来后，都对贺龙说：“你就安心住着吧。”有一次，总理坐着坐着，就说：“我就在这儿吃饭吧。”我便告诉服务员，把饭给总理端过来。总理的饭也很简单，两个菜。总理边吃边说：“我实在没时间。”接着又说：“薛明，你给我念念报纸吧，我连看报纸都来不及。

你给我念念报道，或当天的社论。”又问贺龙：“你看过报纸了吧？”贺龙说：“看过了。”“那我们两人一块儿再听听。”我说：“我念得慢啊。”总理说：“我喜欢听慢的，现在年纪大了，念快了，记不住。你就慢一点念吧。”总理一边听我念报纸，一边吃饭。我边读着，边想，总理啊，你吃饭都没清静的时候啊！

“一月风暴”的飓风，也刮进了中南海。1967年1月19日，周总理和李富春一起找贺龙谈话。总理说：“对于你的安全我负责。主席不是也说嘛，要保你。我也要保你。我想把你留下，但中南海这个地方也是两派，也不安全，连朱老总的箱子都撬了，我给你找一个安静的地方，去休息休息。你可能不习惯，也许过些时候就习惯了。你缺什么东西告诉我。”贺龙和我虽然并不了解周总理与林彪一伙斗争的内幕，但知道周总理的处境太难了。谈话结束后，周总理紧紧握着贺龙的手，难舍难分地说：“你先走吧，到秋天时我去接你。”稍停了停，周总理又说：“家里的事，我顶着。你就别管了，我已安排好了。你不要着急，杨德中护送你，夜间再走。”贺龙怎么也没想到，此去道路坎坷，荆棘载途。他更没想到，这次分手竟是和周总理最后的诀别！

1967年1月20日凌晨3点钟，我和贺龙离开了西花厅，由杨德中和贺龙的警卫员杨青成护送，乘红旗轿车朝玉泉山驶去。天蒙蒙亮时到了玉泉山。后改乘小吉普车，这时车上就只有贺龙和我及护送我们的杨德中了。汽车一直开到香山附近的象鼻子沟。这是建在山腰间的一所平房院落，里边的房子很不错。除了担任警卫的战士，就只有贺龙和我两个人。

我们走后，林彪、“四人帮”一伙到处打探贺龙和我的去向，多次闹着要“揪斗贺龙”，要“打倒贺龙”，都遭到了周总理义正词严的回绝。2月18日，周总理嘱秘书告国家体委造反派，周总理不同意批斗贺龙同志，这是中央的决定。2月22日，周总理继续嘱告秘书向体委传达：“总理不同意召开大会批斗贺龙同志，因为中央至今未批准此事。”

刚到象鼻子沟时，杨德中不断代表周总理去看望我们，他每次来，贺龙都紧紧地握着他的手不放，问杨：“总理好吗？让总理放心吧。”杨每次都转达周总理对我们的问候：总理说，要活到老，学到老，改造到老，并嘱咐贺龙利用休息时间，好好学习学习，练练字，学学毛主席的著作。他还说，周总理估计你坐不住，不习惯这个环境，过一段会习惯的。你若有事，找总理。自此，贺龙真的练起字来了，练得还很认真。

1967年国庆节后，贺龙高烧至40度，吃饭总吐。周总理知道后嘱速送三〇一医院治疗，但遭到江青反对，只发送到二六七医院，安排住在传染科。二六七医院归警卫一师管。住院时，杨德中和警卫一师的人去探视他。出院后，杨德中又去看了贺龙，同时带来了周总理亲切的关怀和问候。周总理说，山沟里的温度低，比城里凉，要早烧暖气。周总理是怕贺龙再感冒。贺龙紧紧握着杨德中的手激动地说："听到了总理这亲切感人的话，就好像见到了总理一样。"贺龙非常感激周总理对他无微不至的关怀。此后，我们和周总理的联系就中断了。

贺龙被列为专案审查对象，林彪一伙更加紧了从政治上生活上对我们的迫害。实际上，他们不是在整贺龙一个人，是在整周总理。在临离西花厅时，我悄悄地把西花厅的电话号码记在了手心里，以备日后有急事时和周总理取得联系。到象鼻子沟后，开始杨德中常去，还没感到没电话的困难。自和周总理断了联系后，才感到没电话的困难。贺龙曾叫我悄悄地去看看哨兵的电话，能不能趁他们不注意时，把电话拨出去。一看才知，哨兵使用的是手摇电话，我们连电话也拨不出去了，和周总理再也联系不上了，心里真难受啊！在此，我们一直住到1969年6月9日贺龙被迫害致死。贺龙去世后，只有一条白色的床单覆盖着他那魁梧的身躯。贺龙的遗体是被秘密火化的。

贺龙含冤去世后，我又回到了象鼻子沟。林彪一伙对我的迫害并未终止。他们先用木板把窗子钉死，不让阳光透进来，日夜用大灯泡照着我，不能入睡。而后又把我押送到颐和园旁边的北京卫戍区警卫一师四连。继之又把我押送到贵州省某空军干校，进行了残酷摧残。

约在1971年10月的一天，北京来了两个人。其中一个人说："你是老薛吧？"怕我没听清，又稍抬高声音说："你是不是薛明啊？"我疑惑地望着来人，没吭声。另外一个人说话了："你别紧张，我们不是他们那伙的。林彪和叶群叛国出逃，已摔死在蒙古了。他们完蛋了。"听到这里，我赶紧拉着他们的手说："你们不是一伙的？"他们亲切地说："是周总理让我们来找你的。为寻找你，我们四处查访，几乎跑遍了整个中国。"一听是周总理派他们找我的，热泪顿时流下来了。他们告诉我："叶群的一些事你知道，贺龙最后的日子里，也只有你在他身边。周总理要你把贺龙同志遭受林彪一伙迫害的情况，原原本本写出来，报告中央。"我心里热乎乎的，可盼到这一天了。回来以后，我眼含泪水，写写停停，到1978年终于写好了《向党和人民的报告》。有一次，邓大姐听我讲完报告的内容后说："这些材料要是总理听到了，他会非常难过的。"

回到北京后，国务院安排我住在新疆办事处。周总理派科教组组长刘西尧来看我。他说："我代表总理，向你一家问好。希望你一家团圆。"在周总理的关怀下，不久，我和失散5年的孩子们也团聚了。和儿女团圆时，我没有给孩子们留下一个挨整的印象，而是觉得心里踏实了，觉得贺龙平反有希望了。

毛主席、周总理、朱德委员长等老一辈无产阶级革命家，都非常关心贺龙的平反昭雪

※ 1975年6月，周恩来在贺龙逝世六周年举行的骨灰安放仪式上致悼词。

问题。在一次中央会议上，当讲到贺龙同志时，毛主席连声说：翻案、翻案、翻案！1974年毛主席和邓小平谈话时说，要给贺龙平反。邓小平立即在政治局会议上作了传达。

1974年底，中共中央发出了为贺龙恢复名誉的通知，推倒了林彪一伙强加在贺龙身上的一切诬蔑不实之词。

贺龙平反前，周总理让邓大姐的秘书打电话给我："要找一找贺龙的骨灰在哪里！"作为贺龙的亲人，我是多么希望能够找到啊！此后，邓大姐还曾两次来我家中。第一次来，了解我和孩子们的生活及健康情况，虽没明说要给贺龙平反，但邓大姐来本身就是个态度，希望就很大了。邓大姐第二次来我家，带来了周总理的问候，希望我保重身体，不要太难过，要向前看。邓大姐还说，举行贺龙骨灰安放仪式，不登报，是中央的意见。我说：中央怎么决定，我就怎么办。

1975年6月9日，在贺龙逝世六周年的时候，中央举行了"贺龙骨灰安放仪式"。那天，周总理抱病去参加了。事先，邓大姐来电话打过招呼，说："总理也许来，若来了，你们双方要控制些感情。"我将邓大姐的话告诉了亲属们。我和儿女们刚进休息室不久，就听到了在休息室外周总理的声音。他大声喊我："薛明，薛明啊！"门被推开了，周总理走进来，我急忙迎上去。周总理紧紧地搂着我，声音颤抖地说："薛明，我没有保住他啊！都6年了，老总的骨灰没能移到八宝山公墓，我很难过啊！"说着，眼泪簌簌地流了下来。我望着周总理那被病折磨得瘦削的脸颊，激动地只说了一声："总理，我感谢你对我们全家的关怀……"就再也说不出话来了。这时，我的女儿晓明走过去，说："周伯伯，您要保重身体啊。”周总理抬起头来，缓缓地说：“我的时间也不长了！”顿时，整个休息室里一片哭声。这是周总理生前最后一次参加悼念活动。周总理严肃地站在贺龙同志的骨灰盒面前，连续鞠了七个躬。周总理代表党中央为贺龙同志致悼词。周总理说：“贺龙同志是一个好同志。在毛主席、党中央的领导下，几十年来为党为人民的革命事业曾做出重大贡献。”“贺龙同志的逝世，使我们失去了一位老同志、老战友，是我党、我军的重大损失。”听到这深情的话，我抬起泪眼，望着贺龙的遗像，在心底里默默地说：贺龙，总理了解你，人民爱戴你，党信任你。你和其他老一辈无产阶级革命家将永远活在人民心中。

（薛明）

大树参天护英华

林彪、江青指使一伙人围攻周恩来，扬言要拦截陈毅的汽车，要冲到人民大会堂去揪斗陈毅。周恩来气愤地说：“谁要在路上拦截陈毅同志的车子，我马上挺身而出；你们要揪斗陈毅同志，我就站在人民大会堂门口，让你们从我身上踏过去！”

我常常以深深怀念的心情，想起在“文化大革命”的最初两年，周总理领导我们同林彪、江青一伙掀起的反革命逆流作斗争的日日夜夜。那时我负责首都卫戍工作，是同周总理接触最多的两年。那些日子，林彪、江青一伙为了篡党夺权，打击、摧残、迫害老一辈的无产阶级革命家和跟随毛主席革命多年的大批老干部，掀起了阵阵恶浪。周总理以无产阶级革命家的大智大勇，砥柱中流，力排干扰，坚决按照毛主席的教导和党历来的干部政策，关心和保护老一辈的无产阶级革命家和老干部，同林彪、江青一伙进行了针锋相对的斗争。

“不能开这个先例，不能随便把人抓走！”

“文化大革命”中，林彪、江青一伙利用他们窃取的权力，大搞怀疑一切、打倒一切，掀起打、砸、抢和抄家抓人的恶浪。社会主义法制遭到肆意践踏，从中央到地方，一大批党政军负责同志的人身安全受到严重威胁。对于林彪、江青一伙煽起的这股邪风恶浪，周总理旗帜鲜明地表示了反对意见。1966年12月初，江青、戚本禹等策动一些人，把当时中共北京市委的彭真、刘仁、万里等几个负责人抓走了。总理得知，焦虑不安。叛徒江青得意洋洋，说："小将们干得真漂亮！群众起来了，你们想保也是保不住的。这一下你这个卫戍司令也甘拜下风了吧？"周总理立即指出："不能开这个先例，不能随便把人抓走！"他指示卫戍区立即把人找回，要保护好被抓的人。我们很快找到了被抓走的人，报告了总理。总理批评了抓人的群众组织，给他们耐心地做工作，让他们把抓去的人交给卫戍区。我们按照总理的要求，制订好方案，报总理批准，把人送到总理指示的安全的地方。

但是，林彪、江青一伙利令智昏，他们哪里会听从总理的严肃劝告！他们煽起的打、砸、抢和抄、抓之风有增无已。在他们的指使、蛊惑下，有一些人竟要把重病在院的罗瑞卿同志抓走。总理知道了，让我告诉这些人："绝不能乱抓人！"为此，陈伯达、江青一伙对我施加很大压力，质问我为什么不让抓？为什么阻挠和压制"革命群众的造反行动"？你对罗瑞卿是什么感情，为什么保护他？为什么"开红灯不开绿灯"？等等。话是对着我讲的，实际上矛头指向周总理。当时我回答他们："要是允许随便抓人，警卫部队就没法按中央军委批准的警卫规定执行任务了！"但是，那些人根本不听总理的劝阻，还是想方设法把罗瑞卿同志抓走了。后来，经过总理反复做工作，才把罗瑞卿同志交给卫戍区。

※陈毅。

从此，周总理更加注意指示我们加强警卫工作，提高警惕性。有一段时间，宋任穷同志住在京西宾馆，林彪、江青一伙在辽宁的支持者带领一群人去抓他。他们事先进行侦察和预谋活动，在夜间突然闯入宾馆，直奔宋任穷同志住室。我们的警卫部队闻讯赶去，那一伙人知道从楼道抓不走，便企图把宋任穷同志绑起来从窗口吊送到地面。楼房那样高，宋任穷同志年龄又大了，万一有点闪失，就会粉身碎骨！此刻，我们的警卫战士迅速赶到，才把宋任穷同志解救下来，把那伙人赶走。我们把这一情况报告了总理。总理非常关切地问：宋任穷同志挨打了没有？受伤了没有？要求我们继续做好对宋任穷同志的安全保卫工作。

不久，武汉发生了“七二〇事件”。毛主席、周总理通知陈再道、钟汉华等同志来北京谈问题，让他们住在京西宾馆，实际上是把他们保护了起来。这时，林彪、江青一伙又是蒙蔽群众开大会，又是组织大规模的示威游行，发泄他们对在“七二〇事件”中不赞成中央文革一套做法的陈再道等同志的仇恨，并煽动一些人冲击京西宾馆。有一天，7000多人突破了门外的警卫线，有几百人冲到楼上，情况非常紧急！总理要我和卫戍区另一位领导同志先后赶到现场，并指示我们：无论如何不能让他们把人抢走，一定要保护好陈再道、钟汉华等同志。根据总理的指示，我们立即采取了应急措施，按事先制订好并经总理同意的方案，让陈再道等同志躲进一个不常用的电梯里，把电梯在9层与8层之间停下，告诉他们只有听到指定人给的信号才能出来。同时，反复地给冲击宾馆的人做工作，劝他们退出去。但是，由于有戚本禹等人在背后捣乱，这些人仍然不走。总理就把戚本禹找去，责令他“退兵”。总理严肃地说：“人要是被抓走了，你必须向主席作出交代！”迫使他们不得不有所收敛。在总理的关怀和指导下，我们保证了陈再道、钟汉华等同志的安全，粉碎了林彪、江青一伙把陈再道、钟汉华等同志置于死地的阴谋。

1967年8月份，在一次批斗会上，林彪的一个死党目无党纪国法，打了陈再道同志两个耳光。这一罪恶行径得到江青一伙的赏识，江青说他是造反派，有气魄。周总理当即严肃地指出：又不是3岁的小孩子，不能这样干嘛！总理针对林彪、江青一伙煽起的打人、挂黑牌子等歪风，苦口婆心地给群众做工作，讲道理，宣传党的政策和光荣传统，对群众进行正确的引导。

“谁拦截陈毅同志的车子，我马上挺身而出”

我终生难忘周总理对陈毅同志的保护。陈毅同志是我们党和国家久经考验的卓越领导人。林彪、江青一伙要铲除他们篡党夺权的障碍，煽起了一股又一股打倒陈毅同志的妖风。周总理旗帜鲜明地同他们进行了斗争。他们策动一些人批斗陈毅同志，想在批斗会上把陈毅同志揪走。周总理就指示我们，警卫部队部署在主席台下边，把陈毅同志保护起来。周总理还亲自参加大会，坚决反对“打倒陈毅”的标语和口号。为了表明他的态度，教育受蒙蔽的群众，不等“批判会”开完，他愤然退出会场，同时命令警卫人员保护陈毅同志也离开会场。但有一伙人居然把陈毅同志抢走了。总理立即指示我们派部队把他救护出来。有一次，林彪、江青一伙指使一伙人围攻总理，扬言要拦截陈毅同志的汽车，要冲到人民大会堂去揪斗陈毅同志，致使总理连续18个小时不能吃饭，心脏病犯了。总理气愤地说：“谁要在路上拦截陈毅同志的车子，我马上挺身而出；你们要揪斗陈毅同志，我就站在人民大会堂门口，让你们从我身上踏过去！”

还有一次，由陈毅副总理主持在北京饭店举行招待会。当时，林彪、江青一伙正煽动一些人抓陈毅同志，揪斗陈毅同志。周总理指示我们：一定要保证陈老总的安全！陈毅副总理对我们开玩笑说：“啊！总理把我交给你们了！”去北京饭店时，没有发生什么问题。到了饭店，我们发现有不少形迹可疑的人。我们便把陈毅同志的汽车停在正门，没等招待会结束，就把车子开走了，那伙人被引到车子开去的方向；招待会结束后，我们用另外准备的车，从另外的门，把陈毅同志接回中南海。陈毅同志笑着说：“谢谢你们了！”这时，总理又查问此事，得知陈毅同志已安全返回，才放了心。由于总理坚持斗争，林彪、江青一伙妄图揪斗陈毅同志的阴谋始终未能得逞！

当我军杰出的领导人罗瑞卿同志遭到林彪、江青一伙残酷折磨的时候，周总理要求我们对罗瑞卿同志“要保护好，要保密，不要被人抢走”。针对林彪、江青一伙煽起的那股歪风，总理规定，不准搞“喷气式”，不准打人，不要挂黑牌子，不准游斗，不准抢走。后来还指示不准体罚，不准侮辱人格，要保障生命安全，等等。我们坚决执行了总理提出的这些保护罗瑞卿等同志的措施和要求，这就再一次触动了林彪、江青一伙的反革命神经。他们在一次会上对我横加指责，说什么“群众要求”斗罗瑞卿，这是出于“义愤”，你为什么搞条条框框？江青破口大骂罗瑞卿同志是什么“反革命”，质问我：你不斗他，他就斗你，你懂吗？陈伯达阴阳怪气地说，罗瑞卿是十九兵团的，当过你的政委嘛！我说：我们是按中央指示办的，不遵守中央指示，我们怎样完成任务？以后，罗瑞卿同志几次住院做手术，林彪、江青一伙残酷地摧残折磨他，伤口还没愈合，就要他参加批斗会。我们把这个情况报告了总理，总理指示：手术期间不能批斗！有一次罗瑞卿同志动大手术，我们向中央和中央军委提出在手术期间不宜批斗的请示，很快得到周总理和叶剑英、聂荣臻同志的批准。但是，林彪、江青一伙早就想把罗瑞卿同志置于死地。他们根本不顾总理一再指示，也不顾罗瑞卿同志病重身残，操纵一伙人最终将罗瑞卿强行抢走，频频地批斗，使罗瑞卿同志备受折磨。

“我是总理，就得什么事也要管啊！”

周总理担负着处理党和国家日常事务的繁重工作，许多国际友人都说他是“世界上最忙的人”。特别是在“文化大革命”最动乱的年代，他夜以继日地工作，忘我地、不知疲倦地为党和人民操劳。他常常顾不上吃饭，顾不上睡觉，有时连水都顾不上喝一口。我们见他操劳过度，日益消瘦，劝他适当注意休息。他总是说：“我是总理，就得什么事也要管啊！管不好怎么向党、向人民交代！”周总理对许多受到林彪、江青一伙凶暴批斗的老干部、老同志，总是竭尽可能加以保护。他领导我们做好这方面的工作，不仅交任务，还教方法。听说一位老干部被批斗，他告诉我们事先怎样准备好部队，怎样准备好汽车，万一发生危及被批斗人安全的事态，立即把人抢救走。有一次，他亲自指示我们要准备好一架直升机，当被批斗的同志人身安全受到威胁时，立即运走。

周总理和聂荣臻同志曾经指示我们，给科学家们增加警卫力量。但是，江青却说：为什么要保护“反动学术权威”？有一次，林彪、江青一伙策动一些人批斗一位对我国国防现代化有重大贡献的科学家。这位科学家被接出家门时，总理要求我们向他报告情况。随后，在到达会场中、在大会进行时、在把人送回后，又多次要我们报告情况，直到这位科学家安全地回了家，周总理才放了心。

周总理曾经在夜深人静的时候，带着我们到几位老帅的住地，视察那里的安全警卫工作，一处一处地给我们作指示。在林彪、江青一伙大反所谓“二月逆流”、抓“军内一小撮”时，有一些群众组织受这帮反革命的煽动、蒙蔽，要冲击老帅们的住地。我们把得到的情况报告周总理，总理把我们找去研究保护措施，要我们把老帅们安排在安全的地方，加强那里的警卫工作，并与我们一起研究万一这些老同志的安全受到威胁时，需要采取什么应急措施。当我们把落实的情况向他报告时，他还再三叮嘱我们，一定要加倍小心地保护好老帅们。

1967年“八一”建军节前后，林彪、江青一伙掀起了冲击中央军委领导同志的恶浪。“八一”招待会前夕，总理告诉我们，徐向前同志必须去参加招待会，你们一定要保证他路上不出事！我们把徐帅护送到招待会上，总理又嘱托我们，一定要保证徐帅在回家的路上不出事。我们考虑，回去的路上出事的可能性更大些，就增派了警卫，协同有关单位，用三辆警卫车跟着他，并兜个大圈子，把徐向前同志安全地送回家。

1967年夏天，住在中直招待所的李井泉等几位老同志，先后被人抓走游斗。我们把这个情况报告了总理，总理很为他们的安全担心，指示我们派出部队，保护他们的安全；还让我们把住在招待所的王任重、江渭清等20多位大区和省、市委负责同志，立即送到卫戍区部队的一个安全的住所保护起来，并嘱咐我们要严格保密。江青一伙听说找不到这些同志了，竟当着总理的面声色俱厉地问我，把人弄到哪里去了？接连两天吵吵闹闹。我见总理不理睬他们，也就不吭声。追问紧了，我就说了句："上面知道。"后来我见到毛主席，向他报告了对这些同志的保护措施，主席赞同地说："总理做得好！你们卫戍区保护

※ 毛泽东和贺龙在一起。

得好！”第二天，江青一伙又来拍着桌子追问，我理直气壮地说：你们去问主席吧！他们一听，不敢再追问了，只问我为什么不早说。我说我不是早就说过上面指示的吗！事后我把向主席汇报的情况报告了总理，总理爽朗地大笑起来。那20多位大区和省、市委的负责同志被保护在卫戍区部队营房以后，总理还专门指派了一位同志，每隔一天去探望一次，了解他们的生活情形，给他们送文件，发现问题，及时解决。

在林彪、江青一伙迫害贺龙同志的时候，周总理亲自派人把他接到中南海，以后又亲自参与研究，给他选定一处隐蔽、清静、保密的住所，指示我们派部队把他保护起来。总理亲自过问他的医疗和生活问题。但是，尽管有总理的极力关怀和保护，林彪、江青一伙还是加紧了对贺龙同志的迫害，设立专案对他进行审查，有关贺龙同志的事都改由专案组负责。他们多方刁难、折磨贺龙同志，经林彪的死党批准，用偷梁换柱的办法，从外地派了一个脑系科护士，冒充卫戍区的医生，把原来护理贺龙同志的医生换走。在他们的折磨摧残下，为中国革命事业做出了重大贡献、在我国人民中享有崇高威望的贺老总，过早地离开了我们。

万万没有想到，我按照总理指示，保护毛主席领导下的大批老干部、老同志，竟成了林彪、江青一伙的眼中钉，他们对我也下了毒手。我个人也亲身领受了周总理充满阶级深情的保护和关怀。1968年3月22日夜，林彪、江青一伙一手制造了所谓“杨、余、傅事件”假案。我遭受政治迫害离开北京的那天，总理的处境虽然十分困难，仍然与我一起在人民大会堂吃了饭，分别时，总理紧握着我的手说：“要把身体搞好，要经得住考验，以后有的是工作做！”他还嘱咐有关的领导同志照顾好我的生活。1974年，毛主席亲自批准为我平反冤案，我回到北京，见到了总理，总理紧紧握住我的手，激动地说：“见到你太高兴了！”我这个在炮火硝烟中长大的人，很少哭过，这时也禁不住流下热泪。后来我才知道，为了昭雪我的冤案，那几年，总理不知花了多少心血。这是多么令人铭心刻骨的关怀啊！

我回忆的仅仅是若干往事中的几件。对于总理的关怀和保护，许多老同志都有各自的亲身感受。我们的周总理真是参天大树护英华啊！想起这一切，就牵动我对总理的深切怀念之情。特别是当我参加一些重要会议或者一些重要活动，看到健在的老一辈无产阶级革命家和老同志们聚集一堂，共商党和国家大事的时候，就想起了总理的亲切教诲，想起了总理对老干部的关怀。当时如果没有周总理顶着林彪、“四人帮”掀起的逆流，保护了这些老同志，他们今天会是怎样呢？真是不堪设想啊！

（傅崇碧）

保护知识分子

周恩来“文革”中力保知识分子。其中有钱学森、华罗庚、李四光、郭沫若等。知识分子对他由衷地敬仰和钦佩。

周恩来主持制定“文革”中相关的统战政策和知识分子政策，力求约束和制止违法乱纪的行为

红卫兵运动兴起后，不仅党、政、军各级领导干部，而且各界爱国民主人士和广大知识分子，大都受到肆意的侮辱、打骂、抄家、批斗，违法乱纪事件层出不穷，惊世骇俗。

※ 1971年12月31日，周恩来在新年招待会上，向长期帮助我国建设的各国专家和他们的夫人祝贺新年，并问候在“文革”中受过冲击的外国专家。

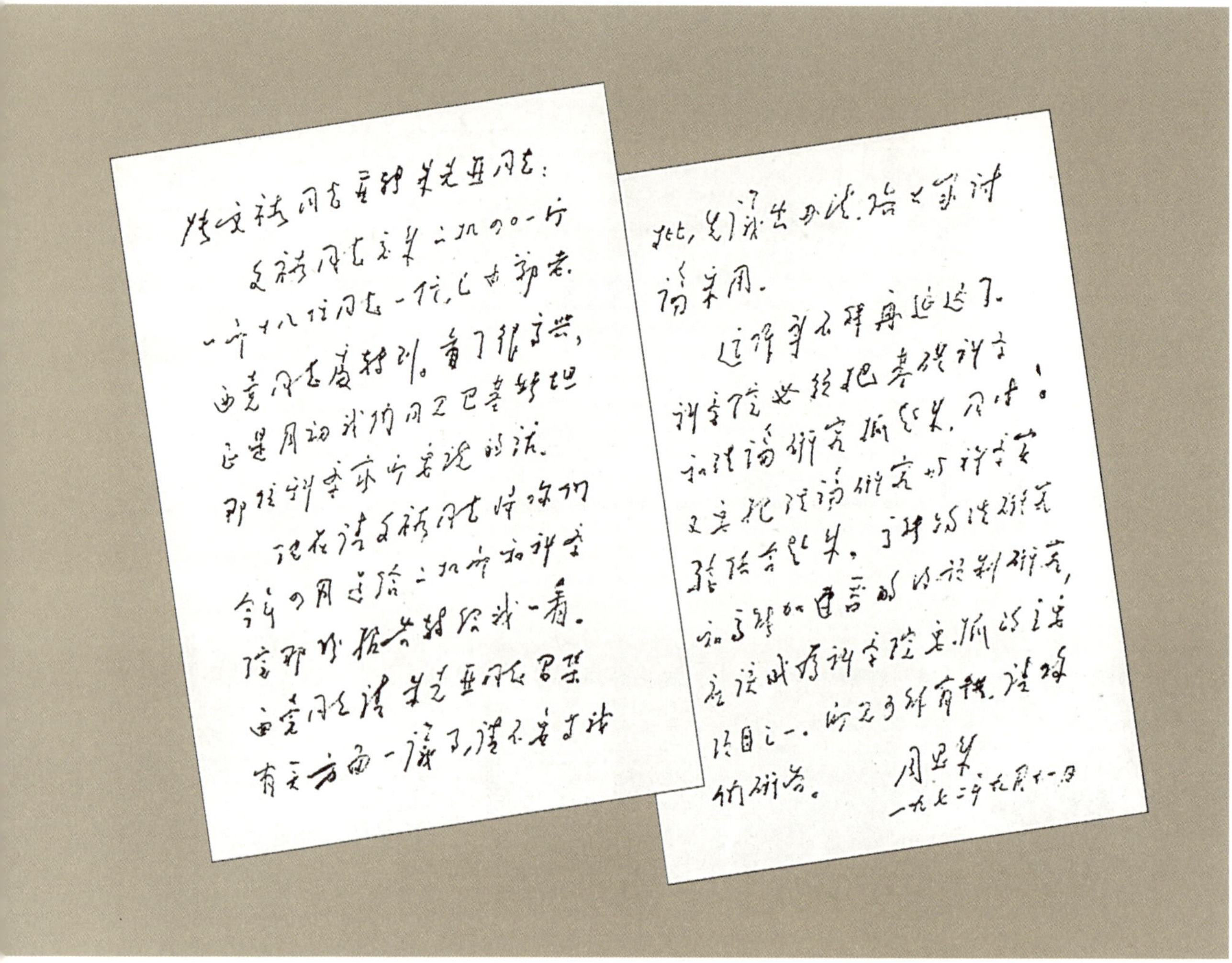

※ 1972年9月11日，周恩来给张文裕、朱光亚的信。

针对这种动乱局面，为约束和制止红卫兵、造反派违法乱纪行径，周恩来主持制定了一些“文革”中相关的统战政策和知识分子政策等。

1966年8月上旬，中共八届十一中全会在讨论制定《关于无产阶级文化大革命的决定》（简称“十六条”）的过程中，周恩来和陶铸商议后，删掉了原稿中“黑帮”、“黑线”一类用词，加写了一些限制性政策条文，如严格区分两类不同性质的矛盾；要文斗，不要武斗；保护科技人员等等。这些意见都被吸收进“十六条”。

为贯彻落实“十六条”中的各项限制性政策，周恩来嘱请李富春与李先念、谭震林、薄一波、余秋里、姚依林拟定《国务院八个口（外交、文教、科学三个口除外）机关“文化大革命”的十条意见》。《十条意见》强调：要加强对“文革”运动的领导；既要放手让群众敢于革命，又要让群众学会善于革命、善于掌握党的政策，等等。8月23日，周恩来在审定《十条意见》时在一旁批注："这十条意见同样适用于外事、文教、科学三口。"

为向红卫兵进行政策教育，周恩来指示中共北京新市委成立北京市大、中学校红卫兵联络总站。8月26日，周恩来出席成立大会，并讲话。他说：应该成立总的联络站，各区成立分站。联络站的主要任务是：帮助和保护红卫兵，宣传、解释党的政策。

8月30日，周恩来召见中国科学院两个造反派的代表座谈。会上，他询问是否抄了华罗庚的家，对华罗庚曾否揪斗和体罚？他说：把大学教授的家抄了不好。不怕乱，但乱要乱出道理，要乱出规律，要符合无产阶级政策，要有政策、策略。突出政治要包含政策。针对有些代表在张劲夫发言的问题上纠缠不休，周恩来批评说：现在辩论没有个气氛，要摆事实，讲道理，不要乱扣帽子。科学院的人要有科学的态度。

9月1日，周恩来出席首都大中学校红卫兵代表座谈会，要求红卫兵组织起来，执行党的政策。他说：现在的红卫兵组织并不严格也不严密，会被破坏分子钻空子。在阐释党的政策时，他强调：不要影响和干扰生产部门和业务部门的正常工作；打击面不要过宽；对一般资产阶级分子，他没有搞破坏活动，就不要打倒他，不要随意搜查、抄家。在会上，周恩来还特别指出，应当尊重宋庆龄。他说：她是孙中山的夫人。她营救过我党地下工作的同志。抗日战争时期与我们合作，解放战争时期也同情我们，她和共产党的长期合作是始终如一的。到她家里贴大字报不合适，不能因为她妹妹是蒋介石的妻子就要打倒她，这是不对的。我们无论如何要劝阻。

为进一步对红卫兵进行党的政策教育，周恩来于9月2日起草《有关红卫兵的几点意见》（未定稿）强调：红卫兵要大学解放军；要"学习和掌握政策"，"分清敌我友，团结大多数"；"党的统一战线政策，在社会主义革命的现阶段中，仍然是需要的、正确的"；"对于在国家和统一战线中具有合法地位的民主人士和对于有贡献的科学家和科学技术人员，只要没有发现现行反革命活动，应该加以保护"；"要文斗，不要武斗，不要动手打人"；红卫兵搜捕人，必须与中共北京市委、北京卫戍区和公安部门商定；等等。

为了从总体上研究制定"文革"中相关的各项政策，9月14日，周恩来主持中央碰头会。会议商定：最近要抓紧研究文化大革命中有关经济政策和社会政策问题。当天，陶铸根据中央碰头会精神，起草了《关于抓紧研究文化大革命中有关社会政策问题的通知》，报周恩来审定。《通知》列出当时"文革"中急需解决的8个方面的政策问题，其中有：对地、富、反、坏、右分子的改造处理对策；对民主党派、民族资产阶级、工商联及其代表人物的政策；对待自然科学家和其他高级知识分子的政策；对华侨、宗教、外事、民族的政策；等等。周恩来对《通知》作过多次修改。

为保护钱学森等国防科技人员，周恩来批准数百人应予保护的名单，并提出必要时“可以用武力保护”

教育、科技、文化、卫生领域是“文化大革命”的重灾区，广大知识分子，包括教师、科技人员、文艺工作者和医生，都不同程度地受到“文革”的冲击，特别是许多高级知识分子，被打成“反动学术权威”，无辜地遭受各种残酷的迫害。周恩来对此十分关注和忧虑。“文革”初始，在制定“十六条”时，周恩来和陶铸同志商量，应增写保护科技人员等知识分子的内容。随着“文革”狂飚的肆虐，周恩来目睹一些知名人士惨遭迫害，

※ 1973年7月，周恩来陪同毛泽东会见美籍华人著名物理学家杨振宁（右一）。左二为周培源。

十分痛心，殚精竭虑地采取了一系列措施，保护各界知识分子。

为了保护钱学森等国防尖端科学家和工程科技人员，并让他们在“文革”期间放手工作，突破国防尖端科技工程的技术难关，1969年8月9日，周恩来主持召开国防工办、国防科委和二机部负责人参加的会议，批准几百人应保护的名单，并提出必要时“可以用武力保护”。他在会上宣布：“部里由钱学森同志挂帅，杨国宇同志为政委（当时驻七机部分管军工科研生产的军代表负责人）。你们两个负责。你（指杨国宇）是政治保证，他（指钱学森）和其他专家要是被人抓走了，不能正常工作，我拿你是问！”随后，周恩来让军管会拟定一份应受保护的科技人员名单。他们开列了一份需要有卫兵重点保卫的工程技术人员名单，开始只有几十人，后来增加到几百人，其中有些人并不是参加某项国防尖端工程的。他们把名单报送周恩来，但又担心不能批准。周恩来看了名单后，不仅表示同意，而且表扬了他们的做法。周恩来对杨国宇说：

这些同志都是搞国防科研的尖子。即使不是直接参加某工程的，也要保护。当然不一定都要专门派卫兵，主要是从政治空气上保护他们，不许别人侵犯他们、抓走他们。如果有人武斗、抓人，可以用武力保护。总之，你的任务就是要想尽一切办法，使他们不受干扰，不被冲击。

在周恩来的关怀和保护下，在当时“文革”冲击的险恶情势下，钱学森率领广大国防科研专家和科技人员，全力以赴攻关，仍然取得“两弹一星”研制的丰硕成果。后来，钱学森在《周总理让我搞导弹》的回忆文章中写道：

“文革”中我们都是受保护的，没有周总理的保护，恐怕我这个人早就不在人世了。那时候，我们都是军管的。军管会每星期都要向总理汇报一次。总理下了一个命令，要搞一个科学家的名单。名单送上去后，总理说：“名单中的每个人，你们要保证，出了问题，我找你们！”杨国宇知道这件事，他是军管会的副主任，主管科技的，和我们接触很多，他说起这些事来，生动极了。

周恩来责令追回被盗的华罗庚手稿，并批准“试验他所主张的数学统筹方法”

在“文革”中，著名数学家华罗庚在手稿被盗后，致信周恩来，要求追查被盗手稿。1970年3月4日，周恩来就此事给国务院直属口党的核心小组负责人、北京市公安局军管会负责人和周恩来派到中国科学院的联络员，写了如下批示：

首先，应给华罗庚以保护，防止坏人害他。

次之，应追查他的手稿被盗线索，力求破案。

再次，科学院数学所封存他的文物，请西尧（当时任周恩来派到中国科学院的联络员）查清，有无被盗痕迹，并考虑在有保证的情况下，发还他。

第四，华的生活已不适合再随科大去“五七”干校或迁外地，最好以人大常委身份留他住京，试验他所主张的数学统筹方法。

此事请你们三位办好后告我。

华罗庚听了周恩来批示传达后，“心情激动得难以言状”，表示“只好以汇报我们为国民经济服务的工作情况来表达我对周总理的崇敬之情”。随后，华罗庚在国务院各部委负责人会议上介绍了统筹法和优选法。不久，经周恩来批准，华罗庚带领两名研究生赴上海等地，进行试点，推广统筹法，并应用优选法，成效显著。后来，华罗庚在《呕心沥血为人才》的回忆文章中深情地写道：

我永远不能忘记周总理几年来对我的关心、鼓励和支持，尤其值得怀念的是“文化大革命”中最艰难的1970年。当时，周总理身处逆境，又万务丛集，但他却不顾个人安危和病体，仍然细致地、尽力地保护我，安排我的生活，关心我们把数学方法用于经济建设的工作。

周总理最理解科学工作者的心情和疾苦，为科学家造就了深入实践的机会。在十年动乱中，要是没有总理的批示，我可能不是离开了人世，就是无所作为了。当时，我能和大家在一起，做出一些成绩，都应该归功于周总理的关怀。

周恩来说：“李四光同志是个好同志，你们有的人还要打倒他，应该向李四光同志学习。”

周恩来同李四光的交往源远流长。早在抗日战争时期，周恩来就多次会见他，向他介绍中国共产党的政治主张，分析当时形势的发展前景。李四光深受感动，情不自禁地对家人说：“我从周恩来身上产生一个最大的感觉：中国有了共产党，中国就有了希望。”新中国成立后，李四光决心早日从海外归来报效祖国。1950年5月，他冲破重重阻力，辗转回到了新中国首都北京。第二天，周恩来就去看望他，高兴地说：“中华人民共和国成立后不久，我们就打算召开第一次全国地质工作会议。我想没有个挂帅的不行，一定要等你

※ 1964年12月，毛泽东会见地质学家李四光。

回来。”

就是这样一位爱国的著名地质学家，在“文革”初期也受到冲击。为保护李四光，周恩来想方设法采取措施。首先，他让北京卫戍区派一些指战员驻在李四光家附近，防止发生意外。其次，他在有关会议上讲话，充分肯定李四光“是个好同志”。1968年12月5日，在国务院各部委军管会、毛泽东思想宣传队和大联合委员会负责人会议上，在谈到地质部的问题时，他强调指出：“李四光同志是个好同志，你们有的人还要打倒他，应该向李四光同志学习。”第三，安排李四光出席有关会议，并请他讲话，以表明他没有问题。

如1970年召开全国地质工作会议，李四光出席并讲话。在会上，周恩来讲话充分肯定李四光在地质科学中的地位和贡献，促成了当时有争议的两派群众组织统一认识，改善了李四光在“文革”中的处境。第四，在这一年，周恩来提议并经中央批准请李四光就任新组建的国务院科教组组长。

1971年4月29日凌晨，李四光的动脉瘤破裂，被送进北京医院抢救。周恩来得知后，立即派自己的保健医生赶到医院，一直守护在手术室旁，随时将李四光的病情和抢救措施向周恩来报告，直到李四光停止呼吸。由于当时中共中央组织部和国务院办公厅的主要军代表说，中央决定追悼会上一律不致悼词，有关负责同志就没有安排准备悼词。5月2日，

※ 1975年6月，周恩来会见美籍华人医学教授李振翩时的合影。

周恩来赶来参加追悼会，发现没有准备悼词，非常生气，严厉批评有关负责同志。周恩来沉痛地当场宣读李四光女儿李林写给他的信，以此代致悼词。李林在信中反映了她父亲生前对祖国地质科学工作的关注和希望，以及今后开发利用地热、加强地震预报研究、发展地质力学所提出的建议。周恩来在讲话中，高度评价李四光在地质科学上的杰出成就和对我国地质事业的重大贡献，称赞“李四光是一位卓越的科学家”。

“文革”中，周恩来强调：“要保护好郭老，保证他的安全。”郭沫若吟诗赞颂周恩来：“盛德在民长不没，丰功垂世久弥恢。”

在“文化大革命”期间，周恩来对郭沫若的关心和保护也是十分感人的。1966年冬，“文革”狂飚肆虐日益厉害，周恩来很担心郭沫若的安全，设法请他转移一下住所。周恩来派中共中央办公厅副主任童小鹏去看望郭沫若和于立群，请他们离家，暂时去万寿路的新六所住一段时间，并叮嘱这样安排不要告诉别人，只带秘书和司机，以防泄密。郭沫若在新六所住了一个多月。

为了给郭沫若“正名”，周恩来经常安排郭沫若参与外事活动“亮相”。1967年，周恩来接见外宾，常请郭沫若陪同，几乎每星期要接见外宾一两次。郭沫若年纪大，身体又不好，周恩来很注意照顾他。有一次，送外宾时，郭沫若陪同周恩来送到人民大会堂北门口，当时天已黎明，寒风习习。周恩来批评有关负责同志没有做好警卫工作，说“郭老这么大年纪了还让他吹风”。随后，他劝郭沫若回家休息，因耳聋，郭沫若没有听清说什么，上车后他问秘书，“总理为什么发脾气？”郭沫若得知后感慨地说：“他自己不是也在吹风吗？”郭沫若对周恩来的感情很深，也很敬重和钦佩他。在“文化大革命”期间也很理解周恩来忍辱负重、苦撑危局的艰难处境。他们的心是相通的。

1974年1月25日，江青一伙背着中共中央和毛泽东，召开中央和国家机关“批林批孔”动员大会，会议主题是“反复辟”，扬言“修正主义仍然是当前的主要危险”，强调“批林批孔”要联系批“走后门”，攻击矛头直接指向周恩来、叶剑英等老一辈革命家和一大批党、政、军领导干部。在“一・二五”大会上，江青公然点名批判郭沫若，并当众让他站起来，羞辱他。当晚，周恩来让秘书赵茂峰请李梦夫、高富有向郭沫若传达三点意见：

（一）郭老已是八十岁高龄了，要保护好郭老，保证他的安全；（二）为保证郭老安全，二十四小时要安排专人在郭老身边值班；（三）郭老家的房间和走廊内要铺上地毯，以防滑倒；（四）请郭老从小间卧室搬到大办公室住，以保证充足的氧气。

第二天早上，郭沫若听完传达上述指示后，十分感动。后来，他看到周恩来给他一封亲笔信，激动得号啕大哭，说自己对不起总理，连累了总理。他对“四人帮”利用“批林批孔”反对周恩来的阴谋，洞若观火、心明眼亮。

周恩来与郭沫若是相交很久、相知很深的同志和挚友。1927年8月，在南昌起义后，周恩来介绍郭沫若加入中国共产党。在抗日战争时期，周恩来称赞郭沫若是“继鲁迅之后又一面光辉的旗帜”。郭沫若对周恩来由衷地敬仰和钦佩，尊称“周公”，把他比喻为“一棵擎天大树”。1976年1月8日，周恩来与世长辞，郭沫若十分悲愤。他躺在病床上赋诗悼念周恩来：“盛德在民长不没，丰功垂世久弥恢。忠诚与日同辉耀，天不能死地难埋。”

（刘武生）

“抓革命、促生产”

在“文化大革命”发动阶段，周恩来集中精力、全力以赴做的就是这样两件事：一是设法将“革命”控制在一定范围内进行，二是全力保护生产少受干扰和损失，使人民的吃、穿、用等生活必需得以基本保障。

“文化大革命”的十年，是以阶级斗争为纲的十年。1966年8月8日党的八届十一中全会通过的《关于无产阶级文化大革命的决定》（即“十六条”）曾这样写道：“无产阶级文化大革命，就是为的要使人的思想革命化，因而使各项工作做得更多、更快、更好、更省。只要充分发动群众，妥善安排，就能够保证文化革命和生产两不误，保证各项工作的高质量。”《决定》据此断言：“无产阶级文化大革命是使我国社会生产力发展的一个强大的推动力。”正是在这个文件里，第一次公开使用了“抓革命、促生产”的提法。

然而，历史是最客观、最公正的。试图以阶级斗争为纲来推动各项工作、促进经济发展的主观愿望，已被社会动乱、全面内战的活生生的事实所无情否定。从某种意义上说，“文化大革命”确实是一场“大试验”。其结论就是：在社会主义条件下搞“以阶级斗争

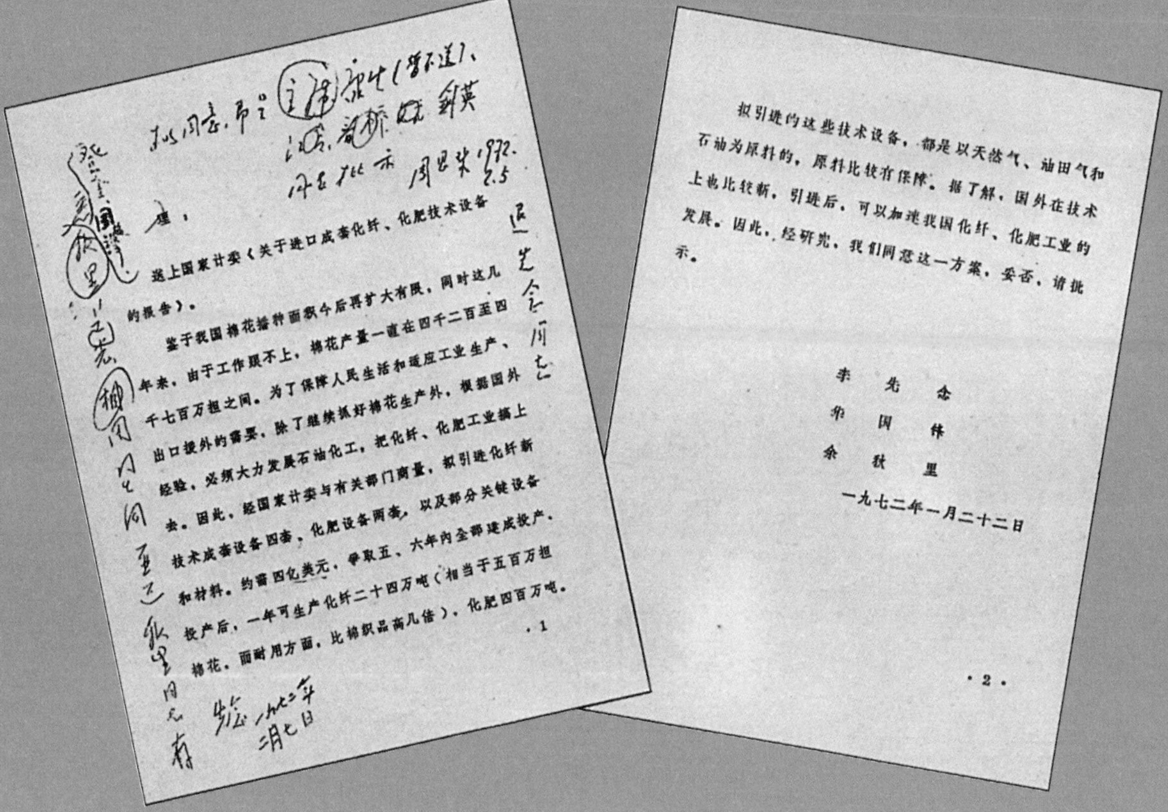
总理：

送上国家计委《关于进口成套化纤、化肥技术设备的报告》。

鉴于我国棉花播种面积今后再扩大有限，同时这几年来，由于工作跟不上，棉花产量一直在四千二百至四千七百万担之间。为了保障人民生活和适应工业生产、出口换外的需要，除了继续抓好棉花生产外，根据国外经验，必须大力发展石油化工，把化纤、化肥工业搞上去。因此，经国家计委与有关部门商量，拟引进化纤技术成套设备四套，化肥设备两套，以及部分关键设备和材料，约需四亿美元，争取五、六年内全部建成投产。投产后，一年可生产化纤二十四万吨（相当于五百万担棉花，而耐用方面，比棉织品高几倍），化肥四百万吨。

·1

拟引进的这些技术设备，都是以天然气、油田气和石油为原料的，原料比较有保障。据了解，国外在技术上也比较新，引进后，可以加速我国化纤、化肥工业的发展。因此，经研究，我们同意这一方案，妥否，请批示。

李先念
华国锋
余秋里
一九七二年一月二十二日

·2·

※ 1972年2月5日，周恩来关于同意引进外国成套设备的批示。

为纲”、“一个阶级推翻一个阶级”的“大革命”，不仅不会成为社会生产力发展的“强大推动力”，相反，只会使社会主义新中国的物质基础遭到破坏，乃至根本动摇。同时，这场“大革命”也是一次“大考验”。在国家动乱，林彪、“四人帮”两个反革命集团肆虐横行的情况下，绝大多数党和国家工作人员、党外各界人士和广大人民群众，都没有从根本上动摇热爱社会主义祖国、立志改变祖国一穷二白的落后面貌的立场和信念；他们置个人荣辱安危于度外，在十分困难的环境下，仍坚守岗位，坚持生产，钻研业务，忘我工作。正是由于这种执著的不懈的努力，才使“文化大革命”的破坏受到一定程度的限制，遭受严重损失的国民经济，也才能在一定时期或某些方面取得宝贵的进展。在这个过程中，一直担任党中央主要负责人和国务院总理职务的周恩来，更是为之付出了巨大勇气、智慧和心血，做出了不可磨灭的历史贡献。

一

在1964年底召开的三届人大会议上，周恩来在向大会所作的政府工作报告中响亮地提出："要在不太长的历史时期内，把我国建设成为一个具有现代农业、现代工业、现代国防和现代科学技术的社会主义强国，赶上和超过慕尼黑先进水平。"之后，在开始执行发展国民经济的第三个五年计划的头一年即1966年初，他又多次表示，要下决心从北方农业抓起，带动整个国民经济持续、稳定地向前发展，尽快改变我国一穷二白的落后面貌。但是，这一年夏季前后爆发的"无产阶级文化大革命"及其造成的"天下大乱"的局势，却打断了人民共和国通往既定目标的进程；作为共和国第一任总理的周恩来，也正是从这时起，不得不面对他做梦都不曾料想的现实，并开始置身于这场"史无前例"的"大革命"与举步维艰的经济建设之间愈来愈难以协调的矛盾和冲突之中。

在"红卫兵运动"之前，"革命"还仅仅限制在大、中学校和一些党政机关内进行，对工农业生产、国防科研和三线建设等尚未造成直接的影响。但与以往政治运动相比，"文化大革命"来势更猛，涉及面更广，其矛头也越来越上指、滥指，大有一发不可收拾之势。在这种情况下，一直关注工农业生产的周恩来一方面不得不讲要"突出政治"和"以阶级斗争为纲"，同时他又再三强调要"'三大革命'一起抓"，强调在农忙季节，"决不要停止生产来参加学习，以致延误农时"，提出"三线建设与一、二线不同，不能受文化大革命的影响"，等等。这一年8月，党的八届十一中全会通过的"十六条"，是经过周恩来、陶铸等反复磋商、斟酌的一个文件，其中关于"抓革命、促生产"的一段话，无疑也反映了当时老一辈革命家和广大干部群众的真诚愿望。

8月中旬从北京发起的"红卫兵运动"，将"革命"迅速推向社会，并开始涉及工农业生产。首先是"大串联"造成全国铁路运输紧张，生产秩序被严重打乱。这就在事实上冲破了中央有关"文化大革命"运动的一些政策规定（包括"十六条"中的某些限制），违背了周恩来等老一辈革命家希求稳定国家经济秩序的初衷。今天，详细考查周恩来在"红卫兵运动"中的大量言论后便不难发现，他对于红卫兵冲向社会"破旧立新"，到处"串联"、"点火"的行为，随着时间的推移是顾虑愈来愈多，劝阻愈来愈频。他于9月初主持起草的《关于红卫兵的几点意见》（未定稿），最能反映他这时的许多真实想法，如担心党和国家对内对外工作受到影响，国民经济的大动脉——铁路运输不能照常运行，公、检、法专政机关不能正常行使职能，等等。在试图进一步制定某些具体的政策规定来限制"革命"、保护生产的同时，周恩来还多次出面向广大青少年做说服、解释工作，他说：现在有些地方的红卫兵与工人发生对立，他们要求工人也应像学生在学校那样搞革命才没有意见。但工厂和学校不同，不能把生产停下来，放假闹革命。我们既要革命，还要生产，否则吃什么？用什么？所以，凡是生产的地方都不要影响，生产减少了于国于民都不利。

9月7日，《人民日报》发表了题为《抓革命、促生产》的社论，提出“要以文化大革命为纲，一手抓革命，一手抓生产，保证革命和生产两不误”。社论要求各生产单位和业务部门都应适当分工，搞两个班子，一个班子主要抓“文化革命”，一个班子主要抓生产。应当说，这篇社论也是反映了周恩来、陶铸等领导同志当时的一些想法的，这就是，在认可“以文化大革命为纲”的前提下，将“革命”和生产二者分开，以便“各行其道”，互不干扰。这实际上已是对1个月前通过的“十六条”中论点的一种修正，是当时特定历史环境下保证生产业务工作得以正常进行的一种设想。

就在社论发表的当天晚上，周恩来来到了中国科学院辩论会场，针对中科院科研业务的现状，他特别强调：我们在进行无产阶级文化大革命、搞阶级斗争的同时，又要进行

※ 武汉钢铁公司从国外引进的一米七轧机在试轧。

其他两大革命——生产斗争和科学实验，要大抓“三大革命运动”。这就是今天《人民日报》社论讲的“抓革命、促生产”。我们不能眼看着科学院的尖端的科学研究和许多重点实验项目像现在这样放在一边；凭我自己的责任来说，我不能够看着这样的情况继续下去，即在这样一场革命的进行当中，使我们最紧急、最重要的业务工作受到影响。随后，他在另一场合又提出：“抓革命、促生产”是对科学院的最大考验。

基于同一认识，周恩来还亲自主持制定了《关于“抓革命、促生产”的通知》（即“工业六条”）和《关于县以下农村文化大革命的规定》（即“农村五条”）两个文件，经毛泽东批准于9月中旬以中央名义下发。文件要求各个生产地区和业务部门应“立即加强或组成各级生产业务指挥机构”，停止串联，坚守岗位，保证本单位革命和生产的正常进行。这两个文件传达后，受到生产第一线的广大干部群众的普遍欢迎，对趋于更加混乱

※ 1973年3月，周恩来和李先念参观英国工业技术展览会。

的局势起到了某种抑制作用。

可以说，在“文化大革命”发动阶段，周恩来集中精力、全力以赴做的就是这样两件事：一是设法将“革命”控制在一定范围内进行，二是全力保护生产少受干扰和损失，使人民的吃、穿、用等生活必需得以基本保障。例如，在红卫兵大串联期间，他每天都要仔细审看工交部门汇总上来的生产报表，哪个铁路局的货运量减少了，哪个煤矿的产量降低了，哪种产品的原料供应不上了，他都要亲自过问、查询，找有关领导研究解决问题的措施。与此同时，周恩来还在许多场合对抓紧工农业生产和科研业务工作提出了明确、具体的要求。如他曾针对农业生产指出：一定要抓季节，要不误农时，讲“关心国家大事”，搞好秋收秋种也是“大事”之一，从季节上说是目前最大的事情；又如他针对工业战线指示说：现在工业方面已出现了不好的苗头，如果继续下去，不但今年年度计划难以完成，还要影响明年计划，影响整个“三五计划”的实现；他还曾针对国防科研着重强调：目前更严重的问题是尖端，今年已耽误了一个月，搞不好将打乱整个尖端工业的五年设想，那就不是几个月，而是要推迟一两年时间了！

以上事实表明，在“文化大革命”仍在继续发动，而绝大多数党政机关和企事业单位的领导干部对于这场突如其来的“革命”尚处于“很不理解、很不认真、很不得力”的情况下，周恩来更关心的问题不是这场“革命”能否真正发动起来、深入人心，而是整个工农业生产的正常秩序怎样才能不被这场“革命”所打乱。他曾对派到国务院协助抓工业的余秋里、谷牧二人一吐心中忧虑之所在：“你们可得帮我把住经济工作这个关啊！经济基础不乱，局面还能维持，经济基础一乱，局面就没法收拾了。所以，经济工作一定要紧紧抓住，生产绝不能停。生产停了，国家怎么办？不种田了，没有粮食吃，人民怎么能活下去？还能闹什么革命？”

另一方面，在这段时间里，周恩来无论是强调“‘三大革命’一起抓”、“抓革命、促生产、促业务”，还是提出“一手抓革命，一手抓生产，保证革命、生产两不误”，都是有其特定含义的。他实际上是接过“抓革命、促生产”这一口号，却在很大程度上改变了其原来意义上“革命”与生产之间的关系和侧重点，使之成为旨在突出抓生产、抓业务的一种有特定含义的特殊用语了。

二

1966年初冬，围绕“革命”和生产的关系问题，党内上层爆发了一场相当规模的争论，这就是11月中下旬至12月初在北京召开的工业交通座谈会上的一场斗争。从其发生、发展过程看，这次斗争具有这样几个特点：

第一，它是在“革命”和生产之间矛盾急剧发展、异常尖锐的情况下发生的。

这一年10月初，中央批转了根据林彪“建议”作出的有关军队院校开展“文化大革命”的“紧急指示”。之后，全国很快掀起了“踢开党委闹革命”的浪潮。和绝大多数党政机关一样，大批工交企业的领导班子也纷纷陷于瘫痪、半瘫痪状态，造成生产节节下降，建设面临停滞的局面。对此，周恩来极为焦虑，他一再对国务院有关同志讲：工农业生产绝对不能中断，经济建设一定要尽可能设法进行下去，否则，后果不堪设想。他还特别强调，工交企业要业余闹革命，要坚持八小时工作制，要保证生产活动的正常进行！

但就在这时，被称作“文化大革命”全面发动的第三个大动作——10月中央工作会议召开了。这个会议，以批判所谓刘少奇、邓小平的“资产阶级反动路线”为主要内容，实际是为了进一步排除来自各级领导干部对于“文化大革命”的种种“阻力”，宣扬所谓群众运动“天然合理”。虽然会议没有专门讨论生产问题，但周恩来还是抽空听取了有关经济建设遭受严重干扰的情况汇报，有的老同志也撇开会议主题，呼吁今后要注意“抓革命、促生产”，反映出周恩来等老一辈革命家忧国忧民的心情。

中央工作会议结束后，周恩来继续抓住生产问题不放松。11月9日，他亲自主持讨论《人民日报》社论稿《再论“抓革命、促生产”》，在重申生产建设不能停滞、中断的同时，还据理驳斥了那种只讲“抓革命”而根本不讲抓生产业务的错误论调。次日，根据周恩来意见定稿的这篇社论向全党、全国人民公开宣布：“抓革命、促生产”的方针，“不论在城市工矿企业、事业单位里面，在一切科学研究和设计部门里面，在农村里面，都是完全适用的，没有例外的，必须坚决遵守、时刻遵守的”，因为，“工农业生产稍有间断，就会影响到人民的经济生活。国民经济是一个整体，工业生产是一个整体，一个环节扣一个环节；只要某一部门脱节，就可能影响全局。这是常识范围的事情，谁都会懂得的。”

应当说，在“文化大革命”即将全面涉入工农业生产领域的汹涌势头面前，这篇社论却敢于毅然亮出“红灯”，警告某些人不要做超出“常识范围”以外的事情，其针对性是不言而喻的。周恩来所坚持的以上这些论点，不仅与刚刚开过的10月中央工作会议的基调不相适宜，更与林彪、江青一伙借“文化大革命”来搞乱国家、打倒一切的图谋格格不入。在这种情况下，“革命”和生产的矛盾已是十分明朗、尖锐化了，周恩来等老一辈革命家以及大批坚持抓生产的领导干部与林彪、江青一伙的斗争也就势所难免了。

第二，在斗争过程中，鼓吹“革命”的中央文革一班人的矛头始终是对准周恩来的。

就在《再论“抓革命、促生产”》社论发表后不久，早就心存不满的中央文革一伙人也已开始动作。11月13日，陈伯达拿出了一份由中央文革小组拟定的关于工交系统开展“文化大革命”的文件稿，其中明白地写有“允许工厂成立派系组织”、“允许学生到工厂串联”等条款，与周恩来所表明的观点大唱反调。这个文件稿，便成为双方斗争进一步尖锐化的一个导火索。

在11月中旬召开的工交座谈会期间，陈伯达的稿子遭到与会各地负责人的激烈反对，大家一致表示支持周恩来的一贯主张，即工矿企业不能停产闹革命，运动只能在业余时间进行，学生不能到工厂串联，等等，进而批驳了陈伯达一伙的谬论。然而，就在正义的力量始占上风之际，形势却突然发生逆转，周恩来、陶铸等坚持正确意见的同志遭到一系列前所未有的非难和攻击。

12月4日和6日，在林彪主持的两次政治局扩大会议（内容为听取有关工交座谈会的情况汇报）上，中央文革一伙人针对工交座谈会上大家的发言及形成的文件修改稿，公然提出：工业系统的问题，比文教系统还要严重；如果工交、财贸系统的“文化大革命”不好好地闹一闹，变修了，文教系统搞得再好也没有用，国家非出修正主义不可！会上，张春桥还指着汇报人谷牧训斥道：“你的发言，代表了一小撮走资派的情绪！”王力、陈伯达的发言更是露骨地把矛头指向周恩来。王力说：关于工业文化大革命问题，我们文革小组没有抓紧，过去运动开展的情况是两起两落，现在第三次起来又在那里拼命地要把它压下去，就是这样一个局势。9月上旬，用“抓革命、促生产”这么一个口号来压，我们中央有的同志就是主张压；后来又产生《再论“抓革命、促生产”》的社论，为的就是讲生产，骂得很厉害，批得很凶。这是陶铸同志支持的，这个精神就是堵，就是压！所有问题集中到一点，就是工人要不要搞文化大革命，要不要支持工人搞革命！工交座谈会的这个“汇报提纲”集中反映了一套错误的东西，就是不要搞文化大革命！过去对学校提出许多限制，现在又拿这一套来对付工人。还有什么“工业六条”、“农村五条”，还适用不适用？如果这些都适用，就走到压制群众运动、压制革命的道路上去了！随即，陈伯达也气势汹汹地指责根据座谈会发言整理的“汇报提纲”没有同他“商量”，是对他搞“突然袭击”。

第三，周恩来的正确主张是在林彪、江青两股势力联合施以高压的情况下受挫的。

以上中央文革小组一伙人的发言虽然没有公开点周恩来的名，但他们所举的事例全都是在周恩来（也包括陶铸等人）亲自过问和积极支持下搞的。对此，攻击者的心里当然是

※ 1973年6月，周恩来和李先念参观日本自动化电子仪器设备和医疗器械展览会。

十分清楚的。而这时的周恩来也不会不明白这伙人的险恶用心，但为形势所迫，他不得不暂时组织一次必要的“退却”，以保住从国务院到各省、市、自治区主管工业生产的骨干力量。会上，他再次使用了“方兴未艾，欲罢不能，势不可挡”这样的语言来表达自己对形势的看法，指出：十一中全会和工作会议后的几个月时间证明，领导干部中绝大多数都没有“想通”，“想通”是极个别的，这种情绪一直影响到这次工交座谈会。关于“汇报提纲”，周恩来明确表示，这是“我让他们写的”，其中，当然是反映了一些客观上的思想动态。他提出，大家要下决心到实践中去，继续摸索经验，包括前面犯过“错误”的同志，要负起责任来，既不要诚惶诚恐，也不能掉以轻心，而是要兢兢业业、毫不松懈地抓好生产。

对周恩来这种自白加掩护式的发言，林彪及中央文革一伙当然是不会满意的。用王力的话说，现在首要的问题是工矿企业要不要“革命”和怎样“革命”的问题，而不是什么深入实践、摸索经验的问题，更不是要“负起责任”、“兢兢业业”地抓生产的问题。对此，从不关心、从不过问生产的林彪，却在这时给工交座谈会下了这样的“结论”——这次工交会议开得不好，是错误的，思想很不对头，需要来一个180度的大转弯。他说什么不能把文化革命的成果单是落在生产上，如果我们完全从生产收获的多少来论文化革命的成败，那是大错特错的！他甚至毫不掩饰地批驳周恩来的发言，说：我们应该不是被动地而是主动地让这场革命进入到工业、进入到农业、进入到社会，因此，我认为不应该是“势不可挡”，不是挡不挡的问题，而是迎接的问题，不是“刹”的问题，而是要扩大的问题；要让这个革命席卷全国每一个领域，渗透每一个领域。

作为当时党中央唯一的“副主席”，林彪讲出上面这番话的分量是不言而喻的；为了压住周恩来、陶铸等代表的正确意见，林彪不啻是中央文革一伙请来的一位“尊神”。在“革命”和生产关系的问题上，林彪的观点十分明确：“革命”是至高无上的，它可以取代一切，冲击一切，不管国家和人民为之付出多么重大的代价，其损失也是“最小、最小、最小”。林彪的这个讲话也可以说是后来很长一段时间里，林彪、江青等人在“革命”和生产问题上散布的种种荒谬论点的一个“开场白”。

值得一提的是，在这次会上被点名“批判”的陶铸，在关键时刻置个人安危于不顾，为保护周恩来和其他领导同志，他毫不犹豫，挺身而出，毅然承担了“堵”、“压”、工厂、农村开展“文化大革命”的“主要责任”。1个月后，陶铸便被中央文革一伙人突然打倒。从某种意义上说，陶铸也是因致力抓生产而“冷淡”了“革命”才遭此不测的。

总之，1966年初冬工交座谈会上的这场斗争，实际是以周恩来、陶铸等领导同志为代表的党内正义力量同林彪、江青一伙在要不要借抓“革命”而搞乱生产、乃至不要生产这样一个基本问题上的一次激烈较量。自“文化大革命”发动以来，“革命”影响、干扰、破坏生产的情况已是屡屡发生，成为世人所耳闻目睹的客观事实。这就迫使人们必须去重新认识这场“革命”对于生产到底是在起一种什么样的作用。对于长期以来一直致力于经济建设的老一辈革命家和广大干部群众来说，这样的“革命”越扩大、越深入，他们心中的疑虑、不解、反感和抵触情绪也就越发展、越加重。

三

工交座谈会之后，在中央文革一伙的大肆煽动下，“文化大革命”开始全面进入工交、财贸、科研等生产业务部门。一时间，“革命”压倒生产、压倒一切业务工作的言论甚嚣尘上，大批产业工人、技术干部、科研人员纷纷脱离生产岗位，“停产闹革命”竟成了“合法”行动。

接着，在上海“一月革命”的影响下，全国又掀起了“夺权”浪潮。在1967、1968这两年里，全国各地武斗迭起，派仗不息。极端混乱的局势使得整个国民经济陷入瘫痪、半瘫痪状态，工交、财贸、科研等系统的生产业务更是连连受损，每况愈下。在这种情况下，周恩来等老一辈革命家关于“革命”和生产“双轨进行”、互不干扰的最初设想，实际上已根本无法实现；他们为之付出的种种努力，也一次次地在客观现实面前受挫、落空。和其他老一辈革命家一样，这时的周恩来不能不对那些自诩是最最“革命”的行为产生极大的怀疑；他这时的言论，已不仅仅是停留在对所谓“革命”的劝导和限制上，而是对其事实上给国家和人民造成的严重后果表示了极大的愤慨和不安。

首先，周恩来在应付和处理各地各部门生产业务中急需解决的大量问题之际，不断向党内外群众（包括各地的造反派头头）指出“革命”给生产建设带来的巨大损害。仅从1967年下半年里周恩来有关铁路、煤炭等生产情况的言论中，便可知当时问题的极端严重性。

1967年5月底，据铁道部业务监督小组的紧急报告反映：因各地两派纠纷和武斗，京广、津浦、陇海、浙赣等四条铁路干线均已处于半瘫痪状态，仅徐州一处，就停开货车69列……到6月份，各地造反派仍继续滞留车辆，阻断交通，致使包括国际列车在内的客货运输都不能正常运行。

据此，7月初，周恩来在接见河南某群众组织代表时沉重宣布：现在，全国除东北外整个铁路交通中断。随后，他又告诫，铁路问题是关系整个国民经济生活的首要问题；由于交通中断，现在煤运不进来，许多工业用电都停了，民用电也停了，整个生产生活都在受这个影响！

9月间，他又在一些场合指出：现运输已降到最低水平，码头货物堆积如山，外国船只卸不了货，每天罚款，国家财产损失相当大。他说：“四大”一提倡，大字报一搞，搞到这个程度，谁能料到？（两派武斗）恐怕最大的损失就是国家的损失，到处停产嘛！像沈阳、西安这样的大工业城市，有很多援外项目，也搞得停产、停电，我们想起来就难过！

11月下旬，他对黑龙江省某造反派代表说：你们东北是最冷的地方，但现在最好的煤矿日产量还不到一半。东北离开煤怎么行？……闹“革命”闹了一年半，去年还有库存，今年都用上了，搞不好就都得停产。所以不能再打（派仗）了！一次，当周恩来得悉某

※农工在麦场上进行形式主义的政治学习。

铁路枢纽站因打派仗滞留了3600多节车皮，而该地区造反派还在反映写大字报没有纸和笔时，他不胜激愤地答道：现在不是要纸要笔的问题，现在是要火车畅通的问题！全国铁路“革命”革了一年半，造成这种局面，我们在座的难道心里就舒服？我就不信！

在这段时间里，周恩来多次使用“内战”这两个字来概括他对各地因武斗所造成的混乱局面的看法。他曾严词责问广西两派代表：你们看一看，现在“内战”打成什么样子！一段段的铁路比过去军阀混战时搞得还厉害！我们的工人阶级兄弟、人民群众就在打这个“内战”！

在诸如此类的场合，周恩来极少讲“文化大革命”的“伟大胜利”，而讲得更多、更具体的恰恰是“革命”给生产建设和人民生活造成的实实在在的损失和破坏。他的这种切身感触，甚至还可以从他与外宾的交谈中窥见一斑。1968年2月，他在接见邻国客人时曾回顾说：一年来，我都在管铁路运输工作，每星期都过问。运输上发生问题，这是“文化大革命”的副作用，两派争吵不休嘛！同年8月，他又对另一批外宾讲：由于运输上的关系，动力上的关系，直接影响到生产；在去年下半年、今年上半年有很多指标不是上升的趋势，原来设想今年生产会逐步好转，结果相反。

其二，周恩来在指出“革命”给国家、给人民带来巨大损害的同时，还进一步揭示了上述“内战”的实质，即资产阶级、小资产阶级的派性，极端的无政府主义和反动的极左思潮所导致。

1967年6月初，周恩来向“炮轰”聂荣臻的国防科工委某造反派指出：不能任“打、砸、抢、抄、抓”这股风发展下去，这种无理、残暴的行为根本不像无产阶级革命派。你们现在完全是派别之争、意气之争，是不顾大局的极左倾向、极左错误，这不是个小错误，其表现就是整天忙于打“内战”！后来，周恩来又当面质问该造反派组织头头：你们到底是无产阶级革命派，还是极左思潮派？！

7月25日，他针对钢产量急剧下降、许多炼焦炉熄火的情况，严厉批评鞍钢两派代表：你们这样做完全是为个人、为小团体、为派别利益争“气”，而不是为国争光；你们两大派相互“压”的结果，不是把派性组织压垮了，而是把钢铁生产压垮了！

随后，周恩来在许多场合强调：要反对极左倾向，警惕极左煽动，其表现就是无政府主义，就是不相信领导、否认一切领导，怀疑一切，打倒一切。当前，资产阶级、小资产阶级派性已成为一种社会思潮，成为一种普遍现象。

在周恩来苦口婆心的反复批评、教育下，某些造反派组织的“革命”行动确有所收敛，一些地区的生产危机也有所缓解。但是，由于“文化大革命”“左”的指导思想始终没有从根本上改变，其“左”的实践也必然会恶性发展，乃至愈演愈烈，欲罢不能。自1967年冬起，“全面内战”已达到空前激烈的程度，许多地区的派性争斗不仅仅是客观上带来种种严重后果，而是有目的地、人为地制造一连串的大规模的破坏行动。据1968年2月4日铁道部军管会生产指挥部报告：2月2日晚，津浦线上两列客车遭武装抢劫，乘务员数人被绑架，枪支等被抢走；此外，该干线几处路段被毁，通讯调度中断，数座铁路、公路桥被炸。同日，周恩来就此情况致信毛泽东：像另纸所报破坏铁路情况，在徐州、蚌埠、郑州、连云港十字线上为最甚；次之为衡阳、柳州、广州三角线上；再次为西南昆明、成都一线。这些破坏铁路、炸毁桥梁的行动，已超出派性，完全是反革命行为，必须实行专政措施。之后，经周恩来亲笔修改的、由中央发出的《关于确保援越抗美物资运输畅通的紧急命令》中明确提出：对一切破坏运输、装卸的反革命行为，必须采取有力措施。同年7月，中央连续发布“七三”、“七二四”布告，对大搞打、砸、抢、烧、杀行为的造反派组织采取断然措施，在一定程度上制止了上述大规模的破坏性行为，但也因此留下了一些后遗症。

其三，周恩来在这个时期一直强调的具有特定含义的“抓革命、促生产”，是建立在革命的积极作用应体现在生产上，生产是检验一切革命的标准这一认识的基础上的。

1967年，正当“全面夺权”深入进行时，周恩来即向造反派指出：搞革命，就要使工作有起色。难道搞革命就是为争权吗？在后来的一些场合里，他还这样讲过：生产是检验我们各项工作成绩的最好标志；每一个革命群众组织，都要在生产中经受考验。

同年6月下旬，在接见国家机关各部委代表及出席全国订货会议代表时，他又说：愿做真正的革命派，就要“抓革命、促生产”，眼下首先要保证把订货会议开好，拿这件事考验你们是不是真正的无产阶级革命派。

七八月间，他在接见河南等地代表时又指出：现在是黄河防汛时期，这关系到千百万人的生命财产，也是对你们的最大考验。在你们这里，最关键的问题一个是铁路，一个是水利，以此考验你们是否真正愿意革命。铁路上的两派，不管过去认识怎样，都要在“抓革命、促生产”这个问题上一致起来，都要在保证铁路畅通这个问题上证明你是站在毛主席的革命路线上。

10月29日，周恩来在全国铁路运输工作会议期间更加明确地提出：如何把铁路运输搞上去，这个问题太大了。从这里不仅看出业务，也看出政治。他说：空喊“革命”而不抓业务，“革命”就是空的，革命与业务要联系起来、结合起来。不管你过去是什么“派”，只要在这个问题上做得好，就回到毛主席的革命路线上，就是革命派。之后，他又具体提出：“革命”就要拿出实际行动来，保证上班8小时，不误点，不旷工，不打扑克，在这些问题上做出模范。

1968年1月8日，他在中央对沈阳等铁路局实现群众组织间的大联合、签订“抓革命、促生产”的协议的批语中亲笔加上：是否严格遵守和坚决执行自己所达成的协议，是对每一个群众组织“是否能真正成为无产阶级革命派”的重大考验。

同年2月2日，在接见工交、财贸、农林口各部委及国务院直属单位的代表时，周恩来再次强调：每个部门一定要把革命跟业务、跟工作结合起来，再不能只抓“革命”，不管工作……每个部门的造反组织如果不抓业务，你就不能算一个完全的革命派，你就是口头革命家，因为你不去实践嘛！要通过你自身的业务来实行革命，通过实践来考验你是不是一个完全的革命派。

以上周恩来的一系列行动和言论充分表明，在“天下大乱”、“全面内战”的日子里，周恩来对于“抓革命、促生产”的理解和倡行，一方面是建立在对“文化大革命”所造成的大量破坏性事实的根据上的，另一方面，也是源于他长期以来对政治与业务、革命与建设关系的一贯理解和认识的基础之上的。

在“文化大革命”中，周恩来还曾多次批判过所谓“‘革命’抓好了，生产就会自然而然地上去”的说法，表示从不相信这种“自然而然”的逻辑。从表面上看，这与他在各种场合提出的“抓革命、促生产”的口号是有着很大矛盾的。然而，通过以上对周恩来在“文化大革命”前期抓生产、抓业务的思想和实践的考查，乃至他在“文化大革命”中期，在批判林彪的过程中有关政治必须落实在业务上的观点的提出，凡此种种，都无不证明了周恩来思想的连续性、一贯性。他的对“自然而然”论持异议，也就不足为怪了，这恰恰是他对“文革”时期具有特定含义的“抓革命、促生产”口号，所做的特殊诠释和“补充”。

（周延）

人民要吃饭，农业要上去

人民要吃饭，农业要上去，这是周恩来时时刻刻挂念的问题。他说：“抓农业是不能一日放松的；我们搞计划，一定要把农业这个口子管起来。这是个基础工作。”

周总理领导经济工作，从来都重视抓农业这个国民经济的基础，即使在十年动乱中，他也从未放松对农业的领导。

1966年2月，正当林彪、江青一伙在上海进行阴谋活动，以召开部队文艺工作座谈会的名义进行反革命舆论准备的时候，周总理在北京主持召开北方抗旱会议，研究如何缓解当时北方面临的严重旱情，保持农业的稳定增长。会后，总理接着就召开国务院会议，指出：北方抗旱是长期的任务，要做长期打算，要持续不断地把抗旱工作抓下去，以抗旱推动整个农业的发展，解决北方的粮食问题，逐步扭转“南粮北调”的局面。为了落实会议的精神，总理提出要组织几个抗旱工作组，分头下去调查研究，督促检查，并具体建议李富春同志任辽宁组组长，李先念同志任河南组组长，谭震林同志任山西组组长，林乎加同志任山东组组长，要我去陕西，总理自己则亲自担任北京和河北（当时天津市属河北省）两组的组长。3月7日，中共中央和国务院发出《关于成立北方8省（市、区）农业小组的通知》，确定把山西、河北、山东、河南、陕西、内蒙古、辽宁、北京8个省、市、自治区的农业作为农业战线上的一个战略主攻方向。同时，决定成立中央北方8省、市、自治区农业小组，周总理亲自担任组长，副组长为李富春、李先念、谭震林、李雪峰、薄一波同志，我被指定任副组长。3月8日邢台发生大地震，总理亲赴地震现场慰问受灾群众，布置救灾工作，同时视察了河北的旱情。总理万万没有想到，正当他亲自抓华北抗旱救灾工

※ 周恩来十分关注农业生产，这是他在郑州市郊视察。

作的时候，一场灾难性的动乱爆发了，他的工作部署完全被打乱了。

人民要吃饭，农业要上去，这是周总理时时刻刻挂念的问题。他多次对我们讲：要按照毛主席提出的农、轻、重的次序安排国民经济计划，“抓农业是不能一日放松的；我们搞计划，一定要把农业这个口子管起来。这是个基础工作。”“文化大革命”期间，他在那样日理万机，又要疲于应付林彪、江青反革命集团制造的一个个事件的情况下，也始终没有放松抓农业。他一方面及时纠正一度出现的农村“平调”现象，稳定当时人民公社三级所有、队为基础的管理体制，保护农民的生产积极性；另一方面挤出时间亲自召开北方农业会议、全国棉花生产会议等一系列会议，部署农业生产，落实各项支援农业的措施。1968年，在周总理亲自主持下，国务院全面部署了华北地区打机井的工作，并把这件事当做改变华北地区农业落后面貌的一项重大战略措施来对待。此后，不管局势多么混乱，周总理和主持国务院日常工作的李先念副总理，一有机会就要讲支援农业的问题，指示国家

※ 1971年5月，周恩来接见全国农业劳动模范殷维臣（右二）和全国先进知识青年代表侯隽（左一）等，向他们了解农业生产情况。

计委每年在计划中必须做出支农的具体安排，在资金、物资上支持逐步改变农业的生产条件。1969年3月24日总理在全国计划工作座谈会上的报告中，再次明确指出：不管材料多么紧张，“给农业的160万吨钢材一定要照拨”，“水利建设不能放松”。1968年以后，华北地区打机井的工作，每年以30多万眼的速度持续前进。这项宏大的农田基本建设工程，得到了广大农民的热烈拥护。现在华北大地上已有近200万眼机电井，1亿多亩耕地提取地下水灌溉，大大改变了历史上十年九旱的生产条件。这是周总理20年前所作的正确决策结下的丰硕成果。“饮水不忘掘井人”，全国人民永远不会忘记周总理对改变我国农业生产条件所做的巨大贡献。

周总理对黄河、淮河、海河、长江等大江大河的治理一直十分关心，许多重要兴利除弊水利工程的建设，都是总理亲自过问的。“文化大革命”期间开工兴建的葛洲坝工程，从项目的审定到设计方案的重大修改等关键问题，都是总理亲自召开会议讨论决定的。记得1972年11月21日总理在听取葛洲坝工程中存在的问题的汇报时曾说：“解放后20年我关心两件事，一个水利，一个上天（指导弹、卫星）。”

周总理在抓兴修水利和农田基本建设的同时，还用了很多心血抓化肥、农业机械等支农工业的建设。1971年，总理提出，我们要从很有限的外汇中尽一切可能挤出一部分，抓紧进口一批国外的大化肥技术设备，发展自己的先进化肥工业。国家计委1972年1月提出进口计划方案，经李先念副总理审查同意后即报请周总理批准，先后从国外引进13套大化肥技术设备。这13套大化肥设备建成投产后，每年可以生产标准化肥1300多万吨。与此同时，总理还亲自布置上海市制造上百套的小化肥设备，支持发展各地的小化肥工业。可以说，我国化肥工业的生产建设能取得今天这样的巨大成就，是浸透了周总理的心血的。

周总理时时处处都在关心农业。这里我再讲一件使我受到深刻教育的事情。1973年5月14日总理看到《参考消息》刊登的世界气象变化的报道后，当天就给李先念等同志和我写了如下一封亲笔信："请你们好好读一下五月十四日的《参考消息》（五二五一期）四版下栏关于世界气象变化的两篇报道，并要气象局好好研究一下这个问题。今年我们可能还会遇到南涝北旱的局面，请告农林部多多提醒各地坚持实行防涝抗旱的措施，不要丝毫松懈。"

"文革"10年，林彪、江青反革命集团前前后后施展了无数的阴谋诡计，进行了大量的破坏活动，妄图把农村也搞得大乱，以便于他们篡党夺权。但是，由于广大农民和农村干部进行了多方面的抵制，由于周总理与他们进行了多种形式的斗争，全国农业生产虽然受到了严重干扰，但还是缓慢地发展，维持了城乡人民生活必需品的供应。

（余秋里）

"四五"计划的制定

周恩来一向强调发展我国经济要有长远打算，要作中长期计划，不能走一步说一步，从第一个五年计划开始，每一个五年计划都是在周恩来直接领导、亲自过问下制订的。1969年全国经济刚刚开始有所回升，周恩来就指示要抓紧研究制订第四个五年计划，以期早做准备，使全国经济走上正常轨道。

1966年开始的第三个五年计划，是在"文革"初期国民经济遭到很大破坏的极其艰难的条件下执行的。1967、1968两年全国经济连续下降，1969年刚刚开始有所回升，周总理就指示我们要抓紧研究制订第四个五年计划，以期早做准备，使全国经济走上正常轨道。

他指示我们，提“四五”计划的奋斗目标一定要考虑全面，不仅要考虑工业，而且要考虑农业和整个国民经济的比例关系，“要全国一盘棋，搞好综合平衡，不然就会互相挤”；在方针任务的提法上，要与“三五”计划所提任务相衔接，明确写上：“初步建立我国独立的、比较完整的工业体系和国民经济体系。”考虑到当时的具体情况，制订详细的“四五”计划的条件还不具备，总理提出可先搞出一个计划纲要，以利指导经济的发展和防止盲目性。我们在1970年8月份以前提出了一个“四五”计划纲要草案，周总理亲自主持讨论了好多次，提出了很多重要的修改意见，并决定将纲要草案提交9月份在庐山召开的九届二中全会讨论。庐山会议开始以后，林彪、陈伯达就跳出来干扰破坏，把原定的会议日程打乱了，结果“四五”计划纲要未能讨论，只作为会议参考文件印发了。

这个计划纲要在拟订过程中，由于受林彪鼓吹的“用打仗的观点观察一切、检查一切、落实一切”的影响，过分突出建立重工业，特别是三线的军事工业，基本建设投资规模过大，有些生产指标也定高了。“九一三”事件以后，周总理在抓经济整顿、调整的工作中及时指示我们，要根据新的情况对“四五”计划纲要进行必要的修改，压缩过大的基本建设投资规模，调整投资结构，降低一部分过高的生产指标；同时努力发展对外贸易，抓紧国际有利时机，在已经逐步打开的对西方国家的贸易中抓紧进行成套设备和新技术的引进工作。这里特别应该提到的是，1972年根据周总理和李先念副总理的指示拟定的并由总理亲自审批的“四三”引进方案，即用43亿美金在三五年内引进一批国外的先进技术设备，其中包括：13套大化肥设备，4套大化纤设备，3套石油化工设备，1个烷基苯厂，43套综合采煤机组，3个大电站，武钢的1.7米轧机，以及透平压缩机、燃汽轮机、工业汽轮机等的制造技术。这个方案，国家计委于1973年1月2日正式上报国务院，很快即由李先念副总理和周总理审查同意，并报毛主席批准了。这是新中国成立以来第二批大规模的引进（第一批大规模引进是“一五”计划期间的156项），也是打破多年来西方国家对我国的封锁、禁运局面，发展我国同资本主义国家的贸易和经济技术合作的重大突破。

1971年10月，我国在联合国的合法席位得到恢复，从而结束了20多年来我国被剥夺在联合国合法权利的极不公正、极不合理的现象。1972年2月，美国总统尼克松访华，中美双方发表了上海联合公报，确定了发展两国关系的基本原则，开始了中美关系正常化的进程。1972年9月，日本首相田中访华，中日两国政府发表了联合声明，宣告两国正式恢复邦交，开始了两国关系史上的新篇章。这是毛主席、周总理亲自制定的我国独立自主和平外交政策的伟大胜利。根据国际关系的这种新形势、新变化，周总理高瞻远瞩，及时指示我们要采取积极措施，扩大出口，换取外汇，引进技术，推进四化。在周总理直接领导和

※ 周恩来视察海南岛西联农场时和割胶工交谈。

亲切关怀下，“四五”计划期间我国的对外贸易，特别是对资本主义国家的贸易有了突破性的发展，进出口贸易总额由1970年的45.9亿美元增加到1975年的147.5亿美元，五年中增长了2.2倍。为了扩大新的出口货源，总理指示我们要利用当时国际贸易的有利形势和我国已开发的石油资源，多出口一些石油，使石油的年出口量由1970年的38.5万吨，增加到1975年的1197.9万吨，五年中增长了30倍，为国家赚取了很大一笔外汇。对外贸易的迅速扩大，我国的港口设施能力和远洋运输能力明显不相适应的矛盾突出出来。为此，周总理在“九一三”事件以后不久，就及时指示我们要抓港口建设，提出港口建设计划。1973年2月，中央政治局在听取国民经济计划汇报时，又专门讨论了港口建设问题，总理指出：“交通是先行，是基础工业，必须采取非常措施，很快把它搞上去。”并发出了“三年改变港口面貌”的号召。同一期间，总理还提出要在积极发展自己造船工业的同时，利用中国银行的贷款，在有利的条件下，适当购买一批外国货船，包括仍可行驶的旧船，组成自己的远洋船队，力争在1975年基本改变主要依靠租用外轮的局面。应当说，我国能有现在的250多个万吨级以上的深水码头泊位和现代化装卸设施，能有一支将近2000万吨的远洋运输船队，是同当时周总理的远见卓识、正确决策分不开的。

出口贸易的扩大，外汇收入的增加，不但还清了当时的外债，而且使我们有可能拿出相当数量的外汇引进国外的先进技术设备，推进我国工业的现代化。由周总理指示和亲自审定的上述“四三”引进方案，就是在这种国际国内的有利条件下，排除“四人帮”的干扰而提出和实施的。通过引进这一批成套的先进技术设备，我们兴建了26个大型骨干项目，不但增强了我国基础工业的力量，增添了新的工业门类，提高了现代化技术水平，填补了一些缺门产品，而且培养了一批能掌握现代化先进技术的工人和管理人才。这是周总理为实现“初步建立我国独立的、比较完整的工业体系和国民经济体系”的“四五”计划任务所做的巨大贡献。

这里还应当提到，“文化大革命”期间建设起来的胜利油田，大港油田、焦枝线铁路、成昆线铁路、刘家峡水电站、丹江口水电站、望亭电厂等许多重点工程，以及人造地球卫星的发射成功等重大科学技术成就，也无一不是同林彪、“四人帮”斗争的结果，无一不浸透了周总理的心血。

（余秋里）

特殊年代里的中央专委会

氢弹原理性试验成功，周恩来在西花厅为刘杰等人庆贺。这时造反派却在中南海西北门外，扬言要打倒刘杰等，并把矛头指向周恩来。周恩来闻知后，风趣地说，他们反对我，我引为光荣。

我国的尖端科技事业，是在周恩来总理的亲自领导下创建和发展起来的。从1962年中共中央专门委员会成立，到1974年周总理病重住院，在十几年时间里，他共主持了40多次专委会议和若干次专委小会。他对尖端科技事业的领导是深入具体的。从方针、政策、基本原则的提出到各级专门机构的组建、专业人才的培养、专业队伍的聚集和思想建设，从发展规划的提出和制定、组织项目攻关、各个方面的协调，到每次试验的通盘部署、具体组织，都倾注了大量心血和智慧。他对发展我国尖端科技事业的卓越贡献是多方面的。

一、组织专门机构

20世纪50年代末60年代初，国际斗争日趋激烈，霸权主义者乞灵于核讹诈政策，东方和整个世界的和平都受到核战争的威胁。毛泽东同志综观世界风云，瞩望人类前途，看到要稳定世界局势，维护世界和平，就必须消除核恐怖，打破核垄断，粉碎核讹诈。为此，他对一位夸大原子弹威力的外宾说："原子弹威力再大，无非是从中国炸进去，从美国炸出来，有什么可怕。"他针对帝国主义的核垄断提出："搞一点原子弹、氢弹，我看有十年工夫完全可能。"

当时，我们面临的国内外形势是严峻的。"大跃进"的失误加上接连发生的天灾，使我国的国民经济陷入了3年困难时期，工农业生产损失巨大，人民生活困难严重，边境上又遭到外来的武装侵扰。此时，苏联又单方面撕毁了所有的中苏经济技术合同，使我国的经济雪上加霜，受到严重的损失。而原子能工业更是首当其冲，从1959年6月开始，苏方就已停运各种器材，拒绝交付技术资料，想把中国初生的原子能工业扼杀在襁褓里；而美国早就对我们实行着严密的封锁。

但是，中国人民从来没有被任何困难压倒，从来不对任何压力屈服。面对这内忧外患的重重困难，毅然吹响了向尖端科技高峰攀登的号角。

1962年10月30日，中国人民解放军总参谋长罗瑞卿同志，向党中央呈送了发展我国尖端事业的报告。报告中引用了第二机械工业部关于1964年做好爆炸原子弹准备工作的设想，建议成立中共中央专门委员会以加强对尖端事业的领导。

11月2日，中共中央总书记邓小平批示："拟同意，送主席、刘、周、朱、彭核阅。"

11月3日，中共中央主席毛泽东批示："很好，照办。要大力协同，做好这件工作。"

随后，中华人民共和国主席刘少奇在政治局会议上提出："这件事要请总理（指周恩来同志）出面才行。"政治局几位领导同志都表示赞成。

小平同志说，你们的计划毛主席、党中央已经批准了，路线、方针、政策已经确定，现在就是你们去执行。你们大胆去干，干好了是你们的，干错了是我们书记处的。中央领

※ 1967年6月17日，我国第一颗氢弹爆炸成功。

导同志的这些讲话，使我们受到了极大的鼓舞。

中共中央决定成立以周总理为主任，由副总理贺龙、李富春、李先念、薄一波、陆定一、聂荣臻、罗瑞卿，以及国务院和中央军委有关部门负责人组成的中央15人专门委员会，加强对核武器研制和核工业建设的领导，以加速实现原子弹爆炸试验计划。

从此，我们敬爱的周总理在日理万机之中，又肩负起一项新的重担——领导我们开创尖端科技事业，并很快就以高屋建瓴之势排除万难，走上了迅猛发展的轨道。

从1962年11月中央专委成立到1964年10月16日我国第一颗原子弹爆炸试验，周总理亲自主持召开了9次会议，及时解决了生产、科研和建设中的100多个重大问题。

二、加速研制氢弹

第一颗原子弹爆炸试验成功后，周总理问刘杰同志对研制氢弹的安排考虑，刘回答：现在还有许多问题吃不透，大约需要三五年时间。周总理说，5年是不是太慢了。的确，从原子弹到氢弹是一个质的飞跃。实现这个飞跃，美国用了7年零4个月，苏联用了4年，英国用了4年零7个月，那时法国已经研制了4年多，但还没有搞成功。各国对研制氢弹的技术都严格保密，只字不露。根据周总理的指示精神，我们认真分析了我国核工业建设和核武器研制工作的形势，认识到氢弹研制的技术难度虽然很大，但有利条件也很多：我国核武器科研人员掌握了原子弹的有关理论和计算技术，系统地查明了原子弹内部的物理图像和各种物理规律，为研制氢弹打下了坚实的基础；在研制原子弹时，氢弹的原理探索已经开始，并取得了一定成绩；必需的材料氘化锂–6生产线接近建成；国产每秒5万次的电子管计算机已经开机，计算手段有了一定改善，等等。经过反复论证，二机部向中央专委呈报了《关于加速发展核武器问题的报告》。1965年2月3日和4日，周总理主持第10次专委会议审议并批准了这个报告，决定：“力争于1968年进行氢弹装置的爆炸试验。”广大科技人员下决心抢在法国的前头实现氢弹爆炸试验。

在1968年或这之前突破氢弹技术，就是说要以比美、英、苏都快的速度把氢弹研制出来，这个目标有实现的可能性，但绝不是轻而易举的，是必须经过一番艰苦努力才能达到的。

由原子弹到氢弹的飞跃，关键是理论上的突破。周总理一贯强调处理好理论和技术的关系，主张给理论研究以重要位置，反对忽视理论研究的近视倾向。他早在1956年1月就指出：“没有一定的理论科学的研究做基础，技术上就不可能有根本性质的进步和革新。”当我们在《关于加速发展核武器问题的报告》中把原理探索作为突破氢弹技术的首要措施提出来时，得到了他的首肯。后来，正是由于理论上有了重大突破，才有氢弹新设计方案的形成和付诸试验，并得到了完全胜利。

在氢弹的研制过程中，周总理还给我们制定了“严肃认真，周到细致，稳妥可靠，万无一失”的工作指导方针。这16个字，充分体现了周总理一再强调的要“保证产品的高质量”和“绝对保证安全”的思想，深刻揭示了核工业建设和核武器研制试验的特点和规律。由于我们切实贯彻执行了上述方针，从而避免了可能出现的奇灾大祸和巨大的浪费。

我国导弹核弹头的第一次结合试验，囿于当时的技术状况，是采用带有核弹头的导弹飞行方式进行的，导弹的发射、路径、爆点都在本土及其上空，风险很大。在这次试验的准备过程中，周总理一再指示要“绝对保证安全”，指示七机部要保证导弹正常飞行，指示二机部要做到在导弹掉下来的情况下不发生核爆炸。根据总理的指示，二、七机部分别在导弹和核弹头上采取了多级保险措施和安全自毁装置。但是，周总理对此仍不放心，主持召开了两次专委会研究两弹结合试验的安全问题，并指示进行两弹结合保险措施和安全自毁的两项“冷”试验，然后根据试验情况决定是否进行“热”试验。国防科委、二、七机部密切配合进行了上述两项试验，进一步验证了两弹结合试验的安全可靠性。至此总理才批准于1966年10月27日进行了导弹核武器的飞行爆炸试验，取得了圆满成功。

1966年12月10日左右，核武器研制基地报告，首次热核试验用的热核装置有一个部件加工时出了一些质量问题，但不严重。当总理得知这一情况后，立即派刘杰同志乘专机前往处理。当刘对乘专机有些犹豫时，总理严肃地说：“飞机就是为了检查工作用的，你们就是要利用飞机争取时间。”刘到核武器基地，实地观察加工好的部件，发现那不过是用放大镜才能看见的擦痕，经和科研人员研究，认为这不能算是一个质量事故，已加工出的部件可用，不会对爆炸试验产生影响。这样，总理才放了心，才批准按新设计方案研制的氢弹于1966年12月28日12时试验。试验结果表明，氢弹研制的关键理论和技术问题都获得了解决。

这时候，已经被“文革”动乱严重干扰的周总理，在得知氢弹原理性试验成功的消息后，他当即把刘杰同志等几个人召集到西花厅，听取汇报，庆贺试验成功。他还特地为我们准备了晚餐，并且备了酒。这时二机部的造反派却到了中南海的西北门外，扬言要打倒我们，并把矛头指向周总理。周总理闻知后，风趣地说，他们反对我，我引为光荣。随后，周总理念起毛主席《水调歌头·游泳》中的两句词，“不管风吹浪打，胜似闲庭信步”，提醒和勉励我们要经受得起风吹浪打的考验。接着，他又举起酒杯，风趣地说，今夜得宽余，喝酒吧！

这次试验，无论从原理、结构，还是从达到的比威力和聚变比等指标看，就是一次氢弹地面试验。因此，半年之后，即1967年6月17日，我国便成功地进行了1次300万吨级的空投氢弹试验。

我国氢弹爆炸试验成功，提前实现了毛主席1958年作出的“搞一点原子弹、氢弹，我看有十年工夫完全可能”的预言，提前实现了周总理提出的1968年进行氢弹爆炸试验的目标，实现了我国核武器研制工作的第二次突破，为系列导弹核武器的研制和装备部队奠定了基础。

我国氢弹爆炸试验成功，再一次震动了世界。我国从第一颗原子弹试验到氢弹试验，其间不过两年零八个月，与美、苏、英、法比，速度是最快的，从达到的比威力等指标

※ 这是1970年4月24日我国成功发射的第一颗人造地球卫星——东方红一号。

看，其技术水平也比美、苏首次试验的氢弹水平高。

三、抓紧“两弹结合试验”

1964年10月16日，第一颗原子弹爆炸成功以后，周总理就及时提出，立即抓加强型原子弹和氢弹、导弹，特别提出“两弹结合试验”为下一步重点。中央批准了二机部发展原子能事业的长远规划和一些科研课题，如：重水、分子筛、科研和教学用的反应堆及核心设备的攻关等；周总理还指示要加强二机部的政治思想工作和扶持二机部做好全面安排，进一步明确了二机部一系列后方建设的重要政策，要求学习“萨尔图”（即大庆）经验。在做了上述全面安排后，周恩来总理又决定把批准权下放给二机部，并指出不要什么问题都拿到专委会上来，今后国防科委、国防工办要分头负责。周总理之所以决定这样做，是为了通过第一颗原子弹的成功，带动尖端事业的全面发展，同时充分发挥政府机构和企、事业单位的作用，以保证专委会的工作重点顺利地转移到战略导弹和人造卫星上来。他要杨成武代总参谋长安排，由吴克华同志抓紧组建第二炮兵，同时指出，下半年重点抓战略导弹，为了“两弹结合”试验，要从东风二号抓起。周总理在出国访问回京途中，还亲自在基地看了我们的导弹试验。回京后，又检查了核弹头准备工作，然后指出：“两弹结合进展顺利，接着要抓战术导弹（地空、海防）。”这体现了周总理以接连不断地突破战略武器来推动发展战术武器的战略思想。

在讨论导弹问题时，周总理提出要在五院的基础上成立一个部。后来的第七机械工业部就是由一个研究院再划过来一些工厂发展为部的。这就是我们后来常说的“部院合并”的又一个雏形。“文化大革命”中，有人反对这种做法。1966年6月的一次专委小会上，针对两派大闹部院合并问题，有个造反组织要求批斗罗瑞卿同志，周总理说：“这个主意是我首先提出来的。”“这个问题在怀仁堂开了几天会，刘少奇主席支持的，贺、聂、刘亚楼、罗瑞卿参加了，王秉璋也参加了，这过程要从1961年说起，这个问题我提得最早，1962年我就说合起来，部院合并的目的是为了解决三结合，理论联系实际。”周总理就这样简单明了地驳斥了造反派，坚持正确意见，保护了干部。

有一次专委会上，周总理听七机部一位领导汇报规划，其中估计了过多的失败反复的因素，把导弹试飞的时间拖得很晚。周总理听到这里立即指出，为什么那样慢呢？你们回去发动群众讨论，该要条件的给保证，不要乱要，我看群众会比你们看得准些。周总理另指派专办常务副主任赵尔陆同志带了几个人下去，经多次征求钱学森、任新民、黄纬禄、谢光选、梁守槃 、肖淦、崔国良等许多专家学者的意见，并和部领导组织了广泛的讨论会，先在一院摸了一个月的底，修改了试验计划，提出了中远程的全面规划。回来由七机部向专委会议重新做了汇报，一下就定下来了。结果把新导弹试飞的时间从1968年提前到了1966年，投资比原来也大大减少了。接着，周总理和赵尔陆同志又指定我们到其他各院做工作，也都取得满意的结果。当时聂荣臻元帅语重心长地对专委的同志们说："技术民主问题，在民主的基础上集中，现在大家尝到味道了。"

专委第13次会议确定的战略、战术导弹共有十几个型号。周总理进一步明确新的工作重点，指出战术武器的研制工作，"要为地空导弹让路"，并解释说，"没有舍就没有得"，论证了重点与全面的关系。随后，第14次专委会议连续开了3天，讨论近期规划。周总理在会上提出了系统任务，他说，明年是导弹年，要有收获。他要求实行军民结合，专业协作，各部门不要单搞一套。他说："七机部接过上海机电二局和工厂以后，要军民结合，我们是一家子，原协作关系要保持，要为地方服务。""人人为我，我为人人"这个提法很好，"上海的协作是值得我们学习的" 。

1966年9月，周总理还满怀信心地对刘柏罗同志说："明年就用这种（专委）办法抓飞机。"若不是十年浩劫，我国的航空工业早就会有新的发展了。周总理有一个一贯的思想，就是抓重点带动一般，抓尖端带动常规。在第14次专委会上，就曾在原则批准了攻击型核潜艇的同时，讨论了整个国防工业"以两年时间完成三年任务"的要求，并批准了"1966、1967两年规划"，主要项目是各种战术导弹和核潜艇、人造卫星等重大课题。

有一次刘柏罗同志在汇报到导弹地面设备的研制工作时提到了必须组织科研、生产、使用单位的三结合。周总理指示说："你们这个三结合提法符合马列主义、毛泽东思想。"他说，事实上是两个三结合，即科研、生产、使用三结合和科技人员、工人、领导干部三结合。他说，要坚持两个三结合、群众路线，要以实事求是、循序渐进的科学态度，树立兢兢业业、周到细致的工作作风，贯彻大力协同精神。对导弹地面设备，他说："一、二、三、四、五机部应当分别组织联合设计，广泛吸收使用部队意见，由七机部提出设计要求，否则各部都自己搞，来个万事不求人，是什么也搞不出来的。"周总理经常用这些至理名言和具体入微的要求教育同志们。他的每句话都深入人心，成为指导尖端事业迅速发展的思想动力。

由于要求明确，各方面工作抓得很紧，华北、华东、东北的工作都进展很快。到1967年9月，我防空部队终于打破了将近两年没有战功的沉寂，用国产新型地空导弹把改进了的美国高空侦察机击落下来。

※ 1971年9月10日，我国第一枚洲际火箭发射成功。

四、在动乱中排除干扰继续前进

十年动乱中，周总理等老一辈无产阶级革命家对核工业采取了一系列保护措施，同林彪、江青反革命集团的干扰破坏进行了针锋相对的斗争，使核工业在动乱中仍能继续有所发展。

1967年春，全国夺权、武斗的风暴殃及核工业，刘杰同志已靠边站了。许多工厂和研究机构也先后发生了夺权、武斗，乃至出现了停产等严重问题，广大职工生活受到影响，工厂安全受到威胁。针对这一状况，在1967年3月中旬到11月底的8个半月时间里，周总理亲自多次打电话，并签发了11封特急电报，明确指出：这些单位“是国家重要的国防绝密工厂，对国防建设、加强战备具有极其重要的意义”，要“保证工厂绝对安全，保证工厂稳定生产”。周总理还两次派调查团（组）到原子能联合企业和核武器研制基地了解情况，制止武斗，维护正常生产。所有这些保护措施，对核工业在“文化大革命”开始后相当一段时间，各项工作大体仍能按计划进行起了重大作用。

1969年，林彪利用所谓备战，决定核燃料工厂搬迁。反应堆和核燃料后处理工厂具有强烈放射性，根本不能搬迁，其他核工厂搬迁也必然中断生产。核事业面临着一场灾难。1969年8月12日，周总理主持专委会讨论这个问题，他针锋相对地指出：“一线工厂不能搬，要继续生产，加紧生产，力争多生产多储备。”周总理确定的这一正确方针，避免了搬迁可能带给核工业的致命的破坏。

1970年初到1974年，特别是后两年，周总理的处境越来越困难了。一方面，“四人帮”对他的迫害越来越疯狂，另一方面，癌症对他的折磨也日益加重。然而，为了民族的繁荣昌盛，国家的安全富强，周总理以压倒一切的英雄气概和坚忍不拔的毅力，顶着“四人帮”的压力，忍着病痛，在全国动乱之中，主持着党和国家的要务。在这种危难的情况下，他仍然挤出难得的宝贵时间，继续为发展我国尖端事业呕心沥血。在这段时间里，他克服了重重困难，亲自主持召开了20多次专委会议，对我国尖端事业各个领域的发展，做了一系列重大的决策性的指示。这些指示，直到今天仍然具有现实的指导意义。1970年2月、7月、11月，他先后3次指出我国要搞核电站，要靠发展核电解决上海的用电问题。

1974年3月31日、4月12日，是周总理生前亲自主持召开的最后一次专委会议，看得出，他是以惊人的毅力忍受了巨大的病痛，主持这次会议的。也许他已估计到参加专委会议的时间不多了，在这次会议上，他做长篇讲话，对我国尖端事业的发展提出了许多宝贵的意见。

3月31日，周总理主持专委会审查批准了上海核电站工程（即现在的浙江秦山核电站）的建设方案，要求绝对安全可靠，并指示有关部门选派好的设计人员支援上海，通过这个工程锻炼一支又红又专的技术队伍；他要求二机部、七机部、国防科委、国防工办，要总结经验，并指派了专人抓这件事；他指示在南方选址要注意防潮、防腐蚀、防风化；他十分关心“三废”（废渣、废液、废气）的处理，详细询问了各种处理方案，一一作了指示；他强调要想到21、22世纪，要为子孙后代着想；他指出尖端科研队伍已被林彪一伙搞乱了，要整顿，要从体制上抓。

总理多次指示以后，一机部、水电部、上海市、二机部的有关厂、院（所）和高等院校，在科研设计、设备试制和元件研制方面做了不少工作。但是，由于十年动乱，国家对

※ 1970年2月8日，周恩来提出要建设核电站。这是被命名为728工程的秦山核电站1991年12月建成后的全景。

核电建设不可能有明确的方针和全面的规划，各有关方面也难以协同动作，以周总理1970年2月8日提出搞核电站的时间命名的728工程（即今日的秦山核电厂）在“文革”期间始终未动一锹一镐。

4月12日，他主持专委会议审查另一项工程时，再次谈到，要清除林彪反革命集团的影响，要克服派性，和派性作斗争，要采取措施进行整顿。他详细听取了有关工程设计的汇报，对原设计方案提出了尖锐批评。他指出，没有钻探，水文、地质不搞清楚就定点，是很危险的；他认为搞成“洞内洞外连成一片”、“门当户对”的设计，是严重的失误；他语重心长地告诫大家，今后搞基本建设，一定要注意用水量的问题。他说，水抽多了，地面要下沉，不懂这些就要出漏洞。他一再叮咛大家，一定要牢记我国的尖端事业现在还处在初级阶段，要争取时间尽快搞上去。

1974年8月，周总理最后一次听取二机部的工作汇报，并作了许多重要指示。此后不久，为我国核工业的发展呕心沥血、辛勤操劳的周总理便过早地永远离开了我们。

（刘杰、刘柏罗）

“自己当起了铁道部长”

在派仗迭起、全面内乱的狂潮中，周恩来不得不“自己当起了铁道部长”。从1966年的学生串联，到1967年的铁路军管、大联合，至1968年的“二六”命令、“七三”布告，在“文革”最为混乱的前三年中，周恩来抱定“我不入苦海，谁入苦海”的决心，为维护铁路运输进行了顽强的抗争。

“文革”狂飚突起，中国大地陷入内乱，中国铁路经历了一场世界铁路史上前所未有的大劫难。深谙铁路运输是国民经济大动脉的周恩来，从焦虑、愤慨转向抗争，不得不亲自抓铁路，为维系铁路命脉不被中断而费尽了心血。

1966年8月18日，毛泽东在天安门第一次接见红卫兵，此后红卫兵运动席卷全国，各地学生开始了“北上、南下、西进、东征”的大串联。红卫兵是免费乘车的，一时间，火车行李架上、椅子底下，挤满了大串联的人群，乃至车厢底盘弹簧被压坏。大串联的狂潮给运力短缺的铁路带来极大的压力和困难。

为维持起码的铁路运输秩序，保证国民经济最低限度的运行，周恩来亲自安排铁路的运输调度。1966年9月初，他对调国务院协助抓经济工作的余秋里、谷牧二人说：你们可得帮我把住经济工作这个关啊！经济基础不乱，局面还能维持；经济基础一乱，局面就没法收拾了。生产停了，国家怎么办？周恩来要求余秋里、谷牧组织力量，编制铁路运输计划明细表，并多次指示：“无论多么困难，都要妥善处理好学生串联与生产建设的关系。首先，必须安排好维持生产建设所必需的货运力量。然后，安排好客运计划，在客运计划中留有一定余力以应付学生串联之需。总之，无论如何不能让生产受到影响。”9月12日，周恩来指示谷牧整理铁路货运情况的材料。月底，又指示谷牧起草一个不得随便干扰铁路、航运秩序的通知。

10月31日，中共中央、国务院发出经周恩来审阅修改的《关于维护铁路运输秩序的紧急通知》，要求革命师生要遵守铁路规章制度，严禁拦截和阻止列车运行。铁路部门要迅速恢复正常运输秩序，保证客货运输畅通无阻。11月16日，根据周恩来的提议，中共中央、国务院发出通知，规定从11月21日起全国各地一律暂停乘火车、轮船、汽车到各地进行串联。大串联初步得到抑制。

是年12月12日，周恩来在与中国科学院代表谈话时感慨地说："我做梦都没想到运动来得这样猛。高潮有多大，还要等运动来了以后才能看到。"果然，更混乱的局面还在1967年。

1967年1月6日，上海造反派篡夺了上海市的党政大权，刮起了所谓"一月革命"的风暴。

一时间，夺权恶浪甚嚣尘上。1月22日，铁道部被一伙造反派夺权。全国铁路各局、院、厂在所谓"一月风暴"中也相继被夺权。夺权之后连绵不断的派性武斗使铁路运输几近瘫痪。

在派仗迭起、全面内乱的狂潮中，周恩来不得不"自己当起了铁道部长"。他指示铁道部："铁路上不论什么时候发生重要的事情，都要立即报告给我，不要怕影响我的休息。"他还要求铁道部要昼夜有人值班，提出每天要看铁路运输的当日简报。为此，铁道部设立总值班室（各铁路局也设立值班室），负责给国务院写情况速报与运输简报。这一制度一直沿用至今。

1月2日，周恩来召集全国铁路系统20余个单位的在京代表谈话。他说，铁路绝不能瘫痪，交通一刻也不能中断。中断铁路交通，不仅影响生产，也直接影响了"文化大革命"和第三个五年计划，影响国计民生。中断铁路交通的行为不是革命行动，保证铁路畅通也不能说是单纯的业务观点。

1月27日晚11时至次日晨7时，中南海会议厅。周恩来找铁路系统造反派谈话，严厉批评他们在夺权问题上不负责任的态度，责令说："要立即成立一个业务小组，昼夜值班，保证业务不中断，我每分钟打电话都要有人，铁路运输一时一刻也不能停下来！"29日，铁道部机关和直属单位群众组织代表协商推选14人，组成了铁道部临时业务监督小组。

2月1日，中南海小礼堂。周恩来找铁道部部分造反派谈话，对他们无休止的派性武斗提出严厉批评："为什么不联合起来？再这样下去，我要对铁道部实行军管。我给你们开过七次大小会议，强调全国交通大动脉一刻也不能中断，你们就是不听。你们想一想，是一个人重要还是七亿人民重要？夺权，要在脑子里夺'私'字权。"

这样的谈话几乎天天都有，经常通宵达旦。因总理劳累过度，常常是他在里面谈话，外面的医护人员准备好氧气筒以随时急救。

但周恩来一次次苦口婆心的批评、教育与警告，犹如杯水车薪，无济于事。铁路运输每况愈下，1月份运煤量比计划少运了380万吨，2月份平均日装车数只有3万多车，比计划将近少装1万车。

“看来，要制止铁路交通状况的进一步恶化，必须对铁路交通实行全面军管。”周恩来思考着新的办法。3月18日，齐齐哈尔铁路局的一份报告转到了周恩来手中，报告反映了局内派别众多，经常打派仗，纪律涣散，指挥不灵，险些造成国际列车碰撞。周恩来当即将这份报告及自己的意见报送毛泽东。

毛泽东也意识到问题的严重性。3月19日，毛泽东在报告上批示：一切秩序混乱的铁路局都应该实行军事管制，以便尽快恢复正常秩序。

毛泽东批示后，周恩来立即组织谷牧等研究拟出了对铁道部、交通部、邮电部及其所属重点企业实行军管的文件。

3月22日，中南海会议室。周恩来向铁道部、交通部、邮电部的到会代表宣读了毛泽东的批示，并指出：铁路、交通、邮电要实行全面军管。

然而，周恩来组织拟定的军管文件遭到“中央文革”一伙的刁难。在政治局会议讨论时，他们挑剔说：对军管后军管会如何执行毛主席路线、如何坚决支持左派闹革命写得不够。由于中央文革的干扰，对铁路军管的实施一拖再拖。

铁路交通的混乱势态继续恶化。5月31日中午，铁道部业务监督小组的一份紧急报告送到了周恩来手上。报告反映：因各地两派纠纷和武斗，京广、津浦、陇海、浙赣四条铁路干线均处于半瘫痪状态，仅徐州一处，就停开货车69列。

心急如焚的周恩来顾不上惊扰毛泽东的午休，带上铁道部的报告，疾步来到毛泽东的住处。

“主席，铁路交通关系到全国的经济命脉，一旦中断，国民经济局势不可收拾。对铁路交通的军管，应立即实施，不可再拖！”

毛泽东当即同意了周恩来的建议。

从毛泽东处出来后，周恩来又紧急约集李富春、李先念、叶剑英、萧华、杨成武、谷牧、余秋里等到国务院开会。周恩来传达了他向毛泽东汇报的情况，并和大家商定了对铁路交通实行军管的具体细则。

会后，周恩来于当天给“中央文革”的陈伯达、江青、康生写信通报向毛泽东汇报的情况和会议商定的具体细则。这封信已收入《周恩来选集》中，题为《不许中断铁路轮船交通》。

当天，经毛泽东批示“照办”，中央下发了对铁道部实行军事管制的决定。自即日起成立铁道部军事管制委员会，任命苏静为主任，杨杰、朱互宁为副主任。6月1日，中央发布《关于坚持维护铁路、交通运输革命秩序的命令》。实施军管后，全国铁路的混乱势头得到了一定的扼制。

但是，到1967年下半年，“全面内战”日趋激烈，全国局势一度乱到了连毛泽东也难以驾驭的地步。铁路中断事件屡屡发生。周恩来不得不频频接见各地铁路代表，不分白天黑夜地做工作，推动铁路系统大联合。

11月18日，周恩来接见江苏“老工总”、“新工总”等群众组织代表，劝说两派在京达成协议，联合起来，解决常州铁路问题。他尖锐地批评说：现在沪宁线上经常停车的就是常州站，河南的煤炭运不过去，影响整个生产。

11月25日，全国最大的铁路枢纽站郑州北站因铁路系统两派武斗，四个方向滞留车皮3600多节。周恩来当即指示派飞机把两派接到北京，连续几天找各派代表谈话。周恩来心情沉重地说：“郑州停运3000多节，我心里非常难过。如果我有时间，我自己跑去。我的时间不够，抽不出身来，恨不能一天24小时变成48小时。”当有些造反派提出写大字报没有纸和笔时，周恩来愤然回答说：“现在不是要纸和笔的问题，现在是要火车畅通的问题。全国铁路系统革命革了一年半，造成这种局面，我们在座的难道心里就舒服？我就不信！”

1967年，周恩来耗费精力最大的当属铁路。对此，中央文献研究室编写的《周恩来年谱》在“本年”一节末尾专门写道：周恩来“为保证铁路运输，促进铁路部门尽快实现大联合、三结合，先后接见铁路系统的干部、群众达百次之多。全国18个铁路局和52个铁路分局及一些主要站段的大联合、三结合，都是在周恩来的关怀下实现的”。

在周恩来的努力下，1968年1月5日，全国铁路“抓革命，促生产”会议在北京召开，18个铁路局、52个分局，共437名代表出席会议，周恩来在开幕式上发表重要讲话。

1月13日，周恩来在人民大会堂中央大厅再次接见全国铁路“抓革命，促生产”会议代表，宣读并讲解中共中央、国务院、中央军委、中央文革《对全国各铁路局达成革命大联合协议的通知》。

至此，铁路运输、基建、工业系统分别在各自范围内初步实现了大联合，减少了派性武斗对铁路运输的破坏，1968年货运量下降幅度比上年显著缩小。

1968年，面对极少数人破坏铁路、炸毁桥梁的犯罪活动，周恩来及时而坚决地采取严厉打击的措施。

※ 文革时期的铁路。

1968年2月2日，津浦线上两列客车遭造反派武装抢劫，乘警枪支被抢，津浦线几处路段被毁。2月3日，徐州北附近老黄河桥被炸坏，陇海线中断，致使徐州地区铁路瘫痪。

周恩来于2月4日接到报告后，连夜向毛泽东写信，其中写道："这些破坏铁路、炸毁桥梁的行动，已超出派性，完全是反革命行为，必须实行专政措施。"

毛泽东在周恩来的信上重笔批道：完全同意，退总理照办。

周恩来立即组织具体实施。2月6日，中共中央、国务院、中央军委、中央文革发布命令。命令指出：煽动、操纵和指挥破坏铁路、炸毁桥梁、袭击列车的极少数坏头头是反革命分子，必须坚决镇压法办。

1968年5、6月，广西柳州、桂林、南宁等地又连续发生破坏铁路交通、抢劫援越物资的严重事件。

为解决广西问题，迅速恢复铁路交通，周恩来与有关负责人商定，经毛泽东批准，对大搞打砸抢、破坏铁路交通的"造反派"采取更为坚决果断的措施。7月3日、7月24日，中央连续颁发布告，要求"造反派"立即停止武斗，无条件恢复铁路交通，对不听劝告拒不放下武器的"造反派"进行坚决打击。

“七三”、“七二四”布告的颁发，制止了对铁路交通更大规模的破坏性行为。此后，全国铁路运输日渐恢复正常。到1969年，铁路运输量全面回升。

从1966年的学生串联，到1967年的铁路军管、大联合，至1968年的“二六”命令、“七三”布告，在“文革”最为混乱的前三年中，周恩来抱定“我不入苦海，谁入苦海”的决心，为维护铁路运输进行了顽强的抗争。如果没有周恩来的种种努力与抗争，铁路瘫痪导致国民经济瘫痪的严重后果将是不堪设想的。

（雷风行、才铁军）

与著名的二月抗争

1967年2月前后，在“文化大革命”进入全面“夺权”的混乱时刻，谭震林等老一辈革命家为捍卫党和人民的最高利益，奋不顾身，大义凛然，在不同场合、用不同方式对“文化大革命”的错误做法提出强烈批评，对江青、陈伯达等人乱党乱军的罪恶行径给予愤怒斥责。老一辈革命家的壮举，成为“文化大革命”发动以来党和人民向“左”倾错误和林彪、江青反革命集团所进行的一系列艰难斗争中的第一次大较量、大搏斗。这就是著名的“二月抗争”。

一

和其他老一辈革命家一样，时任中共中央副主席、国务院总理的周恩来，是在毫无精神准备的情况下被卷入“文化大革命”的激流之中的。这突出表现在“文化大革命”全面发动过程中，以擅长处理内政外交纷繁事件、机智应付各种局面而著称的周恩来，面对这场“史无前例”的政治风暴，却步步踌躇、被动，甚至陷入难解的思想矛盾中。

1966年春，已是“文化大革命”发动前夕。周恩来在许多场合表示：鉴于国家一穷二白的状态尚未摆脱，工农业都比较落后，我们还需要集中力量和时间大力发展生产；过去，时间已经被我们耽误了，因此今后要快抓，不能慢，时不我待；只要“三五”计划期间不打仗，我们活着就要为此而奋斗。同时，他还身体力行，亲自担任了中央北方8省、市、自治区农业小组组长兼河北、北京（含天津市）组组长，下决心从北方八省农业抓起，推动整个国民经济的发展。4月初，在国内政治形势急转直下的关头，周恩来仍一心

※开国大典之后，作为中国人民政治协商会议的主会场——中南海怀仁堂。

扑在人民群众的安危冷暖上，他亲赴河北省石家庄—邢台—邯郸一线，一方面指导地震灾区救灾工作，一方面巡视各地打井抗旱及春播生产情况。

同年5月中央政治局扩大会议之后到8月党的八届十一中全会，“文化大革命”进入全面发动阶段。两次外出归来的周恩来在当时最核心的问题，即派工作组问题上，与刘少奇、邓小平等领导人的认识趋于一致，提出：在北京派工作组，“有它普遍性和必要性”。几天后，在根据毛泽东的决定宣布撤销工作组的北京市大、中学校师生代表大会上，周恩来迫于形势，不得不就此问题承担部分领导责任，表示：当时犯此“错误”的原因是我们做领导工作的同志对形势估计“有错误”，解决问题的方法“不适当”，是“老革命遇到新问题”。他的讲话，与在场的刘少奇、邓小平等人的观点也是相同的。

自8月中旬起，从北京发起、随即推向全国的红卫兵运动，耗去了周恩来极大的精力。他不得不放下手头的许多重要事情来亲自做那些涉世不深的青少年们的教育、劝导工作。他不分昼夜地与红卫兵代表谈话，向他们宣讲党的政策和国家法律，尽最大努力和可能来缓解群众运动对各级党政机关的冲击，减少无政府主义对国民经济的破坏。在对待“群众运动”的问题上，尽管已有前面工作组一事的“教训”，周恩来还是习惯于过去的一些做法，试图设置某些“条条”和“框框”，把运动限制在一定范围内进行。9月初，他亲自主持起草了《有关红卫兵的几点意见》（未定稿），其中，特别要求广大青少年要学习、掌握、执行党的方针政策，提高组织纪律性，以使“党和国家各项工作不受影响，安全不遭危害，机密不致外泄，档案不致遗失，财产不受损失”；“保证国家的专政工具正常行使职能”，“保证交通运输机构照常运行”，“保证党和国家的对外关系和活动不受影响”，等等。这个文件，虽然后来被康生等人以种种理由加以否定，但周恩来为保持党和国家的政治稳定、国民经济的正常发展而付出的心血，已能见一斑。

最使周恩来感到不安的，还是在红卫兵运动中全国各地掀起的“炮打”各级党政军领导干部之风。为此，他几乎每接见一批红卫兵代表，都要苦口婆心地劝阻“炮打一切”的言行。他反对把“文化大革命”前的17年说成是“漆黑一团”，强调各行各业所取得的成绩是主要的，缺点、错误是为次的；他反对关于“黑帮”、“黑线”的提法，认为建国以来各条战线都是毛主席的“红线”占主导地位，绝大多数领导干部都是好的和比较好的；他严厉批评对领导干部乱揪乱斗、甚至搞人身污辱的做法，指出这不符合党的一贯的干部政策，是用对待敌人的方法来解决人民内部矛盾。

应当说，周恩来在努力说服他人的同时，实际上也在努力说服自己。作为当时中央的主要领导人之一，他对毛泽东为首的党中央作出的决定，是必须贯彻执行的。所以，无论是在党内会议上的讲话，或是公开对群众的讲话，他总是表示要“加深理解”、“跟上形势”。但是，“文化大革命”究竟要干什么，怎么搞法，将来的发展是什么结局，他自己也搞不清楚。尤其是本来已下决心集中时间和力量抓经济工作的一国总理，这时只能凭着自己的认识看问题，凭着自己的经验干事情，凭着自己的责任做工作。不言而喻，他思想和肩上的负担要比任何时候都更加沉重。

另一方面，作为久经考验的革命家和政治家，周恩来从来也没有消极地随波逐流，顺其自然。有学者在详尽研究了“文化大革命”发动期间周恩来的大量言论后得出这样的结论：在“文化大革命”全面发动的1966年8月至12月间，中央政治局常委中第一个在公众场合否定错误做法的，老一辈无产阶级革命家中当时在公众场合做这样的否定最多的是周恩来。这位学者同时认为：如果以今天的眼光来看周恩来当时每篇讲话的全文，十之八九是有缺点、错误的；但重要的是他在那样的条件下讲了一些正确的或比较正确的话，而这些话却是别人没有或很少讲到的。正如列宁所指出的，“判断历史的功绩，不是根据历史活动家没有提供的现代所要求的东西，而是根据他们比他们的前辈提供了新的东西”，“这才是事情的本质”。

以上所述，不仅是当时周恩来个人处境和心境的真实反映，也在很大程度上代表了其他老一辈革命家在同一时期内的思想轨迹和心态。正是在这种共同的背景下，加上随后而来的全面“夺权”导致的空前混乱，才不可避免地产生了1967年2月党内健康力量的不屈抗争。

二

大量史实和研究表明，无论从什么角度上讲，周恩来都与二月抗争事件本身有着极为密切的关系。毋庸讳言，由于各种原因（包括许多第一手材料严重不足等）所致，到目前为止，在一些问题上仍难免存在种种不尽一致的看法。为叙述方便，有必要将近几年来党史界关于二月抗争的研究状况作一简要说明。

通常讲的二月抗争，实际上是指从当年1月19日开始，到2月18日为止的整整1个月时间里，老一辈革命家在各种不同场合所进行的一系列斗争。在1月19日、20日召开的军委碰头会上，叶剑英等老帅两次“大闹京西宾馆”，由此揭开了这场斗争的序幕，构成整个抗争的第一阶段。这一阶段争论的焦点是要不要稳定军队的问题，也就是说，这场斗争首先是从军队问题开始的。从2月7日开始的由周恩来负责召集和主持的怀仁堂碰头会上，老一辈革命家再次主动出击，向中央文革一伙人多次展开面对面的论争。2月16日碰头会上双方斗争达到最高潮，这是整个抗争的第二阶段，即“大闹怀仁堂”。本阶段争论的问题已由要不要稳定军队进一步扩展到要不要党的领导和应不应当把老干部统统打倒。2月16日晚至18日晚，是抗争的第三阶段，这时老同志们的斗争主要为：谭震林写信痛斥江青一伙，周恩来、陈毅、李先念、聂荣臻等在各种群众场合继续就“三原则”问题阐明看法。该阶段斗争虽然时间短暂，却方式多样，内容丰富，影响广泛。

下面，试从三个方面来着重考查、论述周恩来在长达1个月之久的抗争过程中的思想变化和主要活动情况。

首先，关于周恩来与“抗争三原则”。要不要党的领导、应不应该把老干部都打倒和要不要稳定军队，这是二月抗争中老一辈革命家紧抓不放、据理力争的三个重大原则问题，也是论争中的核心问题。它集中反映了老同志们与“文革派”之间在“文化大革命”问题上所必然形成的两种截然对立的认识。对“三原则”的态度，实际也就成了辨别“站

※ 周恩来和叶剑英在一起。

在哪一边”的一个标准。那么，此时的周恩来在这样一些十分尖锐且又不容回避的重大原则问题上是如何认识的呢?

1967年，曾被周恩来称为“最不平静的一年”。年初，在所谓“一月革命”的狂飚中，全国到处掀起“夺权”浪潮，各级党政机关很快陷于瘫痪、半瘫痪状态；在不到一个月时间内，先后有两位省委第一书记、一位国务院部长在混乱中含冤去世。和“文化大革命”发动时的情形一样，面对“天下大乱”、“无法无天”的局势，周恩来在起初的一段时间里，仍努力地从正面、从好的方面去理解和解释许多难以理解、难以解释的现象，甚至还在一些场合去耐心说服那些思想不通、行动抵触的老同志、老部下。与此同时，周恩来在大量公开的言论中继续重申他在“文化大革命”发动阶段对一些基本问题的看法，并指名保护了中央和地方的许多领导干部。

1月下旬，在经过一段时间的观察后，周恩来对整个形势的认识较前更进了一步，其态度也随之发生变化：

1月22日，国务院所属煤炭工业部部长张霖之在造反派的凌逼下冤逝。对此，身为国务院总理的周恩来百思不解，悲愤交集。他情绪异常激动地质问造反派：如果连一位部长的生命安全都没有保障，国家还有什么希望？那不真是无法无天了？之后，在与财贸系统造反派座谈时他又强调：不能认为带“长”字的一概不要，那么多部长、副部长都统统不要了吗？不能，局长也不能。你们这样下去会走到反面。

1月26日，在接见工交系统造反派时周恩来不无忧虑地指出：上海一月夺权消息公布后，我们估计10天左右会出现连锁反应。夺权不能看成到处都是走资本主义道路的当权派和执行资产阶级反动路线的顽固分子。你们想想，全国党政领导机关都是走资本主义道路的当权派、执行资产阶级反动路线的顽固分子，再一划，就划到“三反分子”去了。要统统都是，哪还有“一小撮”？还有什么区别对待？毛泽东思想的出发点就是从实际出发，在毛主席领导下，在党中央领导下，“长”字号都是铁板一块的“黑帮”？不会这样嘛！

1月27日，周恩来对新疆某造反派提出：你们应该对解放军有起码的信任，不能把自治区党委、军区领导一脚踢开。同日，他严厉批评天津市造反派绑架几位市委领导人的行径，指出：这不是个别现象，是带有普遍性的。我们决不能让我们的青年学美国“三K党”的行为！

1月31日，周恩来在向军队系统有关单位宣讲军委“八条命令”时，强调人民解放军必须保持稳定，不能冲击和进驻军事领导机关，更不能随便揪斗、抓人。同日，在中共中央华北局机关面临“夺权”威胁时，他明确宣布：华北局是党中央的派出机关，你们夺权就等于夺中央的权。他还当场质问造反派：“你们谁想当华北局第一书记？”

2月中旬前后，周恩来对一些问题的看法更加具体、明确，从不同角度直接阐明、突出了“三原则”。

关于党的领导问题，他提出：任何党的处分，只能由党组织决定，你们不能叫党委靠边站；（财政部）党组织能由群众组织去解决吗？财政部党组的工作要恢复，各部党组、党委职权要恢复，要行使职权，政治部工作也要恢复起来。

关于对待干部问题，他重申：老干部是党的财富；对干部不能搞无休止的斗争，揪住不放，乃至戴高帽、“喷气式”、照相、登报，这是对严肃的政治斗争的丑化，这不是毛主席的作风，是“左”倾路线的恶劣作风，是主席批评过的“残酷斗争、无情打击”的一套做法。

关于稳定军队问题，他指出：现在北京和各地到处都在发生冲击军事机关、揪斗军队领导干部的事件，全国形成了冲击解放军的一股风；这不是从国家整体利益着想，是对解放军的不信任、不爱惜，是给解放军脸上抹黑。

以上周恩来的一系列言论，十分清楚地表明他对当时若干重要问题的看法，尤其在“三原则”的问题上，可以说是毫不含糊，观点鲜明。与“文化大革命”发动时期相比，周恩来这时的认识已不仅仅是针对这场“革命”的方式方法，而是在许多重大问题上不可避免地触及这场“革命”的目的和后果了。与此同时，在京西宾馆和怀仁堂会场上，早就对混乱局势忧心忡忡、寝食不安的老同志们也正大声疾呼，痛切陈词。会上会下，彼此呼应，看得出老一辈无产阶级革命家确是风雨同舟，心心相印。

第二，关于周恩来的斗争方式。在看到周恩来与老同志们在“抗争三原则”方面认识一致的同时，还应当看到，在斗争的具体方式方法上，周恩来和参加抗争的老同志们又是有着明显区别的。例如，在抗争的第一、第二阶段，老同志们所采取的斗争方式多是在党内军内的高层会议上同陈伯达、康生、张春桥等人进行面对面的、唇枪舌剑的论争，即“两个大闹”。应该说，这是构成二月抗争的一种主要的斗争方式。从目前能接触到的史料看，周恩来似乎并没有准备采取同样的方式，在同样的场合来表达对前述各种问题的看法。即便在几十年患难与共的老战友、老部下拍案而起、尽吐衷肠之际，“两军”阵前的周恩来仍不动声色，稳如泰山。这也许正是今天一些人难以理解的地方。

历史地看，经过长期残酷的对敌斗争，特别是经过一次次复杂、尖锐的党内斗争的考验，周恩来逐渐磨砺、锻造了一种超出一般人的性格，即不论在什么情况下，他都能够表现出极度的克制、沉着、冷静，从容自若，处变不惊；与之相适应的，则是他所习惯运用

※ 周恩来和李富春在一起。

的迂回、渐进、韧性的斗争方式。越是情况复杂、矛盾加剧、冲突尖锐，就越能显示出他这种特有的性格和斗争艺术。如前所述，在“全面夺权”、“无法无天”的日子里，周恩来更多的是利用与广大领导干部和各种群众组织代表广泛接触的场合，来阐明对于各类问题的看法。这里，既有耐心细致的说服教育，也有苦口婆心的批评帮助，甚至不乏声色俱厉的批驳、责问。他总是试图寓大小道理于对各类人的谈话中。这样，他一方面是做广大干部群众的艰苦细致的思想工作，另一方面，也是在用大量事实来抨击错误论点，揭露其危害。例如，他所反复强调的关于建国后17年成绩是主流的观点，实际上就在很大程度上否定了发动“文化大革命”的若干论点，使之在事实上、逻辑上都难以成立，成为在当时特定的历史条件下实事求是、坚持真理、保护干部的一条重要理论依据。再如，在夺权的具体问题上，周恩来从一开始就坚持只能夺领导运动之“权”，而不能夺掌管业务之权，实际工作仍由原来熟悉业务的领导干部负责。这就使造反派所夺之“权”成了虚的，而实权仍掌握在许多老干部手中（在这个问题上，周恩来与江青、张春桥等人的公开讲话中存在明显的差异）。后来，周恩来更进一步认为党委、党组及政工部门的领导权也不能放弃，造反派连虚权也不能随便“夺”。当然，实际情况最终并没有朝着周恩来所设想的方向发展，但他为此所做的种种不懈努力，却是有目共睹，不应抹杀的。

再从现实角度看，在整个二月抗争过程中，周恩来之所以选择了不同于其他老同志们的斗争方式，在很大程度上是因为他深知自己的地位和作用的极端重要、极端特殊。这集中表现在他同利用和扩大毛泽东错误的中央文革小组的关系上。周恩来在中央文革小组内没有任何职务，但又常常要出席中央文革小组的会议，甚至还要定期赴他们的住地“办公”。这种“新文革”与“旧政府”之间既对峙、又共事的十分复杂、微妙的关系，迫使他不能不极其慎重地处置每一件事情，权衡每一言行所带来的种种后果。在这种情况下，用“如临深渊、如履薄冰”8个字来形容周恩来的处境，是再恰当不过了。然而，也正是在这个问题上，可能至今有人对周恩来难以理解，甚至不能原谅他所讲过的违心的话或错话，所做的违心的事或错事。在一些人看来，周恩来之所以不能像其他老同志那样向“中央文革”一伙人作面对面的公开抗争，似乎是某种软弱的表现，甚至认为是为个人保身的需要。对此，不少国内外学者发表过不同见解，如有论著指出：

“周恩来没有拍案而起否定‘文化大革命’，历史地看，这正是他以党、国家和人民的根本利益为重。当时周恩来如果拍案而起，结果无非两种可能：一是不仅不能在‘文化大革命’中继续起中和作用，反而被打倒的人更多，领导权被夺去更多；二是引起党的分裂、国家的分裂、军队的分裂。无论哪种可能成为现实，党、国家、人民都将遭受更为严重的灾难。”

还有学者认为：“文化大革命”中周恩来“谨言慎行并非由于怕冒风险。在半个多世纪的革命生涯中，他一向临危不惧，不怕牺牲，意志坚强，这都是毫无疑问的”；只是由于“文化大革命”的这种特定局面，才迫使他不得不“选择了一条比直言不讳、牺牲自己更为艰难和痛苦的道路”。

总之，同是为着党和人民的最高利益，由于各种具体情况不同，甚至不排除个人经历和性格的差异，每个人所采取的具体的斗争方式也会不尽一样。《历史决议》指出：周恩来“在‘文化大革命’中处于非常困难的地位。他顾全大局，任劳任怨，为继续进行党和国家的正常工作，为尽量减少‘文化大革命’所造成的损失，为保护大批的党内外干部，作了坚持不懈的努力，费尽了心血。他同林彪、江青反革命集团的破坏进行了各种形式的斗争。”应该说，党和人民对于周恩来在“文化大革命”中的地位、作用及其斗争方式的历史性评价，也包括并适用于1967年二月抗争中的周恩来。

最后，关于周恩来与参加二月抗争的老同志们的关系。在这方面，最能体现周恩来与这些他所熟悉的老战友们之间的特殊感情。

1月24日，周恩来亲临主持有外事口造反派参加的“陈毅检查大会”。在陈毅念完“检查”（这个“检查”稿，曾经周恩来反复推敲，多次修改）之后，他向造反派强调：陈毅是为党工作了几十年的老同志，应以同志式的、阶级兄弟式的态度帮助他，而不能再加重他的负担，以便让他今后多出面，多做工作。

1月25日，在首都科技界夺权“誓师大会”上，他明确提出：夺权不是孤立的行动，要有上级的领导，不能放任自流，搞无政府状态；在你们夺权的一定时期，要请李富春、聂荣臻同志过问。

1月26日，在接见工交系统造反派时他又指出：余秋里进行了6次检讨，心脏病发了，至今未恢复。你们要有阶级感情嘛！他是从红小鬼上来的，经过长期的考验，我们需要他，党需要他。

1月底，获悉刚从三线回京的谷牧在机场遭建委机关造反派绑架，周恩来即派出联络员找造反派交涉，限令第二天必须将谷牧送回中南海。

2月8日至9日，批准同意谭震林、陈毅、李先念、李富春等人建议，将各省、市、自治区的一批领导同志接来北京养病、休息。

2月11日，在接见农口造反派时，要求他们承认谭震林的领导，要让谭多抓工作。

2月16日晚，在接见内蒙古有关方面负责人及造反派时，批评了北京的一些造反派冲击军事首脑机关、要求与徐向前辩论的行径。

2月17日晨，在接见财贸系统造反派时质问他们：李先念同志是（财政部）党组第一书记，你们怎么能夺他的权，你们这样搞是夺中央的权，夺毛主席的权！

自2月7日开始的由周恩来主持的怀仁堂碰头会上，老同志们接连主动“出击”，怒斥“中央文革”一伙，周恩来一直到会“坐镇”，并无“停战”、“休会”之意。

尤值一提的是：从2月16日老同志们“大闹怀仁堂”后至2月19日晨毛泽东召集会议前，周恩来对老同志们“大闹”之事守口如瓶，始终未作“汇报”；直至江青一伙告状、毛泽东“发怒”之后，他才连日约这些老同志们谈话，实际是在做他们的工作，要他们做检讨“错误”的准备。

以上情况，几乎所有参加二月抗争的老同志的回忆录、传记、纪念文章中都直接或间接地有所提及、记叙，在他们的心目中，周恩来理所当然地是同他们站在一起的。这就说

※ 毛泽东在中国共产党第九次全国代表大会上讲话。

明，在长达1个月之久的二月抗争过程中，周恩来和参加抗争的老同志们不仅认识基础是一致的，思想感情是相通的，对于各自所采取的不同的斗争方式，也是最终能够理解的。

三

1967年2月19日凌晨，毛泽东在听取张春桥等人对“大闹怀仁堂”情况的“汇报”后，严厉批评了参与二月抗争的几位老同志。之后，谭震林、陈毅、徐向前三人不得不“请假检讨”，其他老同志也受到不同程度的非难。至此，持续了1个月之久的二月抗争即告失利。然而，正是在这个时候，处境困难而地位特殊的周恩来，却起到了他人所无法取代的“特殊作用”。

首先，周恩来利用他并未因所谓“二月逆流”失去发言权的条件，在某些重要场合继续就“抗争三原则”坚持其一贯观点。2月20日下午，就在参加抗争的老同志们受到指责后的第二天，周恩来在一次会议上，当着中央文革重要成员康生等人的面阐明对地方夺权问题的看法，指出：自从1月号召夺权以来，不管有没有走资本主义道路的当权派，造反派都起来“夺权”，这样，全党、全国还成什么样子？怎么解释毛主席的伟大红旗占统治地位？这不等于把我们党17年的伟大革命和建设成就都抹杀了吗？不能这样，逻辑上也站不住嘛！关于中央国家机关夺权问题，他强调：不是所有的部长、副部长都是走资本主义道路当权派，也还有好的；（造反派）有的权掌多了，要加以限制。现在有人要夺中央的大权，外交大权也要夺，财政大权也要夺，还要夺军事大权。这些部门的权力属中央，谁也不能夺！他提出：不仅各部委党委、党组领导要抓日常工作，就是司、局一级干部也不能统统“靠边站”，整个业务系统还是要由这两层领导来抓。对于冲击军事机关问题，他重申：前一时期各地冲击军事机关这股风是错误的，要赶快扭转过来；军队内部搞造反、夺权，完全是大方向的错误，不是一般的错误。会上，周恩来还对“坚持资产阶级反动路线的顽固分子”的提法提出异议，他说：如果这一条存在的话，任何人只要检讨不够，就可以说是“顽固分子”，人人搞过关，人人是“顽固”，所以不增加质量，增加了数量，成为另外一个标准。

在此前后，周恩来还在实际工作中努力阻止已经泛滥成灾的“打倒一切”的极端做法和口号：2月18日，他将《红旗》杂志第4期社论《必须正确地对待干部》（该社论强调指出：把当权派一概打倒是一种无政府主义的思潮）送审稿报送毛泽东，提出：“这篇社论很重要，很及时，我看写得还不错。”3月1日，该社论经毛泽东批准发表。2月19日，周恩来又对某材料中提出的旨在打击迫害老干部的“上揪下扫”的口号提出质疑，并为此致信陈伯达、康生、江青，提出自己的不同看法。

另一方面，作为集战友、上级、师长于一身的周恩来，在竭力劝说参与“两个大闹”的老同志们偃旗息鼓的同时，却又处处以某种特殊方式来设法保护这些老同志。事实表明，在2月19日毛泽东严厉批评参加抗争的老同志们之后，绝大多数老同志便在实际上停止了抗争的行动（有的是改变了激烈斗争的方式）。这些老同志之所以很快改变了其斗争的方式和行动，从很大程度上讲，是因为他们所进行的长达1个月之久的激烈的或其他形式的斗争，终归是建立在对党和毛泽东的信赖、对党的组织领导无条件服从的基础上的；也正因为如此，即便在最激愤的情况下，他们也丝毫没有改变或动摇过自己在长期革命斗争中建立、培养起来的这种崇高的信念和感情。他们始终把矛头对准大搞倒行逆施的“中央文革”的一伙人，而把纠正错误的希望寄托在党的组织和党的领袖身上。

此外，在参加抗争的老同志们心目中占有特殊位置的周恩来的态度和作用，这时候也不能不是一个重要的因素。不言而喻，一直与二月抗争的老同志们关系密切的周恩来，这时候承担的是一个极其艰难、却又十分痛苦的“角色”。在仍然坚持“文化大革命”错误的毛泽东与思想感情同“文化大革命”格格不入的老同志们之间，周恩来已经没有回旋的余地。他甚至不能不亲自出面负责召集和主持同年2月下旬至3月中旬连续召开的针对几位老同志的“政治生活批评会”。在这样的会上，他不得不讲一些违心的话，其中包括对那些犯“错误”的老同志，也包括对他自己。

如果说，“文化大革命”的10年是周恩来一生中最艰难的岁月，那么，从这时候开始的两年多时间里，又是他陷于“难上难”的时期。由于二月抗争的失利，一直在周恩来身边协助他工作的老同志们几乎全部受到责难、“批判”，为此，周恩来只有孤军奋战。正是在这种极其特殊的情况下，周恩来不能不说一些违心的话、乃至错话，做一些违心的事、乃至错事。历史证明，如果他不这样做，他自己就不能保住，更谈不上以他的名义来保住更多的人。

著名英籍女作家韩素音在她的作品《周恩来与他的世纪》一书中，曾谈到周恩来在这一时期的有关情况，她写道：“所有人（我说的所有人是指所有高层领导，包括周的妻子邓颖超在内）都同意这一看法，周恩来有些行动‘是违背他自己的心意的’。（1968年10月中共八届十二中全会上）谴责刘少奇就是其中之一。如果他不这样做，他24小时之内就会被撵下台。中国就会成为中央文革的天下，林彪的天下。”而“下决心谴责刘对周来说是很痛苦的。1970年10月的一天晚上，他向埃德加·斯诺诉说了他内疚的心情……”

韩女士在这里提到的周恩来与斯诺谈话中吐露内心情感的重要情况，现已无从证实。但书中分析的当时周恩来的苦境，确是比较客观的说法；正是在同一会议上，内心矛盾的周恩来也“批评”了“二月逆流”的几位老同志。但是，如果仔细研究一下周恩来在此前后的大量有关言论，便可以发现这样几个特点：

一是周恩来从未否认自己同几位犯“错误”的老同志的密切关系。在“政治生活批评会”期间，由中央文革成员戚本禹开列的供“批判”用的材料中，有一份经李富春起草、周恩来审批的国务院系统开展运动的报告，对此，周恩来并不介意，批示同意将其在会上印发。之后，在几次谈到“保”这些老同志时，周恩来更是一次次“联系”到自己：对陈毅、谭震林我“保”得“最多”，对聂帅则“保”得“最早”，对余秋里、谷牧等人也是“再三”地“保”。就在社会上已有人提出“周恩来是‘二月逆流’的总后台、总根子”的同时，他甚至当着造反派的面，公开讲：批判“二月逆流”，“也联系到我”；承认他自己也和许多老同志一样，开始对“文化大革命”也是不理解的，没有料到这种局面。周恩来的这些举动，再明显不过地表示出他内心的“意向”。

二是周恩来尽可能地将几位老同志的“错误”“淡化”。就在中央文革一伙人借毛泽东指责“二月逆流”之机对老同志们无限上纲、横加罪名的时候，周恩来却每每把“错误”往“思想认识”、“对群众态度”等方面引导，意在犯“错”难免，大事化小。一次，他曾亲笔改“二月逆流”提法为“二月的乱子”，凡提及几位老同志时均加上“同志”二字。1967年4月，在“政治生活批评会”后不久召开的军委扩大会议上，周恩来就几位老同志对二月之事所作的自我批评逐一表示认可，认为这也是一种经验的总结，有些虽还不能令人满意，但总算有所进步，应进一步创造机会，给以帮助，先行改正，以观后效。就在林彪、江青一伙强行对“二月逆流”定性以后，他还多次讲到，不能把这些老同志的所作所为都一概否定，他们有许多话是根据中央政策讲的，对他们还要“一批、二保、三看”。

三是周恩来不忘在关键时候“提醒”老同志们不要在思想上放松戒备，给林彪、江青一伙以可乘之机。1967年的五一节，是“全面夺权”、“天下大乱”之后的第一个重大节日，按当时惯例，大批党政军领导人都要上天安门“亮相”。能否上天安门，成为判定某人是否有问题的一个“标准”。经周恩来努力，毛泽东批准，所有被指责参与“二月逆流”的老同志都在五一那天登上天安门。一时间这种表面上“团结”的气氛掩盖了几个月前党内的激烈较量，有的老同志因心情好转而思想上放松下来。针对这种情况，周恩来于5月5日亲笔致信陈毅、谭震林、李先念、余秋里和谷牧（并告李富春），提出：五一团结，不要又造成你们五位同志错觉，重犯过去“错误”；否则，就又要来一个新的反复，甚至走入“绝路”。信中，周恩来一反过去平等、商量的口吻，语气强硬，措辞严厉；然而，他正是想以这种极其罕见的方式，来“警醒”他的战友们切不可大意，以致产生思想错觉，把“二月逆流”一事看得太轻了。果然，后来在八届十二中全会和党的九大上，中央文革一伙重又煽起对“二月逆流”的猛烈批判，并借党的合法会议名义对二月抗争作出污蔑性的“定性”。事实的发展完全证明了周恩来预先的判断。九大召开前后，周恩来对老同志们的情况尤为关注。1968年底，当获悉一位老帅遭到批判后，即批示有关单位进行劝阻，强调“不要搞得过于紧张，防止意外”。党的九大期间，根据毛泽东的意见，被指责参加“二月逆流”的老同志大都当选为中央委员。对此，周恩来起了重要作用。

1971年“九一三”林彪自我爆炸事件，客观上宣告了“文化大革命”理论和实践的失败。不久，毛泽东亲自出面为所谓“二月逆流”平反。这时，在二月抗争中与老同志们“针锋相对”、“势不两立”的江青一伙人仍在台上。尽管条件有限，周恩来却利用一切场合，不失时机地为老同志们恢复名誉、出来工作提供机会，扫除障碍。

同年10月初，经周恩来主持的政治局会议建议、毛泽东批准，由叶剑英主持军委办公会议，李先念、余秋里等均担起重任。之后，周恩来又委托李富春等老同志参加和领导有关批判林彪的学习会、座谈会；与此同时，陈毅、聂荣臻等老帅也纷纷起来揭发林彪一伙的罪恶行径。

1972年1月，陈毅不幸病逝。经周恩来周密组织安排，陈毅追悼会开得庄严隆重，影响深远；尤其是毛泽东亲自参加追悼会的举动，给包括参加二月抗争在内的所有老同志以极大慰藉。

同年12月中旬，周恩来亲笔致信纪登奎、汪东兴，指出“当时大闹怀仁堂是林彪故意造成打倒一批老同志的局势所激成的”，谭震林“还是好同志，应该让他回来”。后经毛泽东批准，谭震林从桂林被接到北京治病。

1973年党的十大前后，周恩来又一再批嘱外事部门：有关外事活动场合应多请一些老同志参加，并多次亲笔添加上叶剑英、李富春、徐向前、聂荣臻、谭震林等人的名字，为这些老同志的复出广造舆论。在周恩来的不懈努力下，除陈毅先期病逝外，参加1967年二月抗争的老同志全部被选入党的第十届中央委员会。至此，所谓“二月逆流”一事已在事实上得到平反，从此不再提及了。

※ 1972年1月，周恩来在陈毅追悼会上致悼词。

综上所述，作为二月抗争的当事人，时任中央政治局常委（1973年8月党的十届一中全会上重又当选为党中央副主席）、国务院总理的周恩来，自始至终与二月抗争这一“文化大革命”中的重大事件密切相关，不可分割。从他在二月抗争及其前后的一系列言论看，其主要思想都是彼此衔接、一脉相承的。特别是在抗争过程中，他的认识更是随着斗争的深入而深化，他的感情亦随着斗争的跌宕而起伏。他曾在一定程度上、以其特有的斗争方式给予这场正义抗争以持续的和有效的支持。在抗争失利后，他又在十分困难的处境下，继续起“中和”的作用，竭尽全力保住了所有参加抗争的老同志，使他们成为“文化大革命”中、后期与林彪、江青反革命集团抗衡、并最终战而胜之的中坚力量。也正因为如此，后来他亲自领导的1972年前后批判极左思潮的斗争，才合乎历史发展逻辑地成为“一九六七年二月前后许多中央领导同志要求纠正‘文化大革命’错误这一正确主张的继续”。

（周延）

平息武汉“七二〇事件”

“文化大革命”爆发后的1967年酷暑，毛泽东拟在武汉畅游长江，不料爆发了闻名全国的“七二〇事件”，周恩来亲自两赴混乱的武汉，妥善安排毛泽东离汉赴沪，平息了事态的发展……

毛泽东欲去武汉畅游长江，周恩来先赴武汉安排准备工作

1967年7月13日，毛泽东在人民大会堂118厅召集在京的中央政治局委员和中央文革小组成员开会。就是在这次会上，毛泽东提出了后来为人所熟知的“一年开张；二年看眉目，定下基础；明年结束。这就是文化大革命。”会上，毛泽东提出要去武汉看看，准备再去长江游泳。大多数与会者不赞成他去武汉，说武汉武斗严重，安全没有保障。毛泽东说：我不怕乱，我去。让杨成武跟我去，就这样定了。看到毛泽东决心已下，周恩来感到不放心，决定先去武汉，为毛泽东打前站。

在全国处于“文化大革命”的非常时期，政府机关被冲垮，公安机关已瘫痪，是以派代政。武汉的情况更为突出，“百万雄师”和“三纲”、“三新”两大派别，主宰着武汉的局面，当地驻军也被卷入。在这种形势下，能不能保证毛泽东在武汉的安全和顺利再游长江，谁也没有把握。毛泽东决定了的事也不会改变。谁能与这两派群众说上话，谁说了话他们才能听，除毛泽东的最高指示，当时就数周恩来了。只有周恩来去一趟，亲自安排，才会确保毛泽东这次行动的安全。周恩来也想借这个机会亲自看看武汉的情况，解决武汉的问题。

14日凌晨两点钟左右，周恩来坐上了空军专机。4点以前飞机抵达武汉。当时的武汉空军副司令员刘丰前来迎接。周恩来一行乘车到达武汉空军司令部时已是早晨5点多钟了。天虽已大亮，官兵们还没有起床。

周恩来和同行的人到会议室落座。室内很闷热，尽管两个电扇不停地吹，也没能给大家带来凉爽。几分钟后大家已是汗流浃背。周恩来询问武汉各派的情况，以及武汉的社会治安现状。周总理的随从看房内人员较多，室内温度太高，就向刘丰建议，减少参加此会的人员。刘丰接受了建议，请一部分人员退出会场到另外房间休息，又指定几名人员去安排下一步的行动。周恩来对留下的几位负责人，交代了毛泽东来武汉的具体时间和再游长江的设想。

吃早点时，周恩来只吃了一个用盐水煮的鸡蛋，就由刘丰等陪同去省委招待所（即东湖宾馆）。

时间尚早，路上行人不多，大家很快就到了东湖宾馆百花一号楼。这栋楼周恩来过去住过，那是1961年，和刘少奇、邓小平同住在这座楼里。

周恩来走进楼房，服务员三三两两正在聊天，看到总理进来了，他们感到有些突然，看来事先没有接到通知。当时武汉的大气候下，服务员也分成了两派，服务工作都受到影响。周恩来主动上前与他们一一握手问候，他们的紧张情绪消除了。他们把周恩来请进了一个会议室，室内很热，温度表显示是摄氏34度，似乎更加感到透不过气来。由于当时武汉电力紧张，电厂出现故障停止了供电，宾馆没有冷气，这时正是早晨8点多钟，早晨8点多钟就这么热，到了中午会热成什么样子啊！

一落座，周恩来召集李作鹏、陈再道、钟汉华、刘丰等还有军区、空军的负责人开会，详细布置了毛泽东来武汉的住地以及游长江的安全工作。后来周恩来又把宾馆的负责人和服务员叫去，叫他们把梅岭一号的卫生搞好，房间布置好，迎接毛泽东的到来。周恩来一再要求他们不能有派性，要把工作想得周到，安排得细致，要绝对保密，不能出问题。

下午5点钟，周恩来到梅岭一号亲自查看为毛泽东准备的房间。他看到守卫在门外的哨兵已被汗水湿透了衣服，便握着哨兵的手说："你辛苦了。"哨兵激动得一时说不出话来。

周恩来又关切地说："你可以站在阴凉处有风的地方。"

哨兵急忙回答："谢谢总理，我不热。"

周恩来走进房间。房间内都是按毛泽东的习惯布置的，很多东西都是毛泽东过去来时用过的，就是室内温度太高。毛泽东是晚上9点多钟到，如果室内温度太高，就不能住这里，只能住在火车上，周恩来当时也作了这个安排。周恩来对驻军的负责同志说："你派人去电厂，了解一下停电的原因，告诉电厂，就说是我在武汉，请他们尽快排除故障，恢复向这个地区供电。"

电厂听说周总理来到武汉，要他们供电，很快答应晚8时可以排除故障，准时送电，请总理放心。这样估计，毛泽东到达时，室内温度可以降下来。实际上电厂6点多钟就送了电。

当晚九时，毛泽东的专列抵达武汉。他这次来武汉，没有对外宣布，社会上并不知道。周恩来在武汉迎接了毛泽东的到来，参加了毛泽东召集的武汉工作汇报会，为保证毛

※毛泽东横渡万里长江。

泽东游长江的安全。周恩来不顾天气炎热，带领武汉军区、武汉空军以及武汉航运的负责人，亲自到长江岸边察看地形，确定下水地点、游泳时的路线和在什么地方上船等，分析会出现的问题，对采取什么抢救措施等都作了很细致的安排。他指定气象部门掌握这几天的天气情况，及时通报。还用了很多时间约地方省、市、军区的领导人开会，了解武汉的情况，研究武汉的问题。

7月17日晚，周恩来对身边的工作人员说："这里的工作都安排好了，我们可以回去了。"说完他轻轻地舒了一口气。

7月18日上午，周恩来回到北京。

"七二〇事件"爆发，周恩来急赴武汉。

7月20日下午，周恩来在钓鱼台16楼开会。16楼是当时中央文革碰头会的会址。

3点多钟，在西花厅工作的卫士小高接到卫士长张树迎的电话："你赶快准备行装，再陪总理去趟武汉，一会儿总理回来见一下邓大姐就走。先报告大姐。详细情况回来再说。"

小高报告了邓颖超。邓颖超听后也很着急，说是刚回来怎么又去？是毛主席在武汉有什么事？

不一会儿，周恩来回来了，邓颖超跟着周恩来走进办公室。周恩来向她交代了几句，就乘车去了西郊机场。

机场上停着待飞的3架飞机，有一架是周恩来经常坐的飞机，另外两架已关上机舱门，机舱内坐满了中央警卫团的官兵，他们是奉命随周恩来去武汉执行保卫毛泽东任务的。周恩来一行登上飞机，看到座机的前半部，也都坐满了荷枪实弹的中央警卫团的战士们。看到这种场面，随行的警卫员真是有些紧张，不知武汉发生了什么事。

飞机很快起飞了，张树迎说武汉发生的事情，谢富治被围攻，王力被抓走，毛泽东的游泳计划也被迫取消。总而言之，武汉很乱。中央对毛泽东的安全很不放心，所以还是请周恩来去一趟，把毛泽东接出来。

飞行大约40多分钟，机长向周总理报告，接地面报告，武汉的大街已贴出了欢迎周恩来亲临武汉解决问题的大标语，同时说，王家墩机场跑道上，停放着好多辆满载红卫兵的卡车，飞机无法着陆，只好改降备用的山坡机场。

周恩来说："到时看看再说。"

飞临王家墩机场，飞机降低了高度，大家看到机场跑道上的人群像一条长龙。只好改降山坡机场。这是一个军用机场。飞机着陆后，没有合适的梯子，周恩来只好从飞机自带的小梯子上走下来。他没有进休息室，说是要先打个电话。机场负责人把他引进一个帐篷，里面有一部军用手摇电话机。他让那位负责人要通了刘丰的电话，询问了一些情况，同时了解到王家墩机场的群众还没有离开。

一位工作人员为周恩来送来了一杯开水。周恩来接过杯子想喝，因水太热没有喝。

警卫员小高赶忙接过水杯，又要了一个杯子来回折，这样水会凉一点。周恩来指着同来的中央警卫团的战士，对那位机场负责人说："给战士们搞点水，要凉一些的。"

战士们站在飞机的一旁。军装被汗水浸透，有的脱下军帽在扇风。

机场负责人立即派人去搞水。十几分钟后战士们就喝上了汽水。

刘丰等从王家墩机场赶到山坡机场。周恩来与他们商量进城的办法。他们不同意坐汽车，理由是路途太远，更不同意调直升机来，因为武汉很久没有直升机飞越上空了，万一有人在下面开枪，就会危及生命安全。

周恩来说："先休息一会儿，等天黑下来再说。"

太阳渐渐落下山去，但天仍是亮的。周恩来走出帐篷，坐在一个板凳上，一边摇着扇子，一边向机场负责人了解他们的生活训练情况。天不作美，一点风都没有，加上着急，在场的每个人都像洗过澡一样。

电话铃声打断了他们的谈话。电话是王家墩机场打来的，说是那里的人们已离开机场向城里的方向去了，飞机可以降落了。周恩来听后很高兴："全体登机，返回王家墩机场。"

周恩来听取"七二〇事件"经过，妥善安排毛泽东离汉赴沪

王家墩机场休息室里已坐满了人，他们向周恩来详细报告了7月20日发生的事件的经过：事情是谢富治、王力造成的。谢、王两人是14日到武汉的，他们不顾周恩来嘱咐他们暂时不要公开露面的指示，当晚就到湖北大学会见造反派，明确表示支持"三纲"、"三新"一派，对武汉军区支持的"百万雄师"一派进行指责，认为"百万雄师"是保守组织，武汉军区支左大方向错了，"三纲"、"三新"是革命左派。这一来，大大激怒了在武汉地区拥有多数群众的"百万雄师"以及支持他们的一部分解放军。7月20日拂晓，"百万雄师"二百多代表来到东湖宾馆谢、王所住的百花二号，要求王力回答问题。陈再道、谢富治出来会见，答应下午接见，答复他们提出的问题。这些代表将要离去时，又有几百人冲进东湖宾馆，多数是部队战士。他们感情冲动地殴打了陈再道，又冲进房间把王

力揪到军区大院去。

这些冲进来的人，目标只是要搬王力去回答问题，他们根本不知道毛泽东此时已到了武汉，更不知道毛泽东就住在东湖宾馆，也没有冲向毛泽东所住的梅岭一号。但是这么多的人、包括相当多的军人气势汹汹地冲入毛泽东居住的东湖宾馆，打人揪人，在一片混乱中确实容易造成一种错觉，仿佛发生了“兵变”。

在局势没有明朗的情况下，林彪、江青当天联名写信给毛泽东，危言耸听地说：武汉形势不好，毛泽东的安全受到威胁，要及早转移。这封信由军委总后勤部部长邱会作带着坐专机送到武汉。毛泽东一时也将情况估计得很严重，决定立刻离开武汉。

这天发生的事情，被称为武汉“七二〇事件”。

由于谢富治、王力是中央文革小组的主要成员，林彪、江青等人抓住机会，把矛头直指武汉军区，直指武汉军区司令陈再道、政委钟汉华，“百万雄师”也被定性为反革命组织。

这样做的结果，使武汉的局势更加动荡不安，两派斗争更加尖锐，敌对情绪不断升级。武汉三镇像开了锅，数百辆卡车满载着工人、农民、学生和一部分解放军官兵，分成几路拥上街头，举行大规模示威，武汉形势急剧发展，孕育着一场不可估量的武斗。毛泽东在武汉的工作和安全都受到严重威胁。

把毛泽东从武汉安全接出来的重任，很自然地又落到周恩来的肩上。当时，也只有周恩来才能说服那派群众把王力放出来。周恩来到武汉行动的本身，也可以使那里的群众情绪稳定，有利于缓解矛盾，所以周恩来再去武汉是十分必要的。

周恩来不能停留在机场，要尽快去见毛泽东。在场的人认真地研究着周恩来怎么由机场去宾馆的事情。城里交通很乱，曾发生过一位军区负责人乘坐吉普车时，被手持长矛的人捅了一下的事情。幸而长矛从这位同志腋下穿过，没有伤着。他们为周恩来进城安全担心，一时想不出好办法。

周恩来很果断地说：“天黑下来后，坐吉普车进城。”

为了缩小目标，周恩来指定成元功、张树迎、乔金旺、张洪德及医生张佐良、护士许奉生跟他分乘两辆吉普车，由空军的一位作战科长带路，先行进城，其他人员半小时后再走。

天黑下来，两辆吉普车飞快地向城里开去。武汉市区的秩序确实很乱，不时看到被打碎玻璃的公共汽车横在马路上，成群的人手持长矛在马路上走来走去，好像在寻找出击的目标，口号声、高音喇叭的呼叫声震耳欲聋。

东湖宾馆的一号楼内，谢富治和当地的负责人，以及随谢富治去的全国有名的北京院校的造反派头头已等在那里。他们看到周恩来到了，都抢着叙说7月20日的事情。

周恩来先招呼几位负责人到了一个小会议室，研究确定了保证毛泽东安全离开武汉的详细办法，从毛泽东出发的时间，乘坐什么车辆，行车路线以及由哪些人负责护送，都做了周密细致的布置。会议结束后，周恩来去看毛泽东，当面报告了请毛泽东离开武汉的安排。毛泽东接受了周恩来的建议，决定当晚乘专机离开武汉去上海。这是毛泽东1958年以后再次破例乘坐飞机。

周恩来在百花一号楼约请当地各方面的负责人开会，指出，抓走王力更会引起武汉两派的严重对立，把问题搞得更加复杂化，以后会围绕着抓王力事件展开无休止的争论。最后周恩来请军区劝说“百万雄师”，尽快把王力放了。

事态平息，周恩来返京

毛泽东乘飞机安全离开了武汉，周恩来才松了一口气。这时有人报告说，王力已被放了出来，被转移到空军的山坡机场。周恩来说，事情都已解决，我们休息一下再走。那时已经是21日凌晨两点多了，周恩来才上床休息。突然，楼外传来了一阵嘈杂声。警卫员忙向外张望，楼外的路灯较暗，透过窗子看到院内有很多人在走动，还有人在搬梯子，周恩来的三位警卫员仔细观察着看外边的情况。可能是职业的本能，他们误以为是被人包围了，就做了最坏的准备。

张树迎急切地对小高说：“小高，下去看看。”小高警惕地来到楼下。看了看不像是有人包围，就上前问个究竟。原来是毛泽东离开武汉时也不放心周恩来的安全，专门留下十几名战士保护周恩来的。他们在清理楼房外的场地，把梯子搬到离楼房较远的地方。

一场虚惊过去了，周恩来已睡了两个多小时。按照睡前的约定，警卫员把他叫醒。

天还没有亮，仍由空军那位作战科长带路，按原定计划，先去山坡机场，接上王力一起走。这是周恩来得知王力被放出后，为防止再生事端，亲自布置的。

经过两个多小时的行驶，天亮时他们到了山坡机场。王力已躺在一个房间里，这个中央文革小组的成员，也自食了他们一手炮制的“文攻武卫”的味道。只见他身上多处被扭伤，一只脚腕肿得很粗，护士们正为他敷药。

王力看到周恩来来了，有些激动，起身与周恩来握手，向周恩来叙说被抓挨斗的经过。

周恩来说："现在事情都已解决，今天可以回北京了。"王力由护士和几位战士抬着上了飞机转到王家墩机场。

7月22日下午4时40分，周恩来离开了武汉，并先行到达北京的西郊机场。只见机场上站满了欢迎的群众，原来是中央文革安排欢迎谢富治、王力等人的。群众看到周恩来走下飞机，以高昂的口号声迎接周恩来。

几分钟后，谢富治、王力的飞机降落了。王力被扶着一拐一拐地走下飞机，这扭伤的脚变成了王力成为"英雄"的资本。

"七二〇事件"所带来的后果远没有结束。陈再道、钟汉华被中央文革确定为事件的主谋，调来北京接受批斗，很多群众也被牵连，遭到打击迫害。王力等人通过此次事件，愈发不可一世，他们唯恐天下不乱，积极鼓动造反派揪斗陈再道，继而又鼓动造反派冲击外交部，与毛泽东、周恩来的想法越来越远。由于王力等人的本质一步步暴露，逐步引起周恩来与毛泽东的注意，最终，毛泽东对王力、关锋和戚本禹做出"抓两个、看一个"的重大决策。王力被隔离审查，继而被打倒。

※ 周恩来写给毛泽东、林彪的信。

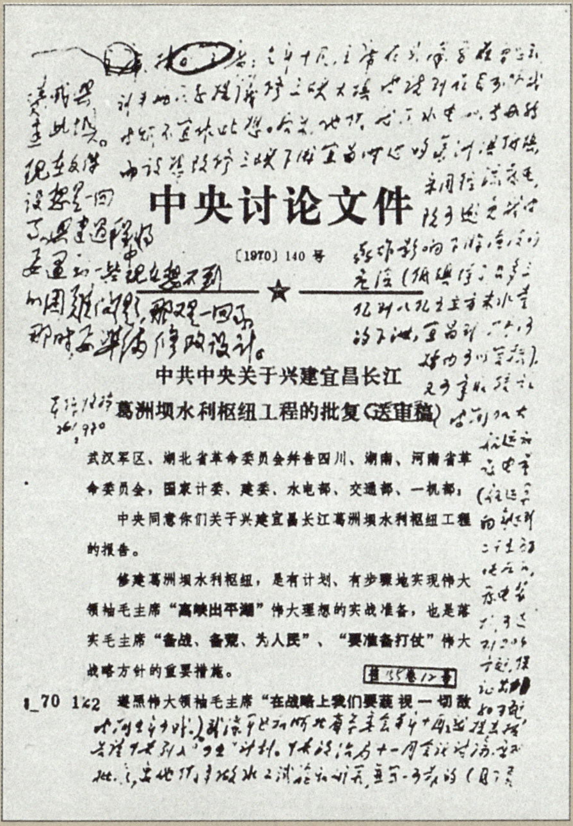

中央讨论文件

〔1970〕140号

★

中共中央关于兴建宜昌长江葛洲坝水利枢纽工程的批复（送审稿）

武汉军区、湖北省革命委员会并告四川、湖南、河南省革命委员会，国家计委、建委、水电部、交通部、一机部：

中央同意你们关于兴建宜昌长江葛洲坝水利枢纽工程的报告。

修建葛洲坝水利枢纽，是有计划、有步骤地实现伟大领袖毛主席"高峡出平湖"伟大理想的实战准备，也是落实毛主席"备战、备荒、为人民"、"要准备打仗"伟大战略方针的重要措施。

遵照伟大领袖毛主席"在战略上我们要藐视一切敌

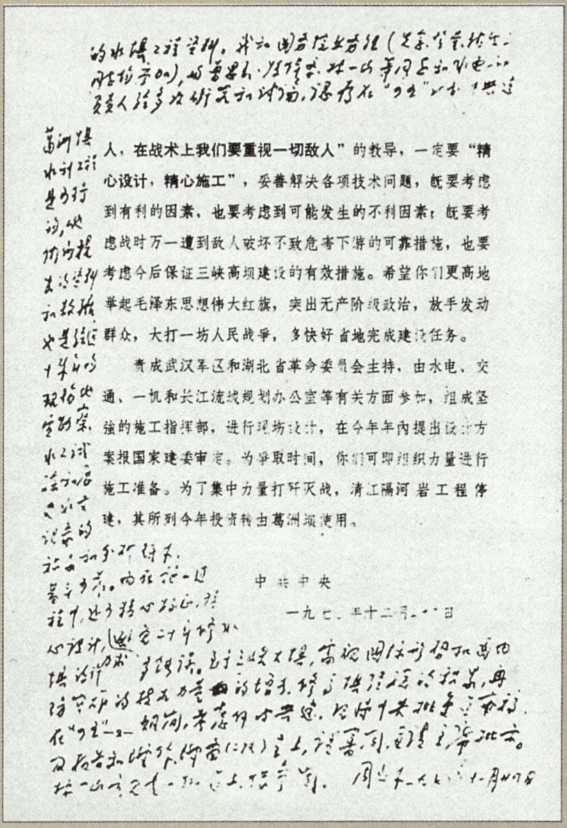

人，在战术上我们要重视一切敌人"的教导，一定要"精心设计，精心施工"，妥善解决各项技术问题，既要考虑到有利的因素，也要考虑到可能发生的不利因素；既要考虑战时万一遭到敌人破坏不致危害下游的可靠措施，也要考虑今后保证三峡高坝建设的有效措施。希望你们更高地举起毛泽东思想伟大红旗，突出无产阶级政治，放手发动群众，大打一场人民战争，多快好省地完成建设任务。

责成武汉军区和湖北省革命委员会主持，由水电、交通、一机和长江流域规划办公室等有关方面参加，组成坚强的施工指挥部，进行现场设计，在今年年内提出设计方案报国家建委审定。为争取时间，你们可即组织力量进行施工准备。为了集中力量打歼灭战，清江隔河岩工程停建，其所列今年投资转由葛洲坝使用。

中共中央

一九七〇年十二月[illegible]日

1978年7月26日，中共中央发出通知，决定为“七二〇事件”平反昭雪。“七二〇事件”作为历史的一页被翻了过去，但是人们永远不会忘记。

（冯晓蔚）

外交部“夺权”和“火烧英国代办处”

1967年夏天发生的外交部“夺权”和“火烧英国代办处”，使新中国的外交事业蒙受了前所未有的巨大损害。周恩来说，外交大权属中央，谁也不能夺！“火烧英国代办处”是典型的无政府主义……

综观整个“文化大革命”的历史，1967年夏季外交部“夺权”和“火烧英国代办处”事件，对于后来一系列事情发展所起的“深刻影响”确实不可低估。它尤其起到那些煽动

※ 1966年10月，全国掀起批判“资产阶级反动路线”的浪潮。刘少奇被认为是所谓“资产阶级反动路线”的主要代表，受到重点批判。1967年4月10日，清华大学红卫兵召开批斗王光美（刘少奇的夫人）大会。图为大会会场。

极左思潮的头面人物所不曾料想到的“历史作用”，这就是：迫使那个一年多来乱党、乱国、乱军的“祸害之源”——中央文革小组收敛气焰，开始走下坡之路；成为周恩来在“文化大革命”中、后期一直坚持主张并亲自领导的批判极左思潮斗争的重要“起点”。

“中央文化革命小组”是根据1966年5月中央政治局扩大会议通过的“五一六”通知中的规定成立的。这个名义上“隶属于中央政治局常委之下”的特殊机构，实际上掌握着对党政军高级领导干部（包括相当一部分中央政治局委员、常委在内）的“生杀予夺”的大权。“文化大革命”开始不久，江青、陈伯达、康生、张春桥等人多次肆无忌惮地攻击、污蔑、栽赃于刘少奇、邓小平、朱德、陶铸等一大批德高望重的老一代革命家的事实，便是中央文革拥有这种非其莫属的“特权”的有力证明。

也正因为如此，在中央文革小组内部才绝对容不得那些堂堂正正的革命者和所谓“保皇派”。仅半年多时间，江青、陈伯达、康生一伙就先后将原在中央文革任职的陶铸、王任重、刘志坚等“保皇”人物打倒；同时，又对尹达、谢镗忠、穆欣等不肯与他们同流合污的几个成员施加迫害，一一排挤出“小组”之列。这样，“中央文革小组”便成为由“大三”（即江青、陈伯达、康生）加“军师”（张春桥）加“刀笔吏”（姚文元）加“小三”（即王力、关锋、戚本禹）为其基本阵容的盘踞在党内高层的一块“毒痈”。直至1969年党的九大之后，“中央文革小组”自行“消亡”却“死而不僵”；在1973年党的十大上，原“小组”内的“中坚力量”又将上海造反派头头王洪文拉在一起，结成“四人帮”宗派集团。10年“文化大革命”的历史表明：此害不除，党无宁日，国无宁日，民无宁日。

在外交部“夺权”前后，周恩来和陈毅在外事口一系列问题上所作的种种斗争，归根到底，也是同以江青为首的中央文革小组的一场斗争。正如周恩来后来所指出的那样：“‘文化大革命’运动的发展，如果仅仅是在青年中产生极左思潮，那是可以得到说服和纠正的。问题是有些坏人利用这个机会来操纵群众运动，分裂群众运动，破坏我们的对外关系。这种人只有在事情充分暴露以后才能发现。”

1967年夏天发生的外交部“夺权”，以至其后发生的火烧英国驻华代办处事件，确使新中国的外交事业蒙受了前所未有的巨大损害；但另一方面，这种极端无政府主义的行径，也暴露了借此“操纵群众运动”和“破坏我们的对外关系”的坏人。周恩来正是以此为契机，将中央文革中那几个不可一世的人物果断地实行“处置”，拆去了中央文革这座“阎王殿”的一角。在这个“拆庙”过程中，王力、关锋二人首当其冲，接下来，便是戚本禹。“小三”（王、关、戚）们的相继倒台，使江青一伙痛失“车”、“马”、

"炮"，标志着中央文革这个怪物走"背运"的开始。

以下，便是"火烧"事件发生后一周内，周恩来与中央文革之间直接或间接较量的过程：

8月23日凌晨，英国驻华代办处大火被扑灭后两个多钟头，周恩来立即紧急召见外事口各造反派组织头头，代表党中央、国务院向他们宣布：

一、外交部"夺权"是非法的，不算数的。党中央多次申明外交、国防、财政等大权在中央，不能夺，你们在外交部"夺权"，是目无党中央、国务院总理。

二、"打倒刘、邓、陈"的口号是错误的，以"外交部业务监督小组"的名义向驻外机构散布这个口号更是错上加错。

三、封副部长们办公室，随意点名、发"勒令"，造成数日外交工作失控，甚至"斩而不奏"，这是头脑发热，目无中央。如果再不向你们指出这一点，我们就要犯罪了！

四、火烧英国代办处一事说明现已不能控制局面，这是典型的无政府主义。对外关系中的任何重大步骤，如提抗议、发警告等，都是应由政府决定的行动，不能由群众说了算；火烧英代办处，就使我们在外交上输了理。

五、你们其中有人"炮打"我，搞我的材料，我不怕"打倒"！尽管现在批评你们，对于这些天外交工作上的失误，还需要由中央来负责，这个责任，我是不会推的，要报告主席，我们犯了错误，没有领导好……

就在这次召见中，有的造反派头头仍显得很不服气，他们甚至公开顶撞、插断总理批评他们的话，还有人抬出了王力的那个"八七"讲话，极力为自己的极端行为辩解、打掩护，因而引起周恩来的注意。

8月27日凌晨，外事口造反派继续在陈毅"问题"上做文章，一再无理阻挠周总理出席"批判"陈毅大会，并威胁将组织"群众"冲击会场。对此，周恩来无比愤怒！他义正词严地向造反派指出：你们这完全是在向我施加压力，是在整我了！你们采取轮流战术，从（26日）中午两点到现在，整整18个钟头了，我一分钟都没有休息，我的身体不能再忍受了！……

在这之前，周总理的心脏已隐隐作痛。他连服了两次药后仍不见好转。总理的保健医生曾把总理病情写在纸条上，当面交给一造反派头头，却被置之不理！听到以上总理对造反派，更是对那些幕后策划、纵容者的痛斥、揭露后，保健医生忍无可忍，冲到造反派头头面前大声警告：“如果总理今天发生意外，你必须承担一切责任！”说罢，搀扶总理离开会场。这时，造反派们仍在后面叫嚷不休：“我们就是要拦陈毅汽车！”“我们还要再冲会场！”

……

此刻，走到门口的周恩来陡然转身，眼中喷射出愤怒的火焰：“你们谁要拦截陈毅同志的汽车，我马上挺身而出！你们谁要冲击会场，我就站在人民大会堂门口，让你们从我的身上踏过去！”汽车中，保健医生含泪给病势加重的总理紧急吸氧。由于心脏病发作，周恩来从这时起到28日下午5时，整整36个小时无法工作……

狂热中的造反派这时还不知道，就在周恩来病倒之前，一项经周总理反复考虑制定的解决王力、关锋二人问题的重大决策，已经酝酿成熟；王力的“八七”讲话和关锋伙同王力炮制的“揪军内一小撮”口号等有关材料，也已报到毛泽东处。对那篇“王八七”讲话，毛泽东批了5个字：“大、大、大毒草！”毛泽东还说，王力讲的这些话，连我也不能随便讲的！我没有叫他管外交部的事嘛！与此同时，毛泽东还批准了周恩来的报告，对王力、关锋二人实行隔离审查，对戚本禹则视其表现，再作处理。

当了解到周总理因劳累过度，引起心脏病发作等情况后，毛泽东建议：告诉总理，要多睡觉，不要开长会，不要多说话。

8月30日，是处理王力、关锋两人的日子。据王力本人后来回忆，这一天，他与关锋在钓鱼台（中央文革驻地）同时被宣布隔离审查，而戚本禹暂还在台上；翻手为云覆手为雨的江青、康生给王力加上了“国民党特务”的罪名，同时诬蔑其妻王平权的家里是“一窝黑货”。随即，王、关二人被送入秦城监狱。

9月4日，还在“台上”的戚本禹致信毛泽东，“检讨”自己的错误，其中，也向毛泽东反映了处置王、关一事在中央文革小组内部引起的剧烈震动：

“最近以来，大家心情都很沉重。关锋、王力同志犯了很严重的错误，其表现形式是‘左’倾盲动……王力同志在外交问题上犯错误，就同我有关（事由我起）……我这几天一直睡不好，想了许多问题……我真怕什么时候自己不争气，离开了主席的革命航道，给革命造成损失……小组里出了事，江青同志心里难过。她叫春桥同志和我去看了关锋、王力，开导他们……”

8月31日，周恩来再次召见外交部造反派头头及部党委成员，重申：外交大权属中央，中央授权给我，别人不能说，我管。他严厉批评那个在外交部“夺权”后代理“外交部长”一职的造反派头头：你最近到处讲话、作报告散布“打倒刘、邓、陈”的口号，你这样做等于站在对抗中央的地位！对于前一时期“炮打周恩来”的逆流，周总理毫不客气，一针见血地指出：这是节外生枝，无中生有，破坏无产阶级司令部的阴谋，是使亲者痛、仇者快的行为。他还提出，现在，国内的极左思潮和极左行动，已经影响到我们的外交工作，损害了我们的国际声誉，造成我说话都失灵了。

第二天，在北京市革命委员会扩大会议上，周恩来当着江青、陈伯达、康生、张春桥等中央文革一班人的面，尖锐指出：我知道有些人专门对我进行研究，把我历史上多少年的东西都找出来。我感谢他们，如果是“好意”给我提出来的话。现在算起来，1922年入党，46年了（注：据1985年党中央批准的中央组织部报告，周恩来入党时间确定为1921年）。这46年里是犯了不少错误，说了不少错话，写了不少错误的文章。但是，我最终是跟着毛主席走的！今天，我的工作岗位和所负责的工作总还要我本人去做，一刻不能休

※上海『一月风暴』后，各省市党政机关纷纷被夺权，相继建立起革命委员会。1967年4月20日，北京市革命委员会成立。

息，不能袖手旁观，所以，我还是要干下去。现在我申明，对某些人的“帮助”我欢迎，只要他是善意的；但是，如果拿根本不存在的问题来要挟，来煽阴风、点鬼火，搞阴谋活动，那我是坚决反对的！

在痛失“小三”（戚本禹虽留下来，但已不再被重用）之后，中央文革内部发生了自“文化大革命”发动以来的最严重的危机。江青等人对周恩来等老一辈革命家虽然从骨子里势不两立，恨得咬牙切齿，但无奈毛泽东已经发了话，王力、关锋他们又闯下如此大祸。在周恩来一次次强有力的反击面前，刚刚受到重创的江青一伙只有招架之功，再无还手之力。他们在这种场合下只能随声附和，把自己的责任推得干干净净。于是，在这一时期由中央文革所把持的舆论宣传上出现了一种十分反常的现象：自上海“一月夺权”以来一直大喊“打倒”、“砸烂”、“夺权”和“反翻案”、“反复辟”的笔杆子们，忽然改变了腔调，扭扭捏捏地反起“极左”、“无政府主义”、“怀疑一切”、“打倒一切”来了。那个“刀笔吏”姚文元，还率先提出要“彻底揭露”所谓“五一六反革命集团”，要抓反革命的“黑手”云云，真可称得上贼喊捉贼，欲盖弥彰！

这一年9月，正在外地巡视的毛泽东连续接见各地驻军及有关省、市负责人，向他们提出：现在要批评“极左派”思想，这是主要的；说叶剑英、徐向前是“黑手”，我看不一定，“黑手”主要是王力；阴谋集团是有，它集中攻击总理，把总理攻倒后再攻别人；外事口里有坏人、“黑手”、反革命。倒是毛泽东把话挑明了。

与此同时，周恩来继续亲自过问、部署外交工作，要求彻底肃清两个多月来极左思潮对外事系统的恶劣影响，并对外交部“夺权”、提“打倒刘、邓、陈”口号、“火烧英国代办处”等极端言行进行组织上的清查。于是，一度被“打倒”、关押的老干部们又重新恢复了工作，少数造反派们也相继被审查、处理。整个外交大权再次回到党中央、国务院手里……

其实，外交部“夺权”前后被造反派多次批斗的陈毅，在这以后并没有真正“沉默”。在周总理的精心安排下，他仍以国务院副总理、外交部长的身份昂然出现在各种内外场合：

1967年9月30日晚，陈毅出现在周总理主持的国庆18周年招待会上；

10月1日上午，陈毅与其他“二月逆流”的副总理和老帅们一起登上天安门；

11月6日下午，陈毅陪同周总理来到北京东郊机场迎接归来的我援外专家；

11月30日，陈毅外长又与周总理联名电贺南也门人民共和国独立；

……

可以说，在那个政治气候依然冷峻的“严冬季节”，两位革命家、外交家和老战友的每次公开露面，都是对成千上万为中国前途命运担忧的富有正义感的人们的莫大慰藉；同时，也是对那几个不安好心、专以整人为嗜好的政治小丑的辛辣讽刺！

（金戈）

在“林彪事件”前后

1971年9月13日，在林彪叛逃国外后，从清晨至下午，周恩来亲自打电话给11个军区和29个省、市、自治区的主要负责人，通报林彪外逃情况，并要求他们听从党中央、毛主席的指挥，立即进入紧急备战。

一

1970年春，“文化大革命”已进入第五个年头，也已是第三届全国人民代表大会召开后的第六年。

3月8日，周恩来主持中央政治局会议，传达讨论毛泽东提出的关于召开四届人大和修改宪法的建议。会议决定近期召开中央工作会议，进一步讨论四届人大的筹备工作。

3月中旬，中央工作会议如期召开，有关四届人大的各项准备方案全都顺利通过。

4月初，周恩来应金日成邀请，准备赴朝鲜民主主义人民共和国访问。就在周恩来访朝前夕，毛泽东在审阅“两报一刊”编辑部纪念列宁诞生100周年文章《列宁主义，还是社会帝国主义？》时，写下一段意味深长的批语：“关于我的话，删掉了几段，都是些无用的、引起别人反感的东西。不要写这类话，我曾讲过一百次，可是没有人听，不知是何道理，请中央各同志研究一下。”毛泽东删去的“无用”和“引起别人反感”的话有：“当代最伟大的马克思列宁主义者……毛主席”，“毛泽东同志……继承、捍卫和发展了马克思列宁主义，把马克思列宁主义提高到一个崭新的阶段”，“毛泽东同志就是当代的列宁”，等等。这些语言，几乎全是过去林彪用来“颂扬”毛泽东的原话。随着“文化大革命”已进入“扫尾”阶段，毛泽东认为对他的个人崇拜应该“降温”了。

对此，周恩来批示先将毛泽东的批件和该文章的修改件在中央政治局范围内传阅。林彪本人无疑很快就见到了毛的批语。

※毛泽东和林彪在一起。

过了一周，林彪用电话记录的方式向在长沙的毛泽东提出：关于国家主席，“仍然建议由毛主席兼任”，“否则，不合人民的心理状态”；至于国家副主席，则可以不设。林彪还特别表示，他自己“不宜担任副主席的职务”。这个电话记录，同时也传给了中央政治局。

据有关当事人回忆：毛泽东听了林彪的“建议”之后，“笑了”，说：“设国家主席，谁当主席呢？反正我不能再当了。”

几天后，毛泽东在一个讨论林彪关于设国家主席的“建议”的报告上批道：“我不能再做此事，此议不妥。”随后，毛泽东又多次明确表示，他不当国家主席，也不设国家主席。但林彪仍继续坚持原来的主张。

这是“文化大革命”以来，毛泽东与林彪第一次在重要问题上各执己见。

7月10日，周恩来主持中央政治局会议，传达毛泽东关于修改宪法、召开九届二中全会和四届人大会议的指示，并确定了党中央为此进行工作的计划。按照这个计划，到8月20日，将基本完成四届人大有关文件的起草和其他各项准备工作；8月下旬，召开中共九届二中全会；国庆节之前，举行四届人大会议。

然而，在讨论修改宪法的会议上又发生了一场风波。

8月13日，在康生主持下，中央修改宪法工作小组召开会议，讨论宪法草案稿的文字修改问题。会上，张春桥和吴法宪就宪法草案稿中有关提法发生争论。张提议删去原草案稿中“毛泽东思想是全国一切工作的指导方针”以及“天才地、创造性地、全面地”等语。吴对此反驳说：“要防止有人利用毛主席的伟大谦虚贬低毛泽东思想。”

会后，吴法宪到陈伯达处详细谈了争吵情况，并通过黄永胜报告了林彪。随即，吴又向周恩来报告了此事。

17日，周恩来主持中央政治局会议，对宪法修改草案作最后定稿。宪法草案稿顺利通过。于是，周恩来开始部署即将在江西庐山召开的中共九届二中全会。

这时，林彪暗中吩咐黄永胜、吴法宪：要多小心，这件事（即同张春桥等的争论）没有完，到庐山会有大的斗争。

林彪、江青这些靠“文化大革命”起家的野心家之间长期掩盖着的矛盾，这时终于由暗斗转入明争了。

二

1970年夏，江西庐山群峦叠翠、雾海苍茫。

8月20日前后，位于庐山北面十几公里的九江机场开始忙碌起来，马达昼夜轰鸣，一架架飞机在这里频繁起落，往来如梭。

中共九届二中全会将于8月下旬在庐山开幕。这是建国后召开的第三次庐山会议，到会的中央委员和候补委员共计253人。

8月20日下午，周恩来直飞九江机场，傍晚时分，抵达庐山。周恩来是最后一个上庐山的中央领导人，他住在当年马歇尔下榻的一幢小楼里。

第二天，周恩来就全会议程问题书面报告毛泽东和林彪。然后，分别前往林彪、康生、陈伯达、江青处谈话。

22日下午3时许，毛泽东在住地牯岭召开中央政治局常委会，商定全会会期、日程、分组等事。谈到设国家主席问题时，会上除毛泽东外，其他几名常委都认为，根据群众的愿望和要求，应实现党的主席和国家主席一元化，即在形式上有一个国家元首、国家主席。对此，毛泽东颇不以为然。他说：设国家主席，那是个形式。我提议修改宪法，就是考虑到不要国家主席。如果你们愿意要国家主席，你们要好了，反正我不做这个主席。这是毛泽东自1970年春以来第四次提出他对这件事的意见。毛泽东还告诫说：要把这次全会开成一个团结的、胜利的会，而不要开成分裂的、失败的会。

23日下午4时，中共九届二中全会在庐山人民剧院开幕。毛泽东主持开幕式。周恩来首先宣布全会议程：一、讨论修改宪法；二、讨论国民经济计划；三、讨论战备问题。

随即，林彪作长篇讲话。他说："这次宪法修改草案，表现出这样的特点：就是突出毛主席和毛泽东思想在全国的领导地位。肯定毛主席的伟大领袖、国家元首、最高统帅的这种地位；肯定毛泽东思想作为全国人民的指导思想，是全国一切工作的指导方针。这一点非常重要，非常重要。用法律的形式固定下来非常好，非常好！""我最感兴趣的认为最重要的就是这一点。"又说："我们说毛主席是天才的，我还是坚持这个观点。"

在长达一个半小时的发言中，林彪还喋喋不休地重复了许多他过去称颂毛泽东的那些"名言"。而这些话，正是毛泽东审改文章时多次删去的内容。

为了开幕会上的这个"开场白"，林彪事前作了准备。他的一份讲稿就拿在他手里。而发言的事，林彪一直没打招呼，是到开会前一刻，他才突然提出来的。

在林彪讲完话后，康生作了一个表态性发言，表示对林的讲话"完全同意，完全拥护"。并提出：在要毛泽东当国家主席、林彪当国家副主席的问题上，"所有意见都是一致的"。"如果是主席不当（国家）主席，那么请林副主席当（国家）主席。如果是主席、林副主席都不当的时候，那么（国家）主席这一章就不设了。"

原定讲国民经济计划的周恩来，没有在开幕式上发言。

当晚，周恩来主持中央政治局扩大会议，研究分组讨论宪法草案和国民经济计划问题。这时，吴法宪提出：全会各小组应学习林彪在开幕式上的讲话，可先听林的讲话录音。对此，江青、张春桥等都没有表态。周恩来表示同意，并报告了毛泽东。

就在这天夜里，根据会前林彪的布置，陈伯达、叶群两人连夜搞出一份恩格斯、列宁、毛泽东关于称"天才"的语录材料，第二天送交会议秘书处打印。这件事毛泽东、周恩来都不知道。从24日下午起，全会各组开始讨论林彪的讲话。在林彪授意、叶群布置下，陈伯达（华北组）、吴法宪（西南组）、叶群（中南组）、李作鹏（中南组）、邱会作（西北组）等人按照商量好的口径，带头宣讲"天才"语录，吹捧林彪讲话，坚持设国家主席；同时，暗示有人"反对"毛主席。在6个组的讨论当中，尤以华北组最为激烈，陈伯达富有煽动性的发言，蒙蔽了许多不明真相的人。

25日，收入陈伯达等人发言的华北组第2号简报印发。整个全会气氛变得紧张起来，各组要求“揪出”反对毛主席的坏人。

中午时分，张春桥、姚文元由江青带着到毛泽东处反映情况。

下午3时，毛泽东主持召开有各组组长参加的中央政治局常委扩大会议。会前，毛泽东先与前来的林彪、周恩来、陈伯达、康生逐一谈话。随后，毛泽东向到会的其他人宣布：刚才，我和几位常委商量，认为现在各组讨论的问题不符合全会原定的三项议程。关于国家主席的问题不要再提了。毛泽东还严厉批评陈伯达等人在分组会上的发言违背了“九大”方针，提出应按“九大”精神团结起来，不要搞分裂，不要“揪人”。根据毛泽东的意见，会议决定全会分组会立即休会，停止讨论林彪讲话，收回华北组第2号简报。

毛泽东的指示，给了林彪一伙当头一棒。林彪在私下里传出话来，告诉他的那一伙人，不要再坚持设国家主席了，也不要再提“天才”了。但当周恩来提出要吴法宪等人检讨时，林却向吴打气：“你没有错，不要作检讨！”叶群更直接把话挑明了：“你不要紧张，还有林彪、黄永胜嘛！只要不牵扯到他们就好办。大锅里有饭，小锅里好办。”

在分组会休会的几天里，周恩来出席毛泽东召集的会议，并多次找人谈话（包括林彪在内），以敦促陈伯达、吴法宪等人检讨。

29日，林彪主持中央政治局扩大会议，会议听取陈伯达、吴法宪等的检讨。周恩来在会上说：从全会一开始的分组讨论中，陈伯达、吴法宪等人作了有代表性的错误发言，把修改宪法的讨论引导到一个错误的方向去，以华北组最为突出。毛主席扭转了这一错误偏向。我们这几天的工作就是要说服一些犯错误的同志作初步的检讨。在联系历史上王明“左”倾冒险主义错误进行自我解剖、批判后，周恩来强调：毛主席对犯错误同志的态度是一贯的，这就是允许犯错误，允许改正错误；要给犯错误的同志认识、改正错误的时间，对他们还要看，不能着急。全会还有两项议程，不能耽搁久了。因此，大家要下决心按照毛主席的指示不折不扣地去做，一定要把这次会议开好。

8月31日，毛泽东在陈伯达所编《恩格斯、列宁、毛主席关于称天才的几段语录》的材料上，写下《我的一点意见》，点名批判陈伯达，指出：这份称“天才”的材料，“欺骗了不少同志”。“我跟陈伯达这位天才理论家之间，共事三十多年，在一些重大问题上就从来没有配合过，更不去说很好地配合。”“这一次，他可配合得很好了，采取突然袭击，煽风点火，唯恐天下不乱，大有炸平庐山，停止地球转动之势。”关于“天才”问题，毛泽东提出：“我们只能站在马列主义的立场上，而决不能跟陈伯达的谣言和诡辩混在一起。”“希望同志们同我们一道采取这种态度，团结起来，争取更大的胜利，不要上号称懂得马克思，而实际上根本不懂马克思那样一些人的当。”

※1970年8月23日至9月6日，中共九届二中全会在庐山召开。林彪一伙为了实现抢班夺权的野心，按照事先的密谋，在分组会上宣讲由陈伯达选编经林彪审定的『称天才』的材料，并坚持设国家主席。8月31日，毛泽东写了《我的一点意见》，严厉批评了陈伯达，给林彪反革命集团以沉重的打击。图为毛泽东在九届二中全会上。

毛泽东对陈伯达的揭露和批判，也是对林彪一伙宗派活动的沉重打击和严厉警告。毛泽东在批陈时没有涉及林彪，对林采取了保护的态度。

毛泽东所写《我的一点意见》印发全会后，各组开始转入对陈伯达的揭发、批判。几天里，周恩来先后参加了东北、华北、华东、中南、西南小组的讨论，他在发言中说：《我的一点意见》一文，是毛主席考虑了三天之后才写出来的；陈伯达在中央核心内部长期不合作，他的问题迟早要暴露的。

9月6日下午，中共九届二中全会闭幕。全会基本通过《中华人民共和国宪法修改草案》和全会公报，批准国务院关于全国计划会议和1970年国民经济计划的报告和中央军委关于加强战备工作的报告。同时，党中央宣布对陈伯达进行审查。

三

庐山会议之后，周恩来开始主动纠正文化宣传领域包括对外工作中某些“左”的倾向。同时，他还对庐山会议期间发生的事情作了初步调查，批评了军委办事组黄永胜、吴法宪等人。他建议黄永胜、吴法宪、李作鹏、邱会作4人向毛主席、林副主席写出书面检讨，揭露事实真相，与陈伯达完全决裂。并说，这样做，对党对己都极有利。

在空军举办的“三代会”期间，会议主持人把作“讲用报告”的年仅25岁的林立果（林彪之子）吹捧为“超天才”。周恩来得知后，当即派杨德中找到吴法宪，批评道：为什么要把林立果说成是“超天才”？这种说法不对，不能这样搞。

周恩来对黄永胜等人的批评帮助，不但没有使他们幡然悔过，反而引起林彪一伙的嫉恨。

10月中旬，毛泽东先后就吴法宪、叶群2人检讨作出批示，严厉批评吴、叶及军委办事组其他成员在庐山会议上“缺乏正大光明的气概”，“由几个人发难，企图欺骗二百多个中央委员”，“又找什么天才问题，不过是一个借口”。毛泽东还指出：“思想上政治上的路线正确与否是决定一切的。”

在这个时候，林彪的态度实际已成为解决问题的关键。但林彪却一直在敷衍毛泽东和周恩来，始终不作自我批评；而黄永胜等人也一字不提林彪的错误和责任。这一年5月间，由林立果、周宇驰（空军政治部副主任）秘密组建并得到林彪接见的空军司令部“调研小组”，恰在这时被改为“联合舰队”，叶群还亲自为其骨干成员周宇驰、王飞（空军司令部副参谋长兼办公室主任）等人规定了称呼代号。

庐山会议上出现的这场斗争，正悄悄地朝着更复杂、更严峻的局面发展。

在批评林彪等人错误的同时，毛泽东、周恩来本着团结、教育的方针，希望林彪及军委办事组的几个人能够“采取步骤，变被动为主动”，真正认识自己的问题，与陈伯达划清界限。为此，党中央先后召开华北会议和批陈整风汇报会，在党内进行思想和政治路线方面的教育。

然而，林彪从九届二中全会后便一直称“病”不出，既不批陈，更不作检讨。1971年3月间，林彪在苏州说南唐李煜写亡国诗“几曾识干戈”、“垂泪对宫娥”，是因为他不懂得武装斗争的重要性，示意林立果等人，不能“束手待毙”，要搞一个武装政变计划。

根据林彪授意，林立果一伙在上海秘密制定出一份反革命武装政变计划《“571工程”纪要》，企图以“武装起义”方式，一举夺取党和国家最高领导权。为实施这个《纪要》，林立果等人多次开会研究，加紧暗中进行策划。到3月底，已初步确定出“作战”

的指挥系统和具体人员分工。

《“517工程”纪要》的出笼，标志着林彪一伙决心与党和人民为敌，已成为彻头彻尾的反革命阴谋集团。

毛泽东、周恩来都全然不知林彪一伙正在进行中的阴谋活动。

1971年“五一”之夜，在照例举行的天安门广场焰火晚会上，勉强来到天安门城楼的林彪一脸沮丧，始终不同毛泽东说话，甚至连招呼也不打。更使周围人惊异的是，林彪仅在城楼上坐了几分钟，便不辞而别，以致新闻纪录片上未留下“林副主席”的形象！林彪这一明显的举动，引起在场人们的议论、猜测。

中央批陈整风会议结束后，7月初，林彪、叶群离京回北戴河。前往送行的吴法宪发现，“林彪很沉闷，一句话也不讲，和以往完全不同，很反常”。7月9日中午，美国总统国家安全事务助理基辛格秘密抵达北京。当晚，毛泽东在他的书房里听取周恩来和才调到总参谋部工作不久的熊向晖关于基辛格访华一事的汇报。正式汇报前，毛泽东从熊向晖处了解到总参谋部批陈整风的一些情况：黄永胜等人严密封锁他们在庐山会议期间所犯错误真相，并全部扣压了中央下发的他们几个人在中央批陈整风汇报会上的检讨，拒不向下传达。

毛泽东据此断定：“他们的检讨是假的。庐山的事情还没有完，还根本没有解决。这个当中有‘鬼’。他们还有后台。”

在回去的路上，周恩来叮嘱熊向晖：“今晚主席讲的话，绝对不能外传。”

周恩来似乎已经预感到一场急风暴雨的来临。在陪同缅甸政府总理奈温前往广州访问前，他致信毛泽东：“主席如有急事，可经吴旭君同志以保密电话告我，或告（王）海容转告。”

8月12日，从广州返京的周恩来面见毛泽东，请示第四届全国人民代表大会召开的时间。毛泽东提出可在国庆节后开四届人大。当天晚上，周恩来即主持中央政治局会议，商议四届人大的各项筹备工作。

两天之后，毛泽东离开北京到南方各地巡视。

经过庐山会议以来的批陈整风运动，毛泽东从大量的揭发材料中觉察出，林彪等人的所作所为十分可疑。他决定去南方一些省走一走，边调查、边“吹风”，为即将召开的中共九届三中全会作准备。

在半个多月的时间里，毛泽东先后到达武汉、长沙、南昌等地，同沿途党政军负责人谈话，讲述党内路线斗争历史，着重谈了九届二中全会上的斗争，指名批评林彪和黄永胜、吴法宪 、叶群、李作鹏、邱会作等人。他指出：“有人急于想当国家主席，要分裂党，急于夺权”，“这次庐山会议，又是两个司令部的斗争”。林彪对这件事“当然要负一些责任”，“庐山这件事，还没有完，还没有解决”。

9月3日，在南方陪同毛泽东巡视的汪东兴，将经过毛泽东亲自阅改过的他和华国锋追记的毛泽东沿途谈话内容稿专送周恩来。这时，毛泽东已到达杭州。这里是毛泽东建国后常来的地方。然而，风光依旧的西子湖畔，此时正潜藏着杀机。参与策划反革命政变的杭州地区的头目陈励耘（空军七三五〇部队政委），不仅掌握着杭州市的警备大权，也担负着毛泽东住地的警卫工作。毛泽东的处境十分危险。

两天后，陪外宾来武汉的李作鹏，从武汉军区政委刘丰口中得知毛泽东在这里的谈话内容。李当即形成三点“印象”：庐山会议的事情还没有完，上纲比过去更高了，矛头似乎指向林彪。一直把自己与林彪命运联系在一起的李作鹏、黄永胜，迫不及待地将此情况密报给在北戴河的林彪和叶群。

9月5日、6日，林彪、叶群先后得到周宇驰、黄永胜的密报，获悉毛泽东进一步揭露、批评他们宗派活动的谈话要点。林彪一伙惊恐异常，经过密谋策划，做出一个丧心病狂的决定：将毛泽东杀害于巡视途中，继而发动反革命武装政变。

9月8日，林彪亲笔写下政变手令：“盼照立果、宇驰同志传达的命令办。”据此手令，林立果、周宇驰2人分别向其“联合舰队”成员下达部署杀害毛泽东的具体方案，并指派江腾蛟（南京军区空军政委）为“第一线指挥”。

林立果及其同伙企图用这样一些手段谋害毛泽东：用火焰喷射器或“四〇”火箭筒烧、打毛泽东乘坐的专列；用炸药炸毁毛泽东专列必经的苏州硕放铁路桥；派飞机炸专列，或炸毁专列停车旁的油库；派王维国（原空四军政委、在上海指挥政变头目之一）乘毛泽东接见时直接下手……有关行动方案，林立果曾报告给林彪和叶群。在布置“南线”行动的同时，林立果等人还研究了“北线”计划，他们的攻击目标是中南海和钓鱼台，消灭对象包括周恩来、朱德、叶剑英、聂荣臻、徐向前、刘伯承等老一辈革命家，也还有江青、张春桥、姚文元等人。

四

初秋的古都北京，气爽宜人。周恩来仍如往常那样，有条不紊地领导着四届人大的筹备工作。从9月6日起，他每天都在人民大会堂里主持讨论《政府工作报告》稿。10日，在对报告稿亲作修改后，周恩来致信毛泽东，报告：已写出初稿，拟从11日起，由政治局确定几名成员以10天时间改好送审，信中还就国庆节前召开九届三中全会、补选几名中央委员等事作了请示。毛泽东阅后批："都同意。还要补选常委。"

显然，毛泽东对中央的人事调整已有所考虑。

10日中午，对林彪一伙已有警觉的毛泽东下令专列开赴上海。随即，专列离沪北上，一路不停，直驶北京。12日午后，专列抵达北京。当汪东兴将毛泽东回京的消息报告周恩来时，因事出突然，周恩来不解地问汪："你们怎么不声不响地就回来了，连我都不知道？路上怎么没有停？原来的计划不是这样的呀！"

毛泽东出其不意地安全返回北京，使林立果等人的谋杀计划彻底破产，进而打乱了林彪一伙反革命政变的原有部署。为此，在北戴河的林彪、叶群、林立果紧急策划南逃广州，企图另立中央，分裂国家。根据这一计划，他们安排了几架飞往广州的飞机，其中一架256号"三叉戟"，是林彪的专机，于12日傍晚秘密调到山海关机场，供林彪一家使用。

这天晚上，周恩来照常在人民大会堂主持讨论《政府工作报告》稿。

灯火通明的人民大会堂福建厅内，四周玻璃窗都紧闭着，并拉上了深色帷幕。朝东靠广场方向的窗户旁边，放着一排长方形会议桌，上面铺着白色桌布。周恩来正全神贯注于会场的讨论。

22时许，工作人员请周恩来接电话。大约半小时后，周恩来回到会场，讨论继续进行。过了一会儿，周恩来出去又接电话，这次，他很久都没有回来。

周恩来接的第一个电话是汪东兴打来的。汪东兴报告：驻北戴河的中央警卫部队获悉：林彪等人打算离北戴河出走，但要去哪里尚不清楚。这是根据林彪之女林立衡报告得知的。周恩来当即指示北戴河警卫部队继续观察，随时报告。

从第二个电话里，周恩来了解到有一架专机正停候在山海关机场，这引起了他的注意。他马上把参加《政府工作报告》稿讨论的吴法宪找来，要求他立即查明停留山海关机场的256号"三叉戟"飞机的情况。

在证实山海关机场确有一架专机后，周恩来亲自打电话给叶群，询问飞机的情况，叶群称林彪要坐飞机"动一动"。周恩来以夜航不安全加以劝阻。这时已是深夜23时30分。

周恩来通过几条渠道追查停留山海关的飞机的举动，使林彪一伙感觉阴谋已经败露，南逃广州的计划恐难以实现，便孤注一掷，决计向北叛逃国外。

9月13日0时32分，林彪、叶群、林立果、刘沛丰（空军机关党委办公室人员）等人在慌乱中钻入一辆“红旗”高级防弹轿车，冲过警卫部队阻拦，以100多公里的时速驶往山海关机场。到机场后，林彪一伙匆忙登机，在副驾驶、领航员、报务员尚未上机的情况下，下令飞机在一片漆黑中强行起飞。

周恩来在“三叉戟”起飞不久便接到了报告。在这之前，他曾以这架飞机须有周恩来、黄永胜、吴法宪、李作鹏4个人一起下命令才能放飞的指令，试图阻止该机起飞。李作鹏有意篡改了这一命令。

对林彪等人突然乘机离去的意图，暂时还不清楚。周恩来立即命令李德生前往空军司令部，监视飞机动向；派杨德中随吴法宪去西郊机场；派纪登奎去北京空军司令部作战室，指示他们掌握情况，随时报告。同时，他向全国发布禁空令：关闭所有机场，所有飞机停飞，开动全部雷达监视天空，周恩来还要求场站调度员用无线电向256号飞机呼叫，要林彪等人飞回来，告以：不论飞机在何处降落，“我周恩来都到机场去接”。然而，林彪座机不予回答。

在空军司令部的李德生通过专线电话，不断将林彪飞机的位置、高度、方向等情况汇报给周恩来。当飞机飞临中蒙边境时，李德生向周恩来请求处置办法。周恩来告诉李：已请示了毛主席，主席说：“天要下雨，娘要嫁人，由他去吧！”

凌晨1时50分，林彪座机飞越中蒙边界上空。这伙阴谋家叛党叛国的行径最终暴露无遗。

在毛泽东的支持下，周恩来担起领导全党全军同林彪反革命集团斗争的重任。

首先，根据毛泽东的指示，周恩来在人民大会堂召开在京中央政治局成员紧急会议，宣布林彪叛逃事件，研究部署各种情况的应变措施。

从13日清晨至下午，周恩来亲自打电话给11个大军区和29个省、市、自治区的主要负责人，通报林彪外逃情况。在电话里，他使用的是斟酌过的特别语言，把事情说得既清楚又含蓄：“庐山会议第一次全会上第一个讲话的那个人，带着老婆、儿子，坐飞机逃往蒙古人民共和国方向去了！你们要听从党中央、毛主席的指挥。从现在起，立即进入紧急备战。”

与此同时，周恩来还将李先念、华国锋等分别派到京西宾馆、海军司令部和总后勤部主持工作，以便随时掌握、报告情况。

他特别指示外交部，要密切注意外电报道，抓紧研究和提出因林彪事件引起的对外交涉所需应对方案。

周恩来还和政治局部分成员一起，与总参谋部负责人共同拟定出下发全军的紧急战备指示，指定叶剑英处理林彪善后问题及战备事项。并对北京地区部队部署、京郊各机场军管以及机动兵力安排等进行布置。

13日上午，在周恩来直接指挥下，命令空军出动飞机将林彪党羽周宇驰、于新野等劫持的一架直升机迫降在京郊怀柔县境内，从飞机上缴获了林彪一伙阴谋政变的大量罪证，为后来清查林彪反革命政变计划提供了极为重要的线索。

至9月14日下午，待各项必要的工作部署完毕，周恩来在人民大会堂里已连续劳作达50多个小时。疲惫至极的周恩来刚休息一会儿，便接到来自中国驻蒙古人民共和国大使馆的特急报告，获悉林彪等人机毁人亡的确切消息。他亲往毛泽东处报告这一消息。

林彪、叶群、林立果等人确实死了。当256号飞机飞临蒙古纵深的温都尔汗时，因油料不足，飞机在实施迫降中机身擦地起火解体，机上人员全部焚烧致死。

※ 1971年9月13日凌晨，林彪、叶群等乘飞机叛逃，摔死在蒙古温都尔汗。周恩来连续工作三天三夜，机智果断地处理“九一三”事件，使党和国家转危为安。这是他处理这次事件时设在人民大会堂新疆厅的办公室。

9月24日，经毛泽东批准，周恩来在人民大会堂福建厅召集中央军委办事组成员开会，代表中共中央宣布将10天来一直拒不坦白交待问题的黄永胜、吴法宪、李作鹏、邱会作4人实行离职反省。周恩来对黄、吴、李、邱4人说："限你们十天坦白交待，争取从宽处理，你们不听。你们对党对人民是犯了罪的！"随即又召集各总部、各军兵种负责人开会，传达中央这一处理决定。在这前后，林立果在各地的"联合舰队"的骨干分子也相继被捕归案。

不久，中共中央《关于林彪叛国出逃的通知》逐级传达到全党全军全国，正式宣布："林彪于1971年9月13日仓皇出逃，狼狈投敌，叛党叛国，自取灭亡。"

10月4日，周恩来陪同毛泽东接见了新成立的由叶剑英主持的军委办公会议成员。毛泽东指出：林彪、陈伯达搞阴谋活动，蓄谋已久，目的就是要夺权；文化大革命中整几位老帅，也是他们搞的。又说："要好好整顿军队"，"凡讨论重大问题，要请总理参加；下达指示，要用军委名义"。

（安建设）

林彪飞机坠毁之谜

周恩来看林彪等人尸体照片时的表情，不是"欣赏和满意"，而是"宽慰和庆幸"，为整个国家和民族庆幸。

一、紧急回国

9月17日上午11时许，我们来到温都尔汗机场登上飞机，那位接待我们的副省长到场送行。飞机飞上蔚蓝的秋空，一望无际的大草原令人心旷神怡，顿扫几天以来缺眠的疲劳。回头向东北望去，苏布拉嘎一带埋在一抹尘雾之中，那九个死难者，将永远留在那里，做异国他乡之鬼了。后来，1972年，我得到一个机会去观看林彪在毛家湾的住所。林彪卧室墙上贴了不少他们一家人相互酬答的题词，其中有一条是林彪在叶群生日时题的，套用戏剧《关汉卿》中的两句诗而改动了一个字："发不同青心同热，生少同衾死同穴。"这使我马上联想到苏布拉嘎盆地的荒草孤坟，感到历史如此铁面无情，他们当年的誓言，竟变成了应验无误的谶语。

9月17日中午，我们回到了乌兰巴托。在使馆党委会上作了汇报之后，我就起草现场视察的报告，电报国内。

翌日上午，接到国内指示，要使馆派人立即回国汇报，搭乘飞机，越快越好。使馆党委决定派我回去担负这一任务。但是，中蒙之间的航线早已停航，乘飞机得从乌兰巴托飞到苏联的伊尔库茨克，改乘星期天（20日）从莫斯科飞北京的中国民航回国。而中蒙苏之间的国际联运列车，星期天早上经乌兰巴托南下，行驶大约31个小时，星期一（21日）下午才可到达北京。经请示国内同意，决定乘火车回国。我周详地做了汇报的准备，花了整整两天时间。为了旅途安全，许大使让回国探亲的中国建筑公司驻蒙公司（援蒙建筑项目，1966年底工程陷于停顿）的一位蒙族翻译同志与我同行。

列车离开乌兰巴托，穿过市南的山区，奔驰在广袤的戈壁草原上，到处是一片深秋萧瑟景象。我看到铁路两旁的外国军事基地，它们显得格外繁忙。无论是离乌市70多公里（铁路里程；直线距离约为50公里）的后勤基地，还是巴彦（离乌市100多公里）、乔依尔（离乌市250公里）的军用机场，气氛都显得异常。傍晚，到了边境重镇赛音山德，看到更多的外国军队，以及相当数量的坦克、大炮和装甲输送车。我嘱咐同行的翻译同志提高警惕，以防不测，最重要的是把回国汇报的资料保管好，绝对不能出差错。夜间9时40分抵达蒙古边境车站——扎门乌德。车站上蒙古士兵站岗巡逻人数大增，往常带班的尉官已换成校级军官。但是，登车检查的边防军官和海关人员，态度都相当友好，做做例行公事就下车了。

深夜11时13分，列车抵达我国边境车站——二连。边防检查站的王站长在站台上等着我，亲切热情地接至他的办公室。这次，他一反往常那样对蒙古境内情况问长问短，只是随便闲聊。我看到车站内外，解放军明显增多，干部们都佩带手枪，感到有些异样，在我询问下他悄悄地讲："现在是一级战备。"我心中陡然一惊，无怪乎蒙古境内外军队活动异常，难道这同失事飞机有什么联系？

列车从二连开出是凌晨1时49分。到了国内心情放松，便纳头熟睡。清晨6点多钟，被车站上的嘈杂声惊醒，原来已到内蒙古的集宁车站。我掀开窗帘立即看到，一列军用列车正在卸下各种军车和重型武器，相当数量的部队在忙来忙去。为什么国内也这么紧张呢？

9月21日下午3时半，国际列车抵达北京站。一下车就看到站台上的外交部办公厅主任符浩同志和一位秘书，他说是特意来接我，让我把拍摄的胶卷交给秘书同志，去外交部招待所下榻。我说明在北京有家，他说："不，要先住在外交部招待所。"我向他介绍了同行的蒙族翻译同志，他问明是中建驻蒙公司的陪同人员，未去过飞机失事现场，也不了解有关情况，就让他回家了。车站上，人们熙熙攘攘，一派正常生活景象，看不到有什么异样。

到了外交部招待所，符浩同志说："先休息一下，做好汇报准备，可能随时找你。"既没有说谁找，也没说在哪里汇报，他就同秘书走了。我环顾一下室内，是布置比较讲究的两大间套房，是大使级的下榻之处。晚饭后，洗了个澡，然后重新看了一下汇报材料，稍微改动了一下汇报提纲。估计是向外交部领导汇报，思想上没有什么压力。准备完已10点多钟，和衣躺下正朦胧入睡。突然，有人敲门，看看表是11点半。进来一位衣着朴素、面庞清瘦、精神奕奕的女同志。她一进门就自我介绍，"我是王海容"，接着以命令式的口吻："走，到人民大会堂汇报去。"说着，把洗印好的飞机失事现场照片递给我，我把文件装进皮包后跟她登车而去。

深夜，长安大街上静悄悄的，看不到一个人，只偶尔有小汽车飞驰而过。风依然带有夏天的余温，不像蒙古秋风那么冷那么硬。然而，这足以使我从朦胧中清醒，心中嘀咕：听汇报的看来不是外交部领导，那会是谁呢?

二、向周总理汇报

我们从人民大会堂北门登上台阶，两名警卫迎上前来，紧贴着站在我面前。王海容同志向他们作了说明，就被客气地让进了大会堂的北门。

穿过宴会厅楼下的走廊，王海容同志带我走到福建厅门外，让我坐下把照片分类整理一下，刚刚整理好，她唤我进去。我一进门，蓦然间眼前一亮，看到一个熟悉的背影，他背向门厅站着，正向一位穿军装的同志交待事情。这不是周总理吗？我顿时感到心脏急促跳动，胸闷有些出不来气，急忙向前几步，总理已转过身来，握住我的手，目光炯炯地看着我："回来了？好，请坐。"并向我介绍站在旁边的军人："这是杨德中同志。"总理让我坐在他身旁的藤编沙发上，与他中间隔着半米宽的藤茶几。我环顾了一下大厅，座位分做内外两层，内层是十几个藤沙发和茶几，及一张藤编方桌，外层是一圈织锦缎大沙发和暗红髹漆茶几。在内层的座位上坐了几个人，有外交部军代表李耀文同志，副部长韩念龙同志，办公厅主任符浩同志，礼宾司副司长王海容同志。

坐定以后，总理问我："一同回来的不是还有一个翻译吗？哪去了？"我答："他回家了。"总理立即严厉地问："谁让他回家的？"我看了看符浩同志，总理随即转向符浩，更严厉地问了一遍。符浩同志回答是他让走的，因为那个翻译没有到过现场，也不了

※ 林彪叛逃乘坐飞机的坠机残骸。

解有关情况。总理说："那也不行。飞机摔掉了他总知道吧，派人把他找回来！"批评符浩同志："你不是会唱《三大纪律八项注意》吗？你过去不是也当过兵吗？要加强组织纪律性嘛！"总理的严厉态度，使我刚刚平静下来的心脏又急促地跳起来，暗想今晚要"砸"了，汇报可能过不了关，因而愈加感到紧张。总理为什么对这件事这么严厉呢？后来知道当时林彪的余党，包括黄永胜、吴法宪、李作鹏、邱会作这"四大金刚"，一个都没有捉，中央对这些人的能量有多大不够了解，怕林彪摔死的消息走漏，会迫使这些人铤而走险。9月14日，驻蒙使馆一位回国休假的干部，在二连边防站向王站长讲了我国有一架飞机坠毁于蒙古温都尔汗附近，机上人员全部死亡。边防站把这消息逐级上报到军区，总理得知后，立即要这个干部所在的机关将其隔离，并限令军区采取措施，让已知这个消息的26人谁也不许扩散。我坐在那里口渴得直抿嘴唇，总理看出我的紧张心情，温和地说："喝茶嘛，这是很好的龙井茶，多喝一点。"还一再打桌铃让服务员给我添茶。总理服下护士送来的药片以后，开始像谈家常一样，问我姓名、年龄、籍贯、参加革命时间、工作经历，一一亲自记在纸上；当听说我1948年就来到中央机关时，赞许地点了点头。我的紧张心情逐渐松弛下来，一面回答问题，一面注视着总理。我在中央机关工作20余年，多次见过总理，但坐在他的身边直接汇报还是第一次，这是多么难得的机会啊。总理穿着一身灰白色中山装，头发已经花白了，面庞也不像过去那么丰腴，而是比较清癯白皙，几小块老人斑显得较为突出，浓眉下的双眼炯炯有神，不时注视着我，像是要透过我的话把脑袋里的思维抓住。他手背上的老人斑似乎更多一些，右手放在膝上时，可以看得出有些轻微颤抖。由此证实了一个传说，1967年，外交部以姚登山为首的造反派，在王力、戚本禹等人支持下夺了外交大权，总理怎么说服也不听，被气出心脏病来。

总理问过我个人情况以后，要我开始汇报。首先，我汇报蒙方对失事飞机事件的态度和我方交涉的经过。总理听完，头仰枕在沙发上，半思索半自语地归纳蒙方态度的特点，然后抬起头来朝向我："就是说蒙方还是比较友好的？"我说："是的，从几年来中蒙关系看，这次是比较友好的。"

"好吧，你谈谈现场情况。有没有带地图来？"总理问。

"我标了一张素图。"说着就跟总理站起来，走向那张方藤桌把图摊开，外交部的几位领导也围过来看。我指着标出的小红圈，讲明苏布拉嘎盆地位置，及其与温都尔汗、乌兰巴托、我国国界的距离。

总理问："离伊尔库茨克多远？"我答直线距离700多公里。"我国的山海关在哪个方向？"我说在图的右下角。"多伦呢？贝勒庙呢？"我指出了这两个点在图上的位置。总理用右手掌从山海关开始，沿着这两个点到温都尔汗，用力地向前一划，并微微地点了一下头。我立即吃惊地意识到，飞机是沿着这条航线飞出去的，这绝不会是迷航，而是叛逃，可能机组人员里有叛徒。

回到座位刚刚坐定，从门外进来几个人，第一位是总政主任李德生，第二位是空军司令吴法宪，第三位是空军副司令兼民航总局局长邝任农。我站了起来，总理只向我介绍了李主任。这时已是9月22日凌晨一点多钟了。

"好吧，你继续汇报吧。"总理说。

我开始讲失事飞机的情况。当我讲到飞机肚子擦草皮着陆时，邝任农同志插话："软地面不能放起落架，放了起落架就会像钉子一样扎进地面，飞机要翻筋斗的。"总理马上制止了他的插话。我借机看了看刚进来的三位领导：李德生主任和邝任农局长都神态自若，而吴法宪司令却面色苍白，呆若木鸡，加上穿得很整齐的军装，人又那么矮胖，像塑在座位上的泥胎。我按提纲讲下去，总理似对失事飞机不大感兴趣，听着听着闭上眼睛打了一个盹，我随即放慢了语调，他马上晃了晃头，眨了一下眼睛，又精神奕奕地听着。这一瞬间，我看到了总理面容上堆集的疲劳和憔悴。后来知道，他从9月12日下午，一直到14日下午接到驻蒙使馆关于机毁人亡的电报，总共50多个小时没有合眼，此后睡眠也很少。这怎么不令人心力交瘁呀！我讲到机翼根部那个大洞，怀疑是防空导弹打的，但是洞口朝上，下面没有穿透，而且洞口铝刺并不规则，所以还难下结论。总理点了点头，并对李耀文同志讲："这个要好好研究研究。"我一面讲一面把相关的照片递给总理，他看后分成两沓放着。

当我讲到死难者尸体时，已是22日凌晨两点多钟，总理精神异常贯注，已看不到一点疲劳的影子。我按编号一个个尸体详细讲，他一张张照片仔细看，有时还戴上花镜反复看，其中有几张照片他看了之后，眉毛一挑，头微微一偏，像是一种比较欣赏和满意的动作。我当时想这难道是认为照片拍得不错吗？他把这些照片全部看过一遍，然后拢在一起，用曲别针别起来，并附上纸条写上一些字。我递给他我们在现场坟堆前默哀的照片，他看也不看就放到另外一沓里。我愈加感到死难者中间有问题，但当时怎么也没想到会是

※ 图为林彪集团主要成员吴法宪，时任中共中央政治局委员、解放军副总参谋长、空军司令。

一个大人物。

最后，汇报死难者的遗物情况。总理倾注地听着。我讲到那个写得乱七八糟的拍纸本，总理问写的什么内容，我说看不出来；总理看照片，因为拍照时已近黄昏光线不足，字迹辨不太清楚，他似乎感到失望，但仍然把它和死者尸体照片放在一起。当我讲到现场发现一个含有机密内容的铅印小册子，总理特别注意，让我讲具体一些。我列举了其中提到的几项国防新产品的研制，总理态度变得严峻起来。当说到这个小册子有残存的红塑料皮，内文前有“各位首长和同志们”，最后有括号里的“长时间热烈鼓掌”，像是一个讲用报告。总理听了乐起来，哈哈笑着说：“你为什么不早讲清楚这一点！？这个小册子我知道，我这里还有一本，回头可以给你看看。”顺手他就把有关这个小册子的照片扔到另一沓上。

整个汇报结束时，已经凌晨三点多钟。总理对着外交部几位领导讲，他刚回国就来汇报，搞得这么晚，够累了，带他吃夜宵，然后让他早早回去休息。接着又对我说，以后有事找李耀文同志。我心里想，能在总理身边再多待一会儿该多么好啊。看到总理还要同在座的人讨论什么，我就退出厅来。王海容同志带我在厅旁走廊的沙发上坐下，服务员端来鸡丝挂面，还有两片哈密瓜。这时，我才感到真的累了，饿了。吃了夜宵，王海容同志让我同她一起，把蒙方提出的《会谈纪要》稿子抄写一份，她一再提醒我字要写得大一些。后来听说，这份稿子和那些照片，总理送给了毛主席。

外交部几位领导从福建厅出来，坐在走廊尽头一张方桌旁，韩念龙同志亲自起草给驻蒙使馆的指示电。李耀文同志把我叫过去参加。电报的大意是，指示许大使约见蒙副外长，讲明9月13日凌晨，中国民航飞机三叉戟256号，迷失航向误入蒙古领空，自行坠毁，再次向蒙方表示遗憾；同时向蒙方交涉，中国政府打算派专机到温都尔汗，把九具死难者尸体运回北京。电报起草好，韩念龙同志重回厅内呈批。李耀文同志要警卫派车把我送回外交部招待所。

关于运回死难者尸体，后来听说未能交涉成功。蒙方已从国际传闻中揣测到其中有大人物，于是提出了苛刻条件：中方必须澄清机上人员的准确身份，提供姓名、年龄、职业，然后才能考虑运回尸体的要求。这样的条件，我国政府怎能答应呢！

三、执行总理的指示

9月22日下午，我到外交部办公大楼内见李耀文同志，请示下一步干些什么。李耀文同志对我说，今后几天的工作就是洗印照片，问我会不会操作，我说暗室技术懂一些。他让秘书把我带到管国外文件收发的小孙同志那里，让她协助我洗印照片。小孙是一位年轻的女同志，工作相当熟练，而且认真细致，昨夜递送总理的照片就是她洗印的，质量很好，每张放大为12寸，仍然非常清晰。从这天下午开始，一直到27日，我几乎每天都要在暗室里工作半天以上。根据李耀文同志的要求，一批一批地把照片洗印好送到他办公室，他同我一起在照片背后用铅笔写上说明。有时我图快，字写得潦草，他就提醒我这是送给上面看的，字要写端正。

李耀文同志还跟我说，关于失事飞机的事不能对任何人讲，事情没有办完也不能回家，可以打个电话让家里放心，但不能离开外交部招待所。这实际上是一种暂时的“隔离”，他说得那么委婉体贴，令人乐于接受。那位蒙族翻译同志在9月21日半夜，正甜蜜地进入梦乡，被外交部派人找回来，家里人和邻居都感到惊慌，不知他出了什么乱子。他在外交部招待所住了三天，无所事事闲得发慌，一再埋怨我连累了他。我笑着问他：“那我受了谁的连累，也照样不能回家？”25日上午，外交部的秘书通知他可以回家，他一溜烟地跑掉了。然而，我住到什么时候呢？28日起上面就不再要照片了，没有事干实在闷得慌。李耀文同志像是猜到我的心思，要秘书通知我，可以到招待所周围走走，但不能走远，以便有事随叫随到。

9月30日上午，李耀文同志让秘书通知我，专门洗印一批失事飞机的照片。晚饭后，秘书又通知我，11时半在招待所门口等着，有人来接。我高兴地暗忖着，说不定又可以见到总理了。

秋夜的风已越来越凉了，我披着呢大衣也不感到热。一辆黑色轿车按时来到招待所门前，司机说明是接我，我上车一看只我一个人，正在纳闷儿，车已沿着西长安街驶向西单。不久，在西城一个胡同里的朱红大门前停下，司机下车按了一下门铃，李耀文同志从里面走出来，手中拿着我白天送给他的装有失事飞机照片的纸袋。他上车后悄声地说：“我们到总理那里去。”深夜12点，大街上一个人、一辆车也见不到，大概人们都为准备国庆节而疲劳地睡熟了。车开得飞快，穿过府右街到了中南海西北门，门卫问明身份后放我们进去，转了个弯便来到总理住处的外院，停在一辆奔驰牌汽车后面。李耀文同志叮嘱我在车上等，有事时再来叫我，然后下车走去。我环顾了一下，总理的内院灯光明亮，外院却比较暗淡，但是看得出大门里面和外墙根下，整整齐齐排着一列战士，每隔两三米一个人，一直延伸到远处暗影里，他们全副武装扶枪危坐在背包上，像是随时准备投入战斗。我马上意识到“一级战备”并未过去，在北京是“外松内紧”。

我在车上等了一个多小时，便靠在后排座背上睡着了。司机说一声“来了”才把我惊醒。李耀文与另外一个同志走过来，我急忙下车，他介绍说：“这是杨政委。”我上前握手，看得出是向总理汇报时见过的杨德中同志，我已知道他是8341部队的政委。分头登车后，李耀文同志对司机讲：“跟上前面的车，去西郊机场。”杨德中同志的奔驰牌车开得很快，车速至少八九十公里，我们坐的轿车有点跟不上，我暗暗地感到遗憾，没能再见到总理。

凌晨两点半左右，来到西郊机场办公区的一座主楼前，楼内灯火通明，有几个人已经等在楼前。经杨德中同志介绍，得知两位主要负责同志，一位是空司的副参谋长，一位是空军西郊机场师政委。走进楼内坐定，在场的人都贯注地看着我们，对我这个穿便衣的，他们似乎有些诧异。从他们严肃的表情和紧张的眼神里，觉察得出一种不知所措的气氛。

杨德中同志说：“讲讲吧。”那位副参谋长翻开本子，照提纲讲起来。大意是：9月12日傍晚，“256号”起飞去山海关机场，机上油未装满，按规定转场飞行情况下只保持10吨油。“三叉戟”载油量22吨，续航力5小时（其中包括1小时的保留时间），平均每小时耗油4吨半。“256号”飞山海关，虽然只有半小时，但起飞用油较多，大约共耗3吨油。从山海关起飞前临时加油数量不详，就是说，“256号”13日凌晨零点32分起飞时，油量顶多10吨左右。到蒙古温都尔汗1100公里，加上出境前在内蒙古上空绕一圈，大约共飞行两个钟头，耗油量8至9吨。这样计算，“256号”坠毁时，机上还有油1至2吨。“256号”进入蒙古上空，蒙境内雷达站没有特殊反应，只有一部蒙古雷达向乌兰巴托报告，上空发现一目标瞬间消逝，乌兰巴托要它继续监视，随后就关机了。

杨德中同志要我讲讲“256号”在现场迫降的情况，那位副参谋长听说飞机是擦肚皮着陆后起火爆炸的，显得有些出乎意外，插话说：“那天午夜没有月亮，能找到这么块平地擦肚皮下来，难度是比较高的；驾驶员是师副政委潘景寅，这人驾驶技术比较好，1970年从巴基斯坦买这批三叉戟飞机，是他带队接回来的。”他听完我的讲述后，表示同意我的看法，说：“飞机迫降时速度比较快，又向右倾斜，肚皮和右翼尖同时着陆，猛擦地面一震可能就飘了起来，所以擦地痕迹不见了。”接着他又补充说：“这种飞机机翼和腹部都有油箱，因为机翼较短，主要油箱在腹部，一擦地皮油箱必然着火。”

谈了一个多小时，然后一同乘车到机场停机坪。各种照明灯都打开了，坪上如同白昼。远远看去，一排十几架飞机，整整齐齐停在那里，每架都盖了苫布，而且周围放了拒马，有至少1个班的陆军战士在荷枪巡逻。我们来到靠近中间的一架飞机前，杨德中同志命令掀掉机罩，一架完整的“三叉戟”出现在面前，机号是“252”；副参谋长说这是与

“256号”同批买回来的姊妹机，然后循着机头一部分一部分地讲解，特别指出油箱的位置。我问是否可以进到机舱看看，他说不行，已经打了铅封。来到机翼下面，一看就恍然大悟，“中国民航”4个大字朝下，“256号”翼根那个大洞自然是朝地而不是朝天了，这就确证它在爆炸前不但飘了起来，而且在空中翻了身，右翼到了左边，而左翼到了右边。我向李耀文同志说明了这个“发现”，4人就一同来到右翼下面；我指出了那个洞的位置，副参谋长讲：“这里正好是一个检查孔，是检查电线和油路用的，里面是一个油箱，要不要让机械师打开看看？”李耀文同志说算了，因为事情已经十分明白，“256号”右翼根的洞是油箱着火向下炸开的，所以翼面没有穿透，洞口铝刺也不规则。最后，我们走到机尾，它高高耸立着，五星红旗在夜空中仍很鲜艳，可是它的姊妹“256号”的机尾，却永远斜卧在异域沙疆了。

离开西郊机场返城时，已是10月1日凌晨5时。李耀文同志直接回家，杨德中同志去人民大会堂，让我与他乘车同行。他在车上对我问长问短，完全是谈家常式的，既亲切又热情。车开过西长安街中南海门口，看到从人民大会堂开出一辆红旗轿车迎面而来。司机跟

※ 林彪坠机后的尸体现场。

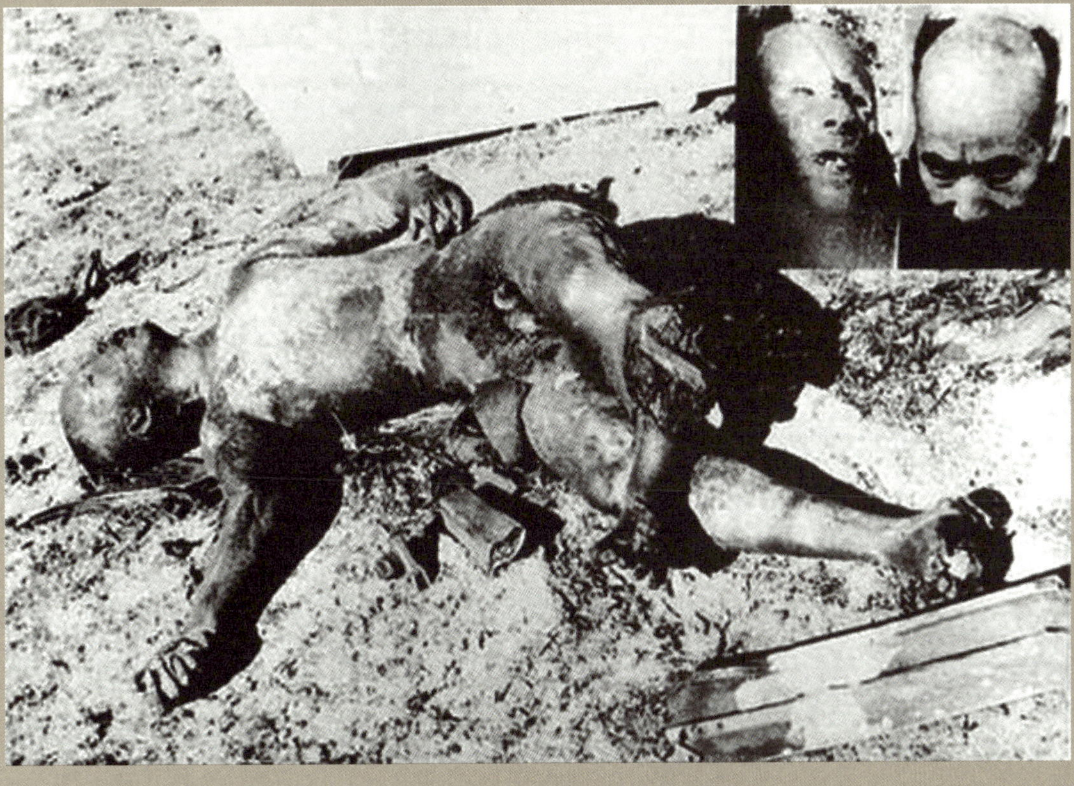

杨德中同志说："总理回家了。"啊，总理又是一个不眠之夜。这时已是黎明时分，洒水汽车已沿长安大街忙碌起来，天安门前观礼台下的花坛，五彩缤纷的鲜花迎着晨曦盛开。第22个国庆日来到了。

四、揭开飞机坠毁之谜

国庆节两天假期过得颇不寂寞，我的爱人带着孩子前来招待所看我，驻蒙使馆前后回国的同志也来叙谈。他们有的人问我究竟回来干什么，怎么被"隔离"起来。我开玩笑地说："烛影斧声，千秋疑案。"的确是，两周来许多现象扑朔迷离，思想认识虽有所前进，但总觉这个谜还很深，难以猜透。我这个人好联想，但却想不出个明确结论。

10月3日下午，接到电话通知：下午四点去外交部礼堂听报告。我到礼堂时已黑压压坐满了人，我插入前几排办公厅的干部中间就座。韩念龙副部长宣读中共中央（1971）第57号文件："中共中央正式通知：林彪于1971年9月13日仓皇出逃，狼狈投敌，叛党叛国，自取灭亡……"我的脑袋轰的一下胀得老大老大，啊，竟然是他！怎么会是他呢？我继续听下去："根据确实消息，出境的三叉戟飞机已于蒙古境内温都尔汗附近坠毁。林彪、叶群、林立果等全部烧死，成为死有余辜的叛徒卖国贼。"文件时间是9月18日，正是我们从温都尔汗回到乌兰巴托，向国内发了现场视察电报的第二天。我眼前不由得出现了失事现场那9具尸体，晃来晃去，使我一阵阵头晕恶心，对57号文件后面几段话几乎没听进什么。传达报告结束后，回到办公厅，王海容同志正好在那里，问我："这会儿清楚了吧？"我回答："清楚了，完全没有想到。"她说："你的任务完成了，明天可以回家了。"我又去见李耀文同志，他说："本来17级以上干部是国庆节前听传达的，我们从工作考虑，让你晚一些知道。这里的任务已经完成了，完成得很好。你把照片、胶卷和书面资料清理一下，移交给秘书，明天派车送你回家。"我当即去把经手的一切东西清理好，做了移交，然后返回招待所。

夜里，久久不能成眠。从9月14日到10月1日凌晨，从飞机失事现场到回国汇报，从周总理的音容笑貌到西郊机场看"三叉戟"，像过电影一般，一幕一幕地晃过来，又晃过去。已经到了半夜还是睡不着，我索性爬起来，站到阳台上吹吹风。风很凉，有点像苏布拉嘎盆地那种肃杀秋风，我紧紧裹住大衣。

新修的前三门宽阔马路空空荡荡，阒寂无人。头脑在凉风中逐渐冷却，我把这20天的印象连缀起来，感到这个莫名其妙的谜终于彻底揭开了：……林彪的阴谋败露，他们全家仓皇出逃，乘“三叉戟”256号飞出国界，目标是苏联的伊尔库茨克，飞至蒙古的温都尔汗以东，油料不够了，只得迫降，他们明知带油迫降有机毁人亡的危险，但在蒙古上空，到处可能有防空武器，不敢为了把油耗尽而在空中盘旋太久（按航空规程，飞机迫降时如要擦肚皮落地，必须在空中把油耗尽，避免着陆时起火爆炸。“256号”在空中要把油耗尽，至少得盘旋20分钟）。看来决心是林彪亲自下的，根据现场尸体位置判断，叶群当时可能坐在驾驶员潘景寅的旁边。迫降前他们做了准备，每个人都脱掉鞋，拿掉身上的硬东西；飞机冒着极大危险带油迫降，这就注定了他们无法逃脱的死亡的命运。果然，飞机擦地着火，而且空飘翻身，无法打开紧急出口放下充气滑梯，瞬间飞机爆炸，机身裂成碎片，人被抛向高空；恰巧草地枯黄，一燃使火势凶猛，有的人即使摔昏而未死定，也逃不脱草地大火的焚烧和一氧化碳中毒。

俗语说，阴差阳错，鬼使神差。假设，“256号”寻觅降落场，把盘旋半径扩大到70公里以上，就飞到了平展展的温都尔汗大草原上空，很容易找到那个硬地面的简易机场；假设，飞机落地不翻身，他们几秒钟之内就可放下救生充气滑梯滑到地面，在飞机爆炸前逃离；假设，迫降场没有那么高的枯草，或者像我国关内9月，草绿而不黄，即使飞机爆炸，有的人摔昏后还可能复活……然而，这些都不过是假设，不可改变的事实则是，叛徒们受到了理所当然的惩罚。

我不禁仰望满天星斗的夜空，难道冥冥之中真有一个铁面无私的主宰吗？难道无垠的苍天真有一个疏而不漏的恢恢天网吗？我不禁笑自己怎么迷信起来，我应当寻找唯物主义的答案。记得50年代学哲学时对于“事物的必然性寓于偶然性之中”这条原理，总觉得不好理解，后来在工作实践中懂得了一些，但也并未看透。今天，这不是找到了最清楚不过的答案吗？林彪一伙死得如此偶然，也死得如此合乎逻辑！

我不由自主地又想起苏布拉嘎焦土上那些赤裸裸的尸体。在中国历史上，历代不乏大的叛徒和卖国贼，他们无不一一被钉在历史的耻辱柱上，供后人訾骂和诅咒。但他们的下场都很少有林彪死得这么惨，葬身于异国他乡之域，暴尸三日于光天化日之下。

“团结起来，争取更大的胜利！”我曾经天真地认为国家就要走上坦途了，可是，谁想到去年出了个陈伯达，今年又出了个林彪，我们的党怎么这样多灾多难？伟大领袖毛主席洞察一切，怎么就没看透林彪呢？……我忽然想到周总理看林彪等人尸体照片时的表情，那不是“欣赏和满意”，而是“宽慰和庆幸”，为整个国家和民族庆幸。总理听了我的汇报，当机立断地作出了“三叉戟256号飞机系自行坠毁”的判断，这是科学的实事求是的结论，也是高度政治睿智的结晶，使一个国际事件轻而易举地变成了国内问题。在

※林彪事件后，周恩来主持中共中央日常工作。他为克服『左』倾错误在经济、文化、组织、外交等领域造成的危害，在非常困难的情况下，做了坚持不懈的努力，使各方面的工作有了转机。图为1973年周恩来在大寨。

总理一生经历的无数惊涛骇浪中，“林彪外逃”事件该算一桩大事吧，但在他的主持处置下，国内什么动乱也没发生，人们照常生活、作息。再过两个星期，美国的基辛格就要二次来华了，在北京他会看到什么？美国记者也许会写：中国像是什么事也没发生，人民生活一切如常……

第二天，10月4日上午，我带着彻夜未眠的困倦，和需待重新思考的一些疑团，结束了14天的“隔离”生活，离开了正义路口的外交部招待所。

（孙一先）

《参考消息》的编外总编辑

为了把《参考消息》报办成毛泽东所要求的“天下独一无二的报纸”，周恩来花了很多精力，倾注了很多心血，以致参编部的人敬称周恩来是《参考消息》报的编外总编辑。

周恩来总理一直非常重视和关心《参考消息》报。为了把我党独创的这份特殊的新闻载体办成毛泽东主席所要求的“天下独一无二的报纸”，周总理花了很多精力，倾注了很多心血。特别是在“文化大革命”的非常时期，他在自身处境困难、日理万机的情况下，仍亲自直接指导这份报纸的工作。那些年，周总理每天深夜结束工作后，总要把对当天参考报道的意见、第二天需要注意的问题，让秘书直接打电话到新华社参编部，以致参编部的同志敬称周总理是《参考消息》报的编外总编辑。

批评“倾向性太大”指示登反面东西

《参考消息》1957年由刊物改成报纸并扩大订阅范围时，中共中央对新参考的办报宗旨、编辑方针等作了明确规定，并以中央文件形式于1956年12月18日下发。1957年初，毛主席曾先后在三次会议上精辟地阐述了办《参考消息》报的目的和道理。50年代末，毛主席又指示《参考消息》刊登印度报纸诬蔑我国、丑化毛泽东形象的反华漫画等反面材料，以革命领袖的气魄和深厚的群众观点，为《参考消息》刊登反面材料作出了示范。中共中央文件和毛主席的谈话与指示，赋予了《参考消息》报专门刊登外电外报和港台报刊、通讯社的报道，特别是刊登反面材料的特殊权力，而在60年代初期《参考消息》报却并未充分利用这一“特权”。到60年代中期，即“文革”前夕，受当时我国政治气候的影响，《参考消息》报道进而出现正面宣传色彩增多的问题。针对这种情况，周总理于1966年2月对此接连提出批评，称“《参考消息》倾向性太大，不能光登对中国好的反应，都是称赞的，也要适当登一些反面的东西”，“《参考消息》的标题倾向性太大”。

周总理的批评切中要害，他是要我们坚定地贯彻党中央、毛主席关于办《参考消息》报的方针。这对我们改进编辑工作，增强报道的参考特色，是很大的推动力。

然而，当时国内的政治形势对坚持和发扬《参考消息》的这一特色甚为不利。“文革”之风骤起后，参考报道受到极“左”思潮的严重干扰，《参考消息》也仿效公开报纸的做法，天天在头版报端刊登毛主席语录，并整版整版地组织外界歌颂“红太阳”、学习毛泽东思想、拥护“文化大革命”和赞扬新中国各方面伟大成就的报道，反面的东西则犹如凤毛麟角。

1967年5月28日，周总理在一次谈话中又严肃地讲道：“参考报喜不报忧。敌人骂我们的话还是要登一些，不登一些骂我们的东西，群众、造反派就不能知道多方面的情况。不要怕字当头，不要怕群众造你们的反，外办、中央文革会支持你们的。”这一谈话在当时既有很强的针对性，也有很高的策略性。“参考报喜不报忧”现象越来越严重，正是陈伯达、姚文元一伙把持宣传战线大权大搞极“左”的结果。对此看得非常清楚的周总理，在谈话中特意用“中央文革会支持”你们登一些“忧”的东西，实际上是将陈伯达、姚文元一军，以牵制其干扰、破坏参考报道。

在60年代末、70年代初那几年，周总理很注重纠正《参考消息》报道倾向性太大和不敢登反面材料的问题，除了日常对稿件选择、版面安排提出具体意见外，几乎每年都有针对性的指示。周总理曾于1970年9月、1971年6月、1972年10月几次强调：“《参考消息》（现在）主要是正面的，也要选登反面材料，使大家有所比较，否则不能起广泛的教育作用”；“《参考消息》刊登外电，最好用原标题，让群众自己来判断不是更好吗？《参考消息》应多登一些外报评论”；“《参考消息》从今天起标题一概不要有倾向性，完全客观，毛主席已说过多次”。

1973年9月13日，周总理在同法国总统蓬皮杜会谈时，详细地介绍了《参考消息》。周总理说：“《参考消息》数量很大，不是几十万份，而是几百万份，转载各个通讯社与世界大问题有关、与中国问题有关的稿件。不更改一个字，也不加评论。不是像其他国家那样……也许在标题上有倾向性，那是编辑加的。我们不赞成这样，要原封不动，让我们的人民自己去判断……就是说，不要让外来的思想或者是西方的舆论，使我们的人民不知道。这样，他们就不能辨别是非好坏了。”

为《参考消息》报正常出版保驾

“文化大革命”运动兴起后，《参考消息》报的发行工作受到了严重干扰和冲击。

※ 周恩来和毛泽东主席在一起。

1966年夏天，新华社不断收到读者的信件和电话，指责《参考消息》十年来“把反动观点、恶毒谰言大登特登，名为让大家分析参考，实质上有放毒作用”。社内外的红卫兵组织也不断冲击编辑部，质问《参考消息》“为什么专门散布一些不三不四的西方通讯社的消息，与《人民日报》、《解放军报》唱对台戏？”要求《参考消息》必须停止“放毒”，停办或休刊整顿。

为了对付社内外一阵猛似一阵的冲击，《参考消息》编辑部的工作人员想出了一个“高招儿”，经社里负责同志批准，从档案室借出未公开发表过的毛主席关于出版《参考消息》报的谈话，打印数十份，并腾出一间办公室接待红卫兵。红卫兵一来，热情接待，主动请他们一道学“最高指示”——毛主席关于《参考消息》的谈话。这一招儿真灵，往往使他们气冲冲而来，悄悄然而去。

但是在外地情况就不太妙了，《参考消息》在各地的代印厂却没有毛主席的谈话这一“尚方宝剑”，有的已无法正常印报，有的甚至主动要求停印这份报纸，对此，新华社于1966年9月29日向中宣部提出报告，要求采取措施，确保《参考消息》在各地的正常印刷发行。但中宣部此时也自身难保，根本无能为力。1967年1月3日，新华社又向中宣部和周总理呈报告，希望中央采取紧急措施，保证《参考消息》在各地正常运作。周总理以高超的政治艺术亲自处理这个问题。鉴于当时“中央文革”的权势很大，特别是造反派、红卫兵多是听从“中央文革”的，周总理等决定以“中央文革小组”的名义下发紧急通知。1967年1月21日，新华社向《参考消息》报各地的代印厂发电，转达“中央文革小组”1月16日晚批复新华社报告的电话通知，要求各代印厂遵照中央“抓革命，促生产”的方针，全面安排，克服困难，确保《参考消息》的正常出版。就是这个“电话通知”，对各地广大读者能够在“文革”期间不间断地阅读《参考消息》报，起了重要的保证作用。

指导扩大发行和调整版面

《参考消息》报如果不能正常出版，读者看不到，也就根本谈不上发挥其特殊作用。而《参考消息》报只有在更大范围内发行，才能让更多的人可以看到它。

毛泽东主席一向提倡让尽可能多的人阅读《参考消息》，周恩来总理为扩大《参考消息》发行，亲自指示有关部门优先保证《参考消息》的纸张供应，千方百计地增加印数。1970年5月下旬，毛主席提到“还是把《参考消息》办好，扩大发行”。周总理即于6月2日紧急指示：“新华社要写一个报告，说明《参考消息》的大字版和小字版现在发行情况和将要扩大发行的情况。今天下午一定送来。”据事后了解，这是为第二天（6月3日）中央政治局开会做准备，这次会议的内容之一即是讨论落实毛泽东主席关于扩大发行《参考消息》和《参考资料》等的指示。政治局开会后，1970年7月5日中共中央通知，从1970年8月5日起将《参考消息》扩大发行到工矿企业、农村和部队的基层党支部，供广大干部和高等院校学生阅读。这次扩大发行是1957年《参考消息》改报以来，发行量增幅最大的一次，整个筹备、扩发和落实工作均由周总理亲自牵头进行。

《参考消息》报扩大订阅范围，受到广大新增读者的热烈欢迎。1970年12月3日，周总理看了劳模尉凤英关于《参考消息》扩大发行后在鞍山引起的反应的汇报信后，批示给有关负责人：“《参考消息》既然受大家欢迎，地方可增加发行份数，如何办请酌。”

《参考消息》的扩大发行，是为了让更多读者全面了解世界形势，关心天下大事，增加知识，开阔视野，同时亦应适应形势发展，在版面的安排上突出国际上的重点问题。但是，当时在这方面却做得颇有差距。

1971年3月20日前后，周总理不止一次地谈到版面编排问题，他说：“感到《参考消

参考消息

外电外报评基辛格在中国的访问

※《参考消息》的版面。

息》的编排有些问题，一个时期应有个重点，如过去波兰、中东是重点，当前老挝战争是重点。你们有时把重点打乱了，容易把人家对我们的反应插进去，例如卫星上天。这样不太好。大概是因为我们的同志喜欢听别人说我们的好话，因此放在前面。今后一般把重点问题放在头版，当前是反美斗争；第二版是苏美矛盾、帝国主义及修正主义内部的矛盾；第三版登其他要闻；至于对我们的反应，登在第四版。”

周总理指示并具体指导进行的这次版面调整，不是出于技术考虑，而是具有很强的政治意义。版面按重要性编排，对纠正当时“以我为中心”、“唯我独革”和“爱吹不爱批”倾向在参考报道中的现象，起了积极作用。

在周总理的具体策划和指示下，《参考消息》按照“应有重点”的指导思想，进行了版面编排的重大调整。30年来，随着形势的发展变化，虽然《参考消息》报版面成倍增加，编排方面变化也很大，但仍保持着把对中国的反应放在最后一版的格局。

组织发表斯诺文章　配合中央战略部署

同美国缓和并发展关系，是毛主席在70年代初打开外交新格局的关键一环。为此，周总理殚精竭虑，花费了很多心血。其间，周总理在精心筹划利用《参考消息》报道为党的重要战略大局服务方面，也为我们树立了一个绝佳的范例。

1970年10月1日国庆活动，周总理刻意安排美国著名记者埃德加·斯诺上天安门城楼并站在毛主席身旁。这是给美国政府发出的一个意味深长的外交信号。然而，当时尼克松、基辛格未能领会这一“高超的暗示”。之后，毛主席、周总理又先后会见斯诺，分别同他作了长时间的、极为重要的谈话，内容涉及中国内政、外交和国际局势等方面的许多重大问题。斯诺征得我方同意后，从1970年12月中旬起到1971年5月中旬，先后在意大利《时代》周刊上发表了他的六篇访华文章。其中毛泽东主席1970年12月18日与斯诺的一篇非常重要的谈话，斯诺整理后以《同毛泽东的一次交谈》为题，特意安排在1971年4月30日美国影响颇大的《生活》杂志上发表。

《参考消息》编辑室从4月下旬起陆续收到意、美报刊发表的斯诺访华文章，并于5月2日在《参考消息》头版以整版篇幅刊出《我们同毛泽东谈话》一文。此文发表在意《时代》周刊4月18日的那一期。

5月下旬中央召开外事工作会议，周总理在会上特别谈了斯诺的一系列访华文章。他说：“我跟斯诺的谈话，一次讲国内问题，一次讲国际问题，两个稿子可以发表，登在

《参考消息》上。”“毛主席接见斯诺后，斯诺写了文章，在外国（的报刊上）登了，全世界都读了。我们（将）把它摘要发表在《参考消息》上。现在《参考消息》有四五百万份，如果不够，各省可以加印，加印100万份。各省如何分配，你们自己去计算。总之，各支部都要有《参考消息》。对照来看，可以看出毛主席对国际形势发展趋势的估计。”

6月7日，《参考消息》报在头版刊出《周总理同斯诺的谈话（国际部分）》。之后，参编部接到暂停刊登其他几篇斯诺访华文章的通知，要求将这几篇文章编好后一齐送周总理审阅。

6月16日早上，通宵达旦工作尚未睡眠的周总理写信给参编部：

毛主席已批准你们从16日起每隔一日发表斯诺的文章一篇。我把次序改变了一下，摘要文字，我均已看过。现将摘要本给你们退去，请予照此印发。第六篇已在6月7日（也就是上星期四，4544期）发表过，可不再发。其他除第一篇不再改外，如再要修改，当由外交部主管司章文晋通知你们。

周恩来

1971年6月16日6时半

《参考消息》报于6月17日（因已来不及在16日刊登）以头版整版并转文到第四版，刊出经周总理定稿的斯诺文章《我们同毛泽东谈了话》。实际上是把5月2日刊出的同一篇谈话，译校审改后重登一次，这在《参考消息》历史上是空前的。之所以这样做的主要原因是，由中国读者最多的报纸《参考消息》发表被外国媒体称为“重要文献”的毛主席的这篇重要谈话，必须准确传达原意，不得有误。

重新译校并由周总理审定的这篇稿件，比5月2日刊出的稿件内容增多了约900字，文字上也有许多修改。增加的内容很重要，比如斯诺关于毛主席谈“个人崇拜是讨嫌的”一段报道。周总理审定的译稿，在文字上严格采用原文的用语，凡原文用“毛”、“毛思想”的地方一律照用，而不是像5月2日发表的稿件那样，将斯诺原稿中若干称谓改为“毛泽东”、“毛泽东思想”后才予刊登。

6月19日刊出的斯诺文章《同毛泽东的一次交谈》，内容极为重要。毛主席在与斯诺长达5小时的交谈中，谈了包括中美关系、中苏关系和对外关系方面其他一些问题、中国形势及“文革”中出现的问题。

安排《参考消息》披露毛主席批评林彪

关于“文革”和中国形势，斯诺披露道：“主席批评了对毛‘个人崇拜’的专讲形式的做法”，“主席说，所谓‘四个伟大——伟大的导师、伟大的领袖、伟大的统帅、伟大的舵手’，讨嫌。总有一天要统统去掉，只剩下TEACHER（导师），这个词就是教员”，“毛主席还说，‘文革’中有两件事他很不赞成，一个是讲假话，另一个是虐待罢

※ 毛泽东和斯诺及夫人在天安门城楼上。

了官和接受再教育的党员和其他人。”

毛主席在上述谈话中，不指名地（但是谁看了都明白）严厉批评了林彪一伙的行径，首次公开表示了对当时的“副统帅”、党章写明的“接班人”不满。如此重大的表态，周总理经毛主席批准由《参考消息》报向全国披露，使这张特殊报纸在那个特殊时期承担了一项特别重大的使命。《参考消息》报刊出这篇谈话后，引起了强烈的反响。这些谈话不仅在当时扼制了“文革”中许多极“左”的错误做法，而且使广大读者对尔后粉碎林彪反革命集团，有了一定的思想准备。

指导《参考消息》为拓新外交格局造舆论

毛主席在两次同斯诺谈话中，关于中美关系谈得最多。他明确表示，赞成同美国最高级官员（包括尼克松在内）开展对话。他还表态：“欢迎尼克松来中国，并将高兴同他谈，当做旅行者也行，当做总统也行。”

毛主席通过与斯诺谈话向美国白宫发出如此明确的重要外交信息，这一次自然引起已萌生同中国发展关系想法的尼克松的注意。尼克松以及其他美国政要纷纷表示“渴望”、“很想”访问中国。对来自美国的这些信息反馈，《参考消息》都及时地、突出地作了报道。

自《参考消息》报刊出斯诺第一篇访华报道，举国上下即给予巨大关注。各省、市增加了《参考消息》的印数，但仍不敷需求，于是纷纷超额加印，结果全国加印的份数大大超过周总理提出的100万份，达到260万份之多。

在周总理精心安排《参考消息》发表斯诺访华文章的同时，中美正通过外交途径接洽和安排基辛格访华。《参考消息》6月27日登完斯诺访华文章的最后一篇，不几天，基辛格就来亚洲访问，并于7月9日突然在巴基斯坦“失踪”。直到中美发表关于尼克松将访问中国的《公告》后，外国媒体才恍然大悟，“失踪”的基辛格原来是秘密访问北京为尼克松访华做准备去了。《公告》在国际上引起巨大反响，各国政府和政要、媒体纷纷发表谈话、评论，给予很高评价。《参考消息》报虽及时选登了各方的反应，但周总理认为仍很不充分。7月17日，他批示：“《参考消息》对尼克松将访华的《公告》的反应登得太少。《参考资料》作了大量的报道，《参考消息》的发行量大，对《公告》的反应也要大量报道，基本上是和《参考资料》一样，正面的、反面的都要登，当天登不完，第二天可接着登。”于是，《参考消息》报对《公告》反应的报道数量大增，深度和广度加大，受到读者广泛好评。

在周总理亲自指导下，《参考消息》报在1971年4月突出报道中美“乒乓外交”，5、6月份发表斯诺访华文章，7月份及时而充分地报道对《公告》的广泛反应。在四个月时间内，为中美关系的突破和发展，向中国广大读者提供了大量重要信息和参考材料，配合中央采取的拓新外交格局的重大战略行动，在国内很好地进行了舆论准备工作。

1972年2月21日，尼克松飞抵中国访问。中美经过一周谈判，于2月27日在上海发表《联合公报》。由于有了报道各国对中美《公告》反应的实践经验，故《参考消息》对尼克松访华的报道，指导思想很明确：及时、充分、客观、全面。对中美上海公报在世界上引起的强烈反应，更是报道得充分而突出。《参考消息》报能够在中美关系取得突破和发展的报道中，淋漓尽致地发挥特殊报纸的特殊作用，理所当然地要首先归功于周总理的直接指导。

中美关系的大门打开后，紧接着是中日关系正常化。中美《联合公报》极大地震动了日本，使日本各界反响强烈。新首相田中角荣一上任就发表声明说，“日中邦交正常化时机正在成熟”，“我们要认真地谋求日中邦交正常化”。对此，周总理及时作出回应，并指示《参考消息》刊登关于中日间外交信息的报道。1972年7月8日，周总理批示：“今天正午版《参考资料》上《朝日新闻》文章《准备响应复交谈判，周总理传话给田中》，可登《参考消息》。”9月22日（田中来华访问前三天），周总理又指示：“田中角荣同记者团的谈话，今天登《参考消息》头版头条，横贯。”9月25日田中访华，周总理在24日指示：“田中访华的反应（日方、日在野党和各国的反应）不登报，一律登《参考消息》。”

在周总理亲自指导和安排下，《参考消息》在中日邦交正常化报道中，向广大读者提供了大量独家新闻。

亲自选登重要文章 大大增加参考深度

对重要国家和地区情况的参考报道，周总理也经常给予督促和指示。比如，1971年9月周总理指出，《参考消息》关于苏联的东西登得很少，可以多登一点；1972年5月他批示，《泰晤士报》谈对苏各阶级状况的看法一文，可登《参考消息》的第四版；1972年1月5日，周总理指示将日本报刊文章《财团——另一个统治者，美国四大财阀的真面目》登《参考消息》；1972年4月29日，周总理指示将英《泰晤士报》社论《欧洲的政治》登在《参考消息》30日明显的地方，如此等等。

仅1972年，由周总理直接批给《参考消息》指示刊登的外电外报有重要参考价值的评论、文章就有30多篇。其中，杨振宁的《对目前时局的一些讨论》，《纽约时报》文章《紧急召回一个冷静的人》，英报载汤普森准将文章《谁将控制大海……？》和马克斯韦尔文章《中苏边界争端，僵局是完完全全的僵局》等，周总理都批示登在头版，有的甚至连具体位置、标题字体及字号大小都作了具体安排。周总理亲自选登《参考消息》其他版的稿件，也是如此。

周总理批示刊登的这些没有进入《参考消息》编辑视野，又具很强参考性的稿件，在《参考消息》刊出后，为广大读者了解各相关问题，增加了广度和深度，从而使《参考消息》报的独特作用得到更好的发挥。

赞扬《参考消息》是世界上最好的报纸

周总理对《参考消息》报曾给予很高评价。“文革”期间，他多次主动向外宾介绍这张独特的报纸。仅1971年秋天，他就在五次会见外宾时介绍了《参考消息》。周总理自豪地说：“现在世界上有最好的一种报纸，就是我们的《参考消息》。它把那么多消息有选择地登在一张报纸上，这是哪个国家也没有的，许多外国朋友都称赞。”“《参考消息》在中国发行最广，我们还有一种《参考资料》，内容……更多更详细，所以我们并不是与世隔绝。”

在那闭塞的年代，《参考消息》是我国广大干部和群众观察外部世界的主要窗口，获取信息、知识的重要渠道。周总理非常重视其他传媒无法取代的《参考消息》的特殊作用，把它作为一个重要传播工具，在安排涉及战略全局工作时得心应手地加以运用。周总理还提出《参考消息》“要改革，使更多人看到”，并一再提倡国家干部要看《参考消息》。比如，1971年5月，他在外事会议上讲话时说：“现在《参考消息》编得好了一点，希望你们做外事工作的同志，每天都看《参考消息》，这样才能增加知识。”

至于周总理自己，阅读《参考消息》之认真，亦令人感动。虽然每天从不同渠道看到了大量参考材料，但他仍要看《参考消息》，而且不是浏览，是认真阅读。在未出大字版前，周总理每天戴着老花镜，仔细而吃力地看用小五号字排印的《参考消息》。夫人邓颖超实在不忍心周总理天天这样“受苦”，一次见到新华社负责人时建议：“《参考消息》这个小五号字把总理害苦了，能否改用大一点的字号？”1973年周总理病重住院后，在病榻上仍坚持阅读《参考消息》。看《参考消息》成了周总理每天日程中不可或缺的一部分。他很重视并很善于利用参考信息指导工作，常把一些值得注意的参考报道批示给外事、宣传部门研究、处理；把一些重要参考文章批示公开发表。对刊登在不突出位置的一些参考报道或长篇连载，周总理也看得很仔细，有时还作出重要批示，用以指导实际工作。比如，1973年5月14日，他给李先念副总理等批示："请你们好好读一下5月14日《参考消息》（5251期）四版下栏关于世界气象变化的两篇报道，并要气象局好好研究一下这个问题。今年我们可能遇到南涝北旱的局面，请告农林部，多多提醒各地，坚持实行防涝抗旱的措施，不要丝毫松懈。"

※ 为外交勤奋工作的周恩来。

1975年9月4日，周总理在医院看完《参考消息》9月1日到4日在四版下栏连载的香港《七十年代》编辑部专稿《访蒋经国旧部蔡省三》后，立即批示：

请罗青长、家栋将蔡省三四篇评论的真实情况进行分析，最好找王昆仑、于右任女婿屈武等人弄清真相，以便研究。

周恩来　九月四日

托，托，托，托！

重病中的周总理，连续认真仔细地阅读了占《参考消息》四个半版的长篇连载，字数逾万。蔡省三在答记者问中谈到他去台湾受阻、他与蒋经国昔日的交情、蒋经国的“四阶段”经历及其哲学思想，以及国民党其他一些内部情况，其中有不少鲜为人知的内容。周总理看完连载，在此文的旁边写下上述批语。据知，这是周总理最后一次在《参考消息》报上写的批语。从笔迹看，批语是颤颤抖抖写成的。还有重字（写多了），这是罕见的情况，因为他平时写东西、审稿件，非常认真、仔细，连个标点差错都不放过。严重的疾病，使得敬爱的周总理已力不从心。他的健康状况已相当恶化，但仍时刻关注着祖国的统一以及党和政府的对台工作。

（卫广益）

领导中苏边界谈判

周恩来领导中苏边界谈判，指出：边界问题是中苏问题的中心；缓和边境紧张局势，解决边界问题，恢复睦邻关系是谈判的方针和任务。

中苏总理“机场会见”，周恩来指出：边界问题是现今中苏问题的中心

1969年9月11日上午10时30分，苏联部长会议主席柯西金乘坐的伊尔62专机降落在首都机场。同机到达的还有卡图谢夫、雅斯诺夫、巴扎诺夫等苏联党政要员。周恩来、李先念、谢富治、乔冠华等前往迎接。握手寒暄后，客人被引进候机楼西侧的贵宾室，在那里

※ 周恩来会见苏联部长会议主席阿·尼·柯西金后送他登机的情景。

开始了一次努力扭转中苏关系的长达三小时又四十分钟坦率而诚恳的会谈。后来人们把这次会谈称为“机场会见”。

在会谈将要结束的时候，柯西金以比较轻松的口气说：“我们走了一段弯路。”原来，他们在参加了越南胡志明主席的葬礼之后传话说，希望途经北京同中国领导人会面。因中转环节耽搁了一些时间，他未能及时得到回音而不得不取道印度回国。9月10日，当他飞到苏联塔吉克共和国首府杜尚别时才得到回音：中国总理欢迎同他会晤。于是他又转经伊尔库茨克于9月11日上午到达北京。他接着说：“但我们并不遗憾，我们很高兴到这里来。”可以看得出，他本人对刚才会谈的结果是满意的。

当时的中苏关系，岂止是在走着一段小小的“弯路”，而是仍然深陷在大弯路的泥潭里。50年代后期以来，中苏两党之间在原则问题上的分歧越来越突出。解决这些问题，本可用平等讨论的办法，求同存异，让分歧通过实践进行检验。然而当时的苏共领导人采取了大国沙文主义的态度，横施压力，企图逼迫中国党就范——不服，就把意识形态领域的分歧扩大到国家关系上来。这样就导致了两党关系的破裂和两国关系的全面紧张。1964年10月，苏联政府的更迭为扭转中苏关系提供了一种可能。中共中央派周恩来前往莫斯科借祝贺十月革命节的机会，寻求两国关系好转的途径。不料，勃列日涅夫不顾我党一再希望和解的表示，当面向周恩来说：苏联在国际共运问题上，在对待中国问题上同以前“没有一丝一毫的差别”。实际上，他比赫鲁晓夫走得更远：增兵边境，进军蒙古，接连挑起边境冲突。在任命前火箭军副司令担任远东军区司令的前后，大肆宣扬苏联核武器的威力，甚至扬言要给“现代冒险家”以摧毁性打击。“现代冒险家”是那时苏联传播媒介“赐”给中国领导人的称号。1969年6月，苏共领导在筹备多年才得以召开的共产党、工人党国际会议上，除极力攻击中共以外，又提出旨在包围中国的“亚安体系”。无怪乎访苏回国的美国前副总统汉弗莱得到的印象是，苏联由于对中国的深切担心，愿意改善苏美关系；日本外相得出的印象是，比起日美关系来，苏联更怕日中友好。中苏关系达到这种地步，要扭转过来，该是何等的艰难啊！

建国以来，我国政府力图创造一个缓和的国际环境，以利于集中力量进行建设。中苏共同边界最长，而国家关系竟恶化到兵戎相见的程度。周恩来希望通过同柯西金的会谈能在缓和中苏边境局势方面有所突破。机场会见，经过三个多小时讨论，虽然达成了缓和措施的谅解，但那还是口头上的东西，有待于落实到协议并付诸实施上来。所以他对柯西金说：不管争吵得怎么样，来往总是要的，谈判总是要的。我们同美国还谈嘛，何况我们两个邻国呢？

这次会谈中，周恩来始终以向前看的态度，紧紧抓住中心，力争在不受任何武力威胁的条件下开始边界谈判。能解决力争解决，即使一时解决不了，也能有效地保持边境局势的缓和。所以当柯西金讲中苏之间积累的问题很多，要一个一个讨论的话，可以讨论3个月时，他指出：要向前看，我认为边界问题是现在问题的中心。柯西金也认为边界问题是现有问题中最主要的。双方很快就此达成共识。接着，周总理把我国关于解决边界问题的立场作了简要说明，然后说：要解决边界问题，谈判总要用些时间，在未解决前需要采取一些临时措施。为此他提出了维持边界现状，避免武装冲突，双方武装力量在争议地区脱

离接触的三条建议。双方以此为基础展开了求实的讨论。

关于“维持边界现状”，中苏双方一致认为，就是双方原来在哪里，还在哪里，没有人的地方谁也不去。维持边界现状的时限，应一直到边界问题的全面解决为止。

关于争议地区的概念，讨论的时间最长。1964年的边界谈判中，双方曾交换过一份地图。苏方地图在许多地段上违反有关条约规定把边界标在中国领土的纵深，造成了许多“争议地区”。这次经过双方反复探讨，最后柯西金讲，“争议地区，就是你们说是你们的，我们说是我们的地区”。

关于避免武装冲突，除周恩来所提双方武装力量从争议地区脱离接触外，柯西金还补充一条：在双方遇有争论时，由双方边防部门相互联系，协商解决。

此外双方还同意：边境居民原来在哪里生产，还在哪里生产；为避免误会，只要互相通知一下，便可一次达成协议，当然，这并不影响这些地区的主权归属，归属问题须待边界谈判解决。

周恩来总理把上述双方讨论的结果，归纳为维持边界现状、避免武装冲突、双方武装力量在争议地区脱离接触、在双方遇有争议时由双方边防部门协商解决等四条，再次征求苏方意见。柯西金当即表示：“你讲的四条我完全赞同。”周接着说：临时措施解决了，边境的紧张状态就会变成缓和状态了。就此，对方完全同意并且说：“周恩来同志，缓和边界紧张局势是我们由衷的真诚的愿望，我们能够也一定能够做到。”然后，双方还就边界谈判代表团的成员、地点、双边贸易等交换了意见。

最后，双方相约，就上述协议各自向自己的中央报告后，交换信件予以确认。

中苏边界谈判，中国代表团召开第一次会议，周恩来确定谈判的方针和任务

1969年10月7日下午，周恩来总理在京西宾馆召开参加中苏边界谈判的中国政府代表团的第一次会议。参加会议的有代外长姬鹏飞和当时的总参谋长黄永胜。

周恩来首先讲，中苏两国政府已经商定，从10月20日起，在北京举行边界谈判。接着，他宣布了经中央批准的我方代表团八名成员的名单。团长是乔冠华，柴成文为代表团的副团长。团员有对中苏边界问题很有研究的苏欧司司长余湛，他是1964年边界谈判的我方首席代表，还有老大使章文晋及深谙苏联情况、精通俄语的王荩卿，军队方面的代表团

成员有总参谋部主管边防的作战部副部长蔡洪江、黑龙江省军区副司令员安怀和新疆军区作战部副部长王步苍。

宣布名单之后。他讲了几个问题。

第一，关于边界谈判。他说：两国总理会见时，双方一致同意不要因为边界问题打仗。他们不断在边界挑衅，反而一再影射中国要对苏联发动核战争。他们扬言要摧毁我们的核基地，露骨地进行战争威胁。我严肃而诚恳地告诉苏联部长会议主席，我们不要打仗，我们现在自己的事还搞不过来，为什么要打仗？但我们也决不会被战争威胁包括核战争威胁所吓倒。所以我当面向他们讲："你们说要用先发制人的手段来摧毁我们的核基地，如果你们这样做，我们就宣布，这就是战争，这就是侵略，我们就要坚决抵抗，抵抗到底。我们不希望出现这种情况，所以我才把这个话告诉你。"今天发表的政府声明，我们又把这个态度向全世界公布。谈判只有在不受任何威胁的情况下才能顺利进行，这也是1964年谈判的一条经验。

他所讲的经验是指，自从1960年苏方挑起第一次边界冲突起，中国就提出了边界问题只能通过谈判解决，未解决前应维持现状、避免冲突的主张。1964年举行的中苏边界谈判中，我们再次建议这样做，但未被对方接受。结果谈了半年不仅边界问题没有任何进展，反而边界冲突越来越频繁，边界局势越来越紧张，如果不是我方尽量克制，情况还可能更为严重。

周恩来还说，机场会谈的谅解很明确，必须付诸实施。可是，9月18日我们按照双方商定的程序，把已达成的谅解列成条文写信要他们确认，不料他们回信仅说已向边防部队下达了命令，只字不提就谅解达成协议的事，情况似乎有变化。所以，代表团的首要任务是就临时措施达成协议，不然局势是缓和不下来的。

第二，关于苏联政府6月13日的声明。周恩来指出，两国总理会见时，我们已向对方讲明，对于他们这个声明，我们要给予回答，要向人民交代，不驳斥不交代不好。但现在谈判即将开始，我们不愿为此去加剧紧张气氛，所以已同外交部商定，准备以"外交部文件"的形式予以发表，而不用政府声明。从外交上讲不对等，但从政治上讲更为有理、有利。

为什么周恩来总理说不驳斥不交代不好呢？因为这个声明实在是太不讲理了。它歪曲历史事实，把沙俄通过不平等条约强占的中国领土说成是"历来属于苏联的"；把中国北方的国界说成是以"长城为标志的"；说黑龙江是"俄国移民开发的"，历来属于俄国，中国的汉人和满人都从来没有到过这个地方；甚至还别有用心地说，中国汉族以外的少数民族都不是中国人等等。对于这样的政府声明怎么能默不作声呢！

第三，关于谈判的领导。周恩来讲要分为一、二、三线，乔冠华、柴成文是第一线，第二线是姬鹏飞、黄永胜，第三线是党中央。实际上，整个工作都是由他亲自抓的。

第四，关于谈判的准备工作。他要求代表团的全体成员立即集中，放下其他工作，全力以赴进行准备；首先熟悉两国政府来往的声明和照会，熟悉边界的历史和现状。他说：谈判离不开全局形势，边界谈判离不开边境情况，第一步要解决的临时措施，更同全局形势紧密相连，这不只是边界谈判，而是两国关系的谈判。为此，他要求各方面收集了解到的有关情况都要向代表团集中，以保证谈判的顺利进行。

周恩来多次召开内部会议，请示毛泽东后决定坚持下去。苏方处于被动，谈判陷入僵局

10月19日，苏联政府代表团乘专机到达，团长是苏联第一副外长，70岁的库兹涅佐夫。他从1953年至1955年曾任驻华大使，嗣后任副外长，对中国情况比较熟悉，我们外交部的很多同志都认识他，应该说是老朋友了。在当晚为欢迎客团举行的宴会上，我想试探一下对方的态度是否有变，就对坐在我右手的马特洛索夫将军说：我们两大邻国之间没有必要搞得那么紧张嘛，现在大家坐下来谈，你看今天的气氛不是很好吗？他很坦率地说：不要看今天的气氛轻松，恐怕一谈起来就不会是这个样子了。

果然，10月20日谈判一开始，当我方代表团根据总理指示，把9月18日致苏联部长会议主席的信改写成临时措施协议草案提交对方时，他们就完全改变了调子，拒不讨论，甚至根本否认两国总理达成了谅解，口口声声只要求立即开始边界谈判。对方的态度变了，后退了。

自从代表团成立以来，周恩来总理差不多三天两头找我们谈，特别是谈判开始的一段，几乎每天都找。有时到会的人多一些，把有关部门的负责同志都请来；有时范围小一些，只是代表团的同志。这些内部的会议，一般是先漫谈国际形势的发展变化和对谈判的影响，二是处理一些外交上亟待处理的问题，三是解决谈判中的问题。那时我们国内的形势在林彪、“四人帮”的干扰破坏下，还很不稳定。外交工作在排除了1967年少数坏人钻进来夺权之后正在整顿。周恩来总理想利用这次谈判来加强我们的外交工作。所以，他每次的谈话都不仅仅限于这次谈判。

在会谈经过一段交锋之后，周恩来在一次谈话中说：两国总理达成的谅解都不算数，谈判有什么用？不能开这个端。所以他在请示毛主席后决定：要坚持地攻下去。我们列举机场会见时的记录向对方质问，对方虽无言以对，但仍不愿就此达成协议。实在没办法时，他们就让下边的工作人员向我们透露说，这是他们最高层的意思。难道他们真的想打仗吗？

11月7日十月革命节，苏联大使举行招待会，我们前去祝贺。在招待会上，我向苏方的副团长说：你们向中苏边境调集那么多部队，根据西伯利亚的交通运输能力，难道说在补给上就没有困难？他耸了一下肩膀，没有否认，只是说：感谢你的坦率。谈判一直没有进展。到11月18日，苏联又在同我新疆接壤的地区建立了一个中亚军区。他们一方面继续对我施加军事压力，另一方面又从9月的谅解倒退，到底要干什么？

原来10月20日谈判开始后不久，25日苏美双方就同时宣布，苏美“限制战略武器”谈判的预备会议将于11月17日在赫尔辛基举行。苏联表示，苏联期望能够限制战略武器，这对双方“都不会有什么损害”。经过一个多月秘密会谈之后美苏又宣布，将在1970年4月继续在维也纳会谈。11月24日，苏美双方又同时批准了《防止扩散核武器条约》。12月8日，苏德就共同放弃使用武力问题在莫斯科开始举行会谈。与此同时，华沙条约的外长会议还于10月底发表联合声明，建议1970年上半年在赫尔辛基举行欧安会并同意美国和加拿大参加。也许他们认为同西方的外交将会有一个大的进展。看来，这种不切实际的前景对于短视的政治家产生了吸引力。

但是，在中苏谈判会场上，他们却十分被动，开始是不愿讨论临时措施，后来不得不讨论了，又不承认有所谓争议地区，硬说我方提出的争议地区概念是向苏联提出领土要求。在“争议地区”这个问题上，可以看出他们在边界问题上的僵硬态度，一点也没有松动。1964年谈判时，我方主张：要分清历史是非，肯定清朝同沙俄签订的边界条约的不平等性质，但中国仍愿以条约为基础全面解决边界问题，并不要求收回沙俄攫取的土地；任何一方违约侵占另一方的土地，原则上必须归还对方，但可通过协商以互谅互让的精神考虑当地居民利益，对某些地方进行调整。而对方不仅不承认条约的不平等性质，甚至也不同意以条约为唯一基础解决边界问题。就是说，无论是沙俄侵占的还是苏联侵占的中国领土，都得算是苏联的。坚持不承认存在“争议地区”的结果，使对方始终摆脱不了被动局面，也使谈判走不出僵局。

12月下旬，库兹涅佐夫团长建议休会一段时间，他要回莫斯科一趟。我们期待着他回来时谈判能有一个转机。

※ 中国城乡亿万军民举行声势浩大的示威游行，愤怒声讨苏出动武装部队侵犯中国领土珍宝岛。

除夕之夜，周恩来召开紧急会议，要边防注意警惕。毛泽东对苏方说，我们要谈出个睦邻友好关系来，要耐心，要文斗不要武斗

12月31日的晚上，我接到通知说，当晚12时总理召集代表团开会。

那天下午，我驻苏使馆收到苏联政府致中国政府的一份紧急照会。照会说什么中国侵占七里沁岛和珍宝岛，破坏了他们的现存边界，并说由此产生的一切严重后果必须由中国负责等等，口气非常强硬。照会所提两个岛屿都处于乌苏里江主航道中心线中国一侧。1968年1月苏军越界侵入七里沁岛破坏我边民生产，并用装甲车撞死、压死、撞伤我边民13人，虽经我一再抗议，苏方均不置理。珍宝岛不仅位于主航道中心线我方一侧，而且枯水期同我岸相连，由于苏方的蓄意挑衅，终于导致了举世皆知的1969年3月的流血冲突。这次谈判以来，在那里虽然紧张状态并未缓和，但没有再发生冲突事件。苏方突然出此一

举实出我方意料。在驻苏使馆接到照会后未加翻译即电话传抄过来。代表团当即进行了研究并电话报告了总理。

这次会议是在中南海国务院会议室召开的。总理到会最早，一个人端坐在长会议桌的北头他通常就座的位置。异乎寻常的是他的手头没有要批阅的文件夹子，而且每当一位同志到来的时候，他都起身问好并亲切握手，弄得大家措手不及只好赶忙向他跟前疾走几步，才能迎得上来。原来当他坐到那里时，正是除夕之夜的最后一刻钟。会议开始时已经是1970年的凌晨。这是他70年代召开的第一次工作会议。

会上大家就对方到底想干什么，他们讲的严重后果是什么含义，是否想断送这次谈判等进行了讨论。当分析了国际形势、边防情况之后，大家认为无非是虚声恫吓、制造紧张。周总理没有下结论，只是说：暂不置理，要边防注意警惕，等对方团长回来。

库兹涅佐夫回来了，他的谈判处境，不仅没有改善，反而更为被动。据我个人的观察，他回去后苏联政府所走的这一步，似乎并不符合他作为一个外交家的心意。所以，当我们质问苏联政府的这个照会到底是什么用意？他们所讲的严重后果到底是什么时，他根本无法回答。会谈后，总理告诉我们，不必再攻了，看来只不过是一次并不高明的压力。

我们总是希望谈判能够成功。缓和边境紧张局势，解决边界问题，恢复睦邻关系是周总理一再向我们交代的方针。1970年5月1日毛主席在天安门曾对苏联代表团的副团长讲：我们应当好好谈判，谈出个睦邻友好关系来，要耐心，要文斗不要武斗。

即使如此，谈判仍无进展。以后对方为摆脱不愿达成临时措施协议的窘境，建议发表一项互不使用武力的联合声明。总理说：一项空洞的意向性的声明哪能解决大军压境的紧张局势？后来对方又改提签订互不使用武力或互不侵犯条约。周总理告诉我们说：谈缓和边境局势，连维持边界现状、避免武装冲突、武装力量在争议地区脱离接触的协议也不愿达成，谈边界连存在争议地区都不承认，还奢谈什么条约？大概他们早就忘了，中苏之间不是还有友好同盟互助条约吗？实在是个讽刺。

在一次内部讨论中，代表团的同志讲，除了受国际形势的影响外，苏联不愿解决边界问题的另一重大原因是第二次世界大战后它同周边国家差不多都存在边界争议，它怕引起连锁反应。总理说：谈判能否达成协议，须看双方的意愿，他不愿干，只是一厢情愿总不可能。谈总是要谈的，但关键是他们领导人的决心。

1972年的下半年，我离开了代表团。这次谈判一直持续了九年，虽未达成任何协议，但两国边界未再发生大的武装冲突。

（柴成文）

叩开中美关系的大门

1972年2月21日中午十一时半，一架蓝白色的美国总统座机徐徐降落在北京机场，周恩来总理走向停机坪，站在舷梯下迎接前来访问的尼克松总统。这标志着一个时代的结束，另一个时代的开始。

抓住时机，打开两国交往的大门

1949年新中国成立之后，由于尽人皆知的历史原因，中美两国的关系和人民交往隔断了20多年。在此期间，美国政府对中国采取封锁、孤立、遏制和敌视的政策。随着世界局

※ 1971年7月，周恩来会见秘密来华访问的美国总统国家安全事务助理亨利·艾尔弗雷德·基辛格博士。

势的变化和美国上述政策的日益破产，70年代初出现了打开两国关系的历史性机会。当时身为我国外交政策主要制定者和执行者的周总理，敏锐地抓住时机，协助毛主席作出了打开对美关系的战略决策，并亲自付诸实施，使两国进入了一个逐步加强接触和实现关系正常化的新时期。

早在1969年初，周总理就看到了美国调整对华政策的苗头，指示有关部门加强研究美国的政策动向，摸清美国的战略意图，探讨同美国接触的可能性。事态的发展完全证实了周总理的预见。

尼克松入主白宫后多次表示要与中国接触，示意把改善美中关系作为美国政府的外交目标之一。1969年2月1日，他要国家安全事务助理基辛格研究对华政策，“试探重新同中国人接触的可能性”。中苏珍宝岛事件后，美国于1969年7月宣布对中国放宽人员来往和贸易交流的限制。接着，尼克松和基辛格利用出访亚洲、欧洲一些国家的机会，请巴基斯坦总统叶海亚和罗马尼亚总统齐奥塞斯库向中国领导人传话：美国不同意苏联建立亚洲集体安全体系的建议，不参加孤立中国的安排，希望同中国对话。10月，美国通知中国，它将停止派驱逐舰到台湾海峡巡逻。12月3日，在波兰华沙文化宫举办的南斯拉夫时装展览会上，美国驻波兰大使向中国使馆人员表示愿意同中国驻波兰代办会晤。

每当美国政府放出这些试探气球，中国方面都不失时机地作出了反应。在这个过程中，周总理始终处于第一线。在当时要做到这一点并不是容易的，中美两国国内以及国际上存在着种种反对中美接触的势力。由于多年的隔绝状态，双方互不了解。每天出现在两国报纸上的言论和政界人士的谈话仍然是互相敌对的。但周总理却凭着他特有的政治敏感，从美国政府的大量反共老调中看出了某些细微的变化，并以一个伟大政治家的魄力，同毛泽东主席一起，紧紧抓住这个历史性的机遇，冲破障碍，推动历史的前进。

作为恢复接触的第一步，中国政府同意美国大使会见中国驻波兰代办，中断了两年多的中美华沙大使级谈判于1970年1月20日宣告恢复。美方在当日会谈中表示美国政府准备派代表去北京或接受中国政府的代表到华盛顿直接讨论一些问题。中方表示：中国愿意考虑和讨论美国政府根据和平共处五项原则提出的任何意见和建议，从而切实有助于缓和中美之间的紧张局势，并从根本上改善两国关系。这些会谈可以在大使一级进行，也可以在更高一级或通过双方同意的其他渠道进行。此后不久，周总理又利用接见巴基斯坦驻华大使之机亲自表达了上述意向。

正当中美双方通过传递信息逐步走向高级接触时，发生了1970年3月美国入侵柬埔寨的事件。中方基于一贯反对侵略扩张政策的立场，中止了同美国的联系。直到美军撤出柬埔寨并再次发出愿意打破美中关系僵局的信号时，双方的联系才又恢复。同年10月下旬，尼克松分别向正在访美的叶海亚总统和齐奥塞斯库总统表示，中美和解十分重要，美国绝不会与苏联共谋反对中国，愿意派一个高级使节秘密访华。在周总理的安排下，中国也作出了一个引人注目的姿态：是年国庆节，周总理请美国记者斯诺夫妇上天安门城楼，站在毛主席身边，检阅国庆游行队伍。11月中、下旬，尼克松再次托人向中方传话，希望派特使访华。周总理作出答复，同意美国特使前来商谈解决台湾这个关键问题的办法。12月18日，毛主席会见斯诺，请他转告华盛顿："如果尼克松到北京来，我愿意同他谈，谈得成也行，谈不成也行。"毛主席还向斯诺阐述了"左、中、右都让来"的政策，指出要解决中美之间的问题，就得同尼克松谈。这是中国最高领导人向尼克松发出的一个重要信息。1971年4月，周总理又根据毛主席的决策，指示我有关部门主动邀请美国乒乓球队访华，并亲自会见美国运动员和随行记者。"乒乓外交""打开了两国人民友好交往的大门"，在世界上引起了巨大反响。正如他后来生动描述的那样，"小球转动了大球"。同年4月21日，周总理给美国政府一个口信，表示愿意接待美国特使例如基辛格博士或美国国务卿甚至美国总统本人来北京交谈。尼克松于5月中旬答复说，他准备在北京同我领导人进行直接交谈，并建议由基辛格同周总理或另一位适当的中国高级官员举行一次秘密的预备会议。中国同意这一建议的信件于6月2日转到白宫，基辛格立即送交尼克松。尼克松兴奋地说："这是第二次世界大战后美国总统收到的最重要的信件。"两人当即决定把基辛格的中国之行称为"波罗行动"，以几百年前意大利旅行家马可·波罗来华"探险"的壮举作比拟。

透彻分析形势，确定会谈方针

1971年7月基辛格秘密访华和1972年2月尼克松来访，是中美两国打开关系最初阶段所进行的高级外交谈判，事关此后两国关系发展的方向和全球的战略格局。为准备这两次谈判，周总理多次亲自主持会议，透彻分析国际形势和美国情况，反复讨论会谈方案，并对尼克松和基辛格的政治观点、个人历史、家庭生活，及至爱好和习惯都作了研究。为此，他特地阅读了尼克松所写的《六次危机》，看了尼克松所喜欢的电影《巴顿将军》等。基辛格访华前夕，尼克松在美国堪萨斯城发表讲话，承认战后25年世界上发生了巨大变化，美国不再是无与伦比的超级大国；"今天世界上有五大力量中心"，除苏联的威胁外，美国面临西欧、日本的竞争，中国也是潜在的竞争者；与二战后初期相比，"美国遇到了甚

※ 1972年2月，周恩来总理在机场迎接美国有史以来第一位出访未建交国家的总统尼克松。

至做梦也想不到的那种挑战”，美国已不能支配世界了，它不得不进行重大的政策调整。尼克松特别提到，美国必须采取步骤结束与中国大陆隔绝的状态。周总理十分重视这篇讲话，当即要外交部印送有关领导同志参考，其后又多次引用尼克松的这些言论，用以分析美国的战略动向。他指出：美国在第二次世界大战后不可一世，什么地方有事它都要过问。而现在却不同了。侵越战争不得人心。战场上打败仗，国内人民反战情绪强烈，迫使它不得不把军队往回撤。美国在世界上的经济地位下降了，政治地位更加下降。在这种情况下，它要考虑，是继续在各方面出击呢，还是收缩一下？综观全局，它首先要解决的是印支问题，这是最急迫的。要解决印支问题，就要同中国打开关系，以改善它的被动地位。周总理强调说，尼克松上台前后，我们一直观察了三年，看准了美国为解决亚洲问题不能不同中国接触。他认为，利用这一时机打开中美关系，将有利于反对扩张主义和霸权主义的斗争，有利于维护亚洲和世界和平，有利于我国的安全和争取祖国和平统一的斗争。正是基于上述分析，周总理主持制定了同美方会谈的方针，进行了部署，强调要原则坚定，策略灵活，在重大问题上旗帜鲜明地表明我立场，同时也要提出解决问题的合理办法，争取谈判取得一些成果，以利改善关系，缓和局势。

纵论天下大事，寓论辩于说理之中

尼克松和基辛格访华期间，大部分时间是与周总理讨论国际重大问题和中美两国关系。由于双方立场各异，在很多问题上有过激烈交锋，但周总理总是以高度的谈判艺术，寓论辩于说理之中，使对方感到尽管意见不同，中方的立场是有道理的，中国领导人的话是可以信赖的。

在谈到改善中美关系时，美方曾表示不能迈出大的步子，不能放弃“老朋友”。周总理指出，美国在南越和柬埔寨支持的阮文绍、施里玛达等“老朋友”总是要被人民赶下去的。如果当年杜鲁门不用第七舰队封锁台湾海峡，不以武力援助蒋介石，22年来的中美关系可能不同得多。问题是争取一代和平是寄希望于前进方面，还是寄希望于这些“老朋友”。把和缓远东紧张局势的希望放在这些人身上是不可能的。周总理还进一步以时代精神向美方晓以利害，指出：既然中美要进入一个新时代，必然要改变一些关系。中国有句俗话说，会掌舵的人引导航船迎着浪头上，不然将会被浪潮淹没。有远见的人会懂得如何掌舵。如果把所有的老关系一无更改，一切照旧，那怎么能迎接新时代呢？总之，时代在前进，懂得时代精神的人，会促使世界情况的改进，否则就要被时代的潮流所淹没。基辛

※ 周恩来陪同毛泽东会见尼克松和基辛格。

格听后表示，相信我们经过了目前的谨慎时期后，一切关系都必然会发生变化。尼克松也表示，正如总理所说的，舵手一定要顺应潮流。世界变了，美中关系也必须改变。

关于总的国际形势，尼克松认为，如果美国退出，某些地区就会出现“真空”，就会为苏联提供钻空子的机会。这是战后美国推行扩张政策的一个重要借口。周总理批驳说，世界上不存在“真空”。早年美国有人曾说杜鲁门的政策丢了中国的六亿人口，历史证明，中国并没有成为“真空”，美国势力、苏联势力和蒋介石都走了，中国人民自己填补了这个“真空”。这同200年前美国人民在英国退走后自己填补了“真空”是一样的。这一席话说得对方只有连连点头。

印支问题是双方会谈的一个主题。周总理一再强调解决印支问题的迫切性，要美国采取果断行动，不要拖泥带水，不要留尾巴，应早日全部从印支撤军。他尖锐指出，印支人民在流血，而在台湾问题上中美没有打仗，因此应首先解决印支问题。中国对印支承担了

义务，只要美国不停止战争，中国将坚决支援印支人民打到底，甚至不惜做出民族牺牲。他耐心说明，要缓和远东地区的紧张局势，关键在于美国从越南和印支撤军。美国撤出得越早越好，越迟退出就越被动，反而使战争得不到尼克松所期望的“光荣结束”。为了说服对方，周总理几次举戴高乐将军退出阿尔及利亚为例，说戴高乐不但把80万法国军队撤回，最后甚至把200万侨民都撤走了，赞扬戴是“有魄力的，很有眼光”的政治家。周总理还明确表示，中国一贯尊重印支各国的独立和主权，不干预他们的内政和对外政策，“我们只有同情和支持他们的义务，没有干预他们的权利”。只有印支人民有权同美国谈判，我们不能替代。周总理阐明的立场有力地支持、配合了越南人民同美国的斗争，打掉了美国企图要我向印支人民施加压力的幻想。

周总理在会谈中所表现的坚定的原则性和充分说理的谈话方式使尼克松和基辛格十分钦佩。他们在回忆录中称道周总理有共产党人的坚定信念，但讲话彬彬有礼，入情入理，对形势和谈判对象了若指掌，对问题反应敏捷。中国人说话算数，这是周总理给他们留下的另一深刻印象，正如基辛格所说，“中国外交家证明是完全可靠的”，是“信守协议的”。基辛格还说，周恩来“对哲学的论证，历史的分析，策略的试探和轻快的巧辩无不运用自如”，“对事实的掌握，特别是对美国情况的了解，十分惊人”。尼克松也说，周总理留给他的鲜明印象是无与伦比的品格和献身精神。他发现自己对中国人产生了好感。看来这些都对促进达成协议及双方信任的建立起了重要作用。

《上海公报》——高度原则性与灵活性的结晶

周总理在同尼克松和基辛格的会谈中，既表现出高度的原则性，又显示了必要的灵活性。这种原则性和灵活性的具体结合集中体现在中美双方1972年2月28日达成的《上海公报》中。

美方本来想发表一个只强调共同点、不提双方分歧的公报，以显示其中国之行的成果。中方不同意这样做，并提出了一个建议草案，既列出双方的共同点，也摆明双方的分歧所在。这使美方大感意外，认为这种公报是外交史上前所未有的，也是美国国内无法接

※ 周恩来同尼克松等人会谈。

受的。对此，周总理做了大量的耐心说服工作。他指出，中美在意识形态、社会制度和国际重大问题上存在严重分歧，20多年的隔阂不可能消失于一旦，如果在此情况下双方签署那种不说真话、也不打算遵守的陈词滥调式的文件，那是不可取的。掩盖分歧的做法会给两国人民和全世界一些幻想，也将会使他们失望，反而不利于两国关系。周总理建议，公报允许双方阐明各自的原则立场。这种实事求是的真诚态度使美方难以拒绝。尼克松承认，一个星期之内不可能建立一座跨越16000英里和22年隔阂的桥梁。

就这样，经过双方反复讨论，一个独特的、别具风格的公报终于达成了。公报首先列出了各自的立场和态度，包括对国际问题的各项原则主张。在台湾问题上，中方重申台湾是中国的一个省，解放台湾是中国的内政，别国无权干涉，全部美军必须从台湾撤走，坚决反对任何制造"一中一台"、"两个中国"的活动。美方则声明，它认识到海峡两边的中国人都认为只有一个中国，台湾是中国的一部分。美国政府对这一立场不提出异议。对于基辛格巧思所得的上述表达方式，周总理是很欣赏的。双方较快地取得了一致。但接下去谈到美确认从台湾逐步减少直至全部撤走美军的一段，用词颇费周折，最后的表达方式基本上肯定了美军全部撤走的最后目标，驳倒了台湾地位"未定论"，承认了"一个中国"的原则。这为我在台湾问题上的斗争造成了有利的条件，为下一步实现关系正常化打下了原则基础。但为了照顾美方国内的政治困难，我方也作了一定妥协，没有要求美方立即承诺废除美蒋共同防御条约，没有要求美军立即全部撤出台湾，而是先确定全部撤军的目标，允许美军在一定时期内逐步撤离。解决台湾问题、实现祖国统一是一个长期艰巨的任务，不可能一次会谈就解决一切问题，毕其功于一役。周总理正是根据上述策略思想，促使美方同意了公报的内容，我方的预想基本上实现了。

公报列举了双方的共同点，包括：任何一方都不应该在亚太地区谋求霸权；各国不论社会制度如何，都应根据五项原则来处理国与国之间的关系；国际争端不应诉诸武力和武力威胁；双方准备在相互关系中实行上述原则等。把上述共同点写入公报，既照顾到美方的需要，也对美方具有约束力。双方在公报中还声明：中美关系走向正常化是符合所有国家利益的，即不是针对第三国的；任何一方不拟代表第三方进行谈判等。这些表明了我光明磊落的立场，对消除有关国家的疑虑是有益的。

公报也写入了扩大双方在经贸、科技、文化等领域的交流与联系等内容，这对发展两国人民之间的友好交往和合作起了推动作用。

和平共处五项原则——指导两国关系的准则

和平共处五项原则是新中国在独立自主基础上的和平外交路线的集中体现。自从周恩来总理同印度总理和缅甸总理于1954年共同倡议和平共处五项原则之后，中国政府一直坚持把它作为处理国与国之间关系的准则。早在1955年亚非会议期间，周总理就本着和平共处五项原则的精神发表了对美关系的声明：中国人民同美国人民是友好的，中国人民不要同美国打仗，中国政府愿意同美国政府坐下来谈判，讨论和缓远东紧张局势的问题，特别是和缓台湾地区紧张局势的问题。此后，在中美大使级谈判过程中，中方也一直坚持把它作为处理两国关系的准则，只是由于美方不愿意停止干涉中国内政而没有取得成果。

根据和平共处五项原则讨论解决中美两国的分歧，是基辛格1971年秘密访华和尼克松总统1972年访华期间双方会谈的主要议题之一。周总理一直坚持只有在和平共处五项原则的基础上平等协商才能达成谅解。他在同基辛格的第一次会谈中就详细阐述了中方的这一立场，并表示：中美双方对一系列国际问题有不同的看法，但这并不妨碍两国寻求平等友好相处的途径。通过追述美国敌视新中国的历史，周总理雄辩地指出，正是杜鲁门、杜勒斯等执行的反共反华、“两个中国”的政策造成了两国间的长期隔阂，也使美国陷入孤立处境。由于同样的原因，中美大使级会谈虽然举行了136次会议，但却未能解决两国的根本问题。周总理还以苏联干涉中国内政造成中苏关系对抗为例，强调要使中美关系正常化双方必须遵循和平共处五项原则。由于周总理的倡议和坚持，《上海公报》明文载入：双方同意，各国都应根据尊重各国主权和领土完整、不侵犯别国、不干涉别国内政、平等互利、和平共处的原则来处理国与国之间的关系。这里虽然未提“和平共处五项原则”一词，但实质内容相同。也就是说，1955年以来中方在中美关系中一直主张的五项原则，终于在《上海公报》中得到确认。历史证明，五项原则是中美关系得以健康发展的唯一可靠的基础。可以确信，随着时间的推移，人们将越来越认识到周总理首先提出和倡导的这五项原则在国际关系中具有多么强大的生命力，它将日益为更多的国家所承认和接受。

记得周总理在同尼克松总统会谈时曾引用毛主席的“咏梅”诗，并作了意味深长的解释。他说：“首创的人，没有等到事业的成功，也就是看到别的花开的时候就谢了。”我们要有这样的精神：“你首创，但不一定能自己享受”，“待到山花烂漫时，她在丛中笑”。周总理虽然生前未能亲眼看到中美关系正常化的实现，但正是他作为首创者为中美关系正常化奠定了坚实的基础。

（王立、邱盛云）

“中日友好之桥的奠基人”

姬鹏飞说：1972年9月29日是中日建交的日子，以后，我常想起当年周总理引用的一句中国古语：“饮水不忘掘井人。”他是教诲我们不要忘记为中日建交做出贡献的日本老朋友。其实为中日建交付出心血最多的是我们的周总理，他是中日友好之桥的奠基人。

一

1971年9月13日林彪摔死在温都尔汗之后，“文化大革命”出现转机，国内形势发生一系列变化。与此同时在外交战线上发生了一件大事，这就是尼克松于1972年2月访华。

※ 1972年9月，周恩来同田中角荣会谈。

※ 1955年10月，周恩来和毛泽东会见以久原房之助（左五）为团长的日本恢复日中、日苏邦交国民会议访华代表团时合影。左一为廖承志。

毛主席会见了尼克松，周总理同尼克松进行会谈，28日在上海发表中美《联合公报》。在公报中美国声明："美国认识到，在台湾海峡两边的所有中国人都认为只有一个中国，台湾是中国的一部分。"它确认从台湾撤出全部美国武装力量和军事设施的最终目标。双方同意，各国不论社会制度如何，都应根据尊重各国领土和主权完整、不侵犯别国、不干涉别国内政、平等互利、和平共处的原则来处理国与国之间的关系。

美国在《联合公报》的声明中，表明它承认只有一个中国，承认周总理一直倡导的和平共处五项原则。中美联合公报的发表，标志着中美两国在对抗20多年之后，开始走向关系正常化。

尼克松访华，在国际上被称为尼克松冲击波，日本首当其冲。

台湾问题一直是阻碍中美关系正常化的关键问题，也是阻碍中日关系正常化的关键问题。

第二次世界大战后日本被美国占领，完全听命于美国敌视、封锁新中国的旨意。朝鲜战争爆发后，美国急需扶植日本作为远东的反共基地，十分担心在与日本签订和约之后，日本为贸易和其他经济的利益而同中国改善关系，动摇美国的对华政策。当时任日本首相的吉田茂事后回忆这段历史时说："媾和独立后的日本在北京和台湾之间究竟选择哪一方为建交的对象，便成为美国特别关心的重大的问题。因此，日本才决定在美国参议院批准和约和其他条约之前，向美方表示：日本只同国民政府恢复邦交。这就是我在1951年底给杜勒斯特使写信的原因。"

所以，1952年4月28日美国单方面和日本签订的旧金山和约正式生效的同一天，日本同台湾签订了和平条约。在条约中台湾放弃战争赔偿的要求，这就是所谓的《日华（台湾）和平条约》。当即中华人民共和国政府发表声明，指出这一条约是非法的、无效的。早在1954年周总理就指出："中日关系正常化的障碍，不在中国方面。旧金山条约不承认

※ 1955年8月，周恩来会见日本新闻界、广播界访华代表团。

※ 周恩来陪同日本友人松村谦三（左一）参观密云水库。

中国，而承认台湾，说台湾代表中国。中国人很伤心。”

1956年周总理向日本朋友指出：“日本政府在中日建交上有困难，困难不仅在内部，而且更大的困难是由于外来的干涉和压力。”这个外来的干涉和压力就是来自美国。美国和日本在1951年9月签订了《美日安全条约》，条约允许美军无限期、无限制地驻扎日本。

可是这次美国改变对华政策，却将日本撇在一边，使佐藤内阁十分尴尬。

尼克松访华后，在日本要求与中国建交的舆论占了上风，给佐藤内阁造成很大的压力。

从建国初周总理就致力于改善中日关系。他提出“以民间促官方”的方针；1957年之后针对岸信介、佐藤内阁的反华政策，提出“政治三原则”、“经济三原则”、“中日复交三原则”。周总理做了大量细致的工作，推动了中日关系的发展。到1972年夏水到渠成，中日建交提到历史日程上来了。

二

周总理处理中日关系问题，一般多是由廖承志同志协助。我作为外交部长参与了中日建交谈判的全过程，现仅就这段历史回忆周总理的丰功伟绩。

大家都知道，虽然1972年全国开始批判林彪集团，但是由于“四人帮”的干扰，“左”的思潮并未能得到认真的清查。周总理一方面要协助毛主席打开中美、中日关系的大门；另一方面还要排除“四人帮”的干扰。同时要教育、说服受“左”的思潮影响的同志。不少同志对于打开中美、中日关系的重大意义不理解，特别不理解为什么要同“右派”打交道。所以毛主席在会见尼克松时说：“我喜欢右派。”尼克松则说：“我认为最重要的是要看到，美国的左派只能夸夸其谈的事，右派却能做到，至少目前是如此。”

为了让大家更好地理解毛主席的部署，周总理对毛主席的思想作了进一步阐述。1972年8月，他在接见一个兄弟党的领导人时说：

“1. 我们外交行动的方针是争取当权派，可以跟他来往，因为如果我们跟一个国家没有外交关系，没有来往，我们就无法接近群众。跟上层来往就要跟他的当权派来往，而且要跟当权派的头子来往，否则就不能解决问题。这里有一个问题，上层和人民有矛盾，上层的外交来往总还要保持一定的外交关系吧，跟人民的来往是民间的来往。我们倾向于把两条路线不要搞得太密切了，要分开一点，外交归外交，民间来往归民间来往。

“2. 上层来往还是按原则办事，既要有原则性，又要有灵活性。必须要有原则性，才能允许可能范围的灵活性。

“3. 根据我们搞上层统一战线几十年的历史得出两条经验；第一，当我们跟资产阶级决裂的时候，容易犯‘左’倾错误，把它看成铁板一块，只有斗争，反对一切，没有联合；第二，当我们跟资产阶级联合的时候，容易犯右倾错误，只有联合，没有斗争。”

限于当时的情况，总理没有讲明，但是我们都知道，在1972年，“左”的倾向很有市场。总理讲这些话是用心良苦。他深知中日建交的时机就国内外来讲条件都已成熟，必须抓紧，否则一纵即失，不知要推迟到何时。所以总理对这项工作抓得非常紧。

※ 周恩来和毛泽东会见日本社会党领导人浅沼稻次郎（前左六）率领的社会党访华亲善使节团时合影。

当时一些日本在野党希望由他们联合组阁来和中国建交。周总理认为这是不可能的，因为日本、美国都没有革命形势。他说：如果等到日本的左派执政再恢复中日邦交，那得等到什么时候呀，这样中国就没有几个国家可以建交了，只能跟朝鲜、越南、阿尔巴尼亚建交，这不是把自己孤立起来了吗？他也反对同一向敌视中国的佐藤内阁建交，而主张和自民党中主张中日友好的一派谈判建交。

7月7日，田中当选为首相，马上宣布：要加紧实现中日邦交正常化。7月9日，周总理在欢迎也门民主人民共和国政府代表团宴会上的讲话中说：“田中内阁7日成立，在外交方面声明要加紧实现中日邦交正常化，这是值得欢迎的。”“这是值得欢迎的”7个字，字字千钧，一下子使中日关系明朗化。中国反应之快，大大出乎日本的预料，给田中内阁极大的鼓舞。

8月12日，周总理授权我发表声明：中国总理欢迎并邀请田中首相来中国访问，会谈并解决中日邦交问题。进一步坚定了田中访华的决心。

与此同时，周总理事事向毛主席报告，得到毛主席的支持，使“四人帮”无隙可乘。为使工作万无一失，总理指定我、乔冠华、廖承志、韩念龙等人组成日本组。总理白天接见外宾，那时到中国访问的日本朋友特别多，夜晚将我们找到西花厅或钓鱼台开会研究中日建交问题，或带我们一起到中南海毛主席住处开会，向主席汇报。在主席那里决定了大政方针后，回来总理又同我们一起研究、安排，事无巨细，总理都一一过问，一一想到。他常说：“外交授权有限，外交无小事。”这时他已是74岁的高龄，并已查明身患癌症。他就是这样带病工作，每天工作十几个小时甚至20个小时。总理的精神感人至深，总理的举止言谈、音容笑貌，至今仍历历在目。

由于政策明确，方法得当，从7月7日起只用了81天的时间就在北京签署了《中日联合声明》，宣告中日之间不正常状态结束。真是迅雷不及掩耳，不仅大大出乎美苏的意料，而且为世界各国观察家叹为观止。周总理以高度的原则性和灵活性相结合，办事缜密周到，无可挑剔，令人折服。

※ 1972年9月，周恩来同田中角荣签署《中日联合声明》后互换文本。

三

为了使全国人民理解毛主席打开中日关系大门的意义，周总理从9月1日起修改《外交部关于接待田中首相访华宣传提纲》，并于9月4日亲自批发这个文件，要求各大城市“在9月20日做到家喻户晓”。经政治局讨论后，作为中共中央文件下发。这个文件针对极“左”思潮回答了、解决了人民中存在的疑问。对于统一全党、全国的思想和拨乱反正起到很好的作用，使“四人帮”不能有所作为。

9月25日上午11时半，田中首相、大平外相到达北京机场，受到周总理的欢迎。下午1点50分周总理和田中首相在人民大会堂接见厅举行第一次会谈。田中首相和总理都没有休息。总理为人周到礼貌，首先问候首相：“你也没得休息一下，吃了饭就来了。”田中谈到中午的茅台酒很好喝。总理说：“茅台酒比‘伏特加’好，不上头，疲劳的时候喝一点能起振奋作用。你觉得好喝我们送一点给你，把你的‘威士忌’改成茅台。”大家都知道伏特加是苏联产的酒，威士忌是美国产的酒，总理的话一下子把大家说笑了。会谈在轻松、亲切的气氛中进行。这是周总理一贯的作风，首先创造一个良好的气氛。

周总理回忆了田中执政40多天以来的情况，他说：“首相阁下在外交上以这样高速度地进行，这在日本历史上也是很少见的。我很欣赏首相阁下9月21日宣布访华日期时跟记者所讲的，一定要使会谈取得成功，而且肯定会取得成功。我们以这样的心情欢迎首相阁下来访问。”

田中首相表示了对周总理的敬意，他说：“尽管从我的愿望来讲，希望加紧实现日中两国邦交正常化，但根据以往的历史经验，如果时机不成熟，这种愿望也是不容易实现的。但周总理马上对我这个愿望表示了欢迎，并邀请我到中国来访问。也就是说，周总理马上抓住了这个时机，配合了我的愿望，做出了表示，所以我们才能迎接这个日子。我原来心里想，到中国来访恐怕不是那么容易的，今天我能这么快到中国来访问，感到喜出望外。”

随后，进行小范围（限制性）会谈。田中首相提出希望29日发表联合声明，这样可以不用在日本国会通过。首相十分坦率，一下子就涉及核心问题。他和大平外相提出台湾问题和第三国问题。他说：我们要谋求日中邦交正常化，就只有自动取消和台湾的关系。可是一定要避免混乱。因为日本国会批准过日华（台）条约。

关于第三国的关系，大平外相说：日本和美国在政治上、经济上有紧密的关系，日美关系对日本具有重大意义。日本政府要注意，不能从日本政府方面损害和美国的关系以及

※ 1972年9月，周恩来同田中角荣在机场握别。右二为日本外相大平正芳。

美国和世界各国的关系。要在此情况下，谋求日中邦交正常化。

周总理已身患绝症，在会谈中不得不出去服药，休息片刻。但是，他以惊人的毅力坚持工作，始终保持清醒的头脑。他说：中日友好不是排他的，我们对日美安全条约有意见，但在联合声明中不提它，因为这是你们的事。

关于台湾问题，周总理表示：日中关系一恢复，日蒋条约就自然失效了。他指出：我们希望从政治上来解决一些历史问题，不要拘泥于法律条文。日蒋的外交关系不能保存，但日本在台湾的侨民可以找到一个办法。

关于宣告结束战争状态的问题，我们不同意日方的说法“确认战争状态已经结束”。周总理说这样写，会变成从缔结旧金山和约到现在这段时期，中日战争状态已经结束，而我们又不是当事者，不包括在内。总理提议由两国的外长找出一个办法，即双方都同意的一句话。

总理坚持恢复中日邦交三原则，要我和大平考虑每一项原则如何在联合声明中表达出来的问题。最后他说：第二次世界大战早就结束了，但中日邦交还没有正常化，中日还没有建交，这在中国人民的感情上是不顺畅的，我们这一次要使他们在感情上顺畅起来，推动中日友好。

当晚，周总理在欢迎田中首相的宴会上，提出“充分协商，求大同，存小异”，“中日友好不是排他的”，对日本侵华战争“前事不忘，后事之师”等谈判原则。他最后提出：“中日两国人民应该世世代代友好下去。”

可是，田中的讲话引起了波澜。他说：“然而，遗憾的是过去几十年之间，日中关系经历了不幸的过程。其间，我国给中国国民添了很大的麻烦。”周总理和我们在座的中国同志对“添了麻烦”这句话十分反感，会场气氛一下子由热烈变得冷清。

第二天上午，我和大平外相会谈，具体地讨论联合公报的内容。日方条约局局长高岛益郎首先发言：第一，不同意我方方案“自本声明公布之日起，中华人民共和国和日本国之间的战争状态宣告结束”，认为这样日华条约从一开始就是无效的。第二，对我方提出的复交三原则，他认为应分开写，第三条“日华条约是非法的、也是无效的，必须予以废除”不能上。第三，关于台湾问题，他认为根据旧金山条约日本已放弃了对台湾的一切权利，现在已无必要对此再作出法律上的认定。第四，关于赔偿问题，他说我们对于中国方面主动提出放弃赔偿要求，给予高度评价和感谢。但认为蒋介石在日台条约中放弃了赔偿，如果现在声明上的文字表达上出现明确，意味着“日本和台湾缔造和约从一开始就无效”，日方则不赞成。

※ 周恩来会见出席万隆会议的日本首席代表、前通商产业大臣高碕达之助。

高岛发言的中心是台湾问题，他只拘泥于法律条文，他的发言给中日谈判带来了阴影。

当天下午，周总理和田中举行第二次会谈。日方有大平、二阶堂、桥本恕参加。中方有我、廖承志、韩念龙参加。总理开门见山地说：我们非常欣赏田中首相和大平外相所说的这样一句话：恢复日中邦交应从政治上解决，而不要从法律条文上去解决。从政治上解决，比较容易解决问题，而且照顾双方。如果只从条文上去解释，有时很难说通，甚至发生对立。周总理说：日本军国主义的侵略使中国人民遭受重大的损害，而侵略战争的结果，也给日本人民带来灾难。中国解放后，毛泽东主席一再强调，要严格区分极少数军国主义分子和广大的日本人民。我们做了很多工作。周总理直率地说，田中首相表示对过去的不幸过程感到遗憾，并表示要深深地反省，这是我们能接受的。但是，“添了很大的麻烦”这一句话引起了中国人民强烈的反感。因为普通的事情也可以说是“添了麻烦”。这可能是日文和中文的含意不一样。

田中解释说：从日文来说“添了麻烦”是诚心诚意地表示谢罪之意，而且包含着保证以后不重犯、请求原谅的意思。如果你们有更适当的词汇，可以按你们的习惯改。

道歉的问题解决了。

总理说：要建交，如同大平外相所说，就要同蒋介石断交，日台条约就自然失效。如果把旧金山和约、日台条约都拿来作根据，问题是无法解决的。我们说只有在你们充分理解我们提出的复交三原则的基础上，才能照顾你们面临的一些困难，而不是相反。日台条约在于你们同台湾之间，但这个事实是当时的美蒋关系造成的。这次在公报中可以不提这个字眼，但不能让我们承认这个条约的存在和合法。不然就等于中国是从今天才算接受中华人民共和国的统治。这是我们根本不能接受的。

关于赔偿问题，周总理批驳高岛的说法：当时蒋介石已逃到台湾，表示所谓放弃赔偿要求，那时他已不能代表全中国，是慷他人之慨。我们是从两国人民的友好关系出发，不想使日本人民因赔偿负担而受苦，所以放弃了赔偿的要求。过去我们也负担过赔偿，使中国人民受苦。毛主席主张不要日本人民负担赔偿，我向日本朋友传达。而高岛先生反过来不领情，说蒋介石说过不要赔偿，这个话是对我们的侮辱。我这个人是个温和的人，但听了这个话，简直不能忍受。

周总理的谈话入情入理，明白简要地阐明了中国的立场。日本首相表示：完全明白了。

下午5点多，我和大平外相就条文的具体内容进行磋商。我方提出的方案，在前言中写了中国人民迫切要求结束中日迄今存在于两国间的不正常状态。写日本充分理解中华人民共和国提出的复交三原则，而回避出现《日台条约》。双方议定在声明中宣布今后中日完全存在和平关系，不明确说战争状态何时结束。这两个问题一解决，其他技术性的问题就好办了。中方指定由张香山带几个同志，日方由吉田等参加具体协商。问题解决之后，9月27日毛主席会见了田中首相。29日顺利地在人民大会堂签订了中日联合公报。中日关系揭开新的篇章。

周总理协助毛主席在70年代初打开了中日、中美关系的大门，为三中全会以来的改革开放准备了一个良好的国际环境。

（姬鹏飞）

一百七十五位将军的“解放”

对于解放老干部，周恩来曾做过这样的解释：“落实干部政策，上头的‘解决’了，政策就明确了：‘标杆’有了，下边就会跟着落实。难度大的，先从容易的入手；容易的解决了，难的也就容易了。”

风云变幻的北京，1972年12月。清查林彪集团尘埃落定，纠正“文革”初期造成的冤假错案，落实干部政策的工作终于提上了议事日程。

中南海毛泽东的书房。一次关系着千百万人命运的重要谈话正在进行。

毛泽东拍案而起：看来贺龙同志的案子假了。怎么打倒了那么多干部？我也无意把他们都打倒嘛！

周恩来抓住机会向毛泽东建议：看来有一个落实干部政策的问题。

毛泽东点点头，下了决心：对，这个问题就由你组织落实吧！

周恩来宣布，落实干部政策的工作，中央由中组部负责落实省委常委以上干部政策；国务院由总理办公室负责，落实副部长以上干部政策；军队由总政治部负责，落实正军级以上干部政策。

周恩来还规定，“解放”干部的审查报告都必须送政治局最后讨论决定。

一

“文革”初期，军内被打倒被关押的军以上干部多达数百人。级别最高的是两位元帅：彭德怀和贺龙。总政治部考虑到毛泽东说过，贺龙同志的案子假了。于是，派保卫部部长蒋润观持介绍信前往中央专案组一办索取贺龙元帅的材料。

一办的负责人回答：“贺龙同志是要平反的。但是，毛主席和总理没有说贺龙同志的案子让你们总政治部去平反。”

蒋润观解释：“我们考虑贺龙同志是元帅，军委副主席，贺帅的事我们总政应该办。”

那位负责人又说：“贺龙同志不光是元帅，他还是政治局委员、国务院副总理。中央没有说贺龙的案子让你们平反，材料不能给你们。”

保卫部部长乘兴而去，失望而回。落实干部政策从什么地方下手呢？

※ 周恩来和毛泽东、刘少奇、宋庆龄、朱德、董必武等同中国人民解放军元帅和将军们在天安门城楼上合影。

正当总政治部落实干部政策工作班子不知从何入手之时，周恩来亲自为他们选定了突破口。

1973年初的一天，总政治部副主任田维新将军正在京西宾馆参加一个大会，接到周总理办公室的电话，说总理有事找他。田维新急忙赶到人民大会堂。

周恩来说：“我今天找你来谈干部问题，光给你一个人说不好，你再找一个人来好吧。”

于是，田维新立即用电话通知总政干部部长魏伯亭马上赶来。

周恩来对他们说：“找你们来，是谈陈再道同志和钟汉华同志的问题。”陈再道上将和钟汉华中将是在武汉军区司令员和第二政委的任上，因1967年的所谓“七二〇事件”而被打倒的，已蒙冤6年之久。

根据周恩来的谈话精神，田维新与魏伯亭回到总政以后，经过调查甄别，写出报告，送政治局讨论。在讨论时争论十分激烈，虽然江青等人扣了一大堆帽子，却没有什么事实根据。

陈再道上将“解放”后，再回武汉军区任司令员比较困难。考虑给他安排一个与原职级相当的职位，可是当时大军区一级的正职都各有其人，这可遇上了难题。田维新将军便去请示周恩来，结果决定：先委屈一下陈再道将军，安排一个大军区副司令的职位。

田维新将军给一位大军区司令员打电话，考虑让陈再道到那个军区任副司令员。司令员回答说："他是我的老上级啊！"话虽只有一句，意思是很明白的。让老上级去当副手，这工作确实不太好开展。可是，别的地方也不好安排呀。田维新再次给这位司令员打电话，司令员干脆直说了："老田，千万别让他来。"就这样，找来找去，最后找到了福州军区司令员韩先楚。

韩先楚当时是中国人民解放军副总参谋长兼福州军区司令员、中共福建省委第一书记。难得他爽朗表态：欢迎陈再道来福州。这才算解决了一个难题。

陈再道上将后来还担任了中共中央军委顾问、铁道兵司令员。

钟汉华"解放"后，先后出任广州军区副政委、装甲兵政委和成都军区政委。

1955年，中国人民解放军授衔时，有57位将军获上将军衔。上将是继十大元帅十位大将之后的第三级军衔。能晋升上将之列的将军，都是勇冠三军、可以独当一面的将才。

到70年代初，已经有几位中将出任大军区司令员，福州军区却汇聚了4位上将，福州军区乃一块福地。

陈再道上将到福州军区任副司令员不久，王建安上将也得到"解放"，同样面临一个工作安排问题。与陈再道将军一样，王建安的资格也很老。他是在济南军区副司令员的任上，因所谓"搞修正主义"被打倒。现任大军区司令员有很多原是他的下级。遇到了这样的难题，田维新将军只好又去请求周恩来总理。周恩来说："你找韩先楚再谈一谈。"田维新再次找韩先楚商量。韩先楚说："我这里已经有一位老同志了，别的军区也可以安排嘛！"

碰了一个软钉子，田维新半开玩笑地说："韩司令，我是征求你的意见，这可是总理让我征求你的意见。"

韩先楚还是不松口。

田维新深感棘手，又把情况向周恩来作了汇报。周恩来略一沉吟："还是放韩先楚那里，开会时我与他谈。"

几天后，韩先楚奉命进京。田维新一见韩先楚便招呼："老韩，这次总理找你谈了，你不能不给总理面子吧？"

"见了总理，我也还是有困难啊。"韩先楚说，"王建安是我的老上级！老同志多了，我也不好工作呀。"

韩先楚说的也是实话。王建安在红军时代就是军政委，而韩先楚那个时候还是师长。谁知周恩来找韩先楚一谈，韩先楚就心悦诚服地同意了。于是，福州军区又多了一位上将副司令员。

红军时代就担任政治部主任的李志民上将重新出来工作以后，也到了福州，出任福州军区政委。

4位上将就这样走到了一起。

二

当时，在微妙的政治形势下，军队高级将领的“解放”工作，基本上是周恩来点一个解决一个。周恩来点的方式又总是十分巧妙的。

一次，政治局开会，周恩来突然向李德生和田维新提了一个问题：“杨勇、廖汉生是怎么打倒的？”

李德生和田维新面面相觑。他俩也不知底细，只好如实回答：“不知道。”

“你们去调查一下。”周恩来说。这就是周恩来的领导艺术，点到为止，从不划框框，结论由做具体工作的同志通过调查研究去下。

总政治部立即派人调查。

杨勇上将和廖汉生中将是在北京军区司令员和政委的任上，于“文革”初期被莫名其妙打倒的。有周恩来点将，两位将军的“解放”工作虽然也费了一番周折，但最终都解决了。

廖汉生将军复出后，先后担任过军事科学院政委、南京军区第一政委、沈阳军区第一政委。后来他还担任了全国人大常委会副委员长的职务。

杨勇将军复出后，也担任了大军区的领导职务。由于他的大度，使他的结论经历了一番反复，从而体现出周恩来对干部的一片爱心。

杨勇将军被打倒时，林彪一伙无限上纲，甚至把杨勇部下的参谋、科长的事，一股脑儿地算到杨勇的账上。

总政治部重新审查杨勇将军的结论出来后，周恩来总理批示：“请田维新同志找杨勇同志谈一下，征求一下杨勇同志本人对结论的意见。”

田维新亲自跑到杨勇的住处，征求杨勇对审查结论的意见。杨勇很大度地说：“总政做的结论我没意见。”田维新说：“结论是我们做的，但是我们对你的问题不是很清楚。

总理让我跟你谈一谈，你有什么意见，总理会重视的。”杨勇还是说：“我对总政的结论没有意见。”

结论做出后，杨勇将军等了半年，才被分配到沈阳军区任第一副司令员。过了不久，中央调杨勇出任新疆军区司令员。杨勇上任之后，周恩来在杨勇的结论上再次批示：“田维新同志，我们给杨勇做的结论似乎口径严了一些，请你再征求杨勇同志一次意见。”

尽管周恩来的批示口气很和缓，田维新将军深知其中分量。他再次带着总政干部部的一位处长去京西宾馆拜访杨勇。不料杨勇还是说对结论没有意见。田维新又做了半天工作，杨勇才说，结论中提到的一个问题，是一个科长干的，但是自己负有领导责任，“把这件事写在我的头上也是可以的。”

吴克华中将是1929年参加革命的老红军。“文革”初期，他在炮兵司令员的任上被打倒后，便失踪了。

“吴克华哪里去了？”周恩来在政治局讨论落实干部政策会议上发问。

总政根据周恩来的指示，立即展开调查。可是炮兵司令部的干部和一些造反派都说不知道吴克华在什么地方。后来从一位干事口中获悉：吴克华被秘密关押在地下室里。

得知了吴克华将军的下落，下一个难题是怎么把他安全地接出来？因为总政治部并没有掌握直接的证据，万一关押吴克华的那伙人闻讯拒交或把将军转移，将使问题复杂化。

李德生主任听了汇报以后，灵机一动，写下了一纸手令：“提审吴克华”，令总政保卫部当晚派人前去提人。关押吴克华将军的那伙人，一看李德生的亲笔手令，以为总政与他们持同样观点，爽快地将吴克华交了出来。

人是找到了，却引来了一场误会。

保卫战士把吴克华将军带到京西宾馆的一个会客室，向坐在那里的李德生主任和田维新副主任报告说：“报告首长，吴克华带到。”

李德生挥了挥手：“知道了！”小战士便退了出去。李德生在沙发上欠了欠身说：“吴克华同志，请坐。”

吴克华将军听说又要“提审”，以为自己又要挨整了。他对李德生主任说话口气和用词的变化毫无觉察，不敢入座。

李德生知道吴克华误会了，便解释说：“吴克华同志，我们是奉周总理之命来找你谈话的。”

吴克华将军仍不敢相信这戏剧性的重大变化——从“提审”一变而为同志间的谈话。“文革”这几年，挨斗挨批，受骗多了。他却一时反应不过来。

眼见时过半夜，而吴克华将军显然难以在短时间内适应这一反差巨大的突变。李德生只好顺其自然，请吴克华吃夜宵，先休息一下，然后找他再谈……几经周折，吴克华终于得到了“解放”。

吴克华将军解放后，出任过铁道兵司令员、成都军区司令员、乌鲁木齐军区司令员和广州军区司令员。

又是一次政治局会议，周恩来提出：“秦基伟、李成芳到哪里去了？”

秦基伟和李成芳都是红四方面军的老战士，都在刘邓大军和志愿军部队担任过军长，都于1955年被授予中将军衔。“文革”开始时，秦基伟是昆明军区司令员，李成芳是政委。

贺龙元帅受诬陷后，秦基伟和李成芳立即被关押了起来。

秦基伟是一员战功卓著的虎将。抗美援朝时的上甘岭战役就是他指挥的。

为了打倒秦基伟这员虎将，林彪一伙到处散布说，秦基伟是贺龙的人。

如果在贺龙元帅与秦基伟将军之间一定要扯上一点什么关系的话，那就是志愿军回国之后，秦基伟先后出任云南军区副司令员、昆明军区副司令员、昆明军区司令员。而昆明军区是建国初期的西南军区撤销后组建的两大军区之一（另一个是成都军区）。贺帅是西南军区的司令员。

※秦基伟将军。

田维新把调查情况向周恩来作了汇报。当说到秦基伟、李成芳被打倒的情况时，周恩来指出：“他那是一锅端，军区6位主要领导全部被免职。”

田维新汇报说：“根据我们调查掌握的情况，秦基伟被关押在湖南，由广州军区负责，具体情况还不很清楚。”

周恩来当即指示：“把他调回来嘛！”

秦基伟到北京以后，住在京东海运仓第一招待所。当时这家招待所的后楼成了即将“解放”的将军们的驻地。将军们在这里就恢复了自由，可以外出逛街散步，探亲访友。

一天，周恩来通知田维新说，他要见见秦基伟。这个时候，总政尚未给秦基伟做结论。秦基伟的工作安排还没有定下来。在田维新的印象中，周恩来召见尚未做结论的将军，仅秦基伟一人。

接到周恩来指示后，田维新立即打电话到招待所，后接服务员回答说，秦基伟将军散步去了。田维新告诉服务员：“你马上去找一下秦司令，让他马上给我回一个电话，总理要见他。”

不一会儿，秦基伟的电话便过来了。他听说周恩来总理要见他，很激动，在电话中问道：“总理要见我，我穿什么衣服去？”田维新说：“穿军装。”秦基伟问：“那我还戴领章吗？”田维新说：“当然戴。”

军装，尤其是领章，是军人的标志。但是秦基伟在“文革”中受迫害7年，被剥夺了戴领章的权利7年。此刻他刚刚恢复自由，尚未恢复工作。因此他不能不有此一问。

田维新把秦基伟领到周恩来的办公室后便走了，周恩来与秦基伟作了一次单独长谈。

落实政策后，李成芳任第五机械工业部部长。秦基伟先后出任成都军区司令员、北京军区第二政委、第一政委、司令员。后来是中央政治局委员、国务委员兼国防部长。

三

“解放”老将军的工作，大体上有个工作程序。

第一步是由总政治部审查鉴别原先把老将军打倒时所做的结论，确认哪些是无中生有的、哪些是颠倒黑白的、哪些是无限上纲的。

然后，总政治部拿出来的审查结论，还必须与把老将军打倒的原单位取得大体一致的意见。

最难的一关是政治局。按照规定，每个被“解放”的将军最后都要经政治局会议讨论通过。

政治局会议一般在下午7时半召开，一次会议通常讨论4位将军的审查结论。每位将军都有一份材料，包括本人的经历、被打倒的情况、甄别情况、总政的审查结论。个别的还要附上必要的证明材料。这些材料，与会的政治局委员人手一份，讨论之前先浏览一遍。所以，每次政治局讨论老将军的“解放”，田维新都要提一大包材料进会场。

当时的政治局会议都是由周恩来总理主持的。

材料发完，周恩来便宣布：“大家先把材料看一看。”

到了田维新讲材料时，发难的就是“四人帮”，尤其江青和张春桥为最甚。

这样，从下午7时半开始的会议，往往到半夜12时也结束不了，通常吃过夜宵后一直讨论到凌晨3时才结束。

田维新回忆说：“在讨论老将军‘解放’问题的政治局会议上，争论之激烈、时间之漫长，真令人难以忍受。后来与江青争辩得多了，也就习惯了，不怕了，无非是多几顶帽子就是了。”

在老将军的记忆中，周恩来主持这样的政治局会议，说话不多，只在要害处说一两句。不过常常是他的一两句话一出口，江青一伙就争不起来了，事情也就定了。

周恩来虽然说话不多，但是对每个人的态度都了如指掌。某个问题，他感到需要谁支持一下，便会及时点将：“剑英你说呢？”

周恩来从不在会上与江青公开争论。但是如果江青诬人太甚，帽子扣得太大太多，周恩来就会及时地出来说话。他常用很简洁的语言，把事情的来龙去脉述说一遍，然后反问一句：“这个事能扣这个帽子吗？”经周恩来这么一反问，江青常常就哑口无言了。

如果被“解放”的某个干部确实有缺点失误，江青一伙就会趁机无限上纲。这种时候，周恩来常常会说上几句：“这不算个什么错误嘛，这是工作中的问题，谁都会有这样的问题。”轻轻几句话，便将江青一伙扣的大帽子不动声色地顶了回去。

到大家的意见都说得差不多了的时候，周恩来还会问一句：“你们还有什么意见？”如果没有人发言了，周恩来才宣布：“这事就这样了。”然后转入下一个将军，“解放”问题的讨论。

由于江青一伙的发难，175位将军的“解放”在政治局讨论时，没有几个是很顺利的。在田维新的记忆中，颜金生将军是比较顺利的一个，但也连闯了江青设置的三道关。

颜金生少将是湖南茶陵县人，1932年参加中国工农红军，建国后先后任过西北军区炮兵司令员兼政委，中国人民志愿军军政委，武汉军区政治部主任。“文革”开始前不久，他转业调任国务院文化部副部长。

文化部的副部长怎么由总政来审查“解放”呢？

田维新在政治局会议上介绍说：“颜金生是军队转业干部，到文化部工作时间不长，没有什么错误。”

理由只有一句话，到文化部工作时间不长。其实呢，当时文化部系统控制在江青一伙手里。把颜金生从文化部系统调出来，由军队去安排，这就跳出了江青一伙的魔爪。这是周恩来的“解放”将军的一着巧棋。

江青一听又发难了：“颜金生有错误，他推行了资产阶级文艺路线。”

田维新说：“颜金生是工农干部，识字不多，不可能提出什么文艺路线。”

这话是有根有据的。发给政治局成员的材料上明明白白地写着：颜金生，1918年出生，1932年14岁就加入人民军队，他能读过多少年书？！

朱德元帅一听江青又要无理取闹，一板一眼地说：“颜金生他就不识几个大字。”总司令为将军说话，一言九鼎，江青顿时哑了。

眼见这一关过去了，田维新又介绍说：“准备把颜金生同志派到陕西……”

话音未落，江青又反对了：“你是让颜金生到陕西给二方面军垒山头。他不应分配西

※颜金生少将。

北，应该分配到东南。”

江青自己拉帮结伙，故以“山头”度人。

针对这种猜忌之心，田维新说：“陕西省军区司令员黄经耀是从黑龙江省军区副司令员任上调过去的。”

李德生说：“现在情况已经有了很大的变化，二方面军的同志在陕西已经不多了。”

经过这么一番解释，颜金生将军去西北才获通过。田维新继续说：“我们考虑让颜金生到陕西当政委。”

江青再次反对说：“他犯那么大的错误，当正职不合适。”这是江青第三次发难。

田维新说明：“陕西省军区原来有一个政委。派颜金生同志去陕西，是考虑让他去管军工企业。现在备战，陕西军工企业很多。”

叶剑英元帅也出来说话：“现在备战，炮弹子弹很不足，急需抓一抓。”

最后周恩来表态，“我看颜金生同志调出文化部，到陕西当政委管军工是合适的。”

周恩来一锤定音，颜金生总算过了关。

落实干部政策的工作开始后，解放军报社迟迟未见行动。

这也难怪。《解放军报》在“文革”初期最严重的一个案子是所谓的“绑架”萧力案。萧力就是李讷，江青的女儿。定案的结论上写着：绑架萧力就是反江青、反毛主席。

在1973年的形势下，这样的案子谁敢动！

迟浩田到《解放军报》任副总编后，分管政治工作。他经过长时间的深入调查了解，认定军报的三大事件，包括所谓的“绑架”萧力案，都是假的。但是这三个事件都是江青直接定的，不好办。迟浩田便把情况向军报主要负责人张志作了汇报。

涉及到江青的事，张志哪敢做主。他到总政治部向田维新汇报说：“田副主任，我向你反映一个情况，我们军报的三个事件，迟浩田同志经过了解，认定都是假的。但是这三个事件都是江青定的，一动就会反映到江青那里去。所以，我们落实干部政策很难。”

不是江青直接打倒的干部，江青尚且要多方阻挠，胡搅蛮缠，若把她自己直接定的案子否定了，她还不搅个天翻地覆？！

田维新想了想说：“能不能想个办法，不惹江青。”

“怎么能不惹江青呢？”张志问。

田维新说：“你们把事件撇开，就说这些干部没有犯什么错误，先把他们‘解放’出来，让他们恢复工作。”

张志说：“这办法行倒是行，不过风险也很大。”

田维新嘱咐说："这件事你先别办，等我与李主任商量一下再说。"

第二天，田维新就与李德生商量。李德生认为也只能这么办了。如果不落实干部政策，干部受委屈，军报也没法办好。

解放军报社按照这个办法，"解放"了一批干部。有人立即向上告了黑状，送了一大堆材料给江青。江青还真看了这些材料，在这里批一个"这是一个反革命"，在那里批一个"这是个坏人"，最后要"德生同志查处"。

李德生正坐在沙发上看江青批转的这份材料，田维新进去了。"你看吧！"李德生顺手把材料往茶几上一摔，没好气地说。

田维新一看，是《解放军报》的事，就说："这是意料之中的。"

"怎么办？"李德生问。

"有两条办法。"田维新说。

"哪两条？"李德生紧追着问。

"第一条，再把他们都关起来。"田维新说。

"那不行，哪能这样干。"李德生未加思索，立即否定了这一个办法。

田维新了解李德生的想法，他不慌不忙地说出了第二条办法："那就拖。"

"拖得了吗？"李德生不放心。

"拖不了，还能再把他们关起来吗？只有拖。"田维新说。

"那能拖多久？"李德生问。

"能拖个半年。"田维新说，"江青第一次问，你可以说，材料收到了，还没来得及看。第二次问，说刚看，还没有看完。第三次问，说刚看完，还没查。如果再问，说刚查一两个，还真没问题，其他的还没有查。"

"能那么老拖着？"李德生又问了一句。

"起码可以拖半年，"田维新蛮有把握地说："她还有那么多精力问哪！"

这件事果然拖了下来，不了了之。总政治部对迟浩田也有了一个好印象，认为这个干部能够实事求是，敢讲真话。事件过去以后，迟浩田从军报副总编（副军级）直接走上了北京军区副政委的领导岗位。后来他又先后出任副总参谋长、济南军区政委、总参谋长，后来是国务委员兼国防部长。

经过一年多时间紧张艰难的工作，全军175位被打倒的高级将领终于全部得到了"解放"，重新走上了领导岗位。这里倾注着周恩来总理的一片心血。

（谢国明）

两个女民兵舞蹈的诞生

《高棉女民兵》和《草原女民兵》是周恩来栽培的盛开在20世纪70年代我国艺苑的两朵奇葩。

1972年深秋的一天晚上，北京的户外已是寒风袭人，人民大会堂三楼的小礼堂里却是春意融融。人们陶醉在一派南亚热带风光之中：蜿蜒的“暹粒河”碧波荡漾，翠绿的“托碌树”挺拔高耸，在雄伟的吴哥圣塔之下，有一队身背钢枪的柬埔寨少女，她们正以婀娜多姿的“南旺”舞，欢庆为保卫祖国、反抗侵略而边战斗边生产所取得的一个又一个胜利！像模像样的持枪扛枪、挎枪举枪、瞄准射击等“军事动作”，生动地显示了她们的爱国热忱；惟妙惟肖的腰肢摆动、双足上跷、十指后翻等“舞蹈语言”，鲜明地反映了她们动人心弦的民族神韵……

这是为庆祝柬埔寨国家元首诺罗敦·西哈努克亲王50华诞而举办的专场歌舞演出中，受到广泛赞誉的节目：由张均、王连城编舞，谭荣等作词，关乃忠作曲，徐风明美术设

※毛泽东、周恩来和西哈努克亲王在天安门城楼上。

计，李雅媛等表演，郭淑珍领唱的女子群舞《高棉女民兵》。西哈努克亲王看后特别高兴，容光焕发，满脸笑容，双手合十频频作揖。柬贵宾们纷纷赞扬说："演出非常成功！艺术水平很高，政治内容很好，从中看到了人民的力量。""舞姿优美，很有柬埔寨特点：音乐很美，富有柬埔寨风格；歌词词意深远。""除了姑娘们的脸长得很白净，有点不太像，别的一切都像——从头到脚、从服装到发型、从动作到神态，没有一点不像柬埔寨姑娘！……"为此，北京电台播了长篇广播特写《高歌欢舞传心意》；新华社发了长篇电讯《东方歌舞团创作、演出歌颂柬埔寨人民抗美救国斗争英雄业绩的舞蹈》；香港《文汇报》和《大公报》据中国新闻社北京电讯，刊载了评论文章《〈高棉女民兵〉受激赏》。与此同时，"风靡大江南北，誉满亚非拉欧"的另一个女子群舞：由黄伯寿、梁文绾、李文英编舞，韧敏作词，竹林、韧敏作曲，王复先美术设计，李文英等表演，娜仁花领唱的《草原女民兵》，更是受到海内外媒体的高度好评。一位来访的亚洲国家元首，对此舞尤为欣赏，赞不绝口，他在鼓掌祝贺的同时就向陪同观看演出的我中央领导人提出：邀请演出这个舞蹈的中国艺术团到他的国家去"传经送宝"（这个词，他是用地道的中文一字一顿说出的）。刚刚跳完这个舞的演员在经久不息的掌声中谢幕尚未下场，这位性急的国家元首就频频敦请"及早成行"。我艺术团往访时，这位国家最高领导人又一次亲切热情地会见艺术团成员，又一次兴致盎然地观看演出，并特意把该国荣获"人民艺术家"和"功勋艺术家"崇高称号的舞蹈家们请来，同他一起看演出；当着我们的面，下令"一定要把中国同志的艺术瑰宝《草原女民兵》学会、学像、学好"！他还用流利的汉语向我们发表评论说："这是真正的、我们东方的革命艺术！动人心弦，引人入胜，人民群众可以从中获得无穷的精神力量，受到巨大的鼓舞……"而一位欧洲国家的政府首脑则认为"这是真正的贝多芬式的音乐！欣赏这么优秀的音乐，不能不为之激动、振奋、豪情满怀"！我耳聆目睹这位国家领导人的话语和神情，似有他乡异国遇知音之感。显然，通过翻译所表述的这番热情洋溢的语言，不像是外交场合的客套话；容易激动的"雄鹰之国"部长会议主席那坦诚的面容和挥舞的手势，也足以表明其所说是出自内心感受和真情流露。

光彩夺目和芬芳四溢的《高棉女民兵》和《草原女民兵》，是盛开在二十世纪七十年代我国艺苑的两朵奇葩，内蕴深厚，有着经久不衰的艺术魅力，达到了一个时代的美学高峰。无愧为里程碑式的舞蹈精品，至今仍为人们所津津乐道！然而，谁是栽培这两株奇葩的园丁呢？一向很少为人所知，他就是人民的好总理周恩来同志。

1965年11月24日，中央领导同志和东方歌舞团同志一起，在中南海紫光阁共度周末时，周恩来总理对舞蹈家张均说：“你学了那么多柬埔寨舞，可以搞一个柬埔寨女民兵舞嘛！”从此，张均把总理的这一指示牢记在心中。但是“文革”风暴一起，人人在劫难逃，“木秀于林风必摧之”，张均更是备受冲击。直到1970年以后随团下放劳动，她的心情才渐趋平静，思绪也才有了条理。她深深地感到不安——总理给的任务，居然时隔五年毫无进展，不由得惭愧、内疚。于是她决心克服一切困难，无论如何也要把这个舞蹈创作好。在偏僻的张家口坝上一隅，她全身心地投入到了这个舞蹈的思考、酝酿和设计之中。所幸她与作曲家关乃忠密切协同，合作融洽，又及时获得我驻柬大使康矛召寄赠的图片资料。初稿立起来后，张均偕演员回京彩排请领导同志提意见。此时已是1972年9月。

周恩来总理早在1970年4月，就部署了为西哈努克亲王50寿辰演出的创作排练工作。经接二连三地审查，没有一个舞蹈获得通过，而此舞只审了一次即获通过。周总理认为“表现武装斗争还算得体”，尤其对形象生动地表现了高棉妇女的爱国热忱和特有的神韵予以充分肯定。总理亲自把审查节目单上印的《柬埔寨女民兵》改为《高棉女民兵》，并指示我们：“为不使寿星过劳，把时间尽量压缩，不要超过八分钟。”

1970年11月5日在京西宾馆，周总理由外事、文化和军队有关负责人陪同，第三次审查驻京三军宣传队为执行“外事演出值班”任务而创作排练的歌舞时，针对一个表现女民兵的舞蹈“软塌塌的没有特点”提出批评后，指示战友歌舞团创作人员“到草原上去看一看，走一走，体验体验草原生活，搞个草原女民兵舞——一定要飒爽英姿，把骑马的各种动作和在马上射击的各种姿势，加以提炼、集中，使之典型化、艺术化；服装要穿那种开襟的蒙古袍子，既便于上下马又能够御风寒……”“你们也应该去访问知青们，看看那些穿蒙古袍的北京姑娘，体验一下她们的生活，了解一下她们是如何在当地与群众打成一片，变成了蒙古姑娘的……”遵照周总理的指示，创作、演出人员来到祖国北部边陲，寻访当地女民兵。果然如周总理所说，北京姑娘变成了蒙古姑娘。我们谁也没看出来，一位体态壮实、面色黑红、全身蒙族服饰的女民兵连长，竟是来此插队的北京知青。她指挥自己的女民兵连队“召之即来，来之能战”，令行禁止，雷厉风行，堪称训练有素，真是棒极了！而这位女民兵连长本人的跃身上马，似箭离弦般飞驰而去，又如旋风般纵马返回；在烈马奔驰中，作了站立马背远射、卧藏马腹近射，以及俯仰左右侧射等许多令人叹为观止的“绝活表演”，更是令人肃然起敬。马枪和马刀在她手中竟会如此驯顺，就像是她久已玩熟了的“玩具”一样，始终由她随心所欲地摆弄来摆弄去，极其从容自如，令人目不暇接。说实在的，我们亲眼目睹真的女民兵的过硬的马上功夫和高难度军事动作，比我们呈现在舞台上的《草原女民兵》里的动作，难度更高更过硬，更惊险得多！更精彩得多！我们如海绵吸水般地吸取了她们的生活，融入我们的舞蹈之中。审查时获得了周总理的肯定和赞许。这以后，才有了军内外争相学演、出国团必不可少的舞蹈节目《草原女民兵》。

周恩来总理亲切关怀、悉心呵护的何止是两个小小的舞蹈？他亲手播种、培育的艺术之花开遍神州大地！除了音乐舞蹈作品，还有传世的戏剧、电影乃至文学名著，也多倾注了总理的汗水和心血！在他主政时期生活、工作的艺术家们，由衷地认为：总理堪称栽培艺术百花的伟大园丁！

（吕韧敏）

黄土情深

全国解放后周恩来五次到陕西，在三秦大地留下了永远的记忆。他心系老区人民，魂牵万家疾苦。

1973年6月9日，是一个碧空澄澈如洗，阳光格外明亮的日子。

一大早，数以万计勤劳淳朴而又热情好客的延安群众，簇拥在机场和通往市区的道路两旁，等待着一个幸福时刻的到来。

9时30分，周恩来总理陪同越南贵宾乘坐的专机徐徐降落在延安机场。周总理一走下舷梯，就深情地向欢迎的人群说道：我可回到延安来了，可回到老家了！

家，一个充满人间温馨而幸福的字眼，一个令游子神往思归的港湾。

周恩来亲切地称延安为自己的老家，真切表达了人民共和国总理对革命老区和老区人民深深的眷恋和关爱。当然，这里的黄土地和3000万三秦儿女也对人民的好总理怀着深厚的感情，铭记着他为中国人民建树的不朽业绩。

在那艰苦卓绝的战争年代，周恩来同毛泽东、朱德等老一辈无产阶级革命家在陕北生活、战斗了十多个峥嵘岁月。在这块土地上充分施展了一个伟大的无产阶级政治家、军事家卓越的组织才能和高超的领导艺术。他长征到达陕北后参与组织指挥了被毛泽东称之为奠基礼的直罗镇战役；领导并亲自参加同东北军、西北军组成联合抗日民族统一战线的艰巨工作；他奉命作为中央全权代表，致力于西安事变的和平解决，促进了第二次国共合作的形成和发展；他参加了延安整风和大生产运动，成为全党开展批评和自我批评、劳动生

※ 周恩来在延安革命旧址——中央书记处小礼堂前参观。

产的楷模；他同毛泽东一起转战陕北，参与组织指挥解放战争，为彻底推翻国民党反动统治，迎接新中国诞生做出了巨大贡献。

陕西人民不会忘记，人民共和国成立以后的20多年中，日理万机的周恩来总理仍时刻关怀和惦记着延安和陕西的经济建设和人民物质文化生活的改善。他就陕西工作所作的指示和谈话就有40次之多。他还风尘仆仆多次来陕西视察，为陕西社会各项事业的发展，倾注了大量心血。

本文记述的只是全国解放以后周总理视察陕西时几件普通的往事。

延安一日

1973年6月9日10时多，周恩来一行由延安机场到达宾馆。他顾不上休息就陪越南贵宾参观革命旧址。

每到一处，他都一字一句地念着简介文字，热情地讲述党中央、毛泽东在这里的革命实践活动。延安曾经是中共中央所在地，是周总理生活、战斗过10多年的地方。他对这里的一山一水、一草一木，都有着特殊的感情和熟悉的记忆。在凤凰山麓，周总理特别向客人介绍毛泽东在长征中用过的文件箱说：就是这个文件箱把东西带过来的，否则就完了。斗争就在这里面。马列主义的书也是长征带过来的。在王家坪纪念馆，周总理深情追述了长征、遵义会议、东征、西征等重大历史事件和党中央、毛泽东在延安时的许多重要活动。外国客人听得饶有兴趣，在场的干部群众也接受了一次生动而深刻的传统教育。在枣园毛泽东旧居，他生动讲述了1945年时发生在这孔窑洞里的一桩趣事：当时毛泽东和美国观察组谈论组成联合政府的问题。我们主张要有三分之一的代表，要保证民主。不料一位叫鲍瑞德的美国人说，伸一只脚就够了。毛泽东说，不行，要进去，两只脚都要进去。又说：打开窗子，把臭气放出去。屋子里的臭气太多了……周总理边走边讲到了窗户前，模仿着当年毛泽东讥讽鲍瑞德时的神情和动作，也打开了窗子，引起外宾和在场的人一阵快乐的笑声。

在参观革命旧址中，周总理触景生情，勾起了他对许多老同志、老战友的敬仰和怀念之情。他多次深情地谈到朱德、董必武、任弼时、贺龙、陈毅、方志敏等20多位老同志在中国革命中的丰功伟绩。在延安纪念馆，他对省、地负责同志讲：你们这里只有两个地方有总司令的像，一张是和毛主席看地图；一张是在“七大”会场。还有许多人如刘伯承、陈毅、任弼时等同志的相片都没有了嘛！有些人犯了错误，改了就好嘛！主席看到古巴代办关于井冈山展览应对朱德同志南昌起义作出正确评价的建议时说，一个外国人，而且还是古巴的，都有这样的辩证法。周总理还讲道：林彪搞了许多歪风邪气，一下要扭转过来是不容易的。他们在中南海都搞起打倒朱总司令来了。我亲自做工作都不行。他在看到一张当年转战陕北途中与毛泽东在佳县神泉堡的合影时说：我记得还有任弼时同志。纪念馆的工作人员回答说：有，那是另一张照片。周总理当即指示说：那就同时挂上。当外宾问到陕北苏区以前的领导人时，周总理详细介绍了陕北和刘志丹的历史。他说：陕北是革命

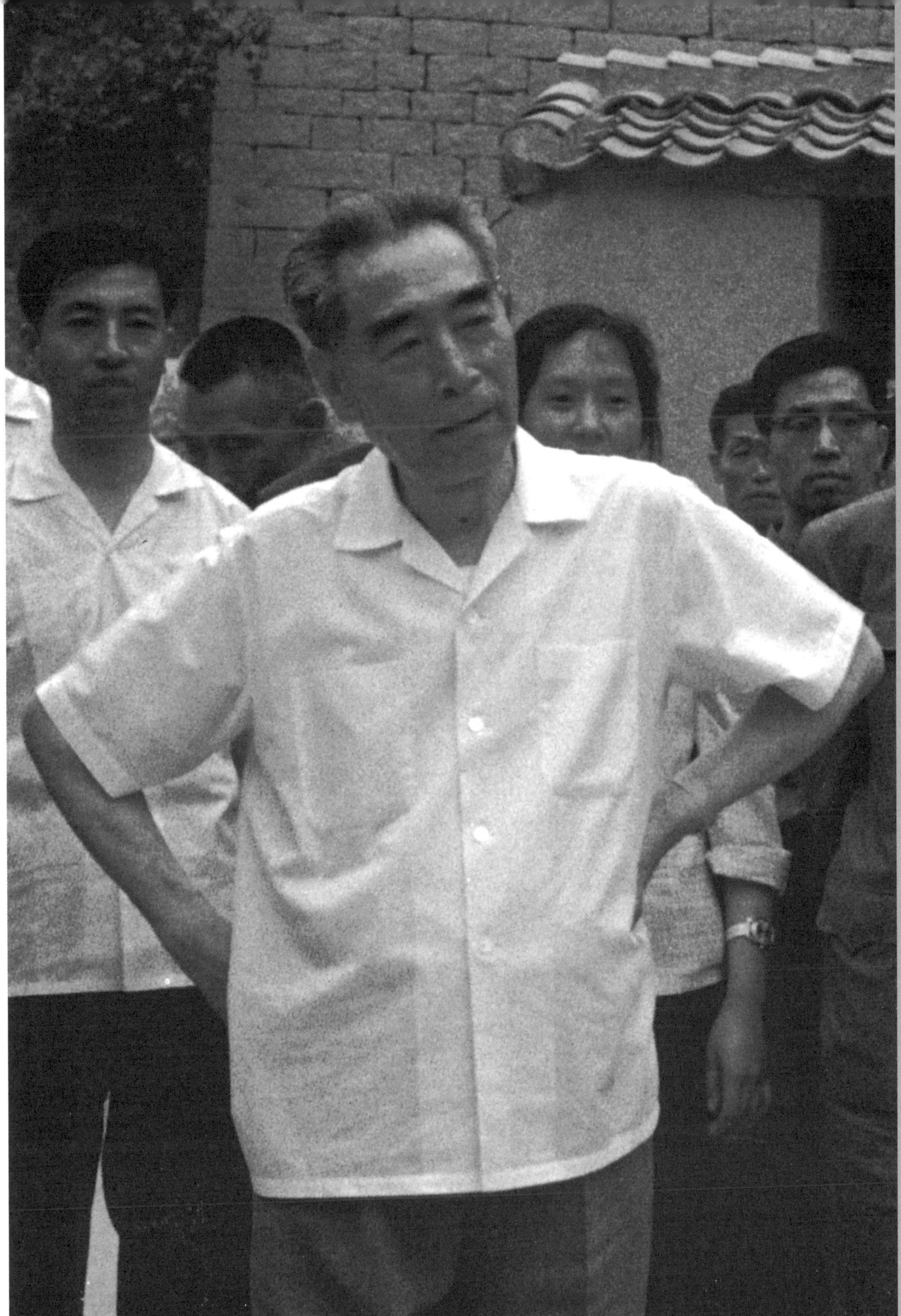

※周恩来同老乡攀谈。

的根据地。我们是从这里出发取得革命胜利的。朱理治当时搞“左”的路线，聂洪钧签字要逮捕刘志丹。刘看到信以后对通讯员说，信，你送到军部，我自己去。他单枪匹马到了瓦窑堡即被逮捕，表现了一个真正共产党员的气概。放出后我和他谈话，他一点怨气也没有，思想非常纯朴。东征时我和他在一起。部队到清涧后，群众来看刘志丹，一个瞎眼老汉看不见，就到窑洞去摸刘志丹，称他老刘。这说明陕北人民与刘志丹是紧密相连的。

中午，周总理特别请延安地区的负责同志共进午餐。他在饭桌上关切地问：群众的口粮够不够？有没有缺粮的？又一次情意深长地说：延安人民哺育了我们，取得了全国革命的胜利。但延安的农业落后，我们对不起延安人民。他还说：延安的小米真好吃，真香。我这个总理没当好，延安人民生活这样苦，我怎么能吃得下去呢？周总理说到这里，眼角涌出了泪花。在场的同志也为之动容。接着他又问：五年粮食翻一番行不行？当听到地区同志一致回答“行”时，总理激动地站起来，高声说道：好！我就要你们这句话。他伸出手来和地区的同志一一握手。又问：有茅台没有？随后他举起斟得满满的酒杯，有力地同大家一一碰杯，并高声说道：为延安地区五年粮食翻一番，干杯！

吃过午饭，周总理没有休息又登上了宝塔山。

他迈着沉稳的步履，围绕着沐浴在灿烂阳光中的宝塔，饶有兴味地端详着。接着他又跨上钟台，远眺高原风光，俯瞰延安新貌，当年如火如荼的生活情景仿佛回到了眼前。他问中央党校、边区政府和文化沟的位置；又问《解放日报》几个字还在不在，还问到了1937年护送他到西安谈判，路过劳山遭土匪袭击而光荣牺牲的烈士墓址在哪里……

在宝塔山附近，周总理在一张书写着毛泽东1949年10月给延安人民的复电的大型标语牌前停住了脚步。他从头至尾把“复电”朗读了一遍，这已是他在当天第二次读“复电”了，上午参观纪念馆时，他就一字一句地念了“复电”全文。他转过身子对省、地负责同志语重心长地说：24年了，战争创伤是恢复了，但是文化、经济建设还不够迅速。这一点问题大，20多年农业还没有过关。还不够艰苦奋斗。周总理还说：毛主席给延安人民的“复电”，是毛主席对延安工作的指示，“复电”发表到明年就25年了，一晃就是25年。“复电”你们写在路上，贴在展览馆的墙上，25年不兑现怎么行？当省委负责同志表示“陕北的问题我们可以解决”时，总理瘦削的面庞上露出宽慰的笑容。

周总理从宝塔山下来，又驱车赶到枣园村，同这里的干部群众亲切交谈。他特意把70岁的农民高同有介绍给外宾，说：这是毛主席的老邻居，他打过胡宗南。并热情地让高同有和他的女儿站在身边，同外宾一起合影。这一天他还会见了陕甘宁边区著名劳动英雄杨步浩。

晚上，周总理参加完招待外宾宴会后，又和省、地的领导同志就加强延安老区建设作了长时间的谈话。周总理关切地问道：这里下雨了吧？省委负责同志回答说：陕北今年一直没下好雨。总理浓眉一皱，焦虑而关切地问：什么原因？延安地委的同志说：没有树。有些地方因为没有煤烧，把树砍光了。总理说：瓦窑堡那么多煤，周围没煤？省上同志说：沿黄河畔有煤，但很深。总理问：深到什么程度？为什么不想办法开采？省上的同志说：没有公路，运输困难。总理说：上山砍柴就不困难？他又问道：延安共有多少耕地？有多少水地？地区同志回答说：有耕地580万亩，水地30多万亩，坝地13万亩。总理说：打坝是造田的好办法，要搞得很结实。你们要种树，要种苹果，种核桃，防止羊只乱吃乱啃。要深翻深种，不搞深翻，土壤没有团粒结构，不能储存水和肥。又说：你们的猪有没有圈？人有没有厕所？粪是黄金，米子头，田内上了粪，就出米。好东西，要提倡。周总理在谈话中又几次说道：感谢延安人民哺育了我们；感谢延安人民支援我们取得了全国革命的胜利。慈祥的面容，亲切而质朴的话语，犹如缕缕春风拂过人们心田。

为了老区人民能过上好日子，周总理和省、地领导同志一直交谈到深夜。

翌日8时，周总理陪同外宾登上了飞机，告别了陕北大地，告别了延安人民。

四到碑林

新中国成立以后，周恩来总理五次来陕西视察工作，其中就有四次来到碑林参观。他关心陕西的经济建设和社会发展，又对陕西的文物事业，对碑林情有独钟，充满厚爱。

西安碑林是陕西古代碑石精华荟萃的地方，碑石丛生如林，故称碑林。碑林位于端履门内三学街。唐昭宗天祐元年（公元904年），佑国军节度使韩建为了保护重要碑石不失散，将长安城内一些重要碑石迁到一处，加以保存。北宋哲宗元祐二年（公元1087年），漕运使吕大忠等人又将重要碑石移置府学北墉即今碑址，开始修碑房和亭、廊，石碑按次序排列。以后金、元、明、清各代又有征集和整修，始称碑林。解放后，人民政府对碑林进行全面修葺和建设，使这一古老的文物瑰宝焕发了青春。现在碑林收藏有汉、魏、隋、唐、宋、元、明、清诸朝代碑碣共计2300余件，分6座大型宽敞的陈列室、7条壮观的游廊和一个巍峨碑亭展出。

1955年4月周总理出席在印度尼西亚万隆召开的亚非会议以后，于5月初由昆明飞往成都、西安、广州，并在三地作短暂停留。在西安停留时间很短，周总理和陈毅元帅到西安一下飞机，就风尘仆仆地赶到了碑林博物馆。他们走进石刻艺术室的时候，就被一位

※ 西安碑林。

年轻的女讲解员认了出来。她惊喜地欢呼：周总理来了！周总理来了！周总理一边点头微笑，一边指着石刻亲切地问道：你喜欢这些东西吗？讲解员显得有些腼腆地回答说：我才学哩！周总理鼓励在场的工作人员说：这些东西好，它代表着一个民族的文化和智慧。勤学多看，你们就会爱上这些东西的。许多年过去，这些亲耳聆听过总理教诲的人已由讲解员成长为石刻专业研究人员，他们谈起已过去了40年的往事时，心情仍然难以平静。周总理仔细观看名碑石刻，对陪同的省领导和博物馆的同志说道：历史文物代表着一个民族的智慧，是一个国家过去的政治、经济和文化的缩影，要认真保护和利用。他看到一些碑上有划痕时，便指示说，要注意保护，要用玻璃罩起来。他看到展地较小，参观人员较多时说：太拥挤了，参观不方便，照相也不方便，要想办法解决这些问题。

1961年8月10日，周总理陪同越南总理范文同到西安，再次参观了碑林。时隔不到两个月，即当年10月6日，周总理又陪尼泊尔国王马亨德拉和王后来到西安碑林，同行的还有国务院副总理陈毅和夫人张茜。

这是一个秋高气爽的日子。下午3时左右，周总理陪同尼泊尔国王来到了碑林。他们在碑林博物馆馆长武伯纶的引导下，首先参观了“周秦汉陈列室”，接着他仔细在碑林观看《石台孝经》，一位工作人员为总理简要介绍了该碑的碑额和每章的题目。周总理指着碑石后的小字和人名问道：这是什么？工作人员回答说：这是《石台孝经》碑落成后，李林甫、李齐古等人给唐玄宗上的表。总理听了一笑说：啊！那是竣工报告。那上面的字呢？工作人员说，是唐玄宗的批语，便念了起来：“孝者德之本，能教之所由生也，故亲自训注，垂范将来，今石台毕功，亦卿等之善职，览所进本，深嘉用心。”总理听完会意地点了点头说：目的很明确。

接着，周总理来到了第二陈列室，饶有兴趣地观看了集王羲之字刻的《圣教序》碑，这座碑靠近展室南侧窗户，坐东向西，看时有些反光。总理弯下腰，左看看，右看看，几次蹲下去又站了起来，看得非常吃力，便笑着说：碑子很多，就是太挤了。他又看了另外一尊集王羲之字刻《兴福寺残碑》，因为此碑仅剩半截，也叫半截碑。总理看后说：很像《圣教序》碑的字，可见当时能见到的王羲之字还不少呢。周总理为什么对王羲之的字有如此浓厚的兴趣？人们以后才知道，当时有人对王羲之《兰亭序》和集王《圣教序》的真伪有争议，引起了总理的关注。他在陪外宾参观时，也忘不了对这一学术争议的调查和研究。

当总理准备离开碑林时，工作人员介绍说：总理，这里有一尊《陀罗尼经幢》，都说是汉文和尼泊尔文合璧。我们叫它为《中尼合文经幢》，也叫《汉梵合文经幢》周总理听后很有兴趣。他看了以后说：谁说是中尼合文？工作人员说：好些专家都这样说，像郭老、唐兰等。周总理说：有拓本吗？拿来给我看看。在接待室里，周总理拿着拓片对陈毅说：他们说这是《中尼合文经幢》。陈毅沉思了一下说：给尼泊尔的文化大臣看看。尼泊尔文化大臣看后说：是尼泊尔文。它就像中国的甲骨文一样，是古尼泊尔文，除非研究古文字学的人可以看懂。尼泊尔国王和文化大臣提出要带一份回去，翻译好了再送回来。周总理当即表示同意。几个月以后，由尼泊尔翻译的《汉尼合文陀罗尼经幢》，由国家文化部文物局转交给西安碑林博物馆，作为重要文献资料收藏。它已成为中尼两国人民友好往来的一个见证，也是周总理关心陕西文物事业的一个极好例证。

1973年6月10日，从延安回到西安的周总理陪越南总理范文同到碑林参观，这也是周总理最后一次到碑林。两位总理看得很仔细，在看到秦朝刑法部分时，周总理说：是不是以后有人对秦始皇有意见，写得这么厉害？看到秦朝水利图时说，2000多年前，我们的祖先就重视搞水利。从开始到失败，路线画得不明显。他还对省委负责同志讲：碑林有些碑子很珍贵，但光线不好，看不清楚，人要站得很近。以后你们可以在大雁塔附近搞一个新的博物馆，光线搞好一些，把碑子搬过去。离开碑林以后，他和省委常委们谈话时又讲：你们这里历史遗留下来的东西很多，要研究。除了学习马列主义和毛泽东著作外，还要学点历史。比如奴隶制和封建制的分期，郭老的《十批判书》和其他一些历史书，都可以讨论。孔子主张法先王，代表奴隶主阶级利益。荀子、韩非子主张变法，是代表新兴的封建地主阶级利益，学术争论是允许的，我们现在还缺乏好的历史教科书。参观碑林时，还有工作人员提出能否发掘乾陵的问题，周总理考虑到出土文物的保护问题，没有表示同意。

周总理回京以后，还向国家文物局提出了应在西安适当时候新建一个博物馆的意见。在党的第十一次全国代表大会期间，国家文物局局长王冶秋告诉陕西的负责同志说：周总理指示，陕西要建立一个博物馆，可以搞得宏伟一些，投资多一点。1991年6月，我国第一座具有现代化水平、总投资1.44亿元的陕西历史博物馆，在大雁塔附近落成并正式对外开放。其时周总理已去世了16个年头，但它凝聚了一代伟人的心血。

黄土情深

全国解放后周总理5次到陕西，行色匆匆，时间短暂，但他心系老区人民，魂牵万家疾苦的赤子情怀；宵衣旰食，忘我工作的公仆精神；实事求是，顾全大局的伟大品格，以及严于律己，宽厚待人的人格魅力，在三秦大地留下了永远的记忆。

“衙斋卧听萧萧竹，疑是民间疾苦声”。这首古诗正是周总理内心世界的真实写照。人民的总理人民爱，人民的总理爱人民。1973年6月周总理在回延安时，时刻把老区人民的冷暖挂在心头。在他身上体现出了我们党密切联系群众、实事求是和勇于自我批评的优良作风。他在看文艺节目时对省领导说：宣扬自己好的，有些与现实情况不符，延安有些地方的群众生活，现在还赶不上当年，这使我心里很难受。枣园的高同有对我讲，现在他是儿孙满堂，生活不错。可能他那个地方好一点。杨步浩也对我说，现在没有当年延安时苦了。我说你那个公社现在建设并不怎样好。他们都是一些头面人物，见了领导说好的，有意见也不说。6月20日晚，在欢送外宾的宴会上，周总理又一次当着越南同志的面主动承担责任。他说：第一，感谢越南在抗美援朝战争中，给予我们的支持；第二，感谢延安人民哺育了我们，使我们取得了全国革命的胜利。20多年了，延安农业没有过关，政府工作对延安、对陕北支持不够。我们对不起延安人民。

周总理对人民极端热情，对工作极端负责，心里装着群众，唯独没有自己。1973年6月周总理来陕西时，已经积劳成疾，病魔缠身，但他们以顽强的意志，忍受着病痛，在炎热的气温下夜以继日地工作。几天当中，他常常忙得顾不上吃饭。有时边吃饭边听秘书念文件，然后亲自批阅处理。在陕西宾馆一号楼，周总理住室的灯光总是亮到深夜，9号楼锅炉房的师傅凌晨4点上班时，看到总理室内灯光闪亮，非常感动。宾馆工作人员互相传说着：总理真是为人民操碎了心哪！

在延安，周总理坚持不住宾馆，而是住在南关的招待所里，睡硬板床，连浴衣也是用毛巾被临时做的。他在延安停留近24小时，只休息了4个多小时。招待所的服务员发现，那一夜周总理住室的灯光一直亮到凌晨3点。当服务员谈到这一情况时，周总理身边的工作人员说，这还是总理近年中休息得较好的一次。他向延安的同志提出要吃陕北小米饭和荞面饸饹。地委同志说：总理，您年纪大了，吃小米不好消化。周总理说：很好，高粱米也可以吃。他和省、地委负责同志谈话，饭放凉了。服务员另换上了热饭。周总理发现后和蔼地对服务员说：那还能吃嘛！倒掉了多可惜。他见自己吃过饭的碗里还有几个米粒，特地舀了一勺汤，冲涮着喝了。他每顿吃饭只吃一菜一汤，其他菜连筷子也不动，生怕吃不完浪费。离开延安时，这里的群众精选了一些小米和豆子要给总理带上，但周总理坚持让工作人员一分不少地付了钱和粮票。在西安宾馆餐厅，周总理看到桌上摆了6盘菜时，便对工作人员说：告诉大师傅，以后每顿饭搞两个菜就行了，多了会浪费的。果真周总理每顿只吃两个菜，而且把自己动过的饭菜吃得干干净净。餐厅的服务员望着眼前的情景，不由流出激动的泪水。

无论是在革命战争年代，还是在社会主义建设时期，周恩来都为人民建立了不朽功绩，在国际国内享有很高的威望。但是，他始终把自己看成人民中的普通一员，从不让宣传自己，对自己的亲属更是严格要求，不能有任何“特殊”。60年代末，延安纪念馆曾将周总理在延安的旧居整理开放，周总理知道后，就委托邓颖超同志来延安时专门告诉地委同志，让把开放的旧居关闭，把挂的牌子取掉。他陪外宾在延安凤凰山参观，外宾看到周总理当年在“西安事变”和平解决后回到延安同毛泽东的合影时，便问起话来，周总理谦虚地说：我那时还是个娃娃。在杨家岭中央大礼堂前，周总理看到说明词里有一句“周恩来同志在‘七大’发表了重要演说”的话，即用手指着说，这句话没有必要，多余的，勾掉。在枣园参观经过周总理的旧居时，延安地委负责同志和讲解员请总理进去看看，并请示说，很多群众和外国朋友都要求开放你的旧居。周总理摇了摇头，示意不要再说，便走了过去。

周总理将自己一个侄子送到延安枣园插队，因为表现好，被批准入伍，参加了解放军。周总理知道后，又让他回到了枣园。周总理到延安，听说侄子又上了大学时，就问枣园党支部书记雷治富，说：我有个侄子在这里，你知道吗？雷治富说：晓得，他上大学去了。周总理又说：你们为什么要送他上大学，当农民不是很好吗？你们别因为我的关系，这是间接走后门。雷治富回答说：他思想、劳动表现很好，是群众推荐的。周总理说：他大学毕业后再回来，你们还要不要？周总理的话，把围在旁边的群众都逗笑了，大家齐声说道：要。周总理笑着说：一言为定，那就是说要了……20多年过去，许多聆听了周总理谈话的人回忆起当时的情景，仍充满了敬仰和幸福之情。周总理最后一次离开陕西时说：等延安建设好了，我一定再来延安。

此后的日子，延安人民，陕西的干部和群众，都翘首盼望着这一天的早日到来。然而，它却成为周总理生前未能实现的一桩夙愿。

弹指间，历史又跨入了一个新的世纪，过去的事情似乎离人们的记忆愈来愈远。

但是，陕西的黄土地和陕西人民对世纪伟人周恩来，却有着不尽的思念。

（贾巨川）

参观云冈石窟

周恩来陪法国总统蓬皮杜参观云冈石窟，他风趣地对法国记者说：“感谢你们的总统把我带到这里来，如果总统不来，我是没有时间来的，这是中法两国人民友谊的又一见证。”

邓大姐提前来大同视察准备工作

1973年9月15日，周恩来总理陪同法国总统蓬皮杜来大同参观访问。那时，“文革”

※ 1973年9月，周恩来总理在机场迎接法国总统乔治·蓬皮杜。

还未结束，国内政局动荡，社会秩序极不稳定。总理日理万机，肩负重任，又身染重病。因此，在总理陪同蓬皮杜到达大同的前十天，中央派出由时任中央警卫局局长兼8341部队政委的杨德中陪同邓颖超来到大同，对周总理、蓬皮杜一行的活动范围、路线、住地及生活接待等事项进行了视察。

我们从飞机场接上邓大姐一行，沿着怀仁——大同——云冈公路，直接到云冈石窟考察。在云冈，大同市文化局副局长王明选、大同市文物管理所所长李治国接待并引领邓大姐一行看了准备好的接待室，于桑、杨德中以及邓大姐的秘书、警卫看了为接待工作刚修好的厕所。他们都觉得小了些，但又说“来不及大动了”。接待室的椅子档次低了些，邓大姐说出她的意思，就是要因陋就简，以干净为原则。后来，我们还是建议从外交部发来的设备中调整来20把质地好、木扶手、带布套的沙发，既美观大方，又宽敞舒适，妥善解决了这一问题。

在参观云冈石窟时，邓大姐表示出了极大的兴趣，她连加称赞：“规模好大啊！不得了的艺术。”在参观时，邓大姐提问也不少，李治国都一一作了回答，只见邓大姐频频点头，看出她是满意的。在参观中发现众多石佛遭到风化，觉得十分可惜，便关切地问李治国，有什么办法可以防止风化。大家异口同声回答“需要引进高科技处理”。邓大姐说：“不管怎么样，一定要保护好”，并表示“回北京要给恩来讲”。塞外的中秋，天高气爽，凉意袭人。女服务员送来一件大衣，请邓大姐披上。大姐笑笑说：“非常感谢，不要紧的，我从北京走时就加了衣服，谢谢小同志！”

回到大同宾馆，侯存玺经理引领大家看了为总理、总统、两国外长准备好的房子。那时，为了准备接待蓬皮杜，大同宾馆内装修刚竣工不久，接待队伍也是新组建的，尚未得到很好的培训和实习，有许多不尽如人意之处。我们提出，为了更好地完成任务，除加紧组建自己的力量外，还需求助北京和太原有关部门予以支援。于桑、杨德中答应，汽车从省里调，不足由北京补充；交警指挥小组从北京来：主厨、餐厅领班请北京饭店选派。邓大姐对北京来的同志说，就这样定了，你们应该支援他们，把这次的事办好，中央支援地方，这是义务，不要讲代价。接着，我们请邓大姐到为总理准备住的房间休息。其余人员又去看了厨房、餐厅，察看了外围环境、停车场，讨论了菜单，并接见了工作人员。大家取得一致意见，即请北京饭店齐永胜总经理带一个厨师班子、服务班子前来支援；主宾席完全请北京饭店宴会服务组设计服务；所缺宴会用料，也请北京饭店帮助选购补充；宴会菜单则由北京饭店参考总理平常宴请西方外宾的习惯开设并送外交部礼宾司敲定。利用午餐时间，我们向邓大姐一一作了汇报。邓大姐基本同意，只是提出，北京饭店的菜单要与地方风味结合起来，因为这是地方，不能和北京比。同时提出，总理喜欢高粱米粥，过去在根据地很喜欢吃，希望能给他少准备些。

下午，邓大姐到大同驻军看望了指战员，见面后的第一句话就说：“我代表恩来来看望同志们来了，同志们好！”邓大姐对部队非常关心，她和驻地部队领导座谈了很长时间，谈到了营房、医院、生产、家属、幼儿园、小孩子……大约5点左右，邓大姐赶往机场，返回北京。

周总理一行来到大同

1973年9月15日，大同披上了节日的盛装，几滴秋雨把这座塞外古城装点得更加美丽。从四面八方赶来欢迎总理和外宾的工人、农民、战士、干部、学生的代表，穿着整洁的服装，等候在月台上、车站前、道路旁。

上午9时15分，火车一声长鸣，向人们报告着喜讯："周总理来了！"身穿浅灰色制服的周总理，神采奕奕，满面笑容，第一个走出车厢，向欢迎群众挥手致意。他把蓬皮杜总统介绍给省、市领导，然后一起走出车站，向欢迎队伍走来。人们使劲挥舞手中的花束彩带，跳起欢乐的舞蹈，欢迎敬爱的周总理，欢迎蓬皮杜总统。总理那亲切慈祥的笑容，我们曾在银幕上、电视里、报纸上看过不知多少次，可从来没有像今天这样亲切。

周总理刚到宾馆，就不顾一夜坐车的劳累，立即开始翻阅材料、审批文件，紧张地工作着。10时20分，周总理停下手中的工作，向二楼接待室走来。他要利用参观前的片刻时间，和大同市及雁北地区党、政、军负责同志座谈一下。同志们起立鼓掌，周总理亲切地和大家一一握手，风趣地说："我不是外宾，请不要鼓掌。"总理诙谐的话语、爽朗的笑声，使紧张拘束的气氛一扫而空，接待室里充满了热烈亲切的气氛。

周总理详细地询问了每个同志的年龄、籍贯、什么时候参加工作等情况，对山西、雁同地区的工作作了重要的指示，他还特意询问了煤炭生产情况。当时任大同市委书记的赵力之告诉总理他是晋中人时，总理又问及洪洞县的苏三监狱及苏三案卷的保护情况，吩咐要妥为保存这些珍贵文物。

"云冈石窟的维修工程要三年搞完"

10时45分，周总理陪同蓬皮杜总统一行来到云冈石窟，重点参观了二十窟、七窟和五窟。总理对1500多年前的北魏石窟艺术看得十分认真、细致，不时地询问它的历史沿革、艺术价值和维护情况。李治国所长一一作了回答，总理不时点头，表示满意。

当行至九窟与八窟之间时，上百名中外记者围了上来，其中一名法国驻京记者用粗通的汉语谦恭地问总理："您过去知道这个地方吗？"总理回答："我怎么不知道呢？""那您为什么不来这里参观？"记者又问。总理回答："没有时间呀！"是啊，总理肩负重任，日夜操劳，要不是外事工作的需要，他是没有时间来参观、游览云冈石窟的。

参观完石窟，周总理陪同蓬皮杜总统来到云冈东小院接待室休息。总理一边喝茶，一边对蓬皮杜总统说：“您对这个地方很感兴趣，我也很感兴趣，我们的政府对这里很重视。”他问同来的前国家文物事业管理局局长王治秋：“云冈石窟修建好需要几年？”王治秋回答：“按现在的规划，需要十年。”总理强调说：“十年太长了，你们计划一下，云冈石窟的维护工程要三年搞完。时间太长，我们都看不到了。死是自然规律，我是活不到21世纪的。”总理忽然提到死，在场的同志还以为是总理用语幽默风趣。谁能想到，当时的笑话后来竟成为严酷的事实。

当周总理陪同蓬皮杜总统走出接待室时，一大批中外记者围在东小院里，总理、总统并排站在屋檐下，向记者们发表了谈话。总理首先对80多名法国记者说：“感谢你们的总统把我带到这里来，如果总统不来，我是没有时间来的，这是中法两国人民友谊的又一见证。”中外记者们发出了愉快的笑声。略微停顿了一下，总理接着说：“刚才说有个十年规划，时间太长了，我们要用三年时间把云冈石窟修好，一定要把这座人类文化遗产保存下来。三年以后，请你们再来参观。”周总理洪亮的声音在武周山谷回响。他的话充分体现了我们党和政府对民族文化遗产的高度重视。大同人民没有辜负总理的嘱托，用三年时间将云冈石窟的维修工程如期完成了。

周总理高兴地吃上了风味饭

省、市政府欢迎蓬皮杜总统的宴会开始了，宴会厅里充满了欢乐、愉快的气氛。主桌上有两种中、西餐食谱上都找不到的食品，引起了中外来宾和各国记者的瞩目：金黄的煮玉米棒和白里透红的高粱米粥。

高粱是大同郊区大量种植的普通杂粮。郊区农民听说总理喜欢吃高粱米，便精心挑选了几斤颗粒又大又精道的高粱米，还选了一些嫩玉茭，亲自送到了大同宾馆。这些极其普通的高粱米、嫩玉茭凝聚了大同人民的无限深情。

宴会上，总理高兴地吃了两截玉茭，一碗高粱米粥，几片土豆片，一个煮鸡蛋。据经常给总理开饭的北京饭店餐厅服务小组的同志们讲，总理这顿饭吃得很香，也很多。我们听了非常高兴。

※ 云冈石窟。

“他的手伸得太长了，可以把一截砍下来。”

下午3时，蓬皮杜总统已经休息。周总理却不顾劳累，在省、市负责同志的陪同下，又前往华严寺和九龙壁参观。上华严寺的台阶又高又陡，陪同人员请总理慢点走，总理说：“斜着身子可以上去。”他没有让别人搀扶，而是自己扶着石栏杆独自走上了陡立的石阶。下台阶的时候，总理走到中间时停顿了一下，坚持独自走下来。总理对大雄宝殿内的壁画很感兴趣，看得很仔细。他走到长臂罗汉像前停了下来，指着壁画意味深长地说：“他的手伸得太长了，可以把一截砍下来。”旁边的同志们插了一句：“他比林彪的手伸得还长。”总理和大家听后都笑了起来。

走到大殿门口，总理向解说员询问了这座辽金寺院的保护情况。解说员告诉总理，是大同市人民奋勇保护了这处古迹。这时院里走来一群工作人员，总理走上前去，和这些普通的电工、司机、服务员、干部一一握手，说：“感谢大同人们保护了这座文物古迹。”

来到九龙壁前，总理仔细看后说：“九条龙一条一个样，比北京的要好。”他再三嘱咐陪同他的省市负责同志，“一定要保护好这些文物古迹”。

自从周总理陪同蓬皮杜总统访问之后，大同发生了日新月异的变化。随同总统来访的100余名各国驻巴黎记者向西方世界的大量报道，大同在世界上的知名度越来越高。成千上万的外国朋友和海外游客慕名而来，观瞻和游览这个古老而文明的城市。

（杨建峰）

“不要让人参观”

1973年11月17日，国务院办公室给淮安县委来电话，正式传达了周恩来关于处理旧居的三条指示：一、不要让人去参观；二、不准动员住在里面的居民搬家；三、房子坏了不准维修。

家乡亲旧，念叮咛：莫破故园沉寂；若问韶光何处住，烟树湘江历历！万朵祥云，一轮朝日，千古韶山碧！红娇紫艳，迥非淮水能匹！奈何不拆吾庐，永约三章：不要群莺集，不要惊飞梁上燕，不要添砖加葺。厚意深情，粉墙巨像，一帧表心迹。高风堪慕，清辉长想明月。

这首《念奴娇·故居约法》，是颂扬周恩来处理故居的感人事迹的。“高风堪慕，清辉长想明月。”了解这个故事的人，都会油然而生这样的崇敬之情。

周恩来故居在淮安县城驸马巷和局巷相接的地方，位置在城中心的镇淮楼和西北角的文通塔之间。所谓驸马巷，古代确有人记得一位驸马在这里居住过。文通塔，则是唐代的建筑，在当地也是有名的寺庙之一。

周恩来故居由东西相连的两个小院落组成。东边院子大门向东，临驸马巷原有三进13间房屋，其中第三进的三间是周恩来诞生和幼年生活的地方；第二进两间北屋和拐角相连的三间东屋是周恩来幼年读书的地方。西边院子大门向南，临局巷，原有三进19间房屋，其中第三进有西南堂屋三间，是周家最古老的主屋；前有小屋两间，叫“亭子间”，是周恩来过继母陈氏的住房。周恩来幼年过继给陈氏以后，就住在这里。在主屋

※ 周恩来故乡——历史文化名城江苏淮安。

和“亭子间”之间，有一眼水井。在这个院落的西北角，是一片较大的园地，过去曾有茅屋，种过瓜菜。

这两个院落是周恩来的祖父周攀龙在淮安做县官时和他的二哥周昂骏合买的。买了这处住宅以后，他们就在淮安定居下来。由于周攀龙做官时间很短，不太富裕，所以，这处住宅的标准，在当时的淮安，只具有中等或中下等水平。或者说，是绅士之家，又绝非豪门巨富。当然，建筑还是颇为雅致的，灰瓦挑檐，一对小巧玲珑的石狮分守在油漆大门的两旁。

就是在这所宅院里，1898年诞生了举世闻名的周恩来。他从出生到12岁离开家乡，这段童年生活，除在清江浦外祖母家三年外，都是在这里度过的。而从他12岁离开这里后，就再也没有回到这座生他养他的祖宅院落。

早在解放初期，淮安县委就对周恩来故居中行将倒塌的房屋进行了初步维修。对于这样一个诞生了中国共产党的卓越领导人、共和国总理的地方，怎能任其破落倒塌呢！可以说，这种维修，既表达了淮安故乡人民的愿望，也表达了全国人民的心愿。

可是，当周恩来1952年从侄儿尔萃的来信中知道这件事后，“万分不安”。当时，他曾考虑将旧居交给公家处理，但由于八婶还在，又恐房子交给公家后，公家拿它做纪念更加不好，也就未提出什么处理意见。但他立即写信给淮安县委，制止今后再作维修，并很快就用自己的工资偿付了这笔修理费。

1953年，周恩来派警卫员护送在京的八婶母回淮安，临行之前，他交代警卫员几项任务，其中之一，就是要淮安县委把他的旧居处理掉。显然，周恩来已同八婶母有所沟通。淮安县委不难理解周恩来的心意与精神，但作为县委来说，也不能不从政治上以至革命传统教育等方面有所考虑。后来，县委对周恩来旧居西边宅院的三间堂屋，还是进行了较大的整修。因为那是整个旧居的一所主要建筑，而且因年久失修而有点危险了。

这件事终于也传到了周恩来那里，他是从弟媳陶华来信中得知的。为此，1958年淮安县副县长王汝祥去北京时还吃了点批评。周恩来说：“听说你们把房子翻修了？这不好！我不是一再给你们带信吗？”王汝祥说：“是修了。因为尔萃是军人，我们是作为照顾军属处理的。”周恩来摇摇头，不以为然地说：“我的房子不能修。坏了可以拆掉，砖头、木料可以盖工厂，我有权这样处理嘛！”

6月29日，周恩来特别致信给王汝祥并转淮安县委，恳切而严肃地说：

“得知县人委准备修理我家房屋，我认为万万不可，已托办公室同志从电话中转告在案……

现在正好趁着这个机会，由我寄钱给你们先将屋漏的部分修好，然后将除陶华居住的房屋的全部房院交给公家处理，陶华也不再收房租。此事我将同时函告陶华，并随此信附去人民币50元，如不够用，当再补寄。在公家接管房院后，我提出两个请求：一是万不要再拿这所房屋作为纪念，引人参观。如再有人问及，可说我来信否认这是我的出生房屋，而且我反对引人参观……二是如公家无别种需要，最好不使原住这所房屋的住户迁移。后一个请求，请你们酌办；前一个请求，无论如何，要求你们答应，否则我将不断写信请求，直到你们答应为止。”

两年以后，当周恩来接见淮安县委另一位负责人刘秉衡的时候，又提到这件事。这一次就比较严肃了。周恩来说：“1958年王汝祥同志来，我叫他回去处理掉我的房子，他骗了我，到现在还没有处理，是吗？”刘秉衡作了多方面的解释。周恩来听完以后，再次交代，说：“我的房子一定要处理掉，决不能同毛主席的旧居相比。”第二天，邓颖超又为这件事专门找刘秉衡谈了话，恳切地说：“总理多次说了，一定要把他住过的房子处理掉，不能和毛主席旧居比。如果不拆，也可以用起来：办幼儿园，办图书馆，或者让人去住，总之要用起来，处理掉……这是总理一贯的意见，我完全赞同。”最后，她还郑重其事地说：“他是中央领导人之一。你是党员，你们应该听他的正确意见嘛！”

刘秉衡回淮安以后，向县委如实汇报了周恩来的严肃嘱咐，感到不能再违背周恩来指示的精神了。经过慎重研究，淮安县委决定把周恩来诞生和生活过的东边宅院，作为县委学习室和儿童图书馆，西边宅院让群众住进去。如此处理执行后，县委写信向周恩来作了汇报。不久，县委收到国务院办公室的回信，说总理对县委的做法表示满意。

1961年8月，周恩来在接见侄媳孙桂云的时候，又详细询问了县委对旧居处理的情况。孙桂云在无意中提到，尽管这样，还是经常不断有人来参观。周恩来对这个情况很重视。他说：“还是拆掉好，拆掉了可以盖工厂、盖学校嘛！”还郑重嘱咐孙桂云说：“你们不要说出我住过的房屋，还要告诉邻居，叫他们也不要讲。”

然而拆迁房屋必须经当地政府批准，周恩来和亲属们也无可奈何。

“私人住宅，谢绝参观。”

不过，从此周恩来旧居门前有了这样一块木牌，但他只是多少阻挡了前来参观者进入院内的脚步，却无法阻止愈来愈多的人来到驸马巷。毕竟，这种自发的崇敬之情，不是一块木牌所能抑制的。

怎么办？了解到这些情况的周恩来也愈发不安。他决定采取行政手段，彻底解决这个问题，使之不留痕迹。

1973年11月13日晚9时，国务院办公室吴庆彤打电话给淮安县委说："最近周总理听到反映，要动员住在他家的居民搬家，还准备整修房子，准备开放让人参观，请县委调查有没有这样的事，向国务院办公室汇报。"

接到电话的第二天，淮安县委就委派一位常委去周恩来旧居了解情况。一直居住在这里的周恩来的侄儿周尔辉反映，没有人动员居民搬家，也没有整修过房屋；自发来参观的人，大都被谢绝了。当晚县委向国务院办公室如实汇报了情况。

11月17日，国务院办公室又给淮安县委来电话，正式传达了周恩来关于处理旧居的三条指示：

一、不要让人去参观；

二、不准动员住在里面的居民搬家；

三、房子坏了不准维修。

第二天，淮安县委常委会正式作了研究，并根据周恩来指示作了三项决定，一、不动员住在里面的居民搬家；二、不维修房屋；三、县委在干部会上动员大家不组织、不带领人们去参观。并在当晚向国务院办公室作了汇报。

11月30日晚，国务院办公室又来电话，说："周恩来对县委决定的三点表示满意；以后要派人检查你们的执行情况。"隔了5天，国务院办公室负责同志又打电话给县委书记，询问对"三条"的执行情况，回答说："认真执行了。"

事情至此，应该说该解决的都解决了，然而并非如此。

1974年8月1日，周恩来见到侄媳孙桂云时，又当面问了"三条"执行情况。桂云汇报说，"都执行了，但外地人千方百计找上门来，实在没有办法。"周恩来思索了一下，问："把房子拆了，你们搬个地方住，行吗？"在场的邓颖超表示支持，并说："拆迁吧，我们给钱。"孙桂云说："拆迁房屋要经政府批准，我们自己不好决定。"

周恩来点点头。最后，他嘱咐说："你们要劝说前来参观的人，叫他们到韶山去瞻仰毛主席的旧居。"

孙桂云充分理解伯伯的意思，会心地点了点头。

（张文和）

“长沙决策”

1974年12月间，在关系到由谁来掌握党和国家领导权的关键时刻，周恩来不顾自己频繁做治疗手术，体质每况愈下的不利状况，亲自飞往长沙向毛泽东当面汇报。

1973年12月底，由周恩来亲笔起草的中共中央关于邓小平担任党中央和中央军委领导工作的通知，迅速发至全党、全军、全国。这时的邓小平，已是集党政军三要职于一身，开始全面参与党和国家的重大决策。几乎就在中央文件下达的同时，周恩来身边的工作人员发现，几个月里一直不苟言笑的周恩来，这几天就像是变了一个人。

—

然而，1974年从一开始就是不平静的。

※『批林批孔』运动。

元旦那天，《人民日报》、《红旗》杂志和《解放军报》联合发表的社论中提出："要继续开展对尊孔反法思想的批判"，"批孔是批林的一个组成部分"。由此发出了"批林"也要联系"批孔"的信号。

1月12日，王洪文、江青致信毛泽东，建议转发"北京大学、清华大学大批判组"编辑的《林彪与孔孟之道》（材料之一），称这份材料"对当前继续深入批林、批孔会有很大帮助"。18日，经毛泽东批准，中共中央转发了《林彪与孔孟之道》（材料之一），继而在全国开展了一场声势浩大的"批林批孔"运动。

江青等人果真是要"批林批孔"吗？人们记得：1972年，周恩来主持中央日常工作期间，在批判林彪一伙的反革命罪行的过程中，提出批判极左思潮的正确意见，意欲将批林斗争引向深入。正是由于江青一伙从中作梗，才使得批林运动陷于夭折。

至于"批孔"，更不过是江青等人为"联系现实斗争"而玩弄的一套障眼法。早在1973年党的"十大"召开之前，江青就借要"评法批儒"，试图把所谓"儒法斗争"内容塞入党的"十大"政治报告中。结果被周恩来以"这个问题还需要消化一段时间"为由，否定了江青的主张。

这一次，江青等人又打出"批林批孔"的招牌，似乎只有把死于两千多年前的孔丘拉出来批一通，才能将死于两年多以前林彪一伙"批深批透"。这一弥天大谎，恰恰是"四人帮"自己把它揭破的。

1月25日，在中央、国务院直属机关"批林批孔"动员大会上，江青等人俨然以党中央领导"批林批孔"运动的主要负责人自居，颐指气使，动辄训人，无限上纲，置到会的周恩来等中央领导人于被领导、被指责的地位。他们提出"批林批孔"所要联系的"实际"之一，就是要批判所谓"走后门"问题，即"批林批孔"又批"走后门"。这完全是别有用心的。他们是企图利用群众对"走后门"的不满，故意混淆两类不同性质的矛盾，进而整倒中央和地方的一大批党政军领导干部。而"文化大革命"中、后期，正是由于周恩来的不懈努力，才"解放"并使用了许多老干部。因此，"四人帮"一伙的矛头，最终是对准周恩来的。

就在"一·二五"大会前后，江青等人还制造了一系列的"政治事件"：

他们以个人名义向军队系统大量写信、送"材料"，还勒令《解放军报》停刊数月，在军内大搞"放火烧荒"；

他们围剿《三上桃峰》等剧目，批所谓"黑画"，批纪录片《中国》，以"回击文艺黑线复辟"；

※ 1974年4月，周恩来抱病欢送以邓小平为团长的中国出席联合国大会第六届特别会议代表团。

他们一手制造了“马振抚公社中学逼死女生”、“黄帅驳‘王亚卓’”、“北京永乐中学学生被逼跳楼”等事件，以“证实”“教育黑线回潮”；

他们无中生有地编造出所谓“蜗牛事件”，以“证明”国务院领导人批准引进外国先进技术是“崇洋媚外”，等等。

所有这些，都成了江青一伙提出“批林批孔”所要联系的“实际”。无怪乎当时便有了“批林批孔”是“第二次文化大革命”的说法，而江青等人更仿佛是当年“中央文革小组”的再现。

这时的周恩来，正值癌症发展、病情日趋加重之际。从1月下旬起，他连日便血，不得不施行癌细胞的控制治疗，尚需配合以恢复、休息。但在“四人帮”一次次进攻面前，周恩来既不可能安心地放下工作去休息；也不会不闻不问地表示沉默。他此时的一桩心事是：在自己病倒之前，必须有一个能够取代他现在的地位，以便在今后的斗争中同“四人帮”一伙继续周旋、抗衡。

周恩来思虑已久的这个能够接替他的人，便是邓小平。

二

周恩来清楚，邓小平刚刚恢复党政军职务不久，必须抓紧时机，安排好邓的实际权力，并创造一切条件，为邓小平提高声望，扩大他在党内外、国内外的影响。因为自己一旦病倒，就再难回到工作岗位。

1974年1月18日，周恩来主持中央政治局会议，提议成立由叶剑英牵头，有王洪文、张春桥、邓小平、陈锡联等参加的中央军委五人小组，全权处理军委日常事务及紧急作战事项。邓小平由此进入军队领导核心。之后，政治局会议又正式向毛泽东提出这一建议，得到毛的赞同。这样，便走出了邓小平接替周恩来格局的第一步。

对江青等人在“一·二五”大会前后搞的“三箭齐发”（即“批林批孔”又批“走后门”）的阴谋，周恩来早就深谙其意。2月初，他亲笔致信毛泽东，阐明自己对此问题的看法，提出：如运动中只研究“走后门”一个问题，就太狭窄了，不正之风决不止此；而对“走后门”又要进行分析，区别处理，才能收效。在这之前，叶剑英也向毛泽东反映了这一问题。不久，毛泽东痛斥江青等人搞“三箭齐发”的做法是“形而上学猖獗，片面性”。同时，毛还制止下发“四人帮”一伙在“一·二五”大会上的发言稿，阻止了他们欲将矛头对准一大批老干部的阴谋。

※在周恩来积极推动下，经毛泽东提议，邓小平于1973年3月恢复副总理职务，12月进入中央政治局。这是周恩来起草的中共中央关于邓小平参加中共中央和中央军委领导工作的通知。

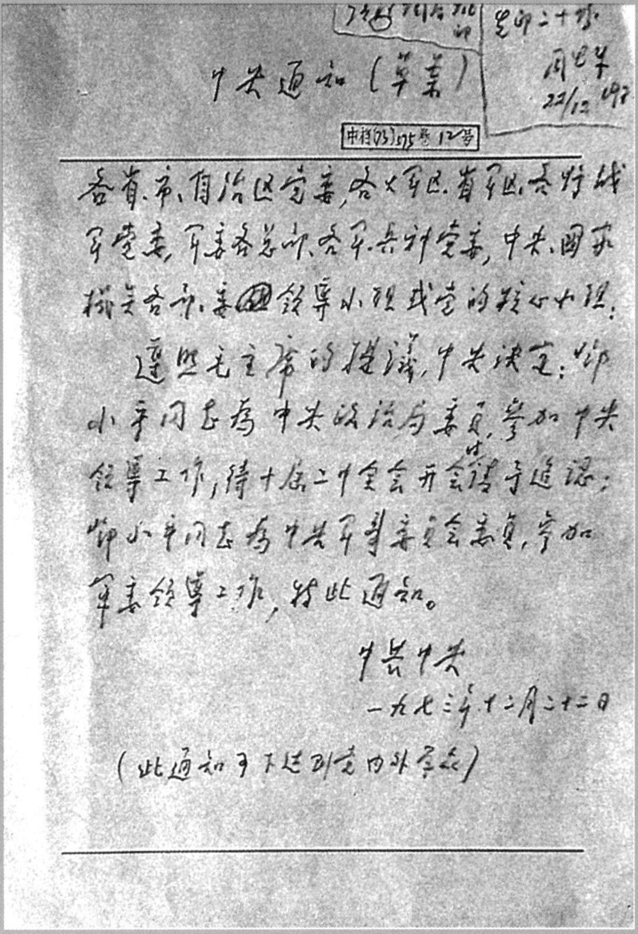
送印二十份
周恩来
22/12 1973

中发(73)75号 12份

中共中央通知（草案）

各省、市、自治区党委，各大军区、省军区、各野战军党委，军委各总部、各军兵种党委，中央、国家机关各部委领导小组或党的核心小组：

遵照毛主席的提议，中共中央决定：邓小平同志为中央政治局委员，参加中央领导工作，待十届二中全会开会时追认；邓小平同志为中共中央军委委员，参加军委领导工作。特此通知。

中共中央
一九七三年十二月二十二日

（此通知可下达到党内外群众）

江青等人在头一回合的较量中失利后，仍不甘罢休。同年3月，在讨论出席联合国大会第六届特别会议人选的中央政治局会议上，江青又公开把目标指向邓小平，以种种理由不同意外交部提出的（实为毛泽东、周恩来的意见）由邓小平率团出席联大会议，并代表中国政府作大会发言的建议。这是自邓小平复职后，“四人帮”第一次直接向邓小平发难。

由于江青的反对，政治局第一次讨论议而未决。第二天，周恩来不顾江青阻挠，提笔在外交部报告上批示，同意外交部所提方案，并将该件送毛泽东及各政治局成员传阅。江青见批件后勃然大怒，竟“勒令”外交部必须撤回其原报告。

在中央政治局第二次讨论出席联大会议人选时，由于周恩来事前努力，政治局成员中除江青外均一致同意邓小平率团出席联大特别会议。为此，江青歇斯底里，大闹政治局。

会后，毛泽东得知江青表现，甚为不满。他写信告诫江青："邓小平同志出国是我的意见，你不要反对为好。"迫使江青收敛气焰。

这样，周恩来又赢得同"四人帮"较量的第二个回合的胜利。

实践表明，邓小平此次率团出席联大特别会议，无论从国内或国际方面看，都意义重大。它对于迅速提高刚复职不久的邓小平的威望，巩固和加强他已经取得的中央领导工作的地位，都具有关键性的作用。为此，周恩来对邓小平这次出行亦给予高度重视。对飞行安全问题，也亲自过问、把关，不容有丝毫疏忽。

行前，周恩来多次召集民航等有关部门开会，反复研究飞行方案，对许多技术细节都作出指示。例如，他曾向负责此次飞行任务的机组人员建议，为确保航线畅通，预先可安排东、西两线同时试飞。这样，届时如果一条航线因故不能飞，还可以走另一条航线。当机组人员提出过去从未飞过西线，困难较大时，周恩来再给他们出主意："你们可以找法国航空公司驻京办事处，请他们帮助解决。"经联系后，法航很快提供了试飞所需各种资料，并主动派出领航员跟机协助。在周恩来精心指导下，东、西两线均试航成功，邓小平出国的时间和安全都有了可靠保障。

3月底，周恩来致信毛泽东：小平同志出国一事，已从各方面加强布置；4月6日代表团离京时，准备举行盛大欢送仪式，以壮行色。获准后，周恩来又告诉民航负责人和有关部门："邓小平同志代表中华人民共和国出席联合国大会，我们要为他圆满完成任务打通道路，增添光彩，并为他铺上红地毯。"这是当时中国外交礼仪上的最高规格。

4月6日清晨7时许，周恩来虽通宵未眠，却精神抖擞，毫无倦意，驱车亲往首都机场为邓小平一行送行。机场上彩旗飘扬，数千名群众身着鲜艳服装，载歌载舞，热烈欢送。

4月10日，邓小平在联大第六届特别会议上代表中国政府发言，全面阐述毛泽东关于"三个世界"的理论及中国政府对外政策，引起世界舆论的普遍关注。一些有识之士认为，邓不仅代表着新中国的形象，且无疑也是周恩来总理的一位"最好的代理人"。

4月19日，邓小平率团载誉而归。周恩来再度赴机场并举行盛大欢迎仪式，为老战友"接风洗尘"。

此时此刻，只有负责周恩来保健的少数几位医生知道，一个多月里，周恩来一直是在抱病操劳，以致不得不一再推迟自己住院治疗的日期。3月中旬，当周恩来每日便血达100毫升时，他才接受医生建议，前往医院进行全面检查，被确诊是癌症复发。但这时周恩来仍表示还不能马上住院治疗。在这以后的一段时间里，他每天工作仍达十几个小时，甚至夜以继日，超负荷运转。

有关周恩来一再推迟住院治疗时间的缘由，直至周恩来去世数年之后，邓颖超才向身边工作人员作了“透露”。她说：在那段时间里，恩来一直对小平的事情放心不下，他担心江青那些人乘他住院时对小平同志下手，所以他不能离开工作岗位……

三

1974年6月1日，周恩来终于不胜其劳，心力交瘁，住进离中南海不远的中国人民解放军305医院接受治疗。这时，江青一伙以为时机又到，不遗余力地重又煽起批“宰相”、批“周公”、批“党内大儒”的一股股恶浪。

6月中旬，江青、王洪文、姚文元等连续接见“梁效”写作班子成员，在谈话中，竭力宣扬所谓“现代的儒法斗争”。江青提出：“历史上的儒法斗争一直贯穿到现在，即复辟与反复辟、前进与倒退的斗争，现在也有，不能说没有。”又说：“现在的文章很少提到现代的儒，现在有没有儒？有很大的儒，除了林彪、陈伯达以外。不然，不会搞这么大的运动。”之后，江青又跑到天津一些工厂、农村和部队，继续散布“揪现代大儒”、“批党内大儒”的论调，极其露骨地影射、攻击周恩来。

就在“四人帮”借“批林批孔”之机大肆进行“批周公”的阴谋活动之际，因患老年性白内障眼病准备赴外地休养的毛泽东，于7月17日召集在京中央政治局成员开会。在医院的周恩来也抱病出席了会议。会上，毛泽东当头棒喝江青一伙：“不要设两个工厂，一个叫钢铁工厂，一个叫帽子工厂，动不动就给人戴大帽子。”并指着江青说道：“她算上海帮呢！你们要注意呢，不要搞四人小宗派呢！”他还严厉批评江青：“你也是难改呢。”毛泽东当着全体到会的政治局委员郑重宣布：“她（指江青）并不代表我，她代表她自己”，“总而言之，她代表她自己。”这是毛泽东第一次在党内高层指出“四人帮”的问题，并实际上已点明，这个帮派的头目即江青。

毛泽东此时严厉批评、警告“四人帮”一伙，表明他对江青等人自“批林批孔”以来所作所为的极端不满，亦是对“四人帮”的一次沉重打击。慑于毛泽东的警戒，从7月中旬至9月底，江青等人攻击周恩来等老一辈革命家的活动稍有收敛，但他们仍在喘息中窥测方向，等待时机，以求一逞。

9月29日，经周恩来提议、毛泽东批准，党中央发出《关于为贺龙同志恢复名誉的通知》。这个在当时条件下的有限的平反文件，仍是“四人帮”一伙极不情愿看到的。因为这又意味着在“文化大革命”中遭到迫害的一批老干部要被平反，被“解放”。

9月30日，周恩来抱病来到人民大会堂，亲自主持建国25周年盛大招待会，受到在场近5000人的极其热烈的欢迎。周恩来所致简短的祝酒词，竟被全场雷鸣般的掌声打断好几次。人们对自己总理所表达的发自内心的崇敬之情，正是对“四人帮”一伙批“周公”、批“大儒”等龌龊行径的有力回击。

10月4日，正在武汉的毛泽东向中央提出建议：由邓小平出任国务院第一副总理。毛泽东同时还提出了关于召开四届人大的意见。毛泽东经过反复考虑作出的这个重要决定，成为邓小平即将全面接替病重的周恩来总理的最具体、最有效的步骤。

同林彪一伙一样，权欲熏心的江青集团，早就在打四届人大的主意了。他们明白，现在已经到了“组阁”的关键时刻。这时，他们的“对手”不仅有周恩来，而且又添了一个邓小平。必须用一切手段打败“对手”，抓住“组阁”的大权。

10月6日晚上，已得知毛泽东人事安排意见的江青迫不及待地赶到医院，向刚接待外宾尚未恢复疲劳的周恩来一连串地提出她对四届人大人事安排及军队总参谋长人选的“意见”，实际上是想在四届人大筹备工作全面开始之前，搞“先入为主”和“先发制人”。病中的周恩来这时虽然身体虚弱，头脑却很清楚。他以极大的克制和耐心与江青周旋了整整两个钟头，对所有实质性问题未作一字表态，实际上是不赞成江青的“意见”。江青一无所获，败兴而归。她一回住所便向王洪文嚷道：“我保留我提名的权利！”借以发泄对周恩来的不满。

此时江青还不知道，就在她赶到医院之前，邓小平已经同周恩来作了一次单独谈话。两天之后，邓小平又再次与周恩来在病室长谈。自然，两位老战友谈的是有关四届人大人事安排的问题。

四

1974年10月11日，根据毛泽东的意见，中共中央正式发出关于在近期召开四届人大的通知。与此同时，有关四届人大由谁来“组阁”的斗争，也一天天明朗、尖锐。

10月13日，正到处寻机发难的江青从《国内动态清样》上看到有关“风庆轮事件”的报道，其中有批判“造船不如买船，买船不如租船”的所谓“洋奴哲学”的内容。江青如获至宝，挥笔批道；“交通部是不是毛主席、党中央领导的中华人民共和国的一个部？”“有少数崇洋媚外、买办资产阶级思想的人专了我们的政。”又称：“政治局对这个问题应该有个表态”，“而且应该采取必要的措施。”

※ 中国共产党第十次全国代表大会会场。

江青批示后，王洪文、张春桥、姚文元也紧随其后，异口同声地提出这件事是“路线问题”，要求国务院、交通部抓住此事进行所谓“路线教育”。

与“四人帮”大段大段横加指责、上“纲”上“线”的批语形成鲜明对照，邓小平仅在这份材料上画了个圈，而周恩来后来也只在江青派人专送的传阅件上批了“已阅”两个字。两位国务院主要领导人对江青一伙的无理取闹均不屑一顾。

10月17日晚，在中央政治局会议上，早有预谋的江青等人联合向邓小平发起突然袭击。他们把所谓“风庆轮事件”定性为“崇洋媚外”、“洋奴哲学”的一个典型，把攻击的矛头直指周恩来、邓小平领导下的国务院。

会上，江青首先站起来质问邓小平："对这件事，你是支持，还是反对？或者想站在中间立场上？你要表明态度。"对江青一伙的这种惯用伎俩，邓小平过去已碰见多次了。但他一般都以沉默来表示"态度"。而这一次，江青那种骄横无理、唯我独尊的腔调和做派，使他再也按捺不住心头的怒火。邓小平逼视对手，严词回击道；"对这件事我还要调查，不能搞强加于人，一定赞成你们的意见！"

这是邓小平自1973年复出以来，第一次公开"顶撞"这位"文化大革命的旗手"。对此，江青颇有些意外。她怔了好一会儿，才突然明白过来。在一阵撒泼之后，又用泼妇式的语言攻击、谩骂邓小平。

邓小平忍无可忍，愤然起身，退出会场。这时，在一旁静观事态的张春桥望着邓小平的背影，恨恨地说道："早知道你要跳出来，今天果然跳出来了！"

中央政治局会议不欢而散。

当夜，"四人帮"在江青处碰头。经过一番策划，决定派王洪文去长沙，向正在那里养病的毛泽东告邓小平及周恩来的"状"。

第二天，王洪文背着中央政治局多数成员，擅自飞往长沙。下午，刚抵长沙的王

※ 周恩来和邓小平在天安门城楼上。

洪文便按照他们几个人事先商量好的口径，匆匆向毛泽东作“汇报”。他说，昨天，在政治局会议上，为了“风庆轮”这件事，江青同志与邓小平同志发生争吵，吵得很厉害。看来邓还是在搞过去“造船不如买船，买船不如租船”那一套！邓那样大的情绪，可能和最近酝酿总参谋长人选事有关。王洪文又说：我这次来这里没有告诉总理和政治局其他同志，我是冒着危险来的。北京现在大有庐山会议的味道。周总理虽然有病，但昼夜都忙着找人谈话，经常去总理那里的有邓小平、叶剑英、李先念等人。他们来往这样频繁，一定和四届人大的人事安排有关。

应当说，在毛泽东刚批评过江青等人的宗派活动后不久，“四人帮”又旧病复发，千里迢迢派人状告周恩来、邓小平，确实是一次极不寻常之举。他们矛头所指已不仅仅是邓小平，而且还包括周恩来、叶剑英、李先念等支持邓小平的老一辈革命家。

这样，在“风庆轮事件”及其实质——四届人大“组阁”的问题上，便出现老一辈革命家与梦想“改朝换代”的江青一伙“两军对垒，阵线分明”的局面。

听了王洪文的“汇报”后，毛泽东当即对王进行严厉批评，指出：有意见当面谈，这么搞不好！要跟小平同志搞好团结。又说：你回去后，要多找总理和剑英同志谈，不要跟江青搞在一起，你要注意她。

王洪文碰了一鼻子灰，只得悻悻而回。

在北京，江青等人派出王洪文后，仍不放心。当他们得知外交部的王海容、唐闻生将随邓小平陪外宾去长沙见毛泽东后，便迫不及待地两次召见王、唐二人，要她们向毛泽东反映国务院“崇洋媚外”的问题，甚至诬告邓小平“大闹政治局”，是又一次“二月逆流”。

然而，就在邓小平即将飞赴长沙之前，王海容、唐闻生连夜赶到305医院，向周恩来报告了江青的图谋。对此，周恩来明确表示：“‘风庆轮事件’并不像江青他们所说的那样，而是他们预先策划好了要整小平同志。小平同志已经忍耐很久了。”他又说，对这件事还要继续做些工作，慢慢解决问题。

原来，在17日政治局会议之后，周恩来已从邓小平等政治局委员的谈话中了解了事情的经过。他十分清楚，江青等人大加攻击的所谓“造船不如买船，买船不如租船”的问题，不仅是对邓小平，也完全是冲着自己来的。几年前，正是经他批准，适当购进了一些外国船只。“四人帮”在这个问题上借题发挥，胡搅蛮缠，真是太过分了！

10月20日，王海容、唐闻生二人随邓小平陪外宾到长沙。在毛泽东会见外宾之后，王、唐向毛汇报了江青等人的不正常活动，同时，转述了周恩来对这些问题的看法。

毛泽东听罢十分恼火。他把这件事同两天前王洪文“告状”的举动联系在一起，愈感江青的所作所为非同一般。他告诉王、唐二人：“‘风庆轮’的问题本来是件小事，且先念同志已在解决，可江青还这么闹，这么搞很不对头嘛！”他要王、唐回京后向周恩来、王洪文转达他的意见。总理还是总理，四届人大的筹备工作和人事安排由周总理和王洪文主持，同各方面商量办理；开人大的时间除了看准备情况外，还要视总理病情而定。他还要求告诉王洪文、张春桥、姚文元三人，不要跟在江青后面批东西。最后，毛泽东郑重提出建议：邓小平任党中央副主席、第一副总理、中央军委副主席兼总参谋长。

江青一伙做梦也不曾想到，他们精心策划的在政治局发难和赴长沙告状的结果，竟是邓小平一再升职，重权在握！

五

王洪文自长沙回到北京后，在一周内便数次同周恩来谈话，其间，自然不敢违背毛泽东的指示，对参与“四人帮”宗派活动作些“检讨”。

与此同时，王海容、唐闻生也频繁出入305医院，向周恩来转达毛泽东的一系列指示。周恩来听罢倍觉欣慰。

11月初，周恩来在病室伏案疾书，向在长沙的毛泽东汇报四届人大各项准备工作情况，表示：坚决拥护和执行主席提议的小平同志为第一副总理，还兼总参谋长的指示。并告；我的身体情况比7月17日见主席时好多了，只是弱了些，如果近期召开人大，定能吃得消。最希望主席健康日好，这一过渡时期，只有主席健在，才能领导好。

周恩来还在同叶剑英、李先念等中央领导同志的谈话中表示：衷心拥护毛主席的指示，要继续支持小平同志的工作。

从10月底至11月中旬这段时间里，305医院门前车水马龙，来客不断。周恩来简直是将西花厅的办公室、会客室、会议厅统统“搬”到了病房。

11月12日，邓小平陪同外宾再赴长沙，会见毛泽东。当天下午，毛泽东向邓提及10月17日政治局会议上的“风波”，对邓小平公开抵制江青一事十分赞赏，高声说道：“你开了一个‘钢铁公司’，好，我赞成你！”又说，“她（指江青）强加于人哪，我也是不高兴的！”

邓答道：“我实在忍不住了，不止一次了。我主要是感觉政治局生活不正常。后来我到她（指江青）那里去了一下，‘钢铁公司’对‘钢铁公司’。”毛泽东兴奋地点头：

“这个好！”

谈话中，邓小平又表示：“最近关于我的工作的决定，主席已经讲了，不应再提什么意见了。但看来责任是太重了一点。”毛泽东笑道：“没办法呢，只好担起来啰。”

最后，毛泽东提出，由邓小平主持起草周恩来总理在四届人大所作的政府工作报告的草稿。考虑到周恩来身体的承受能力，他要求报告稿不便太长，只三五千字即可。邓小平当即应诺下毛泽东的重托。

同日，对江青已极度不满的毛泽东，提笔在江青写来的一封继续要求“组阁”的信上批示：“不要多露面，不要批文件，不要由你组阁（当后台老板）。你积怨甚多，要团结多数。至嘱。”“人贵有自知之明。又及。”

在短短一个月内，毛泽东已数次对“四人帮”进行批评，发出警告，但这些都未能改变江青一伙的本性。在接到毛泽东的批评信后，江青又于11月19日复信毛泽东，名为“检讨”，实为伸手要官。她写道：“我愧对主席的期望，因为我缺乏自知之明，自我欣赏，头脑昏昏，对客观现实不能唯物地正确对待，对自己也就不能恰当地一分为二地分析。”接下来，她揭去伪装，露出真面目：“自九大以后，我基本上是闲人，没有分配我什么工作，目前更甚。”

对此，毛泽东毫不让步，他一针见血地批道：“你的职务就是研究国内外动态，这已经是大任务了。此事我对你说了多次，不要说没有工作。此嘱。”

不久，毛泽东又针对江青提出的“由王洪文任副委员长，排在朱（德）、董（必武）之后”的“组阁”意见给予痛斥：“江青有野心，她是想叫王洪文做委员长，她自己做党的主席。”

这时，离四届人大开幕时间已不到一个月了。

六

已拖延10年之久的第四届全国人民代表大会，真可以说是多灾多难，开之不易。

1970年，林彪一伙为在四届人大通过的新宪法上设国家主席（实际是林彪想当国家主席），曾大闹当年的庐山会议。4年之后，江青等人又瞅准四届人大的时机，不择手段地策划阴谋由他们来“组阁”。十年“文化大革命”的历史表明，林彪、江青这两个反革命集团不除，才真是党无宁日，国无宁日，民无宁日。

1974年12月间，在这关系到由谁来掌握党和国家领导权的关键时刻，周恩来不顾自己

※ 周恩来同邓小平、卓琳在园中漫步。

频繁做治疗手术、体质每况愈下的不利状况，遵照毛泽东的指示，毅然担当起筹备召开四届人大这一关系党和国家命运的历史重任。

12月中旬，他在审阅出席四届人大代表名额的分配名单后，致信中央政治局，提议增加若干老干部的名额。随即，他又审阅、修改了由邓小平主持起草的政府工作报告草稿，并予以批准。

在最关键的人事安排问题上，周恩来更是反复斟酌，煞费苦心。针对“四人帮”一伙竭力要把他们选定的“新生力量”安插在文化、教育、体育等部门的情况，周恩来约邓小平、李先念等多次进行研究，商量对策。最后确定，教育部关系重大，不能让步，应以周荣鑫掌管为宜；而文化部、体委则可作些妥协，以封住“四人帮”的嘴。

12月18日下午，周恩来在医院里同邓小平作1974年的最后一次单独谈话，定下有关四届人大的各项重要方案。至此，历经几度风雨、几度春秋的第四届全国人民代表大会第一次会议的各项准备工作，已全部就绪。

12月23日中午，周恩来准备离开305医院，飞往长沙向毛泽东当面汇报四届人大筹备情况。行前，医务人员再次发现他便中潜血，应立即进行检查治疗。这时，一直参与周恩来治疗工作的叶剑英经慎重考虑后，代表几位老同志表示：为了党和国家的最高利益，眼下暂不能提这件事。他要求随同周恩来前往的医护人员，必须尽一切努力，控制住病情，保证周恩来往返途中和在长沙时的绝对安全。

当天，周恩来和同往的王洪文飞抵长沙。在湖南省委九所宾馆6号楼会议室内，周恩来、王洪文与毛泽东会面。一见面，毛泽东便请周恩来坐到自己身边，关切地询问他的病情。周恩来一一作了回答。

从23日至27日，毛泽东同周恩来、王洪文连续进行了四次谈话。鉴于江青一伙在筹备四届人大期间一次次的帮派活动，毛泽东再次严厉批评王洪文：“不要搞‘四人帮’！不要搞宗派，搞宗派是要摔跤的！”这是毛泽东第一次使用“四人帮”这个提法。毛泽东还说：“江青有野心。你们看有没有？我看是有。”他告诫王洪文：“我几次劝你，不要几个人搞在一起，你总是听不进去！这一次，你既然来了，就多住几天，好好想一想，写个书面检查。”

在严词批评“四人帮”的同时，毛泽东高度评价了邓小平。他说：“他（指邓）政治思想强。”毛泽东边说边用手指指脑袋。“Politics（政治）比他强。”毛泽东的手又指向王洪文：“他（王洪文）没有邓小平强。”

为强调言中之意，毛泽东抓起一枝铅笔，在纸上写下一个很大的“强”字。周恩来见状，十分赞同地重重地点头。在场的王洪文此时不仅尴尬，且十分紧张，他呆在一旁不知所措。

谈话中，当周恩来向毛泽东报告根据商定的人事安排，由邓小平任国务院第一副总理兼军委总参谋长时，毛泽东再次明确表示："就这样。让小平同志做军委副主席、第一副总理兼总参谋长。"说着，他又在纸上写下"人才难"三个字。周恩来深解其意，脱口说道："人才难得。"毛泽东含笑搁笔。

毛泽东转过头来对王洪文说："总理还是我们的总理。"并关照周恩来："你身体不好，四届人大会后，你安心养病吧！国务院的工作可以让小平同志来顶。"周恩来再次郑重地点头。

12月26日，是毛泽东81岁生日。这天，他把王洪文派往韶山"参观"，自己与周恩来作了一次单独长谈。就在这次谈话中，毛泽东提出学习无产阶级专政理论、安定团结、把国民经济搞上去等指示，并同周恩来共同审定了四届人大会议上的各项人事安排方案，作出具有深远影响的"长沙决策"。

半个月之后，第四届全国人民代表大会第一次会议选举产生了以周恩来、邓小平为代表的新的国务院领导核心，"长沙决策"得以实现。至此，以江青为首的"四人帮"梦寐以求的"组阁"阴谋彻底破产。

1974——历史将永远记下这非凡的一页。

（铁骥）

"一个也不能少"

在四届人大会议期间，周恩来对牟森、杜修贤说："我作报告时，你们拍了多少镜头，拍了多少新闻片，在别人作报告时也应照多少，一个也不能少！要是少了，我可找你们负责。"

1975年1月13日至18日在北京召开了第四届全国人大第一次会议。

会议期间，中央组织了一个为大会服务的班子，分设组织、宣传、警卫等几个组，负责有关事宜。

当时，汪东兴同志随毛主席到南方去了。他打电话给我，让我参加警卫组

※ 1975年1月，周恩来在第四届全国人大第一次会议上抱病作《政府工作报告》，重申我国实现四个现代化的宏伟目标。

※ 1975年4月，周恩来和邓小平在医院会见朝鲜劳动党中央总书记、共和国主席金日成。

的工作，任副组长，组长由卫戍区司令吴忠担任。并明确会议期间，我们的主要任务是负责人民大会堂的警卫任务，代表出入、会场内外的警卫安全等。

1月5日，大会举行预备会议，通过主席团成员名单和大会议程。

13日，大会在人民大会堂听取周恩来总理代表国务院作《政府工作报告》。

这天，我早早地赶到人大会堂，检查会场内各点的警卫安全情况。负责各点警卫的同志，早已就位，做好了一切准备工作。不料，周总理早已赶到会场，正在检查各处的情况。当我走到大会堂东门检查安全警卫时，被周总理叫住了。

我走过去，总理说："你这个张随枝怎么搞的？你知道代表们来时，大部分人是分散进入大会堂的，这里的灯光这么亮，外边的人看到会猜里边有什么大的活动，人们就会聚集到大门口围观，影响代表们的进入，这你难道没有想到吗？"

总理批评很正确。总理这一提示，我还真没有想到，光想为代表们进入大会堂把光线搞亮，没有想到总理讲的这种情况。

我立即派人把各门窗帘拉上了。这样，既保持了代表进入大会堂的光线亮度，又使外边的人看不到大会堂的灯光。

总理满意地点了点头。

周总理一刻也没有休息，到主席台上检查了每个座位、名签，然后又到休息室仔细检查了一遍。

周总理这时已患重病住院，身体很消瘦，但他每次开会总是提前到达，仔细地检查会场各个地方的情况。记得各代表团领导同志第一次会议是在京西宾馆西边二楼召开的，当我和邬吉成、丁志有等同志赶到时，已有各代表团的负责同志陆续到来。不一会儿，周总理也来了。

我们看到周总理这几天太累了，他为这次代表大会付出了许多心血，大家都为他的身体担心。但他依然谈笑风生，好像没事一样，显得十分轻松，我们知道他是在安慰我们大家。

看到周总理这样辛苦，认真负责，大家都说："我们必须把我们的工作想得周到，做得圆满，不要让总理为我们操心。"

当我们检查了一遍，来到大会堂东门里代表休息大厅时，见周总理正在那里和代表们谈话，代表们正陆陆续续步入会场。

总理看到我，对我说："张随枝同志，牟森、杜修贤呢？"

我回答："刚才还看到他们……"

总理说："你派人把他们找来。"

我立刻派人去找。不大功夫，牟森和杜修贤来了，我忙报告了总理。

总理看到他们，站起来把他们迎到休息厅靠边一排空着的椅子边坐下。

我想，大概总理要给他们交待什么任务，我便准备离开，刚要转身，周总理把我喊住了："张随枝，你怎么走了？你过来，坐在这里。"

说着，指了指他身边的一把椅子。

我连忙走过去，坐在总理的左侧。

这时，只听周总理对牟森、杜修贤说："我作报告时，你们拍了多少镜头，拍了多少新闻片，在别人作报告时也应照多少，一个也不能少！要是少了，我可找你们负责。你们听懂了吗？"

牟森、杜修贤听到这里，一下领悟了，忙不迭连声地说："听懂了，听懂了。我们按照总理的指示办。"

我心里想，这是总理在向他们交待任务，这与我无关，我的任务可能在后边，总理另有指示。

只听总理又说："你们要办好。今天向你们交待的事，由张随枝来作证。"

听到这里，我忽然明白了。

现在回想起来，周总理作这样的指示，是经过了周密考虑的。当时，正是"四人帮"横行之时，在"批林批孔"运动中，江青集团别有用心地指使他们的写作班子写了大批文章，在报刊发表。他们不批林，假批孔，以批"周公"、批"宰相"来影射攻击周恩来，并吹捧女皇，为他们在四届全国人大召开前反周组阁的阴谋造舆论。他们的阴谋被毛主席识破后，仍不甘心，依旧在制造各种借口攻击、陷害周总理。周总理作这样的安排正是这样的考虑。如果"四人帮"的照片和新闻片少于周总理的，"四人帮"很可能会以此作借口攻击周总理。听周总理说让我作证，我点点头，愉快地接受了，后来才知道是张春桥作修改宪法的报告。

这样，就这件事，我当了周总理的一次证人。

后来，牟森、杜修贤拍了多少照片，摄下多少镜头，我一概不知。以后，也没有再提起这件事，但周总理工作这样仔细，考虑得这样周到，至今深深地印在我的心里。一方面，表现了周总理不突出自己，不树自己的形象的高贵品德，另一方面也为不给"四人帮"留下把柄，使之有机可乘，显示了他不凡的斗争艺术。连新闻记者拍摄多少镜头、照片这样的小事，他都想到了。自己亲自做了具体交待，还让我从中做一个见证，这非我们的周总理是不能办到的。

（张随枝）

最后的嘱托

在四届人大会议期间，周恩来对大家说：我已经得了癌症，工作的时间不会太长了。在可能的情况下，我还要继续和大家一起奋斗，完成"四化"的宏伟目标。在他生命垂危之际，他对祖国的统一还念念不忘。

1972年5月，周恩来在一次身体常规检查中发现患了癌症。长期的超负荷工作，"文化大革命"中数不清的磨难，使他心力交瘁，病情急剧恶化，1974年6月，终于不得不住进医院。

周恩来对自己的病情十分清楚。他一面以顽强的意志同病魔作斗争，一面为推动中国建设事业的继续发展而呕心沥血，并以对党对人民极端负责的态度冷静地安排政治交班。据不完全统计，1975年3月到9月间，重病在身的周恩来与各方面人士谈话、谈工作102次，会见外宾34次，离开医院开会7次，在医院开会3次，外出看人4次。他曾对为他的健康而忧心忡忡的医务人员说：既然把我推上历史舞台，我就得完成历史任务。

向四个现代化的宏伟目标前进

在毛泽东的支持下，在克服了“四人帮”的干扰破坏后，第四届全国人民代表大会第一次会议于1975年1月13日在北京召开。晚8时，周恩来离开病床来到人民大会堂参加大会。他还是穿着那身灰色的中山装，胸前佩戴着那枚“为人民服务”的纪念章，在热烈的掌声中作《政府工作报告》。几年病痛的折磨使他明显地消瘦了，但他那睿智的目光依然炯炯有神。在报告中，周恩来以恢弘的气魄再次向大会提出了实现四个现代化的问题。他

※ 1974年5月30日，周恩来和毛泽东握手。这是两位伟人最后一张合影。

说：我国国民经济的发展，可以按两步来设想：第一步，建成一个独立的比较完整的工业体系和国民经济体系；第二步，全面实现农业、工业、国防和科学技术的现代化，使我国国民经济走向世界前列。国务院将按照这个目标制定长远规划、近期计划。国务院各部、委，地方各级革命委员会，直到工矿企业和生产队等基层单位，都要发动群众，经过充分讨论，制订自己的计划，争取提前实现我们的宏伟目标。

万人大会堂里2800多位人民代表以激动的心情和热烈的掌声真诚地拥护周恩来关于实现四个现代化的号召。

实现四个现代化，使我们的社会主义祖国早日富强起来，是全国人民最大的心愿，也是周恩来的最大心愿。

早在1956年，周恩来就尖锐地指出："世界科学在最近二三十年中，有了特别巨大和迅速的进步，这些进步把我们抛在科学发展的后面很远。"当前，科学技术的最新成就，使人类处在一个新的科学技术革命的前夕，这个革命的意义，远远超过蒸气和电的出现而产生的工业革命，因此"我们必须赶上这个世界先进科学水平。"周恩来还把科学技术的进步与国民经济的发展和提高人民生活紧密联系起来。他说："我们所以要建设社会主义经济，归根结底，是为了最大限度地满足整个社会经常增长的物质和文化的需要，而为了达到这个目的，就必须不断地发展社会生产力，不断地提高劳动生产率，就必须在高度技术的基础上，使社会主义生产不断地增长，不断地改善。因此，在社会主义时代，比以前任何时代都更加需要充分地提高生产技术，更加需要充分地发展科学和利用科学知识。"

周恩来在第四届人大会议上关于四个现代化的号召实际上早在10年前就提出来了。1964年12月21日，周恩来在第三届全国人民代表大会第一次会议上，把他关于实现四个现代化的主张作为发展国民经济的迫切任务实际地提到了全国人民的面前。他说："今后发展国民经济的主要任务，总的说来，就是要在不太长的历史时期内，把我国建设成为一个具有现代农业、现代工业、现代国防和现代科学技术的社会主义强国，赶上和超过世界先进水平。"令人惋惜的是，我国四个现代化建设的进程被突如其来的"文化大革命"打断了。

为了使四个现代化的努力，能在"文化大革命"的混乱中迈出步伐，在四届人大开幕前的1月10日，周恩来特意在党的十届二中全会上传达了毛泽东的意见："无产阶级文化大革命已经八年。现在，以安定为好，全党全军要团结。"并语重心长地表示，希望中央政治局、各省、市、自治区及军队，都要遵照这一指示，抓好安定团结，把今年各方面的工作做得更好，不辜负党和人民的重托。

※ 1975年6月，周恩来在医院会见泰国总理蒙拉差翁·克立·巴莫。这是他最后一次会见来访的外国总理。

在四届人大会议期间，周恩来曾参加天津代表团的小组讨论会。他坦然地对大家说：我已经得了癌症，工作的时间不会太长了，这也是自然规律，是不以人的意志为转移的。现在，我正在医院里同疾病作斗争，在可能的情况下，我还要继续和大家一起奋斗，共同完成我们的宏伟目标，完成"四化"的宏伟目标，这是周恩来的遗愿，也是他对全党、全军和全国各族人民最重要的嘱托。

要完成祖国统一大业

解决台湾问题，实现祖国的统一，是周恩来长期萦怀在心的愿望。他根据党中央的决

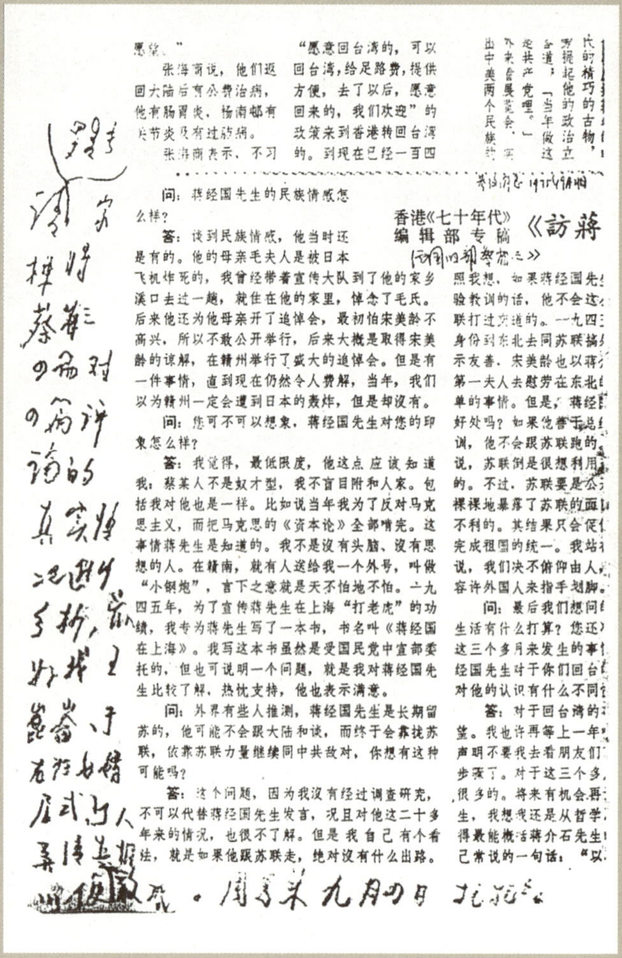

愿望。”

张海商说，他们返回大陆后有公费治病，他有肠胃炎，杨南邨有关节炎及有过肺病。

张海商表示，不习

“愿意回台湾的，可以回台湾，给足路费，提供方便，去了以后，愿意回来的，我们欢迎”的政策来到香港转回台湾的。到现在已经一百四

代的精巧的古物，为挽起他的政治立台道：「当年做这是共产党哩。」一个来台展览会，出中美两个民族的

香港《七十年代》编辑部专稿

《訪蔣

问：蒋经国先生的民族情感怎么样？

答：谈到民族情感，他当时还是有的。他的母亲毛夫人是被日本飞机炸死的，我曾经带着宣传大队到了他的家乡溪口去过一趟，就住在他的家里，悼念了毛氏。后来他还为他母亲开了追悼会，最初怕宋美龄不高兴，所以不敢公开举行，后来大概是取得宋美龄的谅解，在赣州举行了盛大的追悼会。但是有一件事情，直到现在仍然令人费解，当年，我们以为赣州一定会遭到日本的轰炸，但是却没有。

问：您可不可以想象，蒋经国先生对您的印象怎么样？

答：我觉得，最低限度，他这点应该知道我：蔡某人不是奴才型，我不盲目附和人家。包括我对他也是一样。比如说当年我为了反对马克思主义，而把马克思的《资本论》全部啃完。这事情蒋先生是知道的。我不是没有头脑、没有思想的人。在赣南，就有人送给我一个外号，叫做“小钢炮”，言下之意就是天不怕地不怕。一九四五年，为了宣传蒋先生在上海“打老虎”的功绩，我专为蒋先生写了一本书，书名叫《蒋经国在上海》。我写这本书虽然是受国民党中宣部委托的，但也可说明一个问题，就是我对蒋经国先生比较了解，热忱支持，他也表示满意。

问：外界有些人推测，蒋经国先生是长期留苏的，他可能不会跟大陆和谈，而终于会靠拢苏联，依靠苏联力量继续同中共敌对，你想有这种可能吗？

答：这个问题，因为我没有经过调查研究，不可以代替蒋经国先生发言，况且对他这二十多年来的情况，也很不了解。但是我自己有个看法，就是如果他跟苏联走，绝对没有什么出路。

照我想，如果蒋经国先生……验教训的话，他不会这……联打过交道的。一九四……身份到东北去同苏联搞……示友善，宋美龄也以蒋……第一夫人去慰劳在东北……单的事情。但是，蒋经……好处吗？如果他善于总……训，他不会跟苏联跑的……说，苏联倒是很想利用……的。不过，苏联要是公……裸裸地暴露了苏联的面……不利的。其结果只会促……完成祖国的统一。我站……说，我们决不俯仰由人……容许外国人来指手划脚。

问：最后我们想问……生活有什么打算？您还……这三个多月来发生的事……经国先生对于你们回台……对他的认识有什么不同……

答：对于回台湾的……望。我也许再等上一年……声明不要我去看朋友们……步骤了。对于这三个多……很多的。将来有机会再……生，我想我还是从哲学……得最能概括蒋介石先生……己常说的一句话：“以……

周恩来 九月四日

※ 1975年9月，周恩来在医院用颤抖的手写下关于台湾问题的批示，表达他殷切盼望祖国统一的心愿，留下了他对海峡两岸炎黄子孙的重托。这是批示手迹。

策宣布解决台湾问题有两种可能的方式（战争方式和和平方式），并郑重声明：中国人民愿在可能的条件下，采取和平的方式解决问题。周恩来对祖国统一充满信心，但也深知台湾问题的复杂性和解决这一问题的艰巨性、长期性。他多次说：对台工作急是无用的，今后可能会拖下去，我们这辈子如看不到祖国统一，下一代或者再下一代总会看到的。“我们只要播好种，把路开对就行。”

“文化大革命”开始后，对台工作遭到很大破坏。1972年，中美关系恢复正常后，对台工作才又开始出现新的转机，艰难地向前推进。

这时，周恩来已重病缠身，但是，对台工作一直由他直接领导，一些台湾问题的重要文电仍要送他签发。1975年9月4日，他在一份关于祖国统一问题的文件上认真地作了批示，批示的最后是四个“托”字。这是他批示的关于台湾问题的最后一份文件。这四个

“托”字不仅是留给负责对台工作的同志最后的嘱托，也是他对全国人民的嘱托。

周恩来虽然躺在病床上，仍然惦记着远在台湾的朋友。他听说张学良患了眼疾，有失明的危险，十分着急，立即请负责对台工作的罗青长查明情况。

张学良是发动西安事变，逼蒋抗日的“千古功臣”。当年，他送蒋介石回南京被扣后，周恩来利用种种机会为使张重获自由而奔走呼吁。新中国成立后，周恩来依然怀念着海峡对岸的张学良，他在许多次谈话中都给予张学良高度的评价。

周恩来关心的不仅仅是一个张学良，在他心中，装着所有台湾人民。直至生命垂危之际，他对祖国的统一还念念不忘。

在1975年9月的那次手术中，医生们发现，周恩来身上的癌细胞已向全身扩散，无法医治了。当时，正在领导各条战线进行全面整顿的邓小平指示医疗组，要为周恩来“减少痛苦，延长生命”。

在以后的几个月里，周恩来的身体愈来愈虚弱，但是，头脑却十分清楚，他在努力思考着还有哪些重要问题需要交待。

12月18日这天清晨，周恩来又一次从昏迷中醒来，身边的医务人员立即俯下身去问：“总理，您想喝点水吗？”

周恩来摇摇头。

又问：“你哪里不舒服吗？”

周恩来还是摇摇头。然后用微弱的声音吃力地说：“我要见罗部长。”

“是罗青长同志吗？”

周恩来点点头，眼中流露出急切的目光。

西花厅内，一阵急促的电话铃响起：“总理要见罗部长。”

邓颖超马上意识到，周恩来一定有重要的话要对罗青长说。

北京的冬晨，7点钟天还没有完全亮。罗青长接到西花厅来的电话，对方说：“罗部长，总理想见你，请你做好准备。中央有规定，只有政治局委员才能见总理，我们正在请示，可是天还早，中央首长还未起床，你做好准备，随时等候我们的通知。”

邓小平是最早得到报告的，他果断地说：“总理病成这个样子，他想见谁就见谁。”

得到中央的批准后，罗青长立即驱车奔往医院，耳畔响着邓颖超的叮嘱：“恩来病得很重，你要有思想准备，见了他不要太难过，一定要克制。”

尽管做了充分的心理准备，但是，见到周恩来后，罗青长还是忍不住哭了。当他进入病房后，一眼看到周恩来那消瘦的病体，憔悴的面容，心像刀绞一样难受，赶紧趋前问

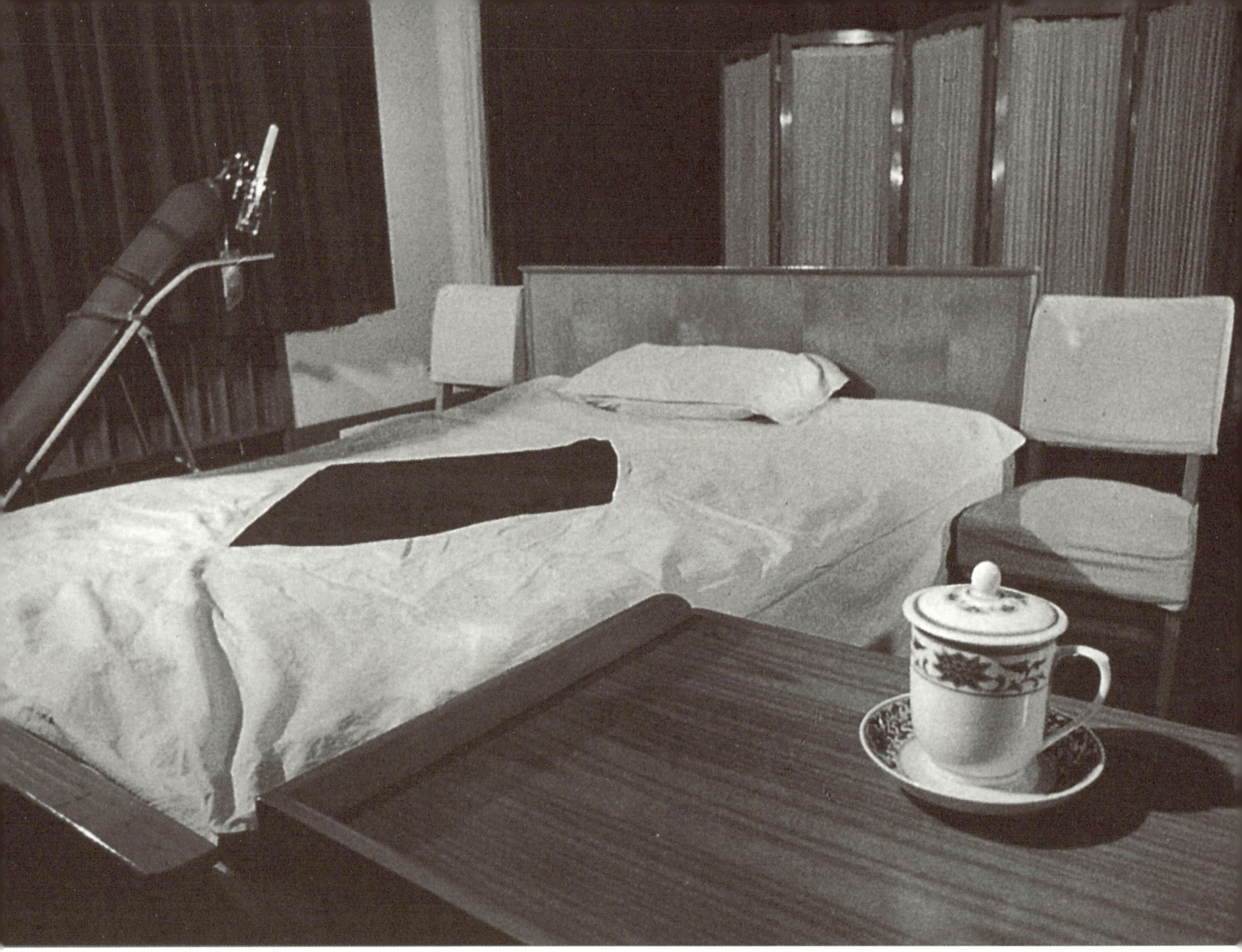

※ 周恩来住院期间动手术14次，但他仍同中央和有关方面负责人谈话233次，会见外宾63次，开会47次。在病床上，他和邓颖超低吟《国际歌》，表达坚贞不渝的共产主义信念。这是他在三〇五医院住过的病房。

候。这时，周恩来正在发高烧，体质十分虚弱，见到罗青长，他紧紧地握住罗青长的双手久久不放，强忍着病痛的折磨，用微弱的声音说："青长同志，想不到我一病，就病成这个样子，今天还能见到你……"听到这里，罗青长泪眼模糊，声音哽咽。但想起邓大姐事前的叮咛，他强忍悲痛，抑制着感情，连声对总理说："党政军的同志们都问候您，全国人民都关心您，希望您早日恢复健康。"周恩来会意地点点头，随后就谈起他仍然关心着的台湾情况、关心着的台湾同胞和朋友。说着说着，他的声音低落下去了，双眼逐渐合上了。罗青长急忙劝他休息一会儿，可是他却顽强地睁开眼睛，喝了一点水，又继续谈下去。直到可恶的病痛再次把他折磨得说不出话来，他才疲倦地闭上双眼。然而，只是稍歇了片刻，他又强打精神说：我休息十分钟，你等一等，我们再谈谈。听到这里，罗青长再也忍不住了，背过脸去，泪如雨下……

罗青长在周恩来的病房旁，许多往事涌上心头。然而，他记忆中最清楚的是：周恩来多次教导的“千万要记住，不要忘记台湾的老朋友，他们曾经帮助过我们，如果祖国将来统一了，一定要好好照顾他们。”

“你这一年干得很好，比我强得多”

1975年10月下旬，已经病危的周恩来不得不再次承受第5次大手术。守候在手术室外的有邓小平、李先念、张春桥等。进入手术室前，周恩来向医务人员示意让担架车停下来。他用微弱的声音问：“小平同志来了吗？”

邓小平立即跨步上前，靠近担架车，俯身问候。

周恩来久久凝视着半个世纪风雨同舟的老战友，吃力地抽出手来，紧紧握住邓小平早已伸过来的双手，用力地说道：“你这一年干得很好，比我强得多！”

这是周恩来对邓小平领导的全面整顿的高度评价，是对邓小平工作最后的、也是最有力的支持。

显然，周恩来是希望在场的人都听到他这句话，而在场的每一个人也确实都听到了。

在“文化大革命”的险恶形势下，冲破“四人帮”的阻挠，积极促成邓小平复出，是周恩来政治交班的一项重大举措。

1972年8月，邓小平致信毛泽东，提出工作的要求。12月8日，周恩来根据毛泽东的批示，亲笔致信中央两位负责人，正式提出了为邓小平重新安排工作的问题。随后又通知中央办公厅安排好邓小平回京后的住所。

在周恩来的主持下，在排除“四人帮”的干扰后，中共中央政治局1973年3月10日作出了《关于恢复邓小平同志的党的组织生活和国务院副总理职务的决定》。12月22日，重病缠身的周恩来以愉快的心情亲笔写下，中央决定邓小平同志为中央任职问题给全党的通知，“遵照毛主席的提议，中央决定：邓小平同志为中央政治局委员，参加军委领导工作，待十届二中全会开会时追认；邓小平同志为中央军事委员会员，参加军委领导工作。”

邓小平复出后，“四人帮”制造了一个又一个政治事件。重病中的周恩来很清楚，邓小平是取代他现在的地位，在今后的斗争中与“四人帮”一伙继续周旋、抗衡的最佳人选。因此，当“四人帮”制造政治事件与复出后的邓小平为难时，他就顶住“四人帮”的压力和破坏，全力支持邓小平的工作。

四届人大前，周恩来抱病赴长沙，与毛泽东商定了中央的人事安排。1975年1月10日党的十届二中全会选举邓小平为中共中央副主席、中央政治局常委。17日，第四届全国人民代表大会第一次会议任命邓小平为国务院副总理。2月1日，在国务院常务会议上，周恩来郑重宣布："我身体不行了，今后国务院的工作，由小平同志主持。"

随后，周恩来又主持了国务院全体会议。他在会上说：根据毛主席的指示和党中央决定，我们从今天开始来完成四届人大会以后的工作。今天是开始，对于我来说，恐怕也只能够完成这个"开始"的任务了。以后的事情，主要是由各位副总理来做。毛主席讲，小平同志"人才难得"，"政治思想强"。现在国务院新班子以邓小平同志为首，一共12位。将来这样的会，请小平同志主持。我希望，新的国务院能出现新的气象，领导全国人民努力完成和超额完成今年的国民经济计划和第四个五年计划。

邓小平受命于危难之际，他所面临的是被"文化大革命"的狂风骤雨破坏得混乱、破败不堪的局面。为挽狂澜于既倒，他义无反顾地挑起了党政军的重担，大刀阔斧地对各项工作进行整顿，从而赢得了党心、民心、军心，也得到了周恩来"你这一年干得很好"的由衷称赞。

历史已经证明，周恩来选到了能实现自己重托的最适当的人选，邓小平也没有辜负周恩来对他的殷殷厚望。

生命垂危之际想到的是别人，是造福人民

这天，周恩来的精神好一些，邓颖超轻轻地把他扶起来斜靠在枕上。

看上去，周恩来的心情似乎不错，他用手摸摸脸上的胡楂儿说："小超啊，我这脸不知成什么样子了，真想请朱师傅来帮我清洁一下。"

周恩来所说的朱师傅名叫朱殿华，是北京饭店的理发师。他给周恩来理了二十几年发。

周恩来又想了想，叹口气，摇摇头说："老朱给我理了二十年发，看到我病成这样子，他会难受的，还是不让他来吧。"

听到这里，身边的同志一阵酸楚，扭过脸去。

周恩来病情严重后，完全卧床，大小便需要别人帮忙，但是他从来不让女护士为他帮忙。邓颖超劝他说：这是她们的工作，有什么关系。再说，你可以把她们当做自己的孩子

※ 1975年9月，周恩来总理在医院会见罗马尼亚党政代表团团长伊利耶·维尔德茨。这是他最后一次会见外宾。

一样啊。但周恩来坚决不肯。在他因病痛坚持不住时，问身边的医生能不能哼哼几声。医生含着眼泪说，疼你就叫，没关系。他却摇摇头……为了不给周围的人带来不安，他强忍着病痛，一声也不哼。

周恩来患的是癌症，亲自体验到这种病给人带来的痛苦。从自己的病，他想到更多受到癌病折磨的人。

云南锡矿是肺癌高发区，旧社会许多工人患癌症，没法治，只好回家等死。病重的周恩来却把锡矿工人的生命挂在心上。1975年3月，刚刚手术后躺在手术台上的周恩来突然用微弱的声音叫来肿瘤医院院长李冰。

周恩来说："云南个旧锡矿工人肺癌发病率很高，你知道不知道？"

李冰回答："知道一些。"

"知道为什么不去？你要去解决这个问题，你赶快去。"周恩来说话十分吃力，但语气却十分坚决。

※ 鞠躬尽瘁的周恩来。

李冰哭了，在场的所有的人都感动地哭了。

病重住院后，如何处理好自己的身后事，更迫近地提到周恩来面前。邓颖超后来回忆：“周恩来同志说过：我死了以后，我的骨灰不要保留，拿去当肥料。死后不要增加活人的麻烦和负担，而且也许还可以起点为人民服务的作用。当时，我们俩人这样约好，而且相互保证。恩来同志说：我可以保证你，你未必能保证我。当时我也觉得他的看法有道理，他是中央负责同志，对我这个普通共产党来说，我死后，他向中央报告一下，就可以保证不保留我的骨灰。而如果他先我而故去，对于他的骨灰如何处理，我只能提出意见，要由中央作出决定，我难以保证对他的诺言能够实现。”

周恩来十分理解邓颖超的心情。为了实现自己的要求，周恩来把自己的想法也对身边的工作人员讲了。

周恩来不止一次地对身边工作人员说：“我们是彻底的唯物主义者。人总是要死的。”他还不止一次地说：“把我的骨灰撒到祖国的江河大地去作肥料，这也是为人民服务。活着为人民服务，死后也要为人民服务。”

这是多么崇高的精神境界啊！他为祖国、为人民无私地奉献了自己的一生，真正实践了“活着要为人民服务，死后也要为人民服务”的诺言。

在周恩来去世后，中央政治局的同志到医院向他的遗体告别时，邓颖超郑重地向他们提出：第一，恩来同志要求不保留他的骨灰，要求撒在祖国的江河里和土地上；第二，我个人的建议是，最好不要搞遗体告别，不要搞吊唁活动，至于开个追悼会，那是毛主席提倡过的。

在周恩来弥留之际，看见站在床前的吴阶平时，用微弱的声音吃力地说：“吴大夫，这里没有事了，你去照顾别人吧。”

1976年1月8日9时57分，周恩来去世。

周恩来走了，但他永远活在人民心中。

（廖心文、于文）

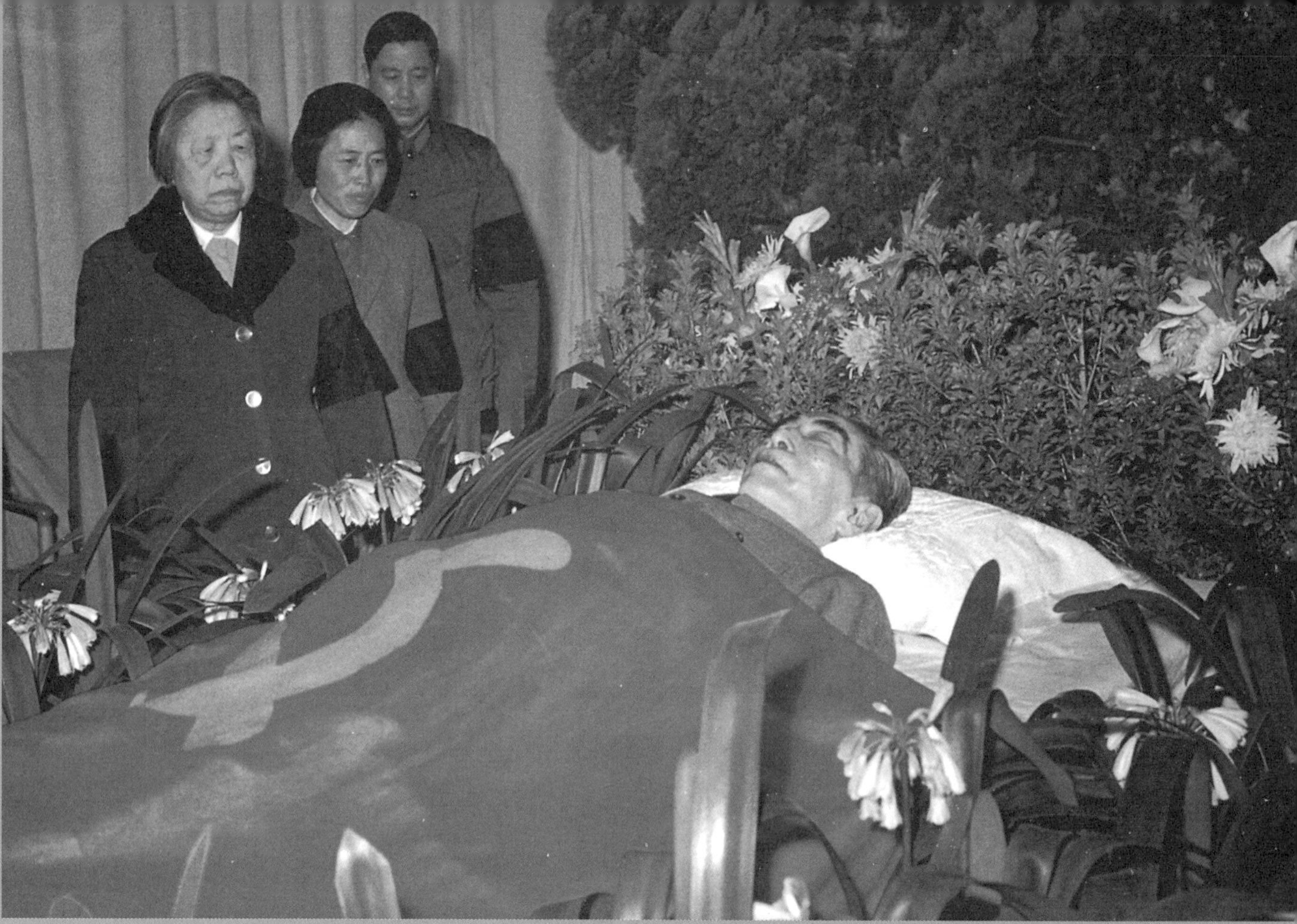

※ 邓颖超哀悼周恩来，她献的花圈挽带上写着“悼念恩来战友，小超哀献”。

※ 邓小平致悼词。

※ 天安门广场下半旗志哀。

※ 1976年1月12日至14日，首都各界群众在劳动人民文化宫举行隆重吊唁仪式。

※ 联合国安理会开会时，全体起立默哀。

※ “若有妖魔兴风浪，人民愤起灭豺狼。”

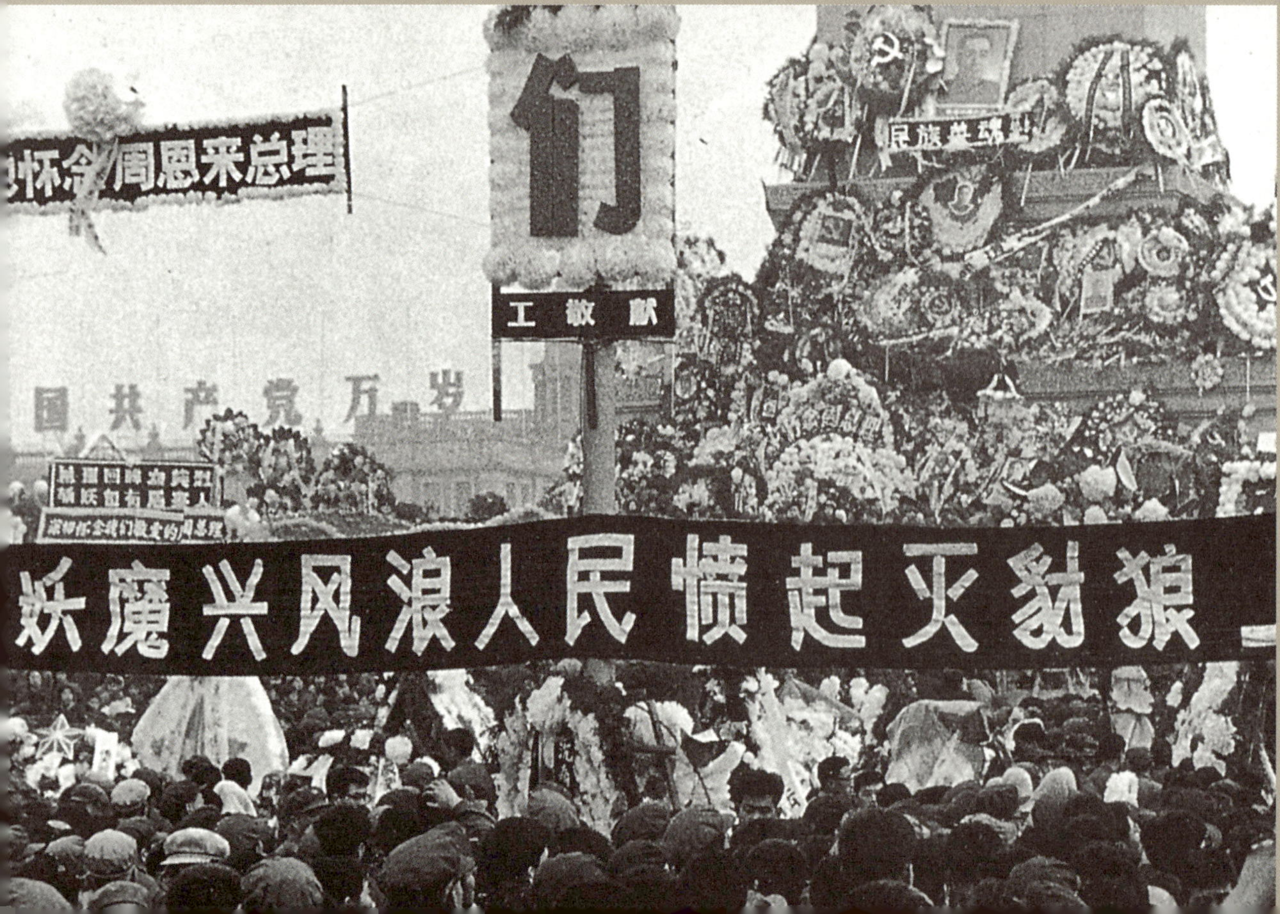

※邓颖超深知周恩来殷切盼望海峡两岸早日统一的心愿。追悼会前夕，她特意将周恩来的骨灰盒在人民大会堂台湾厅停放了一夜。

※ 周恩来追悼会会场。

※ 群众在人民英雄纪念碑前敬献花圈，寄托哀思。

※ 当时的天安门广场。

※ 世界各国报刊纷纷在显著位置刊登消息，发表社论和文章，悼念周恩来。

※ 法国进步组织和友好人士将周恩来遗像安放在巴黎公社社员墙前，并敬献花圈。

撒骨灰也是一场革命

遵照周恩来生前的遗言，周恩来的骨灰撒在祖国的江河里和土地上。邓颖超说："由土葬到火化是一场革命，保留骨灰到不保留骨灰又是一场革命。我死后骨灰也不保留，也请党支部负责。这是我和恩来同志的一次革命啊！"

1976年1月8日9时57分，敬爱的周总理和我们永别了。就在这一天，邓颖超同志向党中央提出了总理生前的请求：骨灰不要保留，要撒掉。

1976年1月12日，邓大姐把张树迎同志和我叫到她的办公室，对我们说："恩来同志不保留骨灰的请求，毛主席、党中央已批准，叫你们二人来就是要研究一下把骨灰撒在什么地方。""你们二人跟随恩来同志（周总理去世，大姐就不称呼总理了）工作多年，已向中央请示并得到批准，由你们二人执行撒骨灰的任务，这是你俩为恩来同志办的最后一件事……"大姐的嗓子哽咽了，我强忍多时的泪水夺眶而出。大姐克制住她的感情，安慰我们说："接到中央批准的消息，我高兴。高兴的是，恩来说过，他担心我替他办不成这件事，今天可以办成，就要成为现实了。咱们要共同为实现他这一愿望而继续工作。我很想亲自去撒，但是，目前条件还不允许我去做，再说天气太冷，我年岁也大了，出动目标大。恩来同志是党的人，我委托你们二人去办，你们二人是党支部委员会的成员，我们靠基层支部。我相信，你俩会很好地做好这一工作的。"

听了大姐的一番话，我们更理解大姐此刻的心情，这是对我俩多大的信任啊！当即表示，请大姐放心，一定完成好。大姐问我们有什么话要说，我简单地说了一下，周总理去世后的这几天，全党、全军、全国人民非常悲痛，人们冲破各种戒律，用各种方式悼念总理，以寄托自己的哀思。为了给人民以安慰，给广大群众更多的悼念机会，是否可以把总理的骨灰多保留几天，然后再撒。大姐摆了摆手说："我的请求，中央已批准，已有了安排，就不要再提了，我再向你俩说一遍，你们要认清，撒骨灰也是一场革命。由土葬到火化是一场革命，保留骨灰到不保留骨灰又是一场革命。我死后骨灰也不保留，也请党支部负责。这是我和恩来同志的一次革命啊！我们一定要清楚地认识到这一点。"我们的大姐站得高，看得远，这是一场革命，这是向旧的传统势力的一次宣战。大姐的话不多，但语言深刻，它包含了到目前我仍然认识不到的道理。

邓大姐让赵炜和我们二人一块儿去找一找，哪个地方可以撒，最好撒在有水的地方。我们先后去了玉泉山、京密引水渠等几个地方。一月的天气，很多地方都结了冰，没有选

※ 1976年1月11日下午，百万群众冒着凛冽寒风，久久地伫立在长安街两旁，目送灵车缓缓西行，哭别周总理。

中一个合适的地方。最后还是由中央决定派飞机去撒，并规定了投撒的时间、地点。指定张树迎和我参加执行这个任务。

晚7时半左右，大姐带着我们走进了大会堂西大厅，总理的骨灰已安放在这里。我们肃立在大姐身后，向总理遗像默哀。然后打开骨灰盒，邓颖超同志双手抚摸着骨灰，她的手在抖，双眼含满了泪水，她坚强地说："恩来同志，你的愿望就要实现了，你安息吧！我们要永远跟随毛主席战斗！"

在场的人都放声地哭了。

"永远跟随毛主席战斗！"这表现出大姐的坚强决心，豪迈的语言，多么深刻的意义。我们的大姐，几十年来就是这样做的，不论是在战火纷飞的年代，还是在白色恐怖的蒋管区，置生死于度外。在社会主义革命的岁月里，仍不停地工作。今天，她又以坚强的革命信念，成为化悲痛为力量的表率。大姐的话，代表了我们的心愿，是代表我们向周总理发出的共同誓言。

追悼大会虽已结束，西长安街、西单、直至八宝山的道路两旁仍然站满了人，他们等着运送总理骨灰的车从这里经过，最后向总理告别。

我们从邓大姐手里接过骨灰，穿过大会堂地下室，坐上总理生前坐过多年的苏制灰色吉姆车，邓大姐由她的秘书赵炜、保健医生陈士葆、护士刘新莲陪着，乘另外一辆车紧随在后，离开了大会堂，背向着群众，向东开去。

晚8时许，到达坐落在北京城东郊的通县机场，我们迈着沉重的脚步，登上飞机。这是一架安–2型飞机，平时作为洒农药用的。飞机起飞了，大姐挥手向总理最后告别。

北京的上空，笼罩着乌云。我的心怎么能平静，在周总理身边工作的岁月，一幕幕闪过：总理的举止言谈，总理的亲切面孔，总理健壮的身体，总理开会，总理办公……我把总理的骨灰紧紧地抱在胸前，紧贴着我的心。回想起15年前，我刚到您身边工作，您握着我的手，几句问话，就驱散了我紧张的心理。多年来，您的身教言传，更坚定我为党、为人民做工作的决心。您说我没有经过战争的锻炼，送我下连队当兵，向战士们学习。多少年来，您到各地视察，我们跟随着您，同坐一架飞机；您出访亚、非、欧各国，我们也跟随着您，同坐一架飞机；今晚，我们还是同坐一架飞机，我多么想再看到您戴上眼镜批阅文件，再听到您谈话的声音。可是，已不可能了，您过早的离开了我们……驾驶员"准备"的喊声打断了我的沉思，撒下了总理的第一包骨灰。

※ “总理回眸应笑慰，斩妖自有后来人。”

飞机飞越密云水库，向天津飞去。机舱内的温度继续下降，我们虽然穿上了机上备好的羊皮大衣、皮帽和皮靴，也挡不住这刺骨的寒气。随着飞机的抖动，我们全身发抖，几个人紧紧地靠在一起，相互鼓励着，不怕寒冷，完成这最后使命。

总理，您安息吧！1月8日，人们把这一天看成是国丧的日子，从这一天开始，全国各地、各阶层的人们冲破那左一个通知、右一个规定的限制，用各种方式悼念的活动，没有停息。看哪！人们涌向天安门广场，花圈布满了纪念碑周围。孩子们高举冻红的手，高声宣誓：周爷爷，您安息吧！您的子孙、革命的后代，永远听您的话，把革命进行到底。儿

女搀扶着老人，站在您的像前，挥泪捶胸，仰面高喊：总理呀！我们不能没有您！天安门广场虽大，哪能容下悼念您的人群，从清晨到深夜，呼唤您的声音，响彻祖国的天空、大地。

我们的好总理，您的一生是革命的一生，战斗的一生；您忠于党，忠于人民，忠于为人类解放的共产主义事业；您无私、无畏的无产阶级革命精神；您平易近人、光明磊落、全心全意为人民服务的高尚品德，永远铭记在人民心里！您的骨灰撒向祖国的江河大地，您光辉的业绩将和祖国的江河一样永存，万古长青！您是真正的永远活在人们心中的人！

在黄河入海口，我们撒下了最后一包骨灰，于16日零时45分返回机场。经过近四个半小时的飞行，中间没有停留，按照选定的投放点，没有再惊动其他什么人，更没有搞什么仪式，完成了总理生前的遗愿和邓大姐的重托。

16日上午9日，我和张树迎同志去西花厅向大姐汇报。大姐已等候在门口，我们快步走向大姐，大姐张开双臂把我们俩紧紧地抱住，不停地说：“谢谢你们，谢谢你们，你俩为恩来同志服务，保卫恩来同志到最后。”我强忍着两眼的泪水，说不出一句话，三个人抱得更紧。

大姐这几天，不！这几十年来，为使总理有更多的时间工作，您承担总理的全部家务；为总理的健康，您费尽心思，妥善安排衣、食、住、行，您指导我们制定了保安全、保健康、保工作的“三保”措施。在总理患病期间，您日夜操劳，您预感到总理病情的结果，您以革命唯物主义的观点对待疾病，全力组织治疗，想尽办法，贯彻邓小平同志提出的“减少痛苦，延长生命”的指示。在总理为人民的一生中凝结着您的多少心血啊！总理病情加重，卧床不起，您想得更细、更周到，您也亲自为总理擦汗、喂饭，每天守在病床前。谁也不知道您度过了多少个不眠的夜晚，您花白的头上又增添了白发，明亮的双眼又挂上条条血丝。

我们随大姐走进她的办公室，汇报了昨晚撒骨灰的经过。大姐满意地点点头，说：“我为恩来同志做了一件大事，他活着的时候对我替他做这件事把握不大，今天做了，他也应该得到安慰，我们也都为这件事高兴。我死后，骨灰也要撒掉，由我所在党支部负责，能不能叫我革这场命，还要靠你们去完成。”

（高振普）

※ 坐落在江苏省淮安市的周恩来纪念馆。

※ 设在天安门广场毛主席纪念堂内的周恩来展室。

※ 周恩来雕像。

※ 周恩来留下的宝贵精神财富——各种版本的周恩来著作。

※ 坐落在朝鲜咸兴的周恩来铜像。

※ 这是日本京都岚山山麓龟山公园内的周恩来《雨中岚山》纪念诗碑。

附　录

第一编　中华骄子　鸿鹄之志

《家世》选自曹应旺《周恩来经历记述》，上海人民出版社2006年1月版。

《东北三年》选自南山、南哲主编《周恩来生平》，吉林人民出版社1998年版。

《“南开最好的学生”》选自王永祥、（日）高桥强主编《留学日本时期的周恩来》，中央文献出版社2001年3月版。

《留学日本》选自苏叔阳《大地的儿子——周恩来的故事》，中国少年儿童出版社1982年12月版。

《五四先锋》选自南新宙《周恩来一生》，中国青年出版社1987年7月版。

《旅欧岁月》选自力平《周恩来一生》，中央文献出版社2001年2月版。

第二编　出生入死　砥柱中流

《黄埔军校政治教官》选自曹应旺《周恩来经历记述》，上海人民出版社2006年1月版。

《两次东征》选自陈金葵《大革命时期在广州》，原载《周恩来世纪行》，中共中央党史研究室科研管理部编，中共党史出版社1998年2月版。

《完美的结合》选自金凤《邓颖超传》，人民出版社1993年3月版。

《“宵禁”遭枪击，险些丢命》，选自苗体君、窦春芳《周恩来广州两次历险记》，原载《党史天地》2004年第11期。

《身先士卒的总指挥》选自黄逸峰《周恩来同志指挥我们战斗——上海工人第三次武装起义片断》，原载《文汇报》1979年1月8日。

《四一二反革命政变之后》选自孙钢《伟人之初：周恩来》，浙江人民出版社1991年6月版。

《领导发动南昌起义》选自刘武生《周恩来与南昌起义》，原载《人民日报》1997年7月30日。

第三编　危难之际　勇挑重担

《一次遇险与脱险的经过》选自邓颖超《一次遇险与脱险的经过》，原载《人民日报》1985年8月14日。

《在六大会议上》选自韩泰华《周恩来与党的六大》。

《化装巡视顺直》选自徐彬如《用六大精神武装顺直省委》。

《远方汇报》选自于长治《周恩来的三次莫斯科之行》，原载《共和国元勋风采录》，中央文献出版社2000年3月版。

《纠正“立三错误”》选自力平《周恩来一生》，中央文献出版社2001年2月出版。

《黄浦江畔的特殊斗争》选自李小苏《指挥黄浦江畔的特殊斗争》，原载中共中央党史研究室科研管理部主编《周恩来世纪行》，中共党史出版社1998年2月版。

《在第四次反“围剿”中》选自刘津《在第四次反“围剿”中》，原载中共中央党史研究室科研管理部主编《周恩来世纪行》，中共党史出版社1998年2月版。

《指挥红三团的战斗》选自萧锋《周副主席指挥我们战斗》。

《在遵义会议前后》选自中共贵州省委党史研究室《在遵义会议前后》。

《爬雪山，过草地》选自魏国禄《随周恩来副主席长征》。

《瓦窑堡遇险》选自力平《周恩来的非常之路》，人民出版社2001年7月版。

《和平解决西安事变》选自龙飞虎《回忆周恩来和平解决西安事变》，原载《文史精华》2001年第12期。

《赴西安途中》选自李海文《劳山遇匪，情势险要——周恩来在赴西安途中》。

第四编 团结御侮 坚持抗战

《“国民党是没有这样的人才的！”》选自薄一波《深切怀念敬爱的周恩来同志》，原载《人民日报》1979年1月8日。

《在武汉的日子里》选自童小鹏《抗战初期周恩来在武汉》，原载《不尽的思念》，中央文献出版社1987年12月版。

《武汉空袭与长沙大火》选自刘久洲《在周副主席身边的日子里》，载《曾与伟人同行》，中国文史出版社2002年6月版。

《战斗在重庆》选自钱之光《敬爱的周恩来同志战斗在重庆》，原载《光明日报》1977年1月5日。

《坠马事件》选自刘久洲《在周副主席身边的日子里》，载《曾与伟人同行》。

《超越血缘之爱》选自顾保孜《周恩来的超越血缘之爱》，载《党史博览》2004年第4期。

《看望西路军的同志们》选自周纯麟《周纯麟回忆录》，中共党史出版社2005年1月版。

《师生友情》选自梁吉生《抗战中的周恩来与张伯苓》，载《中华读书报》2004年7月21日。

《与吴耀宗的交往》选自孙志慧《周恩来与基督教领袖吴耀宗》，载《红岩春秋》2004年第1期。

《双乐天图》选自管平《忆关怀儿童成长的周恩来、邓颖超》，载《曾与伟人同行》。

《“悲痛之极，抱恨终天”》选自张文和《生活中的周恩来》。

《为建立联合政府而努力》选自王永钦《为建立联合政府而进行的一次谈判斗争》。

第五编 肝胆相照 商筹建国

《陪同毛泽东到重庆》、《谈判桌上显身手》选自解力夫《解放战争史话》。

《战争与和平的变奏曲》选自费虹寰《战争与和平的变奏曲——与马歇尔关于国共关系的谈判》，载《周恩来与中共党史重大事件》，中央文献出版社2001年9月版。

《在宣化店》选自宋平《周恩来在宣化店》，原载《党的文献》1994年第2期。

《上海的“周公馆”》选自于土、许真《周恩来在上海“周公馆”》。

《“你们的血是不会白流的”》选自徐云根《周恩来与上海“六二三”和平请愿运动》，载《世纪》2004年第11期。

《“去时腹虚空，回来力无穷”》选自刘友开《周恩来与陶行知的友谊》，载《世纪风采》2004年第5期。

《疾风知劲草，岁寒见后凋》载曹应旺《伟人诗交》。

《花园口复堤的谈判》选自段君毅《我与周总理的一些接触》，原载《话说周恩来——知情者访谈录》，中央文献出版社2000年6月版。

《转战陕北》选自力平《周恩来的非常之路》，人民出版社2001年7月版。

《在大决战中》选自姜铁军《大决战中的总参谋长》，原载《周恩来世纪行》。

《北平和谈》选自余湛邦《国共谈判中与张治中的交往》，原载《周恩来世纪行》，中共党史出版社1998年2月版。

《一堂生动的警卫课》选自张随枝《红墙内的警卫生涯》，中央文献出版社1998年12月版。

《对民族资产阶级的统战工作》选自许涤新《在周恩来领导下开展对民族资产阶级的统战工作》，原载《不尽的思念》。

《部署首届人民政协》选自童小鹏著、肖林整理《周恩来与首届人民政协》，原载《漳州党史通讯》1999年第3期。

第六编 总理国务　励精图治

《组建新中国首届“内阁”》选自王存福《周恩来组建新中国首届“内阁”》，原载《党史天地》2005年第1期。

《第一次来到外交部》选自王以忠《周恩来的外交部首次之行》，原载《党史博览》2004年第3期。

《在抗美援朝中》选自力平《周恩来一生》。

《移山填海修鹰厦》选自雷风行、才铁军《伟人与中国铁路》，中国铁道出版社2001年12月版。

《领导我军的正规化现代化建设》选自萧克《周恩来与我军的正规化现代化建设》。

《蓄泄兼筹的治淮方针》、《“要使江湖都对人民有利”》选自曹应旺《西花厅里不眠时》，载《万水千山连着中南海》，中央文献出版社2003年9月版。

《在日内瓦会议上》选自李越然《最难对付的是周恩来：红色外交家在日内瓦》，原载《河南省情与统计》1998年第1期。

《率团参加亚非会议》选自黄镇《一次任重道远的历史性会议——回忆周恩来率领我们参加亚非会议》，原载《红旗》1985年第8期。

《特务谋害，处之泰然》选自熊华源《特务谋害，处之泰然——周恩来在万隆会议期间》。

《提出四个现代化》选自力平《开国总理周恩来》。

《关心体育事业》选自南山《周恩来与新中国体育事业的腾飞》，载《党史博览》2004年第1期。

《原子核科学技术事业的领导者》选自钱三强《新中国原子核科学技术事业的领导者》，原载《红旗》1988年第5期。

《钱学森回到祖国》选自楚楚《周恩来用美国战俘交换钱学森》，载《党史文苑》2005年第12期。

《筱文艳的成长》选自金宝山《周总理关怀下的筱文艳》，载《纵横》2005年第2期。

《侄女的回忆》选自余玮、施枫《西花厅情结：周秉德回忆在伯父周恩来身边的日子》，原载《湘潮》2004年第2、3期。

《请出载涛》选自石肖岩《周恩来与末代皇族》，载《建国前后的毛泽东》。

《安宁而温暖的西花厅》选自赵炜《我的西花厅岁月》，原载《三联生活周刊》2006年第2期。

《“不能把钱花到我这里”》，选自张随枝《红墙内的警卫生涯》。

《主持对台工作》选自曾长秋《周恩来与对台统一战线》，载《共和国元勋风采录》。

第七编 十年探索 呕心沥血

《关怀科学技术事业》选自武衡《周恩来对我国科学技术事业的关怀和指导》，载《不尽的思念》。

《检阅海军驻青岛部队》选自吴殿卿《人民海军首次海上大阅兵》，载《共和国领袖与海军》。

《“我一定帮你办到”》选自张文和《生活中的周恩来》。

《冒进、反冒进、反反冒进》选自刘武生《周恩来与冒进、反冒进、反反冒进》，原载《纵横》2004年第5期。

《关心文艺工作》选自力平《文艺三篇话意深》，载《周恩来一生》中央文献出版社2001年2月版。

《“我不能让你空手而归”》选自张文和《生活中的周恩来》。

《“一武一文”》选自程惠丽《毛泽东和周恩来在第二次台海危机时》，原载《福建党史月刊》2004年第6期。

《民以食为天》，选自刘武生《民以食为天》，原载《湘潮》2004年第1期。

《视察邯钢》，张建华著，选自《领袖莅临邯郸纪实》，中共党史出版1994年4月版。

《会见“特殊”客人》选自廖心文《周恩来与特赦战犯》。

《在四年调整时期》选自吴冷西《周恩来在四年调整时期的重大贡献》，原载《党的文献》1998年第2期。

《“在国外的最好朋友”》选自巫云仙《周恩来与斯诺》，载《共和国元勋风采录》。

《乒乓情》选自孟红《毛泽东、周恩来的乒乓情》，原载《党史纵览》2006年第1期。

《“您活在我心中”》选自张文和《生活中的周恩来》。

《嵯峨浩终于回来了》选自石肖岩《周恩来与末代皇族》，《建国前后的毛泽东》，河南人民出版社1993年2月版。

《在中法建交谈判中》选自童小鹏《风雨四十年》（第二部），中央文献出版社1996年1月版。

《出访亚非欧十四国》选自黄镇《把友谊之路铺向觉醒的非洲》。

《留在海军文艺舞台上的记忆》，选自魏节《留在海军文艺舞台上的记忆》，载《共和国领袖与海军》。

《揭开“跃进”号沉没之谜》，选自陆其明《揭开“跃进”号沉没之谜》，载《共和国领袖与海军》。

《关心〈中国青年〉杂志》选自邢方群《周总理与〈中国青年〉杂志》，原载《炎黄春秋》2004年第6期。

《统筹全局，指挥若定》选自雷风行、才铁军《伟人与中国铁路》。

《导演东方绝唱〈东方红〉》选自帙明《周恩来导演东方绝唱——〈东方红〉》，载《党史纵横》2006年第2期。

《亲临天山脚下》选自南哲《毛泽东、周恩来情系新疆》，原载《党史博览》2003年第9期。

《迎接李宗仁归来》选自程思远《迎接李宗仁归来》，原载《周恩来世纪行》。

《“发展生产，重建家园”》，选自曾文友《大地震期间的领袖们》，中央文献出版社2002年6月版。

《二访河北沙石峪》，选自许人俊《周恩来二访河北沙石峪》，原载《党史博览》2004年第12期。

《视察大庆》，选自康世恩著、李静主编《实话实说西花厅》，中国青年出版社2000年6月版。

第八编 鞠躬尽瘁　死而后已

《在“红卫兵运动”中》选自安建设《循循善诱，出以公心——在“红卫兵运动”中》，载《周恩来与中共党史重大事件》。

《同林彪、江青反革命集团作斗争》选自吴庆彤《回忆周总理在“文革”中同林彪、江青两个反革命集团的斗争》。

《保护贺龙元帅》选自薛明《周恩来与贺龙》。

《大树参天护英华》，选自傅崇碧《周恩来的最后岁月》，中央文献出版社1995年12月版。

《保护知识分子》选自刘武生《周恩来“文革”中力保知识分子》，原载《纵横》2005年第1期。

《“抓革命、促生产”》选自周延《共和国总理心中的“抓革命、促生产”》，《周恩来的最后岁月》。

《人民要吃饭，农业要上去》、《“四五”计划的制定》选自余秋里《七亿人民的“总管家”》，《周恩来的最后岁月》。

《特殊年代里的中央专委会》，选自刘杰、刘柏罗《特殊年代里的中央专委会》，载《周恩来的最后岁月》。

《“自己当起了铁道部长”》选自雷风行、才铁军的《伟人与中国铁路》。

《与著名的二月抗争》选自周延《和“大闹怀仁堂”的战友们》。

《平息武汉“七二〇事件”》选自冯晓蔚《周恩来武汉“七二〇事件”》，原载《党史博采》2005年第10期。

《外交部“夺权”和“火烧英国代办处”》选自金戈《在外交部“夺权”前后》。

《在“林彪事件”前后》，安建设著，《周恩来的最后岁月》。

《林彪飞机坠毁之谜》选自孙一先《向周总理汇报》。

《〈参考消息〉的编外总编辑》选自卫广益《周恩来“文革”期间指导办〈参考消息〉》，载《曾与伟人同行》。

《领导中苏边界谈判》选自柴成文《周恩来领导我们进行中苏边界谈判》。

《叩开中美关系的大门》选自王立、邱盛云《历史的功勋》，载《周恩来生平全纪录》。

《“中日友好之桥的奠基人”》选自姬鹏飞《饮水不忘掘井人——中日建交纪实》。

《一百七十五位将军的“解放”》选自谢国明《175位将军的“解放”》，《周恩来的最后岁月》。

《两个女民兵舞蹈的诞生》，选自吕韧敏《两个女民兵舞蹈的诞生》，原载《大江南北》2004年第1期。

《黄土情深》选自贾巨川《开国总理秦地行》，原载《党史文汇》2004年第11期。

《参观云冈石窟》选自杨建峰《周恩来、蓬皮杜与大同云冈石窟》，原载《文史月刊》2003年第10期。

《“不要让人参观”》选自张文和《生活中的周恩来》。

《“长沙决策”》选自铁骥《“长沙决策”》，《周恩来的最后岁月》。

《“一个也不能少”》选自张随枝《红墙内的警卫生涯》。

《最后的嘱托》选自廖心文、于文《最后的嘱托》，载《周恩来世纪行》。

《撒骨灰也是一场革命》选自高振普《最后的使命》，《周恩来的最后岁月》。

后　记

2011年7月1日是中国共产党诞辰90周年；3月5日是周恩来同志诞辰113周年纪念日。为了缅怀纪念这位备受敬仰的老一辈革命家，再现敬爱的周恩来总理的音容笑貌，铭记他的丰功伟绩、迷人风采、崇高品德，我们特编辑了这本《周恩来纪事》。

周恩来同志的一生是辉煌的一生，他为中国人民的解放事业和社会主义建设事业建立了卓著功勋。周恩来同志从少年时代起立志救国。求学期间，他东渡日本、参加五四运动、赴法勤工俭学，不断探求革命道路，确立了共产主义信仰。大革命时期，他领导发动南昌起义、指挥第四次反"围剿"，支持召开遵义会议，拥护毛泽东的领导。到延安以后，他多方斡旋，促使西安事变的和平解决。抗战期间，他广泛团结社会各阶层爱国人士，在武汉、重庆等地积极宣传党的方针，同国民党顽固派的倒行逆施进行了有勇有谋的斗争。抗战胜利后，他与国民党进行了针锋相对的谈判斗争，协助毛泽东指挥三大战役，筹备中国人民政治协商会议，终于迎来了新中国的建立。中华人民共和国成立以后，周恩来同志担任政府总理长达27年，鞠躬尽瘁，呕心沥血。他协助毛泽东组织指挥抗美援朝，狠抓淮河治理和全国铁路的修复。他编制第一个五年计划，与苏联达成援建156项重点工程协议，并在"大跃进"之后努力使经济形势实现好转。他组织落实科学技术发展远景规划，重视尖端科学技术的发展。"文革"期间，他努力维护党和国家正常工作的运转，保护了一大批党的干部、民主人士和知识分子。他协助毛泽东处理林彪反革命集团的阴谋，全力支持邓小平的复出及对各项工作的整顿。在身患绝症的情况下，与江青反革命集团进行了针锋相对的斗争。多年来，他与各界人士平等对话、广交朋友，以诚相待。他协助毛泽东同志打开中美关系的大门，实现中日邦交正常化。几十年来，他日理万机，在经济、外交、国防、统战、科技、文化、教育等各个方面，都浸透着他极大的心血。周恩来同志的伟大功绩和历史贡献将永载史册。周恩来身上，还凝聚着中华民族的传统美德和优秀品质。他的崇高精神和风范，为全国乃至全世界人民所称道。他目标远大、意志坚强，不屈不挠，始终保持着坚定的理想信念；他实事求是、脚踏实地，统筹兼顾，寄理于情，显示了高超的领导艺术。他艰苦朴素、廉洁奉公、谦虚谨慎，心里时时记挂着人民群众……作为一个享誉世界的伟人，他的辉煌业绩、崇高的精神和优秀品格，都是党和人民宝贵的精神财富。

为纪念周恩来同志诞辰的光辉业绩和崇高品德，我们从大量公开出版的图书及报刊上，精选出一些反映周恩来生平业绩、思想及道德风范的文章资料，按时间顺序予以编排。这些文章中，有的是与周恩来有过直接交往的当事人的回忆，其中有他的老战友、亲人、秘书、警卫员等；有的是从事周恩来研究多年的一些专家学者撰写的文章、专著；还有一些是社会各界人士撰写的有趣味性、可读性较强的文章。收入本书的这些资料，比较客观生动地反映了周恩来不平凡的人生经历和人格魅力。

在编辑中，我们力求保持文章的原貌，只对一些文章重新拟定了标题，或做了删节；对当事人以第一人称撰写的回忆，也作了标注；因本书体例、风格和字数的局限，有些较好的文章没有选入，敬请谅解。我们特别感谢许多作者对我们的大力支持和帮助，也希望其他作者及时与我们联系。因水平及资料掌握等方面的局限，书中难免存在一些不当之处，希望能得到有关专家及广大读者的帮助与指导。

编　者

2011年3月

照片作者(以姓氏笔划为序)：

丁翔起	王一兵	王永宏	成元功	吕相友	吕厚民
刘少山	刘东鳌	刘庆瑞	齐观山	齐铁砚	孙维世
乔治·洛蒂		许万育	陈之平	陈正青	杜修贤
何世尧	何　谦	花　皑	李九龄	李学增	李虎臣
李基禄	苏俊慧	汤庆森	吴化学	吴　群	杨宝坤
张　举	张　彬	邹健东	官天一	罗青长	孟庆彪
孟昭瑞	郑小箴	郑茂相	侯　波	胡宝玉	赵行杰
赵黄岗	高　风	高　粮	郭占英	钱嗣杰	唐理奎
袁汝逊	袁　浩	徐大刚	徐肖冰	崔志刚	崔宝林
曹兴华	黄新民	康茅召	梦　珊	盛承天	雪　印
鲍乃镛	童小鹏	塔吉·古拉		俞沛文	雷明明

说　明：部分图片因年代已久远，无法查实其摄影者，有关事宜请与作者联系。

部分图片未署名，因原资料未记载摄影者姓名。